乔清举 著

当代中国哲学史学史

A Contemporary Historiography of
Traditional Chinese Philosophy

上

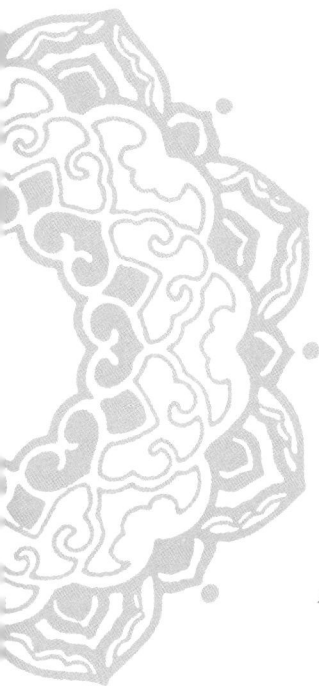

上海古籍出版社

图书在版编目(CIP)数据

当代中国哲学史学史 / 乔清举著. —上海：上海
古籍出版社，2020.7
ISBN 978-7-5325-9677-5

Ⅰ.①当… Ⅱ.①乔… Ⅲ.①哲学史－中国－现代
Ⅳ.①B261

中国版本图书馆 CIP 数据核字(2020)第 108851 号

当代中国哲学史学史

（全二册）

乔清举　著

上海古籍出版社出版、发行

（上海瑞金二路 272 号　邮政编码 200020）

（1）网址：www.guji.com.cn
（2）E-mail：guji1@guji.com.cn
（3）易文网网址：www.ewen.co

上海颛辉印刷厂印刷

开本 787×960　1/16　印张 52.5　插页 5　字数 802,000
2020 年 7 月第 1 版　2020 年 7 月第 1 次印刷
印数：1—1,300
ISBN 978-7-5325-9677-5
B·1166　定价：198.00 元
如有质量问题,请与承印公司联系

献给冯友兰先生、朱伯崑先生

目　　录

关于建立当代中国哲学史学史学科的若干思考——代前言 ………… 1

引子 ……………………………………………………………… 1

第一章　范式转型：日丹诺夫哲学史定义的引入(1949～1956) ……… 5

　第一节　新范式的引入和确立 ……………………………………… 5

　　一、日丹诺夫《在〈西欧哲学史〉一书讨论会上的发言》的翻译出版情况 ……… 6

　　二、日丹诺夫《在〈西欧哲学史〉一书讨论会上的发言》的基本内容 …………… 7

　　三、学术界对日丹诺夫讲话的接受 ……………………………… 12

　第二节　对知识分子的思想改造运动 …………………………… 17

　　一、学习、宣传马克思主义 ……………………………………… 18

　　二、有组织的思想改造运动的展开 ……………………………… 19

　　三、学习和接受《实践论》 ……………………………………… 23

　　四、参加土地改革 ………………………………………………… 33

　　五、运动的洗练与体制的改变："三反"、"镇反"运动与院系调整 ……… 36

　　六、对电影《武训传》、梁漱溟、胡适等人以及资产阶级唯心主义的批判 ……… 42

　　七、苏联专家对中国哲学史界的影响 …………………………… 55

　第三节　冯友兰关于中国哲学史研究的自我批判 ……………… 69

　第四节　新范式下中国哲学史研究的初步成果 ………………… 74

一、冯友兰的中国哲学史研究 ……………………………………… 75

二、《中国哲学史讲授提纲》 ……………………………………… 91

三、《哲学史简编》 ………………………………………………… 113

四、张岱年关于张载的研究以及围绕张载哲学的商榷 …………… 115

五、熊十力出版《新唯识论》删减本 ……………………………… 118

第二章 新范式的初步反思与挫折(1957~1959) ……………… 119

第一节 "百花齐放、百家争鸣"——反思条件的形成 ………… 119

第二节 新范式的初步反思 ………………………………………… 121

一、反思的先声 …………………………………………………… 121

二、反思的进行 …………………………………………………… 125

第三节 反思的挫折:"反右"与反修 …………………………… 211

一、"双百"方针的继续强调和"反右"运动的兴起 …………… 211

二、学术界的政治运动与"反右" ……………………………… 216

三、从反对教条主义到批判修正主义 …………………………… 222

四、冯友兰的自我批判 …………………………………………… 235

五、张岱年《中国哲学史大纲》出版 …………………………… 238

第四节 1959年前后关于老子哲学的讨论 ……………………… 239

一、讨论的缘起与始末 …………………………………………… 240

二、讨论的内容 …………………………………………………… 242

第三章 新范式下的继续探索(1960~1965) …………………… 256

第一节 1960年至1965年间的政治形势与思想学术领域的批判…… 257

一、政治、社会形势 ……………………………………………… 257

二、对各种学术观点的批判 ……………………………………… 258

第二节 对冯友兰政治批判的继续和冯友兰的政治活动与反省 … 260

第三节 关于唯心主义和唯物主义转化问题的论述 ……………… 263

一、冯友兰对唯物主义和唯心主义的同一性和相互转化的论述…… 263

二、贺麟对唯物主义和唯心主义的同一性和相互转化的论述 ……… 264

三、汤一介对唯物主义和唯心主义的同一性的论述 ……………… 267

第四节　关于孔子哲学的讨论 ………………………………………… 268

一、关于孔子的阶级立场问题 ……………………………………… 269

二、关于孔子思想内容的分析 ……………………………………… 273

第五节　"仁"的超阶级性、思想的"普遍性形式"问题的讨论 ……… 279

一、关于"爱人"的超阶级性问题 ………………………………… 279

二、关于"思想的普遍性形式"的讨论 …………………………… 289

第六节　关于庄子哲学的讨论 ………………………………………… 304

一、关于庄子哲学的性质 …………………………………………… 304

二、关于庄子的阶级基础及社会作用 ……………………………… 311

三、关于庄子书、庄子思想与庄子人的关系 …………………… 313

第七节　关于王夫之哲学的讨论 …………………………………… 316

第八节　对冯友兰若干其他观点的批判 ……………………………… 319

一、对"君师分工论"的批判 ……………………………………… 319

二、对"中国没有资产阶级哲学"的批判 ………………………… 320

三、对历史研究的目的是为了"扩大知识"论的批判 …………… 321

第九节　关于《周易》哲学研究及其所衍生的哲学史方法论问题的
　　　　讨论 ………………………………………………………… 326

一、李景春与冯友兰的争论 ……………………………………… 326

二、围绕李景春《周易》哲学研究所引发的争论 ………………… 327

三、防止把古人现代化：从《周易》哲学研究讨论衍生的哲学史方法论
　　讨论 ……………………………………………………………… 330

第十节　关于阶级分析和历史观点统一问题的讨论 ……………… 333

一、对于严北溟"孔子立场反动,思想进步"论的批判 ………… 333

二、对于刘节"唯仁论"和"天人合一"论的批判 ……………… 334

第十一节　若干中国哲学史通史研究 ……………………………… 338

一、侯外庐等：《中国思想通史》 ………………………………… 338

　　二、文科教材：任继愈主编的《中国哲学史》……………………… 349

　　三、侯外庐的《中国哲学简史》…………………………………… 352

　　四、冯友兰的中国哲学史通史研究 ……………………………… 356

第四章　极端政治化：中国哲学史研究进一步陷入歧途

　　　　（1966～1976）………………………………………………… 393

　第一节　"文革"前和"文革"期间对教育界与知识分子的估计 ……… 393

　第二节　冯友兰等学者在"文革"中的遭遇 ……………………… 395

　第三节　"批林批孔"和杨荣国、冯友兰等人对孔子的批判 ……… 414

　　一、批林批孔 ……………………………………………………… 415

　　二、杨荣国、冯友兰、赵纪彬等学者对孔子的批判 …………… 417

　第四节　评法批儒与儒法斗争史观的形成 ……………………… 430

　　一、儒法斗争史观的形成 ………………………………………… 430

　　二、杨荣国对《简明中国哲学史》的修订 ……………………… 435

　　三、赵纪彬对《论语新探》的修订 ……………………………… 437

　　四、任继愈等学者的中国哲学史通史的写作 ………………… 443

　第五节　北京大学《中国哲学史》教材讨论稿 ………………… 444

第五章　认识史：改革开放后的新探索（1977～1989）………… 448

　第一节　1977年至1989年的社会变动 ………………………… 448

　第二节　对冯友兰的批判和冯友兰的复出 …………………… 451

　第三节　对建国以来中国哲学史研究的反思 ………………… 457

　　一、对儒法斗争史和影射史学的批判 ………………………… 458

　　二、对建国后新范式运用的反思 ……………………………… 462

　　三、中国哲学史的科学化 ……………………………………… 501

　　四、建立"中国哲学史学" ……………………………………… 507

　　五、关于哲学史与思想史的区别 ……………………………… 509

　第四节　张岱年对中国哲学史研究方法论的探索 …………… 512

一、哲学与哲学史 ……………………………………… 512

二、"促进中国哲学史的科学化" ……………………… 514

三、哲学史研究的阶级分析法 ………………………… 515

四、哲学史研究的理论分析方法 ……………………… 518

五、"历史的"与"逻辑的"之统一 …………………… 520

六、哲学遗产的批判继承 ……………………………… 522

第五节　关于孔子、孟子哲学的再评价 ……………… 524

一、孔子思想的再评价 ………………………………… 525

二、孟子哲学的再评价 ………………………………… 539

第六节　关于老子、庄子哲学的再评价与研究 ……… 543

一、关于老子哲学研究 ………………………………… 543

二、关于庄子哲学研究 ………………………………… 552

三、若干道家哲学著作通论 …………………………… 561

第七节　关于汉—唐、宋明哲学的再评价与研究 …… 563

一、汉代哲学再评价 …………………………………… 565

二、关于魏晋玄学的研究 ……………………………… 568

三、关于道教哲学研究 ………………………………… 575

四、宋明理学研究 ……………………………………… 581

第八节　中国哲学范畴研究 …………………………… 614

第九节　若干中国哲学史通史、教材的比较研究 …… 628

一、认识史：中国哲学史研究的对象 ………………… 630

二、理论思维锻炼：中国哲学史研究的目的和意义 … 634

三、历史与逻辑的统一和"圆圈"：中国哲学史研究的方法 … 636

四、对中国哲学史的若干特点的认识 ………………… 638

五、关于诸哲学通史的几点反思 ……………………… 639

第十节　冯友兰的中国哲学史研究 …………………… 640

一、旧邦新命：中国哲学史研究的内在驱动 ………… 640

二、《中国哲学史新编》的方法论 …………………… 642

三、《中国哲学史新编》古代部分的一些研究特点与成果 ⋯⋯⋯⋯ 652

第十一节　传统思维方式和人的价值问题 ⋯⋯⋯⋯⋯⋯⋯⋯⋯ 657

一、关于中国传统思维方式 ⋯⋯⋯⋯⋯⋯⋯⋯⋯⋯⋯⋯⋯⋯⋯ 657

二、关于中国哲学史上价值思想和人的价值的讨论 ⋯⋯⋯⋯⋯ 665

第六章　方法论的多样化展开与中国哲学生命的复兴(1990～1999) ⋯⋯ 670

第一节　"国学热"的兴起和传统与现代化问题的深入 ⋯⋯⋯⋯⋯ 671

一、"国学热"的兴起与辩难 ⋯⋯⋯⋯⋯⋯⋯⋯⋯⋯⋯⋯⋯⋯ 672

二、关于中华民族精神与文化凝聚力的研究 ⋯⋯⋯⋯⋯⋯⋯ 676

三、传统、现代化、文化转型与市场经济 ⋯⋯⋯⋯⋯⋯⋯⋯⋯ 678

四、天人合一问题 ⋯⋯⋯⋯⋯⋯⋯⋯⋯⋯⋯⋯⋯⋯⋯⋯⋯⋯ 686

五、"和"的讨论 ⋯⋯⋯⋯⋯⋯⋯⋯⋯⋯⋯⋯⋯⋯⋯⋯⋯⋯⋯ 694

六、传统文化与马克思主义 ⋯⋯⋯⋯⋯⋯⋯⋯⋯⋯⋯⋯⋯⋯ 697

七、思维方式研究继续深入 ⋯⋯⋯⋯⋯⋯⋯⋯⋯⋯⋯⋯⋯⋯ 704

八、关于儒学是不是宗教问题讨论的继续深入 ⋯⋯⋯⋯⋯⋯ 706

第二节　中西哲学比较研究的深入开展 ⋯⋯⋯⋯⋯⋯⋯⋯⋯⋯ 708

第三节　易学哲学方法论及相关问题的研究 ⋯⋯⋯⋯⋯⋯⋯⋯ 716

一、"易学热"的反省和对易学研究的方法论的反思 ⋯⋯⋯⋯⋯ 717

二、陈鼓应的"《易传》乃道家系统之作"及其论争 ⋯⋯⋯⋯⋯ 719

三、帛书《易传》学派归属的争论 ⋯⋯⋯⋯⋯⋯⋯⋯⋯⋯⋯⋯ 723

四、《易》与思维方式及传统文化 ⋯⋯⋯⋯⋯⋯⋯⋯⋯⋯⋯⋯ 726

五、深沉的宇宙意识与浓郁的人文情怀——余敦康的易学哲学研究 ⋯⋯ 730

六、张立文的"和合易学" ⋯⋯⋯⋯⋯⋯⋯⋯⋯⋯⋯⋯⋯⋯⋯ 732

七、董光璧等人对易学与科学关系的研究 ⋯⋯⋯⋯⋯⋯⋯⋯ 733

八、象数易学、图书易学研究 ⋯⋯⋯⋯⋯⋯⋯⋯⋯⋯⋯⋯⋯ 735

第四节　朱伯崑的易学哲学研究 ⋯⋯⋯⋯⋯⋯⋯⋯⋯⋯⋯⋯⋯ 736

第五节　儒家哲学、儒学史研究与重建仁学的提出 ⋯⋯⋯⋯⋯⋯ 741

一、儒家哲学新论：人学与重建仁学 ⋯⋯⋯⋯⋯⋯⋯⋯⋯⋯ 741

　　二、孔、孟、荀研究 ……………………………………………… 745

　　三、儒学史研究 ……………………………………………………… 753

第六节　道家、道教哲学研究与"新道家"的提出 …………………… 757

　　一、道家的思维方式与中国哲学的形上学传统 ………………… 758

　　二、道家生死观 ……………………………………………………… 760

　　三、稷下、黄老道家 ……………………………………………… 761

　　四、道家哲学主干论 ……………………………………………… 763

　　五、道家哲学研究方法论的多元化开展与"当代新道家"的提出 ……… 771

第七节　两汉哲学 ……………………………………………………… 780

　　一、汉代哲学大势 ………………………………………………… 780

　　二、董仲舒研究 ……………………………………………………… 783

　　三、《淮南子》研究 ………………………………………………… 785

　　四、王充研究 ………………………………………………………… 786

第八节　宋明理学研究 ………………………………………………… 788

　　一、宋明理学通论 ………………………………………………… 789

　　二、朱熹哲学研究 ………………………………………………… 797

　　三、王阳明哲学研究 ……………………………………………… 798

　　四、关于陈献章、湛若水、刘宗周的研究 ……………………… 803

　　五、关于明清之际 ………………………………………………… 805

结束语：理性的成熟与"中国哲学"的期待 ……………………………… 807

人名索引 ……………………………………………………………… 809

后记 …………………………………………………………………… 826

补记 …………………………………………………………………… 829

再版后记 ……………………………………………………………… 830

引　子

1949 年 10 月,解放战争的隆隆炮声渐趋平静,中华人民共和国业已宣告成立,中国大地易帜变红。是月 5 日,清华大学文学院院长兼哲学系主任、著名哲学家、哲学史家冯友兰教授致函中华人民共和国中央人民政府主席毛泽东,表示要用 5 年时间,掌握马克思主义,运用马克思主义观点重写中国哲学史。他说:

> 我过去讲封建哲学,帮了国民党的忙,现在我决心改造思想,学习马克思主义,准备在五年内用马克思主义的立场、观点、方法重新写一部中国哲学史。[1]

13 日,毛泽东给冯友兰写了回信,云:

友兰先生:

> 十月五日来函已悉。我们是欢迎人们进步的。象你这样的人,过去犯过错误,现在准备改正错误,如果能实践,那是好的。也不必急于求效,可以慢慢地改,总以采取老实态度为宜。此复。[2]

冯友兰为什么写这封信? 直接原因可能是因为当时许多著名人士大多在报纸上公开表态拥护中国共产党,他没有公开表态,想以此向中国共产党的最高领导人表态。冯友兰作为一个知名学者,在 1949 年前与国民党高层

---

① 冯友兰:《三松堂自序》,三联书店,1984 年,第 156 页。
② 冯友兰:《三松堂自序》,第 157 页。

直接联系较多,作为过去习惯的延续,他仍习惯于与共产党高层直接联系。至于间接原因,则很复杂。本来,他是有条件留在美国的。1946 年,卜德邀请他到宾夕法尼亚大学做客座教授。1947 年,他和梁思成等人代表清华大学参加普林斯顿大学 200 周年校庆,回国时途经夏威夷,又在夏威夷大学讲了一学期中国哲学。到 1948 年回国时,他已获得美国永久居留权。但是,他并不打算留在美国,在出美国海关时,他把永久居留签证退给了关员。他表示,不愿做“十月革命”后寓居中国的“白俄”,也不愿在国外把中国的历史文化当作博物馆里的陈列品来讲。① 他希望把自己的国家搞好,为此曾吟诗明志:“虽信美而非吾土兮,夫胡可以久留?”

　　冯友兰留下来的直接原因,是知识分子根深蒂固的以学问服务社会的传统观念仍起着作用。1935 年冯友兰从欧洲度假归国,曾假道苏联作了短暂的访问。当时苏联快速发展的经济和焕然一新的面貌给他留下了深刻印象。苏联报纸报道的“都是国内工农业生产的情况和劳动模范等先进人物”。他得出一个结论,认为“封建社会‘贵贵’,资本主义社会‘尊富’,社会主义社会‘尚贤’”。所谓“‘贤’,是指有学问有技术的人”。② 毫无疑问,冯友兰是以有学问的“贤者”自许的。他曾经明确表示:“无论什么党派掌权,只要它能把中国治理好,我都拥护。”③其弟冯景兰问他走不走,他说:“共产党当了权,也是要建设中国的,知识分子还是有用的,你是搞自然科学的,那就更没有问题了。”④

　　冯友兰留下来的间接原因,则是其内心的民族主义情结。近代以来,中国一直处于积贫积弱、任人宰割的局面,没有哪个政权能够使中国摆脱帝国主义的压迫而快速发展,使中国人真正能够在国际场合得到应有的尊严。作为经常出入国际学术讲坛的学者,他对此有深切的感受。他们那一代学者大多具有深厚的爱国主义和民族主义思想,常常怀着强烈的强国情结。他屡屡提起的“贞下起元”,就是这一情愫的真实写照。

---

① 冯友兰:《三松堂自序》,第 124 页。
② 冯友兰:《三松堂自序》,第 92 页。
③ 冯友兰:《三松堂自序》,第 126 页。
④ 冯友兰:《三松堂自序》,第 127 页。

　　冯友兰留下来的最深刻也是最隐秘的原因当是学理使然。1935年冯友兰从欧洲度假回国后，曾经在公开演讲中介绍苏联的情况；还作了《秦汉的历史哲学》的演讲，其中包含有历史唯物主义的观点。他说"历史演变乃依非精神的势力"，不以人们的意志为转移。"依照唯物史观的说法，一种社会的经济制度要一有变化，其他方面的制度，也一定要跟着变。……唯物史观的看法……实在是一点不错，而且说穿了也是很平常的道理"云云。① 此论一发表，冯友兰即被认为"变了"、"赤化了"，不久甚至被投入监狱。但是，他并没有因此改变对历史唯物主义的认识。这可从他后来的《新事论》中看出来。《新事论》处理的主要是历史和文化问题。关于中西区别，他的认识经历了三个阶段的变化。起初他认为中西不同是东方与西方的区别，后来认识到是近代文化与非近代文化的区别，最后他采用"类型"的说法，认为古今之分其实就是社会类型的不同，也就是共相和殊相的不同。社会类型是共相，国家或民族是殊相。一个国家或民族可以由一种文化类型转入另外一种文化类型。他创造了"以家为本位的社会"和"以社会为本位的社会"两个名词区分文化类型。他认为，前者是生产家庭化的传统社会，后者是生产社会化的近代化社会。对于近代化社会，他又进一步区分出"一是生产社会化而支配家庭化者，一是生产社会化支配亦社会化者"两种，前者是资本主义，后者是社会主义。② 冯友兰虽然当时并不主张实行社会主义，但他的理论包含了社会主义文化高于资本主义文化的逻辑结论。这个逻辑结论应该说是他的潜意识，主导了他的行动，成为他留下来的最为隐秘和内在的原因。③

　　冯友兰与毛泽东的信函来往是当代中国哲学史学史上的一个意味深长的事件。

---

　　① 《三松堂自序》，第236页。

　　② 冯友兰：《三松堂全集》第4卷，河南人民出版社，1986年，第262页。

　　③ 据朱伯崑先生说，冯友兰夫人的妹妹任锐是革命烈士，其女孙维世是周恩来的养女。孙维世常在周恩来和冯友兰之间走动。解放初周恩来曾托孙维世劝冯友兰留下来。据宗璞《给古人少许公平》回忆："1946年，我姨母任锐传话，邀请冯去延安。"见《冯学研究通讯》，2006年第4辑，第32页。

对于冯友兰的信，我们可以从几个层次来理解。

首先，它是作为哲学家的冯友兰的哲学观开始改变的标志；

其次，它是作为哲学史家的冯友兰的中国哲学史研究的指导思想开始转向马克思主义的标志；

再次，它也是以冯友兰为代表的中国哲学界学院派的世界观开始转向马克思主义的标志；

最后，它还是以冯友兰为代表的、作为一个机构的清华大学哲学系、清华大学的指导思想开始转向马克思主义的标志。

······

或许，这封信也包含着因为不了解而对毛泽东和中国共产党政策的试探。

如果认为冯友兰给毛泽东写信纯粹是投机，那是不公允也不客观的。因为冯友兰并没有把与毛泽东的交往作为保护自己的护身符，尽管毛泽东曾经明确地对他说："好好地鸣吧，百家争鸣，你就是一家嘛。你写的东西我都看。"①

值得注意的是，冯友兰的信件是在知识分子思想改造之前写的。这表明当时知识分子接受马克思主义，并不全是被动的过程，也有一些主动的成分。这也表明了知识分子对于新政权的积极态度，他们不全是漠然、抵触或抵制的。

毛泽东的回信却是相当平静，其中似还有几分批评之意。

冯、毛对话，耐人寻味，是理解当代中国古代哲学史学史的一把钥匙。

---

① 冯友兰：《三松堂自序》，第161页。

第一章 范式转型：日丹诺夫哲学史定义的引入（1949～1956）

第一节 新范式的引入和确立

中国哲学史研究的新范式是通过引入日丹诺夫哲学史定义、[①]学习《联共（布）党史简明教程》（以下简称《教程》）、思想改造、批判唯心主义和院系调整等一系列活动和事件确立的。这些活动与事件基本上是同时进行的。《联共（布）党史简明教程》第四章第二节是《辩证唯物主义与历史唯物主义》（据说是斯大林写的），本节用简要通俗的语言条块式地介绍了苏联所理解的马克思主义哲学，如唯物主义和唯心主义的区别在于对物质和意识的关系的不同回答；辩证法的特点是把世界看成联系的、发展的、质变的、内在矛盾的；历史唯物主义认为"社会物质生活条件"决定"社会精神生活"；《教程》还分析了封建主义、资本主义社会生产力和生产关系的矛盾等。[②] 对当代中国古代哲学研究影响最大的事件，毫无疑问是日丹诺夫哲学史定义的引入。

---

① 日丹诺夫（1896～1948）：苏共中央书记，负责意识形态工作。
② 《联共（布）党史简明教程》，外国文书籍出版局，1949 年印行，第 133～166 页。

一、日丹诺夫《在〈西欧哲学史〉一书
讨论会上的发言》的翻译出版情况

1947 年 6 月,苏共中央召开会议,审查苏共中央宣传部长亚历山大洛夫的《西方哲学史》。苏共中央委员、斯大林等都参加了会议。6 月 20 日,日丹诺夫"作了近乎总结性发言,全面深刻地检讨了亚历山大洛夫一书的缺点"。① 中共理论界对日丹诺夫的讲话是极其重视的,反应也是异常迅速的。同年 11 月之前,李立三已将《在〈西欧哲学史〉一书讨论会上的发言》译毕。② 1948 年 1 月,该书开始在解放区出版发行。日丹诺夫讲话翻译版本和印数大致如下:

1.《论哲学史诸问题及目前哲学战线的任务》,日丹诺夫著,立三译,[平山]华北新华书店 1948 年 1 月出版,无印数。其《编者前记》特别指出:"这里刊印的就是日丹诺夫同志发言的全文。"

2.《苏联哲学问题》,立三译,[菏泽]山东新华书店 1948 年印行,无《前记》,无印数。

3.《日丹诺夫同志关于西方哲学史的发言》(1947 年 6 月 20 日),日丹诺夫著,李立三译,[佳木斯]东北书店 1948 年 1 月印行,无《前记》,印数 3 000 册。

4.《论哲学史诸问题及目前哲学战线的任务》,日丹诺夫著,立三译,[平山]华北新华书店 1948 年 1 月印行,无《前记》,无印数。

5.《苏联哲学问题》,立三译,[张家口]晋察冀新华书店 1948 年 2 月印行,无《前记》,印数 5 000 册。

6.《苏联哲学问题:日丹诺夫在〈西欧哲学史〉讨论会上的发言》,日丹诺夫著,立三译,[阜平]晋察冀新华书店 1948 年 2 月印行,无《前记》,印数 5 000 册。

7.《论哲学史诸问题及目前哲学战线的任务》,日丹诺夫著,立三译,冀鲁豫书店 1948 年 4 月印行,有《前记》,印数 3 000 册。

---

① 李立三:《论哲学史诸问题及目前哲学战线的任务·编者前记》,华北新华书店,1948 年。

② 李立三:《论哲学史诸问题及目前哲学战线的任务·编者前记》。

8.《论文学艺术哲学问题》，日丹诺夫著，葆荃、梁香译，上海时代书报出版社，1949 年 1 月出版，5 月再版，初版 4 000 册，再版 6 000 册。

9.《苏联哲学问题——在〈西欧哲学史〉讨论会上的发言》，日丹诺夫著，李立三译，中原新华书店 1949 年 3 月印行，印数 3 000 册；其《编者前记》同 1948 年 1 月本。

10.《苏联哲学问题》，日丹诺夫等著，李立三等译，新华书店 1950 年出版发行，印数 20 000 册。该书由"日丹诺夫在《西欧哲学史》讨论会上的发言"、"拥护战斗的哲学杂志"、"根本改善哲学研究院的工作"、"全苏高等学校马克思列宁主义与哲学讲座主任会议发言摘要"和两个附录——"论再解释 18 世纪末 19 世纪初德国哲学史上的缺点与错误"、"论苏联哲学中的世界主义'理论'"（米丁）几篇组成。

11.《在关于亚历山大洛夫著〈西欧哲学史〉一书讨论会上的发言》，李立三译，［北京］人民出版社 1954 年出版，印数 15 000 册。

上述 11 种版本，7 本有印数，合计 68 000 册；无印数的 4 本，如每本以最低印数 3 000 册计算，则总印数可达 80 000 册。考虑到 1949 年前后高级知识分子的总人数，这个印数是十分庞大的。值得注意的是，1950 年和 1954 年印行的两个版本，尤其是后一个版本，配合新政权思想改造的意图是十分明显的。这两个版本共计 35 000 册，直接把日丹诺夫的哲学史定义引送到了 1949 年以后的中国哲学史界。此前各解放区印行的版本不少是只有三五十页的薄册子，流传也不一定很广。

二、日丹诺夫《在〈西欧哲学史〉一书 讨论会上的发言》的基本内容

日丹诺夫的哲学史讲话涉及编写哲学史的意义、条件、哲学史的定义、哲学史研究的党性原则、哲学研究领域作为"战线"等方面。[①]　1949 年后中

---

①　据当年参加学习的朱伯崑回忆，当时大家都认为，日丹诺夫是代表苏共中央的，讲话是苏共中央关于开展哲学史研究的原则性指示。

国大陆关于中国古代哲学研究（其实也包括西方哲学研究）的许多问题都直接或间接与它有关。日丹诺夫哲学史观除众所周知的斗争史观外，还包含"革命史观"、"目的史观"、"对应史观"、反对脱离哲学的党性原则的客观主义和"思想具有超历史性"的唯心主义观点等。① 20 世纪 80 年代以来，斗争史观已被彻底放弃，而目的史观对哲学史研究的不良影响则还未得到反思。

（一）革命史观：编写哲学史的意义

日丹诺夫强调，编写一部以马克思主义为指导的哲学史教科书，"是一个有重大科学意义和政治意义的任务"；"一部好的哲学史教科书"是给"我们的知识分子、我们的干部、我们的青年一种新的强有力思想武器"。② 这种说法把哲学史研究整合进革命进程，使它成为革命的一个环节，可谓"革命史观"。由此出发，日丹诺夫要求哲学界成为"战线"，组成战斗队伍"向国外敌对的思想，向国内苏联人意识中资产阶级思想的残余作全面的进攻"。

（二）目的史观、斗争史观、服务史观：哲学史的定义

日丹诺夫指出：

> 第一、哲学史教科书需要对于哲学史这门科学下一个确切的定义。第二、哲学史教科书必需是合乎科学的，也就是说要以现时所达到了的辩证唯物主义和历史唯物主义底成就为基础。第三、哲学史的叙述应当是创造性的，而不应是繁琐哲学式的，必须与现时任务直接联系，以便说明这些任务，并指出哲学继续发展的前途。③

哲学史研究"必须与现时任务直接联系"，正是我们所说的"服务史观"，它是革命史观的合乎逻辑的延伸。哲学研究与现实政治相关联对于中国学术界并不陌生。1949 年前，马克思主义阵营和非马克思主义阵营关于中国哲学史研究存在许多根本分歧，其背后的政治含义是十分明显的。冯友兰自觉地站在"正统"的立场上，马克思主义者则针锋相对。据侯外庐回忆，1946 年下半年，他来到上海，周恩来嘱咐陈家康转告他，党要他主持撰写一

---

① 李立三译：《苏联哲学问题》，新华书店，1950 年初版，第 21 页。
② 李立三译：《日丹诺夫在〈西欧哲学史〉讨论会上的发言》，《苏联哲学问题》，第 1～2 页。
③ 李立三译：《日丹诺夫在〈西欧哲学史〉讨论会上的发言》，《苏联哲学问题》，第 3 页。

部中国思想史,用马克思主义的方法,系统地批判和总结从先秦到现代中国思想发展的过程。侯外庐还回忆到,他上世纪40年代在写有关哲学史的文章时,心中有一个明确的对象,那就是冯友兰的哲学史研究。应该说,不包含任何政治动机的纯粹知识性研究在当代中国是很难做到的。服务史观在建国后成为中国古代哲学史研究的排他性要求,这种做法在"文革"期间发挥到极端,成为"影射史学",学术研究完全沦为政治的附庸,失去了应有的独立性和价值。导致这一后果的始作俑者,当是日丹诺夫。

关于哲学史的定义,日丹诺夫说:

> 科学的哲学史,是科学的唯物主义世界观及其规律底胚胎、发生与发展的历史。唯物主义既然是从与唯心主义派别斗争中发生和发展起来的,那么,哲学史也就是唯物主义与唯心主义斗争的历史。[1]

这个定义有两个明显特点,首先是"目的史观",即哲学史是唯物主义世界观的胚胎、发生与发展的历史;其次是"斗争史观",即唯物主义与唯心主义斗争的历史。这里的"斗争"不是唯物主义"和"唯心主义之间平等地相互斗争,而是唯物主义"对"唯心主义进行斗争的历史。如果我们想象一下佛教庙宇里四大天王各踩着一个小鬼的塑像,那就是日丹诺夫心目中的斗争。斗争史观甚至改变了中文"与"的用法,把连接两个平等主体的"与"变成了连接不平等主体的"对"。在日丹诺夫的定义中,唯心主义是没有地位的,仅只是斗争的对象。服务史观、目的论史观和斗争史观是密切联系的。

"目的史观"给哲学史确立了一个走向辩证唯物主义的方向和目的。它对中国哲学界和哲学史研究的影响是深刻的。首先,斗争史是以目的史观为逻辑基础的。其次,它蕴涵着马克思主义顶峰论的结论。既然马克思主义是历史的目的,它当然也就是历史的顶峰。贺麟、郑昕、关锋、魏明经等人在1957年前后都曾把这个结论引申了出来。第三,顶峰论又蕴涵着把苏式马克思主义、毛泽东思想作为元理论引进中国哲学史研究的逻辑结论。

---

[1]　李立三译:《日丹诺夫在〈西欧哲学史〉讨论会上的发言》,《苏联哲学问题》,第5页。

1949 年后的哲学史研究既是马克思主义的普及过程,也是毛泽东思想的普及过程。认识不到这一点,对于当代中国的哲学史研究的认识就会陷入片面。第四,目的史观也深深影响着哲学史的选材、编写和评论方式。1949年以后中国大陆的西方哲学史著作通常写到马克思主义哲学创立前为止,中国古代哲学史著作则一般写到王夫之、戴震等人的唯物主义思想为止,现代哲学则到毛泽东思想为止。因为从逻辑上说,顶峰出现过后就没有哲学了,哲学史也就没有意义了。我们的哲学史研究不重视西方哲学马克思、恩格斯以后的哲学家、中国哲学毛泽东以后的哲学家,原因就在于此。目的论也决定了哲学史的研究方式。我们心中总有一个最高准则,对于某一哲学家,一般是先陈述其思想内容,然后依照最高原则略加评论,或者把哲学家的思想放在出场或不出场的马克思主义、毛泽东思想的背景下夹叙夹议。化哲学研究为哲学史研究,化哲学史研究为陈述加评论;只能出哲学史家,不能出哲学家,哲学思维就此泯灭。这些都与目的论史观有关。

(三) 哲学史的党性原则与反对客观主义

日丹诺夫认为,亚历山大洛夫不懂马克思主义"把哲学变成科学"的根本性革命,他的《西欧哲学史》只注意阐述马克思主义与以前哲学的联系,而没有着重说明马克思主义创造了新的、"在质量上与所有以前的、包括进步哲学体系在内的、一切哲学体系不同的哲学",陷入形而上学的观点。《西欧哲学史》"把哲学底历史当作是各种哲学派别的逐渐更替",[①]鼓吹非马克思主义哲学史观;又人为地把哲学史分为西欧哲学和俄国哲学,接受了"资产阶级把文化划分为'西欧'文化和'东方'文化的观点,这样就把马克思主义看成是'西欧'的地方性的思潮"。[②]

日丹诺夫又指出,亚历山大洛夫的哲学史没有贯彻哲学的党性原则,在不同学派之间调和,滑向了客观主义。他对各种哲学观点的叙述"是抽象的、客观主义的、中立的。各种哲学派别在这本书中是一个一个先后排列或比肩并列的,却不是互相斗争的",这"无疑是替学院派伪客观主义效劳",是

---

①　李立三译:《日丹诺夫在〈西欧哲学史〉讨论会上的发言》,《苏联哲学问题》,第 11 页。

②　李立三译:《日丹诺夫在〈西欧哲学史〉讨论会上的发言》,《苏联哲学问题》,第 13 页。

为"学院派的效劳"，"而马克思主义却是在与一切唯心主义派别代表作无情斗争中发生、生长和获得胜利了的。亚历山大洛夫这种观点必然要引到客观主义，引到对资产阶级献媚，夸大他们的功劳，剥夺我们的哲学底战斗性和进攻精神。而这就是脱离唯物主义基本原则，脱离唯物主义的阶级性和党性"①。

（四）对思想的"超历史性"的批判

在日丹诺夫看来，亚历山大洛夫的哲学史还有一个特点，就是不能正确地理解一个学说在不同历史条件下的作用，在叙述各种哲学体系时，往往把某一哲学和它产生的具体历史环境、社会阶级根源相脱节，滑到"哲学思想发展具有独立性和超历史性的观点上去了，而这种观点就是唯心主义哲学具有的特别标志"。②

（五）关于哲学史研究的目的

日丹诺夫认为，研究哲学史的根本任务之一"就是继续发展已成为科学的哲学，找出新的规律，在实践中检阅旧的原则，用新的原则代替已经陈腐的原则"。但是，亚历山大洛夫却仅仅注意了哲学史的文化教育意义，把哲学史研究当成了"消极观察的学院式研究"，与"马列主义所规定的哲学之为科学的定义不相符合"。这对1949年以后还想把哲学史作为一个知识系统客观地讲授的人来说，无疑是当头棒喝。日丹诺夫说，由于作者仅仅注意到教育的目的，由此给人一种"好像马列主义已经到了顶点，而发展他们的学说已经不是主要任务"的印象。日丹诺夫指出，"这样是与马列主义的精神矛盾的，因为这就是已经开始用形而上学的观点把马克思主义看作已经完成和到底了的学说"。③ 其实，目的史观已经内在地决定了哲学史的终点是马克思主义。况且在苏联，学术从属于政治，发展马克思主义只能是无产阶级革命家的事，一般学者绝无染指的权利。所以，一方面，苏编《马克思恩格斯全集》也曾指出："马克思主义是活的革命学说，它不断发展，日臻完

---

① 李立三译：《日丹诺夫在〈西欧哲学史〉讨论会上的发言》，《苏联哲学问题》，第16页。
② 李立三译：《日丹诺夫在〈西欧哲学史〉讨论会上的发言》，《苏联哲学问题》，第22页。
③ 李立三译：《日丹诺夫在〈西欧哲学史〉讨论会上的发言》，《苏联哲学问题》，第27～28页。

善";①另一方面,苏式马克思主义却正以僵化著称,成为最终导致苏维埃联邦亡国的重要原因之一。

(六) 哲学史和科学的联盟与哲学领域作为"战线"

日丹诺夫指出,编写哲学史必须注意哲学与自然科学的联系。但是,亚历山大洛夫的哲学史在这方面却有严重的原则性错误。他认为"辩证法是'18世纪后半期'的自然科学成果已经准备起来了的",这与恩格斯的著名学理根本矛盾。日丹诺夫对苏联哲学界现状也提出了批评。他说,苏联哲学战线麻木,缺乏战斗精神。亚历山大洛夫的哲学史著作有那么多的问题,还被推荐到"斯大林奖金"委员会,以至需要中央委员会和斯大林同志亲自干预,才能揭发这本书的缺点。日丹诺夫反问道,"哲学战线""究竟在哪里"?

总之:哲学史是唯物主义发展史的目的史观、是唯物主义对唯心主义进行斗争的斗争史观,哲学是一门科学,哲学研究要为现实政治服务的服务史观,反对哲学史研究中的资产阶级客观主义;反对学院式的纯文化教育意义的研究,否认思想的超越历史条件的意义,自觉坚持党性原则,哲学史研究的目的是找出哲学的规律,哲学界也是一条"战线",以上等等是日丹诺夫讲话给中国哲学史界带来的新范式。这一套范式成为此后相当长时期内中国哲学史研究的方法论和基本话语体系。

三、学术界对日丹诺夫讲话的接受

日丹诺夫的讲话,不仅中国哲学专业和西方哲学专业,而且其他专业的一些学者也都进行了一定程度的主动学习和自觉接受。这里之所以说"主动",是因为在全国尚未解放、有关方面还没有要求的情况下,学者就已经开始学习了。据记载,仅在1949年5月24日前后一段时间,郑昕和金岳霖即召集有关学者进行过32次座谈会,讨论哲学和哲学史问题。5月24日是第21次座谈会,议题是讨论日丹诺夫的哲学史讲话,从此次开始座谈会改由

---

① 《马克思恩格斯全集·第2版说明》,第1卷,人民出版社,1956年,第VII页。

新哲学会主持。此类会议共举行过三次。此后，第"28～32次讨论哲学史课程提纲"。①

1950年2月12日上午、3月5日上午召开过两次关于日丹诺夫哲学史讲话的讨论会，参加者有金岳霖、冯友兰、②朱光潜、汤用彤、张岱年、郑昕、齐良骥、王太庆、胡绳等。这两次会议《新建设》杂志都有记录。讨论前由马特拟了讨论提纲，发给大家参考。③ 提纲共列了四个问题：（1）关于哲学史的定义；（2）马克思主义哲学与旧哲学的关系；（3）哲学中的党性原则；（4）研究哲学史的任务。马特指出，亚历山大洛夫的哲学史定义是"人类对于周围世界的知识之前进上升、发展的历史"，其根本错误在于忘记了阶级斗争在哲学史上的反映。马特根据毛泽东的话指出，"从古至今世界上的知识只有两门，一门叫做生产斗争知识；一门叫做阶级斗争知识，民族斗争知识也包括在里面……哲学则是自然科学与社会科学的概括总结"，哲学史和阶级斗争与生产斗争分不开，唯物论和唯心论的斗争，是阶级斗争的反映，"哲学史是唯物论与唯心论斗争的历史，也就是唯物论怎样克服唯心论的历史"。④ 马特引用毛泽东的话，是非常值得注意的事件。这可能是哲学史界第一次将毛泽东的话作为哲学史研究的"元语言"使用。⑤ 这表明，毛泽东的话语已经开始成为学者研究的指南；"思想改造运动"不仅是马列主义的普及过程，也是毛泽东思想的普及过程；后一方面至少和前一方面同样重

---

① 《新建设》报道说，"中国新哲学研究会组织之座谈会自1949年5月24日起，开会32次"，似乎是说讨论会一直是由中国新哲学研究会组织的，与郑昕的说法不一致。郑昕在第21次会议上说："这个哲学座谈会，过去是由我和金岳霖先生召集的，大家自由参加，采取个人演讲为中心的方式。从这一次起，改由新哲学会主持，以后将以讨论为主。今天讨论日丹诺夫《关于西方哲学史的发言》。"（《新建设》，1950年第3卷第1期，第73页。）兹以郑昕说法为准，自第21次后改由中国新哲学研究会主持。

② 据《冯友兰先生年谱初编》记载，冯友兰参加了此次讨论，但不知何故，没有冯友兰发言的任何记录。

③ 《新建设》，1950年第3卷第1期，第73～78页。这个学习在"思想改造"之前一直是由学者们主动进行的，这表明思想改造起初在一定程度上也是学者们的自觉行动。不过，改由"中国新哲学研究会"主持以后，组织的意味就十分明显了。

④ 《新建设》，1950年第3卷第1期，第73页。

⑤ 元（meta），"根据"、"根本"之义。"元语言"即用来评价研究对象的概念术语，反映了一定的哲学史观。

要。关于马克思主义和旧哲学的关系,马特说亚历山大洛夫的错误是只看到了两者的联系,没有看到两者的不同之处和马克思主义哲学的革命性所在。第一,旧哲学只是少数哲学家的私产,马克思主义哲学是无产阶级进行阶级斗争和革命的武器;第二,旧哲学要求解决包罗万象的问题,马克思主义哲学只是"贯穿在一切自然科学和社会科学中的方法";第三,马克思主义哲学是自然科学和社会科学的总结和概括,"是从自然科学和社会科学中分出来的一种独立的科学"。关于党性问题,马特指出,"党性便是阶级性的集中表现","党性原则的斗争表现为唯物论与唯心论两大阵营的斗争"。① 亚历山大洛夫的错误之一就是客观主义,不能从战斗的立场说明哲学的本质。关于哲学史的任务,马特重申了日丹诺夫对亚历山大洛夫的批评。

会上,郑昕希望围绕马特提出的四个问题进行讨论。任华说,"研究哲学史应该和社会背景结合起来"。自己过去研究哲学史,没有从阶级斗争的角度看问题,把哲学史讲得很抽象,看不出什么意义来;解放后从阶级斗争的角度看,觉得看得深了,对古代哲学的看法有了很大的改变。过去曾认为柏拉图的思想有代表全人类的地方,现在看来,这种看法是不正确的,"柏拉图在当时是很反动的"。张岱年认为,"日丹诺夫的定义是很正确的,也可以用到中国哲学史方面。其中历史观尤其重要,譬如孔子和老子都有两方面,必须看他的主导思想在哪一方面,才能决定其进步或落后"。② 胡绳认为,亚历山大洛夫的错误有两点,一是把哲学看作全部科学知识。而事实上,辩证唯物主义产生以后,哲学"不复是科学知识的总和,而是以科学为基础的一种方法论和世界观……其任务在于分析人类认识历史发展的过程";③ 亚氏的第二个错误是把哲学史看成平静的进化史。其实,哲学史是"互相对立的思想各不相容的斗争史","研究哲学史必须把握一定的立场,否则便会产生客观主义的错误"。④ 汤用彤对日丹诺夫的马克思主义哲学是对以往哲学的"否定"的观点进行了解释,指出"否定"包含了继承,是"在新的更高的

---

① 《新建设》,1950 年第 3 卷第 1 期,第 74 页。
② 《新建设》,1950 年第 3 卷第 1 期,第 74 页。
③ 《新建设》,1950 年第 3 卷第 1 期,第 75 页。
④ 《新建设》,1950 年第 3 卷第 1 期,第 75 页。

综合中吸收,批判地改造和联合人类历史上所达到的前进和进步的一切"。① 朱光潜说,哲学体系是"整体"的,能否保留一部分去掉一部分,值得怀疑。齐良骥对批判地接受提出了疑问,指出过去哲学家在这一方面已经做了很多工作,我们还能做什么? 马特指出,批判地接受不是机械的,如笛卡儿的"我思故我在",无疑是反动的唯我论命题,但当时有宣传理性主义的作用;不能脱离黑格尔的唯心主义谈论其辩证法等。金岳霖指出,批判必须有立场,"我们首先要学马克思主义的观点立场,然后再去看哲学上的体系,那时我们便会不把它们当作体系看;否定,就是把原来的体系完全抛开"。② 贺麟对客观主义问题进行了检讨,说自己过去只知道辩证唯物主义反对主观主义,不知道也反对客观主义。亚历山大洛夫的错误就在于没有坚持无产阶级的立场、观点和方法。所以,必须站稳立场,掌握好辩证唯物论,做到"主客合一"。

1950 年 3 月 5 日上午召开的第 22 次座谈会的议题,是就哲学史的党性和哲学史研究的任务问题进行讨论。马特提出,党性问题可以和文化统一战线问题结合起来讨论。新民主主义制度下,除了领导政党共产党之外,还有其他党派,"是否也还有非辩证唯物主义思想存在的可能呢?"③贺麟指出,"哲学的党性,广义说来就是阶级性"。自己过去对此很难搞通,只知道哲学的普遍性、哲学的个性、民族性等,其实,"每一个哲学一定代表着某一种利益说话,为某一种制度辩护"。"(一)从发展看,现在已经发展到阶级重点的阶段,所以应当强调哲学的阶级性。"(二)不能离开阶级性谈个性,也不能离开阶级性谈民族性。"(三)如果问阶级性是否束缚人,以及无产阶级是否一偏,我的回答是:不是的。因为无产阶级占大多数,最无偏见,不但不偏颇狭隘,而且最大公无私,自然不束缚人。"④任华认为,哲学的阶级性注重的是社会经济意义,党派性注重的是政治意义。讲哲学史,应先从哲学家的经济地位和政治哲学讲起。胡世华提出,辩证唯物主义的党性是

---

① 《新建设》,1950 年第 3 卷第 1 期,第 75 页。
② 《新建设》,1950 年第 3 卷第 1 期,第 76 页。
③ 《新建设》,1950 年第 3 卷第 1 期,第 76 页。
④ 《新建设》,1950 年第 3 卷第 1 期,第 77 页。

"马克思主义政党的党性。而马克思主义政党是有战斗性的"。① 金岳霖指出,自己过去是反对党性的,也不喜欢哲学史,总是把哲学看作一套抽象的思想结构,看不出党性。他决定先研究历史唯物论,再来研究哲学,认为这样也许能把握住党性。马特指出,即使二加三等于五之类的抽象命题,其背后也有唯物和唯心不同的立场。贺麟强调,金岳霖所讲的抽象的立场,实际上是小资产阶级的立场。侯外庐辨别了党性和阶级性的不同,指出各阶级都有自己的立场,只有无产阶级大公无私,所以其世界观——辩证唯物论——是"平实不虚"的。"党性是阶级性的集中,阶级性反映上去,成为意识形态,集中为党性,再反过来指导社会政治……党性的根本精神是要作实际斗争的,我们今天所要的党性,就是辩证唯物论,是一种斗争的武器,批判的武器";"党性的特征,则是把理论的结果化为斗争的武器"。② 对于唯物论在政治上进步,唯心论在政治上落后,张恒寿慎重地指出:"不能机械地看,恐怕要细细弄清楚历史社会条件的细节,才能见其大体。"③对此,侯外庐指出:"历史上的唯物论大体上是代表进步阶级的,唯心论则视其时代而定其进步性。大体上唯心论的世界观总是反动的。"④侯外庐所说,可谓"对应史观",其中包含有现实对于历史的投射。现实中的无产阶级与辩证唯物论的联结影响或塑造了人们的思想,使人们认为历史上唯心论是与反动性、落后性联系在一起的。从更深层次说,这种对应与其说是客观地了解历史得出的结论,毋宁说是为了说明无产阶级的革命性、进步性或者辩证唯物主义的正确性;说明马克思主义、无产阶级政权的合理性和合法性;这里也涉及研究者本人的存在价值问题。现实与历史的变动,民族与个人的存在,十分复杂地纠结在一起。

艾思奇也参加了讨论会。他认为,日丹诺夫的哲学史定义是正确的,"应该对于我们的哲学史研究工作引起一个认识上的根本变革"。只有坚持这个定义才有可能把哲学史的研究当作科学,掌握哲学思想发展的规律。为什么哲学史是唯物主义和唯心主义的斗争史?艾思奇指出,唯心主义有

---

① 《新建设》,1950年第3卷第1期,第77页。
② 《新建设》,1950年第3卷第1期,第78页。
③ 《新建设》,1950年第3卷第1期,第78页。
④ 《新建设》,1950年第3卷第1期,第78页。

其认识根源,也有其阶级根源。"反动的剥削阶级需要经常地对于自然界、客观世界的某些真相加以隐瞒、夸大和曲解,因此就要坚持唯心论的世界观,反对唯物论的世界观。因此,哲学史的发展……是唯物论与唯心论斗争的过程。"① 关于新旧哲学的区别,艾思奇强调,在与科学的关系上,马克思主义与旧哲学根本不同。马克思主义"以全部人类认识发展的历史做基础,以一切人类科学的成就作为基础",加以概括和总结,得出普遍的原理和规律,反过来作为科学研究的方法指南;"马克思主义本身,就成为一种科学"。② 关于哲学的党性原则,艾思奇指出,它首先表现为唯物论和唯心论之间不可调和的斗争,由此"使哲学史成为唯物论和唯心论两大党派斗争的历史"。③ 哲学的党性也是阶级斗争在思想战线上的反映,"在本质上,唯物论反映着进步的、革命的阶级立场,唯心论反映着保守的、反动的或反革命的阶级立场"。④ 关于研究哲学史的任务,艾思奇认为是"为着解决现有的问题"。"首先需要解决的问题就是要克服旧封建中国社会遗留下来的唯心论影响和'五四'以来从帝国主义国家广泛流传进来的资产阶级唯心论影响的问题";在中国哲学方面,要研究太平天国革命以来以及近代思想发展史,尤其是"五四"以来的思想史;在西洋哲学方面,则应着重对现代资产阶级哲学进行研究,用唯物主义的方法重新整理中外哲学史课程,"多讲一些唯物主义派别的课程,而减少不相干的唯心主义派别的课程"。⑤ 艾思奇的发言不是刊在讨论纪要中,而是单独成篇发表的。鉴于他的身份,他的发言具有总结或结论的性质。

第二节　对知识分子的思想改造运动

接受马克思主义、毛泽东思想,既是时势的必然,也有学者们一定程度

---

① 艾思奇:《关于几个哲学问题》,《新建设》,1950年第3卷第1期,第20页。
② 艾思奇:《关于几个哲学问题》,《新建设》,1950年第3卷第1期,第20页。
③ 艾思奇:《关于几个哲学问题》,《新建设》,1950年第3卷第1期,第21页。
④ 艾思奇:《关于几个哲学问题》,《新建设》,1950年第3卷第1期,第21页。
⑤ 艾思奇:《关于几个哲学问题》,《新建设》,1950年第3卷第1期,第22页。

的主动。如前所述,在还没有全面铺开思想改造和进行马克思主义教育之前,不少学者已经开始学习和宣传马克思主义、毛泽东思想了。这表明他们对于新社会、新政权的积极态度。他们是主动地把学术研究与民族命运结合在一起的;思想改造则是新政权发出的一场改造知识分子的政治运动。

一、学习、宣传马克思主义

1948 年 12 月,金岳霖在清华大学用英文开设了列宁的《唯物论与经验批判论》研究课程。① 1949 年春季,张岱年应学生的要求,在清华大学讲授辩证唯物论课程;次年又讲辩证法、新民主主义论等大课。② 1949 年 7 月至 1951 年 7 月,冯契在上海纺织工学院讲授"辩证唯物主义和历史唯物主义"。

1949 年 7 月 8 日,北京大学哲学系部分教授和全国部分哲学工作者在北平召开会议,③发起组织成立"中国新哲学研究会",推选李达为主席,艾思奇、郑昕为副主席;李达、艾思奇、何思敬、金岳霖、张东荪、汤用彤、郑昕、何干之、马特、胡绳、夏康农等 11 人为筹备委员会委员。会议提出,组织中国新哲学研究会的宗旨"是团结全国哲学工作者和传播马克思主义哲学与毛泽东思想,以期正确认识新民主主义社会发展的规律,并批判吸收旧哲学的遗产,在文化思想战线上展开对于各种错误思想意识的批判"。此后,该会组织北京大学、清华大学哲学系教师和一些马克思主义哲学工作者,每两周举行一次讨论会,学习马克思主义哲学,改造世界观,讨论各种哲学专业问题。④ 这个研究会实际上承担着改造知识分子思想的任务。经常与会的有艾思奇、胡绳、侯外庐、何思敬、金岳霖、冯友兰、汤用彤、张岱年、贺麟、郑

---

① 刘培育:《金岳霖年谱》,《金岳霖文集》第 4 卷,甘肃人民出版社,1995 年,第 809 页。

② 张岱年:《耄年忆往》,山西人民出版社,1985 年,第 35～36 页。张岱年回忆道:"后来发现,讲辩证唯物论哲学,必须联系中国革命实际及中国共产党的历史,而我对于党及当时政策都缺乏信息来源,难以联系实际,以后便决定不再讲辩证唯物论课程了。"

③ 刘培育《金岳霖年谱》认为,此会是由原新哲学会和中国哲学会中的著名人士发起的,见《金岳霖文集》第 4 卷,第 810 页。

④ 《中国哲学年鉴》(1982 年),中国大百科全书出版社,1983 年,第 298 页。

昕、朱光潜、洪谦、胡世华、齐良骥、任华、邓以蛰、王宪钧、任继愈等人,徐特立有时也参加。① 前述日丹诺夫哲学史讲话讨论会就是这个研究会主办的。1950 年春夏之交,新中国哲学研究会组织探讨如何用马克思主义观点改造旧大学哲学教材;北大清华两校开始编写新教学大纲,选编资料。

二、有组织的思想改造运动的展开

建国初,中国共产党已经考虑到知识分子的思想改造问题。1950 年,毛泽东指出,要让知识分子"学社会发展史,历史唯物论等几门课程"。② 当时学习的教材有于光远翻译的《从猿到人》(即恩格斯的《劳动在从猿到人的转变过程中的作用》)、③艾思奇的《历史唯物论——社会发展史》、④《马克思恩格斯关于历史唯物主义的信》、⑤莫乃群的《历史唯物论浅说》、⑥苏联教科书《历史唯物论》(米丁著,沈志远译)。⑦ 学习的主要观点是：劳动创造人类世界、阶级和阶级斗争、人民群众创造历史和马克思主义的国家观,目的是要知识分子树立历史唯物主义的劳动观、阶级观、群众观和国家的观点。⑧

如前所述,思想改造运动不仅是马列主义的普及过程,也是毛泽东思想的普及过程。1950 年 12 月 29 日,《人民日报》重新发表《实践论》,30 日《人

---

① 分别见：《1949～1980 年哲学大事年表》,《中国哲学年鉴》(1982 年),《金岳霖文集》第 4 卷,蔡仲德《冯友兰先生年谱长编》等。

② 《毛泽东选集》第 5 卷,人民出版社,1977 年,第 23 页。

③ 恩格斯：《从猿到人》,曹葆华、于光远译,解放社 1949 年印行,天津新华书店发行。

④ 艾思奇：《历史唯物论——社会发展史讲义》,由工人出版社出版。此书经修改,在电台播出。1951 年 3 月改名为《历史唯物论、社会发展史》,由三联书店出版,1955 年出版第 10 版,到 1958 年共印刷 13 次。

⑤ 艾思奇译：《马克思恩格斯关于历史唯物主义的信》,学习杂志社,1951 年版,印数 15 000 册。

⑥ 莫乃群：《历史唯物论浅说》,生活·读书·新知三联书店,1950 年,印数 40 000 册。

⑦ 〔苏〕米丁著,沈志远译：《历史唯物论》(上、下册),生活·读书·新知三联书店,1950 年,印数 25 000 册。

⑧ 杨春贵主编：《中国哲学 40 年》,求实出版社,1989 年,第 4～5 页。

民日报》转载苏联《真理报》编辑部文章《论毛泽东的著作〈实践论〉》,指出毛泽东发展了"马克思列宁主义关于辩证唯物论的认识论的基本原理"。1951年1月29日,《人民日报》发表题为《学习毛泽东同志的〈实践论〉》的社论,号召学习《实践论》,以马克思主义的认识论来指导各项工作。2月16日,该报又发表了《〈实践论〉开辟了我国学术革命的思想道路》的社论。文章说,中国学术界的革命已经开始,这个革命开端的特点,"是历史唯物论的观点对于历史唯心论观点的极大规模的破坏",广大知识分子已经接受了劳动创造了人的观点。但是这只是学术革命的开端,还必须深入下去。近代以来,中国学术界工作真正的成就很少,"毛泽东同志极其光辉地执行了中国革命所需要的各种根本理论工作的任务,他的理论工作总是站在实践的前面,因而领导了革命实践的前进"。但是,学术界"却还不善于学习毛泽东同志进行理论工作的方法","学术界的工作大大地落后于人民的需要,理论落后于实际";"毛泽东同志的《实践论》,正是我们宣传唯物论的伟大旗帜,它给我们指出了如何按照唯物论的道路去从事学术革命的工作";学术界各方面、各个部门都应该认真学习《实践论》,改进自己的工作。"毛泽东同志的《实践论》这个唯物论的伟大旗帜,将使中国学术革命的工作开辟了新的历史的一页。只要我们真正能够领略《实践论》的深刻思想,并认真地把它转化为学术的实践,那末,中国学术界将出现伟大的成果,那是完全可以预卜的。"①3月5日,《人民日报》再次发表《学习〈实践论〉,提高新中国的学术水平》的社论,强调"理论与实践的有机统一,是一切理论学习和研究工作的基本指导原则"。1952年4月1日,《人民日报》重新发表毛泽东的《矛盾论》,与上一年发表的《实践论》相配合,在全国掀起了学习"两论"的高潮。《新建设》第3卷第6期和第4卷第1、2、3期连载了李达的《〈实践论〉解说》,此书由三联书店出版单行本;此后《新建设》又连续刊登了李达的《〈矛盾论〉解说》。

　　1951年9月29日,周恩来在北京、天津高校教师学习会上作《关于知识分子的改造问题》的报告。周恩来指出,在立场上,知识分子要从民族的、国

---

　　① 《人民日报》,1951年2月16日。

家的立场转变到人民的立场，进一步转变为工人阶级的立场；在政治态度上，要分清敌友；在为谁服务的问题上，要为人民服务；在思想问题上，要反对个人主义和自由主义。关于知识的问题，周恩来批评了知识分子的自负。他引用毛泽东的话指出：从来知识只有两门，一门是生产斗争，一门是阶级斗争。知识分子要把知识与实践结合起来，理性知识与感性知识结合起来，把死的知识变为活的知识。① 金岳霖说，周恩来的讲话是结合自己的体验，结合党的历史娓娓道来的谈心，而不是盛气凌人的指示，很能深入知识分子的心中。他听后对从民族立场转到人民的立场、再转到工人阶级立场的观点非常信服，在以后的生活中经常对照自己的思想行为，看是否符合总理的话。②

据《人民日报》报道，周恩来讲话后，京津各高校开展了广泛的学习讨论、批评和自我批评运动。"不少教师结合实际工作进行思想检查后，已着手改进教学内容和教学方法。北京大学、清华大学和燕京大学的教师们对三校院系调整问题也取得了一致的认识"；各校还围绕本校的突出人物、联系自己的思想进行分析批判。"北京大学讨论和分析了胡适的思想，燕京大学讨论了司徒雷登的问题，南开大学讨论和分析了张伯苓的思想，清华大学教师讨论和分析了该校前校长梅贻琦的思想。"报道认为："北京、天津高等学校教师学习运动的第一阶段（思想动员、端正学习态度）已大致结束，现在进入第二阶段，即着重研究文件，批判封建主义和帝国主义等反动思想，划清敌我界限；这次学习运动的第三阶段学习重点是建立马克思列宁主义的基本观点，批判各种资产阶级和小资产阶级思想；第四阶段是按照国防建设和经济建设的需要，讨论高等教育改革问题；第五阶段进行总结。"③

---

① 关于这次报告会的缘起，周恩来说："北京大学教师学习会和马校长要我给他们做一个报告。我想，既然给北京大学讲，也就应该给别的大学讲。因此，我同教育部商量了一下，这个报告会就以北京大学为主，把北京、天津其他大学的教师和同学代表也请来了。"（中共中央文献研究室编：《周恩来文化文选》，中共文献出版社，2003年，第776页。）

② 《金岳霖文集》第4卷，第725～726页。

③ 《人民日报》，1951年12月5日。

　　1951 年 11 月 30 日,中共中央发出《关于在学校中进行思想改造和组织清理工作的指示》,要求"从思想上、政治上、组织上清除学校中的反动遗迹,使全国学校都逐步掌握在党的领导之下,并逐步保持其革命性和纯洁性",《指示》要求在一两年内,"在所有大中学校的教职员中和高中学校以上的学生中,普遍地进行初步的思想改造工作","并在此基础上,在大中学校的教职员中和专科学校以上(即大学一年级)的学生中,组织忠诚老实交代清楚历史的运动,清理其中的反革命分子";所谓"初步的思想改造工作,主要是分清革命与反革命,建立为人民服务的观点,用批评和自我批评的方式,进行自我改造,抛弃原来的反动的或错误的阶级立场等这一切一般的同时也是最根本的东西"。①

　　1955 年 1 月 26 日,中共中央发出《中共中央关于在干部和知识分子中组织宣传唯物主义思想批判唯心主义思想的讲演工作的通知》,指出"必须对干部和知识分子进行唯物主义世界观的教育,使他们通过生动具体的思想斗争认识唯心主义思想的反动性,学会鉴别唯心主义思想,从而较为深刻地认识唯物主义思想的正确性"。这里值得注意的是把思想和政治等同。同年 3 月 1 日,中共中央又发出了《关于宣传唯物主义思想批判资产阶级唯心主义思想的指示》,认为"资产阶级错误思想在广大劳动人民中间,在知识分子中间,在学术和文化领域中间,以至于在党内很大一部分党员和干部中间,都有深刻的影响",所以,要开展"在各个学术领域中对资产阶级唯心主义思想的代表人物的批判",这是"在学术界中,在党内外知识分子中宣传唯物主义的有效办法,是推动科学和文化进步的有效办法"。《指示》指出:"在学术问题上资产阶级唯心主义思想是社会生活中的形形色色的资产阶级思想的理论化、系统化、集中化了的表现,所以决不能认为,在学术问题上的反对唯心主义的斗争只是学术界内部的事情。"②

　　从这年 3 月份开始,全国开展大规模的宣传唯物主义思想的学习运动。

---

　　① 《宣传通讯》,第 27 期,中共中央宣传部主编,1951 年 12 月 15 日印行。

　　② 《宣传通讯》,第 8 期(总第 154 期),中共中央宣传部主编,1956 年 3 月 27 日印行,第 1～5 页。

中共中央宣传部举行《宣传唯物主义、批判唯心主义思想》演讲会，全国二十多个省份举行了唯物主义讲座。[1] 据《辩证唯物主义的学习逐渐展开》报道："从3月份开始的大规模宣传辩证唯物主义的学习运动，主要是采取举行突击宣传性的大报告的方式进行的。截至五月底，北京、天津等八大城市已有七十多万干部和知识分子参加了这样的学习。"[2] 在学习运动期间，广泛存在的"唯心论＝资产阶级、小资产阶级＝政治反动"的联系，对后来的中国哲学史研究产生了深刻的影响。

三、学习和接受《实践论》

如前所述，思想改造运动也是普及毛泽东思想的过程。在中共发出学习号召之前，学者们已经开始自觉地学习、讨论，并运用《实践论》来指导学术研究了。

1951年1～2月，中国哲学会两次在北京南河沿金钩胡同中国社会科学各研究会联合办事处举办"学习毛主席的《实践论》"座谈会。金岳霖、傅铜、沈有鼎、朱光潜、樊弘、张岱年、任华、王维城、容肇祖、邰爽秋、朱启贤等人出席并发言。第一次会议是1月28日召开的，会议主席为艾思奇。此前冯友兰已经写了《〈实践论〉——马列主义底发展与中国哲学》一文。[3] 他认为，斯大林对辩证唯物主义和历史唯物主义、毛泽东对于认识论的发展，"不是用逻辑演绎法从马、恩、列底著作中，推演引申出来的，而是以马、恩、列底思想为指南，在革命的实践中所体会出来的"。[4] 冯友兰此话非常值得玩味。

冯友兰和金岳霖等人1949年前构造哲学体系的主要方法之一，正是逻辑分析法。冯说，"《实践论》底主要贡献，是以中国整个的革命实践，充实了丰富了辩证唯物论的认识论"；"科学地解决了中国哲学中的一个重

---

[1]　《人民日报》，1955年4月22日，第3版。

[2]　《哲学研究》，1955年第2期。

[3]　此文系清华大学哲学系全体教师集体讨论后由冯友兰执笔撰写，实际上有代表清华大学哲学系的意思。

[4]　《新建设》，1951年第3卷第6期，第20页。

要的传统问题……知行问题。……它以《实践论》在结尾中所说的'辩证唯物的知行统一观'解决了这个问题";①《实践论》是"马克思主义的内容,表现于中国底民族形式,这种表现是马列主义底发展,同时也是中国哲学底提高"。② 冯友兰指出,《实践论》对于中国哲学工作者有特殊重要的意义,在于"为我们底工作,不但指示了一条正确的途径,而且树立了一个伟大的模范";③为我们提供了辩证唯物主义的认识论、理论的基础是实践、理论为实践服务、实践是判定理论的真理性的标准等观点。

冯友兰根据《实践论》指出,孔子的知行观是唯心主义的(由此可见后来中国哲学史界批孔的必然性)。墨子三表法的第二表肯定认识来源于经验,第三表肯定认识为实践服务,其知行观是唯物主义的。道家老庄的认识论是脱离实践的,法家韩非强调"参验"代表了新兴地主阶级,其思想具有唯物的倾向。这个唯物传统在汉代得到了王充的继承。宋明时期哲学对于知行问题有系统的探讨,大体从程伊川到王阳明,继承的是唯心主义路线;从王船山到颜习斋继承的是唯物主义路线。近代以后,孙中山突破了封建社会知行概念的内涵,从社会发展的观点讨论知行问题,但他并没有解决知行观问题。从中国哲学史学史的角度看,冯友兰运用《实践论》分析中国哲学史上的知行问题,是十分值得重视的。这是他第二次把毛泽东思想作为元理论和指导思想。④

冯友兰又指出,毛主席的《实践论》与孙中山的《孙文学说》虽然时间只差二十多年,但代表了两个不同的时代。"一个是旧民主主义革命底时代,一个是新民主主义革命底时代,一个是资产阶级哲学底理论,一个是无产阶级哲学底理论。"《实践论》之所以能够正确地解决知行问题,是由于它是代表无产阶级的,"他们的实践,就是斗争",包括对自然的斗争和阶级斗争;同时无产阶级作为新生阶级,也有机器工业生产中的科学知识作为基础。在社会的革命中,无产阶级是最革命的阶级,革命的阶级需要革命的理论指导

---

① 《新建设》,1951年第3卷第6期,第20页。
② 《新建设》,1951年第3卷第6期,第26页。
③ 《新建设》,1951年第3卷第6期,第26页。
④ 第一次是冯友兰1950年底写成的《中国哲学底发展》。关于此文,后将论及。

革命的实践,革命的实践又提高了革命的理论。中国以前哲学中关于知行问题的讨论,不是斗争的知行,对于理论与实践的关系,也没有一个一致的见解。"他们的讨论,是离开实际的、学院式的讨论"。"《实践论》正是发扬了自古以来的、认识论上的、唯物论的传统,解决了中国哲学中的知行关系的问题"。① "学院式"是英文"scholastic"的翻译,即中世纪经院哲学的"经院"。"学院式"解放前是马克思主义阵营批判大学教授的治学方式的术语。在思想改造运动中,冯友兰接受了过去的批判自己的语言。又,知行问题是中国哲学史上的一个固有问题,跨越古今,孔子、孟子、二程、朱熹、陆九渊、王阳明、王夫之、颜元、孙中山、毛泽东对此都有论述。通过这条线索可以明确地看出,近代孙中山作为资产阶级革命家和哲学家对于古代哲学的超越、毛泽东作为无产阶级革命家和哲学家对于孙中山的超越、中国哲学从唯心主义到唯物主义发展的历史必然性,以及服务史观、目的史观等都可以较为完善地体现出来。这恐怕也是当初选择学习《实践论》的学理原因之一。

在讨论会上,金岳霖首先发言。② 他说,经过解放两年来的社会实践,又经过学习马克思主义、社会发展史、新民主主义革命史,自己对于《实践论》能够理解了,对于"知"有了新的认识,过去的"知"和现在的"知"有了根本的不同。艾思奇对他的发言表示赞赏,希望他写出来。朱光潜指出,"行"的意义也与过去不同,所以知行关系与过去也不同。樊弘认为,毛主席的"理论"与宋儒的"知"有三点不同,一是"外观"和"内省"的不同;一是变与不变的不同,宋儒的"知"在时空上是不变的,毛主席的"理论"是随着客观的变化而变化的;再一是宋儒的"知"的真理性不能用实践检验,毛主席所说的"理论"则是实践可以检验的。从这三点差别可以发现两者实质的不同:首先,宋儒注重内心的良知良能,是反民主的,在政治上主张好人政治;其次,他们是维持现状的、保守的,不承认"知"是对外界的反映,是反对变革的。

---

① 《新建设》,1951年第3卷第6期,第26页。冯友兰此论似乎也具有目的论史观的特点。

② 以下发言均见《学习毛主席的〈实践论〉——中国新哲学研究会座谈记录》,《新建设》,1951年第4卷第1期,第57～59页。限于篇幅,不俱引。

张岱年指出,中国的知偏重于内省,偏重于道德的知识,偏重于人与人的关系;马克思主义的知偏重于对于客观事物的认识。中国的行偏重于改革自己,马克思主义的行偏重于改造自然。冯友兰提出,《实践论》和斯大林的著作有同等价值,"毛主席的思想不只是马列主义与中国革命实践的结合,也是马列主义与中国哲学优良传统的结合"。张岱年认为这一观点十分重要。容肇祖指出,毛主席的著作可能主要是对知识分子说的,所以强调阶级斗争和理论的实践性。首先,过去的理论和实践是不能结合的。王阳明讲知行合一,他是主观唯心主义者,并不能做到合一;颜习斋把"习恭"当作实行,也有唯心主义的限制。其次,不讲阶级斗争,也不能解决社会实践问题,如孙中山。"阶级斗争的认识与实践是毛泽东思想的主要来源"。

艾思奇在总结中指出,《实践论》主要是用马克思主义理论总结中国革命的实践经验,反过来指导革命实践,读《实践论》,不能忘记这一点。学习这篇文章后,"可以拿它作为武器,批判历史上的错误思想。批判过去乃是为了现在。因为现在思想上的一些错误,是受过去思想的影响"。他希望冯友兰联系过去知行说在今日知识界的影响,"这样,可以批判了过去,也接触了现在。研究马克思主义的秘诀就是为了现在"。艾思奇又指出,"马列主义要研究的是整个世界总的规律……历史唯物论是辩证唯物论具体地应用来研究人类社会历史。《实践论》也是总规律在认识上的具体运用"。过去的"知"与现在的"知"只是发展的不同,没有根本差异,"行"则有根本差异。现在的"行"是代表人民的。关于毛主席对马克思主义的发展,艾思奇认为,所谓发展与旧时理解不同,不是拿出一个全新的体系,只要在某些方面推进一步,就是发展。如关于相对真理和绝对真理,马克思、恩格斯、列宁、斯大林只谈过一些大的原则,"毛主席从相对真理绝对真理与主观反映客观的问题联系在一起讲",这就是发展。就艾思奇的身份而论,他的看法对于当时中国哲学史研究是有指示意义的。1951年2月11日,郑昕代表北京大学哲学系在中国科学院各研究会联合办事处作《从过去哲学的认识论的批判来学习〈实践论〉》的报告。① 从北大—清华、西方—中国的布局看,冯友兰和

---

① 这篇文章刊登在《新建设》,1951年第4卷第1期。

郑昕的文章应当是组织安排的。郑昕的文章署名即是"北大哲学系"。

《人民日报》1月29日发表社论指出，中国近代资产阶级和小资产阶级的思想家，建立过各种"空中楼阁的反动哲学"，这些哲学在人民的革命实践面前，都破产了。《实践论》的重新发表，"对于在思想上扫清这些反动的哲学思潮或其残余，将是具有决定的意义的"。① 冯友兰哲学当在社论所说的反动哲学之列。2月16日，《人民日报》又发表社论指出：毛泽东同志说，只有感觉材料十分丰富并且合于实际，才能得出正确的结论。学术界不少人轻视以至否定了感觉材料，更没有什么丰富的材料，所以他们的研究成为无本之木、无源之水；也有一些人，搜集过一些甚至还很宝贵的材料，但也不过是"为材料而新材料"，并没有把材料提高到理论的认识。②

不久，冯友兰发表《学习〈实践论〉的收获》，③详细说明了学习《实践论》的收获。他说，《实践论》"为学术研究提出了一个唯一正确的方法，同时也为学术研究立了一个唯一正确的标准"；《实践论》和自己的研究，就是先生和学生的关系，自己要自觉地依《实践论》检查过去的工作，端正今后的工作方向。自己过去就属于资产阶级、小资产阶级的一员，也建立过空中楼阁式的哲学体系，但方向不对，距离人民的要求越来越远。过去写哲学史时，自己认为哲学史就是告诉人们历史的真相，而不是总结出什么理论，加进个人的评论会妨碍表达历史的真相。所以，把各个时代哲学家的资料排列出来，叙述了一些思想上的表面联系，却不能深入进行阶级分析，不能了解哲学史的"内部矛盾"，不了解哲学史的规律性。自己的研究"不过是为了材料而材料"，在"知"的范围内打转转，是资产阶级、小资产阶级的看法，没有进一步深入到"论理的认识"，也得不到哲学史的真相。④

金岳霖也发表了《了解〈实践论〉的条件——自我批评之一》，从哲学的作用、实践、唯物论、阶级、共产党的榜样、学习《实践论》的感受、对于《武训

---

① 《学习毛泽东同志的〈实践论〉》，《人民日报·社论》，1951年1月20日。
② 《〈实践论〉开辟了我们学术革命的思想道路》，《人民日报·社论》，1951年2月16日。
③ 冯友兰：《学习〈实践论〉的收获》，《光明日报》，1951年3月24日；转载于《人民日报》，1951年3月26日，第3版。此处引自《人民日报》。
④ 关于冯友兰对自己中国哲学史研究的反思与自我批判，详见下文。

传》的批判等不同侧面谈了自己的思想改造的过程和对于学习《实践论》的认识。金岳霖说,对于他这样一个原来搞旧哲学的人来说,学习《实践论》的先决条件是"解放后的社会实践"。他说,自己以前认为,"哲学不是发现真理,而在安排已经发现了的真理","即把基本的概念整理出来,调和起来,把基本概念之间的空白用唯心的、没有实践可能的概念去填补起来,使所有的概念成为一套形而上学的思想体系"。在反动的时代,"躲进这样体系里间接地帮助反动,在进步的时代,这样的体系当然会阻止我们的进步"。哲学和思想都是有党性和阶级性的。自己从前仅仅因为布哈林反对形式逻辑,就反对辩证唯物论,实际上是被形而上学体系的表面性所掩盖,价值观颠倒,看不到辩证唯物论的革命性和进步性。自己主张实在论,感觉里面有唯物论的成分,不是唯心论,但实际上那根本不是辩证唯物论,不过是"形而上学体系的一个出发点,一个项目,在概念图案中虽然看重它,然而在生活中我并没有因此就唯物或实事求是"。北京的解放带来的新面貌、解放军的纪律、共产党的领导、政府的作风等使自己有了根本的改变,也参加了从前没有参加的工作,如搞土改、办行政、参加全国性的抗美援朝运动、订爱国公约、镇压反革命、捐献飞机大炮,等等。"客观的环境把我们从个人生活中慢慢拖出来,送到半集体生活中去。在这个改变中,书本中所看见的字句,例如劳动的观点,从群众中来到群众中去,阶级意识,理论与实践的配合……等的具体的内容都在自己的工作中成为实在的东西。出现的愈多,它们的实在性也就愈大。我们的经验还是太少,也许少得可怜,但是这些经验已经使一些进步的积极的思想生根。新的思想生根就是旧的形而上学的习惯已经开始被我们放弃,这个舍旧取新的转变,不是凭空的灵感所产生的,不是直觉所顿悟出来的,它是客观环境中的社会实践的结果。没有这样的社会实践,我们不会自动地从形而上学的体系中跑出来。我们不从旧哲学中跑出来,新的哲学是无法接受的。……回头来看形而上的体系,我们会发现形而上就是不科学。这个认识正如《实践论》所说是从实践中来的。……旧哲学的形而上的成分确有多少的不同,但是一般地说,都是形而上的,反科学的。抓住这一点,我们就可以体会到,无论那一哲学体系是否有唯物成分或辩证成分,我们都不能把那个体系和辩证唯物论相提并论。我们抓住了这一点,加上我们对于阶级立场的初步了解,我们也会在哲学上一边倒,我们会否定旧的哲学体系"。① 金岳霖分三点进行了具体说明。

(一)假如我们保留了形而上的思想包袱,我们根本不会同《实践论》碰头。我们会把认识孤立起来……会把认识论看成讨论认识之所以为认识的问题,而不会讨论它的发生与发展。这是一个认识问题的总方式,这个方式就是形而上学的方式,它与《实践论》的方式格格不相入。不根本放弃不正确的方式,是没有法子接受正确的方式的。所谓根本的放弃,不只是寻常的放弃而已,它是以新的觉悟为根据的放弃。这个新的觉悟,就是我们觉悟到形而上的思想体系是反科学的,不正确的,要不得的。……这个觉悟只能从实践中得来,没有帮助我们建立这个觉悟的实践,我们就无从抓住《实践论》的整个理论,枝节问题就不必说了。

(二)假如我们保留形而上的思想包袱,我们会以抽象的方式看问题。……我们会把具体的事例如阶级斗争,从它的具体的内容、具体的条件、具体的联系中抽出来,让它成为一个与实际无关的概念。我们也许会想方设法给阶级斗争以不同的定义,把每一定义的含义罗列出来。罗列愈多,离题愈远,我们会感到"不懂"。这只是就阶级斗争一件事说而已。假如我们把这个方式用到其他的事情上去,我们虽有研究《实践论》的形式,然而不会和《实践论》有任何接触。我们用抽象的方式去研究《实践论》,我们实在只是把它拖到形而上的体系里面去而已。我们既然拖不进去,我们当然不能"懂"《实践论》,只有放弃这种方式,才有了解《实践论》的可能。

(三)以上是从思想方式着想,用这样的方式去看问题,对于问题的看法,当然会差以千里。《实践论》开始就肯定认识对生产与阶级斗争的关系,这是《实践论》的主要思想之一。这一句话,马上就把实践断定为知识的来源。阶级斗争对于认识何等重要。……我从前既不承认哲学的任务之一就是改造世界,决不会承认改造世界的动力之一的阶

---

① 金岳霖:《了解〈实践论〉的条件》,《金岳霖文集》第4卷,第18页。着重号为引者所加。哲学上的一边倒和当时外交上的一边倒具有同构性。——引者注

级斗争在哲学中的重要地位。不承认这个斗争在哲学中的重要地位，当然也不会承认革命在哲学中的重要地位。假如我们一直保留着形而上思想体系的包袱，我们哪里能了解认识与革命的关系呢？不了解这个关系，怎能说了解《实践论》呢？《实践论》是中国革命经验的科学总结，是指导革命走向胜利的大道理，这一点抓不住，别的当然不必谈了。辩证唯物论是改造世界的哲学，辩证唯物论的认识论也是要改造世界的认识论。不接受辩证唯物论是无法了解《实践论》的；不根本放弃形而上的思想，是不会真正接受辩证唯物论的。辩证唯物论，只能在解放后社会实践中去接受，不能关起门来想在书本上接受。……《实践论》的认识既是知行统一了的认识，它所谓了解也是知行统一了的了解。真正了解《实践论》，要我们能够把《实践论》的道理，成为我们行动的指南。……综合上述，没有解放后的社会实践，没有这个实践中的思想改造，我们是无法了解《实践论》的。[①]

由上文可见，金岳霖现在认为，真理只有一个，这就是被中国革命和中国共产党在建国初期的各种实践所证明了的马克思主义哲学。学院派哲学没有真理性，纯粹知识的积累没有价值。在两种不同思维方式的碰撞中，金岳霖非常真诚地放弃了自己原来的思想，在哲学上"一边倒"了。金岳霖的思想改造是十分彻底的，以至于他后来认为推理形式也有阶级性。

侯外庐、艾思奇也都发表文章对学习《实践论》进行了总结。侯外庐认为，毛泽东的《实践论》可以从马克思主义在东方的发展和中国传统哲学知行问题的解决两个角度来理解。《实践论》解决了中国历史上纠缠不清的知行关系问题，"不但是中国三千年文化思想在今天的智慧总汇，而且更是马克思主义的普遍真理在中国的新证实、新发展"。[②] 他从三个方面说明了这一结论，指出《实践论》对中国古代知行关系的认识给予了批判、总结和合理

---

① 金岳霖：《了解〈实践论〉的条件》，《新建设》，1951年第4卷第5期，第8～11页；又：《金岳霖文集》第4卷，第13～21页。

② 侯外庐：《〈实践论〉——中国思想史（知行关系）的科学总结》，《新建设》，1951年第3卷第6期，第27页。

定位,即运用马列主义的立场、观点和方法,研究中国的历史的和现实的经济、文化、军事等,创造出了新的理论。这是中国古代知行关系的辩证发展。同时,《实践论》也是近代以来历史的辩证发展。近代史上,知行关系有了新的因素,出现了中体西用的知行二元论、全盘西化的维新论和知难行易的资产阶级思想等。资产阶级思想在与封建主义的斗争中失败了。"五四"以后中国找到了马克思主义,进入了新的阶段。《实践论》是中国革命三十年的丰富阅历的结果。马克思主义指导了中国革命,中国革命具体证实了马克思主义的真理;《实践论》便是历史辩证发展的"证件"。[①] 艾思奇认为,中国革命实践中出现了教条主义和经验主义的错误,二者的危害性都是把革命引向盲目,造成损失和失败。《实践论》把马克思主义普遍真理同中国革命具体实践相结合,全面揭示了认识客观世界的普遍规律,从而解决了如何克服实践中的盲目性问题。[②] 郑昕曾说,过去的"一切非马克思主义的哲学的认识论,都是在不同程度上错误的认识论"。艾思奇认为,这一说法没有区分唯物主义和唯心主义,也没有注意到马克思主义产生以前尤其是唯物主义哲学中的合理因素,既不合实际,也无法说明唯物论和辩证法在历史上所起的进步作用。至于冯友兰关于《实践论》的认识,艾思奇认为问题是不清楚辩证唯物论和旧唯物论在认识论上的区别,没有把是否承认认识的客观性作为区分认识论上的唯物论和唯心论的标准,而是把是否承认实践性作为标准,其实唯心主义也可以重视"行"。重视实践与否可以作为区别辩证唯物主义认识论和机械唯物主义认识论的标准,不能作为区分唯物主义认识论和唯心主义认识论的标准。

　　艾思奇着重对冯友兰所说的《实践论》没有讨论知行难易问题是因为难易属于主观范畴的观点进行了批评。他指出,冯友兰的观点有三方面的意思:首先,《实践论》和传统中国哲学的区别在于后者提出了道德实践的任务,前者则着重于对于客观事物进行分析;其次,知行难易问题只是主观范

---

　　① 侯外庐:《〈实践论〉——中国思想史(知行关系)的科学总结》,《新建设》,1951 年第 3 卷第 6 期,第 29 页。

　　② 艾思奇:《〈实践论〉与关于哲学史的研究》,《新建设》,1951 年第 4 卷第 6 期,第 6 页。

畴内的问题,不是客观事实的反映;最后,辩证唯物论不涉及道德问题,所以不提出知行难易问题。艾思奇指出:"冯先生对于道德活动显然仍是采取了资产阶级唯心论的看法,而对于马克思主义哲学则又采取了客观主义的看法。"①艾思奇认为,马克思主义不把中国传统的道德问题作为自己哲学的出发点,但马克思主义哲学要改变世界,如《实践论》所说的整个地推翻旧中国的黑暗面,这种主观目的也是可以用道德活动来表示的。知行的难易问题绝不是主观范畴,而是客观物质存在在思想上的反映。这个问题不仅可以用在封建社会的道德活动中,而且也可应用在孙中山的资产阶级革命中。难易问题也不是形而上学地分开的,而是可以转化的。

从艾思奇、侯外庐的文章中,可以清晰地看到马克思主义给中国哲学史研究带来的新内容——哲学史研究目标的革命化。也就是说,哲学史研究不单纯是为了了解过去,而是为了当前的现实;不是为知识而知识。这些都是苏联的舶来物。日丹诺夫讲话明确地反对亚历山大洛夫仅仅从文化教育意义对哲学史进行"消极观察的学院式研究"。哲学史研究目标的革命化在中国马克思主义者这里又进一步具体化了。艾思奇在1951年1月28日的讨论中曾经明确地说,"研究马克思主义的秘诀就是为了现在"。所谓为了现在,就是把哲学研究作为现实工作的指导,解决现实的革命工作中的盲目化问题、教条主义、宗派主义、个人主义、自由主义、主观主义、片面性、"左"、"右"等问题。这表明,1949年以后,哲学史研究被整合进了革命进程,它不再是一个独立的、价值自足的领域,而是"战线"、革命进程的一部分。研究所采取的视角,是革命的视角;所关注的问题,是为了革命而需要关注的问题;所使用的元语言,则是马列尤其是毛泽东的话语。艾思奇说:"学习《实践论》,必须把它应用于当前的实际。……就哲学研究工作来说,即使是作历史的检讨,也应该使我们的研究服从于一般学习《实践论》的这一中心课题,即是一方面要借《实践论》的学习来克服我们哲学研究工作本身由于资产阶级、小资产阶级思想影响所造成的盲目性,另一方面又要使我们的研究有助于各部门的革命工作者来掌握这种克服盲目性的科学武器,我想这应

---

① 艾思奇:《〈实践论〉与关于哲学史的研究》,《新建设》,1951年第4卷第6期,第13页。

该是哲学研究工作的基本方针。"①

　　1949年6月，冯友兰曾撰文指出，在除旧布新的历史进程中，哲学家的特殊任务就是正确地解释、揭示世界，以便成为改变世界的指南；使历史的改变成为自觉的，有计划有目的的。② 冯友兰此论，实际上有面对即将到来的新世界而为自己的工作寻求存在价值的意义；解释世界成为改变世界的指南，包含了"为王者师"的意图。他那时大概还不知道，在马克思主义者看来，"哲学研究的任务首先是在改造世界的活动中来认识世界、或解释世界，其次才是依据正确的认识来促进改造世界任务的完成"；"把改造世界的实践活动作为认识的基础，这是马克思主义哲学的特点"。③ 艾思奇此论正是针对冯友兰的。尤其是，冯友兰还没有认识到，在马克思主义者看来，解释世界的理论，绝不会是他的"新理学"，所以，他的客观主义的非革命的观点理所当然地受到了艾思奇的批评。冯友兰此文提到日丹诺夫《关于西方哲学史的发言》。这可能是中国哲学史界最早提到日丹诺夫的讲话。④

四、参加土地改革

　　不少学者为了增强对马克思主义的认识，提高政治觉悟，转变理论立场，主动参加了土改运动。土改改变了他们的哲学思想，对他们的中国哲学研究产生了重要影响。

　　1950年初，毛泽东建议梁漱溟到关内外新老解放区看看。⑤ 年初至9月间，梁漱溟在河南、山东、东北各地参观考察。10月1日，他在《进步日报》发表《国庆日的一篇老实话》，说过去看许多人简直是死了，现在看都又活了。工人，尤其是几千年来一贯散漫的农民，在共产党的领导组织下积极干活。在共产党的领导下，中国有了生机，有了新鲜活气，"并将以开出今后

---

① 艾思奇：《〈实践论〉与关于哲学史的研究》，《新建设》，1951年第4卷第6期，第7页。
② 冯友兰：《哲学家当前的任务》，《进步日报·星期论文》，1949年6月19日。
③ 艾思奇：《〈实践论〉与关于哲学史的研究》，《新建设》，1951年第4卷第6期，第14页。
④ 冯友兰：《三松堂全集》第13卷，第3页。
⑤ 《梁漱溟全集》第6卷，山东人民出版社，1995年，第836页。

无尽的前途"。① 1951 年 5 月梁漱溟主动报名到四川合川县参加土地改革工作。10 月 5 日,梁漱溟在《光明日报》发表了《两年来我有了哪些转变?》,谓三年来整个中国有了很大改变,自己也发生了"打破纪录"的转变,亲眼看到共产党在建国上种种成功,"乃生极大惭愧心,检讨自己错误所在,而后恍然中共之所以对"。梁漱溟坦承,自己现在接受阶级斗争、暴力革命、历史唯物论等理论,认识到自己的确是小资产阶级,承认中国共产党的领导。11月 2 日,梁漱溟在《人民日报》发表了《相信共产党的领导并改造自己》,"声明,今后在政治上我将信从中国共产党的领导。并且……亦要学习共产党的思想方法以改造我自己"。② 1951 年 12 月 31 日,梁漱溟致信唐君毅,说国内的情形是"中华民族新生命的开端",劝他返回大陆。

　　1950 年 1 月下旬,冯友兰在清华大学学生主办的大字报园地表决心,说明参加土改的动机:"(一) 封建土地制度是中国传统文化的物质基础,不摧毁它,便不能使中国社会变质,参加这使社会变质的工作是难得的机会;(二) 取得一点革命经验,以充实书本上得到的知识;(三) 参加土改,在客观方面与地主斗争,在主观方面是与自己潜在的对于地主阶级的感情斗争,如是可以增加自己的进步。"③1 月 27 日,冯友兰与夫人一起到北京丰台区张仪村参加土改;2 月 3 日,又转到卢沟桥参加土改;3 月 10 日返回清华,总共参加了一个半月的土改。通过土改,冯友兰认为他在阶级立场及阶级情感上有了进步,倒向了无产阶级立场;土改也使他了解了"具体共相"的概念,认识到自己以前的哲学思想的偏差。他说:"马克思主义注重共相与具体的结合,一般与个别的结合,而我从前的哲学思想则侧重于共相与具体的分离,一般与具体的分离。这个启示,对我有很大的重要性。"④直到晚年,冯友兰都坚持在哲学史研究中贯彻"具体共相"的思想。1951 年 6 月 24 日,冯友兰在《进步日报》发表《对于共产党的认识底转变》,谓自己以前的思想是"反帝而不反封建",因而对于共产党没有完全的认识,对于镇压地主感到

---

① 《梁漱溟全集》第 6 卷,第 839 页。
② 《梁漱溟全集》第 6 卷,第 875～876 页。
③ 蔡仲德:《冯友兰先生年谱初编》,河南人民出版社,1994 年,第 354 页。
④ 冯友兰:《参加土改的收获》,《学习》,第 2 卷第 2 期。

"特别别扭"，经过土改、抗美援朝，才懂得反帝与反封建分不开，以前看着别扭的事便觉得必要而且应该了。

1950年底，贺麟随北京大学土改参观团到陕西省长安县参加土改。1951年4月2日，他发表了《参加土改改变了我的思想——启发了我对辩证唯物主义的新理解和对唯心论的批判》。① 贺麟说，在参加土改的过程中，他"看见了马克思列宁主义与中国革命实际相结合了，辩证唯物论也有血有肉地在实际向地主阶级作剧烈的斗争的群众运动"。他原本是"参观"土改的，后来变为主动地"参加"。土改究竟改变了他哪些观点？贺麟具体讲了五点：第一，"由比较趋于静观世界的超阶级的想法改变为深入参加变革现实的实践态度，并争取由变革现实的实践中以认识现实，改造自我，而使自己愈靠拢人民，靠拢无产阶级"；第二，通过深入群众和深入斗争，"改变了从前对于唯物论只重视外在现象，不能深入认识事物的本质的错误看法……亲切体会到唯有辩证唯物论才能深入认识事物的本质、核心和典型"；第三，"否定了离开事实，离开群众，离开实践而改造思想、改造自我的唯心论的观点，而真切体会到植基在辩证唯物论上面的改造思想与搞通思想的真实意义"；第四，经历到了富于感情、有爱有恨的生活，改变了过去认为"重热情重全心全意为宗教意味"的看法，"亲切体会到什么是阶级友爱和基于群众之交响与共鸣的热情，这样使我批判了唯心的僧侣主义及近代的理智动物之抹杀热情，并否定了唯心的浪漫主义之放纵个人主观偏狭的情感，而体认到辩证唯物论对情感的正确看法"；第五，"最后亦即最主要的，我真切认识到土改工作的中心环节是群众路线和阶级斗争……除了依靠工农大众，服务工农大众，坚决站在无产阶级的立场外，再也没有其他坚实可靠的立脚之地。又复认识到，群众路线、阶级立场与辩证唯物论不可分"。总之，贺麟认为，通过土改自己弄明白了"何以只有辩证唯物论才是真正为无产阶级服务的哲学，何以无产阶级真正觉醒过来，必然会寻找辩证唯物论的哲学"。可以说，土改使贺麟解决了哲学史研究的阶级立场和对唯物论的认识等问题。

----

① 原载《光明日报》，收入贺麟《哲学与哲学史论文集》，商务印书馆，1990年，第438～446页。以下引自《哲学与哲学史论文集》，为了节约篇幅，不俱注。

五、运动的洗练与体制的改变:"三反"、
"镇反"运动与院系调整

(一)"三反"、"镇反"运动

1952年1月1日,毛泽东在元旦团拜会祝词中号召全国人民开展大规模的"反贪污、反浪费、反官僚主义"的斗争。1月22日,中共中央发出指示,要求各级学校教师和学生均参加"三反"运动,在群众运动中"洗洗澡,拿掉架子,受受自我批评的锻炼,清醒谦虚地过来"。1952年2月至4月间,冯友兰等参加"三反"运动,检查解放前的思想言行。冯友兰第一次检查"承认解放前有名位思想,想当大学校长,1949年以后有进步;第二次检查以名位思想为主,还承认有反共拥蒋思想,1949年后进步不多;第三次检查以反共拥蒋为主,承认1949年后无进步,但只剩下名利思想,没有反共拥蒋思想。均未获通过"。① 金岳霖、周礼全看望冯友兰。金岳霖、冯友兰二人为检查事拥抱痛哭。冯友兰甚至一度想辞职,闭门著书,自谋生路。② 3月25日,冯友兰作"三反"总结发言,承认通过检查,认清了自己过去言行的反动性与危害性,认识到1949年后基本无进步,因为立场基本未改变。金岳霖在此期间也先后三次在清华大学文法学院师生大会上检查自己对于旧哲学的留恋和其他错误思想,受到群众的热烈欢迎。1952年3月4日,北京市高校节约检查委员会印发了《清华大学文学院院长金岳霖检讨摘要》。③ 1952年10月27日,冯友兰《"三反"以来我的思想的转变》一文发表于《光明日报》。冯友兰承认,经过"三反"运动,自己终于认清楚自己过去的"学术"工作实际上是最反动的政治活动;尤其是在抗战时期国共两党对立最尖锐的时候,自己写了几本书提倡"正统"哲学,是与马克思主义为敌的。1955年7月4日,冯友兰参加"镇反"运动,作自我检查:(1)对反革命麻痹大意;(2)以旧眼

---

① 蔡仲德:《冯友兰先生年谱初编》,第370页。
② 蔡仲德:《冯友兰先生年谱初编》,第372页。
③ 《金岳霖文集》第4卷,甘肃人民出版社,1995年,第812页。

光看待新事物；(3)个人英雄主义。7月6日，冯友兰参加"镇反"运动作自我检查，认为有不满情绪。8月22日，冯友兰继续参加"镇反"运动，作自我批评，内容有政治问题、思想问题、作风问题。

(二) 院系调整

1952年6月中旬至9月24日，政务院发布《关于学制改革的决定》，决定按照苏联的教学模式和教育体制，对1949年以前成立的大学进行全国范围的院系调整。这是通过体制改变改造旧大学，进一步加强思想改造的一个步骤。

10月，全国6所大学(北京大学、清华大学、燕京大学、南京大学、武汉大学、中山大学)哲学系被撤销，合并为新的北京大学哲学系，至1955年中国人民大学哲学系成立前，该系成为全国唯一的哲学系。新调到北京大学哲学系的各校中国哲学专业的教师计有：清华大学：金岳霖、冯友兰、张岱年、朱伯崑；燕京大学：汪毅；武汉大学：黄子通、石峻；中山大学：朱谦之、李日华。原北京大学中国哲学专业教师有：汤用彤、容肇祖、任继愈、邓艾民、杨祖陶、王维诚。金岳霖任系主任。金岳霖决心掌握马克思主义，说把自己"比作大学一年级的学生，明年是二年级，学习十年八年总有进步"。①院系调整后，北京大学哲学系哲学专业设立逻辑学、马克思主义课程教学辅导、中国哲学史料研究、西方哲学编译四个教学组。第三组的召集人为汤用彤、联络员为朱伯崑。之所以称为"史料研究组"，是因为认为够不上教研组，对于马克思主义只能辅导，对于中国哲学仅能整理史料。② 10月，教育部规定全国高校开设马克思列宁主义、毛泽东思想课程，28日规定，全国实行政治工作制度，设立政治辅导处。

(三) 知识分子政治立场和学术观点的转变

经过学习和历次运动，许多所谓旧知识分子已经转变到共产党所要求的立场上来，放弃了唯心主义，开始考虑如何更好地为新中国的建设出力。

---

① 《金岳霖文集》第4卷，第812页。
② 张岱年：《回忆五十年代初的北大哲学系》，《张岱年全集》第8卷，河北人民出版社，1996年，第541～542页。

冯友兰、金岳霖、贺麟等人还提出了加入中国共产党的要求。1950 年,冯友兰发表《一年学习的总结》,指出自己以前"虽然在知识方面,自以为不是怎样的不开明,而且在有段时间,自以为是'左倾',但是真情实感还是倾向于地主方面"。在这一立场下,抗战时期,对国民党采取了"不即不离的态度,自以为是不谈政治,只为学术而学术,为教育而教育",其实这是"自欺欺人""'不离'就是'即'了"。① 关于自己的哲学和对马克思主义的认识的转变,他说:

> 在抗战时期,我写的讲新理学的……那几本书,名称上都加一个"新"字。照现在看,所谓新者,只是在中国旧哲学的圈子中说的。我以前所讲的新理学,可以说是中国旧哲学的回光返照。……其社会影响是与革命有阻碍的。

> 我近来了解,真理作为一个思想系统看,是活的。它也可以随时随地而异其应用,而在其时其地都是真理。它也是发展的,它的活就是它的发展。当我真切了解这个道理的时候,忽然觉得有一种凌空无所依靠之感。这种感觉证明,我以前的思想习惯,使我总想有一种永恒不变的以为依靠。我虽然承认具体的事物是变的,但我之所以少谈具体的事物,正是不敢正视变。这当然又回到上边所说的立场问题。我之所以能写书为那些不愿意变的人的一种寄托,正因为我在知识上虽说是不怕变,而在情感上也是一个不愿意变的人。因此我之"著书立说",不仅只妨碍了自己的进步,也妨碍了有些别人的进步。

> 以上的情形,别人必早已看得很清楚,也有人作过这种评论。但以前我总以为我是超阶级的,我的思想也是超阶级的,对于这种评论,认为是不值一驳。在今年春天,有一位共产党里的同志向我说:"你是学哲学的,不容易觉得世界是变的。"那时候我心里觉得很不以为然。因为我自以为在我以前的写作中,讲变的地方也很不少。照现在看,这些批评都是对的。在北京解放以前,我本是早已准备不走,而等候变的。

---

① 冯友兰:《三松堂全集》第 13 卷,河南人民出版社,1994 年,第 885～886 页。

既然决定不走，可是也没有多看一点共产党的书籍文件，作为思想上的准备。照现在看，这是很奇怪的。这当然还是不愿意变的心理在那里作祟。……我对于哲学的看法，也有转变。以前我以为哲学是不与政治社会发生直接关系的。它离这种关系越远，它就越"纯粹"。它又必须有一个纯理论的系统。它的理论越"细密"，它就越"专门"。因为有这种看法，所以以前总觉得，马列主义，从哲学的观点看，理论不够"专门"，而且与政治社会关系太密切，不够"纯粹"。现在我觉得这是牛角尖里面的看法。社会的改变，使我钻出牛角尖了。现在我觉得，哲学的主要任务，是改造人及改造世界。因此它必须应用到政治社会上去。它也不需有成厚本的理论辩论，以证明它的理论。辩论太多，反可以使人把它当成一种语言文字或知识看，因此"流连忘返"，而忽略了实践。……

我觉得，如果将马列主义改造人与改造社会的理论及方法与中国旧哲学中的讲"修养"及"治国平天下"的一套，作一比较，这一比就好像现代科学医学与中古式的医学之比。马列主义改造人与改造社会，处处都是根据社会发展的规律。犹之现代医学处处都根据生理学病理学。中国从前旧哲学家，有些专讲"正心诚意"，有些兼讲"礼乐兵农"，可是对于社会是怎样发展的，毫无所知。好像一个医生，专凭一片好心，及对于甘草柴胡等药性的一丝丝知识，就要治病。这看着有点滑稽。可是中国以前哲学家所讲"内圣外王"之道是类乎此的。①

关于知识分子如何为社会服务，贺麟引述列宁的话，认为知识分子可以"循着自己的路径来承认共产主义思想"。他指出，人民政府做了无数惊天动地的伟大事业，有着无限的威信。知识分子都兴奋感激，拥护歌颂不暇，没有人愿意脱离政治，自外于社会主义的革命建设。过去专搞资产阶级唯心主义的人有义务"从新的立场、观点、方法"对自己过去的那一套哲学进行彻底的批判，以走进社会主义。"业务与政治相结合，科学研究与革命实践

---

① 《人民日报》，1950 年 1 月 22 日。

相结合。这是党团结、改造知识分子的途径,也是知识分子自我改造、真正为人民服务的途径。"①1952 年 4 月 17 日,金岳霖在《光明日报》发表文章,批判自己的"唯心论的资产阶级教学思想"。1956 年,金岳霖撰文,说明了自己思想的转变过程。他说,通过三反和思想改造,知识分子基本上解决了分清敌我的问题。可是,拿什么为人民服务呢? 搞旧哲学的人不免觉得自己没有什么观点,甚至也没有什么材料。通过学习马克思主义和批判资产阶级唯心主义,逐渐认识到"根本的问题还是学习态度和学习方法的问题"。"旧知识分子能不能成为真正的专家,就要看他能不能把自己所掌握的旧东西拿到马克思列宁主义的光辉照耀下来估计、研究、批判。事实是我们批判的愈彻底,我们所掌握的旧东西就愈是材料。"②冯友兰在《新建设》发表《迎接文化高潮》,呼吁旧知识分子更快地改造自己,克服缺点,投入马上就要到来的文化的高潮中。张岱年晚年回忆金岳霖、冯友兰思想转变时说:"金、冯两先生在哲学上本来都已自成一家之言,而今努力研读马、恩、列及毛泽东的著作,他们的谦虚的态度是值得钦佩的。"③

　　20 世纪 80 年代,朱谦之回忆了 1949 年前后自己思想转变的历程。他说,解放后,学习马克思列宁主义和毛泽东思想成为日课;读了《联共(布)党史简明教程》和《列宁主义问题》、《列宁选集》、《列宁文集》之类;自己还发起了"新民主主义学习会",后来又成立了哲学系学习小组,任组长。从 1949 年 11 月下旬先后学习了《论人民民主专政》、《群众观点与群众路线》、《政协纲领》、《新民主主义论》。1949 年 12 月 24 日曾举行会议讨论《斯大林与中国革命》、《群众观点与群众路线》,讨论中联系实际,进行自我检讨。朱谦之认为,解放后自己世界观的转变,实际上是从批判《武训传》开始的。通过批判认识到艺术和教育都是有阶级性的,自己以前的"超阶级思想"是根本错误的。世界观的转变"最得力的是关于《实践论》《矛盾论》的学习","最起根本变化的是高等学校教师中的思想改造运动"。自己在群众的帮助下开始

　　① 贺麟:《知识分子怎样循着自己专业的路径走向社会主义》,《新建设》,1956 年第 2 期;又,《哲学与哲学史论文集》,第 447~451 页。

　　② 金岳霖:《我怎样学习马克思列宁主义》,《北京日报》,1956 年 2 月 29 日。

　　③ 张岱年:《耄年忆往》,第 37 页。

正视自己的个人英雄主义的错误,深刻地感到群众力量的伟大无比,同时从内心深处感谢共产党,感谢群众给予自己的未曾有过的思想教育。"共产党改造了世界,也改造了我"。在学习《实践论》期间,朱谦之还写了《实践论——马克思主义辩证认识论底新发展》与《实践论——开辟了新历史认识论的门径》等文章。①

1952年8月19日,冯友兰申请加入民盟,"希望在组织的领导下,改造思想,为人民服务"。② 1956年3月15日,冯友兰向北京大学哲学系党总支提出加入中国共产党的申请函。函称"决心要加入党的队伍,站在科学大军的最前列,为建设我们的社会主义和共产主义祖国而奋斗,为争取赶上世界的先进的科学文化水平而奋斗"。③ 1956年9月29日,金岳霖申请加入中国共产党。他在《入党志愿书》中写道:"中华人民共和国成立以后,人民确实站起来了。但是要巩固这个站起来的局面,又非建设社会主义不可。在社会主义的建设中,正如在新民主主义革命中一样,我们的党是正确的领导核心力量。每一个中国人都要服从党的领导";"我要求把自己投入到这个伟大的革命建设潮流中,因此,我申请加入党"。金岳霖提到对自己影响最大的几本马克思列宁主义著作是:《实践论》、《唯物论和经验批判论》、《辩证唯物主义和历史唯物主义》、《马克思主义语言学问题》。④ 9月30日,哲学所党支部通过金岳霖为中共预备党员,12月11日,中国科学院党委批准金为正式党员,介绍人为潘梓年和周宜明。⑤

1957年,张岱年曾撰文对知识分子的思想改造作出评论。他指出:"解放以来,从旧中国过来的知识分子经过了一系列的思想改造运动,思想上起了根本的变化。许多(虽然不是全部)著名的唯心主义哲学家都放弃了自己的唯心主义体系,而变为马克思主义哲学的衷心支持者;多数的自然科学家

---

① 朱谦之:《世界观的转变——七十自述》(四),《中国哲学》第六辑,生活·读书·新知三联书店,1981年,第413～415页。

② 蔡仲德:《冯友兰先生年谱初编》,第373、374页。

③ 蔡仲德:《冯友兰先生年谱初编》,第393页。

④ 《金岳霖文集》第4卷,第816～817页。

⑤ 《金岳霖文集》第4卷,第817页。

也摆脱了资产阶级哲学观点,而接受了辩证唯物主义观点的指导;一般的知识分子,除了极少数之外,也都成为马克思主义哲学的热烈拥护者。这是一个有重大意义的变化,这是中国思想史上的一件大事,同时也是人类思想史上的一件大事,将来的哲学史家在写这一段思想的时候一定会大书特书的。"①关于一些学者思想转变的心理,张岱年指出,一些著名的唯心主义哲学家,在初学习马克思主义哲学时有些勉强,对自己的哲学有些敝帚自珍。经过一段学习后,量变引起质变,许多人的立场、观点、方法发生了根本的变化,尽弃所学而学焉,达到了心悦而诚服,"确然认识了唯心主义的谬误和危害,而领会到了唯物主义的正确和有效。他们认识到:唯有马克思主义哲学才是符合事实的真理,才是引导人们达到人类最高理想的指针"。关于唯心主义者转变为唯物主义者的阶级基础,张岱年指出:"解放以来,我们的经济制度根本改变了,阶级关系经过了天翻地覆的变革,社会生活有了本质的转化。旧唯心主义的阶级根源逐渐消失了,革命事业的胜利更证明了马克思主义力量的伟大,证明了马克思主义才是唯一的救国救民的真理。这些事实不能不影响旧唯心主义者的意识。于是,随着他们的政治立场的转换,他们也就进入马克思主义的大门,开始时以同情的眼光看待辩证唯物主义和历史唯物主义的理论,最后终于放弃了过去的偏见。"②"唯心主义者的转变,是马克思主义在哲学战线上的一次大胜利,是中国共产党的思想工作的巨大成就,是中国共产党改造知识分子的英明政策的光辉的果实。"③

六、对电影《武训传》、梁漱溟、胡适等人
以及资产阶级唯心主义的批判

关于这些批判的历史背景和政治目的,毛泽东在 1955 年 10 月中国共

---

① 张岱年:《关于解放以来哲学工作者思想改造的估计》,《中国哲学史问题讨论专辑》,科学出版社,1957 年,第 237~238 页。

② 张岱年:《关于解放以来哲学工作者思想改造的估计》,《中国哲学史问题讨论专辑》,第 238 页。

③ 张岱年:《关于解放以来哲学工作者思想改造的估计》,《中国哲学史问题讨论专辑》,第 239 页。

产党七届六中全会的讲话中说："拿过去一年国内的阶级斗争来说，我们主要做了四件事：一个是进行反唯心论的斗争，一个是镇压反革命，一个是解决粮食问题，一个是解决农业合作化的问题……反唯心论的斗争，从《红楼梦》那个问题上开始，还批评了《文艺报》，以后又批判胡适，批判梁漱溟，已经搞了一年。我们要把唯心论切实地反一下，准备搞三个五年计划。在反唯心论的斗争中间，要建立马克思主义的辩证唯物论的干部队伍，使我们广大干部同人民能够用马克思主义的基本理论武装起来。"①

（一）批判《武训传》

1951年5月20日，毛泽东撰写《应当重视电影〈武训传〉的讨论》，在《人民日报》以社论形式发表。毛泽东认为，武训"根本不去触动封建的经济基础和上层建筑的一根毫毛，反而狂热地宣传封建文化，并为了取得自己所没有的封建文化的地位，就对反动的封建统治者接近奴颜婢膝的能事。这种丑恶行为，难道是我们应当所歌颂的吗？"毛泽东认为，"资产阶级的反动思想侵入了战斗的共产党"，此后全国开展以反对资产阶级反动思想和改良主义为基调的对《武训传》的批判。应当承认，在批判《武训传》的问题上，毛泽东的目光是敏锐的，逻辑也是严密的。改良的确具有延缓、甚至消解革命的功效。改良成功了，革命的社会条件就消失了，也就没有必要进行革命了。所以，对于一个依靠革命夺取政权的政党来说，改良的思想无疑是必须预防的。解放初，文艺界、思想界还没有充分理解毛泽东思想，还带着过去思想的惯性，这种惯性被毛泽东敏锐地发现了。其实，毛泽东说"资产阶级的反动思想侵入了战斗的共产党"是不准确的，毋宁说，文艺界、思想界还没有跟上毛泽东的思想步伐。毛泽东以开展对《武训传》的批判为契机，展开了对文艺界、思想界进一步的思想改造教育运动。批判《武训传》是一个引子，它是此后革命逻辑批判各种非革命逻辑的前导。

（二）批判梁漱溟

1953年9月，梁漱溟在全国政协常委扩大会议上讨论总路线时，对工农差距问题提出不同看法，受到毛泽东的批评。毛泽东认为梁漱溟反对总

---

① 毛泽东：《毛泽东选集》第5卷，第199页。

路线,政治上一贯反动,必须严厉批判。① 1955 年 10 月 28 日,冯友兰在北京大学哲学系系委员会传达中国科学院哲学社会科学部委员会决定:批判胡适告一段落,批判胡风、梁漱溟展开,批判"五四"以来反马克思主义的资产阶级思想、批判外国有代表性的资产阶级思想,批判与正面研究相结合。② 此后全国学术界开展对梁漱溟思想的批判,涉及哲学、乡村建设理论、文化观等内容,北京举行了三次梁漱溟思想批判会。

蔡尚思首先对梁漱溟提出了批判。他历数了梁漱溟在中国革命、传统思想方面等方面的反动宣传,如中国不是阶级革命,土地自由流通,大部分人都有土地;认为儒家富于民主和平等精神,宣扬孔子教化,主张循环的历史观,主张农业立国,反对工业化。蔡尚思认为,梁漱溟是"封建地主官僚资产阶级的典型人物,他的一切反动言论,就是这个阶级在思想意识上的反映";"梁漱溟的思想彻首彻尾是反动的;就是反苏、反共、反革命、反进步、反人民、反爱国。它直接爱封建主义,间接爱帝国主义"。③ 冯友兰认为,梁漱

---

① 汪东林:《梁漱溟问答录》,湖南人民出版社,1988 年,第 141 页。关于梁漱溟、毛泽东的争执,大致如下:9 月 11 日,梁漱溟在中央人民政府委员会扩大会议上发言,说城市工人生活水平有很大提高,农民生活水平没有提高。梁漱溟引用他人的话说,"生活之差,工人九天,农民九地"。12 日午后,在怀仁堂大会议室开会,时间尚早,有人请毛主席讲几句。毛泽东随便讲了几句,中间说有人"反对总路线"、"破坏工农联盟",认为农民生活太苦,希望照顾农民,大概是孔孟之徒的仁政。照顾农民是小仁政,发展工业是大仁政,行小仁政而不行大仁政,就是帮助美国人,似指梁漱溟。梁漱溟当晚给毛泽东写信,申明不反总路线,希望面交毛泽东。16 日,继续开会。梁漱溟在发言中又提及工农生活九天九地的话。17 日,继续开会。梁漱溟到会场,发现座前有印刷文件,是自己 1949 年发表在《大公报》上的一篇文章,内容是呼吁共产党不用武力统一,知道是要批判自己。果然,章伯钧先发言,次周恩来作长篇发言,说梁漱溟一贯反动。毛泽东插了三次话,说梁漱溟是"伪君子"、"用笔杀人",恶意反对总路线。毛泽东说,梁漱溟的工资很高,他不提议降低自己的工资,而提议降低工人工资,虚伪。不过,不会开除梁的政协委员资格。毛泽东宣布会期延长一天,让梁漱溟发言。陈枢铭问毛泽东,梁漱溟的问题属于什么性质,是政治问题还是思想问题? 毛泽东说,梁漱溟很反动,但跟美国、台湾没有什么来往,也没有什么暗中活动,他的问题仍属于思想范围的问题。"但这个人的反动本性不充分揭露不行,不严厉批判也不行。"(汪东林:《梁漱溟问答录》,第 141 页。)18 日,梁漱溟登台发言,说要看毛泽东有无雅量收回他的话。毛泽东说没有。与会者要求梁漱溟下台。毛泽东提议举手表决是否同意梁漱溟发言,除毛泽东等人同意外,余皆不同意,梁漱溟被轰下讲台。此后,梁漱溟受到批判。不过,他并未因此受到政治处分,仍被允许参加一些重要政治活动。(以上史料见《梁漱溟全集》第 7 卷,第 6 页、10~13 页、14~23 页。)
② 蔡仲德:《冯友兰先生年谱初编》,第 388 页。
③ 蔡尚思:《梁漱溟的反动思想批判》,《新建设》,1953 年,12 月号,第 21~26 页。

溟的文化观和"村治"理论,是"典型的代表封建复古主义思想"。梁漱溟所说的"东方文化"和"西方文化",其实是封建文化和资产阶级文化,本来是两个不同阶段的文化,梁漱溟却把它们并列起来,又杜撰出人类文化的三条路向说,认为近代以来中国屡屡失败于西方,不是由于文化落后,而是由于"太高"的缘故,要求把西方资产阶级文化和中国封建文化进行调和,使中国封建文化成为世界文化。① 他所指出的路,"是一种实际的反动堡垒的理论基础"。他说中国是个伦理本位的社会,重视情谊;只有职业分途,没有阶级斗争。他以此为理论基础,搞了所谓"乡村建设理论",反对走欧洲近代资本主义的路,也反对走俄国革命的路。他的"村治"办法的理论实质"就是在乡村中建立地主武装,保护封建秩序,又企图用一套所谓教育和合作制度,麻醉农民,以对抗中国共产党所领导的农民运动,反对共产主义,反对革命"。冯友兰指出,封建地主阶级的利益主要在农业,所以,梁漱溟主张以农立国,通过农业走向工业。梁漱溟反对社会主义工业化,是这种思想的必然结果。虽然冯友兰和梁漱溟对传统文化都保持敬意和守护的态度,但直到晚年,冯友兰都一直认为他们在中国究竟是走工业化还是走农业化的道路问题上存在根本分歧。《人民日报》还发表了一篇《揭穿梁漱溟的文化观点的买办性》的文章,认为梁漱溟"提倡孔子和儒家的精神是在'爱国''救国'的幌子下为帝国主义服务,从帝国主义的立场和观点来诬蔑中国文化的一种反动行为,他和胡适所走的道路正是殊途同归"。② 1955 年 7 月,冯友兰参加北京举行的第三次批判梁漱溟思想讨论会,讨论冯友兰、贺麟、艾思奇批判梁漱溟的文章。冯友兰在《北京大学学报》1956 年第一期发表《批判梁漱溟所谓周孔教化》。文中指出,"五四"之后有新陆王和新程朱学派,认为梁漱溟属于前者,自己属于后者。

　　1955 年底,金岳霖主持中国科学院哲学所学术委员第一次会议,制定1956 年研究计划草案。金岳霖的课题是批判罗素和梁漱溟的思想方法。

---

　　① 冯友兰:《批判梁漱溟先生的文化观和"村治"理论》,《人民日报》,1955 年 5 月 11 日,第3 版。

　　② 《人民日报》,1955 年 9 月 6 日,第 3 版。

他在《哲学研究》发表了《批判梁漱溟的直觉主义》。据《哲学研究》"思想学术动态"栏目报道,①学术界对梁漱溟的批判有以下几个方面:"首先,梁漱溟的哲学思想乃是佛教和儒家陆王学派思想中带有神秘主义的主观唯心思想";其次,"梁漱溟并不是真有所谓'超阶级'的世界观,而是十足地站在地主阶级的立场,憧憬封建王国的复活";又次,"他企图使中国长久地停滞于农业社会的被奴役地位,反对中国工业化;最后是梁漱溟由他的幻想出发,积极地从事'乡村建设'的实践,企图挽回封建地主阶级死亡的命运"。② 又据《哲学研究》报道,"截至目前为止,北京的《人民日报》、《光明日报》、《工人日报》、《学习》、《哲学研究》、《新建设》和天津的《大公报》等全国性报刊、以及一些省市各大学报刊都登载了批判梁漱溟思想的文章。中国科学院已经开了三次批判讨论会,参加这几次讨论会的有哲学家、历史学家、经济学家以及梁漱溟本人。……经过这一时期对于梁漱溟的反动理论的批判,梁漱溟的那一套从'哲学'到'社会建设'的谬论已基本上被揭发出来,并作了十分有力的驳斥,因而梁漱溟理论的反革命的和反科学的本质已十分明显地暴露出来。这是对于唯心主义批判又一巨大胜利"。③ 这一时期,"唯心主义"已经被符号化。金克木在批判梁漱溟时说他"逃避不掉彻底的唯心论者的称号",便是一个典型的例子。符号化以后,就不必再做具体分析了,只要把这个符号往批判对象上一贴,批判对象就得缴械。

(三) 批判胡适

批判胡适是由批判俞平伯引起的。1954 年 9 月,李希凡、蓝翎针对俞平伯的《红楼梦研究》撰写了《关于〈红楼梦研究〉及其他》的文章,发表于《文史哲》;此文又发表于 1955 年 1 月 10 日《光明日报》。④ 他们批评俞平伯的《红楼梦》研究抹杀了《红楼梦》鲜明的反封建倾向,而是继续采用胡适的自然主义,从抽象的艺术观点出发,认为《红楼梦》不过是写人生的空的悲剧、

---

① 燕鸣轩:《对梁漱溟的反动思想展开批判》,《哲学研究》,1955 年第 3 期,第 150 页。
② 燕鸣轩:《对梁漱溟的反动思想展开批判》,《哲学研究》,1955 年第 3 期,第 150 页。
③ 子奇:《对梁漱溟反动理论展开广泛的深入的批判》,《哲学研究》,1955 年第 4 期。
④ 据说该文原拟发表于《文艺报》,但被拒绝,后来转到《文史哲》。毛泽东对此非常不满,指出《文艺报》是资产阶级老爷作风。

曹雪芹家世兴衰的悲剧等。李希凡、蓝翎的文章表明，《红楼梦》研究也要转到以革命的立场、历史唯物主义的方法、从封建社会的覆灭以及社会主义革命胜利的必然性来审视的新范式上来。这预示着《红楼梦》研究也应该成为革命意识形态的一部分，为革命的现实服务。这和毛泽东批判《武训传》的思路是一致的。所以，10月16日，毛泽东给中央政治局和其他领导同志发出《关于〈红楼梦〉研究问题的信》，号召开展"反对古典文学领域毒害青年三十余年的胡适派资产阶级唯心论的斗争"，此后全国展开了对于《红楼梦》研究的胡适派的资产阶级唯心论的批判。1954年11月8日，《光明日报》发表文章指出，"胡适的资产阶级唯心论学术思想在中国学术界是根深蒂固的，在不少知识分子中还有着很大的潜动力"，"在某些人的心目中胡适是学术界的孔子"。12月2日，中国科学院院务工作会议和中国作家协会主席团举行联席会议，决定联合召开批判胡适思想的讨论会，"以展开对胡适的资产阶级唯心论思想的全面批判，树立和巩固马克思主义在学术界的领导地位"。讨论会分别对胡适的哲学思想、政治思想、历史观、文学思想、哲学史观、文学史观等若干方面进行批判。① 12月9日，《人民日报》指出，对于胡适的批判"是一场迫切的敌对斗争"；胡适被宣布为"战犯"、"美国扶植的文化买办"、"蒋介石的政治帮凶"。胡适可谓新时代发现的一个集资产阶级、唯心主义、政治反动三位一体的典型。这个典型反过来强化了中国哲学史研究中对阶级、思想、政治的一致性的认识。

1954年11月24日，北京大学哲学系举行"批判胡适资产阶级哲学思想"报告会，石峻、任继愈、冯友兰、郑昕等发言。冯友兰发言批判胡适"在中国哲学史中的资产阶级反动思想"，冯友兰、任继愈还结合他们以往的学术研究以及所受的胡适思想的影响，进行自我批判。② 据《人民日报》报道，"胡适思想批判讨论会工作委员会"主持了关于胡适哲学思想批判讨论的第二次会议，集中批判胡适派腐朽的资产阶级人生观。在北京的哲学家、科学

① 《中国科学院和中国作家协会决定联合召开批判胡适思想的讨论会》，《人民日报》，1954年12月11日。
② 蔡仲德：《冯友兰先生年谱初编》，第382页。

家和哲学爱好者一百三十多人与会。冯友兰、方华、王庆淑、潘梓年、陈仲平、金岳霖、任继愈、孙定国、贺麟等在会上发言。该报还报道,"北京大学文科各系结合批判胡适资产阶级唯心论思想确定各种专题研究题目","其中哲学系各教研室已拟订九个专题,从胡适的政治思想、哲学思想、思想方法和胡适在中国哲学史的研究等方面进行系统的批判"。上海市也成立了"上海学术文化界胡适思想批判讨论会",就批判胡适派资产阶级唯心论进行了讨论,近百名上海学术文化界人士参加了座谈会。据统计,从 1954 年 12 月 29 日到 1955 年 3 月底,哲学界累计召开会议 8 次,每次参加者都达百余人。

北京大学哲学系举行了多次胡适哲学批判讨论会。1955 年 3 月 12 日,由冯友兰主持,北京大学哲学系中国哲学史教研室讨论周辅成的《宗教思想的传播者胡适》和汪奠基的《批判胡适唯心主义的〈先秦名学史〉》。1955 年 5 月 7 日至 14 日,北京大学"五四"科学讨论会历史组举行第四次会议,会上发表了冯友兰、朱伯崑的《批判胡适〈中国哲学史大纲〉的实用主义观点和方法》等八篇论文。冯友兰指出,作为买办资产阶级的知识分子,胡适是一贯地为帝国主义服务的。他的中国哲学史研究,正是他为帝国主义服务的工具。冯友兰把胡适的哲学史工作分为四个时期:五四运动——"中国哲学史大纲";第一次国内革命战争——戴东原的哲学;第二次国内革命战争——中国中古哲学史;抗日战争——"说儒"。他说,"五四"时期,"进步思想家对于孔教展开全面的攻击。'打倒孔家店'的口号响遍了全国",胡适 1919 年出版了《中国哲学史大纲》,对孔家店采取了小骂大帮忙的策略。他对孔子的批评只有两点:《春秋》是主观的历史,中国没有"物观的历史",所谓"物观的历史",其实是"资产阶级'超阶级'的客观主义的历史","所谓'完全中立的眼光与历史的观念,是资产阶级历史学家掩饰他底党性的伪装";还有一点批评是说孔子只教人读书,造成了一国"书生废物"。此外就是赞扬。冯友兰认为:"胡适底这种办法,是符合帝国主义利益的。帝国主义正是要在基本上维持半殖民地半封建统治,以为他进行剥削与压迫底工具。因此它也要在基本上维持这些地方底封建社会底上层建筑。"胡适直到 1925 年革命高潮时期,才正式反对吃人的礼教。戴东原反对程朱理学,在当时是有进步意义的,但是,"五四"以后进入了"根本清算封建社会底上层建筑时期"，胡适故意抬出并歪曲戴东原，是别有用心的。其反动之处有三点：一是利用戴东原哲学"附会实用主义底真理观和方法论"；二是利用戴东原关于"欲"的学说为他的"自私自利的个人主义作根据"；三是"表扬戴东原底反封建权威底思想，意思是叫人不要当马克思底'奴隶'，不要跟共产党走，不要服从共产党的领导"。胡适在"中古哲学史"中，提出老子"极左"，孔子中派"偏左"，墨子为右派，"左倾的思想总不能成为正统的思想，这是世界思想史的通例"；胡适又提倡政府应无为，维持社会治安，配合剿共。"说儒"又把老子说成是老儒教，孔子是新儒教，墨子是民间伟大的宗教领袖，"模糊了唯物主义与宗教及唯心主义底分别，掩盖了唯物主义与宗教及唯心主义底斗争"。"总之，一切都说明，在'五四'以后随着革命形势的发展，在帝国主义的支持下，大资产阶级与地主阶级联盟，反抗革命。他们底搞中国哲学史的反动知识分子，都用各种方法，把中国哲学史底某些方面加以夸张，为国民党反动派底复古运动服务，以反抗辩证唯物主义和历史唯物主义。"①

关于批判胡适思想的意义，贺麟认为有三点：首先，"胡适所传播的是西方帝国主义的资产阶级唯心论思想"，所以，"清除胡适思想在中国学术界的流毒，同时就有深入反对为现代帝国主义国家服务的唯心论思想的重要意义"；其次，胡适思想是最具有典型性的半殖民地半封建社会意识形态，所以，批判他的资产阶级唯心论思想就是摧毁旧中国的上层建筑中的"一个重要堡垒，而为向社会主义社会过渡的新中国的上层建筑、无产阶级思想、学术及文化，铺平道路"；最后，胡适的资产阶级唯心论思想是一个广泛存在的现象。通过批判胡适，每人都可以自我反省，清除一下自己资产阶级唯心论思想，从而提高自己的马克思列宁主义的思想水平。② 贺麟指出，胡适说"哲学要关门"，实际上是借反对研究哲学之名，反对马克思主义。他提出所谓"社会不朽论"、齐物我、泯是非、忘善恶，其实是唯心论思想。"资产阶级决不能永远掩饰矛盾，老停留在齐一是非善恶，保持静态的直观的无斗争、

---

① 冯友兰：《哲学史与政治——论胡适哲学史工作和他底反动的政治路线底联系》，《哲学研究》，1955年第1期，第70～83页。

② 贺麟：《两点批判，一点反省》，《人民日报》，1955年5月29日。收入贺麟：《哲学与哲学史论文集》，商务印书馆，1990年，第452～468页。此处引自《人民日报》。

无仇恨的中立状态"，到阶级矛盾尖锐化时，必然要颠倒黑白、混淆是非，站在恶势力和衰亡着的东西一边向善的新生着的东西进攻。"胡适和蒋介石一文一武，异曲同工。"

贺麟对自己1949年以前的学术工作进行了自我批判。他说，自己和胡适的矛盾，只是唯心论内部派系间的矛盾，在反人民革命、反共产主义方面完全一致。自己和胡适都是把西洋资本主义社会某一派的唯心论和中国封建社会某一派唯心论调和附会，以适应半封建半殖民地的中国统治阶级的需要。自己曾经宣扬神秘化的直觉和直觉化的唯心辩证法以对抗唯物辩证法，要求把儒家思想更宗教化，与西方资产阶级唯心论结合，为三民主义提供哲学基础，以抵制马克思主义。"解放后，人民对我宽大，党耐心团结我、教育我，青年同志和进步的朋友们大力挽救我，使我安静地学习、研究，作光荣的人民教师……我乃是以充满欣幸和感激的心情，以反封建主义、资本主义、反对帝国主义的政治积极性来参加这一场严重的思想斗争。"①

关于他批判胡适的意义，贺麟认为，"很欣幸"这已不同于资产阶级唯心论内部的派系之争，而是"无产阶级思想对资产阶级思想的严肃的阶级斗争"。自己向曾经影响过自己的梁漱溟提意见，一方面使他也能"在这场斗争中得到提高和改造"，同时也是"深切痛恨自己过去的反科学的、反唯物辩证法的直觉思想"。关于自己转变的理论基础，贺麟说："学习毛主席的矛盾论，其中论矛盾转化的原则特别给我以更新改造的无限鼓舞和勇气。通过认真学习马克思列宁主义，懂得了阶级斗争的真理。在努力实践和劳动的过程中，人可以从落后的改造成为进步的；能够抛掉唯心的思想，而接受辩证唯物论的思想；能够去掉旧包袱，争取新成就；批判自己违反人民利益的活动，而努力于服务人民的活动。我希望通过这次对胡适批判［这场］广泛而深入的无产阶级思想对资产阶级唯心论的斗争，在许多人、特别是旧知识分子中，在思想上、生活上、学术研究工作上可以引起一个根本的改造。"②

---

① 贺麟：《两点批判，一点反省》，《人民日报》，1955年1月29日，第3版。收入贺麟：《哲学与哲学史论文集》，商务印书馆，1990年，第452~468页。此处引自《人民日报》。

② 贺麟：《两点批判，一点反省》，《人民日报》，1955年1月29日。

贺麟强调唯心主义向唯物主义的转化，有一个深层的动机，即知识与存在的同构。他所谓转化，既是在讲历史，也是在讲他自己从唯心主义向唯物主义的转化，是对自己的存在状态的说明。

张恒寿认为，胡适的"反理学"渊源于清代借助于考据学宣传降清思想的乾嘉学派人物，如钱大昕、焦循、凌廷堪等。胡适在宣扬费密的反道统思想时，表现了反人民的本质。他舍弃顾亭林的实学，仅仅宣传他的古音韵考证；对于有强烈民族气节的王船山，一字不提；在宣扬费密的反义理学说中，宣扬利己主义。总之，胡适借助于"'反理学'的口号，暗暗进行反人民反爱国主义的宣传，他的目的一方面是为自己投靠帝国主义投靠反动军阀的行为巧作辩护；一方面是想腐蚀一般青年大众的革命思想，斗争精神，使他们丧失了严肃纪律的人生态度，成为资产阶级腐朽生活下的俘虏，从而阻止无产阶级革命的前进"。①

冯友兰、朱伯崑认为，②胡适的《中国哲学史大纲》散布了美帝国主义的实用主义主观唯心论和庸俗进化论的反动观点，是"一部实用主义教科书"。胡适说哲学是对人生切要问题的根本解决，哲学的主要问题是人生问题，所以，唯物唯心的对立是次要的问题，可以不了了之，以此来宣扬唯心主义世界观，掩盖哲学的阶级性，对抗唯物主义。胡适认为，把自古以来许多哲学家解决人生问题的方法和研究哲学问题的方法记录下来，便成为哲学史，这便掩盖了哲学的阶级性。在胡适看来，哲学史研究不过是把偶然的事件记录下来，没有什么规律，不过是一笔糊涂账，这正可以让他用主观唯心主义的方法随意安排。他认为思想不过是应付环境的工具，各种哲学观点都是平列的，并不反映客观世界及其规律，"抹杀了中国古代哲学思想在一定程度上所反映的客观真理，否认了中国古代哲学史上的根本问题——唯物主义反对唯心主义世界观的斗争，歪曲了古代唯物主义世界观的传统"。

---

① 张恒寿：《揭露并批判胡适标榜"反理学"的历史渊源和反动本质》，《哲学研究》，1955年第2期，第18～40页。

② 冯友兰、朱伯崑：《批判胡适〈中国哲学史大纲〉底实用主义观点和方法》，《北京大学学报》创刊号。该文后经删节发表于《人民日报》，1955年6月24日。以下引自《人民日报》，为节省篇幅，不俱注。

　　冯友兰、朱伯崑指出："马克思主义认为科学的哲学史是经常代表先进阶级利益的唯物主义世界观反对经常代表反动阶级利益的唯心主义世界观的斗争的历史,也就是唯物主义世界观及其规律发生和发展的历史。这就是哲学史发展的普遍规律、中国哲学思想的发展也同样遵循这个普遍规律。揭露这一规律,是中国哲学史工作者的任务。"在中国古代思想发生的原因问题上,胡适采取了实用主义的主观唯心主义观点,与社会存在决定社会意识的历史唯物主义原则相对立。《中国哲学史大纲》提出,哲学史研究要"求因",他列出了三个原因:个人的"才性"、"时势"、所接受的学术思想。他所谓"才性",不过是个人应付环境的才能;所谓"时势",不过是社会的表面现象,对于思想只能起促进作用,而起决定作用的阶级斗争,则是他极力要掩盖的。胡适认为思潮可以决定时势,这正是主观唯心论历史观。他所说的"所受的思想"也有实用主义的内容。实用主义认为,个人要应付环境,需向过去的思想寻求解决办法,所以,古代思想家的观点都是受以前思想的刺激而产生的。如墨子是儒家的反动,儒家不信鬼,所以墨子提倡明鬼。这是从思想意识本身寻找思想意识的原因。胡适认为,一些思想之所以取得支配地位,一些思想之所以衰落、消失,只是因为各种思想相互攻击的缘故。这些暴露了他的唯心史观本质。马克思主义认为,思想发生的根本原因,必须向物质生活条件——生产方式的变革寻找。春秋时期出现不同派别,原因在于社会经济制度的极大变革所引起的阶级斗争的深刻化和复杂化,儒、墨、道、法等都代表了不同的阶级,是为不同阶级服务的。某一学派之所以能取得统治地位,是由于和先进的阶级利益结合在一起的缘故;某些哲学之所以衰亡,是因为它代表的阶级衰落消亡的缘故。

　　冯友兰、朱伯崑又指出,胡适"搬运庸俗进化论任意涂抹古代思想发展的趋势","明变"的方法,正是实用主义庸俗进化论的应用。庄子提到万物可以相互转化,其中并不包含从低级到高级的进化,胡适却把庄子的思想附会成生物进化论。庄子说"种有几",其实是说万物种类很多,胡适把"几"解释为"微",说生物都是从极细微的种子进化,种子里面包含有万物的可能性,生物的进化就是从可能性到现实性。这实质上否定了自然界有新质形态的出现,否认了进化。胡适把这种进化观运用到哲学史上,这样哲学史上也就没有全新的思想了。胡适认为思想的变化是由于外来思想影响的结果。如,古代各学派提出新观点,不是由于它所代表的阶级有了新要求,而是由于各派相互影响的结果;秦汉以后哲学都是由于受佛教影响的缘故等。这就抹杀了中国哲学发展所依据的内在物质基础。胡适的"明变"并不是寻求哲学史发展的规律,而是根据思想的传授关系随意安排古代思想的顺序,否定其间的质变。如他认为老子是《诗经·伐檀》思想的继续,把晋代的《杨朱篇》说成是庄子以前的思想等。他的历史的态度是反历史的。马克思主义认为,人类观念形态发展的历史受辩证法规律的支配,中国思想史发展的每一个阶段,都有质的变化;新旧思想的矛盾斗争,是中国思想发展的规律。观念的基础和联系,绝非单纯的"思想的血统关系",而是"代表一定阶级利益的思想家,按照本阶级的经济要求,去继承或扬弃他们前辈所创造的思想资料,经济和阶级利益本身决定着思想和观点改变的方向";"中国古代某些思想流派,在形式上虽然继承了它们前辈的某些观点,但它们却代表着不同的阶级利益,因而也就获得了在本质上同前辈不同的新的内容和新的形态"。

　　冯友兰、张恒寿认为,胡适评价思想的标准也是同马克思主义的反映论及历史主义根本对立的。他不承认有客观真理,把真理看作满足个人欲望和应付环境的工具,所以他评价一种思想是看它能否产生对个人有利的效果。"实用主义的'效果论',是胡适对于古代思想学说进行评价底基础。"胡适把效果分为三种:一是同时产生的思想对后来思想的影响,二是一种学说对于风俗政治的影响,三是看某一个学说造出什么样的人格。所谓效果说和原因说是对应的,胡适称这种方法为"历史的方法"或"祖孙的方法"。"效果论"认为,一个学说所发生的效果价值,便是学说的价值。这就是说,学说本身没有价值,只有一种工具的价值。胡适正是用这种主观唯心论的观点来评判学说的价值,这就必然抹杀一种学说在历史上应有的意义。胡适认为自己评价历史人物的目光是"客观的",而事实上,"胡适对于哲学史主要各家的评判,经常是随着他底主子——美帝国主义和买办资产阶级的需要而任意捏造,随时变动"。如"五四"时期,美帝国主义和买办资产阶级的利益是维持中国封建统治而加以一定程度的改革,胡适就把孔子说成是志于改良的积极救世派,以宣传改良主义;抗战前夕,在"说儒"中,他又把孔子说成是亡国遗民的大教主,替蒋介石宣传不抵抗主义;现在在台湾,他则把孔子说成自由主义者,"为美帝国主义所制造的'自由中国'找理论根据"。其他诸如对于老子、墨子的评价,也是这样按照主观需要变来变去。冯友兰、张恒寿说,马克思主义认为,一种学说的价值,在于它在一定程度上正确地反映了客观规律;它的效果则是它在社会的生产斗争和阶级斗争实践中所起的作用。胡适对中国古代思想的评判完全是脱离社会实践的个人主义和主观主义。马克思主义还认为,对于一种学说的历史意义的评价,不能脱离它所产生的具体的社会历史条件。凡是反映了社会经济向前发展和人民群众利益,从而推动社会前进的学说,都是进步的。这是评价历史上各种学说唯一的客观标准。胡适对中国古代思想的评价是反科学和反历史主义的。

　　关于学界批判胡适思想的情况,据《哲学研究》报道,"北京组织了'胡适思想批判讨论工作委员会',领导和推动了这个思想斗争;上海、长春、江苏等省市也相继成立了同样性质的机构,组织和领导了科学工作者、教授、作家以及其他文化学术工作者参加了讨论。截至三月底,这样的讨论会在北京就已陆续开会二十二次,其中八次是关于哲学方面的"。"实用主义哲学是胡适派思想的理论基础,对胡适哲学思想的批判,在整个批判中占着极重要的地位";"批判胡适唯心主义的历史观也是整个批判中的重要环节"。"胡适思想的批判,对全国学术文化界和知识分子发生了强烈的影响,大大地提高了他们的思想理论水平,大大地增强了他们研究工作的科学性和战斗性"。① 据统计,1955年1月至8月,三联书店出版《胡适思想批判》论文汇编七辑,计110万字。又据报道,对于胡适反动思想的批判,"正由轰轰烈烈的全面展开阶段逐渐转入长期的细致的深入的阶段",由批判胡适思想逐渐转为对其他反动思想的批判。《人民日报》、《哲学研究》已经开始发表批判梁漱溟反动思想的文章,冯友兰对自己过去的反动哲学也作了初步的自我批判。② 在哲学史方面,《人民日报》7月20日发表了《批判胡适〈中国哲

　　① 李泽厚:《全国广泛展开批判资产阶级唯心主义宣传马克思主义唯物主义的斗争》,《哲学研究》,1955年第1期,第131～133页。
　　② 燕鸣轩:《批判资产阶级唯心主义思想斗争继续展开》,《哲学研究》,1955年第2期,第157～158页。

学史大纲〉的实用主义观点和方法》,指出"胡适所散布的实用主义观点和方法,对于中国哲学史的研究工作一直起着严重的危害作用,进一步肃清这些流毒是我们当前文化战线上的迫切任务"。[1] 1956 年第 1 期《哲学研究》"思想学术动态"栏目登载"学术界继续深入、细致地批判资产阶级唯心主义思想"的报道,叙述了在"向科学进军"以后,教育界对胡适、梁漱溟等人唯心主义教育思想的批判。[2]《哲学研究》第 2 期的"思想学术动态"栏目继续报道了"批判资产阶级唯心主义思想继续发展中的新情况":在批判实用主义思想方面,《中山大学学报》发表了《揭露并批判胡适标榜"反理学"的历史渊源和反动本质》;在批判梁漱溟唯心主义思想方面,《北京大学学报》发表了《批判梁漱溟所谓"周孔教化"》;关于中国哲学史的问题,揭露了胡适对清代'反理学'的反动立场,指出"胡适标榜反理学的动机,乃是出发于维护旧的反动统治的腐朽政权及甘心作帝国主义奴才的思想的;他的反动思想和清代凌廷堪、费密等'汉奸'学者的反动思想是先后契合的"。[3]

七、苏联专家对中国哲学史界的影响

(一) 苏联专家对中国哲学史研究的影响

20 世纪 50 年代初,作为知识分子思想改造的重要一环,我国还聘请了苏联一些研究马克思主义哲学、西方哲学史的专家到中国人民大学、北京大学、中共中央高级党校讲授马克思主义哲学和哲学史研究的方法论问题。冯友兰、金岳霖、张岱年、石峻、任继愈等都听过课。苏联对马克思主义哲学和关于哲学史研究方法论的认识,在日丹诺夫的讲话之外,更加直接地影响了中国哲学史的研究。不过,苏联专家可能是出于对于中国哲学史的客观认识,或者出于对中国文化的尊重,也可能出于"中苏友好"的大局,虽然也强调"斗争史观"的概念,但在对待中国哲学史方面,并不特别僵化,对人物

---

① 燕鸣轩:《继续深入地开展批判胡适反动的资产阶级唯心思想》,《哲学研究》,1955 年第 3 期,第 149～150 页。

② 《哲学研究》,1956 年第 1 期,第 143～148 页。

③ 《哲学研究》,1956 年第 2 期,第 139～140 页。这些报道均无作者署名。

的评价也不过于苛刻,而是十分温和,有所褒扬。

20世纪50年代初,中国人民大学聘请苏联专家讲授马列主义基础及辩证唯物主义。教育部指示北京大学、清华大学各派一名教授听课。清华大学是张岱年,北京大学是郑昕。① 1953年,苏联专家格·萨波什尼科夫来到北京大学培养马克思主义哲学教师。他讲的课程为辩证唯物主义和历史唯物主义,后来哲学系又要求他开设了世界哲学史。② 金岳霖、冯友兰、石峻、任继愈等都听过课。张岱年和黄楠森担任辅导,讲马恩列斯著作选读。③ 据《金岳霖年谱》记载,1953年9月18日,金岳霖同北京大学哲学系学生一道听苏联专家讲授"辩证唯物主义与历史唯物主义"以及"哲学史"课程。1955年,中共中央高级党校邀请苏联专家谢·斯·吉谢辽夫和瓦·依·科洛加什尼为该校部分教工和哲学专业班学员、师资部哲学班学员讲授古代哲学史。两位专家所讲的内容涉及哲学史的方法论问题和中国古代哲学。④ 他们的《古代哲学史讲稿》(以下简称《讲稿》)分为五个部分,第一部分是"作为科学的哲学史",着重论述了苏联哲学界关于哲学史研究的一般看法;第二部分是"古代埃及、巴比伦哲学";第三部分是"古代中国哲学";

---

① 张岱年:《耄年忆往》,第37页。

② 据《北京大学哲学系简史》(第122页),苏联专家萨波什尼科夫来华是1954年7月;据当时为苏联专家担任翻译的汤侠生的回忆,萨波什尼科夫是1953年秋到京,1956年离京。见同书,第305页。

③ 张岱年:《耄年忆往》,第38页。

④ 两位专家的讲课记录稿《古代哲学史讲稿》(以下简称《讲稿》)由中共中央党校出版作为"本校教材"于1957年5月1日出版,印数4万册。据此书"说明"记述,其第一部分"作为科学的哲学史"是谢·斯·吉谢辽夫所讲,古代希腊哲学从德谟克利特起到伊壁鸠鲁、卢克莱茨哲学为止,是科洛加什尼所讲。担任口译并速记的是刘群。该书出版时,两位苏联专家已经回国,译稿没有经过他们的审阅。不过,他们写了"编者的话",说:"如果阅读这些讲稿,对增长中国读者哲学知识,多多少少有些帮助,著者将感到内心的满足。著者深深敬佩中国新的知识界那种刻苦学习,钻研科学的精神。"《讲稿》作为内部讲义,似未出中央党校教学的范围,但高达4万册的印数,绝不是中央党校单独用得完的。据中央党校原副校长韩树英教授的看法,当时能够请来专门研究哲学史的博士级专家,是很不容易的,所以有关部门相当重视。估计这本书通过内部渠道广泛发行到高校、图书馆、研究所了。这就是说,其影响还是非常广泛的。又,据韩树英教授说,吉谢辽夫原是一位空军团政委,列宁格勒人,比较爱读书,在苏联教书,对经典著作非常熟悉。科洛加什尼是当时来华的唯一的博士级专家,其他都是副博士。他是一位哲学史专家,在中央党校讲课期间,北京大学、中国人民大学都有老师来听课。该书是了解当代中国哲学史学史的一个重要史料。

第四部分是"古代希腊哲学"；第五部分是"封建社会唯物主义和唯心主义的斗争"。关于哲学史方法论，《讲稿》认为："哲学史的研究任务，在于阐明现代理论思想的经验，对于这些理论思想给以正确的估价，并批判地接受这些思想。"[①]《讲稿》批判了资产阶级哲学史家，认为他们所写的哲学史的根本错误首先在于唯心主义的哲学史观，把哲学史和社会发展史相脱离；其次是"欧洲中心论"；第三是"轻视和蔑视先代的唯物主义"，连篇累牍地宣扬唯心主义，仿佛哲学史就是唯心主义的历史，把唯物主义者笛卡儿和斯宾诺莎也说成是唯心主义者。他们还歪曲哲学史，把资产阶级思想加到古人头上。如"二战"后英国出版的罗素的哲学史和劳治的哲学史，都是拿古代思想家的哲学原理替资本主义制度辩护，反人民，反共产主义。可见，"哲学史同样是阶级斗争的一个战场"。[②]

《讲稿》指出，资产阶级哲学史有两个特点：一是经验主义，一是怀疑主义。前者认为哲学学说都是偶然的东西，哲学史家的任务就在于描述不同的派别和事实，把哲学史变成书名和人名的历史；后者则认为哲学史不过是错误的历史，没有什么值得学习的东西。"只有在马克思主义产生以后，才在马克思主义的基础上出现了真正的科学的哲学史。因此，马克思主义的出现不仅是一般人类思想和哲学中的革命，而且也是哲学史的革命。只有从历史唯物主义产生以后，哲学史才有了自己的真正科学的方法论，而科学的方法论乃是关于科学的认识和原则的学说。"[③]

什么是马克思主义的哲学史？《讲稿》认为，"只有当着人们能够用辩证唯物主义观察历史的时候，才能够产生科学的哲学史。"[④]马克思恩格斯对哲学史的贡献首先在于，他们使人们认识到，"一部哲学史，是唯物主义和唯心主义斗争的历史"；[⑤]他们的第二个贡献是"提供了哲学思想的一般图景"，划分出了西方哲学史上的唯物主义和唯心主义的阵营，对哲学史上的

[①]　《古代哲学史讲稿》，第 1 页。
[②]　《古代哲学史讲稿》，第 6 页。
[③]　《古代哲学史讲稿》，第 9 页。
[④]　《古代哲学史讲稿》，第 10 页。
[⑤]　《古代哲学史讲稿》，第 11 页。

思想大师,作了估价和分析。他们的第四个贡献①是把辩证唯物主义和历史唯物主义与以往的旧哲学作了截然的划分。在马克思主义产生以前,哲学是少数人的事情,"马克思主义的哲学是广大群众的哲学"。②《讲稿》特别提出,"列宁、斯大林的著作是哲学史当中一个新的贡献"。"列宁指出唯物主义和唯心主义是两个相互斗争的党派,指出在哲学的两个阵营——唯物主义和唯心主义的斗争当中反映出对立的阶级斗争;指出哲学的两条路线是德谟克利特和柏拉图的路线;哲学的两条路线是不可调和的;一切企图走中间路线,企图创造什么中间路线的人们归根结底是为反动阶级的利益服务的。列宁在他的著作当中指出了两条路线的观点的对立,指出了辩证唯物主义对唯心主义的优越性"。③ 关于斯大林,《讲稿》提到《马克思主义与语言学问题》、《苏联社会主义经济问题》两部著作,指出前者批判了在资本主义国家流行的符号学、语义学的荒谬性,后者"阐明了现代哲学中的基本问题。……批判了主观主义、对规律的盲目崇拜思想和宿命论思想,直接击中了整个资产阶级主观唯心主义的要害"。④ 此处对"对规律的盲目崇拜思想"的批判,似与1958年前后所谓破除规律的提法有一定的联系。

关于马克思主义哲学史的方法论问题,《讲稿》列了五个基本原则。第一,"要求把哲学的发展和历史条件结合起来,把哲学的发展和经济条件和阶级斗争联系起来",由此言之,"通史乃是哲学史的基础"。⑤ 只有根据它所产生的时代,才能"对一切哲学思想给予正确的估价,才能够根据某一个哲学所产生和发展的历史条件给它以正确的估价;这样,我们才能够看到这些哲学派别、哲学思想给我们提供了什么东西以及我们向哲学思想能够学习到什么东西"。⑥ 第二,"要求我们在分析历史上某一个哲学思想、哲学派别的时候,要从阶级斗争出发,要考察这种哲学思想的阶级性,它的政治意

---

① 原书无"第三个贡献",可能是记录之误。——引者注
② 《古代哲学史讲稿》,第14~15页。
③ 《古代哲学史讲稿》,第17页。
④ 《古代哲学史讲稿》,第19页。
⑤ 《古代哲学史讲稿》,第19~20页。着重号为原书所加。——引者注
⑥ 《古代哲学史讲稿》,第22页。

义、政治作用,考察它的政治方向,考察这种哲学思想是为什么人服务的,为什么需要这样一种哲学思想"。"哲学从来都是阶级斗争的战场,它不是中立的科学。哲学史告诉我们,各种哲学派别从来都是在阶级斗争中产生和发展起来的。……这种斗争往往是一种生死的斗争"。① 第三,"要求我们在研究某一种哲学思想时,必须把这种哲学思想和其他的社会意识形态结合起来",②避免孤立地研究哲学的发展。第四,"要求我们不贬低也不粉饰过去的哲学思想,这一原则反对把过去的哲学体系加以现代化,它要求如实地反映以前的哲学体系,严格遵守历史真实性的原则"。③ 第五,"要求把哲学发展的历史看成有规律的发展过程。这一原则反对把它看成偶然的现象,它要求我们把哲学发展的过程看成从低级到高级的发展过程"。④

《讲稿》指出,"唯物主义和唯心主义的斗争乃是哲学发展的规律"。《讲稿》又根据日丹诺夫哲学史定义指出,"哲学的历史主要是唯物主义的历史"。⑤ 为什么如此?《讲稿》认为,"从历史上看,唯物主义基本上都是沿着进步的道路发展的,它代表着社会进步思想的发展;而唯心主义则是在基本上代表着反动势力,代表社会思想倒退的反动势力的"。⑥ 关于唯心主义,《讲稿》认为没有任何积极意义,只不过是作为唯物主义的斗争对象而存在。《讲稿》根据列宁关于唯心主义是"不结果实的花"的比喻指出:"唯心主义就是这种不能够结果实的花,是毫无意义的。唯心主义从来都是否认人们认识的正确性,否认人们的认识是可靠的。唯心主义不是武装人们的认识,而是完结人们的认识,瓦解科学思想。"⑦《讲稿》认为,之所以不能把唯心主义排除出哲学史,是因为哲学史是唯物论与唯心论的斗争史,排除了它"就不可能理解唯物主义"了。⑧《讲稿》的这些极端片面的看法,把日丹诺夫讲话

---

① 《古代哲学史讲稿》,第23页。
② 《古代哲学史讲稿》,第24页。着重号为原书所加。——引者注
③ 《古代哲学史讲稿》,第26页。着重号为原书所加。——引者注
④ 《古代哲学史讲稿》,第26页。着重号为原书所加。——引者注
⑤ 《古代哲学史讲稿》,第26～27页。
⑥ 《古代哲学史讲稿》,第27页。
⑦ 《古代哲学史讲稿》,第28页。
⑧ 《古代哲学史讲稿》,第28页。

所包含的荒谬彻底展示出来了。这些看法在很长时间内被认作马克思主义的正统认识，支配着中国哲学史的研究。吉谢辽夫在 20 世纪 50 年代中国的哲学史界是有影响的。1957 年北京大学出版的《哲学史简编》和北京大学哲学系编写的《中国哲学史讲授提纲》都提到了他的《哲学史》、《哲学史简编》。①

关于哲学史研究的任务，《讲稿》指出，简单地说，"就是吸收历史上的哲学思想的一切经验为共产主义事业服务"，具体有以下几点：第一是获得世界各国人民哲学思想发展的完整的、客观的、真实的图景。第二是用"人类理论思维的经验来武装先进的知识分子"。第三是"证明过去的哲学思想的发展，从历史上准备了辩证唯物主义和历史唯物主义的产生"。这是我们所说的目的论史观的典型表述，即哲学史的发展是为了产生辩证唯物主义和历史唯物主义。这一观点是十分片面的，包含诸多问题。第四是证明唯物世界观的优越性。第五、第六是揭露资产阶级思想的"伪造"行为和"模仿"行为。第七是表明唯物主义的"创造性发展过程"。②

《古代哲学讲稿》用较长的篇幅讲解古代中国哲学。《讲稿》认为中国从公元前 6 世纪就出现了比古埃及、巴比伦、印度更为丰富的唯物主义思想，形成了唯物主义和唯心主义两个派别。老子哲学是唯物主义的气一元论，他把万物的本原看作气；他的道提出了关于客观规律的猜测；他也提出了朴素辩证法的思想。但他在政治上主张调和矛盾，取消斗争，幻想恢复原始的生活方式，"表现出在奴隶占有条件下代表小生产者的民主派，是没有力量改变社会制度的"。③"老子的学说遭到了唯心主义学派的歪曲"，应该把被唯心主义歪曲的道家学说与老子的唯物主义思想区别开来。④

把老子作为唯物主义，把庄子哲学作为对老子哲学的唯心主义歪曲，是1957 年以前中国哲学史界较为普遍的看法，在冯友兰的《中国哲学底发展》中已经出现，苏联专家的观点无疑加强了中国哲学史界的这一看法。不同之处是冯友兰以孔子为中国哲学史的开端，吉谢辽夫则以老子为开端。冯

---

① 名字略有出入，当时也译作"吉谢廖夫"。
② 《古代哲学史讲稿》，第 29～30 页。
③ 《古代哲学史讲稿》，第 46 页。
④ 《古代哲学史讲稿》，第 47 页。

友兰对于儒家一贯持赞赏的态度，以孔子为哲学史的开端是他过去见解的惯性延续；苏联专家以老子为开端，则是要给中国哲学史一个唯物主义的开端。他们这么做，除了对于哲学史的客观看法之外，可能也是为了表现出对中国的友好和对中国文化历史的敬意。这种敬意表现为尽量把中国哲学史上的人物往当时人们认为正确的、有价值的唯物主义方面靠。在对中国哲学和中国历史表示温情和敬意方面，冯友兰等人与苏联专家是相同的。不同的是，苏联专家是要表示对中国人民的友好态度；冯友兰等中国哲学家和哲学史家则更多地是要表现这门学科的意义和学者存在的价值。在唯心主义没有价值的前提下，如果中国哲学史全是唯心主义史，那它还有研究的必要吗？根据下文将要提及的郑昕的"开放唯心主义"可知，有相当长的时间，哲学系是不讲唯心主义哲学的。在当时的历史条件下，主张唯心主义自不待言，就是研究它，也被认为是毫无价值的。既然如此，研究者的存在，他们的人生还有什么意义？冯友兰等学者以及中国哲学史这门学科在此后常常面临这一困境。由于双方都保持着对于中国历史的温情和敬意，所以，在双方的笔下，在中国哲学史上，唯物主义哲学家就比唯心主义哲学家要多，他们都整理出了唯物唯心斗争史的线索，以免显得中国哲学史只是唯心主义的发展史，一无是处。在当时看来，肯定中国的唯物主义传统，既是与胡适进行斗争的一个方面，又是历史上唯物主义与唯心主义的斗争在现代的继续。

《讲稿》认为，孔子主张天命，是唯心主义者，其思想"反映那些还保持着贵族生活方式的残余的奴隶主阶层的利益的观点"。继承老子的是唯物主义，继承孔子的是唯心主义，老子和孔子是中国古代两个对立的阵营。孟子继承了孔子。《讲稿》没有把墨子和后期墨家分开，认为"墨子的思辨方法是对孔子学说的一个沉重打击"。这是"沉重打击"一词首次出现于中国哲学史研究著作，此后成为一个常用词汇。这也是哲学史研究成为"战线"的一个结果。《讲稿》认为，杨朱是继承老子学说的"战斗的唯物主义者"，杨朱的观点反映了"社会上遭受贫寒、破产、丧失了生产资料的人们的利益"。荀子学习孔子而又转向唯物主义，他的学说"反映了那些要求建立中央集权制国家的新兴封建主的利益"；韩非是另一位唯物主义者，代表了"当时社会上占统治地位的封建主剥削阶级的利益"。韩非既是唯物主义者，又代表剥削阶级的利益,这该如何解释?《讲稿》提出两点说明:一、韩非在历史观上是唯心主义的,二、"法家学说反映了统治阶级上层的利益。当时新兴的封建统治者是要把社会推向前进的。因此,在当时他的哲学思想是有进步意义的"。① 《讲稿》肯定,王充是"战斗的唯物主义者"。《讲稿》指出,"中国古代哲学史也是唯物主义和唯心主义斗争的历史,是以老子为代表的唯物主义学派和以孔子为代表的唯心主义学派斗争的历史。王充学说是老子唯物主义的发展的最高峰";"中国古代唯物主义和唯心主义是代表同一统治阶级当中的不同阶层的利益的哲学思想。唯心主义代表统治阶层中的反动阶层,而唯物主义则代表着统治阶层中的进步阶层。中国古代唯物主义并不是代表奴隶的利益的哲学"。② 从把王充作为古代哲学的终点来看,《讲稿》是把魏晋作为封建社会的开端的。

关于中国封建社会的哲学,《讲稿》非常简略,许多重要人物都没有提到。不过,作者认为,中国封建社会和西欧一样,"主要是宗教唯心主义思想",具体有儒教、道教和佛教。儒教"是中国封建社会的统治思想","宣扬劳动人民要安分守己,论证阶级划分和阶级压迫的永恒性。它把封建官僚派团结在自己的周围,它是封建反动势力的旗帜"。③ "儒教,作为统治思想,在中国的精神生活中与唯物主义传统展开了斗争。在公元11~12世纪,为了与中国古代唯物主义势力作斗争,为了论证已经在中国发展起来的封建社会制度,儒教不得不改变自己的观点体系,这样就产生了新儒教。"④ 关于代表人物,《讲稿》列举出朱熹、王阳明及其对立面李贽、戴震。《讲稿》把中国封建社会放得很靠后,提出儒家为宗教学,都是以与西欧哲学史的对比为基础的,并不完全适合中国哲学。不过,儒教说似乎也产生了影响。儒学是不是宗教,后来成为中国古代哲学研究的一个重要的讨论问题。

20世纪50年代,中国学者还参与了苏联的《哲学史》著作的编写。《哲学史》是苏联学术界意在突破欧洲中心论或西方中心论的著作。关于这部

---

① 《古代哲学史讲稿》,第57页。
② 《古代哲学史讲稿》,第59页。
③ 《古代哲学史讲稿》,第155页。
④ 《古代哲学史讲稿》,第156页。

著作，苏联通讯院士 M. Т·约夫楚克在《关于〈哲学史〉一书中东方哲学史若干问题的说明》中说道：①

> 在《哲学史》中，我们想探究唯物主义和唯心主义在它们相互斗争中的历史发展，探究某些哲学学说的进化。……《哲学史》(包括东方哲学史部分在内)的作者们并不限于阐明哲学家哲学思想发展的这种极为重要的内部规律性，如唯心主义和唯物主义的斗争(然而，这一点并不能概括净尽哲学发展过程的全部复杂性和内部矛盾性)。② 他们也力图表明唯心主义内部历史地存在过的矛盾。特别是讲到中国哲学史的时候，作者们(中国学者侯外庐、冯友兰和胡绳)力图辨明孔子学说的矛盾和公元前 4 世纪就已开始的围绕孔子学说所进行的斗争；他们表明，孔子学说的一些后继者使他们的思想陷入神秘主义一个方面，为统治阶级反动势力的利益服务。……《哲学史》的作者和编者们坚持这样一种意见：假如把公元前几百年时的孔子学说看做是一种全盘反动的学说，那就把问题简单化了；他们表明，孔子学说之变为反动的宗教伦理学说，乃是在后来发生的，那时已是封建主义时代了。

唯心主义的哲学历史观过去都把东方哲学看作是宗教直观的、停滞的、没有矛盾和发展的；仿佛只限于宗教和伦理学，不包括认识论、自然哲学等。《哲学史》的作者反对这一观点，他们指出："这些国家思想家自己的哲学学说决不仅仅限于宗教和伦理的范围内，而是深刻地、独特地并且就当时来说非常正确地解决了本体论、认识论、逻辑学的问题，而且也在社会方面发表过有趣的思想。"作者说明了《哲学史》关于中国哲学史的一些结论，肯定了任继愈的一个重要论点，即 17 世纪中国哲学唯物主义达到了一个新的以自然科学为基础的反对宗教的理论联系实际的阶段，这种唯物主义又不是 17 世纪左右在欧洲产

---

① M. Т·约夫楚克：《关于〈哲学史〉一书中东方哲学史若干问题的说明》，《哲学研究》，1957年第4期，颜品忠译，汤侠声校。编者按："这是今年二月二十八日苏联科学院哲学研究所学术会议上的一篇报告。因为它涉及许多中国哲学史研究的问题，以及中国哲学在世界哲学史中的地位问题，值得我们参考。经商得作者的同意，发表在这里。约夫楚克曾经在北京大学讲学。"

② 这句话似乎并没有为当时的人们所注意。——引者注

生的以机械的自然科学为依据的形而上学唯物主义。《哲学史》中国哲学部分是以侯外庐以及其他同志为《苏联大百科全书》第21卷所写的文章为基础的。关于历史的分期问题,《哲学史》原则上同意任继愈的中国封建社会开始于公元前2世纪的观点。关于孔子学说的评价问题,基本上是采用郭沫若的结论。

《哲学史》简略地谈到了中国古代各种学说的演进过程,指出反动的汉学家胡适和西方哲学家都把中国的唯物主义描述为有害的、没有给人类思想增加任何新东西的学说。经过中国同志们的努力,"唯物主义才被看作是最古老而又富有生命力和最富有成果的哲学思想派别。《哲学史》指出,在中国哲学史上起到最进步历史作用的,是一些唯物主义世界观的代表,如:早期的道家、荀子以及墨家学派中唯物主义路线的拥护者、封建主义初期哲学的王充和范缜、哲学上所谓正统派的周敦颐和张载、十七十八世纪的唯物主义启蒙家,特别是王夫之和戴震"。《哲学史》的作者表明,中国唯物主义是和自然科学知识紧密结合在一起,由于先进的社会力量的需要而产生的。中国哲学史部分的中国作者和东方其他民族哲学史的苏联作者一道得出具有充分证据的结论。"东方思想从古代就研究认识论和逻辑的问题的,更不要说自然哲学对本体问题的解决了";中国哲学史家证明,早在公元前5～前4世纪,墨子学派就研究了认识问题和逻辑问题。《哲学史》对《道德经》的评价,比从前做得更为正确了。《哲学史》反对把这部著述说成是客观唯心主义的著作,表明它包含了对于宗教的批判,提出了"道"的普遍规律的概念,道是不依赖人的意志而存在的。《哲学史》作者指出,《道德经》一书充满了自发的辩证法观点。这些是吸收苏联的中国哲学史研究者杨兴顺的观点。约夫楚克指出,中国同志是用非常谦虚的口吻为《哲学史》撰写中国哲学部分的,这与中国哲学在人类哲学思想中所起的作用并不完全符合。中国哲学史在《哲学史》中只占三个印张,关于中国逻辑史,都没有涉及,希望随着研究的进展以后能够补充进来。

(二) 苏联汉学家的影响

《哲学研究》介绍了苏联的中国哲学研究,[①]云苏联《国际生活》杂志

---

① 《哲学研究》,1957年第4期"思想学术动态"栏目刊登了五则动态。其五为"苏联关于中国哲学史的研究",作者署名"涛"。

1955 年第 8 期发表了格·叶菲莫夫的论文，论述了苏联关于汉学的研究，特别是关于老子和王充的研究。叶菲莫夫批评了资产阶级学者认为中国不存在本来意义的哲学的谬论，指出杨兴顺在《古代中国的哲学家老子及其学说》中已经证明，"中国还在久远的古代就已经产生了关于世界的唯物主义的概念"，《易经》《阴符经》等都阐明了这一概念。唯物主义在大约公元前 6 世纪老子的《道德经》中获得了更进一步的发展，并形成完整的哲学体系。"老子的学说是作为以后时期中国的唯物主义的发展的一个基础"，"中国的唯心主义者，特别是孔教徒，企图曲解古代关于道的学说，把它变成主观唯心论的原则"。中国的唯物主义者与之进行斗争，并把《道德经》的唯物主义的基本原理推向前进。因此，杨兴顺在其书中写道：中国的哲学史，一如其他各国的哲学史一样，首先是唯物主义世界观的发生与发展和唯物主义向唯心主义斗争的历史；阿·阿·彼得洛夫关于古代中国哲学唯物主义者王充的著作，说明"王充的学说是中国古代唯物主义的最高发展……王充对当时占统治地位的思想的斗争为中国后代的唯物主义者开辟了道路"。

杨兴顺指出，中国具有悠久的唯物主义传统。老子是唯物主义的开创者，孔子是中国唯心主义传统的开创者。中国古代奴隶制到汉代结束，魏晋到鸦片战争时期为封建社会。"中国古代唯物主义是在反对神秘主义和唯心主义、争取历史进步的斗争过程中产生和巩固的。它是从初级不断向高级阶段发展的。公元前一千年的初期产生了不完整的、关于五种基本元素、气的物质实体、阴阳二气的自发唯物主义思想。后来，这些思想都被统一在关于一般规律的'道'的概念中，并构成一套严整的哲学系统。最后，墨翟的继承者——后期墨家又从朴素唯物主义观点研究了逻辑学和认识论，荀子和韩非子的学说用关于人在反对自然界和社会上自发势力的斗争中的积极作用的思想丰富了唯物主义。王充的学说是中国古代唯物主义发展的高峰"。[①] 魏晋时期的唯物主义者有裴頠、鲍敬言、范缜，唐朝时期有吕才。韩愈及其弟子在反对佛教的斗争中提出了具有唯物主义性质的观点，反对佛教胜利以后，

---

① 杨兴顺：《论中国哲学史中的唯物主义传统》，李恒译，《哲学研究》，1956 年第 4 期，第94～95 页。

他们又放弃了这些观点,滚到了唯心主义一边。张载代表了新儒教中的唯物主义倾向,二程兄弟代表了唯心主义倾向。张载在对事物辩证发展的猜测中得出了形而上学的调和论结论。朱熹企图调和新儒教中的两种倾向,最后却站到了唯心主义立场上去了,他的正统哲学受到了来自叶适、陈亮的左的方面的进攻和来自陆九渊、王阳明的右的方面的进攻。王阳明建立了很大的学派,影响了中国封建社会几百年。王阳明的弟子中出现了不少反对王阳明的进步哲学家,其中最出色的是李贽。从16世纪起,中国社会出现了资本主义萌芽,出现了富商、土地集中,封建主和农民之间的矛盾尖锐化,由于满族和日本军阀的入侵,民族矛盾加深。从17世纪开始,"中国社会上进步活动家反对朱熹和王阳明的思想学术斗争大规模地展开了",站在前列的是王船山、黄宗羲、顾亭林。18世纪,当清朝的统治稳固以后,伟大的唯物主义哲学家戴震开始反对正统派的思想。"中国中世纪的唯物主义的发展基本上经过了三个斗争阶段。在3～9世纪这一时期,唯物主义的炮火主要是反对佛教的神秘论。10～16世纪的唯物主义为反对当时的封建反动派的主要思想武器的新儒教唯心主义而进行了坚决的斗争。17～18世纪,唯物主义者思想斗争和社会上进步力量反对中国人民内外敌人的政治斗争汇合起来了。后来,1839年至1842年与英国的鸦片战争以后开始的这一新时期,即中国变成半殖民地国家时期,中国唯物主义传统继续得到了发展。19世纪末谭嗣同的唯物主义学说是当时维新运动的左翼的思想基础。后来,在唯物主义的旗帜下,出现了以孙中山为首的革命民主派。唯物主义传统近百年来是中国为社会和民族解放而进行斗争的进步力量和强大的思想武器,并为马克思列宁主义在中国的传播准备了思想前提。工人阶级和他的先锋部队——共产党是过去最优秀的唯物主义传统的合法继承者。这些传统至今还是正在顺利地根据社会主义原则改造自己生活的伟大的中国人民的精神力量的泉源之一"。①

关于老子哲学,杨兴顺认为,道的学说是唯物主义的。"'道'不仅意味

---

① 杨兴顺:《论中国哲学史中的唯物主义传统》,李恒译,《哲学研究》,1956年第4期,第84～101页。

着客观世界的自然法则，而且还意味着万物的物质实体。……法则（道）及其物质实体，乃是不可分离地存在着"；"关于法则与物质间的关系问题，老子认为：具有头等意义的是法则而不是物质。由此可见，老子关于'道'的唯物主义学说带有不彻底性。在这学说中还含有许多唯心主义因素"。①冯友兰在《新建设》答读者问关于老子为唯物主义的问答中提到了杨兴顺，说自己没有看到杨兴顺的文章，但也主张老子是唯物主义者。②

　　1956 年，科学出版社出版了苏联阿·阿·彼得洛夫学者的《王充——中国古代的唯物主义和启蒙思想家》。③ 该书分为三章，第一章为王充思想作了一个定位："中国古代的唯物主义者和启蒙思想家"。第二章是关于《论衡》的研究。作者认为"《论衡》的主要目的是批判前汉的唯心的儒家思想，奠定新世界观的基础，这个新世界观的主要原则便是承认世界的物质性。《论衡》是一部非常有趣的哲学——政论作品，其中作者彻底地批判了当时统治阶级的思想基础"；"《论衡》不仅是一部中国的，而且是一部世界的哲学、政论的卓越作品"。④ 该著认为，王充的思想是针对前汉的唯心主义思想，即"正统的儒家哲学和图谶"，尤其是董仲舒哲学的。⑤ 这一点非常值得注意，两军对垒的斗争史观把王充与董仲舒作为一个对子，把王充说成是"战斗的唯物主义"的观点可能来源于此。关于王充思想部分，该书论述了王充关于世界的唯物主义思想，关于自然、人的思想，以及生死问题、认识

---

① 杨兴顺：《论老子道的学说的唯物主义的本质》，《文史哲》，1955 年，第 7 期，第 18～20 页。

② 《新建设》，1951 年 7 月，第 4 卷第 4 期"学术问答栏目"载赵问：有人说老子是具有唯物论观念的哲学家之一，也有人说老子在认识论上是唯心主义的，二者是否矛盾？ 冯友兰回答说：老子的宇宙观是唯物的，认识论是唯心的。

③ 该书印数为 32 367 册。书前附有苏联科学院哲学所写的弁言："本书著者，原来的苏联驻华大使阿波伦·阿历山大罗维奇·彼得洛夫，在中国哲学方面是一个著名的马克思主义研究家。他曾写过关于最卓越的中国哲学家王弼的专论、《中国哲学史概论》、关于中国古代唯物主义者杨朱、王充等人的世界观的论著。这本书，著者远在 1941 年就曾想付样，但伟大卫国战争使这本书未能问世。战后著者又继续修订了原稿。但由于阿·阿·彼得洛夫的不幸逝世，致手稿改定工作未能完成。……在整理原稿准备出版时，编辑部减缩了一些次要的问题的个别细节，而且做了若干次修改。新添上去的序言是杨兴顺写的。"

④ ［苏］阿·阿·彼得洛夫：《王充——中国古代的唯物主义和启蒙思想家》，李时译，科学出版社，1956 年，第 15 页。

⑤ 《王充——中国古代的唯物主义和启蒙思想家》，第 3、15 页。

论、政治观和历史观等;后来中国哲学史研究的模式大致与此相同。在结论部分,彼得洛夫特别强调王充的"自然"的意义。

杨兴顺的序言强调了彼得洛夫此书作为革命的一个环节的意义。宋代唯心主义者王伯厚、高孙似攻击王充,朱熹不提王充,国民党蒙昧派抹杀这位杰出的唯物主义自由思想家,如胡适把王充和后期道家唯心主义混为一谈。德国唯心主义汉学家福尔克在其《中国中世纪哲学史》中同样贬低这位伟大的唯物主义思想家的意义,把他定为怀疑论者,认为在历史上没有留下什么痕迹。德国另一位唯心主义汉学家威廉认为王充对于神秘主义和唯心论的批判没有通情达理的部分。"捍卫神秘主义和唯心主义、保护新儒教、道教和佛教的蒙昧主义,使之不受无神论和唯物主义的抨击,这便是一切反动资产阶级汉学家的真正目的";"这本书,以科学论证所具有的全部说服力,证明了王充的唯物主义世界观在中国哲学史中所起的作用。这本书给予形形色色的中国哲学史的伪造者以迎头痛击"。①

关于苏联专家的影响,冯友兰晚年回忆指出:

> 解放以后,提倡向苏联学习。我也向苏联的"学术权威"学习。看他们是怎样研究西方哲学史的。学到的方法是,寻找一些马克思主义的词句,作为条条框框、生搬硬套。就这样对对付付,总算是写了一部分《中国哲学史新编》。……路是要自己走的;道理是要自己认识的。学术上的结论是要靠自己研究的得来的。一个学术工作者所写的应该就是他自己所想的,不是从什么地方抄来的,不是依傍什么东西摹画来的。②

任继愈也回忆和反思了当时向苏联专家学习的情况。他说:

> 苏联也派了不少专家来我国,学制也进行了改革。他们的教材、教学方法,学校组织机构介绍过来,我们一起接受了。北京大学哲学系先后来过几位苏联专家。我们今天 40 岁以上的教师大都听过苏联专家讲课。苏联那时还没有系统的中国哲学史教材,而西方哲学史教材却系统

---

① 《王充——中国古代的唯物主义和启蒙思想家·序言》,第 IV 页。
② 冯友兰:《中国哲学史新编·自序》,《三松堂全集》第 8 卷,第 1～2 页。

地介绍到我国来了,并发生了广泛的影响。我们可以读到马、恩、列、斯的全部著作,也有了辅导、解释这些著作的一些书籍。但是,也不能不指出,苏联的学风也给中国的学术界、哲学界带来了一些消极影响。

第一,苏联对欧美的传统哲学有偏见,特别是苏联卫国战争后,对德国古典哲学有偏见,因而不能客观地对待,不那么实事求是。

第二,苏联教学中只讲正面的,不讲反面的,参考书也只限于正面的,导致学生思想简单化,只讲唯物主义,少讲唯心主义,甚至不讲唯心主义。用这样的方法,讲马克思主义已经不行,讲哲学史就更加不行。

第三,苏联学术界的习惯,只允许有一种说法。遇到学术界有争论的问题,由政治局派人来作出结论,学术界按照结论来执行。最明显的例子如日丹诺夫在西方哲学史讨论会上的发言,成了研究哲学史的唯一指导方针,不允许讨论商榷。这是用行政的手段来解决学术问题,把学术问题当成政治问题来对待,对科学发展有害无益。而这些消极影响,也波及中国的学术界。①

客观地说,应该把以日丹诺夫为代表的苏联的哲学史研究和苏联汉学家的中国哲学史研究区别开来。苏联汉学家和1949年初中国的中国哲学研究者在对待中国哲学史方面,有共同点,他们都抱有对中国哲学的温情和敬意。研究的对象能够折射研究者的存在的价值,所以他们都有不愿过分贬低和批判中国哲学史的隐秘心理。此外,苏联汉学家研究中国哲学史是研究一个友好国家的哲学史,对于兄弟国家的友谊和外交方面的问题似乎也促使他们的研究向温情方面倾斜。事实上,1949年后相当长的时期内中国哲学史研究所存在的问题,并不直接地和完全地来源于苏联汉学家。

第三节　冯友兰关于中国哲学史 研究的自我批判

1949年后,冯友兰自觉地开始了对自己以往哲学史研究的自我批判;

---

① 任继愈:《学习中国哲学史三十年》,《哲学研究》,1979年第9期。

如前所述,他在给毛泽东的信中已表示要以马克思主义为指导重新编一部中国哲学史。

冯友兰说,20世纪30年代写成的《中国哲学史》,现在看来,"立场与观点都是错误的"。自己通过学习《实践论》更进一步认识到,它的方法也是错误的,是"资产阶级历史学的方法"。资产阶级历史学的方法认为历史是过去事情的堆积,历史学只是研究过去发生了什么事情,然后写出来,这就是历史的真相;不能从事实中推出什么理论,因为这样必然会加入主观成分,蒙蔽历史的真相。过去自己研究哲学史,就是用这种方法,把各时代的思想排列起来,至多不过说到了思想的联系,而不能深入了解哲学史的"内部矛盾",不能了解其规律性。如说魏晋玄学发生了,是由于道家的复兴;宋明理学发生了,是由于儒学的复兴等。现在看来,这实在等于什么也没说。应该说明道家哲学为什么在魏晋时期复兴,儒家哲学为什么在宋代复兴,"它们的复兴有什么社会的与历史的意义,是什么社会变化的反映。要说明这些,就需要找出这些思想的社会的背景、阶级的根源。必须找出这根源,才能发现中国哲学史发展的规律性,才能从对于中国哲学史的感性认识达到对于中国哲学史的理性认识"。① 应该说,把哲学思想和它的社会背景联系起来考察,比单纯从思维的联系出发研究哲学史,增加了新的角度,理解从而较为全面,的确是历史唯物主义比其他研究方法深入的地方。冯友兰又说,自己过去研究哲学史,其实只是"为材料而材料",没有把材料提高到理论认识。对于哲学家的评价,也只是以系统的逻辑一致性为标准,凡是系统在逻辑上一致的,就认为是一流哲学家,否则就是二流哲学家。之所以采用这个方法,是因为自己认为哲学不存在、也不需要一个标准确定哲学的正确性。哲学的精神就是相互批评与评论。现在认识到这纯粹是资产阶级、小资产阶级知识分子的看法,专在"知"的圈子里头打转转。"哲学的理论,也有一个最高的与最后的标准,以决定其是错误或正确,那就是实践";"有了实践以为标准,我们就可以对于过去的思想,作批评与估价。这样的批评与估

① 冯友兰:《学习〈实践论〉的收获》,《光明日报》,1951年3月24日;转载于《人民日报》,1951年3月26日,第3版。此处引自《人民日报》。为节省篇幅,不俱注。

价,就是历史工作者对于改造世界所能起的作用,所能有的贡献"。

此后,冯友兰又分别发表了《两种反动思想支配下的文化论——从批判胡适到自我批判》、①《过去哲学史工作底自我批判》(《人民日报》作了摘要转载并加了编者按)。② 在《过去哲学史工作底自我批判》中,冯友兰采用阶级斗争、唯物论与唯心论斗争史等观点指出,自己过去的哲学史工作在立场上是资产阶级的,采用新实在论的客观唯心主义、实用主义的不可知论和宗教的神秘主义观点与封建主义哲学,"歪曲中国哲学史,掩盖阶级斗争,反对马克思主义的辩证唯物主义和历史唯物主义"。《中国哲学史》引用了实用主义者詹姆士的"哲学家各有所见"的说法,这里的"见",本来是一个宗教名词,是一种幻觉,表示与神交通的特殊能力。詹姆士用这个词,使哲学神秘化。自己用这个词,也是把哲学神秘化,把哲学说成是个人的"天才"的成果,而不是社会的产物,不是阶级斗争的工具,这种说法是"为统治的剥削阶级服务的,恰好也就是一个阶级斗争的工具"。后来又把这个神秘的思想引申为没有哲学各派之前,已经有了各派的"本然底系统",哲学家的"见",就是"见"哲学本然的系统。哲学史上每一个系统,都应与它的本然的系统相合。合与不合,我们并不能知道,只能看其能否做到"持之有故,言之成理"。这实际上是客观唯心主义的说法,最后归结为不可知论。

哲学家为什么会有不同的"见"? 冯友兰说,自己在《中国哲学史》中认为是由于"哲学家气质底不同",引用詹姆士把哲学家分为软心和硬心两种气质的说法,认为孟子是软心的,有唯心论的倾向;荀子是硬心的,有唯物论

---

① 冯友兰:《两种反动思想支配下的文化论——从批判胡适到自我批判》,《哲学研究》,1955年第2期。

② 关于这篇文章的来龙去脉,大致如下:1956年5月4日,冯友兰以《过去哲学史工作底自我检讨》参加本年度北京大学"五四科学讨论会"。文章后发表于《北京大学学报》(人文科学版)1956年第2期。《人民日报》进行了摘要转载并加了编者按:"冯友兰先生过去是我国旧哲学界的代表人物之一。他写的《中国哲学史》曾经是大学里流行的教本,而他在抗战时期写的《新理学》等书,则系统地建立和发挥了自己的哲学见解。这些书在解放前曾经在知识分子中产生过许多的影响。《北京大学学报(人文科学)》1956年第2期发表了冯友兰的自我批评的文章和汪子嵩的批评文章。现在把前一篇文章摘要发表在这里。我们认为在学术上采取这种批评和自我批评的方式是好的。"又《北京大学哲学系简史》记述"五四科学讨论会"是4月28日召开的,《冯友兰先生年谱初编》所列日期为5月4日,暂以后者为准。

的倾向。照这种说法,孟子、荀子所代表的唯心论和唯物论的两种相互对立和斗争的两个系统,只是偶然出现的,哲学史的发展,不过是偶然的事情的堆积,没有规律可循。冯友兰指出:"唯物主义与唯心主义是哲学中的两大阵营。唯物主义思想经常跟社会底进步阶级相联系;唯心主义思想经常跟反动阶级相联系。这是阶级斗争在思想中的反映,也是哲学史发展底规律。就中国哲学史说,孟子是拥护当时的世袭贵族的,他认为有主宰世界的'天'即上帝,宣传'君权神授'等唯心主义的学说。荀子是新兴地主阶级底代言人,宣传唯物主义世界观,反对宗教,对于孟子,有尖锐的批评。这种思想斗争,是先秦哲学发展底规律底具体表现,绝不是偶然的。"

　　冯友兰指出,在《中国哲学史补》中,自己提出先秦诸子起源于不同的职业,六家出于六种不同的职业,他们的思想是他们职业的行为和道德的反映。这是用职业分工代替马克思主义的用阶级斗争来说明哲学史中两军对垒的正确理论。关于一个哲学系统的价值,自己在《中国哲学史》中认为,哲学系统的价值,在于其理论系统是否严密,而不问其是否反映了客观实在。这是不可知论的观点。照这样的观点,除了看哲学是否"持之有故,言之成理"外,没有办法看其是否反映了客观实在,所以自己认为,哲学跟文学一样,没有客观的标准。自己在写《中国哲学史》时,就采用了这种"超然态度",并称这是科学的客观的态度,对于哲学家的思想,用同情的态度客观地陈述一遍。这样处理,就使唯物主义和唯心主义混而不分,它们直接的相互批判,也被说成是由于"见"的不同。

　　冯友兰检讨道:自己采用所谓客观主义的说法,表面上是要把哲学家的贡献都叙述出来,而实际上却是站在唯心主义的立场上进行褒贬抑扬的。如对于孔子教育思想、墨子三表法的唯物主义因素,根本不提或只是提到;认为孔子与墨子的区别在于孔子强调仁义,墨子注重功利。其实很明显,前者是唯心主义,后者是唯物主义。但是自己表扬孔子,讥讽墨子过于算账。荀子是唯物主义者,但其社会思想还是唯心主义的,自己对荀子赞扬的正是他的唯心主义这一部分,而不是唯物主义思想。《中国哲学史》下卷偏向就更明显。自己拥护封建社会的"正统"的程朱理学,并和新实在论结合起来,批评戴震的一般存在于特殊的主张,而认同程朱的"理在事先"的观点,公开站在程朱客观唯心主义的立场上。在"天理""人欲"问题上，也是站在程朱的立场上批评戴震，为封建统治阶级辩护。

冯友兰进一步指出，自己真正同情的，是客观唯心主义和神秘主义。公孙龙、朱熹是客观唯心主义的代表，孟子和庄子是神秘主义的代表，这些都是自己特别表扬的，认为他们说明了达到神秘境界的两种方法。抗战期间，自己写了几本以"新"字标榜的书，宣扬这种思想。《新原人》发挥了在《中国哲学史》中所表扬的神秘主义思想，让"天"发挥宗教的作用。《新原道》则进一步抛开了"客观"、"中立"的假面具，把自己在《中国哲学史》中同情的派别作为中国哲学的主流，把整个中国哲学史说成是"极高明而道中庸"的发展，不讲各派哲学的社会根源、社会意义，只讲孤零零的发展，并把自己的新理学作为发展的最高峰。"这个时候正是中国社会阶级斗争达到极其尖锐的时候，正是党所领导的革命力量与封建主义帝国主义进行决战底时期。这时宣传'极高明而道中庸'这一腐朽思想，就是教人安于现状，不要革命。"冯友兰最后提出，只有清除了这些思想，才能完成表彰中国哲学史中的唯物主义传统的光荣任务，迎接文化高潮的到来。

现在看来，冯友兰此处的自我批判确实过分了。据笔者的感受，他在《中国哲学史》中，对于神秘主义并不像他自己检讨的那样持赞扬的态度。甚至《新理学》也没有赞扬神秘主义。他赞扬神秘主义，是从《新原人》开始的。又，贞元六书是在抗日战争期间出版的。按照马克思主义的理论，当时民族矛盾为主要矛盾，无产阶级和资产阶级成为次要矛盾。革命力量和帝国主义形成对决，但并未和"封建主义"或"国民党反动派"形成对决，所以，他的新理学体系的"反动性"不像他所检讨的那样强烈。当时的马克思主义阵营也没有把他当作主要的论敌或批判对象。据侯外庐回忆，20世纪40年代，周恩来就曾在一次读书会上制止了马克思主义阵营哲学家对于冯友兰哲学的批判。侯外庐说："当时我们这些同志，个个都把唯心主义哲学家冯友兰、贺麟视为对立面。每次聚会，一碰头就谈冯友兰、贺麟，分析他们的政治动向，研究他们的每一篇新文章。这个情况，所有同志都认为是天经地义的。有一次，周恩来同志来了，我们颇为热烈地讨论着这个话题。听了好一会儿，周恩来同志发言了。他平静而又中肯对大家说：民族大敌当前,在千万种矛盾中间,学术理论界也面临着错综复杂的矛盾。我们和冯友兰、贺麟在阶级立场上,矛盾固然是尖锐的,但毕竟不是主要矛盾。当前,学术理论界上最危险的敌人,是国民党右派的妥协投降理论,我们斗争的锋芒应该对准陈立夫的'唯生论'。一席话,切中我们每一个人的要害,说得大家口服心服。"①冯友兰这么严厉地自我批判,一方面表明他的思想确实有了根本的转化,表明了他的真诚;另一方面也有一些"表态"的成分;有关方面希望接受的,可能首先也是这种表态的态度,而不在于表态的真实性和准确性。对于冯友兰的自我批判,《人民日报》特地发表了题为《科学研究在北京大学——冯友兰教授自我批判》的报道,②表示肯定。

1956 年,中共中央发出了"向科学进军"的号召,提出文化建设的高潮就要到来。作为文化建设的一个环节,冯友兰在《重视整理祖国的哲学遗产》中,对中国哲学史研究作了一些设想。他指出,中国哲学史研究工作者首先要认真学习辩证唯物主义和历史唯物主义,运用马克思主义观点,揭露中国哲学史的真相,为工人阶级服务。其次,哲学史研究一直存在资产阶级和无产阶级两条路线,要批判资产阶级哲学史家对中国哲学史的歪曲,主要是胡适对哲学史的歪曲。关于具体研究,冯友兰提出了资料整理、通史、断代史、重要思想家流派研究以及概念范畴研究等方面。③

第四节　新范式下中国哲学史研究的初步成果

1952 年院系调整以后,北京大学哲学系在此后三年内一直是全国唯一的哲学系。据张岱年回忆,1954 年北京大学哲学系成立了中国哲学史教研室,冯友兰任教研室主任。④ 当时教研室准备努力运用马克思主义的立场、

---

① 侯外庐:《韧的追求》,三联书店,1985 年,第 122～123 页。

② 《人民日报》,1956 年 5 月 13 日。

③ 《人民日报》,1956 年 5 月 7 日。

④ 据《冯友兰先生年谱初编》的记载,冯友兰任北京大学哲学系中国哲学史教研室主任的时间似乎为 1953 年。

观点、方法研究中国哲学史，计划开设新内容的中国哲学史课程。"1954 年
至 1955 年度开设新的中国哲学史课程。冯先生讲完先秦至汉初，我讲汉初
至明代。是为新中国成立以后第一次开设的中国哲学史课程。当时，庞朴、
肖萐父、申正、乔长路同志都来旁听。"①

一、冯友兰的中国哲学史研究

解放后冯友兰的第一个中国哲学史成果是 1950 年发表的《中国哲学底
发展》。② 文章是为《苏联大百科全书》写的，又经过当时中国哲学会的讨论
和修改，代表了当时中国哲学界的共识，对了解中国哲学研究范式的转化具
有重要意义。文章近 4 万字，扼要叙述了从孔子到毛泽东的中国哲学史的
内容，可谓一部简明中国哲学史。和两卷本《中国哲学史》相比，此文的范式
转变的特点十分明显，基本表现了后来新范式下中国哲学史的一般写法。
以下对《中国哲学底发展》所显示的范式转变作一简要分析。

（一）目的史观和斗争史观

目的史观就是把整个思想史看作唯物主义的发展史，或者进一步说，走
向唯物主义的历史。目的史观来自日丹诺夫。《中国哲学底发展》通过以下
几点表现了目的史观的特点。

首先是唯物主义阵营更加庞大。先秦、秦汉之间墨子、老子、后期墨家、
荀子、商鞅、韩非以及邹衍、《淮南子》、《易传》、司马迁都被认为是唯物主义
思想的代表。相比之下，唯心主义只有孔子、孟子、庄子、公孙龙、惠施等人；
而且孔子还包含了唯物主义的成分。孟子被认为是发展了孔子的唯心主义
成分，荀子则被认为发展了唯物主义成分。两汉的王充，玄学阶段的郭象、
范缜，隋唐时期的韩愈、刘禹锡、柳宗元，道学阶段的周敦颐、张载、王安石、

---

① 张岱年：《耄年忆往》，第 38 页。
② 冯友兰说："这篇稿子原来是为《苏联大百科全书》参考用的。初稿曾经在中国哲学会讨论
过。参加的同志提了不少意见。在当时曾经根据这些意见作了一次修订。当然，其中的错误还是
由我个人负责。关于这篇文章的注释，是朱伯崑同志作的。"（冯友兰：《中国哲学史论文集·序》，上
海人民出版社，1958 年。）

陈亮、叶适、戴震等,都属于唯物主义阵营,而唯心主义阵营,则只提到了董仲舒、王弼、程颐、程颢、朱熹、王阳明等数人。总之,唯物主义阵营更加庞大。

其次,许多学派开端都是唯物主义,后来才被发展成为唯心主义。如道家老子是唯物主义,被庄子发展成为唯心主义;韩愈、柳宗元、刘禹锡被认为是 9 世纪唯物论的复兴。道学的兴起被认为是唯物论与辩证法的兴起,从二程开始,道学向唯心主义转化。冯友兰说:"道学,在初期的时候,继承了 9 世纪唯物论底复兴,继续反对佛教与道教,也包含了相当大的唯物论成分。它反对过去门阀世族底脱离实际与颓废荒淫的思想,建立起来比较健康的人生观。"①"在道学开始的时候,周敦颐、张载都以'易传'为根据,建立了唯物论的宇宙论,或者发挥了辩证法的思想。"②关于张载,冯友兰认为已经接近了辩证唯物论,但他受阶级性的限制,"认为矛盾底结果,总是和解"。③ 冯友兰认为,道学从二程开始向唯心主义转化,"阶级底限制,使道学在发展底过程中,在开始时所有的唯物论底成分逐渐减少,唯心论地成分逐渐增加。程颢程颐兄弟底思想,代表着这个转化"。④ 程颐立下了中国哲学的理气范畴,"理是形式,是规律。气是物质,是材料。在中国哲学中,认为理是第一性的是唯心论,认为气是第一性的是唯物论"。⑤程颐的哲学是客观唯心论,程颢的哲学是主观唯心论。关于朱熹哲学,冯友兰认为是道学各派的综合和唯心论与唯物论的调和。朱熹在方法论上认为天下事物都有法则和规律,人有认识这些法则的能力,这是唯物论的;但是朱熹认为人们研究法则可以得到一个质的转变,达到与天地万物为一的境界,这就是唯心论了。一切调和唯物论和唯心论的哲学家,最终都是唯心论,朱熹也不例外。程朱理学是中国长期停滞的封建社会的反映,又反过来使中国封建社会更加停滞。冯友兰这个结论是值得商榷的。朱熹的时候,

---

① 冯友兰:《中国哲学史论文集》,第 31 页。
② 冯友兰:《中国哲学史论文集》,第 31 页。
③ 冯友兰:《中国哲学史论文集》,第 32 页。
④ 冯友兰:《中国哲学史论文集》,第 33 页。
⑤ 冯友兰:《中国哲学史论文集》,第 34 页。

中国封建社会还没有进入停滞时期，所以他的哲学并不反映停滞的封建社会。所谓反映停滞的结论是"五四"以来的常识性见解，在马克思主义理论界又得到了强化，被用来评价中国从唐代以后甚至从秦汉到明清二千多年的历史。这并不客观，而是目的论史观下的结论，是把后来对于某一阶段历史的认识所得的命题扩展到整个历史上去，这种现象可以概括为"逆形成"。

目的史观的第三个表现是哲学史发展的最终方向是辩证唯物主义的胜利，中国哲学史的终点就是毛泽东思想。从目的史观来看，毛泽东思想不仅是马克思主义的新发展，也是中国哲学发展的终结。所以，在哲学史发展的格局中，毛泽东思想一定处于终结者的位置。文章的结束部分为"马克思列宁主义在中国的胜利"，"中国哲学底发展"的结果被认为是毛泽东思想的形成；这正是目的史观的典型表现。不过，冯友兰没有在"马克思列宁主义在中国的胜利"这一标题后用个破折号加上"毛泽东"的名字，其他章节一般是用这种形式直接把人名写出来的；冯友兰认为毛泽东思想"是中国哲学底提高"，[1]这表明他对目的史观还有一定的警觉和回避。不过，冯友兰特别指出，《实践论》解决了中国哲学中的知行问题，"指示了中国哲学现在及将来发展底途径"，[2]这仍有目的史观的色彩。

关于斗争史观，文章开头即说："中国哲学发展底历史，也如欧洲哲学史一样，是唯物论与唯心论底斗争史。这样的斗争史就是中国历史中各时代底阶级斗争在思想上的反映。"[3]冯友兰撰写此文时，思想改造运动尚未开始，但他已经自觉接受了日丹诺夫的"斗争史"的范式来研究中国哲学。文章各节目录和内容充分表现了斗争史观的特点。在先秦有墨子对于孔子的斗争，两汉有王充对于董仲舒的斗争，道学阶段有陈亮、叶适对于朱熹等人的斗争，明清之际有王夫之、戴震对于道学的斗争等。客观地说，冯友兰《中国哲学底发展》一文虽然出现了如同"纪元前2世纪至纪元后2世间唯物主义与唯心主义的斗争——董仲舒、王充"、"纪元后3世纪至6世纪唯物论

[1]　冯友兰：《中国哲学史论文集》，第47页。
[2]　冯友兰：《中国哲学史论文集》，第45页。
[3]　冯友兰：《中国哲学史论文集·序》，第2页。

与唯心论底斗争——王弼、郭象、范缜"等标题,但直接标为唯物论与唯心论斗争的题目仅限于这两个,而且文中也不见一对一的斗争,所以这篇文章唯物论与唯心论斗争的色彩还不十分浓厚,也谈不上僵化和教条。与斗争史观相比,文章的目的史观的色彩更浓。

(二) 阶级分析

冯友兰分析了中国历史上不同时期的阶级特点,指出:"在公元前 12 世纪,中国社会已经是奴隶社会。此后即转入封建社会。至公元前 8 世纪,封建社会又逐渐起了转变。这个转变是由诸侯割据的封建社会到中央集权的封建社会底转变。也就是从封建贵族底领主经济,到封建地主底地主经济底转变。"①关于封建社会的阶级构成,冯友兰提出了四种成分,分别是地主、比较独立的工商业者、比较独立的农民、知识分子。此时,冯友兰还是把知识分子作为独立的阶级的。关于阶级斗争的构成,冯友兰指出,公元前 8 世纪以后的阶级斗争是"封建贵族与新由封建贵族解放出来的各阶级或阶层人民底斗争,是封建贵族与各国要求中央集权的君主底斗争"。② 在斗争的时代,每一个阶级或阶层都有代表,成为不同的哲学派别。如孔子,在社会认识方面主张基本维持旧文化,以及封建贵族制度。但其思想具有两面性,一方面赞美封建贵族制度,另一方面又向封建贵族提出新兴社会势力的要求。墨子的思想"大部分是新解放出来的小生产者(工商业者与农民)底意识底反映。在当时,他是封建贵族地主要批评者,也是孔子底主要反对者"。老子代表封建贵族制度崩溃后没落的不得意的隐士、自耕农,老庄哲学在批判社会方面"也反映农民底意识,因为他们是接近农民的。他们底思想,对于摧毁旧的社会,有推动作用。在这一方面,他们底哲学是唯物论的。但是他们底意识主要的是'隐士'底意识,因此在另一方面,就表现出,没落贵族底消极与逃避,而成为唯心论了"。③

关于汉以后封建社会的阶级特点,冯友兰指出,"从纪元前 3 世纪末叶

---

① 冯友兰:《中国哲学史论文集》,第 3 页。
② 冯友兰:《中国哲学史论文集》,第 3 页。
③ 冯友兰:《中国哲学史论文集》,第 13 页。

到纪元后 19 世纪中叶,中国底哲学大部分都是地主统治阶级底哲学"。①
不过,地主阶级也有当权派和不当权派的区别。"以皇帝为首的地主阶级当
权派与不当权派及商人底利益,也是有矛盾的。"如"董仲舒这一派的思想是
唯心论的、宗教的,在当时成为官方的思想","是为地主阶级当权派服务
的";②王充、扬雄等则代表不当权的地主阶级。不过冯友兰也承认,董仲舒
的思想"也有农民与地主统治阶级之间的矛盾的反映"。③ 冯友兰又指出,
在地主阶级的矛盾和斗争里,"当权派与不当权派都有时利用人民底利益底
招牌",这些政策与思想若能实现,有些也能给予人民以暂时的或部分的利
益。"哲学史上的历史规律是不错的,这种或多或少与人民利益相符合的哲
学,都是与当时的当权派斗争的哲学,也都是唯物论的或比较接近唯物论的
哲学。"④

　　关于两晋,照冯友兰所说,经过王充的打击后,老子的思想逐渐成为地
主阶级当权派中流行的思想,不过,流行的是老子的唯心论,不是唯物论。
公元 3 世纪的王弼在有无问题上以无为根本,4 世纪庄子思想更为流行。
郭象在宇宙论方面,"保持了庄子思想中的唯物论底成分"。⑤《列子·杨朱
篇》的宇宙论也是唯物论的,不过,它的人生观却是极端的快乐主义。佛教
传入之后,在原来的当权派与不当权派的斗争之外,又加上了僧侣地主和世
俗地主的斗争。佛教主张神不灭,范缜主张神灭论;范缜代表世俗地主阶
级。⑥ 关于隋唐时期阶级斗争的特点,冯友兰认为,地主阶级不当权派的力
量随着土地的开辟和科举制度的实行逐渐增加,到 9 世纪末,门阀世族逐渐
消灭,以皇帝为首的专制主义中央集权制又建立起来了。"就地主阶级不当
权派来说,[这]也是一个解放。地主阶级知识分子在得到这个解放的过程
中,又以战斗的姿态,提出唯物论哲学,以批评当时流行的传统的或宗教的

---

① 冯友兰:《中国哲学史论文集》,第 23 页。
② 冯友兰:《中国哲学史论文集》,第 25 页。
③ 冯友兰:《中国哲学史论文集》,第 25 页。
④ 冯友兰:《中国哲学史论文集》,第 23 页。
⑤ 冯友兰:《中国哲学史论文集》,第 27 页。
⑥ 冯友兰:《中国哲学史论文集》,第 29 页。

思想。参加这个时代斗争的有韩愈、柳宗元、刘禹锡。"①明朝以后,地主阶级当权派和不当权派的矛盾和斗争更加激烈,"因为这个矛盾斗争同时也有民族矛盾与斗争的意义"。② 清初在思想战线上领导地主阶级不当权派与当权派,同时也是汉族与满族的斗争的领袖是王夫之、顾炎武和黄宗羲。黄宗羲在武装斗争失败后在思想战线上发挥了王守仁思想中的进步理论,认为不仅理在心中,而且理也是发展的,不是一成不变的。他对君主专制制度提出了严厉的批判。王夫之在中国历史上最接近辩证唯物主义的系统,他"使这个时代的思想运动重回到唯物论"。③ 冯友兰在这里使用了"思想战线"的概念,这可能是这个概念首次出现在中国古代哲学研究中。把思想领域也作为战线的一部分,是"革命史观"的特点。

(三) 元语言体系的转换

可以把哲学史研究的语言分为两类,一类陈述事实的陈述语言,一类是评价事实的评价语言,④后一类语言也可以称为"元语言"。如前所述,元语言是哲学史观的基本词汇,反映了哲学史观。我们此处以论孔、墨的部分为例,来观察冯友兰中国哲学史研究的新的元语言体系。

1. 关于社会历史:奴隶社会、封建社会、封建贵族制度、新兴的社会势力;

2. 关于个人:阶级、小生产者、劳动人民、生产者底意识、社会改革者底意识、人民大众、人民大众底利益、劳动、劳动果实、体力劳动、参加劳动;

3. 关于思想:唯物论、唯心论,"宗教中的天"、唯物论的认识论与方法论、生产活动、社会实践、真理;

4. 关于思想的社会意义评价:保守—进步;反动性—革命性。

第1套词汇表明冯友兰已经接受了当时苏联马克思主义关于人类社会

---

① 冯友兰:《中国哲学史论文集》,第30页。

② 冯友兰:《中国哲学史论文集》,第37页。

③ 冯友兰:《中国哲学史论文集》,第36~37页。

④ 我们此处从日常的观点出发使用"事实语言"和"元语言"的概念。严格地说,没有纯粹客观的陈述语言,即使是对于事实的陈述,也包含着一定的价值判断。更有甚者,先在的价值判断会决定什么是"事实"。

阶段的划分,并用来评价哲学史人物,这与两卷本《中国哲学史》是根本不同的。第2套词汇是关于阶级和哲学史人物阶级身份的,也都是过去所没有的。其中尤其值得注意的是"劳动人民"、"劳动"之类的词汇,这些词汇是无产阶级革命所创造出来并熟练运用的,包含强烈的价值观。冯友兰过去没有这类词汇。过去他说墨子学说具有"平民之观点"。[1] "平民"和"劳动人民"所指称的对象大体相同,所包含的政治意味却迥然相异。前者是中性的词汇,后者却是一个政治词汇。主人翁、国家的主人、人民民主专政等,都可以由这个词汇联想出来。"劳动"、"劳动果实"、"参加劳动"也都是1949年后的词汇。"劳动果实"一词很容易使人联想到地主阶级是靠剥削他人的劳动果实为生的,等等。这些词汇可能是冯友兰通过参加土地改革学来的。运用这些词汇表明他的哲学史研究现在是站到劳动人民的立场上了。第3套词汇是关于哲学史的认识和评价的,它表明冯友兰已经开始用斗争史观研究中国哲学史了。在此,"宗教"是负面意义的词汇,"天"也与《新原人》或《新原道》中"天"的内涵绝不相同。"实践"来自毛泽东的《实践论》,这表明冯友兰已经把毛泽东思想作为哲学史研究的元语言了。这是毛泽东思想普及到中国哲学史领域的开始。第4套词汇是政治词汇,是判断哲学思想的社会意义的。这套词汇表明革命思想已经进入研究哲学史研究,成为新的元语言体系的一部分;这也表明哲学史研究的意义是贯彻"革命史观",是为无产阶级革命服务,是为了现实,不是为知识而知识。

(四) 元语言体系背后的认识框架的改变

元语言的转变实际上是认识和评价体系转变的外在标志。通过元语言的转变,我们可以更进一步看出冯友兰哲学史研究的认识和评价框架的根本转变。新范式对人物的评价与原来根本不同了;哲学家的思想与以前相比具有了完全不同的意义。如过去的评价孔子是正面的,墨子是负面的;现在则恰好相反,孔子是以负面评价为主,墨子是以正面评价为主。冯友兰认为孔子在宇宙论方面主张有意志的天,在社会认识方面基本主张维持旧文化,以及封建贵族制度。但其思想具有两面性:一方面赞美封建贵族制度,

---

① 冯友兰:《中国哲学史》上册,《三松堂全集》第2卷,河南人民出版社,1988年,第65页。

另一方面又向封建贵族提出新兴社会势力的要求。孔子一方面重视礼,一方面又认识到单靠礼不能维持社会,又重视直,要求人有真实的感情;一方面重视孝,一方面又重视仁,主张把爱的感情推到家族以外的人。从重视直、仁来说,孔子认为道德标准是内在的。"注重'礼'与'孝'是孔子思想底保守方面,注重'直'与'仁'是孔子思想底进步方面;前者使个人束缚在传统之内,后者是使个人自传统中解放出来;前者可以引申至于有反动性,后者可以引申至于有革命性。孔子底思想底保守方面,是当时社会底旧势力力图挣扎底反映。他底进步方面,是当时的社会底新势力得到解放底反映。"①

关于墨子,冯友兰用的标题是"首先反对孔子的哲学家——墨子"。他认为,墨子代表"新解放出来的小生产者(工商业者与农民)";"在当时,他是封建贵族地主要批评者,也是孔子底主要反对者"。墨子有唯物论思想,"他有生产活动底经验,有生产者底意识,也有社会改革者底意识,因此他底哲学有唯物论的认识论与方法论"。"墨子底认识论与方法论是唯物论的,因为他认为凡真理必都是从社会实践出发,而且是为社会实践服务的"。"墨子底思想是比较接近劳动人民的。""在墨子底哲学中,人民大众底利益是衡量一切价值底标准";"墨子有生产者底意识,所以他认识劳动底价值"。"在人与人的关系底问题中,墨子注重'义'。这是新兴的私有财产制度在思想上的反映"。"侵犯别人的财产底行为,就是不义,因为'没有参加这一项劳动,而得到这一劳动果实'"。"为了克服不义底祸害……天下的人都要尊重别人底劳动果实;另一方面,天下的人都要相互帮助,使所有的人,都能得到好的生活。前一方面的行为是义底行为,后一方面是他所称的'兼爱'的行为,也就是'仁'的行为"。这里关于墨子的"义"的思想的论述,简直就是当时土地改革的理论。对于孟子和墨子之间有无功利主义思想的认识,也发生了转变。冯友兰说,孟子的阶级立场"使他底哲学,虽然也反映了当时人民底某些要求,但在本质上是唯心论的,他认为'仁'与'义'底根据,不是人

---

① 冯友兰:《中国哲学史论文集》,第4页。

民底物质利益，像墨子所说的那样，而是人底本性"。①

其他如董仲舒和王充、程朱和陈亮、叶适、程朱、陆王、戴震等，评价也与过去完全不同了；对于陆王的评价超过程朱。关于戴震，冯友兰认为他是"18世纪底唯物论"者，由反对程朱发展为反对道学，或者汉学反对宋学，戴震是这一反抗阵营的一个领导者。他是唯物论者。在人生哲学方面，承认欲望是人生的主要内容，人人满足自己欲望的实现，同时也不妨碍他人欲望的满足，就是理性，不是欲望之外另有一个理。戴震认为程朱理学是以意见为真理，用传统道德压迫个人。冯友兰对于戴震的论述，彻底改变了两卷本《中国哲学史》的观点，落实了他在《过去哲学史工作底自我批判》中的检讨。王夫之过去他基本不提，现在则作为唯物主义的重要人物加以介绍。

（五）对历史的温情和敬意

此温情和敬意表现为以叙述进步的和值得肯定的思想为主，多从正面评价古人，而不是以批判为主。如对于孟子，冯友兰指出他丰富发展了孔子的仁的理论；"反映了从封建贵族制度解放出来的各阶级或阶层人民底力量更加强大"；对于民贵君轻、仁政、非武力统一、井田、减轻租税、减轻刑罚，也都给予了肯定；他指出孟子认为人在道德发展上有平等的机会，这表明人是平等的，也是自由的。尤其是，冯友兰还肯定了孟子学说的革命性，指出孟子学说"也可以为新兴的统治阶级（地主商人）服务。对于旧的统治阶级（封建贵族）说，他底学说，有相当的革命性，他底学说底有革命性的一部分，对1911年的革命，起了相当的推动作用"。② 王守仁虽然也被认为是主观唯心主义，但并未因此进行过多的批判，反而把他作为"15～16世纪官方哲学底反对派"，肯定他的哲学在整个哲学史上的积极意义：一是认为理在现实之中，"把理从程朱的抽象世界拉回到现实世界"；一是"人所依以判断是非指导行为的标准是他自己的'良知'，而不是传统的礼教及国家底权威，这两种理论，对于束缚在程朱思想中的社会是很大的解放力量，在当时以及以后起

---

① 冯友兰：《中国哲学史论文集》，第7页。
② 冯友兰：《中国哲学史论文集》，第9页。

了很大的进步作用"。①

总之,冯友兰此文并不以批判为主。以批判为主,并且是把历史否定到除了可供批判外一无是处是后来的态度,如关锋对待庄子的做法。对后来遭到极端批判的道学,冯友兰也是总体上予以肯定,认为它是唯物论思潮,到二程才发生偏向,转向唯心主义。冯友兰在新的形式下保留了原来对道学的肯定,只是过去从唯心论方面肯定,现在则从唯物论方面肯定。保持对历史的温情和敬意,肯定道学,就是肯定中国哲学;进而言之,就是肯定中国哲学史研究这个专业的存在的意义,肯定研究的价值。知识与存在、话语与权力的密切关联在当代中国是十分明显和直接的。

(六) 老子哲学的意义:"古代哲学中的唯物论与辩证法思想——老子"

吉谢辽夫把孔子和老子分别作为唯心和唯物的领军人物,冯友兰没有这么做,但他也把老子作为唯物论的代表。冯友兰认为,老子代表隐士、自耕农和农民的一部分意志与要求。在政治思想上,这些人反对不劳而食的富贵者,认为他们是强盗。但隐士只有消极的批判,没有积极的建议,只想开倒车。"道"为老子的最高范畴,近于唯物论。老子否定了上帝、造物者;另一方面,他也有辩证法思想。他以对立的范畴分析事物的现象,认为一切东西都是变化的,变化有一定的规律。这个规律叫做"天道"。规律的基本含义是"反者道之动",即事物发展到一定程度就会向其相反方向转化。这个"反",不单纯是相反,而是"正—反—合"的"合"。不过,大部分情况下是回到其原来。这样的变化只是循环,没有进步,不能称为发展,叫"复",归于"静",所以他在政治上主张"无为",在人生方面要过简单生活,回到原始社会。在这方面,老子有唯心论成分。关于庄子哲学,冯友兰认为是"老子思想的转化",极大地发挥了没落隐士的哲学。照冯友兰所说,庄子哲学也有唯物论的成分,如说"通天下一气"等;也有辩证法的成分,如关于认识的相对性问题。但是,庄子对于社会,没有反抗,只有逃避,"他以唯心论哲学家底思考,否定了自我,使自己有与宇宙合一底意识,

---

① 冯友兰:《中国哲学史论文集》,第36～37页。

因此超越了这个世界"。① 老庄哲学在批判社会方面"也反映农民底意识，因为他们是接近农民的。他们底思想，对于摧毁旧的社会，有推动作用。在这一方面，他们底哲学是唯物论的。但是他们底意识主要的是'隐士'底意识，因此在另一方面，就表现出，没落贵族底消极与逃避，而成为唯心论了"。② 与对老庄的否定性评价相比，商鞅、韩非都得到了肯定和赞扬。

（七）新范式下的孔子思想

冯友兰还写了《孔子思想研究》，这是新范式下第一篇系统论述孔子思想的文章。③ 文章从阶级斗争状况等方面进行分析，认为孔子处于中国历史上一个大变革时代，由封建领主经济转向封建地主经济，由诸侯割据的封建国家转为中央集权制国家。当时的阶级斗争状况，"最基本的是封建剥削阶级(旧封建领主、新兴地主)与广大农民之间的矛盾"，"此外很显著的有旧领主与新兴地主之间的矛盾，有领主、地主与工商业者之间的矛盾，有领主内部的矛盾，有各国领主之间的矛盾"。从封建社会的基本矛盾和旧领主阶级与新兴地主阶级之间的矛盾来看，孔子的立场"一方面是保守的，一方面是进步的"。④ 孔子之所以出现矛盾的态度，是由他的阶级立场所决定的。当时地主阶级主要有两个来源，一是从领主阶级转化过来的，一是从工商业者转化过来的。孔子的立场"是从领主阶级初步分化出来的地主阶级底立场"。⑤ 他们一方面对于过去还有留恋，不能忘掉过去的特权；另一方面作为一个新兴阶级，又与当权的领主作斗争，希望通过举贤获得贵的地位；在提高生产方面，要求找来别处的劳动人民，增加劳动力。"这样的斗争，是加速封建领主阶级底消灭，符合历史与生活要求，符合人民底利益。在这方面

---

① 冯友兰：《中国哲学史论文集》，第12页。
② 冯友兰：《中国哲学史论文集》，第13页。
③ 该文系北京大学哲学系中国哲学史教研室集体讨论，冯友兰、黄子通、马采执笔。冯友兰在该文的简短说明中指出："北京大学哲学系中国哲学史教研室对于孔子底思想，有过四次讨论，还没有得到一致的意见。这篇文章是在教研室集体讨论底基础上写的。北京大学历史系王承祧同学底一篇讲孔子的稿子，也给我们不少的帮助。但是文中所有的错误应由笔者负责。"(《新建设》，1954年4月号，第55页。)
④ 冯友兰：《孔子思想研究》，《三松堂全集》第13卷，第40页。
⑤ 冯友兰：《三松堂全集》第13卷，第44页。

他们底斗争有很大的进步意义。"①

关于孔子的礼,冯友兰引用毛泽东的"政权、族权、神权、夫权,代表了全部封建宗法的思想和制度,是束缚中国人民特别是农民的四条极大的绳索"作为基调,②指出四大绳索是礼的具体内容。孔子主张对民要"导之以德,齐之以礼",反对"导之以政,齐之以刑",表面上很进步,实际上不过是以"法度经纬其民",是为了更好地统治百姓。"正名"是孔子维护礼的重要主张。在封建领主制度崩坏的过程中,阶级矛盾十分尖锐,孔子希望用"正名"来维持封建秩序。"君君臣臣父父子子"包含了对于君父的片面义务。不过,作为一个新兴阶级的代表,孔子还是比较关心生产力的提高的,《周礼》有时也成为他反对领主阶级的武器。在宗教方面,孔子思想也具有明显的两面性。"一方面他要维持原有的宗教底信仰或仪式,以为继续麻醉人民之用。一方面它对于传统宗教底某些部分有新的了解。这就使他在与封建领主作斗争底时候,不受宗教底阻碍。"对于"天",孔子仍然将其作为最高的主宰。

关于人的生死祸福,孔子认为那是"天命"或"命"所决定的,不可求。冯友兰认为,领主阶级与地主阶级向劳动人民宣传"天"、"命",目的就是使被统治者不反抗。孔子的宇宙观是以"天"为核心的,从天的意义可见孔子的宇宙观是唯心论的。不过,孔子的天也有"自然"的含义,孔子说"天何言哉?四时行焉,百物生焉。天何言哉!"这表明了孔子对于"天"的新了解。冯友兰指出,作为剥削阶级,孔子是维护原来的宗教的;作为向封建领主阶级斗争的地主阶级的代言人,他又不能相信领主的地位是天所定的,永远不能改变。所以,对于天有新的理解也是可能的。孔子对于"命"也有新的理解,他对命进行了限制,认为一个人的富贵是天所决定的,而"贤"却是靠自己的努力的,举贤才也是他向封建领主阶级斗争的一个口号。君子和小人在孔子之前是统治阶级和被统治阶级的称呼,孔子赋予了它新的意义,"贤而有才的人,孔子称为君子;不贤无才的人,孔子称为小人"。③ 成为君子的条件是

---

① 冯友兰:《三松堂全集》第13卷,第44页。
② 《毛泽东选集》第1卷,第31页。
③ 冯友兰:《三松堂全集》第13卷,第53页。

有德。孔子思想进步的一面，还表现在他对于鬼神的怀疑的态度。

关于孔子的"仁"的思想，冯友兰认为，孔子大概一方面看到当时人民反抗力量的强大，认为单靠"礼"已经不能统治人民，另一方面也可能是由于从封建领主阶级分化出来的地主阶级为了反对当时实际统治者的横征暴敛，从这两个矛盾出发提出了"爱人"的学说。"爱人"在孔子那里是"仁德"；①孔子教他的学生，也是要求他们有"爱人"的德。冯友兰指出，由于孔子的学生并不都是实际的统治者，也有很穷的人，所以，"爱人"就有了另外的含义："'人'就是与'己'相对立的'别人'。这样的'爱人'，实行起来有两方面：在消极方面，一个'仁人'要'己所不欲，勿施于人'，这就是孔子所说的'恕'；在积极方面，一个'仁人'要'己欲立而立人，己欲达而达人'，这就是孔子所谓的'忠'，合起来成为'忠恕之道'。"②冯友兰认为："针对着封建领主底等级制度，孔子所提倡的仁，还是有很大的进步意义的。他要求人以人底资格，承认于'己'之外，还有与'己'相对的'别人'。他要求人互相承认对方有独立的意志，有与自己相同的人格。……这是新兴的地主阶级在与封建领主进行斗争时所有的意识，也是封建领主制度崩坏中，人民从人格依附底地位初步得到解放底反映。"冯友兰指出，仁的学说的另一积极意义是"仁"必须有真诚的"直"的态度，以具体的人的情感欲望作为"仁"的基础，这是孔子思想的唯物论成分。冯友兰指出，"仁"和"礼"是孔子思想的两大支柱，也"是两个阶级矛盾底产物。在当时剥削阶级与劳动人民的矛盾中，他是站在剥削阶级方面的"，所以提倡束缚劳动人民的"礼"；而在封建领主阶级和新兴地主阶级的矛盾中，他站在后者的立场上，所以提出了"仁"的学说。这两个方面本来是矛盾的，但孔子在理论上力图把它们统一起来，即把礼作为形式，把"仁"作为内容。这种关系是人为地结合的。"或者是具体的人底真实感情独立地自由发展，冲破礼底形式束缚。或者是礼底形式加紧束缚使人底真实情感不能发展。"冯友兰认为，孔子倾向于后者："作为一个剥削阶级

---

① 由于"爱人"后来成为学术界争论的一个焦点，所以下文我们对冯友兰的见解加以较为详细的说明。

② 冯友兰：《三松堂全集》第13卷，第55页。

的地主阶级,是不能让人民解放的。"①关于孔子的教育思想,冯友兰指出不仅是唯物的,而且有辩证法的特点,在当时是很进步的。

以上的观点还不能视为冯友兰的定论,在两年后发表的《关于孔子研究的几个问题》中,关于孔子的"仁"、"礼",他表达了与此并不完全相同的见解。关于"爱人"的"人"是"他人"的观点,在 20 世纪 60 年代演变成为"仁的普遍形式"的观点,引起了广泛的讨论。

1956 年 11 月,冯友兰又发表了《关于孔子研究的几个问题》。② 这篇文章仍有新规范下的实验意义。冯友兰指出:"必须把孔子的思想和以后发展的儒家(孔子主义)思想区别开来,把孔子的思想在孔子的时代所发生的作用和影响,和以后发展特别是汉朝以后发展的儒家思想在以后时代所发生的作用和影响分别开来。哲学史家必须以历史主义的精神,对于孔子的时代的具体情况,作具体的研究,对于孔子本人的思想,作具体的分析。这样才可以对孔子和孔子思想作正确的估计。"③冯友兰指出,研究孔子思想遇到的困难,一是对于孔子所处的时代的社会变革的意义还不能完全确定,一是关于孔子的可靠的史料过于简略,所以造成理解的分歧。分歧主要集中在"天"、"礼"、"仁"三个概念中。冯友兰认为,孔子的"天",有些必须理解为上帝的意思,如"天丧予"等,有些则可以理解为自然,如"天何言哉"。孔子的自然观是唯心主义的,但也不可否认,"天"的意义并不是十分明确的,这表明孔子对于传统宗教有一些摇摆不定的态度。在社会思想方面,有人认为孔子提出用周礼来限制剥削者,他的思想是进步的,有人民性。冯友兰认为,孔子用正名理论拥护周礼,"给它一个理论的根据",这是"用抽象的名来校正具体的'实'",是唯心主义的。关于孔子的"仁",一种意见认为"爱人"的"人"一是人民大众,一是与自己相对的别人;要求人互相承认对方有独立的意志,有与自己相同的人格。这里的"爱人"有"忠"和"恕"两方面的意义。孔子主张在个人真实感情的基础上建立"礼",这些都是有进步意义的。也

---

① 　冯友兰:《三松堂全集》第 13 卷,第 58 页。

② 　《光明日报》,1956 年 11 月 14 日。

③ 　《光明日报》,1956 年 11 月 14 日。

有人认为,孔子的"仁"是以"礼"为基础的,把已经腐朽的"礼"充实起来,"仁"并无进步意义。冯友兰认为:"孔子是把'礼'作为第一性的,把'仁'作为第二性的,但也有一定的进步意义。"①从冯友兰的论述可见,在思想方面,冯友兰对于孔子的评价并不高。他对孔子评价最高的地方在孔子的教育思想、文化活动,认为"专是这一方面就足以保证他在中国哲学史中的崇高地位"。②

1956年,冯友兰在高等教育部举办的讲习班上作了题为《中国哲学史发展底一个轮廓》的学术报告。③ 报告以唯物论与唯心论斗争为线索,介绍了各个时期的哲学问题和围绕这些问题的斗争。冯友兰认为,春秋时期的哲学斗争有两个:一是"宗教底天与道、气和自然的天底问题,一为礼与法底问题"。④ 关于"天"的概念,冯友兰指出,在先秦时期分为主宰的天和自然的天,主宰的天类似于上帝,以天为最高的"主宰"的学派,"就是唯心主义,是维护传统的宗教观念的。唯物主义反对这种'天'"。孔子的"天"是主宰的天,与传统宗教观念相联系。墨子、孟子的"天",都是主宰的天。老子的"道"是"物质性的实体",道的内涵,一为气,一为规律。老子否认传统的天,否认造物主和主宰的天的存在,所以是唯物主义。冯友兰认为,庄子转向了唯心主义。阴阳家认为世界是由"气"构成的,所以是唯物主义。战国末年唯物主义的发展达到高潮,在此高潮下,荀子转向唯物主义。《易传》的自然观是唯物主义的,"这是一部分儒家转向唯物主义底另一表现"。⑤ "先秦哲学思想底斗争,在自然观方面是唯物主义者提出唯物主义观点去代替'主宰之天'底唯心主义宗教观点,在社会思想方面是社会改革者提出法来代替传统的礼。"⑥"礼是风俗习惯,而法是公布出来的条文。礼法底斗争在孔子时就开始了……直到战国末年,法家才在政治上取得了胜利。"孔子、孟

---

① 《光明日报》,1956年11月14日。

② 《光明日报》,1956年11月14日。

③ 报告是由卢育三和陆毓麟记录下来的,首次发表在《中国哲学史论文集》上,上海人民出版社,1958年,第58～73页。

④ 冯友兰:《中国哲学史论文集》,第58页。

⑤ 冯友兰:《中国哲学史论文集》,第58页。

⑥ 冯友兰:《中国哲学史论文集》,第63页。

子是拥护"礼"的,墨子则持反对态度,但没有对"礼"作出一般性批判。老庄有反对"礼"的一般性理论。从这里对儒家和法家关于"礼"、"法"斗争的论述可以看出,后来的"儒法斗争史"其实也是新范式的一个合乎逻辑的结果。

不过,冯友兰这时已经注意到唯物论—唯心论和进步—保守不存在直接、必然的联系。他说:"不能把问题看得太简单,在自然观上是唯心的,在社会思想上不一定是不进步的。反之,在自然观上,荀子是唯物的,而在社会思想上不全是进步的。在哲学家底思想中,这个方面进步了,而在那个方面还想不通,如果我们承认历史底复杂性,就觉得这没有什么奇怪的。"①这个问题到1957年才得到了学术界的充分注意和讨论。

关于汉代哲学,冯友兰认为围绕进行斗争的问题是"天人感应"。董仲舒顺应汉代需要一种拥护中央集权的理论的历史要求,主张"罢黜百家,独尊儒术",其思想是儒家与阴阳家的混合,是目的论的天人感应。反对董仲舒的思想主要表现在《淮南王书》中。淮南王代表诸侯割据的政治势力,在政治上是反动的,但《淮南王书》的思想是进步的。《淮南王书》基本上是道家思想,以老子学说为基础,再加上机械论的阴阳家的思想,和董仲舒针锋相对,斗争持续到东汉。《白虎通义》继承了董仲舒的思想,经今古文的斗争是当时思想斗争的形式,反对目的论的有桓谭、王充。"目的论的天人感应是宗教唯心主义,代表当时地主阶级当权派底思想。唯物主义思想反对目的论,是当时地主阶级不当权派底思想,也部分地反映与地主阶级相对抗的农民思想。"②关于魏晋哲学,冯友兰指出,分为重有、重无两派:"认为无为第一性的是唯心主义,以何晏、王弼为代表。认为有为第一性的是唯物主义,以郭象、裴頠为代表。"③王弼发展了老子哲学的唯心主义成分。在《中国哲学底发展》中冯友兰还没有提到裴頠,此文明确地把裴頠列为唯物主义者。关于佛教,冯友兰是以神灭与神不灭为中心进行论述的。一直到20世纪80年代后期的《中国哲学史新编》第四册,他都是用这条线索讲述佛教哲

---

① 冯友兰:《中国哲学史论文集》,第64页。
② 冯友兰:《中国哲学史论文集》,第66页。
③ 冯友兰:《中国哲学史论文集》,第66页。

学的。关于道学,冯友兰认为也是对佛教的一个批判,佛教认为客观世界和我们的身体都是虚妄不实的,这就是"无",道学即用"有"攻"无"。初期道学唯物主义思想的主要代表是周敦颐、张载。冯友兰继续了《中国哲学史底发展》中的观点,认为"道学后来转向唯心主义,分为两派,一为程朱,一为陆王"。[①] 关于张载的"仇必和而解",冯友兰认为这是张载"错误的地方,他把矛盾看作是相对的,而统一则是绝对的"。[②] 关于程朱陆王,冯友兰认为陆王的保守性要小些,从中可以发展出李贽这样的反抗思想,所以陆王比程朱要进步些,不过,"决不能太强调其进步作用。为封建制度寻找理论基础,是他们哲学中的基本方面"。总之,冯友兰这个报告基本上是在"斗争史观"的框架下划分两条路线,但也注意到了哲学思想和政治态度的关系的复杂性。

二、《中国哲学史讲授提纲》

20世纪50年代中后期,为了适应北京大学哲学系教学需要,张岱年、任继愈、朱伯崑联合撰写了《中国哲学史讲授提纲》(以下简称《提纲》),[③]约10万字,可谓一部简明的中国哲学史。《提纲》反映了当时中国哲学研究的特点,是研究当代中国哲学史学史的重要材料。

(一)《提纲》的内容

《提纲》分为三大部分:第一部分题目为"奴隶社会发展和崩溃时期唯物主义哲学的形成及其反对宗教神秘主义和唯心主义的斗争(先秦)";第二部分为"封建社会确立和发展时期唯物主义反对唯心主义的斗争(秦汉至隋

---

① 冯友兰:《中国哲学史论文集》,第66页。
② 冯友兰:《中国哲学史论文集》,第66页。
③ 《提纲》连载在1957年2月号至1958年4月号的《新建设》杂志上。在1957年2月号上有这样的说明:"这是我们教研室近来在'中国哲学史'这门课程中所用的讲授提纲。原稿请校外同志,特别是人民大学哲学系中国哲学史教研室和科学院哲学研究所的同志们,讨论和提意见。我们也已作了必要的修正。但是问题仍然很多,错误一定也还不少,请读者们把宝贵的意见,告诉我们,以便作进一步的修正。"该《提纲》先秦部分为朱伯崑撰写,两汉至隋唐为任继愈撰写,宋至清中叶为张岱年撰写。

唐)";第三部分为"封建社会高度发展时期唯物主义的发展及其反对唯心主义的斗争"。

第一部分第一章为"殷周时期科学知识的萌芽与宗教世界观的对立",介绍了殷周时期的宗教迷信观念和科学技术的萌芽。第二章为"春秋时代奴隶制的没落,唯物主义观点的产生"。此章分析了春秋时期阶级关系的变化,指出春秋中叶以后,统治阶级内部和统治阶级与被统治阶级之间斗争尖锐化,加速了阶级分化过程。一些奴隶主变成了自由民甚至降为奴隶,有的下层农民变成了贵族,出现了大批的自由民。这种阶级关系的变化为封建生产关系的产生准备了条件。贵族统治秩序的瓦解和古代文化科学的进步,引起了社会意识形态的变革,许多进步的思想家代表新兴财富占有者和小生产者的利益,向世袭贵族的意识形态进行斗争,"他们是古代中国启蒙思想的先驱者,对古代唯物主义的哲学形成尽了前驱的作用"。"启蒙思想"是一个颇有新意的提法。《提纲》认为,那个时期出现的对于鬼神和灾异的怀疑、重民的政治观点以及把起源归结于人们对于物质利益的追求等,都具有启蒙意义。

关于古代唯物主义思想的产生,《提纲》列举了五行、阴阳、大地、大道、水等观念。《提纲》首先分析了五行从五种材料到五种物质现象的发展,以及从五行中产生出来的"和实生物,同则不继"的思想,指出古人认识到"异质异性的东西相结合是事物形成的基本法则",不同因素的调和是促成事物完美的必要条件。这一思想被运用到政治中,其实际意义一方面削弱了当权贵族的力量,另一方面也调和了统治阶级内部矛盾,巩固对人民的统治。阴阳最初是指向阳和背阳两个方位,后来被认为是"自然界两种对立的物质势力",并被用来解释一切自然现象,如伯阳父用阴阳解释西周地震,便是一种原始唯物主义观点。范蠡把"天"理解是自然的一部分,"地"理解为与天相对立的地上世界,认为人的生活不是靠上帝,而是靠天地形成的。范蠡还注意到了人与自然的关系,提出了"圣人因天"的思想。当时人们把自然看作对人类具有重要意义,与神创世界的宗教唯心主义相对立,这种思想也是具有启蒙意义的。"天道"原为占星术的术语,后来其迷信因素逐渐消失,具有了客观规律的意义。"范蠡把'天道'看成是日月运行周而复始的不变的规律";①天道观念中还包含了对立转化的辩证法思想。

关于孔子,《提纲》认为他"代表向封建贵族转化的一部分开明的奴隶主贵族的利益,也反映了人民群众的某些要求,因而使他成了各代中国封建主义思想的先驱者"。② 这个定性的意义是可以对孔子作出积极的评价,如"启蒙思想家"、"先驱"、"人本主义者"。《提纲》指出,孔子在当时启蒙思想的影响下,在自然观上认为不需要上帝的命令,对鬼神等迷信观念采取了批判的态度;要求人们关注现世生活,不必留意死后的事情。"这些观点,含有无神论的因素,在当时具有启蒙意义,成了后来儒家无神论的思想基础。"③关于孔子的仁和礼,《提纲》认为孔子放弃了古代的侍奉上帝的宗教道德观念,"从社会生活需要论证道德规范的必要性",从而"把规定尊卑秩序的礼看成是人们共同遵守的道德规范",而且,他还要求有与"礼"相应的心情。孔子也提出了新的道德观念"仁",作为贵族行动的最高准则。他所说的"仁"是"爱人",即同情别人;孔子也把"仁"当作道德情操。《提纲》指出:"'仁'的观念的提出,在当时具有进步的意义,是和奴隶主的意识相对立的,实际上要求旧贵族们应该尊重其他阶层的人格和照顾新兴社会势力的利益。这种道德含有人道主义的因素,在客观上反映了从奴隶制的压制下解脱出来的自由民的要求,也反映了一部分奴隶摆脱了人格上的依赖。"④《提纲》认为,仁的学说的局限性是认为爱有差等,要求人们按照等级制的秩序去爱人。孔子重视道德情操,认为主观的意识是衡量道德行为的主要尺度,反对虚假的道德行为,注重直,注重外在仪式和内在道德情操的统一;认为追求个人利益和道德原则是相悖的。他的道德学说与利己主义是对立的。在政治观点上,孔子摆脱神权理论,提出了德治思想,认为理想的统治者应该是有德的人,他不赞成对人民群众采取杀戮的政策,主张以道德说教取代暴力统治,统治者不仅要使人民人口众多,还要使他们富裕,得到道德和文化方面的教养。《提纲》认为,这些"是和奴隶主的意识形态相对立的,是孔

---

① 《新建设》,1957 年 2 月号,第 37 页。
② 《新建设》,1957 年 2 月号,第 38 页。
③ 《新建设》,1957 年 2 月号,第 38 页。
④ 《新建设》,1957 年 2 月号,第 40 页。

子政治思想中积极的部分","孔子进步的社会政治观点,是新的封建生产关系形成前夕在思想上的反映"。关于"正名"和对宗法制度的保留,《提纲》认为是为了保存等级制度和建立新的社会秩序,因为等级制度不仅适合奴隶制的需要,也适合封建制的需要。这是孔子拥护《周礼》的实质。

《提纲》指出,秦汉以后,中国建立起封建地主阶级的统一政权,孔子的思想逐渐得到了封建贵族的大力支持,变成了中国封建社会中占统治地位的意识形态的一个组成部分。因为"孔子的学说,不仅为剥削阶级的统治者提供了从精神上、尤其是从伦理道德上巩固封建等级制度的武器,而且在政治上,为封建统治者提供了缓和阶级矛盾从而维护其长远利益的对策。另外,在孔子的学说中,也有民主和人道主义的因素。这样,孔子后来就成了封建时代人们所崇拜的圣人,他的学说对于古代中国的政治生活和文化生活起了巨大的影响"。① 关于孔子思想的性质,《提纲》认为:"他的学说中含有唯物主义和唯心主义两种倾向。他所提出的问题,被后来的儒家学者发展了。孟子一派主要继承和发展了孔子学说中的唯心主义倾向,走向了唯心主义;而荀子一派又继承和发展了其中的唯物主义倾向,建立了儒家唯物主义传统。"②关于孔子思想在中国哲学史的意义,《提纲》指出,孔子是"伟大的思想家和政治家"、"伟大的教育家"、"伟大的启蒙思想家,他创立了中国古代最早的学术流派,在中国历史上第一个提出了比较系统的理论体系。他的哲学观点,标志着古代思想从神权的束缚中解脱出来。他的重要贡献在于把人和现实生活提到了首要的位置,从人的实际生活的需要,观察和了解一切问题。他的学说,教导人们对现实生活采取积极的态度,其中追求真理、热爱知识、遵守道德和为理想不断斗争的精神,对后来中国人民起了很大的教育作用"。③《提纲》对于孔子的评价比冯友兰的评价更为积极。

关于墨子,《提纲》认为他代表春秋以来的"小私有者阶层——手工业者、自由农民和小商人的利益";《提纲》赞扬了墨子的"利人"的观点和对于

①　《新建设》,1957 年 2 月号,第 40～41 页。

②　《新建设》,1957 年 2 月号,第 41 页。

③　《新建设》,1957 年 2 月号,第 41 页。

"义"的肯定,指出"义"是实现社会公共利益的道德规范,"体现了古代被压迫群众互助互爱的精神和反抗剥削的意义,是和儒家的叫人们绝对服从等级制度的贵族道德规范——义——根本相对立的"。[①]《提纲》指出,墨家重视人民的物质利益,"重视道德行为的后果。这和儒家强调行为动机的观点相对立的。墨家的伦理学说中具有合理的因素"。[②] 冯友兰过去在讨论墨子哲学和孟子哲学时,肯定孟子强调动机的观点,认为墨子是功利主义者,持贬斥态度。解放后,研究的视角发生了根本的转变。毛泽东说过,我们是动机论和效果论的辩证统一。这种视角进入中国哲学史研究,使得对孔、墨的评价发生了根本逆转。《提纲》是这个逆转过程中的一个表现。关于墨子的认识论和三表法,《提纲》肯定了重视感觉经验的自发唯物主义观点,同时也指出墨子过分夸大了感觉在认识中的作用,得出了有鬼论。关于墨子学说的历史命运,《提纲》指出,墨子学说反映了当时被压迫群众要求保障生命财产,建立没有压迫、生活安定的社会的愿望,具有进步意义。但是他的学说不是教导人们与统治者进行斗争,而是依靠说教,只能是幻想。秦汉以后,统治者因为墨家理论包含对剥削阶级不利的因素,而把它看成危险的学说;被压迫群众因为其中有浓厚的妥协性质也没有把它作为争取解放的武器,所以,他的学说的传播失去了阶级基础,在后来的封建社会里中绝。

关于战国时期的社会状况,《提纲》指出以下几点:一是土地开始自由买卖,土地私有权得到国家承认,剥削方式也发生改变,出现了新兴封建地主阶级和依附于土地的农民群众。二是在农业基础上手工业和商业的空前繁荣,阶级结构空前复杂,除了原来存在的旧贵族之外,还出现了封建贵族和新兴地主阶级、独立的商人、手工业者、小农、贫雇农、无业游民以及靠统治者养活的知识分子。三是阶级矛盾和阶级斗争空前尖锐复杂。政治上的变革是郡县制普遍采用,法取代了贵贵亲亲的统治体系,出现了"法治"活动家。秦朝的统一标志着奴隶社会的终结和封建社会的开始。社会的剧烈变动必然反映到文化领域,这个时期出现了许多学派,私人著书风气更盛。社

---

① 《新建设》,1957 年 3 月号,第 53 页。

② 《新建设》,1957 年 3 月号,第 54 页。

会经济生活的发展、新兴势力的强大以及自然科学的发达和文化的繁荣，促使唯物主义得到空前发展。

关于老子哲学，《提纲》在第一部分第三章给予了较高评价，指出"老子学派是古代中国唯物主义哲学的奠基者和无神论者"。① 老子用道说明自然现象的物质统一性，"道"是物质性的始基，不是某一种物质，也不是某一种物质的属性，这种对世界的物质统一性的说明，比以前的唯物主义有了极大的进步。道的学说与宗教神学世界观也是对立的，所以老子的唯物主义也是在与宗教神秘主义的斗争中形成的。道的学说也包含了很多辩证法因素，道也是万物变化的客观规律或自然的法则；其局限性是认为人只能被动地适应规则的变化，不引导人们进行积极的斗争。"反者道之动"的命题认识到了事物向相反方面转化的规律。不过，老子只是猜测到了对立面的统一，没有看到其斗争；只看到了对立面的转化，没有看到新的东西是事物发展的源泉；老子强调消极保守的一面，企图保持事物的现状。无为而治的思想认识到了贫富不均的社会根源，却把贫富问题的解决归结为不要有追求财富的愿望。《提纲》指出："老子学派的唯物主义自然观是中国哲学史上反对目的论的奠基者，对后来中国哲学的发展起了巨大影响。宋代以前的先进的哲学家们常依据老子的'道德自然'的学说，作为反对中国固有的宗教神秘主义和外来的佛教唯心主义以及儒家唯心主义的思想武器。老子的唯物主义哲学成了封建社会占统治地位的唯心主义世界观的敌人。"②老子学说中要求平均和反对贵族的思想，"在客观上有帮助前进阶级进行启蒙的批判意义"。③

第一部分第四章为"战国时期唯心主义哲学流派的形成和神秘主义思潮的传播"，论述了孟子、"诡辩学者"惠施、公孙龙的哲学以及庄子的哲学。关于孟子，《提纲》认为他代表了"从奴隶主转化过来的新兴封建贵族"的利益，在政治上具有软弱性，希望通过"仁政"的方式实现统一，使奴隶制转变

---

① 《新建设》，1957 年 3 月号，第 58 页。

② 《新建设》，1957 年 3 月号，第 61～62 页。

③ 《新建设》，1957 年 3 月号，第 62 页。

为农奴制。他的仁政思想"具有民主主义的因素，是和奴隶主的意识形态相对立的，在当时具有进步意义"。孟子的学说对后来封建社会形成了巨大影响。封建统治者常用仁政学说来缓和阶级矛盾，被统治者也常把仁政学说当作反抗的武器。孟子希望借助"天命论"来推行仁政学说，这是孟子思想体系的一个显著弱点。孟子提出了社会分工说，在当时具有进步意义，但他由此得出"劳心者治人，劳力者治于人"的观点，暴露了贵族对体力劳动的鄙视。"性善说"认为人的善恶是先天意识，不承认道德是外在社会关系尤其是阶级意识在人们头脑中的反映，是唯心主义的伦理学说；其认识根源是把主观动机片面夸大，其阶级根源是"为统治阶级从道德意识上论证等级制度的统治秩序是永恒合理的"。孟子继承和发展了孔子人本主义思想中的唯心主义部分，夸大了人的行为动机和道德生活，使其脱离了自然和物质世界，倒向了唯心主义；孟子又把道德规范看作一种不可抗拒的法则，倒向了宿命论；孟子承认天的道德属性，承认宇宙受道德法则支配，提出诚者天之道，思诚者人之道，倒向了天人合一的神秘主义。《提纲》认为，孟子"是儒家唯心主义哲学的奠基者。他的唯心主义学说得到了后来封建社会统治势力的支持，到了宋代，发展成为以程朱陆王为首的'理学'和'心学'，成了封建社会正统的哲学思想"。[①]

关于庄子，《提纲》认为他的哲学"反映了古代社会变革时期一部分没落的贵族知识分子对现实生活的悲观和失望。他们厌恶阶级斗争，从而也就厌恶人的生活，幻想把自己寄托在大自然的领域中，以摆脱由于社会生活的变革而带来的痛苦，这就是庄子的哲学体系形成的社会根源"。[②] 庄子继承了天道自然的学说，但夸大了这个原理，提出了"世界和万物的根源是'虚无'的东西"，从而把"道"神秘化，倒向了神秘主义。万物齐一论夸大了事物的相对性，陷入了相对主义。庄子从相对主义出发，否认知识的客观性，倒向了怀疑主义和神秘主义，抹杀了人类求知的努力，否认了客观真理。在人与自然的关系上，否认人的实践能力，按照宿命的观点理解世界变化的必然

[①] 《新建设》，1957年4月号，第56页。
[②] 《新建设》，1957年5月号，第60~61页。

性,导致了自然命定论。在养生问题上,最终走入企图在精神上寻求解脱的逍遥游;在社会问题上,主张放任主义和不治主义。

　　第一部分第五章是"战国末期的唯物主义思潮的高涨及其反对唯心主义的斗争",第一节说明了后期墨家对唯心主义的斗争,主要是对道家唯心主义庄周学派的怀疑论和公孙龙派的离坚白学说进行了批判。《提纲》指出,后期墨家重视人如何认识外在客观世界的问题,"标志着古代唯物主义者从对自然界发生和变化的研究,进一步转向对人的认识问题的探讨。他们在自然观上虽然没有建立自己体系,但对知识问题的看法,对以后的唯物主义者却起了一定的影响"。战国末期的唯物主义学说还有阴阳和五行说。《提纲》在第二节着重论述了《易传》的阴阳说和邹衍的五行说。《提纲》认为,《易传》肯定先有天地万物后有人类及人类社会,是朴素唯物主义的观点。《易传》认为世界的一切变化都是由自然界中的阴阳两种基本势力决定的,"自然界中阳性势力和阴性势力的配合和相互作用是事物变化的普遍规律",《易传》还把阴阳势力促成万物变化的性能称为"神",提出"阴阳不测之谓神",这是认为自然界运动变化的动力在自然界本身,是朴素唯物主义的解释。关于事物运动的法则,《易传》提出了"恒"、"日新"等概念,表现了世界是永恒运动的,事物不断向新的方面发展的思想。关于运动的源泉,《易传》指出事物相反的现象互相摩擦和推移。《易传》还提出了"革"的概念,认为事物变化过程中,革是十分必要的。《易传》根据革的必要性,提出"汤武革命"的观点,认为统治者的政权是可以更替的,新政权取代旧政权,合乎规律。这种思想,"是为当时新兴的统治势力服务的"。《易传》的天尊地卑,贵贱定位的思想实际上是把社会上的等级秩序强加给自然,然后以自然的秩序来说明社会秩序的合理性,由此可见,"'易传'的学说又是为建立封建的等级秩序服务的"。[1]《易传》"不承认社会秩序和道德规范是人格神的上帝安排的,肯定道德来源于自然的秩序,这一点是跟宗教道德相对立的",但仍"保留了自然界具有道德属性的看法"。[2]

---

　　[1]　《新建设》,1957年5月号,第62页。
　　[2]　《新建设》,1957年5月号,第63页。

关于邹衍的五行相生说，《提纲》认为把五行理解为不同的气，用自然界五种不同的物质形态说明自然现象的种类和起源，是一种唯物主义的说法。五德终始说认为每一个朝代都是一种德性，朝代的运行按照五德相生的顺序转移，这"是一种唯心主义的历史循环论，掩盖了社会历史发展的物质基础，否认历史发展阶段有质的变化，实际上是为剥削阶级政权的改朝换代提供理论根据"；但是这种历史观在当时历史条件下具有现实意义，它论证了出现新的统一政权的合理性，是为新兴统治者服务的。[1] 秦汉以后，阴阳五行说出现了唯物主义和神秘主义的对立，阴阳五行说中的唯物主义成分被官方御用哲学歪曲，神秘主义成分得到发展，成为历代封建统治者宣扬宗教唯心主义和宿命论的根据之一。其唯物主义部分则被后来的唯物主义者继承了下来，构成了中国哲学唯物主义自然观的一部分。

关于荀子，《提纲》强调他的哲学"标志着先秦时代唯物主义思潮发展的高峰"，[2]"是战国末期新兴统治势力逐渐取得统治地位在意识形态上的反映；他的唯物主义世界观是跟要求发展社会生产和建立统一的地主阶级政权联系在一起的"。关于韩非哲学，《提纲》值得注意的地方是对其历史观的分析，提出韩非不用上帝的意志和人的主观愿望说明历史变动的原因，而是用社会财富和人口的多寡说明历史的变化和人们观念的变迁，"含有某些朴素唯物主义的因素，标志着中国古代思想家在社会历史问题上彻底摆脱了宗教神秘主义世界观的束缚，把古代哲学思想的发展向前推进了一步"。[3] 韩非思想与唯物史观的联系问题，成为后来学术界争论的一个焦点。关于韩非哲学的总体评价，《提纲》指出，"韩非哲学标志着古代中国奴隶制的终结和封建专制主义的胜利"；不过，韩非的学说尽管有促进封建统一帝国形成的作用，但也包含了不能使统治者长期巩固自己政权的因素。所以，秦汉以后，封建贵族吸取秦亡的教训，采取了儒家的思想体系，奉行"阳儒阴法"的统治政策。[4]

---

[1]　《新建设》，1957 年 5 月号，第 63 页。
[2]　《新建设》，1957 年 6 月号，第 62 页。
[3]　《新建设》，1957 年 6 月号，第 64 页。
[4]　《新建设》，1957 年 6 月号，第 65 页。

关于第二部分秦汉时期，①《提纲》指出，秦王朝的建立标志着中国社会由奴隶制到封建制的转变，汉帝国在政治制度方面继承了秦帝国，代表新兴地主阶级的利益。汉代的阶级矛盾，"主要是地主阶级和农民阶级之间的矛盾"，地主阶级贵族当权派利用宗教迷信和封建伦理思想，宣传唯心主义哲学，董仲舒、谶纬迷信以及"白虎通"等，都是官方哲学的代表。"还有一部分地主阶级中不当权派，他们在政治上被排挤，为了攻击当权派的欺骗宣传，他们提出了唯物主义的路线，如司马迁、《淮南子》、王充等都是代表。前一派发展了先秦儒家哲学思想中的消极因素，使孔子哲学和宗教相结合；后一派继承了先秦哲学中的唯物主义传统，并有所发展。秦汉时代的哲学思想斗争的基本路线是目的论与反目的论的斗争，涉及万物的生成、起源的问题，社会历史发展的问题，也涉及人体与精神的关系问题，生命的起源问题"。② 秦汉之际的哲学思想反映了统一的趋势。《吕氏春秋》折中调和各家，是与秦帝国的统一要求联系在一起的，表明秦帝国除了政治之外，在思想上也提出了统一的要求。《大学》、《中庸》是秦汉时期的作品，反映了统一的总趋势。《大学》把"治国平天下"看作个人自我道德完善的过程，后来儒家唯心主义者"完全不接触生产实践和其他社会实践"，只是冥想一种"止于至善"的境界，不能解决实际问题。应当指出，要求"接触实际"、进行"实践"，是1949年后评价哲学思想的新的元语言。《提纲》认为，《中庸》继承了孔孟以来的性善说，强调人有天赋的道德本性，符合封建道德伦理秩序，按照这些伦理要求去做，就能获得自由。《中庸》提出"时中"的概念，要求不过分，也不要不及，实质上是折中主义，"被后来的统治者所利用，使它成为改良主义反对根本改革的借口"。③ 中庸的人生态度在中国广大人民生活中曾发生过极为广泛悠久的影响。《提纲》还指出，《中庸》把作为主观概念的"诚"与客观世界的真实性等同起来，"把客观事物的真实性安放在人类主观意识、主观信念的基础上。《中庸》把这种以主观世界吞没客观世界的思想

---

① 此部分晋—唐时期哲学因未形成统一意见，未刊出。
② 《新建设》，1958年1月号，第57～58页。
③ 《新建设》，1958年1月号，第59页。

方法叫做'合内外之道'。否认人类对自然界有改造的能力。最后把哲学引向神秘主义。……《中庸》的主观唯心主义、神秘主义的思想对后来的唯心主义哲学流派起过深刻的影响"。①《礼运》提出了"天下为公"的"大同"理想,反映了儒家某些进步思想家的善良愿望;大同学说"反映了秦汉之际被压迫的人们对于原始公社的一种向往。它是古代的空想社会主义思想,它一直成为后来进步思想家,社会改革家所依据的理论支柱"。②

关于董仲舒,《提纲》的题目是"为中央集权封建专制主义服务的董仲舒唯心主义哲学思想"。《提纲》认为:"当封建地主阶级取得政权以后,还需要一套完整的哲学思想体系作为自己的经济基础的上层建筑,董仲舒的哲学就是在这一新形势下的产物。"董仲舒把"天"解释为有意志、能赏罚的上帝,把王权说成是上天所授,把神学和政治联系起来,把帝王神圣化了。董仲舒也利用了唯物主义的"气"的概念,但他所说的"气",有道德目的,有喜怒哀乐的性质,把当时的阴阳五行观念完全神秘化了,宗教化了;他关于"天不变,道亦不变"的思想则是为了加强中央集权制,替统治者寻找永远统治人民的借口。《提纲》把汉初道家定义为反对官方哲学体系的哲学,认为《淮南子》发展了古代道家唯物主义思想,反映了"地主阶级当权派和不当权派之间的矛盾斗争",③其作用在于反对当时统治阶级当权派专制独尊的思想,这是中国古代"民主性的思想与封建专制主义思想的矛盾。由于中国封建社会内部还没有出现新的生产关系,民主性的进步思想经常通过地主阶级当权派和地主阶级不当权派的斗争反映出来"。④ 关于东汉,《提纲》认为古文经学和今文经学"实际上是正统派和非正统派的斗争",唯物主义、无神论哲学家如扬雄、桓谭、王充都和今文经学对立,和古文经学接近。关于扬雄,《提纲》认为其"玄"相当于混沌未分的元气,对于神秘主义思潮的斗争具有启蒙意义,但他的唯物主义观点不彻底,还没有完全摆脱神秘主义思潮的影响。

---

① 《新建设》,1958年1月号,第59页。
② 《新建设》,1958年1月号,第59页。
③ 《新建设》,1958年1月号,第63页。
④ 《新建设》,1958年1月号,第65页。

　　关于宋代，①《提纲》提出其阶级构成有大地主、官僚商人、中小地主、自由商人、手工业作坊主人、自耕农、贫农、佃农、手工业工人；社会矛盾有三种：一是封建统治阶级与人民的矛盾，包括地主与农民的矛盾、封建政府和官僚与自由商人及手工业者的矛盾；二是汉民族与西方、北方少数民族的矛盾；三是统治阶级内部的矛盾，包括大地主与中小地主的矛盾和抵抗派与不抵抗派的矛盾。宋代的思想斗争反映了阶级矛盾和民族矛盾。在地主阶级与农民矛盾深刻化的过程中，一些开明的地主阶级知识分子同情劳动人民，要求减轻对农民的剥削。《提纲》坚持思想上的唯物和政治上的进步的联系，认为这些知识分子是"先进的思想家"，"发展了唯物主义"。相反，维护封建统治根本利益的哲学家则提出了唯心主义学说。宋代哲学思想斗争"基本上是要求统治集团对人民让步的唯物主义学说与表现了统治阶级根本利益的唯心主义学说之间的斗争"，斗争所围绕的问题是"理""气"关系。② 在人物的选择上，《提纲》把李觏、王安石、陈亮、叶适都作为进步哲学家列入哲学史。

　　《提纲》认为，周敦颐是北宋第一个提出唯物主义宇宙观的哲学家，他的思想反映了中小地主阶级的利益。他的宇宙论命题是"无极而太极"，"无极而太极是最高最初而又无形无象的原始实体"，"阴阳未分的一气"，"所以周敦颐的宇宙观基本上是唯物主义的"。③ 朱熹把太极解释为理，这样太极生气便成为理生气。由于朱熹后来成为学术权威，所以周敦颐的唯物主义思想便被隐蔽了。邵雍在北宋中期首先提出了唯心主义思想体系。张载是宋代最伟大的唯物主义哲学家，他提出了一切存在都是气的学说。张载作为唯物主义哲学家，是张岱年1949年后进行系统论证的。关于张载的辩证法观，《提纲》认为张载"认识到了对立的斗争，这也是一项重要贡献"，而没有

____

　　① 宋—清这一部分现收入《张岱年全集》第3卷。张岱年指出："原作中认为周敦颐的宇宙观属于唯物主义，将周氏所谓太极解释为混然的'一气'，实无确据，今略加修改。提纲对于唯物主义与唯心主义的对立斗争注意较多，对二者的相互影响、相互联系则注意较少；又对于元代哲学论述过简，对于清代汉宋之争也无所论列。这些都是显著的缺点。总之，这仅仅是一个简略的提纲而已。"（《张岱年全集》第3卷，河北人民出版社，1996年，第446页。）
　　② 《新建设》，1957年7月号，第61页。
　　③ 《新建设》，1957年7月号，第62页。

批判他把斗争归于和解,陷入形而上学。关于张载的"民胞物与",《提纲》认为这种思想"在当时主要是要求统治集团对于人民有所让步,减轻对于人民的压迫,所以是有进步意义的"。① 《提纲》又指出,"物吾与也"要求不仅爱一切人,而且还要爱一切物,认为通天下无一物非我,陷入了神秘主义。此外,《西铭》主张乐天顺命的思想,把全宇宙看成一个家族,从宗法关系说明人的义务,蕴涵着把宗法关系看成永恒的思想,起了巩固封建秩序的作用,这是张载的保守的一面。《提纲》指出,张载明确论证了世界的物质性,物质的运动性及运动的规律性,对中国古典唯物主义和辩证法思想作出了极大的贡献。他的唯物主义学说深刻地启发了后来的唯物主义哲学家。

　　关于二程,《提纲》的题目是"程颢、程颐的唯心主义思想"。冯友兰主张从程颐、程颢开始,宋代道学唯物主义发生唯心主义转向。《提纲》也认为:"程颢程颐继承了胡瑗的思想,提出了唯心主义的哲学体系。这种哲学体系,在理论上为中央集权的封建制度辩护,是封建统治阶级利益的根本体现。二程的哲学后来成为'理学',是宋元明清时代封建社会的正统思想。"关于二程的出身与政治态度,《提纲》指出,二程出身于中等地主阶级,他们维护封建统治的根本利益,但也反对一部分腐败的大地主阶级损害封建统治长久利益的行为,同时也反对变法,政治上保守。② 关于程颢的思想,《提纲》指出其天理与心相通、"只心便是天"的主观唯心性质,批判了程颢对唯物主义的"心外有天"说法的排斥。值得注意的是,关于程颢的辩证法思想,《提纲》用"对待"表示"对立"。不过,行文用的仍是"对立"。《提纲》指出,程颢认识到"生生"的根源是对立,对立是普遍存在的。《提纲》认为,程颢的"识仁"说对"仁"作了神秘主义的解释,把"仁"作为"万物一体"的神秘状态。"识仁"说以宇宙为大我,以每一物为自己的一部分,反对以个体的小我自限;一方面反对自私,另一方面使人忽视现实中的矛盾,"离开实际而走入飘飘然的幻想世界"。在"治道"问题上,程颢一方面认为封建制度的根本原则是永恒的,不可改变,另一方面也反对土地兼并,主张恢复井田,认为兼并盛

---

① 《新建设》,1957年7月号,第63页。

② 《新建设》,1957年9月号,第57页。

行,贫富悬殊必然损害封建统治的长久利益。程颢强调王霸之辨,强调封建统治阶级的根本利益,反对任何为了个人利益而损害统治阶级长久利益的行为。① 程颐哲学是明显的客观唯心主义,他认为理是事物的所以然,是客观的绝对观念,又是人的本性,又是人心。关于程颐的"格物致知",《提纲》认为:"充分估计了知识的价值,这一点是他的哲学中的进步的方面。"② 关于程颐的人性论,《提纲》指出,其实际意义"一方面是断言仁义礼智信是人的本性,为封建道德制造理论根据;另一方面又断言人的贤愚是由于气质的不同,又为封建等级制度制造理论根据。贤愚虽然不一定即是贵贱;但所谓贤大致是指地主阶级中有文化修养的人;而被剥削的劳动群众无缘受教育,常常是被认为愚的。传统思想中所谓贤愚,不能说没有阶级意义"。③ 关于义利之辨,《提纲》指出,程颐要求只考虑原则,不计较利害,作为一个抽象原则,是有一定道理的。"但是任何抽象原则在一定的特殊历史阶段,有其一定的实际意义。在封建社会中,统治阶级所谓义就是封建道德的准则。统治阶级所谓公就是统治阶级的共同利益,而不是真正的公。所以,在封建社会中强调公义反对私利,实际上就是要求一般人牺牲自己的物质利益而为封建制度服务。这一方面反对大地主阶级堕落分子为了小集团利益而损害统治阶级共同利益的行为,一方面也排斥了受压迫人民提高物质生活的合理愿望。"④关于"饿死事小失节事大",《提纲》说:"就民族气节而言,说饿死事小,那是正确的。就妇女再嫁而言,说饿死事小,就全无道理了。这暴露了理欲之辨的残酷性。"⑤《提纲》认为程颐反对愚民,主张教民,主张民可顺不可强,可教不可威,可使不可欺,这是他思想中进步的一面。对于朱熹,《提纲》肯定他是"中国近古时代最伟大的博学者","是反对贵族大地主阶级的,他的学说表现了封建统治阶级的根本利益"。对于朱熹的理欲之辨,《提纲》作了较为客观全面的分析,指出:"朱熹本人讲理欲之辨,不仅是对一般

---

① 《新建设》,1957 年 9 月号,第 57~58 页。
② 《新建设》,1957 年 9 月号,第 60 页。
③ 《新建设》,1957 年 9 月号,第 61 页。
④ 《新建设》,1957 年 9 月号,第 61 页。
⑤ 《新建设》,1957 年 9 月号,第 61 页。

人讲的,而且[是]对贵族大地主讲的。他反对皇帝以及当权的官僚们的放
恣行为。……在本质上,朱熹的理欲之辨,是强调封建统治阶级的根本利益
的重要性,而企图裁制各阶级各阶层的一切违反或破坏封建统治阶级根本
利益的行为。但是南宋以后,封建统治阶级利用朱熹关于理欲的学说作为
严酷地钳制人民思想的工具。事实上,理欲之辨成为残酷的压制人民的有
力绳索。"①关于陆九渊,《提纲》认为他发挥了程颢的主观唯心主义学说,和
朱熹形成宋代唯心主义两大流派。"在本质上他们的思想都是封建统治阶
级根本利益的理论表现",朱熹把封建的道德准则绝对化、永恒化,为封建制
度辩护。陆九渊则把封建道德说成是人心固有的先验内容,为封建制度辩
护。陆九渊的弟子杨简曾经"有'反观觉天地万物通为一体'的神秘经验,受
压榨的劳动人民是不会有这种神秘经验的。杨简的主观唯心主义鲜明地反
映了地主阶级的利益"。② 总体而言,《提纲》对主观唯心主义的评价更低。
关于陈亮、叶适的哲学,《提纲》认为他们都是"自由商人阶级的思想代表",
"他们表现了唯物主义的倾向,但又表现了一种轻视深刻的理论研究的狭隘
态度"。③

　　关于元代哲学,《提纲》认为,元朝时期中国经济遭到破坏,统治者利用
宗教麻痹人民,佛教道教盛行;统治者也利用儒家思想来制定典章制度,程
朱之学也成为束缚人民思想的工具。元代程朱学派的领袖为许衡,他认为,
"纲常不可亡于天下","不管在上的统治者是本族还是外族,维持地主阶级
的特权是最重要的事情"。这是主张"阶级利益在种族利益之上,这是地主
阶级投降派的共同观点"。④ 与许衡同时的刘因虽然没有出仕,但也是代表
封建统治阶级的利益的。元代末年出现了谢应芳反对宗教迷信的思想,但
他并没有把唯物主义思想提高到无神论的水平。

　　关于明代,《提纲》的题目是"明代中央集权进一步加强时期唯物主义与
唯心主义的斗争"。《提纲》指出,明代的社会背景是中央集权进一步加强,

---

① 《新建设》,1957 年 9 月号,第 64 页。
② 《新建设》,1957 年 10 月号,第 62 页。
③ 《新建设》,1957 年 7 月号,第 62 页。
④ 《新建设》,1957 年 10 月号,第 62 页。

土地高度集中,商品经济发达,出现了市民手工业者等。明代阶级矛盾的主导还是地主阶级与农民的矛盾。明代末年,西洋科学输入,但没有产生太多结果,因为"当时输入的是西洋近代科学萌芽时期的科学知识,而西洋近代科学的反宗教的精神,以及近代科学方法的实质精义,都没有输入进来。明亡以后,资本主义因素的增长受到挫折,科学发展的条件就更减弱了"。①明代思想斗争的阵线基本上是宋代思想斗争的继续,唯物论与唯心论斗争所围绕的问题是"气"。

《提纲》认为,明代前期程朱客观唯心主义流行,薛瑄、吴与弼、胡居仁都属于程朱学派;中期以后,程朱理学衰落。罗钦顺是从程朱阵营独立出来的唯物主义者。王廷相提出理不是永恒的,而是有时间性的,发展变化的,他的唯物主义思想基本来自张载,比罗钦顺更细致、更连贯。明代中期以后程朱理学成为僵化的教条,无法维持封建秩序,统治阶级急需一种在思想上维持封建统治秩序的有力工具,遂产生了王守仁的主观唯心主义。他的前驱是陈献章。陈献章主张天地我立、造化我出,宇宙在我,在修养方法上注重自得。陈献章的弟子湛若水主张心包万物,修养方法上随处体认天理。王守仁早年反对刘瑾,是"反对那些违背统治阶级长久利益的豪强贵族",中年以后成为镇压农民反抗的能手,坚决维护地主阶级的利益。他的思想"是明代中期阶级矛盾深刻化的反映,是明中期以后封建统治秩序发生危机时期从思想上巩固封建统治的工具"。②王守仁反对朱熹,不是一般地反对唯心主义,而是反对朱熹哲学中比较接近唯物主义的部分。他完全取消了"物"的客观意义,取消了"致知"的科学意义。

关于知行合一,《提纲》提出有四层含义:行是知的条件、行是知的完成、知行是一件事的两个方面以及动机即是行为,第一、第二层包含唯物主义因素,不过王阳明所强调的是第四层,所以其知行合一学说是唯心主义的观念。

关于致良知,《提纲》认为是"把封建统治阶级的道德说成为各阶级的人生来固有的东西,这就是让人认为封建道德不是强制的而是内发的,使人更

————————

① 《新建设》,1957年11月号,第59页。

② 《新建设》,1957年11月号,第63页。

容易接受封建道德的制裁。其次，他以灵活的良知来代替关于烦琐理解的教条，只确定了封建德的最高原则，在实际行动上却可以灵活运用随机应变。这可以说是维护封建秩序的更有效的办法"。① 不过，《提纲》也分析了致良知学说的进步方面，指出这一学说有反权威的一面，不仅反对朱熹的权威，也把个人的人心与孔子的权威对立了起来，甚至降低了孔子的权威。"对于传统思想的威权起了一种破坏作用。"②

关于万物一体说，《提纲》指出主要是为了缓和各阶级之间的矛盾，稳定封建统治秩序。它容纳了爱有差等，是要求一般人民为统治者牺牲，是地主阶级利益的反映，阶级性十分明显。关于王阳明哲学的历史作用，《提纲》认为"基本上起了巩固封建制度的作用。但王阳明采取了反权威反教条的姿态，在一定范围内对于传统起了一些破坏作用，对于新思想起了启发的作用"。《提纲》指出："思想演变的过程是曲折的复杂的。反动的思想体系中往往包含了新思想的萌芽。王学便是如此。"③明末王艮强调个人的重要，"可以说在一定程度上反映了个体小生产者与小私有者的要求。这应该是与当时社会中市民的活跃有关的"。④

关于泰州学派，《提纲》认为很复杂，许多人都受禅宗佛教的影响。李贽有同情劳动人民的言论，但认识不到农民反抗斗争的正义性，所以他并不代表农民。他的宇宙观包含了唯物主义的因素，但基本上还是唯心主义；他认为吃饭穿衣即是伦理，肯定了物质生活的重要性，包含了唯物主义。他的思想有突破儒家的地方，所以是一个进步思想家。⑤ "李贽在哲学思想上的创造性是提出了真理与道德标准相对性的学说"；"否认孔子的学说为绝对真理，这是有巨大的进步意义的"；⑥"是以反封建专制主义而为启蒙思想开拓道路的战士"。⑦

---

① 《新建设》，1957年11月号，第65页。
② 《新建设》，1957年11月号，第65页。
③ 《新建设》，1957年11月号，第65页。
④ 《新建设》，1957年12月号，第53页。
⑤ 《新建设》，1957年12月号，第54页。
⑥ 《新建设》，1957年12月号，第55页。
⑦ 《新建设》，1957年12月号，第56页。

明末东林党人代表了市民阶级和工商业士绅。东林学派的思想是辨是非、重节操,以不脱离事物的"实悟"和"实修"代替"扫闻见"、"扫善恶"的王学。东林学派对王畿、李贽等持批判态度,对此,《提纲》认为,王学有打破传统道德束缚的倾向,但旧道德已消失,新道德没有确立,权势贵族却肆无忌惮地横行起来,当时的阶级斗争形势已经改变,东林派以严峻的明辨是非的态度与腐败权力斗争,所走的道路与泰州学派不同。① 刘宗周的哲学基本上是主观唯心主义,但在理气问题上,包含唯物主义因素,对明清之际唯物主义哲学的高涨起了准备作用。方以智的哲学思想基本上是唯物主义,是明末唯物主义的主要代表,他在哲学上的主要贡献是阐发了唯物主义的基本观点。②

《提纲》关于明清之际部分的题目为"明清之际至清代中期封建制度没落时期唯物主义的发展及其反对唯心主义的斗争",叙述了明清之际和清代中期以前的哲学。关于清代的社会经济状况,《提纲》指出"小农业和家庭手工业相结合的自然经济仍占有支配地位。但资本主义的萌芽也有显著的增长"。资本主义经济缓慢增长,封建制度逐渐解体,出现了具有启蒙性质的思想。社会矛盾是"满汉地主阶级与广大人民之间的矛盾"。③

王夫之"是明清之际最大的哲学家,他的哲学思想是中国古典唯物主义的最高峰。他出身于中小地主阶级,他的思想基本反映了地主阶级反对派的要求";"也反映了市民阶级的一些观点,他的唯物主义哲学思想具有鲜明的反对异族侵略的爱国主义特点。他希望以唯物主义的新学说为将来汉族复兴奠定思想基础"。④ 他的唯物主义学说的历史意义在于"总结批判了北宋到明末的哲学思想斗争,从而昂扬了唯物主义传统"。⑤《提纲》特别提出了王夫之认为土地乃是天生之物,归开垦者所有的观点,认为这反映了中小

---

① 《新建设》,1957 年 12 月号,第 57 页。

② 关于方以智的哲学,侯外庐著有《方以智——中国百科全书派大哲学家》,载《历史研究》,1957 年第 6、7 期。《提纲》参考了侯外庐的研究。

③ 《新建设》,1957 年 12 月号,第 59 页。

④ 《新建设》,1958 年 1 月号,第 59 页。

⑤ 《新建设》,1958 年 1 月号,第 65 页。

地主阶级与广大自耕农对土地的要求，是对清朝贵族跑马圈地侵占人民土地的抗议。关于颜元，《提纲》认为他是一个小地主兼自由职业者，与下层百姓相当接近，他的思想的基本立场是地主阶级的，但也在一定程度上反映了农民阶级的利益。他的宇宙观比较简略，基本上是唯物主义，也有唯心主义残余。他注重研究实际问题，反对空想，在当时有重大进步意义，但他要求实行古礼，也是不切合实际的。他的"手格其物"的格物说和反对静坐、主张习行的思想是唯物主义认识论。《提纲》肯定了颜元的"性"即是气质之性的观点和对程朱的气质之性有善有恶的说法的批判，也肯定了颜元对宋儒重义轻利的批判。

关于戴震的哲学，《提纲》指出，"是有意识地反对当时的官学的。他对于'以理杀人'的控诉是对于当时残暴的文化专制之严重抗议。他的思想基本上是地主阶级反对派的思想，然而在一定程度上反映了市民的要求"。[1]《提纲》认为戴震提出了简明完整的唯物主义宇宙论，对于"理"也提出了新的解释，一是理的"区分"意义，一是"不易"意义，批判了程朱理学以理为独立实体的观点。在"理"与"心"的关系上，戴震也批判了程朱的"理得于天而居于心"的说法，认为理存在于外物，心对于理只有认识作用。戴震还区分了客观的理与主观的意见，抨击了程朱理学以意见为理给天下带来的灾害。在人性问题上，戴震肯定人性为血气心知，理存于欲，抨击了对于人民欲望的扼杀等。《提纲》指出，虽然他所讲的还是抽象的人性，"但比以前的人性论明确清晰多了"。"戴震的理欲学说表达了人民反抗封建压迫的呼声，揭露了当时统治者以'名教'、'义理'为借口来杀人的残暴行径，有重大的进步意义"；《提纲》指出，"戴震是中国古典唯物主义的最后的重要代表"，"最后的大师"；[2]戴震之后，清代学术走入考据，考据学成为麻醉人民的工具。

（二）《提纲》的特点

整个《提纲》是运用新范式研究中国哲学史的探索或尝试。《提纲》突出了阶级分析，对于每个时代，都作了阶级状况分析；对每一个哲学家，也都作

---

① 《新建设》，1958年1月号，第62页。

② 《新建设》，1958年1月号，第64、65页。

了阶级定性,如孔子代表"向封建贵族转化的一部分开明的奴隶主贵族的利益,也反映了人民群众的某些要求"等。但是,中国历史上并没有代表农民利益的哲学,对此,《提纲》也不讳言。为了解决这一问题,《提纲》把统治阶级进一步区分为当权派和不当权派、大地主阶级和中小地主阶级两部分,指出中小地主阶级哲学家的思想中有一部分代表了农民阶级的利益。《提纲》有意识地把他们的政治态度与哲学思想联系起来,认为他们是先进的思想家,发展了唯物主义等。《提纲》还区分了地主阶级的长远利益、根本利益和暂时利益,如指出程颢也反对土地兼并,认为这会造成贫富悬殊,损害封建统治的长久利益。这在逻辑上包含着地主阶级的长远利益或根本利益与农民的利益有一致之处的结论。不过,《提纲》并没有把这个结论提出来。再次,提纲突出了哲学和科学的联系,对一个时代的科学技术水平、生产力发展水平,都作了简要的说明,尤其是突出了科学技术和生产力发展与唯物主义的关系。

《提纲》从框架上贯穿了唯物主义与唯心主义斗争的线索,一些章节是以唯物主义和唯心主义斗争史命名的,如第一部分第五章"战国末期唯物主义思潮的高涨及其反对唯心主义的斗争"、第三部分第一章"北宋时期中央集权制度加强时期唯物主义与唯心主义的斗争"等。不过,直接叫作"××时期唯物主义与唯心主义的斗争"或"×××的唯心主义思想"的章节并不太多,大部分还是较为客观地叫作"×××的哲学思想",如"刘宗周的哲学思想"等。整个地看,《提纲》并不过分强调阵营清晰、线索分明的两派斗争;尤其是,对于哲学家并不是在标题上就先给戴上一顶唯心主义者的帽子,如关于孔子的标题是"孔子的哲学观点和社会伦理思想",这样做无疑是实事求是的。因为自觉、鲜明的唯物唯心意识是西方哲学进入近代以后产生的,并不是中国古代哲学的特点。不少中国哲学家都是既有唯物的因素,也有唯心的成分。《提纲》所体现的态度,后来被批评为马列主义原则不强,斗争史观贯彻不彻底;其实,这是研究尚未僵化和教条化的表现。《提纲》对于哲学家的思想,客观具体地分析其唯物或唯心、进步与落后的因素,并不一概而论。如对于孔子的关于"天"的概念、关于知识的看法、德治思想在中国历史上的地位等,都体现了"两点论"的特点。朱伯崑认为孔子"代表了一部分向封建贵族转化的开明的奴隶主贵族的利益,也反映了人民群众的某些要求,因而使他成了古代中国封建主义思想的先驱";①这个评价是客观和公允的。整个《提纲》对于古人欣赏和赞扬的态度居多,不是一概"批"字当头,极力否定。如关于程颐,《提纲》指出了其"饿死事小,失节事大"对于民族气节和妇女改嫁的不同意义;关于朱熹的"存天理、灭人欲",《提纲》指出这个说法的本意是对地主阶级当权派提的,但是地主阶级当权派却把它拿来对付普通百姓;对于王阳明,肯定其思想具有打破权威束缚的意义。

　　但是,当时的氛围并不是客观和宽容的。思想改造还未结束,"反右"运动的号角已经吹响。从理论思维发展和精神反思的角度研究中国哲学史,很容易被认为是"客观主义"、"修正主义"、资产阶级右派言论等,不仅领导不同意,学生也拒绝接受。所以,《提纲》所体现的一定程度的公允态度与当时的思想形势并不一致,也不为时势所容。《提纲》很快遭到了北京大学中国哲学史教研室部分青年教师、进修生、研究生的批判。他们主张用毛泽东哲学思想,改造中国哲学史的教学内容。② 他们认为,中国哲学史的研究和教学仍然是以资产阶级学术思想为指导的,没有摆脱冯友兰解放前《中国哲学史》的框架;中国哲学史研究不是向马克思主义的方向,而是向资产阶级方向发展了,具体有 7 种表现。第一是资产阶级的客观主义。在人物取舍和分析上还是沿用资产阶级学者的观点,"没有区分哪些是建立马克思主义中国哲学史所需要的,哪些是原来资产阶级和封建地主所需要的",对于古代哲学家只作客观的评述,不作马克思主义的评论;对于唯心主义哲学家,总希望找出点什么"合理内核"。第二是对马克思主义采取了修正主义的态度,③如强调中国哲学史的特点,证明中国哲学史上唯物主义和唯心主义的

----

①　《新建设》,1957 年 2 月号,第 38 页。

②　《以毛主席的哲学思想为纲改革中国哲学史的教学内容》,《新建设》,1958 年 8 月号,第 21～27 页。文末附注说:"这篇文章是根据北京大学哲学系中国哲学史教研室的一部分青年教师、进修教师、研究生和同学的意见,并在教研室讨论后写成的。"又据朱伯崑回忆,当时北京大学哲学系就有学生给他贴大字报,说中国哲学史研究有冯(友兰)派、侯(外庐)派。你究竟站在哪一派? 希望站到侯派来。

③　《新建设》,1958 年 8 月号,第 21 页。

斗争不是围绕思维和存在的关系展开的；证明中国哲学史上唯物主义在政治上不一定都是进步的，唯心主义在政治上不一定都是反动的；企图证明中国哲学史上早有了历史唯物主义成分等。第三是没有贯彻社会存在决定社会意识的基本原理，对于先秦哲学进入两汉、两汉进入魏晋的社会历史条件都没有作出说明。在宋明部分甚至用唯心史观的概念发展来说明哲学问题的变迁。第四是对唯心主义的看法上违背马克思主义，认为唯心主义也可以起进步作用，如王阳明；认为唯物主义和唯心主义是互相补充、互相渗透的关系，如程朱与张载的关系；甚至直接把唯心主义当作唯物主义，如先秦道家、北宋五子；把唯物主义说成是唯心主义，如《周易》的自然观。第五是教学充满了"厚古薄今"的色彩，哲学史缺少现代部分，借口对近现代不熟悉，掩盖对马克思主义在中国的传播和对资产阶级哲学的批判。第六是没有贯彻列宁和毛主席的两种文化的观点，把统治阶级的思想当作精华，无视反映劳动人民尤其是农民革命的思想；对唯物主义思想不重视，也很少注意科学发展对唯物主义的促进。第七是教学中对马克思主义采取了简单化、庸俗化的资产阶级态度，如阶级分析仅仅是对思想家的出身、官职和家庭情况进行介绍。最后，部分青年教师和学生主张以毛主席的哲学思想为纲改造哲学史教学内容。

现在看来，这些批判者也未必不是真诚的；出现这种情况，都是"形势逼人"的结果。革命的成功和 20 世纪 50 年代初期的建设成就对学术研究产生了塑型和整合的力量。革命把学术研究作为它的一个方面，政治与学术合一。在当时，"革命"这个词具有天然的合理性和正确性，它是判断一切的标准。人们真诚地相信，他们所作所为是革命的。人们还做不到把政治和学术相对区分开；对于马克思和恩格斯的马克思主义和苏式马克思主义的异同，以及毛泽东思想和马克思主义、苏式马克思主义的异同的认识，也还没有进入学术视野，人们只是把这些等同看待，把它们与中国革命的成功联系起来，把指导革命胜利的理论贯彻到学术研究中。贯彻毛泽东思想，也是我们前文所说的"目的史观"的表现和落实。以上这些认识的出现，也是可以理解的。因为当时还处于普及日丹诺夫模式的过程中，只有在其蕴涵的逻辑充分展开，所能导致的问题都一一暴露之后,反思的必要性才会进入人们思考的范围。这也是民族理性走向成熟所必然要走的弯路。

三、《哲学史简编》

《哲学史简编》是洪潜(谦)、朱伯崑等人编著的一本中西哲学史,分为三篇。① 第一篇是"马克思列宁主义以前的西方的哲学",第二篇是"马克思列宁主义哲学",第三篇是"中国的哲学史"。第三篇是由朱伯崑撰写的。《哲学史简编》(以下简称《简编》)的指导思想是斗争史观。"绪论"说"哲学史就是唯物主义和唯心主义斗争的历史";"只有唯物主义对哲学的基本问题的解答是正确的,所以它能够帮助哲学和其他科学的发展,能够推动社会前进;而唯心主义的解答是不正确的,它妨碍哲学和其他科学的发展,阻碍社会的前进"。关于唯物主义和唯心主义的阶级根源,《简编》指出:"一切时代的腐朽没落的统治阶级剥削者总是千方百计地制造和宣传唯心主义,唯心主义哲学通常总是为这样的反动阶级服务的。而唯物主义哲学是和科学一致的,它……证明了社会生活发展的必然性,成为推动社会向前发展的重大力量。"关于唯物主义和唯心主义与政治的联系,《简编》说:"唯物主义哲学通常总是为社会的进步阶级的利益服务的。所以,哲学上的唯物主义和唯心主义的斗争,通常就是进步的与反动的阶级之间阶级斗争的反映。"这种说法实际上是中国革命在学术界的投影。《简编》强调了哲学史的党性原则,要求坚持唯物主义,反对唯心主义,批判了资产阶级客观主义哲学史观,指出:"现代资产阶级的哲学史家总是用各种方式歪曲哲学发展的历史,他们……硬说现代资产阶级唯心主义哲学是'超越'唯物主义和唯心主义的

---

① 洪潜(谦)、任华、汪子嵩、张世英、陈修斋、朱伯崑编著:《哲学史简编》,人民出版社,1957年3月出版,印数4万册。编者后记略谓:"我们在编写过程中参考了苏联专家克列宁同志、萨坡什尼可夫同志和吉谢廖夫同志关于'哲学史'的讲稿,也看了北京大学哲学系外国哲学史教研室和中国哲学史教研室同志们的讲稿和讲授提纲,有些地方系根据编者自己已经发表过的论文编写的。由于目前对中国哲学史的研究还刚刚开始,许多看法还不成熟,特别是我们还无法将中国哲学发展的历史合并到世界哲学发展的历史中,因此,我们不得不将中国哲学史作极简单的叙述,并另列为一篇。"

'超阶级'的哲学,他们企图抹杀唯心主义的阶级根源,将哲学史的研究与社
会发展的历史完全脱离开来。以'超阶级'、'超党派'来掩饰自己的反动的
阶级立场,就是资产阶级客观主义的表现。马克思主义的党性原则,就是公
开宣告自己是为最先进的阶级服务的,就是要无情地揭露资产阶级的客观
主义。在叙述哲学发展的历史时,必须掌握唯物主义和唯心主义斗争的基
本观点,要具体分析某一种哲学学说的历史环境和阶级来源,才能真正科学
地说明哲学的历史。马克思主义哲学的党性原则和科学性是完全一
致的。"①

　　《简编》的中国哲学史部分受日丹诺夫的哲学史定义的影响,也是以"唯
物主义和唯心主义的两军对垒"为中心编写的。②《简编》预示了此后直到
80 年代末编写中国哲学史的基本框架,后来若干《中国哲学史》都是以这种
方式编写的。其特点是,每个历史阶段都划分出唯物主义和唯心主义两个
阵营;每个哲学家都从唯物论、辩证法、认识论、历史观、人性论或伦理思想
等几个方面进行论述;认为在政治上唯物主义者代表进步的政治力量,唯心
主义者代表落后保守的力量;在阶级上唯物主义者代表新兴地主阶级(战国
之前),后来是中小地主阶级的利益,也部分地代表农民的利益;唯心主义者
代表当权的贵族、大地主的利益,等等。这本著作仍处于用新范式审视和整
理原有材料的探索阶段,在史学史上有一定的价值。著作也反映了朱伯崑
研究的独到之处:第一是对孔子的评价较高,认为他是"古代伟大的启蒙思
想家";③第二是把后来认为属于唯心主义阵营的老子、《易传》、郭象、周敦
颐都纳入唯物主义阵营。这固然可能是为了与唯心主义阵营对抗,壮大唯
物主义阵营。因为客观地讲,中国哲学史上的大哲学家还是以唯心主义者
居多,这跟思想改造后唯物主义一统思想界的大局也不一致;另一方面也表
现了朱伯崑对于历史和古人的温情敬意和宽厚的态度。第三,全书没有为
了体现"斗争史"的特点牵强地描述唯物唯心的斗争。现在看来,这一部分

---

①　洪潜等:《哲学史简编》,第 1~4 页。
②　洪潜等:《哲学史简编·绪论》,第 1 页。
③　洪潜等:《哲学史简编》,第 235 页。

没有着重从逻辑思维发展的线索看问题,对于惠施、公孙龙仅仅从割裂一般和个别、诡辩的角度进行研究,评价过低;对于当时成为讨论热点的唯物唯心的相互吸收没有涉及。这可能由于整部《简编》也不过是一个很薄的小册子,并不是系统的通史,无暇顾及更为详细的内容的缘故。

四、张岱年关于张载的研究以及
围绕张载哲学的商榷

1955年,张岱年发表文章,认为"张横渠是宋代卓越的唯物论者,他对唯物论的发展作出了巨大的贡献"。张岱年指出,张载在中国思想史中第一次对唯物论的基本范畴"气"进行了比较详细的论述,论证了虚空即气,证明了没有超乎"气"的东西;张载也提出了关于事物变化的基本规律的学说,构成了中国古典辩证法发展史光辉的一页。"民吾同胞"的学说是"在一定程度上反映了人民愿望的博爱学说。张载认为贫富悬殊是不合理的,并试图加以解决"。①

文章发表后,引起争论。邓冰夷提出,张载"把'为民父母'的统治者改为大哥,名为平等实际上是进一步模糊了阶级的界限以达到其取消阶级斗争的目的";"张载的社会政治理想主要是主张实行井田制——封建领地制、典型宗法制。……这是在阶级斗争极端尖锐化的时候,大地主阶级的一种换汤不换药的统治办法,想通过这种办法以'使民悦从',挽救起已经开始动摇的统治"。张载的反动立场,使他在人性论方面得出了"更荒谬、更巧妙的结论",惟有大人能存天地之性的说法"给统治者的大人、君子找到了永久统治的'人性'根据"。关于本体论方面,邓冰夷提出,张载对世界的解释是唯心的。"太虚"在他那里不是物质,而是神,物质世界是太虚神化的糟粕。"这种唯心论成为维护其封建统治的理论根据";太虚和气的相互转化,"又

---

①　张岱年:《张横渠的哲学》,《哲学研究》,1955年第1期;该文收入《张岱年全集》第5卷。张岱年又出版了《张载——十一世纪中国唯物主义哲学家》(湖北人民出版社,1965年6月第一版,印数12 000册)。本书内容与文章一致,只是张载的生平、思想和影响更加详细,关于张载学术中的一些重要问题,论述更加充分。见该书"后记"。

给他的政治复古论找到了有力的根据"。因此,张载的体系是"唯心的、反动的"。张载排佛,"不在于建立唯物论而是给孔孟圣学做'卫道'的工作",和他的唯物论没有关系。① 吕世骧认为,张载的哲学"是彻头彻尾的唯心论。毫无唯物论成分"。理由是,辩证唯物主义认为,物质是可以感觉到的客观实在,张载对于天地日月的真实性,只能用"没有物质作基础的抽象概念——'理'、'性'、'天用'来解释,并没有明确提出物质世界的独立存在,当然更谈不到物质的第一性、人心的第二性了";气有幽明的不同,没有有无的差异,世界万物只是气的法象,这样的"'气'不是实际存在的物质,而是支配物质的主宰。它和宗教人士所说的神或上帝所不同的地方,只是没有人格化";气和"理念的世界"、"绝对观念"只是名词差异,没有实质的不同。吕世骧指出,依照张岱年的意见,"好像张横渠是个辩证唯物论者似的",而"事实上,在现代大规模工业生产出现以前,历史条件没有产生辩证唯物论的可能"。张岱年没有辨别唯心论和唯物论的实质,把假设的客观实在当作实际的客观实在,把客观唯心论当作唯物论,"在宣传唯物论批判唯心论的今天,这种论调容易把初学哲学的人引入歧途,不能辨别二者的基本区别。张横渠的唯心论为害不大;误把唯心论认作唯物论,为害则甚大"。②

张岱年指出,以能否感觉到作为物质的标准是错误的,容易引向唯心主义。在中国古代,"气是无生命无知觉的物质",张载的气是"独立存在于人的意识之外的客观实在",张载的气并不强调有形与无形、看见与看不见的区别,无形、看不见并不等于不存在。认为看不见、触摸不到的东西不存在,陷入了马赫主义的圈套。"气是中国古典唯物论中的一个基本概念,自荀子、王充一直到清代的王夫之、戴震,都是以气为根本范畴建立其唯物论体系的。否认气的物质性,事实上就是否认中国哲学中的唯物论传统。""太虚"即是天空,是气散而未聚的原始状态,所谓"太虚为气之本体"的"本体",

---

① 邓冰夷:《〈张横渠的哲学〉一文读后感》,《哲学研究》,1955 年第 3 期,第 142～146 页。

② 吕世骧:《张横渠的哲学究竟是唯物论还是唯心论》,《哲学研究》,1955 年第 3 期,第 146～148 页。

乃是原始状态，不是西方哲学中的本体。"神"只是"微妙的变化的意思，不是指有意志的上帝"。张载的"气"与"太虚"，"都不能了解为观念或精神"。张载对于佛教的批评，正是唯物论者对于唯心论者的斗争。在历史上，"既唯物又辩证的思想并不是绝无仅有"，如古希腊的赫拉克利特，"为什么中国就不可能有类似的情况呢？"《西铭》中的"大君宗子"、"民吾同胞"的观念"究竟是一种抽象的平等观念，是不容否认的。大君宗子的意思，不仅是说君主是大哥，而更是说君主应该是大哥，应该以对小弟的态度对待人民。这是要求统治者对人民让步。这是有进步意义的"。"张横渠的学说，既不以'理'为世界的根源，也不以'心'为事物的基础，同时也没有强调君臣关系的绝对性。……我们没有必要把它看作反动的唯心论。"①

陈玉森认为，张载是宋明理学的开山之一，又受历代统治者的推崇，把这样一个人说成是与唯心论对立的唯物论者，代表人民的利益，说不过去。张载的"气"的概念包含有性，"性"即精神，是气从静止到动的动力；气一旦形成以后，还会有感觉，所以是唯心论的。张载在认识论上以共见共闻作为认识的标准，类似于列宁已经批判过的"集体经验"，最终达到的是主观唯心主义。② 张岱年则认为，唯物论与唯心论的分别在于是否承认物质第一性，张横渠既然承认宇宙为气所构成，这就是唯物主义的。神是天德，"是天的本质"，"天德良知"则是指达到诚明境界的人所具有的知识，所以"没有理由断定张横渠所谓性所谓神是普通所谓精神"。张载的认识论主张合，即主观与客观的相合。所谓"耳目有受"正是合的意思，陈玉森把"受"理解为"禀受"缺乏依据。至于张载所说的认识的标准为共同感觉，这是否靠得住，张岱年指出："不必以现代唯物论的水平来要求古人。在近代资产阶级唯心论出现以前，思想家谈共同感觉的时候，绝不会想到共同感觉只是所谓的'主观的一致'，而是认为共同的感觉即是认识与外界实际符合的表征。"张载所谓"学"也不仅仅是内省，也包括穷理。张岱年最后提出了一个方法论的质

① 张岱年：《关于张横渠的唯物论与伦理政治学说——答邓冰夷与吕世骧同志》，《哲学研究》1955年第3期，第139～142页。

② 陈玉森：《张横渠是一个唯心论者——张岱年先生〈张横渠的哲学〉一文读后》，《哲学研究》，1956年第4期，第136～140页。

问:"一定要把过去的思想家的话了解为坏的意思,是对于过去的学术遗产应有的态度吗? 马克思主义研究哲学的基本原则是既不美化也不丑化。我们不应该故意往好里解释,难道一定要往坏里解释么?"①张岱年是一以贯之的唯物主义者,他对张载的研究,力图做到尊重历史,严于训诂,发扬中国的唯物主义传统三者的统一。相比之下,他的商榷者对于思想家的评价无论是在态度上还是在对史料的理解上,都存在一定的偏颇。原因可能是时政所造成的扭曲心理,即越是严厉地批判他人包括古人,越显得进步。

五、熊十力出版《新唯识论》删减本

1952 年,熊十力将《新唯识论》语体文本从 37 万字删减到 17 万字出版,谓之曰"壬辰删定本"。在删定本中,他强调自己的哲学与通常唯心论的区别,指出:"本体说是物固不得,说是心亦错误。心物以对待之名,要皆就本体之流行而假说。然于心可以识体,以心不失其本体之德故。《新论》以唯识立名,而释之曰:'唯者殊特义,非唯独义。'可知《新论》与一般唯心论截然殊趣。此乃三易相传之血脉也。"②熊十力的思想在建国后受到冷落,没有引起应有的社会反响。

---

① 张岱年:《对〈张横渠是一个唯心主义者〉一文的答复》,《哲学研究》,1956 年第 4 期,第 140～143 页。

② 《熊十力论著集之二:体用论》,中华书局,1994 年,第 18 页。

第二章　新范式的初步反思与
挫折(1957～1959)

　　学界在运用新范式研究中国哲学史的过程中产生了许多困惑,如唯物唯心斗争的形式与范围问题,两者在政治上的表现是否一定是前者进步,后者反动等。在这些问题上出现了严重的教条主义倾向,困扰着哲学史界。中国哲学史界酝酿着对新范式的反思。反思的中心议题是破除教条主义的影响,这是民族理性走向成熟的表现。1957 年的"百家争鸣"使反思能够顺利开始,但 1956～1958 年这三年间国内国际政治形势云谲波诡,变幻莫测。反对教条主义很快演变为反对修正主义、击退资产阶级右派的进攻等。到 1957 年下半年反右开始,反思即陷入困境,民族理性走向成熟的历程中断,反而陷入更加极端的片面性。

第一节　"百花齐放、百家争鸣"——
反思条件的形成

　　1956 年 5 月 25 日,中共中央宣传部长陆定一在中南海怀仁堂为科学文艺工作者宣讲中共关于文艺工作和科学工作的政策。他说:"中国共产党对文艺工作主张百花齐放,对科学工作主张百家争鸣,这已经由毛主席在最高国务会议上宣布过。"6 月 13 日,陆定一的讲话以《百花齐放、百家争鸣——一九五六年五月二十六日在怀仁堂的讲话》为题发表于《人民日报》。陆定一说,唯心主义和唯物主义的矛盾在人民内部不具有阶级性质,它反映的是主观和客观、先进和落后、社会生产力和生产关系的矛盾;"唯物主义和唯心主义的矛盾在社会主义社会和共产主义社会中也还将存在"。他还说:"在人民内部,不但有宣传唯物主义的自由,也有宣传唯心主义的自由。……两者之间的辩论,也是自由的。"①陆定一的讲话表明,"百花齐放、百家争鸣"是党和国家的政策。又,《讲话》提到"唯心主义"26 次,"资产阶级"23 次,"资产阶级唯心主义"6 次,基本上是把唯心主义和资产阶级联系在一起的。

1956 年 7 月 2 日,《学习》第 7 期开辟"笔谈百家争鸣"专栏。冯友兰在《我对"百家争鸣"的体会》中提出,学校有很多清规戒律,每个观点都要从经典著作中找到依据,妨碍科研的发展。"百家争鸣"应把科学工作者从清规戒律中解放出来,放开手脚,独立思考,自由争辩。《哲学研究》设立"百家争鸣"笔谈专栏,刊登了金岳霖的《如何掌握和贯彻"百家争鸣"问题》、冯友兰的《对于"百花齐放、百家争鸣"的体会》等文章。金岳霖认为,首先,收放之间,应偏重"放",因为许多同志害怕批判,心存顾虑,所以非放不可;其次,百家争鸣是要推动科学研究,研究方面的积累比较少,不放,很难推动研究;最后,现在的情况是放难,将来也不至于收难。金岳霖同时批评当时学术界对于资产阶级唯心论哲学的批评科学性不强。② 12 月 26 日,北京大学校刊记者就"百家争鸣"问题采访哲学系主任郑昕。郑昕认为,要贯彻"百家争鸣",就必须积极开展科学研究,培养学术空气,努力学习苏联的经验,把"百家争鸣"贯彻到学术研究中去,创造文化高潮。

《哲学研究》"思想学术动态"栏目刊登了全国开展"百家争鸣"讨论的消息,③文章把关于"百家争鸣"的讨论的意见归结为四点。第一,"在'百家争鸣'中是否需要马克思列宁主义作为指导"? 许多人认为,马克思列宁主义是放诸四海而皆准的普遍真理,应当作为指导思想,不可作为一家之言;也有人感到强调此点可能会使人民内部的唯心主义不敢暴露,受不到批判。第二,"可否让唯心主义思想自由争鸣"? 一种意见认为争鸣是唯物主义阵

---

① 陆定一:《百花齐放、百家争鸣》,《人民日报》,1956 年 6 月 13 日,第 2 版。
② 《金岳霖文集》第 4 卷,第 160～161 页。
③ 《全国普遍开展关于"百家争鸣"的讨论》,《哲学研究》,1956 年第 3 期。

营内部的事情,不同于战国时期的百家争鸣;另一种意见认为,唯物主义是从战斗中成长的,让唯心主义争鸣,可以丰富唯物主义;许多唯心主义著作中积累了许多合理的内核,应当批判地加以接受;不深刻地了解唯心主义就不能彻底地批判它。第三,"在学校的课堂教学中可否进行'百家争鸣'"?有人认为教师应把学术界公认的有定论的学说告诉学生,不能广泛介绍或独陈己见;也有人认为应当介绍不同学派意见,培养学生独立思考的精神。有人认为把教学大纲当作法律看,不利于争鸣;有人认为有必要这样做。第四,"如何做好'百家争鸣'彻底肃清教条主义习气问题"? 大家强调,在争鸣中要防止权威思想,乱扣帽子,清规戒律,宗派垄断,端正学习苏联的态度,这样才能彻底肃清教条主义。

第二节 新范式的初步反思

一、反思的先声

(一) 郑昕:"开放唯心主义"

1956 年 10 月 18 日,郑昕在《人民日报》发表《开放唯心主义》。文章显然是在陆定一讲话的背景下撰写的。郑昕回顾了思想改造的情况,指出学者抛弃唯心主义和接受唯物主义,首先是与政治联系着的。历次运动都把唯心主义思想和反动政治、反动阶级相联系,由于"政治即是学术"的影响,辩证唯物主义成了"应世的工具"、"工作中的'标语'、'标签',而思想、感情和实践并未跟上去",所以,思想改造、对于资产阶级学术思想批判、唯物主义对唯心主义的胜利,都是表面的和不彻底的。他说:"我们既是唯物主义者又是唯心主义者:在公开的场合是唯物主义者,在书斋里是唯心主义者。在政治上是唯物主义者,在学术思想上是唯心主义者。这是我们的矛盾。""政治思想和学术思想存在深刻的矛盾";"隐藏着的唯心主义思想和公开的政治热情,'两峰对峙,双水分流',各不相搅"。郑昕认为,"百家争鸣"的政策"是解决这个深刻矛盾的钥匙"。因为唯心主义思想在以前的历次政治运动中,只是给"压"了下去。"唯心主义成了政治反动的代名词,只许批判,不许辩护。"现在,"学术观点不再和政治直接联系了,批判和辩护唯心主义,是自由争论的两方,这就给有唯心主义思想的人以无限自由的感觉。……尽管唯心主义是不正确的,仍容许有辩护唯心主义的自由,这就能激发一个有唯心主义思想的人,在他的政治觉悟的基础上乐于改造自己批判自己的唯心主义,逐渐走上唯物主义的道路"。关于开放唯心主义的确切内涵,根据郑文,一是"开设唯心主义课程",一是允许一部分人持唯心主义观点,在人民内部让"唯心主义思想和唯物主义思想自由争辩,自由竞赛"。前者表明,"我们的客观条件已经成熟到不需要对唯心主义作政治上的'戒备'了";后者表明,我们的大学里比资本主义国家的大学有更多的思想自由和学术自由,人民民主政权下的人民是能充分享受民主与自由的。应该说,后一层意思更具有本质性。[1]

郑昕的文章,有五个方面值得注意。其一,文章有很强的"战争意味",使用了大量的战争术语,如"换防"、"加入我们的战斗"、"战胜"等。这些术语都是不久前才结束的解放战争的术语在学术领域的延伸。这表明当时无论是政权还是学术界,都是把思想领域当作战场的,唯物主义和唯心主义被认为是对垒的两军;如前所述,进而言之,这一战场也是整个社会主义革命的一个部分。其二,他所说的"开放唯心主义",本意还不是说让人们可以自由地保持和宣传唯心主义,而是一方面允许大学开设唯心主义课程,另一方面允许一些人保持唯心主义。需要说明的是,因为唯心主义被认为在思想上是错误的,在政治上是反动的,所以当时无论中国哲学史还是西方哲学史的教学,都不讲唯心主义,只讲唯物主义,造成了哲学史内容的极端贫乏。所谓允许一些人保持唯心主义,只是限于那些还没有彻底改造好的从旧社会出来的知识分子而言的,这与其说是对唯心主义的自在价值的肯定,还不如说是对旧知识分子的唯心主义思想残余的一种宽容。当然,郑昕能够提出这一点,已经是需要很大的勇气了。其三是辩证唯物主义顶峰论。他提出"辩证唯物主义是人类最后一个哲学体系",这是目的史观的逻辑结论。其四,郑昕存在把思想研究和政治工作等同的倾向,如通过细致的而不是粗

---

[1] 以上引文见郑昕:《开放唯心主义》,《人民日报》,1956 年 10 月 18 日。

糙的、说理的而不是武断的工作说服他们等。其五,郑昕的观点也说明,中国(也包括西方)哲学史学界存在普遍的"知识和存在同构"。知识虽然只是学者作为个人的存在一部分,在意义上却是与他们的存在等同并决定他们的存在的,这就是两者的同构。同构其实也是新旧政权更替对于学者的意义。

(二)冯友兰:唯物主义与唯心主义斗争的范围和方式、二者的同一性

1956 年 10 月 23 日,冯友兰在《人民日报》发表《关于中国哲学史研究的两个问题》,指出在运用斗争史观时面临两个原则性问题:"第一,在哲学史里唯物主义思想与唯心主义思想底斗争是在哪些范围内进行的? 第二,这样的斗争是怎样进行的?"第一个问题实质上是在马克思主义以前,是否存在历史观上的唯物主义。第二个问题的实质是唯物主义和唯心主义之间是不是只有斗争,没有相互吸收和转化。

冯友兰认为,"在历史观方面,在马克思主义出现以前,也有唯物主义思想";所以,"不应该把唯物主义与唯心主义底斗争限制到自然观和认识论底范围之内。唯物主义与唯心主义底斗争是贯穿在人底整个的思想领域之内"。关于第二个问题,冯友兰指出,在近几年的教学工作中,为了说明唯物唯心斗争,总是划出一个明确的阵线,唯物唯心"两军对垒",各自继承,各自发展,各自为自己阶级的利益服务,像两条平行线一样,"其间没有其他的关系"。这就把问题简单化了。"唯物主义与唯心主义是一个东西(哲学)底两个对立面。它们互相排斥,而又互相影响,互相渗透,这就是两个对立面底矛盾与统一。"只强调其互相排斥,而不注意其互相影响,互相渗透的一面,"总是片面性底错误";"哲学史是列宁所说的那个大树底发展。它底内容是极其丰富的;它底发展是极其生动的。哲学史底任务,就是要把列宁所说的那棵大树底发展如实地描写出来"。[①] 作为一位哲学家和哲学史专家,冯友兰的见解无疑更加贴近哲学史的事实。然而,不久前刚刚获得的革命胜利所带来的对于唯心论的藐视和对于学术的丰富性和复杂性缺乏认识的唯我独是、目空一切的心理,使得对于哲学史的认识陷于简单化和教条化,而且

---

① 冯友兰:《关于中国哲学史研究的两个问题》,《人民日报》,1956 年 10 月 23 日。

还形成一种不易反思的社会氛围。冯友兰提出上述问题,同样也是需要勇气的。

(三)冯友兰:"抽象继承法"①

　　1956 年 11 月 16 日,冯友兰在中国人民大学哲学系作了题为"中国哲学史中思想的继承性问题"的讲演,②首次提出了哲学思想(命题)的抽象意义的继承问题。他说,中国哲学史中有些哲学命题有两方面的意义:"一是抽象的意义,一是具体的意义。"具体意义与提出命题的哲学家所处的具体社会情况直接相关,比如,"学而时习之,不亦说(悦)乎"。"从具体意义看,孔子叫人学的是诗、书、礼、乐等传统的东西。从这个方面去了解,这句话对于现在就没有多大用处,不需要继承它。但是如果从这句话的抽象意义看,这句话就是说:无论学习什么东西,学了之后,都要及时的经常的温习和实习,这都是很快乐的事。这样的了解,这句话到现在该是确实的,对我们现在还是有用的。"冯友兰又举了一些例子,如"天下为公"的"天下",一定按具体意义理解,翻成现代汉语的"帝国"、"中原"、"中国"都是不妥当的。古人的地理范围虽然有限,但"天下"指的还是普天之下。又如,孔子的"爱人",爱贵族的成分可能多一些,这是其具体意义。就其抽象意义来说,"孔子的'人'和现在所谓'人'的意义差不多,他所谓'爱人',也不是没有现在所谓'爱人'的意思。从抽象意义看,'节用而爱人',到现在还是正确的,是有用的,可以继承下来"。孟子所谓"人皆可以为尧舜",禅宗的"顿悟成佛",陆九渊的"六经皆可以为我作注脚"、王阳明的良知为是非善恶的最高和最后的标准,"善恶是非的标准都是从人的本性中发生的,外在的权威不是善恶是非的标准",都有抽象和具体意义。"就其抽象意义说,认为'人皆可以为尧舜'、'满街都是圣人'、'人人皆平等',就是认为人在本质上都是平等的。这就可以成为打破封建等级制度的一种理论根据";所以,这些命题"就其抽象意义说,则有进步作用,是可以继承的"。冯友兰指出,从抽象意义上看,陆

---

　　①　据朱伯崑说,抽象继承法是冯友兰受范文澜《中国通史》的影响而提出的。

　　②　演讲稿由卢育三、朱传启记录,冯友兰修改后以"中国哲学遗产的继承问题"为题,于 1956 年 12 月 8 日在《光明日报》上发表,后转载于《新华半月刊》、《中国哲学史问题讨论专辑》,科学出版社,1957 年,第 273~277 页。

王学派还不能简单地否定。冯友兰又提出一个很重要的问题,即哲学史命题,若注重其抽象意义,是不是可以对一切阶级有用? 换言之,"哲学史中的某些哲学思想,是不是就不是上层建筑呢?"冯友兰以庄子《胠箧》篇中"盗亦有道"为例作了肯定的回答。他说自己把这个问题提出来,作为进一步讨论的基础。①

二、反思的进行

(一) 中国哲学研究的"朱伯崑问题"②

1956 年《人民日报》向朱伯崑约稿,请他谈谈哲学史研究中的问题,以便引起争鸣。朱伯崑写了《我们在中国哲学史研究中所遇到的一些问题》。文章分为四个部分。第一部分是关于中国哲学史的对象和范围,第二部分是关于对于历史上哲学家的分析和评价,第三部分是关于中国哲学史的特点问题,第四部分是关于中国哲学的遗产继承问题。在第二部分朱伯崑列举了四个问题。

> (1) 唯物和唯心的界限问题。……有的哲学家的思想,既有唯物主义的成分,又有唯心主义的成分,二者很难说哪一方面是基本的。我们在教学中曾经把古代哲学家思想中的唯心和唯物的成分,都提了一下,结果同学反映说,阵营不清楚,有些混乱。后来作了改进,阵营清楚了,但有人又指出,这样做,太简单化了,划到唯心主义阵营的,有人认为有许多唯物主义成分;划到唯物主义阵营的,有人又认为有许多唯心主义的成分。

> (2) 阶级分析问题。研究哲学史,总要指出某一派的哲学观点基

---

① 冯友兰:《中国哲学遗产的继承问题》,《中国哲学史问题讨论专辑》,科学出版社,1957 年,第 273～277 页。

② 笔者之所以称之为"朱伯崑问题",是因为这些问题由朱伯崑系统地提出,涵盖了中国哲学史研究方法论的各个方面,综合性强,可以避免一一叙述之麻烦。据朱伯崑回忆,这篇文章是应于光远之约撰写的,发表前于光远看过,认为很好。后来"反右"时朱伯崑因此文受到批判。此文被认为是"右派言论"的先声。

本上代表哪个阶级的利益。按照一般的说法,唯心主义总是代表历史上反动的没落阶级的利益,而唯物主义总是代表历史上的进步阶级的利益。但这个问题,也不是那末简单。……中国封建社会中的哲学家,绝大多数都是和封建地主阶级有联系的。其中有进步的,也有反动的。他们之间的思想斗争应怎样去理解呢? 过去曾经这样处理过:反动的哲学家总是代表封建贵族和大地主阶层的利益;进步的哲学家代表中小地主阶层的利益。后来有人反对这种简单的处理方法。因为中小地主阶层的哲学家,基本上还是代表封建阶级的利益,用阶级的帽子,很难说明他们在封建社会的进步性。有人说,一部中国古代哲学史,说来说去,不是代表大地主,就是代表小地主,实际上没有什么阶级分析。这些问题,不仅仅是对具体材料如何分析的问题,同时也牵涉到有关历史唯物主义的某些理论问题。

(3) 对唯心主义的评价问题。我们有些同志,尤其是一些年青的同志,曾经对历史上的唯心主义者采取了全盘否定的态度。即使其中有些好东西,也不愿讲。并且对唯心主义哲学的分析,过于简单化,认为只要指明他是唯心主义者,是为反动阶级服务的,目的就达到了。并且为了加强哲学史的党性原则,在讲授中往往把唯心主义者臭骂一顿,以为就算完成任务了。显然,这种对待唯心主义的方式,不能满足目前的要求了。应该怎样分析批判呢? 唯心主义体系有没有好东西? 如果有,应该怎样估价? ……

(4) 关于辩证唯物主义和历史唯物主义的因素问题。过去,我们有些同志认为,只有马克思主义哲学出现以后,才有辩证唯物主义的观点。如果试图从马克思主义以前的哲学中寻找唯物辩证法的观点,就是用古代哲学比附马克思主义哲学,这是错误的,是违反了马克思主义哲学的党性原则。因此,在处理古代哲学问题时,只能说,某一哲学家,在某种问题上有唯物主义的观点,而在另外一些问题上,才有辩证法的因素。但实际情况,并非完全如此。就是对同一问题说,也有既唯物而又辩证的看法。例如,中国古典哲学关于气的学说……有些同志认为,马克思主义以前的哲学,对社会问题的看法,都是唯心主义的。……但是否在社会历史方面的个别问题上,他们也提出过唯物主义的观点呢? ……有人说,如果不把这类问题弄清楚,那就会把中国哲学史上对于社会历史问题的宝贵意见,都用唯心主义的大帽子抹杀了。这种意见,确实是有道理的。①

关于中国哲学的特点,朱伯崑指出:

> 过去,我们讲授中国哲学史时,强调了哲学史的一般规律,因而,看不出中国哲学的特色。最近,很多同志都提出这种做法是不对的,应该阐明中国哲学的特点。但中国哲学的特点,究竟包括哪些内容呢? ……这方面的问题也是很多的,很需要大力开展研究。不然的话,很容易把中国哲学史讲成西方哲学史的翻版。

关于如何继承和发扬祖国的哲学遗产问题,朱伯崑指出:

> 有的同志认为研究中国哲学史,只不过是提高自己的民族自信心,鼓舞人们的爱国主义情绪而已,除此以外很难说有什么用处。因为,历史上的唯心主义,都是些坏东西,只有批判,很难吸收。而历史上的唯物主义,跟马克思主义哲学比较起来,又非常贫乏。好东西,马克思主义哲学都有了,何必再向故纸堆中寻找呢? 当然,这种观点,有着狭隘的实用主义倾向。但这种看法反映了一种实际情况,即目前还没有把中国哲学史的研究跟现代的革命实际很好地结合起来。一方面,要反对民族虚无主义;一方面,也要反对封建复古主义,如何能够做得正确,的确也是一件比较困难的事情。

朱伯崑最后指出:

> 以上这些问题的提出,一方面反映了过去有些同志受了教条主义的影响,但另一方面也反映了许多同志进行着独立的思考,在反对教条主义的研究风气。②

---

① 朱伯崑:《我们在中国哲学史研究中所遇到的一些问题》,《人民日报》,1956 年 10 月 14 日。
② 朱伯崑:《我们在中国哲学史研究中所遇到的一些问题》,《人民日报》,1956 年 10 月 14 日。

朱伯崑对 1949 年以来中国哲学研究所存在的问题的总结是全面系统的,分析也是十分深入的,表达了当时学界共同的困惑和希望打破教条主义的愿望。

(二) 反思的系统展开

1957 年 1 月 22～26 日,北京大学哲学系中国哲学史、西方哲学史两个教研室举行"中国哲学史问题"座谈会,与会人员一百多人,分别来自中国科学院哲学研究所、中共中央高级党校、中国人民大学等单位。会议的中心议题是克服 1949 年以来哲学史教学和研究中存在的教条主义倾向。① 教条主义的表现是多方面的,其背后隐藏着根深蒂固的越"左"越正确的隐秘心理。这次反思涉及教条主义的诸多表现。

1. 唯心主义的评价问题与"开放唯心主义"

(1) 唯心主义的评价问题

对于 1949 年后对唯心主义思想的过度贬低和与政治的过分联系,贺麟有不同看法,但在当时的氛围下,他无法表述自己的观点。早在 1954 年,他曾经在一个场合说,唯心主义有好有坏,好的唯心主义起过进步作用,结果遭到批评。② 贺麟说明了事情的原委。他说自己一次说话不小心,把反动或反动作用较小的唯心论一时滑口说成是"有时也有进步意义的唯心论"。后来听到苏联专家克列同志说,"唯心论通常虽与当时反动阶级利益相联系,但也有例外情形",便大吃一惊,因为他所谓"例外"与自己所说的"唯心论有时也有进步意义"的错误说法似乎很接近。自己不过是随口说出来的,既不是从历史唯物论观点出发,又表现了想为自己的旧唯心论保留一些地位的想法,所以自认为是错误的观点。而苏联专家则是从新观点、新立场、新论证说出来的,便引起他对这个问题的重新思考。

贺麟认为,从自己的错误观点可以引申出动摇日丹诺夫哲学史定义结论。(1) 如果唯心论在某些具体特殊情况下有进步意义,哲学史家就会有

---

① 朱伯崑:《北京哲学界讨论中国哲学史问题》,《人民日报》,1957 年 1 月 30 日;《北京大学学报》,1957 年第 2 期;《哲学研究》,1957 年第 2 期。

② 贺麟:《哲学与哲学史论文集》,第 524 页。

发掘这些进步意义的使命,这样就会放松对唯心论的斗争,动摇日丹诺夫对哲学史的根本定义。(2)会引申出某一时期只有距统治阶级利益较远的唯心论对更加反动的统治阶级的唯心论的斗争,前者有进步作用,即没有唯物论对唯心论的斗争,而只有唯心论与唯心论的内部斗争了。这些足以动摇日丹诺夫哲学史定义的基本原则。贺麟指出,克列同志明确提出"在一定具体历史条件下,非科学的唯心论理论亦能起进步作用",给了自己许多启发,引起思想的激变,他完全同意克列同志的说法。他说:

　　一、我相信克列同志的说法,不是他个人的意见,是有集体背景的,是代表苏联近来对哲学史的新的进步的科学的看法。……

　　二、克列同志的说法,并不妨碍日丹诺夫的定义,乃是教人不要把它当作死的教条。……

　　三、克列同志说:"不可把哲学史上唯物论与唯心论的斗争看作绝对真理与绝对错误的斗争。进步性与科学性不可完全等同。"我认为这话精辟极了,可以唤醒许多教条主义者的迷梦。政治立场很进步或较左倾的人,思想上可能很主观、教条。……简言之,认为唯心主义毫无例外地反动,就是建筑在等同科学性与进步性上面,是违反历史主义的原则的。

　　四、我虽然同意在特殊具体历史条件下,唯心论有时例外地亦可起进步作用。但我必须强调指出,这种进步作用是有局限性的,是暂时的,因此我们仍然坚持应该加以严格的批判。

　　所以,在坚持哲学史是唯物论对唯心论的斗争的定义下,在坚持为学习马列主义,为改造自己的思想,须不断地无情地对自己本人的及哲学史上的唯心论思想作坚决不调和的批判的原则下,在更细致采用具体分析各时代具体事实的历史主义的方法下,我同意克列同志的说法。①

---

　　①　贺麟:《我同意克列同志的说法的思想斗争过程》,该文未正式发表,收入《哲学与哲学史论文集》,第478～481页。

　　仔细体味贺麟先生的话，便能感受到当时的气氛。唯心主义在认识上错误、在政治上反动不单纯是一个学术认识，更是由革命的胜利、当时的体制以及 1949 年至 1957 年间各种成功所保障的政治结论。尤其是，他还是资产阶级知识分子，以这种身份说唯心主义的好话，不仅会被认为是一个认识问题，也会被认为是一个政治问题，会被认为思想改造不彻底，还保留着资产阶级唯心主义的残余，需要进一步改造。贺麟认识到，从政治上批判唯心主义，"是思想改造问题，拥护人民政权、拥护社会主义的理论基础问题"，所以他"注重从立场上去批判唯心主义在政治上的反动性和危害性"。这表明，唯心主义的评价问题不仅和认识相联系，也和政治、学者的生存密切相关。批判历史上的唯心主义，也是批判自己的唯心主义；说唯心主义的好话，也是为自己改造不彻底寻找托辞甚至狡辩。历史上的唯心主义、自己的唯心主义观点、自己的政治立场与态度、自己的生存与作为哲学史教授价值和尊严，四者复杂而又微妙地交织在一起。所以，尽管是一个哲学史教授，他也不能、也不敢越过雷池一步。只有借助于苏联专家的权威，才敢小心翼翼地说出不同意见，还要为自己找出许多理由壮胆。

　　"百花齐放、百家争鸣"打消了贺麟的顾虑。在"中国哲学史讨论会"上，他提出了"唯心主义也有好东西"的观点。他说，在"百家争鸣"政策宣布以前，主要是从政治界限、阶级立场来反对唯心主义，现在则要进一步从学理上有论证地批判唯心主义。政治批判的缺点"主要就是主观主义与教条主义的偏向"，再者是"不够辩证和唯物"："所谓不够辩证，是说把唯物和唯心之间划下一条不可逾越的鸿沟，两者绝对对立，没有相互联系、相互继承的关系；所谓不够唯物，是说没有仔细地了解敌情，没有好好地掌握材料和事实，这也是主观主义。"①贺麟认为，主观主义、教条主义有"当头棒喝"，能起唤醒人、使人猛醒的好处。但是，"经过思想改造以后，从唯物主义的立场来讲唯心主义的，就是自己人，就更不能再用'棒喝'的方式了"，需要"循循善诱"、"和风细雨"的方式。需要"从学理上、科学上有论证地"批判和改造唯

　　①　贺麟：《我同意克列同志的说法的思想斗争过程》，《哲学与哲学史论文集》，第 478～481 页。

心主义。"当头棒喝"的确党性很强,却达不到克服唯心主义,宣扬唯物主义的目的。

对于唯心主义的合理因素的肯定,成为当时的一个重要认识;也是突破教条主义的一个重要方面。据贺麟说,"百家争鸣"后,于光远曾召开一个会议,讨论帝国主义时代唯心主义里面有没有好东西,周扬在科学规划会议上也说过:"唯心主义中有好东西,唯心主义不简单,毛病是在于复杂化,神秘化。"对于贺麟的意见,温公颐表示赞同。他指出,对于唯心主义,应就其存在和评价两方面来谈。在社会主义国家,哲学宝座已经让给唯物主义,但这并不意味着唯心主义就长期归于衰亡了。唯心主义思想的产生有阶级和认识两个根源。在社会主义社会中阶级根源不存在了,但认识论根源还是会长期存在的。① 关于唯心主义的评价,应把以往的唯心主义和以后的唯心主义分开。对于过去的唯心主义,应有较高的评价,全盘否定,一棍子打死的方法并不能解决问题。温公颐结合自己的体会指出,自己解放前长期在唯心主义的圈子里,"一向以唯心主义为'精',以唯物主义为'粗'",很难接受唯心论反动的说法。"后来经过不断的学习,明确了唯心论的阶级根源之后,才慢慢地转过来。"②

关于唯心主义的有好处,贺麟指出:

> 唯心主义中是有好东西,这不仅是指其中唯物主义和辩证法的因素说,而是说唯心主义本身有好的东西。这有两点证据用来说明……朱熹发现了理是能动的,这是一绝大的贡献,可以与黑格尔媲美。第二个例子是王阳明"良知"的特点,"良知"是方法,致良知是做人、求知的方法;"良知"又是认识的最高真理,是认识论;"良知"从本体论上说又是最实在的东西。方法论、认识论、本体论在良知中得到了统一,这与列宁所说的辩证法、认识论与逻辑的统一很相似。……再者,历史上唯心主义哲学家对于唯物主义的批判大部分有一定程度的正确性,这种

---

① 温公颐:《对中国哲学史研究的一些初步意见》,《中国哲学史问题讨论专辑》,科学出版社,1957年,第498～499页。

② 温公颐:《对中国哲学史研究的一些初步意见》,《中国哲学史问题讨论专辑》,第499页。

批判推动了哲学史的发展,不能认为唯心主义对唯物主义的批判完全是反动的。①

　　贺麟又谈到了"关于坏的唯心主义和好的唯心主义"的问题,强调不能从唯心主义、唯物主义的先天定义出发,旧唯物主义和唯心主义对马克思主义来说都是错误的,但两者在一定历史条件下也可以是正确的。"不能把马克思的话抽象地、现成地去应用,对待具体问题要具体分析,教条主义是会断送科学的。"贺麟说:"我对好的唯心主义是有感情的,这是对优秀文化遗产有感情。我同意胡绳同志的话,'糟蹋唯心主义也就是糟蹋唯物主义'。"②关于坏的唯心主义和好的唯心主义提法的来源,贺麟指出:"黑格尔说过,列宁也同意,而且指出,'聪明的唯心论比愚蠢的唯物论更接近聪明的唯物论',因此,聪明的唯心论中是有东西可以继承的。对唯心论否定过多,否定得不恰当,是错误的。"③

　　对于贺麟的看法,陈修斋持赞同态度。他指出,"唯心主义也有好的东西"是有一定道理的。唯心论的个别观点在历史上起过好作用,如中世纪的神秘主义者主张人可以不经过教会直接和神交通,这种看法是反教会的,在当时有反封建的进步意义;又如,上升时期的资产阶级的社会政治观点,就整个体系而言是唯心的,但大都具有反封建的意义,例如社会契约论。为什么被认为非科学的唯心主义在历史上能够起进步作用呢? 陈修斋认为,这样的问题之所以被提出来,是因为我们"把唯心、唯物与错误、正确等同起来了的缘故",唯心、唯物和错误、正确是不同的概念,不能简单等同。④ 陈修斋肯定,唯心论是人类认识发展的一个阶段、一个必要的环节,对人类的认识是有贡献的;唯心论不是完全消极的,它促进着唯物论的发展,是不容否认的事实。⑤

---

　　① 贺麟:《关于对哲学史上唯心主义的评价问题》,《中国哲学史问题讨论专辑》,第198页;又见贺麟:《哲学与哲学史论文集》,第525页。

　　② 贺麟:《关于对哲学史上唯心主义的评价问题》,《中国哲学史问题讨论专辑》,第201页。

　　③ 贺麟:《关于对哲学史上唯心主义的评价问题》,《哲学与哲学史论文集》,第528页。

　　④ 陈修斋:《对唯心主义哲学的评价问题》,《中国哲学史问题讨论专辑》,第203页。

　　⑤ 陈修斋:《对唯心主义哲学的评价问题》,《中国哲学史问题讨论专辑》,第204页。

对于贺麟等人的见解，一些学者持否定态度。唐钺明确提出，"唯心主义自身没有好处"；唯心主义哲学家著作中有时含有"合理内核"，但这不是唯心主义自身的好处。① 魏明经认为，"唯心主义……只是建立在虚构之上的思想体系"，②把唯心主义中的一些辩证法和唯物主义的片断提炼出来以后，它"留下的东西便只是一片胡说"。③ 张世英、王方名、杨宪邦的共同之点是区分"唯心主义"、"唯心主义者"和"唯心主义者的著作"等不同概念。张世英问道，唯心主义的好东西，究竟好在哪里？"是唯心主义思想体系中所包含的一些与唯心主义自身相矛盾的合理思想呢？还是某些思想，作为唯心主义，就是合理的？或者还有什么别的情形呢？"他强调"唯心主义"和"某些唯心主义者"不同，"决不能说唯心主义这一颠倒是非，违反事实的原则对于人类之认识真理能有什么贡献，但我们却可以说有某些唯心主义者（或者某些唯心主义著作）对于人类之认识真理是有贡献的。……但这里的'功'只是在某些唯心主义'者'，而不在唯心主义"。④ 杨宪邦也指出："对于任何一个唯心主义者，不管他的合理的内核如何丰富，即使像黑格尔那样，这也不完全排斥他的唯心主义的非科学性"，"任何唯心主义哲学都是反科学的世界观，它和唯物主义的关系是反科学与合乎科学的关系，是谬误和真理的关系"。⑤ "唯一科学的世界观是科学唯物主义世界观，科学的哲学史必须是科学唯物主义世界观，即辩证唯物主义及其规律的发生发展的历史。"⑥

王方名也强调，离开了思维和存在的关系这个"最根本的原则来谈唯心主义有'好东西'，来谈唯心主义对人类认识、对唯物主义的贡献，来谈唯心主义和唯心主义做朋友"，就不是看待唯心主义的科学态度，"不是按照哲学

---

① 唐钺：《关于中国哲学史研究所引起的三个问题》，《中国哲学史问题讨论专辑》，第 497 页。
② 魏明经：《马克思列宁主义哲学与中国哲学史》，《中国哲学史问题讨论专辑》，第 162 页。
③ 魏明经：《马克思列宁主义哲学与中国哲学史》，《中国哲学史问题讨论专辑》，第 170 页。
④ 张世英：《略谈对唯心主义的评价问题》，《中国哲学史问题讨论专辑》，第 221～222 页。
⑤ 杨宪邦：《关于中国哲学史的科学性和党性——对于中国哲学史的对象和范围问题的意见》，《中国哲学史问题讨论专辑》，第 117 页。
⑥ 杨宪邦：《关于中国哲学史的科学性和党性——对于中国哲学史的对象和范围问题的意见》，《中国哲学史问题讨论专辑》，第 118 页。

史上唯物主义和唯心主义本来的、本质的关系来认识它"，而是"一种对本来的、本质的关系的歪曲。"①不过，他又指出，也"不可把唯心主义哲学观点和唯心主义的理论和著作完全混为一谈"，"唯心主义的理论和著作是论证唯心主义观点的一种知识体系"，唯心主义者在论证其观点时总还是"持之有故、言之成理"，这些著作同样也"是人类共同创造的文化遗产"。学习唯心主义的著作，是因为它是人类的哲学遗产；了解唯心主义哲学的哲学语言，为了在与唯心主义斗争时有的放矢。他说："'唯心主义里面有好东西'，我觉得这句话是含混不清的。假如人们认为，唯心主义的哲学观点里面有好东西，我觉得那可能是极为荒唐的。但我觉得学习唯心主义的理论和著作是十分必要的。"如何对待唯心主义哲学家？王方名认为，"我们只说唯心主义的哲学观点一定是唯物主义哲学观点的敌对者，却不说唯心主义者一定是唯物主义者的敌人"；②"对于历史上的唯心主义哲学家，我们决不采取简单的否定的态度"。因为哲学观点与政治观点并不相等同，所以，不能把唯心主义者都划为人民的敌人，"也有许多唯心主义哲学家并不与人民为敌，并不坚决为统治阶级服务"，即便是反人民的唯心主义哲学家，"对他的历史功罪、哲学思想加以评价，仍然要从历史条件加以说明才能使人理解，仍然不可以苛求于前人；因为一切苛求于前人的态度都是不科学的，不能使人理解的"。③ 至于对于仍活着的唯心主义者，王方名主张采取对于哲学家和哲学理论分开对待，活着的唯心主义哲学家有转好和转坏两种可能，对于转好的，要争取；对于转坏的，要警惕。"唯心主义哲学家完全可以以唯心主义观点来争鸣，促进社会主义文化的繁荣。但也不容讳言，真正能够促进我国社会主义文化繁荣的，只有以辩证唯物主义为指导的多种多样思想的学术活动。"④

上述各种观点分歧的关键在于是否承认存在"唯心主义一般"。张世英、王方名持肯定态度。其实，这个所谓"唯心主义一般"不过是"物质第一性、意识第二性，物质决定意识"几个命题。可是，哲学史上有这样纯粹甚或

---

① 王方名：《关于对待唯心主义问题》，《中国哲学史问题讨论专辑》，第247～248页。

② 王方名：《关于对待唯心主义问题》，《中国哲学史问题讨论专辑》，第257页。

③ 王方名：《关于对待唯心主义问题》，《中国哲学史问题讨论专辑》，第258～259页。

④ 《中国哲学史问题讨论专辑》，第259～260页。

简单的唯心主义吗？贺麟说"唯心主义作为唯心主义有好东西"，[①]王方名等则把贺麟的这一观点理解为唯心主义著作或体系中包含有一些合理的因素。"唯心主义作为唯心主义"，作为唯心主义一般，不过是把意识作为第一性，是纯粹错误的，只能批判。由于把唯心主义理解为唯心主义一般，他们得出了许多片面的结论。如"唯物主义可以脱离唯心主义而单独发展"，[②]"唯物主义者和唯心主义者不存在团结的问题"。[③] 相比之下，韩树英的观点则较为持中。他从哲学史是认识史的角度出发，肯定"某些唯心主义体系之中存在着'好东西'，即合理的因素"，"在推动认识的发展上不能只承认唯物主义者张载的作用而抹杀唯心主义者程朱的作用"。但"为提高唯心主义地位而斗争""这个提法有堕入客观主义的泥坑而为唯心主义所俘虏的危险。……从哲学史和逻辑的联系，哲学史中'历史的和逻辑的'一致，就可以理解历史上的某些唯心主义哲学在认识发展上的一定地位"。[④]

对于当时的争论主要观点，陈修斋进行了更为深入系统的分析。他指出，关于唯心主义的估价问题，可以归结为四点：(1)唯心主义哲学家的著作中有一些正确的东西，这些东西因为正确，所以必然和唯心主义本身相矛盾；(2)唯心主义的极个别例外的观点，在历史上可能起进步作用；(3)唯心

[①] 据朱伯崑等人回忆，贺麟当时说了两句著名的话：一是"宁可跟老婆离婚，也不跟唯心主义分家"；一是"为提高唯心主义的地位而斗争"。但是，这两句话都不见于文字记载，后一句话个别学者提到过，似是贺麟所说。后来贺麟不仅跟唯心主义分了家，还于1985年加入了中国共产党。贺麟的一位学生问他晚年为什么转向唯物主义，他说，唯心主义讲到极致，也就到了唯物主义。

[②] "我们不能同意认为唯物主义的哲学观点没有唯心主义的哲学观点作为它的对立面就不能存在和发展，这就类似于说工人阶级没有资产阶级作为它的对立物就不能存在和发展一样。唯物主义的哲学观点是人类认识客观现实的历史的总结，有了自然、社会、思维，又有了人类对自然、社会、思维的规律性的认识就有了科学的唯物主义的存在和发展。"(王方名：《关于对待唯心主义问题》，《中国哲学史问题讨论专辑》，第248页。)

[③] "我们不能同意笼统强调唯物主义和唯心主义的团结或统一"，唯心主义和唯物主义的哲学观点是尖锐对立的，这儿不发生唯物主义者和唯心主义者之间的人与人的团结问题。"唯心主义的哲学观点和唯物主义的哲学观点的对立面的统一问题，那是对立的'同一性、统一性、一致性、相互渗透、相互贯通、相互依赖(或依存)、相互联结'等等的问题(《毛泽东选集》第2卷，第793页)，这和人们企图模糊唯心主义和唯物主义的界限，主张唯物主义和唯心主义的'和平共处'这种统一，完全是两回事。"(王方名：《关于对待唯心主义问题》，《中国哲学史问题讨论专辑》，第248页。)

[④] 韩树英：《谈谈关于哲学史的对象问题》，《中国哲学史问题讨论专辑》，第110页。

主义可以从反面刺激唯物主义的发展；（4）必须肯定唯心主义本身或唯心主义作为唯心主义，是绝对错误的，不能对人类认识有什么积极的贡献，否则就是模糊辩证唯物主义与唯心主义的界限，脱离马克思主义。陈修斋认为，唯心主义哲学家著作中的正确的有价值的因素并不一定因其正确、有价值，就和唯心主义体系相矛盾，甚至唯心主义哲学家中的唯物主义因素，也未必一定与他的体系相矛盾。如中世纪唯名论者认为上帝创造了一切个体事物，个体事物是实存的，个体事物的"共相"是不实的。这两者之间并不一定矛盾；"唯心主义的哲学作品，也可能包含着许多并不牵涉到世界观本身的、而又是正确的、有价值的东西，因此，就说不上与唯心主义本身相矛盾"；例如，"己所不欲，勿施于人"，并不一定与孔子的世界观相矛盾。"有些本身是唯心主义的观点，也可能是合理的，有价值的"，如黑格尔的辩证法，尽管需要改造，但与唯物主义辩证法也有共同的一面。"不仅在于它们都是辩证法，而且还在于它们都承认思想与存在两者都是按照辩证法的规律发展"；"它对于'质'和'量'的概念相互转化这一规律的揭露与陈述，我认为与作为思想发展的规律的唯物的辩证逻辑，是没有什么根本的性区别的。因此，就作为思想发展规律本身的一个环节来说，它就是正确的。但是，黑格尔所揭露的这一规律……难道就是与他的唯心主义相矛盾吗？如果说这一看法可以成立，那末至少不能说唯心主义体系中合理的东西就必然与唯心主义体系相矛盾"。①

　　对于在一定条件下可以起进步作用的唯心主义，陈修斋提出两个问题："一是这些起过进步作用的唯心主义观点是否就是绝对错误的；二是这种起过进步作用的唯心主义观点究竟是否只是极个别的例外？"陈修斋指出，既然唯心主义能起一定的进步作用，就在一定意义上说是正确的，"就不能说它是绝对的错误"。古代进步的奴隶主民主集团的观点、近代资产阶级在反封建时期的观点，都是唯心主义的，都很难说是个别的例外，所以，"这种情况如何能与唯心主义一般起了反动作用的规律相一致"，需要进一步研究才

_____

　　① 陈修斋：《关于对唯心主义的估价问题的一些意见》，《中国哲学史问题讨论专辑》，第226页。着重号是原作者加的。——引者注

能说明。

　　关于唯心主义对唯物主义的促进作用,陈修斋同意唯心主义不仅提出了一些错误的观点供唯物主义批判,而且也批判了旧唯物主义的缺点,因而也提供了一些正确的东西,为唯物主义所吸收,使唯物主义得到丰富和发展。这样,"则唯心主义与唯物主义真正是相互推移的,唯心主义在历史上的作用诚然一方面来说是消极的,而另一方面来说也是积极的。它不是一个非本质的、可有可无的东西,而是整个哲学发展的必要的、必然的环节,是构成全部哲学史的本质的矛盾的双方中的一方。当然这双方并不是平等的,无区别的,没有是非可分的,但并不因此而有一方是非本质的,绝对错误的,或者可有可无的"。①

　　对于认为唯心主义仅仅"凭定义它就是错误的"这种抽象的"唯心主义"概念,陈修斋提出了质疑。他指出,"科学的抽象"应该揭露事物发展的内在规律,而不只是析取其中的某种固定不变的共同特征而已。恩格斯"并不是把唯物主义与唯心主义看成两个抽象的、永恒不变的东西。因此,在唯物主义和唯心主义的真正科学的概念中,就应该包含着两者辩证发展的全部过程的内在规律。这是一个内容极其丰富的'具体的共相',它诚然有'普遍性'的一面,但也包含着在不同阶段、不同条件下的'特殊性',决不是这样两句话就能包括无遗的。如果承认了这样的观点,那末,即使承认肯定意识第一性和物质第二性是绝对错误,也还不能因此就肯定唯心主义是绝对错误的,因为肯定意识第一性物质第二性只是唯心主义的'普遍性'的一面,而此外唯心主义在不同阶段、不同条件下的'特殊性'即使就它的'普遍性'一面来说是错误的,而就它的'特殊性'方面来说也还完全可能包含着合理的、正确的东西"。② 陈修斋指出,抽象的做法"把唯物主义和唯心主义作了形而上学的割裂","在无意之中离开了马克思主义辩证法的观点,也就很难说真正坚持原则性和党性了"。他从矛盾分析的观点出发,强调"唯物主义与唯

---

　　① 陈修斋:《关于对唯心主义的估价问题的一些意见》,《中国哲学史问题讨论专辑》,第231页。
　　② 陈修斋:《关于对唯心主义的估价问题的一些意见》,《中国哲学史问题讨论专辑》,第232～233页。

心主义和正确与错误是两组不同的概念,决不能机械地划等号的"。"唯心主义一般地是错误的,并不表示就是绝对地错误的。它一般地是错误的,但在一定条件下也可以包含正确的因素或方面。……唯物主义和唯心主义是矛盾的两个方面,它们是可以相互转化的。正确和错误也是可以相互转化的。这样做并不是违背了唯物主义,而正是'避免了机械唯物主义,坚持了辩证唯物主义'。"①如果认识到唯心主义也有正确的因素,那么在研究哲学史的时候,"就不会因为它是唯心主义而简单地否定,也不会专在其中找唯物主义的因素,而会具体地去分析,即使唯心主义的理论本身的某些论点,也包含着一些正确的东西,或在一定条件下本身就是合理的方面。这样我们的哲学史工作才能真正贯彻辩证的唯物主义的观点和历史的唯物主义的观点。这并不是庸俗地无原则地把唯心主义估价高一点或低一点的问题,而是如何真正给予唯心主义以应有的、科学的估价问题。"②

对于唯心主义仅仅是片面夸大了认识的某些方面,剥去了它的片面性,正确的部分就不再是唯心主义而是唯物主义的观点,陈修斋认为这实在是由于把唯心主义定义为绝对错误而得出的结论。其实,就片面性来说,唯心主义、机械唯物主义,都是片面的。"有些唯心主义可以说是彻头彻尾的唯心主义,里面可以说完全没有唯物主义的因素的,但也还是可以包含有合理的东西。例如,费希特根本否认离开意识的客观世界的存在,在他的体系里是很难找出什么唯物主义的因素来的。但他确乎强调了立[主]③体的能动性,这一点应该承认是合理的因素。"陈修斋问道:"费希特这个体系,难道剥去了他的夸大部分,就会脱出一个唯物主义的'合理内核'吗? 这在我是无论如何无法理解的。其实只要承认唯心主义本身也可以包含有某种合理的正确的因素或方面,而不是把所有的正确的东西都归之于唯物主义的名下,

① 陈修斋:《关于对唯心主义的估价问题的一些意见》,《中国哲学史问题讨论专辑》,第234页。着重号是原作者加的。——引者注
② 陈修斋:《关于对唯心主义的估价问题的一些意见》,《中国哲学史问题讨论专辑》,第235页。着重号是原作者加的。——引者注
③ 此处可能是一个印刷错误,把"主体"印成了"立体"。——引者注

这样的问题就不会发生了。"①

陈修斋力图使人们抛开对唯物唯心的片面、贫乏的和概念化的认识,深入哲学史的具体内容,坚持唯心主义本身有合理的东西,是非常难能可贵的。

(2) 关于"开放唯心主义"

贺麟、陈修斋指出,哲学史研究和教学过分强调唯物唯心之间"毫无共同之点",片面强调唯物唯心的矛盾和斗争,而完全否定两者的相互渗透,因而把许多优秀的独立思考和创造性的成果都拱手送给了敌对阵营,唯物主义显得孤立和单薄。由于片面狭隘地理解哲学的党性和学术不能脱离政治,把历史上的唯心主义的大哲学家都当成政治上的敌人来处理。其实,"历史上的大哲学家,即使是唯心主义者,至少其中的绝大部分,都是体现着一个时代的智力发展的高度成就的";古典唯心论哲学家的重要著作即使到了共产主义社会也还要出版,让人们作为文化遗产来吸收的。在哲学史工作中,大家对于已经判定的唯心主义者,基本上全盘否定,除非是马克思主义经典作家对他们有过明确肯定的,才敢简单地说还有一些合理成分,此外绝不敢多提,害怕多提了会受到替唯心主义辩护的指责;甚至经典作家肯定过的东西,"有的同志为了表示'斗争性强',也不实事求是地一概予以否定了"。其实,"解除了教条主义的束缚的唯物主义成分是可以对古典唯心主义哲学给予较高的评价,可以更多地吸收其中合理的东西以丰富自己的。这只意味着唯物主义的发展,而决不意味着唯心主义的抬头。列宁说,聪明的唯心主义比愚蠢的唯物主义更接近聪明的唯物主义。这话至少生动地昭示我们,有一些唯心论,特别是马克思主义以前的古典唯心论,是有可以批判吸收的成分,可以用来丰富马克思主义唯物论的"。②

"为什么要有宣传唯心主义的自由"? 贺麟、陈修斋提出了四点理由。第一,唯心主义事实上是存在于许多人的头脑的,如不能公开宣传,就只有勉强压抑在心里,妨碍了他们的工作积极性;只有让唯心主义有公开宣传的

---

① 陈修斋:《关于对唯心主义的估价问题的一些意见》,《中国哲学史问题讨论专辑》,第236页。
② 贺麟:《哲学与哲学史论文集》,第507~512页。

自由,才能经过反复辩难,说明道理,才有可能真正克服唯心主义思想。否则,披着科学外衣的唯心主义思想会更加严重地危害初学者和青年。第二,辩证唯物主义如果不是在不断克服唯心主义哲学的斗争中发展、前进,就可能变成"僵死的教条"。第三,只有让唯心主义也有宣传的自由,辩证唯物主义内部的争论才能很好地展开。否则,人们顾虑重重,不敢发挥独立思考,斤斤计较于经典依据,既容易陷入教条主义,也容易造成"简单化和粗暴的风气,往往把一种思想贴上一条唯心主义的标签,就以为问题已经全部解决,不必再进行什么具体细致的分析和批判了。而提倡'百家争鸣',让唯心主义也有宣传的自由,就可以在很大程度上纠正这种风气"。第四,有利于"吸收古今中外思想中一切有价值的思想,从而大大地丰富马克思主义"。①

贺麟、陈修斋所说的宣传唯心主义的自由,不过是站在唯物主义的立场上说明唯心主义,并不是替唯心主义辩护;而且,让唯心主义有宣传的自由,也是为了更好地批判它,不让它毒害青年;为了有利于马克思主义发展等。所以,温公颐曾指出:"开放唯心主义并不是让我们重建唯心主义的体系,而是通过唯心主义的分析批判来更好地发展辩证唯物主义。"②然而,即使是这样的主张,也很容易被认为是为唯心主义辩护。贺麟、陈修斋提出了一个哲学史学史上值得注意的重要现象,即"唯心主义"的符号化和价值化。也就是说,唯心主义被当作了标签,只要一贴上,就判定了被贴的学术体系的错误性和反动性,就不必再对此体系作进一步研究了。"唯心主义"的标签化的用法是教条主义的结果,也导致了更加严重的教条主义。如前所述,在金克木1955年批判梁漱溟的文章中,唯心主义已经被符号化了。不过,那时这种倾向还没有在哲学史界普遍化,经过1957年以后的"反右"和"批判修正主义",唯心主义在哲学史研究中彻底符号化,此后的哲学史研究文章或著作在评述哲学史人物时,常常是叙述一下哲学家的思想,然后"唯心主义"的标签一贴,研究就此结束。这种做法成为普遍模式。

---

① 贺麟、陈修斋:《为什么要有宣传唯心主义的自由》,《哲学研究》,1956年第3期。
② 温公颐:《对中国哲学史研究的一些初步意见》,《中国哲学史问题讨论专辑》,第498~499页。

朱光潜提出了"思想两栖"的现象。他认为,一个人的思想,如同蛤蟆水陆两栖一样,可能会"时而唯物,时而唯心"。原因在于上层建筑落后于经济基础的改变,所以许多思想家两种思想长期处于某种矛盾状态,有些人在矛盾中还有主流,有些在两个对立面中连主流也很难找到。思想因为有两栖的事实,所以有改造的必要。旧知识分子对于唯心主义的有意无意的留恋,革命干部有时在教条主义的言行上暴露的唯心色彩,都是两栖,只有"正视这种事实,思想改造的工作才可以顺利地进行"。①

张岱年纯粹从思维规律的角度对开放唯心主义作了论述。他认为,允许有宣传唯心主义的自由,"关联到哲学思想发展的规律以及哲学斗争的特点"。哲学史是唯物主义与唯心主义相互斗争的过程,唯物主义是在与唯心主义的斗争之中成长发展起来的。既然唯心主义还存在,给它宣传的自由,更有利于开展哲学思想斗争和理论水平的提高。靠一笔抹杀,或者仅仅戴个帽子的办法,是不能解决思想问题的。"容许唯心主义有宣传的自由,不仅无损于唯物主义的威信,反而可以促进唯物主义的繁荣。"②应该说,从思维规律出发允许唯心主义有宣传的自由,是正确的,反映了对立统一的全面性。不过,张岱年同时也指出,"百家争鸣"的重点"不在于容许唯心主义自由宣传"。他认为:"哲学领域内的'百家争鸣'决不仅是唯物主义与唯心主义之间的争鸣,而更重要的是唯物主义阵营内部不同学派之间的争鸣。假如过分强调唯心主义的争鸣,那是错误的。"张岱年主张,在唯物主义原则指导下,形成不同学派之间相互补充,是繁荣学术研究,提高理论水平的有力保证。唯物主义者可以结成联盟,向唯心主义斗争。③ 讨论中,对于贺麟等人的见解,也不都是持赞同态度的。唐钺明确提出,所谓"唯心主义课程"这个名词很不恰当,会引起好多误会;课程不过是讲唯心主义者的论著的内容,批判总结其中的正确材料,指出这些正确材料是被歪曲才会得到唯心主义的结论。所以"这种课程与其说是唯心主义的,

---

① 朱光潜:《谈思想两栖》,《中国哲学史问题讨论专辑》,第159页。

② 张岱年:《关于解放以来哲学工作者思想改造的估计》,《中国哲学史问题讨论专辑》,第241~242页。

③ 张岱年:《如何对待唯心主义》,《中国哲学史问题讨论专辑》,第242~245页。

不如说是唯物主义的"。①

魏明经提出"彻底从根本上消灭唯心主义"。他认为,唯心主义作为一种思想体系,完全是荒谬、反动的,只是从其有合理的片断的意义上,才可以说到它在哲学史上的贡献,才可以说对它的批判的吸收。因为这些所谓贡献或可吸收者其实原来还是唯物主义的因素。辩证唯物主义应伸展其威力于认识论的各个方面,渗透于各种唯心主义的各方面的理论之中。"在辩证唯物主义照亮之下的唯心主义已是被俘虏了的唯心主义"。看不到这一点,"就难于彻底从根本上消灭唯心主义"。② 魏明经还对哲学史研究中的"左"和"右"作了规定。他说:"把唯心主义性的东西说成是唯物主义的,乃是右的丧失立场的做法……任意把唯物主义性的东西说成是唯心主义的,也是左的虚无主义的表现……克服左和右的偏差只能靠辩证唯物主义。"③

显然,"消灭唯心主义"并不是一个合理的说法。既然我们承认对立统一是一个规律,那么,这个规律要存在,就需要矛盾双方都存在。如果说唯物主义和唯心主义是哲学的根本派别,二者的斗争推动哲学的发展,那么,就不能也无法"消灭唯心主义"。在思想上是消灭不掉的,它总会以各种形式出现。1957年"反右"之后,次年就出现了"大跃进"、"人有多大胆地有多高产"等。这个教训是深刻的,理性的贫乏往往是理性的扭曲的前奏。

2. 唯物主义与唯心主义的同一性

"唯物主义和唯心主义的同一性"是冯友兰提出来的,这既是对1949年以来中国哲学史教学的反思,也是对研究范式的反思。冯友兰所说的两者的同一性,不是从概念出发,而是从哲学家体系出发得出的结论。他明确区别了唯物主义和唯心主义的概念和体系的不同,指出如果"专从唯心主义观点与唯物主义观点,或专从'唯心主义作为唯心主义','唯物主义作为唯物主义'"来说,那么,两者是"绝对对立的","没有相互渗透、相互转化底可

---

① 唐钺:《关于中国哲学史研究所引起的三个问题》,《中国哲学史问题讨论专辑》,第490~497页。

② 魏明经:《马克思列宁主义哲学与中国哲学史》,《中国哲学史问题讨论专辑》,第163~164页。

③ 魏明经:《马克思列宁主义哲学与中国哲学史》,《中国哲学史问题讨论专辑》,第168页。

能",正如专从概念上说,"方"与"圆"绝对对立一样;但方的东西可以转化为圆的东西,圆的东西也可以转化为方的东西。"哲学史上的唯物主义体系与唯心主义体系都是具体的体系,正像方的东西与圆的东西一样。哲学史上没有光是唯心主义观点的唯心主义,也没有光是唯物主义观点的唯物主义。"①贺麟也认为:"我们可能对于唯物主义与唯心主义的斗争了解得太狭隘、太形式、太片面了一些。"②首先,哲学史上的"斗争"和政治"斗争"不同,后者"都有可能采取杀人迫害的暴力形式,而哲学上的唯物主义和唯心主义的斗争没有通过战争杀人的形式"。历史上"唯心、唯物的斗争除了教权和政权的统治者的残酷迫害外,主要属于'秀才造反'的人民内部的思想问题"。其次,唯物主义者和唯心主义者的关系,"也不就是革命者和反革命者的关系"。他们有时甚至是师生、朋友关系,或者是"昨日之我与今日之我的斗争"。所谓师生关系是说两者间的斗争"一般采取师生朋友间的自由辩论、相互切磋的方式罢了"。唯物主义与唯心主义"也有相互利用和凭借的一面。……它们的斗争过程不是一面是唯物主义、一面是唯心主义那样的平行的两个阵营斗争的过程,乃常常是一个曲折的一消一长、一盛一衰的矛盾发展过程";同时,两者的斗争也不是唯物主义永远打胜仗。唯物主义和唯心主义都有被较晚、较发展的对立学说取代的时候。同时,哲学史上也有这样的情形,即在某个时代,哲学斗争发生在唯心主义者内部,而听不见唯物主义者的声音。贺麟用黑格尔写哲学史的方法来说明唯物主义与唯心主义斗争的过程,指出黑格尔把哲学史歪曲地写成唯心主义发展的历史,我们可以采取"以其人之道,还治其人之身"的方法,实事求是地采取历史主义的态度对唯心主义予以批判,对唯物主义确凿的发展线索予以客观的阐述,表明唯心主义在哲学史中被扬弃了,唯物主义愈来愈发展,愈来愈提高。

　　贺麟同时也强调,说明唯物唯心斗争与政治斗争的区别,不是主张"放松党对学术思想方面的政治领导,更不主张放松对学术思想的重视与领导。

① 冯友兰:《再论中国哲学遗产底继承问题》,《哲学研究》,1957年第5期,第131～132页。
② 贺麟:《对于哲学史研究中两个争论问题的意见》,《人民日报》,1957年1月24日;又见《哲学与哲学史论文集》,第513～522页。

恐怕只有相信用行政命令的方式,用打耳光、打屁股的方式可以解决学术思想战线的斗争问题的人,才会放松对学术思想的重视和领导,才会以为单靠政权和军权、财权,即可保证唯物主义思想的胜利,用不着对唯心主义作深入系统的理论上和学术上的斗争".①

贺麟的说法可谓真知灼见,表现了冲破教条主义束缚的勇气和力量。但是,他的说法也使我们感受到了知识和存在的同构对他全面表达思想的束缚。所谓"秀才造反"、"人民内部的思想问题"、强调政治斗争与思想斗争的区别不是为了放松党对学术的政治领导等说法,都表现了知识与存在的同构。历史上的唯物唯心的斗争怎么会属于"人民内部的思想问题"? 历史上的唯物唯心之间的政治斗争和思想斗争又怎么会跟现实中共产党对学术的政治领导有关系? 作为哲学史家,描述哲学史上的事实为什么还要顾忌现实? 这些都是知识与存在的同构对于知识的客观表述的约束。贺麟用"人民内部矛盾"这一概念,首先表明"人民内部矛盾"等认识问题的范式的唯一性和巨大影响力,他已经没有其他概念可用;其次也表明现实的斗争、尤其是20世纪50年代的"思想改造运动"以及毛泽东关于"正确处理人民内部矛盾"的观点对于历史认识和研究的塑型作用;同时,用这个概念还表明贺麟潜意识中的减轻自己过去的"唯心主义的反动性"的心理,表明了他心中余悸未消,恐慌未定。和许多人一样,贺麟也把目的论史观所包含的顶峰论引申了出来,说辩证唯物主义是"最高、最发展、最科学、最丰富的唯物主义……它将永远不会再被任何唯心主义所战胜".② 哲学史家说出这样的话,不只使我们遗憾,也令我们扼腕兴叹,既是为他,尤其也为这个民族。自认为已是顶峰、失去了对立面制约的"唯物主义"挟着政治的威力,很快发展到了匪夷所思、令人瞠目的荒唐、荒谬和盲目的地步,导出了"突破规律"论、"人有多大胆,地有多高产"论,给国家民族带来了极大的灾难,成为沉痛的历史教训。片面的理性和荒唐的现实总是孪生姊妹。

王太庆对关于唯物唯心斗争的片面和教条僵化的理解也提出了批评。

---

① 贺麟:《对于哲学史研究中两个争论问题的意见》,《人民日报》,1957年1月24日。
② 贺麟:《对于哲学史研究中两个争论问题的意见》,《人民日报》,1957年1月24日。

他说,大多数哲学家只是在基本倾向上可以确定是唯心还是唯物,并不是百分之百的唯心或者唯心,何况还有亚里士多德、笛卡儿、康德这样的二元论者。所以,唯物论与唯心论的斗争只是"体现在具体哲学家身上的两种基本倾向、基本路线的斗争,一个人可以基本体现唯物路线或唯心路线,也可以同时在一个人身上体现两条路线"。[①]　王太庆所批判的,仍然是从"唯心主义"、"唯物主义"的概念出发,而不是从哲学史的事实出发的教条主义。不过,僵化的斗争观在当时绝不是罕见的,甚至毋宁说是相当普遍的。个中原委恐怕也很复杂。与"国民党反动派"你死我活的斗争仍处于正在进行时,抗美援朝的硝烟还历历在目,国际上已经形成了帝国主义和社会主义两大阵营的对立,界线分明的战争在哲学史研究领域投下了自己的影子,这可以从当时学者频繁使用"战斗"、"战胜"、"换防"等军事术语中窥见一斑。分明的阵线也投射到了建国后的政治生活,镇反、三反、五反、抗美援朝、社会主义建设高潮等,这对于学术都有示范和塑型整合的双重作用。学术研究既是政治生活的一部分,也是政治思维的延续。在当时的政治情境下,阵线分明的斗争史观不仅是普遍的,而且也被认为是顺理成章的和革命性强的,所以我们看到的更多是对于唯物唯心同一性观点的批评。[②]　当然,也有人假借"革命"的名义,把"革命性"作为工具,抢占学术话语权的,如关锋等人(关于这一点,本书后面将详加论述)。

对于冯友兰所说的"唯物主义和唯心主义是同一个东西(哲学)底两个对立面",杨宪邦认为:"这是不正确的,因为唯心主义和唯物主义不是一个东西,不是一个哲学,不是一个哲学的两方面,而是两个哲学阵营。正如在一个社会中,有反动阶级,也有进步阶级,我们不能说这些反动阶级和进步阶级是一个阶级的两方面,因为它们是两个阶级。"在这里,杨宪邦对"同一个哲学"的理解似乎和冯友兰存在歧义。冯友兰所说的"同一个哲学",并不是说某一种哲学如唯物主义或唯心主义,而是说,无论唯物主义还是唯心主义都是哲学,哲学表现为这两种主义,所以两者是同一个叫做"哲学"的东西

---

① 　王太庆:《哲学史研究的方法与目的问题》,《中国哲学史问题讨论专辑》,第181~182页。

② 　关于此,待下文论述。——作者注

的两个方面。如果用"阶级"来类比,应该是进步阶级或落后阶级都是社会的"阶级",而不是某一个"阶级"的两个方面。杨宪邦认为:"有的人为了反对教条主义,不但伤害了哲学史的科学性,而且削弱了、甚至否定了哲学史的党性原则,否认唯物主义和唯心主义斗争的绝对性。"他断定:"唯物主义和唯心主义是斗争的两个对立面……它们的斗争是针锋相对的,是互以对方为对手,不是单方面的;是无条件的,不是有条件的。"冯友兰歪曲了唯物和唯心的统一,"肯定这种统一的绝对性,否认了斗争的绝对性"。①

列宁曾经指出:"僧侣主义(亦即哲学唯心主义)当然是有认识论上的根源,它并不是没有根基的,它确实是一朵不结果实的花,但这一朵不结果实的花却是生动的,结果的,真实的,强大的,全能的,客观的,绝对的人类认识这株活的树木上生长着的。"冯友兰认为,"这株大树"就是包括两个对立面的统一物——哲学或认识。杨宪邦认为,列宁这里是说唯心主义有其认识根源,唯心主义是生长在人类客观认识的大树上的,但唯心主义并不是这株大树,它是这株大树的偏离;冯友兰把"客观的人类认识和唯心主义看作同一个东西","既然如此,那么,唯物主义和唯心主义之间还有什么斗争呢?斗争取消了,彻底否认了唯心主义和唯物主义的严格界限,否认了哲学的党性和阶级性,有的只是绝对的统一"。② 冯友兰和杨宪邦之间的分歧是,冯友兰认为,既然列宁说过,唯心主义也是生长在人类认识的大树上,那它就和唯物主义一样,也是大树的一部分,所以和唯物主义具有同一性;杨宪邦则直接否认唯心主义是这株大树的一部分,又进一步指出,统一是"有条件的,而不是无条件的"。唯物主义和唯心主义的统一只是"因为它们都在于一个共同的条件,这个条件就是都不能脱离哲学的基本问题。……它们就在一个共同的问题上统一起来进行斗争"。③ 唯物唯心相互转化要有一定

---

① 杨宪邦:《关于中国哲学史的科学性和党性——对宇宙观哲学史的对象和范围问题的意见》,《中国哲学史问题讨论专辑》,第120页。

② 杨宪邦:《关于中国哲学史的科学性和党性——对宇宙观哲学史的对象和范围问题的意见》,《中国哲学史题讨论专辑》,第121~122页。

③ 杨宪邦:《关于中国哲学史的科学性和党性——对宇宙观哲学史的对象和范围问题的意见》,《中国哲学史问题讨论专辑》,第123页。

的条件,即"某些唯心主义哲学中有合理的内核"。如果条件具备了,唯心主义就和唯物主义在这一点上统一了,"这就是说唯心主义哲学中的合理内核被批判地吸收过来,转化为唯物主义的内容"。如果条件不具备,那么,两者就只能是斗争而不能统一;所以,"唯物主义和唯心主义之间的统一是相对的,不是绝对的"。[①] 这里似乎存在误解,无论冯友兰还是贺麟等,都没有说过同一性是绝对的。但当时的风气是根本不承认有同一性,所以一见到同一性,就进行否定,并进而夸大到超出提出者的观点的极端地步进行批判。

上述学者不少观点都显得很"左"。偏"左"是当时的风气。不过,无论观点如何,他们总还属于学术探讨。也有人借助于唯物唯心的教条化、概念化的区分,把政治和学术搅在一起,通过学术活动以确立自己的话语权力甚至追求政治权力,又反过来借助于自己的政治权力推行学术霸权。关锋就是一个典型。他对贺麟、冯友兰都提出了超出学术范围的严厉批判;在学理上,则以虚构的"唯物主义"和"唯心主义"的一般概念来剪裁哲学史的事实。

贺麟说,唯心主义者和唯物主义者可以成为朋友。关锋认为,这并不是"作为思想体系的唯物主义和唯心主义"成为朋友。历史上唯心主义者和唯物主义者成为朋友,有偶然的因素,如师生、亲戚、世交等,但也限于政治立场大体一致。"假设张载竟作出推翻宋朝统治的政治结论,他和二程也就作不成朋友,表叔侄关系也就不算什么。"这个说法十分荒唐,缺乏基本历史常识,强词夺理,令人啼笑皆非。张载为什么要推翻宋朝? 关锋用这种假设来进行论证的目的就是争夺话语霸权。[②] 关锋说,哲学斗争常常和政治斗争相联系。唯物主义者和唯心主义者做朋友和他们成为政治上的敌人,都不能说明唯物主义和唯心主义斗争的实质。不能用两者可以做朋友来掩盖唯物主义和唯心主义斗争的尖锐性。那么,两者间斗争的尖锐性表现在什么地方呢? 关锋说,两者"在根本原则上是完全相反的。它们之间的斗争是'你死我活'(当然不是人的死活)、'你立我倒',没有妥协的余地。……都是

---

①　杨宪邦:《关于中国哲学史的科学性和党性——对宇宙观哲学史的对象和范围问题的意见》,《中国哲学史问题讨论专辑》,第 123 页。

②　据朱伯崑等的回忆,关锋在学术争论中表现出"唯我独革"的学霸作风,只有自己是最正确的,不允许任何人有与自己不同的观点,一有不同的观点便认为是错误的,甚至反动的。

要从根本上摧垮对方,问题的提出和辩难是作为哲学体系的存在权利问题,而不是枝节问题。……在特定条件下它们的斗争可能是很激烈的、甚至残酷的"。如窦太后不能容辕固生之类。可是,照关锋的标准,窦太后、辕固生似乎都应是唯心主义,所以他们之间很难说是唯物唯心的斗争。总之,在他看来,"唯物主义和唯心主义是敌对的,其界限是分明的,斗争是尖锐的,没有妥协余地的。我们研究它们的相互渗透时必须坚持这个原则,否则就会混淆唯物主义和唯心主义的界限"。①

对贺麟的几个提法,关锋都提出了反对。贺麟说,"晚出的唯心主义往往也吸收了一些唯物主义的原则"。关锋认为,这只有两种情况,一是晚出的唯心主义受先行的唯物主义的影响,采取了个别唯物主义原则,但这个原则在其体系中是自相矛盾的,唯物自是唯物,唯心自是唯心,水火不容,红白分明。再一种情况是唯心主义者把唯物主义的一个原则加以歪曲利用,变成唯心主义,如汉代神学家对于前代的五行的歪曲等。他说:"按照贺先生的这个观点推论下去,必然认为唯心主义和唯物主义有相同的东西(这里如果指的某些哲学家或某些哲学著作,当然是可能的;可是贺先生指的是唯物主义跟唯心主义,贺先生正是这样看的。"关锋强调的实际上是抽象的"主义",即抽象的唯心主义一般。他说,贺麟不同意"唯心主义一般"的概念,但这是一个科学的抽象,"如果说唯物主义中有唯心主义,唯心主义中有唯物主义,那它们还有什么严格的界限呢?"②正是从唯物、唯心的"一般"概念出发,关锋认为,"贺麟说'不能认为唯物主义绝对正确,唯心主义绝对错误',这种说法只能混淆唯物主义跟唯心主义、正确跟错误的界限",马克思主义哲学的根本原则是"绝对正确的"。贺麟认为唯物主义与唯心主义有时是"青出于蓝而胜于蓝"的关系,不是"红与白"的关系。关锋认为,这是直截了当地否认了唯物主义和唯心主义的界限。他反问道:"马克思和黑格尔是青蓝关系还是红白关系?"如果唯物唯心在原则立场上不是敌对的,"不过是

---

① 关锋:《关于哲学史上唯物主义和唯心主义的斗争问题》,《中国哲学史问题讨论专辑》,第207~208页。

② 关锋:《关于哲学史上唯物主义和唯心主义的斗争问题》,《中国哲学史问题讨论专辑》,第209页。着重号是原作者加的。——引者注

'深一点'、'浅一点'罢了。那还有什么界限呢?"①贺麟说,唯物主义和唯心主义都"吸收对方与自己相同的部分来反对对方与自己相异的部分",并以马克思利用黑格尔辩证法为例,指出这是"哲学史矛盾发展的必然过程"。关锋认为,马克思对黑格尔辩证法的改造是质变,不是量变;不能指望唯心主义体系中有天然地和唯物主义完全相同,以至用不着改造,只消把它拿过来就行的东西。"唯心主义作为唯心主义,唯物主义作为唯物主义,是红白分明,不能有什么相同的东西的。"

　　冯友兰认为唯心主义也有合理内核,所以能够在与唯物主义的对立中,除了矛盾和排斥的一面外,还有同一或统一的一面;冯友兰又认为一切唯心主义与唯物主义都有统一的一面。关锋对此作了进一步的推演:那就是说,"一切唯心主义体系都有'合理内核'了"。关锋认为,这是错误的。"两汉天人感应的神学宇宙观有什么'合理内核'呢? 蒋介石的力行哲学有什么'合理内核'呢?""'合理内核'是马克思对黑格尔的辩证法说的……不可以把推广于所有唯心主义。"②

　　把自己推出的结论强加到对手头上来反对对手是关锋惯用的手法,也是当时极左逻辑下的惯用手法。"合理内核"只能用于黑格尔,可是,他却可以用唯物主义、唯心主义的"一般"! 关锋说:"贺先生和冯先生一般地谈继承哲学遗产,而不分唯物和唯心,这不是偶然的;而是和他们在不同程度上否认唯物主义和唯心主义的鲜明界限、敌对性有着有机联系的。"③关于唯物主义和唯心主义的相互渗透和统一,关锋认为:"最根本的是它们之间相互刺激、相互推移。……哲学史的发展,就是唯物主义和唯心主义相互刺激、相互推移、以致各从旧形态到新形态的转化过程。"关锋论述渗透问题时,没有提"转化";在提到"转化"时说的是各自转化,不是冯友兰的

---

　　①　关锋:《关于哲学史上唯物主义和唯心主义的斗争问题》,《中国哲学史问题讨论专辑》,第210页。

　　②　关锋:《关于哲学史上唯物主义和唯心主义的斗争问题》,《中国哲学史问题讨论专辑》,第209~211页。

　　③　关锋:《关于哲学史上唯物主义和唯心主义的斗争问题》,《中国哲学史问题讨论专辑》,第212页。

"相互转化"。关锋又提出了"两条路线的斗争"。他说:"贺先生……按着他对于唯物主义和唯心主义的同一性的了解,实质上就否定了它们之间的斗争性、它们的根本的敌对性。看来在这个问题上也必须开展两条路线的斗争。"①"路线"是个政治术语,关锋在这里运用这个术语,指的是否定统一和渗透的路线与否定斗争的路线,还不是政治意义的。但是,以"路线"为中介,是很容易把学术带入政治语境的。不久后,"修正主义"就成为关锋批判哲学史研究的术语,"路线斗争"也被他作为描述哲学史界的常用术语。

苏联哲学研究所所长费德赛耶夫1956年曾经指出:"我们由于没有仔细地研究和探讨列宁的哲学遗产,所以在辩证唯物主义研究工作中犯了许多错误。例如对于对立面的统一和斗争之规律,不久以前,我们这里广泛流行着这样一种意见,仿佛对立面的统一是没有的。这一错误的观点也曾反映在'哲学问题'杂志上,认为对立面的统一性和同一性是黑格尔哲学的残余。这一观点的拥护者说,仿佛'统一'这个概念抹杀了阶级斗争……仅谈斗争不谈对立面的统一和相互渗透这个公式,不仅使现实简单化,而且在理解很重要的问题上,很容易得不出正确的结论来。"②这段话译出刊登在《学习译丛》上,遗憾的是,并没有引起当时学界的注意。

胡绳于1957年3月29日和30日连续两天在《人民日报》发表《关于哲学史的研究》,③可视为对北京大学会议的总结;以其身分而论,他的看法也代表有关方面对哲学史研究的态度。胡绳问道:"把一切哲学,归根结底,分为唯物主义和唯心主义这两大阵营,这是否就会造成在哲学史研究中的教条主义倾向呢?"他回答说,判断一个哲学家基本上是唯心主义者还是唯物主义者,并不是所谓贴标签,而是对哲学家思想本质的揭发。郑昕曾提出"不将哲学史局限于唯物唯心斗争的框子里,而给它以丰富的内容"。④　胡

---

①　关锋:《关于哲学史上唯物主义和唯心主义的斗争问题》,《中国哲学史问题讨论专辑》,212~214页。

②　《学习译丛》,1957年第3期,第79页。

③　胡绳:《关于哲学史的研究》,《人民日报》,1957年3月29日。

④　郑昕:《开放唯心主义》,《人民日报》,1956年10月18日。

绳对此并不赞同,他说:"按照事实而把哲学史看做基本上是唯物主义和唯心主义斗争的历史,绝不会使哲学史丧失丰富的内容。"①对于担心哲学史的简单化,认为最好不要断定唯物主义是正确的,唯心主义是错误的观点,胡绳指出,只有站在"唯物主义的最高发展阶段辩证唯物主义立场上来论述这种[唯物主义和唯心主义的]斗争,通过这种斗争来反映出辩证唯物主义哲学思想的萌芽、发生、成长和发展的历史",才是马克思主义态度的哲学史研究。这正是我们所说的目的史观的表述。胡绳肯定"唯物主义的哲学观点是正确的,而唯心主义的哲学观点是错误的,这种区别是绝对的"。对于贺麟的"唯心主义中也有好处"的说法,胡绳认为,"这种未经分析的命题不能带给人以确切的观念"。贺麟说"曾经或多或少地为封建地主、资产阶级服务的哲学思想,现在或今后……还可以替工人阶级服务",②胡绳认为,"这不符合事实的",有倒向唯心主义的倾向。他说:"混淆了唯物唯心的界限,离开唯物主义立场而倒向唯心主义的立场,那就只会是有害无益。"③

关于唯物唯心和政治的进步、反动的联系,有人提出,既然政治上进步的人不一定都是唯物主义者,反动的也不一定都是唯心主义者,所以最好是用进步和反动(或保守、落后)代替唯物主义和唯心主义的标准。胡绳认为,"这样做对于科学地研究哲学史是没有好处的"。从哲学史上可以看到,唯物主义和进步的革命的倾向相结合,唯心主义和保守的反动的倾向相结合;越到近代,这种倾向越加明显。"如果我们……把唯物主义和唯心主义看成同样地是既可以为进步政治倾向服务,也可以为反动政治倾向服务,那么结果必然是只能导致在理论原则上混淆唯物主义和唯心主义的界限,模糊哲学的党性。"④

3. 日丹诺夫哲学史定义运用于中国哲学史研究所导致的问题

日丹诺夫哲学史定义存在的问题和它运用于中国哲学史研究所带来的问题,是这次反思的主要内容之一。

---

① 胡绳:《关于哲学史的研究》,《人民日报》,1957 年 3 月 29 日。
② 贺麟:《对于哲学史研究中两个争论问题的意见》,《人民日报》,1957 年 1 月 30 日。
③ 胡绳:《关于哲学史的研究》,《人民日报》,1957 年 3 月 29 日。
④ 胡绳:《关于哲学史的研究》,《人民日报》,1957 年 3 月 29 日。

（1）日丹诺夫的哲学史定义问题

任继愈指出，按照日丹诺夫的哲学史定义，仅仅把唯物主义和唯心主义斗争当作哲学史研究的对象，会产生三个方面的缺点：首先是"使人认为研究哲学史，仅仅是唯物主义战胜唯心主义的历史，就会在社会史观方面留下空白点……特别是中国哲学史方面感到困难，有些有价值的东西本来应当作为哲学史的对象的，也只能忍心抛弃，因为它没有唯心主义和唯物主义的斗争"；其次是对辩证法如何战胜形而上学重视不够，没有指出哲学史也要"阐明辩证法战胜形而上学思想斗争的规律"，割裂了唯物主义和辩证法的联合，而这恰好是中国哲学的特点；第三个缺点是"没有给哲学史上的唯心主义流派以应有的历史地位，使人认为唯心主义哲学流派就是为作为唯物主义所要克服的对手而存在的，这样就使得许多哲学史上的现象不好说明"。任继愈指出，唯心主义的哲学流派有它出现的历史必然性，它在中国哲学史的全部发展过程中不是多余的，而是必要的。[①] 朱启贤对"斗争史观"也提出了批评，指出这种逻辑的错误之一在于"把唯物主义与唯心主义的斗争作为规定哲学史范围的标准。按照这个标准，任何哲学部门，如果其中不表现这种斗争，便不能列入哲学史的范围之内。从而，许多哲学史书，它们的内容就只能相当简略。这种教条主义的'从定义出发的'的逻辑推论一直在哲学界发生着坏作用"，他提出要"把相当丰富的哲学史实从教条主义者刀下救出来"。[②]

任继愈已经接触到了日丹诺夫哲学史定义存在的"斗争史观"，尤其是"目的史观"的片面性问题。的确，日丹诺夫哲学史定义的第一个层次明确表明哲学史就是科学的唯物主义的形成史，所以，唯心主义在他那里不过是唯物主义的一个相对者、一个陪衬，它存在的唯一价值就是显示唯物主义的正确性和被唯物主义所克服。任继愈认为中国哲学史的对象应当是"关于自然知识和社会知识的概括和总结的认识过程在中国发展的历史"，是"研

① 任继愈：《中国哲学史的对象和范围》，《中国哲学史问题讨论专辑》，第48～51页。
② 朱启贤：《关于中国哲学史的对象和范围问题》，《中国哲学史问题讨论专辑》，第93～94页。

究在世界观方面唯物主义和唯心主义斗争,辩证法和形而上学的斗争在中国发展的历史"。① 韩树英也提出,要把哲学史的实质看作是认识发展史,并对中国哲学史研究提出以下的建议:"一,用认识发展的线索把这个哲学史贯穿起来,划出一条明晰的前进线索……叙述认识的螺旋式上升";二,中国哲学史的对象和范围和西方哲学史的不同之一在于它更偏重于社会问题,应突出这一点;三,"遵守哲学史中列宁的逻辑和历史一致的原则,采取历史的态度,不使古人穿上现代服装"。② 应该说,任继愈、韩树英提出的认识史的定义比"两个对子"或斗争史要客观,也很有前瞻性,可惜没有受到应有的重视,任继愈甚至还因此受到批判。③ 直到 20 世纪 80 年代中国哲学史研究第二次反思时,认识史的定义才开始为人们所接受。当然,把哲学史作为"认识史",也有其问题。首先,在当时的语境下,认识史仍然是要容纳和充实以斗争史,还不就是纯粹思维发展的历史;其次,认识史是西方近代哲学的特征,对于中国古代哲学并不完全适合。不过,中国哲学史界迄今没有对于"认识史"进行自觉的反思。

对于认识史定义,杨宪邦表示不同意。他认为,日丹诺夫的哲学史定义是"马克思列宁主义的定义";把哲学史定义改为"在世界观方面唯物主义战胜唯心主义"之后,再加上"辩证法战胜形而上学的历史",不但多余,而且也不正确;并不存在与唯物主义和唯心主义相脱离的辩证法和形而上学。所以,日丹诺夫的哲学史的定义"乃是对哲学历史的高度概括和总结,它具有高度的科学性",④"体现了哲学史的高度科学性和高度党性的内在的统

---

① 任继愈:《试论中国哲学史的对象和范围》,《光明日报》,1957 年 1 月 11 日。

② 韩树英:《谈谈关于哲学史的对象问题》,《中国哲学史问题讨论专辑》,第 113 页。

③ 任继愈:"我曾对日丹诺夫在西方哲学史讨论会上的发言提出了一点异议,几乎惹了祸,据说日丹诺夫是代表苏共中央发言,对'发言'有异议,是对斯大林的态度问题,因而在会议上受到不少责难。学习列宁的《哲学笔记》,很受启发。我认为应该像列宁那样深入细致地对待哲学史,应有发展的观点,不能用一个固定的模式看待哲学史,试图找一找中国哲学史发展的内在规律。当时我想,看法对不对,总可以供讨论吧,但也曾为此受到某些领导的告诫,说是忘了阶级斗争这个纲,光讲思想的发展,背离了马克思主义,宣传了修正主义。这也在意料之中,几年前已有'理论权威'之流把我划归修正主义栏内了。"(《中国哲学史论·后记》,上海人民出版社,1979 年。)

④ 杨宪邦:《关于中国哲学史的科学性和党性——对宇宙观哲学史的对象和范围问题的意见》,《中国哲学史问题讨论专辑》,第 115 页。

一","它对哲学史的研究工作具有高度的指导意义。它是人类哲学史发展到今天的唯一科学的新方向"。① 第一,科学的哲学史必须是"辩证唯物主义世界观的胚胎、发生和发展的历史,决不是反科学的世界观,即唯心主义世界观发生发展的历史";第二,哲学史"也必须是唯物主义和唯心主义斗争的历史",不是两者"调和的历史,更不是唯物主义和唯心主义'一线相承'的历史";第三,在唯物主义和唯心主义斗争的基础上,存在着辩证法和形而上学的斗争,对此也必须阐明;第四,唯物唯心的斗争是绝对的,统一是相对的;第五,哲学史"不是单纯的思想本身的逻辑的发展,而是阶级社会中阶级斗争的产物"。②

　　石峻也认为日丹诺夫的哲学史定义基本上是正确的,他所说的"科学的唯物主义世界观",实际上就是辩证唯物主义世界观,而不限于朴素唯物主义和形而上学唯物主义;离开唯物主义孤立地谈论辩证法和形而上学的斗争容易走向唯心主义。任继愈的定义"难免有忽略哲学理论的阶级内容的嫌疑,有可能放弃马克思列宁主义研究哲学史的基本原则——哲学中的党性原则的危险,其结果必然导致取消哲学史上唯物主义和唯心主义两条路线的斗争。这与亚历山大洛夫同志把哲学史的对象规定为'人类对于周围宇宙的知识之前进、上升、发展的历史',可能有同样性质的毛病"。③ 石峻又对日丹诺夫哲学史定义的应用作了以下几点说明:"说科学的哲学史是唯物主义反对唯心主义斗争的历史",并不意味着对于过去唯心主义和唯心主义斗争的复杂情况完全不讲;说哲学史是唯物主义反对唯心主义斗争的历史,也不意味着一概否认了唯心主义体系中包含的任何有价值的东西,"没有给哲学史上唯心主义的哲学流派以应有的历史地位",马克思主义对于历史上唯心主义体系中的关于主观能动性的问题还是给予了重视。韩树英指

---

① 杨宪邦:《关于中国哲学史的科学性和党性——对宇宙观哲学史的对象和范围问题的意见》,《中国哲学史问题讨论专辑》,第 125 页。

② 杨宪邦:《关于中国哲学史的科学性和党性——对宇宙观哲学史的对象和范围问题的意见》,《中国哲学史问题讨论专辑》,第 125～126 页。

③ 石峻:《论有关"中国哲学史"的对象和范围的讨论及其目前存在的一些问题》,《中国哲学史问题讨论专辑》,第 66～67 页。

出,哲学史研究产生缺点的原因"不能到日丹诺夫的定义本身去找","定义本身是对的",研究中产生的缺点和偏向是由于对定义的理解有偏差。哲学史既是阶级思想及其相互斗争的历史,又是人类认识发展的历史。"是认识,但是,是阶级的认识;是阶级斗争,但是,是在认识领域内反映出的阶级斗争,仅抓住前一面,就要犯虚无主义的错误,仅抓住后一面,就要犯客观主义的错误。"①唐钺也认为,日丹诺夫的哲学史定义"并没有什么不正确、不全面之处,不需要什么修正"。列宁在《唯物主义和经验批判主义》第六章说:"马克思所有一切哲学言论,都是以说明这两条路线的根本对立为中心,——在大学教授看来,这种'偏狭态度'和'片面态度'就是马克思所有一切哲学言论底缺点之所在。其实,对那些妄想把唯物主义与唯心主义调和起来的无聊伎俩持这种鄙弃的态度,正是循着一条明确哲学道路前进的马克思底伟大功绩所在。"②"所以说,哲学史是唯物主义与唯心主义斗争的历史是完全正确的",③日丹诺夫的哲学史定义是适合于中国哲学史的。有些思想的斗争好像不是唯物主义对唯心主义的斗争,只是由于我们褊狭地理解了唯物主义和唯心主义的斗争。④ 朱谦之、金岳霖、孙定国都表示赞同日丹诺夫的哲学史定义。朱谦之说,"我个人坚决拥护日丹诺夫的发言,认为在他的发言里,对于哲学史的基本理解是正确的,是完全可以适用来研究中国哲学史。"⑤孙定国认为日丹诺夫的定义正确地反映了一般哲学史的规律。

　　总之,在这次会议上,客观、独立的思考还没有成为学界的主流,日丹诺夫哲学史定义不容置疑成为大部分学者的认识,学界对日丹诺夫定义的反思总体上是不成功的。

　　(2) 中国哲学史研究中的教条主义问题

　　石峻对中国哲学史研究中存在的教条主义问题作了说明。他指出,教

---

① 韩树英:《谈谈关于哲学史的对象问题》,《中国哲学史问题讨论专辑》,第 105 页。

② 列宁:《论马克思恩格斯及马克思主义》,人民出版社,1956 年,第 219～220 页。

③ 唐钺:《关于中国哲学史研究所引起的三个问题》,《中国哲学史问题讨论专辑》,第 490～491 页。

④ 唐钺:《关于中国哲学史研究所引起的三个问题》,《中国哲学史问题讨论专辑》,第 491 页。

⑤ 朱谦之:《关于中国哲学史的对象和范围问题》,《中国哲学史问题讨论专辑》,第 87 页。

条主义的突出表现就是"简单地只从抽象的概念出发"贴标签。"彼此间的争论,也往往好用一般的概念来反驳一般的概念,从这样凭空扣帽子来抵抗那样凭空扣帽子的方法,事实上变成了两顶帽子空中对舞,并不具体明确两人争论的焦点究竟在什么地方,从而阉割了唯物主义反对唯心主义斗争的丰富的实际意义和有血有肉的内容。"马克思主义的表格化也是教条主义的主要表现之一。周辅成指出,由于对中国哲学史的特点重视不够,"不能灵活运用马克思列宁主义立场、观点、方法,于是马列主义在我们手里,很像一张表格,我们只是在遗产内寻找有无可填入表格的东西。结果,中国哲学史变成了马列主义原则的注解,本身失去了相对的独立性","每一时代每一哲学家及其思想,都有自己的特点,也许这就是他的真正贡献所在,而我们寻找哲学史的发展规律,也必须以这些特点为基础。但我们用填表格方法去填,结果,使一切特点都被消去了"。① 石峻和周辅成的看法是十分敏锐和准确的。直到 20 世纪 80 年代,中国哲学史研究仍表现出十分明显的帽子对舞和填表格的特点。

关于教条主义的来源,赵俪生指出,是由于对斯大林关于上层建筑的论述和日丹诺夫哲学史定义中的阶级斗争的僵化理解所致。他说:"斯大林的定义和日丹诺夫的名言,都是着重在批判处于两种敌对阶级观点立场间的折中主义的,'矫枉必须过正'。而继他们之后,教条主义者们把这些定义和词句拿去搬弄,就不免更加僵硬化了。"②

对于什么是教条主义,关锋的看法与其他学者不同。他认为:"有些同志在从古代哲学中寻找'好东西'、现成地拿过来使用的想法支配之下,采取了这样的研究方法:把马克思主义哲学当作'尺码',去量(或者叫做比附更适当一些)古代哲学思想,量一下就算完成了任务。例如研究古代某一哲学家的辩证法思想,就用马克思主义辩证法的四个基本特征或三条基本规律去对照,从而找出与马克思主义辩证法这个或那个及基本特征、基本规律近

---

① 周辅成:《必须重视祖国哲学遗产的特点和价值》,《中国哲学史问题讨论专辑》,第 286~288 页。

② 赵俪生:《论哲学遗产的具体意义与抽象意义的区分——对冯友兰先生一些看法的商榷》,《中国哲学史问题讨论专辑》,第 391~392 页。

同的东西,说明古代某某哲学家也有某某思想……这样做是极容易产生教条主义的。……很容易忽略对古代哲学家或某一哲学学派的全面研究,而走到断章取义、牵强附会的地步。"[①]"好东西"的说法出自贺麟,"现成地拿过来"是针对冯友兰的。关锋的意思是说贺麟、冯友兰对于马克思主义缺乏深入理解,所以陷入了教条主义。艾思奇认为,中国哲学史研究的实际工作中存在两种偏向:其一是"把马克思列宁主义原理简单化,教条主义地从马克思主义一般原理演绎出中国哲学史,用抽象的公式硬套";其二是"过分地夸大了中国哲学史的特点,忘掉了马克思列宁主义的一般原理。前者的错误,其结果就是不能充分地表述出中国哲学史的特点,后者的错误则是背弃了马克思列宁主义"。[②]

可见,学界对于什么是教条主义,它产生的根源是什么,不仅认识不统一,反思也不够深入。这是由当时的气氛所决定的,更深层的原因则是革命对于思想领域投的塑型作用,思想领域惯性地延续了斗争逻辑,不懂得夺权和执政、革命和建设的逻辑应有不同;建设时期的理论应着重包容与和谐,容纳多样性。

4. 中国哲学史的对象与范围

中国哲学史的对象与范围究竟是什么? 也是这次反思的重点之一。任继愈指出,如何把哲学从经学中科学地分离出来是一项重要工作。中国哲学史的对象基本上是"经学"所统摄的浑然一体的"全牛"。如果把这些内容不加分别地写进哲学史,哲学史势必成为大而无当的"函牛之鼎"。所以,从科学的要求出发,不能把中国哲学史的对象和中国各代学术思想、政治思想浑然不分的'经学史'等同起来,不然,就不是中国哲学史。但在分开的过程中,也产生了偏向。有人认为我们是用了自然观、认识论几个框子,把古人的哲学套进去,失去了古人的面目。有人认为中国哲学和西方不同,完全是另外一套,"唯心与唯物、形而上学与辩证法的斗争在

---

① 关锋:《关于继承哲学遗产的一个问题》,《中国哲学史问题讨论专辑》,第 376 页。
② 艾思奇:《对"中国哲学遗产的继承问题"的一些意见》,《中国哲学史问题讨论专辑》,第 437～438 页。

中国不存在;这样就会由于强调了中国哲学史的特殊性,以致脱离了哲学的轨道,走入歧途".①

那么,中国哲学的对象是什么呢? 如前所述,任继愈根据毛泽东的说法提出,应当是"关于自然知识和社会知识的概括和总结的认识过程在中国发展的历史","简括地说,中国哲学史的对象就是研究在世界观方面唯物主义战胜唯心主义的斗争,辩证法战胜形而上学的斗争在中国发展的历史";②哲学史的对象"不仅限于自然观和认识论,它必须涉及在一定的社会形态中发生的政治观点、自由观点、美学观点、宗教观点等等","哲学的对象是自然观、社会观、历史观等等"。③ 朱启贤提出:"哲学史是哲学的发生发展变化的历史。……出现在中国文化史上具有哲学的性质的学问就是哲学史的对象,不管它是唯物主义的还是唯心主义的,不管它是不是在和相反的观点斗争着。"④中国哲学史也应该包括道德原理、美的原理和教育原理。理由是:"① 关于这一类的学问在中国文化史上特别丰富,丢掉可惜,② 它们更直接地反映了中国社会史上的阶级斗争";"它们(道德原理、美的原理和教育原理)实质上属于有关客观世界、主观世界和主客观关系的最一般的规律和对它们的最根本的看法的学问,就是说,它们本身就是哲学。……它们是完整的有机的哲学体系的构成部分,它们是由客观世界、主观世界,主观和客观关系上的最一般的规律构成的完整体系中的一些组成部分"。"如果强把道德原理、美的原理、教育原理从哲学中挖出去,我看是不现实的、不妥当的、不合理的。"⑤

关于哲学史的范围,石峻说:"我们反对把任何社会政治思想、伦理学和美学的内容都无原则地一概搬进哲学史的范围,但是也反对把任何有关社会政治思想伦理学和美学的内容都必须从哲学史中清洗干净的做法。总之,我们要求理论必须结合实际,得通过具体的情况来说明抽象的法则,反

---

① 任继愈:《中国哲学史的对象和范围》,《中国哲学史问题讨论专辑》,第47~49 页。
② 任继愈:《中国哲学史的对象和范围》,《中国哲学史问题讨论专辑》,第48 页。
③ 任继愈:《中国哲学史的对象和范围》,《中国哲学史问题讨论专辑》,第48 页。
④ 朱启贤:《关于中国哲学史的对象和范围问题》,《中国哲学史问题讨论专辑》,第94 页。
⑤ 朱启贤:《关于中国哲学史的对象和范围问题》,《中国哲学史问题讨论专辑》,第98 页。

对把兴趣只放在脱离实际的空洞的'理论'上。"①"至于有人提到中国古代哲学有许多特点,尤其是关于修养方法的理论占著作中很大的篇幅,我们今天可以不可以讲呢? 个人以为,若果真是有贡献的地方,对于我们目前革命建设事业有用的东西,必要时还是可以讲的。"②

张岱年认为,关于哲学史的对象,仍应"接受日丹诺夫关于哲学史的定义,肯定中国哲学史就是中国的唯物主义与唯心主义斗争的历史"。③ 他指出:"中国古代哲学著作中关于天道的学说包括两方面,一是关于天道的理论,二是关于'闻道之方'的理论;而关于人道的学说又包括三个方面,一是关于人伦道德的理论,二是关于'古今之变'的理论,三是关于'治道'或'治国平天下'的理论。所以,应该承认,中国古典哲学的内容包括五部分:一、天道观,即自然观;二、方法论,即认识论;三、伦理学,即人生观;四、古今观,即历史观;五、治道观,即政治哲学。这就是中国古典哲学的本来范围。"④

关于中国哲学史的编著原则,任继愈提出了两点,第一,哲学史是哲学的历史,不能把人物的一切内容都放到哲学史中,这样等于"古代学术汇编"而不是"中国哲学史","等于取消了中国哲学史的对象";第二,中国哲学史是"中国的"哲学史,应能够反映中国哲学的特点。中国哲学史的特点是关于"自然观和认识论方面的材料太少",⑤"关于社会、历史、伦理各方面的材料特别丰富",这是因为"中国历史上的农民起义和农民战争的规模之大,是世界历史上所仅见的",⑥"中国古代的哲学家在严重的阶级斗争面前,在农民起义的教训之下,不得不用清醒的头脑来对待人与人的关系的问题。因此,在哲学史上,这一方面的见解就比较丰富而深刻"。

① 石峻:《论有关"中国哲学史"的对象和范围的讨论及其目前存在的一些问题》,《中国哲学史问题讨论专辑》,第 76 页。
② 石峻:《论有关"中国哲学史"的对象和范围的讨论及其目前存在的一些问题》,《中国哲学史问题讨论专辑》,第 66～67 页。
③ 张岱年:《关于中国哲学史范围问题》,《中国哲学史问题讨论专辑》,第 81 页。
④ 张岱年:《关于中国哲学史范围问题》,《中国哲学史问题讨论专辑》,第 81 页。
⑤ 任继愈:《中国哲学史的对象和范围》,《中国哲学史问题讨论专辑》,第 51 页。
⑥ 毛泽东:《中国革命与中国共产党》,《毛泽东选集》第 2 卷,第 588 页。

　　的确,中国哲学史的对象和范围是这门学科历久弥新的问题,它之所以总是成为讨论的焦点,原因在于"哲学"、"哲学史"作为学科都是外来文化的产物,从而每一个时代、每一种"中国哲学史"都必须重新理解"哲学"和"中国的"的关系,在两者之间寻求对接。日丹诺夫的哲学史定义无疑增加了这种对接的难度。在"哲学"不是唯一的情况下,可以用"哲学"来整合中国的史料,也可以用中国的史料来丰富"哲学"的内涵,或者说扩大其外延。而在哲学史定义成为教条的权威的情况下,后一条思路就被堵死了。反思的目的之一实际上是要实现后一种思路,用中国史料的丰富性来弥补日丹诺夫哲学史定义的不足,这也可谓对教条主义的一种突围。

　　5. 中国哲学史研究的任务、目的或意义

　　关于解放后中国哲学史研究的方向,张岱年认为"就是承认马克思主义关于哲学史的基本原则是进行研究的唯一的指南","主要表现于三点:第一,承认思维与存在是中国哲学的首要问题……所以中国哲学史也是唯物主义与唯心主义的斗争的历史;第二,承认社会存在决定社会意识,在研究哲学史的时候必须运用阶级分析的方法,也就是认为,唯物主义与唯心主义的斗争是阶级斗争的反映;第三,学习苏联学者研究哲学史的方法。……这三点都是不可动摇的。这个方向是正确的"。① 其实,如前所述,除了马克思主义外,在中国哲学史研究中贯彻毛泽东思想,也是 1949 年后中国哲学史研究的重要方向。

　　关于中国哲学史的任务,任继愈提出"在于揭露唯物主义世界观与唯心主义世界观的矛盾,揭露辩证法和形而上学的矛盾。并通过这些矛盾来说明唯物主义和辩证法思想逐渐成长发展的过程及其规律"。② 这是日丹诺夫哲学史定义的落实。关于唯物唯心的斗争,任继愈反对"在古人的著作中搜寻一些涉及思维与存在的关系的字句,统计一下孔子用了多少'天'字,来断定孔子是否是无神论者;或统计一下王充用了多少'命'字,来推断他是唯心主义还是唯物主义"。他认为"这就等于阉割了中国哲学史中最生动、最

---

　　① 张岱年:《关于中国哲学史范围问题》,《中国哲学史问题讨论专辑》,第 81 页。
　　② 任继愈:《中国哲学史的对象和范围》,《中国哲学史问题讨论专辑》,第 52~53 页。

激烈的唯物主义与唯心主义、辩证法与形而上学的实际斗争,把它仅仅理解为抽象的斗争","抹杀了中国哲学史中的矛盾对立的具体内容"。① 他希望中国哲学史能够较为全面地说明唯物唯心等派别在哲学史上的意义。任继愈坦承自己的研究同样存在片面强调斗争,忽略唯物唯心的相互渗透、影响,以及只看到马克思主义哲学的根本变革,而忽略了它对"过去一切进步的、合理的文化遗产的继承性"。②

汪毅认为,解放以来,哲学史工作者学习马克思主义,都认识到唯物主义与唯心主义的斗争是研究哲学史的线索。但由于教条主义的影响,不过是"简单地把苏联哲学史家整理西方哲学史的方法硬往中国哲学史上套,因此,我们虽然有了立场、观点,可是基本上还没有跳出从前的'方法'"。③ 汪毅的认识是十分深刻的,用某一种西方哲学的模式来研究中国哲学,是中国哲学史这门学科产生以来的基本做法。实验主义的方式、新实在论的方式、斗争史的方式、康德哲学的方式、诠释学的方式,都是如此。斗争史不过是这种方式的又一个阶段。汪毅对唯物唯心的分法的意义问题提出了质疑。他说:"为什么一个人认为'天'是物质性的,应该'物畜而制之',就有那末大的进步意义,而一个人认为'诚者天之道',人类应该'至诚'来参'天地之化育','与天地参'就那末反动呢?……假如一千年前一个哲学家提出了'气'这个观念,我们说他是唯物主义者,是起进步作用的;一千年后,我们分析一个哲学家的思想,我们还是着重指出他认为自然是由'气'所组成的,这不几乎有点滑稽吗? 请问这种唯物主义的进步意义何在呢?"④汪毅强调:"一个民族有一个民族的哲学传统",必须着力探讨中国哲学的特点。"一部哲学史教科书之所以具有重大的教育意义,那就在于它重现地描画出我们过去这些伟大的哲学思想与民族的血肉联系,它们怎样形成为民族的优秀传统,而直到现在,还活跃在我们的血液中;它详尽地记录了我们民族哲人的智慧,他们那些对于宇宙和人生的一些问题的提出与回答,怎样丰富了人类的

---

① 任继愈:《中国哲学史的对象和范围》,《中国哲学史问题讨论专辑》,第50～51页。
② 任继愈:《中国哲学史的对象和范围》,《中国哲学史问题讨论专辑》,第53页。
③ 汪毅:《一个问题,一点意见》,《中国哲学史问题讨论专辑》,第56页。
④ 汪毅:《一个问题,一点意见》,《中国哲学史问题讨论专辑》,第56页。

认识内容,怎样启迪了后人的心智。我觉得这才是我们编写中国哲学史教科书的目的和方向,这也应该是我们中国哲学史研究工作的新方向。"①汪毅的看法无疑超出了斗争史范畴,至今仍有积极意义。不过,他的观点并未得到认可。张岱年认为,汪毅"过分夸大了中国哲学的特殊性","实际上是认为,在中国哲学史中,思维与存在的问题不是首要问题,而所谓唯物主义与唯心主义的在中国哲学中也只能有独特的意义。从中国哲学史的实际材料来看,这种说法是没有什么根据的";②"过分夸大中国哲学的特殊性,以至抹杀中国哲学与西方哲学的一般性,也是不对的"。③ 那么,中国哲学的特点何在? 张岱年指出:"简单地说,中国哲学在形式方面的特点是采取了论纲式的体裁,在内容方面的特点是肯定了'体用一原'、'天人合一'等基本观点。"④杨宪邦认为,汪毅的方向是"反科学的方向,而不是新方向";任继愈的哲学史定义"也是和科学的哲学史不相干的"。⑤ 杨宪邦说:"只有关于哲学史的科学定义才是我们工作的唯一的新方向——科学的方向。一切反科学的方向和脱离科学的倾向,都是必须反对的。"⑥

关于中国哲学研究的方向或目的,还有两种观点很值得重视:一是王太庆关于建立普遍必然的范畴体系的设想,一是魏明经、关锋的"中国哲学史是马克思主义哲学史的延伸"的观点。前者当时未能引起人们的重视,也没有成为当时中国哲学史研究的方向,却是 20 世纪 80 年代中国哲学史研究反思的一个方向;后者在此后相当一段时间内都是中国哲学史研究的实际指导思想。

王太庆指出:"哲学史究竟是不是一门科学? 如果它是一门科学,那就

---

① 汪毅:《一个问题,一点意见》,《中国哲学史问题讨论专辑》,第 60 页。

② 张岱年:《关于中国哲学史范围问题》,《中国哲学史问题讨论专辑》,第 84 页。

③ 张岱年:《关于中国哲学史范围问题》,《中国哲学史问题讨论专辑》,第 84~85 页。

④ 张岱年:《关于中国哲学史范围问题》,《中国哲学史问题讨论专辑》,第 85 页。

⑤ 杨宪邦:《关于中国哲学史的科学性和党性——对宇宙观哲学史的对象和范围问题的意见》,《中国哲学史问题讨论专辑》,第 119 页。

⑥ 杨宪邦:《关于中国哲学史的科学性和党性——对宇宙观哲学史的对象和范围问题的意见》,《中国哲学史问题讨论专辑》,第 119~120 页。

要求具有必然性和普遍性,也就是说,必定要有普遍的规律性。"①他又指出,当前无论在中国哲学史还是在外国哲学史的研究和教学中,都普遍存在贴标签的现象,很少说出"其中的内在的辩证联系"和"普遍的内在规律性",这样的哲学史,事实上并不是一门真正的科学。② 黑格尔首次提出了哲学史是一个辩证发展过程,哲学思想发展有普遍的内在规律性,历史和逻辑的统一等观点,这些都是伟大的发现,但他并没有完成建立科学的哲学史的任务。"马克思主义发现了历史发展的普遍规律,可是,我们只能说有了建立科学的哲学史的可能性,因为除了最根本的规律以外,还有许多详细的规律等待我们巨大的研究工作去发现。"③"马克思主义的原则就是以实事求是的唯物态度,以普遍联系和矛盾发展的辩证观点,对事实作全面深入的考察,找出其中内在的有机联系,必然的发展环节。这样研究出来的哲学史才是真正科学的哲学史"。④ 所以,我们"必须为建立哲学史的科学范畴体系而努力"。⑤

关于中国哲学史研究的目的,关锋认为是"丰富和发展马克思主义哲学,在最重要的方面达到研究中国哲学史为社会主义建设服务的目的。"⑥魏明经认为:"全部哲学史可以说是辩证唯物主义的发展史。以后的哲学史也不会有什么超出马克思列宁主义哲学的东西,人们可以不断发展它,但是不能改变它的基本原理。"⑦如前所述,"顶峰论"是"目的史观"的一个逻辑结论。魏明经从"顶峰论"出发认为,马克思主义的中国哲学史"就是马克思列宁主义哲学或科学唯物主义在中国的发展史,也就是辩证唯物主义与历史唯物主义在中国的发展史。在研究和论述中国哲学史时,仅仅把辩证唯物主义与历史唯物主义作为自己的方法还不够,还应做到使这种哲学史本

---

① 王太庆:《哲学史研究的方法与目的问题》,《中国哲学史问题讨论专辑》,第174页。
② 王太庆:《哲学史研究的方法与目的问题》,《中国哲学史问题讨论专辑》,第174～175页。着重号是原作者加的。——引者注
③ 王太庆:《哲学史研究的方法与目的问题》,《中国哲学史问题讨论专辑》,第175页。
④ 王太庆:《哲学史研究的方法与目的问题》,《中国哲学史问题讨论专辑》,第176页。
⑤ 王太庆:《哲学史研究的方法与目的问题》,《中国哲学史问题讨论专辑》,第180页。
⑥ 关锋:《关于继承哲学遗产的一个问题》,《中国哲学史问题讨论专辑》,第375页。
⑦ 魏明经:《马克思列宁主义哲学与中国哲学史》,《中国哲学史问题讨论专辑》,第170页。

身就是辩证唯物主义与历史唯物主义的发展史"。① "要见出中国哲学史就是马克思列宁主义哲学本身的演变。……见到辩证唯物主义理论本身发展的情景恰是哲学史上各家思想演变的情景。研究的结果也不是拾取各家言论的一些片断,拿来补缀在辩证唯物主义之上,而是使各家思想的演变本身体现出活的辩证唯物主义。"②这样做的目的"主要在于在哲学史上建立辩证唯物主义阵地,并夺取唯心主义阵地。广义地看辩证唯物主义的发展,也可以把它当作马克思主义哲学以前全部唯物主义发展史以及唯物主义对唯心主义斗争的胜利史"。③ 如何表现这一点呢? 魏明经认为,"要大力加以提炼",把各家思想作为辩证唯物主义的一个片段。他说,"提炼的方法正在于用辩证唯物主义去具体地体现它,逐步推阐,节节发展,根据一定原理肯定某家思想,再根据较高的原理对此种思想作批判,见出它如何向另一家推移,复以更高的原理处理此后来的理论。这便具体说明了唯物主义的战斗方式,在其和唯心主义鲜明对垒的同时,又能采用渗透战术,从内部袭取敌人的一切据点",这样,"写出来的哲学是整体已能接近于辩证唯物主义。……这样的哲学史的归结、趋向,或者说,接着它而来的,必然是辩证唯物主义。这便充分表现出,哲学史乃是辩证唯物主义的发展史"。任何朴素唯物主义、任何自发辩证法,都是辩证唯物主义在历史发展上的表现形态,都体现了辩证唯物主义的一肢一节,或一个片断,所以,"论述它们的哲学史当然不能不是辩证唯物主义产生前的准备史"。④ 魏明经的说法可以说是"目的论史观"的典型表述。

胡绳指出,哲学史研究的目的首先在于说明哲学的斗争和发展中的规律,克服过去各种哲学中的错误和片面性,"达到高度的科学性和高度的革命性";⑤哲学史研究目的其次也在于帮助人们锻炼理论思维的能力。恩格斯在"反杜林论旧序"中曾说,为了锻炼理论思维的能力,"除了学习以往的

① 魏明经:《马克思列宁主义哲学与中国哲学史》,《中国哲学史问题讨论专辑》,第160页。
② 魏明经:《马克思列宁主义哲学与中国哲学史》,《中国哲学史问题讨论专辑》,第163页。
③ 魏明经:《马克思列宁主义哲学与中国哲学史》,《中国哲学史问题讨论专辑》,第162页。
④ 魏明经:《马克思列宁主义哲学与中国哲学史》,《中国哲学史问题讨论专辑》,第165页。
⑤ 胡绳:《关于哲学史的研究》,《人民日报》,1957年3月29日。

哲学,直到现在还没别的手段"。最后,研究哲学史是为了继承历史文化遗产,帮助建设社会主义文化。同时,思想战线上的斗争还会覆盖着中国过去时代的哲学投下的影子,研究中国三千年来哲学思想发展历史,能够丰富马克思主义哲学的内容。[①]

对于中国哲学史研究目的的探讨,其实也是对这门学科存在意义的解读。因为中国哲学已被认为是死去的东西,"遗产"这个词再清楚不过地表明了这一点;而且已经有了更好的哲学——马克思主义,所以这门学科存在的意义始终是学生疑问、学者疑虑、学界讨论的问题。没有意义的学科是没有存在价值的。在当时的政治背景下,在"斗争史观"的框架下,这门学科除了丰富马克思主义,"帮助指导当前革命实践",[②]继承文化遗产之外,也很难发现更多的意义。中国哲学史只有在与马克思主义联系在一起时,才能获得意义。这种认识走到极端,就是把它作为马克思主义哲学的一个过渡,实际上是取消了这门学科的意义。

6. 中国哲学史上的唯物主义和唯心主义的斗争

(1) 中国唯物主义的形态与特点

关于中国古代唯物主义的形态,张岱年认为并不都是"朴素唯物主义"。他指出,"朴素"的含义,一是简单,没有精密的科学知识作为依据;一是自发,"不是经过对于唯心主义的分析批判然后得到唯物主义的主要结论"。但是,汉代王充的唯物主义、魏晋南北朝以及宋元明清的唯物主义,都是在对唯心主义进行批判时提出的,不是自发的,因此不能叫作"朴素唯物主义",可以称之为"封建时代的进步学者的唯物主义"。这种唯物主义有三个特点:"第一,它是从批判唯心主义出发的,具有鲜明的批判性质。第二,它是以当时的科学知识为基础的,多数唯物主义者都同时是科学家。第三,它或多或少地包含辩证思想,与辩证观点有着相当密切的联系。"[③]张岱年认

---

① 胡绳:《关于哲学史的研究》,《人民日报》,1957年3月29日。

② 石峻:《论有关"中国哲学史"的对象和范围的讨论及其目前存在的一些问题》,《中国哲学史问题讨论专辑》,第65页。

③ 张岱年:《关于中国唯物主义思想的几个问题》,《中国哲学史问题讨论专辑》,第137～138页。

为,虽然"唯物主义"、"唯心主义"都不是中国固有的概念,但问题的关键不在名词,而在思想的实质。"在宋代以后有一个与'唯心主义'意义相同的名词,就是'心学'。但与心学对立的学说却始终没有一个一贯鲜明的名称。假如使用中国固有的名词,可以说,先秦与汉代的唯物主义应该叫做'自然论',从老子、庄子、荀子,到桓谭、王充、仲长统,有一个一贯的观点,就是'自然',认为世界发展的过程是自然而然的,没有超自然的主宰。魏晋以后,直到明清时代的唯物主义思想,可以叫做'唯有论'或'唯气论'。西晋的裴𬱟、郭象都提出了'崇有'的观点,唐代的刘禹锡也肯定了'有',宋代的张载,明清时代的王廷相、王夫之、戴震,都以'有'或'气'为基本观念,认为'有'是唯一的实体。他们所谓'有'就是物质存在,所谓'气'就是原始物质。所以中国哲学中有一个唯物主义的传统,这是应该承认的。"①朱谦之提出了另一种说法。他认为,唯物主义和唯心主义的斗争以及唯物主义哲学的发生和发展,可以称之为"自然主义或自然主义的唯物主义"。他说,列宁在《哲学笔记》中批判费尔巴哈时曾指出:"无论是人本主义原则,无论是自然主义,都只是对唯物主义的不确切的轻描淡写。"中国哲学史上,儒家偏于人本主义,道家偏于自然主义,二者都可包括在"自然主义的唯物主义"的名称之下。"自然主义的唯物主义"虽然含有鲜明的自发辩证法因素,但又不是彻底的唯物主义思想体系,而是对辩证唯物主义的肤浅的表达。"它不同于辩证唯物主义,却和它存在着亲密的关系而为辩证唯物主义的母胎。"②

张岱年的分析具有一定的史料基础,对于从马克思主义的角度审视中国哲学史具有重要的学术价值;朱谦之的分析也具有同样的意义。

(2)中国哲学史上唯心主义的评价问题

如何打破唯心主义和错误、反动之间的等同,客观地评价唯心主义,是当时学界面临的一个难题。任继愈对简单抹杀唯心主义的做法进行了反思,认为这"实际上是用主观的好恶代替了客观的分析"。他指出,认为一个

---

①　张岱年:《关于中国唯物主义思想的几个问题》,《中国哲学史问题讨论专辑》,第132~133页。

②　朱谦之:《关于中国哲学史的对象和范围问题》,《中国哲学史问题讨论专辑》,第90~91页。

哲学家既然是唯心主义,"就是主观不符合客观,就是反科学的,因而也就是反动的。这种简单化的处理方法,必然抹杀了过去许多伟大思想家们的巨大作用"。但因为唯心主义起过进步作用,就放宽尺度,改变评价标准,也是不可以的。比如,不能因为太平天国的宗教观念曾对广大农民革命起了鼓舞和组织作用,就认为它是唯物主义的。"也有人主张:在自然观、认识论、思想方法方面有唯物与唯心的区别,而在社会观、历史观、伦理观方面只有'进步'与'保守'之争,不能说有唯物和唯心之争。这就等于说:在哲学史上需要另立一个标准,即除了唯物与唯心、辩证法与形而上学的争论之外,还有'进步'与'保守'之争。""我不同意另立一个标准。"[①]

石峻则从当时政治的角度出发,要求对人民内部的唯心主义和对敌人的唯心主义区别对待。他指出:"我们要是把历史上实际存在[的]为反动统治阶级服务的唯心主义思想体系,都简单地归结为人类认识发展过程中必经的阶段,如果滥用了这个原则,就有可能把陈立夫臭名远扬的'唯生论'和马克思主义哲学的关系,只看作'由浅入深',由片面到更多的方面('实践论')的发展。甚或把这样两条哲学上的基本路线,简单地都算作是一个人思想内部的变化,只是先后错误与正确的不同,并以这种情况来概括一切,从而取消了宣传唯物主义和反对资产阶级唯心主义的革命的现实意义,把敌我之间的思想斗争都化为人民内部的批评与自我批评了。这是一个带有关键性的重大问题,必须充分加以注意。我们同意不能把学术思想和政治问题等同起来,但是也反对无条件的将学术问题的论争跟政治斗争彻底割裂开来。因此我们对反动学者的哲学观点,一定要联系他的反动阶级立场加以批判。"[②]这意味着,对于历史上为反动统治阶级服务的唯心主义,要认识到它的阶级根源;对于现实中的唯心主义,需要做的是分析其认识根源。这就解开了既要公正地对待带着唯心主义进入1949年后的中国的学者,又要严厉地批判历史上的唯心主义的连环。由此我们也可以看出在评价唯心

---

① 任继愈:《在中国哲学史的研究中所遇到的几个困难问题》,《中国哲学史问题讨论专辑》,第142页。

② 石峻:《论有关"中国哲学史"的对象和范围的讨论及其目前存在的一些问题》,《中国哲学史问题讨论专辑》,第72～73页。

主义问题上所纠结的种种问题：作为思想的唯心主义和作为政治评价的进步与反动的联系、历史上的唯心主义和现实中的唯心主义、现实中的唯心主义和现实的政治、学者的思想和学者的存在的同构，等等。要在这些纠结之下做到客观地评价唯心主义，是十分困难的。

（3）中国哲学史上唯物主义和唯心主义的斗争与渗透

中国哲学史上唯物主义和唯心主义在相互斗争的过程中是否也相互作用、相互影响，对此，张岱年作了肯定的回答。他指出："假如不相互影响，那末所谓斗争，也就难于理解了。在中国历史上，唯物主义与唯心主义的斗争的过程，有两点显著现象[是]非常值得注意的。第一点是，唯物主义的胜利往往使唯心主义改变形态；而唯心主义的新形态的出现又对唯物主义提出了新的问题。这就是两者的相互作用。第二点是，唯物主义与唯心主义在发展过程中更往往有相互渗透交相推移的情况。"①汉代唯心论是目的论，魏晋宣扬超现实的"无"，其原因就在于王充摧毁了天人感应的观念，使得唯心主义不得不改变形态。北宋二程哲学受到了张载"气"的学说的影响，这说明了唯物主义对于唯心主义的影响。又如，佛教把形神问题突出了，所以才有了范缜的神不灭论。程朱使理气问题突出了，所以王廷相才提出了"理载于气"的学说，王夫之才提出了"天下惟器"的理论。陆王突出了心物问题，所以，王夫之才提出关于"能所"的理论。"唯心主义也刺激了唯物主义的发展"。从北宋到明清，中国哲学有两次重要的转变，一是"从周敦颐与张载到二程，这是从唯物主义到唯心主义的转折；又一次是从晚明心学的盛行到清初唯物主义的高涨，是从唯心主义到唯物主义的转折。在这两次转变过程中都有唯物主义与唯心主义的交互渗透情形"。"所以，在历史上，唯物主义与唯心主义二者之间的关系实在是错综复杂的；惟其二者的关系是错综复杂的，所以才构成全部哲学史的丰富多彩的内容。"②应当指出，张岱年肯定唯物主义和唯心主义的斗争与渗透，是对单纯的"斗争史观"的突破。

---

① 张岱年：《关于中国唯物主义思想的几个问题》，《中国哲学史问题讨论专辑》，第133页。
② 张岱年：《关于中国唯物主义思想的几个问题》，《中国哲学史问题讨论专辑》，第134～135页。

7. 关于中国哲学史上的历史唯物主义的问题

如前所述,中国历史上有没有历史唯物论,这一问题是冯友兰首先提出来的。这个问题成为当时学术界讨论的一个热点。如果有,那么,恩格斯所说的马克思创立唯物史观的结论就不成立;如果没有,那么在历史领域中便不存在唯物主义和唯心主义的斗争,斗争史的定义就不成立。关于这个问题,学界通过讨论,基本上得出了这样的结论:中国历史上没有系统的唯物史观,但有一些历史唯物主义的观点。这里也包含一个语言学问题,"历史唯物论"可以指一些历史唯物主义的观点,也可以指系统的理论体系。冯友兰没有明确说明中国哲学家在历史领域中的唯物论思想是系统的体系,还是个别的观点;讨论中都是把他的观点作为中国古代存在系统的历史唯物主义理论来进行商榷或批判的,因为这个观点否定了马克思第一个创立历史唯物论的结论,当时整个中国哲学界都不会接受这样的结论,否则,"斗争史观"就不具有普遍性了。当时学者普遍的想法是同时承认这两个命题。

对于中国哲学史上没有历史唯物论的观点,朱启贤提出了质疑。他说,在中国哲学史研究领域存在这样一个逻辑:"哲学史是唯物主义和唯心主义斗争的历史;而唯物主义和唯心主义的斗争,在马克思主义出现以前,是在自然观和认识论范围内进行的,其他方面都是唯心主义的,没有唯物主义与唯心主义的斗争;由此得出结论,哲学史的范围应该限制在自然观和认识论以内。"按照这个逻辑推演下去,所有自然观和认识论以外的问题,都得从中国哲学中挖出去。事实是,"在思想领域的各个部门时时刻刻都有唯物主义和唯心主义的斗争"。[1] 羊华荣明确地赞同冯友兰的观点。他认为,唯物主义和唯心主义的斗争是不是仅限于自然观和认识论的问题是有意义的。"在马克思主义出现以前,企图用人们物质需要社会财富多寡来说明社会历史发展的情况是存在的。虽然可能不系统,或者有不彻底的地方。"[2]他以韩非为例指出,首先,韩非把法治思想当作社会发展一定阶段的产物,而且

---

[1] 朱启贤:《关于中国哲学史的对象和范围问题》,《中国哲学史问题讨论专辑》,第93～94页。

[2] 羊华荣:《我赞成冯友兰先生的看法》,《中国哲学史问题讨论专辑》,第464页。

也不认为法治思想是永恒存在的;其次,韩非的法治思想是建立在利己主义思想的基础上的,利己主义理论的产生则是由于人们物质生活需要所决定的。可见,韩非的历史观是一种朴素的唯物主义。① 唐钺提出了一个略显牵强的理由支持冯友兰。他认为,太平天国诚然是唯心主义的,但太平天国的社会思想与清朝曾国藩、左宗棠那些人的社会思想的斗争仍可说是唯物主义与唯心主义的斗争。"太平天国的改革田制,解放妇女,因而解放生产力,增进人民的利益,假如他的社会思想不是唯物主义的,能够这样吗? ……也许有人说上面那样的说法不是承认马克思主义出现以前就已经有了唯物主义的社会思想吗? 这并没有什么不可以;马克思主义出现以前,是没有彻底唯物主义的社会思想,但并不是不可能没有部分的唯物主义的社会思想。"②

对于冯友兰的观点,还是不赞同的居多。石峻认为:"在马克思主义产生以前,社会历史观方面是唯心主义占统治地位,但是并不排斥有历史唯物主义的因素,而且在这些个别观点上也有唯物和唯心的斗争,然而不等于说已经形成了唯物史观,有了历史唯物主义。"石峻认为,日丹诺夫所说的是辩证唯物主义,而辩证唯物主义是可以适用于自然观、社会历史观乃至于思维领域的共同规律,那么就不能说他的定义遗漏了社会政治思想和伦理学,即中国哲学史中内容特别丰富的东西。日丹诺夫希望把苏维埃的社会理论、国家理论推向前进,所以不能说它的哲学史定义有空白点,不适合中国哲学史。

李志逵认为,"一个时代的唯物主义与唯心主义的斗争,大概开始于社会政治方面,而后深入到自然观和认识论方面",但斗争不像自然观和认识论领域那样系统,而是零星的。冯友兰把与性善论相对立的性恶论作为唯物主义,把陈亮、叶适等人肯定个人欲望的思想也作为唯物主义,并没有坚持区分唯物主义和唯心主义的标准。李志逵还认为,历史是具体的科学,决

---

① 羊华荣:《我赞成冯友兰先生的看法》,《中国哲学史问题讨论专辑》,第 466 页。
② 唐钺:《关于中国哲学史研究所引起的三个问题》,《中国哲学史问题讨论专辑》,第 491~492 页。

不能把斗争史的定义作为社会历史思想的公式。他引述恩格斯的话说:"在研究历史的时候,不把唯物主义的方法用作主导的线索,而却把它们用作剪裁和重新剪裁历史事实的现成公式,那么唯物主义的方法就变成了它的对立物了。"①孙长江说:"马克思主义出现以前,在社会领域中没有作为路线的唯物主义和唯心主义的斗争。"因为只有到了资本主义社会,生产规模扩大、阶级关系明朗、阶级斗争简单化的时代,并且是在马克思恩格斯作为革命导师的情况下,历史唯物主义才得以创立。冯友兰将唯物主义代表先进阶级利益,唯心主义代表反动阶级利益的观点简单化地理解了,走上了违背阶级分析的老路上了。"用地理环境和人口增长来解释社会面貌和社会发展的观点,不是唯物史观。"②不过,孙长江也承认:"在马克思主义以前,存在着历史唯物主义的因素。因此,在社会领域中,存在着某些具体问题上的唯物思想和唯心思想的斗争",只是不能把因素夸大为体系,否则会导致"否认马克思主义哲学的产生是哲学史中的革命变革。但强调体系的保守,而抹杀了这些因素的存在,那同样是错误的。因为这样,会把历史唯物主义的产生,看成为从空中掉下来的"。③

张岱年也指出,"必须承认,在马克思主义出现以前,无论中西,都没有科学的历史唯物主义,这是没有问题的。不过,假如认为过去的一切历史观与伦理学说都完全是唯心主义的,那就有一些事实不容易解释了",如管子的"仓廪实则知礼节;衣食足则知荣辱",王充的"礼义之行在于谷足",似乎是用人们的物质生活来解释精神生活。所以,"应该承认,在历史观与伦理学说中,凡肯定物质生活为精神生活之基础的思想,都有唯物主义的意义";在义利观方面,张载认为天下之公利为义,叶适、颜元认为道义不能脱离功利,"似乎可以说是唯物主义的观点";可见,"在过去的历史观与伦理学说中

---

①　李志逵:《读冯友兰先生"关于中国哲学史研究的两个问题"的一点意见》,《中国哲学史问题讨论专辑》,第451页。李志逵所引恩格斯的原话见《马克思恩格斯选集》第4卷,人民出版社,1995年,第688页。当时的译法与今译有出入。

②　孙长江:《马克思主义出现以前社会历史理论中有没有唯物主义和唯心主义的斗争》,《中国哲学史问题讨论专辑》,第456页。

③　孙长江:《马克思主义出现以前社会历史理论中有没有唯物主义和唯心主义的斗争》,《中国哲学史问题讨论专辑》,第460页。

也有唯物主义的萌芽。但是……唯物主义的观念不免是片断的不成体系的,而且往往与唯心主义观念夹杂在一起"。① 在马克思主义出现以前,历史观与伦理学说中诚然也有唯物主义观点或者唯物主义因素,但并非唯物主义与唯心主义的斗争。"必须承认物质生活决定精神生活,才是唯物主义",不能"放宽唯物主义的意义,把历史观与伦理学说一切先进思想都算作唯物主义","不能认为在马克思主义出现以前的历史观与伦理学说中也是唯物主义与唯心主义对峙交争的局面"。张岱年认为,马克思主义出现以前历史观与伦理学说方面的思想斗争,"最主要的不是唯物主义与唯心主义的斗争,而是先进思想与落后或反动思想的斗争"。②

戴清亮、林可济认为,冯友兰是反对恩格斯和列宁的。马克思、恩格斯只是说以前的历史观归根结底是历史唯心主义,没有说不存在历史唯物主义的因素,如列宁曾经指出,"黑格尔在这里已经有了历史唯物主义的萌芽"。③ 冯友兰的观点是针对马克思、恩格斯的这些理论的。冯友兰以韩非的"人口论"和管子《水地篇》来说明中国哲学史中存在历史唯物主义因素,是很勉强的,其他一些哲学家中的历史唯物主义因素更多,也更合理一些,如司马迁、王充、仲长统、鲍敬言等。韩非一方面以人口的增减为贫富的原因,另一方面以奢俭、惰力为贫富的原因。可是,哪一个是主要原因,他并没有给予说明。韩非的法家思想具有历史唯物主义的因素,但由此认为他的历史观是唯物主义的,便不免形而上学。因为韩非不适当地夸大了法的作用,使法脱离了社会存在,却又不能解释法律遭到破坏的社会经济根源,认为游士和各种学说破坏了法,是治乱的根源。④

戴清亮、林可济又提出,为什么同一个韩非,他的历史观,有人说是唯物的,有人说是唯心的? 这首先还是因为思想方法存在问题。在研究某一哲

---

① 张岱年:《关于中国唯物主义思想的几个问题》,《中国哲学史问题讨论专辑》,第135~136页。

② 张岱年:《关于中国哲学史范围问题》,《中国哲学史问题讨论专辑》,第83页。

③ 戴清亮、林可济:《对马克思主义以前历史观的评价的一些意见》,《中国哲学史问题讨论专辑》,第475页。

④ 戴清亮、林可济:《对马克思主义以前历史观的评价的一些意见》,《中国哲学史问题讨论专辑》,第473~482页。

学家时,有的人片面地只截取与自己观点相合的材料。其次,在反对教条主义的同时,似乎出现了另一种极端,即认为马克思主义出现以前,已经有了历史唯物主义,这样就必然导致这样的结论:"马克思主义的历史观与以前的历史观没有本质的区别,不同的只是马克思主义的历史观比以前的历史观更完整、更准确一些而已。"其实,这种错误并不新鲜,苏联的亚历山大洛夫就已经犯过:只承认量的变化,不承认质的变革。所以,要"反对把一般问题特殊化,把东方特殊化"。哲学史作为一门科学,其胚胎、产生和发展的一般规律既适合于西方,也适合于东方。"把马克思主义以前的历史理论说成是完全唯心主义的,没有一点唯物主义的因素,这是片面的、不对的;但由于以前的历史理论中有某些唯物主义因素,因而就说马克思主义以前就有了唯物主义的系统的历史观,这是另一种片面,也是不对的。"①

历史上有没有历史唯物主义因素,如果有,这些因素是不是系统的,是不是形成了唯物史观,这些都是当时的中国哲学史界所面临的不同层次的问题。维护马克思主义,维护日丹诺夫的哲学史定义,则是中国学术界必须统一起来的任务;对于中国哲学史的材料必须做出客观的解释,又是学者的基本职责。这三种参数合在一起,形成了中国历史上有历史唯物论因素,但不是系统的理论;马克思在人类历史上首次创立了历史唯物论;日丹诺夫哲学史定义可以应用于中国哲学史三个结论。对于当时的中国哲学史界来说,在各种不能质疑的定论之间进行取舍,是十分困难的。

8. 哲学史遗产继承问题和对"抽象继承法"的批判

(1)"抽象继承法"的提出与学界围绕这一提法的争议

如前所述,冯友兰提出,哲学命题可分为抽象和具体两种意义,具体意义不必继承,"继承哲学命题的抽象意义"则是哲学史上十分普遍的事情。他的这个说法,被吴传启归纳为"抽象继承法"。鉴于抽象意义和具体意义的提法受到了普遍的质疑和批判,冯友兰又用"一般意义"和"特殊意义"代替抽象意义和具体意义:"一般意义是内容,特殊意义是形式。"他举例指出,

---

① 戴清亮、林可济:《对马克思主义以前历史观的评价的一些意见》,《中国哲学史问题讨论专辑》,第 489 页。

恩格斯说去掉黑格尔辩证法的神秘形式,把其规律的简明性和普遍性显示出来,就是把黑格尔的辩证法的一般意义作为内容,把所谓特殊意义作为形式。又如平等观念,资产阶级的平等是取消阶级特权,无产阶级的平等是取消阶级本身,这是平等概念在不同时代的特殊意义,这些不同的特殊意义就是"平等"在各时代的不同的表现形式。冯友兰指出,在反对资产阶级平等的时候,当然要强调资产阶级平等与无产阶级平等的矛盾和对立,但若认为这两种平等之间"完全没有统一,没有继承性,在否定资产阶级的平等底特殊意义底时候,把它底一般意义也否定掉,那么我们所拥护的无产阶级底平等,就好像天上掉下来的,这样地割断历史,也是错误的"。[①] "平等这个观念底一般意义是内容,特殊意义是形式,它底一般意义总是和特殊意义相结合。在历史的发展中,它的一般意义所结合的某一特殊意义,要为历史所抛弃了,这就发生形式与内容的矛盾。在这个时候,就要抛弃形式改造内容,就是说使内容与别的形式相结合。"[②]冯友兰又以"理在气中"为例说明抽象继承的意义。他说,中国哲学的气,并不就是辩证唯物主义所说的"物质",而是物质的一种;这种物质事实上也是没有的。所以,若就其整个意义说,这个命题是荒谬的。"但是这个命题涵蕴的有一个意义,就是物质是有规律的,规律就在物质之中。这就是这个命题的抽象意义,也就是这个命题所表示的思想的唯物主义性。这个命题的其他部分,是其具体意义(具体是对抽象而言),是我们要加以批判的。我们对于'理在气中'这个命题加以分析批判,就可以成为继承的东西。"[③]"我们所要继承的,其实就是'理在气中'这个思想底合理的内核。其所以成为这个命题的抽象意义,因它是经过一种抽象作用得来的。必须经过一种抽象作用,把这个命题的合理内核显示出来。抽象意义是我们用抽象的功夫从原来的命题中得出来的,并不是原来

① 冯友兰:《关于中国哲学遗产继承问题的补充意见》:《中国哲学史问题讨论专辑》,第281~282页。

② 冯友兰:《关于中国哲学遗产继承问题的补充意见》,《中国哲学史问题讨论专辑》,第282页。

③ 冯友兰:《关于中国哲学遗产继承问题的补充意见》,《中国哲学史问题讨论专辑》,第284~285页。

命题本来就有两个意义,在那里平排放着。"①冯友兰指出:"对于一个哲学命题进行分析,指出其中有一般意义与特殊意义,并且在一定范围内把它们分别来看,这是研究哲学史底一种经常的工作。""专靠这个方法,未必能解决哲学遗产中的继承问题;但是,不用这个方法,就不能解决哲学遗产中的继承问题,也不能做哲学史的研究工作。"所谓继承,就是继承哲学史命题的一般意义;唯心主义命题的一般意义与特殊意义都是不能继承的。② 冯友兰认为,如果专注于抽象意义,可能会陷入唯心主义;但是如果仅仅专注于特殊意义,则会把中国哲学史弄成"错误大全"。

　　"抽象继承法"有三方面的含义:首先,它是一种研究方法;其次,它是对中国传统文化价值的迂回保护,也是知识与存在同构下对于中国哲学史学科的意义、中国哲学史研究者存在的意义的争取。因为从知识与存在的同构来看,学科没有意义、学科的研究和研究者的存在也就都没有意义了;最后,"遗产"这个词再清楚不过地表明了中国哲学已被认为是死去的东西。使中国哲学"活"起来,使这门学科有它自为的意义,使这门学科的研究者的存在具有价值,成为中国哲学史研究者隐秘的内在驱动。这则是抽象继承法的深意所在。当时的学者未能体会到这层深意。可以说,就作为方法而论,它只是继承的方式,不是标准;只是出发点,不是结论;只是充分条件,不是必要条件;只是"之一",不是唯一;只是探索,不是独断;只是丰富,不是替代。应该说,抽象继承与毛泽东的批判继承可以构成解释关系。但是,在抽象继承的讨论和批判中,除了贺麟、张岱年外,几乎没有学者对抽象继承法进行心平气和的分析,而是在教条主义的气氛下,人为地把抽象继承和批判继承对立起来。个别学者甚至一方面承认抽象继承的意义,一方面批判着冯友兰。抽象继承法的最后一层含义无疑更为隐秘和深刻,如果中国哲学史不过"错误大全",那它就没有存在的必要,也没有研究的价值,抽象继承恰好是要复活它的价值,使之"活"起来,重新获得生命。"抽象继承法"给

----

　　① 冯友兰:《关于中国哲学遗产继承问题的补充意见》,《中国哲学史问题讨论专辑》,第285页。

　　② 冯友兰:《再论中国哲学遗产底继承问题》,《哲学研究》,1957年第5期。

冯友兰招来了铺天盖地的批判。

（2）批判之一：违反毛泽东关于哲学遗产继承的原则

杨正典率先对"抽象继承法"提出了批评。[①] 他认为冯友兰"走上了形而上学的道路"。[②] "马克思主义的对待遗产的态度"的原则，其实也就是毛泽东关于吸取精华和剔除糟粕的观点。"所谓批判地创造地对待，就是'剔除其封建性的糟粕，吸收其民主性的精华'"，"具体地说，凡是对于今天人民大众的生活、社会主义建设有用处、益处的东西，我们都予以肯定、发扬，这是总的原则，也是遗产继承的立场问题"。[③] 艾思奇明确提出，抽象继承的观点违背了毛泽东思想。这可能是最早提出冯友兰违背毛泽东思想的观点。杨正典已有此意，但未明白点出。艾思奇强调："我们必须遵照毛主席所说的那些原则，正确地分清精华与糟粕，分清什么应该肯定和继承，什么应该加以否定和抛弃。就一般的文化问题来说，我们要肯定的是民主性、科学性、与大众性的东西，而不是冯友兰所说的具有一般性与抽象性的东西；我们要否定的是反民主、非科学、反大众化的东西，也不是冯先生所说的什么特殊的具体的东西。精华与糟粕之分共有一个标准：就是毛主席提出的那个标准，而不是以抽象性和具体性的区别为标准。"[④] 他认为，照冯友兰的看法，我们要继承的只是过去哲学命题的一般意义、抽象意义，似乎这一方面才是精华，命题的特殊意义、具体意义则是糟粕。"把精华与糟粕做这样的规定是错误的。这错误就在于把抽象的东西看作具有实在性的、永久的东西。"冯友兰的错误观点和他的新理学和实在论相一致。"冯先生今天还没有完全摆脱他往日'新理学'时期的客观唯心主义观点。"[⑤]这是首次把冯友兰的抽象继承法和新理学、实在论明确联系起来看待的

---

　　① 杨正典：《关于中国哲学遗产继承问题的几点意见》，《中国哲学史问题讨论专辑》。该文写于1957年2月，应该是第一篇对于冯"抽象继承法"的批判，但还没有把冯的观点总结为"抽象继承法"。

　　② 杨正典：《关于中国哲学遗产继承问题的几点意见》，《中国哲学史问题讨论专辑》，第325页。

　　③ 杨正典：《关于中国哲学遗产继承问题的几点意见》，《中国哲学史问题讨论专辑》，第323页。

　　④ 艾思奇：《对"中国哲学遗产的继承问题"的一些意见》，《中国哲学史问题讨论专辑》，第438～439页。

　　⑤ 艾思奇：《对"中国哲学遗产的继承问题"的一些意见》，《中国哲学史问题讨论专辑》，第438页。

观点。

（3）批判之二：违反了哲学的党性原则

杨正典认为,冯友兰的抽象继承法的错误还在于"没有坚持哲学的党性原则,对唯物主义和唯心主义等量齐观"。他指出,"继承哲学遗产应该以历史上唯物主义的思想为中心","把唯物主义与唯心主义等量齐观,乃是没有或者少有党性的客观主义的表现"。① 冯友兰所谓"唯物主义与唯心主义是同一个东西(哲学)的两个对立面",把两大对立的思想阵营说成是平分秋色,又笼统地说"唯心主义中也有其合理的内核"。把这个说法和"哲学史中的唯物主义思想并不一定都是正确的"结合起来,势必得出这样的结论:"唯物主义与唯心主义都是各有其合理的、正确的与不合理的、不正确的一面,因而在继承哲学遗产时,对于二者是一视同仁的态度。"②杨正典认为,这正是缺乏党性的表现。杨正典在批判冯友兰时,把他说的"唯心主义中也有合理的内核"说成是"哲学史上的唯心主义都有'合理的内核'",③增加了一个"都"字,意思大不一样。这可能是笔误,也可能是潜意识中为了强化冯友兰观点的不合法性而有意作的改动。

杨正典又指出,冯先生把全部哲学命题划分为抽象的和具体的两个方面,又把二者的关系完全对立起来,与马克思主义的方法毫无共同之处,抽象继承的方法是客观唯心主义。"作为一个方法论来说,就走进了形而上学的死胡同。"④"按照冯先生的说法,我们今天所讲的'学习'、'平等'、'爱人'、'仁义'……都是继承了古代哲学命题的'抽象意义'。冯先生从概念、词汇的外表看问题,因而承认有一种传之万世、永恒不变的'抽象的''形式',这岂不是掉到客观唯心主义的老套子里去了吗？根据历史唯物主义的

---

① 杨正典：《关于中国哲学遗产继承问题的几点意见》,《中国哲学史问题讨论专辑》,第323页。

② 杨正典：《关于中国哲学遗产继承问题的几点意见》,《中国哲学史问题讨论专辑》,第323页。

③ 杨正典：《关于中国哲学遗产继承问题的几点意见》,《中国哲学史问题讨论专辑》,第324页。

④ 杨正典：《关于中国哲学遗产继承问题的几点意见》,《中国哲学史问题讨论专辑》,第324页。

原理来看,我们今天仍然提倡古人所提出的'学习'、'平等'、'爱人'、'仁义'……这是因为古人在这些命题里所集中反映的思想,有一定的正确性,它在适应了自然、社会的发展规律和需要,今天这些命题的内涵、外延虽然已经完全或部分地改变,可是,就认识客观事物和人类的社会性而言,今天与古代是存在着共同性的。……决定我们继承这些'哲学命题'的根源,在于人类社会的历史条件和物质基础,而不是什么'抽象的意义'、'不变的形式'具有先验的绝对的性质。"①杨正典认为,冯友兰在反教条主义的时候,走向另一个极端,认为唯物主义与唯心主义是一个东西——哲学——的两个对立面,二者相互排斥而又相互影响,相互渗透,此即两个对立面的统一;又把列宁所说的"人类认识这株活的树木"引申为"包括两个对立面的统一物——哲学"。冯友兰模糊了唯物唯心的界限,掩盖了哲学的阶级性。"这种说法必然得出下面的结论:唯心主义倒成了唯物主义存在发展的依据;哲学史上两大阵营之间的斗争是相对的,同一才是绝对的。"冯友兰由对于哲学的不正确的定义出发,对于哲学史也作了错误的理解,认为哲学史的任务是要把列宁所说的那个大树的发展如实地描写出来。"把这个说法和日丹诺夫关于哲学史的定义对照起来,冯先生的错误就明显了。按照冯先生的意思,哲学史只要研究人类以往认识的发展就够了。显然,这是把列宁的话作了不正确的推论。"②

(4)批判之三:割裂了具体和特殊的关系

关锋认为,③冯友兰区分哲学命题的抽象意义和具体意义,也是从唯心主义中找"好东西"的前提下提出的,这"不能从根本上解决哲学遗产继承的问题"。必须跳出找"好东西"的圈子,从总结理论思维的教训的角度谈哲学

---

① 杨正典:《关于中国哲学遗产继承问题的几点意见》,《中国哲学史问题讨论专辑》,第325~326页。

② 杨正典:《关于中国哲学遗产继承问题的几点意见》,《中国哲学史问题讨论专辑》,第329~330页。

③ 关锋:《关于继承哲学遗产的一个问题》,《中国哲学史问题讨论专辑》,第369~382页。关锋在文章的"附注"中说:"本文表示了在一定限度下,同意冯友兰先生把某些哲学命题区分为一般意义和特殊意义的意见;因为是论证的另外一个问题,所以以为什么同意? 这个'分析'的意义是什么?……都没谈。作者准备在另外一篇文章中作详细说明。"

遗产的继承问题。古代哲学家的贡献,较之马克思列宁主义哲学,还是十分初级的东西。"马克思主义哲学是真正科学的哲学,是继承了人类有史以来的一切优秀成果而达到的最高阶段。古代哲学家不可能给我们预备下现成地拿来使用、比马克思主义还好使用的东西。"①如"五行说的一般意义"已经在科学的基础上包含在马克思主义哲学之中了;"相反相成"也"远不如'对立面的统一和斗争'更科学"。② 如何继承古代哲学遗产? 关锋说,研究哲学史,"要科学地总结唯物主义在其艰难的历史发展长途中的经验和规律;总结唯物主义和唯心主义、辩证法和形而上学斗争的经验和规律;总结我们的历史祖先的理论思维的经验和规律",只有通过对一个时代的哲学思潮、哲学学派或哲学家的研究,分析其体系的构成,在什么地方作出了新的贡献,又在什么地方失足了,总结其经验教训,才能达到继承哲学遗产的目的。关锋实际上只批判了"拿好东西"的观点,并没有批判抽象继承法。这可能是因为他"在一定限度下,同意冯友兰先生把某些哲学命题区分为一般意义和特殊意义"的缘故。

艾思奇从"目的史观"出发认为,"辩证唯物主义的形成就是全部哲学发展的总的趋向,我们必须从这一观点出发来看待遗产继承问题","抽象和具体是不能够机械地分开的,一个命题的抽象意义如果是值得肯定的,那么,它的具体应用或具体意义,以某一方面来说,也是值得肯定的"。如"学而时习之",作为学习封建道德,当然是反动的;但从认识论上看,主张学习,即使是封建道德,也需要学习,生而知之是不存在的,这就包含了唯物主义因素。"'学习'这个认识论的范畴在一般的、'抽象的'意义上是正确的,所以它的具体应用任何时候也是正确的。"③"冯先生的提法把哲学的一般意义和具体意义机械地加以分割,这是违反辩证法的。"④由艾思奇的分析可以看出,

---

① 关锋:《关于继承哲学遗产的一个问题》,《中国哲学史问题讨论专辑》,第371页。

② 关锋:《关于继承哲学遗产的一个问题》,《中国哲学史问题讨论专辑》,第371页。

③ 艾思奇:《对"中国哲学遗产的继承问题"的一些意见》,《中国哲学史问题讨论专辑》,第440页。

④ 艾思奇:《对"中国哲学遗产的继承问题"的一些意见》,《中国哲学史问题讨论专辑》,第440页。

他并不反对对哲学命题的含义进行抽象和具体的分析,也不反对继承其抽象意义,不过是认为抽象意义正确时,具体意义也正确。冯友兰认为"学而时习之"反映的认识规律是"抽象",艾思奇则认为其中也包含了"具体";冯友兰说"学而时习之"包含了学习要时常复习的认识规律,艾思奇认为其中包含了反对"生知",主张一切都要学习的认识规律。艾思奇回避了"时习之",单纯就"学"说,或者说用"学习"替代了"学而时习之",回避了"习",但这并不妨碍他们都认为这个命题反映了认识规律。冯友兰认为命题所反映的规律是命题的抽象意义,艾思奇同样认为这可以叫做"抽象意义"。艾思奇和冯友兰的分歧在于,冯友兰认为,这个命题是用在学习诗书礼乐的,这是其具体意义,我们今天不学这些,所以其具体意义不必继承。艾思奇认为,冯友兰这是把抽象和具体机械地加以分割,违反了辩证法。他说:"一个命题的抽象意义如果是值得肯定的,那么,它的具体应用或具体意义,以某一方面来说,也是值得肯定的。""某一方面"究竟是哪一方面,是个模棱两可的遁词。其实,至少就这个具体例子而言,艾思奇的说法一方面和冯友兰并无什么差别,另一方面也远不及冯友兰更严密、更符合当时的意识形态。冯友兰所说的"抽象"和艾思奇的"抽象"内涵一致,艾思奇把抽象的"运用"叫做具体,没有涉及运用到什么方面,冯友兰把运用到某一方面叫做具体,而不把"运用"叫做具体。冯友兰没有涉及"抽象"的运用问题,照他的看法,可能艾思奇所说的"抽象的运用"还属于"抽象","抽象"运用到某一方面才叫具体。所以,艾思奇的"抽象"和"具体"都包含在冯友兰的"抽象"概念中。从这个意义上说,艾思奇所批判的所谓冯友兰机械地割裂了抽象和具体并不准确。严格地说,两者在冯友兰那里根本没有分裂。艾思奇所说的"具体"和冯友兰所说的"具体"并不等值,他认为冯友兰机械地割裂了抽象和具体,可谓无的放矢。

不少学者都从一般和特殊的关系出发批评冯友兰。汤一介指出,冯友兰的方法意味着,"哲学命题中抽象意义的部分是永远不变的,是我们可以继承的;命题中的具体意义,是随时代变化的,是我们不能继承的。按照这种逻辑推下去,就会得出抽象的东西是不随具体的东西变化的,抽象的东西是在具体的东西之先存在的。……这样,就使我们不得不想到'理在事中'

还是'理在事先'的老问题了"。① 吴恩裕认为,对于一般和特殊的理解是不能绝对化的。从不同的方面来看,一个被认为是一般的东西,同时也是特殊。如除了在语言或概念中有'社会主义国家一般'外,事实上存在的只有具体的、特殊的社会主义国家,苏联、中国、东欧诸国等。所以,"具体的社会主义国家,它们同时既是'一般',又是'特殊'","没有任何东西是绝对的'一般'或绝对的'特殊',它们是辩证地统一的","不仅社会主义的'一般'可以继承,即使是'特殊'也可以继承,别国的社会主义的特殊也是可以继承的",所以,冯友兰所说的特殊不可以继承的观点也值得考虑。② 燕鸣轩也认为,冯友兰的方法,给具体意义打上了时代和阶级的烙印,却把抽象意义变成放之四海而皆准的永恒真理,这实际上是"把中国哲学命题的具体意义和抽象意义绝对分开,一方面可以对古代哲学命题作出简单的否定,因为一切古代哲学命题都有它的历史范畴和阶级局限;一方面也可以对古代哲学命题作出简单的继承,因为一切古代哲学命题都可以找出它的抽象的一面",这样解决继承古代哲学遗产问题,"易流于形而上学的唯心主义思想"。③

抽象和具体的"统一"有存在和思维两个层次。两者的统一虽然在"存在"层次上是分不开的,但在思维层次上却是可以分开的。人之作为人,思维之作为思维,其作用恰恰在于能够在思维中把存在层次上浑然一体的东西区分开来进行把握。在对于"抽象继承法"批判的过程中,不少学者往往

---

① 汤一介:《谈谈哲学遗产的继承问题》,《中国哲学史问题讨论专辑》,第366~367页。据汤一介先生回忆,1957年至1964年间自己所写的文章"大概可以分为两类:一类是批判所谓'资产阶级学术思想',例如我写过批判冯友兰、吴晗的文章;另一类是有关中国哲学史上的历史人物的文章,这类大多是根据日丹诺夫关于'哲学史的定义',批判中国历史上的那些哲学家,给每位哲学家戴上'唯心主义'或'唯物主义'的帽子,定性为'进步'或'反动'。这样的研究根本算不上什么学术研究,这样的研究方法只能把自己养成学术上的懒汉,败坏'学术研究'的名声。上面说的这两类文章有一个共同点,就是把学术作为政治的工具。这简直是对哲学的'亵渎'"(见汤一介:《我的哲学之路·自序》,新华出版社,2006年。)。汤一介的反思,反映了修辞立其诚的学术真诚,笔者敬佩这种态度。笔者仍然使用这些材料,是因为在笔者看来,这些文章一方面构成中国哲学史学史的材料;另一方面也构成了中国民族理性成熟的一个环节。进行简单的"还乡团"式的批判和否定,而不从中发现积极的意义,是理性幼稚的表现,不能达到执两用中的境界,还可能会是另一场灾难的根源。

② 吴恩裕:《我对几个哲学问题的看法》,《中国哲学史问题讨论专辑》,第354~355页。

③ 燕鸣轩:《对〈中国哲学遗产的继承问题〉的一点意见》,《中国哲学史问题讨论专辑》,第384页。

用存在的统一来批判冯友兰的思维上的可分,可谓"思维错层"。

对于抽象继承法作为方法存在的问题,燕鸣轩指出,第一,由于训诂注释的不同,古代哲学命题的具体意义和抽象意义很难确定,如"有朋自远方来","朋"如训为"凤",则此命题就没有什么抽象意义;第二,哲学命题的抽象意义离开具体意义以后,所谓"对现在还是有用的",其实是很牵强的附会,如把"节用而爱人"联系为勤俭办社、关心群众等;第三,古代哲学命题中有一些方面的具体意义"不能即确定一种解释而加以否定,然后再去找它的抽象意义",如"学而时习之"的"之",本来就没有说明是什么,诗书礼乐只是冯友兰的推测。冯友兰的方法"把中国古代哲学命题中的抽象意义和具体意义作出正确的分析是很难有把握的,很难避免主观任意性的错误"。① 不过,燕鸣轩也没有对抽象的方法一概否定。他指出:"将哲学命题的抽象意义作一必要的诠释或注脚,以别于一般逻辑范畴上的抽象意义和具体意义,则冯先生所提的可以继承的哲学命题的抽象意义尚有可通之处。"②

燕鸣轩认为,抽象意义"就是体现真理的规律性意义,或者说,所谓哲学命题的抽象意义,就是事物客观存在的规律性";③"所谓正确的抽象,即是物质的、自然规律的抽象,是和具体密切结合而来源于具体的","不是主观随意性上逻辑游戏式的抽象,而是遵循严格的思维规律法则而作出的逻辑结论。这就不同于仅仅从哲学命题的具体意义的一面引申出来的抽象意义一面;那样的简单方法去分析哲学命题的抽象意义一面,所得的结果不但会如冯先生文章中所曾提到的'可继承的东西又太多了',而且会流于荒唐的抽象"。④

因为继承都会涉及一个抽象的问题,所以杨洁民指出,必须区分两种抽

---

① 燕鸣轩:《对〈中国哲学遗产的继承问题〉的一点意见》,《中国哲学史问题讨论专辑》,第386页。

② 燕鸣轩:《对〈中国哲学遗产的继承问题〉的一点意见》,《中国哲学史问题讨论专辑》,第388页。

③ 燕鸣轩:《对〈中国哲学遗产的继承问题〉的一点意见》,《中国哲学史问题讨论专辑》,第389页。

④ 燕鸣轩:《对〈的中国哲学遗产的继承问题〉的一点意见》,《中国哲学史问题讨论专辑》,第390页。

象。科学的抽象"是把事物本身固有的联系抽出来,是把它所包含的客观的真理的因素抽出来";"唯心主义的、形而上学的抽象方法,则是离开了事物本身固有的联系,表现为主观任意性,或则流为观念上的游戏"。① 冯友兰用的正是后一种方法。是不是抽象意义就可以继承,唐钺提出了几个反例。他指出,冯友兰认为"若把古代哲学家的话作一般意义解释,通常是可以继承的,但实际上不一定是这样。例如,孔子说'唯女子与小人为难养也,近之则不逊,远之则怨',假如作特殊意义了解,孔子只是说他所接触的女子很'难养'(这些女子也许包括卫灵公夫人南子在内),这个意义还不顶反动。假如作一般意义了解,那么孔子是说一切女子这样,这个话就很反动了,没有继承的价值了"。② 唐钺认为,"古代哲学家的话除了在个别场合外都应该作一般意义了解;因为他们自己是作为概括经验的一般准则提出的"。"例如孔子说:'性相近也,习相远也',这是很进步的思想;孔子的意思当然是包括一切人。……孔子说这个话只有一个意义,就是一般的意义,没有特殊的意义。……同样,孔子说'学而不思则罔,思而不学则殆','温故而知新可以为师矣',不是指对当时他学生学的科目说,是就一般学习与教学说的。"③

贺麟强调,冯友兰的抽象继承法是探索过程中的问题,他一再努力要达到辩证的方法,不能用批判新理学的旧眼光批评冯友兰。贺麟提出了本质继承的说法:"本质是最具体的也是最抽象、最一般的东西。继承孔子的'学而时习之',不是抽象的,而是他的精神实质","继承那最本质的,同时我们否定也是要否定那最本质的,这就是要击中要害的意思"。同时,"特殊的东西也可以继承,例如朱熹、王阳明的都善于书法,他们的墨迹、手稿是应该保存并继承的。……我们不能从唯心、唯物的先天的定义出发来加以判决。旧的唯物主义和唯心主义对马克思主义来说都是错误的(当然所错的内容各不相同),但在一定的历史条件下,它们可以是对的。正确和错误要具体

---

① 杨洁民:《谈哲学遗产的继承问题——并与冯友兰先生商榷》,《中国哲学史问题讨论专辑》,第 410 页。

② 唐钺:《关于中国哲学史研究所引起的三个问题》,《中国哲学史问题讨论专辑》,第 493～494 页。

③ 唐钺:《关于中国哲学史研究所引起的三个问题》,《中国哲学史问题讨论专辑》,第 494 页。

分析,不能抽象地、先天地去分析。我觉得不能把马克思的话抽象地、现成地去应用,对待具体问题要具体分析,教条主义是会断送科学的。同时,当然也要反对修正主义,有些原则是不可动摇的。……我对好的唯心主义是有感情的,这是对优秀文化遗产有感情。我同意胡绳同志的话,'糟蹋唯心主义也就是糟蹋唯物主义'"。[①] 遗憾的是,像贺麟这样的同情的理解太少了。

燕鸣轩等人拓展了对抽象继承法的理解。不过,他所说的是内容意义上的抽象,冯友兰所说的抽象是理解哲学命题的一种方法。唐钺说不是抽象的都能继承,冯友兰也没有这么说,他只是说要继承,须先进行抽象。至于他说有些命题抽象后反而更加反动,这倒是抽象继承法所面临的问题。贺麟所谓"本质继承",其实就是冯友兰的"抽象继承"。

(5) 批判之四:脱离了阶级分析,提倡哲学思想的超阶级性

如前所述,赵俪生较为准确地看到了教条主义源于对斯大林关于上层建筑的论述和日丹诺夫哲学史定义对阶级性的强调的僵化理解,所以,他对于冯友兰的抽象继承法,并没有简单地否定,而是说:"冯先生提出来,留待大家考虑,集中群众的智慧把问题再向前推推看,是非常必要的。"同一个命题可以有具体和抽象意义,"是由于有着不同的(甚至是敌对的)阶级利益的不同的(甚至是敌对的)阶级对于同一哲学命题之互不相同的解释"。不是冯友兰所认为的同一事物的两种不同作用,"而是在同一或类似的语言文字的(外壳)中包括着的两种不同的事物(命题或遗产)"。所以,赵俪生主张用"不同阶级利益对相同哲学命题的分裂性解释来代替冯友兰把同一哲学命题分为其具体意义和抽象意义"。[②] 张恩赐、沈少周指出,哲学思想的继承性是由哲学本身发展的规律性所决定的,哲学思想的继承具有阶级的烙印。哲学史上的继承,存在两条明显的路线。[③] 汤一介对冯友兰抽象继承法中

---

① 贺麟:《哲学与哲学史论文集》,第523~528页。

② 赵俪生:《论哲学遗产的具体意义与抽象意义的区分——对冯友兰先生一些看法的商榷》,《中国哲学史问题讨论专辑》,第396页。

③ 张恩赐、沈少周:《怎样认识哲学中的阶级性和继承性的关系》,《中国哲学史问题讨论专辑》,第397~398页。

提到的哲学的超阶级性提出了异议。他指出,冯友兰的抽象继承法,"实际上给能继承什么规定了一个一般标准"。我们继承哲学遗产是要吸取古人哲学思想的精华部分,来丰富马克思主义哲学。如果说可以继承的内容是"为一切阶级服务的共同部分",那么所谓精华就在于超阶级的共同的东西中了,这样一来,可以继承的东西不是多了,而是更少了。冯友兰的方法是,在了解哲学命题的社会意义时,把具体意义放在首位,在了解其哲学意义时,则重视其抽象意义。这样才能使命题超出时空限制。汤一介指出,这种做法是矛盾的。

胡绳认为,冯友兰的抽象继承法脱离哲学的党性和阶级立场。[①] 冯友兰提出"哲学思想中,有为一切阶级服务的成分","似乎哲学的阶级性和继承性的关系问题已经得到了解决。哲学思想中有阶级性的部分是不能继承的,但只要把哲学命题的抽象意义从它的具体意义中区别出来,就是找到了哲学思想中没有阶级性的成分,那就是可以继承的"。这种解决问题的方法是错误的。抽象有科学与非科学之分,其区别在于"是否抓住了对象的本质内容","阶级性对于哲学思想是一种本质的属性"。如果任意地把各个敌对阶级的哲学思想拿来,在头脑里把它们的本质属性抽象掉,把它们的某种相似处概括起来,就以为这可以证明哲学中有一部分哲学思想没有阶级性,这只能说是一种观念游戏;用这种办法也"消除"不了唯物和唯心的界限。在他看来,冯友兰采用了从主观出发在头脑里进行简单的抽象的方法。[②]

应该说,抽象继承法运用起来的确有超阶级的特点,多数学者的批评是准确的。问题是,如果哲学命题都"性住于一时",仅仅属于具体的历史时空,那么哲学史就的确如同冯友兰所说,成了"错误大全",也就失去了研究的意义了。不少学者之所以对于中国哲学史成为"错误大全"浑然不在意,那是因为"目的史观"使人们普遍认为,我们已经有了人类最好的哲学——马克思主义哲学,中国哲学已经没有存在和发展的必要了。

---

① 胡绳:《关于哲学史研究的问题》,《人民日报》,1957 年 3 月 30 日。
② 胡绳:《关于哲学史研究的问题》,《人民日报》,1957 年 3 月 30 日。

（6）批判之五：提倡超阶级的道德

冯友兰曾经以"盗亦有道"为例，提出有些道德可能不属于上层建筑，可以为一切阶级服务。这个问题成为学术界争论的焦点之一。

张岱年同意人类有"共同道德"的提法。他指出，不同时代或不同阶级的道德"有共同的根源，那就是原始公社的道德。因为有共同的根源，所以就有了共同的方面"。共同的方面不仅是"形式上的"，也是"内容中的"，"是内容里的共同因素"。这些共同的因素对各个阶级都起作用，所以道德才有继承性。他说："在人类历史中，有一些道德观念或道德标准是在很长的时期中，对于不同的阶级，起过或者还在起着作用；它似乎是各阶级所需要的，虽然是用来达到不同的目的。对于同一道德观念，各阶级对之有不同的理解，但在不同的理解之中，也还有一些共同的成分。惟其如此，所以古今或新旧道德之间，有一定的继承关系。"[1]汤一介也主张，道德中有可以为一切阶级服务的成分。他指出："有些道德命题（范畴）可以分别其具体意义和抽象意义，而抽象意义不只是命题的形式，它本身是有内容的。这些有内容的抽象部分是可以为一切阶级服务的。例如'忠'、'恕'、'仁'、'爱'、'自由'、'民主'、'平等'等就是这些具有抽象意义的道德范畴。"[2]汤一介还指出，道德中有为一切阶级服务的成分的思想，恩格斯、列宁也曾论述过。如恩格斯曾经指出："在上述三种道德论（按：指封建贵族、资产阶级、无产阶级等三种道德）中也有一种共同的东西……上述道德论，表现了统一历史发展上的三个阶段，这就是说，它们有共同的历史背景，就此而言它们已不能不包含许多共同之处。不仅如此，对于同样的或差不多同样的经济发展阶段，道德论也必然多多少少互相吻合。"[3]列宁也在《国家与革命》中提出了"共同生活规则"，来证明道德中有为一切阶级服务的成分。和张岱年一样，汤一介认为，"公共生活规则"来自原始公社。但他认为剥削阶级对于共同生活规则只有歪曲的因袭，劳动人民则把这些规则基本保存下来，并加以改造，使

---

①　张岱年：《道德的继承性和阶级性》，《中国哲学史问题讨论专辑》，第 296 页。

②　汤一介：《谈谈哲学遗产的继承问题》，《中国哲学史问题讨论专辑》，第 360 页。

③　恩格斯：《反杜林论》，人民出版社，1970 年，第 95～96 页。

其适合他们摆脱被剥削地位的需要。由此,汤一介提出了"两种文化各自继承的道路问题"。他指出,如果把剥削阶级和被剥削阶级对于原始共同生活规则看得一样,"从而证明在两个对立阶级的道德中有共同的因素,这些共同的因素能为两个阶级同样服务,这就值得研究了。恩格斯说:'因为直到现在社会总是发展于阶级对立之中,所以道德是阶级的道德。'"①"两种文化各自继承"的提法,引申出的劳动人民道德的继承问题,成为后来学界讨论的一个热点。

对于有不属于上层建筑的道德、为一切阶级所共有的道德的观点,大部分学者都持批评态度。杨洁民认为,哲学是思想上层建筑,"是就某一种哲学思想的整个体系,就它代表一定的社会阶级利益而说的",②"不能因为哲学思想有继承性,就认为这些思想材料在一切时期都是原封不动地为一切阶级服务的"。③ 那么,哲学史上是否存在对一切阶级都有用的命题?杨洁民认为,这是冯友兰"为了使继承哲学命题的抽象意义能够自圆其说而提出来的,这是冯先生给自己制造的理论依据"。杨正典指出,"盗亦有道"原来是庄子讽刺儒家的,而冯友兰却引申出哲学不是上层建筑,"这种对于继承哲学遗产问题的提法,已经离开了马克思主义的基本方向。冯先生的理论和方法,在实践上都是错误的甚至有害的,所以有加以澄清的必要"。④

黄子通认为,对于中国哲学的遗产继承问题,有三种态度,两种是唯心主义的,一种是马克思主义的。唯心论的看法是经验主义和教条主义。经验主义认为历史的东西只停留于历史时期,不能流传下来,如孔子的"忠"只行使于孔子时代,不能流传于现代。这表面看来是很历史主义的,实质上是走入了主观主义、唯心主义的经验论。教条主义者认为,孔子所留传下来的忠,内容早已不存在,存在的只是一个空洞的名词概念,"走上唯心论和概念

① 汤一介:《谈谈哲学遗产的继承问题》,《中国哲学史问题讨论专辑》,第 363 页。
② 杨洁民:《谈哲学遗产的继承问题——并与冯友兰先生商榷》,《中国哲学史问题讨论专辑》,第 404 页。
③ 杨洁民:《谈哲学遗产的继承问题——并与冯友兰先生商榷》,《中国哲学史问题讨论专辑》,第 407 页。
④ 杨正典:《关于中国哲学遗产继承问题的几点意见》,《中国哲学史问题讨论专辑》,第 332 页。

论的道路"。在他看来,冯友兰是教条主义。"马克思主义者对待哲学遗产的继承问题就是用辩证法去看问题","要把哲学遗产传下来,必须首先认识'概念'的'历史性'或'辩证性'"。① 中国哲学遗产中的道德观念和其他上层建筑都是从经济基础中产生出来的。当生产关系发生转变的时候,道德观念也自然地转变了。奴隶社会以来的一切社会都是阶级社会,"所以一切道德观念都是有阶级性的。没有阶级性的道德观念是不可能的"。如果把抽象的或普遍的概念提高到第一位,把抽象概念看作具有"存在性"的东西,就必然陷入"道德无阶级性"的说法。"把'普遍化'或'抽象化'的作用脱离事实的限制而推至极端,势必至于否定道德的阶级性。"② 黄子通认为,冯友兰说庄子把"仁义道德"看成像刀枪等武器一样,谁都可以使用。这表明,照冯友兰的说法,道德只是抽象的概念,不是从具体的客观条件中产生出来的,可以为被统治阶级服务,也可以为反动阶级服务。

　　汤一介区分了"道德语言"和"道德本身"。他指出,冯友兰的方法是,一个哲学命题,在了解其社会意义时,把具体意义放在首位;在了解其哲学意义时,把抽象意义放在首位,使命题超出时空限制。这种看法在道德问题上是会产生矛盾的,原因在于总是"在对立的阶级道德中找出一些没有阶级性的东西,而没有把人类历史中劳动人民的道德当作我们继承的唯一内容",而"判断一个哲学命题的抽象意义能不能继承,归根到底还是取决于命题的'具体意义'。就道德方面论,在阶级社会里道德命题的'具体意义'是有阶级性的,因此能不能继承仍然是要看一个命题的阶级内容。我们能继承的道德是具有人民性的道德"。③ 对于"盗亦有道",汤一介区分了"道德词汇"和"道德本身",指出道德词汇是语言,圣人和大盗都可以使用。因为语言是没有阶级性的,任何人都可以使用。但圣人和大盗使用的道德范畴词汇虽然相同,其内容却是不同的。道德词汇能为一切阶级服务的,但这不是道德本身的问题。关于冯友兰的"一些道德范畴里有为一切阶级服务的一般意

---

① 黄子通:《关于中国哲学遗产继承的错误观点》,《中国哲学史问题讨论专辑》,第334页。
② 黄子通:《关于中国哲学遗产继承的错误观点》,《中国哲学史问题讨论专辑》,第339页。
③ 汤一介:《谈谈哲学遗产的继承问题》,《中国哲学史问题讨论专辑》,第368页。

义的道德",如"忠"是"尽己","恕"是"己所不欲,勿施于人"。汤一介认为,历史上剥削阶级是不会把"尽己"和"己所不欲,勿施于人"作为律己的道德规范的。"'忠'和'恕'这样的道德不是直接由反动的剥削阶级本身引导出来的。反动剥削阶级的一切道德观点都是为了一个目的,那就是剥削劳动人民。……劳动人民由于在历史上处于被压迫的地位,他们的一切道德总是为了摆脱被压迫地位而斗争的。所以,'忠'的'尽己'的意义和'恕'的'己所不欲勿施于人'的意义只有劳动人民才会提出来。……有很多道德范畴的意义,表面看起来似乎是两个阶级都可以采取的,但实际分析起来,这些意义按其本质说,只能是劳动人民的道德品质,而不可能同样也是剥削阶级的道德品质。"①

那么,"我们在道德领域中继承些什么呢?"汤一介指出:"我们的任务不是在一些道德范畴中找出为一切阶级服务的'一般意义'来,而是继承劳动人民的道德;要从剥削阶级的著作中,把他们所歪曲了的劳动人民的道德发掘出来。我们能继承的道德,是在原始公社中就已经产生,后经劳动人民世世代代在生产和阶级斗争中所发展了的道德。……要想把剥削阶级道德中的任何部分(哪怕是最抽象的、最一般的部分)变成我们的道德的组成部分,变成我们道德的内容,都会模糊道德的阶级性,都是错误的。"②

如果我们从 1949 年以后的中国意识形态发展的轨迹来看,1957 年前后可能仍处于惯性地延续革命时期的思维方式,为已经完成的革命建立或完善意识形态的时期,其主要特点是力图凸显革命在各个方面的意义,划清无产阶级和一切阶级的界限,所以,在道德继承问题上会顺理成章地把所谓无产阶级道德和历史上的一切道德割裂开来,否定任何历史的连续性。由此言之,各自继承论是一个合乎革命逻辑的结论。关锋等人就十分强调这一点。

(7) 唯物主义和唯心主义的相互继承问题

关锋等认为,唯物唯心各自继承,互不相干。吴恩裕甚至对马克思继承

---

① 汤一介:《谈谈哲学遗产的继承问题》,《中国哲学史问题讨论专辑》,第 363～364 页。
② 汤一介:《谈谈哲学遗产的继承问题》,《中国哲学史问题讨论专辑》,第 364～365 页。

黑格尔这样的历史事实,也作出了迂回的解释。他说:"'继承'在哲学中应该限于同一'观点'的思想之间。""马克思主义这一唯物论体系和黑格尔的辩证唯心论的体系,则是根本对立着的,他们的观点是恰恰相反的:他们之间没有'继承'问题,只有前者'吸收'后者中的有用部分加以改造而来充实唯物论体系的问题。"①其实,用"吸收"代替"继承",不过是换了一个词而已。

对于这种观点,贺麟进行了辨析。他指出:"晚出的唯物主义往往也承继唯心主义的合理内核,同样,晚出的唯心主义往往也吸收一些唯物主义的原则。"贺麟提出这个问题的表面意图,是要说明为什么封建社会、资本主义社会产生的古典哲学思想,可以有利于社会主义建设;或者说,"曾经或多或少地为封建地主、资产阶级服务的哲学思想,现在或今后何以还可以替工人阶级服务";②其深层含义则是要说明文化的普遍性。贺麟提出了以下的解答。(1)"哲学史里面的哲学体系往往具有典型性","是特殊性(时代、个人、阶级)与普遍性的结合。哲学史上的哲学思想,那怕是片面的、错误的、唯心的,只要它有资格被记录在哲学史里面,它就是对人类文化的一种贡献,它就有被保存、被研究、被批判的价值。至于具有典型意义的哲学真理,那也如同具有典型意义的伟大艺术品一样,有其现实性和人民性,永远值得我们学习,值得我们重新加以体会和解释"。(2)"哲学史上的哲学体系,每每是文化的结晶,是时代精神的最高表现,是那一时代民族和阶级的生活经验、智慧、思想最高的总结。"这些体系是有限与无限、永恒与现在的结合,和文化艺术一样,"具有拯救随时间、阶级、人事变迁而变迁的事物,使之不朽的功用"。(3)"哲学本身作为一种掌握真理的学术,它本身就是国家和人民的财富。"贺麟指出,学术真理,固然可以为某一特定阶级服务,但也有本身的价值。翻译和介绍西方古典哲学,有助于工人阶级的政权和文化的发展,"使其有更深、更丰富的理论学术基础";起进步作用的唯物主义固然是国家和人民的财富,即使曾经妨害社会进步的东西如宗教和唯心主义,只要

---

① 吴恩裕:《我对几个哲学问题的看法》,《中国哲学史问题讨论专辑》,第357页。

② 贺麟:《关于对哲学史上唯心主义的评价问题》,《哲学与哲学史论文集》,第513~522页。

其中有丝毫合理的东西,也是国家的财富,不能任其自行消灭。"用不着在文化思想上采取'焚书坑儒'的措施。"①朱启贤也反对唯心唯物各自继承的观点,指出亚里士多德就继承了柏拉图思想。在继承方面,虽然有进步的与反动的、人民的与反人民的等标准,但不能说"人民的就是进步的,就直接简单明显的继承唯物主义;统治阶级的就是反动的,就直接继承唯心主义",即使最反动的剥削阶级思想家,其哲学中也可能有许多对后代任何人都有用的好东西。朱启贤认为,应该这样继承,即根据自己的立场、需要与见识,对前人的遗产进行其分析、批判、选择、融化,加以增益,以建立其新系统。②

贺麟、朱启贤所说,反映了文化发展的普遍性,是对当时普遍流行的教条主义的异议。贺麟所说同时也涉及哲学本身和哲学研究工作的意义和价值问题。具体言之,贺麟等人认为,他们在 1949 年前的工作并非完全无用或反动,是可以为当时的社会主义服务的。意义问题关乎哲学家的存在价值;在他那里,唯物唯心的转化既是一个历史事实,也是夫子自道。但如前所述,民族理性还刚刚进展到如何把自己独树一帜地划出来的时期,还不屑于把自己也作为历史发展的一个阶段,所以,贺麟等人的观点,不仅没有被接受,反而遭到批判。

9. 关于哲学继承的一些理论问题探讨

"抽象继承法"的提出,也引起了学术界对关于哲学遗产继承的基本理论问题进行深入讨论。如,什么是"继承"? 它的学理基础是什么? 中国哲学史可继承的价值是什么? 判别哲学遗产的可继承性的标准是什么? 这些讨论深化了学术界对哲学遗产继承问题的认识,充分展开了继承问题的各种逻辑可能性。作为对前人认识成果的尊重,值得在此加以介绍。在回顾前人的认识的时候,不能忘记的是"目的论史观"、"斗争史观"和"革命史观"的延伸物——"服务史观"对于中国哲学史继承问题认识的影响。

---

① 贺麟:《关于对哲学史上唯心主义的评价问题》,《哲学与哲学史论文集》,第 513~522 页;又《中国哲学史问题讨论专辑》,第 197 页。

② 朱启贤:《关于中国哲学遗产的继承问题》,《中国哲学史问题讨论专辑》,第 313 页。

（1）"继承"的学理探讨

① 什么是继承？

学者除了普遍不同意把"好东西"现成地拿过来的观点外，对于"继承"还有以下五种不同看法。

第一种看法，继承包含着改造与提高。张岱年指出："继承包含改造与提高，其中有肯定，也有否定，而不是照原来的形式接受过来。"①

第二种看法，继承就是批判地改造。艾思奇认为，所谓继承就是按照辩证唯物主义的观点，对过去的哲学遗产加以批判地改造和吸收。定思对此作了进一步的阐发。他指出："所谓继承决不等于把遗产作为现成的东西照原样接受过来，而是要经过整理、批判，经过改造，经过革命，经过'含英咀华'、经过细嚼慢咽地消化。"②朱启贤也指出："中国古典哲学家中，事实上没有任何一家值得作为一个完整的体系来被继承的。也绝不能意味着照原样继承。在继承上，必须经过很严格的选择和科学的批判。因为那里面有很多坏东西，有很多错误的东西，有很多东西拿到我们今天的新思想体系中来，还必须经过一番改造，改变了它们的原有性质才行。"③

第三种看法，继承就是发展。定思和朱启贤都提出了这一观点。定思所谓"发展"，指通过学习提高自己的认识，提高战斗力。他指出："'继承'这一概念的含义中有发展的意思，它和'历史观点'这一概念的含义有很多类似之处，它要求我们对历史上的各种哲学思想（唯物的、唯心的、辩证的、形而上学的）进行细致具体的分析，看他们怎样的斗争着，谁在哪一方面、哪一点上战胜了唯心主义，战胜了形而上学而把人们的认识推进了一步，提高了一步，谁又在哪些片面、哪一点上失了足，跌进了敌人的陷马坑。在这种意义上，我们也可以说，继承也就是学习，学习前人的斗争经验——成功的、失败的，来提高自己的认识，增强自己的战斗力或抗疫性。"④

朱启贤所谓发展，是发展辩证唯物主义哲学。他以孟子、荀子为例指

---

① 张岱年：《关于哲学遗产的继承问题》，《中国哲学史问题讨论专辑》，第343页。

② 定思：《中国哲学史中的继承性问题》，《中国哲学史问题讨论专辑》，第347页。

③ 朱启贤：《关于中国哲学遗产的继承问题》，《中国哲学史问题讨论专辑》，第302页。

④ 定思：《中国哲学史中的继承性问题》，《中国哲学史问题讨论专辑》，第347～348页。

出,二人对孔子的体系"有所肯定,有所否定,有所扬弃",自己也建立了自己的体系,新系统之新,在于"核心命题是自己建立的。此地所谓继承也就是发展"。① "研究哲学史的目的,不应仅限于认识它的实际形象和它的发展规律,更重要的还是在于在认识它的基础上经过批判改造而继承它。我们要继承。要求在继承中丰富和发展,我们的新哲学体系——辩证唯物主义,用以充实我们的精神世界,创造我们的新生活,指导我们的行动。这样的继承,我想,有其必要性,也有其可能性。有其所以要继承的事实根据,也有所以能继承的理论根据。"②

第四种看法,继承就是"灵魂"继承。这也是朱启贤提出的。他指出,哲学的继承意味着对关于自然界、人类社会、人生态度和思想方法等方面的根本问题的根本看法和做法的继承。"有一种人就有一种人的哲学,这种人就和另外的人区别开来,因此,可以说哲学的继承就是所谓'灵魂'的继承,它直接影响大家的生活行动。"③朱启贤进一步指出,哲学家的思维劳动成果,如果是真理,就会很自然地被保存下来。所以,每一代哲学家都不是、也不需要从最原始的地方开始进行思维,而是接着前一代哲学家的成果,继续向更正确、更深入、更完美的方向发展。"这样哲学史就表现为永远不断的'肯定'、'否定'与'扬弃'的辩证发展过程。这就是说,哲学在它的普遍性的基础上出现了它的连续性。……从这个意义上看,我们似乎可以说,否定哲学的继承性,就是否定人类的精神世界的中心部分(人类的'灵魂')的进化。"④

第五种看法,"继承"即"否定"、"决裂"。这是肖萐夫提出的观点。马克思和恩格斯在《共产党宣言》中指出,要"同过去遗传下来的种种观念实行最彻底的决裂"。那么,决裂和继承性之间存在什么关系?肖萐夫指出,马克思主义哲学的继承性"是指马克思主义哲学和以往旧哲学的联系和关系的

---

① 朱启贤:《关于中国哲学遗产的继承问题》,《中国哲学史问题讨论专辑》,第 313 页。

② 朱启贤:《关于中国哲学遗产的继承问题》,《中国哲学史问题讨论专辑》,第 299 页。着重号是原作者加的。——引者注

③ 朱启贤:《关于中国哲学遗产的继承问题》,《中国哲学史问题讨论专辑》,第 300 页。

④ 朱启贤:《关于中国哲学遗产的继承问题》,《中国哲学史问题讨论专辑》,第 301～302 页。

一个方面,它是反映马克思主义哲学本身产生、发展的规律性的一个科学概念,具有自己特定的涵义"。新体系与过去有质的区别,此即决裂;否定即继承。毛泽东用"相反相成"表达对立统一,"并不是重视这一命题的抽象形式,如果仅是形式,则'相反相成'远没有我们今天用的'对立面的统一和斗争'表述得更确切些。他所重视的乃是中国古代一些思想家对于自然和社会政治生活的实际观察所概括出的正确结论和这一结论所包含的生动内容,并把这种思想放在马克思主义辩证法的科学基础上加以改造,从而丰富和发展了辩证法关于矛盾的斗争性和同一性的理论及其在无产阶级革命实践中的运用。所以说,如果把继承哲学遗产的内容,理解为袭用某些过去哲学中的词句,对古代哲学家的体系进行尸解,必然会使我们见树不见林,对哲学遗产的理解趋于片面化和狭隘化"。①

② "继承"的出发点

继承的出发点是继承的指导思想或目的。关于此,目的论史观的影响十分清晰。定思指出,通过近几年对唯心主义思想的批判和对中国革命和建设的经验的学习,人们清楚地认识到,"只有唯物的观点和辩证的方法,才能使主观符合于客观实际";所以,"研究哲学史,必须要把它作为辩证唯物主义的发展史、唯物主义和唯心主义的斗争中、辩证法和形而上学的斗争中逐步成长、完整、逐步坚定起来的历史来研究。这就是我们研究哲学史的坚定立场,也就是我们要谈哲学史的继承性问题所应有的出发点"。② 艾思奇也指出,"辩证唯物主义指明哲学史是科学的唯物主义即辩证唯物主义的萌芽、产生与发展的历史","我们必须从这一观点出发来看待遗产继承问题"。③ 照这里的说法,继承其实是"目的论史观"的实现途径。

③ 遗产继承的逻辑前提

朱启贤认为,哲学的普遍性和真理性构成了继承的可能性。一个命题"如果它是一个哲学命题,它就必然是一个一般性命题,它的含义对于所有

---

① 肖萐夫:《怎样理解马克思主义哲学的继承性》,《中国哲学史问题讨论专辑》,第418页。

② 定思:《中国哲学史中的继承性问题》,《中国哲学史问题讨论专辑》,第346页。

③ 艾思奇:《对"中国哲学遗产的继承问题"的一些意见》,《中国哲学史问题讨论专辑》,第438~439页。

的对象都同样有效。哲学既然有这样的普遍性，那么，我们自然可以说：虽然时代前进了，社会性质改变了，阶级关系改变了，而历史上出现过的许多哲学命题，如果它们是正确的，即真切反映客观现实的，它们就是到现在也不是失其为真"。① 当然，从马克思主义哲学来看，过去哲学史中包含了唯物主义和辩证法的因素，这些因素可以用来印证和发展马克思主义哲学，这就是哲学遗产继承的逻辑前提。朱启贤也提出："中国哲学的丰富内容在阐明、论证和发展马克思主义哲学观点方面也是很有用处的。"②印证和发展马克思主义是当时普遍的见解，这导致中国哲学史成为马克思主义哲学的注脚。

补充马克思主义，是朱启贤提出的哲学遗产继承的另一个逻辑前提，这在当时是一个十分大胆的言论。他指出，"辩证唯物主义是根据人类一切宝贵成就而建立起来的"，"一切宝贵成就"，实际上并不曾包括中国哲学的遗产在内。朱启贤是当时唯一明确地这么说的人。他说："世界观方法论以外的其他哲学部门正是马克思主义哲学中的比较薄弱的环节，我认为我们现在的哲学工作者应该把这弱的地方加强，把缺的部分补起来。中国哲学遗产中确实有许多非常宝贵的东西，它们自身有价值被用来充实丰富与发展辩证唯物主义哲学体系。中国哲学遗产中特别丰富的部分，我看是关于道德原理、教育原理的方面。这在马克思主义哲学中是比较薄弱的环节。"③"无产阶级哲学——辩证唯物主义有待充实和发展。中国古典哲学内容丰富而多彩。对于中国哲学遗产的妥善研究与继承，是充实与发展辩证唯物主义的有利条件。"④

朱启贤又以"普遍性和特殊性"范畴说明了哲学遗产可以继承的逻辑前提。他指出，哲学命题有其普遍性，又有其特殊性，这就是哲学命题的二重性。一个一般性的哲学命题，如果不发生作用，就是一个"自在的哲学命题"，没有特殊意义；它在历史上与不同阶级相结合，就会发生不同的作用，

---

①　朱启贤：《关于中国哲学遗产的继承问题》，《中国哲学史问题讨论专辑》，第302～303页。

②　朱启贤：《关于中国哲学遗产的继承问题》，《中国哲学史问题讨论专辑》，第316页。

③　朱启贤：《关于中国哲学遗产的继承问题》，《中国哲学史问题讨论专辑》，第315～316页。

④　朱启贤：《关于中国哲学遗产的继承问题》，《中国哲学史问题讨论专辑》，第321页。

就是一个有为的哲学命题,这就是其特殊意义。仅看到一般意义,如罗素,就表现为"客观主义";仅看到特殊意义,如杜威,就表现为实用主义。一般性命题表现为事实判断和价值判断,事实判断有纯客观的标准,关于价值判断的哲学命题,则直接表现为有为的哲学命题。

④ 哲学继承的标准

过去的哲学史遗产可以继承的选择标准是什么? 这个问题毛泽东已经提出并作了民主性和科学性的解答。笔者认为,"五四"以后,"科学"的内涵分作两个方向发展:一是胡适等人为代表的所谓资产阶级学术范式,一个是马克思主义范式。20 世纪 40 年代,马克思主义阵营已经把辩证唯物主义和历史唯物主义作为"科学的"。毛泽东的解答一方面是沿着"五四"的思路走,另一方面也与当时的马克思主义一致。在 50 年代的思想领域,"科学"的内涵已经唯一地成为"辩证唯物主义"。

关于继承的标准,大部分学者采纳的是毛泽东的说法。如张岱年说:"继承哲学遗产的基本标准就是科学性与民主性。"[①]什么是科学性? 他指出,"就是符合于客观实际的,就是揭示了客观规律的";"科学性……实际上就是唯物主义的思想,辩证法的思想"。针对冯友兰的"抽象继承法",艾思奇提出,哲学遗产的肯定与继承的标准,在于看其内容是否符合唯物主义和辩证法。何谓民主性? 张岱年指出,"就是反映了人民要求的,就是适合人民的需求的。科学性与民主性的思想就是促进历史发展的思想,也就是对于人民有益的思想,在今天的伟大的社会主义建设中会起积极作用的思想,所以我们要继承","民主性的思想"实际上是"批判专制主义的思想。"[②]

朱启贤也作了类似而稍微深入的分析。他认为,继承的"标准有两个,1. 唯物主义的、科学的;2. 民主的、适合社会主义要求的。在看它真不真上,用前一个标准,在看它对不对上,用后一个标准。两个标准结合起来使用"。[③] 朱启贤指出,"'唯物主义的'在此和'科学的'这个概念的含义相同。

---

① 张岱年:《关于哲学遗产的继承问题》,《中国哲学史问题讨论专辑》,第 342～343 页。
② 张岱年:《关于哲学遗产的继承问题》,《中国哲学史问题讨论专辑》,第 342～343 页。
③ 朱启贤:《关于中国哲学遗产的继承问题》,《中国哲学史问题讨论专辑》,第 318～319 页。

都是指的'与客观现实一致'。"①对于"进步"和"反动"作为继承标准,朱启贤表示不妥当,因为"在历史上起进步作用的哲学思想,在今天不一定仍能继续起进步作用;如墨子的'天志'说和洪秀全的'上帝革命说'"。至于"人民性的选择标准",朱启贤认为也不妥当。"仁政"说引申出统治者要爱民如子,"今后人民的要求是人民自己当家做主,无产阶级所号召的应该是社会主义民主。社会主义民主是儒家'仁政'论的否定"。朱启贤又指出,"真不真"和"应该不应该"是两个不同的哲学范畴:"在无产阶级出现在历史舞台之前,各时代的劳动人民都不一定是唯物主义者,进步力量用唯心主义作为斗争的武器乃实际常有的现象。"②现在,无产阶级要求在全世界实现社会主义、共产主义,那么,一切价值判断的哲学,包括道德哲学、艺术哲学等,都应以促进社会主义、共产主义的实现为其价值确立的最高标准。"在祖国哲学继承上,所有合于社会主义社会的基本原则、基本内容和现实生活的要求的都要继承,所有相反的东西都不要继承(例如张载的'民胞物与'要继承,杨朱的'拔一毛而利天下不为也'不要继承)。"③"民主是构成社会主义的有机部分。因此,凡是民主的都要继承,凡反民主的都不继承。在中国哲学史上,民主的东西可能不多;但应该有多少继承多少。"④

⑤ 唯心主义、剥削阶级的思想能否继承

这个问题在前文"唯物主义和唯心主义各自继承"部分已有所涉及。照贺麟所说,唯心主义有好东西,显然也是可以继承的。但是,后来经过关锋等人的批判,唯心主义有好东西被进一步表述为唯心主义者的著作或唯心主义体系中包含唯物论或辩证法的因素,所以,唯心主义能否继承的问题实质上变成了唯心主义著作或体系中的唯物论因素或辩证法因素可否继承的问题。对此,答案显然是肯定的。张岱年指出,唯物主义者的非唯物主义思想与唯心主义者的思想,应分为合理内核和不合理内核两部分,我们要继承的,只是那些合理的内核,即"符合事实的或适合于人民需要的。唯心主义

① 朱启贤:《关于中国哲学遗产的继承问题》,《中国哲学史问题讨论专辑》,第319页。
② 朱启贤:《关于中国哲学遗产的继承问题》,《中国哲学史问题讨论专辑》,第310页。
③ 朱启贤:《关于中国哲学遗产的继承问题》,《中国哲学史问题讨论专辑》,第319～320页。
④ 朱启贤:《关于中国哲学遗产的继承问题》,《中国哲学史问题讨论专辑》,第320页。

者的辩证法思想,唯物主义与唯心主义者的批判封建专制的民主思想,大致都是这一类思想的合理内核".① 可以看出,这仍是毛泽东思想的引申。

相比之下,定思的观点更为深入和公允。他说,哲学有鲜明的阶级性是近百年来的事,在中国则只是近三四十年来的事。古人著书立说并非总是从阶级观点出发的。"他们大都是追求真理的杰出的思想家,唯物唯心的两个根源,社会根源大都还是通过认识论根源在起作用。因而这种烙印在他们某一方面的理论上是鲜明的,在另一方面却又有些模糊。甚至在其他方面的理论上还根本找不出来。……所以,哲学史的科学工作者,最忌的是图式化的工作方式,用一些现成的框框硬套到某一派某一个人的学说上去;要对一学派、一个人的各方面的学说作实事求是的具体分析,区别对待。中国哲学史的要求不是把某一家或某一个人编入唯物主义类,另一家或另一个人编入唯心主义类,而是要对他们各家的各方面(政治、教育、道德、军事等等)的理论分别作出恰如其分的评价——唯物的还是唯心的,辩证法的还是形而上学的。"②定思指出:"根据'三人行必有我师'的态度,就不只是唯物的、辩证的理论有足以继承之处,即唯心的、形而上学的理论,也会有一些可以继承之处的。"③

朱启贤也指出,不能说剥削阶级哲学家的哲学命题都是错误的,都不能继承。客观真理和为人民服务推动历史的前进之间并不具有必然的联系,有些命题,如"有物有则"可以为不同阶级服务。"因为在有些情况下,它是超阶级的;在有些情况下是因为,在阶级社会中有对立的统一性,哲学不仅为阶级斗争服务,也为统一性服务。"④

(2)中国哲学史遗产的可继承性

周辅成对中国哲学遗产的可继承性作了较为全面的论述,他首先分析了历史的三种价值,继而又提出了使古人思想"活"起来的观点,可以说把抽象继承法的隐秘内涵讲了出来,非常具有前瞻性,至今仍具有价值。他指

---

① 张岱年:《关于哲学遗产的继承问题》,《中国哲学史问题讨论专辑》,第343~344页。
② 定思:《中国哲学史中的继承性问题》,《中国哲学史问题讨论专辑》,第349页。
③ 定思:《中国哲学史中的继承性问题》,《中国哲学史问题讨论专辑》,第350页。
④ 朱启贤:《关于中国哲学遗产的继承问题》,《中国哲学史问题讨论专辑》,第309页。

出,历史价值的意义有三点:"[第一,]历史价值,在当时的历史条件下,是唯一的或特有的价值。……那种思想可能是当时最好的思想,最合于当时进步阶级的要求,是当时人类最高的成就。第二,历史价值,其作用必可传于后世,甚至与社会同不朽。因为我们不能割断历史,历史价值总会传留下去。这样,凡有价值的思想,也是我们今日思想的先在条件。第三,历史价值,既可能是特定条件的最高成就,后人就未必一定能超过它。这一点很重要。因为古人思想,有些部分,至今还有价值。"①关于使古人思想"活"起来,他指出:"对于古代哲学遗产,在承认其历史价值时,不仅要注意他们的思想是某一时代最好的思想,而且也要注意它能成为对我们今日思想有丰富的意义与教训。它还可活于我们今日人心中起积极作用。""要对每一哲学家,每一哲学系统(不论唯心主义或唯物主义),应有足够的认识,从而对每一个哲学系统的特有价值、比较永久的价值,也必须重视,我们只有在这种意义下,才能使历史人物及其思想'活'起来,只有能'活'起来,古人便会变为今人。他的精神在社会中不朽,他的遗产也会不朽,我们能在此中工作,心境也是愉快的。"②

周辅成强调历史的连续性,批评滥用"局限性"、"机械的"、"朴素的"术语,指出粗浅地或简单地使用这些名词,使人觉得思想家的思想即使有价值,也太少。这种方法阻止我们认识古代遗产的永久性价值。他指出:"我们所希望于中国哲学史的是(1) 希望能说明过去起进步作用的原则,与现在的进步原则仍相联系着;(2) 我们自这个伟大传统而来,以后我们还不能根本违反这个进步传统;(3) 过去哲学遗产,由于以上原因,它必能丰富我们今日的思想,不仅是可作参考而已。"③

强调古今的共同性、连续性,使有价值的思想活起来的观点,突破了"遗产"所暗示的文化断裂,接触到了文化发展的同一性和文化价值的普遍性。所谓"我们能在此中工作,心境也是愉快的"所表达的则不仅是表面的心理

---

①　周辅成:《必须重视祖国遗产的特点和价值》,《中国哲学史问题讨论专辑》,第 290 页。

②　周辅成:《必须重视祖国遗产的特点和价值》,《中国哲学史问题讨论专辑》,第 293 页。

③　周辅成:《必须重视祖国遗产的特点和价值》,《中国哲学史问题讨论专辑》,第 286～294 页。

状态,实际上也是在知识与存在同构的前提下,根源于存在意义的解决所带来的心理愉悦,是对存在的疑虑的打消。周辅成所说,和冯友兰的观点有异曲同工之妙。这些看法若发自冯友兰,必定会遭到批判。可能由于周辅成并不是当时政治氛围关注的重点,所以他的观点并未引起重视,也未受到批判。

(3) 胡绳关于哲学遗产继承问题的论述

胡绳说明了哲学史继承的两种情况。关于第一种情况,他说,"属于哲学根本观点的","只能是唯物主义继承唯物主义,唯心主义继承唯心主义。唯物主义原则和唯心主义原则是根本对立的,它们在相互斗争中会刺激对方前进,但是相互继承是不可能的"。① 他一方面肯定冯友兰的"抽象继承法"对唯物主义继承唯物主义的解释是正确的,同时又指出,也不能依靠冯友兰的说法完全解决如何继承的问题。如果专注意于"抽象意义",而把"具体意义"撇开,那么所得到的结论无非是我们和古代唯物论者在根本原则上是完全一样的。胡绳认为,教条主义地研究哲学史,把一切唯物主义者都说成好像完全一样,"恐怕就是因为没有把抽象和具体、一般和特殊结合起来的原故"。

胡绳指出,继承的第二种情况是"一般的思想资料的继承"。思想资料本身并不就是哲学的根本观点,所以,无论唯物主义还是唯心主义,都可以吸收,使之成为自己的资料。不过,唯物主义吸收唯心主义哲学的思想资料,必须经过批判和改造,必须把思想资料"在唯心主义体系中所受到的歪曲、变形、限制改正过来,然后才真正对我们有用。决不能靠头脑中抽象一下的办法,而必须切实地对这些思想资料进行鉴别、审查、剖视,并从而进行选别、修正、改造、发展"。② 胡绳的观点其实仍然是各自继承论。他并没有承认唯心论作为哲学的价值,这也是当时的普遍观点;他同时也批评和否定了冯友兰的观点。按胡绳的身份来说,他的言论具有结论性。事实上,他的文章在《中国哲学史问题讨论专辑》中排为最后一篇,至少在形式上表现了

---

① 胡绳:《关于哲学史研究的问题》,《人民日报》,1957 年 3 月 30 日。
② 胡绳:《关于哲学史研究的问题》,《人民日报》,1957 年 3 月 30 日。

总结的特点。

近代以来的文化断裂是一个事实,解放后的意识形态领域工作的目的就是要基于这一事实,用新的意识形态置换旧的意识形态。"抽象继承法"却是要扬弃和超越这一事实,包含着对"遗产"的否定,对于中国哲学的生命力的肯定,对于中国哲学学科的存在意义、进一步言之对于中国哲学学科的研究者的存在和价值的肯定,对知识分子的超越性和普遍性的肯定。一言蔽之,是对话语权的诉求。对于冯友兰的观点,可以允许它作为一家之言独立存在,也可以作为对于马克思主义的一种运用,整合到新的意识形态中,以丰富和发展马克思主义。遗憾的是,当时的意识形态的包容性和认识深度都还达不到这一步。关锋等人提出所谓唯物唯心各自继承、互不相干论,表现了革命阵营出身而具有极"左"特点的知识分子对思想的复杂性的无视和对于论辩对手观点的傲慢。吴恩裕甚至说马克思对于黑格尔不是"继承",只是"吸收"和"改造"。①

10. 哲学史研究中的阶级分析问题

阶级分析是中国哲学史研究新范式的重要组成部分。朱伯崑已经对运用阶级分析出现的种种问题提出过反思。对阶级分析方法的重新认识,也是反思的重要议题。

任继愈、汪毅等人都详尽地说明了阶级分析法的局限性。汪毅指出,一个民族的哲学传统和其他方面的精神财富一样,也是一个积累的过程。任何一个够格的哲学家,"都会对他自己民族的哲学传统加添一份新的东西,他都会对后人的思想有所启发"。② 所以,哲学史研究不仅要分析一种哲学思想在当时阶级斗争中的作用,还必须指出这种思想在哪些方面丰富了哲学传统,值得继承。任继愈指出,阶级分析面临两个困难,首先是它"受历史学关于历史分期的制约"。如关于孔子,如果采用范文澜的古代史分期法,孔子是代表封建领主的,封建社会已经开始了很久了,孔子哲学大力宣扬封建伦理观念,其进步性就要少一些;如果采用郭沫若的分期,战国时代进入

---

① 吴恩裕:《我对几个哲学问题的看法》,《中国哲学史问题讨论专辑》,第357页。

② 汪毅:《一个问题,一点意见》,《中国哲学史问题讨论专辑》,第59页。

封建社会,孔子处于由奴隶制向封建社会转变的时期,他宣扬的封建伦理观念又是进步的了。还有一派认为魏晋时期中国进入封建社会,这样魏晋时期的豪门氏族就是一个上升的阶级了,对郭象、向秀的地位的评价就比现在要高一些。他们世界观的唯物主义也有了依据。资本主义萌芽究竟是在明末还是在清初,都会影响到对思想家的评价。"以目前的情况来说,我们很难作出肯定而有把握的阶级分析的结论来。"①其次是"阶级与进步和落后、唯物和唯心脱节"。如老庄思想是唯物主义的,但他们是没落阶级;孟荀都反映了新兴地主阶级的利益,却一个是唯心主义,一个是唯物主义。墨子是同情劳动人民的大思想家,但他的世界观是唯心主义的;而宣扬"白马非马"的公孙龙学派,又很难说他们反映了哪个阶级的利益。

张恒寿、孙长江也都提出了哲学史上唯物—进步、唯心—落后的脱节问题。孙长江指出,不能简单地把唯心主义和反动阶级等同。"并不是所有的唯心史家都是为反动阶级服务的";也"不能把唯心主义的存在,简单地仅仅归结于阶级根源",②还必须注意到其他方面的原因。张恒寿指出,在阶级分析问题上,唯物—进步、唯心—落后的公式是不对的。不仅先秦时期哲学和阶级的关系复杂,就连秦汉以后,哲学和阶级的关系也不容易处理。汉代哲学中以董仲舒为代表的天人感应说和以王充为代表的自然主义的对立,分野可以说是十分分明的。但若说他们"一个是代表反动阶级的利益,一个是代表农民阶级或进步阶级的利益的,就不是那么容易了"。"从社会问题的主张上看,我们很难说董仲舒是一个反动人物。"土地问题是汉代最大的社会问题,董仲舒不但和当时的豪强地主处于反对地位,而且比一般认为进步的思想家贾谊、晁错都还要进步。他提出了"限民名田以赡不足"的口号,说出了"富者田连阡陌,贫者无立锥之地"的名言,提出了"去奴婢,除专杀之威"的主张。他还用同情的态度描写贫民"衣牛马之衣而食犬彘之食",对于"众其牛羊多其奴婢"的豪民表示愤恨,对于"耕豪民之田而见税什五"的佃

———————

①　任继愈:《在中国哲学史的研究中所遇到的几个困难问题》,《中国哲学史问题讨论专辑》,第139~140页。

②　孙长江:《马克思主义出现以前社会历史理论中有没有唯物主义和唯心主义的斗争》,《中国哲学史问题讨论专辑》,第454页。

农表示同情。这些都是很有人民性的。王充的思想是不是代表农民阶级的利益,也还是值得考虑的。《论衡》基本没有替农民呼吁的语言,所以,认为王充代表农民利益就很难成立。再如范缜,他的社会理想是"小人甘其陇亩,君子保其恬素","下有余以奉其上,上无为而待其下"。他没有看出南朝的土地问题,也没有同情农民的语言。但是,照通常的"理论公式","却只能把董仲舒定为代表反动的大地主阶级利益,而王充和范缜是代表农民阶级利益的"。对朱熹的评价也面临同样的问题。中唐以后最严重的社会问题是土地赋税不均问题。朱熹坚决主张方田均役,并设计了详细的方田均役方案;他坚决反对和宰相有亲属关系的贪官污吏,因此得罪了权贵大臣。权贵们兴起了对朱熹进行打击的"庆元党禁",不但朱熹本人,连他的学生都受到牵连。我们在讲哲学史时,能够为了"符合于我们的简单公式,竟可以对于一个哲学家的实际斗争,毫不理睬,或者用一句统治阶级内部矛盾的话,掩盖复杂的事实吗? 采用这种方法,问题确实是简单化了,理论确实容易讲了,但对于真正哲学斗争和阶级斗争的关系,并没有作出具体的分析"。①鉴于此,张恒寿提出,对于一个哲学家进行阶级分析法时,不要只是根据他的世界观或宇宙论的唯心或唯物,而直接得出他代表反动阶级或代表进步阶级的结论。"一个人的阶级利益,和他的社会斗争和社会理论的关系是直接的;和他的世界观是间接的。从逻辑上说,一个人的社会观、历史观是从世界观上推出来的;但从实际上说,一个人的世界观却往往是根据他的社会观构成的。……古代思想家的世界观,往往是为他的社会观服务,而不是他的社会观为他的世界观服务。因此,我们决定一个历史上的哲学家的阶级立场时,应该以他的社会理论为主,以他的世界观为辅;应该从他的社会斗争社会理论上确定他的阶级立场,从而寻求两者之间的关系,不应该根据简单的公式,先从他的宇宙观推论他的阶级立场,然后再设法解释和这个'推论'不符合的社会行动和政治主张。"②

---

① 张恒寿:《关于中国哲学史中唯心主义与唯物主义斗争和阶级斗争的关系问题》,《中国哲学史问题讨论专辑》,第151～152页。

② 张恒寿:《关于中国哲学史中唯心主义与唯物主义斗争和阶级斗争的关系问题》,《中国哲学史问题讨论专辑》,第153页。

张恒寿指出,中国哲学史研究的第二个公式是"凡是正统的经过帝王提倡的哲学,一定是反动的;凡是属于异端的哲学,一定是进步的,革命的",这样的公式也是不对的,阻碍了我们对中国哲学发展的了解。要克服这个缺点,"应该把一个思想家所创造的思想理论,和统治阶级所利用来提倡的思想理论区别开来,才能弄清思想斗争和阶级斗争的线索"。统治阶级常常把思想家的学说加以曲解和利用,把"历史上若干本来具有进步意义和改良愿望的思想,变成了反动统治阶级的工具",所以,思想权威往往在还活着时受迫害,死后却被改造成崇拜的偶像。列宁在《国家与革命》中指出,"当伟大的革命家在生时,压迫阶级总是用不断的追究来酬答他们,总是以最野蛮的恶意,最疯狂的仇恨,最放肆的造谣中伤来对待其学说。当他们逝世后,便企图把他们变为无害的神像,可说是把他们偶像化,给他们的名字赋予某种荣誉,以便'安慰'并愚弄被压迫阶级,同时阉割革命学说的内容,磨灭其革命锋芒,而使之庸俗化"。① 张恒寿引用此话指出,这可以作为处理哲学史上复杂情况的一把钥匙。在研究哲学史时,"除了对于哲学本身,进行详密的分析外,就是要从政治利用和学说本身中找出其间的矛盾和统一,找出一个有一定进步性的学说如何转变为反动性质的关键,才能说明哲学思想的具体发展,才能避免迁就公式"。改变了简单化的做法后,哲学史研究"就不会是一个孤立零碎的从古代文献中搜寻唯物主义材料的介绍和解释工作,而会成为一种讲述社会发展和思想发展密切联系的工作。同时如果能够通过实际问题说明哲学思想,那时不但可以解决哲学史的问题,而且可以帮助解决中国社会史的问题。……这样,哲学史家,就不致于永远处于跟随社会史家传记基础的'仆从'地位,而会成为协同社会史家解决全部问题的朋友"。②

阶级分析的方法固然可以为中国哲学史提供一个视角,但如果作为一个强制性公式,就必然带来对于哲学家和哲学史的误解;如果进一步把阶级

---

① 此段引文见《列宁选集》第3卷,人民出版社,1996年第3版,第112页。新译文与张恒寿原引译文略有出入。

② 张恒寿:《关于中国哲学史中唯心主义与唯物主义斗争和阶级斗争的关系问题》,《中国哲学史问题讨论专辑》,第155~156页。

性和思想强行对应起来,就更容易出现偏差。而经过分析发现中国哲学家不是大地主,就是小地主,不是当权派地主,就是不当权派地主,这样的分析实在无甚意义。张恒寿等人主张从社会思想看阶级性,把宇宙论与阶级性分离,可以说是对把阶级性和思想的强行对应的一个尝试性解决,值得肯定。其实,大哲学家大都有其作为公共知识分子的一面,代表了社会的良心;所谓圣贤之学,往往是社会公共利益的哲学名词。从这个意义上说,哲学思想有其普遍性和超阶级的一面,这是思想的永久价值所在。然而,思想的超阶级性、普遍性在当时是普遍忌讳的,这些字眼意味着资产阶级思想。

11. 第二次"中国哲学史研究学术讨论会"

1957年5月10日至14日,北京大学哲学系中国哲学教研室、中国科学院哲学所、中国人民大学哲学系中国哲学史教研室三单位举行中国哲学史工作会议,由冯友兰主持。这次会议是一月会议的继续,议题有三个:一、中国哲学史研究的方法论问题,包括哲学史研究的目的与对象、对唯心主义的评价、哲学遗产的继承、中国哲学史的特点等;二、中国哲学史目前应研究的重大问题,如哲学与自然科学的关系、自然观与政治思想的关系、中国哲学史上重要人物的评价;三、中国哲学的资料整理问题。这次会议基本上还是上次会议的议题,属于新范式反思过程的一部分,可以说是在前一次会议的基础上,肯定了一些共识。如阶级分析的限度、唯物主义和唯心主义斗争的绝对性和相对性、中国哲学史的普遍性与特殊性等。

(1) 关于如何分析中国哲学史中唯物主义与唯心主义思想

中国哲学史上唯物唯心的情况十分复杂,划分阵营十分困难,如何才能得出正确的结论? 侯外庐提出应当从每个哲学家的思想体系上看,不要夸大了某一方面。比如,杨朱的材料十分有限,可是,不少研究夸大了他的唯物主义的一面。石峻进一步指出,中国哲学家的思想体系不是在某本书或某篇文章中就可以寻找出来的,要从各方面的复杂的著作中进行研究;而且不是每个哲学家在每个问题上都贯穿了他的体系的原则,所以不能替古人制造体系。王明指出,不少哲学家在自然观上是唯物主义的,在社会观上却是唯心主义的,所以不能强求统一,要还其本来面目。杨邦宪认为,哲学家的体系常常随阶级消灭而消灭,强调体系会造成对哲学家的评价不确切。赵纪彬指出,哲学家大体是社会观形成于前,世界观形成于后,前者是唯心的,后者是唯物的,体系的矛盾在中国哲学史上是很多的。

（2）关于对唯心主义的评价问题

大多数人指出,把唯物与进步、唯心与落后甚至反动相联系不一定完全恰当。侯外庐指出,历史上的反动时代常常出现托古改制,这就不能因为有唯心因素而否定。张恒寿指出,唯物主义有阶级上升时期的进步的唯物主义和没落时期的保守消极的唯物主义,唯心主义也有统治阶级方面的反动的唯心主义和被压迫不成熟阶级的进步唯心主义。关于唯物和唯心的关系,王维诚说,从认识论上,一些哲学家的出发点和归结点并不一致,如费尔巴哈就从唯物主义出发落脚到唯心主义,不能将出发点和归结点分割开来。朱谦之提出,一些唯物主义者在一些问题上可能变为唯心主义者,反之亦然,所以唯心主义本身可以转变为唯物主义。贺麟指出,把唯物主义和唯心主义的斗争看成是绝对的,不见经传。列宁只是指矛盾规律的普遍性而言的,所以只能说矛盾规律是普遍的,但不能说斗争是绝对的。唯物和唯心的斗争是非对抗的学术斗争,当然可以转化为对抗性斗争,但那是政治斗争,不是学术斗争。不少人不同意贺麟的观点,认为这近乎唯物和唯心没有界限可言,是不对的。唯物和唯心之间是有一条红线的。潘梓年认为,斗争是绝对的,是对统一的相对性而言,不是绝对的绝对。唯物和唯心的斗争与对抗和非对抗似应是两回事,但思想范围内也可以有对抗和非对抗。

（3）关于中国哲学的特点问题

不少学者认为,中国哲学史与西方哲学史有所不同,王阳明的"良知"和贝克莱的"存在就是被感知"就不同,强调哲学史的一般性而不注意中国哲学史的特殊性得不出正确的结论。王维诚指出,"矛盾"可能是阶级社会的特点,中国哲学史的特点是重视"统一"。侯外庐认为中国哲学史的特点表现在中国哲学史的典型性上。汪毅说中国哲学史的特点是言行一致。赵纪彬认为,特殊不能离开一般。强调特殊可以有反对教条主义的作用,但过分强调特殊,也可以离开马克思主义。吕振羽指出,强调一般,就可能把研究哲学史的结论加于任何国家,当然是不妥当的;但强调特殊很容易把哲学史看成是多元论。朱谦之认为,研究中国哲学史应联系世界哲学史,中国哲学史是世界哲学史的一部分。德国哲学、法国哲学特别是日本哲学,都受了中国哲学的影响,古希腊的毕达哥拉斯学派与中国古代哲学也有关系。一般和特殊是辩证的关系,不能抹杀任何一方面。

(4) 关于继承中国哲学遗产

冯友兰提出,应当继承哲学命题的抽象意义。胡绳提出,应当继承古代哲学的"思想资料"。黄子通认为,抽象与具体涉及哲学的常与变如何结合的问题。如"忠"的概念现在与孔子时代不同,这是变。但也有永久性的成分或共同因素的成分,这就是常。周辅成认为,常与变,也就是绝对价值和相对价值问题。古代哲学中是有具有绝对价值的内容的。朱伯崑指出,不同时代或不同阶级的哲学具有共同因素,冯友兰所说的抽象意义和胡绳所说的思想资料都值得研究。赵纪彬认为,继承什么,如何继承,应根据"否定之否定"的规律。哲学中有可以为各个阶级服务的共同因素,唯心主义中可以继承的东西就正确地反映了客观的内容。

(5) 关于中国哲学史研究应该注意的问题

学者认为,第一是哲学史与逻辑(辩证法)的关系问题。[①] 冯契认为,黑格尔说哲学的发展与逻辑的发展是一致的,这个观点值得重视。我们应该从认识发展的规律的角度来认识哲学史。掌握辩证唯物主义的逻辑范畴和辩证方法,是解决哲学史发展的一把钥匙。汪奠基认为,中国哲学史的辩证法和逻辑部分没有得到较好的研究,没有找到其历史线索。把中国逻辑史放在中国哲学史中是可以的,因为中国的逻辑有其特点和应用。第二是关于哲学史和自然科学的关系问题。吕振羽认为,过去偏重于哲学与阶级斗争的关系,与自然科学的关系只说到"五大发明",[②]其实中国哲学与自然科学的关系十分密切,如与中医的关系就没有得到很好的发掘。第三是关于哲学与历史的关系问题。侯外庐指出,研究哲学的一个

---

① 这里的"逻辑",是在与辩证法等同的意义上而言的,并不是纯粹的"逻辑学",这是当时的普遍认识,也存在把"逻辑学"当成形而上学来对待的观点。

② "五大发明"是吕振羽的说明法,他并未进一步说明。

优良传统就是与历史研究相结合,经史子集都要学。中国哲学史是从经学史开始的,不搞好经学史就不能学好中国哲学史,不研究中国通史也只是半截子研究家。

(6) 关于中国哲学史研究的阶级分析方法

冯契认为,哲学与阶级斗争之间有许多中间环节,有些哲学家通过其他途径达到了唯物主义,如孔子在认识论上是唯物主义的。所以,单从阶级斗争的角度解决唯物或唯心问题是不够的。张岱年强调,不是每个哲学家的每个命题都有阶级意义的,对每个阶级内部的矛盾如何分析也很成问题。习惯于分析一个哲学家是代表进步还是反动也很有问题。王充被认为是代表农民思想,但在封建社会里什么是农民思想呢? 王安石被认为是进步的,反对他的司马光则被认为是反动的,这种观点就很成问题。我们是否也允许当时的学派争鸣? 何思敬认为,阶级分析并不重要,重要的是认清哲学史能否起未来哲学的导言作用。

(7) 关于中国哲学史的资料工作问题

吴则虞提出了哲学史史料的七项基本建设:续经义考、子籍考、道藏总目提要、大藏经总目提要、传灯广录、中国思想家通谱、诸子考异。朱谦之提出了五项任务,国外中国哲学史著作的翻译、辑佚、索引、校勘善本、大辞典。肖萐夫提出编一本中国哲学史论,把历代哲学史方法论的资料汇编起来,其次是编一套中国哲学史资料汇编。①

(三)"反思"的反思:理性的成熟、知识与存在的同构、中国哲学史学科存在的意义

两次反思是全面的、广泛的,也是十分深入的。冯友兰对于唯物唯心的同一性的论述、贺麟关于唯心主义有好东西的说法、郑昕"开放唯心主义"的提法、朱启贤关于补充马克思主义的观点、任继愈和张恒寿对于阶级分析的限度的辨别、冯友兰等人对于哲学史是认识史和对于历史与逻辑的统一的重申等,都达到了突破日丹诺夫模式的深度,表现了中华民族理性的成熟。

---

① 关于此次会议的材料,见编辑部:《关于"中国哲学史工作会议"中讨论的一些问题》,《哲学研究》,1957 年第 3 期,第 141～146 页。

但是,由于知识和存在的同构性,他们的反思总是被认为带有自我辩解的色彩,这使得他们不仅不能畅所欲言,反而还常常被"左"的思潮认为还拖着解放前的辫子,所以,他们不能不有所顾忌,他们的反思都有欲言又止的遗憾。当时,我们也在探索意识形态的应是状态。遗憾的是,我们没有认识到1949年的分界线对于共产党角色转变的意义,没有做到世易备变,而是惯性地延续了1949年前的斗争策略,或者说欲为1949年前的斗争进一步完善意识形态基础,从而,我们的意识形态的话语呈现出偏"左"的特点,阻止了反思的深入开展。马克思主义和中国哲学在1949年前后话语权的颠倒,以重力加速度的方式延续了"五四"时期对中国哲学的死刑宣判,其标志是"遗产"论的普遍认同。由此,寻求中国哲学学科存在的价值和意义,便成为学者们内心隐秘的驱动。1949年以前,中国哲学占据哲学领域主流话语的地位,冯友兰等人的研究曾经影响全国。那个时候,中国哲学和中国哲学史的存在的价值和意义是不必发问的。1949年以后,中国哲学史学科成为对死物的研究,由此,这门学科存在的意义和价值便时常受到质疑。对学科的质疑进一步延伸到对研究这门学科存在的必要性和研究这门学科的人是不是在做一件有意义的事情的质疑。一个人做的事情若对社会毫无价值或很少价值,他的存在的价值和意义就会受到质问,他本人也会产生存在的危机感。当时中国哲学史学科和研究这门学科的人,无论其具体观点如何,都切实地感受到了这种存在的危机。朱启贤曾经提到有这么一种看法:"从个人进步上看,我们只需要直接的干脆的学习辩证唯物主义,研究这之外的一切哲学著作都是多余的。如果说辩证唯物主义以外的其他的哲学还有存在的意义,那,它们的存在也就只是作为'古董'而存在。"[1]肖萐夫也提到了类似的情况。他说:"有一种看法,认为与其学习中国哲学史,不如学习西方哲学史,因为研究西方哲学史,可以使我们进一步了解马克思主义哲学的思想来源,了解马克思主义的产生在哲学史上所形成的革命变革的实质。至于中国古代哲学,似乎和在欧洲历史条件下产生的马克思主义哲学没有任何直接的思想联系。这样一来,研究中国哲学史,至多只具有提高爱国主义和丰

---

[1]　朱启贤:《关于中国哲学遗产的继承问题》,《中国哲学史问题讨论专辑》,第297页。

富文化知识的目的。"①他们所反映的看法在当时是普遍存在的,这种看法釜底抽薪地掏空了中国哲学史存在的价值。作为这一学科的研究者,必须说明中国哲学史存在的意义。肖萐夫对中国哲学史存在的价值进行了迂回曲折的论证。他指出,马克思主义并不仅仅是欧洲的"地方性思潮",马克思主义在中国的胜利和发展与中国人民的优秀思想传统有内在的必然联系。中国革命的胜利与"我们党和毛泽东同志所进行的使马克思主义与中国的实际相结合这一伟大事业完全分不开的","即使马克思主义哲学在形成时期和过去与中国文化没有直接的联系,但'五四'以来即以今后马克思主义在中国的发展,却是和中国民族的思想传统有着不可分割的联系的",②所以,"在中国传播和宣扬马克思主义哲学,正是应该很好地用它来整理和研究中国的哲学遗产,正是要深刻阐明'马克思列宁主义的普遍真理与中国具体情况的统一'、阐明马克思主义哲学与中国哲学的历史传统的联系和发展。要了解马克思主义在中国的胜利和发展,不仅要了解中国革命实际,而且要了解中国的历史和文化"。这样,中国哲学存在的意义就是为了"使马克思主义哲学这一普遍真理与中国人民优秀的思想传统相结合,与中国几千年来哲学发展的历史特点相结合",从而使"马克思主义哲学在中国人民的思想传统的土壤中,更加扎下深根,吸取更多养料,从而继续生长和丰富发展的过程"。③ 他又说:"具体地运用马克思列宁主义的观点和方法,来揭示出中国哲学发展的历史特点,掘发出它的丰富宝藏,找出马克思主义哲学与中国人民思想传统相结合的途径,使马克思主义哲学通过一定的民族特点而更加生动化和丰富化,这就是我们继承和发扬祖国哲学遗产的根本目的,也是我们进行研究整理的根本方法。"④肖萐夫认为:"毛泽东同志和他

---

①　肖萐夫:《关于继承祖国哲学遗产的目的和方法论问题》,《中国哲学史问题讨论专辑》,第424页。

②　肖萐夫:《关于继承祖国哲学遗产的目的和方法论问题》,《中国哲学史问题讨论专辑》,第424~425页。

③　肖萐夫:《关于继承祖国哲学遗产的目的和方法论问题》,《中国哲学史问题讨论专辑》,第426页。

④　肖萐夫:《关于继承祖国哲学遗产的目的和方法论问题》,《中国哲学史问题讨论专辑》,第427~428页。

的战友的许多哲学著作,更是提供了继承我国哲学遗产并使马克思主义哲学与中国人民优秀思想传统相结合的最光辉的范例。"①但是,这些说法不过是把中国传统哲学的价值依托在马克思主义之上,只能说明中国哲学具有工具性价值,并不足以说明中国哲学的源于自身的自在自为的意义。冯友兰的抽象继承法,周辅成"使中国哲学活起来"的提出,都是中国哲学存在的意义的探询和使中国哲学在新时代重新具有生命的方法论尝试。中国哲学的价值在于其"活"性、生命力的认可、"遗产"观的抛弃,这不仅包含着对于"五四"以来马克思主义与中国哲学关系的重新定位,也包含着对鸦片战争以来所谓近代对于中国文化的意义的重新认识。如前所述,近代以来的文化断裂是一个事实,我们在 1949 年后一段时间的意识形态意图是使之彻底成为一个事实,抽象继承法乃是要扬弃和超越这一事实。当时大部分学者还达不到这个视野,时势也没有发展到使他们可以拥有这一视野的地步。然而,即使这些有限的反思也很快遭到了挫折。

第三节　反思的挫折:"反右"与"反修"

所谓挫折,是指 1957 年上半年出现的关于中国哲学史研究的诸问题的反思被"反右"和"反对修正主义"所打断,被认为属于政治问题,并被上升到政治路线遭到批判,部分学者被打成"右派"。

一、"双百"方针的继续强调和
"反右"运动的兴起

1956 年至 1959 年间国内国际形势波谲云诡,变幻莫测。多数知识分子并不理解形势变幻的意义,在"争鸣"和"反右"的运动中随波翻腾,一些学者被打成"右派",失去了工作以至生存的权利。1956 年 1 月,社会主义改

---

① 肖萐夫:《关于继承祖国哲学遗产的目的和方法论问题》,《中国哲学史问题讨论专辑》,第 436 页。

造完成,毛泽东提出适当地扩大和加快"中国的工业化的规模和速度,科学、文化、教育、卫生等项事业的发展的规模和速度"。① 2月,苏共"二十大"召开,赫鲁晓夫作秘密报告,公开否定斯大林。4月,《人民日报》发表《关于无产阶级专政的历史经验》,提出坚持无产阶级专政,反对个人崇拜。12月发表《再论无产阶级专政的历史经验》,首次提出了区别对待两类社会矛盾问题,"反教条主义同容忍修正主义毫无共同之点",②强调维护无产阶级专政。反对教条主义、百花齐放是对苏联模式的突破,也是对斯大林的教训的汲取;但苏联全盘反斯大林引起毛泽东的警惕,这样风向就转为反修正主义。这本来是共产党内部的事情,但由于学者的鸣放超出预料而转为"反右"。政治上从反教条到反修的逻辑制约着中国哲学研究范式反思的进程。1956年9月,中共"八大"召开,宣布"社会主义的社会制度在我国已经基本上建立起来了";今后国内的主要矛盾"是先进的社会主义制度同落后的社会生产力之间的矛盾"。③ 1956年下半年,全国不少地方发生了规模较大的罢工、罢课和请愿事件。④ 1957年2月27日,毛泽东在最高国务会议上作《关于正确处理人民内部矛盾的问题》的讲话,提出"人民内部矛盾"的概念。1957年3月12日,中共中央召开全国宣传工作会议,冯友兰列席,与毛泽东分在一组。会场设在毛泽东住所,由毛泽东主持。冯友兰回忆说:"在开会中间,毛泽东叫我发言,我提出了一些关于中国哲学史方面的问题。……在散会的时候,毛泽东拉着我的手说:'好好鸣吧,百家争鸣,你就是一家嘛。你写的东西我都看。'"⑤毛泽东在此次会议上发表讲话,号召党内开展整风,整顿党内的主观主义、官僚主义和宗派主义。⑥ 毛泽东同时也提出反对修正主义。他说:"人们对于教条主义作过很多批判,这是应该的。但是,人们往往忽略了对于修正主义的批判。……否定马克思主义的基本原则,否

---

① 《毛泽东选集》第5卷,第223页。

② 《再论无产阶级专政的历史经验》,《人民日报》,1956年12月29日。

③ 《中国共产党第八次全国代表大会关于政治报告的决议》。

④ 参见《学习时报》,2004年10月18日。据薄一波的统计,各地罢工、罢学事件达到上万起。

⑤ 冯友兰:《三松堂自序》,《三松堂全集》第1卷,第150页。

⑥ 《毛泽东选集》第5卷,人民出版社,1977年,第417页。

定马克思主义的普遍真理,这就是修正主义。修正主义是一种资产阶级思想。在现在的情况下,修正主义是比教条主义更有害的东西。我们现在思想战线上的一个重要任务,就是要开展对于修正主义的批判。"①又说:"修正主义,或者右倾机会主义,是一种资产阶级思潮,它比教条主义有更大的危险性。修正主义者,右倾机会主义者,口头上也挂着马克思主义,他们也在那里攻击'教条主义'。但是他们所攻击的正是马克思主义的最根本的东西。他们反对或者歪曲唯物论和辩证法,反对或者企图削弱人民民主专政和共产党的领导,反对或者企图削弱社会主义改造和社会主义建设。在我国社会主义革命取得基本胜利以后,社会上还有一部分人梦想恢复资本主义制度,他们要从各个方面向工人阶级进行斗争,包括思想方面的斗争。而在这个斗争中,修正主义者就是他们最好的助手。"②4月11日,毛泽东邀请金岳霖、冯友兰、贺麟、郑昕、胡绳、周谷城、王方名、黄顺基以及田家英、陈伯达等到中南海颐年堂作客。毛泽东鼓励学者鸣放、提意见,帮助共产党整风。

1957年4月28日,毛泽东提出,文艺问题上的百花齐放,学术问题上的百家争鸣应该成为发展科学,繁荣文艺的方针。7月21日,《人民日报》发表《略论"百家争鸣"》,提出只要经过认真研究,言之成理,持之有故,无论是否成家、人物大小、鸣的好坏,都可以鸣,至于争鸣是否以马克思主义为标准,则看个人自愿;文章指出,"双百"方针是宪法所规定的言论出版研究自由的具体化。在鼓励学者争鸣的同时,"反右"也在展开。1957年5月15日,毛泽东撰写《事情正在起变化》,认为资产阶级右派已经浮出水面。6月8日,毛泽东起草党内指示《组织力量反击右派分子的猖狂进攻》,同日,《人民日报》发表《这是为什么?》的评论,此后全国开始全面的"反右"斗争。7月9日,毛泽东在上海干部会议上作《打退资产阶级右派的进攻》的讲话,提出"无产阶级领导资产阶级,还是资产阶级领导无产阶级? 无产阶级领导知

---

① 毛泽东:《在中国共产党全国宣传工作会议上的讲话》,《毛泽东文集》第7卷,人民出版社,1999年,第281~282页。

② 毛泽东:《关于正确处理人民内部矛盾的问题》,《毛泽东选集》第5卷,第392页。

识分子,还是知识分子领导无产阶级? 知识分子应当成为无产阶级的知识分子,没有别的出路"。"知识分子是最无知识的"。① 7月,毛泽东指出:"这一次批判资产阶级右派的意义,不要小估计了。这是一个在政治战线和思想战线上的伟大的社会主义革命。单有一九五六年在经济战线上(生产资料所有制上)的社会主义革命,是不够的。匈牙利事件就是证明。必须还有一个政治战线上和一个思想战线上的彻底的社会主义革命。"又指出:"为了建成社会主义,工人阶级必须有自己的技术干部的队伍,必须有自己的教授、教员、科学家、新闻记者、文学家、艺术家和马克思主义理论家的队伍。"②

　　1957年10月9日,毛泽东在八届三中全会作《做革命的促进派》的讲话,否定"八大"对社会基本矛盾的认识,提出:"无产阶级和资产阶级的矛盾,社会主义道路和资本主义道路的矛盾,毫无疑问,这是当前我国社会的主要矛盾。"③1958年5月中共八大二次会议正式确立了"鼓足干劲、力争上游,多快好省地建设社会主义"的"总路线",④会后,全国掀起"大跃进"高潮。8月,中共中央北戴河会议召开,通过了《关于在农村建立人民公社问题的决议》,⑤认为人民公社是实现共产主义的最好的组织形式,"共产主义在中国的实现,已经不是遥远将来的事情了"。9月,毛泽东在第十五次最高国务会议上指出,除了造船、钢铁、电力外,下一年全面超过英国。9月26日,《人民日报》发表《追击条件论》的文章,认为"人的主观能动性是起决定作用的条件"。⑥ 10月1日,《人民日报》发表编者文章《神话似的现实》,说"党把一切胜算操在自己手中,要做什么就能做什么,要胜利就能取得胜利,神话也能变成现实";⑦"听党和毛主席的话,就会创造比神话还要美妙的神话"。10月9日《人民日报》发表《"条件论者"错在哪里》的文章,认为条件

---

① 《毛泽东选集》第5卷,第452页。
② 《毛泽东选集》第5卷,第462页,毛泽东的类似言论还见于同卷第452、472页等。
③ 《毛泽东选集》第5卷,第475页。
④ 秦淑贞、盛继红编:《中国共产党大事记》,中国人民大学出版社,1991年,第83页。
⑤ 秦淑贞、盛继红编:《中国共产党大事记》,第84页。
⑥ 梅二:《追击条件论》,《人民日报》,1958年9月26日。
⑦ 编者:《神话似的现实》,《人民日报》,1959年10月1日。

论者没有看到人这个重要条件。10 月 18 日《人民日报》发表曙光的文章《立足现实大胆想象——谈客观可能性与主观能动性的关系》，认为："'人有多大胆,地有多大产'这句话,不是主观唯心论,而是完全符合辩证唯物论的。它是一个具有充分革命精神的口号。"①德麟发表文章认为："规律是可以消灭的,消灭的办法就是消灭产生这个规律的前提。如果我们能够消灭产生某种规律的前提,我们就完全可以消灭这种规律。"②此后全国兴起人民公社化和大炼钢铁运动,河北、河南、湖北、广西等地不断放出粮食高产"卫星",最高亩产达 13 万斤。

　　1957 年前后中共对知识分子队伍的估计和与知识分子的关系是个十分复杂的问题。1956 年 1 月 14 日,周恩来代表中共作了《关于知识分子问题的报告》,提出知识分子的"绝大部分已经成为国家工作人员,已经为社会主义服务,已经是工人阶级的一部分"。③ 1957 年 1 月 18 日,毛泽东在省、市、自治区党委书记会议上发表讲话,批评在对待知识分子上重安排,不重改造,不敢改造知识分子。④ 3 月 12 日,毛泽东在中国共产党全国宣传工作会议上发表讲话,指出大多数知识分子还需要用无产阶级的世界观代替资产阶级的世界观;"无产阶级和资产阶级之间在意识形态方面的谁胜谁负问题,还没有真正解决。我们同资产阶级和小资产阶级的思想还要进行长期的斗争"。⑤ 毛泽东在发表于 6 月 19 日《人民日报》上的《关于正确处理人民内部矛盾的问题》中指出:"知识分子必须继续改造自己,逐步地抛弃资产阶级的世界观而树立无产阶级的、共产主义的世界观。"⑥毛泽东在《打退资产阶级右派的进攻》的讲话中提出:"知识分子应当成为无产阶级的知识分子,

---

① 曙光:《立足现实　大胆想像——谈客观可能性与主观能动性的关系》,《人民日报》,1958 年 10 月 18 日。

② 德麟:《发挥上层建筑的力量,为过渡到共产主义准备条件》,《理论战线》,1958 年第 9 期, 第 6 页。

③ 周恩来:《关于知识分子问题的报告》,《周恩来选集》下卷,人民出版社,1984 年,第162 页。

④ 《毛泽东选集》第 5 卷,第 338 页。

⑤ 《毛泽东选集》第 5 卷,第 417 页。

⑥ 《毛泽东选集》第 5 卷,第 384 页。

没有别的出路。"①如前所述,毛泽东在《一九五七年夏季的形势》中指出反右在政治战线上和一个思想战线上实现彻底的社会主义革命的意义。

　　毛泽东既希望旧知识分子发挥作用,又担心资产阶级夺权;赫鲁晓夫否定斯大林以及匈牙利事件强化了毛泽东的担忧。所以他一方面号召"反教条主义",另一方面又要"反修正主义";一方面号召"百家争鸣",另一方面又提出"反右"。"反教条主义"和"反修正主义",成为中国哲学史学界的两个侧面:由旧知识分子组成的哲学史家要求反对教条主义,而出自革命阵营的学者则要求反对修正主义。无论反对教条主义还是反对修正主义,其实都在毛泽东的掌控之中。毛泽东并不太信任旧知识分子,他和周恩来都提出了培养新知识分子或劳动阶级出身的知识分子的任务。他说:"为了建成社会主义,工人阶级必须有自己的技术干部的队伍,必须有自己的教授、教员、科学家、新闻记者、文学家、艺术家和马克思主义理论家的队伍。"②

二、学术界的政治运动与"反右"

　　1956 年 3 月,全国高校掀起搞臭资产阶级个人主义,自觉革命,向党交心,拔白旗,批判资产阶级学术思想的运动。巴人发表《论人情》,提出"人类共同感情"、"通情达理"(通过人情来贯彻阶级立场)的观点,被认为否定了人的阶级性,受到批判。1958 年巴人的专著《文学论稿》再版,再度遭到批判。1957 年 7 月 15 日,马寅初发表《新人口论》,呼吁节制生育,控制人口增长,遭到毛泽东的批判,此后学术界展开对马寅初人口论的全面批判。1959 年 12 月 18 日,中宣部召开"全国文化工作会议",认为资产阶级思想的影响仍是文学艺术上的主要危险,提出彻底批判资产阶级文学艺术运动,批判修正主义,批判 19 世纪欧洲文学。此外还有对杨献珍等人的批判等。

　　1957 年上半年,学术界在"双百"方针的鼓舞下,在中共"欢迎提意见"

---

　　①　《毛泽东选集》第 5 卷,第 452 页。
　　②　《毛泽东选集》第 5 卷,第 462 页。

的号召的鼓动下,也都投入了"鸣放"运动之中。3月14日,冯友兰在政协二届三次会议上发言,表示拥护"百花齐放百家争鸣"。16日,冯友兰的发言以"坚决拥护'百花齐放百家争鸣'政策——冯友兰批判对这一政策的各种怀疑论调"为题,发表于《人民日报》。4月,冯友兰在北京大学150人干部"鸣放"大会上发言,说:"学术问题……越高越不能解决。毛主席也不能解决一切问题。我想学术问题应由教授决定。"①5月上旬,北大党委召开干部座谈会,讨论人民内部矛盾,要求对校领导的官僚主义、宗派主义、教条主义提意见。冯友兰提出:"学校对知识分子有时只重改造,将人一棍子打死,有时只讲团结,不重视改造,二者结合不好。干部认为自己绝对正确,总以改造别人的面目出现,其实大家都需要改造。"②5月17日,张岱年在北京大学哲学系中国哲学史教研室小组会上,对"三反"、"镇反"过程中冯友兰、潘光旦等教授做了三次检查才过关提出意见。

　　学术界的意见很快被认为是"资产阶级右派的猖狂进攻"。从1957年7月起,"反右"运动开始。8月14日至15日,民盟北京大学哲学系小组召开会议,批判贺麟的"反党反社会主义言行"。9月初,张岱年被认为反对"三反"、"镇反",鼓吹资产阶级思想自由,被打成右派,③不得从事教学工作,教研室委派给他的任务是参加《中国哲学史教学资料汇编》的选注工作。张恒寿、朱启贤等都被打成右派。9月,北京大学工会哲学系委员会、中国哲学史工会小组多次组织"帮助右派分子张岱年"的会议。据张岱年回忆:"在批判会上,一些人采取落井下石的态度,深文周纳,给我加上很多莫须有的罪名,剥夺了我的教学权利。一些熟人,睹面为不相识。"冯友兰多次参加会议,始终没有批判张岱年。④

---

①　蔡仲德:《冯友兰先生年谱初编》,第408页。
②　蔡仲德:《冯友兰先生年谱初编》,第408页。
③　据朱伯崑回忆,张岱年是因为北京大学的右派不够比例,被列为"候补右派"。北京大学方面也曾经给冯友兰打电话,询问他对于中国人民大学葛佩琦等人取消共产党领导的口号的看法,诱导冯友兰,以便把他打成右派。但是,冯友兰没有照他们预想的回答,逃过一劫。
④　钱耕森:《中国哲学史界泰斗张岱年与冯友兰共同走过的路》,《人物》,2004年4月。"是月(1957年10月——引者注)多次出席工会哲学系委员会、中国哲学史工会小组'帮助右派分子张岱年'会议,未发言。"(《冯友兰先生年谱初编》,第408页。)

1957 年前后,学术研究在政治运动的带动下,也采取了政治运动的形式。1958 年 3 月中旬,北京大学哲学系开展"双反"运动。吴锦东、朱传棨、肖萐夫贴出大字报《中国哲学史教研室走到哪里去》,对冯友兰以及哲学史教研室的工作提出四点意见:(1) 把解放前的著作作为哲学史的入门书,而对于侯外庐等人的著作,从来没有介绍过;(2) 不该成立中国人民大学哲学系,研究哲学史应该以北京大学哲学系为中心;(3) 以无为而治领导教研室工作,缺乏批评,无原则;(4) 教学上厚古薄今。冯友兰另写一大字报,表示接受批评,改进工作,从史料课改起,三分之一的时间讲"五四"以后的思想斗争史,以便与当前批判资产阶级思想相结合。据朱谦之回忆:

> 1958 年双反运动中,我也受了很大冲击,写出大字报揭露中国哲学史教研室的方向错误,同时也就批判了自己。我指出中国哲学史的两条路线是:

中国哲学史

(1) 以道统论为背景	(1) 以社会发展史为背景
(2) 为封建传统服务	(2) 为社会主义建设服务
(3) 个人本位,哲学史是哲学家列传	(3) 人民本位,哲学史是人民意识的表现
(4) 厚古薄今	(4) 厚今薄古
(5) 哲学史　史料学	(5) 哲学史　历史唯物论①

冯友兰给系主任郑昕贴出大字报《向郑昕主任挑战》,表示要取消自己唯物唯心并存的"双轨制"。3 月下旬,北京大学哲学系师生给冯友兰贴大字报,认为中国哲学教研室,尤其是冯友兰为修正马克思主义十分卖力,如认为以前哲学思想有一部分有一般意义,可以为不同阶级服务等。冯定给冯友兰贴大字报《致冯友兰先生》,认为他不肯破唯心主义,挖空心思保卫唯心主义。4 月,冯友兰发表《自我改造的第一步》,认为自己有一个资产阶级

---

① 中国哲学编辑部:《中国哲学》第 6 辑,生活·读书·新知三联书店,1981 年,第 416~417 页。

思想体系,原封不动地保留在心中,隐藏在马克思主义词句下。去年的中国哲学史讨论会中,自己的修正主义思想出现在那里,造成了很坏的影响,所以必须以批判自己的哲学思想作为自我改造的第一步。① 18 日,冯友兰出席北京大学党委召开的教授座谈会,谈"双反"运动收获。检讨自己有名利思想,有资产阶级思想体系,解放前与马克思主义对抗,等等。4 月 26 日,北京大学哲学系组织中国哲学史教研室扩大会议,对冯友兰进行"集体会诊"。此前冯友兰已经在教研室作检讨三次,在民盟整风会议上"向党交心"134 条。4 月 28 日,冯友兰出席北京大学哲学系全体教师会议,宣读了自己的红专规划。

5 月 12 日,《北京大学校刊》第 234 期刊登了《冯友兰在教研室扩大会议上的自我检查摘要》、冯友兰的《我的红专规划》以及《冯先生决心改造自己,中国哲学史教研室开会帮助。大家指出,冯先生的病根是没有向无产阶级缴械》的报道。5 月 24 日,冯友兰的《自我改造必须自我批判》刊登于《光明日报》,检讨了自己在中国哲学史座谈会上关于区别哲学命题的抽象意义和具体意义的说法,成为右派分子的一些言论的基础。冯友兰又在文中指出:"现在北大哲学系已经计划系统地批判我的著作,我也加入了这个战斗。"② 7 月 16 日,北京大学哲学系三年级唯心主义批判会讨论刘滨执笔的《冯友兰先生是怎样对待唯心主义的》一文(刊登在《北京大学校刊》副刊《思想战线》第 6 期)。文章认为解放后冯友兰对自己的反动学术思想恋恋不舍,披着马克思主义的外衣贩卖唯心主义和修正主义,"百家争鸣"后更是高举白旗,发表了一系列修正主义观点,在社会上造成极坏影响。"这是资产阶级不甘退出历史舞台,对抗社会主义革命在思想战线上的必然反映。"7 月 18 日,北京大学哲学系全体师生与中国科学院哲学研究所部分人员召开会议,讨论和批判冯友兰关于哲学遗产继承的观点。③ 7 月 27 日,《光明日报》发

---

① 冯友兰:《自我改造的第一步》,《争鸣》,1958 年第 4 期,第 5 页。

② 此处关于冯友兰的史料,均来自蔡仲德《冯友兰先生年谱初编》相关部分。为节省篇幅,不俱注。

③ 蔡仲德《冯友兰先生年谱初编》与《北大哲学系简史》对此事评述不同,一个是"批判",一个是"讨论"。

表《由偏见通向僵化的死胡同》，批判冯友兰的《树立一个对立面》。据北京大学哲学系《双反运动以来对冯友兰教授批判情况》记载，7月哲学系以冯友兰为批判重点，先后在中国哲学史教研室会议（10人）、几个教研室联席会议（20人）、全系教职员大会（50人）全系教员及部分学生（100人）若干层次对冯友兰开展批判。前三个会批判的主要内容是根据冯友兰在"双反"运动中的交心材料和"反右"前后"鸣放"出来的问题，主要是政治方面的，也有作风方面的；批判会是由党委批准的。全系教师和部分学生大会共召开两次，一次是批判他的教育思想，一次是批判他在学术上的反马克思主义方向。批判也是由党委批准的，北京市委杨述参加过会议。1958年5月4日，北京大学举办校庆60周年大会，彭真、陈伯达、郭沫若、杨秀峰到会。冯友兰也出席了此次会议。会上陈伯达作了题为"用马克思列宁主义的批判的、革命的精神继续改造北京大学，建设一个共产主义的新北京大学"的讲话，认为北京大学老教授应该放下西方资本主义没落时期的教育和封建意识影响两个包袱，其中以冯友兰的包袱最大。"不可设想，对一个解放前已经系统地形成一套资产阶级哲学观点的人不进行深刻的系统的批判，或者对他们没有进一步进行深刻的系统的批判，或者他们没有进一步进行深刻的系统的自我批判，就能获得无产阶级意识"，"冯友兰对自己的系统的哲学思想作过自我批判，这是一种进步，但是还不够。"6月10日晚上，北京大学举办跃进大会，中国哲学史教研室青年教师在会上表示要全面批判"五四"以来的资产阶级哲学思想，7月5日以前学习毛泽东关于中国历史和文化的观点，集中批判冯友兰的中国哲学史观点。1958年8月30日，《人民日报》刊登北京大学哲学系三年级学生集体讨论撰写的《揭穿资产阶级哲学的伪科学——冯友兰先生对辩证唯物主义基本原理和概念的歪曲与修正》，认为通过对冯友兰哲学的批判，认识到了资产阶级哲学的空虚无用及其与马克思主义哲学的根本对立，资产阶级哲学只有一套把戏，就是玩弄抽象概念，"偷偷摸摸地把马克思主义哲学原理和范畴加以歪曲和修正"。

1958年8月3日，冯友兰在《光明日报》发表《跳出旧圈子，拔除对立面》，检讨自己一年来的修正主义、唯心主义言论，认为自己的教育思想的根子在"新理学"体系，批判自己的教育思想必须从根源批判起。他表示，要抛弃封建主义和资产阶级哲学思想的包袱,从旧思想、旧圈子跳出来,跟着大家一起大跃进。1959 年 2 月 6 日,冯友兰、郑昕、齐良骥、熊伟、王宪钧等在哲学系的下放地黄村,与农民同吃、同住、同劳动。据《北京大学校刊》293 期报道,冯友兰独自背筐拾柴,开始觉得难为情,后来经过思想斗争,硬着头皮去干,农民不仅不轻视他,还帮助他,他体会到了劳动人民的世界观与知识分子世界观的不同,个人主义、名利思想因此都受到不同程度的冲击。3 月下旬,冯友兰以政协委员身份视察东北。4 月 27 日,冯友兰在《光明日报》发表《一悟昨非便少年——谈思想改造的一些体会》。

《哲学研究》刊登了北京大学哲学系的整风消息,云:"北京大学哲学系在这次整风运动中,经过了红专辩论、教学改革等阶段,对过去几年来的错误倾向作了彻底的揭发与批判。经过鸣放辩论,辩明是非之后,全系师生都愿意鼓足干劲、力争上游,为将哲学系改造成为真正的马克思主义的理论阵地而努力。首先,大家肯定,要改造哲学系必须贯彻教育为政治服务、教育与生产劳动相结合的方针。……其次,教学内容必须贯彻以毛泽东同志哲学思想为纲的精神。现在辩证唯物主义与历史唯物主义、哲学史、逻辑等教学大纲都在重新编写。……中国哲学史要能充分反映历代农民起义的哲学思想与科学、无神论思想,还准备开设'中国现代思想史'课程,着重批判'五四'以来各种资产阶级哲学流派。教学方式也将加强自学、鸣放、辩论等形式。唯心主义课程仍将在高年级学生中开设,但时间要限制;对唯心主义必须有批判,并且鼓励学生参加批判。在科学研究方面……大力开展对资产阶级哲学思想的批判,也采取师生合作、批评者与被批评者合作的方式。已举行过对冯友兰的'抽象继承法'及教育思想的批判,以及对贺麟、朱谦之的唯心主义思想的批判。……全系已经写出五十余篇批判论文,开过多次谈论会。"[1]同期杂志也报道中国人民大学哲学系师生在整风运动中,参加劳动、大办工厂。[2]《哲学研究》还报道了中国人民大学哲学系对冯友兰哲学展开批判的消息,云:"中国人民大学哲学系哲学史教研室的全体同志,经过

---

[1] 杨辛:《整风后的北京大学哲学系》,《哲学研究》,1958 年第 4 期,第 14 页。
[2] 平:《中国人民大学哲学系的新面貌》,《哲学研究》,1958 年第 4 期,第 23 页。

半个多月的苦战,写出批判冯友兰哲学思想的论文八篇,共计约十万字。这些文章比较全面地批判了冯友兰在解放前后所发表的主要著作和文章,而且批判冯友兰以前的哲学思想都联系到他解放后所散布的修正主义哲学思想,批判他解放后的哲学观点也都追溯到他过去的哲学体系。其中有些文章质量还是较好的。如杨宪邦同志的《冯友兰的新理学——封建买办王朝的御用哲学》一文,着重揭露和批判了'新理学'的阶级基础。……李志逵、李武林等同志的文章中着重分析和揭露了冯友兰在解放后所发表的许多文章乃是在马克思主义的外衣掩盖下的新理学的'复活'。……石峻同志的文章批判了冯友兰唯心主义的哲学史观点与方法。这些文章准备编成论文集,作为向国庆九周年的献礼。"①《光明日报》开辟了批判冯友兰专版,有陈孟麟的《中国哲学遗产继承的方法问题》,刘歌法、施启良、王兴国的《冯友兰要把哲学系引到什么道路上去?》,金羽的《冯友兰树立的是一面资产阶级的白旗》等。报纸还刊登了《北京大学哲学系展开对冯友兰唯心主义思想的批判》的报道,称批判分为五部分:一、抽象继承法是伪科学;二、抽象继承法是新理学的复活;三、抽象继承法是玩弄语言把戏;四、冯友兰的自我批判;五、对冯友兰自我批判的意见。② 冯友兰后来在《三松堂自序》中回忆说:"1958～1960 三年之间写论文以自我批评为主,并除在全国发表之外,尽可能在国外发表,以肃清我的资产阶级学术思想在国外的影响。"

三、从反对教条主义到批判修正主义

如前所述,无论是反对教条主义,还是反对修正主义,毛泽东都有讲话。所以,学术界反对教条主义,既有学术研究自身发展的逻辑,也是响应毛泽东号召的结果。

(一) 贺麟: 反对教条主义

1957 年 4 月 24 日,贺麟在《人民日报》发表《必须集中反对教条主义》,

---

① 尹明:《中国人民大学批判冯友兰的哲学思想》,《哲学研究》,1958 年第 6 期,第 40 页。
② 《光明日报》,1958 年 8 月 31 日。

指出教条主义是片面狭隘的宗派主义,惯用粗暴简单化的方法,"向与自己不同的思想作斗争,对于人民内部的思想矛盾采取一棍子打死的态度";"所谓原则性强,也就是由于他们坚持教条和抽象的公式,不问时间、地点千篇一律地加以应用。还在于他们动辄指责别人文章和言论中的'原则性错误',而以教条和清规戒律相绳"。① 贺麟指出,在哲学史的讨论会上,"唯物主义与唯心主义的斗争是绝对的"这一教条似乎成了指导原则,谁违反这个教条,就会被斥为"脱离马克思主义","模糊了唯物主义和唯心主义的界限"。但是,这个教条不仅在经典著作中没有,即使极端片面强调绝对化矛盾斗争的斯大林也没说过。贺麟揭露了教条主义者的政治投机行径。他指出,教条主义者"每每又是应时主义者。他善于看行情,从个人崇拜出发,去揣摩领导意图,随意解释教条,并随意在经典著作中挑选适合自己意见的词句。……在学术文化方面,教条主义即使不会断送科学研究,至少也会大大妨碍社会主义文化建设"。② 贺麟所说,针对性很强,也很准确。相比之下,胡绳的批判涵盖范围更广。不过,二人的针对点不完全一致。贺麟批判的是伪马克思主义权威,胡绳指的则是学术界普遍存在的情况,主要指所谓旧知识分子。胡绳指出,教条主义倾向的第一个特点是从定义出发,不作具体分析,"好像不同的意见之所以发生只是因为对同一个定义的不同了解,好像只要人们对这个定义找到了正确的解释,就能够解决这个问题"。胡绳认为,这"正是毛泽东同志所批评的'从定义出发'的做法。把这种做法用在哲学史研究上,只能得到所谓'简单化'的结果"。教条主义也是一种简单化的做法,如进行阶级分析的时候只是根据某种一般的原则把"阶级的帽子"套在各种哲学思想的头上。还有,"马克思主义成为表格",把各家哲学著作中的有关语句分别填在"表格"中,以代替具体的分析研究。"这种情形的确不能算是科学地研究了哲学史。"胡绳认为:"不可能依靠这样的哲学史著作来

---

① 贺麟此文是不是受了毛泽东的4月11日座谈和宴请的鼓舞而发,还值得研究。

② 贺麟:《必须集中反对教条主义》,《人民日报》,1957年4月24日第7版;又见《哲学与哲学史论文集》,第528~532页。贺麟关于修正主义的说法和毛泽东《关于正确处理人民内部矛盾的问题》的看法正好相反。

真正具体地掌握思想斗争的规律,并吸取丰富的经验教训。"①对教条主义的批判如果能够顺利开展下去,对中国古代哲学的研究以及其他学术领域将会是一个很大的促进。遗憾的是,"反教条主义"尚未充分展开,就被"反修正主义"取代了。

(二) 关锋等人: 批判修正主义

1. 批判修正主义

"教条主义"与"修正主义"是哲学史研究中的两个"派别"或"两条路线"。"资产阶级知识分子们"称那些僵化的和极"左"的马克思主义者为教条主义,后者则称前者为修正主义。"修正主义"作为一个政治术语被用到学术上,表明政治运动已经延伸到学术研究中。

孙定国②首先提出:"摆在中国哲学工作者面前一个严重而迫切的任务,是在哲学战线坚持马克思主义的战斗旗帜,反对修正主义的斗争。……修正主义者恰恰就在攻击'教条主义'的幌子下攻击马克思主义的最根本的东西。因此,要彻底粉碎资产阶级右派分子的进攻。"③他给这场斗争的定性是"资产阶级和工人阶级的阶级斗争在哲学战线上的反映"。④ 孙定国认为,修正主义的企图是动摇马克思主义世界观的哲学基础,企图用资产阶级的党性代替无产阶级的党性。他们的根本口号是"有党性,无人性"。他列举了修正主义在哲学中的种种表现。首先,在哲学的基本问题上,"坚决反对两军对战的提法,坚决否认唯物主义和唯心主义斗争的绝对性质,而提出唯物主义和唯心主义是相互渗透的关系,不是相互斗争的关系"。这必然导致抹杀唯物主义和唯心主义的根本区别,把两者的尖锐斗争变成"互相观

① 胡绳:《关于哲学史研究》,《中国哲学史问题讨论专辑》,第504～505页。

② 孙定国:《反对哲学思想中的修正主义》,《哲学研究》,1958年第1期。本文是作为该期《哲学研究》的首篇文章发表的,这表明了当时对这场反对修正主义的斗争的态度。孙定国(1910～1964),原名儒熙,山东省牟平县人。早年曾任小学教师,后参加革命,任旅长、军分区司令员、太岳军区副司令员、太岳兵团后勤司令员等职。1941年加入中国共产党,1948年9月,入中共中央马列学院学习;毕业后留校工作,任中共中央高级党校哲学教研室副主任、校党委委员、校教学委员会委员、中国科学院学术委员会委员。

③ 孙定国:《反对哲学思想中的修正主义》,《哲学研究》,1958年第1期,第1页。

④ 孙定国:《反对哲学思想中的修正主义》,《哲学研究》,1958年第1期,第1页。

摩"、"互相拥抱"的和平共居,在政治上则导致"无产阶级和资产阶级的斗争同样不是绝对的,而只能是相对的"的危险结论;"抹杀工人阶级和资产阶级根本利益的对立,而归根结底也就使工人阶级解除思想武装,迷失社会主义方向"。其次,在辩证法问题上混淆唯物主义辩证法和唯心主义辩证法。第三,也是最突出的表现,是在历史唯物主义方面,提出"历史唯物主义不是哲学"、"历史唯物主义不应包括在哲学之内"等,"给资产阶级社会学的复活创造了条件"。第四个表现是提出"阶级分析过时论"。孙定国所列的上述各种表现,实际上是当时学术界讨论的一些问题。

　　吴传启[①]也撰文批判修正主义。他说,资产阶级右派"借着反教条主义来反对马克思主义的斗争方式,可以说是在思想战线上,反映了资产阶级向无产阶级进行阶级斗争的共同方式之一"。他认为贺麟等人为这种进攻制造了理论,将理论上升为路线,这在贺麟的《必须集中反对教条主义》一文中得到了系统的反映。在那篇文章中,贺麟引述了列宁和毛泽东的语录,说教条主义是资产阶级作风的表现。吴传启指出,教条主义是思想方法的问题,修正主义则是资产阶级思潮。徐懋庸、贺麟都是修正主义者。修正主义比教条主义更危险。修正主义企图恢复唯心主义,反对马克思主义的一项事实是在哲学遗产继承问题上。如右派分子朱启贤诬蔑马克思主义对待哲学遗产的态度是把哲学史搞成了坏东西和不健全东西的展览。他们把否定与继承对立起来,如冯友兰所谓否定的多了,可继承的就少了。在继承什么的问题上,他们总是在寻找超阶级、超社会的哲学因素,为恢复唯心主义大开方便之门。朱启贤提出"哲学命题二重性的方案",认为命题有其一般意义和特殊意义,一般意义的命题是自在的哲学命题,超出阶级性之上。冯友兰在这个问题上也有错误观点,后来又重新加以考虑,提出"哲学不仅为阶级斗争服务,也为统一性服务了"。张岱年在《道德的阶级性和继承性》一文中也宣扬超阶级的道德。吴传启说:"寻求超阶级的东西。寻求不参加这个斗

---

　　① 吴传启:《修正主义比教条主义更危险》,《哲学研究》,1958 年第 6 期。吴传启:湖北武汉人,时任中国科学院哲学研究所《哲学研究》主编,"文革"期间在哲学所写出第一张大字报,受到江青的赏识,被江青视为"革命左派"。吴传启常和关锋、林聿时三人以"撒仁兴"(三人行)的笔名发表文章。后又因整"中央文革小组"成员的材料,被打成"5.16 分子"。

争和超乎这个斗争之上的某种哲学……就必然地要'推翻'或者'修正'马克思主义的历史唯物主义的基本原理。"吴传启提出,资产阶级右派的又一论调是污蔑马克思主义不完整,需要补充。朱启贤说马克思主义所继承的人类宝贵成就不包括中国哲学的遗产,道德原理、历史观、认识论、逻辑原理、教育观等,是马克思主义比较薄弱的地方,可用张载的"民胞物与"的思想来补充。总之,"那些修正主义者、右倾机会主义者,实际上也就是资产阶级理论的复辟者";修正主义是右派的助手,其阶级根源是资产阶级和国外修正主义的影响。吴传启还对所谓"中间立场"论提出了批判,他认为不存在超阶级的、客观的政治路线上的中间立场。解放前,中间立场往往是为了欺骗群众,如冯友兰的"极高明而道中庸"的哲学,就是为国民党反动派服务的。进入社会主义以后,中间立场在政治上是反动的,在哲学上是与唯物主义辩证法相对立的诡辩论,是资产阶级的个人主义的立场;是与当前的总路线直接对立、与资本主义复辟的要求相联系的,更加反动。①

关锋更为积极地投入了所谓"反对哲学史工作中的修正主义"的斗争。他说:"哲学史的研究上唯物主义和唯心主义两条基本路线的对立也是非常明显的,第三条路线是没有的。因此,我们必须把哲学史工作中的两条路线尖锐地对立起来,必须坚持哲学史工作中的唯物主义路线,捍卫哲学史工作中的马克思主义的方向。"②关锋认为,1957年的"中国哲学史问题座谈会"表现了危害严重的"修正主义倾向",具体表现一是:"'修正'马克思主义关

---

①　吴传启:《驳"中间立场论"》,《哲学研究》,1958年第4期。

②　关锋:《反对哲学史工作中的修正主义》,《哲学研究》,1958年,第1期。关锋(1917～2005):原名周玉峰,字秀山,山东省庆云县人。1933年加入中国共产党,1939年改名为关锋。1955年任中共中央第四中级党校副校长,1956年借调到中央政治研究室。1958年调入《红旗》杂志社,编辑供毛泽东参阅的《思想理论动态》,曾入毛泽东智囊团,被称为"五秀才"之一(另四人为陈伯达、艾思奇、胡绳、田家英)。"文革"开始时,为"中央文革领导小组"成员之一。1967年和王力、戚本禹等一起被隔离审查,后被逮捕入狱。出狱后改名为"古棣",仍进行老子研究等工作,出版有《老子通》(吉林人民出版社,1991年出版)、《老子校诂》(吉林人民出版社,1998年出版)等。关锋在"文革"前十分活跃,发表了不少文章,据笔者采访过的不少老学者所说,关锋利用自己的身份推行学术话语霸权,"唯我独左"、"唯我独革",不容许他人发言,是一个以学术为掩盖的"理论打手"。曾与关锋有过工作联系的龚育之等人认为,关锋是个自以为一贯正确的"学阀"。(见龚育之著《阎王殿》旧事》,江西出版集团·江西出版社,2008年,第59～61页。)

于'哲学基本问题'的原理,混淆唯物主义和唯心主义的两条路线;二,'修正'马克思主义关于'马克思主义出现以前没有唯物史观'的原理;三,'修正'马克思主义关于'哲学的阶级性'的原理;所以,要"分析这次会议的修正主义实质、严重性和它的根源","作进一步的清算"。关锋提出,贺麟、陈修斋等人打着反对教条主义、坚持辩证法的旗号,对哲学的基本问题进行修正。"[其一,]形而上学地曲解唯物主义和唯心主义的'统一性',调和唯物主义和唯心主义;其二,否认'物质和意识的关系问题'是哲学的基本问题;其三,陈修斋先生还曲解'意识第一性、物质第二性'和'物质第一性、意识第二性'的意义,混淆唯物主义和唯心主义的界限。"冯友兰修正恩格斯和列宁,混淆唯物史观和历史观上的唯物主义观点,认为在马克思主义产生以前存在唯物史观,混淆了历史观方面的唯物主义和唯心主义的界限。"冯友兰在'关于中国哲学遗产的继承问题'一文中,又公然对马克思主义的关于'哲学的阶级性'的理论,进行'修正'","肯定哲学中有为一切阶级服务、即没有阶级性的成分"。冯友兰、贺麟等人"虽然还没有形成系统的完整的哲学修正主义体系;然而就他们的那些言论的实质和特点来看,却是修正主义的。只有用修正主义这个概念,才能确切地反映当前在哲学史方法论上发生的背离马克思主义的这种倾向"。关于修正主义的阶级根源,和孙定国、吴传启一样,关锋也认为"首先是和资产阶级对政治上思想上的社会主义革命的抵抗相联系的,其次是和哲学史研究中遇到困难时的那种小资产阶级的动摇性分不开的"。关锋最后说,"克服产生修正主义的社会根源和条件是长期的。因此,在哲学史工作中,马克思主义和修正主义的争论,也将是长期的。"①

　　单纯从学术上看,关锋和贺麟等人的根本分歧有以下几个方面:(1)哲学史研究是从历史事实出发,还是从唯物唯心的定义出发。(2)"唯物主义"、"唯心主义"是一个名词、概念,还是具体的哲学体系?(3)哲学史研究是不是贴上唯物、唯心的标签就算完事?贺麟等人讲的都是具体的唯心主义者和他们的体系,而关锋讲的则是作为概念的唯物主义和唯心主义。事

①　关锋:《反对哲学史工作中的修正主义》,《哲学研究》,1958年第1期,第23页。

实上,关锋对于中西哲学史都缺乏深入研究,做不到对哲学史人物的思想进行具体分析,往往从概念出发贴标签,有的论文简直就是借研究古人之名的杂文,如关于庄子的文章。冯友兰谈到"哲学史上没有光是唯心主义观点的唯心主义,也没有光是唯物主义观点的唯物主义",反对从概念发出,主张唯物、唯心有同一性,可以相互转化。关锋则强词夺理地说:"有彻底的唯心主义和彻底的唯物主义。马克思主义哲学是彻底的唯物主义,这是人们不能否认的。就是在历史上,在马克思主义产生以前,虽没有彻底的唯物主义(包括历史观在内来说),却有彻底的唯心主义,即没有包含辩证法因素和个别唯物主义观点的'光是唯心主义的唯心主义'。"①关锋等人对于唯心主义的认识并不是历史上实际存在的唯心主义,而是他们"自造的",所以,他们批判唯心主义,似乎是在批判历史上的唯心主义,实则无的放矢,不过是批判他们自造的唯心主义像,甚至不如说是他们自己批判自己而已。这样的研究,既没有达到客观地认识历史的目的,也没有起到提高民族理论思维水平的作用,反而造成了民族心智的弱化和幼稚化。他们这一套东西所造成的理论灾难是深重的。

可是,关锋等人却能大行其道,原因也是多方面的。首先,从身份上看,他们早年参加革命,后来又多在新政权的重要机关工作,而冯友兰、贺麟等大学教授早年被认为是为国民党服务的,建国后被称为"旧知识分子",属于被改造的对象。两者相比,自然是前者的发言被认为更具有"革命性"与"正确性"。其次,建国后意识形态和理论宣传中,革命的理论逻辑得到了贯彻,如:强调存在"两条路线"的斗争、两者不可共存;为革命成熟创造社会条件,采取主动措施促使敌人及早灭亡;反对改良;只有在斗争中才能保持纯洁性和战斗力、生命力才能得到维持和提高。而所谓旧知识分子,原来都是进行具体的哲学史研究的,虽然经过思想改造,接受了斗争思维,但是,事实上,哲学史上唯物与唯心的区分并非那么绝对,唯心主义也"确实有好东西";而在心理上,他们对唯心主义有一些"敝帚自珍"的留恋;过度地否定了唯心主义不仅否认了他们以前工作的价值,也贬低了他们的人格和他们在

① 关锋:《反对哲学史方法论上的修正主义》(论文集),人民出版社,1958年,第156页。

社会上的存在的意义。他们内心有对自己的存在价值的固执、坚信和自尊；新政权恰好是要打掉旧知识分子的这些东西。再有一个是话语权的问题。新政权建立了，旧知识分子却仍然占据着知识界的话语权，这对革命阵营的知识分子来说是无法忍受的。他们一定要夺回话语权，否则，革命就只能说成功了一半。建国后的许多思想运动可谓建国前的武装革命在思想意识形态领域的惯性延续，并转变为争夺这个领域的话语权的斗争。批判电影《武训传》、知识分子思想改造、院系调整、批判胡适等人的资产阶级唯心主义思想，都是这种斗争的一环。如前所述，毛泽东在《一九五七年夏季的形势》中关于批判资产阶级右派对于政治战线和思想战线的意义所作的说明就明确地表明了这一点。所以，毛泽东屡次提出批判资产阶级知识分子的老爷作风，支持小人物。当然，革命阵营夺取话语权的武器之一是毛泽东思想，这个武器既是手段，同时也是目的。当然，最高的动机可能是这样的，即他们中的一些人可能认为，只有这种为中国革命胜利所证明了的理论才是中华民族的真正选择。最后是学术研究与存在的价值问题。对于革命阵营知识分子来说，只有夺取了话语权，才有政治权，比如获得一定的政治权力，从而获得存在的价值。存在内涵要大于生存。

　　不久，关锋又以《反对哲学史方法论上的修正主义》为名，出版了一本论文集。① 该书有一篇长达 33 页"序言"，其副标题为"关于中国哲学史工作中的两条路线的斗争"。关锋在该书中明确地把"两条路线"由唯物唯心提升为马克思主义和修正主义、无产阶级和资产阶级的对立，学术被彻底政治化。他说，在 1957 年 1 月"中国哲学史问题座谈会"上，以冯友兰、贺麟、任继愈、朱伯崑为一方，打着反对教条主义的旗号，实际上他们"所坚决反对的，却是马克思主义哲学的基本原理"。"由'中国哲学史问题座谈会'揭开的斗争，不是什么反对教条主义的斗争……而是两条基本路线的斗争，即：

---

　　① 关锋：《反对哲学史方法论上的修正主义》，人民出版社，1958 年，印数 8 500 册。该书收集了 8 篇文章：《关于哲学史上的唯物主义和唯心主义斗争问题》、《一点说明——答邓初民先生》、《和贺麟先生辩"矛盾斗争的绝对性"》、《反对哲学史工作中的修正主义》、《关于继承哲学遗产的一个问题》、《扬弃三法——有关哲学发展和继承哲学遗产的几个问题》、《批判冯友兰先生的"抽象继承法"》、《中国哲学史研究工作中的方向问题》。

哲学史工作中的马克思列宁主义的哲学路线和唯心主义路线的斗争",确切地说,"应该是:马克思列宁主义的哲学路线和唯心主义——修正主义路线的斗争"。① 关锋说:"在中国哲学史工作中发生的唯心主义——修正主义路线是资产阶级思想的表现。这场斗争是无产阶级和资产阶级两条道路的斗争,在思想战线上的反映。"② 他断言:"中国哲学史工作中的两条路线的斗争是绝对不会停止的。"③ 在他的眼中,几乎任何与他不同的观点都成了修正主义的前奏。他列举了金景芳、任继愈、张岱年、刘泽如、张德钧、罗根泽等人,认为他们"把历史上的唯心主义者硬说成唯物主义者","伪造历史上的唯物主义者",从而否认中国哲学史上唯物唯心的斗争,进而得出结论"马克思主义不适用于中国哲学史"。关锋认为,"这种倾向是通向修正主义的"。④ 他又说,还有一个倾向是"颂古、美化古人","把颂古和马克思主义调和起来,穿上马克思主义的外衣,其结果必然是导向哲学修正主义"。⑤ 关锋认为,上述倾向"形成了或正将形成为中国哲学史工作中的一条路线——隐蔽的唯心主义——修正主义路线"。⑥

　　一些和关锋等人动机并不完全相同的学者,如黄楠森、侯外庐等人,也展开了对修正主义的批判。⑦ 侯外庐把国内修正主义和国际背景联系在一起,指出,1956 年以来,国际国内出现了反马克思主义的逆流,国内在消灭资产阶级的经济基础时也出现了一股反马克思主义的逆流,于是,学术界修正主义的论调出现了,哲学遗产继承的疑问也提出来了。"对于唯物主义传统与优秀遗产采取虚无主义的态度,对唯心主义糟粕采取爱护备至的复古

---

① 关锋:《反对哲学史方法论上的修正主义》,第 4 页。
② 关锋:《反对哲学史方法论上的修正主义》,第 12 页。
③ 关锋:《反对哲学史方法论上的修正主义》,第 19 页。
④ 关锋:《反对哲学史方法论上的修正主义》,第 24 页。
⑤ 关锋:《反对哲学史方法论上的修正主义》,第 27 页。
⑥ 关锋:《反对哲学史方法论上的修正主义》,第 28 页。
⑦ 黄楠森、张恩慈:《略论中国哲学史讨论会中的修正主义倾向》,《北京大学学报》,1958 年,第 2 期;侯外庐:《谈谈文化遗产的继承问题——兼评冯友兰先生的看法》,《争鸣》,1957 年第 5 期。又,黄楠森先生后来改变了对冯友兰的批评态度,见《对冯友兰先生"抽象继承法"的重新认识》,《北京大学学报》(哲学社会科学版),1994 年第 6 期。

主义态度"；"对代表敌对阶级的两种文化避而不谈，而夸夸其谈两种意义，而在两种意义中，强调了超阶级、超斗争的抽象意义，提出了各阶级各学派共同的天理流行论，唯物主义和唯心主义相互渗透的道体观"，作为道体核心的"新统"在马克思主义外衣下复活了。冯友兰所表现的是基于资产阶级立场的阶级偏爱。张岂之认为，冯友兰的"抽象意义"方法与"新理学"是一样的，只是前者使用了马克思主义的词句而已。这是因为解放后马克思主义成为国家的指导思想，迫使一些反对它的人也只得换上马克思主义的外衣。冯友兰的"抽象意义"方法认为哲学中有为一切阶级服务的成分，违反了马克思主义看待哲学史的根本原则。冯友兰并未认真对待新理学的反动哲学本质，还保留着新理学的基本精神。所以，必须对他展开不可调和的斗争。[①]　衷尔钜、钟肇鹏对冯友兰的《中国哲学史论文集》进行了批判。他们认为，《文集》所表现的仍然是新理学的继续。主要之点是：一、"混淆唯物主义和唯心主义的界限"，如认为老子否认了上帝所以就是唯物主义者，根据庄子"通天下一气耳"一句话就认为庄子在宇宙论方面是唯物主义的；二、歪曲中国哲学史的原貌，认为中国哲学大部分是地主阶级的哲学，抹杀了人民文化传统和农民思想家及唯物主义传统，证明了地主阶级哲学的正统性，中国哲学史成了地主阶级思想的发展史；三、"宣扬唯心主义，贬低唯物主义"，如用"商人思想"代替对司马迁的唯物主义思想的分析；四、"对马克思主义基本原则的修正"，反对斗争史，说"近来的哲学史工作大概用的是形而上学唯物主义方法，把哲学史的唯物主义与唯心主义底斗争，简单化、庸俗化了"；提出在马克思主义唯物史观以前，历史观方面也存在唯物主义，这样就不会使斗争在历史领域中断，证明历史唯物主义不是什么新东西，从而修正马克思主义的最高原理；说唯心主义也有其合理内核，所以与唯物主义不仅斗争，也相互统一和转化，把哲学史看作两军对垒就是简单化、片面化和庸俗化。[②]

---

① 张岂之：《冯友兰先生的"抽象意义"方法是"新理学"方法的翻版》，《光明日报》，1958 年 5 月 25 日。

② 衷尔钜、钟肇鹏：《评冯友兰著〈中国哲学史论文集〉》，《哲学研究》，1958 年第 4 期，第 46～47 页。

　　2. 对冯友兰"抽象继承法"等观点批判的继续

　　1958 年以后对冯友兰的批判,已经超出学术范畴,成为批判修正主义的一个环节。吴传启首次把冯友兰关于哲学史继承的观点概括为"抽象继承法",分为四个方面进行批判。他认为,命题的"一般意义"就是冯友兰解放前新理学的"真际",是一种反科学的抽象。冯友兰在解释抽象继承法时曾经引用了恩格斯关于平等的论述,都是歪曲。客观真理是一般和个别的统一,把一般看成客观的实体,特殊当作一般的存在形式,是唯心主义的做法。唯物主义和唯心主义同是哲学的两个对立面,"没有光是唯物主义观点的唯物主义"等观点模糊了唯物和唯心之间的对立。不存在为一切阶级服务的哲学,所谓超党性、超阶级性,不过是资产阶级党性的别名。如张岱年的为"各阶级所需要的道德"、朱启贤的为统一性服务的哲学,以及陈修斋的唯物主义不一定绝对正确,唯心主义不一定绝对错误等。冯友兰讲哲学的超阶级性,而他的新理学其实是为当时的国民党集团服务的,"集中国历史上的'统治术'之大成,集当时对抗革命的反动思潮的大成"。①

　　关锋提出,继承哲学遗产有两个根本不同的出发点,一是"现成地把原有的东西拿过来或搬过来",一是运用马克思主义对于历史上的哲学体系进行分析,总结思维经验教训。前者是冯友兰的继承哲学遗产的根本出发点,其实质是完全排斥"扬弃",把某些哲学命题的一般意义现成地拿过来。关锋此论十分独断,完全无视冯友兰的继承方法至少还要经过"抽象"的思维过程,根本不是什么"现成地拿过来"。关锋认为,马克思主义是人类哲学的顶点,"是唯一科学的哲学,它是最革命的无产阶级的哲学,它是人类有史以来的科学、哲学发展的最高阶段,历史上的科学、哲学的一切优秀成果,从本质上说来都被它吸收了";"马克思主义哲学可以说是人类哲学思想的成熟"。② 历史上不论唯心主义还是唯物主义,都没有马克思主义所没有的可

---

　　① 吴传启:《从冯友兰先生的"抽象继承法"看他的哲学观点》,《哲学研究》,1958 年第 2 期,第 83～96 页。

　　② 关锋:《批判冯友兰先生的"抽象继承法"》,《哲学研究》,1958 年第 3 期,第 63～81 页。引文见第 64 页。又见《批判哲学史方法论上的唯心主义》,第 155～198 页。

以现成拿来的东西。哲学史研究的根本目的"在于总结理论思维的带有根本规律性的经验教训;其方法就是用马克思主义作武器对历史上的哲学体系、哲学斗争进行分析、解剖、批判、总结"。关锋把哲学史研究的方法归纳为四点:一、"批判、解剖历史上的哲学体系,探讨、总结理论思维的经验教训";二、"解剖一个时代的哲学斗争,总结哲学斗争的规律","总结出唯物主义向唯心主义斗争的经验教训";三、"解剖哲学斗争、发展的历史长流,总结哲学斗争、发展的规律,汲取理论思维的经验教训";四、"哲学斗争是阶级斗争在意识形态中的反映……通过对各种复杂的情形的分析,才更显示出哲学的阶级性、哲学斗争是思想战线上的阶级斗争这个真理的千真万确","所谓继承中国哲学遗产,也就表现在达到了这种目标的科学的'中国哲学史'中。无疑的科学的'中国哲学史'对于当前的思想斗争、对于帮助人们尽快地掌握马克思主义哲学,提高思想方法,乃至对于发展辩证逻辑,是有重大意义的"。[1] 由于马克思主义是哲学的顶峰,所以中国哲学史研究在关锋那里不具有求真的作用,因为真理都在马克思主义那里了;哲学也不可能发展了,因为已经没有必要了。于是剩下的就只能是总结思维教训。后来的哲学史通史都有这种观点的影子。

关锋认为,冯友兰的"抽象继承法"是新理学的翻版。"一般意义""实际上是一个超唯物主义、唯心主义的形而上学的绝对"、"超阶级的绝对"、"超时代的绝对",把自己的思想强加给古人,附会出一种新的意义来,如从戴震的"理在气中"加上"物质是有规律的";从孟子的"人人皆可以为尧舜"加上"人人皆平等"。在关锋看来,"'一般意义'同样也是有阶级性的"。他说:"冯先生讲继承哲学遗产或讲历史上哲学的继承性的联系,不分唯物和唯心,实际上他认为唯物主义可以从唯心主义那里接受'一般意义',唯心主义也可以从唯物主义那里接受'一般意义',我坚决反对这种意见。"[2]可是令人惊异的是,关锋一边认为对于哲学史可以进行一般与特殊意义的分析,并

---

[1]　关锋:《批判冯友兰先生的抽象继承法》,《反对哲学史方法论上的修正主义》,第159～162页。

[2]　关锋:《批判冯友兰先生的"抽象继承法"》,《反对哲学史方法论上的修正主义》,第185页。

作了说明,一边批判冯友兰,真可谓"只许州官放火,不许百姓点灯"!① 不久,关锋又发表文章,重申:"目前中国哲学史研究工作中存在两个根本对立的方向,一个是从中国哲学史中拿来现成的好东西;一个是用马克思主义的武器对历史上的哲学体系、哲学斗争进行解剖和批判,以总结规律性的理论思维的经验教训。"前一个方向,实质上是"反马克思主义的、引向厚古薄今、颂古非今的新国粹主义方向",②以冯友兰、贺麟为代表。文章列举了"新国粹主义"的种种表现,如认为庄子是世界上第一个接触到自由和必然的关系的哲学家,孔子是辩证唯物论者,王充是"自然主义的实践论",《中庸》接触到了社会存在与社会意识的决定与反决定的真理,《白虎通义》的唯物主义比王充还深刻,把玄奘的辩证法与马克思主义辩证法相比附,"先秦的哲学家都是唯物主义者","儒道合流是中国秦汉以来朴素唯物主义的哲学传统",等等。关锋以后一个方向的代表自居,他认为,上述两个方向的对立,"实质上是无产阶级思想和资产阶级思想的对立。我们国家正处在彻底摧毁一切旧上层建筑的时期。马克思列宁主义的批判武器,面对着历史上的一切文化,坏的文化要干净地消灭它,好的(比较而言)要彻底地消化它(即否定和扬弃)。旧的东西是不能没有抵抗。'拣现成的好东西'——新国粹主义,便是这种抵抗。……我们必须和它坚决地作斗争,坚定地拿起马克思列宁主义的批判武器去进行中国哲学史的研究工作"。关锋认为:"毛泽东同志早就给我们指出了对待文化遗产的马克思列宁主义的方针……它也就是中国哲学史研究工作的马克思列宁主义的方向。"③其实,毛泽东关于遗产继承的论述仅仅是个比喻,不是论证,他也没有作一个具体的继承个案分析。冯友兰的抽象继承未必不可以说是他的比喻的一个具体例子。又,抽象继承是关于继承方法的论述,"吸取精华"是继承内容的论述,两者并不矛

---

①　关锋于1958年11月发表《扬弃三法——有关哲学发展和继承哲学遗产的几个问题》,仍然肯定"把哲学命题的意义区分为一般意义和特殊意义"。

②　关锋:《中国哲学史研究的方向问题》,《光明日报》,1958年6月15日。

③　"如同我们对于食物一样,必须经过自己的口腔咀嚼和肠胃运动,送进唾液胃液肠液,并把它分解为精华和糟粕两部分,然后排泄其糟粕,吸收其精华,才能对我们有益,决不能生吞活剥地毫无批判地吸收。"(《毛泽东选集》第2卷,人民出版社,1952年,第678页。)

盾。当时的氛围是,只要与毛泽东说的不同就不行。客观地说,抽象继承也是人类文化发展的规律,是一个自然而然的过程。古代哲学命题的具体内容经过年代的流逝和被继承者所在的社会氛围的过滤,常常使人们从一般或抽象意义的角度理解它。对于普通人而言,对哲学命题的具体内容进行分析,根本是不可能的。如,"学而时习之"究竟是学什么,就是专家也不一定考证得出,普通人更只能自然而然地"抽象继承"了。

重要高级干部也加入了批判冯友兰"抽象继承法"的队伍。陈伯达发表了《批判的继承和新的探索》,批判冯友兰的"抽象继承法"是"把古代现代化,把现代古代化",里面"蕴藏着一种具体的复古主义,即企图经过某种形式保留中国历史上的唯心论体系,企图把封建时代统治阶级的一套道德都当作永恒不变的道德"。[1] 冯友兰后来回忆说,1957 年前后,"有一个反对抽象继承法的运动,这个运动的前线总指挥是陈伯达"。[2] 应该说,陈伯达坐镇,授意关锋等人出马批判冯友兰,并非不可能。由于笔者尚不掌握确切的史料,对此暂时存疑。中共的重要高级干部一般是不直接参加具体学术争论的,陈伯达介入争论,并且在中共中央主管的刊物上发表文章,表明对抽象继承法的批判进一步升格。

四、冯友兰的自我批判

在各种批评和批判的压力之下,冯友兰也作自我反省和批判。他的自我批判内容涉及 1949 年前的"贞元六书"和两卷本《中国哲学史》,以及 1949 年后的"抽象继承法"等。此处重点论述他对抽象继承法的自我批判。

和关锋等人的批判一样,冯友兰也把抽象继承法和自己 1949 年前的哲学与哲学史研究联系起来,指出"五四"以后,研究中国哲学史明显有无产阶级和资产阶级两条路线,自己走的是资产阶级的路线,和马克思主义的中国哲学研究为敌。抗战时期,自己把作为封建统治思想的程朱哲学和资产阶

---

[1]　陈伯达:《批判的继承和新的探索》,《红旗》,1959 年第 13 期。
[2]　冯友兰:《三松堂自序》,《三松堂全集》第 1 卷,第 274 页。

级的新实在论结合起来,构成了一套反动的"新理学"唯心主义哲学体系,成
为当时反抗马克思主义和中国革命的思想武器,为国民党服务。解放后自
己那一套反动思想并没有得到改造,在1957年的"百家争鸣"之中,又作为
"百家"之一,与马克思主义"争鸣",修正马克思主义。"过去的一年内,修正
主义表现在哲学史研究上,就是'为唯心主义的较高评价而斗争',企图修正
日丹诺夫的哲学史定义,强调中国哲学史的特点,企图使哲学史发展的规律
不适用于中国哲学。这是一场严重的哲学思想斗争,也就是一场严重的阶
级斗争。资产阶级哲学家不甘心唯心主义随着中国底资产阶级共同灭亡,
在国际修正主义逆流汹涌底时候,以'百家争鸣'为护符,以反教条主义为借
口",向马克思主义进攻。政治上的代表是"章罗联盟",思想上的代表是自
己和贺麟。自己的武器就是抽象继承法。其认识论根源和新理学一样,是
割裂了一般和特殊,是唯心主义和形而上学;其阶级根源就是"保持封建的
资产阶级底哲学阵地,抵抗马克思主义"。"抽象继承法"在理论上荒谬,在
实践上有害,其阶级根源就是要"保持封建的资产阶级的唯心主义哲学底阵
地,抵抗马克思主义"。① 不久,冯友兰又发表了《新理学的原形》,系统检讨
了新理学体系的反马克思主义性质。② 1959年5月,冯友兰写成《四十年的
回顾》,深刻地检讨了自己过去四十年间的所作所为,说:"这四十年间,在中
国历史中最伟大的时期,我有时自觉地,有时不自觉地,在中国哲学界,做了
一个逆流的体现者,一名反面的教员。"③文章承认,"哲学史的对象,必然是
唯物主义发展的历史";一个唯心主义体系如果其中还有一点合乎真理的东
西,那不是它的唯心主义观点,而是它的唯物主义成分;"哲学史中有一些部
分是可以为任何阶级服务的。这是修正主义的结论"。④ 冯友兰又发表了
《批判我底"抽象继承法"》,承认右派分子在政治上的代表是章罗联盟等,在
思想上的代表是自己和贺麟;抽象继承法对命题的具体意义和抽象意义的

---

① 冯友兰:《在中国哲学史工作中对于学习苏联的体会》,《光明日报》,1957年5月27日。
② 冯友兰:《新理学的原形》,《哲学研究》,1959年第1期。第37~49页。该文内容不属于本
书研究范围,不赘。
③ 冯友兰:《四十年的回顾》,《三松堂全集》第14卷,第165页。
④ 冯友兰:《四十年的回顾》,《三松堂全集》第14卷,第234页。

分割比"新理学"更为诡辩。① 汤一介认为,这个自我批判不够深刻,没有触及反动哲学的阶级性的病根。②

　　但是,冯友兰并没有完全放弃"抽象继承法"。1959 年 5 月 7 日至 8 日,为纪念"五四"40 周年,中国哲学学会在北京大学哲学系举行中国哲学史讨论会,讨论议题有哲学遗产的继承问题。关锋、任继愈、杜国庠、任华、苗力田等批判"抽象继承法"。冯友兰认为"抽象继承法"虽有错误,但也抓住了一些现象,并非一无是处,还可以讨论。不久,他又发表了《质疑与请教》,认为《新原人》和"抽象继承法"在认识论上有其价值,并不完全是向壁虚构;哲学的认识论根源有其独立性,不能完全置之不理。关于中国哲学的遗产继承问题,他以范文澜、毛泽东诗词为例指出,"抽象和具体,一般和特殊,是可以分开来看的",这是自己"抽象继承法"的认识论根源。当然,冯友兰说此话是十分谨慎的,并表现出一定的疑虑。他说:"以上所说,可能还是新理学思想在作祟……我把仍然在我思想中作祟的旧哲学思想暴露出来,请同志们继续批判和帮助。"③对于冯友兰的"质疑",关锋发表了《答冯友兰先生》,仅针对冯文认为《新原人》是客观唯心主义做出回应,认为是主观唯心主义。而对于冯友兰所提出的抽象继承法的认识论基础,则未做出回应。

　　如前所述,反思是受制于政治逻辑而中挫的。对于学术的影响和干预是新政权对意识形态领域的进驻和占领,这个过程在 1957 年前后,毋宁说才刚刚开始。只有当政治干预学术的逻辑充分展开,它的荒谬性充分暴露后,学术和政治才可能相对地各安其位,而这要等到"文革"以后了。整个国家当时还不知道、也没有学会把学术和政治相对分开。令人惋惜的是,那个时期的学者,处于从极端干预到相对分开的历史过程中,他们为了这个民族最终能够认识到学术和政治应各居其位、政治应从属于学术,付出了宝贵的人生。这或许是一个民族走向理性成熟所必须付出的代价! 自封为马克思

----

① 冯友兰:《批判我底"抽象继承法"》,《哲学研究》,1958 年第 5 期,第 42 页。

② 汤一介:《对冯友兰先生的批判我底"抽象继承法"的批判》,《哲学研究》,1958 年,第 6 期,第 40 页。

③ 冯友兰:《质疑与请教》,《哲学研究》,1959 年第 3 期,第 8～13 页。

主义的,却危害了马克思主义;而被认为是非马克思主义的,客观上反倒是在帮助马克思主义。这是当代中国历史的一个深刻悖论! 一言以蔽之,极"左"误国! 误民! 误学!

五、张岱年《中国哲学史大纲》出版①

《中国哲学史大纲》可以说是中国哲学的问题史或范畴史,特点是把中国哲学讨论的主要问题分门别类地择拣出来,进行关于思想流变的历史性叙述;并通过与西方哲学的比较,显示出中国哲学的特点。该著对于中国哲学本根论、大化论等基本概念的论述,尤其是对"本体"等概念的中西差别的论述,具有永久价值。张岱年所写的"新序",则可使我们对中国哲学史范式转换有一个直接的认识。该书写成于 1937 年前后,与众不同地阐发了中国的唯物主义和辩证法思想,但一直没有正式出版。这次出版时,他根据解放后学习马克思主义所得到的认识,重写了一个时代特点非常鲜明的"新序",副标题叫"对于过去中国哲学研究的自我批判"。他认为,20 年前,由于对马克思列宁主义理论没有深刻的认识,因而该书不免有许多严重的缺点。主要有四项。第一,"基本上没有达到承认'哲学史是唯物主义与唯心主义斗争的历史'的科学水平"。张岱年指出,列宁早就说过:"现代哲学是有党派性的,正如两千多年前的哲学一样是有党派性的。虽然用假冒博学的新名词或极其愚笨的非党派性掩盖起来,而在实质上,相互斗争的党派是唯物主义和唯心主义。"(列宁:《唯物主义和经验批判主义》)但 20 年前"没有认识到列宁这个指示对于哲学史研究的深刻意义。直到解放以后,阅读了日丹诺夫《在〈西欧哲学史〉一书讨论会上的发言》,才比较充分地认识了哲学史的科学定义"。第二,"没有运用历史唯物主义的观点来研究哲学思想的社会根源与实际意义,因而表现了严重的客观主义的错误";"忽视了对于历史上的哲学思想进行科学的阶级分析的严重任务"。第三,"本书在叙述宇

---

① 张岱年:《中国哲学史大纲》(上、下册),商务印书馆,1958 年。本书并不属于"挫折"的一部分,此处只是按照史学史的时间线索放在此论述。

宙观思想的时候,由于强调了中西哲学的差异,竟忽视了在西洋哲学中比较突出的身心关系问题……所以,王充关于形神的学说,范缜的《神灭论》,在本书中都没有得到适当的叙述"。第四,"由于我当时对于哲学的范围理解得相当狭窄,没有认识到历史观在哲学思想中的重要位置,因而对于过去的历史哲学一概没有叙述,这样就使本书的内容更有偏而不全的弊病。这四点就是这本书的最显著的缺陷,同时也是我过去关于中国哲学的研究工作的主要缺点"。"新序"说明了自己哲学观点的改变,如过去认为《老子》是唯心主义,现在认为是唯物主义。"新序"对于对哲学思想的阶级分析进行了补充,提出儒家代表开明的奴隶主阶级,孔子思想中进步方面是主要的;墨家代表小生产者的要求;老子代表由贵族下降为自由民的知识分子的思想;法家代表新兴地主阶级等。①

第四节　1959 年前后关于
老子哲学的讨论

20 世纪 50 年代中期,关于老子哲学的性质,在学术界形成了一场争论。冯友兰、任继愈、苏联汉学家杨兴顺等人认为老子是唯物主义者。1955年,杨超发表文章,认为老子的道是万有的实体及其法则的统一。道在实体含义上是物质性的。杨超指出,"最先以物质来理解道的实体的是苏联汉学家杨兴顺。他在《中国古代哲学家老子及其学说》一书中写道:'按照这一圣人的学说,万物是由最细微的物质分子——气——所构成的','作为本质来说,道代表世界的物质基础气及其变化的规律'"。道在法则的意义上也是客观的。文章引用苏联已故著名汉学家阿·阿·彼得洛夫的话说:"道这一范畴按其起源于古代形式来说,是具有唯物主义内容的'。"文章指出,不能混淆道的实体意义和法则意义,不能从其法则意义推断道为非物质性的。②

胡瑞昌、胡瑞祥认为,老子的体系的基础"道"是精神性的东西。"'道'

---

① 张岱年:《中国哲学史大纲》上册,第 6～16 页。
② 杨超:《老子哲学的唯物主义本质》,《哲学研究》,1955 年第 4 期,第 135～138 页。

虽然独立存在于人的意识之外并派生人的意识,却也同样独立存在于自然界之外并派生自然界;因而建立在'道'的基础上的老子哲学,只可能是客观唯心论,而不可能是唯物论。"①杨柳桥也不同意任继愈、杨兴顺的观点,认为应该重视道和玄、一的关系。道和玄、一不同,"老子以'道'代表自然法则,以'玄'、'一'代表物质整体,各不相混";道在"象"、"物"之先,"道生一"表明先有自然法则,然后由自然法则生出万物,"正是极端的唯心主义"。"杨兴顺同志说'这是老子似乎认为只有逻辑思维才能达到对道的认识,似乎经验的知识对这个认识是有妨碍的'。这样去理解,只是宽宥了老子学说的反动性。而任继愈先生说,老子'这也是说,天下之大是走不完的,并不是走出大门就可以知天下。道的玄元幽深,也决不是从窗户洞内可以窥见的。这里,老子充分给思维和抽象的活动以地位'这么一引申,不但不是老子的缺点,反而是老子的优点了;所谓'失之毫厘谬以千里'。"②

1954 年至 1955 年间关于老子哲学没有形成大规模的讨论。1959 年前后学术界就新范式下老子哲学的唯物唯心性质、阶级基础等问题展开了一场讨论。由对这些问题的讨论,进一步深入到对老子其人、其书、其哲学概念范畴的分析以及对春秋战国时期的社会思想状况、中国哲学史研究的目的和意义等问题的认识,形成了 1949 年后老子哲学研究的初步成果。本节分为两部分介绍这一过程,首先叙述讨论的缘起和始末,其次以时间顺序为纵轴,以老子其人、其书,其哲学的性质、阶级基础、概念范畴的内涵等问题为横轴,叙述和分析这一时期的讨论。

一、讨论的缘起与始末

1959 年 3 月 23 日,北京大学哲学系在编写《中国哲学史》的过程中,对老子的哲学思想展开了讨论。冯友兰认为孔先老后,任继愈等认为老先孔后,最后一致认为,老子其人在前,其书在后;关于老子哲学的性质,他们都

---

① 胡瑞昌、胡瑞祥:《老子哲学是唯心论》,《哲学研究》,1955 年第 4 期,第 139～143 页。
② 杨柳桥:《老子的哲学是唯物主义的吗?》,《哲学研究》,1955 年第 4 期,第 144～148 页。

认为是唯物主义的。5月7日至8日,为纪念"五四"40周年,中国哲学学会在北京大学哲学系举行中国哲学史讨论会。讨论的议题有老子哲学的性质、阶级本质以及老子其人、其书问题。冯友兰、任继愈、冯憬远、汤一介认为老子是唯物主义,侯外庐、杜国庠、吕振羽、关锋、林聿时认为是唯心主义,嵇文甫、贺麟认为两种成分都有。会后,关于老子哲学问题在《人民日报》、《哲学研究》、《光明日报》以及部分地方报刊继续展开讨论。

　5月24日和31日,任继愈、冯憬远在《光明日报》发表《老子的研究》,仍主张老子为唯物论;关锋、林聿时在《哲学研究》第6期发表《论老子哲学体系的唯心主义本质》。6月12日和13日,冯友兰在《人民日报》发表《关于老子哲学的两个问题》。6月20日,关锋、林聿时在该报发表《再谈老子哲学》。6月29日,周建人在《光明日报》发表《老子的"道"是唯物主义还是唯心主义?》冯友兰、任继愈分别在《哲学研究》第7期发表《论老子哲学的唯物主义本质——兼答关锋、林聿时同志》、《再谈关于老子哲学的问题》,继续论证老子哲学是唯物主义。关锋、林聿时则在同期杂志发表了《略论子产和老子》,车载在《学术月刊》第7期发表《论老子书的"其中有物"——与冯友兰先生商榷》。不久,冯友兰在《北京大学学报》第4期发表《先秦道家哲学主要名词通释》,分析了"气"、"精"、"神"、"明"等概念,认为先秦道家有一个由唯物主义到唯心主义的发展过程。

　1961年6月27日,关锋、林聿时在《光明日报》发表《"道之为物"语法结构一辩》,认为此句应该理解为道创造或者产生万物的过程是"惟恍惟惚"的。7月16日,管燮初等在《光明日报》发表《"道之为物"的语法结构分析》,对此观点提出质疑。7月24日,冯友兰《〈老子〉二十一章解》刊登于《光明日报》,提出"为"与"生"不同;《老子》中的道没有人格化,"物"是包括道在内的大类名,是泛指。

　1959年底,中华书局出版了《老子哲学讨论集》,收录参加讨论的文章,共16篇。其中主张唯物论的有任继愈、冯憬远、冯友兰、汤一介、詹剑峰、胡曲原,主张唯心论的有关锋、林聿时、车载、杨荣国、周建人。主张唯物主义者阵营大于主张唯心论者阵营。所收文章,前者为9篇,后者7篇,前者大于后者。这16篇文章中,冯友兰3篇,关锋、林聿时4篇,接近总篇幅的一半,所以这次讨论也可以说主要是在冯友兰和关锋、林聿时之间进行的。该书的编辑方式十分有趣。冯友兰把主张老子为唯心论者称为甲方,主张为唯物论者成为乙方,落脚于乙方。而书的编排却恰好把主张唯物论者放在前,主张唯心论者放在后,落脚于唯心论。而事实上,后来包括冯友兰、任继愈在内的整个学术界都接受了老子是唯心主义的观点。

二、讨论的内容

(一) 关于老子其人、其书

关于老子其人、其书,据任继愈、冯憬远《老子的研究》统计,基本有三派观点。第一是主张《老子》是老聃遗说的发挥,老聃在孔子之前。老子之书在《墨子》、《孟子》时期撰成。马叙伦、张煦、唐兰、郭沫若、吕振羽、杨兴顺等持此观点。第二是主张老子为战国时人,其书亦为战国时书。汪中、梁启超、冯友兰、范文澜、罗根泽、侯外庐、杨荣国等诸人持此观点。第三是认为老子为战国中叶人,《老子》成书则晚在秦汉之间。顾颉刚、刘节持此说。

关于老子的人和书的关系也有三种意见。第一是认为《老子》书即孔子以前老聃所著。马叙伦等人持此观点。第二是认为二者毫无关系,书出于战国末。顾颉刚、杨荣国等持此观点。第三是主张把老子的人和书分开:其一,书虽非老子所写,但反映了老子的思想,郭沫若、唐兰、冯友兰、陈伯达持此观点;其二,《老子》书代表战国时期思想,和老子没有关系。侯外庐等持此观点。

任继愈基本同意郭沫若的观点,又补充了三点证据,一是《老子》、《荀子》、《韩非子》、《吕氏春秋》、《墨子》佚文都没有怀疑老子和他的学说的关系,而且上述不同学派各从不同角度描述了一个思想面貌大致相同的老子,描述的内容与《老子》书也比较接近。其次,《老子》书经历了很长的编辑时间,其中可能夹杂有编辑者的思想,但不能因此把全书放到战国后期。其三是老子思想在战国时期已经很流行,如无为、贵柔等,可见这些思想在春秋时已有雏形,只是还没有概括为普遍哲学原则;其中的反对仁义、法令的思想则可能晚出。①

　　冯友兰认为,关于《老子》和老聃的关系,分为甲乙两方意见。甲方主张《老子》虽然晚出,但其主要思想属于老子本人的;乙方认为,既然这部书晚出,所以书中可能包含一部分老聃的思想,但不是主要部分。归根结底,"就是老子这部书所反映的究竟是春秋末期的思想呢或是战国中期或末期的思想?"②乙方根据《老子》反对仁义、主张"绝仁弃义",认为这是墨子和孟子的对立面,"不尚贤"也是墨子的对立面,所以《老子》书的时代应在战国中期或者稍后。甲方认为,这些是"战国时候的人所补充追加上去的。这样轻描淡写的一两句话,就把乙方给挡回去了"。③乙方对于甲方也可以使用这种办法,如甲方说《吕氏春秋·不二》篇说"老聃贵柔,孔子贵仁",表明老子在孔子之前。乙方说,"并不否认孔子之前有一个贵柔的老聃,但是《老子》书所讲的基本和主要的哲学思想晚出"。在冯友兰看来,乙方的理由充分些。"因为晚出的书可以包括以前的思想,而早出的书不能包括以后的思想;必须说晚出的思想是后人追加补充的。严格地说,如果甲方说老子书的某些部分是战国时人补充追加上去的,那就需要于思想不合之外,另举一些别的证据。不能说某些部分是战国时代补充追加上去的,因为它反映的问题是战国时代的。甲方必须从别的方面(文体、文字考订等)证明这些部分是后加的,才可以破乙方的论据。不然的话,就犯了逻辑上所谓'丐辞'的错误。"④冯友兰认为:"《老子》书的哲学体系是战国时才成立的。"⑤他列举了三条理由,"第一点:从先秦一般的学术发展的情况看",清代从章学诚以来,逐渐认识到的一条客观规律,就是孔子以前"无私人著作之事"。第二点,"从思想斗争的观点看","一种思想遇见异己的思想,特别是敌对的思想,一定要斗争"。孔、墨、孟都没有跟老子斗争,甚至没有提到老子的名字。

---

　　①　任继愈、冯憬远:《老子的研究》,《老子哲学讨论集》,中华书局,1959 年,第 6 页。
　　②　冯友兰:《关于老子哲学的两个问题》,《老子哲学讨论集》,中华书局,1959 年,第 49 页;又《人民日报》,1959 年 6 月 12 日。
　　③　冯友兰:《关于老子哲学的两个问题》,《老子哲学讨论集》,第 50 页。
　　④　冯友兰:《关于老子哲学的两个问题》,《老子哲学讨论集》,第 50 页。
　　⑤　冯友兰:《关于老子哲学的两个问题》,《老子哲学讨论集》,第 51 页。

"孔子对于《老子》书中的基本思想,没有进行斗争";孟子好辩,为什么能够与老子和平共处?因为他把杨朱作为道家的代表。第三点,"从先秦哲学思想的发展看,一切事物的发展都是从低级到高级,从简单到复杂"。《老子》中的一些范畴,"道""有""无"等,"都是很概括的","应该是在先秦经过相当长期的百家争鸣,互相批判,互相提高的辩论过程中,才能逐渐达到的。要是说在百家争鸣开始以前就有像《老子》书里所讲的那样的范畴和体系,这是很难理解的"。①

关锋、林聿时认为,《老子》书形成于春秋时期。春秋时期,尚贤已经成为一种普遍的风气,从老子反对尚贤这一点,不能证明老子后出。"断定老子在孔子之后,并一下子把老子哲学的产生推迟到战国,是缺少根据的。"②

(二) 关于老子所代表的阶级

关于老子所代表的阶级,也有几种说法:一是"没落的领主阶级说",如范文澜、吕振羽等;一是"由贵族下降的隐士"、农民、小生产者、自由农民。任继愈认为,《老子》这部书"部分地,而不是全部地,反映了农民和小私有者的要求";老子"与真正的农民之间还有一定的差别";老子代表的是另一部分群众,"他们多半是由贵族下降为农民的,他们当前的身份是小生产者、自由农民、同时还带着原来出身的阶级的烙印,因而在老子的政治思想、社会思想中不免充满着矛盾"。③ 还有一说是"农民阶级说",侯外庐、杨兴顺等持此观点。杨兴顺认为,老子揭发了中国古代社会的罪恶,对劳动人民表示了同情,加深了受压迫劳动人民对统治阶级的仇恨,客观上加速了保守的旧制度的灭亡,为历史的发展扫清了道路。但是,老子主张恢复农村公社,停止社会的智力和文化的发展,表现了反动的乌托邦思想,有可能成为剥削阶级反对社会前进发展的精神武器,所以老子的社会伦理学说有二重性的特点。④

关锋、林聿时认为:"春秋时代唯物和唯心、进步和反动两大阵营的斗争

① 冯友兰:《关于老子哲学的两个问题》,《老子哲学讨论集》,第54页。
② 关锋、林聿时:《从春秋时代的尚贤谈谈老子哲学》,《老子哲学讨论集》,第278页。
③ 任继愈、冯憬远:《老子的研究》,《老子哲学讨论集》,第10~11页。
④ 杨兴顺:《老子及其学说》,第75~78页。

是很鲜明的。""唯物主义、进步阵营的主要代表人物是管仲、子产、范蠡和计然等;唯心主义、反动阵营的主要代表人物在思想界是老子。他是管仲、子产思想的反动;而孔子则大体上是中派,有偏左的观点,也有偏右的观点。在中国封建社会的历史上,孔子和老子被封建统治者抬得极高,而唯物主义者管仲、子产、范蠡和计然则被冷淡了。"①"进步、左派——子产;反动、右派——老子;中间偏右——孔子。三种态度,不是非常明显的吗?"②关锋的观点,是政治对学术的投影,或者说按照当时的政治理解古代思想。这与其说是研究古代哲学,还不如说是通过古代哲学说明当前政治。这也是"革命史观"演化为服务史观的一个典型。

(三) 老子哲学的性质

任继愈、冯憬远认为老子是唯物主义。他们指出,老子的道虽然看不见,但并非不可捉摸、不可认识;"道是世界赖以发生的一团混沌的物质,有变化,也包含变化的法则";③道以自己的样子为法则,不是脱离物质而悬空存在的格式;道也有规律的意义。总之,"道不过是物质范畴"。任继愈、冯憬远提出:"区别老子是不是唯物主义,不能看他提出天地有没有开始,而是看他如何回答这个问题。像'无名天地之始,有名万物之母',正是老子的唯物主义的答案。"④

关锋、林聿时认为,"老子哲学体系基本上是'客观'唯心主义的,它的'道'即是绝对精神","而不是'物质'范畴、原子、混沌、精气、客观规律"。⑤"老子的'道'的基本规定性,简单地用一两句话加以概括,就是:'道'是虚无,是形而上学的超时空的绝对,是产生宇宙万物的总根源"。⑥ 理由如下,(1)《老子》首章为老子哲学的纲领,首章表明,"'道'是'常有'和'常无'的统一";"常无"是天地的开始,在天地万物的"有"之前,有一个"无"。

---

① 关锋、林聿时:《略论子产和老子》,《老子哲学讨论集》,第 241 页。
② 关锋、林聿时:《略论老子哲学体系的唯心主义本质》,《老子哲学讨论集》,第 263 页。
③ 任继愈、冯憬远:《老子的研究》,《老子哲学讨论集》,第 20 页。
④ 任继愈、冯憬远:《老子的研究》,《老子哲学讨论集》,第 21 页。
⑤ 关锋、林聿时:《略论老子哲学体系的唯心主义本质》,《老子哲学讨论集》,第 176 页。
⑥ 关锋、林聿时:《略论老子哲学体系的唯心主义本质》,《老子哲学讨论集》,第 178 页。

（2）"作为'常无'、'常有'的统一的道，也就是'虚无'。"道"冲"的"冲"为"盅"的假借字，即虚无。（3）"'道'是超时空的绝对"；"作为'常无'、'常有'统一的道是恒常不变的，当然它就是绝对。绝对和发展论当然是相互排斥的"。（4）"'道'是产生宇宙万物的总根源"。① 关锋、林聿时反驳了道是"原子、精气、混沌、唯物主义的'物质'范畴或客观规律"的观点。关锋说，一些学者认为老子的"一"类似原子，但是"一"之上还有道，"道生一"，可见道和一是不同的。道是虚无，所以道也不是阿那克西曼德的"无限"。道也不是"精气"，《老子》的"精"不是宋钘的精气；"其中有精"的"精"应为"情"。道也不是混沌，因为混沌是物质，道是虚而不实的超时空的东西。"混成"是说道浑然一体。道也不是物质范畴。"老子的'道'正是产生宇宙万物的，所以它不能是唯物主义的'物质'范畴。"唯物主义的"物质"范畴是个"略语"，"如果说'物质'范畴产生物，那它也就不是唯物主义的物质范畴了"。② 关锋、林聿时把"道之为物"解释为"道之生物"。"为"作为生，即"创造万物的意思"。③ 关锋强调"道中有物，和老子对于道的基本规定根本不合"。④ 不过，这个"基本规定"，乃是关锋自己的理解，冯友兰并不接受。总之，在他们看来："'道'具有物质性的说法，就是未加分析的笼统说法；是说'道'中有物呢？还是说'道'是'物质范畴'呢？两者必择其一。如说'道'中有'物'，那么'道'就不是物，是物的匣子？或是'道'一部分是物，一部分是非物，'道'是'物'和'非物'的统一？这没有根据。如说是'物质'范畴，那么它又是宇宙万物的老祖宗，怎么能说得通呢？"⑤老子的"道"是离"物"而存在的，所以不是物质的"客观规律"。总之，"老子的'道'是绝对精神，其宇宙观是'客观'唯心主义"。⑥ 关于老子的辩证法，他们认为最终是形而上学的。老子的辩证法是以绝对的"道"为出发点和终结点的，也就是说，其辩证法建立在

---

① 关锋、林聿时：《略论老子哲学体系的唯心主义本质》，《老子哲学讨论集》，第190页。
② 关锋、林聿时：《略论老子哲学体系的唯心主义本质》，《老子哲学讨论集》，第195～196页。
③ 关锋、林聿时：《略论老子哲学体系的唯心主义本质》，《老子哲学讨论集》，第196页。
④ 关锋、林聿时：《略论老子哲学体系的唯心主义本质》，《老子哲学讨论集》，第197页。
⑤ 关锋、林聿时：《略论老子哲学体系的唯心主义本质》，《老子哲学讨论集》，第197页。
⑥ 关锋、林聿时：《略论老子哲学体系的唯心主义本质》，《老子哲学讨论集》，第200～201页。

唯心主义基础上,所以老子的辩证法屈从于其唯心主义体系,把统一夸大为绝对,引到循环论上去。

关于研究老子哲学的目的和意义,关锋、林聿时认为,除了判定其性质的唯物唯心,作出评价外,还有另外两个目的:"(1) 通过讨论老子,在哲学史的方法论上有所收获,使我们能够进一步用马克思主义哲学武器去解剖历史上的哲学体系;(2) 从解剖老子哲学体系中探讨理论思维的经验教训,例如他的辩证法怎样把对立的统一弄成绝对的,其结果又如何。"[①]关锋的特点是力图通过对某个人的研究得出具有普遍意义的方法论或理论教训,由此确立自己的学术话语权。他的哲学和哲学史素养并不足以支撑他做到这一点。

冯友兰从 1949 年后一直主张老子哲学是唯物论。他指出,关于老子哲学的讨论方法,应注意两点。"第一点是,不要把老子哲学现代化。"先秦哲学是朴素的,简单的,没有现代哲学思想那么复杂和细致。"道"既不是主张唯心论者所说的"绝对观念",也不是主张唯物论者所说的"物质的实体",没有一点神秘的成分。"道之为物"和"有物混成"的"物"虽然可以作为"一般的东西"讲,但未必就是"物质"。而"其中有物"的"物"却是物质的。既然"道中有物质性的东西,道本身也必然基本上是物质性的东西了"。[②]甲方认为既然"道"生天地万物,所以,道就在天地万物之上,是超自然的上帝或绝对观念,或超时空的绝对观念。这是把《老子》哲学黑格尔化了。[③]冯友兰指出的第二点是,要了解老子哲学,就必须认真地以《老子》书的字句为依据,并综合道家的其他典籍认真考辨,不能断章取义。关于"其中有精"的理解,冯友兰根据先秦《管子·内业》等篇,认为"精"是先秦道家的概念,为"极细微的气";"含德之厚","德""就是一个人或物所得于道、所得于精的"内容;"道之为物"不能理解为"道之生物","为"不能理解为"生";"冲气"就是一,就是混沌未分的气。冯友兰指出:"道家所谓'道','精','气'是有其神

---

① 关锋、林聿时:《略论老子哲学体系的唯心主义本质》,《老子哲学讨论集》,第 227 页。
② 冯友兰:《关于老子哲学的两个问题》,《老子哲学讨论集》,第 60 页。
③ 冯友兰:《关于老子哲学的两个问题》,《老子哲学讨论集》,第 62 页。

秘的一面。……应该承认,《老子》书所说的道是物质性的。但是还不完全是物质性的。"①

针对关锋、林聿时的文章,任继愈作了新的说明。他认为关锋和自己发生分歧的关键,首先在于标准的运用方面。"哲学史上的基本问题,在不同时代有不同的历史任务,哲学上的基本问题是透过每一历史时期的具体的'中心问题'"来表现的。"'天道观'是春秋战国哲学思想中的中心问题","研究老子的哲学,不能把他主张的'天道自然'等闲视之"。② 任继愈认为自己和关锋、林聿时的分歧,其次在于"分析老子五千言的方法和入手处"。关锋提出,分析哲学体系产生的时代和阶级背景固然重要,但不是说不这样做就不能判定这个体系是唯物主义的还是唯心主义的。判定唯物唯心的标准在于对物质和精神何者为第一性的认识。任继愈对此持否定意见,提出对于古人要"知人论世"。"对于哲学史上的许多思想家,如果只看他说了些什么,而不考虑到他所说那些话的环境、时代,是难以作出正确评价的。"任继愈的时代背景之说实际上包含着对于古人的同情的了解,而不是单纯根据何者为第一性简单地做出结论。他指出:"主张'天'不是最高的神,主张自然界的生成是由于自己的原因,没有一个精神性的主宰在物质世界之上,它就是唯物主义的。""有物混成,先天地生",说明宇宙起源于一个浑然一体的东西,正是朴素唯物主义观点。"道法自然"说明道"以自己的样子为根据,内在的原因决定了它的存在、运动不是靠其他的原因",没有给上帝留下地盘。"道之为物"的"为"是"作为",关锋解释为"生"是不对的。所谓"有精"的"精",说明道包含了有形有象的东西。道存在着把物质实体和从物质实体中抽象出来的范畴混一不分的问题,这是中国古代唯物主义的弱点和缺点。关于"道生一",任继愈认为是老子唯物主义体系中的唯心主义杂质。"老子的唯物主义如实反映了春秋时期认识世界的广度和深度,他结合了当时的科学成就,给宗教、上帝、鬼神以有力的打击;所以是唯物主义的,也有

---

① 冯友兰:《关于老子哲学的两个问题》,《老子哲学讨论集》,第 64 页。
② 任继愈:《论老子哲学的唯物主义本质——兼答关锋、林聿时同志》,《老子哲学讨论集》,第 32、33、34 页。

战斗作用。"①

　　针对任继愈等人的见解,关锋、林聿时又发表了《再谈老子哲学》,认为判断老子哲学性质的关键在"道生一"和"无生有"。甲乙双方都认为"一"是混沌或元气,但"道"和"一"是不是一个东西,双方存在根本分歧。甲方认为,"道"不是"一","一"为道所生,"道"属于绝对精神,所以,老子哲学为客观唯心主义。乙方认为,道就是一。但是,无法解释"道生一"。乙方认为,老子第二十一章"道之为物,惟恍惟惚"表明,道就是物,这是将了甲方的军。但甲方认为,"为"是"生",这一段是讲道生一、无生有的过程。"我们不能一般地把'为'训为'生'。这里需要死书活读。"②冯友兰说:"冲是道的一种性质,'道冲而用之或不盈'。这种尚未分化的气,与道还差不多,所以叫冲气,也叫作一。"关锋认为,"一生二、二生三"的"生"都是产生或分化的意思,为什么"道生一"的"生"不是产生或分化呢? "一生二"等所生的东西并不一样,为什么"道生一"中道和"一"差不多,"一"的性质就是"道"的性质呢? "万物俯阴而抱阳,冲气以为和"说明,万物是阴阳二气和合而成,不是说冲气就是道。"道冲,而用之或不盈"的"冲"历来训为"盅",为空虚;"冲气以为和"的"冲"《说文》的解释是"涌摇","喻道之虚故用'盅'";说明阴阳二气涌摇为和,化生万物,故用'冲'"。③ 关于天道观问题,关锋、林聿时指出,不能脱离哲学的基本问题孤立看待,不能把唯心论和有神论画等号;其次春秋中叶有神论基本上已经垮台,所以老子提出了唯心主义哲学体系。老子作为客观唯心主义,与黑格尔类似。

　　对于天道观在先秦哲学史中的意义,汤一介和任继愈一样,认为天道观是先秦宇宙观的中心问题,并把对这个问题的不同看法作为划分唯物和唯心的标准。他指出,"天道观"是先秦哲学争论的中心问题,是哲学的根本问题。春秋时期存在怀疑天、骂天的现象,但像关锋、林聿时所说的已经否认

---

　　① 任继愈:《论老子哲学的唯物主义本质——兼答关锋、林聿时同志》,《老子哲学讨论集》,第45页。

　　② 关锋、林聿时:《再谈老子哲学》,《老子哲学讨论集》,第229页,原载《光明日报》,1959年6月20日。

　　③ 关锋、林聿时:《再谈老子哲学》,《老子哲学讨论集》,第232页。

了有意志的天,却是没有根据的。老子在唯物主义上的贡献,还不仅在于否定了有意志的天,而且他认为"应该用自然界本身的因素来解释自然界发生的一切现象,他的'天道自然'的意义正在于此"。① 关锋、林聿时以庄解老,说老子的道是"常无"、"常有"的统一,"无有"是庄子的专用名词,但没有"常无"、"常有",把无、有断开在古汉语文法中少见。汤一介认为,他们这样做,就是要把老子哲学现代化,是要为老子造一个完整的黑格尔哲学那样的体系,"把观念建立在无和有的统一之上,其实老子的道就是'无'、并不是'有'和'无'的统一"。道是物质性的,"是浑沌的物质状态的宇宙的全称","是和'物'结合在一起的'万物'的","'道'就是'无',但不是'虚无',而是'无有'、'无形'、'无名'、'无象'"。②

　　老子思想的政治性和他的宇宙观的唯物论之间是不是存在矛盾? 为什么没落阶级会有唯物主义思想呢? 汤一介指出,有两种唯物主义,一种是战斗的唯物主义,如王充、范缜,他们是进步阶级或进步集团的思想的反映;还有一种消极的唯物主义,即"在特定的历史条件下,没落阶级反对唯心主义而采取了唯物主义的形态"。汤一介引用恩格斯关于18世纪唯物论在英国为旧制度的拥护者所热中,以及梅林对于历史浪漫学派和古典经济学的反击作为例子,指出没落阶级为了反对新制度、新思想而采取了唯物主义,但是这种唯物主义没有什么战斗力。

　　对于关锋、林聿时对"道生一"和"无生有"的论述,冯友兰认为,他们把《老子》首章作为老子哲学的纲领,又按照第一章的解释给老子的"道"作了一些规定性。如果别章的辞句跟他们给"道"的规定性不合,他们就说,"不能这样解释,因为跟'道'的规定性不合",这在逻辑上有'丐辞'的嫌疑。首先,把首章作为全书的纲领就比较困难,其次《庄子·天下篇》说老子"建之以常无有",他们解释为常无、常有,把二者作为抽象范畴,从而把老子书的"道"规定为超时空的绝对,未必与《天下篇》原义符合。常无、常有的内容是什么,需要参考老子书其他章进行决定,但是他们却只是简单地给常无、常

---

　　① 汤一介:《老子宇宙观的唯物主义本质》,《老子哲学讨论集》,第144页。

　　② 汤一介:《老子宇宙观的唯物主义本质》,《老子哲学讨论集》,第147~150页。

有一个意义,然后根据这个意义去衡量别的章节的话。如《老子》二十一章"其中有物",一般认为,"其"就是上文的"道",但他们却认为:"说'道中有物',跟老子对于'道'的基本规定不合,根本不能这样说。其实,'其中有物'正是'常有'的基本内容。"①关锋、林聿时认为道是超时空的绝对,其推论过程是认为"常无"是"无形体",这是"偷换概念"。"老子说道是无,只是说道是无名无形,并不是说道是无形体。道之所以是无形,因为它是看不见摸不着的。因为无形,所以也无名。但是无形并不是无形体,无形和无形体完全是两回事。"②关锋、林聿时认为道"寂兮寥兮,独立而不改",说明道是无形体的,冯友兰认为这只是说明,只有道存在,并不是"无形体"的意思。③ 冯友兰指出,也不能说因为道无形体所以是超空间的,进而论证道是超时间的,这样做都是不充分的。至于关锋、林聿时把"道之为物"理解为"生物",冯友兰认为这十分不妥。他指出,《老子》中"为"和"生"是有区别的。"混而为一"的"一"即"道",不是"道生一"的"一"。"混"是"有物混成"的"混"。天地万物是道的有的一面,无名无形是道的无的一面,从这个意义上说,道是"常有"和"常无"的统一;对于二者不能作抽象的了解。对于关锋、林聿时所说"明明说复归于无物,怎么无物,又是物又是有物呢?"冯友兰认为,这是因为他们把"有"不仅只作为抽象的了解,而且把"周行"了解为"空洞的'到处发生作用'",不这样理解,就不会发生这样的问题。冯友兰批评关锋、林聿时"死书活读"把"为"解释为"生",与《老子》不能"丝丝入扣"。

关于"道生一",冯友兰认为,和气、冲气和精气相同。冲气并不就是道,而是和道差不多。所差在哪里?"这个道,就其'无'一方面说,本来就是混沌未分的元气。在它所发生作用而开始分化('剖判')的时候,就有'涌摇'的情况。'道冲而用之或不盈','用'就是道的作用,从'涌摇'之中首先分出来的就是冲气,或叫和气,或叫精气,这就是'道生',也就是后来所说的'道始于一','道立于一'。其次,由于精气的作用,又分化出阴阳二气。万物都

---

① 冯友兰:《再谈关于老子哲学的问题》,《老子哲学讨论集》,第69页。
② 冯友兰:《再谈关于老子哲学的问题》,《老子哲学讨论集》,第70页。
③ 冯友兰:《再谈关于老子哲学的问题》,《老子哲学讨论集》,第70页。

是由阴阳二气所构成的,又有冲气,使得它们'和'。""道就其'无'的方面说,
就是混沌未分的元气,但也就不是一",就其"'有'的方面说,天地万物都是
从道生出来的,不过四十二章说明的三种气,是生万物的基础,而这三种气
都是从道分化出来的,其中冲气首先分化出来,跟道的无的方面最近,所以
说跟道差不多"。① 冯友兰说,《淮南子·天文训》说道始于一,一生二等,没
有"生"字,可能那时还没有"道生一","道生一"为后来所加。或者,这就是
老子书中的唯心主义成分,不必再作解释。②

　　詹剑峰认为,关锋、林聿时对于老子的解释是"以黑解老",把"道"理解
为黑格尔的绝对。黑格尔说绝对是有和无的统一,他们说道是常有和常无
的统一;黑格尔说绝对是精神,他们说道是虚无,虚无就是精神;黑格尔说精
神实体是绝对,他们说道是超时空的绝对;黑格尔说客观世界是绝对精神的
外化史,他们说"道是产生宇宙万物的总根源"。詹剑峰指出,关锋、林聿时
论证道是绝对精神的论据是可疑的。"建之以常无有"的断句方式很多,易
形成分歧,不能作为论据。"主之以太一"的太一为混沌未分的气,恰好推翻
了道是绝对精神的观点。关锋、林聿时说"道是宇宙万物的总根源",又说
"无才是天下万物的最后根源",二者包含着矛盾。道是超时空的绝对的论
据也可疑,"道独立而不改,周行而不殆"是说道是永恒运动着的元气,即运
动着的物质。物质是不能消灭的,但有时经常变化的,所以道赅常变。最
后,詹剑峰认为,道是辩证唯物主义所说的绝对,不是超时空的绝对。"道本
身就是整个自然界及其运动、变化的规律。"③

　　胡曲原也反对老子唯心主义论,指出西方学者受黑格尔影响,常把老子
的"道"理解为精神范畴,19世纪俄国进步学者反对黑格尔对于老子哲学的
歪曲,这些学者有俾丘林、芝维可夫、海奥吉耶夫斯基、彼得洛夫等人。胡曲
原认为,侯外庐把老子的道解释为"独立而自如的神秘实体",是不准确的;
把"三十辐共一毂,当其无,有车之用"中的"无"解释为"非私有"时代,比较

---

①　冯友兰:《再谈关于老子哲学的问题》,《老子哲学讨论集》,第76页。

②　冯友兰:《再谈关于老子哲学的问题》,《老子哲学讨论集》,第70页。

③　詹剑峰:《老子的道是绝对精神么? ——和关锋、林聿时二同志商榷》,《老子哲学讨论集》,
第154~161页。文章原载《理论战线》,1959年第8期。

牵强。胡曲原认为,"天下万物生于有,有生于无"不是说万物之前有一个无的阶段,万物生于无,而是说万物本身存在"无之以为用"的相反的一面。所以,道生一、一生二等,不过是世界通过自身的反作用,从简单到复杂的过程。[①]

　　冯友兰又撰写了《先秦道家哲学主要名词通释》,对道家的主要概念进行了说明。他认为道家的中心思想是"为我",分为五个派别;通过分析道家的主要名词和术语在道家各派中的特殊意义,可以看出先秦道家与其他各家的不同以及道家内部的差异,由此恢复道家的本来面目。他这么做,一方面是理出道家唯物主义的线索,另一方面,也有针对关锋所谓"死书活读"的意图。冯友兰认为:"先秦道家基本上是唯物主义的,到庄子学派,就完全倒向唯心主义了。"[②]"气"的概念所反映的思想是唯物主义的,元气是天地万物的根本,元气剖判即成为天地。气是无形的,似于阿那克斯曼德的无限,气之可见者为风。作为构成万物的气,也有一些抽象的性质。气有精气和形气之分。"精气"是气中细微的部分,精气也叫"神"或"明"。精气也构成人的灵魂,在宇宙间游走。老庄的"一"、老子的"冲气",是"精气"。精是从道中分化出来的,道是"一"之所起。"德"是人所得的道,物得道以生叫做"德"。具体的东西有了一定的形状和性质,此性质叫做理。道在《内业》篇中即是精气,也叫灵气,其大无外,其小无内。《管子·白心》篇有所谓"天或维之,地或载之",关锋认为是有形体的东西系着天、托着地,如果系天托地的东西是虚而无形的道,就谈不上托系了。冯友兰认为,这是由于关锋把无形认作无形体的缘故,无形的道如何托系天地? 是"若然",即不能真的有一个钩子系着、盘子托着那样。关锋认为,宋尹学派的"道"不是产生天地万物的,而是天地万物的道,冯友兰认为,宋尹的"道"是产生天地万物的。

　　冯友兰认为,《老子》的"道"有五个特点:第一是无,即"无形"、"无名"的简称;第二是"常";第三是"其大无外,其小无内";第四是"周行";最后,最大的特点是无和有的统一。冯友兰强调,"常无"和"常有"不是抽象的概念,

---

① 胡曲原:《论老子的道》,《老子哲学讨论集》,第170页。
② 冯友兰:《先秦道家哲学主要名词通释》,《老子哲学讨论集》,第119页。

而是有具体内容的。"无"是无形无名的元气或精气,"有"就是天地万物。《老子》关于"周行"的思想,"以气为本,更明确地说明万物都从道发生,最后复归于道。这正是恩格斯所说的原始的、自发的唯物主义"。① 庄子的"道"有四个特点:一是"无有";二是"非物";三是"不可知";四是抽象的"全"。老子的"全"是具体的全,包括精、气、天地万物。庄子的"全""是一个逻辑概念,超越于自然界,成为一个绝对"。②《老子》、《管子》是没有完全摆脱宗教的唯物主义,而庄子哲学则是"表现在科学理论形式中的唯心主义体系"。③

车载对冯友兰关于"其中有物"、"其中有精"、"冲气以为和"的解释提出了不同看法。他认为,老子的"其中有物",的确可以解释为"道中有物"。《老子》书把道看作与物不同的东西,看重的是道,不是物。"老子把规律的道视如有物驾临一切来加以说明和运用的",这是它的唯心主义所在;④"其中有精"和"其精甚真"的"精"都指"精纯不杂的道理"。⑤ 关于"冲气以为和",冯友兰认为涉及阴气、阳气和"冲气"或"和气",但《老子》四十二章只涉及"冲气",其他均未涉及。所谓"万物负阴而抱阳",不过是以阴阳来说明事物包含着两个方面的对立统一,并不涉及气的问题。道是包含了对立面的统一。道生一,指未分化以前的统一,一生二,说明开始形成对立,二生三,指形成新的统一。既然"道生一",所以"道"与"一"还是有所不同的。冯友兰以《管子》解老,说道里存在精气;又以《淮南子》解老,说"冲气"是物质,不符合《老子》书的原义。⑥

20 世纪 50 年代,老子其人、其书、其哲学思想的争论,属于新范式下老子哲学研究的探索。唯物唯心斗争的模式在不走极端的前提下,也不失为一种有益的探索。以冯友兰、任继愈为一方和以关锋为一方的争论,推进了

---

① 冯友兰:《先秦道家哲学主要名词通释》,《老子哲学讨论集》,第 115 页。
② 冯友兰:《先秦道家哲学主要名词通释》,《老子哲学讨论集》,第 117 页。
③ 冯友兰:《先秦道家哲学主要名词通释》,《老子哲学讨论集》,第 124 页。
④ 车载:《论老子书中的"其中有物"——与冯友兰先生商榷》,《老子哲学讨论集》,第 283 页。
⑤ 车载:《论老子书中的"其中有物"——与冯友兰先生商榷》,《老子哲学讨论集》,第 292~293 页。
⑥ 车载:《论老子书中的"其中有物"——与冯友兰先生商榷》,《老子哲学讨论集》,第 292~293 页。

对于老子的"道"、"物"、"精"、"气"、"有"、"无"、"生"等概念的理解,至今仍
有其学术价值。问题是,当时的中国哲学史研究受教条主义的严重束缚,研
究本身即为革命的一部分,必然要为革命服务,这就造成对哲学史本身理解
的偏差和哲学史研究的目的的扭曲。关锋所谓"死书活读",把"道之为物"
的"为"理解为"生"就是理解的偏差;他所谓春秋时期哲学分为进步、左派的
子产,反动、右派的老子和中间偏右的孔子三派,显然是把学术研究作为论
证政治合法性的工具了。至于老子研究本身,马王堆帛书《老子》的出土否
定了《老子》成书于汉代的说法;郭店楚墓竹简的出土表明,老子其人其书出
于战国后期之说也不成立了。不过,对照竹简本与通行本可知,后者确实经
过了改动,改动的趋势是朝与儒家对立的方向发展。这意味着竹简本和通
行本应该区别对待,孔老或者儒道对立可能不是中国哲学的原初状态,而是
战国以后尤其是汉代经过司马父子、二刘父子整理中国思想史材料而"逆形
成"的结论,用这个结论研究春秋时期的老子,在方法论上存在错误。①

---

① 乔清举:《论中国哲学史的逆形成特点——以老子为例》,《哲学门》第13辑,北京大学出版
社,2006年。

第三章　新范式下的继续探索
（1960～1965）

　　1960年至1965年是1949年以来新范式探索的收获期，这6年的成果丰硕，出现了一批通史类著作。冯友兰、侯外庐、杨荣国等都出版了篇幅或长或短的中国哲学史或思想史著作；任继愈主编的大学教材《中国哲学史》也开始出版。对新范式运用过程中出现的问题，也以哲学史方法论讨论的形式进行着；围绕孔子、庄子、《周易》哲学研究展开了哲学史研究方法论的讨论，并有所进展。但是，这期间政治对学术的冲击和干扰仍然十分严重；冯友兰等仍然受着批判。任何具体学术问题的探讨，都有可能成为批判的导火索。对于学界来说，最为内在的干扰还在于政治对学术研究的塑型作用，政治局势、政治观点，尤其是领导人的讲话，如关于阶级斗争的认识，严重地影响到学术研究，客观的真理探索很难进行。1958年的"大跃进"也影响到学术研究。"大跃进"开始后，学术刊物的出版周期加快了，学术文章的长度缩短了；因为要快、要跃进，所以纸张、印刷、装帧、页面的编排版式等方面的质量都比过去大幅下滑。《新建设》、《哲学研究》登载了不少所谓工农兵学哲学的体会性短文。到1964年至1965年间，极"左"的气氛充斥学术界和整个国家，几乎到了狂热的地步；对于阶级斗争的强调、对于学术观点的政治批判，超过了1949年后任何时候，直到刑事介入；"文化大革命"已是呼之欲出。

第一节　1960 年至 1965 年间的政治
形势与思想学术领域的批判

一、政治、社会形势

　　由于"大跃进"、"共产风"的失误,三年困难时期,各地出现了不少饿死人事件。1962 年 1 月,中共中央召开会议,刘少奇认为工作失误是造成三年自然灾害后果严重和经济困难的一个原因;2 月下旬开始进行"社会主义教育"、"四清"(清理账目、清理仓库、清理财物、清理工分)运动。毛泽东提出"阶级斗争,一抓就灵",要求各地注意阶级斗争和社会主义教育问题。1962 年 9 月,中共中央八届十中全会召开,毛泽东在会上指出,整个社会主义历史阶段都存在着阶级、阶级矛盾和阶级斗争,存在着资本主义复辟的危险性,阶级斗争必须"年年讲、月月讲、天天讲"。1963 年 5 月 12 日,毛泽东在杭州主持会议,制定了《关于目前农村工作中若干问题的决定(草案)》(简称《前十条》)指出"当前中国社会出现了严重的尖锐的阶级斗争情况",资本主义势力、封建主义势力正在向我们猖狂地进攻,要求"重新组织革命的阶级队伍",以大规模的群众运动打退这一进攻。7 月 25 日,中共中央批转陕西省委宣传部《关于陕西地区思想战线上阶级斗争形势和我们的意见的报告》,强调:"当前国内严重的尖锐的阶级斗争,在思想战线上,在教育、理论、科学、文艺、报纸、刊物、广播、出版、卫生、体育等方面,都有值得注意的表现。"①1965 年 6 月 26 日,毛泽东发表《对卫生工作的指示》,其中涉及教育问题。他指出:"医学教育要改革,根本用不着读那么多书……高小毕业生学三年就够了。……书读得越多越蠢。"②10 月 10 日,毛泽东与大区第一书记谈话,说:"如果中央出了修正主义,你们就造反。"③11 月 10 日,上海《文

---

①　转引自《冯友兰先生年谱初编》,第 468 页。

②　《建国以来毛泽东文稿》第 11 册,中央文献出版社,1996 年,第 387 页。

③　中共中央党史研究室编:《中国共产党历史大事记》,中央党史出版社,2006 年,第 236 页。

汇报》发表姚文元《评新编历史剧〈海瑞罢官〉》,说剧中的"退田"、"平冤狱"就是当时资产阶级反对无产阶级专政和社会主义革命的斗争。毛泽东示意全国报刊转载此篇文章,这成为发动"文化大革命"的导火索。

关于知识分子与学校工作,1961年9月15日,中央批准试行《教育部直属高等学校暂行工作条例(草案)》(简称"高教六十条"),规定高校实行"党委领导下的以校长为首的校务委员会负责制",学校以教学为主,参加劳动不宜过多,在教学活动中必须发挥教师的积极性,科研必须坚持"双百方针"等。1962年3月,周恩来在全国人大二届三次会议上指出,知识分子的绝大多数已经属于劳动人民,不应把他们当作资产阶级知识分子,阶级斗争向缓和的方向发展。6月,周恩来在文艺工作座谈会、故事片创作会议上讲话,批评了文艺工作中"左"的倾向;7月19日,中共中央发出《关于自然科学工作中若干政策的批示报告》,要求纠正知识分子问题上的片面认识,简单粗暴作风,对批判错了的人一律甄别平反。1964年,毛泽东在与陈伯达、康生、龚育之等人谈话时指出:"有阶级斗争,才有哲学。哲学家应该下乡去,参加阶级斗争。"①12月21日,毛泽东在杭州作关于哲学问题的谈话,指出:"文科不改造不得了。不改造能出哲学家吗? 能出文学家吗? 能出历史学家吗? ……要改造文科大学,要学生下去搞工业、农业、商业。"②

二、对各种学术观点的批判

1960年至1965年间遭到批判的学术观点仍然不少。承接1957年下半年的政治形势,批判修正主义成为主流。1960年4月22日,《红旗》杂志、《人民日报》发表社论,号召"批判现代修正主义";1963年10月,中国科学院哲学社会科学学部委员会在北京召开第四次扩大会议,周扬在《哲学社会科学工作者的战斗任务》的报告中,号召"批判现代修正主义"。

---

① 转引自《冯友兰先生年谱初编》,第485～486页。
② 《建国以来毛泽东文稿》第11册,中央文献出版社,1996年,第442～443页。

在文艺界,巴人的"人性论"、小说《刘志丹》都遭到批判。文艺界认为巴人用所谓的人类的共性否定了人的阶级性,所谓"通情达理"是资产阶级的人性论,根本不可能达到无产阶级的理;如果阶级斗争就是人性的斗争,"人性的复归",那么还用得上政治上、经济上、思想上的社会主义革命吗? 对于小说《刘志丹》,毛泽东说它是利用小说搞反党活动,是一大发明。1963 年 9 月,毛泽东在中共中央北京工作会议上批评戏剧界"光唱帝王将相,才子佳人和他们的丫头保镖之类"。① 12 月 12 日,毛泽东发表《对柯庆施同志报告的批示》,批评文艺界"许多部门至今还是'死人统治着'","许多共产党人热心提倡封建主义和资本主义的艺术,却不热心提倡社会主义的艺术,岂非咄咄怪事"。② 此后,文联及所属各协会开始整风。

这一时期,学术界遭到批判的观点有周谷城的"时代精神汇合论"、杨献珍的"合二而一"论和"综合经济基础论"。1962 年,周谷城在《新建设》12 月号上发表《艺术创作的历史地位》,提出每个时代各个不同阶级的思想意识汇合成为时代精神,时代精神是统一的整体,由不同阶级、不同个人表现出来。这被当时学界概括为"时代精神汇合论",认为它把时代精神抽象成为超阶级的各种意识的汇合,脱离了阶级分析的历史唯物论,是历史唯心论。1964 年以后,讨论转变为政治批判,"时代精神汇合论"被认为是主观唯心主义、形而上学、阶级调和论。

1964 年 5 月 29 日,中共中央高级党校哲学教研室艾恒武、林青山在《光明日报》发表《"一分为二"与"合二而一"》,文章吸收明代哲学家方以智的观点,认为唯物辩证法的世界观应该把世界上的一切事物都看成是"合二而一"的,"一分为二"是研究事物的方法。康生看到这篇文章的清样后,认为这是宣扬"阶级调和论",是反对毛泽东思想的,指令《光明日报》以学术讨论的形式发表此文,引蛇出洞。1964 年 7 月 17 日,《人民日报》发表《就"合二而一"同杨献珍同志商榷》的文章,认为杨献珍的观点是"合二而一",是阶级调和,而不是斗争,解决矛盾。8 月 14 日,关锋、吴传启、林聿时三人以"撒

---

① 转引自《冯友兰先生年谱初编》,第 468 页。
② 《建国以来毛泽东文稿》第 10 册,中央文献出版社,第 436~437 页。

仁兴"的笔名在《光明日报》发表《"合二而一"是阶级调和论的哲学基础》,说杨献珍的"合二而一"是与"一分为二"相对立的,"是排斥矛盾和斗争的哲学,是彻头彻尾的形而上学,是腐朽的资产阶级的世界观,是阶级调和论的哲学基础";"这种观点是国内国际尖锐复杂的阶级斗争的反映"。《红旗》发表《哲学战线上的新论战》,为这场论战定下了调子:杨献珍提出"合二而一"论,"是同党大唱对台戏",是"有意识适应现代修正主义的需要,帮助修正主义者宣传阶级和平和阶级合作,宣传矛盾调和论";"一分为二"和"合二而一"的斗争是唯物辩证法和反唯物辩证法的斗争,无产阶级世界观对资产阶级世界观的斗争。11 月 1 日,《人民日报》把杨献珍在 1955 年写的未发表的文章以"杨献珍的'综合经济基础论'"为题摘录发表,供批判用。这场斗争实际上是政治领域反对修正主义的斗争在学术领域的对应和延伸,而学术领域的斗争往往反过来又为政治运动渲染了气氛,作了思想上的铺垫;学术服务于政治,是政治的一环。

第二节　对冯友兰政治批判的继续和
冯友兰的政治活动与反省

1960 年至 1965 年间,冯友兰仍然遭受着批判;同时又享受着一定的政治待遇。对于这些待遇,他表示感激。他不断地自我反省、自我批判,也批判他人的学术观点。1960 年 2 月,中共北京大学校党委撰写《冯友兰》小传。云:冯友兰在解放前"为蒋介石献策,宣传道统,从思想上反对共产党,实为国民党反动派的御用哲学家";解放后虽然也作过一些检讨,承认自己是"四十年来作逆流",但"'新理学'的观点都原封未动","始终与党不是一条心⋯⋯通常通过学术问题与党的领导相对抗,在中国哲学史方面与党争夺领导权","至于政治立场更没有多大改变,资产阶级学术思想仍然根深蒂固。政治排队,整风反右时期中右,现在仍为中右"。[①] 1960 年 4 月、7 月,

---

[①]　蔡仲德:《冯友兰先生年谱初编》,第 443～444 页。本节关于冯友兰的事迹,如无特殊说明,均取自蔡仲德所编《年谱》,为节省篇幅,不俱注。

北京大学哲学系两次组织学生以"教学检查"的名义对冯友兰进行大会批判,部分学生说冯友兰的思想是反马克思主义、反社会主义的,听他的课是浪费青春。冯友兰表示,自己可以不写讲义,让学生少浪费一些青春。哲学系中国哲学史教研室又召开两次小会,动员冯友兰讲出不同意见。7月30日,北京大学哲学系写出《冯友兰先生所授"中国哲学史"一课情况》,说冯友兰解放前是帝国主义的反动新实在论的贩卖者,一贯仇视马克思主义,解放后立场不变。1956年国际反共潮流嚣张,他提出"抽象继承法",与党和马克思主义相抗争,企图使资产阶级哲学复辟。1959年写《四十年的回顾》,实际上是借批判之名自我吹嘘。1959年让他上中国哲学史,是让他发挥一个反面教员的作用,这个作用已经起到了,没有必要让他继续讲下去了。下学期系里打算通过边学边建立教材的办法,发动学生编写中国哲学史讲义,对冯友兰的讲授和他的讲稿进行批判。下学期结束后,系里就不再让冯友兰开中国哲学通史课了,课程全部由党员和青年教员上。1960年12月,北京大学党委书记陆平、北京大学哲学系党总支书记王庆淑到冯友兰家,为学生批斗冯友兰可能过火道歉。

1960年5月5日,冯友兰出席北京大学哲学系全体教师辩论人性与人道主义大会,作了题为《人性和人道主义》的发言,"认为无产阶级人性和资产阶级人性在其主要点上毫无共同之处,但在次要点上,例如生活习惯和思想意识的小节目上,也可以有相互交错的地方,这种情况在艺术方面特别明显"。1961年8月26日,北京大学哲学系"哲四"小组集体讨论,陈志尚、于成吉、张家桢执笔的文章《评冯友兰先生的〈论孔子〉》刊登于《光明日报》。郁之《为地主阶级和封建制度喊万岁的哲学——评冯友兰先生的几个反马克思主义的理论观点》刊登于《新建设》1966年第3期,认为冯友兰的在封建社会中不当权的地主阶级的哲学家在一定条件下,有时也反映农民的要求和愿望的观点是"宣扬为地主阶级和封建制度喊万岁的哲学"。

1960年4月1日至11日,冯友兰参加全国政协会议、列席全国人大会议;会后又以政协委员的身份,到各地参观。1961年中国科学院社会科学学部委员举行第三次扩大会议,吕澂、金岳霖、冯友兰、嵇文甫、贺麟、朱光潜等出席会议。①

　　1961 年,冯友兰发表文章,回顾了自己 1949 年以来的思想改造过程,说解放初认为自己以后只作哲学史家,不作哲学家,记住历史唯物主义的几条原则即可,用不着太多的马克思主义。事实证明不行。1957 年发表的关于历史继承的言论和关于哲学史方法论的言论,都属于资产阶级言论;1959 年写了一套讲稿,以为有了不少马克思主义,但是在教学中"学生提意见,认为仍然是资产阶级哲学史",以后逐渐认识到,"要想做一个马克思主义的哲学史家,必须先是一个马克思主义哲学家",必须改造世界观。自己还没有树立无产阶级世界观,今后首要的任务还是"学习马克思列宁主义、继续改造思想,树立无产阶级世界观";"以求不愧为毛主席的队伍"。②

　　1962 年 4 月 15 日,毛泽东在中南海怀仁堂接见政协委员并合影。毛泽东问及冯友兰的身体健康情况,说他也主张孔子是进步的,与郭沫若一样。冯友兰归后赋诗一首寄毛泽东:"怀仁堂后百花香,浩荡春风感群芳。古史新编劳询问,发言短语谢平章。一门亲属成佳话,两派是非待商量。不向尊前悲老大,愿随日月得余光。"不久,冯友兰在《中央盟讯》1962 年 4 月号发表《感谢党和国家领导人的关怀》,说:"文科教材会议规定叫我写三部书:中国哲学史新编、中国哲学史史料学、中国哲学史史学史。我计划三五年内完成这三部书,作为我对社会主义建设的贡献。"文章满怀感激地回忆了在怀仁堂与毛泽东、刘少奇、周恩来的谈话,回忆了他们对自己的关心,说"党和国家领导人对于一个知识分子的关怀真是无微不至。他们关心你的思想改造,关心你的工作,关心你的健康,还关心你的社会关系。只要你稍有一点进步,他们立即给你最

---

　　①　会议认为,哲学社会科学工作在党的领导下,在总路线、大跃进、人民公社"三面红旗"的照耀下取得了很大成就,在"百花齐放,百家争鸣"方针指导下,学术讨论和批评有了很大的进步,要继续贯彻执行"百花齐放,百家争鸣"的方针,划分好学术问题和政治问题的界限,在为社会主义服务的共同方向下,各种学术意见都要有广泛发表的自由,不但要有批评,还要有反批评。会议讨论了哲学社会科学工作者的任务。

　　②　冯友兰:《关于思想改造的一点体会》,《新建设》,1961 年第 1 期,第 32～34 页。

大的鼓励。"①18 日,冯友兰在政协三届三次会议上发言,题目为《在战斗中成长》,提出计划三五年内完成《中国哲学史新编》、《中国哲学史史料学》、《中国哲学史史学史》。

1962 年 7 月,张岱年被摘掉"右派"帽子,可以参加工作,但仍不能发表文章。②

第三节　关于唯心主义和唯物主义转化问题的论述

关于唯物主义和唯心主义的相互转化问题,是 1957 年唯物主义和唯心主义的同一性问题讨论的延续。冯友兰、贺麟、汤一介等都对这一问题进行了论述。讨论包含知识和存在同构的深刻内涵,可视为对"斗争史观"的异议。

一、冯友兰对唯物主义和唯心主义的同一性和相互转化的论述

冯友兰指出,唯心主义和唯物主义除了相互斗争外,还会在一定的条件下向对方转化,转化为它们的对立面,③如黑格尔辩证法转化为马克思的唯物主义辩证法。列宁也曾经说过,黑格尔哲学体系是近代唯心主义转化为唯物主义的前夜。冯友兰特别强调,这里的转化不是费尔巴哈发展了黑格尔哲学中的唯物主义因素,而是"黑格尔的整个的客观唯心主义体系的转化"。这种转化不是地位的转化,而是性质的转化。同时,转化也需要一定的条件,即阶级斗争。李贽可谓唯心主义向唯物主义转化的典型;④王阳明

---

①　文后赋诗一首,倒数第二句为"千秋万岁齐颂祝",非《年谱》所载"不向尊前悲老大";又,《三松堂自序》关于此事系年为 1964 年,见《三松堂全集》第 1 卷,第 151 页。兹以《年谱》为准。引文见《三松堂全集》第 13 卷,第 968 页。

②　张岱年:《耄年忆往》,第 40 页。

③　冯友兰:《三松堂全集》第 12 卷,第 639 页。

④　冯友兰:《从李贽说起——中国哲学史上唯物主义和唯心主义相互转化的一个例证》,《新建设》,1961 年第 2、3 期合刊;收入《三松堂全集》第 12 卷。

哲学发展到李贽是王阳明的体系向着它的反面转化,以至于成为它的对立面。李贽对于封建正统思想的怀疑和批判,是市民阶层的愿望和要求的反映;认识论上李贽是经由泛神论的桥梁倾向于唯物主义的。应指出的是,在冯友兰那里,唯物唯心的相互转化实际上也是毛泽东关于矛盾的同一性和斗争性的论述在哲学史研究领域的应用和发挥。冯友兰引用毛泽东《矛盾论》中"唯物主义和唯心主义,依据一定的条件,各向着其相反的方面转化"指出,唯物唯心、辩证法与形而上学所要回答的问题是同一个,二者的回答相反,所以存在斗争;因为是回答同一个问题,所以存在相互依存、相互贯通的同一性。哲学史上的唯心主义或唯物主义都是具体的,从具体的体系出发,就很容易看到二者的同一性。"离开了统一而言斗争,那就是抽象的斗争;离开了斗争而言统一,那也是抽象的统一。"①

　　冯友兰关于唯物唯心相互转化的论述,是对历史事实的陈述,也是对过分强调斗争的委婉异议,同时还可视为对自己也可以转化到唯物论的心迹的表白。这可视为知识和存在同构的一种表现。

二、贺麟对唯物主义和唯心主义的
同一性和相互转化的论述

　　贺麟对这一问题的看法与冯友兰不尽相同,但同样肯定唯物主义和唯心主义的相互转化。他认为,在唯心主义和唯物主义有无同一性问题上,存在三种不符合唯物辩证法的看法。② 第一种看法"把唯心论与唯物论的同一性了解为同一物的两面,认为在哲学的共同体中,一面为唯心主义,一面为唯物主义,两者同是哲学"。贺麟认为,这只是"抽象的、形式的、形而上学的同一,而没有辩证地表明其相互依存,在矛盾斗争中,矛盾转化中的统一性"。③ 第二

---

　　① 冯友兰:《论唯物主义与唯心主义的相互转化及历史与逻辑的统一》,《三松堂全集》第13卷,第142~143页。原载《学术月刊》1961年第11期。

　　② 贺麟:《论唯物主义与唯心主义的斗争与转化》,《哲学研究》,1961年第1期。收入《哲学与哲学史论文集》。

　　③ 贺麟:《论唯物主义与唯心主义的斗争与转化》,《哲学与哲学史论文集》,第568页。

种观点认为,有些唯心论体系中存在的唯物论或辩证法的"合理内核"是二者具有同一性或统一性的基础。贺麟指出,这是在不可调和的对立面中寻求共同点,是在敌对阵营中去"求同存异";错误地认为唯心主义体系中的"唯物论因素"和"辩证法因素"本质上等同于辩证唯物论,"不经过费大力去批判、改造、斗争,就可以现成地为辩证唯物主义所吸收和采纳。这不仅仅是不懂得唯物辩证法的矛盾的同一性,而去寻找形式的、抽象的'共同之点',而乃是要求唯物主义与唯心主义和平共处,甚至对唯心主义放下斗争武器。实际上这正反映了某些有资产阶级唯心主义观点的人(包括我本人在内)不愿意认真改造自己的世界观,希图保留唯心主义哲学中所谓'合理因素',以抗拒或抵制辩证唯物主义"。① 第三种观点认为唯心主义与唯物主义的同一性只在于两者研究的对象、题材、讨论的问题相同,不过是采取了相反的看法。这仍是寻求共同点,没有辩证地指出二者何以是对立统一的。

和冯友兰一样,贺麟也诉诸列宁和毛泽东,指出唯心论和唯物论的相互转化或相互过渡是存在的,不承认二者的相互转化,就违反了哲学史的事实。这也证明了毛泽东在《矛盾论》中所说的"矛盾的普遍性"。贺麟说:"要具体运用毛主席所讲的矛盾的斗争性与同一性到哲学史的研究工作中,到唯心主义与唯物主义的斗争中,我们是应该承认唯心论与唯物论是可以相互转化的。"他又根据《矛盾论》的观点进一步说明了唯物论和唯心论对转化的不同认识,指出唯物辩证法认为,同一是相对的,斗争是绝对的;唯心辩证法认为同一是绝对的,斗争是相对的。"唯心辩证法强调事物的转化由于自己的本性、自己的活动,自己过渡或转化到它的反面。不注重客观条件,更不考虑社会、历史条件,特别不懂得阶级斗争的形势所形成的条件";"唯心辩证法或者强调思维自身向对立面转化(即所谓'异化'),又通过否定对方而回复到自身,结果陷于'思维——存在——思维'的唯心论公式,或者强调有限事物彼此相互过渡,相互转化",具有命定论的特点。

贺麟强调,研究转化是为了革命。他说,毛主席的"依据事物本来的辩证法,发挥人的主观能动性,促成事物相互转化的唯物辩证法观点",为我们

---

① 贺麟:《论唯物主义与唯心主义的斗争与转化》,《哲学与哲学史论文集》,第570页。

研究唯心论和唯物论的对立同一和相互转化问题提供了明确的方向。我们应当"依据无产阶级的革命利益,发挥人的主观能动性,坚持马克思主义的唯物论原则,对唯心主义展开坚决的斗争,以促成唯心论向唯物论的转化,这也就是在两种世界观的矛盾中,在唯物主义对唯心主义的斗争中,取得胜利,以达到革命的目的。这样,唯心论向唯物论的过渡、转化,则是唯心论本身内部矛盾的一种解决,是通过斗争能动地予以促成的一种转化,并不是宿命的、自发的、盲目的转化"。① 他又说:"研究唯心论和唯物论的相互转化,其目的是'促成事物的转化,达到革命的目的'……我们对哲学史上唯心论的批判,我们对现代各国资产阶级哲学的批判,我们改造旧思想、旧世界观,其目的都在于在新的条件下促成哲学上两种世界观的转化,促成唯心论向唯物论的转化或过渡。……我们研究唯心论向唯物论的转化,是为无产阶级的政治需要服务的,是为革命目的服务的。"② 贺麟强调,唯物论与唯心论的斗争,迫使唯心论过渡到唯物论,从而达到了对立面的统一。"这种统一是统一于唯物论,而不是统一于唯心论。"③

在贺麟这里,知识和存在的同构特别突出。他说的既是哲学史上的唯物论与唯心论的斗争与转化,也是当时中国社会中的斗争与转化,同时又是在向世人表白自己可以通过对自己的唯心论进行斗争而向唯物论转化,说历史和说自己合而为一。贺麟指出,唯心论向唯物论的转化,最初可能只是个别论点的转化,"最后,中心观点、主要论点,在关键的问题上有了重大的转变,这样就会引起体系的转化";"破唯心论立唯物论的过程,就是通过斗争促使唯心论转化为唯物论的过程"。④ 唯物主义和唯心主义的差别和界限,并不仅只是名词概念上的抽象差别与界限,只有"在斗争、转化、发展过程中,才更能具体地看清楚、划分清楚"。他说,毛泽东在《实践论》中指出,"无产阶级和革命人民改造世界的斗争,包括实现下述任务:改造客观世

---

① 贺麟:《论唯物主义与唯心主义的斗争与转化》,《哲学与哲学史论文集》,第 573 页。

② 贺麟:《论唯物主义与唯心主义的斗争与转化》,《哲学与哲学史论文集》,第 573 页。

③ 贺麟:《论唯物主义与唯心主义的斗争与转化》,《哲学与哲学史论文集》,第 576 页。

④ 贺麟:《关于唯物主义与唯心主义的斗争与转化的问题——答严北溟先生》,《文汇报》,1961 年 5 月 5 日,后收入《哲学与哲学史论文集》,第 578~584 页。

界,也改造主观世界——改造自己的认识能力,改造主观世界同客观世界的关系",从这一原则出发,坚持辩证唯物主义的哲学工作者,在对唯心主义作斗争时,就要改造自己的对象,摧毁唯心主义体系,打倒它所处的统治地位,促使它向唯物主义转化。在改造对方、与对方作斗争的过程中,也改造和发展了自身。"这就是说主观世界同客观世界的关系都得到了改造。"关于转化的目的,贺麟强调,如同毛主席所指出的,是为了"宣传事物本来的辩证法,促成事物的转化,达到革命的目的……亦即促使唯心主义向它的对立面过渡或转化,以达到改造世界的目的"。[1] 贺麟强调整个体系的转化、强调破立,其实也是他夫子自道。不过,知识和存在的同构只是一个隐秘的结构,并不是当时人们所能理解的。所以,一些学者对贺麟的观点提出质疑。严北溟认为,唯心主义的整个体系不可能转化为唯物主义。

三、汤一介对唯物主义和唯心
主义的同一性的论述

汤一介对唯物主义和唯心主义的同一性的观点,与冯友兰、贺麟有所不同。他所说的"转化"是双方地位的转化。他论述转化问题,不存在冯友兰、贺麟所有的同构情况,只是为了说明哲学史是唯物主义战胜唯心主义的历史。他肯定对立统一规律的普遍性,指出唯心主义和唯物主义之间也存在统一性,存在着二者的相互渗透和转化。互相渗透是相互依存和在一定的条件下各向其相反的方面转化。所谓转化,不是说唯心主义变成了唯物主义,或者相反,而是"互相转化其地位,在地位转化的过程中或在地位转化以后,其性质也随着在原有的基础上改变着、发展着"。[2] 转化的实质是在哲学史上的统治地位的转化。如先秦的"气"的唯物主义思想,因为无法解决精神问题,把精神说成是精细的气,包含着被唯心主义利用的可能性,后来

---

① 贺麟:《关于唯物主义与唯心主义的斗争与转化的问题——答严北溟先生》,《哲学与哲学史论文集》,第583～584页。

② 汤一介:《关于唯物主义和唯心主义的斗争与转化问题》,《哲学研究》,1960年第1期,第69页。

被董仲舒所用来提出"天人感应"的体系。这样,唯心主义就转化为中国哲学史上占统治地位的思想。董仲舒是先秦唯物主义哲学的对立面,二者没有什么共同之处。王充对董仲舒思想进行了深刻的批判,从唯物主义的角度解释了一些自然现象,建立了气一元论唯物主义,这样唯物主义又在中国哲学史上占据统治地位了。那么,二者转化的条件是什么?汤一介认为是具体的阶级斗争、生产斗争和以此为基础的哲学家的能动性。他指出,冯友兰以王夫之为例,提出"后来的唯物主义总是从前面的唯心主义的基础上转向唯物主义",是不对的。王夫之转向唯物主义,不是在程朱理学的基础上,而是当时的阶级斗争使然。转化是两条路线斗争的结果,从实质上说是矛盾的一方克服另一方。汤一介认为,承认相互转化使我们更加了解哲学史发展的趋势是唯物主义和辩证法相结合最终战胜唯心主义和形而上学的历史;研究转化则"是为了研究唯物主义如何战胜唯心主义,辩证法如何战胜形而上学以及辩证唯物主义与历史唯物主义如何成为哲学史上的根本变革,从而帮助人民树立和巩固无产阶级世界观,战胜资产阶级世界观"。①

第四节　关于孔子哲学的讨论

孔子是中国传统文化的象征,对他的研究和评价对于新范式下中国哲学史研究具有象征意义。中国科学院山东分院历史研究所于 1960 年 3 月、1962 年 11 月连续召开了两次孔子学术讨论会。② 此后,孔子研究成为热

---

① 汤一介:《关于唯物主义和唯心主义的斗争与转化问题》,《哲学研究》,1960 年第 1 期,第 81 页。

② 1960 年会议的议题有"孔子所处的时代及其所代表的阶级"、"孔子的天道观及其思想在当时所起的作用"、"孔子的教育学说及其在文化上的贡献"、"孔子思想何以为后来的中国历代封建统治阶级所推崇和利用"。会后出版了《孔子思想讨论集》(第一集)。1962 年会议的议题有孔子的阶级立场、政治思想、哲学思想及其历史作用等问题,关于如何继承孔子思想遗产的方针和方法问题成为争论的中心。大会发言的有冯友兰、吕振羽、周予同、高亨、于省吾、赵纪彬、杨荣国、吴泽、蔡尚思、束世澂、唐兰、刘节、李青田、赵一民、金景芳、关锋、林聿时、高赞非等人。据有关学者回忆,在会上,冯友兰等人和关锋等人形成两个阵营,双方交锋十分激烈。杨荣国后来说这是一个"乌烟瘴气的祭孔会"(《批林批孔与知识分子的进步》,载《红旗》,1974 年第 10 期)。1966 年 11 月,陈伯达在中国科学院讲话时曾说,冯友兰 1962 年在孔夫子家搞了一个"朝圣会议"。

点。北京哲学会邀请冯友兰介绍孔子研究的情况,北京大学哲学系邀请关锋做"关于中国哲学史研究中的方法论问题"的报告。由对孔子思想的认识进一步引发出关于中国哲学史研究方法论的讨论,持续到 1965 年。这次讨论,冯友兰又成为一个隐形的中心,许多讨论都围绕他的说法展开。

一、关于孔子的阶级立场问题

关于孔子思想的阶级性,基本可以分为三类意见:第一是奴隶主阶级,又可细分为顽固派和开明派两类;第二是地主阶级,也分为两类,一为从奴隶主阶级转化过来的地主阶级,一为正在形成的新兴地主阶级;第三是平民阶级。

(一) 奴隶主阶级

郭沫若《十批判书》认为孔子是支持乱党的,立场是革命的。关锋表示不同意。他认为,孔子十五岁时,鲁国已经完成了封建剥削制,季桓子三家代表封建制,鲁国公室代表奴隶制,以此为标准判定,孔子在政治上的所作所为,都是站在奴隶制一边的;孔子是知识分子,附在鲁国公室的皮上。季氏政权是封建地主阶级的政权,孔子"反对'用田赋'却不是从劳动人民利益出发,而是因为季氏破坏了周礼",[①]可见其保守的政治立场。总之,"孔子的政治学说保守的方面是主要的;而从他的实际政治活动看,则更是保守的、反动的"。[②]

杨荣国认为,孔子反对晋国铸刑鼎,反对鲁国季氏制田赋,讨伐齐国田氏,打算和公山弗扰一起恢复鲁国公室,佛肸阻止三国分晋的进程,孔子也要去。这些史实都是"当时社会从宗族奴隶制向封建制转化的过程中"的关键性事件,孔子在这些事件中,"都是竭力维护没落的种族奴隶制,从而反对一切适应新形势的变化与改革,力图参与如何维护种族奴隶制的一切活

---

① 关锋、林聿时:《论孔子》,《哲学研究》,1961 年第 4 期。《孔子哲学讨论集》,中华书局,1962 年,第 265 页。

② 关锋、林聿时:《论孔子》,《孔子哲学讨论集》,第 217 页。

动。……这一切，均说明孔子政治态度如何的保守"。① 孔子所倡导的仁，以孝悌为本，以期复礼，"这是当时守旧派的意识形态之集中的表现"。《论语》中的"众"，为卿大夫阶层，不是一般民众。"从命"及"从仁"，乃是"客体精神（命）之复归于主体观念（仁）"。孔子思想"是通过荀子而在封建制时代起了作用，因而孔子成为封建社会的圣人，他的思想便转而为封建统治服务"。②

任继愈也认为，孔子是站在奴隶主阶级立场上的。他提出了分析孔子思想的阶级性的三个前提：第一，孔子生活在春秋时期由奴隶制向封建制过渡时期，奴隶主阶级是没落阶级，封建地主阶级是进步阶级，反对变革及反对封建制，在政治上是反动的；第二，"维护奴隶制的哲学上层建筑是宗教神学，宣扬天是有人格的神；第三，作为孔子的对立面，是唯物主义哲学家老子"。③ 他认为当时有奴隶主、奴隶、新兴地主、农民、小自耕农和自由手工业者六个阶级。其中地主阶级又分为两个阶层，一是富而不贵的新兴地主阶级，一个是由奴隶主阶级转化而来的地主阶级。当时阶级斗争的"主要对立面即新兴地主阶级与恋旧的世袭的奴隶主阶级的斗争"。"孔子是站在贵族奴隶主阶级的立场，在不触动贵族奴隶主制度前提下，希望对奴隶主作出某些让步，他虽容纳了一些新的东西，也只是为了不要让新的势力把旧制度连根拔掉。孔子不只是一个哲学家，又是一个教育家、政治活动家，他为剥削阶级考虑得比较长远"；孔子在政治态度上"反对变革、坚决维护奴隶制"，对于非原则的事情，则要表示接受。④

童书业的观点和任继愈等人相同，但对孔子的评价较为积极。他认为，孔子所处的时代，正是"领主封建制向地主封建制的过渡阶段"，"孔子是个上层士大夫的开明派，他的思想有很大的保守面，但也有很大的进步成分"。⑤ 孔子的宇宙观，有自然主义的倾向和怀疑鬼神的态度，具有唯物主

① 杨荣国：《论孔子思想》，《孔子哲学讨论集》，第376页。
② 杨荣国：《论孔子思想》，《孔子哲学讨论集》，第400页。
③ 任继愈：《孔子政治上的保守立场和哲学上的唯心主义》，《孔子哲学讨论集》，第147页。
④ 任继愈：《孔子政治上的保守立场和哲学上的唯心主义》，《孔子哲学讨论集》，第147页。
⑤ 童书业：《孔子思想研究》，《孔子哲学讨论集》，第3页。

义的成分;就其相信天命来说,又是宗教唯心论;总之是唯心论占主导。"中庸"只是一个抽象的概念,统治者和被统治者各有自己的标准。孔子的伦理思想的"阶级性是极其显著的。孔子的伦理,只是贵族、士大夫(至多包括上升的庶人)的伦理"。孔子的政治思想中的进步因素是其原始民主主义思想,其"德化"、"礼治"思想中已具有这种成分。关于孔子的教育思想,童书业认为,孔子是个教育家,其教育思想是比较进步的。他把学问传播到"士"和"庶人"阶级中去,在当时具有巨大的进步意义。庶人的一部分受到教育,增强了他们夺取政权的可能性,这是从领主封建制到地主封建制的必要步骤。"君子本是阶级的名词,就是贵族;但孔子所谓'君子',许多已是人格的名词,就是好人。以称贵族的名词来称好人,所以作为人格名词的'君子',仍有阶级性。当然,'圣人'、'仁人'、'成人'也是有阶级性的。"①

(二) 地主阶级

冯友兰认为,孔子和他开创的儒家代表从奴隶主阶级转化过来的地主阶级。"这样的地主阶级,希望尽可能在不破坏奴隶主贵族制度的前提下,在这种制度的框子里,作一些改革。其中的要点包括承认人的作用,提高劳动者的地位,改善他们的生活,接受贵族以外有能力的人参加政治",即徕远人,举贤才,这些表现为对于"仁"的提倡;而反对铸刑书和拥护等级制度,则是他的落后的方面,表现为对于"礼"的提倡。② 汤一介也认为,孔子提倡仁政,反对苛政,反对对劳动者的残酷剥削,这方面的主张符合社会发展的要求;另一方面,又反对改变奴隶主贵族土地世袭制,维护奴隶主贵族的利益,这一方面则是保守的。"在孔子时代,由于封建经济刚刚成长,劳动者还处于奴隶的地位,因此,他的思想仍起着积极作用,这是孔子思想的基本的一面,可以说他的思想是一种在当时起过一定进步作用的改良思想。"③在政治上,他一方面愿意帮助新兴地主阶级,另一方面又反对犯上作乱。他认为

---

① 童书业:《孔子思想研究》,《孔子哲学讨论集》,第 26 页。
② 冯友兰:《论孔子》,《光明日报》,1960 年 7 月 22、29 日。
③ 汤一介:《孔子思想在春秋末期的作用》,《孔子哲学讨论集》,第 44 页。

这样不仅不利于奴隶主阶级,也不利于新兴的地主阶级。"总之,孔子的思想是代表由奴隶主贵族向封建主贵族转变的阶层的利益,他的基本思想是改良的思想,但改良的思想在当时是有利于封建经济发展的,因此在当时是一种起着进步作用的改良思想。"① 此外,安作璋、②王先进也持此观点。王先进认为,孔子学说在春秋末年到处被排斥,他的思想显然"不是当时奴隶主阶级的思想",而"是代表封建地主阶级利益的思想,所以以后才会慢慢地发展起来"。③ 当时的社会是"由分散到统一",由奴隶社会变为封建社会,孔子参加了当时社会的政治斗争,为中国的统一而斗争,为奴隶制变为封建制而斗争,孔子的理想社会是地主阶级的封建社会,他所设想的"礼"是"精神化的新兴地主阶级的礼"。④ 钟肇鹏把孔子思想和周礼进行了比较,指出:(1)《周礼》主张"亲亲",孔子提出"爱人"。如果爱人只限于奴隶主阶级内部,那只有"亲亲"就够了,不必再提"爱人"。孔子的"仁"也不是超阶级的,也有阶级界限,但是,"小人"也是人,把奴隶当人看,反映了新兴地主阶级的意识。"孔子思想是支持了奴隶的解放,加速新生产关系的形成。"(2)《周礼》举亲故,孔子举贤才。(3)孔子主张礼下庶人,"齐之以礼"。(4)《周礼》以政刑治民,孔子主张德礼为治。(5)《周礼》教育施及贵族,孔子主张有教无类,教育及平民。"'爱人'、'仁民'的思想,'举贤才'的主张,'道之以德,齐之以礼'、礼下庶人,教育及于平民等等,不论哪一项都不是奴隶主思想所能提出来的,而只有新兴的地主阶级才能提出这些新东西来。我们说,孔子代表封建地主阶级的思想也就是从此着眼的。"⑤

(三) 平民阶级、知识分子

持此观点的只有唐兰一人。他认为,春秋时期是封建社会初期,孔子建立了一套封建主义的思想体系。"孔子的思想体系,已经远远超出了他的时代,他代表了新兴的平民阶级思想,主要是士这个阶层的思想,而吸收了奴

① 汤一介:《孔子思想在春秋末期的作用》,《孔子哲学讨论集》,第47页。
② 安作璋:《关于孔子的"礼"和"仁"的学说》,《孔子哲学讨论集》,第97页。
③ 王先进:《孔子在中国历史上的地位》,《孔子哲学讨论集》,第106页。
④ 王先进:《孔子在中国历史上的地位》,《孔子哲学讨论集》,第122页。
⑤ 钟肇鹏:《略论孔子思想的阶级性》,《孔子哲学讨论集》,第194页。

隶社会中各个时代的遗产。……所以诸子百家中只有孔子学说才能为后世封建主义理论的基础。"在初期封建社会中,孔子的学说应该说是进步的和革命的。①

阶级分析是新范式的首要内容。对孔子进行阶级分析,客观上加深了对于孔子所处的时代和他本人政治态度的理解,推进了中国哲学史的研究。但是,孔子分别代表奴隶主贵族、新兴地主阶级、平民知识分子三个当时基本而又相互对立的阶级的结论,固然说明了孔子思想的复杂性,事实上也表明了阶级分析在中国哲学史研究中的局限性。仅仅关注思想家的阶级性,完全无视或否定其公共性和超越性,是不妥当的。值得注意的是,大体上"旧知识分子"肯定孔子为地主阶级,其思想具有积极意义;"革命"出身的学者则认为孔子代表奴隶主阶级,否定孔子思想的积极意义。

二、关于孔子思想内容的分析

(一) 关于正名

冯友兰、关锋、林聿时都认为孔子把"名"看作第一性的,"实"是第二性的,其"正名"思想是唯心主义的颠倒;用旧名改变新实,也是保守的。

(二) 关于天道观、天命问题

冯友兰指出,孔子一方面承认有意志的天,另一方面,在"力"和"命"的关系上,又为二者划分了各自的范围,对天命的权威有所限制。汤一介也认为,孔子虽也讲天命,但他的天命已经和传统天命不同,已不是上帝的命令,而是遇到困难时的一种感叹,认识的一个关节,做人的道理。孔子天道观的开风气之处在于它的无神论和唯物主义因素,从发展的观点看,传统的束缚和唯心主义因素已经不是他的思想的主要方面。②

关锋、林聿时认为,无法确定孔子的自然观是唯物的还是唯心的。他们

---

① 唐兰:《评论孔子首先应该辨明孔子所处的是什么样性质的社会》,《孔子哲学讨论集》,第350页。

② 汤一介:《孔子思想在春秋末期的作用》,《孔子哲学讨论集》,第61页。

认为,孔子主张天命,他的"命"和老子的"道"相似,在此孔子是客观唯心主义者。孔子没有讲到"命"和天地万物的生成关系,但和老子的"道"一样,命是"规定万物的秩序的东西";孔子"没有什么唯物主义自然观,而只有神秘的'天命'主宰着人间的一切,因此,孔子的'天命'和人格神——上帝的命令,就没有什么原则的差别了"。① 孔子在这里表现了"从西周的形象上帝观念这种感性的唯心主义形式到抽象的、'理性'化的'客观'唯心主义的转化"。② 关于"畏天命",关锋、林聿时认为这里的天命是"大人"——奴隶主的意志。孔子的"命"绝对排斥人为,又承认人为,这是"折中主义的调和。折中主义是孔子思想的'一以贯之'的方法论"。③

(三) 关于鬼神、宗教观

冯友兰指出,孔子用比宗教更精细的唯心主义代替了宗教。他倾向于无神论,但并没有脱离唯心主义。孔子的自然观基本上还是唯心主义的。"归总起来,他的思想的总的方向还是在旧框子里加进新东西,用旧瓶装新酒。"④汤一介认为,孔子怀疑天神,虽主张祭祀,但并不认为真有什么鬼神,而是为了表达敬意,这些无神论因素与其朴素的唯物主义思想因素相联系。"孔子是倾向于无神论和唯物主义"的。⑤ 关锋、林聿时认为,孔子虽然怀疑鬼神,但照《左传》的记载,春秋时期怀疑鬼神的思想非常普遍,所以孔子的怀疑在他的思想构成中和当时的思想战线上都不具有重要意义。孔子不反对祭祀,所以肯定鬼神的存在。任继愈也认为,把孔子和当时的先进思想家排队对比一下就会发现,他早已掉了队,跟不上了。"比如当时争论的中心问题,天命、鬼神问题,在以老子为首的唯物主义哲学学派发出的耀眼的光辉下,以孔子为代表的妥协、改良主义,就更显得旗帜灰暗,站到反面去

---

① 关锋、林聿时:《论孔子》,《孔子哲学讨论集》,第 241 页。关锋此处否定了自己 1957 年同意的孔子怀疑有意志的天,是从唯心主义到唯物主义的过渡的观点。

② 关锋、林聿时:《论孔子》,《孔子哲学讨论集》,第 241 页。

③ 关锋、林聿时:《论孔子》,《孔子哲学讨论集》,第 243 页。

④ 冯友兰:《论孔子》,《孔子哲学讨论集》,第 90 页。关于孔子的教育思想,各派分歧不大,所以本书不再详述。

⑤ 汤一介:《孔子思想在春秋末期的作用》,《孔子哲学讨论集》,第 56 页。

了。"①孔子在思想上"宣扬人格神、唯心主义的天道观",在天道问题上"是有神论者,是维护一向为奴隶主阶级服务的宗教神学的"。孔子教人"畏天命","天命其实就是地上奴隶主贵族的意志";孔子公开承认有鬼神:"非其鬼而祭之,谄也。""认为中国封建统治者既然信奉孔子,所以孔子应代表封建地主阶级这样的结论的根据是很薄弱的";只能说孔子是他们塑造的"圣人"。②

对于关锋等人关于孔子鬼神观的观点,孙长江提出了不同看法。他指出,春秋时代对鬼神的怀疑并没有成为普遍流行的观念。《左传》提到鬼神58处,只有6处是怀疑鬼神或降低其地位的言论。这表明,在春秋时代,怀疑鬼神仍然是少数,孔子生活在这样的时代,为什么别人怀疑鬼神是难能可贵的,而在他却"只能是无足轻重的呢"? 孔子没有直接否定鬼神,但是《左传》其他6条也都没有直接否定鬼神,都是通过表面肯定的形式来否定的。关锋、林聿时对于子产和孔子"这两个基本倾向一致的人物,一个给予他'相当彻底的无神论者','唯物主义、进步阵营的主要代表人物'的评价,而另一个却被认为是'无足轻重'的唯心主义、保守阵营的角色","未免厚此薄彼,难于使人信服"。③ 孙长江又说,关锋、林聿时得出孔子的天命是有意志的天的结论,但是他们引用的材料不足以得出这样的结论。关键是,孔子的"命"究竟是一种必然性,还是"上帝的意志"? 从材料上看,孔子的"命"并没有规定万物秩序的意义。

孙长江进一步指出,判断孔子思想倾向,关键还在天道观问题。孔子的"天"都和"知"相联系。知道夏商周百世相因的规律,就是知天命;四十不惑,其中也包括"不为妖言怪语所惑",他引用《夏书》"惟彼陶唐,帅彼天常"、"由己率常"(《左传·哀公六年》),赞扬楚昭王不信妖魔鬼怪。孔子说"天何言哉"的天,就是自然的天,"四时行焉,百物生焉"乃是自然的常规。他所说的"命",有时是一种百世相因的社会趋势,有时是"帅彼天常"的自然的常

---

① 任继愈:《孔子政治上的保守立场和哲学上的唯心主义》,《孔子哲学讨论集》,第158页。

② 任继愈:《孔子政治上的保守立场和哲学上的唯心主义》,《孔子哲学讨论集》,第160页。

③ 孙长江:《怎样分析孔子的哲学思想——向关锋、林聿时同志求教》,《孔子哲学讨论集》,第277页。

规。孔子是通过努力学习自然和社会知识,"逐渐摆脱传统的有意志的天的束缚,逐步尝试着为旧的'天命'寻求一个科学的解释,一个唯物主义的解释"。①

(四) 关于仁、仁礼关系

冯友兰认为,"仁"是孔子思想的最高道德原则,其内容是"爱人",这是孔子思想的进步方面。孔子的"爱人"理论有两个来源:一是"徕远人",一是奴隶主贵族的宗法制度。但是,孔子已经感到宗族太狭小,所以要求一个人也要爱宗族以外的人。"爱人"的人还有一个与自己相对的"别人"的含义,这种爱人在消极方面是"己所不欲,勿施于人";在积极方面是"己欲立而立人,己欲达而达人",承认人的独立意志。"这是奴隶主贵族向地主阶级转化在提高劳动生产者地位时,对于人的作用的认识的一种表现。"②冯友兰指出,"仁"的真实感情,已经是传统的"礼"的影响下培养出来的统治阶级的感情,所以,仁礼在孔子思想中没有矛盾。"从奴隶主贵族转化过来的地主阶级本来是一方面要维持旧制度的框子,一方面又要加进去新的内容。"

关锋、林聿时认为,孔子的"仁",从抽象形式上说,是人与人的关系,但人和人的关系是具体的,孔子的"己所不欲,勿施于人"所改善和维持的是阶级统治的关系,"不过是在旧制度、旧规范的范围内,调整人与人即君臣、父子、兄弟、贫富之间的关系"。③ 所以,"孔子的'仁'和'礼'的学说,基本上是站在奴隶主立场调和阶级矛盾的改良主义,基本上是保守的"。④ 它的进步方面是对被统治阶级有所让步,发现了人,把"礼"推广到庶人、尚贤。针对冯友兰的孔子的"仁"包括"别人"的观点,关锋、林聿时指出:"孔子的'爱人'却是有具体的阶级内容的"。"人"和"民"不同。"人"是奴隶主阶级,"民"是奴隶。"孔子所说的'爱人','己所不欲,勿施于人'等等,是不包括'民'(奴

---

① 孙长江:《怎样分析孔子的哲学思想——向关锋、林聿时同志求教》,《孔子哲学讨论集》,第284页。

② 冯友兰:《论孔子》,《孔子哲学讨论集》,第87页。

③ 关锋、林聿时:《论孔子》,《孔子哲学讨论集》,第225页。

④ 关锋、林聿时:《论孔子》,《孔子哲学讨论集》,第226页。

隶)在内的。"博施于民在孔子看来是不现实的,所以,"孔子公开所说的就不是爱一切人,更不是真正主张爱一切人"。[1] 孔子主张贤人政治,和贵族政治相对立,他的"尚贤是有很大的进步意义的。但是孔子的'尚贤',却没有从根本上冲破守旧、复礼的藩篱";孔子把"尚贤"和"亲亲""折中主义地拼凑在一起"。孔子在政治上站在鲁国公室一边,他的政治理想是"改良的西周贵族奴隶主统治的社会",和老子一样,是回到周初理想化的社会,但"尚贤"、"仁"以及不反对生产进步的思想具有进步因素。

任继愈认为,在仁礼关系上,孔子认为不能改变支持奴隶制的"礼",但也要求统治者关心劳动者(奴隶)的生活和社会地位。孔子的"仁"只对统治阶级,不对被统治阶级,"仁政""在很长时期内都起着欺骗人民的作用"。"所谓'爱人',不能离开了一定的阶级的内容,只要有敌对阶级存在的话。"[2]汤一介对"仁"提出了较为不同的看法。他指出,"仁"的理论是孔子为了适应新的封建的生产方式而提出的。孔子把"仁"作为"礼"的内容,"为封建社会的道德伦理观点奠定了基础",使"礼"成为为新的经济关系服务的工具。他又说,把"仁"作为最高的哲学概念提出来,是孔子的创造,也是时代精神的体现。不过,"仁"也有阶级性,是统治阶级的一种品德,是他们做人和行事的标准,此即"仁政"。"仁"不仅处理剥削阶级之间的关系,也从新兴地主阶级的利益出发处理和劳动者之间的关系。"爱人"也包括劳动者,但他的出发点为了他那个阶级的阶级利益。"一个新兴的阶级那怕是剥削阶级,在客观上总是在一定程度上反映着劳动人民的利益的";"仁不仅为当时进步的统治阶级所需要,也在一定程度上为当时的广大劳动者所需要"。[3] 汤一介强调要"把春秋末年的孔子和以后封建社会中所歪曲了的那个孔子加以区别"。安作璋对孔子的"仁"给予了更为积极的评价。他说,孔子对于"礼"的态度是批判改造,适应时代的要求,给"礼"以新的解释,把"礼"下放到庶人,加进"仁"的内容。"孔子第一个发现了

---

[1]　关锋、林聿时:《论孔子》,《孔子哲学讨论集》,第228页。

[2]　任继愈:《孔子政治上的保守立场和哲学上的唯心主义》,《孔子哲学讨论集》,第154页。

[3]　汤一介:《孔子思想在春秋末期的作用》,《孔子哲学讨论集》,第68~69页。

'仁',承认劳动者也是'人',从而提高了'人'的地位,这在当时来讲,对处于奴隶地位的劳动人民是有利的,对正在成长中的地主阶级也是适用的。因此,孔子的这种仁学理论,应该说是新的封建生产关系形成前夕在思想上的反映。总之,孔子的'仁'和'礼'的学说,是反映了时代精神的,孔子的基本思想是顺应当时社会变革的潮流的。"①历史地看,应肯定孔子为古代伟大的思想家。

(五) 关于孔子思想的历史地位的总体评价

冯友兰认为,孔子在天命宗教观方面有新的成分,即倾向于无神论;在自然观基本上还是唯心主义的;他把"仁"作为主要的道德原则,是以前所没有的;在教育和文化古籍整理方面,他对春秋以前的文化作了总结,使它有了很大的提高。"他是第一个以个人资格大规模教育学生的人","有教无类""在一定程度上普及了教育"。"他是中国古代第一个伟大的启蒙思想家。他创立了古代中国最早的学术流派。在中国历史上第一个提出了比较系统的理论体系。他的哲学观点,标志着各代思想开始从神权的束缚中解脱出来。还能够把人和现实生活提到了重要的地位,从人的实际生活的需要,观察和了解一切问题。因此,教导人们对现实生活采取积极的态度,这都是孔子的贡献。"②关锋、林聿时则认为,孔子思想是"折衷主义、主观主义和'客观'唯心主义的折衷杂拌"。③ 孔子的命定论是客观唯心主义,但孔子又是一个主观唯心主义者,二者是相通的。"他的哲学思想并不是二元论;基本上是折衷地混合了'客观'唯心主义和主观唯心主义"。④

在大体平等的气氛下,除了一些评价稍显偏颇之外,20世纪60年代对于孔子思想的认识在广度和深度上超过了1949年前,构成了中国哲学研究的可积累的成果。

---

①　安作璋:《关于孔子的"礼"和"仁"的学说》,《孔子讨论文集》(第1集),山东人民出版社,1961年,第242页。

②　冯友兰:《论孔子》,《孔子哲学讨论集》,第94~95页。

③　关锋、林聿时:《论孔子》,《孔子哲学讨论集》,第243页。

④　关锋、林聿时:《论孔子》,《孔子哲学讨论集》,第245页。

第五节 "仁"的超阶级性、思想的 "普遍性形式"问题的讨论

一、关于"爱人"的超阶级性问题

"仁"的超阶级性问题和思想的"普遍性形式"是从孔子哲学讨论中衍生的关于哲学史研究方法论的问题。

如前所述,冯友兰提出孔子的"仁者爱人"的含义之一是爱与自己相对的"别人"。1960 年 8 月 5 日,李启谦在《光明日报》发表文章,认为冯友兰缺乏唯物主义的阶级分析的观点和方法,把孔子的"仁"说成是"无阶级、无差别、无分别的泛爱"。[①] 1961 年 8 月,关锋、林聿时撰写了《论孔子》,认为孔子的思想体系是折中的杂拌,"仁"是有阶级性的,"'爱人'不是爱一切人"。[②] 1961 年 9 月 27 日,北京市哲学会邀请冯友兰作《关于孔子思想》的报告。冯友兰对关锋、林聿时的《论孔子》提出不同意见,认为孔子第一个自觉地提出了世界观的问题,"仁"具有"自我意识"的意义,因而在人类认识史上有重要价值。[③] 不久,他发表《再论孔子——论孔子关于"仁"的思想》,和关锋、林聿时商榷。冯友兰认为,孔子的仁,有作为道德和世界观两种含义。作为道德,即克己复礼和忠恕之道。忠恕之道"在人与人的关系上,是一个很大的进步。这表示,孔子认为自己跟别人是平等的。这也就含有一种意义,认为人与人之间,从一定的角度看,有一定的平等的关系"。[④] 冯友兰认为,"个人的发现以及个人之间有一定的平等关系的认识",是当时一个新的阶级,即地主阶级意识的表现。他们能"在一定的程度上,抽象地承认,人与

---

① 李启谦:《对冯友兰先生〈论孔子〉的几点意见》,《孔子讨论文集》(第一集),第 233 页。
② 关锋、林聿时:《论孔子》,《孔子哲学讨论集》,第 228 页。
③ 蔡仲德:《冯友兰先生年谱初编》,第 457 页。
④ 冯友兰:《再论孔子——论孔子关于"仁"的思想》,《哲学研究》,1961 年第 5 期;又《孔子哲学讨论集》,第 287 页。

人之间有一定的平等关系"。① 作为世界观的"仁",表现了人的自我意识的
觉醒,"具有人的类意识和类行为的意义"。② 关于"爱人"的"人",冯友兰不
同意赵纪彬的"人"是贵族,"民"是奴隶阶级的解释,认为春秋以后"人"泛指
所有的人。如果一方面认为孔子为了调和阶级矛盾才提出"爱人",另一方
面又说"人"指奴隶主贵族,那"爱人"就不是调和阶级矛盾的招牌了。关于
"博施于民而济众",冯友兰认为,确如关锋等所讲,孔子认为是不现实的,因
为这需要一定的条件。但孔子"认为这是很应该的。这就不是奴隶主贵族
的思想"。孔子至少在理论上承认,对于奴隶阶级也要仁。"在奴隶制向封
建制转化的时期,这种理论也还是可贵的。"③

　　冯友兰借用马克思和恩格斯的概念,认为"仁"是普遍形式的思想。他
说,"爱人"、"己欲立而立人""是以普遍性的形式提出来的。这种形式是不
是也有一定的历史意义呢？我认为是有的。马克思和恩格斯有一段话可以
说明这一点。他们说:'事情是这样的,每一个试图代替旧统治阶级的地位
的新阶级,就是为了达到自己的目的而不得不把自己的利益说成是社会全
体成员的共同利益,抽象地讲,就是赋予自己的思想以普遍性的形式,把它
们描绘成为唯一合理的、有普遍意义的思想。进行革命的阶级,仅就它对抗
另一阶级这一点来说,从一开始就不是作为一个阶级,而是作为全社会的代
表出现的;它俨然以社会全体群众的姿态反对唯一的统治阶级'"。④ 那么,
这种思想是不是欺骗？冯友兰认为,不全是。他继续引用马克思和恩格斯
的话说:"革命阶级之所以能够这样做,是因为它的利益在开始时的确同其
余一切非统治阶级的共同利益还多少有一些联系,在当时的那些关系的压
力下还来不及发展为特殊阶级的特殊利益。因此,这一阶级的胜利对于其
他未能争得统治的阶级中的许多人来说也是有利的,但这只是就这种胜利
使这些个人有可能上升到统治阶级行列这一点讲的。"冯友兰指出:"这就是
说,在一个阶级还是上升阶段的时候,它的思想上的代言人的思想所具有的

---

① 冯友兰:《再论孔子——论孔子关于"仁"的思想》,《孔子哲学讨论集》,第 288～289 页。
② 冯友兰:《论孔子关于"仁"的思想》,《新建设》,1961 年 5 月号,第 68 页。
③ 冯友兰:《再论孔子——论孔子关于"仁"的思想》,《孔子哲学讨论集》,第 288～289 页。
④ 《马克思恩格斯全集》第 3 卷,人民出版社,1960 年,第 54 页。

那些普遍性形式,还不完全是欺骗。"①孔子所代表的是一个上升的阶级,他关于人的思想等,不可能是没落的奴隶主阶级的思想。"这些思想,不管它的欺骗性大小,在当时说,都是比较新的进步思想。这些思想是没落阶级所不能有的。"②孔子在中国哲学史上首次提出了人必须有一种自觉的世界观的思想,这个世界观就是"仁",有这种世界观的人叫做"仁人"。孔子提出世界观问题,具有重要的意义,是人类自觉的表现;忠恕之道,表现了人与人的平等;"仁"也有人的自我意识的意义,有人的类意识和类行为的意义。孔子哲学在几千年能够处于统治地位,固然由于统治阶级的支持,也由于它本身能够有很大的影响,这不是一个杂拌体系能够做到的。

关锋、林聿时很快发表了《再论孔子——兼论哲学史方法论的一个问题》,对冯友兰的商榷作出了回应。他们认为,社会存在决定社会意识的历史唯物主义根本原则"是哲学史研究工作的根本的方法论。这一根本方法,要求对历史上的哲学体系和每一哲学命题作历史的具体的分析,而不能脱离历史作孤立的抽象的逻辑分析"。③ "所谓历史的具体的分析,即根据一定时代的社会制度、阶级斗争分析哲学命题的固有的意义"。如果脱离历史对哲学命题作抽象的逻辑分析,就会牵强附会,把古代思想现代化,"把古代一个哲学命题从逻辑上可能推演出来的意义当作它实有的意义,这也就是把今人的思想强加给古人。这种做法还可能把我们的哲学史研究工作引向超时代、超阶级的错误道路上去"。④ 关锋、林聿时强调,对于孔子学说的核心——"仁",应"放在一定的历史环境下,放在春秋时代的'阶级统治形式改变的事实'、阶级斗争的事实中进行考察,追溯孔子的仁学的萌芽,揭露孔子仁学的对立面,从孔子仁学同当时其他思想的对立中把握它的具体的内容和阶级实质。只有这样,才能解决问题,才'不致纠缠在许多细节或各种争

---

① 冯友兰:《再论孔子——论孔子关于"仁"的思想》,《孔子哲学讨论集》,第292页。
② 冯友兰:《再论孔子——论孔子关于"仁"的思想》,《孔子哲学讨论集》,第293页。
③ 关锋、林聿时:《再论孔子——兼论哲学史方法论的一个问题》,《孔子哲学讨论集》,第303页。
④ 关锋、林聿时:《再论孔子——兼论哲学史方法论的一个问题》,《孔子哲学讨论集》,第303～304页。

执意见上面'"。① 是进行具体的历史分析,还是进行抽象的逻辑分析,是研究孔子仁学的方法论的关键。这里的"逻辑"有两个含义:"抽象的逻辑"和与历史一致的"逻辑",即辩证法意义的"逻辑"。关锋认为冯友兰用前者代替了后者。

关锋、林聿时认为,孔子代表没落、保守的奴隶主贵族的利益,基本面是保守和反动的。"己所不欲,勿施于人"的"人",不是一般意义上与自己对立的他人,如果这样解释,"'人'就成了超历史、超阶级的,不是处在一定历史时期和一定阶级地位的人了,而'立'和'达'就成了空洞无物的超阶级、超历史的东西,孔子的仁学也就被解释成资产阶级的人本主义了"。② 他们提出,孔子的仁学的历史背景有两方面:一是适应氏族制度的瓦解来讨论人和人的关系;一是当时新兴地主阶级和奴隶主阶级之间的激烈斗争。前一方面决定了它的进步性,后一方面决定它的保守性。孔子仁学的主要方面是适应保持奴隶主统治的需要,调和阶级矛盾。他们提出,《左传》、《国语》中关于"仁"的说法可分为三类。一类是礼让、敬、爱亲、不怨、不比周等,这些是针对臣弑君、子弑父的,是调和统治阶级内部矛盾的,"孔子的仁学就是这种流行观念的集中化和概括化"。③ 也有一种仁,如"杀无道而立有道,仁也";"见不仁者诛之"、"夫仁者讲功"等,这些是地主阶级的仁学,"孔子的仁学基本上是奴隶主阶级的仁学,而和新兴地主阶级的仁学的观点相对立"。④ 此外还有劳动人民的仁学,"为富不仁,为仁不富"等。《论语》中"人"指的是奴隶主阶级和新兴地主阶级以及自由民,"民"指奴隶;在"仁"、"礼"关系中,"礼占有主导的地位,恢复周礼便是他的主要任务"。孔子思想有没有一些进步意义? 关锋、林聿时认为,孔子的思想虽比西周奴隶主有所

---

① 关锋、林聿时:《再论孔子——兼论哲学史方法论的一个问题》,《孔子哲学讨论集》,第305页。

② 关锋、林聿时:《再论孔子——兼论哲学史方法论的一个问题》,《孔子哲学讨论集》,第309～310页。

③ 关锋、林聿时:《再论孔子——兼论哲学史方法论的一个问题》,《孔子哲学讨论集》,第312页。

④ 关锋、林聿时:《再论孔子——兼论哲学史方法论的一个问题》,《孔子哲学讨论集》,第316页。

进步,但进步性并不强。不久,他们又在《光明日报》发表《三论孔子》,认为孔子的"克己复礼",所复的是要瓦解的周礼。所谓孔子是"托古改制",名义上是恢复周礼,实际是创造地主阶级的"礼"的说法是没有根据的。周礼是一种等级制度,它按照天子、公侯、大夫的级别规定礼典。"礼不下庶人"不是说"礼"对于庶人没有约束力,而是庶人所必须遵守的,不存在下到庶人不下到庶人的问题。"齐之以礼"是说大家都要遵守"礼",强调的是"礼"的教化作用,而不是说对庶人一律平等对待。①

　　针对冯友兰的观点,赵纪彬也发表了《仁礼解故——〈论语初探〉补编初稿之一》,加入讨论。赵纪彬重视"己"的范畴,指出"为仁由己"的"己"与"人"对称,是春秋井田制瓦解,新兴个体经济发展时期"个体私有制经济范畴"的"人格化",在孔子的"仁"的思想中具有"主体的意义和方法论的出发点地位","在一定程度内反映了新兴封建生产关系发展的要求",②是孔子思想积极的一面。"克己"强调的是"发挥个人主观能动性"。"克"是能、肩任、堪任;"己"是"仁"的主体。但是,"己"的视听言动都受"礼"的支配,"礼"对于"己"成为先验的支配力量,则是孔子思想的历史局限性或阶级局限性所在。孔子以"复礼"为"为仁"目的,在"仁"、"礼"关系中,"'礼'为第一位,'仁'为第二位,亦即不是用'仁'来改造礼,而是用'礼'来限制'仁'。此是孔子思想历史局限或阶级局限的另一主要标志"。③　赵纪彬认为,"'由己'与'复礼'相矛盾,'克己复礼为仁'乃是调和矛盾的命题,孔子关于'仁'的思想亦即在'人'的内部调和矛盾的折衷主义思想";"'仁'的折衷主义思想,在由奴隶制向封建制转化的春秋过渡时期,从客观上看,是封建生产关系尚未取得统治地位的反映;从主观上看,则是孔子的维新政治立场的集中表现"。④孔子的维新路线的特点是既害怕礼被"革命暴力"从根上被摧毁,又不甘与楚狂接舆等极端维护井田制那样的人同样逆流而动,企图对"礼"酌加损益,延续其存在,"力求在'礼'的约束下通过维新道路过渡到封建制社会"。"所

---

① 关锋、林聿时:《三论孔子》,《孔子哲学讨论集》,第411页。
② 赵纪彬:《仁礼解故——〈论语初探〉补编初稿之一》,《孔子哲学讨论集》,第418页。
③ 赵纪彬:《仁礼解故——〈论语初探〉补编初稿之一》,《孔子哲学讨论集》,第413～414页。
④ 赵纪彬:《仁礼解故——〈论语初探〉补编初稿之一》,《孔子哲学讨论集》,第414页。

谓维新路线的折衷主义实质，即从解决'己'与'礼'的矛盾中暴露出来。……与'克己'、'由己'同时，孔子又提出了'絜己'、'修己'、'恭己'以及'行己有耻'和'其行己也恭'，均表明当作个体私有制经济范畴人格化的'己'，在孔子的仁的思想中，虽给予了主体的意义和方法论的出发点地位，而却不允许'己'无节制的发展，亦即'己'必须屈抑于'礼'。""所谓以'礼'约'己'，其经济意义即是要求个体私有制与井田公有制并存，而此种并存的实质，亦即限制新兴的个体经济的充分发展。"①"在春秋过渡时期，对于个体私有制的新兴封建经济，不为之开辟应有的场所反而限制其充分发展，实乃阻碍历史前进的一种保守的甚至反动的政治主张。"②"孔子以'礼'限定'仁'而不以'仁'改造'礼'的折衷主义调和思想，相对于奴隶主阶级的死硬派（君子而不仁者）而言，固有其进步性；但相对于新兴个体私有制利益担当者的变革路线（未有小人而仁者），则是一种'促退'或'桎梏'性说教。但亦正因为'仁'系为'礼'所限定，而'己'又必为'礼'所约束，亦即政治标准与伦理标准均以'礼'为内核，故孔子思想中的'仁'与'人'，遂亦各有具体的历史内容或阶级意义，而绝非'一般的'或'抽象的范畴'。……并不能如冯先生所解，认为孔子关于'仁'的思想为'爱一切人'。"③赵纪彬又补充了三个论点：首先，人是一切社会关系的总和；其次，《论语》中的人具体名目颇多；再次，孔子对一切人并未一视同仁，所谓"爱人"照字面上讲是爱一切人的说法，不是从客观事实而是"从观念出发"的，只是"字面上"的孔子思想；受礼限定的"仁"也不是"爱一切人"的抽象德目，而是有阶级内容的上层建筑。宋明理学把"克"释为"胜"、"去"，把"己"释为"私"、"私欲"，把礼释为"天理之节文"，由此引出天理人欲对立的话题，清儒如毛奇龄等对此已经揭露，颜李学派也进行了彻底的批判。"'克'与'己'二字字义训解的歧异，实质上乃是唯物主义与唯心主义斗争的标志。"④程朱训"己"，"将春秋过渡时期的个体私有制经济担负者抽象化，从而失去'己'的阶级内容和历史意义，以便于

① 赵纪彬：《仁礼解故——〈论语初探〉补编初稿之一》，《孔子哲学讨论集》，第429页。
② 赵纪彬：《仁礼解故——〈论语初探〉补编初稿之一》，《孔子哲学讨论集》，第430页。
③ 赵纪彬：《仁礼解故——〈论语初探〉补编初稿之一》，《孔子哲学讨论集》，第439～440页。
④ 赵纪彬：《仁礼解故——〈论语初探〉补编初稿之一》，《孔子哲学讨论集》，第423页。

身份性地主阶层用'克尽己私'的理论武器,以抵制非身份性地主阶层的'变法'及所谓的'功利之学',进而向农业、手工业生产者群众遂行'以理杀人'的思想斗争";冯友兰"则将程朱所抽象化者'接着'更进一步抽象化,以致将'克己'训解成为资产阶级的'平等'观念。……冯先生所讲,乃是孔子关于'仁'的思想的本义。亦正因为如此,其训解的抽象化方法和得出的现代化结论,亦即去孔子的'克己'本义愈远,并陷于自己矛盾而不自知"。① 赵纪彬问,马克思和恩格斯在《神圣家族》中批判的资产阶级的自我意识,即"把别人当作和自己平等的人来对待"的意识,如果可以与孔子的"仁"互训,那么,奴隶制、封建制、资本主义制度之间是否还存在本质区别?②

1962 年 6 月,中国科学院山东分院历史研究所等单位举办孔子学术研讨会,冯友兰在会上发言,重申孔子的"仁"是超阶级的,孔子的"泛爱众而亲人","众"就是劳动人民,就是平民。在阶级社会里,虽没有超阶级的爱,但有超阶级的思想和言论。孔子的"爱人"是超阶级的,只是不能实行罢了。超阶级的言论也并不一概是虚伪的。春秋末期封建地主和其他反奴隶制的阶级利益有一致的地方,所以孔子提出"爱人",并不全是虚伪。③ 会后,冯友兰发表了《再论孔子》,认为在一定的历史条件下,一个思想家的思想即使有很少的新内容,也必须承认,这个思想家是进步的。仁和教育思想是孔子思想中新的一面,春秋又是从奴隶制向封建制转化的过渡时期,所以仁和教育思想是孔子思想的主要内容,孔子是当时新兴地主阶级的思想代表,是一个改良主义者,他的思想中新的一面是主要的,维护旧制度一面不是主要的,所以孔子基本上是进步的。④

对于关锋、林聿时的观点,晁松廷提出了不同意见。他指出,关锋、林聿时认为孔子的仁学是奴隶主贵族的仁学,不是新兴地主阶级的仁学,他们对于孔子仁学的论证,在材料、观点、方法解释方面存有很大的距离。从季氏

---

① 赵纪彬:《仁礼解故——〈论语初探〉补编初稿之一》,《孔子哲学讨论集》,第 424 页。

② 赵纪彬:《仁礼解故——〈论语初探〉补编初稿之一》,《孔子哲学讨论集》,第 424～425 页。

③ 张东风:《关于哲学史方法论和道地继承问题的讨论》,《哲学研究》,1964 年第 1 期,第 68 页。

④ 冯友兰:《再论孔子》,《北京大学学报》,1962 年第 4 期。

和孔子的关系上看,孔子是季氏所提拔,季氏和孔子关系始终不坏,孔子不是反对季氏、拥护鲁国公室的人。孔子堕三都是为了消灭阳虎等陪臣,巩固季氏实力,而不是巩固鲁国公室。从季氏实行田赋上看,孔子并不是反对田赋,而是反对加重对人民的剥削。季氏逐出鲁昭公多年,孔子对此并没有批判;孔子周游列国,也没有恢复鲁国公室的言论。所以,孔子并不反对季氏,也不是要张公室,"他是站在新兴地主阶级的立场,顺应历史潮流前进的"。① 关于仁学问题,在他看来,关锋、林聿时认为孔子的仁学属于奴隶主阶级的仁,并不符合孔子仁学的本来面目。他们强调关于孔子的"仁"是"礼让",可是孔子提出过"当仁不让于师","见义不为无勇也",可见"礼让说"并不准确;而"仁人不党"有直接的事实,与孔子的"己欲立而立人"意义不同。"立人"之"人"不是异党,"己"不是"己党"。"君子周而不比",与孔子的仁学没有直接关系。丽姬所说的"仁不怨君"与"己所不欲,勿施于人,在邦无怨,在家无怨"没有联系。视民如子与孔子的节用而爱人是吻合的。孔子亦不排斥功利,仁学以功利为主要内容,如对管仲的称赞、对子产不毁乡校的称赞,都是以功利为标准的。晁松廷认为,孔子仁学反映了时代精神的特点,对于人民力量的认识也清楚,所以仅仅从当时个别人关于仁的说法中找孔子仁学的来源是不全面的;"同时只从合于主观意图的观点来找个别例证,更难符合孔子仁学的真正来源"。② "人"和"民"的用法没有严格区别,如"中庸之为德,民鲜久矣",如果"民"为奴隶,要求其具有中庸之德,便不合理。"孔子的仁学,是顺应着奴隶解放潮流而提出的创见,他吸取了春秋时期关于进步方面人的概念成分而更有系统的学说,认识到春秋时期进步人士所论证的人民在当时社会所起的伟大势力。因而在他的仁学中反映了当时社会变革时期对人的重视。爱人是孔子仁学的中心内容,而人是包括民的。仁爱不专是对统治阶级而言的。……孔子仁学是有系统的创见。但他受了传统的礼的限制,时代的限制,有一定的保守思想。然这对奴隶解放确

---

① 晁松廷:《对于关锋、林聿时二同志〈再论孔子〉的商榷》,《孔子哲学讨论集》,第459页。

② 晁松廷:《对于关锋、林聿时二同志〈再论孔子〉的商榷》,《孔子哲学讨论集》,第464页。

起了促进作用。"①关于孔子复礼问题,晁松廷认为,关锋、林聿时不同意孔子对于周礼作了基本修正的观点,认为持这种观点的人只有"礼下与庶人"一条。其实,证据不止一条,如创办私学打破了官学制度,举贤才打破了世袭制度,"吾其为东周"是夺权建立新王朝的思想,还有改正朔易服色的思想等。周礼的重要内容为军事和祭祀,但孔子说军旅之事乃未学也;又说"敬鬼神而远之",把周礼认为的大典看得无足轻重,所以说孔子以复周礼为己任,说不通。总之,仁学是孔子的中心思想,反映了历史的趋势,代表着人民性。

对于赵纪彬的《仁礼解故》,冯友兰发表了《再论孔子关于"仁"的思想》。他指出,"克己"的"克"有"胜"和"能"两个意思,《左传·昭公十二年》楚灵王和子革的对话中,已经以"胜"解"克",以"克己"为"胜己",何晏《论语集解》引马融说,以"约身"解"克己"。历来经学家都作"克"解,清儒进行了翻案。这种翻案是他们与程朱道学进行斗争的一部分,他们的斗争有积极意义;但作为对于《论语》的解释,则是不正确的。作"能"的"克"在古汉语中一般还结合有一个动词,如"克明峻德"、"克配上帝"等,而"克己"的"己"是名词;《论语》下文讲"四勿",恰好也是节制的意思。"克己"也是要靠自己的努力,所以"为仁由己"。孔子虽然"复礼",但他的"礼"已经注入了"仁"的内容,与周礼不同,以新充实了旧,旧也变了质。具体是礼要下及庶人,这样礼就与原来的周礼不同。"孔子所说的'爱人'就其普遍的形式说,是超阶级的爱。在阶级社会中,超阶级的爱是没有的。但是超阶级的爱的言论和主张是有的。这是两回事,不可混同。"②赵纪彬和关锋都认为爱人是爱本阶级的人,但又说"爱人"是调和阶级矛盾,这其中存在矛盾。主张阶级调和的人,思想并不都是杂拌。高赞非也认为,"仁"不仅是忠恕,而是多层次的,其一般层次是"爱人",即封建的人道主义,其特殊意义则是一种忘我的、无私的、积极奋发的精神,是孔子所指的最高的道德标准。它是孔子世界观的重要组成

---

① 晁松廷:《对于关锋、林聿时二同志〈再论孔子〉的商榷》,《孔子哲学讨论集》,第465页。

② 冯友兰:《再论孔子关于"仁"的思想》,《新建设》1962年第5期。《孔子哲学讨论集》,第470～473页。

部分,是他的一切思想的出发点。① 不久,冯友兰又发表了《关于孔子讨论中的一些方法论问题》,提出了评价孔子的四个方法论问题:第一,孔子代表的是剥削阶级,所以不能用非剥削阶级的标准要求他,认为他不反剥削所以就不进步甚至反动;第二,地主阶级是当时新出现的一个进步阶级,孔子的思想基本上符合地主阶级的利益,在当时是进步的,不一定代表人民进行革命才算进步;第三,奴隶社会和封建社会的差别没有资本主义社会和封建社会的差别那么大,等级制度在奴隶社会和封建社会都有,孔子在这方面的言论和思想不能证明他是什么阶级的代言人;最后,划分奴隶社会和封建社会的区别在于剥削方式的不同,其余的都不相干。从上几点看,孔子主张复礼,但等级制不是奴隶社会所特有的,与奴隶制的剥削形式也不一定有必然联系,由此不能断定孔子的思想是反动的。孔子反对较重的剥削,在一定程度上把劳动人民当人看待,孔子"从仁发现'人'","他的爱人,是有普遍的形式"。② 冯友兰引用马克思《资本论》的一段话作为理论根据:"在某种意义上,人是和商品一样。人到世间来,没有携带镜子,也不像菲希特派的哲学家一样,说'我是我'。人最先是以别一个人反映自己。名叫彼得的人会当作人来和他自己发生关系,是因为他已经把名叫保罗的人,看作是和他自己相同。这样,有皮肤毛发的保罗,就用他这个保罗的肉身,对于彼得,成为人这个物种的现象形态了。"③孔子的"仁"在一定程度上反映了奴隶得到解放和新的生产关系产生的社会事实,孔子重视"仁",表明他拥护新的生产关系,他以普遍的形式提出"仁",是当时地主阶级向奴隶主阶级争取劳动人民的武器,无论"仁"的思想在孔子哲学中分量有多大,都必须承认孔子是一个进步的思想家,因为他提出了一些新的东西。④

在讨论中,对于孔子的"仁"、"礼"思想等,正、反两方面都充分发表了自己的意见,客观上加深了对孔子的理解,成为中国哲学史研究的可积累性成果。但是,当时的研究是在"革命史观"的框架下把研究作为进一步革命的

---

① 高赞非:《孔子思想的核心——仁》,《文史哲》,1962 年第 5 期。

② 冯友兰:《关于孔子讨论中的一些方法论问题》,《三松堂全集》第 13 卷,第 206 页。

③ 马克思:《资本论》第 1 卷,人民出版社,1954 年,第 29 页注。

④ 冯友兰:《关于孔子讨论中的一些方法论问题》,《三松堂全集》第 13 卷,第 209 页。

一个环节进行的,评价的标准都是从革命出发,对古人未免苛求过甚。冯友兰所提出的四点,其实都是针对"革命逻辑"的。至于训诂,则和思想形成复杂的关系。赵纪彬对于"人"、"民"、对于"克"的考证,一方面启发了理解孔子思想的另一个角度,另一方面也使我们对究竟是训诂决定观点还是观点决定训诂感到困惑。

二、关于"思想的普遍性形式"的讨论

1961 年冯友兰已明确提出思想的普遍性形式的问题,1962 年他又在《关于孔子讨论中的一些方法论问题》中提出,孔子的"仁"是"普遍的形式"。1962 年出版的《中国哲学史新编》第 1 册孔子章也强调"仁"是普遍性形式。1963 年前后,不少学者对他的观点提出了商榷和批判,形成中国哲学史方法论问题讨论的一个热点。"思想的普遍性形式"的概念来自马克思恩格斯《德意志意识形态》,原文是这样的:

> 然而,在考察历史进程时,如果把统治阶级的思想和统治阶级本身分割开来,使这些思想独立化,如果不顾生产这些思想的条件和它们的生产者而硬说该时代占统治地位的是这些或那些思想,也就是说,如果完全不考虑这些思想的基础——个人和历史环境,那就可以这样说:例如,在贵族统治时期占统治地位的概念是荣誉、忠诚,等等,而在资产阶级统治时期占统治地位的概念则是自由、平等,等等。总之,统治阶级自己为自己编造出诸如此类的幻想。所有历史编纂学家,主要是 18 世纪以来的历史编纂学家所共有的这种历史观,必然会碰到这样一种现象:占统治地位的将是越来越抽象的思想,即越来越具有普遍性形式的思想。因为每一个企图取代旧统治阶级的新阶级,为了达到自己的目的不得不把自己的利益说成是社会全体成员的共同利益,就是说,这在观念上的表达就是:赋予自己的思想以普遍性的形式,把它们描绘成唯一合乎理性的、有普遍意义的思想。进行革命的阶级,仅就它对抗另一个阶级而言,从一开始就不是作为一个阶级,而是作为全社会的

代表出现的;它俨然以社会全体群众的姿态反对唯一的统治阶级。它之所以能这样做,是因为它的利益在开始时的确同其余一切非统治阶级的共同利益还有更多的联系,①在当时存在的那些关系的压力下还不能够发展为特殊阶级的特殊利益。因此,这一阶级的胜利对于其他未能争得统治地位的阶级中的许多个人来说也是有利的,但这只是就这种胜利使这些个人现在有可能升入统治阶级而言。当法国资产阶级推翻了贵族的统治之后,它使许多无产者有可能升到无产阶级之上,但是只有当他们变成资产者的时候才达到这一点。由此可见,每一个新阶级赖以实现自己统治的基础,总比它以前的统治阶级所依赖的基础要宽广一些;可是后来,非统治阶级和正在进行统治的阶级之间的对立也发展得更尖锐和更深刻。这两种情况使得非统治阶级反对新统治阶级的斗争在否定旧社会制度方面,又要比过去一切争得统治的阶级所作的斗争更加坚决、更加彻底。②

(一)"思想的普遍性形式"能否作为哲学史研究的方法?

关于思想的普遍性形式的深入讨论,主要是在方克立等和冯友兰之间进行的。1963 年,方克立发表《关于孔子"仁"的研究中的一个方法论问题》,③以冯友兰对孔子的"仁"的研究中提出的"普遍性形式"为例,探讨了哲学史方法论的"马克思列宁主义的具体历史分析和阶级分析方法同超历史超阶级的抽象分析方法的根本对立的问题"。方克立认为,冯友兰对于孔

---

① 冯友兰指出,"还有更多的联系",原来译作"多少还有一些联系",是不准确的。冯友兰所说是正确的。又,这一段译文,和《文献语境中的〈德意志意识形态〉》(〔日〕广松涉著,彭曦译,张一兵审订,南京大学出版社,2004 年)存在一些出入,见该书第 67~68 页。

② 《德意志意识形态》是马克思和恩格斯生前未完成的合作稿,大致写作于 1845 年 11 月至 1846 年 4 月。在恩格斯去世后 37 年的 1932 年,苏联马克思恩格斯研究所编纂的《马克思恩格斯全集》(历史考证第一版)第一部分第五卷首次用德文发表了该手稿,次年又出版了俄文版。后来的《马克思恩格斯全集》第三卷《德意志意识形态》即来源于此。(参见《文献语境中的〈德意志意识形态〉》译序有关部分。)马克思在这段话中加了边注:普遍性符合于:(1)与等级相对的阶级;(2)竞争、世界交往等等;(3)统治阶级的人数众多;(4)共同利益的幻想。起初这种幻想是真实的;(5)玄想家的欺骗和分工。

③ 方克立:《关于孔子"仁"的研究中的一个方法论问题——与冯友兰先生商榷》,《哲学研究》,1963 年第 4 期"哲学史方法论的讨论"栏目。收入《方克立文集》,上海辞书出版社,2005 年。

子的"仁"的具体内容并没有作深入的分析,而是停留在字面意义上,把"己所不欲,勿施于人"、"己欲立而立人,己欲达而达人"说成是"普遍性形式",认为孔子的"仁"的思想之所以进步,是因为它是以"普遍性的形式"提出来的,"普遍性的形式"是超阶级的,所以孔子思想的进步性就在于其超阶级性。这不过是 1957 年提出的"抽象继承法"的改装。[①] 方克立指出,"普遍性形式的思想"是马克思和恩格斯批判的对象。马克思和恩格斯在《德意志意识形态》中说的已经很明确,如果把统治阶级的思想和统治阶级个人的思想产生的历史条件分开,不考虑思想的基础,就可以抽象出一种占统治地位的思想"愈来愈具有普遍性形式的思想"。马克思和恩格斯又说,每一个企图取代旧统治阶级的新阶级,都会把自己的利益说成是全社会的共同利益,"赋予自己的思想以普遍性的形式,把它描绘成为唯一合理的、有普遍意义的思想"。在革命时期,这个阶级的利益和"一切非统治阶级的共同利益还多少有一些联系"。当它上升为统治阶级之后,它与未取得统治地位的阶级之间的矛盾就尖锐化了,发展成为深刻的对抗。马克思和恩格斯分析了普遍性形式的具体内容,揭露了它的虚伪性。冯友兰却用马克思和恩格斯批判的观点作为自己的论据,用"普遍性形式"论证孔子的仁的思想的进步性,说"爱人"就是"爱一切人","爱人"不完全是欺骗等。方克立认为,对于历史上的哲学命题,必须进行具体的历史分析和阶级分析,根据当时的经济基础等,揭示其固有的内容。在分析"仁"的进步性时,不能从字面意义分析,把剥削阶级编造的幻想当成历史的真实。地主阶级提出"己所不欲,勿施于人"是有一定的进步性的,但这个以普遍性形式提出的口号也具有欺骗性,它最初是向奴隶主阶级提出的要求,地主阶级并不准备自己实行;作为地主阶级向农民阶级提出的要求,它纯粹是一种道德说教;它作为地主阶级内部的原则,则是用来调整地主阶级内部阶级关系的最高道德标准。冯友兰的方法则是与历史分析和阶级分析相对立的超历史、超阶级的抽象方法,或"抽象分析法"。这种方法抽掉了"仁"的具体内容,把它当成适用于一切时

---

① 方克立:《关于孔子"仁"的研究中的一个方法论问题——与冯友兰先生商榷》,《方克立文集》,第 30 页。

代、一切阶级的抽象原则,说"仁"具有人与人之间的一定的平等关系,自己要求平等,也要把别人当成平等的人来对待,把封建社会的"圣人"打扮成了资产阶级革命家的样子了。① 昭父也认为,冯友兰从经典著作中找出"普遍性的形式"来评价孔子、墨子、孟子等,是"抽象继承法"的翻版。② 经典作家认为普遍形式是企图夺取新的统治的阶级赋予其思想的,而冯友兰却认为普遍性形式反映了各阶级的共同利益;经典作家揭露普遍性形式的假象,冯友兰却肯定其历史意义和真实意义;经典作家通过现象看其本质——阶级性,冯友兰却在阶级性质外重视"普遍性的形式"。

关锋、林聿时把这个讨论上升到无产阶级和资产阶级斗争的高度,这也是关锋的一贯做法。关锋、林聿时说:"哲学史领域是唯物主义和唯心主义斗争的阵地,是马克思主义哲学和资产阶级哲学斗争的阵地。"资产阶级的哲学史家总是力图掩盖阶级斗争,把哲学史描画成超阶级的、超历史的永恒观念的发展;马克思主义哲学史家③则必须坚持阶级观点,对哲学史作出科学的阶级分析。他们认为,"当前存在的主要问题有三个:把阶级观点和历史分析对立起来,不自觉地用历史主义去否定阶级观点;脱离历史、脱离阶级的抽象分析;把古人思想现代化。"冯友兰所谓普遍性形式的思想"实际上肯定了超阶级的形式具有真实性,即认为哲学的确有为各阶级共同服务的成分",背离了马克思主义的阶级分析。④

对于方克立的商榷,冯友兰很快作了答复。⑤ 冯友兰说,自己和方克立的分歧在于,方克立认为自己不该"证明具有普遍性形式的思想在历史上是真实存在着的思想"。可是,即使是虚伪的思想,在历史上也是真实存在着

---

① 方克立:《关于孔子"仁"的研究中的一个方法论问题——与冯友兰先生商榷》,《方克立文集》,第41~42页。

② 昭父:《关于"普遍性的形式"——与冯友兰先生商榷》,《哲学研究》1963年第5期,第47~56页。

③ 关锋是以此自居的。

④ 关锋、林聿时:《关于哲学史研究中阶级分析的几个问题》,《哲学研究》,1963年第3期,第29~45页。

⑤ 冯友兰:《方克立同志和我的分歧》,《哲学研究》,1963年第5期"哲学史方法论讨论"栏目。该文收入《三松堂全集》第13卷,第249~257页,题目为《怎样了解具有普遍性形式的思想》。

的。剥削阶级的普遍形式的思想虽然是虚伪的,但最初是真实的,真实和虚伪可以在一定的条件下相互转化;在一定条件下,剥削阶级和被剥削阶级也可以有共同利益。孔子的"己所不欲,勿施于人"作为地主阶级的口号向奴隶主贵族提出来的时候,的确代表被统治阶级的利益,是真实的;当地主阶级变为统治阶级的时候,这个口号就成为幻想了。孔子的"仁者爱人"的"人",是包括各个阶级的。孔子有这种超阶级的思想,有这种共同利益的幻想。自己只是把这种思想介绍出来,并不是自己有超阶级的思想,或者经自己一讲孔子便有了这种思想。关于孔子的"仁"和资产阶级的"平等"、"博爱"等,只是因为由类似的情况进行比拟,并不是认为二者等同。

(二)"共同利益"是不是欺骗?

在1963年《哲学研究》第6期上,方克立又发表了《实质的分歧是什么?——答冯友兰先生》,继续与冯友兰展开商榷。方克立指出,和冯友兰的分歧"在于我们对于马克思主义的一些基本原理有着根本不同的理解,因而在哲学史研究中采取了不同的观点和方法"。究竟是把普遍性形式的思想理解为欺骗、假象、幻想呢,还是要肯定它的某种真实性? 方克立说,任何具有普遍性形式的思想都是一定阶级利益的反映,脱离了社会阶级斗争孤立地谈论这一思想,与马克思、恩格斯的观点背道而驰。冯友兰的观点可以概括为:"具有普遍性形式的思想,在提出它的那个阶级还处于上升时期(或者'革命时期')的时候,它对于劳动人民来说,是真实的,没有欺骗性;只有在这个阶级走下坡路(或者革命成功以后)的时候,它才是欺骗。"[①]方克立认为,每一个为了取代旧统治阶级的阶级为了达到自己的目的,都不得不把自己的特殊的阶级利益说成是社会成员的"共同利益",所以,"'共同利益'是在想象中才存在的,纯粹是剥削阶级为自己编造的幻想;对于劳动人民来说,它是十足的欺骗和谎言。因为,在阶级社会里,剥削阶级和被剥削阶级之间存在着不可调和的对抗性矛盾。……所谓'具有普遍性形式的思想',不但是统治阶级自欺欺人的幻想,而且从它产生的时期起,对劳动人民就是

---

① 方克立:《实质的分歧是什么?——答冯友兰先生》,《方克立文集》,第53~54页。

欺骗。因为它不代表劳动人民的实际利益"。①

　　"共同利益"是《德意志意识形态》边注的话："共同利益的幻想,起初这种幻想是真实的。"方克立指出,冯友兰认为"真实"的基础在于,在革命时期取代旧统治阶级的阶级的利益和其他一切被统治阶级的共同利益有较多的联系。实际上,马克思和恩格斯所说的这种"较多的联系"不是说两个阶级之间存在共同利益,而是说胜利使未能争得统治地位的阶级的个人也有可能升入统治阶级。这不仅不能证明共同利益的真实性,"恰恰证明了共同利益幻想的破产"。所谓真实,是说当上升为统治阶级的阶级和其他被统治阶级之间的矛盾还没有暴露出来,他们之间的矛盾还没有上升为社会的主要矛盾时,"他们曾真诚地相信,自己所编造的幻想是真实的"。"尽管他们的主观愿望是'真诚的'、'真实的',但是对于劳动人民来说,它仍然是一种虚伪的幻想。"方克立指出,马克思和恩格斯清楚地说明,统治阶级与被统治阶级之间的矛盾越大,"具有普遍性形式的思想也就日益变为'有意识的幻想'和'有目的的欺骗'"。"共同利益"幻想之所以能够欺骗人民群众,就是因为"新的社会经济关系及其矛盾,当时还处在萌芽状态"的缘故。冯友兰论证普遍性形式时存在循环论证,即认为不是欺骗是因为它有进步性,有进步性是因为它不完全是欺骗;他混淆了思想的真实性和在历史上的进步性或反动性作用是两个不同的概念。思想是不是真实,是看它是不是对客观存在的反映,普遍性形式把一个阶级的利益说成是各个阶级的共同利益,当然是虚幻的。"普遍的东西一般说来是一种虚幻的共同体的形式。""一种思想的进步性,取决于提出它的阶级是否代表了历史进步的潮流,它是否真实反映了新兴阶级的利益和要求。"②自由、平等、博爱"就其要求雇佣劳动和商品生产自由的资产阶级内容来看,它是进步的",而就其超阶级的普遍形式来说,则又是虚伪的。就是说,"思想的进步性决定于它的阶级内容,而不决定于它的超阶级的形式。掩盖阶级内容的超阶级的形式,正好说明了它的虚

---

①　方克立:《实质的分歧是什么?——答冯友兰先生》,《方克立文集》,第54~55页。

②　《马克思恩格斯全集》第3卷,第38页。

伪性"。① 冯友兰提出,虚伪的和真实的在一定条件下可以相互转化,并认为,坚持普遍性形式的思想始终是欺骗的人们,是不懂得辩证法。方克立认为,这是混淆了不同时期的共同语言之下的阶级内容的不同,把共同语言当成了共同思想,是诡辩。冯友兰不是从"仁"的阶级内容方面肯定它的进步性,而是认为其阶级内容有局限性,其普遍性形式,即超阶级的方面具有进步性,值得肯定。这是赞同统治阶级的幻想,是唯心主义的观点。冯友兰忽略了资产阶级的具有普遍性形式的思想与其他统治阶级的具有普遍性形式的思想的本质差别。资产阶级思想才具有最抽象、最普遍的形式,这是资本主义普遍交往关系的反映;其他阶级的普遍性形式思想由于受生产方式的限制,具有很大的局限性。看不到这个本质的差别,是把孔子思想资产阶级化的根源所在。② 昭父也提出了相同的观点。③

杨超、李学勤、张岂之等人指出,所谓"起初还是真实的",不是说这些幻想是超阶级的,是真实的,而是说"这种幻想的编造者在主观上还未必意识到自己是在进行欺骗"。冯友兰的引用和经典作家的精神恰恰相反。④ 关锋、林聿时也认为,马克思和恩格斯所说的"起初这种幻想是真实的","不是说这种'幻想'本身是真实的;而是说,某个剥削阶级处在革命时期时,它的思想家、它的'创造共同利益的幻想'的、把自己阶级的思想说成具有普遍性形式的思想家,在主观上是真诚的,实际上它是不真实的"。剥削阶级的思想家之所以能够赋予自己的思想以普遍形式,是因为它"以新的剥削方式代替旧的剥削方式,这在客观上对其他非统治阶级中的许多个人也是多少有利的",但这绝不意味着"它的思想是真正普遍的、代表社会全体成员的、超阶级的。这种思想是没有的"。⑤ 杨超、李学勤、张岂之指出,"普遍"(das Allgemeine)、"普遍性"(Allgemeinheit)、"普遍性形式"(Form der

---

① 方克立:《实质的分歧是什么?——答冯友兰先生》,《方克立文集》,第63页。

② 方克立:《实质的分歧是什么?——答冯友兰先生》,《方克立文集》,第50页。

③ 昭父:《关于"普遍性的形式"——与冯友兰先生商榷》,《哲学研究》,1963年第4期。

④ 杨超、李学勤、张岂之:《关于如何理解"具有普遍形式的思想"的探讨》,《光明日报》,1963年12月22日。

⑤ 关锋、林聿时:《关于哲学史研究中阶级分析的几个问题》,《哲学研究》,1963年第3期,第29～45页。

Allgemeinheit)都是黑格尔的用语,马克思和恩格斯在《德意志意识形态》中深刻地揭示了"普遍一般说来是虚幻的共同性的形式";共同利益是"虚幻的",只是统治阶级利益的反映。经典作家对于普遍性形式的批判,是针对整个阶级社会讲的。冯友兰却说"普遍性形式"在一定历史阶段是真实的。冯友兰的错误所在是把普遍性形式的"字面意义"和阶级性具体内容分开来,"在本质上不能不蕴涵着唯心主义历史观的前提和历史唯物主义的对立"。那么,就处于革命时期的剥削阶级而言,普遍性形式是不是编造的谎言呢? 他们认为,马克思主义者承认被统治的各个阶级"在一定的历史条件下,在一定的具体问题上,可能因一定的任务而联合一致,但决不能由此抹杀这些阶级的阶级利益之间的根本分歧"。① 关锋、林聿时也认为:"普遍性形式即超阶级形式,正是剥削阶级的阶级性的表现形式。""就是它处在革命时期也是虚伪的,也仅仅代表它一个阶级的利益,而绝不是代表各个阶级的利益。"他们认为,《德意志意识形态》是马克思和恩格斯从民主主义者转变为共产主义者时的作品,用语难免不确切,学习马克思主义,应学习《哲学的贫困》、《共产党宣言》等成熟时期的著作。从方法论上说,冯友兰正是没有注意马克思和恩格斯后期的著作,而单纯孤立地钻研个别词句。②

不久,冯友兰发表《关于孔子讨论的批评与自我批评》,对"普遍性形式的思想"作了较为详细的分析,认为这个思想对于哲学史研究具有重要的方法论意义。冯友兰指出,马克思和恩格斯所说的思想的"普遍性形式""就是把一个阶级的利益说成是普遍利益",每一个企图代替旧统治阶级的阶级为什么有可能、有必要赋予自己的思想以普遍性的形式呢? 马克思和恩格斯在边注中说了关于五个可能的原因:(1)与等级相对的阶级;(2)竞争、世界交往;(3)统治阶级人数众多;(4)共同利益的幻想,起初这种幻想是真实的;(5)思想家的自我欺骗和分工。从这五条可知,"每一个历史时期的统治阶级的思想所具有的普遍性的形式也是当时的客观实际情况的反映,并

---

① 杨超、李学勤、张岂之:《关于如何理解"具有普遍形式的思想"的探讨》,《光明日报》,1963年12月22日。

② 关锋、林聿时:《关于哲学史研究中阶级分析的几个问题》,《哲学研究》,1963年第3期,第29～45页。

不是当时的旧的或新的统治阶级所能完全凭空创造出来的。这些意识虽然是统治阶级的意识,但也是为客观存在所决定,其自己也是客观的存在"。①冯友兰认为,思想的普遍性形式的普遍性有大小的不同。马克思和恩格斯说各个时期的思想是越来越抽象,越来越普遍,地主阶级的思想的普遍性就不如资产阶级,地主阶级的统治基础又比奴隶主阶级要大。"如果一个阶级的利益,真是和普遍利益相一致或有一致之处,这个具有普遍性形式的思想就是真实的,不是虚伪的。"②在革命时期,社会的主要矛盾就是统治阶级和所有非统治阶级之间的矛盾,企图取代旧统治阶级的新阶级"和其余一切非统治阶级的共同利益还有较多的联系"。这说明,企图取代旧统治阶级的新阶级开始和其他非统治阶级的共同利益还有共同之处。马克思在《黑格尔法哲学批判导言》中讲到资产阶级革命时也说,在市民社会中,任何一个要扮演革命阶级角色的阶级,在一个时期被认为代表整个社会,"这个阶级本身的要求和权利真正成了社会本身的要求和权利,它真正是社会理性和社会的心脏"。③据此,冯友兰认为:"在一定的历史环节中,例如在革命时期,各个非统治阶级反对旧统治阶级时期,他们的利益有一致之处。在这个情况下,他们还是各为自己的利益。但其一致之处就是这个时期的共同利益了。"④由于利益有一致之处,所以,所谓共同利益的幻想,又是真实的。既要肯定共同利益是幻想,也要肯定其真实性,这样才全面。关于"真实",冯友兰指出,有的同志认为是就有这些幻想的人的主观愿望说的,其实并不如此。"《德意志意识形态》提出了一个各个时期统治阶级的统治思想发生发展的规律。这个规律是研究哲学史的一个重要的指南。"在中国哲学中,"孔子所讲的'仁'就是'具有普遍性形式的思想'。孔子的'仁'的思想是当时新的生产关系的反映,是反对奴隶主贵族的思想武器。在当时说是进步的思想,不能简单地归结为欺骗"。⑤

①　冯友兰:《关于孔子讨论的批评与自我批评》,《三松堂全集》第13卷,第267页。
②　冯友兰:《关于孔子讨论的批评与自我批评》,《三松堂全集》第13卷,第270页。
③　冯友兰:《关于孔子讨论的批评与自我批评》,《三松堂全集》第13卷,第271页。
④　冯友兰:《关于孔子讨论的批评与自我批评》,《三松堂全集》第13卷,第273页。
⑤　冯友兰:《关于孔子讨论的批评与自我批评》,《三松堂全集》第13卷,第277页。

　　针对冯友兰的观点,汤一介、孙长江提出了不同看法。他们认为,马克思主义指出,资产阶级的自由、平等、博爱在革命时期起到过一定的积极作用,但对于人民来说始终属欺骗性质。冯友兰却认为,当时不存在资产阶级单独的阶级利益,资产阶级和劳动人民的利益是融合在一起的,成为"共同利益"。汤一介、孙长江认为,冯友兰的思路是,首先认为在社会形态转变之际,非统治阶级在反对旧统治阶级的方面存在共同利益。这个"共同利益"就是各阶级的在特殊利益之外的无矛盾的"共同点"。冯友兰的"共同点",是形而上学的绝对的同一;这个"共同点"反映在思想领域里,就是自由、平等、博爱等;既然"仁"、"自由"等曾经代表过包括劳动人民在内的各被统治阶级的"共同利益",所以,这些普遍性形式不是幻想和欺骗。冯友兰抹杀了不同阶级之间的矛盾。冯友兰认为地主阶级的"仁"、资产阶级的"自由、平等、博爱"具有人民性,他正是用超阶级的人民性来"掩盖它的资产阶级的阶级性",从方法论上说"是典型的超阶级分析的方法"。超阶级就是欺骗,超阶级的阶级利益融合论是资产阶级哲学党性的表现。汤一介、孙长江认为,"几个阶级共同对付同一个或几个敌人时,确实存在着共同的利害关系,但这种共同的利害关系不是各个阶级利益的融合一致,而是各个阶级从自身的利益出发,用不同的方法达到不同的目的";"必须用一分为二的观点来理解共同利益",冯友兰的方法是合二而一。列宁指出,在分析根据有限的共同任务而结成的阶级联盟时,必须正确分析其间各阶级的利益,不能用共同利益的概念掩盖革命过程中的阶级斗争。"共同利益"是有条件的,有矛盾,有斗争,而且斗争的结果是一方克服另一方。资产阶级的自由、平等、博爱并不代表工人阶级的利益。汤一介、孙长江指出,在对待共同利益问题上"存在着两种根本对立的观点和两种方法的斗争"。冯友兰用的是资产阶级的超阶级观点,把资产阶级的特殊利益说成是各阶级的共同利益,而我们必须用阶级分析的方法、一分为二的方法分析"共同利益",批判资产阶级的世界观。① 林杰也认为,冯友兰的"普遍性形式思想"是马克思和恩格斯早期

---

　　① 汤一介、孙长江:《冯友兰先生所说的"共同利益"的实质是什么?》,《哲学研究》,1964年第6期,第76~85页。

使用的术语,马克思和恩格斯后来使用更为通俗易懂的超阶级性,冯友兰避开这个词不用,就是为了以普遍性形式作为过渡环节来证明超阶级的爱的真实性。普遍性形式思想在冯友兰有三个演变阶段:其一是"新理学",其二是"抽象继承法",其三是"普遍性形式"。普遍性形式不是来自马克思和恩格斯。①

(三)"爱人"是不是"普遍性形式"?

冯友兰认为"爱人"是普遍性形式的思想,对劳动人民不仅仅是欺骗。林杰不同意这个观点。他说,地主阶级和资产阶级不同,资产阶级和工人阶级之间的实质上的不平等由于被商品交换的外在平等形式所掩盖,所以能够抽象地讲人与人的平等,地主阶级由于经济上对农奴公开掠夺,政治上有严格的等级制度,所以不能用平等口号欺骗农民。② 赵纪彬也批评冯友兰的"孔子发现了人"的观点,认为这是"颠倒的说法,必须纠正过来"。他首先对"仁"进行了文字学考证,指出周初只有"人",《诗经·国风》时期才形成"仁"。《说文解字》释"仁"为从"人"从"二",于义为"亲"。段玉裁指出"独则无耦,耦则相亲"。可见,"仁"是在春秋时期由于"人"的阶级内部分裂,才从"人"字孳生出的,"是奴隶制向封建制过渡时期特定的人的互相关系的反映,亦即'人的社会性','人的历史发展'的特定阶段的反映。……孔子的'仁'的思想,是对于春秋过渡时期'人'的概念所进行的特定的理论概括,亦即从'人'的特定认识形成为'仁'的思想"。认为人的概念古今基本相同,是关于逻辑概念的形而上学的看法。"《论语》中的'人'字是春秋过渡时期生产关系中经济范畴的人格化,属于政治伦理领域的术语或概念,因而必须用唯一科学的阶级分析方法加以研究,才能了解它的意义,衡量它的价值;反之,如果像某些人所作,将哲学社会科学中'人'概念,当作语言学上的'一个名词'或逻辑学上的'普遍性形式'从而忽视或否认其阶级性质,并进而将'仁者爱人'横释为'爱一切人',就只能是超历史、超阶级的

---

① 林杰:《阶级社会中有超阶级思想吗? ——评冯友兰先生"普遍性寓于阶级性之中"的理论》,《哲学研究》,1964年第2期,第76～85页。

② 林杰:《孔子"爱人"的思想实质》,《文汇报》,1963年2月22日。

反科学论断。"①

(四)"普遍形式"是不是"寓于阶级性之中"?

冯友兰还提出了"普遍形式寓于阶级性之中"的观点,对此,昭父、关锋、林聿时、林杰等都提出了批判。他们强调,普遍性形式和阶级性是本质和现象的关系,而不是一般和个别的关系;说"普遍形式寓于阶级性之中",认为普遍性形式比阶级性更为本质,"逻辑结果必然是超阶级超时代的分析法"。② 只能说普遍性是阶级性的表现,不能说普遍性形式寓于阶级性之中。冯友兰讲普遍性寓于阶级性之中,说人的社会性寓于阶级性之中,他所说的社会性,即孔子的"爱人"或者孟子的"恻隐之心"这些抽象的人性。按照一般寓于个别的公式,这些抽象的人性寓于阶级性之中,"抽象人性(普遍人性)是一般,是本质,人的阶级性是个别,是特殊。所以冯先生说:'社会性是人的本质的重要的一面。'"③

冯友兰说孔孟的"仁"所蕴涵的人与人的平等关系,是平等关系发展的一个阶段,并引用恩格斯的"平等观念是历史的产物。在原始社会中,有原始的、相对的平等观念。在奴隶社会中,自由民之间产生了私人之间的平等观念。在原始基督教中,也有平等观念的萌芽。近代资产阶级的平等观念并不是凭空产生的,而是以长期的历史为前提的",指出"从平等观念发展的历史过程看,孔子、孟子所讲的'仁'是其中的一个阶段"。关锋、林聿时认为,恩格斯的话不能成为这种观点的根据。恩格斯指出,原始社会是部分人的平等,不是一般的人类平等;奴隶社会也没有一般的人类平等。对于原始基督教来说,也只是人们在原罪观念上的平等,封建社会在好几个世纪消除了所有的平等,此后在长期的封建社会孕育了市民阶级,由此才提出了具有全民形式的平等观念。恩格斯所说,恰好没有封建社会的平等。冯友兰认为地主阶级的平等观念是抽象地承认人与人之间的平等,其实是把古人思想资产阶级化了。冯友兰也说地主阶级的平等和资产阶级的平等具有不同

---

① 赵纪彬:《哲学史方法论断想——从春秋"人"的概念看孔子"仁"的思想实质》,《哲学研究》,1963 年第 1 期,第 41 页。

② 关锋、林聿时《关于哲学史研究中阶级分析的几个问题》,《哲学研究》,1963 年第 6 期。

③ 林杰:《孔子"爱人"的思想实质》,《文汇报》,1963 年 2 月 22 日。

的阶级性,这样又将结论引向"普遍性形式——抽象的全民平等寓于阶级性（地主阶级、资产阶级）之中了。这样,普遍性形式——抽象的平等,就成了超阶级超历史的平等观念。我们认为,承认这种观点,就等于承认历史唯心主义"。[①]

林杰认为,冯友兰的思路是,"一,就某一阶级的平等而言,其一般意义,即超阶级性是形式,其阶级性是内容;就平等这个概念'自身意义'来说,一般意义是内容,阶级性是形式。二,普遍性形式（一般）不仅是本质,而且是永恒的。平等这个观念,在不同的历史时代表现为不同阶级形式（特殊形式）,但是,它的'自身意义',即各阶级的'共同性',也就是普遍性形式,将永远'继续保持'。平等这个概念,在不同的时代由这个阶级到那个阶级的形式的变化,就形成了思想的发展史。"冯友兰的普遍性形式的思想就是超阶级、超历史的绝对概念。普遍性形式的思想的真实性和普遍性形式的思想寓于阶级性之中的关系是,前者是前提,后者是结论。论证普遍性形式的思想就是为了论证普遍性形式的思想是本质。说普遍性形式寓于阶级性之中,是把超阶级思想绝对化了。在关锋、林聿时看来,冯友兰套用一般和个别的关系,把古代思想家的普遍性形式与资产阶级的思想的普遍性形式等同起来,把资产阶级思想挂在古人名下,如认为作为地主阶级的孔子,抽象地承认地主和农民之间有平等关系。在他们看来,封建剥削关系与奴隶制剥削关系相比有进步,但不能说地主和农民的关系相对于奴隶主和奴隶的关系有进步,农民阶级虽然不能像奴隶阶级那样随意被杀害,但农民被束缚在土地上,没有迁徙的自由,怎能说和地主阶级之间有平等关系呢? 资产阶级的平等是在价值规律上的平等,劳动力自由买卖,使得资产阶级思想家可能标榜全民平等,地主阶级思想家不可能标榜地主和农民之间的平等。冯友兰的错误是把资产阶级思想的全民的普遍性形式加诸地主阶级思想家。昭父还指出,"普遍形式寓于阶级性之中"是冯友兰《中国哲学史新编》的一个基本方法,从这个观点可以导出哲学是寓于唯物主义和唯心主义之中的

[①]　关锋、林聿时:《关于哲学史研究中阶级分析的几个问题》,《哲学研究》,1963 年第 6 期,第40 页。

普遍本质,唯物主义和唯心主义都只是哲学的片面的表现的结论。①

关于冯友兰引用马克思《资本论》中彼得和保罗互把对方当作平等的人来说明人与人的平等,②关锋、林聿时认为,马克思用这个例子是从彼得和保罗作为人的物种的意义上,说明两种商品互为对方的价值镜,冯友兰却把这个例子引向彼得、保罗都以自己为己,他人为人,不是在物种意义上,而是在社会品质上,也就是社会关系上把对方看成和自己平等的;冯友兰还认为,孔孟所说的"人"包括劳动人民,即地主阶级在阶级关系上把自己和劳动人民看作平等的,"这不清清楚楚地把地主阶级思想资产阶级化了吗"?冯友兰"一方面断言企图代替旧统治阶级的新的剥削阶级,其思想的普遍性形式(即超阶级形式)具有真实性,就是说他的思想中有超阶级的成分,可以说这是横的方面;另一方面,冯先生认为,在历史的发展中,有一种寓于阶级性中的普遍东西,这可以说是纵的方面,马克思曾经指出,把思想和阶级分开必然导向历史唯心主义。冯先生认为,贯穿在历史过程的纵横两方面有某种超阶级超时代的普遍,按着他的逻辑,也是不能不导向历史唯心主义的";③思想的普遍性形式就是"抽象继承法"。

(五)"思想的普遍性形式"是不是一个普遍规律?

冯友兰曾提出,"赋予自己的思想以普遍性形式是各个统治阶级的思想的发生和发展的规律",无产阶级也要赋予自己思想以普遍性形式。对此,方克立指出,这种观点取消了无产阶级意识形态和剥削阶级意识形态的差别,是用资产阶级眼光来看无产阶级思想,是根本错误的。赋予自己思想以普遍性并不是马克思和恩格斯所阐述的历史规律,而是超历史的超阶级的唯心主义理论。赋予自己的思想以普遍性的形式是占统治地位和希望取得统治地位的剥削阶级的意识形态的特征,特别是资产阶级的意识形态的特征,无产阶级并不把自己的思想说成是超阶级的,"也不需要赋予自己的道

---

① 昭父:《关于"普遍性的形式"——与冯友兰先生商榷》,《哲学研究》,1963 年第 4 期,第 56 页。

② 马克思:《资本论》第 1 卷,人民出版社,1954 年,第 29 页注。

③ 关锋、林聿时:《关于哲学史研究中阶级分析的几个问题》,《哲学研究》,1963 年第 6 期,第 42 页。

德以普遍的形式"。① 方克立指出,《德意志意识形态》中所说的"阶级统治"并不包括无产阶级,因为马克思和恩格斯当时还没有形成关于无产阶级的理论。② 林杰认为,冯友兰把普遍性形式的思想当作"思想发生和发展的规律",把它贯穿到哲学史的研究中,说地主阶级、资产阶级,任何阶级的思想都采取超阶级的普遍性形式,无产阶级也是采取超阶级的普遍形式。这是不顾马克思主义的基本原理。无产阶级公开申明,不仅不代表资产阶级,还要消灭资产阶级。"无党性是资产阶级思想。党性是社会主义思想。……忘记这个真理实际上就等于根本拒绝对资产阶级社会进行社会主义批判。"③林杰认为,把"普遍性形式寓于阶级性之中"作为研究哲学史的指南是要不得的、错误的和荒唐的。④

冯友兰鉴于中国哲学史已被说死,把马克思和恩格斯的"思想的普遍性形式"概念作为研究中国哲学史的方法论,为中国哲学史研究开辟概念史或思维发展史的路子,是非常有意义的。但是,如前所述,当时还刚刚解放不到十四年,意识形态领域还处在如何更进一步贯彻阶级分析、为不久前才胜利的革命完善理论依据的过程之中;社会上的阶级斗争要年年讲、月月讲、天天讲以及反对"合二而一"的话语不能不影响到哲学史的研究。如东方明曾指出,哲学史方法论的讨论是为了探索如何在研究中坚持和应用马克思列宁主义。为了深入开展方法论讨论,必须学习马克思列宁主义哲学的基本原理,结合当前国内外政治战线和思想战线上的斗争,把哲学史方法论研究中的各种倾向和现实斗争结合起来进行考虑。⑤ 可见当时人们是自觉地把哲学史研究和政治形势结合起来的。方克立等多数学者同样是在探索如何更好地运用马克思主义研究中国哲学史,他们与冯友兰的论争,是在客观地探讨问题,充分揭示了"思想的普遍性形式"问题的各种逻辑。马克思主

---

① 《列宁全集》第31卷,第258页。

② 方克立:《无产阶级思想也有"普遍性形式"吗?》,《哲学研究》,1964年第1期,第40～44页。

③ 《列宁全集》第10卷,第58页。

④ 林杰:《阶级社会中有超阶级思想吗? ——评冯友兰先生"普遍性寓于阶级性之中"的理论》,《哲学研究》,1964年第2期,第76～85页。

⑤ 东方明:《继续深入讨论哲学史方法论问题》,《哲学研究》,1964年第1期,第29～31页。

义首先是革命的、批判的理论,冯友兰希望把它变成建设的理论,从中引申出具有普遍意义的方法论,确立中国哲学的自为的价值,他的理解的确有"发展"的意思。这和前文所述的"抽象继承法"力图使中国哲学"活"起来的思路是一致的;其中自然也包含了知识和存在的同构性。当然,马克思、恩格斯的论述的确也包含了对于共同利益和思想的普遍性形式的肯定,冯友兰的观点也不是杜撰。他的思考无疑是深入的,赋予了马克思主义新的生命力。可是,民族理性成熟程度、现实的发展的阶段都还没有达到可以接受突破阶级性的地步。当时人们还不能理解革命和建设的理论依据的差异,也不理解马克思主义和日丹诺夫所带来的苏联教条主义式的马克思主义的区别。关锋总是以马克思主义代言人自居,对于冯友兰提出的任何问题,都加以批判。他的基本态度是把历史上的思想固定在它所发生的历史阶段上,彻底否定思想的继承性,然后就其与马克思主义不同而大加挞伐。这不仅阻碍了中国哲学史研究的正常开展,也阻碍了马克思主义的运用和发展,破坏了正常的学术争论,极不利于民族理性的成熟。

第六节　关于庄子哲学的讨论

1960年前后,学术界对于庄子哲学也展开了讨论。这是在新范式下对庄子哲学定位的尝试。讨论的问题集中在庄子哲学的性质是唯物还是唯心,是辩证法还是形而上学,庄子哲学的阶级根源是什么,历史作用如何等,也涉及《庄子》一书的文本问题。

一、关于庄子哲学的性质

任继愈较早主张庄子是唯物主义者。[①] 他说,庄子在对待哲学的根本问题上,所持的态度是唯物的。庄子继承了老子的"道"的理论,他的道"在

---

① 任继愈:《庄子的唯物主义世界观》,《新建设》,1957年第1期;又《庄子哲学讨论集》,《哲学研究》编辑部编,中华书局,1962年,第160页。

时间和空间上都是无限的物质实体,它是一切具体事物的根源,也是唯一的、最后的根源";"道是物质性实体,不是感官的直接对象,而是一切事物存在的基础";[1]"他认为物质世界是第一性的,思维是第二性的。在这种意义之下,我们说庄子是唯物主义的哲学家"。[2] 庄子也有朴素、自发的辩证法思想,他对于事物的发展变化有极为深刻的认识。但由于庄子没落贵族的阶级意识,他对于矛盾和事物的发展采取了漠然的态度。在认识方面,庄子从唯物主义自然观出发,认为人只是自然的一部分,人的认识不可避免地带有主观和片面的局限性。由此导致放弃认识的结论,否定客观真理,陷入相对主义和唯心主义。[3] 任继愈在1961年8月写的附记中说:"认为庄周的哲学是唯物主义的这一看法,没有改变。"[4]

相反,关锋认为,"庄子哲学是一个彻头彻尾的主观唯心主义的体系",其体系的骨架是"有待—无己—无待"。有待,就是一切现象都有其依赖依存的东西;"无待""就是没有对待,就是绝对,它是有待的现象界所依赖的本质";无己"就是不执着有自己、有外界,如同佛家的破'我执'、'法执',即在幻想中消除物我对立,在自己头脑里齐物我、齐彼此、齐利害、齐生死"。[5] 庄子通过无己达到与"道"同德同体的同一,进而达到我就是道,道就是我,从老子的客观唯心主义达到主观唯心主义。庄子哲学是虚无主义、阿Q精神、滑头主义、悲观主义。关锋说,解放前有些资产阶级学者把庄子说成是唯物论者、辩证法家。"今天还有主观上确实以马克思主义为指导来研究中国哲学史的同志,竟然断言庄子哲学是唯物论者,并且有丰富的朴素辩证法思想",断章取义,无端地美化庄子哲学。关锋没有忘记把冯友兰拉进来进行批判,他说:"买办资产阶级、地主阶级的思想家,出来对庄子哲学进行'消毒',并在这个基础上建立'新'的庄子式人生哲学。这就是冯友兰先生在抗日战争期间创立的所谓新理学哲学体系。

---

① 任继愈:《庄子的唯物主义世界观》,《庄子哲学讨论集》,第161～162页。
② 任继愈:《庄子的唯物主义世界观》,《庄子哲学讨论集》,第172页。
③ 任继愈:《庄子的唯物主义世界观》,《庄子哲学讨论集》,第169～170页。
④ 任继愈:《庄子的唯物主义世界观》,《庄子哲学讨论集》,第172页。
⑤ 关锋:《庄子哲学批判》,《庄子哲学讨论集》,第2页。

这是大地主大资产阶级的一个哲学体系。其上半截是客观唯心主义,作为其下半截的主观唯心主义,则是庄子哲学的现代形态。"①关锋一贯以马克思主义代言人自居,反对客观的、学术性的研究,把哲学史研究单纯作为革命的一环。这一特点在这里一如既往地表现得淋漓尽致。他的文章,不像是一篇研究庄子的学术论文,倒更像借庄子研究这个话题进行思想批判的杂文。

当时学术界普遍认为"中国哲学史工作者的通病是史太少,哲学太多"。关锋认为,"哲学"是马克思主义哲学,并不存在太多的问题,"问题恰恰是哲学太少,中国哲学史工作者对马克思、恩格斯、列宁和毛泽东同志的著作学习很不够";年轻的哲学史工作者固然需要充实史料,但是如果不被史料的大海淹没,就必须"认真学习马克思列宁主义哲学,树立或者巩固、提高自己的无产阶级世界观"。"哲学史工作者自己的世界观是怎样的,他写出的哲学史就是怎样的,例如哲学史工作者自己的世界观是费尔巴哈哲学的水平,他就决不可能写出马克思列宁主义的、科学的、配得上是社会主义上层建筑的中国哲学史。中国哲学史研究工作本身,就是战斗。"②关于研究庄子哲学的意义,关锋仍主张是分析批判唯心主义的认识论根源,探讨其失足的经验教训,锻炼理论思维能力,总结理论思维发展的规律,而不是在唯心论体系中寻找什么"好东西"。他总结出了庄子哲学的五条经验教训:(1)"追求世界的开始,是达到唯心主义的一条道路";(2)"分割相对和绝对也是达到唯心主义的一条道路";(3)可以发现"从老子的辩证法到庄子的相对主义"的思维线索;(4)发现庄子哲学"在自由和必然问题上的形而上学观点同主观唯心主义及其特征";(5)发现庄子哲学"从排斥认识的标准的主观性转化为最极端的主观主义"。③

---

① 关锋:《庄子哲学批判》,《庄子哲学讨论集》,第 26 页。

② 关锋:《庄子哲学批判》,《庄子哲学讨论集》,第 11~12 页。

③ 以上五条教训,见关锋:《庄子哲学批判》,《庄子哲学讨论集》,第 33~60 页,此处所收文章与《哲学研究》(1960 年第 7、8 期合刊)此文内容有出入,后者仅有四条教训,不是五条。

　　冯友兰和关锋一样,也主张庄子是唯心主义者。[1] 他认为,战国时期,唯物主义和唯心主义的斗争在荀子和庄子达到高峰。荀子代表唯物主义,庄子代表唯心主义。庄子哲学一部分是从宋尹学派转化过来的。《逍遥游》讲心斋坐忘,心斋是宋尹的思想,坐忘是庄子学派的方法。心斋是集中精气,坐忘是忘掉一切知识与分别,前者是朴素唯物主义的思想,后者纯粹是主观唯心主义的思想。从宋尹到庄子是一个转化,转化的条件是当时奴隶主贵族的没落意识。《齐物论》片面地夸大了对立面转化的辩证法普遍规则,陷入了相对主义和不可知论。老子的道是有和无的统一,而庄子的道是"全",这个全不是有,甚至也不是无、而是无无,庄子是彻底的虚无主义。对于关锋对自己 1949 年的哲学的批判,冯友兰说:"我在解放前所虚构的新理学那一套,所吸收的完全是庄子哲学中的腐朽的、反动的部分,只可以起反面教材的作用。我完全同意关锋同志对它所作的批评。"[2]不过,冯友兰不同意关锋认为庄子哲学主张宇宙有"真君"或"真宰"的观点,认为庄子只是把问题提出来,并未做肯定的回答;庄子的道的特点"是一个抽象的全"。[3]由于关锋对于庄子的批判涉及对冯友兰新理学的批判,对庄子哲学的肯定可能会被认为是对自己新理学的肯定,这造成冯友兰在评论庄子时不得不有所顾忌,这属于知识和存在的同构性。

　　在关锋和冯友兰的文章之后,任继愈又发表了《庄子探源——从唯物主义的庄周到"后期庄学"》,[4]对庄子身世、著作、思想作了系统的阐述。任继愈认为,庄子的自然观继承了老子的道的思想,是唯物主义的。他对宇宙形成和起源的回答是唯物论的,时空观是唯物论的,对于生死问题的看法也是唯物论的;在认识论上提出"知者接也","知者谟也",也是唯物主义的。其局限性是把认识完全视为被动的过程,抽掉了认识过程中的社会、阶级内

　　[1]　冯友兰:《论庄子》,《人民日报》,1961 年 2 月 26 日,第 7 版。又《庄子哲学讨论集》,第 115～128 页。
　　[2]　冯友兰:《论庄子》,《庄子哲学讨论集》,第 127 页。
　　[3]　冯友兰:《论庄子》:《庄子哲学讨论集》,第 122～123 页。
　　[4]　任继愈:《庄子探源——从唯物主义的庄周到"后期庄学"》,《哲学研究》,1961 年第 2 期。又《庄子哲学讨论集》,第 178～209 页。

容。庄子在辩证法方面认识到了事物向其反面转化的发展,但最终没有超出循环论,并用辩证法为其保守主义服务。庄子哲学的缺陷是,"道"既是世界的本源又是世界的规律,认识论上存在被动消极的反映论,在生死问题上混淆精神和物质,发展观上的循环论等,这些缺陷被后期庄学利用,发展成为唯心主义。① 这说明,唯物论不与辩证法结合,就容易走向唯心论。在同期杂志上,关锋发表了《庄子〈外杂篇〉初探》,②重申庄子代表没落的奴隶主阶级,其思想是唯心主义的。

对于任继愈和关锋的争论,冯友兰发表了《再论庄子》,③以《天下篇》作为判断庄子哲学的标准,认为《齐物论》和《逍遥游》代表了庄子的思想,外杂篇中与这两篇相同的,都可视为庄子的著作。冯友兰重申庄子是唯心主义者,指出道家在汉初是为新兴地主阶级服务的,汉初统治阶级不需要庄子这样消极颓废的哲学。《齐物论》表现了很强的思辨哲学意味,这种思想,只有和惠施、公孙龙联系起来才能得到理解。《墨子》中有几条,如"谓辩无胜,必不当,说在辩";"以言为尽悖,悖。说在其言";"知,知之否之是同也,悖,说在无以也";"非诽者悖,说在弗非",都是批评庄子的。④ 这表明,庄子哲学出于战国时期。任继愈引述荀子"庄子蔽于天而不知人"作为庄子哲学是唯物主义的论据,冯友兰指出,这似乎是说荀子批评某家,"如果荀子没有提到某家的某一点,这就可以证明那一家没有那一点。我认为这完全不能证明";庄子的天,"在有些篇中,可能还有神秘主义的意义"。冯友兰认为,庄子是唯心主义者,主要表现在"有无"关系上。老子认为道是无,但是"无名",并不是"无有"。庄子哲学的最高范畴是"无有"、"无无";庄子的"道"非物而又"无有","只能是概念性的东西"。⑤ 任继愈根据"知者接也"、"知者谟也"证明庄子为唯物主义。冯友兰认为,整个地看这段话,庄子显然是否

---

① 关于庄子哲学的论证,详见《庄子哲学讨论集》,第 195～209 页。
② 关锋:《庄子〈外杂篇〉初探》,《哲学研究》,1961 年第 2 期;又,《庄子哲学讨论集》,第 61～98 页。
③ 冯友兰:《再论庄子》,《哲学研究》,1961 年第 3 期;又《庄子哲学讨论集》,第 129～146 页。
④ 冯友兰:《再论庄子》,《庄子哲学讨论集》,第 140～141 页。
⑤ 冯友兰:《再论庄子》,《庄子哲学讨论集》,第 144～145 页。

定对外物的知识,认为跟外物接触得到的知识是低级有害的。①　不久,冯友兰又发表《三论庄子——论庄周哲学思想的阶级本质》,②对庄子哲学进行了更为深入的批判。对于关锋认为庄子追求世界的开始,所以陷入唯心主义,冯友兰表示不能同意,他认为庄子是反对追求世界的开始的,关锋《庄子哲学批判》中所说的庄子哲学有待—无己—无待的三段式也显得一般化。因为庄子没有把"有待"、"无待"作为专有名词使用,无待和无己的关系也很不清楚。其他唯心主义哲学家,如孟子的"天"、王阳明的"本心"、康德的"上帝"也都可以说是无待。关锋认为庄子的"真宰"即老子的"道",也是不正确的。《齐物论》中的真宰是就人的主观世界说的,先秦哲学中还没有称宗教所说的主宰为"君"或"宰"的,认为有这样主宰的人都把主宰称为"天"或"帝"。如果说庄子的"真宰"为"道"或绝对精神,那么庄子哲学就是客观唯心主义了。庄子的"道"是"全",是"无无",是混沌,是一种逻辑的虚构和主观意境。这是庄之为庄者,也是魏晋玄学家所说的"名理"。庄子哲学是虚无主义,不是要证明世界事物是虚无的,而是要证明一类事物的"全"就是没有那类事物。由于"道"是"全",所以也是不可认识的。庄子把这种主观意境也说成是客观的,这便是"道";道又是万物的根本,"物物者非物","物物者"实际上是庄子的主观意境,所以庄子哲学是主观唯心的。庄子的"道"作为"全"又是不可认识的,能认识的只是道的一偏,庄子哲学由此又陷入不可知论。对于道的认识途径是只有否定了一切知识,与道同体,用"无己"的方法,在自己的思想中创造出一个混沌的境界,其中什么都没有,而自己认为什么都有,自我陶醉。冯友兰认为,庄子在达到"无待"后,还必须回到"有待",所以,关锋的三阶段后应再加一个有待的阶段,成为四段。在第三阶段,圣人必须遣是非,说出常人的见解都是出于一偏,到第四阶段,圣人还必须认识到事物各有其相对的质的规定。庄子哲学是没落贵族在失掉他们所有的一切后的自我安慰,是一种精致的混世主义。冯友兰对庄子的批判也

---

①　冯友兰:《再论庄子》,《庄子哲学讨论集》,第 145～146 页。
②　冯友兰:《三论庄子》,《北京大学学报》,1961 年第 4 期;又《庄子哲学讨论集》,第 147～159 页。

可以视为他的自我批判。冯友兰在对《新原人》和《新原道》作自我批判时所用的语言与此十分类似。这表露了在新范式下冯友兰研究庄子哲学的复杂处境和心境。

在任继愈、关锋、冯友兰之外，也有其他学者参加了讨论。汤一介认为，庄子哲学是主观唯心主义，"道"在庄子哲学中，是宇宙精神，既是世界的本体，又是世界的本源。"'至人'与道的关系，不是认识上的关系，而是一种境界，那就是说，至人所达到的一种精神状态，就是与道同体的一种境界。这种境界是主观的，是一种混沌无分别的神秘主义境界。"所以庄子哲学思想的核心是主观唯心主义。① 杨荣国认为，庄子以"主体的纯粹经验为实在"，否定矛盾变化，最后达到与神仙世界的相通，走向唯我论。② 杨荣国为了说明庄子为唯心论，把庄子"以天下为沉浊，不可以与庄语"解释为"一是认为所谓客体的物质世界只是精神世界的渣滓"；一是宇内黔黎不足以与庄语。后者为成玄英的注，前者显然极其牵强。

任继愈此后又发表了《庄子探源》之四、之五，《论〈齐物论〉不代表庄周思想》等文，继续对庄子思想进行探讨。《庄子探源之四》认为，③现行《庄子》内篇是把唯心论观点明确的论文集中起来编订的，是后期庄学的作品。后期庄学在外来压力下，寻求"所谓精神解脱，幻想出一个自我陶醉的精神境界。它表现为唯心主义、相对主义"；④"'后期庄学'的思想，是沿着老子的唯物主义哲学中的薄弱环节和错误观点发展的必然结果"。⑤《庄子探源之五》重申了外杂篇反映了庄子的基本思想，内篇不反映庄子思想的观点，进一步论述了庄周的唯物主义思想，如唯物主义的自然观，关于时间和空间无限的思想，主张运动绝对，反对认识独断和教条等。⑥

---

① 汤一介：《关于庄子哲学思想的几个问题》，《庄子哲学讨论集》，第302页。
② 杨荣国：《庄子思想探微》，《哲学研究》1961年，第5期；又《庄子哲学讨论集》，第284～297页。
③ 任继愈：《庄子探源之四——"后期庄学"（内篇）的唯心主义哲学体系》，《北京大学学报》（人文版），1962年第5期。又《中国哲学史论》，上海人民出版社，1981年，第319～331页。
④ 任继愈：《庄子探源之四》，《中国哲学史论》，第319页。
⑤ 任继愈：《庄子探源之四》，《中国哲学史论》，第331页。
⑥ 任继愈：《庄子探源之五——庄周的唯物主义哲学思想》，《中国哲学史论》，第332～360页。

二、关于庄子的阶级基础及社会作用

任继愈认为,庄子是从没落的奴隶主贵族中分化出来的知识分子,生活贫困,能够体验到老百姓的苦难,所以能够说出劳动者的一些要求。他从本阶级的没落中看到了不可挽回的阶级命运,所以能够比较清醒地认识现实,不抱幻想。没落阶级思想家常常有两种类型:"一种是向宗教中求安慰,向上帝投降;一种是对上帝怀疑,向宗教挑战。"人们往往是看到了庄子思想消极的一面,没有看到其中包含的更有价值的唯物主义思想。①

关锋认为,庄子哲学"是没落的、悲观的奴隶主阶级意识的反映";②"是战国中期在被葬送过程中的奴隶主阶级的阶级意识的唯一代表";"毫无疑问是反动的、倒退的"。③"他的哲学观点,所达到的结论,则都是错误的、荒谬的,没有什么可以肯定的东西。""庄子哲学毒性最烈的,就在于使人醉生梦死、精神堕落,特别是它裹上了一层糖衣","庄子哲学在我国历代所起的社会作用,基本上是反动的","一方面是统治者用以消磨劳动人民志气,麻痹劳动人民的阶级意识和阶级斗志;一方面是某些统治者及地主阶级的失意文人和政客精神堕落、自我欺骗的安乐乡"。④ 文章引用毛泽东要彻底清除上层建筑垃圾的指示指出,"庄子的哲学,就是'这种垃圾'中的一种",在社会主义时代,到了彻底被埋葬的时候了。关锋所论,可谓无视哲学史事实的极端片面之辞。关锋批判庄子时常涉及冯友兰的"新理学",这对冯友兰来说,意味着给庄子积极评价就是给自己的"新理学"以积极的评价。关锋以此迫使冯友兰接受自己的观点,冯友兰对关锋对庄子的批判也多所同意和接受。如关于庄子的阶级属性,冯友兰同意关锋的观点,认为庄子哲学体系反映了当时没落的奴隶主贵族的悲观绝望意识;他也同意关锋对庄子哲

---

① 任继愈:《庄子的唯物主义世界观》,《庄子哲学讨论集》,第172页。
② 关锋:《庄子哲学批判》,《庄子哲学讨论集》,第16页。
③ 关锋:《庄子哲学批判》,《庄子哲学讨论集》,第19页。
④ 关锋:《庄子哲学批判》,《庄子哲学讨论集》,第20页。

学的批判。他说:"现在我们正在建设社会主义并且向共产主义过渡。……这就是现实的自由王国。在这样的环境里,绝对用不着庄子哲学的《逍遥游》和《齐物论》。这是哲学中的渣滓。我们应该像清除渣滓那样,把它批判掉,以免它妨碍卫生,并且成为人向前走路的绊脚石。"①不过,冯友兰肯定,庄子哲学在历史上也存在积极作用的一面。他指出,庄子哲学在一定条件下也会发生转化,秦汉时期地主阶级掌握了政权,开始转向反动,庄子哲学作为对封建统治的消极反抗的理论基础,也有一定的积极意义。② 汤一介不同意冯友兰的观点,指出汉初庄子哲学很不流行,只有严君平和班嗣二人研究它,他们都没有用庄子思想作为反对统治者的武器。魏晋时期,庄子哲学被郭象等人用来论证庙堂与山林的统一。庄子哲学对统治阶级来说是自我安慰和自我陶醉的思想工具,对于劳动人民来说,作用更坏,麻痹农民的斗争意志,瓦解农民斗争的士气,在统治阶级内部所起的作用也是消极的。庄子哲学从秦汉以后成为统治阶级思想的一部分。冯友兰所说的庄子哲学秦汉以后向相反方面转化,没有事实依据。③

不久,任继愈发表《庄子探源——从唯物主义的庄周到"后期庄学"》,详细地探讨了庄子所代表的阶级。他认为,庄周虽出身于奴隶主贵族,但春秋战国时期,这个阶级没落了,一些贵族便下降为农民,成为有知识的小自耕农。与老子、孔子同时的长沮、桀溺、楚狂、荷蓧丈人、杨朱、陈仲子等,都属于这一阶层的人物。老子、庄子等,属于这一阶层的思想代表。真正的个体农民,因为没有条件产生自己的代表,也只有通过其他阶层转化过来的农民代言人来代表自己。④ 庄子对待劳动和劳动者的态度是肯定的,认为理想的社会应该人人劳动,统治阶级也要进行耕种,他对于体力劳动不是持菲薄的态度,而是持尊重的态度,同情盗跖。他的政治理想也反映了农民的愿望,如反对兼并土地,反对战争等。回到原始的至德之世的想法"反映出古代农民大同思想、平均思想、自给自足的小生产者的美好理想的萌芽。这种

---

① 冯友兰:《论庄子》,《庄子哲学讨论集》,第128页。
② 冯友兰:《论庄子》,《庄子哲学讨论集》,第127页。
③ 汤一介:《关于庄子哲学思想的几个问题》,《庄子哲学讨论集》,第316页。
④ 任继愈:《庄子探源——从唯物主义的庄周到"后期庄学"》,《庄子哲学讨论集》,第191页。

'向后看'的倒退观,却包含着打破现状,要求前进的合理内核"。① 任继愈
又说,"从奴隶制向封建制过渡的过程中,个人主义对奴隶制起破坏作用",
应给予重视。② 老、庄、杨朱是代表农民小生产者的思想家,在社会理想上,
他们向往"小国寡民"的农村公社,这在古代是对人剥削人的社会抗议的理
论依据。他们对于儒家的抨击是反对从奴隶制到封建制相沿袭的典章制
度,对于文化、教育的批判则易导向蒙昧主义。老庄的自然主义天道观,打
击了西周以来的人格神观念,但是他们的经济地位决定了他们的革命性是
不彻底的、不坚决的。他们的为我、全性保真的生活态度,正是小私有者的
表现。但他们在社会变革过程中是有利于新兴地主阶级的,客观上促进了
奴隶制的瓦解,他们的"个人主义"与今天对抗社会主义的个人主义不同。

三、关于庄子书、庄子思想与
庄子人的关系

　　关于庄子哲学思想性质判断的分歧,也是以对《庄子》书与庄子本人思
想的关系的不同理解为基础的。任继愈主张庄子是唯物主义,基本上是以
外杂篇为主。他认为内篇不代表庄子的思想。关锋则相反,认为《庄子》内
篇七篇为庄子所作,外杂篇为庄子后学、老子后学左派、杨朱学派、宋尹学派
的著作。内七篇是产生于战国中期的一个完整的哲学体系,外杂篇与内七
篇一致的内容,也可作为庄子思想。③

　　任继愈在《庄子探源——从唯物主义的庄周到"后期庄学"》中系统地论
证了自己的观点。④ 他指出,《庄子》书内七篇是后期庄学著作,不代表庄子
思想;外杂篇有些篇章反映了庄子的思想。从外杂篇到内篇,庄子哲学被后

---

　　① 任继愈:《庄子探源——从唯物主义的庄周到"后期庄学"》,《庄子哲学讨论集》,第194～
195页。

　　② 任继愈:《庄子探源之三——论庄周哲学思想的阶级实质》,《北京大学学报》,1961年第5
期9月号;又《庄子哲学讨论集》,第228～244页。

　　③ 关锋:《庄子哲学批判》,《庄子哲学讨论集》,第1～2页。

　　④ 任继愈:《庄子探源——从唯物主义的庄周到"后期庄学"》,《哲学研究》,1961年第2期。

期庄学从唯物主义发展成为唯心主义。司马迁说庄子作《渔父》、《盗跖》、《胠箧》等,这些都在外篇。荀子说庄子"蔽于天而不知人",这表明庄子的自然观是唯物主义的。从篇名上看,外篇都是以开头两字为篇名,内篇都是以文章内容为题目,外篇应早于内篇。古人书分内外篇,从两汉开始。内篇多用于神仙吐纳符箓等,内篇篇名如《逍遥游》、《养生主》、《大宗师》、《人间世》等,与《纬书》的篇名《乾凿度》、《坤凿度》、《帝命验》、《考灵曜》十分相似,都是三个字的形式。内篇也带有汉初思想的特征等。内篇的滑头主义、相对主义、不遣是非等,反映了汉初仍存在的没落奴隶主阶级的思想,所以,内篇反映了汉初的思想。①

关锋在《庄子〈外杂篇〉初探》中认为,《庄子》内七篇自成体系,反映了没落的奴隶主阶级残余的意识形态,且战国色彩十分浓。外杂篇不成体系,与内篇甚多自相矛盾,说内七篇是庄子所作,外杂篇是他人所作,比较合理,反之则不甚合理。司马迁所举的都是外篇,那是因为司马迁处于"罢黜百家,独尊儒术"的时代,他对汉室不满,所以从外杂篇中找出讽刺儒家较为醒目的篇目来诋訿孔子。司马迁所举外杂篇的庄子与《老庄申韩列传》中的庄子人格并不相符。② 关锋认为,《骈拇》、《马蹄》、《胠箧》、《在宥》为一个学派的作品,反映了破产的小生产者的意识形态,慷慨痛骂仁义礼乐。《天地》、《天道》、《天运》为一组,基本属于宋钘、尹文学派的著作。《刻意》、《缮性》,很可能是宋尹学派后学所作。《秋水》至《庚桑楚》七篇是庄子后学较为完整的篇章。③

冯友兰提出了与关锋和任继愈都不同的看法。④ 冯友兰指出,任继愈和关锋都认为,《庄子》有一个定本,其中内外篇有明显的界限。其实并不存在一个《庄子》的定本。"在唐朝还存在的各种《庄子》本子中,有些篇在郭象本中是内篇的,在别的本子中是外篇;有些篇在郭象本中是外篇的,在别的

---

① 关于任继愈的论证,详见《庄子探源》,《庄子哲学讨论集》,第178～188页。

② 关锋:《庄子〈外杂篇〉初探》,《庄子哲学讨论集》,第64～65页。

③ 详见关锋:《庄子〈外杂篇〉初探》,《庄子哲学讨论集》,第64～80页。

④ 冯友兰:《再论庄子》,《哲学研究》,1961年第3期;又《庄子哲学讨论集》,第129～146页。

本子中是内篇。"①各本中内篇的次序也不一致。"唐朝以后,《庄子》郭象注的影响越来越大,《庄子》郭象本,无形之中,成为定本,并不是原来就有一部定本的《庄子》。可是,郭象也没有明确地说,内篇是庄子自著,外、杂篇是后学所著。在他以前整理古籍的人,司马谈、司马迁父子,刘向、刘歆父子,和班固,都没有这样说。"②冯友兰认为,《庄子》是道家各派的论文总集,应打破内外篇的界限,内篇也不一定是庄子或庄子学派所写。《逍遥游》、《齐物论》可以代表庄子的思想,内篇、外杂篇如果有与这两篇精神相合的,也可引用。③ 篇名表达文意,墨子、荀子都有,不可以此作为庄子内篇后出的证据;用三个字作篇名的,不从汉代开始,《公孙龙子》五篇都是三个字作篇名的。

对于冯友兰的观点,任继愈发表了《庄子探源之二》,④针锋相对地指出:"后期庄学只能产生于秦汉之际或西汉之初,而不能产生于战国中期。"理由是,战国中期,奴隶主贵族在与新兴地主阶级的斗争中尚未完全战败。"阶级斗争的经验表明,即使一个阶级真的输了,在意识形态上出现它的失败主义哲学,也是较后的事",所以,"把'后期庄学'的思想说成是战国中期没落阶级的思想情绪终嫌为时过早了些。因为当时的奴隶主贵族和封建地主阶级的斗争,虽已看出胜败的端倪,但还未最后分晓。只有到汉政权建立以后,封建地主阶级的政权已经巩固,奴隶主贵族阶级再也没有复辟的可能,这时出现奴隶主阶级绝望的哀鸣,倒是可以理解的"。任继愈认为,《天下篇》不可能早于秦汉之际,亦非庄子学派作品,因为其中出现了对庄子的批评,而且对儒家表示同情,从《天下篇》看不出庄子有"齐物"和"逍遥"的思想。冯友兰说《墨经》的任务是反对《齐物论》,也不准确。"谓辩无胜,必不当,说在辩"的"谓"是概念,这是对诡辩论的批判。当时惠施明确提出"狗非犬"之类的命题,就是混淆狗与犬的概念,《墨经》反对的可能是惠施。任继

---

① 冯友兰:《再论庄子》,《庄子哲学讨论集》,第 131 页。
② 冯友兰:《再论庄子》,《庄子哲学讨论集》,第 132 页。
③ 冯友兰:《论庄子》,《庄子哲学讨论集》,第 116 页。
④ 任继愈:《庄子探源之二》,《光明日报》,1962 年 8 月 25 日;又《庄子哲学讨论集》,第 210～227 页。

愈强调,"荀子和司马迁提供的支点不宜忽视"。①

　　针对任继愈庄子内篇出于西汉的观点,张德钧认为,任继愈否定《庄子》内篇为庄子作品的论据,没有一条能够证明内篇为西汉初作品。首先,"有中心题目作为篇名,不能决定必为晚出"。战国时期,立题目进行著述的现象,已经很普遍,除《论语》、《孟子》外,以开篇头二三字为篇名者,找不到第三例。相反,以开篇二三字为篇名者,反倒可能晚出,如《墨子》的《公孟篇》、《荀子》的《尧问篇》等。庄子的外杂篇也不全是以开篇文字为题目。其次,"篇分内外,不起于两汉"。汉代整理先秦典籍,有把可信者分为内篇,不太可信者分为外篇的;也有保留原有的"内"、"外"的文字,如《管子》、《韩非子》等;还有内外篇本来就是原有的,如称《左传》为《春秋内传》、《国语》为《春秋外传》等。又次,"内篇七篇与汉代纬书、宗教神仙方术全不相干"。任继愈认为"内"与图谶之学有关的说法,没有根据。谶纬出于成帝、哀帝之后,已属西汉末期。董仲舒《春秋繁露》也不是如任继愈所说的为纬书;《德充符》之"符"并不是"符瑞"之"符",其中所举诸人也都不是神仙。最后,"神仙传说甚早,求神仙事并非汉初的特征"。《史记》提到的《渔父》等篇,是有意识地反映"各种学派之间的联结与斗争的",属于"微辞见旨,不能证明司马迁没有见过内七篇"。荀子说庄子"蔽于天而不知人",此处的"天"为无为自然之道,并非说明庄子是唯物主义。此话恰好表明,"内七篇是庄子的代表作"。总之,"前人认为内七篇为庄子本人的东西,还是应该被肯定"。②

　　总体言之,对于庄子其书和其人的争论也加深了对于庄子哲学的认识,构成了中国哲学史研究可继承的成果。不过,在关锋参与下,庄子研究更多地表现了为现实服务的"革命史观"的特点。

第七节　关于王夫之哲学的讨论

　　1962 年 11 月 18 日至 26 日,湖北、湖南两省哲学社会科学联合会在湖

---

① 详见任继愈:《庄子探源之二》,《庄子哲学讨论集》,第 213~224 页。
② 详见张德钧:《〈庄子〉内篇是西汉初人的著作吗?》,《庄子哲学讨论集》,第 245~282 页。

南长沙召开纪念王船山逝世 270 周年学术讨论会,会议就王夫之哲学进行
了全面的讨论。1949 年前,王夫之哲学并未受到冯友兰的重视,两卷本《中
国哲学史》仅略有提及。20 世纪 40 年代,贺麟对于王夫之的历史哲学给予
了较多的重视,认为他关于历史假借君主之私以成其大公的思想与黑格尔
"理性的狡计"的思想十分相似。马克思主义学者侯外庐则在其 40 年代撰
写的《船山学案》中认为,王夫之是一个反理学的启蒙思想家。1962 年对于
王夫之哲学的讨论具有在哲学史研究新范式下为王夫之定位的意义。由于
王夫之哲学内涵相对明晰,也不是解放前马克思主义和非马克思主义阵营
争论的焦点,所以,关于他的哲学的讨论可以说基本未发生分歧。王夫之哲
学的意义在当时可以说是发现了一个思想上唯物、政治上爱国、进步的典
范,和前此被认为政治上反动(美、蒋的走狗)、思想上唯心的胡适适成对比;
两者都印证并强化了日丹诺夫模式的合法性。对于研究王夫之哲学的意
义,李达指出:"我们纪念王船山,首先因为他是一个热烈的爱国主义
者。……其次,特别值得重视的是,王船山在中国历史上是一个杰出的唯物
主义者……王船山继承以往的唯物主义思想的优良传统,高举唯物主义的
旗帜,对唯心主义和神秘主义进行批判斗争,对我国传统的唯物主义和辩证
法思想都有所发展。"[1]关锋提出"进一步从王船山哲学同宋明理学各派唯
心主义的对立中进行研究",[2]阐明王夫之和朱熹的不同是"唯物主义和唯
心主义的对立"。关锋肯定王夫之哲学中包含了唯物主义的因素,但其历史
观最终是唯心主义的。

　　关于王夫之哲学的具体内容,基本上分为唯物论、辩证法、认识论、人性
论、历史观等几个方面。所有学者都同意王船山哲学的性质是唯物主义的。
冯友兰指出,王夫之的自然观是肯定客观实在的真实性,"诚"在他那里是客
观实在范畴,其根本是气,具体内容是器;他提出了"天下惟器","无其道则
无其器"的命题。[3] 萧萐夫也指出,王夫之以张载的唯物主义为起点,对物

---

　　① 李达:《纪念王船山逝世 270 周年学术讨论会开幕词》,湖南省哲学社会科学联合会、湖北
省哲学社会科学联合会合编:《王船山学术讨论集》上,中华书局,1965 年,第 2 页。
　　② 关锋:《关于进一步研究王船山哲学思想的问题》,《王船山学术讨论集》上,第 159 页。
　　③ 冯友兰:《王夫之的唯物主义哲学和辩证法思想》,《王船山学术讨论集》上,第 178 页。

质实体"气"进行了哲学意义的规定,提出了气的普遍性、永恒性的思想。"诚"在他那里近似客观实在性。① 关于王夫之的辩证法思想,冯友兰指出,内容包括肯定运动、联系的普遍性;承认对立面的统一和转化;反对物极则反,认为随时都可以反;在人性论上,提出性"日生日成"等;不过,王夫之没有认识到对立面的斗争。关于王夫之的认识论,冯友兰指出,他强调认识来源于客观存在,提出了"能必副其所"的命题;在知行关系上,主张行先知后、"行可以兼知"。朱伯崑对于王夫之关于主客观的认识进行了总结,指出王夫之既用能、所又用体用关系说明主观和客观的关系,肯定客观为体,主观为用,从而把存在是第一性的原理推广到了认识论。同时,王夫之也强调了认识过程中主观能动性的作用。② 冯友兰和朱伯崑都强调"理具于心"的思想是王夫之思想的不彻底之处。关于王夫之的历史观,萧萐夫认为,他把唯物主义自然观推进到历史领域,提出了进化论的历史观,肯定历史的发展具有规律性,提出了"理势合一"的命题,他把理、势合称为"天",天的内涵又是"民心之大同"、"即民见天"等。不过,他也有畏民的思想,更为重视圣人的意见。他把民之天归结为人的饮食男女之欲,具有启蒙的意义。③ 萧萐夫肯定,王夫之总结和终结了宋明道学唯心主义,他是启蒙哲学的代表。

除上述学者外,嵇文甫等人研究了王夫之的历史观,唐明邦等研究了王夫之的《易学》思想,关锋研究了王夫之的《老子衍》、《庄子通》,张岂之研究了王夫之的《张子正蒙注》等。中华书局出版了这次会议讨论的文集《王船山学术讨论集》。嵇文甫还出版了《王船山学术论丛》,对王夫之的学术渊源、哲学性质、阶级立场等进行了研究。他认为,王夫之是泛神论者,不是无神论者;是开明的地主,不代表市民阶级;不是民主主义者,还是儒家的仁政思想传统。④

① 萧萐夫:《王夫之哲学思想初探》,《王船山学术讨论集》上,第18页。
② 朱伯崑:《王夫之论主观和客观》,《王船山学术讨论集》上,第198页。
③ 萧萐夫:《浅论王夫之的历史哲学》,《王船山学术讨论集》下,第330页。
④ 嵇文甫:《王船山学术论丛·序言》,中华书局,1962年,第2页。

第八节　对冯友兰若干其他
观点的批判

一、对"君师分工论"的批判

"君师分工论"是冯友兰在《关于孔子的"仁"的思想的一些补充论证》、《关于孔子讨论的批评与自我批评》中提出的。冯友兰认为,在古代,"君"代表统治者、治统,"师"代表道统,二者并不完全一致。道统对治统有独立性,道统代表地主阶级的长远利益,时常对于治统有所批判。

张立文认为,冯友兰"君师分工论"是错误的,表现为两个方面:一是社会意识决定社会存在,一是阶级利益调和。他说,冯友兰在《关于孔子讨论的批评与自我批评》中说孔子两千多年一直维持着他的道统地位,坐在孔庙的大成殿上按时吃冷猪肉,这种说法颠倒了思想和时代的关系,好像不是社会的政治与经济决定思想,而是思想决定社会存在;认为存在一个不随社会的政治经济关系而转移,又支配着人类社会的一切物质关系的"道统"。这个"道统"既代表统治阶级的利益,又代表被统治阶级的利益。在这个"道统"里,一切阶级内容、一切差别都没有了。汤一介、庄印、金春峰也认为,"君师分工论"是典型的唯心史观。从孔子时代开始,"君"、"师"就作为封建统治阶级两种关系密切的代表人物出现,他们共同为本阶级编造各种各样的幻想,为本阶级的利益服务,如纲常名教就是汉武帝和董仲舒联合编造出来。冯友兰所说的思想家代表一个阶级的长远利益、根本利益,而政治上的统治代表眼前和暂时利益,其实是把思想和政治割裂开来了,本末倒置。君和师不仅不对立,他们的分别也只有相对的意义,历史上没有一个思想家不是兼政治家之任的。君和师之间的矛盾,是代表不同的封建等级或不同的利益集团之间的矛盾,认为统治阶级的思想家(包括起着一定进步作用的统治阶级思想家)平时以"批判当时的政治,揭露社会的黑暗"为任务是没有根据的。他们的根本任务都是维护本阶级的利益,发展本阶级的利益。汤一介、庄印等认为,"道统"和"治统"的对抗,是封建统治阶级思想家编造出来的唯心主义理论之一。"道统"之说是封建统治阶级虚构的,其目的是通过道统来论证封建统治的合理性和永恒性。他们的方法是把思想和阶级割裂开来,认为是这种"思想"在进行统治,并使这种思想统治具有某种秩序,在一个承继另一个的思想统治之间存在某种神秘的联系。冯友兰创造"治统"与"道统"的对立,目的是割断思想和阶级、政治与学术的关系,使思想家成为超阶级的人物,他们编造的幻想成为超阶级的思想,为冯友兰自己的思想的"普遍性形式"论证。冯友兰离开一定的阶级来谈思想,是典型的唯心主义历史观。[①]

二、对"中国没有资产阶级哲学"的批判

1959 年,冯友兰发表《关于中国哲学史研究的几个问题》。在谈到中国哲学史的特点时,他说:"因为中国社会没有正式地经过资本主义社会阶段,中国哲学史也缺乏资产阶级哲学这一段。"[②]关锋看到这一说法,很快发表了《驳冯友兰的"中国没有资产阶级哲学"说》。关锋认为,研究中国哲学史,"必须把批判资产阶级反动哲学放在首位;而且,把封建哲学的幽灵从'某些人身上'清除,也不能离开批判买办资产阶级的反动哲学"。《关于中国哲学史研究的几个问题》不提批判资产阶级哲学,说"中国哲学史的特点是没有资产阶级哲学",这样"就不能有马克思主义在中国的传播和发展,它和资产阶级唯心主义的斗争"。其实毛泽东思想就是在与"中国资产阶级哲学的尖锐斗争中发展起来的"。冯友兰认为"五四"以来进步革命家和思想家对封建哲学多是从政治社会方面进行打击,哲学上的根本批判进行得还不够,认识论在中国哲学史上不占主要地位,这是否定毛泽东的《实践论》和《矛盾论》,打击和贬低了所有中国的马克思主义者。关锋半指桑半风凉地说:"每一个中国哲学史工作者,必须认真地老老实实地学习毛泽东同志的哲学著作,坚定地站在毛泽东旗帜下,在他所提出的原则、方针指导下进行工作,才

---

① 汤一介、庄印、金春峰:《论"道统"与"治统"》,《北京大学学报》,第 2 期,第 14 页。
② 冯友兰:《关于中国哲学史研究的几个问题》,《新建设》,1959 年第 12 期。

能搞出一点真正的成就。生活在中国现代的人,他的历史知识再多,如果他违背了毛泽东同志的哲学思想、毛泽东同志的关于中国哲学史研究工作的方针,而认为只有他自己那一点可怜的甚至完全是糟粕的东西,才是哲学、哲学史,那末,他做中国哲学史工作也只能作逆流。""冯友兰先生的文章所表现出来的政治思想倾向,即中国没有资产阶级哲学,歪曲中国近代和现代哲学战线上的斗争,是直接关系到当前政治战线和思想战线上社会主义革命的一个极为严重的错误。"①冯友兰很快作出回应,指出自己说"中国没有资产阶级哲学"是出于疏忽,忘记了在谈中国哲学史分期时已经把现代也包括进来了,内容却只讲了古代哲学。疏忽的原因不是一般的厚古薄今的问题,而是没有站在马克思主义者一边,自觉或不自觉地想"把资产阶级哲学隐蔽起来,以免被赶尽杀绝"。②

从上述对冯友兰两个观点的批判,可以看出"革命史观"在学术界弥漫的程度;尤其是关锋,对冯友兰格外的关注,时刻准备着对他的不合乎"革命史观"的观点进行批判。

三、对历史研究的目的是为了
"扩大知识"论的批判

1963 年,冯友兰在《哲学研究》第 3 期上发表《从〈周易〉研究谈到一些哲学史的方法论问题》一文中提出,历史学科有两个特点:一是研究的是个体事物,一是研究的是过去。历史研究必须做到"理论和资料的统一"。关于历史研究的意义,仅仅有吸取过去的经验教训是不够的,仅从这一方面看,许多历史学的工作可以不必做。"科学的任务是扩大知识领域,历史学的任务,就是扩大对于过去的人类社会的知识,知识就是权力。知识扩大了,成为一个体系,自然就有实用的效果。但不是这个体系中每一个部分都

---

① 关锋:《驳冯友兰的"中国没有资产阶级哲学"说》,《新建设》,1960 年第 2 期,第 45 页。
② 冯友兰:《关于中国资产阶级哲学的问题——答关锋同志》,《新建设》,1960 年第 3 期,第 38 页。

必须有直接的实用效果","在科学研究中狭隘的实用观点,是要避免的"。①
这有批评关锋等人之意,因为确立方法、吸取教训是关锋一贯的观点。次期
《哲学研究》刊登了题为《向冯友兰先生请教》的读者(陈义成)来信,对冯友
兰关于历史学的观点提出不同看法:一,冯先生说历史是研究个体,不是研
究类,这个说法不能表达历史的特点。历史学是研究历史的发展规律的,比
如研究中国哲学史,能不能以唯物主义同唯心主义的斗争发展的规律为对
象呢?二,冯先生提出,历史判断要与过去的实际相符合,就要依靠史料,脱
离了史料,就会把古人现代化。"问题的关键不在于史料的考据,而在于超
阶级、超历史的分析方法。"三,研究历史如何古为今用?冯先生提出扩大知
识,恐怕并不妥当。知识怎么成为体系?成为体系后怎么就会有使用的效
果?冯先生不同意研究历史是为了总结经验教训,并认为这是一种狭隘实
用的观点。那么目的性在科学研究以至于认识论中有什么意义?研究历史
是可以也应当总结教训,通过总结经验教训为现实斗争服务的。此后学术
界展开了关于哲学史研究的目的的讨论。

　　衷尔钜认为,冯友兰实际是主张"历史科学可以抛弃古为今用这个正确
的方向;主张学术脱离实际,不要为无产阶级政治服务的错误方向"。②冯友
兰说历史学研究的是个体,不是类,类是规律。但是,研究类的目的是不是
要发现规律,要不要用唯物史观指导呢?"排斥类,其结果必然引导人们抛
弃唯物史观的指导、抛弃阶级斗争的理论和阶级分析的方法,从而历史学的
研究就成了为研究'个体'而研究'个体'。"③冯友兰说历史学的第二个特点
是"死无对证",历史研究要做到和客观事实相符合,其方法和途径是"史
料—考据—叙述和判断"。衷尔钜说,死无对证的历史观是不对的,是不可
知论。历史是有规律可循的,把考据当作历史学的唯一方法,排斥历史科学

---

　　①　冯友兰:《从〈周易〉研究谈到一些哲学史的方法论问题》,《哲学研究》,1963 年第 3 期,第
41～44 页。
　　②　衷尔钜:《历史科学的任务和古为今用——与冯友兰先生商榷》,《哲学研究》,1963 年第 5
期"哲学史方法论的讨论"栏目,第 63 页。
　　③　衷尔钜:《历史科学的任务和古为今用——与冯友兰先生商榷》,《哲学研究》,1963 年,第
64 页。

的唯一正确的阶级观点和阶级分析的方法,没有马克思主义指导的考据,"必然以是资产阶级的或别的什么理论和方法为指导"。衷尔钜提出,不能用资产阶级的客观主义看待"古为今用"。"古为今用"即为无产阶级政治服务,是唯一正确的方向。"古为今用"的标准是无产阶级革命事业的需要,把科学的任务仅仅说成是扩大知识是片面的、错误的。"哲学是关于自然、社会和思维的发展规律的体系",[①]可见哲学的任务应该解释自然社会和思维的规律。冯友兰的"扩大知识体系"说不是掌握规律,因为马克思主义认为理论来自实践,冯友兰所说的"扩大知识"缺乏实践的环节,而脱离实践的知识体系是臆造的,不能为社会主义服务。关于"扩大知识"说的来源,衷尔钜认为是冯友兰《新原道·道统》说的"无用之用"说。[②]

　　肖萐夫指出,冯友兰的观点是把一般和个别、历史事实和历史规律割裂、对立起来。他所提出的问题"涉及到两种历史观、两种史学方法论原则的分歧"。[③]"现代资产阶级史学有一个在方法论上的共同特征:就是在历史唯心主义的基础上日益陷入对'一般'和'个别'的割裂理解;按形而上学的思维方法来抽象地了解社会历史现象中的'个别'和'一般'",由此产生了把历史过程公式化和把历史现象个别化的两种形而上学表现。在"个体"史观和"个别化记述方法"的创立者李凯尔特的理论体系中,恰好包含了超历史、超经验的"价值观念",通过这种价值来选择人物,所以,历史成为哲学家观念的注释。"天人合一"史观、"普遍性形式"哲学史观,也正是这样,通过选择孔子、孟子来充实自己的观念。个别化方法在对待史料上有两种态度:或者是拒绝一切标准和规律,用史料学代替史学;或者是根据臆造出的先验公式作为标准,把历史变为历史哲学。这两种方法都抛弃了历史的客观现实,所以旧史学"在方法论上陷入无以自拔的矛盾,而不可避免地走向主观主义,宣布历史学是一门主观的科学"。冯友兰所谓用史料的考据来解决这

---

①　"哲学"原作"科学",据文意改。

②　衷尔钜:《历史科学的任务和古为今用——与冯友兰先生商榷》,《哲学研究》,1963 年第 4 期,第 68~69 页。

③　肖萐夫:《历史科学研究的对象问题——冯友兰先生的史学思想商兑之一》,《哲学研究》,1964 年第 3 期,第 52 页。

个困境,"不过是把个别化方法更加个别化一些,把'形而上学的两面'的'个别性'这一面更加发展一步而已"。旧史学局限于阶级性,不能真正了解什么是人,什么是社会。马克思主义"真正弄清了人的社会本质",用阶级斗争理论克服了个体史观,用阶级分析代替了一切抽象分析法,开辟了历史研究的新纪元;"马克思主义的唯物史观,科学地揭示了历史运动的辩证法、阶级斗争的辩证法,使历史研究真正成为了科学"。冯友兰强调历史学研究的是个体,不是类,包含了个体不是类的前提,违反了科学。任何具体的历史人物和历史事件,都是个体和类的统一。科学的认识,就是把个体看作必然是某一类事物的个体。"人类历史现象中的个体,脱离了社会划分为阶级的事实,就无从揭示他们按其本质属性所划归的'类',即无从揭示其'作为本质的一般'。"马克思主义要求揭示复杂的历史现象中的本质联系、共性与个性的统一、偶然性与必然性的统一、重复性和不重复性的统一,所以历史研究才能成为科学。马克思主义所揭示的历史规律也不是"死无对证",而是被历史所证明了的。肖萐夫认为,冯友兰的失足之处在于,"一方面用抽象的个体取消历史科学所要反映的历史的具体;另一方面,又把历史唯物论的普遍原理,误解为可以脱离具体历史研究的空洞的一般乃至先验的公式;从而既混淆了历史唯物论和历史学的真正区别,又割裂了两者之间的本质联系。所以,对历史研究中必须以历史唯物论为指导,只能抽象地承认,自己也感到'抽象地谈理论和资料的统一,就觉得难懂';而实际上是主张论和史要分家,各行其是"。[1] 肖萐夫说:"有了历史唯物论之后,历史的科学研究,只能沿着'由一般到特殊'这一辩证认识的途径把历史唯物论的普遍真理与历史研究的具体对象结合起来。只有这样,历史研究才能成为科学;而科学的历史研究在其特殊领域把历史唯物主义原理具体化也就必然对这些原理有所丰富和发展。"[2]

其他学者也对冯友兰的观点提出了批评。黄宣民认为,冯友兰的说法

---

[1] 肖萐夫:《历史科学研究的对象问题——冯友兰先生的史学思想商兑之一》,《哲学研究》,1964 年第 3 期,第 61~62 页。

[2] 肖萐夫:《历史科学研究的对象问题——冯友兰先生的史学思想商兑之一》,《哲学研究》,1964 年第 3 期,第 64 页。

割裂了个别和一般的辩证关系,从而排斥了历史学研究社会规律的可能性和必要性,必然要把历史学引向资产阶级的考据学方向。陈修斋认为"历史学是扩大知识领域"的说法是教人们走为知识而知识的道路,"使学术脱离政治"、脱离实际。黄宣民还指出,冯友兰的观点是新康德主义学派李凯尔特和文德尔班的观点,冯友兰走到了新康德主义的唯心主义道路上。

由对冯友兰关于历史研究的目的的批判,还进一步衍生出了关于如何处理史料和理论的关系问题的讨论。杨永志认为,学术界存在烦琐考据和过分夸大考据的作用的现象,对此,他提出了批评。他说,考据本身只是学术研究的手段,不是目的。科学研究的本质是为了揭示事物的本质规律,所以必须在马克思主义的指导下,掌握大量的史料,并进行理论概括。夸大考据的作用,成为为考据而考据,实际上是资产阶级学术观点。[①] 1963 年 4 月18 日,赵纪彬在中央党校哲学班学员学习中国哲学史答疑中提到研究哲学史的史料问题。他说:"在旧社会《十三经》《二十四史》真正能读过的,是那些有钱有势的人,我们没有那种条件。这方面的问题,我们不能忽视。但是,这些年来,我也得出一个结论:光有资料,如果理论、方法不对,不能保证不出错误结论,甚至资料越多越会帮助你得出错误的结论。不懂古籍不行,但完全依靠训诂,而放弃理论指导,尤其是不行的。……马列主义的哲学史,永远是理论与资料的统一,理论是灵魂,没有它,就要迷失方向。"[②]

在"斗争史观"的范式之下,中国哲学史的思维规律和教训早已现成,根本不必进行具体研究即可事先知道,无非是唯物主义对唯心主义展开斗争并获得胜利的历史。照这种模式,中国哲学史作为一个学科是不必存在、也不必研究的,因为传统文化不过是一部反面教材而已;从知识与存在的同构来说,研究者的存在也是毫无价值的。所以,冯友兰指出,纯粹从吸取教训的角度研究中国哲学有些狭隘,他希望从知识积累的角度审视中国哲学史,发现它的积极的一面;"君师分工论"、"扩大知识论",都有这方面的意图。对此,当时批判冯友兰的学者都还没有认识到。还须指出的是,日丹诺夫哲

---

① 杨永志:《正确地对待考据》,《红旗》,1961 年第 6 期。
② 赵纪彬:《中国哲学史方法论答问之一》,《困知二录》,中华书局,1991 年,第 364 页。

学史讲话已经对把哲学史研究作为知识积累的所谓资产阶级客观主义提出了批评。所以,学界对冯友兰的批判也可以视为日丹诺夫模式在中国哲学史研究中的进一步贯彻。

第九节　关于《周易》哲学研究及其所衍生的哲学史方法论问题的讨论

一、李景春与冯友兰的争论

1960 年,冯友兰撰文指出,《易传》不是孔子的作品,而是战国末到秦汉之际的儒家作品。其中有一部分唯物主义因素,但总体上是客观唯心主义的。《易传》具有丰富的辩证法思想,认为一切事物都是处于变动之中的,认识到事物自身包含着矛盾,矛盾之中有主次;《易传》也初步认识到了从量变到质变的转化规律。但是,《易传》所说的变动,最终归结为循环;其中的对立面也不是斗争,而是调和,希望在阶级之间保持调和;不是推动事物的发展,而是利用辩证法的知识来阻碍事物的发展。《易传》代表了奴隶主贵族在进行一些改良的情况下,维护旧制度的要求,但是它采取的方法是抽象的论证,借助于自然观把等级关系确定下来,为从奴隶主贵族转化过来的封建地主贵族服务。李景春认为,公元前 12 世纪中国就产生了朴素的辩证法思想,这就是《周易》哲学;根据"易之兴也,其当殷之末世"和"文王拘而演周易"的记载,《易经》应该是公元前 12 世纪的作品,其中包含了辩证法思想,如矛盾转化、量变质变、不断革命等因素。①

冯友兰继续发表文章认为,《周易》至迟不会晚于公元前 627 年,实际上应更早于这个时期。《周易》是占卦的书,卦爻辞积累得多了,便成为一个体系。《周易》中八卦代表八种自然事物,形成一个血肉相连的整体,这是唯物主义世界观的胚胎;《周易》也有朴素的辩证法因素。六十四卦的排列,相反

---

① 李景春:《周易哲学的时代及其性质——并与冯友兰先生商榷》,《文汇报》,1961 年 2 月 28 日。

的总是排在一起,表现了物极必反的辩证法思想,某些卦爻辞也表现了辩证法的因素。《易经》经文是长期积累的产物,并不是一人一时的作品。《易经》也不是一个封闭的体系,因为《易经》还未形成体系。① 冯友兰认为,经的部分经过了长期的积累,可能在殷末周初定型,非文王周公一两人所作;②李景春肯定为文王所作,周公所补。任继愈认为,《周易》成书时间虽然较长,但六十四卦和三百八十四爻的卦爻辞可能是一次完成的。关于《易传》,任继愈认为孔子作《系辞》是有根据的。关于《周易》一书的性质,李景春认为,《易经》不专为占卦用,其哲学思想体系在写作之初便形成了。不应把《周易》的占卦思想单纯看作迷信,其中包含了古人观察世界变化总结规律的方法。

关于唯物唯心问题,李景春认为,《周易》用八个元素说明天地万物的起源,是唯物主义的,而且比古希腊还多了质的差别的因素。冯友兰认为,《易经》对世界的理解只是唯物主义的胚胎,《易传》对自然的见解有一部分更像唯物主义,但是,"它用唯心主义方法形成了一部规律的代数学",认为掌握了规律便可以"范围天地","先天而天弗违",所以具有客观唯心主义的性质。关于辩证法因素,冯友兰认为,《易经》的辩证法因素只有阴阳对立的相互转化和物极必反两个方面,《易传》则大大丰富了。李景春认为,《易经》的辩证法因素十分丰富,《易传》只是对《易经》的辩证法因素加以阐明,并未发展。繁星认为,《周易》的辩证法因素落到落后保守的孔子及其弟子手中,被形而上学和唯心主义掩盖了。任继愈从观物取象、万物交感、发展变化三个方面论述了《易经》的哲学思想。

二、围绕李景春《周易》哲学
研究所引发的争论

1961 年李景春出版《周易哲学及其辩证法因素》,对《周易》的哲学思想

---

① 冯友兰:《〈易经〉的哲学思想》,《文汇报》,1961 年 3 月 7 日。又《三松堂全集》第 12 卷,第 297～302 页。

② 《关于〈周易〉和〈庄子〉的讨论》,《新建设》,1961 年第 4 期,第 55～57 页。无作者署名。

作了过度的发挥。1962 年 3 月 16 日,方蘖在《光明日报》发表《研究周易不能援传于经》,对学界存在经传不分、援传于经的做法进行了批评,指出这样"不但不能正确地揭明《易经》的思想,而且为探索古代哲学发展的规律性造成一些困难"。文章列举了几个例子,如冯友兰根据《左传》"乾为天"、《国语》中"震为长男"的记载说《说卦》中已经有了这方面的思想;又如任继愈关于《泰卦》"交感"的说明实际上并不是《易经》的思想等。方蘖着重批评了李景春的《周易》研究,指出他把"《易经》哲学和《易传》哲学的不同的时代性"完全抹掉了,认为《易传》就是解释《易经》的,研究《周易》时完全没有区别开来的必要;而且在他看来,"《易经》作者就已经自觉地或不自觉地认识了'对立统一'、'矛盾转化'、'量变质变'、'根本质变和部分质变'、'肯定否定'、'不断革命论和革命发展阶段论'等辩证法规律"。方蘖指出:"事情如果真是这样,那末一部中国哲学史就难得写下去了。"①

李景春对方蘖的批评作出了回应。他说:"把《易经》和《易传》的思想看作是两个不同的哲学体系,是值得商榷的。"在战国时魏王的墓中已经发掘出《易经》,可见《易经》是两千多年以前的作品;《易传》在西汉已经定型,可见至迟也是两千多年前的作品了。所以,《易经》和《易传》是"相当衔接"的;其次,《易传》是古人研究《易经》的著作,是对《易经》哲学思想的继承和发挥。如《蒙卦》的《象辞》是对《易经》中的卦辞的解释,其他卦也都是如此,而且几乎是逐字逐句的解释。所以,"在研究周易哲学时,以《传》解《经》是完全应当的"。关于《周易》的哲学思想问题,李景春认为,《周易》含有辩证法思想,但只是初步的和自发的,只是辩证法因素,不是辩证法规律,古代辩证法不过是烛光,现代辩证唯物论则是太阳。②

为讨论《周易》哲学研究的方法论问题,《哲学研究》从 1963 年第 1 期起设立"关于研究《周易》的方法论的讨论"栏目。"编者按"建议可以不限于这个问题,就中国哲学史研究的方法论问题展开讨论,以期获得积极的成果。此栏目发表了东方明对李景春的批评和李景春的反批评。东方明指出,哲

---

① 方蘖:《研究周易不能援传于经》,《光明日报》,1962 年 3 月 16 日。
② 李景春:《研究周易应当以〈传〉解〈经〉》,1962 年 9 月 14 日。

学史研究中存在一种极为有害的方法,即"把马列主义哲学的基本原理,挂在两千多年前的古人名下,把古人的思想说得和马克思列宁主义差不多"。李景春在解释《履卦》时说:"履是实践,是指出实践作用的重要性。这是正确的。在《系辞》传上说:'德,履之基也。'基是基础。这就是指出,实践是基础,是认识的基础,是理论的基础。"在解释《观卦》时,李景春说:"观是检查。在胜利来临以后,应当进行检查。这包含自我检查和吸收群众参加检查。这种检查,要检查优点,也要检查缺点。任何辉煌的胜利,都不会完美无缺,总是有它的缺点。检查缺点,不仅可以加强警惕,防止骄傲,并且还可以通过对缺点的纠正,加强自己,便于争取新的胜利。胜利者是不应当满足自己的胜利的。胜利者应当向前看。"东方明指出,这种解释,仿佛古人已经有了实践是认识的基础,群众路线等观点,是一种简单的贴标签的做法,既违背历史实际,违背认识规律,也违背训诂学和普通知识。这种做法既没有历史分析,也没有阶级分析,抹杀了剥削阶级的意识形态和无产阶级的意识形态的根本区别,美化了古人,引起思想混乱。① 李景春认为,自己并没有"把马克思列宁主义哲学的基本原理思想挂在古人名下"。《周易哲学及其辩证法因素》已经明确地提出:"古代辩证法因素对于现代的鲜明的辩证法旗帜差得太远了。古代的辩证法因素不过是一只烛光、而现代辩证唯物主义是一轮太阳,光芒四射,照耀我们的革命的道路。"②对于李景春的答复,东方明指出,问题的关键在于对于《周易》的具体评论。《周易》是不是有作者所说的"实践是基础,是认识的基础,理论的基础","它指明了实践在认识过程中的作用和总结实践的重要性","吸收群众参加检查工作"等思想。东方明希望哲学史工作者对用现代语言解释古代的辩证法思想和把辩证法的原理挂到古人名下的区别,以及如何分析古人的有价值的辩证法思想的萌芽,怎样防止偏向等问题展开讨论。③ 冯友兰指出,历史学科必须做到"理论和资料的统一"。李景春的《周易》研究经传不分,把传的思想说成是经的思想,其

---

　　① 东方明:《哲学史工作中的一种极有害的方法》,《哲学研究》,1963 年第 1 期,第 33~38 页。

　　② 李景春:《对于〈哲学史工作中的一种极有害的方法〉一文的答复》,《哲学研究》,1963 年第 1 期。

　　③ 东方明:《本质的分歧在哪里?》,《哲学研究》,1963 年第 2 期,第 60~61 页。

实传的部分比经的部分要晚出六七百年;《周易》本是卜筮之书,但一些研究者把现代哲学、自然科学和社会科学的思想,说成是《易经》固有的,近似于演义。"在科学研究中狭隘的实用观点,是要避免的。"①

三、防止把古人现代化:从《周易》哲学 研究讨论衍生的哲学史方法论讨论

鉴于《周易》哲学研究讨论的广泛开展,《哲学研究》从 1963 年第 3 期开始把"《周易》方法论的讨论"改为"哲学史方法论的讨论"。②

李景春认为东方明对自己的评论是不合实际的:"他把我自己用现代语言解说古人语句不适当地理解为古人已有现代思想。"将《履卦》解释为实践"是认识的基础,是理论的基础",有一定的训诂依据,并非望文生义。这只是现代语解释,与毛主席讲的认识对社会实践的依赖关系并非一回事,与两千年前周易作者是不是懂得马克思主义也没有关系。把"马克思主义"的名词概念贴到古人体系上去的责难并不合理。唯物论和唯心论是马克思主义哲学的名词,我们不是向来用它们来分析古人哲学体系吗?不用这些名词,又用什么呢?关于《观卦》的吸收群众检查工作等,是自己的学习心得,自己根据现代思想说明该如何"观",并不是附会。③

方齋认为,李景春的《周易》哲学研究把马克思主义原理挂在古人名下的不良倾向是十分突出的。《周易》本是卜筮之书,李景春却说是一部系统的哲学著作,并认为《周易》认识到了理论与实践的关系、有内因论、事物波

---

① 冯友兰:《从〈周易〉研究谈到一些哲学史的方法论问题》,《哲学研究》,1963 年第 3 期,第41~44 页。

② 《哲学研究》,1963 年第 3 期"编者按"说:"本刊曾建议哲学史工作者就《周易》研究中的问题,从哲学史方法论上加以讨论。看来,这些问题具有一般意义,讨论的范围有必要更加扩大,例如哲学史研究中怎样贯彻马克思主义阶级分析方法,批判地继承哲学遗产的方针,怎样做到材料和观点的统一等问题,都需要进一步加以讨论。因此,我们把本栏目"《周易》方法论的讨论"改为"哲学史方法论的讨论"。

③ 李景春:《从研究周易哲学看哲学史方法论的问题——并与东方明同志商榷》,《哲学研究》,1963 年第 3 期,第 34~40 页。

浪式的发展、内容和形式的辩证关系等十五种系统的哲学思想。如《乾卦》"见龙在田,利见大人"。李景春的解释是:"田,是被耕作的农业用的土地,主要是生产粮食的土地。在这里,由龙在田,说明利见大人,物象人事,相互阐明,是有其根据的。田之耕稼,利益普及于人民,施政之要,首在足食,吃饭是每个人的首先要满足的物质需要,粮食是宝中之宝,耕稼,种田,受到重视,是与人民的利益一致的。大德之人利见于天下,有如田之耕稼有益于人,故称田明之。这种重田,这种对于农业的重要性,特别是对于粮食的重要性的初步认识是对的。"方藎指出,这种研究是一种极为有害的学风,不是引导人们进行科学的研究,而是满足于贴标签,根本抹杀了马克思主义哲学在哲学史上的革命变革意义。方藎提出研究哲学史应该注意以下四点:

第一,在分析古代哲学思想时,应该从直接占有的可靠材料出发,从古人的思想实际出发;不要把最初的萌芽的东西夸大成为高级的成熟的东西,把可能由之引申出来和推衍出来的结论和论断强加给古代思想。

第二,在运用现代的哲学语言,去解说古代哲学思想的时候,应该力求全面准确;不要随便把古代的哲学范畴"意译"为不恰当的现代语言,把现代哲学命题任意附会在古代哲学思想上面。

第三,研究古代思想,切切忌讳的是望文生义,无中生有的方法。这种方法其直接后果是歪曲历史的本来面貌,糟蹋祖国的哲学遗产。

第四,用马克思主义哲学的历史主义原则来评价古代哲学家,既不随便非难古人没有提供他们所不可能提供的思想,也不盲目颂扬古人,把古人所不可能提供的思想硬挂在古人名下。[①]

方藎指出,李景春的做法既违背历史事实,也违背历史唯物主义的原则。李景春在《周易》研究中脱离阶级分析方法,用超时代的非历史主义的方法,把君子和小人说成两种不同道德修养的人,抹杀了剥削阶级和被剥削

---

① 方藎:《坚持哲学史中的严格的历史性》,原载《哲学研究》,1963 年第 3 期。引文见《方克立文集》,第 23～24 页。

阶级的差别,混淆了剥削阶级和被剥削阶级的意识形态的差别,导致抹杀古代社会的阶级斗争的事实。

阎长贵、以东、任继愈都对李景春把古人现代化的倾向提出了批评。任继愈指出,李景春《周易哲学及其辩证法因素》一书存在严重不尊重历史的表现,把殷周社会说得跟现代社会差不多,把马克思主义认识论的理论与实践问题、正确处理人民内部矛盾原则、群众观点等安插到古人头上。这是十分有害的研究方法,照这样走下去,最终会背离马克思主义,走上不要证据的主观解经的道路上去。① 阎长贵指出,把古代哲学的简单原则解释得跟现代哲学差不多,实际上是"抽象继承法"。防止把古人现代化的关键在于学习毛泽东同志的"推陈出新"的文化遗产继承方针,端正哲学史研究的出发点。② 以东探讨了如何划清"用马克思列宁主义思想分析、评论古人同把古人现代化的界限","用现代的科学概念和术语解释古人的思想同把古人现代化的界限"的问题。他认为,用马克思列宁主义思想分析评论古人,是还历史以本来面目,显示人类认识的螺旋上升过程,而把古人现代化则是把马克思主义原理当作标签贴在古人身上,抹杀了时代、阶级的界限,把马克思主义说成是古已有之的东西。用现代术语解说古人,是把古人的认识的真实意义揭示出来,而把古人现代化则是把古人没有的认识说成是有,有一分、二分的认识,说成八分、十分,和马克思主义差不多,"没有分寸,完全改变了古人语句的面貌"。③

经过反复讨论,李景春认识到自己的研究确实存在把古人现代化的倾向。他撰文承认了这一点,并提出准备对《周易》研究进行较大的修订,一部写《易经》哲学,一部写《易传》哲学。④ 这次学术论辩就在研究《周易》时是否应将经传分开,以及贴标签和用一定的原理理解古人的区别等问题上形成了共识,推进了对中国哲学研究方法论的认识。

---

① 任继愈:《研究哲学史首先要尊重历史》,《哲学研究》,1963 年第 4 期。
② 阎长贵:《防止把古人现代化》,《哲学研究》,1963 年第 3 期,第 45～55 页。
③ 以东:《应该划清的两条界限》,《哲学研究》,1963 年第 4 期。
④ 李景春:《怎样解决本质的分歧》,《哲学研究》,1963 年第 5 期。

第十节　关于阶级分析和历史
观点统一问题的讨论

关于阶级分析和历史观点的统一问题,主要是对严北溟和刘节的批判。

一、对于严北溟"孔子立场反动,
思想进步"论的批判

1962 年,严北溟在上海哲学会年会上作"关于孔子讨论中的阶级分析方法和历史的观点统一问题"的发言。[①] 他认为孔子站在奴隶主贵族的立场上,但其思想又适应了贵族奴隶主瓦解的趋势,反映了某些进步的时代要求,如"仁"的概念所包含的内容。从历史上看,"仁"的进步面是主要的;孔子思想的进步之处在于提倡德治、仁政,反对乱杀人,以缓和当时的阶级矛盾。严北溟说,统治阶级思想家中有一派虽然站在统治阶级的立场上,但也能反映一些人民的利益;孔子立场反动和思想进步并不矛盾。不少学者不同意严北溟的观点,认为立场决定思想,孔子的"仁"是为巩固当时的奴隶主贵族政权服务的;"仁"、"礼"的基本面是保守的反动的。孔子的时代已经有了管仲、子产、范蠡等政治家,在"礼"与"法"的斗争中,孔子并不是站在法家立场上的,很难说他的思想中进步一面是基本的。严北溟认为孔子的"均"是从"仁"引申出来的,是平均财富的思想。这一线发展下去,成为秦汉之际一直到康有为的大同思想。许多学者不同意这样的观点,认为这样就把孔子抬得过高了,孔子的"均"如朱熹的解释,是各得其分。[②]

---

① 发言的底稿系严北溟此前在《江海学刊》第 3 期发表的《论"仁"——孔子哲学的核心及其辐射线》一文略加修改而成。

② 刘元彦:《没落阶级不可能产生进步的思想学说——评严北溟先生的〈论"仁"——孔子哲学的核心及其辐射线〉》,《哲学研究》,1963 年第 4 期,第 9～16 页。

关锋和林聿时认为孔子的主张是反动的。刘元彦认为,社会存在决定社会意识和阶级斗争学说是分析评价古人,批判地继承古代遗产的唯一原则;而严北溟评价孔子的原则却是"反动没落阶级可以产生进步的社会学说"、"政治立场反动,政治学说进步",这与事实不符,违背了马克思列宁主义基本原理。刘元彦指出,"在阶级社会里,任何一位思想家,都是一定阶级的代言人",不能把思想家政治立场和他的学说、思想的阶级性割裂开来,否则就违背了社会存在决定社会意识的基本原理。严文的逻辑导致了研究的混乱和矛盾,如"仁"和孔子的阶级立场究竟一致与否,孔子的立场究竟是否奴隶主贵族的立场等,混淆了革命的、进步的阶级和反动的、落后的阶级的区别。严北溟的"立场反动,思想学说进步"的论据之二是孔子是"士"或知识分子,在政治方面有不得不违反本阶级的意愿的情况。刘元彦认为,士或知识分子并不是一个独立的阶级,他和他所依附的某一阶级之间的差异并不是本质的,不能作为"立场反动,思想进步"的论据。

二、对于刘节"唯仁论"和"天人
合一"论的批判

刘节认为,阶级斗争理论不适合于解释古代历史事实,因为这一规律直到近代才被马克思和恩格斯发现,古代思想家对于阶级斗争没有明确的认识,孔子、墨子都没有阶级立场和阶级观点。所以,"阶级斗争的理论……用以解释古代历史事件,是不是可以不要这样教条化、机械地利用起来呢?"[1]他又说,孔子以忠孝为仁,我们以阶级友爱为仁,如果我们真正做到"己所不欲,勿施于人",也许可以减少不少的敌人。他在《唯仁论》中又提出,孔子的"仁"是情、人情,基础是孝悌;现在的阶级友爱是仁的基础,照这种方法创造出合于时代精神的伟大情感,就是仁,我们也需要仁,推己及人,"己所不欲,勿施于人"是各社会共同的秩序。[2] 刘节又认为"天人合一"的"天",即自然

---

[1]　刘节:《怎样研究历史才能为当前政治服务》,《学术研究》,1963年第2期。

[2]　刘节:《唯仁论》,《学术研究》,1962年第3期。

规律,"人"即人为规律,包括社会制度等。人性本来是与天道相谐的,此即天人合一,也即人道与天道的相合;人在与自然的斗争中获得胜利,就是天人合一的实质。① 但是,自从进入阶级社会,出现了不合理的人类制度,便造成了统治阶级和被统治阶级的矛盾,人在与自然的斗争中不能胜利。人类的历史就是从天人不合一到合一的历史。②

　　刘节的观点受到了广东学术界的批判。据《哲学研究》报道,广东社会科学界大多数同志认为,"马克思列宁主义阶级分析方法是研究学术的唯一方法",刘节的历史观是神秘主义的、唯心主义的虚构。在广东省历史学会召开的学术座谈会上,刘节对自己的观点提出了辩解,认为自己的天人合一主张有自然和人为两种法则,把两种法则统一起来才叫天人合一,唯心主义不讲法则,自己讲法则,所以自己的历史观也有唯物主义的成分。人性论就是使人类社会合于理性,使社会成为理性的体现。善良的人类有趋向社会主义的本性,社会主义是人性的必然趋势。自己的理论不仅不反社会主义,还可以帮助社会主义、共产主义。在会上,许多人批评刘节的观点,指出他的天人合一观是与马克思主义唯物史观相对立的唯心史观,他的人性论是与马克思主义的阶级观点根本对立的。刘节把封建伦理道德说成是先验的天性,把这种天性赋予人,就成为任何阶级所共有的、善良的人类所具有"天性",人类历史的任务就是从人性中找回天性。刘节的观点是"用天人关系史代替社会发展规律,用人性改良代替阶级斗争"。同志们指出,人性的本质内容是社会性,在阶级社会中就是阶级性,在对立的阶级之间不存在超阶级的共同人性,所以也不存在什么"善良的人类"的"人性"。不经过土地改革,地主阶级不会把土地自动交给农民,不经过无产阶级革命,资产阶级也不会把机器、厂房自动交给工人阶级。③

　　杨荣国在《科学研究和科学方法》中认为:"阶级分析的方法是研究阶级

---

① 刘节:《中国思想史上的"天人合一"问题》,《学术研究》,1962 年第 1 期,第 44 页。

② 刘节:《中国思想史上的"天人合一"问题》,《学术研究》,1962 年第 1 期,第 52～53 页。

③ 《〈学术研究〉杂志关于学术研究方法论的讨论》,《哲学研究》,1963 年第 3 期。

社会一切社会现象的基本方法。只有通过阶级分析，才能看清无数复杂的历史事变的真相，给予历史人物以恰如其分的评价，认识各种各样思想学说的本质。"他批评了认为孔子、墨子时代还没有阶级斗争，因此阶级分析的方法不适用于孔墨等观点。钟师宁认为，刘节所用的实际是超阶级的方法，如把"仁"说成是超阶级、超时代的，认为无产阶级的阶级友爱也可以说成是"仁"，与孔子的孝悌忠恕的仁没有区别，这就是抽象继承法，是不能使"历史和哲学的研究为无产阶级政治服务的"；要做到使研究为政治服务，就必须用毛主席提出的批判地继承的方法。"阶级分析的方法，是研究历史的唯一的科学的方法。"①刘元彦也认为，刘节的观点是用"唯仁论"和"天人合一"说代替马克思主义阶级斗争的理论；他的历史观是"以人性论为核心的主观唯心主义历史观"。无论是"唯仁论"还是"天人合一"说，他都归结到抽象的超阶级的人性论上，在他看来，过去的历史不是阶级斗争史，而是人性善恶的斗争史。所谓"天人合一"，就是天道和人道的统一，用人来统一，使人成为宇宙的中心。所谓"唯仁论"，就是发挥人性中的善。"唯仁"告诉人们如何做到天人合一。天道就是自然规律，人道是"人为的法则"，天人合一就是自然规律与人为规律的协调统一，"自然规律必须统一于人为规律"，这就需要人的自觉，即自觉到人性之善，统一也就是统一到人性之善。天人合一就是使社会达到"仁"的境界，这是必须通过共产主义才能达到的人文主义极盛的时代。刘节从"天人合一"和"唯仁论"的观点出发，认为阶级斗争是坏事，是人类的错误，是天人合一的对立面。人类的后一阶段是阶级斗争的历史，阶级斗争是因为以私智、私欲为基础的人为规律占了上风；社会主义不是阶级斗争的结果，而是善良的人性发展的必然趋势。刘元彦认为，刘节的方法是"六经注我，借题发挥"，"东鳞西爪、化整为零"，"新瓶旧酒，混乱是非"。刘节认为社会主义要进行思想改造，就是发现和掌握这个"善"，使人性合于天性。刘元彦认为，这是超阶级的抽象的人性论，这样的思想改造只能使人们陷入主观唯心主义，背离

---

① 钟师宁：《阶级分析是研究历史的根本方法》，《哲学研究》，1962年第3期，第14～21页。

社会主义事业。① 杨荣国指出,刘节抽掉了历史中的阶级斗争和唯物论对唯心论的斗争,把思想史描绘成了天人关系史;陈华、李锦全认为,刘节把历史上的阶级斗争说成是人们先天的善的人性和后天的恶的人性的斗争,这样,"改造客观世界的办法就不能是阶级斗争和社会革命而只能是人性改良",做到人性与天性的统一。陈华、李锦全指出:"以两种人性的矛盾来代替阶级的矛盾是根本错误的。"②

　　杨荣国指出,"治哲学史就是要把哲学史科学化——把各个时代的各派哲学,理清其头绪,掌握住它的发展的规律,而使之成为战斗性鲜明的科学化的哲学史。要达到此目的;应当把探讨哲学史和探讨历史紧相结合,从探讨中国哲学史来说,应当和探讨中国历史紧相结合",否则就认识不到各个时代哲学的实质,而在概念上绕圈子。如孔子也说仁,宋儒也说仁,谭嗣同也说仁,似乎"仁"是一脉相承的,但实际上却有本质的分野。探讨中国哲学史"是否同时深入地探讨中国历史和它的阶级关系,好像只属于一般的方法论问题;但其归结,自是有关世界观的问题"。探讨哲学史,不把哲学体系和它产生的历史条件和阶级关系紧相结合,不仅容易把古人现代化,也不能给一家或一时代的哲学一个恰如其分的位置。探讨中国哲学史时,如果不同时从整个历史发展上看,从哲学产生的历史阶段进行具体的阶级分析,仍不能得到科学的结论。如他是为哪个阶级服务的,在当时所起的历史作用是什么,为什么流行于那个时代,等等。③

　　如前所述,在 1962 年前后强调"阶级斗争"要"天天讲"的社会背景下,反思阶级斗争对于学术史的意义是不可想象的;人们普遍认为,不贯彻"斗争史观"就不能做到学术为政治服务,为社会主义事业服务。时代还没有成熟到可以接受对阶级斗争进行反思的阶段,所以,刘节在当时受到批判也是顺理成章的。

---

　　① 刘元彦:《评刘节先生的"唯仁论"和"天人合一"说》,《哲学研究》,1964 年第 1 期,第 32～39 页。

　　② 陈华、李锦全:《评刘节先生的"天人合一"史观》,《学术研究》,1964 年第 1 期,第 80 页。

　　③ 杨荣国:《研究哲学必须同研究历史相结合》,《哲学研究》,1963 年第 3 期。

第十一节 若干中国哲学史通史研究

一、侯外庐等:《中国思想通史》①

(一)《中国思想通史》的缘起:马克思主义与非马克思主义的思想斗争

侯外庐等主编的《中国思想通史》(以下简称《通史》)计五卷六册,260万字。该书第一、二、三、五卷是根据 1949 年前出版的《中国思想通史》和《中国近代思想学说史》增补修订而成。第四卷是 1949 年后新写的,至 1959年写成。整部《通史》从 1940 年开始撰写,至 1960 年全部出版,前后长达 20年。《通史》各卷内容、体例以及思想史阶段的划分、许多问题的提法、全书的体系结构,都来自侯外庐的《中国古代思想史》,同时也吸收了杜国庠的《先秦诸子思想概要》、赵纪彬的《古代儒家哲学批判》(1949 年后更名为《论语新探》)中的史料。《通史》是中国马克思主义者关于中国思想史的鸿篇巨制,在中国思想史、哲学史界产生了很大的影响。这部著作从内容上囊括了哲学思想、逻辑思想和社会思想,②所以,我们也把这部著作作为哲学史通史来对待。

《通史》是马克思主义与非马克思主义知识界思想斗争的产物,也是中国共产党直接领导的结果。1949 年以前,侯外庐等人的学术工作自始至终是在中国共产党高层(具体而言即周恩来)的直接领导和关怀下进行的。据侯外庐回忆:"抗战时期党为学术工作者创造了研究和写作的基本条件,我得以奠定中国思想史研究的深度与广度的基础,即在此时。周恩来同志亲自组织领导了一支实力坚强的学术队伍,这支队伍也是一个团结的生动活泼的集体。我个人从这个集体中获得过温暖,获得过力量。"③进入 20 世纪 40 年代他开始

---

① 从该书的编写和出版时间来看,本节放在上一章较为合适,但上一章为"反思与挫折",内容不太一致,本章本节为各种哲学史通史的研究,故放于此。

② 侯外庐、赵纪彬、杜国庠:《中国思想通史·序》第 1 卷,人民出版社,1995 年 10 月第 10 次印刷,印数累计已达 63 100 册。

③ 侯外庐:《韧的追求》,生活·读书·新知三联书店,1985 年,第 127 页。

思想史的研究,计划编一部完整的中国思想史。到1942年底,完成了《中国古代学说史》的写作,这是全部的思想史的发端。据侯外庐回忆:

> 在国民党统治区,思想战线的斗争十分尖锐。……事实上,思想学说史研究领域的斗争,从胡适刊布《中国哲学史大纲》以来,就严重地存在着。早期马克思主义者的研究焦点集中于政治与经济,集中于社会形态的剖析,尚无暇顾及思想学术史方面。但是随着形势的发展,国民党反动派愈热衷于思想史上沉滓的利用,以售其蔽。……自二十年代开始,马克思主义者奋起张我赤帜,高步进入学术史研究园地者,以郭沫若为嚆矢。郭老写了一系列古代学术史的文章,发表在当时的杂志上。三十年代以后,接武者纷纷而起,已经出现一批最早的马克思主义学术史工作者。这就为学术史的科学研究准备了条件,也为学术史领域的理论斗争准备了条件。[①]

后来,侯外庐进一步说明了思想史方面国共知识界的斗争状况,指出"在国民党统治区,思想文化战线的斗争十分尖锐。禁锢与反禁锢,围剿与反围剿,把文化界的人士都卷了进去。治思想史学说者,从更早的时候开始,就呈现着异趣纷拿"。[②]

侯外庐把当时非马克思主义学术界思想史研究工作的缺失概括为失去"科学研究的态度"。他说:

> 随着形势的发展,国民党反动派愈热衷于思想史上沉滓的利用,以售其蔽。在中国本位文化谬说的提倡下,他们崇拜王阳明立诚之教,倡"复兴礼学"等等……究其实际,乃在堵塞马克思主义占领思想学术阵地的通道。于是屠刀禁令之外,书报检查之余,认为贞下起元,标榜新理学以应帝王者有之。自诩"于古今学术略有所窥,其得力最深者莫如宋明儒","自问薄有一得,莫非宋明儒之所赐"者有之。……我在上述的概括中,揭露了各种非科学的学术研究的态度,是反映了当时客观情

---

① 侯外庐:《撰著〈中国思想通史〉——回忆录之八》,《中国哲学》第十辑,第448~449页。
② 侯外庐:《韧的追求》,第265页。

况的,也说明了马克思主义学术史工作者的研究,自然区别于非科学的态度。[1]

关于《通史》写作的缘起,侯外庐回忆道:

抗战胜利后,大家都抱着民主和平建国的愿望。生活书店高屋建瓴地提出一项计划,准备发行一套《新中国大学丛书》,旨在清扫旧的半殖民地半封建的文化学术阵地,为新民主主义文化事业,能够系统地有所"立"。当时,商务印书馆王云五主编有一套著名的《大学丛书》,包罗了许多名家的著作,其中,有许多造诣很深,成就很大。哲学史方面有钱穆的《先秦诸子系年》、冯友兰的《新理学》等等,有鲜明的时代标记。生活书店把发行《新中国大学丛书》的计划告诉了许多学术界的朋友。于是,一九四六年,抗战胜利后第一个春天,杜国庠、赵纪彬、陈家康和我,四人在黄家垭口中苏文化协会楼上,讨论了这个问题。我们自信,有把握完成一部用辩证唯物主义和历史唯物主义为指导的中国思想通史,深度和广度比《大学丛书》诸家哲学史有所超越,观点和方法更科学,与《大学丛书》诸家哲学史判然有别。……其一,大家一致主张着重在方法论上体现马克思主义史学的科学性……换言之,大家很明确,要以科学性战胜钱穆、冯友兰等的著作,其二,马克思主义史学界内部存在不少分歧性意见。我们四人商定,遇到分歧性问题时,要坚持自己的观点。……陈家康的意见是,先秦一部分一定不要为大多数人的"西周封建论"所左右……力主我们把秦汉封建论的观点与论证方法充分表现出来。也就是说,我们准备写作的思想通史,将是一部有个性的马克思主义史学著作。[2]

(二)《中国思想通史》的方法论特点

1. "科学的态度"与"非科学的态度"

党的要求对学术的影响如何? 与胡适、冯友兰等人的思想斗争会不会

---

[1] 侯外庐:《韧的追求》,第 257 页。
[2] 侯外庐:《韧的追求》,第 148 页。

影响学术的公正性和客观性？侯外庐表示，他对此有足够的自觉意识。在
《通史》的方法论上，他特别强调"科学"与"非科学"的区别，注意用"科学的
态度"去研究中国思想史。在他看来，资产阶级态度、封建主义态度都不是
科学的态度，只有马克思主义的态度才是科学的。上引关于《通史》写作缘
起的一段文章中，侯外庐已经提出科学的态度问题。他还指出：

> 我在写《中国古代思想学说史》的时候，力求避免非科学的态度，在
> 积极方面是第一步严格对文献的考订与审查，第二步是实事求是地究
> 明"古人用语的实在所指"，庶不为"文字符箓"所蒙蔽，而根本则在掌握
> 和运用马克思主义理论来研究问题，分析问题，还历史以本来面目，从
> 而作出科学的论断。①

关于自己在写作《中国古代思想学说史》时与旧派研究的不同，侯外庐
指出：

> 我写《中国古代思想学说史》的时候，在选择人物的过程中，却是比
> 较有意识地要表现自己与旧学者之间旗帜的区别与方法的不同。但
> 是，从一开始，我就要求自己严格遵循科学的态度，那就是，科学地剖析
> 每一个人物，决不单纯为了区别旗帜而简单评判任何一个历史人物。
> 我们和旧学者之间，研究思想史的态度、方式、乃至结论迥然不同，这是
> 由于各自的哲学观点的差异所决定的，所以做这项工作用不着任何的
> 矫揉造作。用马克思主义的科学方法论，有理有据地恢复被唯心史家
> 歪曲的历史的本来面目，我们的论述越有充分的说服力，唯心史家就越
> 站不住脚。学术史上的斗争，我认为只能这样进行。基于这样一种观
> 点和态度，我仔细地研究过冯友兰先生《中国哲学史》所论及的每一个
> 人物，在写《中国古代思想学说史》时，对冯友兰所肯定的人物进行过针
> 对性的批判，例如对于孔子、孟子、特别是老子，都是例子。当时，我用
> 这种研究方式与旧学者的思想体系斗争，周恩来同志是赞成的。后来，
> 这种方式一直沿用到解放后，我在编写《中国思想通史》第二、三、四卷

---

① 侯外庐：《韧的追求》，第 260 页。

时,对玄学家向秀、郭象的批判,对宋明理学家的批判,继续是针对冯友兰《中国哲学史》的。这种批判,符合历史唯物主义与历史唯心主义斗争的需要,但决不是随心所欲的。我反对冯友兰的唯心主义,也反对胡适的实用主义。胡适所论及的思想家、哲学家,我都逐一进行了分析和研究,胡适推崇墨学,我对墨学的评价也不低,我认为墨子在知识论和逻辑学上,是中国第一个唯物主义者。胡适捧戴震,我也肯定戴震。在《中国古代思想学说史》中,有相当的篇幅目的在于说明胡适对墨子评价过高的错误之所在。……"对于一切成就,不苟同也不苟异",我敢自认符合实际。①

这种研究会不会造成客观性服从于政治,甚至成为影射史学呢? 侯外庐指出:

> 马克思主义社会科学的党性和科学性应该而且必须是高度统一的。我在史学领域跋涉近五十年,最感庆幸的,莫过于自己一生不曾为了"需要"而拔高或者贬抑历史人物。我对许多问题的研究是受信仰驱使的。但我自信与史学的实用主义截然无缘。"文化大革命"中,"四人帮"的御用文人搞影射史学,手段之卑鄙,形象之丑恶,到了前无古人的地步。一九七九年,我曾写过一篇文章呼吁反对一切影射史学,这个主张我是准备坚持到底的。有一点要说明,我并不是反对一切借古喻今。某一页真实的历史,对今天,甚至对明天,完全可能有可观的借鉴作用,但是,我还望从事研究的同志,终究不要把自己的目的降为影射。②

2. 注重社会的经济基础和上层建筑、意识形态和社会存在的联系

历史唯物主义的基本原理是经济基础对于上层建筑、社会存在对于社会意识具有决定作用,后者对前者又都具有反作用。把这一原理贯彻到思想史研究,就必须寻找思想和社会条件之间的联系。《通史》在发掘这一联系方面,特点十分突出。具体表现为首先是对各阶段中国社会状况的描述

---

① 侯外庐:《韧的追求》,第 124～125 页。
② 侯外庐:《韧的追求》,第 125～126 页。

花费了较大的篇幅,在提供的社会历史宏观背景的丰富性和对社会历史宏观背景的分析的深入性上,超过了任何其他哲学史;其次是对于社会存在与哲学思想之间联系的阐发达到了任何其他著作都没有的程度。

在《中国古代思想学说史》中,侯外庐就力图把握社会发展和思想进展的联系。他说:

> 一,社会历史阶段的演进,与思想史阶段的演进,存在着什么关系? 二,思想史、哲学史出现的范畴、概念,同它所代表的具体思想,在历史的发展过程中,有什么先后不同? 范畴往往掩盖着思想实质,如何分清主观思想与客观实质之间的区别。三,人类思想的发展与某一时代个别思想学说的形成,其间有什么关系。四,各学派之间的相互批判与吸收,如何分析究明其条理。五,世界观与方法论相联系,但是有时也会出现矛盾,如何明确其间的主导与从属的关系。上述原则,就是我在撰写《中国古代思想学说史》的过程中所遵循的科学的规范。[①]

侯外庐指出,上述原则和方法是“《中国思想通史》各卷共同遵循的思想规范”。关于全部五卷六册的写作规范特点,侯外庐在晚年回忆时指出:“运用马克思主义特别是政治经济学理论,分析社会史以至思想史,说明经济基础与上层建筑、意识形态之间的辩证关系,是我们这部思想通史紧紧掌握的原则。”[②]

关于中国历史分期,《通史》认为殷末、西周、春秋、战国时期属于奴隶社会阶段,为古代思想的发展阶段。“从秦汉到清朝中叶,是中世纪思想的发展阶段,即封建社会的发展阶段;从清中叶到‘五四’运动时期,是近代思想的发展阶段,即旧民主主义革命时期的思想发展阶段。”[③]这个分期和冯友兰两卷本《中国哲学史》的分期同异互见。同的方面是二者都以秦汉为中国社会的一个转型时期,冯友兰称前者为“子学时代”。冯友兰认为中国社会没有进入资本主义意义上的“近代”,从秦汉一直到清末,都是作为中世纪的

---

① 侯外庐:《韧的追求》,第 267 页。
② 侯外庐:《韧的追求》,第 447 页。
③ 侯外庐:《韧的追求》,第 448 页。

"经学时代"。《通史》则融入了马克思主义革命史观,在明清之际划分出了一个"启蒙思潮",同时,把清代从鸦片战争以后独立出来作为"旧民主主义革命时期",这就与"新民主主义革命时期"接上了线索,也就使马克思主义与中国历史发生了联系,显示出马克思主义传入中国的历史必然性。

关于中国古代社会,《通史》有很多具有特点的论述。首先,《通史》"用马克思主义经典著作关于亚细亚生产方式的理论武器,确认它是古代东方型的'早熟'的文明小孩,走着'人唯求旧,器唯求新'的维新路线。其思想发展的特征是由畴官世学而缙绅先生的诗书传授,由缙绅先生的诗书传授而开创私学的孔墨显学,由孔墨显学而百家争鸣之学,以至古代思想的没落。氏族制的遗留,规定了国民思想的晚出。对应于希腊古代探究宇宙根源的智者气象,在中国则为偏重伦理道德的贤人作风"。[1] "维新路线"也是《通史》所特别强调的中国古代社会发展的特点。《通史》认为由于中国社会从原始氏族制进入奴隶制不是走革命的新旧决裂的道路,以地域关系代替血缘关系,而是在新旧之间进行调和,所以奴隶制不发达,和希腊奴隶制大不相同。

《通史》根据恩格斯《家庭、私有制和国家的起源》的思想,考察了中国"城市国家"的起源和发展。侯外庐指出,首先须弄清"封"和"邦"、城市和国家的不同含义。他认为,两者是同一个字,"邦"是用林木或树枝划分疆界,"封"在殷周之际也是指以树木划分疆界。这是古代社会筑城的第一个阶段。"营国"则是划分都鄙制度,属于筑城的第二个阶段。根据卜辞中"封邑"的记载,"邑"在殷周时期已处于成立过程中,可作为国家的雏形,但还处于初级阶段。"邑"在西周初年就是国。丰邑虽然规模内不大,却是初期的城市国家。经过"牧野之战"击败殷国以后,周代国家始正式奠定。侯外庐提出了"周代的封国非封建论"的观点。他指出:"有些人(包括王国维在内)把周代封国,引申为封建的论据,在信史上是没有依据的。我认为周代封国所以不能认为是封建社会,主要在于它没有'以农村为出发点'的经济基础。就是在率领集团的氏族奴隶开疆启宇,建筑驾驭于农村的城市方面,它的技

---

[1] 侯外庐:《韧的追求》,第 450 页。

术经济条件也是非常之低劣的。"①东营洛邑具有极其重要的意义,这个"国"的成立具有划阶段意义,超过了所谓"旧邦维新"的阶段。在这一新城市,周族在国内实行宗礼,殷族在田野耕作,真正具备了"都鄙有章"。周代城市和农村,在封疆内叫"国",在封疆外叫"野"。国又叫都,野的范围叫"四鄙",城市对农村具有支配性。这是由土地国有和奴隶集团劳动所决定的。

关于古代先王问题,侯外庐指出,殷周两代的"先王"观念不同。殷代宗教观为帝、王一元,都统一于对于祖先神的崇拜。周代宗教观是二元的,在先王之外又创造了一个上帝,由上帝授命于王,是先王"克配上帝"。周代作邦的理由使先王与上帝分离,维新制度又使上帝和先王结合在一起。这种既分离又统一的神秘宗教观,是中国古代思想史最初的发源地,从而产生了古代诸子的先王思想。

"土地所有权"问题是侯外庐考察中国古代社会的又一把钥匙。他根据"马克思主义关于'土地私有权的缺乏',可以作为了解'全东方'世界的关键这一理论武器,指出中国自秦汉以来封建社会专制帝王的土地所有制是中央专制主义的经济基础","封建思想之定于一尊,其根据就在专制帝王的土地所有制"。② 在社会转型的标志上,侯外庐强调"以法典化作为论证历史分期的标志"。③ 关于汉代社会,侯外庐指出:

> 在汉代社会生产方式的分析中,我们比较重视封建法典化完成之后,已经反映出农业和家庭手工业的结合形式是我国封建主义生产方式的庞大基础,这和古代(奴隶制)亚细亚生产方式是一脉相承的。这种结合形式构成了封建专制主义的坚固的基础。这种结合形式,阻碍了商业对封建生产关系的分界作用。因此,中国的封建制度的顽固性,只有追溯到秦汉制度的源头,才能真正弄清。而由汉至魏晋,土地兼并的发展,身份性地主始终是一个巨大的阶级集团,它阻碍了土地进入流通领域,这对于封建制度内部孕育的资本主义因素的成长,必然起反动

---

① 侯外庐:《韧的追求》,第243页。
② 侯外庐:《韧的追求》,第470页。
③ 侯外庐:《韧的追求》,第473页。

的抑制作用。①

秦汉以后直到清朝中期以前，中国社会一直是"中世纪"。所谓中世纪，其经济、政治结构如同侯外庐上述分析；中国封建社会的思想就是这种社会政治经济结构的产物。这一分析为中国封建社会思想没有进入近代提供了一个说明。

3. 突出唯物主义与唯心主义的斗争和阶级分析

如前所述，在计划撰写《通史》之初，侯外庐等人就已经下决心采用辩证唯物主义和历史唯物主义的观点撰写一部与胡适、冯友兰等人不同的更为科学的通史。现在看来，这部通史的确贯彻了作者们的意图，突出了唯物主义和唯心主义斗争的历史线索。可见，"斗争史观"还不完全是苏联的舶来品。不过，"斗争史观"的普及仍然是借助于日丹诺夫哲学史定义，而不是《通史》完成的。

《中国思想通史》第二、三、四卷篇幅庞大，达到 180 万字，超过任何一部哲学史通史。在哲学史发展的线索上，为了体现唯物主义与唯心主义斗争史，《通史》发掘了许多过去不受重视的"异端"思想家，突出了他们与正统思想斗争的唯物主义战斗性。侯外庐指出："我国封建社会诸朝代思想家众多，胡适、冯友兰等人研究两汉以后思想家、哲学家，只偏重于儒学诸家，而我们一致认为，中世纪思想史，必须着重研究异端思想和正统儒学的斗争，无神论和有神论的斗争，唯物主义和唯心主义的斗争，表彰中国思想史上唯物论的光辉传统。正统儒学的代表人物可以说是现成的，而许多异端的思想家、无神论思想家、唯物主义思想家，则有待于我们去发掘。在当时，我们把王充、王符、仲长统、范缜……系统地列入学术思想的史册，还曾遭遇到过一些人的白眼。开创性的工作总得有人去做，问题在于我们能不能用辩证唯物主义和历史唯物主义的武器，把两大思想体系斗争的全貌写出，我们能不能以足够确实的史料使人信服。"②侯外庐自豪地指出，现在所有的哲学史著作终于能够接受这些异端哲学家了。

① 侯外庐：《韧的追求》，第 285 页。
② 侯外庐：《韧的追求》，第 280～281 页。

在阶级分析方面,《通史》把地主阶级分为"身份性地主"和"非身份性地主",或"豪族地主"与"庶族地主",指出他们之间经济和社会地位方面的差距或矛盾造成了思想意识之间的差距(矛盾)。思想史上的唯物论与唯心论的斗争、辩证法与形而上学的斗争,可以从这种差距(矛盾)中寻找原因。庶族地主往往由于有与劳动人民利益相关联的一面,使他们的思想有所区别于豪族地主。也就是说,唯物主义和唯心主义的阶级基础都在地主阶级内部,不过是对应的部分不同。这一观点为后来哲学史研究所广泛接受,只是提法稍微不同,如大地主、中小地主,皇族地主、庶族地主等。应当说,侯外庐的看法还是比较客观的,他们没有不顾历史事实牵强附会地把唯物主义的阶级基础置于劳动人民之上。

(三)《中国思想通史》的取材于人物评论的特点

指导思想的不同带来了研究视角、史料取材和人物评价的差异。在史料取材上,如前所述,《通史》重视那些在历史上被视作异端的哲学家,如王充、范缜等人。这是《通史》的一个特点。1949 年后的中国哲学史也都重视这些人物,实际上是吸收了侯外庐等人的成果。《通史》还发掘了一批改革家,这是"革命史观"的产物。侯外庐指出:"我们对战国时代一批思想家、改革家,如李悝、吴起、商鞅、荀子、韩非的评价较高。这一认识基于一种见解,就是新的生产方式确立之前,特定的典型的情况,经历了不少于二百年的转化过程,而真正作为区别古代和中世纪的分界线的标志,应是固定形式的封建制的法典。我国封建生产关系法典化过程的完成,是在汉初,此前,战国时期的一批先进思想家、改革家的业绩,正是这一转化过程中的一个又一个里程碑。……此外,把荀子的学术批判和学术综合,归结为奴隶社会结束阶段学术思想的总结,是古代学术思想的集大成者。这是杜国庠同志的重大贡献。"①从"革命史观"来看,积极评价那些推动历史前进的人物是顺理成章的事。由此也可以看出,"文革"时期大力表彰法家,是"革命史观"在逻辑上的极致推演。

在人物评价上,《中国思想通史》与 1949 年前冯友兰、胡适的资产阶级

---

① 侯外庐:《韧的追求》,第 470 页。

哲学史截然不同。冯友兰哲学史给予积极评价的人物,在《通史》中都得到消极的评价甚至遭到严厉的批判,典型的例子如董仲舒、郭象、朱熹等。在对孔子和儒家的评价上,《通史》把儒家分为三个阶段,孔子、思孟和董仲舒以后的正统儒家。对于孔子,《通史》批判他的维护旧氏族贵族统治的保守思想,但对于他的损益主张则有所肯定,认为他的社会批判观点"乃是由于国民阶级的不完全或者其懦弱性而提出的一种温和或缓进的改良思想",具有一定的进步意义。对于孔子的仁学,《通史》重在批判;对于孔子创办私学,则给予肯定。关于老子,在 20 世纪 50 年代中期该书修订时,侯外庐提出"当然老子的'道'是唯心主义,但比孔、墨的人格神的唯心主义来,它是较为客观的,较为远离的,较为一般的,因而在其自然哲学中,容纳了唯物主义因素"。①

(四)关于方法论的一些疑问

侯外庐的方法可谓独树一帜,给中国哲学史研究带来了新的视角和观点,这是其特点,也是其优点;但同时也是产生疑问的地方。其一,明确地以与冯友兰、胡适对立的方式撰写中国思想史,这种动机是不是影响了研究的客观性? 我们比较侯外庐的《中国思想通史》和冯友兰的《中国哲学史》两卷本可以发现,两者对于董仲舒、郭象、朱熹的评价都是相反的。尤其是郭象章,连史料考证的结论也截然相反。冯友兰说郭象没有抄袭向秀,侯外庐说,郭象"为人薄行",窃占向秀成果;冯友兰视郭象为同乡,有意偏袒和表彰郭象。侯外庐与冯友兰的分歧迫使我们对哲学史的客观性重新思考。第二个疑问是这种编写动机,太具有时代色彩,是不是影响了《中国思想通史》的普遍性? 如前所述,侯外庐是通过编写思想史与冯友兰等旧史学进行斗争的。据侯外庐回忆:"'文化大革命'后期,一位十分年轻的朋友问我,曾经写过哪些文章批评冯友兰。我只告诉他两篇,一为向秀郭象庄学批判,一为朱熹'无人身的理性'批判。是的,我在《中国思想通史》第四卷剖析朱熹理学的时候,主观上确有一个论辩对象,那就是《新理学》作者,久久不能忘情理

---

① 侯外庐等主编:《中国思想通史》第 1 卷,第 272 页。

学的冯友兰先生。"①的确,读《中国思想通史》的朱熹章,感觉好像是对冯友兰的朱熹研究的批判,而不是侯外庐的朱熹研究。第三个疑问是经济基础和意识形态之间的联系是不是过于密切。以侯外庐最为得意的《老子》"有之以为利,无之以为用"的解释为例,他指出,"无"就是生产力低下,一切器物都不属于个人的阶段;"有"就是劳动产品私有化,成为商品的阶段,已经具有了交换价值。有无关系之谜,他是用马克思的《资本论》揭开的。他又说:"用《资本论》诠解《老子》,并不是靠马克思的某一句警言,而是靠方法论。"毫无疑问,这是社会存在决定社会意识的一个范例。但是,完全忽略了经济形态和哲学思想之间的过渡,直接用经济形态说明哲学思想,是不是有些简单化? 虽然侯外庐终生视此为得意之笔。

二、文科教材:任继愈主编的《中国哲学史》

1959 年末,中央提出编写大学文科教材。1960 年年中,全国文科教材会议召开,决定设立中国哲学史编写组,由任继愈任主编。1961 年 6 月,中共中央宣传部和高等教育部联合主持领导高等学校文科教材编写工作,计划组织一批具有较高学术水平和教学经验的哲学工作者编写六本教材:《辩证唯物主义和历史唯物主义》(艾思奇主编)、《形式逻辑》(金岳霖主编)、《西方哲学史》(任华主编)、《西方美学史》(朱光潜主编)、《中国哲学史》(任继愈任主编)。任继愈主编的《中国哲学史》第 1 卷于 1963 年出版。② 该书有一个较长的绪论,分别论述了学习哲学史的目的和意义、方法、哲学史研究的对象等问题。"斗争史观"、"目的史观"、"革命史观"在这部教材中都得到了贯彻。

(一) 关于学习哲学史的目的和意义

《中国哲学史·绪论》认为:首先,"学习哲学史有助于我们深刻理解马

---

① 侯外庐:《韧的追求》,第 148 页。

② 这部教材于 1963 年 7 月出版第 1 版,至 1996 年 4 月出版第五版,印数高达 393 300 册,是所有《中国哲学史》教材中印数最多的,在中国哲学史学史上具有重要的地位。

克思主义哲学,树立辩证唯物主义世界观。"①学习中国哲学史为什么会有树立唯物主义世界观的作用?其逻辑是这样的:"目的史观"的一个逻辑延伸是"顶峰论",即人类哲学史发展的目的是达到马克思主义哲学,马克思主义哲学是人类哲学发展的最高峰,毛泽东思想是马克思主义理论的继承和发展,也是中国两千年哲学思想的批判和总结,所以,要懂得毛泽东思想,不仅要懂马列,还必须懂中国哲学史。也就是说,为了理解毛泽东思想,必须理解中国哲学史。其次,学习中国哲学史能帮助我们"更好地批判封建主义、资本主义以及一切不正确的思想"。再次,学习中国哲学史"可以增加历史知识,深入理解人类社会的矛盾运动,可以吸取理论思维的经验教训,提高思维能力"。这是提高民族文化素质的要求。② 这一条应该说还比较切近于哲学史学科的特点。"革命史观"的一个逻辑延伸是"服务论",即研究哲学史是为了服务于现实斗争的需要。"绪论"指出:"研究哲学史的目的不是为学术而学术,而是为无产阶级政治服务。"③

(二) 哲学史的对象和任务

《中国哲学史·绪论》认为:"哲学史是唯物主义和唯心主义、辩证法和形而上学斗争的历史,是整个人类的认识发展史。"所以,哲学史的研究任务"是通过对辩证唯物主义和唯心主义的对立统一的研究,揭示人类认识日益深化的辩证发展过程,总结理论思维的经验教训,阐明马克思主义哲学基本原理无比正确"。④ 同时,通过研究,说明社会生产力、特别是阶级斗争对哲学思想发展的决定作用。"绪论"强调,把唯物主义和唯心主义斗争作为哲学史的研究内容,不仅是为了尊重哲学史的基本事实,更重要的是坚持哲学的党性原则。应该指出,通过中国哲学史论证马克思主义正确性的说法在逻辑上是有问题的。既然我们承认马克思主义为真理,用来指导中国哲学的研究,那么,再让中国哲学回头证明马克思主义的正确性,这就有循环论证之嫌。

---

① 任继愈:《中国哲学史·绪论》(第1版),人民出版社,1963年,第1页。
② 任继愈:《中国哲学史·绪论》,第2页。
③ 任继愈:《中国哲学史·绪论》,第8页。
④ 任继愈:《中国哲学史·绪论》,第3页。

(三) 学习哲学史的方法

《中国哲学史·绪论》首先指出:"阶级分析是马克思主义的基本方法,在研究哲学史的时候要坚持阶级分析。"①任何一种哲学都带着深刻的阶级烙印,都是为一定的阶级利益服务的。考察哲学思想的发生发展、相互斗争和相互转化,一刻也离不开阶级分析,否则就会陷入资产阶级客观主义和唯心主义的泥沼。同时,也要研究生产力发展,自然科学的发展对于哲学思想的影响。唯物主义是与生产力和科学技术发展的水平相适应的。其次,要实事求是地、科学地对待哲学史。哲学史研究是为无产阶级政治服务的,但是,党性和科学性是统一的,只有科学才能为无产阶级服务。再次是"坚持辩证的方法"。要总结人类理论思维发展的经验教训,必须采用对立统一的观点来研究概念的运动发展。② 如在中国哲学中,"要追踪人类对于客观实在的不断深入的认识过程,必须考察五行、阴阳、气这些概念的联系、转化,考察从先秦、两汉到宋明清的'气'概念的发展与变化"。③ "相互转化"是冯友兰、贺麟的观点,任继愈吸收了这个观点,但没有展开论述。

(四)《中国哲学史》的特点

《中国哲学史》作为任继愈主编的成果,反映了任继愈关于哲学史的一些主张。如认为老子是唯物主义者④,老子、孔子形成唯物主义和唯心主义的斗争。关于庄子哲学,任继愈认为属于唯物主义,《庄子》书内篇不是庄子思想,是庄子后学的思想,外杂篇反映了庄子思想。大部分学者并不同意任继愈的观点,所以关于庄子,《中国哲学史》只写了"后期庄学的唯心主义和相对主义",没有写庄子本人。而所谓"后期庄学",恰好是学术界通常所说的庄子的思想。该书对于生产力和科学技术的发展对哲学思维的影响比较重视,在谈到唯物主义哲学家时,一般都用一定的篇幅介绍这一哲学体系和当时的生产力水平及科学技术的关系。如老子章,认为"大曰逝,逝曰远,远

---

① 任继愈:《中国哲学史·绪论》,第4页。
② 任继愈:《中国哲学史·绪论》,第9页。
③ 任继愈:《中国哲学史·绪论》,第9～10页。
④ 后来,任继愈又认为老子是唯心主义者;到20世纪80年代,任继愈又进一步指出,简单地说老子是唯物主义者或者唯心主义者都是不全面的。

曰反"与天文学对天道的观察有一定的关系,"上善若水"、"草木之生也柔脆"等和农业生产、"抟气至柔"和医学等有一定的关系。

《中国哲学史》的最大特点,是它受《联共(布)党史简明教程》中"关于辩证唯物主义和历史唯物主义"部分的影响,把中国哲学分为唯物论、辩证法、历史观、人性论等几个条块进行解释。这对于以马克思主义为元理论来理解中国哲学史起了极大的推动作用,但也造成了对前人思想的割裂。

关于中国古代有没有唯物史观的问题,冯友兰曾经以韩非为例提出来进行讨论。冯友兰在《中国哲学史新编》第1册指出,"韩非没有提出抽象的人性论";韩非"有一套有唯物主义因素的历史观点,作为变法的理论根据"。这些观点认为历史是变化的,批判了儒家和道家的道德退化观,接触到了国家起源问题,认为历史变动的主要因素是人口增长等。[1]《中国哲学史》显然回避了韩非历史观是否具有唯物主义因素的问题,用"进步的社会历史观"说明韩非的历史观。[2] 侯外庐的《中国哲学简史》关于韩非的历史观的题目是"韩非的法制思想与社会历史观点",认为韩非提出了抽象的人性论,韩非对于历史退化观的批判"当然还不是唯物主义的分析",但"从进化的观点来讲当代的实际,是一种巨大的进步"。[3] 几个版本的认识差异还是十分明显的。

三、侯外庐的《中国哲学简史》

1963年,侯外庐主编了《中国哲学简史》。[4] 这部书"是干部读物性质的简史",大体依照着《中国思想通史》的主要论点编写,增补了若干人物,主要介绍了"中国历代唯物主义、辩证法思想发展的特点及其和唯心主义斗争的

[1]　冯友兰:《中国哲学史新编》第1册,第564~570页。
[2]　任继愈:《中国哲学史·绪论》,第251页。
[3]　侯外庐主编:《中国哲学简史》,中国青年出版社,1963年,第116~118页。
[4]　侯外庐主编:《中国哲学简史》,中国青年出版社1963年11月第1版,印数14 000册。作者有张岂之、李学勤、杨超、林英、何兆武。该书《序言》略云:1958年曾出版过一个《中国哲学史略》,但过于简略,1959年曾将该书扩展为12万字,到"五四"时期为止,但觉得问题仍没有解决,遂停止出版。1961年重新开始编写,历时两年完成。

优良传统;中国悠久而不断的丰富多彩的文化遗产在各个历史阶段所表现出的时代精神特点;反映各个时代社会发展、阶级斗争和理论战线及其对社会基础的反作用;作为意识形态的相对独立的历史过程"。

(一) 哲学史研究的目的

侯外庐指出,研究哲学史是为了总结理论思维的经验和教训,提高我们的理论思维能力,建设无产阶级文化。正如列宁所强调的,"只有用人类创造的全部知识财富来丰富自己的头脑,才能成为共产主义者";①只有理解了人类全部发展过程中创造出来的文化,才能建设无产阶级文化。所以,从孔夫子到孙中山,我们都要总结,承继这份遗产。②《中国哲学简史·绪论》强调唯物主义和唯心主义的斗争,指出:"应当具体分析唯物主义高涨的历史原因及其与生产斗争、阶级斗争的联系;具体分析各个历史时期唯物主义者在哲学理论上和唯心主义进行针锋相对的斗争,怎样反映了阶级斗争的时代精神,并总结出什么样的理论斗争经验。基于此,我们才能确切地看出某个时期的唯物主义者在哪些问题上击中了唯心主义的要害,而为人类认识客观世界提供了真理的粒子。与此同时,我们也要具体地分析唯物主义和唯心主义的斗争又怎样和辩证法与形而上学的斗争交错着,朴素辩证法的思想发展循着什么样的途径而表现出它的特点。……也应当分析就唯物主义者在世界观和方法论上的某些缺点和缺陷所以产生的阶级根源和认识根源,从而总结出理论思维在一个时代所出现的教训。"③

(二) 哲学史的内容

《中国哲学简史》指出,每个民族的文化都可分为进步的和反动的文化之间的对立。文化发展正是这样两种文化的斗争。中国哲学发展的规律和世界其他民族哲学史一样,也是"唯物主义和唯心主义的斗争史、唯物主义发生和发展的历史;这方面的斗争又和辩证法与形而上学的斗争交错着"。④ "绪论"批评了否认唯物主义与唯心主义两大阵营的理论界限及其

---

① 侯外庐主编:《中国哲学简史·绪论》,中国青年出版社,1963年,第2页。
② 侯外庐主编:《中国哲学简史·绪论》,第1~2页。
③ 侯外庐主编:《中国哲学简史·绪论》,第2~3页。
④ 侯外庐主编:《中国哲学简史·绪论》,第2页。

对立与斗争观点,认为这"只能模糊哲学史发展的党性原则,是根本谈不上科学地总结哲学思想发展的历史过程及其规律性的"。

(三) 关于唯心主义的评价

"绪论"反对对唯心主义哲学采取简单的否定态度,指出要进行深入的解剖、分析和批判,指明其"社会阶级根源和认识根源,并进而说明为什么剥削阶级总是选择唯心主义作为他们的统治思想,为什么某一历史时期的统治阶级要选择适合于自己的唯心主义的形态;不同形态的唯心主义在不同时代是怎样把人类认识的某一侧面片面地夸大,以至得出了和客观世界真相背离的结论;甚至某种革命时代的先进人物还采取了唯心主义的路线。对唯心主义的社会根源和阶级根源进行科学的分析批判,是为了阐明人类思维(认识)循着螺旋上升的途径向前发展"。[1]

(四) 关于中国哲学史的唯物主义优良传统、哲学的继承和转化

"绪论"总结了中国哲学史上唯物主义发展的几条规律:"一,唯物主义者在历史发展的各个阶段善于并敢于对唯心主义和有神论进行不调和的斗争";"在中国哲学史中有一条贯串着的红线,这就是唯物主义和无神论思想反对上述的正宗思想(统治阶级的意识形态,如两汉经学、宋明道学等)的斗争";"二,唯物主义者善于从中国人民生产斗争的实践中吸取经验,和自然科学的成就结成了紧密的联盟";"三,唯物主义者在和唯心主义进行理论斗争的过程中,善于利用并改造过去的思想资料","我们透过哲学家们对思想资料的利用和改造,可以进一步分析:在一定的历史条件和阶级斗争中怎样形成了对立的阵营;哲学家们对这样的思想资料的取舍和改造,既表现有复古主义的倾向,又表现有推陈出新的倾向,从这中间如何展示出唯物主义和唯心主义、辩证法和形而上学的理论斗争的内容;特别是唯物主义者怎样在理论斗争中比前人提供了新的东西,从而提高了人类的理论思维能力";"四,唯物主义者对前代和同时代的哲学思想善于批判总结,并在此基础上进一步发展唯物主义哲学",[2]进步思想家通过对于前代和同时代哲学思想

---

①　侯外庐主编:《中国哲学简史·绪论》,第 3 页。

②　见侯外庐主编:《中国哲学简史·绪论》,第 4~15 页。

不断地批判和总结,使得唯物主义思想得以不断地丰富和发展起来;"五,对于外来的思想文化善于采取有批判又有鉴别的分析态度,这也是中国唯物主义传统的一个特点"。①

关于哲学的继承,"绪论"强调唯物唯心各自继承,与冯友兰、贺麟的观点不同。"绪论"指出:"从中国哲学发展史可以看到,属于哲学基本观点范围之内的继承,只能是唯物主义继承并发展唯物主义。"关于唯物主义对唯心主义的继承,"绪论"换用"吸取"来说明:"旧唯物主义者对于唯心主义哲学体系中的某些命题以及辩证法的某些因素,是通过斗争而有所吸取的,但是,这种吸取,绝不是原封不动照搬过来。""旧唯物主义者不能解决复杂的社会问题(如道德的起源问题,人性论问题),往往在此范围内蹈袭了唯心主义的某些错误命题,但是,这只能说明,由于时代、阶级和理论准备条件的限制,旧唯物主义者还不能彻底地战胜唯心主义,而表现出一定的局限性和理论的弱点。如果看不到以上一些复杂情况,而认为唯物主义和唯心主义没有严格的理论界限,它们在基本观点上可以任意地相互抽象继承,那是不能把握哲学发展的实在线索的,是不能根据科学态度以取舍精华和糟粕的。"②

关于唯物主义和唯心主义的转化问题,"绪论"与冯友兰、贺麟的观点是针锋相对的。"绪论"认为,哲学史上唯心主义提出过一些重要问题,却不能正确地解决,从而为唯物主义留下了课题。唯物主义在批判唯心主义的斗争中,对这些问题进行唯物主义的论证,使唯物主义得到进一步的发展。这就是"哲学史上的转化问题"。所谓"转化",不是说唯心主义哲学变成了唯物主义,也不是唯物主义和唯心主义的调和。"从历史的总过程而言,我们认为转化意味着唯物主义通过理论斗争在克服唯心主义的途径中不断地向自己发展。离开了对立面的相互斗争,就谈不上事物的发展。事物的转化过程,就是新的战胜旧的、从低级到高级、从简单到复杂的过程。……很明显,如果把转化解释成不需要通过唯物主义和唯心主义、辩证法和形而上学

---

① 侯外庐主编:《中国哲学简史·绪论》,第17页。
② 侯外庐主编:《中国哲学简史·绪论》,第16～17页。

之间根本性的斗争,那就会把转化理解为量的加减,这实质上是以形而上学的观点否认了哲学思想发展的内在意义。"①

通览全书,可以发现它是严格按照"斗争史观"的范式编写的,对于唯心主义的评价很低,反对唯物主义与唯心主义相互转化说,不承认唯物主义与唯心主义间的相互继承,牵强地用"吸收"代替"继承"。这些情况表明,新范式导致对唯心主义的理解不够客观和深入,成为造成民族理性片面和不成熟的一个因素。

四、冯友兰的中国哲学史通史研究

(一) 通史研究的缘起

重写中国哲学史是冯友兰两卷本哲学史出版后一直的心愿。1949年后他所有的哲学史研究,同时也是他的通史研究的一部分和为通史写作所作的准备。1959年末,国家计划编写大学文科教材;1960年年中,全国文科教材会议决定冯友兰独立撰写中国哲学史和中国哲学史料学,作为大学教材,有关方面安排朱伯崑和庄印做他的助手。会后设立了常设的教材编写办公室,哲学组组长为艾思奇、冯友兰为副组长。1962年4月,全国政协三届三次会议期间,毛泽东在中南海接见政协委员,问及冯友兰的研究进展和身体情况。不久,冯友兰在《中央盟讯》4月号发表了《感谢党和国家领导人的关怀》,说文科教材会议规定叫他写三部书:《中国哲学史新编》、《中国哲学史史料学》、《中国哲学史史学史》。"我计划三五年内完成这三部书,作为我对社会主义建设的贡献。"1962年9月,《中国哲学史新编》第1册作为"高等学校教材",由人民出版社出版。冯友兰在该书"自序"中说到,高等学校文科教材编写计划会议把这部书列为高等学校哲学系的参考书,鼓舞了自己;党又给他派来了朱伯崑和庄印两位助手,初稿写成后,朱伯崑提意见,自己修改为二稿,庄印再提意见,修改为三稿。印成稿本后,由"中国哲学史教科书小组"提意见,最后修订成现在的样子出版,所以这本书虽说是个人著作,实际也是老中青年哲学史工作者合作的集体成果。①

(二) 关于哲学史观的前期探索

1959 年冯友兰在《新建设》第 12 期发表《关于中国哲学史研究的几个问题》,这是他的新哲学史观探索的一个重要成果。文章的第二部分是"研究中国哲学史的目的"。冯友兰谈了五个方面:一是锻炼理论思维能力;二是了解和研究中国思想意识的昨天和前天;三是用马克思主义的武器,从哲学的根本问题上,对封建哲学进行彻底的批判;四是继承古代哲学思想中具有人民性的东西;五是总结中国哲学发展的规律,从中得到教训。冯友兰指出,哲学史是整个人类的认识史,"从哲学史可以看到人类发展的主要的程序和环节","哲学史就是用历史的方法,研究认识论;认识论就是用逻辑的方法研究哲学史",科学的哲学史是建立在唯物主义基础上的历史和逻辑的统一。冯友兰指出,从上述几点研究中国哲学史所得的,就是"社会主义文化的一部分,对于建设社会主义,有很大的积极的作用。这就叫古为今用"。② 一年后,冯友兰又发表了《再论关于中国哲学史研究的几个问题》,③分为"哲学史的对象、内容和范围"、"哲学中两个对立面的统一和斗争"、"逻辑和历史的统一"、"观点和资料的统一"、"中国哲学史(古代和近代)发展的线索"五个部分。此文即《中国哲学史新编》第 1 册的"绪言",后者只是多了一个"中国哲学史(古代和近代)发展的形式"一部分。

(三) 两卷本《中国哲学史》的重版

1961 年,中华书局根据周扬的指示,重版了冯友兰两卷本《中国哲学史》。周扬给冯友兰建议,能改就改,不能改原样出版也好。④ 冯友兰未加改动,写了一个《新序》,指出该书"是完全从资产阶级立场,以资产阶级哲学观点,用资产阶级历史学方法所写的",现在重印,可以作为中国哲学史研究

① 冯友兰:《中国哲学史新编·自序》第 1 册,人民出版社,1962 年,第 5 页。
② 冯友兰:《三松堂全集》第 12 卷,第 245～251 页。
③ 冯友兰:《再论关于中国哲学史研究的几个问题》,《新建设》,1961 年第 11 期,《三松堂全集》第 12 卷,第 264～296 页。
④ 蔡仲德:《冯友兰先生年谱初编》,第 441 页。

领域的"一种反面教材"。① 冯友兰还写了《关于中国哲学史的自我批判》，包括这部中国哲学史的"历史观"、"哲学观"、"党性"、"阶级性"四点。

关于这部书的哲学史观，冯友兰指出自己是把历史分为主观的历史（写的历史）和客观的历史，认为写的历史永远不可能与实际的历史重合，因此历史是不可知的。其实，历史是可知的，人的认识逐步提高，就接近于真实地反映客观实在。相对真理多了，就接近于绝对真理。当时马克思主义史学家正初步地运用历史唯物主义研究中国历史，历史唯物主义要求不单要叙述历史，还要揭露历史背后的阶级斗争的本质，认识历史发展变化的规律。自己认为历史不可知，其逻辑结论是，用历史唯物主义方法的历史学家写出的历史，也不过是一种装扮。这是马克思主义史学家和资产阶级史学家的两条路线的斗争，自己的历史观正是资产阶级阵营的一个重要支柱。

关于这部书的哲学观，冯友兰指出，这部书虽然认识到了春秋和近代中国历史的变动，却没有认识到思想斗争所代表的不同的阶级立场，思想斗争就是阶级斗争的反映。这是问题的本质所在，也是哲学史需要说明的。对于不同观点产生的原因，这部书采取了詹姆士的实用主义和桑塔亚那的"软心"、"硬心"的气质观点说明唯心主义和唯物主义的区别，无视两者的阶级根源，不仅荒谬，对唯物主义也是极大的歪曲。"软心、硬心说"把荀子说成是硬心者，认为如果没有荀子的硬心，就没有他所代表的唯物主义体系，这样哲学史的发展就成了偶然事件的堆积。对于哲学体系的价值，这部书又提出不能以当时的社会影响而论。学说有其内在价值，一个理论体系，只要有"见"，"持之有故，言之成理"，便有价值。这就把历史上一个学说的体系和它的社会影响分开了，推动历史前进的哲学体系和开倒车的哲学体系就都没有好坏之分了，"这是资产阶级学术理论脱离实际思想的一种表现"，"也是保护封建主义的一种办法"。"马克思主义认为，一种学说，如果有一定的价值，其价值就在于它本身在一定程度上正确地反映了客观实在，在社会科学方面，还在于它在一定程度上反映了当时社会经济向前发展的需要

① 冯友兰：《关于中国哲学史的自我批判》，《中国哲学史》，中华书局，1961年，第3页。

和人民群众的利益。"①

关于这部哲学史的党性,冯友兰指出,这部书采取了资产阶级的客观主义,以所谓"超然态度",同情地重述哲学家的哲学,还其原貌,给它一个历史定位,认为这就是哲学史家的任务。但实际上这部书对唯心主义是同情地了解,而对于唯物主义者哲学家,如先秦的荀子,两汉的王充,明清之际的王夫之、戴震,都没有给以应有的地位。对于王充,甚至对其理论体系吹毛求疵,而没有论述其反对唯心主义和迷信的社会意义;认为王充、戴震等不算一流的哲学家。而对唯心主义,也只是描写了其假面具。实际上,"它的假面具之下所掩盖的本质,是用荒谬的理论歪曲真理,麻醉人民,为统治阶级服务"。冯友兰指出,自己在哲学史"自序"中认为,历史上"是"和"应该"多所相合,可是自己所说的"是资产阶级的'是'和'应该'";"封建的和资产阶级的历史家"所叙述的"优良传统","只是地主阶级和资产阶级的'优良传统'。至于劳动人民所有的优良传统,在哲学历史家的著作里,是没有地位的。只有马克思主义的科学的哲学史,才能给人类所有的真正的优良传统以它们应有的地位"。

关于这部著作的阶级性,冯友兰根据毛泽东《新民主主义论》提出的总结历史应引导人民向前看,而不是颂古非今赞扬封建主义的指示,认为自己的哲学史恰好相反,所以是"五四"运动的对立面,是"五四"时期以后一段时期的逆流,跟封建复古主义一样,只是采取了资产阶级哲学史的方法,所以更具有迷惑性,是"思想上的反动同盟军"的一部分。在半殖民地半封建社会中,资产阶级哲学思想和本地原有的封建主义结合起来,既具有本地人民习见的形式,又具有其所不习见的内容,起奴化人民的反动作用。帝国主义和本地大地主大资产阶级在政治、经济上是相互结合、补充和支援的。"资产阶级哲学和封建哲学结合,就是这种事实在思想战线上的反映。从资产阶级立场,用资产阶级历史学方法,所写的哲学史就是这种结合的一种形式。"②

---

① 冯友兰:《关于中国哲学史的自我批判》,《中国哲学史》,第5～6页。
② 冯友兰:《关于中国哲学史的自我批判》,《中国哲学史》,第10页。

　　冯友兰认为,上述四点就是自己《中国哲学史》的本质。

(四)《中国哲学史新编》与两卷本《中国哲学史》的史观比较

　　冯友兰在《中国哲学史新编》第1册"自序"中说,自己与中国哲学史的联系可以分为三个阶段。"五四"前的学生时代,学习的是封建主义的学术观点和历史方法;"五四"以后到解放前,是用资产阶级的学术观点和历史方法研究中国哲学史,1930年、1934年出版了《中国哲学史》上下册;解放后学习马克思主义的学术观点和历史方法,这才真正地走向了科学的道路。这就是"毛主席的《在延安文艺座谈会上的讲话》为知识分子所指示的道路"。抗战期间,自己就一直想重写中国哲学史,现在"社会主义就是一个大学校,党和毛主席是伟大的教师,马克思列宁主义经典和毛主席的著作是高深的课程。在这种教育下,我的《新编》也得了正确的方向"。冯友兰在著作前题词中说:"望道便觉天地宽,南针廿载溯延安,小言亦可润洪业,新作应需代旧刊,始悟颜回叹孔氏,不为余子学邯郸,此关脱胎换骨事,莫作寻常著述看。"关于这部哲学史的指导思想和具体内容,冯友兰指出,"我的主观企图是,写一部以马克思列宁主义、毛泽东思想为指南的哲学史";"唯物主义和唯心主义是哲学这门科学中的两个对立面。既然是对立面,其间必然有斗争也有统一。在哲学史发展的过程中,唯物主义和唯心主义这两个对立面必然相互斗争也相互转化。斗争是绝对的,转化是斗争的结果,但也是整个哲学史发展过程的一个方面。这部书是本着这个认识写的"。① 强调哲学史上存在"转化",是冯友兰与侯外庐的不同之处;他在《新编》中坚持了这个观点。《中国哲学史》上卷《绪论》分为十二部分,分别叙述了中国哲学史研究的对象、哲学的方法、中国哲学和西方哲学的不同特点、哲学和历史、书写的历史与实在的历史、历史的进步性、哲学史的写作方式与取材标准等。《中国哲学史新编》第1册在史观方面与《中国哲学史》上卷截然有别,通过比较可以看出两种范式的不同特点。

1. 关于哲学史的内容

　　《中国哲学史》上卷主张哲学由宇宙论、人生论和知识论与论理学三大

---

　　①　冯友兰:《中国哲学史新编·自序》第1册,第1~5页。

部分构成,《中国哲学史新编》主张,哲学是研究一切事物的总体的根本的矛盾,唯物主义和唯心主义、辩证法和形而上学的矛盾和斗争是哲学的主要内容。所以,"哲学史是唯物主义与唯心主义斗争的历史,也是辩证法与形而上学观斗争的历史,同时也是唯物主义和辩证法观不断胜利的历史"。① 强调唯物主义和唯心主义之间的转化,是冯友兰哲学史研究与同时其他哲学史家不同的地方,也是《中国哲学史新编》的重要特点之一。他说:"哲学史中的对立面,不仅相互排斥、相互斗争,而且相互渗透、相互转化。……斗争和转化都是在具体的历史过程中进行的,这个转化过程就是哲学史的对象。"②

关于唯物主义和唯心主义,冯友兰在《中国哲学史》上卷引用桑塔亚那的说法,认为哲学受哲学家的软心或硬心的气质的影响,软心哲学家的观点是唯心论的,硬心的哲学家的观点是唯物的、非宗教的、自由意志的、一元的。《中国哲学史新编》则认为,唯心主义的认识论根源是"劳心者"脱离生产,专门用"心"思维所形成的体系,阶级根源是阶级社会中为居于统治地位的剥削阶级服务的意识形态;唯物主义是革命阶级或先进集团所支持的,是革命阶级的世界观。唯物主义和唯心主义、辩证法和形而上学的斗争,既是阶级社会中阶级斗争的反映,也是阶级斗争的一部分。

2. 关于研究哲学史学科的目的或意义

两卷本上卷是从求知的角度论述的,所以,提出了"写的历史"和客观的"历史"的一致问题。冯友兰指出"写的历史之目的在求与所写之实际相合,其价值亦视其能否做到此'信'字"。③ 由于写的历史存在史料信否的问题,研究者个人对史料的主观选择的问题;历史学既不能实验,也不能质询古人,所以,书写的历史的信否,并没有保证。哲学史与书写的哲学史的关系也是如此,而且由于哲学史只能使用文献资料,做到可信的困难尤其大,所以,"所谓写的历史及写的哲学史,亦惟须永远重写而已"。④ 关于研究哲学

---

① 冯友兰:《中国哲学史新编》,第7页。
② 冯友兰:《中国哲学史新编》,第6页。
③ 冯友兰:《中国哲学史·上卷》,《三松堂全集》第2卷,第17页。
④ 冯友兰:《中国哲学史·上卷》,《三松堂全集》第2卷,第19页。

史的目的,两卷本上卷并没有过多说明。现在冯友兰认为,哲学是时代精神的结晶,所以,研究一个民族、一个时代,必须知道其哲学;哲学史在通史中有极其重要的地位,哲学史对于研究历史也极为重要。《中国哲学史新编》滤掉了两卷本上卷的"客观主义"色彩,突出了哲学史作为阶级斗争的工具和无产阶级专政的一个环节的意义,强调科学性、党性和无产阶级利益的一致性。《中国哲学史新编》指出:"哲学史不是也不可能客观主义地处理它的对象。哲学史本身也是阶级斗争的一种工具。在阶级社会,哲学家处于一定的阶级地位,他写的哲学史必然是从他的阶级观点出发,为他的阶级利益服务。"①《中国哲学史新编》指出,哲学史必须为无产阶级利益服务。"在阶级社会中,阶级对立的否定方面是推动历史前进的动力。它总是革命的、批判的。无产阶级是有史以来的这种力量的最高峰,科学的哲学史承认这个历史事实,因此也承认唯物主义和辩证法是推动哲学和历史前进的动力。在各个历史时期的革命的、批判的思想是其时期哲学思想的主流。它根据这种精神,对于历史中各个派别的哲学思想进行批判和估价。只有这样才符合无产阶级的利益,也符合历史发展的真实情况。"②"用辩证法的方法所写出的哲学史……才合乎或者接近历史的真实。……这就是马克思主义的哲学史的科学性,它的科学性和它的党性是一致的。只有这样的哲学史才能更好地为无产阶级的事业服务,只有这样的哲学史才是无产阶级在阶级斗争中最好的武器。这样的哲学史正是资产阶级所畏惧的。"③他又指出,根据历史和逻辑统一的原则编著的哲学史,"正是我们在现在思想斗争战线上所需要的,也就是说,正是建设社会主义所需要的"。④

3. 中国哲学发展的特点

关于中国哲学史的特点,上卷指出,一是"没有为求知识而求知识者",其论证比西洋与印度哲学逊色;首尾贯串的哲学书较少。中国哲学没有把个人与宇宙、我与非我分开,没有产生我对于非我的认识问题,知识论、逻辑

---

① 冯友兰:《中国哲学史新编》第1册,第6页。
② 冯友兰:《中国哲学史新编》第1册,第6~7页。
③ 冯友兰:《中国哲学史新编》第1册,第20~21页。
④ 冯友兰:《中国哲学史新编》第1册,第26页。

学不发达。中国哲学重视人事，对于宇宙论的研究简略。二是，中国哲学虽无形式的系统，但存在实质的系统，哲学史就是要从无形式的系统中找出实质的系统。这些特点，《中国哲学史》上卷说是"弱点"。关于中国哲学史发展的阶段，《中国哲学史》分为子学与经学两个时代。子学时代至汉初统一为止；经学时代到清代。这样划分的依据是中国没有进入近代，所以没有近代哲学；子学、经学都是古代哲学。冯友兰指出，中国哲学在子学阶段尚能创新，经学则依傍子学。子学时代之特点是政治上为贵族政治，官师不分，权力财产与知识合一。孔子首先提出了有系统的思想，是中国哲学史的开山。孔子之前无哲学。春秋至汉初为一个解放的时代。这一时期政治制度、社会组织、经济制度都发生了根本改变。井田制破坏，平民兴起，商人阶级兴起，农奴及商人的经济势力增长。等级制至于消灭，汉高祖以匹夫而为天子。这种变动，除近代以来外，在历史上无可比者。变动时期，有倾向于维护旧制度者，此即孔子发端之儒家之工作；也有反对旧制度者、欲修补旧制度者、欲另立新制度者、反对一切制度者等。无论哪一方，皆须"持之有故，言之成理"，如"坚白"、"同异"等纯理论之兴趣亦起，理论化之开端，即哲学化之开始。"上古时代哲学之发达，由于当时思想言论之自由；而其思想言论之所以能自由，则因为当时为一大解放时代，一大过渡时代也。"①子学时代终结于董仲舒"罢黜百家，独尊儒术"主张的实行。冯友兰认为，秦始皇焚书，只是想统一思想，并非尽灭当时诸家学说，所以，汉初文帝时各家尚存，儒家亦于此时完备。《礼记》、《易传》有些部分即此时所著。"罢黜百家，独尊儒术"后，子学时代结束，经学开始。儒学为上所定，为利禄所引诱，春秋时期之思想自由之空气至此消亡。董仲舒统一思想之政策，即秦始皇、李斯之政策。汉至现代，中国之政治经济制度及社会组织没有发生根本改变，子学时代之思想状况，再未出现。冯友兰此处所体现的是"客观的史学家"的态度，对于秦始皇并非不顾一切地批判，实际上更多地批判了董仲舒，表明了崇尚学术自由，留恋子学的心迹。

《中国哲学史新编》在新范式下，对中国历史有了不同的认识。冯友兰

---

① 冯友兰：《中国哲学史·上卷》，《三松堂全集》第2卷，第30页。

指出,中国历史的特点是长期处于封建社会,所以中国哲学史的绝大部分是封建社会的哲学。1840 年以前的中国哲学是唯物主义的第一种形态,即朴素唯物主义,唯心主义也是直观的;辩证法是自发的,形而上学也不是与近代的自然科学相联系的。这是中国古代哲学的特点,也是其优点。冯友兰过去谈中国哲学,很少说"优点"。这里用"优点",可以认为是对作为学科的中国哲学史在当代中国地位降落的一种抗争。他引用列宁的话指出,中国古代哲学具有"素朴性、深刻性、转化—变幻,以及妙不可言的天真质朴",①如《老子》文约义丰,可以容纳多种解释,现代语言由于明晰性,反而失去了韵味。但他也指出,由于可容纳的解释的多样性,也容易导致"把古代哲学近代化,把古代哲学解释成近代哲学的样子"。② 冯友兰认为,中国没有正式进入资本主义就已经沦陷为半殖民地半封建社会,民族资产阶级十分软弱,其哲学虽然吸收了资产阶级的知识和观点,但也混杂有许多封建主义的内容。由于近代时期特别短,近代资产阶级还没有建立起自己的独立的、完整的哲学体系。

关于中国社会的阶级斗争状况,《中国哲学史新编》指出,在过去的阶级社会,社会矛盾是剥削阶级和被剥削阶级之间的矛盾。被剥削阶级包括一切劳动人民,主要是农民。他们是历史的创造者,他们向剥削阶级的斗争,是推动历史前进的真正动力。剥削阶级也分为居于统治地位和不居于统治地位两个部分,前者掌握国家政权,能够利用政权对被剥削阶级实行超经济的剥削。不占统治地位的剥削阶级对于占统治地位的剥削阶级之间经常进行反抗和斗争,他们在开始斗争的时候,往往是用全民的名义,这时他们的利益也的确与劳动人民的利益有一定的联系。阶级斗争在奴隶制社会中是从奴隶主贵族中转化过来的地主阶级和通过商业、手工业致富的地主阶级对于奴隶主阶级的斗争。新兴地主阶级利用奴隶和农民起义的果实,建立了封建社会。封建社会前期是地主阶级中分化出来的门阀士族与庶族地主阶级之间的斗争,反对门阀士族的主力是农民、手工业者和商人。唐朝利用

---

① 冯友兰:《中国哲学史新编》第 1 册,第 32 页。
② 冯友兰:《中国哲学史新编》第 1 册,第 33 页。

隋末的农民起义,取得政权。此后地主阶级又分化为豪绅官僚和一般地主,二者之间的斗争在明末农民起义以后,更加尖锐。鸦片战争后,中国社会转化为半殖民地半封建社会。中国近代资产阶级有两个来源:一是从封建官僚地主阶级转化过来的,一是从商人和小生产者转化过来的。前者和封建阶级有联系,比较保守,只要求改良,不要求革命;后者不满足于改良,而要求革命。中国近代资产阶级是软弱的,不能担负起革命的任务。农民组织了太平天国革命,但是因为没有新的阶级力量和先进政党的领导,没有得到成功。冯友兰这里是以毛泽东对农民起义的评价为标准进行评价的。他又指出:"完整的现代的辩证唯物主义,随着中国无产阶级革命的发展,也在中国生了根。中国的辩证唯物主义和辩证法观,到现代发展到了顶峰。""辩证唯物主义和历史唯物主义在中国的充分发展,成为中国革命和建设的指南和动力。"①

4. 中国哲学史的取材标准和写作方式

关于取材标准,《中国哲学史》上卷的说明更多属于技术意义。冯友兰指出:"所谓中国哲学者,即中国之某种学问或某种学问之某部分之可以西洋哲学名之者也。所谓中国哲学家,即中国某种学者,可以西洋所谓哲学家名之者也。"②古人著述中涉及哲学内容的为哲学史史料;哲学家的新"见"可以为史料,陈言不可为史料;哲学家必有中心观念,无中心观念之杂著,不可作为史料;以理智的辩论而提出者,可以为史料,片语只句不可为史料;但与一个时代之哲学有因果关系的言论,可以搜集,帮助理解哲学的时代背景;对于哲学家的叙说,"能表现其人格者,亦可为哲学史史料"。③ 关于写作方式,冯友兰在上卷中的论述仍只具有技术意义。他指出,西方哲学史多为叙述式写法,此法易于叙述哲学家之所见,但作者难与史料接触,易为哲学史家之见解所蒙蔽;与之不同的是选录式。选录式可与原来史料接触,但哲学家的见解不易系统表达。冯友兰兼用两种方式。冯友兰上述两个说明

---

① 冯友兰:《中国哲学史新编》第1册,第42页。
② 冯友兰:《三松堂全集》第2卷,第9~10页。
③ 冯友兰:《三松堂全集》第2卷,第22页。

之所以更具有技术意义,是与这门学科仍然处于形成过程相关的。在《新编》中,这类说明都没有了,更着重的是从阶级立场出发论述中国哲学史这门学科的阶级意义。冯友兰说:"在哲学战线上主要的斗争武器,是反映各个阶级利益的、以逻辑思维形式表现出来的哲学思想。哲学史就是这些思想发生、发展、相互斗争和相互转化的历史。哲学史工作的任务,主要在于从无产阶级的立场出发分析这些思想,指出它们的认识论的和阶级的根源以及它们的社会影响,由此对它们作出恰如其分的评判和估价。这是哲学史的主要内容。这种内容也决定了哲学史的范围。"[①]

　　关于中国哲学史上思想斗争的线索,《中国哲学史新编》指出,中国哲学史中的唯物主义和唯心主义的斗争,也是阶级斗争在哲学思想战线上的反映。居于统治地位的剥削阶级的思想工具是宗教和唯心主义,不占统治地位的剥削阶级在上升时期与劳动人民的利益有一定的联系,他们的知识也与生产知识有一定的联系。他们为了反抗占统治地位的阶级,需要的哲学是唯物主义。他们占据统治地位后,就不再需要唯物主义和辩证法,而是唯心主义和形而上学。中国哲学史上唯物主义和唯心主义斗争有几个高峰:战国时期,荀子是唯物主义的集大成者,庄子是唯心主义阵营的代表,荀庄是这个时期的两个主要对立面;西汉时期,董仲舒和王充是两个主要的对立面;魏晋时期是玄学和佛教,唐朝佛教到达顶峰,与此对立的是范缜和柳宗元、刘禹锡等;宋代张载代表庶族地主,对佛教和唯心主义展开批评,庶族地主阶级的政权巩固以后,其哲学思想从唯物主义向唯心主义转化,出现了程颐程颢的客观唯心主义和主观唯心主义,道学的客观唯心主义的顶峰是朱熹,主观唯心主义的顶峰是王阳明,与二者斗争的唯物主义者是王夫之,戴震完成了反对客观唯心主义的任务。"王夫之、戴震和朱熹、王守仁是中国古代哲学中最后的,也可以说是最大的对立面。"[②]

　　冯友兰指出:"哲学史所讲的是哲学战线上的唯物主义与唯心主义的斗争、辩证法和形而上学的斗争。"他根据这个标准,确立了哲学史选材的原

---

① 冯友兰:《中国哲学史新编》第 1 册,第 7~8 页。
② 冯友兰:《中国哲学史新编》第 1 册,第 40~41 页。

则。他说,"凡是直接参加哲学战线的思想讲,不是直接参加哲学战线的思想不讲";"与哲学战线直接有关的东西讲,不是直接有关的东西不讲";"在哲学战线上有代表性的成体系的思想多讲,不成体系的思想少讲";"有创新的思想多讲,没有创新的思想少讲";"哲学史中的唯物主义要多讲,唯心主义也不能少讲"。因为哲学史上的唯物主义、唯心主义并不是互不相干,平行发展的,而是既相互对立又相互依存,既相互区别又相互渗透,既相互斗争又相互转化的,所以,关键不在少讲,而在如何讲。"哲学家的阶级立场和社会作用要多讲,但他对于哲学问题的解决和辩论,也就是说,关于他的理论思维,也不能少讲";"规律要阐发,知识也要介绍"等。[1] 总体上看,冯友兰确立了在新范式下中国哲学史选材的标准。唯心主义不能少讲,唯物主义与唯心主义的转化也要讲,知识也要介绍等,都很有针对性,表现了新范式下冯友兰对哲学史理解的特色,反映了冯友兰在历次讨论中的认识。

(五) 冯友兰通史观的特点

把冯友兰、侯外庐、任继愈的哲学史加以比较,可以看出三者明显的特点。在强调哲学史是唯物与唯心、辩证法和形而上学斗争的历史,哲学史和阶级斗争的关系,哲学史研究不是单纯为知识而知识等方面,这几部哲学史是相同的。这些内容都是新范式的基本点。但在这些基本点之下,冯友兰哲学史又凸显出以下几个特点。

首先,冯友兰强调唯物与唯心的对立与转化。任继愈没有单独讨论这个问题,侯外庐则对这个问题进行了极其严格的限定。冯友兰对这个问题的论述则十分全面和深入。他指出:"哲学史中的对立面,既相互排斥、斗争,又相互统一或同一,相互依赖、联结、渗透、贯通、转化。"[2]唯物与唯心之间为何会有同一性? 冯友兰说,这是由于唯物主义和唯心主义回答的是同一个问题的缘故。他指出,人们对于唯物主义和唯心主义的相互联结、贯通和渗透就较难以理解,原因在于,首先,人们总是自觉或不自觉地抽象地、离开哲学史谈论唯物主义和唯心主义,而哲学史上的唯物主义和唯心主义都

---

[1]　冯友兰:《中国哲学史新编·自序》第1册,第3～5页。

[2]　冯友兰:《中国哲学史新编·绪言》第1册,第6页。

是具体的,没有抽象的体系,其次,人们认为唯心主义体系中只有正确的部分才与唯物主义贯通、渗透,而其中未必有正确的部分;唯物主义体系中只有错误的部分才能与唯心主义贯通渗透,而其中未必有错误的部分。冯友兰指出,这样的理解是片面的。如哲学史上儒墨相互对对方的批评,都构成了对方内容的一部分。冯友兰坦承,最难理解的是唯心主义和唯物主义的相互转化。所谓转化,是性质的变化。有人认为,承认性质的转化,容易让人觉得划不清唯物主义和唯心主义的界限,只承认唯心主义"刺激、诱发"唯物主义,其实刺激和诱发也是转化。转化还不止于此。冯友兰引用列宁关于帝国主义战争转化为民族战争的事例指出,"辩证法认为,矛盾的对立面在一定的具体条件下才可以相互转化",[1]"一个唯物主义或唯心主义的体系,在发展到一定的阶段,在一定的条件下,就可以向着它的对方转化",[2]如黑格尔哲学体系通过费尔巴哈转化为唯物主义。列宁说黑格尔哲学是"客观唯心主义转化为唯物主义的'前夜'"。马克思在《资本论》中说,把黑格尔的辩证法"顺过来",费尔巴哈也是把黑格尔"顺过来"。冯友兰指出:"所谓'顺过来'并不是简单的事情。其中有一个批判、改造的过程。批判改造是斗争,但是也有转化的一面。"[3]冯友兰认为,马克思在《神圣家族》中说费尔巴哈"完成"(vollendete)了黑格尔哲学,中文本把"完成"译作"结束",不恰当,"完成"更能说明是黑格尔哲学的"转化"。对于费尔巴哈的完成,冯友兰说,这是"黑格尔的哲学,由其自身的发展而转化为它的对立面"。[4] 冯友兰指出,黑格尔哲学"给后来唯物主义的发展创造了有利的条件。就整个哲学史的发展来说,这就是唯心主义的内部发展,使其自己向其对立面转化,好像资产阶级在其发展过程中,同时也产生了他自己的掘墓人"。[5] 冯友兰强调,所谓"转化",不是黑格尔体系内部唯物主义因素的转化,而是整个客观唯心主义体系的转化;"所谓对立面的转化,只有就整个体系说,才有

---

[1]　冯友兰:《中国哲学史新编·绪言》第1册,第11页。
[2]　冯友兰:《中国哲学史新编·绪言》第1册,第12页。
[3]　冯友兰:《中国哲学史新编·绪言》第1册,第13~14页。
[4]　冯友兰:《中国哲学史新编·绪言》第1册,第14页。
[5]　冯友兰:《中国哲学史新编·绪言》第1册,第16~17页。

意义",①仅仅是体系内唯物主义因素的发展,那就只是量的变化而不是质的变化,其实是否认转化。冯友兰最后指出:"对立面的转化是斗争的结果,没有斗争就没有转化。所以在对立面之间斗争是绝对的,转化是相对的。"②冯友兰也以中国哲学史为例说明了"转化"。他指出,对立面的斗争过程也是对立面的转化过程。唯物主义发展到当时的顶峰,唯心主义就会被迫承认其中的一些命题,"加以歪曲和改造,使适应自己的唯心主义体系,同时又以新的形式提出新的问题,从这些问题中得出唯心主义的结论,跟这种新形式的唯心主义相对立的唯物主义思想又以这些新问题为基础,把唯物主义思想提高一层,推进一步"。③ 董仲舒利用"气"提出天人感应,这是唯物主义向唯心主义转化;朱熹建立了以理气为范畴的体系,王夫之以理气为中心,建立了唯物主义的体系,这是唯心主义向唯物主义转化的一个例子。唯心主义和唯物主义的"斗争和转化不是两条互不相干的平行线,而是纠缠在一起的一个整体的过程"。④

　　冯友兰哲学史观的第二个特点是强调"逻辑和历史的统一"。这个内容是同时期侯外庐和任继愈哲学史都没有涉及的。他指出,"事物的发展,照逻辑说,是通过矛盾对立面的斗争和统一,否定之否定规律,而进行的";"这里所说的逻辑,就是辩证逻辑,也就是事物发展的客观规律";⑤"历史过程的必然性和一定辩证法的规律,是逻辑的东西。历史实际的过程是历史的东西,这两种东西是一致的"。⑥ 在冯友兰看来,历史和逻辑的统一是矛盾的统一,一般表现于个别之中,历史的必然性只能在偶然的堆积中表现出来。历史科学和其他社会科学不同,历史科学不能摆脱偶然性的东西,而是要通过对个别的、偶然的东西的叙述和分析,发现规律,并以生动活泼的形式表现历史的规律,否则历史学就不是历史学而是历史唯物主义了。哲学

---

① 冯友兰:《中国哲学史新编·绪言》第1册,第17页。
② 冯友兰:《中国哲学史新编·绪言》第1册,第18页。
③ 冯友兰:《中国哲学史新编·绪言》第1册,第41页。
④ 冯友兰:《中国哲学史新编·绪言》第1册,第41页。
⑤ 冯友兰:《中国哲学史新编·绪言》第1册,第23页。
⑥ 冯友兰:《中国哲学史新编·绪言》第1册,第24页。

史的规律是唯物主义和唯心主义、辩证法和形而上学的斗争与统一,这个规律在不同的民族有不同的表现形式,"必须通过这些内容和形式,这个根本原则才可以充分地表现出来,才可以更好地了解这个规律的意义,更好地认识马克思主义哲学史的方法和原则的正确性"。① 在《从〈周易〉研究谈到一些哲学史的方法论问题》中,冯友兰已经接触到这个问题了。冯友兰这个认识是很深刻的,也是很有针对性的,他的意图是想防止把哲学史简单化和教条化。不过,他的这个意图并未被当时的学术界所认识。历史和逻辑统一的原则对于哲学史的意义直到 20 世纪 80 年代才被学术界广泛接受。

冯友兰哲学史观第三个特点是强调观点和材料的统一。这不仅是任继愈和侯外庐哲学史所没有谈到的,也是被当时学界误解的问题。冯友兰指出,历史学既要有正确的观点,又必须有充分的资料,二者是统一的。"在阶级社会中,任何历史资料都是某一阶级的人的产物,也必然带有他的阶级的烙印。任何历史家都为一定的阶级服务。他所写的历史,都是从他的阶级的观点处理资料,利用资料发挥他自己的阶级的观点,为他自己的阶级服务。"②资产阶级的客观主义说资料没有观点,其实正是依靠此来发挥他们的资产阶级的观点。工人阶级的历史学的党性和科学性是统一的,冯友兰借用刘知几的"史才"、"史识"、"史学"和章学诚的"史德"概念,说明了无产阶级对这几项的要求。史才是明白晓畅地叙事说理,史识是掌握辩证唯物主义和历史唯物主义,对历史上的事情作深刻分析和正确判断,看出历史发展的规律,史德"是历史学家对于工人阶级的忠实品质",史学就是掌握丰富的资料。冯友兰说:"只有根据充分的史料,才可以认识历史的发展的曲折复杂的过程。历史唯物主义的理论和原则,永远是我们的方法和指南,但不是预先提出来的一个结论,只等待我们用历史的事实加以说明,也不是一个预先布置好的一个框子,只等待我们把历史的事实填放进去。它一方面是资料的统帅,一方面又有待于资料把它形成。"③

---

① 冯友兰:《中国哲学史新编·绪言》第 1 册,第 26 页。
② 冯友兰:《中国哲学史新编·绪言》第 1 册,第 26～27 页。
③ 冯友兰:《中国哲学史新编》第 1 册,第 29 页。

历史进入 20 世纪 80 年代,冯友兰 60 年代所论述的"观点和资料的统一",尤其是"逻辑与历史的统一"的原则,才成为学术界反思解放以来中国哲学史研究后的重要指导原则,不少新的哲学史通史都把这一马克思主义原则作为哲学史编写的指导。由此可见,冯友兰的论述是十分有前瞻性的。冯友兰所煞费苦心坚持和论证的唯心主义和唯物主义的转化,实际上是通过对于唯物主义的意义来确定唯心主义的价值,从而促使人们全面地认识和客观地评价唯心主义,避免片面、狭隘地认为全部的哲学史仅仅是唯物主义的历史,由此进一步确立完整的哲学史的价值、哲学史学科的价值以至于哲学史研究者的存在的价值,使中国哲学与文化获得生命力、"活起来"。这层深意,涵摄知识和存在的同构,殊难领会。领会它需要理性的成熟,这正是冯友兰、贺麟等人 1949 年以后所有哲学史论述所呼唤的。

(六) 两卷本《中国哲学史》和《中国哲学史新编》孟子研究的比较

1.《中国哲学史》上卷第六章"孟子及儒家中之孟学"的特点分析

(1) 关于写作方式上的特点　第一,两卷本引文甚多,部分章节引文分量超出论述分量。虽然冯友兰曾经说在写作方式上叙述式和选录式兼用,但选录仍显过多,介乎学案体和评述体之间。这可能是由于哲学史研究中消化古人的任务还没有完成的缘故;另外,也可能是作为初创的学科,其史料范围一般人并不了解,所以须用史料标出哲学史的范围。第二,两卷本一些"注释"其实属于论述的一部分,不必以注释的形式出现。第三,两卷本引文都比较详细地说明了使用的版本、页码,这与现今引古人著作只说篇目,不说版本与页码大不相同。冯友兰的做法更为符合学术规范,这可能是在美国养成的习惯。第四,两卷本整篇洋溢着赞许和褒扬的态度,尤其是不以评论结尾,而以引用孟子的话结尾,更是凸显了此态度。

(2) 正文主要观点的特点分析　两卷本上卷第六章正文分为六个部分:"孟子之抱负及其在中国历史中之地位"、"孟子对于周制之态度"、"孟子之理想的政治及经济制度"、"性善"、"孟子反功利"、"天,性,及浩然之气"。

在第一部分,冯友兰认为,孟子、荀卿为孔子之后儒学之大师,孔子类似苏格拉底,孟子类似柏拉图,荀子类似亚里士多德。孟子的志向为"继孔子之业为自己之责任,无旁贷也。故曰'如欲平治天下,当今之世,舍我其谁哉?'又曰:'乃所愿则学孔子也。'宋儒所谓道统之说,孟子似持之"。① 在第二部分,冯友兰认为,孟子对于周制的态度,"为守旧的"。在第三部分,冯友兰认为,孟子在政治经济上的根本观点与过去不同,传统上强调一切政治制度"皆完全为贵族所设"。依孟子之观点,则一切"政治的经济的制度,君亦为民设"。"此一切皆为民设之观点,乃孟子政治及社会哲学之根本意思"。孟子把孔子的"正名"用到君主身上,认为不能得到百姓拥护的君主不是君主,是独夫,人人可得而诛之。关于君子、野人或治人者与治于人者,冯友兰认为,孟子对二者的区分完全是基于分工互助的目的,根据分工互助的原则,提出治理国家的必须是大德大贤;所谓天子,必须是圣人才能担当。这和柏拉图的《理想国》极其相似,但因为儒家依附周制宗奉文王,所以对于"继世而有天下"也不攻击,形成矛盾。孟子的理想的经济制度是井田制,即土地国有,分给各家耕种,各家助耕公田,如同纳税,类似于社会主义性质。冯友兰认为,孟子的井田制是为了人民的利益,古代不必完全实行,也不必完全是孟子创造,而是孟子对于周制的新解释。孟子还提出了王霸之辨的观点,王制均系为民,民皆从而悦之,霸政则系用武力迫使人服。第四部分为关于孟子的仁政思想。冯友兰指出,孟子主张的仁政是基于"人皆有不忍人之心"的善性,将此心推及政治,便是仁政。孔子的忠恕限于个人修养,孟子则将其推及到政治及社会哲学。所谓人性善,只是说人性有仁、义、礼、智四个善"端",扩而充之,可以为善。人为什么要扩充善端? 主张功利主义的墨子会认为有利于社会,而孟子则认为人必须扩充此善端乃是"人之所以为人也",是人异于禽兽的理性所在。仁为人心,义为人路,人若不居仁由义,就与禽兽无异。此四端表现在社会,就是人伦。冯友兰认为,孟子对于杨朱、墨翟的批判也不是随意谩骂。亚里士多德认为,人是政治的动物,必须有国家社会,人性才能充分发展,否则人不成为人。儒家的人须有君父,也是此意。孟子重视个人的自由,对于不合之礼可以革去;把个人判断的权威,放在世俗所谓的礼仪之上。孔子注重个人的性情的自由,但又注重人的行为的外部规范,孟子则注重个人性情之自由。关于孟子与告子的辩论,冯

---

① 冯友兰:《三松堂全集》第2卷,第110页。

友兰论述不多,认为告子所言,非人之所以为人者,不是仁义,乃是人的禽兽之性。第五部分为关于孟子反功利思想。冯友兰认为从第四部分就可以看出其原因。人尽四端之性,不是因为它有利,而是为了尽人之所以为人者。但是,孟子对于义利之辩言之未详,亦未区别公利与私利。关于厚葬,墨子反对儒家厚葬是从功利主义出发,认为太浪费,孟子则认为厚葬是为了"尽于人心"。慎终追远,民德归厚,这是儒家的精神。第六部分为关于天性及浩然之气的思想。冯友兰指出,孟子所谓性善得于天,是性善说的形而上学根据,心为人之大体,尽心便能知性、知天,"上下与天地同流","万物皆备于我"。冯友兰认为,同流皆备之说,颇有神秘主义的色彩。所谓神秘主义,就是万物一体的境界,个人与宇宙合而为一,人我内外之分俱已消失。在中国哲学中,庄子和孟子都"以神秘主义为最高境界,以神秘经验为个人修养之最高成就",但二家达到此境界的目的和途径不同。道家是"以纯粹经验忘我",儒家是以"'爱之事业'去私",如所谓"强恕而行,求仁莫近焉"、"反身而诚"等。孟子的"浩然之气",就是个人在最高境界中的精神状态。需要指出的是,冯友兰在《中国哲学史》中对于神秘境界并不十分赞赏。他赞赏神秘境界是以后的事情。

2.《中国哲学史新编》孟子章的特点

《中国哲学史新编》论及孟子是在第八章,题目为"孟子——儒家哲学思想向唯心主义的发展",内容分为七节。其观点的特点分析大致如下。

(1)阶级分析与政治观　第一节为"孟子的政治思想"。此前为孟子简介,首先是孟子的生卒年月与志向,言其"志愿很大,自负甚高"。其次为时代背景方面的阶级分析,指出在如何使中国封建化的方法上出现了"儒家和法家两派"的尖锐斗争。这一提法值得注意,它表明了在新范式下"儒法斗争"概念出现的逻辑必然性。冯友兰认为,儒家代表的是从旧奴隶主贵族转化过来的地主阶级的保守派,主张采用温和说教的妥协的方法统一中国,孟子即此派的代表;法家代表的是新兴地主阶级中的激进派,主张通过兼并战争打击旧势力,实现封建制的变革和中国的统一。第三,指出孟子把孔子的哲学思想发展为更为明确的唯心主义,把孔子的政治思想向右的方面发展了。冯友兰的一个结论值得商榷,孟子与孔子比其实是向左了。孟子主张革命,也不再尊崇周室。对于孟子的革命思想,冯友兰没有给予适当的论述和恰如其分的评价。孟子代表从"旧贵族转化过来的新兴的地主阶级"这个词非常拗口,里面包含有思想分界的模糊与无奈。为了表现出对于古人的不苟同与批评,不得不来回寻求支撑:进步,但不彻底;反对旧势力,却不坚决;主张统一,又要采取和平的手段。这几个对立中,前者被认为是革命派的特点,即新兴地主阶级的特点;后者则是保守派的特点,即旧贵族的特点。其实,在我们看来,孟子更具有人民性,符合革命的价值观。但是无产阶级革命的价值观肯定的是激进的革命,不是妥协改良式的革命,所以,在冯友兰的《中国哲学史新编》中,法家得到了更多的赞扬。

　　关于孟子的政治思想,《中国哲学史新编》指出,孟子在政治上是保守的,主张保存某些旧的社会政治制度,如天子、诸侯、社稷等,反对法家的变法,把保存旧框子和实现自己的新的政治理想结合起来。但是,和孔子不同的是,他把旧制度和体现这些制度的具体世族和人物区别开来,认为人是可以变的,无论谁,只要能够实行仁政,就可以"王天下",所以,他不再提周天子。他认为,天子也不过是社会中的一个职位,并不是天下的政治经济上的最高所有者,天子必须有德,是圣人,最好的政治制度是禅让,以禅让得天下的君主被接受,要看"天与"、"人与",即关键在于人民是否拥护。天的意志体现在人民的意志之中。国君如果暴虐,人民就可以推翻他。孟子主张尚贤,认为贤者不是要当家臣,而是必须掌握政权;治国需要专家。不过,孟子对于旧贵族旧势力,还是有所让步。他充分认识到了人民的力量,主张统治者减轻剥削,缓和阶级矛盾,巩固自己的统治地位。孟子认为,人民是最重要的因素,得天下的关键在于得民心,统一天下主要靠民心,而不是靠战争。孟子反对战争,表现了害怕进行激烈斗争的改良主义观点。冯友兰认为,孟子强调王霸之辨,但两者实际上是统治阶级对付人民的两手。王道是感化;霸道是暴力。王道比霸道更具有欺骗性,使劳动人民"心悦诚服",甘心接受统治和剥削。① 不过,孟子的思想还是从"对于人的重要的认识出发。这种

─────────────

　　① "文革"期间这种人物评价方式达到极端,诸如此类的还有"越是清官越反动",等等。的确,如果从促成革命的目的上看,这类评价在逻辑上也是很一贯、很"一根筋"的。因为清官延误了革命的进程,甚至取消了革命的必要性,不如贪官暴吏更容易激起革命,当然就更加反动了。民族理性之片面性由此可见一斑。

认识还是春秋以来的社会思想的一个进步的潮流"。在具体论述中,冯友兰对于孟子的评价比评价部分的评价实际上要高,这可能表现了他的矛盾心理。在此前的《论孟子》一文中,①这一部分的题目为"孟子'民为贵'的政治思想"。《中国哲学史新编》把"民为贵"从标题中去掉,可能是要进一步压低对孟子的评价,以符合时政要求。

(2) 孟子的社会思想及其幻想的社会经济制度　冯友兰指出,孟子主张仁政,认为百姓有恒产,才能有恒心,这种思想具有初步的唯物主义意义。为了让劳动人民达到一定的经济水平,孟子主张实行井田。商鞅主张废井田,开阡陌,土地私有,自由买卖,孟子主张保存"经界"、"世禄"。冯友兰认为,商鞅代表从工商业以及小生产者转化过来的地主阶级,孟子代表从奴隶主贵族转化过来的地主阶级;和商鞅相比,孟子是右倾的、保守的、开倒车的。但是孟子所说的井田是封建的生产关系,他所说的世禄世卿是封建贵族,不是奴隶主贵族;农民耕种公田类似于劳役地租。孟子的井田制实际上是他为地主阶级创造的幻想;企图既要保持封建的生产关系,又要摆脱这种生产关系所具有的阶级矛盾。封建地主阶级承认劳动人民是"不会说话的工具,在一定程度上,承认他们是人",除了自身的需要外,还有"仰事"、"俯畜"的需要,要求劳动人民学习"礼义"。孟子通过"通功易事"的社会分工,统治阶级和被统治阶级、剥削阶级和被剥削阶级的阶级对立是合理的,是永恒的,企图为剥削阶级的存在寻找理论根据,暴露了孟子的阶级本质。但是,孟子在理论上承认人都是人,只是由于分工才产生区别和对立,表现了对人的重视。

其实,既然孟子主张封建的生产关系,那就不能说他"开倒车"了,只是不如商鞅更加激进而已。关于孟子的"右倾、保守、开倒车的"评价,在《论孟子》中只有"保守"和"开倒车",没有"右倾"。关于孟子的社会理想,两卷本《中国哲学史》说具有社会主义的性质,在《论孟子》中,冯友兰把"社会主义"改成了"社家",②但什么是"社家",他并没有说明;到《中国哲学史新编》,则

---

① 冯友兰:《三松堂全集》第 12 卷,第 373 页。
② 冯友兰:《三松堂全集》第 12 卷,第 379 页。

又改成了"社会经济制度"。

（3）孟子关于"仁"的理论　冯友兰指出，孟子的王道也叫"仁政"，其根源是统治阶级的"仁"，即"不忍人之心"。孟子把孔子的忠恕推广到政治及社会哲学。孟子以"忠恕之道"为超阶级的，"这完全是一种幻想"；他认为只要统治阶级从"仁"出发，实行忠恕之道，就可以实现仁政，也是典型的唯心主义理论，和法家的从实际出发的政治、经济思想形成鲜明对比，"这也是唯物主义和唯心主义斗争的一种表现"。孟子的理论引起劳动人民对于统治阶级的幻想，起着麻痹作用。不过，冯友兰又指出，孔子和孟子的仁和忠恕之道是以"普遍的形式"提出来的，"有自我意识和人与人之间平等的涵义"，[①]在反对奴隶制的过程中具有一定的进步意义。孟子的"仁人心也"和"义人路也"就是人的类意识和类行为。孟子的"仁"仍然具有阶级性，由于亲亲的原则，推己及人也有以建立在血缘的基础之上的宗法为根据的局限性；宗法制度是孟子所要保存的旧框子之一。

（4）孟子的人性论和伦理思想　冯友兰指出，孟子以"性善"的人性论作为"仁"的思想根据，以此来说明"人的本质的统一"。性善是说每人都有成为圣人的善端。因此，人人是平等的。孟子的人性论是抽象的，但这也是由奴隶主贵族转化的地主阶级所要求的社会关系的总和，孟子称之为人伦，人伦植根于人的本性。冯友兰认为，四端中"仁"是最根本的，表现了孟子对于人的社会性的认识，但是孟子没有认识到"人的社会性是寓于阶级性之中的，社会性和阶级性是分不开的"。孟子距杨墨，"距杨"是地主阶级在上升阶段打击没落的奴隶主贵族的反映，"距墨"则是反动的，"是地主阶级要保存宗法制度以维持自己的统治的反映"。对于"仁者爱人"，儒墨有不同的回答。儒家认为这是人的本性，是人异于禽兽者；墨家认为这符合国家百姓人民的利益。墨子主张薄葬短丧、论述国家的起源，也都是出于功利主义的目的。儒家重视动机，认为动机和效果是对立的；墨家重视效果。儒家是唯心主义的，墨家是唯物主义的，两者在伦理学上的斗争是当时唯物主义和唯心主义两条路线斗争的一部分。

---

① 冯友兰：《中国哲学史新编》第 1 册，第 215 页。

（5）孟子的主观唯心主义和神秘主义哲学思想 冯友兰指出,孟子从仁政的学说、仁的理论以及抽象的人性论和动机论出发,最终导入了主观唯心主义和神秘主义的世界观,反映了与旧世界有密切联系的新兴地主阶级在政治上的软弱和妥协。孟子的性善论是以他的主观唯心主义和神秘论思想为基础的。孟子继承了孔子的思想,并有所发展。孟子强调"觉",即人类的自觉,认为人应该首先追求内在精神生活,幻想通过内心的改造达到对于客观世界的改造,又明确地认为人的道德属性也是自然界的属性,把人的本质说成是"天"的本质,完全陷入了唯心主义。所谓仁义礼智四德和君臣父子等五伦是封建社会秩序的基本支柱,孟子把这些说成是"天"所固有的,人性所固有的,是要求被剥削阶级永远安于被统治被剥削的地位,显然是为剥削阶级服务的。不过,孔子认为人需要有一个自觉的世界观,在人类意识史上是人类自觉的表现,孟子把具有这种世界观的人的精神状态叫做"浩然之气"。他认为自觉其行为正义,行无不慊于心,就可以理直气壮,一往无前。冯友兰认为,孔孟的哲学思想"反映了当时对于人的重视的进步的社会趋势,集中表现了人的自觉。这在当时是和历史的发展相符合的",[①]他们觉得他们的行为是正义的,也有一定的根据。抽象地说,这是正确的,但是"正义"也有阶级性,以剥削为基础的"正义",不是真正的正义;作为剥削阶级的一分子,孟子认为剥削制度是合理的,合乎普遍的公理和永恒的真理。总之,在关于"仁"的思想等部分,冯友兰用"普遍性形式"的概念,突出了孟子关于人与人的平等、人的自觉等思想。

（6）孟子关于"时"、"中"的理论 本节在《论孟子》一文中的题目为"孟子思想中的辩证法因素"。冯友兰指出,孟子哲学体系中有三个具有辩证法因素的范畴:"时"、"中"、"权"。无可无不可、言不必信、行不必果,唯义所适都是"时"的表现;在过与不及之间,孟子主张"执中",但是,执中必须有"权",没有一定的权变,执中就成为"执一",即固执一端而不能灵活。"权"的反面是"经","经"是封建社会的根本原则,"经"是主要的,在应用上的变通,即为权。

---

① 冯友兰:《中国哲学史新编》第1册,第230页。

（7）孟子在中国历史中的地位　冯友兰指出，孔子的哲学强调了对于人的重视，孟子继承了孔子的这方面的思想，但发展过了头，认为"自己的心就是天的心，这是孟子的主观唯心主义的核心"，成为他的主观唯心主义认识论的根源。孟子是中国哲学史上第一个大唯心主义者，他的唯心主义是在上述认识论基础上建立起来的明确的体系。孔孟的思想，是适合封建统治阶级的需要的，所以，后来孔子被称为"圣人"，孟子被称为"亚圣"。

3. 两卷本《中国哲学史》、《中国哲学史新编》"孟子章"研究比较表

两卷本《中国哲学史》、《中国哲学史新编》"孟子章"研究比较		
出处　　项目	《中国哲学史》上卷，第六章孟子及儒家中之孟学	《中国哲学史新编》第1册，第八章孟子——儒家哲学思想向唯心主义的发展
所涉及问题	民为贵、井田、仁义、仁政、王霸、义利、性善、万物皆备	
篇幅与章节	6节，约8 000字	7节，约26 000字
	一、孟子之抱负及其在中国历史中之地位 二、孟子对于周制之态度 三、孟子之理想的政治及经济制度 四、性善 五、孟子反功利 六、天，性及浩然之气	一、孟子的政治思想 二、孟子的社会思想及其幻想的社会经济制度 三、孟子关于"仁"的理论 四、孟子的人性论和伦理思想 五、孟子的主观唯心主义和神秘主义哲学思想 六、孟子关于"时"、"中"的理论 七、孟子在中国历史中的地位
方法论	新实在论，逻辑、概念分析。	阶级分析，唯物与唯心、辩证法与形而上学斗争史。
阶级分析	无。	奴隶主贵族转化过来的地主阶级；新兴地主阶级保守派。
人物评价	邹鲁之士、缙绅先生；以学显于当世的大儒，气象高明亢爽，如柏拉图在西方哲学史上的地位。未提"亚圣"。	把孔子的哲学思想发展为更为明确的唯心主义，继承了孔子的政治事业，但就时代来说，保守的方面更加突出，把孔子的学说向右的方面发展了。中国哲学史上第一个大唯心主义者、亚圣。

两卷本《中国哲学史》、《中国哲学史新编》"孟子章"研究比较		
政治态度	对于"传统的制度,大端仍持拥护态度";"对于当时之传统的制度之态度,为守旧的"。	反对法家通过暴力和兼并战争实现国家的统一,主张采取温和的说教和妥协完成统一。
关于经典	以自己的意见自由地解释《诗》、《书》。	无论述。
理想之政治制度	"一切政治上经济上之制度……皆为民设";"一切皆为民设之观点,乃孟子政治及社会哲学之根本意思";"君亦为民设";开启王霸之辩。仁政的基础是"善推其所为",即忠恕。孔子之忠恕多为个人之修养之内胜,孟子将其推及社会政治之外王。	"王道"和"霸道"是统治阶级针对人民的两手,王道是感化,霸道是暴力,王道比霸道更具有欺骗性,使劳动人民"心悦诚服",甘心接受统治和剥削;不过,孟子的思想还是从"对于人的重要的认识出发。这种认识还是春秋以来的社会思想的一个进步的潮流"。
民为贵	君为民所设,君不得丘民,则为非君。	无论述。
劳心与劳力	"此区分完全是以分工互助为目的"。乱世,则人人竞争,与互助之原则不合。依据互助原则,治国者必须是专家,圣人居于天子之位,实行禅让。	孟子通过"通功易事"的社会分工,证明统治阶级和被统治阶级、剥削阶级和被剥削阶级的阶级对立是合理的,是永恒的,在一定的历史阶段是必要的。孟子企图为剥削阶级的存在寻找理论根据,暴露了孟子的阶级本质。
理想之经济制度	井田制。但非旧有的土地为贵族所有,而是为国家所有,百姓受土地与国家自由耕种,此将井田制"转变为含有社会主义的经济制度"。孟子之井田制,非古代已实行,亦非完全为理想。孟子乃以平民之观点,与周制以新解是新意义。予民恒产,实行教育,由此完成王道。	幻想的社会经济制度。孟子主张仁政,百姓有恒产,才能有恒心,这种思想具有初步的唯物主义意义。为了让劳动人民达到一定的经济水平,主张实行井田。商鞅主张废井田、开阡陌,土地私有,自由买卖,孟子主张保存"经界"、"世禄"。商鞅代表从工商业以及小生产者转化过来的地主阶级,孟子代表从奴隶主贵族转化过来的地主阶级。和商鞅相比,孟子是右倾的、保守的、开倒车的。但是孟子所说的井田是封建的生产关系,他所说的世禄世卿是封建贵族,不是奴隶主贵族;农民耕种公田类似于劳役地租。孟子的井田制实际上是他为地主阶级创造的幻想;企图保持封建的生产关系,但又要摆脱这种生产关系所具有的阶级矛盾。

两卷本《中国哲学史》、《中国哲学史新编》孟子章研究比较		
性善	人有四端,扩充之则为圣人;人之不善是其不扩充,非性与人殊。人之所以必须扩充善端,乃是因为这是"人之所以为人者",是人异于禽兽者。人"心之官则思",所好者为义理。	人性论的提出,表现了人的自觉。人伦即人的社会性;社会性寓于阶级性之中。孟子的人性论是抽象的人性论,其伦理思想是唯心主义。
距杨墨	孟子对于杨墨无父无君的指责,非随意谩骂。人性要充分发展,就必须有社会国家,此即儒家君父之义。性乃人性,非一般之性。告子之性为一般之性,非人性。	孟子距杨墨。"距杨"是地主阶级在上升阶段打击没落的奴隶主贵族的反映,"距墨"则是反动的,是地主阶级要保存宗法制度以维持自己的统治的反映。告子主张人类的道德是后天的,从教育得来的观点是唯物主义的,孟子反对告子,是当时唯物主义与唯心主义两条路线斗争的一部分。
仁、义	未辟专章论述。	孟子承认"忠恕之道"是超阶级的,是典型的唯心主义理论,和法家的从实际出发的政治、经济思想形成鲜明对比,"这也是唯物主义和唯心主义斗争的一种表现"。孟子的理论引起劳动人民对于统治阶级的幻想,起着麻痹作用。仁是人的本质的统一;孟子的仁和忠恕之道是以"普遍的形式"提出来的,有自我意识和人人平等的涵义,"仁人心也"和"义人路也"是人的类意识和类行为;在反对奴隶制的过程中具有一定的进步意义;也有以建立在血缘的基础之上的宗法为根据的局限性。宗法制度是孟子所要保存的旧框子之一。
自由	孟子"注重个人之自由","注重于个人性情之自由",把个人道德判断的权威,放在世俗之上,认为人可以革去不合时宜之理。	无论述。未出现"自由"字样。

两卷本《中国哲学史》、《中国哲学史新编》孟子章研究比较		
义利之辨	扩充四端虽有利于社会,但此乃附带之结果,扩充只是为了尽"人之所以为人者"。如丧葬,孟子主张"尽于人心",非为功利,"此儒家之精神也"。孟子对于义利之辩言之未详,亦未区别公利与私利。	儒家重视动机,认为动机和效果是对立的,墨家重视效果。儒家是唯心主义的,墨家是唯物主义的,两者在伦理学上的斗争是当时唯物主义和唯心主义两条路线斗争的一部分。
天	天:"主宰之天"、"命运之天"、"义理之天"。性善乃人得之于天,此为性善之形而上根据。	无论述。
神秘主义与浩然之气	万物皆备、与万物为一体,与宇宙合一。方法为"强恕而行"、"反身而诚",达到与万物为一体。浩然之气即个人在最高境界中的精神状态。 按:冯友兰论述神秘主义,虽似客观,实则并不十分赞成。在他看来,盖神秘主义、"心"与"良知",皆不科学之虚幻物也。他早年倾向美国哲学的特点,重实证,不尚虚幻。	强调"觉",即人类的自觉,认为人应该首先追求内在精神生活,幻想通过内心的改造达到对于客观世界的改造,又明确地认为人的道德属性也是自然界的属性,把人的本质说成是'天'的本质,完全陷入了唯心主义。仁义礼智四德和君臣父子五伦是封建社会的秩序的基本支柱,孟子把这些说成是"天"所固有的,人性所固有的,是要求被剥削阶级永远安于被统治被剥削的地位,孟子的这些唯心主义思想显然是为剥削阶级服务的。孔子和孟子的哲学反映了当时对于人的重视和进步的社会趋势,集中表现了人的自觉,与历史的发展相符合。他们自觉他们的行为是正义的,也有一定的根据。但是"正义"也有阶级性,以剥削为基础的"正义",不是真正的正义;孟子认为剥削制度是合理的,合乎普遍的公理和永恒的真理。最终导入了主观唯心主义和神秘主义的世界观,反映了与旧世界有密切联系的新兴地主阶级在政治上的软弱和妥协。 未言浩然之气为神秘主义,只是说其为精神性的气。

续　表

两卷本《中国哲学史》、《中国哲学史新编》孟子章研究比较		
辩证法因素	无论述。	孟子哲学体系中有三个具有辩证法因素的范畴:"时"、"经"、"权"。
历史地位与评价	见前。	孔子哲学强调了对于人的重视,孟子继承了孔子的这方面的思想,但发展过了头,认为"自己的心就是天的心,这是孟子的主观唯心主义的核心",成为他的主观唯心主义认识论的根源。孟子是中国哲学史上第一个大唯心主义者,他的唯心主义是在上述认识论基础上建立起来的明确的体系。孔孟的思想,适合封建统治阶级的需要,孔子成为圣人,孟子成为"亚圣"。 对于历史不能一笔勾销,而要从中剥取具有价值的成果。

(七) 学界对《中国哲学史新编》的批评与冯友兰的回应

《中国哲学史新编》(第一、二册)出版以后,引起了学术界的评论。汤一介、孙长江、杨工对《中国哲学史新编》提出了批评。批评主要集中在新范式的运用上,即是否坚决地贯彻了"斗争史观",是否正确地运用了阶级分析,是否严格地坚持了哲学的党性原则,是否得当地运用了经典作家的论述等。冯友兰对于这些批评作了回答。

1. 斗争史观的贯彻和哲学史研究中党性原则的坚持

汤一介、孙长江认为,《中国哲学史新编》没有把唯物主义和唯心主义的斗争作为哲学史的规律,而是把两者的"转化"作为中国哲学思想发展的基本线索和规律来看待。如先秦儒家从孔子经孟子到荀子,经历了从唯心主义向唯物主义的转化;道家从老子到庄子经历了从唯物主义到唯心主义的转化。① 这是脱离了斗争性谈同一性的。毛泽东同志早已指出:"有条件的

---

① 汤一介、孙长江:《读冯友兰著〈中国哲学史新编〉(第 1 册)》,《教学与研究》,1963 年第 1 期,第 59 页。

相对的同一性和无条件的绝对的斗争性相结合,构成了一切事物的矛盾运动。"冯友兰把斗争性和统一性同等看待,没有看到两个阵营的斗争,如没有论述荀子是在与唯心主义经过什么样的斗争的基础上形成唯物主义思想的,所以,把"唯物主义和唯心主义之间的转化看成只是某一学派(如儒家、道家)自身逻辑发展的必然结果",割断了这一发展和思想斗争、阶级斗争的关系。① 他们认为,冯友兰之所以没有把唯物主义和唯心主义的斗争作为规律,是因为他仍然囿于"六家"的分法,在这一框架下研究唯物主义和唯心主义的发展,就不得不强调二者的转化。

关于哲学史研究的党性原则问题,汤一介、孙长江认为,日丹诺夫的哲学史定义强调了唯物主义思想在哲学史发展中的主导地位,列宁也强调哲学史的党派斗争。"《中国哲学史新编》贬低了唯物主义,抬高了唯心主义",②如认为庄子哲学是先秦唯心主义发展的顶峰,"唯心主义发展的顶峰也就是向唯物主义转化的'前夜'"。在《中国哲学史新编》中看不到唯物主义如何继承以前的唯物主义思想,"而是唯物主义如何由唯心主义转化过来,又如何向唯心主义转化去";"唯物主义对于唯心主义的继承却是有规律性的,甚至是无条件的"。如对于荀子的唯物主义,只说明了孔孟荀是如何围绕"天"的问题,由唯心主义转向唯物主义,"这就是说,唯物主义必然的从唯心主义转化而来,却不是必然的发展以前的唯物主义"。"《中国哲学史新编》有些地方离开了'哲学的基本问题'来划分唯物主义和唯心主义。"如说孔子的自然观倾向于唯心主义,却没有从物质和意识的关系上提供任何说明;说孔子的"仁"不只是一种道德,还是一种世界观。可是,《新编》又说孔子思想在当时起进步作用的不是他的自然观,而是"仁"的思想,显然,"仁"又不包括自然观。那么,"仁"还是"世界观"吗?汤一介、孙长江认为,《中国哲学史新编》其实还是用"六家"的分法代替"哲学思想的党派性分析";"'六家'是不科学的,它还没有揭露哲学思想的党派性"。同一家内的唯物主义

---

① 汤一介、孙长江:《读冯友兰著〈中国哲学史新编〉(第1册)》,《教学与研究》,1963年第1期,第60页。

② 汤一介、孙长江:《读冯友兰著〈中国哲学史新编〉(第1册)》,《教学与研究》,1963年第2期,第59页。

和唯心主义哲学家之间,其联系和对立哪个更为根本? 如果对立更为根本,就必须打破六家的界限分析哲学的党派性;如果说联系更为根本,那就取消了唯物主义和唯心主义的对立,取消了哲学的党性,"这当然是我们所不能同意的"。总之,"六家"的说法是不科学的,必须把哲学史研究推进到"对先秦诸子的哲学思想作出阶级分析和哲学的党派性分析,并在这中间阐明先秦哲学思想发展的规律"。①

杨工也认为,冯友兰没有坚持哲学的党性原则,如在谈到唯物主义和唯心主义的对立时,只承认两者在认识根源和阶级根源上的对立,没有突出两者作为理论体系的排斥和对立;在区别唯物主义和唯心主义时,提出主张"物质第一位的"是唯物主义,"思维第一位"的是唯心主义,和恩格斯所说的"第一性"不同,"第一性"是谈物质和精神哪个更"基本","第一位"是谈两者哪个更"重要",并不是区别唯物唯心的标准;在关于唯物主义和唯心主义的斗争性和统一性问题上,否认唯物主义、唯心主义概念的科学性,认为二者的体系是"你中有我,我中有你",否认两者的对立和斗争;在谈黑格尔哲学通过费尔巴哈向唯物主义转化时,没有指出费尔巴哈是以唯物主义为原则对黑格尔展开批判的。杨工指出,冯友兰重新校订的德文还不完全,马克思说,"由于(或因为、当——indem)费尔巴哈把形而上学的绝对精神归结为'以自然为基础的现实的人',他才从黑格尔的观点出发完成了和批判了黑格尔的哲学。"②冯友兰否认了转化过程中唯物主义对唯心主义的斗争。

2. 哲学史研究中的阶级分析问题

汤一介、孙长江认为,冯友兰关于阶级分析的基本观点是认为唯心主义代表肯定现状的占统治地位的剥削阶级,唯物主义代表否定现状的不占统治地位的剥削阶级,"这样来说明哲学斗争的阶级根源是不恰当的"。阶级的进步与反动,不是看其是否占据统治地位,而是看其是否代表了新的生产

---

① 汤一介、孙长江:《读冯友兰著〈中国哲学史新编〉(第1册)》,《教学与研究》,1963年第2期,第60～62页。

② 杨工:《哲学史研究必须坚持哲学的党性原则——评冯友兰先生〈中国哲学史新编〉绪言的一个根本问题》,《武汉大学学报》,1964年第1期,第11页。

关系。占统治地位的剥削阶级并不是一开始就反动的,也不是所有不占统治地位的剥削阶级对占统治地位的剥削阶级的斗争都是进步的,如没落的奴隶主贵族对于新兴的封建地主的斗争。《中国哲学史新编》却正是把没落的奴隶主贵族划分在阶级斗争对立面中的"否定方面"的,认为没落阶级失去了原有的地位,成为被剥削阶级,所以对新兴的统治者提出抗议和批判。这就是没落的奴隶主贵族老子唯物主义的阶级根源。《中国哲学史新编》还有一个说法是没落阶级"正是由于其没落所以掌握了唯物主义和辩证法"。[1] 他们被推翻后,变得冷静、客观了;他们用旁观的态度,"静观"世界的变化,因此能够抛弃唯心主义。这些说明都是和马列主义的阶级斗争学说根本违背的。汤一介、孙长江认为,可能冯友兰自己也觉得这种说法难以服众,所以他又提出没落阶级的唯物主义和辩证法不是战斗性的,这样就出现了积极的具有战斗意义的新兴地主阶级的唯物主义和不具有战斗性的没落阶级的唯物主义。汤一介、孙长江反问道:"地主阶级为什么放着与本阶级相适应的积极、战斗的唯物主义不去继承,而偏偏要首先以继承没落阶级的思想武器作为自己的'历史任务'呢?"[2]这些都是不能自圆其说的。《中国哲学史新编》认为,秦汉以后,地主阶级和奴隶主阶级地位发生了转变,庄子哲学作为对地主阶级的讥讽和恫吓,具有积极意义。这种逻辑是历史越前进,没落阶级就越进步。

汤一介、孙长江指出,"《中国哲学史新编》在本质上承认超阶级的哲学思想的存在",在对孔孟儒家思想进行分析的时候,认为孔子的"仁者爱人"的"人""是抽象的、超阶级的","孔子提出这种思想,是历史的一个进步"。[3]孔子的忠恕之道,去掉阶级内容以后,还剩下"每个人都应该在他的所处的一定的地位上和框子中,实行'能近取譬'的'忠恕之道',实行'克己'。在这

---

① 汤一介、孙长江:《读冯友兰著〈中国哲学史新编〉(第 1 册)》,《教学与研究》,1963 年第 2 期,第 56 页。

② 汤一介、孙长江:《读冯友兰著〈中国哲学史新编〉(第 1 册)》,《教学与研究》,1963 年第 2 期,第 57 页。

③ 汤一介、孙长江:《读冯友兰著〈中国哲学史新编〉(第 1 册)》,《教学与研究》,1963 年第 2 期,第 57 页。

一点上,每个人都是平等的";"这样的平等是抽象的平等"。汤一介、孙长江认为,这正是"在具有阶级性的平等之外,承认了抽象的平等的存在",所以,冯友兰提出"普遍性形式寓于阶级性之中"。① 这实际上是"首先假设了一种不存在的东西即超阶级的哲学思想的存在,而后把超阶级与阶级性的关系,硬套到了一般和个别的关系中去"。《中国哲学史新编》在阶级分析方面也存在矛盾之处。如老庄同一个阶级根源,老子是唯物主义,庄子是唯心主义;慎到集道家与法家于一身,作为道家,是没落的落后的,作为法家又代表激进的新兴地主阶级。儒、墨、道在战国初期形成鼎立的三家,代表地主阶级利益的儒家和代表小生产者利益的墨家都是唯心主义,"恰恰代表没落贵族的思想家,成为唯物主义的代表",等等。这些都是脱离马克思主义阶级分析的结果。

3. 关于对经典作家著作的使用

汤一介、孙长江认为,冯友兰错误地运用了马克思关于"普遍形式的思想"的理论。冯友兰把"仁"解释为普遍性形式的思想,把马克思和恩格斯揭示"产生所谓'普遍性形式'的虚假思想的社会根源的话,引用来作为'普遍性形式'并非简单地是欺骗的论证";为了说明"普遍性形式的思想"的进步意义,又把马克思和恩格斯所说的每一个新的统治阶级的阶级基础都比前一个统治阶级的阶级基础要宽广一些,解释为"每一个新阶级的思想的普遍性形式,跟他以前的统治阶级思想比较起来,总要大一点"。汤一介、孙长江认为,马克思和恩格斯通过普遍性形式思想产生的社会条件的分析,揭露了其虚伪性和阶级根源。马克思和恩格斯指出,进行革命的阶级在推翻旧统治阶级上和其他被统治阶级是一致的,在这一点上是它和其他被统治阶级的"共同利益"。推翻旧统治阶级以后,其他各阶级的个人也可能进入统治阶级的行列,所以,新阶级赖以建立政权的基础比以往的阶级要大一些。冯友兰把这解释为新阶级的思想的普遍性形式比以往阶级的要大一点,从而大谈思想的普遍性形式。马克思和恩格斯坚持的是历史唯物论,《中国哲学

① 汤一介、孙长江:《读冯友兰著〈中国哲学史新编〉(第1册)》,《教学与研究》,1963年第2期,第58页。

史新编》所坚持的则是唯心史观。①

　　汤一介、孙长江指出,《中国哲学史新编》对于"平等"和"自我意识"的使用也是不够审慎的。马克思和恩格斯在《神圣家族》中说:"自我意识是人在纯思维中和自身的平等。平等是人在实践领域中对自身的意识,也就是人意识到别人是和自己平等的人,人把自己和别人当作平等的人对待。"冯友兰认为"仁"和"忠恕之道"在普遍性形式下,是"平等"和"自我意识"的萌芽,一个发展阶段,这完全是比附。"平等"是蒲鲁东批判私有制时提出的一个原则,为了批判鲍威尔对这个概念的攻击和歪曲,马克思肯定了这个概念和鲍威尔的自我意识一样,在特定的条件下起过一定的作用。马克思还分析了"平等"和"自我意识"的不同,指出"平等"是法国用语,包含着社会实践要求,而"自我意识"则是德国式的用抽象思维形式表达的东西,两者有本质的不同。把这两个概念附会到孔孟思想上是不应该的。此外还有把列宁评论黑格尔时说的唯心主义是转化到唯物主义的前夜扩展到所有唯心主义等。

　　4. 封建社会哲学发展的社会根源问题

　　汤一介、孙长江指出,冯友兰在《中国哲学史新编》第二册对封建社会哲学发展的社会根源分析中认为,地主阶级和农民阶级的矛盾这一封建社会的根本矛盾不能应用于哲学发展。他把地主阶级分为当权的和不当权的,或者富而不贵的和富且贵的两派,认为当权派是保守的、反动的,其哲学经常是唯心主义;不当权派是进步的,其哲学经常是唯物主义。"各个时期不当权派地主阶级的某些哲学家,代表社会向前发展的要求",在一定程度上代表了农民阶级。汤一介、孙长江认为冯友兰夸大了地主阶级内部的矛盾。地主阶级的根本利益是一致的,当权派和不当权派的矛盾"不可能成为封建社会发展的动力,因而也不可能成为封建社会哲学发展的动力"。② 冯友兰的说法抹杀了地主阶级和农民的矛盾,把他们的利益说成一片,而事实上,并不是当权派都是唯心主义者,贾谊、王安石都是当权派,也都是唯物主

---

　　①　汤一介、孙长江:《读冯友兰著〈中国哲学史新编〉(第1册)》,《教学与研究》,1963年第3期,第63页。

　　②　汤一介、孙长江:《中国封建社会哲学发展的社会根源是什么?》,《光明日报》,1965年4月23日。

义者,反对王安石变法的哲学家却大都是唯心主义者。哲学体系就是世界观,敌对阶级之间更不可能有共同的世界观。冯友兰说不当权派在一定程度上反映了农民的利益,所说的不过是新朝代建立之初地主阶级哲学家对减轻剥削政策的哲学论证,模糊了农民阶级和地主阶级的界限。况且,这些政策对于地主阶级更为有利。"企图在地主阶级内部划分出一种不同于一般地主的'好地主',从而抹杀农民和地主的阶级矛盾,这是我们决不能同意的。"①冯友兰所探索的哲学发展的社会根源,其实只是"哲学自身的'根源',而没有真正解释它的'社会根源'";他"实质上并没有在自己的著作中,贯彻历史唯物主义,而是更多地贯彻了历史唯心主义"。②对于冯友兰的不当权的地主阶级的哲学家也反映农民的要求和愿望的观点,郁之也提出批判,认为这是"为地主阶级和封建制度喊万岁的哲学",是反马克思主义的;"是赤裸裸的地主'理论',是公开为地主阶级唱颂歌的'理论'"。③

5. 冯友兰的回应和自我批评

对于各种批评,冯友兰主要就对马克思和恩格斯著作的理解和引用问题作出了回应。他指出,对于《德意志意识形态》的理解,很多同志与自己根本不同之处有三点:一是他们认为,《德意志意识形态》中关于"具有普遍形式的思想"谈的只是资产阶级,只能用于资本主义社会,不能用于其他社会阶段;二是不少同志认为"具有普遍性形式的思想"自始至终对于劳动人民都是欺骗,自己认为"在宣传这种思想的阶级还在进行革命时期,这种思想还不能简单地归结为欺骗";④三是许多同志认为"具有普遍性形式的思想"是以唯心史观考察历史运动的结果,马克思和恩格斯对此是否定的,自己则认为马克思和恩格斯把具有普遍性形式的思想作为一种历史现象,进行了

---

① 汤一介、孙长江:《中国封建社会哲学发展的社会根源是什么?》,《光明日报》,1965年4月23日。

② 汤一介、孙长江:《中国封建社会哲学发展的社会根源是什么?》,《光明日报》,1965年4月23日。

③ 郁之:《为地主阶级和封建制度喊万岁的哲学——评冯友兰先生的几个反马克思主义的理论观点》,《新建设》,1966年第3期,第52页。

④ 冯友兰:《关于一个理论问题的质疑与请教》,《教学与研究》,1963年第4期,第56页。

具体的分析,"并不是简单的否定"。① 冯友兰指出,马克思和恩格斯明确地说"统治阶级的思想在每一时代的都是占统治地位的思想",可见,具有普遍性形式的思想并不只是用来分析资产阶级思想的。关于第二点,他指出,马克思和恩格斯说"起初这些幻想是真实的",这句话不能像有些同志理解的那样,是编造这些谎言的哲学家主观上认为他们编造的是真实的东西。之所以真实,是因为这些哲学家的阶级利益"在开始的时候的确同其余一切非统治阶级的共同利益有较多的联系,在当时存在的那些关系的压力下还来不及发展为特殊阶级的特殊利益"。② 冯友兰指出,之所以说还不能简单地归结为欺骗,其进步性在于反对旧统治阶级。不仅革命阶级,其他非统治阶级也反对旧统治阶级的统治,这就是他们的共同利益所在。"就这一点上说,企图代替旧统治阶级的阶级提出的'具有普遍性形式的思想',除了反映它本阶级的利益之外,至少在客观上,在一定程度上,也反映各其他反对旧统治阶级的一点要求和愿望",所以这些幻想"起初是真实的。"关于第三点,冯友兰指出,具有普遍性形式的思想不仅是一种唯心史观的产物,也是一种社会现象,并不是唯心史观创造出来的。马克思和恩格斯说的是唯心史观"碰到"而不是"产生"这样的社会现象。唯物史观和唯心史观的不同在于对于这种现象的解释。共同利益还没有发展成为特殊阶级的特殊利益,是马克思和恩格斯对这种社会现象作了唯物主义的解释,说明了"'具有普遍性形式的思想'的发生的阶级根源"。③ 如前所述,冯友兰这是在建设性地阅读马克思和恩格斯的著作,跟当时的阅读方法并不一致。

不过,不久后,冯友兰即开始对自己的中国哲学史研究进行自我批评。④ 他说,自己前几年写《中国哲学史新编》对普遍性形式的思想认识不

---

① 冯友兰:《关于一个理论问题的质疑与请教》,《教学与研究》,1963 年第 4 期,第 56 页。

② 《马克思恩格斯全集》第 3 卷,人民出版社,1950 年,第 54 页。

③ 冯友兰:《关于一个理论问题的质疑与请教》,《教学与研究》,1963 年第 4 期,第 58 页。

④ 冯友兰:《关于孔子讨论的批评与自我批评》,《哲学研究》,1963 年第 6 期。《哲学研究》是双月刊,第 6 期大致在 11 月出版,根据冯先生写作的习惯速度和文章发表的频率来看,发表的文章不应是发表前很久写的。由此可以推断此文是冯友兰下半年后期撰写的。《教学与研究》也是月刊,第 4 期是下半年 7 月份出版的。故此文应该是 1963 年初至上半年的月份所写。也就是说,冯友兰在《关于一个理论问题的质疑与请教》一文后,很快就开始对自己的研究进行检讨了。

深入,好像春秋时期地主阶级果真代表各个阶级的共同利益,"仁"是共同利益的反映,这样"仁"就不仅有超阶级的形式,还真成了超阶级的思想。还有一点是把孔孟的"仁"跟"人的自觉"联系起来,离开了阶级分析而专讲人,这样的人就成为抽象的人,这样具有普遍形式的思想又成为关于抽象的人的思想了。第三点是《中国哲学史新编》对于"仁",过分讲了它的真实性,没有注意它的幻想性和之所以为幻想的根源所在。文章检讨说自己表面上是以马克思主义为指南,实际上却是以此为掩护,把新的理论作为思想的挡箭牌和护身符。① 不久,冯友兰《中国哲学史新编》第 1 册由上海人民出版社出版第二版,此版根据各方面的意见进行了修订,"主要是在方法论所引起的问题上"。

1965 年,冯友兰又发表了《论中国哲学史研究中的几个问题》,接受了学术界对自己的批评,又作了自我批评。他说,通过"活学活用"毛泽东思想有了新的收获。过去自己认为,研究是为了扩大知识领域,这是不对的。现在认识到"研究中国哲学史是一种革命工作","就是要把无产阶级革命推进到过去几千年的中国哲学界",研究哪个时期,就把无产阶级革命推进到哪个时期。具体言之,就是对哲学史进行批判。糟粕要批判,精华也要批判,"越是精华越要批判"。② 关于对历史上唯心主义和形而上学,冯友兰检讨自己对于恩格斯、列宁、毛主席的指示理解不正确,对唯心主义,总是想"剥取有价值的成果",把唯心主义和唯物主义作为同一物的两面,同等看待,不分主次。这是右的偏向。还有"左"的偏向,即对于唯心主义形而上学置之不理,如 1953 年的《中国近代思想史讲授提纲》就是这样,好像唯物主义的发展没有遇到什么矛盾,一帆风顺。从"左"很容易转为右,即掩盖矛盾,把敌人藏起来,以免他们被无产阶级消灭。关于如何处理哲学史上的唯物主义和辩证法,自己没有很好地掌握毛主席关于统一战线的理论,对于统一战线中"友"的两面性认识不够,结果表现为右的颂古,如肯定"仁"时把"仁"解释为超阶级的爱。其实"仁"是为地主阶级服务的,对劳动人民是一种欺骗。哲学史上的进步哲学家,无论如何进步,都不会代表无产阶级的利益。对于

---

① 冯友兰:《关于孔子讨论的批评与自我批评》,《三松堂全集》第 13 卷,第 277 页。
② 冯友兰:《论中国哲学史研究中的几个问题》,《新建设》,1965 年第 7 期,第 42 页。

地主阶级哲学家如荀子、王充,认为他们有一种软弱性,这也是右的态度。其实他们的软弱性正是他们反对当权的地主阶级的限度。这正是他们阶级本质的反映,是其哲学思想中"反动和消极的部分",谈不上软弱性。秦汉以后的唯物主义和辩证法思想的阶级根源是什么呢? 有一种观点认为,他们必定是代表农民或后来的市民阶级的利益,可是,这是说不通的。冯友兰检讨说,自己就在地主阶级中划出了下层、不当权派一部分,认为他们的哲学思想部分地反映了农民阶级的愿望。可是,这样就混淆了地主阶级和农民阶级的界限。通过学习毛主席对于孙中山的新三民主义的论断,自己认识到,不是地主阶级中下层、不当权派"反映了农民的要求和愿望,而是他的反映与农民的要求和愿望有一致之处"。① 文章是在"活学活用"毛泽东思想的运动中写成的,充满了极"左"色彩,把"革命史观"推向了极端。然而,这恰恰是当时中国哲学研究所不能不使用的方法。"革命史观"认为,中国哲学研究本质上就是把无产阶级革命推进到几千年的历史中去的活动。1949年后中国哲学史研究就是朝这个方向走的。越是人民性的东西越得批判、越是清官越得批判,因为他们客观上延长了封建社会的历史,推迟了无产阶级革命。《新建设》1966年第1期有《关于"清官"问题的座谈》一文,刊登了吴世昌、唐兰、杨一之、郑天挺、贺麟、冯友兰、翁独健、杜任之、朱光潜、翦伯赞等人的笔谈。他们笔谈的题目依次是:"不能用绝对客观主义原则评价'清官'"、"对'清官'不能一概而论"、"清官为统治阶级服务比贪官更自觉一些"、"官与民在某种条件下有某些共同利益"、"从知识分子世界观改造方面来看'清官'"、"应当根据具体情况来评价'清官'"、"从历史条件看,'清官'总比贪官好一点"、"有什么必要区分'清官'和'贪官'"、"'清官'问题不可轻视",从这些题目可以看出当时在"清官"问题上人们的认识。学术界的极"左"气氛预示着"文革"即将到来。也许是因为太"左",所以《论中国哲学史研究中的几个问题》没有收入《三松堂全集》,但这篇文章却是值得极其重视的,它是冯友兰彻底接受"革命史观"的一个证据。此后,进入"文革",冯友兰的"革命史观"在评法批儒中得到了表现。

---

① 冯友兰:《论中国哲学史研究中的几个问题》,《新建设》,1965年第7期,第42页。

乔清举 著

当代中国哲学史学史

A Contemporary Historiography of
Traditional Chinese Philosophy

下

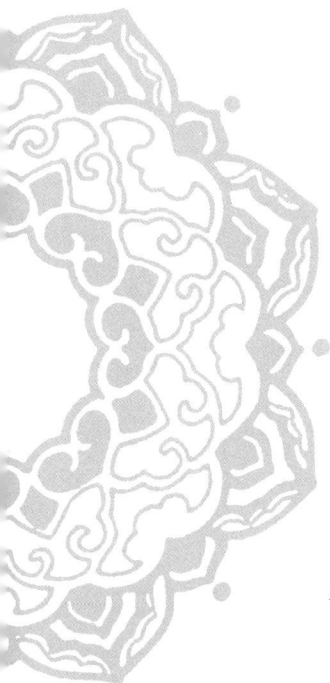

上海古籍出版社

第四章　极端政治化：中国哲学史研究进一步陷入歧途（1966～1976）

　　"文革"十年间，中国哲学史学科完全脱离了学术研究的轨道，丧失了作为一个学科的独立性，沦为政治的婢女。中国哲学史研究之陷入歧途与"文革"的发生一样，并非空穴来风，而有其内在的逻辑，这种逻辑甚至可以说十分严密，两者都是"文革"前越来越严重的极"左"思潮的一个合乎逻辑的结果。这种逻辑只有在它所蕴涵的全部必然结论都展示出来以后，人们才能认识到它的荒唐和荒谬，才能认识到改弦更张的必要性。

　　"文革"期间，不少学术刊物，如《新建设》、《哲学研究》等都被停办，学术研究失去了发表成果的园地，整个学科缺乏正面的工作。"批林批孔"、"评法批儒"是这个时期中国哲学史学科的主要活动；提出儒法斗争史、用农民哲学改造中国哲学史学科，是这一时期主要的学术见解。1974年前后开始整理出版马王堆帛书，是与"文革"气氛不同的对中国哲学史研究具有积极意义的事件。

第一节　"文革"前和"文革"期间对教育界与知识分子的估计

　　根据《中国共产党关于建国以后党的若干历史问题的决议》的说明，"文革"分为三个阶段，第一阶段是整垮刘少奇（1966.5～1969.4），第二阶段是

批林批孔(1969.4～1973.8),第三阶段是反击右倾翻案风(1973.8～
1976.10)。"文革"的理论基础是"无产阶级专政下的继续革命",①这一理论
被认为在马克思主义发展史上树立了"第三个伟大的里程碑"。"文革"中林
彪事件、批林批孔和评法批儒与中国哲学学科有联系。林彪事件后,有关部
门从林彪的住宅搜出"悠悠万事,唯此为大,克己复礼"的条幅,以及林彪所
作的"中庸""合理"的评论等。江青等指示北京大学、清华大学组成"大批判
组",编辑"林彪与孔孟之道"的材料。毛泽东认为,林彪和国民党一样,都是
"尊孔反法"的。1973年8月7日、13日《人民日报》连续刊登了杨荣国的
《孔子——顽固地维护奴隶制的思想家》、《两汉时代唯物论反对唯心论先验
论的斗争》,此后批林批孔、评法批儒运动开始。1974年1月18日,经毛泽
东批准,中共中央印发《林彪与孔孟之道》的材料。1月24日、25日,中共中
央、国务院在首都体育馆召开批林批孔动员大会,周恩来、王洪文、叶剑英、
张春桥、江青、姚文元等出席,批林批孔运动此后在全国铺开。6月18日
《人民日报》发表社论《在斗争中培养理论队伍》,指出:"两千多年来的儒法
斗争,一直影响到现在,继续到现在,还会影响到今后。"

　　"文革"稍前和"文革"期间相关部门对知识界、教育界、文艺界作出了极
"左"的估计,进行了极端的批判和所谓革命。1966年4月10日,中共中央
批准印发《林彪同志委托江青同志召开的部队文艺工作座谈会纪要》(简称
《纪要》)。《纪要》认为,1949年以来,文艺界"被一条与毛泽东思想对立的
反党反社会主义的黑线专了我们的政",要求"进行一场文化战线的社会主
义大革命,彻底搞掉这条黑线"。5月7日,毛泽东发布"五七指示":"教育
要革命,资产阶级知识分子统治我们学校的现象再也不能继续下去了。"5
月16日,中共中央政治局扩大会议通过《中国共产党中央委员会通知》(俗
称《五·一六通知》),要求"彻底批判学术界、教育界、新闻界、文艺界、出版
界的资产阶级反动思想,夺取这些文化领域的领导权。……同时批判混进
党里、政府里、军队里和文化领域里的资产阶级代表人物,清洗这些人"。

---

① "两报一刊"社论:《沿着十月社会主义革命开辟的道路前进》,分别见1968年11月6日的
《人民日报》、《解放军报》和当月的《红旗》杂志("文革"中叫做"两报一刊")。

1966 年 8 月 8 日，中共中央八届一中全会通过《中国共产党中央委员会关于无产阶级文化大革命的决定》(俗称《十六条》)，指出："我们的目的是斗垮走资本主义道路的当权派，批判资产阶级反动学术'权威'，批判资产阶级和一切剥削阶级的意识形态。"1967 年 8 月 26 日，《人民日报》发表社论《工人阶级必须领导一切》，社论传达了毛泽东的指示："凡是知识分子成堆的地方……都应有工人、解放军开进去，打破知识分子独霸的一统天下，占领那些大大小小的独立王国。"此后，"工宣队"(工人毛泽东思想宣传队)、"军宣队"(解放军毛泽东思想宣传队)开始进驻各教育单位、党政机关。

1971 年 4 月 15 日至 7 月 31 日，全国教育工作会议召开，通过了《全国教育工作会议纪要》(以下简称《纪要》)。《纪要》认为，1949 年以后的 17 年，"毛主席的无产阶级教育路线基本没有得到贯彻执行"，教育战线是"资产阶级专了无产阶级的政"；大多数教师和学生的"世界观基本上是资产阶级的"。这就是"两个估计"。《纪要》规定，"工宣队"要长期领导学校，知识分子必须到工农兵中接受再教育，选拔工农兵学生上大学、管大学、用毛泽东思想改造大学(简称"上、管、改")等。

第二节 冯友兰等学者在 "文革"中的遭遇

对学者的"文化大革命"是以遭受频繁的批斗开始的。一进入"文革"，冯友兰很快被加上"资产阶级反动学术权威"、"反共老手"等罪名，揪出批斗。[①] 1966 年 7 月 5 日，冯友兰在北京大学哲学系会上作长篇反省发言，后被整理成《冯友兰发言稿(1966 年 7 月 5 日开始)·自我揭发自我批判》，内容为：第一段，抗战时期；第二段，解放前后；第三段，抽象继承；第四段，人性论；第五段，借孔子的僵尸，向毛泽东思想反攻；第六段，近一两年的错误

---

① 蔡仲德：《冯友兰先生年谱初编》，第 495 页。本章关于冯友兰的事迹，如无特殊说明，均来自蔡仲德所编《年谱》。为节省篇幅，不俱注。

言论;第七段,自我鉴定。① 1966 年 8 月,冯友兰、汤一介等遭到抄家。红卫兵对冯友兰实行抄家,在门外张贴大字报,宣布罪状以及惩罚措施:文物、书籍全部封存,扣发工资,每月只给 24 元生活费。北京大学数学力学系红卫兵到冯友兰家抄家,把值钱的东西都抄走了。红卫兵锁了冯友兰的住房,规定冯友兰夫妇只能住一间房,在院内露天做饭。北京大学燕南园居民委员会规定,冯友兰的夫人承担全部家务劳动,并打扫燕南园道路。保姆不干活,工资照发。② 9 月 2 日,冯友兰被勒令写《自我揭发的补充材料》。10 日,冯友兰被勒令写《我的反动历史和反动关系》(补充材料之一);13 日,冯友兰在北京大学哲学系会上发言,题为"我的反动历史和社会关系",发言后被整理成为《冯友兰发言稿二(1966 年 9 月 13 日、25 日)·我的反动历史和社会关系》。因为住室被红卫兵锁住,无衣御寒,冯友兰披麻袋当大衣开会。后来,冯友兰在北京大学燕南园的住所搬进了 5 户人家。

　　10 月 2 日,冯友兰按规定向北京大学哲学系交学习小结,所列学习计划有五项:"一,努力学习毛主席著作,力求活学活用。二,彻底交代问题,自己已经想到的,彻底揭发批评;别人已经揭发的,以之为线索,深入发掘。三,时时想及党和毛主席这十七年对我的教育和期望。四,时时想及劳动人民对我的供给,我对他们所犯的罪行。五,认真从事家务劳动。"3 日,冯友兰按规定写学习"老三篇"的心得,下午写交代材料,交代参加国民党第六次全国代表大会的经过。4 日,冯友兰在北京大学"五·二五楼"③参加小组会,谈国庆节感想。冯友兰发言说,自己历史包袱沉重,曾怀疑能否改造,读了《愚公移山》后感到只要自己能够自觉革命,与"文革"配合起来,反动历史可以挖掉,思想也可以改造。5 日,冯友兰在"五·二五楼"参加小组学习会。下午红卫兵到家中看"过去资产阶级的生活",带冯友兰到东门外看工人阶级的生活。晚上听大庆 32111 钻井队报告。6 日,冯友兰全天在北京大学"五·二五楼"参加小组会。上午谈报告感想并交代和蒋介石的关系;

---

① 蔡仲德:《冯友兰先生年谱初编》,第 495 页。

② 冯友兰:《三松堂自序》,第 172 页。

③ 北京大学南阁,"文革"期间为哲学系办公地点。因哲学系 1966 年 5 月 25 日贴出"全国第一张马列主义大字报",故名。

下午小组展开对冯友兰的批判。11月4日,冯友兰继续在北京大学接受改造,他在4日的改造日记中说:"近几个月来,我的爱人为了帮助我思想改造,为了照顾我的生活,费尽心力,历尽辛苦。她本来有心脏病,还是带病支持。这两天就觉得心慌背痛,今天早晨又头晕,还勉强于五点钟就起来,为我准备早点,旧病发了,这都是我带累的,我唯有加倍努力,努力学习毛泽东思想,好好为人民服务,以慰她对我的期望。"①1966年11月16日,冯友兰在北京大学参加思想改造学习小组会。会上宣读了陈伯达在科学院会议上的讲话,说:"像冯友兰这样的资产阶级哲学家,在1962年搞了一个朝圣会议,到孔夫子家做了一个纪念孔子的讨论会。"②此后冯友兰一边参加搬垃圾、扫地等劳动,一边接受各种批判,撰写各种汇报材料。在冯友兰之外,被批斗的还有邓艾民、朱伯崑、汤一介等人;朱伯崑还被认为是国民党"中统"、"军统"特务。

　　"文革"中,学者们遭受了非人的待遇。1967年1月8日,冯友兰因前列腺肥大前往协和医院治疗,院方因为他是"反动学术权威"拒绝他住院。12日冯友兰向北京大学哲学系"系文革"小组递交请假证明书,13日又写信请假,又经家属多方奔走,住北京医院治疗。31日,北京医院在没有进一步做手术的情况下,强迫冯友兰离开医院。2月8日,冯友兰到北京大学"五·二五"楼参加学习。组长让他在家休养,在家写交待材料。16日,冯友兰病情加剧,前往北京医院请求做下一步手术。北京医院革委会写信要冯友兰带回,征求哲学系革委会的意见。21日,冯友兰夫人到北京大学"五·二五"楼汇报冯友兰病情,回来对冯友兰说:"组织上很关心你的病,叫你好好养病。"冯友兰十分感激,与夫人相对而泣。25日,北京大学哲学系革委会通知冯友兰,已经与医院联系好,可以去住院治疗。3月23日,北京大学革委会作战部资料组编印批判冯友兰的资料《反共老手、反动学术"权威"冯友兰反动论文选编》,收录冯友兰1949年以来的文章16篇,《新编·绪言》、《新编》第十九章第一节,附有"冯友兰解放后发表反动文章目录"。《选编》

---

①　蔡仲德:《冯友兰先生年谱初编》,第498页。
②　蔡仲德:《冯友兰先生年谱初编》,第498页。

在前言中说:"冯友兰是一个几十年来一贯反共反人民反革命的老手。解放前,他是人民公敌蒋介石的御用哲学家和谋臣策士;解放后他仍然贼心不死,念念不忘他已经失去的天堂,一遇时机,便兴风作浪,煽动反革命复辟。自1949年初北京解放到1966年"文革"以前,冯友兰共发表大小文章一百四十余篇,专著和小册子数种。冯友兰在所有这些臭文中顽固地站在反动的地主资产阶级立场上,煽风点火,成了解放后学术界特别是哲学界的一面反党反社会主义的大白旗。但是,在无产阶级专政的条件下,冯友兰要想公开地进行复辟资本主义的活动,是很困难的,他于是采取了极其隐蔽的手法,其中最主要的是用马克思主义的词句装点门面和披上学术的外衣。"[1]26日,冯友兰出院。同月北京大学成立"批冯联络站",写出一批批判文章。5月4日,北京大学在东操场召开批判刘、邓大会。上午8点红卫兵把尚在病假中的冯友兰押到操场,与蒋南翔、陆平、翦伯赞、冯定一起登台示众。8日,《新北大》第60~61期合刊刊登"新北大公社04战斗团部分战士"所写的《一仆二主——从冯友兰看刘少奇》。文章说,1963年春节,刘少奇在招待科学家的会议上与冯友兰亲切握手照相,并登在报纸的显著位置上。"为蒋贼出谋划策、充当蒋贼帮凶的冯友兰,解放后,又以积极反共、反社会主义、反毛泽东思想而得到刘少奇的赏识。"[2]

　　1968年8月25日,中共中央、国务院、中央军委、中央文革小组发出《关于派工人宣传队进驻学校的通知》,对知识分子进行再教育。北京市革命委员会派工人、解放军毛泽东思想宣传队进驻北京大学。工宣队进驻后,宣布对冯友兰等"牛鬼蛇神"隔离审查,规定每天扫外文楼、办公楼外道路,扫完地后学习,背诵毛泽东语录"老三篇",或写交待材料;还规定每日三餐向毛主席像请罪,然后排队到劳改大院吃饭。冯友兰住在外文楼,没有被褥,铺稻草席而睡。北京大学哲学系"系文革"小组勒令张岱年换房子,张岱年卖掉部分藏书和家具,从原住16号搬到二公寓211号。[3] 10月,工宣队在北

---

①　蔡仲德:《冯友兰先生年谱初编》,第502~503页。

②　蔡仲德:《冯友兰先生年谱初编》,第502~503页。

③　张岱年:《耄年忆往》,第45页。

京大学清理阶级队伍。北京大学哲学系教授、副教授、讲师、助教不分年龄身体状况如何，一律住进北京大学 38 楼。11 月 18 日，工宣队宣布落实毛主席指示，让冯友兰回家住。据说是毛泽东在一次中央会议上说："北京大学有一个冯友兰，是讲唯心主义哲学的，我们只懂得唯物主义，不懂得唯心主义，如果要想知道一点唯心主义，还得去找他。翦伯赞是讲帝王将相的，我们要想知道帝王将相的事，也得去找他。"[①]这段话被理解为毛泽东的最新指示，所以工宣队让冯友兰回家居住，并且把搬到他家居住的住户搬走了一户，腾空了他的厨房，解决了他只能在屋檐下做饭的困难。[②] 19 日，冯友兰制定了"学习计划"："（一）每天按学校作息时间上下班。（二）每天四次在毛泽东像前请罪，背诵毛泽东语录以及党的政策。（三）学习毛泽东著作，写心得体会；（四）学习党的方针政策，写心得体会。（五）继续写交待材料。（六）批判自己过去的毒草。（七）清扫院子，继续做环境卫生工作。"[③]12 月初，冯友兰找工宣队谈话，表示要加紧改造。工宣队命令冯友兰住进北京大学 38 楼。北京大学哲学系的老师分为三类，问题最严重的住进劳改大院或者牛棚，其次住进外文楼，再次住 38 楼。冯友兰从外文楼到 38 楼，说明问题轻了一些，但还没有解决。[④] 同月冯友兰继续奉命写交代材料《关于陈铨的材料》《关于西南联大的情况的材料》、关于红卫兵抄家的材料。[⑤] 25 日，冯友兰作《蝶恋花》词一首，庆贺毛泽东寿辰。28 日，冯友兰奉命写交待材料《在学习班上郑昕提的关于我的两个问题》。

　　1969 年 2 月 28 日，冯友兰写成《一丘之貉——从路线斗争的历史批判我和刘少奇的互相呼应互相支援》。3 月，8341 部队官兵和北京新华印刷厂工人组成新的工人、解放军毛泽东思想宣传队进驻北京大学哲学系，领导"斗、批、改"运动。3 月上旬，北京大学哲学系三次开会批判冯友兰，认为冯友兰的问题是反对毛主席、反对毛泽东思想。16 日，冯友兰写成《我在上星

---

① 冯友兰：《三松堂自序》，第 185 页。
② 冯友兰：《三松堂自序》，第 172～173 页。
③ 蔡仲德：《冯友兰先生年谱初编》，第 509 页。
④ 冯友兰：《三松堂自序》，第 173 页。
⑤ 蔡仲德：《冯友兰先生年谱初编》，第 510 页。

期三次批判会中的收获》;24日,写了《狼狈为奸——从两个中国之命运的斗争批判我和蒋介石的狼狈为奸》;同月冯友兰还写成了《以改造的决心和实际行动迎接九大的召开》。3月底,冯友兰从38楼搬回家住。据说可能是因为翦伯赞自杀了,工宣队担心其他人员也会自杀,所以让冯友兰等回家居住。① 4月21日,冯友兰写成《在无产阶级文化大革命中我所受的教育和所得的收获》。5月上旬,冯友兰写成《学习九大政治报告体会》;12日,冯友兰参加哲学系工宣队组织的忆苦思甜大会;15日,冯友兰写成《忆苦思甜大会的感受》。6月8日,冯友兰写成《进一步学习,进一步总结》;27日,冯友兰为工宣队进驻高校一周年赋诗一首:"千载文坛归正主,一年战斗树新风。白头身痛多前罪,也在工军化雨中。"7月7日,冯友兰写成《彻底批判修正主义教育路线》,9日,冯友兰写成《向毛主席请罪》。8月13日,冯友兰奉命写《政治简历(解放前我同国民党、蒋介石的关系)》;10月4日,冯友兰写成《向孔家店反戈一击,兼批刘少奇的黑六论》。27日,冯友兰写成《批判我的教育思想》。11月初,冯友兰写成《学习八届十二中全会公报的体会》。11月24日,冯友兰写成《所谓"教授治校"的反动本质》。12月1日,冯友兰写成《从战争问题学习毛泽东思想的体会》。12日,冯友兰写成《关于〈毛主席语录〉英文译本的译文的几点商榷》。

1970年1月20日,冯友兰写成《驳刘少奇修正主义的唯生产力论,兼批我所放的大毒草〈新事论〉》。4月冯友兰写成《我在文化大革命中的收获》,认为收获有三:一是"认识自身过去的罪行的严重性";二是"开始懂得毛泽东思想的伟大真理";三是"觉得在毛泽东的伟大时代,作为一个学哲学的人,有无限广阔的天地,极其光荣的任务,极其光明的前途"。② 1970年12月冯友兰为毛泽东77岁寿辰赋五律一首,并请工宣队转呈毛泽东:"今日成功大,当年预知先。精神变物质,旧国换新天。寿考南山并,威望北斗悬。帝修临末路,世界有延安。"③1971年2月,北京大学奉上级指示,开展批判

① 冯友兰:《三松堂自序》,第174页。
② 蔡仲德:《冯友兰先生年谱初编》,第514页。
③ 蔡仲德:《冯友兰先生年谱初编》,第514页。

极左思潮、彻底清查五·一六反革命阴谋集团的运动。11日,冯友兰写成《对于五·一六及实际上是五·一六的人的罪行的认识》。1971年5月15日,冯友兰写成《我对于中国哲学史中的先验论的批判和对于我自己的先验论的自我批判》。20日,冯友兰出席北京大学招待全国教育工作会议代表座谈会并发言,讲述了自己在"文化大革命"中思想转变的过程和目前的思想状况。7月13日,冯友兰写成《总结发言稿》,谓哲学史组的任华、张岱年和自己在过去几个月中,在思想改造和工作方面都有提高。"我们所讲的题目是,关于立足现实、联系实际,大批判,改造思想的一点体会,分为三段,第一段是在哲学史工作中得到的一些体会,第二段是在认真读书中得到的一些体会,第三段是更加虚心学习,进一步思想革命化。"①

1971年11月15日,冯友兰写成长达四万字的《对于我过去的反动哲学体系的自我批判》。文章分为三个部分：一,"以《实践论》批判新理学的先验论";二,"以《矛盾论》批判新理学形而上学的宇宙观及'合二而一'论";三,"以历史唯物论批判新理学地主资产阶级的人性论、反动的唯生产力论"。12月初,冯友兰自作《七十六生日自寿诗》："老来身尚健,一世再为人。诗词归白发,心性误青春。正献韶山颂,不为梁甫吟。东河昔游地,②及见旧邦新。"12月,冯友兰作组诗《韶山颂》33首,由工人和解放军宣传队转呈毛泽东。1972年5月5日,毛泽东派谢静宜告诉冯友兰,《韶山颂》诗已收到,表示感谢并致以问候。冯友兰为此赋诗一首："善救物者无弃物,善救人者无弃人。为有东风勤着力,朽株也要绿成荫。"托谢静宜转毛泽东。

1967年12月4日,朱谦之写成《世界观的转变》,又名《七十自述》。关于写作的目的,朱谦之云："我之所以不惜写这几万字的七十自述,就是作为我自己一生的总结。让革命的知识分子,以我为鉴戒,以后不再走资产阶级世界观下个人英雄主义的路。"③

中国科学院社会科学学部哲学所也进行了"革命"。1968年11月23

---

① 蔡仲德：《冯友兰先生年谱初编》,第514页。
② 东河,冯友兰自注"指纽约联合国"。
③ 《中国哲学》,第五辑,三联书店,1981年,第420页。

日,首都工人、解放军毛泽东思想宣传队进驻中国科学院哲学社会科学学部,组织学部人员开展"斗私批修"、"忆苦思甜"活动,金岳霖和群众一起劳动。12月23日,工宣队进驻中国科学院哲学所,领导"清队"、"清查"和"斗、批、改"运动。1969年7月至8月,驻中国科学院哲学社会科学学部工宣队布置学部集中批判"资产阶级反动学术权威",学部二连(哲学所)批判金岳霖。金岳霖听完批判后说,自己的检查离同志们的批判太远了,如果讲出来,大家肯定会气炸肺;听完批判后很吃惊,没想到自己的罪行那么严重。金岳霖表示一定要彻底检查自己,做毛泽东时代的"老青年"。原定7月25号批判金岳霖,因为金岳霖生病住院推迟。8月11日、12日学部二连印发了《批判金岳霖参考材料简编》。在批判的过程中,哲学所大多数同志不同意把金岳霖定为"资产阶级反动学术权威",认为他是资产阶级学术权威,但不反动;也有不少人不同意批判金岳霖。1969年9月,金岳霖听到学部有领导对周恩来总理有看法,马上贴出大字报表示拥护周总理。他晚年回忆说:"我从总理学立场,连拥护总理的立场都没有,那怎么行?"11月20日,金岳霖在学习班上谈"活思想"。他说,自己力图把自己当作敌人看,斗自己,但不知道"反动"在什么地方。1971年6月中国科学院哲学所全体人员(副所长金岳霖除外)下放到河南省息县五七干校劳动、学习、搞运动。①

据张岱年先生回忆,"1966年6月1日,'文化大革命'开始,接学校电话,命令我们回校参加运动,于是回到北大。北大的东南门旁贴了一张纸条,'资产阶级教授靠边站!'我们回校就靠边站了";哲学系分为两组,"一组据说是有问题的,如我和冯先生……朱伯崑等;一组据说是没有问题的,如郑昕……等。此外原来的系领导及负责同志……汤一介等,则被称为'黑帮'。老教师有问题的一组由黄楠森担任组长,每天清晨到校园内扫地一小时,然后开会学习,写检查,抄大字报"。② 直到1967年6月1日,张岱年才被北京大学哲学系文革小组宣布"解放",不再扫地、抄大字报。1969年9月末,张岱年又被北京大学工宣队宣布到江西鲤鱼洲参加劳动。

---

① 以上关于金岳霖的材料,见刘培育:《金岳霖年表》,《金岳霖文集》第4卷,第827~828页。
② 张岱年:《耄年忆往》,第41~42页。

1972年1月10日,梁漱溟来访冯友兰。梁漱溟对于中华人民共和国在联合国的合法席位得到恢复十分高兴,表示对毛泽东十分佩服。二人谈兴甚好,午饭后又谈到两点。临别冯友兰诵"发愤忘食,乐以忘忧,不知老之将至",乃分手。① 2月8日,冯友兰写成《痛斥林、陈一伙颠倒是非混淆黑白的反动谬论》。下旬,冯友兰应周恩来之邀,参加欢迎尼克松宴会及尼克松拜别宴会。7月22日,王浩来访冯友兰,问及冯友兰哲学思想改变一事,冯友兰作诗赠王浩:"去日南边望北云,归时东国拜西邻。若惊道术多变迁,请向兴亡事里寻。"② 10月5日,冯友兰陪同周恩来接见出国代表团。1973年4月22日,纽约州立大学哲学系教授李波(Dale Riepe)致信冯友兰,请冯友兰撰写《亚洲现代哲学》中的《中国现代哲学》章。冯友兰致函哲学系并转北京大学校方,请示如何回复。7月24日,北京大学校方通知冯友兰,经请示国务院科教组外事组,冯友兰可以自行回复李波来信,冯友兰以工作繁忙为由婉拒。

1973年5～6月期间,冯友兰在北京参观,作《在北京参观访问》诗,曰:"带路红旗营翩翩,车如流水过长安。千年古树发奇花,再向神京认玉颜。"1973年8月中旬,谢静宜转达江青对冯友兰的问候,并要他写信致谢。冯友兰认为江青系代表毛泽东、党中央为他落实知识分子政策,遂给江青写信,对毛主席、党中央表示感谢。信交北京大学校党委。③ 1973年10月5日晚,谢静宜、王连龙看望冯友兰。12日,杨荣国在北京大学作《批判孔子反动思想》的演讲,之后访冯友兰。中旬,北京大学、清华大学成立"大批判组",调冯友兰做顾问。据冯友兰回忆,北京大学党委政工组要他去清华大学开会。会议由迟群、谢静宜主持,说是要组织批林批孔,成立北大清华两校大批判组。谢静宜还给冯友兰看赵纪彬的《孔子诛少正卯考》,说看完后江青还要找他谈。但江青后来并未找他。时北京大学党委政工组干部宋柏年对冯友兰说,他不必天天来,做个顾问即可。冯友兰认为自己只是挂

---

① 梁培宽:《冯友兰先生与先父梁漱溟交往二三事》,见章立凡主编:《往事未付红尘》,陕西师范大学出版社,2004年,第72页。
② 蔡仲德:《冯友兰先生年谱初编》,第519页。
③ 冯友兰:《三松堂自序》,《三松堂全集》第1卷,第176页。

名,不一定做实际工作,帮助查一些典故、推敲古书意义。他参加过一些批判稿子的讨论,帮助查过一些成语典故的出处。① 冯友兰在晚年反思这件事时说,自己在领导和群众的鼓励下,暂时走上了批孔批尊孔的道路。当时还辨别不清这是群众路线还是哗众取宠,也就是诚和伪的区别。1974 年所写的文章,"主要是出于对于毛主席的信任,总觉得毛主席党中央一定比我对。实际上自解放以来我的绝大部分工作就是否定自己,批判自己。每批判一次,总以为是前进一步。这是立其诚。现在看来,也有并不可取之处,就是没有把所有观点放在平等地位来考察。而在被改造的同时得到吹捧,也确有欣幸之心,于是更加努力'进步';这一部分思想就不是'立其诚',而是哗众取宠了"。②

1973 年 10 月 30 日,冯友兰随大批判组到天津参观工农业建设成就,听车站工人讲儒法斗争,大队支书讲阶级斗争、实践第一,批"克己复礼"等。11 月,冯友兰写成《对于孔子的批判和对于我过去的尊孔思想的自我批判》、《复古与反复古是两条路线的斗争》,刊登于《北京大学学报》1973 年第4 期。前者是在北大哲学系全体师生大会上的发言,指出"五四"以来,打倒孔家店和保护孔家店是意识形态领域里两个阶级、两条路线斗争的一个重要内容。"文化大革命"以前自己一直是保护孔家店的,解放前是为大地主大资产阶级、国民党反动派服务,解放后是为刘少奇的反革命修正主义路线服务。"文化大革命"提高了自己对于孔子的认识,现在对于孔子的批判也是对自己过去保护孔家店思想的批判。自己提出"抽象继承法",与马克思主义的阶级分析方法相对抗,这不仅仅是方法论问题,实质上是一个阶级立场问题。"文革"中自己虽然对抽象继承法有所批评,但都是表面的,在写《中国哲学史新编》的过程中,用的还是抽象继承法。孔子的"德"是有阶级性的,德治不过是麻醉和欺骗劳动人民,不让他们反抗,是"牧师"的一手;仁是君子之德,"己所不欲,勿施于人"不过是奴隶主阶级之间的君子协定;"爱人"并不是爱一切人,只是爱一小撮奴隶主阶级,而给劳动人民一点小恩小

---

① 冯友兰:《三松堂自序》,《三松堂全集》第 1 卷,第 176~177 页。
② 冯友兰:《三松堂自序》,《三松堂全集》第 1 卷,第 176 页。

惠,以便于统治。冯友兰引列宁所引的费尔巴哈"谁要是安慰奴隶,而不去发动他们起来反对奴隶制,谁就是奴隶主的帮凶"的话指出,①所谓"普遍性的形式"、"人的发现"都是神化孔子,为修正主义路线服务的。冯友兰说,"无产阶级文化大革命"正在向纵深发展,中国哲学史领域也正经历着一场新的革命,自己"决心照着毛主席的指示,认真学习马列主义、毛泽东思想,改造世界观,修改《中国哲学史新编》已出版的部分,完成未写出的部分,为祖国的社会主义革命和建设尽一点力量"。②

全国各大报刊转载冯友兰的《对于孔子的批判和对于我过去尊孔思想的自我批判》、《复古与反复古是两条路线斗争》两篇文章。12 月 3 日和 4日,《光明日报》分两天转载了冯友兰这两篇文章。在转载前一篇文章时加编者按说,冯友兰"在批判孔子反动思想的同时,也对他自己过去的尊孔思想,以及他宣扬的对中国哲学遗产的'抽象继承法',有所批判。这是一个进步,值得欢迎。……深入开展批孔斗争,批判尊儒反法的观点,是当前国内外阶级斗争形势发展的需要,是批林整风的一个重要内容,是上层建筑领域内进行社会主义革命的一项长期任务。从冯友兰先生的文章中可以看出,他的进步,是在无产阶级文化大革命中,在批林整风运动中取得的,也是在积极参加批孔斗争中取得的。我们欢迎广大知识分子,包括过去受孔子思想毒害较深的人,积极投入当前的批判斗争,在斗争中认真学习马克思主义、列宁主义、毛泽东思想,进行自我教育,积极投入当前的批判斗争,在斗争中提高路线觉悟,改造世界观,努力跟上社会主义革命的步伐"。4 日,《北京日报》转载冯友兰的两篇文章,并原样转载了《光明日报》的编者按。关于编者按,冯友兰在 1975 年 9 月出版的《论孔丘》前言一书中说:

　　1973 年 12 月 3 日《光明日报》转载了我那两篇文章,并且加了《编者按》。这是党的团结、教育、改造知识分子的政策的进一步的体现。我极为感动。《编者按》虽然短,但是语重心长,其中好像有千言万语,句句都体现了党对知识分子、特别是老年知识分子的苦口婆心。《编者

---

① 列宁:《第二国际的破产》,《列宁选集》第 2 卷,人民出版社,1972 年,第 638 页。
② 冯友兰:《三松堂全集》第 14 卷,第 255～264 页。

按》的第一段是对于我的鼓励……《编者按》的第二段讲批林批孔的意义。我觉得,这是党向知识分子提出的任务。《编者按》的第三段勉励知识分子在斗争中继续前进。对于我说,这是一种鞭策。《编者按》的话并不是专对我一个人说的。这是党对于知识分子,特别是老年知识分子的普遍的关怀。当时我作了一首诗。诗说:"怪道春来花满枝,满园烂漫贺芳时。含苞才露嫩红色,便有东风着意吹。"这个东风就是伟大领袖毛主席制订的党在整个社会主义历史阶段的基本路线和党的团结、教育、改造知识分子的政策。

　　《光明日报》转载了我的那两篇文章后,我收到很多群众来信,有工人的,有农民的,有解放军的,有知识分子的。其中有一封是上山下乡的知识青年的。信中说:"……教授这样大年纪的人,能够从旧营垒中冲杀出来,给孔丘一个回马枪。这很叫人敬佩。……祝教授健康。祝您为我国上层建筑领域里的革命,做出更大的贡献。"我回他信说:"你的信,议论风发,意气豪迈。从你的信中,我看到了革命青年战天斗地壮志凌云的伟大气概。我向你学习。"①

12月8日,冯友兰的《谈谈批林批孔运动对于我的教育》在《人民日报》发表。冯友兰在《三松堂自序》中回忆道,1973年批林转向批孔,批孔就要批尊孔。自己担心又与群众对立,成为众矢之的。感到要相信党、相信群众,和群众一同批林批孔,就不会有问题了。于是就写了两篇文章,在会场上念了一遍,受到欢迎,《北京大学学报》编辑部要去,发表了;《光明日报》的转载,没有征求冯友兰或《北京大学学报》编辑部的意见。《北京日报》为了避免与《光明日报》重复,要冯将两篇文章并成一篇发表;但据上边说不行,必须照《光明日报》的原样发表,不能变动。《光明日报》转载的背景是,谢静宜在一次会议上汇报北京大学批林批孔运动的成绩,提到冯友兰的两篇文章。毛泽东要看,谢静宜从家中取来。毛泽东当场看了,并作了一些文字和标点符号的改动,就发表了。文章是不是毛泽东让发表,编者按是不是毛泽

---

　　①　冯友兰:《论孔丘》,人民出版社,1975年,第3～5页。

东所加,都不清楚。① 不过,按语中"这是一个进步,值得欢迎"和毛泽东
1949 年复函冯友兰时所说的"我们是欢迎人们进步的"语气十分相似。

　　1974 年 1 月,批林批孔运动在全国铺开,北京大学哲学系组织部分师
生到社会上办"儒法斗争"学习班;留下的部分师生编写书籍,如《论语批
注》、②《读一点法家著作》(1～4 册)、③《法家著作名词解释》、④《孔孟之道名
词简释》、⑤《孙子兵法新注》。⑥ 4 日,唐晓文《孔子杀少正卯说明了什么?》
刊登于《人民日报》。⑦ 18 日,江青主持编选的《林彪与孔孟之道》(材料之
一)印发全国。24 日和 25 日,中共中央、国务院在首都体育馆召开批林批
孔动员大会,周恩来、王洪文、叶剑英、张春桥、江青、姚文元等出席会议。周
恩来讲话提到中央规定的学习文件中有冯友兰的文章,规定的批判材料中
有冯友兰的言论。迟群讲话提到毛泽东关心冯友兰的进步,冯友兰的文章
一发表,就用放大镜仔细看。30 日,冯友兰出席大批判组批林批孔座谈会,
作题为"'克己复礼'是复古主义路线的核心"的发言。31 日,迟群、谢静宜
代表江青送冯友兰线装本《鲁迅批孔言论辑录》,因为冯友兰卧室太冷,言要
为其调整住房。

　　1 月下旬某日,冯友兰出席《光明日报》编辑部召集的"批林批孔座谈
会"并发言,题为"从个人的体会谈批林批孔同团结教育改造知识分子的关
系"。2 月,冯友兰的发言刊登于《光明日报》。文章说,批林批孔运动使自
己较为清楚地认识到思想和政治上的两条路线斗争,认识到自己过去所走
的是哪一条路线,现在该走哪一条路线,认识到尊孔的反动作用;"尊孔和批

---

① 冯友兰:《三松堂自序》:《三松堂全集》第 1 卷,第 174～176 页。

② 北京大学哲学系 1970 年工农兵学员编著:《论语批注》,中华书局,1974 年。

③ 北京大学哲学系工农兵学员编:《读一点法家著作》,人民教育出版社,1974 年。

④ 北京大学哲学系 1972 年工农兵学员编著:《法家著作名词解释》,北京人民出版社,
1975 年。

⑤ 北京大学哲学系 1972 级工农兵学员编著:《孔孟之道名词解释》,北京人民出版社,
1975 年。

⑥ 北京大兴县红星人民公社理论小组、北京大学哲学系工农兵学员编著:《孙子兵法新注》,
人民教育出版社,1975 年。

⑦ 唐晓文为"党校文"的谐音,是当时中央党校大批判组的笔名。

孔不是一个学术问题,而是一个现实的政治斗争问题。更为重要的是,使我进一步认识到,归根结底,知识分子要彻底改造,必须遵照毛主席屡次教导的,转变阶级立场,改造世界观"。[①] 3 日,冯友兰的《克己复礼是复古路线的核心》刊登于《新北大》第 36 期。文谓孔子的复礼是复辟奴隶制;刘少奇、林彪的复礼是复辟资本主义,使中国重新沦为半殖民地半封建社会。自己过去的研究都是同当时政治上的尊孔相配合,为当时的复古主义反动路线服务的。解放前是同蒋介石的尊孔相配合,为国民党反动统治集团服务;解放后是用修正主义方式为刘少奇、林彪的反革命修正主义路线服务。现在要反对刘少奇、林彪的反革命修正主义路线,保卫毛主席的无产阶级革命路线,就必须彻底批判孔子为首的复古主义路线。2 月 20 日,冯友兰的《从孔子的文艺观批判儒家思想的保守主义、复古主义和中庸之道》刊登于《北京大学学报》第 1 期。文章认为,孔子提倡以礼乐刑政统治人民,其中的"乐"就是糖衣炮弹。孔子宣扬的保守主义,反对变革,特别反对暴力革命,复古主义提倡的是奴隶哲学,中庸之道是维持现状,缓和阶级矛盾,阻止被压迫阶级的阶级斗争。

有关方面对冯友兰批孔表示满意。1973 年,北京大学中国哲学史教研室调许抗生做冯友兰的助手。1974 年 2 月 4 日,北京大学为冯友兰恢复北大分机电话。此系"落实政策"之一。"文革"前冯友兰自费安装的外线电话尚未恢复。1974 年 3 月,冯友兰致信高亨,讨论少正卯问题。1974 年 6 月 12 日晚,冯友兰接"两校大批判组"通知到人民大会堂,参加北京大学、清华大学、中央党校批林批孔会议。到会的有江青、王洪文、叶剑英等。江青跟与会者一一握手,与冯友兰握手时说想去看他,"因为穷忙,没有去"。会议由江青主持。王洪文发言,说"你们的工作有成绩",后进入漫谈。江青发言最多,大意是历史上有为的政治家都是法家,法家主张统一,反对分裂;主张抗战,反对投降,周亚夫打七国战争,也是儒法斗争。漫谈结束后,江青请叶剑英作总结。叶剑英讲,要好好学习马列主义、毛泽东思想。冯友兰认为,这次会议是江青代表党中央布置评法批儒的任务;江青的讲话,也可能是毛

[①]   蔡仲德:《冯友兰先生年谱初编》,第 533～534 页。

主席对研究中国哲学史的指示。据其他与会者说,这次会议除了毛主席和周总理外,政治局的领导同志都参加了。① 6 月 17 日,冯友兰到天津参加铁路工人批孔大会,因发急病住院,未参加活动。住院期间,冯友兰写成《咏史》二十五首的一部分,发表于《光明日报》。内中有"则天敢于做皇帝,亘古中华一英雄"一句,在后来批判"四人帮"时被认为是歌颂江青,为江青作女皇张目。冯友兰辩解自己是从批儒的角度写的,因为武则天打破了儒家的三纲五伦,是最反儒的。冯友兰的《柳宗元与唐代的儒法斗争》刊登于《教育革命通讯》1974 年第 6 期(后收入北京人民出版社《论法家和儒家的斗争》、云南人民出版社《历史上的儒法斗争》)。文章认为,"历史上凡是政治上保守的反动势力,总是抬出孔丘,鼓吹儒家学说,宣扬保守、倒退的复古主义。凡属政治上要求进步的力量,总是尊崇法家的思想,继承法家精神,反对复古、倒退,主张进步变革"。这是中国历史上两条路线的斗争,唐柳宗元、刘禹锡反对韩愈、李翱的斗争就是这种路线斗争的反映。此文显系对江青讲话的发挥。

　　7 月上旬,冯友兰到前门饭店出席法家著作注释工作会议,会议期间江青赠与会者线装李贽《四书评》一部。冯友兰因身体尚未完全恢复,只参加了一些大会,作了七首诗,成为后来《咏史》二十五首的一部分。会议结束那天,中共中央政治局领导来接见,江青讲话最多,说:"可以在报刊上另开一个专栏,发表对于评法批儒的不同意见的文章。"②1974 年 6 月,《人民日报》、《北京日报》开始设立"法家人物介绍"专栏。9 月 14 日,冯友兰《咏史》二十五首在《光明日报》发表。冯友兰序云,受天津宝坻县小靳庄贫下中农批林批孔诗歌的启发,借助中国古代咏史的传统题目,"写几首诗参加批林批孔的战斗"。22 日,金岳霖致信冯友兰,称赞《咏史》二十五首。29 日,冯友兰的《欢呼中华人民共和国成立二十五周年》刊登于《光明日报》。文章说:"中华人民共和国成立以来的二十五年中,尤其是经过无产阶级文化大革命和批林批孔运动,一支新兴的无产阶级知识分子队伍正在形成。"冯友

---

① 冯友兰:《三松堂自序》,《三松堂全集》第 1 卷,第 178 页。
② 冯友兰:《三松堂自序》,《三松堂全集》第 1 卷,第 181 页。

兰在文中赋诗向国庆献礼:"故国四千载,新邦廿五年,花开千古树,异彩耀今天。友盈三世界,义反两霸权。批林批孔后,飞骑更着鞭。"11 月,冯友兰继续在天津、北京等地参观。12 月初,冯友兰作《灵龟寿并序》:"曹操灵龟寿辞意慷慨,然犹有凄凉之感。反其意而用之。'灵龟飞蛇感逝川,雄豪犹自意凄然。但能一滴归沧海,烈士不知有暮年。'"冯友兰作 79 岁自寿诗:"水击三千里,人生二百年。尚未及半数,不为晚着鞭。尊儒风未息,批孔战方酣。愿奋一枝笔,奔走在马前。"①

1974 年 2 月在政协批林批孔会议上,梁漱溟坚持批林不批孔,认为林彪不能和孔子相提并论。江青在会上斥责梁漱溟批林不批孔的态度,说:"梁漱溟何许人也!"22 日,梁漱溟对批林批孔表示自己的看法,在政协会上作了两天半的长篇发言,题目是"今天我们应当如何评价孔子",分为十个子目:一,一个分析贯彻全文;二,从物理情理之不同谈到西洋人和中国人之不同;三,今天中国人好讲情理是渊源自古的;四,革命从身出发抑或从心出发有所不同;五,革命从心出发是中国革命的特色;六,中国传统文化植根于情谊;七,孔子在中国历史上的地位;八,西洋所长吾人所短,长短互见、各有得失;九,从马克思主义阶级观点审查孔孟之道(上);十,从马克思主义阶级观点审查孔孟之道(下)。② 此后,政协在批林批孔之外,又有了"批梁"运动。在 3 月至 9 月的几个月中,全国政协不断开会批林批孔,最后落脚到"批梁"上,持续了七个多月。9 月 19 日至 22 日,全国政协召开小组联席批林批孔会议。23 日小组会议座谈联席会议的感想。小组召集人问梁漱溟有何感想,梁说:"三军可以夺帅,匹夫不可夺志。"梁漱溟后来总结说:"我的文章,我的观点,确实是对时下流行的批孔意见不同意的。那么孔子在中国传统文化史上占有什么样的位置呢? 我的看法是,中国五千年的文化,孔子是接受了古代文化,又影响着他之后的中国文化的。这种影响,中国历史上的任何一个古人都不能与孔子相比。他生活在前二千五百年和

---

① 蔡仲德:《冯友兰先生年谱初编》,第 542~543 页。
② 梁漱溟:《今天我们应当如何评价孔子》,《梁漱溟全集》第 7 卷,山东人民出版社,1993 年,第 270~315 页。

后二千五百年的中间,他本人是承前启后的。"①

　　12 月 4 日,中国科学院哲学社会科学学部领导小组整党。金岳霖参加斗私批修。31 日,金岳霖恢复党组织生活。

　　1975 年 1 月 1 日,冯友兰的《续咏史五首》(并序)在《光明日报》发表。序云:批林批孔运动解放了人的思想,促进了生产的发展,通过在天津和北京的参观访问提高了认识,在认识提高的基础上,又写了几首诗作为补充。香港《大公报》同日刊登此五首诗,题为"续咏史五首"。10 日至 11 日,冯友兰出席全国四届人大一次会议预备会议,当选为主席团成员。13 日至 17 日,冯友兰参加全国四届人大一次会议。2 月 4 日,冯友兰的《参加批林批孔一年来的思想收获》在《光明日报》发表。文谓:两篇批孔文章发表后,收到许多热情洋溢的群众来信,受到很大"教育和鼓励。这说明,我和工农革命群众走到一条路上了。……在这种激动的心情下,我写了《咏史二十五首》,其中最后一首说'我原是一尊儒者,喜随工农步后尘。昨非今是能回首,深谢耆年带路人'……归根结底,这都归功于伟大领袖毛主席领导。随着批林批孔运动进一步普及深入地开展,我这'喜随工农步后尘'的心情体会越来越深。在一九七四年初冬我又按捺不住这种兴奋的心情,又作了一首诗,题为'言志':'水击三千里,人生二百年。尚未及半数,不为晚着鞭。尊儒风未息,批孔战方酣。愿奋一枝笔,奔走在马前。'……我要用我的一支笔,参加战斗,跟随工农主力军做一个马前卒,效一点奔走之劳。"②28 日,冯友兰出席首都各界人士、在京台胞纪念"二·二八起义"28 周年会议,并发言说:"讲一点我个人在一年来批林批孔运动中得到的收获以及广大群众对我的鼓励,以驳斥蒋介石反动集团对于批林批孔运动的诬蔑以及对我个人的一些攻击。"3 月 25 日,冯友兰下午在人民大会堂参加中国对外友好协会会长柴泽民为欢迎日本学术文化代表团访华举行的宴会。4 月,日本文化代表团团长吉川幸次郎访问冯友兰并赠诗,冯友兰回赠诗三首。

　　杨荣国也参加了批林批孔运动。他讲述了这一运动对自己改造世界观

---

① 汪东林:《1949 年以后的梁漱溟》,当代中国出版社,2007 年,第 164～165 页。
② 蔡仲德:《冯友兰先生年谱初编》,第 545 页。

的意义。他指出,革命的知识分子和学术工作者应当主动向工农兵学习,在战斗中锻炼、改造和提高自己。"学术思想工作是上层建筑领域里无产阶级与资产阶级斗争的重要阵地",孔孟之道对中国有几千年的影响,解放后 17 年,教育战线推行了刘少奇的修正主义路线,学术工作中充满着儒家反动思想和尊儒反法的思潮。所以要坚持无产阶级专政下的继续革命,就非得砸碎孔孟之道的精神枷锁不可。批判孔孟之道,还必须结合当前国内外阶级斗争,深入认识孔孟之道对于社会主义的危害,这样才能领会批林批孔的伟大意义,"而不会从'纯学术'的观点来看问题"。① 杨荣国提出,要"以批林批孔运动为中心带动科研、教学方面的工作,推动教育革命和教学体系的改革",②在批林批孔运动中,深刻地批判天命论、先验论以及中庸之道,对于改造世界观有很大的帮助;要同孔孟之道实行彻底的决裂,要坚持斗争哲学,绝不能调和。"我们从旧社会来的知识分子,一定要积极参加这场斗争,在斗争中服从真理,改正错误,跟上时代的步伐。"③同年,冯友兰作《无产阶级文化大革命赞》一首:"除旧布新战正酣,战天斗地战人间。斗争武器无穷数,都在韶山书四编。"

1973 年 11 月 12 日,驻中国科学院哲学社会科学学部工军宣传队传达上级领导指示,学部停止一切业务、外事活动,解散学部业务组。1975 年 2 月,中国科学院哲学社会科学学部取消班排建制,恢复"文革"前的业务组。8 月,国务院 14 号文件通知中国科学院哲学社会科学学部开展业务工作。

1976 年 1 月 10 日,冯友兰前往北京医院向周恩来遗体告别;15 日,冯友兰到人民大会堂参加周恩来追悼会,回家后写成《遵照总理的指引和教导,继续前进》。6 月 6 日,冯友兰《文化大革命给了我深刻的教育》作为"文化大革命颂"征文发表于《北京日报》。文章说:"正是在文革中,我学到了一点马列主义、毛泽东思想,在世界观方面有所改造,在哲学业务上也有所提高。"冯友兰批林批孔,受到了群众的赞扬,不少人来信鼓励他,据《冯友兰先

---

① 杨荣国:《批林批孔与知识分子的进步》,《红旗》,1974 年第 10 期,第 46～50 页;转载于《中山大学学报》1974 年第 5 期。

② 杨荣国:《批林批孔与知识分子的进步》,《红旗》,1974 年第 10 期,第 48 页。

③ 杨荣国:《批林批孔与知识分子的进步》,《红旗》,1974 年第 10 期,第 48 页。

生年谱初编》载,冯友兰共收到工农兵各界人士此类信件达数百封。杭州郊区转塘公社狮子大队社员秦万里致信冯友兰,称赞《论孔丘》。黄光华致信冯友兰,称赞《论孔丘》,谓:"对主席英明的领导,对党的团结、教育、改造知识分子的政策,与你有同感。"①8 月 3 日,解放军 84801 部队刘易风致信冯友兰,说:"我感到你不仅在思想战线上立了大功,而且更重要的是起到了一个无产阶级教授应起的作用。这就是说,你可以而且已经是我们思想战线上的教授。我相信,你一定会像鲁迅先生那样,生命不息,冲锋不止。"②8 月 4 日,江青到防震棚看望冯友兰,周培源、魏建功、迟群同行;不少青年高呼毛主席万岁。江青走后,北京大学党委要冯友兰写感想。冯友兰推至次日,写了两首诗:"无数英雄战地天,红旗高举到前沿。主席关怀如旭日,万众欢呼胜夜寒。"冯友兰认为,江青是代表毛主席来看望的。③ 其二:"四世同堂不寻常,况又同谢党中央。愚公当日移山业,也是全家战太行。"④8 日,冯友兰的《新的生命,新的力量》作为"文化大革命赞"发表于《光明日报》。该文系奉北京大学运动办公室之命而写,内容与《文化大革命给了我深刻的教育》大致相同,文末谓"毛泽东思想是革命人民进行社会主义革命和社会主义建设的最强大的武器,是中国人民的传家之宝。我又写了一首诗:革命洪炉火正红,烧除旧事布新风。斗争武器无穷数,都在韶山四卷中"。

9 月 9 日,毛泽东去世。冯友兰赋诗一首:"神州悲痛极,亿兆失尊亲。一手振华夏,百年扶昆仑。不忘春风教,长怀化雨恩。犹存宏文在,灿烂照征尘。"晚 10 时许,北京大学党委要冯友兰写文章悼念毛泽东,说《人民日报》明天要。冯友兰赶写出《长怀化雨恩》。11 日,冯友兰上午到人民大会堂瞻仰毛泽东遗容。13 日,冯友兰到人民大会堂为毛泽东守灵;16 日,再次到人民大会堂为毛泽东守灵。17 日,冯友兰《长怀化雨恩》刊登于《人民日报》。文谓"毛泽东思想哺育一代新人,也使许多旧人变成新人","二十七年来,毛主席常常关心我的思想改造和哲学史研究工作的进展。尤其是在文

① 蔡仲德:《冯友兰先生年谱初编》,第 554 页。
② 蔡仲德:《冯友兰先生年谱初编》,第 555 页。
③ 冯友兰:《三松堂全集》第 1 卷,第 182 页。
④ 蔡仲德:《冯友兰先生年谱长编》,第 556 页。

化大革命中,正是由于毛主席的直接关怀和教育,我才比较虚心地接受了群众的批判和帮助,进一步认识到思想改造的真正意义。我认识到,批孔和尊孔不是一个认识问题,而是一个阶级立场、世界观问题和为什么人服务的问题,这种认识,正是毛主席对我屡次教导的结果"。① 18 日下午,冯友兰参加毛泽东追悼大会,赋诗一首:"纪念碑前花如林,无声哀于动地音。城楼华表依然在,不见当年带路人。"②28 日,冯友兰的《再记化雨恩》发表于《光明日报》,谓"毛主席从来对于我的思想改造的每一进步,哲学史研究工作的每一进展,都极为关心,并给我以热情的鼓励",要化悲痛为力量,努力学习马列主义、毛泽东思想,继续改造思想,努力完成《中国哲学史新编》,为社会主义革命和社会主义建设作贡献。

第三节　"批林批孔"和杨荣国、冯友兰等人对孔子的批判

"文革"中后期中国哲学史领域似乎得到了格外的"眷顾"。毛泽东曾经要求高级干部读一些哲学史著作,1972 年,唐晓文在《红旗》发表《读几本哲学史》,1976 年翟青发表《学一点哲学史》。唐晓文认为,哲学上的两军对垒反映着阶级之间的利害冲突,被推翻的阶级不甘心失去的天堂,总是把唯心论和形而上学作为法宝,向无产阶级进攻。学习哲学史可以使我们从哲学斗争中看到阶级斗争的实质,"从而时刻注意从哲学战线上发现和击退阶级敌人的进攻"。③ 翟青认为,哲学斗争和政治斗争是紧密相连的,春秋时代的哲学辩论,不是单纯的学术论争,"而是深刻地反映了没落奴隶主阶级和新兴地主阶级之间两条政治路线的根本对立"。④ 春秋时期形成的孔孟之道"是反对革命、反对进步、主张复辟、主张倒退的思想体系",反动阶级在哲学上总带有折中主义的特点,如孔孟的中庸,《吕氏春秋》、《淮南子》等,不肯

① 冯友兰:《三松堂全集》第 13 卷,第 969～970 页。
② 蔡仲德:《冯友兰先生年谱初编》,第 557 页。
③ 唐晓文:《读几本哲学史》,《红旗》,1972 年第 2 期,第 11 页。
④ 翟青:《学一点哲学史》,《红旗》,1976 年第 3 期,第 44 页。

改悔的走资派刮右倾翻案风，也是采取折中主义。无论是地主阶级还是资产阶级，都需要保守、反动的哲学思想作为自己的精神支柱，所以孔丘及其哲学在反动阶级那里鸿运亨通；"为了推动历史前进，进步的革命的阶级或阶层总是前赴后继地进行反孔批孔的斗争"。①

一、批 林 批 孔

1974 年以后，"批林整风"转变为批林批孔运动。把林彪和孔子联系起来进行批判，是一件十分荒唐的事情。如前述，林彪事件发生后，有关部门在林彪的住宅中搜出了"克己复礼"的条幅、"中庸""合理"的笔记。这个笔记后面有"站在'左'的方面"，"大胆反极'左'思潮"、"坚(决)反右倾"的话，还有林彪对《辞海》"中庸"条目所加的"合起来就成为正确路线"的批语。这样，所谓"批林整风"就与批孔联系起来了。《红旗》杂志"短评"指出，把批林和批孔结合起来，是"因为林彪同历史上的反动派和历次机会主义路线的头子一样，是地地道道的孔老二的信徒。他一向尊孔反法，多次攻击秦始皇"；林彪尊孔是为了"颠覆我国无产阶级专政"，"推行反革命修正主义路线"，"他把孔孟之道作为阴谋篡党夺权、复辟资本主义的反动思想武器。我们党同林彪集团之间围绕着反孔还是尊孔的斗争，实质上是社会主义时期前进和倒退、革命和反革命的两条路线，两个阶级的斗争"。"只有通过对孔孟之道的批判，才能进一步认清林彪反党思想的老根，清除林彪和孔子的反动思想，也才能进一步认清林彪反党集团搞复辟倒退的反革命罪行及其修正主义的极右实质，才能挖出林彪反动思想的老根，清除林彪和孔子的反动思想的影响，也才能进一步认识无产阶级文化大革命的必要性。"②"把批林和批孔结合起来，这是把批林整风引向深入的关键，是上层建筑领域里深入进行社会主义革命的一项重要任务。"③

---

① 翟青：《学一点哲学史》，《红旗》，1976 年第 3 期，第 47 页。
② 《广泛深入开展批林批孔的斗争》，《红旗》，1974 年第 2 期，第 5 页。
③ 余凡：《林彪反革命策略的破产——批判一份黑笔记》，《红旗》，1974 年第 5 期，第 20 页。

　　系统地把林彪与孔孟联系起来的,是北京大学、清华大学大批判组的文章《林彪与孔孟之道》。① 文章认为,林彪的政治路线,是修正主义的复辟倒退的极右路线,林彪"效法孔子'克己复礼'妄图复辟资本主义"。② 孔子的"复礼"是反对代表新兴地主阶级的法家路线,恢复西周奴隶主阶级的专政,"兴灭国,继绝世,举逸民",向新兴地主阶级夺权;林彪的"复礼"是要颠覆无产阶级专政,复辟资本主义。林彪的理论路线是用"孔孟反动哲学反对辩证唯物论和历史唯物论","用孔子的天命论、天才论反对唯物论,用中庸之道反对唯物辩证法,用儒家的'德、仁义、忠恕'反对马克思主义的阶级论"。③ 从阶级根源上看,林彪尊孔是与他所代表的"中国资产阶级特别是大资产阶级的历史特点和阶级地位紧密地联系在一起的"。中国资产阶级在政治上是软弱的,在思想上也没有建立代替封建主义的思想体系,"他们历来是帝国主义奴化思想和尊孔读经的封建文化的顽固的维护者和狂热的推销者"。④ 所以,代表资产阶级利益的陈独秀、王明、刘少奇、林彪等,都乞灵于孔孟之道。从历史根源上看,孔孟之道是没落的奴隶主阶级的意识形态,主张复辟倒退,具有极大的欺骗性,两千多年来一直成为占统治地位的思想,所以,"一切开历史倒车的反动派,总是祭起尊孔的破旗"。⑤

　　当时,《人民日报》、《红旗》、《学习与批判》杂志等发表了不少批孔的文章。如《学习与批判》1974 年第 2 期发表了康立的文章《孔子和林彪都是政治骗子》,认为孔子"阳奉阴违,口是心非"。《人民日报》发表文章,认为"克己复礼"是林彪"妄图复辟资本主义的反动纲领",⑥林彪"复礼"的阶级内容"就是把被打倒的地主资产阶级重新扶植起来",所以批林批孔要联系当前的阶级斗争、两条路线的斗争,联系坚持马克思主义,反修防修的政治斗争

---

　　① "北京大学、清华大学大批判组"的主要笔名为"梁效",此外这个批判组还用过柏青、高路、景华、安杰、秦怀文、施钧、郭平、金戈、万山红、祝小章、梁小章等笔名,在"文革"期间公开发表过 181 篇文章,其中有 36 篇是应江青、王洪文命题所做。

　　② 北京大学、清华大学大批判组:《林彪与孔孟之道》,《红旗》,1974 年第 2 期,第 8 页。

　　③ 北京大学、清华大学大批判组:《林彪与孔孟之道》,《红旗》,1974 年第 2 期,第 10 页。

　　④ 北京大学、清华大学大批判组:《林彪与孔孟之道》,《红旗》,1974 年第 2 期,第 11 页。

　　⑤ 北京大学、清华大学大批判组:《林彪与孔孟之道》,《红旗》,1974 年第 2 期,第 14 页。

　　⑥ 《人民日报》社论:《批"克己复礼"》,1974 年 2 月 20 日。

和思想斗争。《红旗》发表了燕枫的文章,认为批林批孔是"反修防修"的伟大斗争、[①]孔丘的仁义道德是林彪的反革命修正主义路线理论基础。[②]

二、杨荣国、冯友兰、赵纪彬
等学者对孔子的批判

(一) 杨荣国

杨荣国、冯友兰、赵纪彬、冯天瑜等学者都参加了批林批孔运动。杨荣国的文章《孔子——顽固地维护奴隶制的思想家》拉开了批林批孔运动的帷幕。[③] 杨荣国在文章中指出,孔子所处时代的阶级矛盾是奴隶反抗奴隶主、新兴地主阶级和没落的奴隶主贵族斗争的时代。孔子是站在奴隶主贵族的立场上,反对新兴的封建势力的,他反对"铸刑鼎",诛杀少正卯;他主张"兴灭国,继绝世,举逸民",目的就是要恢复奴隶主贵族的统治权力,让那些已经没落的奴隶主贵族重新出来当政,是彻头彻尾的复旧反动的政治口号。孔子思想的核心"仁",内容包括孝悌、忠恕、正名、德、智等,则"是殷周奴隶主阶级的意识形态"。他的思想的实质,是要维护奴隶主阶级的统治,论证劳动人民只能被剥削、被奴役、被统治。用一句话说,他就是要论证"剥削有理、造反有罪"。[④] 杨荣国强调:"批判孔子的反动思想,对参加现实的阶级斗争,特别是对抓上层建筑意识形态领域的阶级斗争,是会有帮助的。"[⑤]杨荣国又发表了《两汉时代唯物论反对唯心论先验论的斗争》,批判林彪的"唯心主义天才论"。文章认为,唯心论的先验论和唯物论的认识论的斗争是贯穿中国哲学史始终的两条路线的斗争。历史上唯心论哲学家鼓吹先验论,是统治阶级的理论武器。汉代唯心论有董仲舒和《白虎通义》的

---

①　燕枫:《孔丘的仁义道德与林彪的修正主义路线》,《红旗》,1974 年第 6 期,第 8 页。

②　燕枫:《孔丘的仁义道德与林彪的修正主义路线》,《红旗》,1974 年第 6 期,第 8 页。

③　杨荣国:《孔子——顽固地维护奴隶制的思想家》,《人民日报》,1973 年 8 月 7 日。

④　杨荣国:《孔子——顽固地维护奴隶制的思想家》,《中山大学学报》,1973 年第 1 期,第 36 页。

⑤　杨荣国:《孔子——顽固地维护奴隶制的思想家》,《中山大学学报》,1973 年第 1 期,第 37 页。

先验论,对此进行斗争的是以王充为代表的唯物论哲学家,"学习与研究中国哲学史上两条路线的斗争,可以加强我们对意识形态领域阶级斗争重要性的认识"。①

(二) 冯友兰

冯友兰在《论孔丘》的前言中叙述了他自己加入批林批孔的思想斗争过程:

> 1973年秋天,群众性的批林批孔运动展开了。开始的时候,我的心情很紧张。我想,糟了,在无产阶级文化大革命以前,我一向是尊孔的。现在要批林批孔,我又成为批判的对象了。后来又想,这个思想不对。这个思想还是从文化大革命以前的旧立场出发的。我过去尊孔,那是因为我过去的立场反动,路线错误。在文化大革命中,我已有所认识。尊孔问题,我也初步作了自我批判。我现在要在过去自我批判的基础上进一步地批孔,批我过去的尊孔思想。我要和革命群众一起,批林批孔。学校的领导上知道我这个意思,就鼓励我在哲学系全体师生大会上,讲讲我现在对于孔子的认识。《北京大学学报》(1973年第4期)发表的我的那一篇文章,就是我在这次大会上的发言稿。在准备这篇稿子的过程中,我的紧张心情,逐渐消失。我觉得越来越轻松愉快,觉得能够跟革命群众一起批林批孔,这是很大的幸福。……

> 从尊孔到批孔,从觉得好像是灾难,到觉得确实是幸福,这是一种思想改造上的转变。这个转变是同我在文化大革命中所受的教育分不开的,是在那个基础上取得的。……我逐渐认识到中国哲学史中的两条路线的斗争。一条路线是以孔丘的儒家为代表的复古、倒退的路线,另一条路线是以法家为代表的革新、前进的路线。复古、倒退的路线总是以唯心主义为其哲学基础的;革新、前进的路线总是以唯物主义为其哲学基础的。在中国长期封建社会中,孔孟之道是统治的思想。封建

---

① 杨荣国:《两汉时代唯物论反对唯心论先验论的斗争》,《人民日报》,1973年8月13日。

主义的哲学史都吹捧儒家，贬低法家，宣扬唯心主义，诬蔑唯物主义。资产阶级的哲学史也是如此。这是一个两千多年的旧案。中国哲学史中的革命，就是要翻这个旧案，把颠倒的历史重新颠倒过来。哲学史中的两条路线的斗争认识清楚了，对于哲学史中的革命也就了解了。……我是拥护孔家店的。"五四"以后，封建社会的尊孔老方式不行了。我就用资产阶级方式拥护孔家店，其具体表现就是我在三十年代写的那部《中国哲学史》，以及在抗日战争时期写的那些吹捧孔孟之道的东西。这是为大地主、大资产阶级，特别是国民党反动派的政治服务的。在解放以后，资产阶级的方式又不行了。我就用修正主义的方式拥护孔家店，其具体表现就是在六十年代我写的那半部《中国哲学史新编》。这是为刘少奇、林彪反革命修正主义路线服务的。……我过去的立场是大地主、大资产阶级立场，我的世界观是资产阶级的……批林批孔运动，使我比较清楚地认识思想上和政治上的两条路线斗争，使我能够认识我过去走的是哪一条路线，现在应该走的是哪一条路线，使我认识到尊孔的反动作用，尊孔的是哪一种人。尊孔与批孔不是一个学术问题，而是一个现实的政治斗争的问题。更重要的是，使我进一步认识到，归根结底，知识分子要彻底改造，必须遵循毛主席屡次教导的，转变阶级立场，改造世界观。……有的人说：照这样批下去，看样子就能批出一个灿烂的社会主义新文化来。这话说得很对。实际上就是这样子。破和立是同时的。毛主席说："破字当头，立就在其中了"，讲的就是这个道理。我们现在是，在世界上一个历史很古，人口最多的国家中，破旧立新、灭资兴无。这样的大破大立，不仅是中国的一个伟大的创举，也是全世界的一个伟大的创举。我们正在做前人所没有做过的事业。在这种大好形势下，领导上鼓励我继续"练弓"。我也继续写了一些"对于孔丘的批判和对我过去尊孔思想的自我批判"的文章，合起来就成为这本《论孔丘》。这是一九七三年那两篇文章的继续和发展。我的思想中旧框框太多。"弓"练得不好。不是"矢无虚发"，而是虚发很多。其中还难免有许多错误。如果也能打中一两环，那就要归功于毛主席亲自发动和领导的无产阶级文化大革命和批林批孔运动，归功于毛主席和党的团结、教育、改造知识分子的政策。①

《论孔丘》对孔子思想进行了全面的批判,下面分述之。

1. 关于春秋时期的形势和孔丘的立场

冯友兰认为,春秋时期是中国由奴隶制转向封建制的大变革时期,社会分为顺应历史发展的革新、革命的前进派和企图开历史倒车、阻碍社会变革的顽固保守派。奴隶主阶级是被革命的对象,地主阶级是革命的领导力量。在这两个阶级的斗争中,"奴隶主阶级走的必然是复古、倒退的路线,地主阶级所走的必然是革新、前进的路线"。② 孔丘是站在奴隶主阶级的立场上,"企图挽救他们的命运,恢复他们的统治地位"。③ 在《新编》中,冯友兰认为孔子属于从旧统治阶级转化出来的革新派。现在冯友兰认为这是"企图为孔丘辩护,把孔丘说成是地主阶级的代言人,孔丘的思想在当时起了一定的进步的作用"。④

2. 关于"克己复礼"

冯友兰指出,"克己复礼"是孔子"复辟奴隶制的反革命纲领"。"礼"是孔丘宣扬的奴隶制社会的上层建筑,具体地说,"是西周的奴隶制以及奴隶主统治的意识形态"。⑤ "孔子所要保护的有三种制度,一是分封制,二是等级制,三是世袭制","孔丘希望,'礼'可以维护分封制和等级制,使奴隶社会万世长存","孔丘的梦想,是以鲁国为基础,恢复周礼。他所谓的变,不是向前变革而是向后倒退。所谓道的具体表现就是周礼。他认为,如果在鲁国恢复了奴隶制度,那就是变到最完善的地步。其实是倒退到最落后的地步"。⑥ 孔丘取得鲁国执政者季氏的信任,成为鲁国的大司寇,执政三个月,便杀害了主张革新的少正卯,又要拆毁三家的都城,使之符合周礼。这种复古行为当然行不通,所以最后只能离开鲁国,周游列国。孔丘为了实现"克

---

① 冯友兰:《论孔丘·前言》,人民出版社,1975 年,第 1～9 页。
② 冯友兰:《论孔丘》,第 18 页。
③ 冯友兰:《论孔丘》,第 18 页。
④ 冯友兰:《论孔丘》,第 12 页。
⑤ 冯友兰:《论孔丘》,第 20 页。
⑥ 冯友兰:《论孔丘》,第 22 页。

己复礼"的政治纲领,提出了"正名"的政治主张。他"不是改变旧的名及其所代表的条条框框以符合实际的情况,而是用旧的名所代表的条条框框以纠正当时他认为是不正常的实际情况。这就是他所谓'正名','正名'就是'复礼'"。① 冯友兰对于《新编》中"礼不下庶人"的考证进行了自我批判,指出:"所谓周礼本来是包括很多的东西,社会制度、道德规范以及礼节仪式,都包括在礼之内。所谓'礼不下庶人'那个礼,是指表示奴隶制度的等级的礼节仪式。……照周礼,这些礼是庶人所不能有的。这并不是说庶人并不在周礼所规定的社会制度之内。"②

3. 关于"德"和"刑"

冯友兰认为,"德""刑"对立是儒法斗争的表现。孔子云"为政以德",又说:"道之以德,齐之以礼。"冯友兰说自己对这些话的理解和评价,经历了三个阶段。起初是用"抽象继承法"的方法,如旧《中国哲学史》把孔丘所讲的"德"说成是个人道德品质,把他所讲的"礼"看成社会规范、社会风俗习惯等,认为"道之以德"就是要提高个人道德,"齐之以礼"就是要加强社会规范对个人行为的约束,加强社会感化的力量等。自己把这种只取"德"和"礼"的字面意义的做法"作为一个方法提出来,就掩盖了哲学史中的各种思想的阶级内容,混淆了当时阶级斗争的阵线,歪曲哲学史发展的规律。这不仅是一个方法问题,归根结底,是一个阶级立场问题,是一个在当时的两个阶级、两条路线斗争中站在哪一方面的问题"。③ 后来逐渐了解了列宁所说的"真理总是具体的"这一教导的意义,认识到孔子的"德"和"礼"也都是"有具体内容的,特别重要的是其阶级内容","道之以德"不过是为了"加强对劳动人民的麻醉和欺骗,使劳动人民不但不敢反抗,而且也不想反抗,由此从根本上消灭一切'犯上作乱'的思想和行为",是"牧师的一手"。不过,这样的批判"还没有揭露出孔丘思想的特点"。在批林批孔运动中,自己又进一步认识到,在当时阶级斗争的形势下,孔丘把"道之以德,齐之以礼"和"道之以

---

① 冯友兰:《论孔丘》,第27页。
② 冯友兰:《论孔丘》,第32页。
③ 冯友兰:《论孔丘》,第35页。

政,齐之以刑"对立起来,"是当时两个阶级、两条路线的斗争的问题,是春秋末期儒法斗争的一个重要环节"。① "早期的儒法斗争,是围绕着'刑'这个问题展开的。刑是奴隶主贵族专政的暴力。"子产铸刑书,邓析对此不满,作《竹刑》,子产用阶级报复的办法杀害了邓析,"这是当时两个阶级、两条路线的斗争,是儒法斗争的一次战役"。孔子的"道之以德"是针对法家的。少正卯是修订刑律的副官,是法家,代表新兴地主阶级,孔丘则代表没落的奴隶主阶级。孔子诛少正卯,也是"新兴地主阶级和没落奴隶主贵族这两个阶级的斗争,是保守、倒退和革新、前进两条路线的斗争,也是鲁国的儒、法斗争"。②

冯友兰对自己的中国哲学研究作出了检讨,说自己比封建时代的历史家,还多了一层资产阶级的虚伪的面孔,认为自己的研究没有阶级偏见,只是求客观的真实。1962年写的《中国哲学史》,把孔子打扮成第一个讲私学的人,第一个以私人资格提出思想体系的人,第一个创立学派的人,不过是从文化、教育方面为孔家店修补篱笆。冯友兰指出,历史和历史学中都存在两条路线的斗争。"无论什么时代,研究历史都是为当时的现实斗争服务的。历史学中的两条路线斗争也就是现实的两条路线斗争的一个组成部分。历史上有儒法斗争,历史学中也有儒法斗争。我过去的中国哲学史工作,也反映了儒法斗争。我尊儒反法,就是为当时的政治上的尊儒反法服务的。我过去是尊孔的,我必然要保护孔家店,我所说的那三个'第一',就是我在当时保护孔家店的一种手法。"③冯友兰指出,自己以前不承认有孔子诛少正卯这个儒法斗争的大事,"就是不客观,有剥削阶级的偏见,不求历史的真实。这就是现在的儒法斗争中的一个斗争"。④ 冯友兰接受了赵纪彬的考证,认为"君子"代表统治阶级,"小人"代表被统治阶级。

4. "仁"和"忠恕之道"

冯友兰说,这些都是"伪善的道德原则"。在阶级社会中,政治和道德不可分,阶级的道德都是为阶级服务的。仁"就是要更好地复礼、复辟奴隶

---

① 冯友兰:《论孔丘》,第40页。
② 冯友兰:《论孔丘》,第45页。
③ 冯友兰:《论孔丘》,第49页。
④ 冯友兰:《论孔丘》,第51页。

制"；所谓"爱人"，不过是给劳动人民施加一些小恩小惠的欺骗手段，以便巩固自己的政权，更好地统治他们。冯友兰又说，自己过去认为"仁"和"礼"是孔子思想的两方面，二者之间还有矛盾，"礼"把人约束到传统之内，"仁"则使人从传统中解放出来，前者具有保守性、可引申至反动性；后者则有进步性，可引申至革命性。现在看来，"这完全是错误的"。① 自己过去认为"仁"不限于统治阶级，并以"民兴于仁"为证据，现在看来，这不过是亲其亲，并不就是仁德。自己过去把"爱人"解释为爱一切人，现在看来，孔子并没有说"爱人"是爱一切人。自己过去认为，忠恕之道是孔丘的为仁之方，现在看来，在阶级社会中，每一个人都属于一定的阶级。在社会大变革时期，"革命的、进步的阶级推进这种转化，反动的、保守的阶级反对这种转化"。孔丘主张"克己复礼"，就是站在当时奴隶主贵族的立场上，反对奴隶主阶级和新兴地主阶级的阶级地位的转变，企图恢复"周礼"。所谓"己所不欲，勿施于人"、"己欲立而立人，己欲达而达人"等，都是巩固吃人的奴隶制，维护奴隶主贵族剥削的欺人之谈。

冯友兰指出，"己所不欲"的"欲"，"所恶于上，毋以使下"的"毋"都是以礼的规定为其范围的，不能离开礼的标准。资产阶级哲学家用"自由、平等、博爱来解释孔丘，把孔丘的思想披上了资产阶级的外衣"。自己 30 年代写《中国哲学史》，给"仁"下的定义是"人之性情之真的及合礼的流露，即本同情心以推己及人者也"，完全是超阶级的资产阶级的人性论的解释。"这里所讲的'人'是抽象的人，不是具体社会里边的某一阶级的人。这里所讲的'礼'，也是抽象的礼，不是某一种社会中某一阶级的'礼'。我这里所讲的'性情'和'同情心'也是抽象的性情和同情心，不是某一种社会中某一个阶级的性情和同情心。这些抽象的东西，实际上都是不存在的。他们不过是人的思想中的一些概念。因此，这里所说的'推己及人'，不过是人的思想中的一种想象，实际上也是不存在的，纯粹是欺人之谈"。② "离开了人的阶级性而谈人的性情和同情心，认为抽象的人有共同的性情，这就是资产阶级的

---

① 冯友兰：《论孔丘》，第 52 页。
② 冯友兰：《论孔丘》，第 63 页。

人性论。资产阶级大谈人的共同的人性，这就是要用抽象的人性论，反对马克思主义的阶级论。"①

　　冯友兰对自己的"抽象继承法"和"普遍性形式"说也进行了批判。他说自己在《中国哲学史》中对于"仁"专从字面讲，不管背后的阶级内容，这就是"抽象继承法"。自己在 50 年代"把'抽象继承法'作为一个方法提出来，这完全是同马克思主义的阶级分析法相对立的"，"其根源都是资产阶级立场和资产阶级世界观"。凡是认为"仁"和"忠恕之道"行之四海而皆准的，都属于抽象继承法，只是自觉不自觉而已。60 年代自己写《中国哲学史新编》，又说孔丘的"忠恕之道""是以普遍的形式提出来的"。普遍形式来源于马克思恩格斯的《德意志意识形态》，马克思和恩格斯是说资产阶级进行革命时，把自己的利益说成是社会成员的共同利益，赋予自由、平等、博爱等资产阶级思想以普遍的形式。但是，资产阶级并不打算对劳动人民实行自由、平等、博爱，所以这些不过是欺骗。孔丘的"忠恕之道"不过是"克己复礼"的另一种说法，是为了维护奴隶制，"在当时的阶级斗争的形势下，只有反动的意义，没有进步的意义"。② 自己说"忠恕之道"在阶级性之外，还有普遍形式，这实际上是用抽象继承法否定马克思主义的阶级分析方法，是修正主义的观点。

　　冯友兰指出，中国资产阶级宣扬孔子思想，一方面是尊孔，另一方面也是借孔孟之道宣扬资产阶级思想。因为中国是半殖民地半封建社会，资产阶级无论是在政治经济上还是文化上都是软弱无力的，不能建立自己的思想体系，只能借助于封建社会占统治地位的孔丘的思想。

　　5. 关于"中庸之道"

　　冯友兰认为，"中庸之道"是"反辩证法的'合二而一'论"。所谓"执其两端，用其中于民"，"是没有斗争的、静止的两个对立面。孔丘所说的'中'，就是要永远保持统一体的平衡，不发生质变"；他所说的"无过不及"也是不偏离平衡状态，完全是形而上学的反辩证法的观点。他的"中"的具体规定就

---

　　① 冯友兰：《论孔丘》，第 63～64 页。
　　② 冯友兰：《论孔丘》，第 65 页。

是"礼"，即"周礼"，"礼"的作用本来是防止劳动人民犯上作乱；"庸"则是维持社会现状和常规，即相对的平衡。破坏平衡，就是"反中庸"。儒家又把"中"与"和"联系起来，提出整个宇宙、社会都是"和"，"和"由对立面的"节"构成，"节"就是"中"，就是维持双方存在的界线。冯友兰说，春秋时期，阶级斗争已经十分激烈，孔丘为了挽救奴隶主贵族，使之免于灭亡，宣扬调和阶级矛盾，反对被压迫阶级的斗争，以达到与剥削阶级的和平共处。"这就是儒家学说的反动性和虚伪性。"①"对立的统一是有条件的，暂时的，相对的，而对立的互相排除的斗争则是绝对的。说它们之间可以用调和代替斗争，这就是反辩证法的'合二而一'论。"②

　　冯友兰分析了孔丘阶级调和论的阶级根源，指出："在阶级社会中，革新、前进和保守、倒退这两条路线斗争，是阶级斗争的反映。""春秋时期是中国社会由奴隶社会向封建社会转变的时期。……孔丘站在奴隶主的立场，就是要挽救已经破坏了的奴隶社会的平衡，反对'过'和'不及'。在他看来，一切变革都是'过'，不努力保护奴隶制就是'不及'。"③冯友兰对自己过去在《新原道》里宣扬中庸，也进行了批判，认为那是帮国民党蒋介石的忙。

　　6. 关于孔子的天命论和鬼神论

　　冯友兰认为，孔丘的天命论是宗教的，鬼神论是"实用主义"的。冯友兰指出，"天命就是上帝的命令"，春秋时期这种宗教思想已经衰落，孔丘仍然宣传和维护这种宗教思想。《论语》中的"天"相当于帝、上帝，是宇宙的最高统治者，孔丘把"天命"、"大人"、"圣人之言"并列，认为三者都是可以敬畏的。"天何言哉，四时行焉，百物生焉"不过表明，上帝也可以无为而治。他自己在30年代写《中国哲学史》和60年代写《中国哲学史新编》时，为了证明孔丘是新兴地主阶级的代表，就说孔子突破了人格神的宗教迷信，在无神论思想史上是个进步。《中国哲学史新编》认为孔丘感到有一种支配自然界和人类社会的神秘的力量，其实这就是上帝的别名。孔丘认为人是受天命

---

① 冯友兰：《论孔丘》，第74页。
② 冯友兰：《论孔丘》，第73页。
③ 冯友兰：《论孔丘》，第75页。

支配的,知其不可而为之不过是在历史潮流面前坚持恢复周礼,表明"他特别顽固,一定要执行复辟、倒退路线"。所谓人的道德品质可由自己的努力而提高,不受天命约束,实际上是对"劳动人民的十分毒辣的精神奴役"。《中国哲学史新编》提出力命说,认为孔子的道德说为"力"和"命"划出了各自的地盘,其实,"命"本身是不存在的,为它划出地盘就是保留了它。孔丘明确地肯定上帝存在。他对于鬼神的态度的现实意义是最好地维持奴隶社会的秩序和奴隶主贵族的统治,所以本质上是"实用主义鬼神论"者。

7. 关于孔子的认识论和历史观

冯友兰认为孔子的认识论是唯心主义的先验论,历史观是英雄史观。孔丘把人划分为上智、中人、下愚,是宣扬"生而知之"的唯心主义先验论。这三类与奴隶主贵族、庶人、工商自由民和奴隶阶级相对应,孔丘的先验论是其英雄史观的理论基础,二者又是其复辟奴隶制的政治纲领的基础。孔丘是站在没落的奴隶主贵族一边,企图复辟奴隶制的,所以得到一些"逸民"的同情,而劳动人民则有机会就把他包围起来进行斗争。柳下跖揭发了孔丘的两条罪状,一是伪,一是盗,击中了孔丘的要害。汉朝以后,地主阶级转向保守倒退,把儒学作为统治思想,把孔丘作为"至圣先师",蒋介石、刘少奇、林彪等,也吹捧孔丘。"但是,历史的规律是无情的,被颠倒了的历史总要颠倒过来,而今果然颠倒过来了。这是毛主席亲自发动和领导的无产阶级文化大革命的胜利,批林批孔运动的胜利。"①

冯友兰加入批林批孔运动,在社会上产生了促进运动深入发展的效果。1976 年 2 月 13 日,史斌的《读〈论孔丘〉》刊登于《光明日报》。文章说,该书前言叙述了"作者对于孔老二的认识、立场、世界观的转变,由此我们可以看到批林批孔运动的威力,看到党的团结、教育、改造知识分子政策的胜利";"《论孔丘》为我们深入批林批孔提供了丰富的资料,我们要反击右倾翻案风,批判奇谈怪论,读这本书,可以帮助我们了解现代孔老二是怎样继承他们的祖师爷的那些'圣言'的。"②《论孔丘》很快由人民出版社第二次印刷

---

① 冯友兰:《论孔丘》,第 123 页。
② 蔡仲德:《冯友兰先生年谱初编》,第 552 页。

出版。

　　如前所述,冯友兰已经接受了"革命史观",认为研究哲学史"是一种革命工作","就是要把无产阶级革命推进到过去几千年的中国哲学界"。《论孔丘》是这种哲学史观的产物。他接受了关锋关于孔子思想的观点,全盘否定了孔子思想。就意识形态领域来说,否定孔丘,也是为毛泽东思想腾出地盘;当时的中国,不光是在中国哲学史领域,整个思想领域都要普及毛泽东思想。冯友兰未能遗世独立,他在时势的迫使下,放弃了自己从 1949 年以来一直固守的学术独立意识,进入了"迷失自我"的阶段,成为时代的缩影。"文革"是他"迷失自我"的阶段,也是整个民族失去理性的时代,无论对于他、还是对于整个民族理性的成熟,都是深深的遗憾。

(三) 赵纪彬

　　文革期间,赵纪彬也对孔子进行了批判。他撰写了《关于孔子诛少正卯问题》、[①]《柳下跖痛骂孔老二》[②]等文章批判孔子。此外,他还修订了《论语新探》,出版了该书的第三版,突出了批孔和儒法斗争的线索。[③] 批判孔子,赵纪彬的态度是一贯的,"文革"期间批孔的特点在于,他在原来的维新派的君子与变革派的小人之间的政治斗争的线索之外,又根据"中央精神"提出了儒法斗争的线索,认为维新派的君子和变革派的小人的斗争,就是儒法斗争。关于此,我们在第五节"评法批儒与儒法斗争史观的形成"中叙述。

(四) 其他学者

　　冯天瑜、袁伟时等人批判了孔子的教育思想。冯天瑜撰写了《孔丘教育

---

　　① 赵纪彬的《关于孔子诛少正卯问题》写于 1973 年 5 月。该文在"文革"期间作为内部印刷品由中共中央党校印刷,报送中共中央。此印刷品复印件,作者得自赵纪彬先生家属,在此表示感谢。

　　② 赵纪彬的《柳下跖痛骂孔老二》亦为"文革"期间中共中央党校报送中共中央的内部印刷品,作者自赵纪彬先生家属处得到一份复印件,作者在此深表谢意。

　　③ 赵纪彬的《论语新探》解放后分别于 1958 年、1962 年出版了第一、第二版。1966 年,赵纪彬完成了第三版的修订工作,但没有出版。批林批孔期间,赵纪彬又对 1966 年的第三版进行了修订,主要是突出了儒法斗争的线索,故该书 1976 年 2 月出版的第三版,实际上已经是第四版了。

思想批判》①，从孔子的生平、办教育的目的、培养的目标、教学内容、教学方法和治学方法、教育思想对后世的影响等几个方面进行批判。该书认为，孔丘出身于极端保守的家庭，又生长于以保守著称的鲁国，受到了很深的反动思想的影响，"孔丘的一生，是顽固不化的反动派的一生"。② "教育活动是他反革命政治活动的一个重要组成部分。"③冯天瑜认为，办"私学"不是孔丘首创，此前邓析已经办私学。编造孔丘首办私学的目的是抹杀少正卯等法家办教育、改革教育的历史功绩。孔丘办私学是为了"复礼"，挽救"先王之教"，"举逸民"。所谓孔丘实行"有教无类"的政策普及了教育，是谎言。"有教无类""是按照地域训练奴隶，不用区别族类，根本不是什么'不分贵贱'、'打破阶级界限'的进步教育主张，而是彻头彻尾的反动奴化教育主张"。④ 孔丘的教育目标是培养"'守死善道'的反动分子"，"培养一批坚持反动立场，决心开历史倒车的反革命官僚"。⑤ 孔丘教育的内容是奴隶主阶级的忠孝观念的"德教"，把农工军商等实际知识排斥在教育之外。冯天瑜认为，教育方法总是从属于教育方针，并为教育方针服务的，孔丘的"举一反三"等的"一"，是"一以贯之"的"一"，就是奴隶主阶级的最高观念"仁"及其表现"礼"，⑥"举一反三"就是以"礼"来评判事物，决不是启发学生独立思考，而是"把学生的思想禁锢在礼教牢笼中的狡猾手段"。⑦ "因材施教"是为没落奴隶主阶级选拔尖子的措施，是对劳动人民的文化专政，"学而不思则罔，思而不学则殆"则是唯心主义的修养方法。冯天瑜又指出，教育是一个阶级对另一个阶级专政的工具，孔子的教育方针是"学而优则仕"，他一生都在"替奴隶主贵族训练精通周礼的官僚"。⑧

　　袁伟时也认为，教育领域从来都是阶级斗争和路线斗争的一个重要阵

---

① 冯天瑜：《孔丘教育思想批判》，人民出版社，1975 年(1976 年 3 月重印)。
② 冯天瑜：《孔丘教育思想批判》，第 4 页。
③ 冯天瑜：《孔丘教育思想批判》，第 16 页。
④ 冯天瑜：《孔丘教育思想批判》，第 28 页。
⑤ 冯天瑜：《孔丘教育思想批判》，第 45 页。
⑥ 冯天瑜：《孔丘教育思想批判》，第 71 页。
⑦ 冯天瑜：《孔丘教育思想批判》，第 71 页。
⑧ 冯天瑜：《孔丘的亡灵与教育界的奇谈怪论》，《红旗》，1976 年第 3 期，第 33 页。

地,孔丘办学的目的就是用奴隶制传统占领这个阵地,达到恢复文武周公之道的目的。他从四个方面分析了孔丘的"反动教育"。首先,所谓"诲人不倦",实际上是"结成政治性团体,大造反革命舆论,为奴隶主贵族输送反革命骨干,贯彻他的反动政治路线";①而对于奴隶,则实行愚民政策,"民可使由之,不可使知之"。所以,孔丘的"诲人不倦"是有鲜明的阶级性的。其次,孔子办学并不是什么"划时代的功绩"。袁伟时说,教育是有阶级性的,不能说凡是办学都有功绩。在半殖民地半封建社会,美帝国主义在中国办了很多学校,培养统治中国的奴才。孔丘说过自己是"述而不作",所以他在文化上并没有发明和创造,他的学问,"不过是维护殷周奴隶制的典章制度,进行反动、虚伪的关于'仁'的说教",这些都是阻碍历史前进的。这一套宣传越广,对历史的阻碍越大,谈不上什么功绩。再次,孔子编过《诗》《书》,整理过《春秋》,是不是在保存文化典籍方面有功绩呢? 袁伟时认为,孔丘的罪恶之一就是"湮没文化典籍",如《诗经》据司马迁的记载有三千余篇,经过孔子的编订就只剩下 305 篇,大部分不合乎孔丘的反动礼义标准的诗,都被他删去了。最后,孔子主张"知之为知之,不知为不知",在为学态度上,是不是很有唯物的味道呢? 对此,袁伟时也持否定态度。他说,鲁哀公问宰我"社"的情况,宰我老实地回答"周人以栗,曰,使民战栗",孔丘就很不高兴,说"成事不说"。这是因为文武周公都被认为是"仁"的典范,宰我的回答揭穿了他们所谓"仁"的老底。这就是说,"知之为知之"也是不行的。还有一次宰我对三年之丧提出疑问,认为守丧三年,礼乐会崩坏。这个问题很有根据,孔丘不懂,却给宰我扣了个"不仁"的大帽子。② 袁伟时认为:"在孔子从主观出发任意歪曲事物的方法影响下,两千多年来,为统治阶级服务的御用学者,从儒家的所谓经典中讨生活,甚至胡乱猜想,要从中找出什么'微言大义',成为障碍中国古代文化更好发展的重要原因。"③袁伟时提出要粉碎孔子反动教育思想的幽灵,"包括他的教学方法的恶劣影响,建立起崭新的无产阶

① 袁伟时:《孔子反动教育四议》,《中山大学学报》,1973 年第 1 期,第 65 页。
② 袁伟时:《孔子反动教育四议》,《中山大学学报》,1973 年第 1 期,第 69 页。
③ 袁伟时:《孔子反动教育四议》,《中山大学学报》,1973 年第 1 期,第 70 页。

级的教育制度和教学方法"。①

<h2 style="text-align:center">第四节　评法批儒与儒法
斗争史观的形成</h2>

在批林批孔运动中,意识形态领域还形成了"儒法斗争史"观。这种观点认为,中国哲学史是儒法斗争史,"儒法斗争贯穿两千多年,一直影响到现在",②党内思想路线的斗争是历史上儒法斗争的继续;批判历史上的儒家,也就是批判现实中的儒家。这就把哲学史研究进一步推到了"影射史学"。从"革命史观"到"服务史观"再到影射史学,有一条清晰的逻辑线索。

<h3 style="text-align:center">一、儒法斗争史观的形成</h3>

儒法斗争史观的形成,既有一定的历史事实基础,也有理论的逻辑必然性。所谓历史事实基础,如战国时期存在法家韩非对儒家的批判等;所谓理论的逻辑必然性,则是说在 1949 年后尤其是"文革"期间的极"左"逻辑下,形成儒法斗争史观,褒扬法家,批判、抨击儒家是很顺理成章的。1949 年起实行范式转化以后,中国哲学史研究批判儒家、褒扬法家即成为必然。至于这一观点被表述出来,则是早晚的事。以冯友兰为例,两卷本《中国哲学史》是赞扬孔子,批判韩非的。但到了 1962 年的《中国哲学史新编》,他已经明确地提到了"儒法斗争"的概念,评价也发生了逆转,孔子成为遭到批判的对象。出于"感情"问题,也仅只是在谈到开办私学、整理文献等不具有思想意义的次要方面,给予孔子积极的评价。韩非则成为新兴地主阶级的代表、唯物主义者、推动历史前进的人物等。这都是范式转换理所当然会带来的结果,也是在"革命史观"的逻辑下水到渠成的结论。所以,儒法斗争史观与其说是中国哲学史研究的偏向,毋宁说是"革命史观"逻辑所包含的极端扭曲

---

①　袁伟时:《孔子反动教育四议》,《中山大学学报》,1973 年第 1 期,第 71 页。

②　北京大学儒法斗争史编写小组:《儒法斗争史概况》,人民出版社,1975 年,第 1 页。

化的"服务史观"的彻底展示，"学术为现实服务"被推到了编造历史的地步。学术和当时政治的关系的复杂性在于，学者观点的改变既是迫于政治压力的迷失，也有自愿和取悦政治的成分，两者复杂地纠缠在一起。从程序上看，政治的压力在先。而所谓政治的压力，还不限于某一领导或机构对学者发出命令，当时的气氛和学者屈从后来自群众的赞扬，也足以促使和推动学者沿着扭曲的道路走下去。如前所述，冯友兰在批孔以后就收到不少群众来信，鼓励和赞扬他。群众也好、学者也好、国家也好、领导人也好，都是沿着极"左"的逻辑往下走。在社会的强大的惯性运动面前，学者是无力的。

1972 年 12 月，杨荣国在《红旗》上发表《春秋战国时期思想领域内两条路线的斗争》，指出春秋战国时期是由奴隶制向封建制急剧变革的时代，这一时期形成了儒法两个阶级、两条路线的斗争。儒法斗争的实际是，孔子维护奴隶主阶级的统治，主张唯心主义、保守，与孔子对立的是商鞅，代表新兴地主阶级的利益，他的"耕战思想是唯物论的观点"。① 荀子是儒家，但他所说的"礼"近似于法家的法，他的政治主张和商鞅近似。从荀子的积极部分产生了韩非和李斯的法家思想。儒法斗争的实质是"新兴力量对日趋没落的奴隶主阶级的阶级斗争的反映"。② 这是一篇较早提出儒法斗争问题的文章。次年，杨荣国又在《人民日报》发表了《孔子——顽固地维护奴隶制的思想家》。石仑发表了《论尊儒反法》，③认为"在春秋战国时期，儒家是维护没落的奴隶主贵族统治的反动学派，法家是代表新兴的地主阶级利益的进步学派。儒家和法家的斗争，是守旧与革新，复辟与反复辟的斗争。……深入批判尊儒反法思潮的反动实质，对于搞好上层建筑领域的

---

①　杨荣国：《春秋战国时期思想领域内两条路线的斗争——从儒法论争看春秋战国时期的社会变革》，《红旗》1972 年第 12 期，第 50 页。据说，此文是江青等人影射他们与周恩来的斗争是"革新与保守"、"复辟与反复辟"的斗争。这很荒唐、也很怪诞，甚至不无几分滑稽、幽默。

②　杨荣国：《春秋战国时期思想领域内两条路线的斗争——从儒法论争看春秋战国时期的社会变革》，《红旗》，1972 年第 12 期，第 54 页。

③　石仑：《论尊儒反法》，《学习与批判》1973 年第 1 期，后转载于《红旗》，1973 年第 10 期。《红旗》对本文有所修改。

革命,是具有重要的意义的"。①"孔子是坚持奴隶主本位的顽固派","焚书坑儒是镇压奴隶主复辟的一场革命","它是新兴地主阶级和没落奴隶主贵族长期斗争的继续,是几百年来儒法斗争的继续,是一场复辟和反复辟的斗争"。"秦始皇'焚书坑儒',击溃了儒家的复辟活动,坚持了中央集权的封建国家制度,在历史上是起了进步作用的。"②文章说,历代尊儒反法思潮都是同反动势力结合在一起的,其本质就是倒退复辟。深入开展对尊儒反法的批判,能够帮助我们"进一步认识和更好地进行现实的阶级斗争和路线斗争"。

　　此后,评法批儒成为意识形态领域一场轰轰烈烈的运动。《红旗》、《学习与批判》等杂志发表了大量此类文章,在撰写人方面,出现了梁效、③罗思鼎、④唐晓文,批判文章的题目也扩展到"春秋战国时期儒法两条军事路线"、"儒法斗争与我国古代科技的发展"、"法家在中国历史上的进步作用"、"秦汉之际的阶级斗争"等。《学习与批判》还整理了一份《苏修社会帝国主义尊儒反法资料摘译》。⑤ 北京大学儒法斗争史编写小组编写了《儒法斗争史概况》,江苏人民出版社出版了《春秋战国时期的儒法斗争》,此外还有大量的儒法斗争读物。

　　罗思鼎认为,秦汉时期是封建制战胜奴隶制复辟,建立和巩固政权的决战时期,秦王朝统一中国,宣告了封建制在全国的胜利,具有极大的进步意义。赵高是奴隶主阶级的后代,"是一个地地道道的儒",⑥潜伏在秦王朝内部,"掌管皇帝的印玺和起草机要文件",等到秦始皇一死,便伺机发动了一场反革命政变,篡了权。赵高夺权后,"立刻用儒家的路线代替了法家的路

---

① 石仑:《论尊儒反法》,《学习与批判》,1973 年第 1 期,第 44 页。《红旗》将"儒家和法家的斗争……"一句改为"儒家和法家的斗争,是奴隶主阶级和地主阶级之间在思想政治战线一场剧烈的阶级斗争",把"深入批判……反动本质"一句改为"弄清楚儒法斗争的阶级本质",总体上突出了路线斗争的色彩。

② 石仑:《论尊儒反法》,《学习与批判》,1973 年第 1 期,第 50 页。

③ 北京大学、清华大学大批判组的笔名之一,取"两校"的谐音。

④ 上海大批判组的笔名之一,又名康立、石仑、翟清等。

⑤ 《苏修社会帝国主义尊儒反法资料摘译》,《学习与批判》,1973 年第 1 期,第 64~66 页。

⑥ 罗思鼎:《论秦汉之际的阶级斗争》,《红旗》,1974 年第 8 期,第 18 页。

线"，重新扶植起奴隶主，公开主张重新实行分封制，企图使贫苦农民重新沦为奴隶，终于导致了秦王朝的灭亡。在罗思鼎看来，"以赵高为代表的奴隶主贵族的复辟，教训是惨痛的。它证明秦王朝没有能够最后战胜奴隶主复辟势力，这一历史任务自然落到革命农民的肩上"。① 陈胜吴广起义的失败是由于旧贵族和反动儒生的破坏。项羽是代表奴隶主贵族利益的，所以失败了，刘邦是地主阶级的代表，继承了法家路线，坚持统一，反对分裂。"楚汉相争，从路线上看，是一场儒法斗争。"刘邦胜利，原因在于他的路线正确。罗思鼎得出结论说：历史证明，即使一种剥削制度代替另一种剥削制度，光有一代人的努力是不够的，社会主义革命是彻底消灭剥削阶级和剥削制度，所以"更必须坚持无产阶级专政下的继续革命，进行长期的斗争"。② 据说，这篇文章是影射周恩来的。

梁效认为："在整个封建社会中，始终存在着尊儒反法和尊法反儒的斗争，这种斗争一直影响到现在。"③秦王朝的胜利，是儒法斗争中法家的胜利，但政权被奴隶主贵族头子赵高发动的政变所覆灭。汉王朝是新兴的地主阶级政权，刘邦死后，吕后、汉文帝等继续执行刘邦的法家路线，保证了法家路线的胜利。西汉以后，随着奴隶主阶级复辟的危险的消失，地主阶级和农民的矛盾日益尖锐，地主阶级转化为纸老虎。"法家思想已经开始为地主阶级所厌恶，而经过适当加工改造的儒家思想则适应了他们的需要。这种转化是一个剥削阶级所不可改变的历史命运。而无产阶级则不同，它最富有革命的彻底性，它的最终目标是消灭阶级，实现共产主义。因此，它坚持无产阶级专政下的继续革命。"④方锷也提出："为巩固无产阶级专政而研究儒法斗争。"⑤

在评法批儒的过程中，逐渐形成了中国哲学史就是儒法斗争史，而且儒法斗争一直贯穿到当今的观点。在这一视野下，许多中国哲学史人物被重

---

① 罗思鼎：《论秦汉之际的阶级斗争》，《红旗》，1974 年第 8 期，第 20 页。
② 罗思鼎：《论秦汉之际的阶级斗争》，《红旗》，1974 年第 8 期，第 26 页。
③ 梁效：《研究儒法斗争的历史经验》，《红旗》，1974 年第 10 期，第 57 页。
④ 梁效：《研究儒法斗争的历史经验》，《红旗》，1974 年第 10 期，第 61 页。
⑤ 方锷：《为巩固无产阶级专政而研究儒法斗争》，《红旗》，1974 年第 9 期。

新排队。屈原、①荀子、②王充、③柳宗元、④王安石、⑤李贽、⑥甚至沈括、⑦都被认为是法家。

《学习与批判》1974 年第 3 期和第 4 期发表了《青年工人讲儒法斗争史》的文章，认为先秦到秦王朝建立，儒法斗争有三个回合：一是孔子和少正卯的斗争，二是孟子和荀况的斗争，三是秦始皇、韩非和吕不韦的斗争。汉代盐铁会议，桑弘羊和以霍光为首的贤良文学等之间的斗争，是儒法斗争。⑧唐代柳宗元《封建论》，对秦汉以来的郡县制和分封制进行了总结，清算了当时的复古思潮。宋代王安石的"荆公新学"是吸取法家思想建立的体系，王安石变法就是在法家理论的指导下进行的变革。明末李贽歌颂了秦始皇，称赞柳宗元的《封建论》和王安石变法，具有尊法反儒的思想。文章最后指出，儒法斗争说明，"儒家搞复辟倒退，搞分裂割据，搞卖国投降，是反动势力的思想代表；而法家则坚持革新，主张团结统一，反对外来侵略。这是两条根本对立的政治路线，在思想路线上也是完全对立的。儒家总是搞唯心论的'天命观'、'先验论'，鼓吹'法先王'的复古倒退的历史观，因此儒家是尊天派。而法家则大都坚持唯物论，否定'天命'论，主张'人定胜天'；否认'天才论'，主张才能依靠后天的学习积累。因此法家是厚今薄古的专家，是坚持历史进化论观点的'法后王'派。由此可见，法家的政治路线，是符合历史

---

① 王运熙、顾易生、李庆甲：《试论屈原的尊法反儒思想》，《学习与批判》，1973 年第 1 期，第 53～63 页。

② 刘玉遵：《法家的杰出代表荀子对儒家的批判》，《中山大学学报》，1974 年第 3 期，第 14～17 页。

③ 郭绍虞：《从汉代的儒法之争谈到王充的法家思想》，《学习与批判》，1974 年第 4 期，第 76～81 页；钟达：《论王充的反儒斗争》，《红旗》，1974 年第 8 期，第 40～45 页。

④ 周一良：《读柳宗元的〈封建论〉》，《红旗》，1974 年第 2 期，第 32～39 页。

⑤ 罗思鼎：《从王安石变法看儒法论战的演变——读〈王荆公年谱考略〉》，《红旗》，1974 年第 2 期，第 24～31 页。

⑥ 叶显恩：《略论李贽尊法反儒的思想》，《中山大学学报》，1975 年第 3 期，第 18～23 页。

⑦ 北京大学儒法斗争史编写小组：《儒法斗争史概况》，人民出版社，1975 年，第 1～2 页。

⑧ 上海印染机械厂工人孙绣华、上无十六厂工人陈传宣、长征农场工人姜俊俊宣讲：《青年工人讲儒法斗争史（一）》，《学习与批判》，1974 年第 3 期，第 60 页。梁效的文章《读〈盐铁论〉——西汉中期儒法两家的一场大论战》也肯定了这一观点，并且在当时更有影响力（见《红旗》，1974 年第 5 期）；而青年工人的文章则使我们较为清楚地看到评法批儒运动的波及面。

发展的总趋势的。而儒家的政治路线，是同历史发展的总趋势和人民利益背道而驰的，这就决定了它必然灭亡的破产命运"。①

儒法斗争史观还进入了中国哲学史著作。杨荣国、赵纪彬、冯友兰都根据儒法斗争史观对自己的中国哲学史著作进行了修订。

二、杨荣国对《简明中国哲学史》的修订

杨荣国 1973 年出版了《简明中国哲学史》，1975 年，他又对该书进行了修订，出版了第 2 版。与前一版相比，1975 年版的显著特点是以儒法斗争为线索对中国哲学史重新进行整理，篇幅也从原来的 477 页增加到了 650页。《简明中国哲学史》1973 年版的"序言"指出，哲学史上唯物主义和唯心主义两军对垒，是社会阶级斗争的反映。中国哲学史上的两军对垒，春秋战国时期是孔孟唯心论的先验论和天才论与墨子"非命"观点的对立；还有代表新兴地主阶级利益的荀子、韩非的"明于天人之分"观点对于"天人相与"的形而上学的天命论的斗争等。② 所谓"天命论"、"先验论"、"天才论"等概念的择出，是与"批林"密切相关的；批林决定了把孔子的什么思想拣择出来进行批判。该书 1975 年版提出，"两千多年的儒法斗争是历史上整个阶级斗争的一个侧面"，"儒法斗争……是革新与守旧、前进与倒退两条政治路线的斗争，同时在思想路线上则表现为唯物主义与唯心主义的斗争。法家要求革新与前进，因此在不同程度上都主张打破天命鬼神的迷信，有朴素的唯物主义和朴素的辩证法思想。与此相反，从孔丘起的所有儒家全都拼命鼓吹'畏天命'、'惟上智与下愚不移'和'天不变道亦不变'等唯心论和形而上学。儒法两条路线的斗争，是中国哲学史上两军对垒的重要组成部分"。③春秋战国时代代表没落奴隶主阶级的儒家孔子、孟子宣扬天命论、先验论、天才论，与此相对立的则是代表新兴地主阶级利益的商鞅、荀子、韩非的天

---

① 上海机械制造厂工人王国荣、前进农场工人王思宇、上海县工厂工人胡申生、上港五区工人高蔡喆执笔宣讲：《青年工人讲儒法斗争史》（续完），《学习与批判》，1974 年第 4 期，第 44～50 页。

② 杨荣国主编：《简明中国哲学史·序言》，人民出版社，1973 年，第 1～3 页。

③ 杨荣国主编：《简明中国哲学史·序言》，第 2 页。

人相分的观点。西汉初期,地主阶级还利用法家路线打击奴隶主贵族复辟势力。"西汉以后,儒法斗争已经从地主阶级和奴隶主阶级之间两个阶级、两条路线的斗争演变为地主阶级内部革新派和保守派之间的路线斗争。"①儒家方面汉代有董仲舒的天人感应的神学体系。魏晋南北朝的玄学和佛教,和儒家思想一样,是束缚人们的思想武器。反对官方思想的地主阶级革新派思想家在汉代有王充、南北朝有范缜,唐代有柳宗元、刘禹锡对韩愈的斗争。宋代理学出现了程朱、陆王唯心主义体系,反理学斗争则有地主阶级革新派王安石、陈亮、叶适等人,明代中叶以后,有王夫之、黄宗羲、颜元、戴震等人。

该书贯穿了儒法斗争的线索。如第二章第二节为"春秋末、战国初,主张维护种族统治与反对种族统治的儒家孔学与法、墨两家的对立",第三章"两汉时期哲学"第一节为"两汉中央集权封建统一国家时期的阶级斗争和儒法斗争",第三节为"桑弘羊反阴阳灾异说的唯物论和明'时事之变'的历史观"。这一节是为了突出儒法斗争而增加的,其他任何哲学史,包括1973年版的《简明中国哲学史》都是没有的。杨荣国认为,"桑弘羊不愧是西汉时期一位杰出的法家和唯物论思想家"。② 第四章"魏晋南北朝时代"增加了"曹操的反天命思想和朴素的辩证法思想"。应该说,在目录上就把儒法斗争标出来,毕竟与中国哲学史的事实还是有出入的,所以,《简明中国哲学史》在第五章"隋唐时期哲学部分"关于韩愈、李翱和柳宗元、刘禹锡所列的题目分别为"政治上属保守派、思想上是宋以后唯心主义理学先驱的韩愈的客观唯心主义和李翱的主观唯心主义","政治上属于革新派、思想上是反韩愈的唯心主义'天人相与'论的柳宗元、刘禹锡的唯物主义天人相分"。《简明中国哲学史》的基本倾向是把法家等同于唯物主义,儒家等同于唯心主义。罗思鼎说名家是法家的同盟军,所以《简明中国哲学史》1975年版把在1973年版中认为是唯心主义的惠施和公孙龙哲学重新定为唯物主义哲学,并且具有辩证法思想,含有和儒家相对立的意义。

---

① 杨荣国主编:《简明中国哲学史·序言》,第3页。
② 杨荣国主编:《简明中国哲学史》,第131页。

该书还增加了不少批周公、批宰相的内容。如关于"周礼"，1973 年版《简明中国哲学史》不过是说这是"西周的旧礼制、旧秩序"，①而该书 1975 年版则明确地说，周礼乃是"周初奴隶主头子周公所制定的区别上下、尊卑等级制度的一套奴隶制的礼制"。② 1973 年版《简明中国哲学史》只是说，孔子反对晋国"铸刑鼎"，并未提到周公，但该书 1975 年版却说孔子骂晋国铸刑鼎"破坏了周公的典章制度"。③ 在桑弘羊一节，指出代表复辟势力的大司马、大将军霍光推行儒家路线，幕后指使儒生，围攻坚持法家路线的桑弘羊。④ 这些修改都是与"批林批孔批周公"相配合的，超出了学术研究的范围，是"学术为现实服务"的极端表现。

三、赵纪彬对《论语新探》的修订

赵纪彬也对《论语新探》作了修改。如前所述，赵纪彬在 1966 年已经对《论语新探》进行了第三次修订，第三版《自序》即完成于 1966 年五一节。这次修订未及出版，"文化大革命"发生了。作者又作了一次修订，至 1974 年国庆节前修订完毕。所以，我们看到的《论语新探》第三版，实际上应当是第四版了。该书由人民出版社于 1976 年出版。

1976 年由人民出版社出版的第三版《论语新探》(以下简称 1976 年本)按照儒法斗争的线索重新整理了对孔子和孔门哲学的研究。作者在未出版的第三版(以下简称未刊本)"序"中说："此次三版，对二版各篇均有修订；并在《上部·历史证件》中，增入了《人仁古义辩证》、《有教无类解》两篇，借补《释人民》篇所未备。又另开《下部·孔门异同》，内收《先进异同考》、《后进异同考》两篇，阐述儒家内部的路线性分歧或学派性对立，借以窥见'儒墨訾应'的雏形。"⑤1976 年本在此句之后增加了"对先秦儒法斗争的发端(即孔

---

① 杨荣国主编：《简明中国哲学史》，1973 年版，第 23 页。

② 杨荣国主编：《简明中国哲学史》，第 32 页。

③ 杨荣国主编：《简明中国哲学史》，第 31 页。

④ 杨荣国主编：《简明中国哲学史》，第 123 页。

⑤ 赵纪彬：《论语新探》，1966 年 5 月修改稿，打印本，第 3 页。

丘诛少正卯事实的证件)亦试行剔抉"。① 1976 年本"三版自序"又说:"全书除《绪论》为解题性质而外,共分上、中、下三部十三篇,从'人''民'的阶级矛盾起论,经过孔丘唯心主义思想的分析,至孔门内部的路线分歧为止,庶可体现出春秋过渡时期社会'一分为二'的辩证规律",这一段与未刊本相同。所谓强调"一分为二",一方面与毛泽东关于矛盾的观点相合,另一方面,也是对"合二而一"讨论的一个回应。1976 年版自序增加了"此次三版,欣逢批林批孔运动蓬勃开展,深受教育和启发,遂能重加修改"的句子。② 1976年本"后记"对修改作了内容方面的说明:

> 我从一九四四年讲授《论语》的专书研究课程,到一九七三年《关于孔子诛少正卯问题》出版以前,在此三十年中,由于缺乏儒法斗争的路线观点,长期将孔丘思想看成为两面性体系,以为既有可以继承的遗产,又有必须批判的糟粕。具体地来说,就是将孔丘思想看成为春秋过渡时期的奴隶主贵族的"维新"派,主张用改良办法和平过渡到封建制社会。此派和反对过渡的顽固派相较,有其进步性;而和"小人"的变革路线相对抗,则又为保守乃至反动的派别。此种"维新"的折中立场,使孔丘在世界观、认识论和逻辑学上,成为自相矛盾的二元论者。③

赵纪彬指出,这种观点在"文革"前由于没有认识到刘少奇尊孔逆流的实质,又有所发展。在"文革"和批林批孔运动的教育和启发下,自己逐渐认识到:

> 《论语》全书,只有妄图恢复西周奴隶制盛世的明文,绝无主张向封建制过渡的章句,举凡我多年指为"维新"的证据,例如"举贤"、"德治"、"因礼损益"以及"合而不同"等范畴和观点,几经分析,确定其全是"复礼"的组成部分或主要内容。于是,遂将我三十年来一贯沿用的"维新"一词,修改成为"复礼"。此一修改,为路线性的根本修改,因而所谓"两

---

① 赵纪彬:《论语新探·三版自序》上(16 开竖排本),人民出版社,1976 年,第 3 页。
② 赵纪彬:《论语新探·三版自序》上(16 开本),第 3 页。
③ 赵纪彬:《论语新探·三版自序》下(16 开本),第 418 页。

面性"、"二元论"、"改良办法"、"发现规律"以及"和平过渡到封建制社会"等等派生性错误观点，亦随之近于改削，庶可使孔丘的反动思想，暴露其本来面貌。①

赵纪彬指出，上述修改就对孔丘思想反动实质的认识而言，"确为三十年一大跃进"，自己之所以能够做到此，都是"无产阶级文化大革命、批林批孔运动的教育和启发"。② 这一修改，也就完全否定了孔子思想中的进步意义。

1976 年本对于《论语》的评价也与未刊本大不相同。未刊本"绪论"说，据《汉书·艺文志》的记载，孔子以前的著作都系后人伪托，所以"《论语》一书即不仅是古代前期儒家的直接文献，其在中国哲学史上，亦是先秦诸子唯一可靠的最古私家著作。正惟如此，学者亦可各本所学对之作种种研究，并从中取得最原始的资料和最直接的论据"。③ 1976 年本却说，《论语》之前邓析、少正卯均曾讲学和著述，因被奴隶主杀害，"以致失传；故《论语》一书之所以不仅成为古代前期儒家的直接文献，且在中国古代哲学史上亦为先秦诸子中最古的私家著作，实因孔子所创立的各代前期儒家学说，投合于奴隶主世袭贵族统治的需要，无论从政治或学术方面估价，都不能不秕糠视之。惟因其为私家著作，与官府的诰命不同，理论往往是针对论敌的观点而发，遂使其中保有多方面的思想资料，学者亦可各本所学对之作种种研究，并从中取得最原始的资料和最直接的论据"。④

孔子的政治态度，未刊本认为是"维新路线的政治范畴"、"维新的贤人作风"，1976 年本则修订为"孔丘在过渡时期而仍坚持'复礼'路线以与'小人'变革路线相对抗"。⑤ 关于孔子的伦理学说，未刊本认为是"被'贤人作风'约束而陷于泛伦理主义"；1976 年本则认为"孔丘因受'复礼'立场约束

---

① 赵纪彬：《论语新探·三版自序》下（16 开本），第 418～419 页。
② 赵纪彬：《论语新探·三版自序》下（16 开本），第 419 页。
③ 赵纪彬：《论语新探·绪论》上（16 开竖排本），第 1 页。
④ 赵纪彬：《论语新探·绪论》上（16 开竖排本），第 2 页。
⑤ 赵纪彬：《论语新探·绪论》上（16 开竖排本），第 3 页。

而陷入泛伦理主义"①，以"复礼"代替了"贤人作风"。关于"仁"、"礼"关系，在未刊本中，赵纪彬认为孔子"以'仁'从属于'礼'的思想体系，乃是以井田公有制限制个体私有充分发展的维新路线的反映；但在'为仁由己'的思想中，却又肯定个体经济范畴人格化的'己'是'为仁'实践的主体，是取譬方法的出发点，显然在一定限度内反映了新兴封建个体私有制发展的要求。因而断定孔子思想在春秋末叶，是具有很大局限性的一个进步体系，但孔子死后，与墨子对立的儒家，则显然是落后乃至反动的学派，不可与孔子本人的思想混为一谈"。② 1976年本则说："以'仁'从属于'礼'的思想体系，乃是'复礼'路线反动实质的暴露。在'为仁由己'的思想中，孔丘沿用了奴隶主贵族人'己'对称，自称为'己'的传统，以'己'为'为仁'实践的主体及'取譬'方法的出发点；而实乃在'复礼'反动路线的支配下，维护井田所有制，而以'礼'来限制个体私有制的发展，所以与墨家及法家对立的儒家，显然是一个反动的学派。"③对孔子哲学的基本评价，从过去"有很大局限性的一个进步体系"变成了"显然是一个反动的学派"；原来是把孔子和孔子以后的儒家分开的，现在则把包括孔子在内的儒家都视为完整的与法家、墨家相对立的体系。这种改动，是与儒法斗争相适应的。

为了说明儒法斗争贯穿中国哲学史始终，在中国古代学派的起源问题上，过去赵纪彬主张孔子为中国第一个哲人，孔门为中国第一个学派，而在1976年本中，赵纪彬提出，春秋时期精神劳动者"变为私人讲学，或创立学派的思想家。如晋国的史墨，见于《左传》、《国语》；鲁国的少正卯，见于《荀子》，郑国的邓析，见于《吕览》。此三子者，俱与孔丘同时，俱有自己的思想体系，亦俱从事创立学派的活动，徒以学说不为奴隶主世袭贵族所容，遂至或遭杀害，或无传人；其中唯孔丘思想，以继周'复礼'为纲领，以阶级调和为策略，投合与奴隶主贵族挽救其世袭专政制度危机的要求，独得广收学徒，建立儒家，至战国而惟为显学"。④ 这种改动表明，中国哲学史是以儒法斗

① 赵纪彬：《论语新探·绪论》上（16开竖排本），第4页。
② 赵纪彬：《论语新探·绪论》，1966年5月修改稿，打印本，第2页。
③ 赵纪彬：《论语新探·绪论》上（16开竖排本），第5页。
④ 赵纪彬：《论语新探》上（16开竖排本），第146页。

争为开端的。赵纪彬认为，春秋时代的儒法斗争也表现在孔门内部。过去在《困知录》中，赵纪彬认为，墨家、阴阳家、法家都出自儒家。在 1976 年本《论语新探》中，他认为《论语》中孔门师徒问答的异同，表现为路线性分歧。"从表面看，即所谓'儒分为八'的滥觞；就其实质说，则是儒法斗争的反映和儒墨对立的萌芽。因孔丘诛少正卯问题而引起的孔门风波，尤为此种路线分歧的突出表现"。①　子贡和少正卯都是代表新兴商人的"小人"，"子贡与孔、颜的异同，乃新兴的变革小人与没落的'复礼'贵族的对立，亦即'小人'与'君子'的路线性分歧。就此而论，子贡的思想确与属于商贾阶层的少正卯有许多相似之处。如少正卯不信'天命'，力求掌握政权，以倾覆奴隶主世袭贵族的'邦家'（'心达而险'），子贡则'不受命而货殖'，孔丘还说'赐也达'；少正卯蓄意破坏奴隶制上层建筑的'礼'，子贡则'欲去告朔之饩羊'；少正卯一反奴隶主贵族的是非、善恶标准，并给以尖锐批判（'言伪而辨'），子贡在孔门则列于'言语'一科，《史记·仲尼弟子列传》也说'子贡利口巧辞，孔子常黜其辩'；少正卯的著作为关于对立斗争的论述，且包括大量资料（'记丑而博'），子贡亦多以'多学而识'为圣；少正卯对批判奴隶主贵族统治的言论采取顺从、支持态度，并给以加工提高，使之具有更大的革命威力（'顺非而泽'），子贡则因'方人'而为孔丘所贬讥。总此可知，子贡的思想显系倾向于'小人'变革路线，故对孔子诛少正卯首先提出质问"。②　因为荀子所列孔子陈述的少正卯的五罪之一是"心达而险"，所以，对于《论语》记载的"子张问达"，赵纪彬认为"系为诛少正卯问题而发"，"子张与少正卯及子贡同属于'小人'阶层"，"故在诛卯问题上站在子贡一边"。③　尽管赵纪彬这个结论是以刘宝楠的考证为依据，但配合儒法斗争的色彩仍然十分明显。未刊本关于"子张问达"，没有涉及儒法斗争与孔子诛少正卯事，只是说子张"正是其坚持小人变革立场，拒绝孔子'克己复礼为仁'维新路线的明证"。④

　　"文革"期间，赵纪彬还专门撰写了《关于孔子诛少正卯问题》，指出少正

---

①　赵纪彬：《论语新探》下（16 开竖排本），第 328 页。
②　赵纪彬：《论语新探》下（16 开本），第 335～336 页。
③　赵纪彬：《论语新探》下（16 开本），第 389 页。
④　赵纪彬：《论语新探》，1966 年修订本，打印本，第 158 页。

卯为代表新兴商人、"小人"阶层利益的思想家,与孔子所代表的服务于奴隶主贵族世袭统治的"维新"立场相对抗,"卯与孔子的对立,即是君子'维新','小人'变革两条路线的斗争";①邓析和少正卯为"两个法家先驱者"。② 所以,孔子诛少正卯,正是儒法斗争的表现。不过,这时赵纪彬还没有把孔子思想的主调定为"复礼",而仍为"维新"。

其他如在"礼"、"仁"、"己"的问题上,1976 年本都显示出儒法斗争的明显色彩。关于"复礼",赵纪彬曾经认为是孔子"维新"的表现,即在"礼"的约束下通过维新达到封建制度。在 1976 年本中,他认为孔丘对于春秋时期由奴隶制向封建制的变革"顽固地坚持'复礼'立场。'复礼'的反动意义,首先在于恢复已经解体的奴隶主贵族专政的等级制度";其次"在于从经济上限制新兴的个体私有制的充分发展";最后"在于通过复辟奴隶主世袭贵族专政来加强对于'民'的阶级的镇压"。③

如何看待杨荣国、赵纪彬、冯友兰等人在"文革"中的学术研究? 学术被整合进政治之后,就失去了自身的独立性,服从政治即成为学术唯一的要求。从"革命史观"到"服务史观"再到影射史学的逻辑借助他们得到了展开;他们成了历史的玩偶,这是他们的不幸和悲剧。必须看到,"服务史观"的逻辑力量是强大的,只有当它展开之后,才能明白它的荒谬性。同时,我们也应看到,尽管存在种种压力,他们也都在某种程度上主动地迎合了政治。他们自认为是服从了人类历史发展的趋势,却并不知道,他们实在只不过是服从了某一派的政治要求。于是,"文革"后他们又被认为是和那一派一丘之貉的,成为被批判的对象。在政治面前,学者无疑是单纯的,甚至幼稚的。然而,学者毕竟是学者,他们应该与政治派别区别对待。就学者群体来说,教训也是惨痛的。学术必须保持固有的尊严,学者必须与政治保持适当的距离,"修辞立诚",发自内心,惟其此,才能产生真理;也惟其如此,才能对民族国家有益。时过境迁之后

---

　　① 赵纪彬:《关于孔子诛少正卯问题》,1975 年 5 月,打印稿,第 26～27 页。

　　② 赵纪彬:《关于孔子诛少正卯问题》,1975 年 5 月,打印稿,第 43 页。

　　③ 赵纪彬:《论语新探》下(16 开本),第 307～309 页。

平心而论，他们的研究，给我们提供了极"左"的逻辑在推至极端后究竟会给学术带来什么的教训，构成了 20 世纪中国民族理性思维走向成熟的一个阶段、一个侧面。回避、掩盖、回护、鄙弃这一段历史，都只能产生重蹈覆辙的危险。他们的人格应该尊重，他们的教训应当汲取。

四、任继愈等学者的中国哲学史通史的写作

"文革"期间，任继愈主编了《中国哲学史简编》；尹明、孙长江、方立天、张立文撰写了《中国哲学史讲话》。这些著作都有响应毛主席"读几本哲学史"的号召，配合批林批孔运动的意图。如《中国哲学史简编》在谈到学习中国哲学史的意义时说："首先，我们学习哲学史，是为了适应当前两个阶级、两条路线斗争的需要，提高识别真假马克思主义的能力，彻底认清林彪反动集团的反革命真面目，提高阶级斗争和路线斗争的觉悟。"[1]《中国哲学史讲话》说，毛主席"号召我们读几本哲学史，包括中国哲学史、欧洲哲学史。毛主席的这些重要指示，对于我们学会识别真假马克思主义，提高阶级斗争和路线斗争觉悟，以及对于培养和加强马克思主义的理论队伍，推动当前批林批孔运动普及、深入、持久地开展，都具有深远的意义"。[2] 两书关于学习中国哲学史的意义的说明，都很有时代特点。不过，《中国哲学史简编》还不是按照儒法斗争史的路子写的，《中国哲学史讲话》则是按照儒法斗争史来写的。

"文革"中还提出了一个"劳动人民哲学"的问题，即要在哲学史中反映人民群众的哲学思想。有一种观点认为，在"文化大革命"前编写的中国哲学史中，不论唯物主义者还是唯心主义者，都是剥削阶级思想家，"劳动人民思想在哲学史上根本没有地位。经过文化大革命，广大工农兵登上了上层建筑斗批改的政治舞台，要把颠倒的历史再颠倒过来"；[3]"从阶级根源来

---

[1]　任继愈：《中国哲学史简编·绪论》，人民出版社，1973 年，第 1 页。

[2]　尹明、孙长江、方立天、张立文：《中国哲学史讲话·前言》，人民出版社，1975 年。

[3]　哲学系哲学史教研室：《改造哲学史旧体系问题的一点体会》，《中山大学学报》(哲社版)，1973 年第 1 期，第 90～91 页。

说,劳动人民应该有朴素唯物论和自发辩证法思想"。① 那么,如何寻找反映"劳动人民哲学"的资料?《改造哲学史旧体系问题的一点体会》提出"从民歌、民谣中找资料",如,广东三元里人民抗英时提出"官怕洋鬼子,洋鬼子怕老百姓";"从革命文献中找资料",在太平天国宗教思想外衣下,有反映了农民阶级要求的朴素辩证法思想的材料。"从官方历史文献或私家文献著录中找资料",如陈胜吴广提出的"王侯将相宁有种乎",是对贵族血统论的批判;宋代方腊起义,提出"安有是理","农民反对地主阶级的'理',又是站在朴素的唯物主义反映论的路线上对唯心主义先验论思想进行斗争"。②最后是"从统治阶级所认为的反面教材中找资料",如《论语》中骂"小人不知天命而不畏也",这说明奴隶阶级与奴隶主阶级的天命思想是针锋相对的。杨荣国主编的《简明中国哲学史》对于"劳动人民哲学"进行了发掘。显然,"劳动人民哲学"是"斗争史观"下的"对应史观"的产物,没有史料基础,是十分勉强的。

第五节　北京大学《中国哲学史》教材讨论稿

"文革"期间,北京大学哲学系中国哲学史教研室出版了《中国哲学史》(上、下册)讨论稿。③ 这部著作也有浓重的批林批孔的痕迹,如关于孔子章,着重批判了孔子的天命论、先验论等思想。但是,总体上讲,该著作并没有按照儒法斗争史的思路编写,还艰难地保持着有限的学术尊严。当然,书中对于法家也着力进行了说明,如第二编第一章第一节,有一部分专门介绍了"前期法家的进步社会观",涉及李悝、吴起、商鞅等人,其中有孟子并不赞

---

① 《改造哲学史旧体系问题的一点体会》,《中山大学学报》(哲社版),1973 年第 1 期,第 91 页。

② 《改造哲学史旧体系问题的一点体会》,《中山大学学报》(哲社版),1973 年第 1 期,第 95 页。

③ 1973 年 3 月,北京大学哲学系组织新的教学方案,组织编写教材。中国哲学史组编写出《中国哲学史》(上、下册)讨论稿,由中华书局内部发行。编写者为"北京大学哲学系中国哲学史教研室",据朱伯崑先生说,该书是由他主持编写的,书稿由中华书局 1973 年 6 月出版。

成商鞅的耕战思想,主张仁义的方法等。这些通常会被作为儒法斗争的资料,《中国哲学史》讨论稿说孟子和商鞅的分歧"反映了地主阶级内部不同集团之间的激烈斗争",①并没有滥用儒法斗争的框架。

全书贯穿了哲学史是唯物主义和唯心主义的斗争史的观点。如第一编为"奴隶制时期唯物主义和唯心主义的斗争(商周～春秋)";第二编为"封建制形成时期唯物主义和唯心主义的斗争";第三编为"封建制前期唯物主义和唯心主义的斗争",第四编为"后期封建制发展和衰落时期唯物主义反对唯心主义的斗争(宋～清)"。各章题目也突出了斗争史的特点。如第一编第一章为"古代无神论和唯物主义自然观的产生及其反对有神论的斗争",第二章为"孔子的唯心主义和墨子反对孔子学说的斗争"。②把孔子和墨子放到一起,而不是孔、墨各自单独列章,尤其能够显示出"斗争史观"的特点。

在阶级分析问题上,这部哲学史也显示出较为简单化的特点。如春秋时期的阶级关系即被简化为新兴封建地主阶级和没落的奴隶主阶级之间的矛盾。该著指出,春秋时期哲学上的主要斗争是"以墨子为代表的,反映新兴地主和小生产者利益的唯物主义经验论和反对奴隶制礼乐制度的思想,以孔子为代表,反映没落奴隶主贵族利益的唯心主义先验论和维护奴隶制礼乐制度的思想,两者之间在这一时期进行了激烈的斗争"。③ 关于战国时期哲学家的阶级情况,这部哲学史分为没落的奴隶主阶级和新兴的地主阶级两大阶级,地主阶级又分为"激进的革命派"和"改良派",前者主要是由自由民、工商业者、手工业者转化而来,后者由旧贵族转化过来。前者的代表为商鞅、宋钘、尹文等,后者的代表有孟子。奴隶主阶级的代表"在思想上则比较注意制造精致的唯心主义体系,反对当时的唯物主义,又把它作为精神上的自我安慰剂";主要代表人物有老子、庄子、公孙龙、惠施等。④ 关于哲学的两大阵营,唯心主义方面有孟子、老子、庄子等,唯物主义方面则有后期

---

① 北京大学哲学系中国哲学史教研室:《中国哲学史》(讨论稿),中华书局,1973 年,第59 页。
② 参看北京大学哲学系中国哲学史教研室:《中国哲学史》(讨论稿)目录部分。
③ 北京大学哲学系中国哲学史教研室:《中国哲学史》(讨论稿),第 6 页。
④ 北京大学哲学系中国哲学史教研室:《中国哲学史》(讨论稿),第 54～55 页。

墨家、荀子等。

从中国哲学史学史的角度看,这部书是值得重视的。这部讨论稿受到了"文革"前关锋等人在中国哲学史研究领域所制造的极"左"的压抑气氛的影响,接受了关锋等对《中国哲学史讲授提纲》、冯友兰的中国哲学史研究的批判,以及对孔子、老子、庄子哲学的批判;关锋等人的哲学史观点和对历代哲学家的态度,通过这部书,正式进入了中国哲学史通史教材中。

在1957年开始发表的《中国哲学史讲授提纲》(以下简称《讲授提纲》)中,老子被认为是唯物主义者,在《中国哲学史》(讨论稿)中则被认为是唯心主义者。《讲授提纲》认为孔子"代表向封建贵族转化的一部分开明的奴隶主贵族的利益,也反映了人民群众的某些要求,因而使他成了各代中国封建主义思想的先驱者"。[1] 在这个定性之下的孔子思想哲学研究的基调是对孔子思想作出肯定和积极的评价,如"启蒙思想家"、"先驱"、"人本主义者"等。经过历次批判之后,这些积极的评价全不见了,孔子被认为是"奴隶主贵族的理论代言人",反对"新的封建势力"等,这在政治态度上是落后的、保守的。孔子的"仁"具有抽象的平等意义、孔子"发现了人"等是冯友兰的观点,曾经受到关锋的批判,所以讨论稿也强调孔子的"仁"不具有抽象的平等意义,"仁"的阶级性是让劳动人民放弃反抗,做顺从的奴隶等。庄子哲学则被认为是"主观唯心主义",这是典型的关锋的观点。

关于宋代哲学,《讲授提纲》提出,地主阶级中同情劳动人民的知识分子要求解决贫富不均问题,照顾人民的物质生活,从他们中产生了先进的思想家。维护封建统治阶级根本利益的思想家提出了唯心主义学说,"宋代哲学思想斗争在基本上是要求统治集团对人民让步的唯物主义学说与表现了统治阶级根本利益的唯心主义学说之间的斗争"。[2] 宋代唯物主义哲学家有张载、周敦颐,唯心主义哲学的重要代表有程颢、程颐、朱熹、陆九渊等,代表

---

[1]　北京大学哲学系中国哲学史教研室主编:《中国哲学史讲授提纲》(二),《新建设》,1957年2月号,第38页。

[2]　北京大学哲学系中国哲学史教研室主编:《中国哲学史讲授提纲》(六),《新建设》,1957年7月号,第61页。

商人阶级利益的哲学家是陈亮、叶适。① 这表明,宋代哲学史是从唯物主义开始的,后来被发展为唯心主义。这种观点包含了对历史的温情的态度。经过历次批判和"文革"的冲击之后,这种温情已经不见了,代之而起的则是对历史的严厉态度。如周敦颐已经被认为是唯心主义。《中国哲学史》(讨论稿)关于宋明哲学,第一、二节是张载、王安石的唯物主义,第三节是周敦颐和二程的唯心主义。从格局上,突出的是唯物主义对唯心主义的斗争;从分量上,唯物主义列为两节,而唯心主义则列在一节之内,突出唯物主义的意图是十分明显的。

　　总之,这部书毋宁说仍然是按照日丹诺夫哲学史定义进行编著的,可以放在解放后中国哲学史研究范式转化的延长线上来看,而不是作为批林批孔或儒法斗争的作品来看待。书中观点很"左",但还没有完全脱离学术探讨的范畴。

---

　　① 北京大学哲学系中国哲学史教研室主编:《中国哲学史讲授提纲》(六),《新建设》,1957 年7 月号,第 61 页。

第五章　认识史：改革开放后的新探索（1977～1989）

1977年至1989年间，中国社会在改革开放的推动下，政治、经济、文化都发生了巨大变化，这些变化促进了中国哲学史界范式的转化和研究的深入。这一时期中国古代哲学研究总的趋势是走出日丹诺夫模式，走出极"左"，摆脱"斗争史观"、"革命史观"、"目的史观"的束缚，通过"哲学史是认识史"的命题，回到哲学、回到思维本身。诚如朱伯崑、方克立所指出的那样，这一时期也是"重新学习马克思主义"、[①]"重新回到实事求是的马克思主义思想路线上来"的时期。[②] 这个时期的中国哲学史研究是以改革开放所推动的文化问题讨论、传统与现代化讨论热潮为背景的。在文化问题讨论中出现了中体西用论、全盘西化论以及西体中用论、综合创新论等不同观点。中国哲学史界的所有讨论，必须放在这些背景中方可得到充分而全面的理解。

第一节　1977年至1989年的社会变动

1976年10月至1989年底之间，具有较大影响的政治事件有下列数项：

---

① 朱伯崑：《中国大陆五十年来中国哲学史研究》，《朱伯崑论著》，沈阳出版社，1995年，第25页。

② 方克立：《中国哲学史研究五十年》，《方克立文集》，上海辞书出版社，2005年，第367页。

1976 年 10 月粉碎"四人帮"、1977 年华国锋提出"两个凡是"、1978 年"真理标准"问题大讨论、1978 年 12 月中共十一届三中全会召开、1979 年起开始平反冤假错案、1980 年起开始设立经济特区、1987 年中共"十三大"提出"社会主义初级阶段"概念。

十一届三中全会决定停止使用"以阶级斗争为纲"、"无产阶级专政下的继续革命"等口号,从 1979 年起把全党工作重点转移到社会主义现代化建设上来。与此同时,中共中央大规模地平反冤假错案,到 1980 年,97％以上被划为"右派分子"的人得到平反。1980 年为刘少奇、胡风平反。1979 年给多年遵守法令、不做坏事的地主分子、富农分子、"反革命分子"、坏分子摘帽。1980 年 5 月 16 日,中共中央、国务院决定开辟深圳、珠海、汕头、厦门四个经济特区;1984 年 4 月,进一步开放沿海 14 个港口城市。1984 年 10 月,中共中央十二届三中全会通过《中共中央关于经济体制改革的决定》,提出改革的基本任务是建立具有中国特色的社会主义经济体制,认为社会主义经济是在公有制基础上自觉地运用价值规律的有计划的商品经济,商品经济的充分发展是社会主义不可逾越的阶段。1987 年 10 月,中共第十三次全国代表大会在北京召开。"十三大"政治报告指出,中国处于社会主义初级阶段,即处于生产力落后、商品经济不发达的阶段;又提出了政治体制改革的长远和近期目标,关键是党政分开。

关于知识分子问题,1977 年 8 月,中共中央召开科学与教育工作座谈会,邓小平在讲话中否定了"文革"期间关于教育工作的"两个估计",提出"尊重知识、尊重人才"。[①] 1978 年 3 月 18 日,邓小平在全国科学大会上强调,脑力劳动者是劳动人民的一部分。[②] 10 月 14 日至 11 月 4 日,中共中央组织部分批召开落实知识分子政策座谈会,认为"团结、教育、改造"的口号已经不适用。1979 年 3 月 19 日,中共中央决定撤销 1971 年《全国教育工作会议纪要》,批判对教育事业与知识分子的"两个估计"。1979 年 5 月 3 日,中共中央决定撤销《林彪同志委托江青同志召开的部队文艺工作座谈会纪

---

① 《邓小平文选》第 2 卷,人民出版社,1994 年,第 41 页。
② 《邓小平文选》第 2 卷,第 89 页。

要》，纠正据《纪要》对一些人员、作品的批判、处理。

1979 年 3 月 30 日，邓小平在全国理论务虚工作会议上提出在思想政治上必须坚持"四项基本原则"。① 1981 年 7 月 17 日，邓小平强调："资产阶级自由化的核心就是反对党的领导。而没有党的领导，也就不会有社会主义制度。"②8 月 3 日至 9 日，中共中央宣传部在北京召开全国思想战线座谈会，强调"对于那种要脱离社会主义轨道、脱离党的领导的资产阶级自由化的社会思潮，要进行严肃的正确的批评和必要的恰当的斗争"。10 月初，《文艺报》发表评论员文章《评电影〈苦恋〉的错误倾向》，点名批判《苦恋》剧本、电影，《人民日报》以及其他报刊均转载了此文。1983 年 3 月 7 日到 13 日，中宣部、中央党校、中国社会科学院、教育部联合在中央党校召开"纪念马克思逝世 100 周年学术报告会"，周扬作了《关于马克思主义的几个理论问题的探讨》的报告，认为人是马克思主义的出发点，阐述了人道主义和异化问题。10 月 11 日至 12 日，中共中央举行十二届二中全会，邓小平在会上发表讲话，提出了"反对精神污染"的问题，认为理论界、文艺界的精神污染危害极大，足以祸国殃民，克服错误的言行已经成为全党的迫切任务。此后，人道主义、异化理论、现代主义、人性论等理论及朦胧诗等受到批判。1984 年 1 月 3 日，胡乔木在中央党校作《关于人道主义和异化问题》的讲话，否定"人是马克思主义的出发点"、"社会主义存在异化"，认为作为世界观与历史观的人道主义同马克思主义的历史唯物主义是根本对立的。1986 年 9 月 28 日，中共中央十二届六中全会通过《中共中央关于加强社会主义精神文明建设指导方针的决议》，强调社会主义精神文明建设必须坚持四项基本原则。12 月中下旬，合肥、上海、北京、武汉等地发生学潮。30 日，邓小平与胡耀邦、赵紫阳、万里、胡启立、李鹏、何东昌谈话时指出："学生闹事……是几年来反对资产阶级自由化思潮旗帜不鲜明、态度不坚决的结果。要旗帜鲜明地坚持四项基本原则，否则就是放任了资产阶级自由化。"③1987 年 1

---

① 《邓小平文选》第 2 卷，第 164～165 页。
② 《邓小平文选》第 2 卷，第 391 页。
③ 《邓小平文选》第 3 卷，人民出版社，1994 年，第 194 页。

月 28 日,中共中央发出《关于当前反对资产阶级自由化若干问题的通知》,要求在全党开展反对资产阶级自由化的斗争。3 月 9 日至 14 日,中共中央宣传部召开全国宣传工作会议,讨论整顿报纸刊物,深入持久地开展反对资产阶级自由化的斗争。1988 年 6 月 11 日,中央电视台播出电视系列片《河殇》,提出大陆文明—海洋文明、黄色文明—蓝色文明的对立,批判传统文化,引起强烈反响。

对中国哲学史学科意义重大的事件是中国哲学史专业恢复招收硕士、博士研究生。1978 年国务院学位委员会开始设立首批中国哲学专业硕士点。1981 年 11 月 3 日,国务院学位委员会批准首批博士生指导教师名单,中国哲学史专业有石峻、张岱年、王明、李泽厚等。1984 年,冯友兰经国务院学位委员会讨论通过,成为中国哲学史专业博士生导师。1986 年,朱伯崑、汤一介、肖萐夫被国务院学位委员会批准为博士生导师。1990 年 10 月,楼宇烈被增补为博士生导师。1982 年 9 月,北京大学哲学系中国哲学专业开始招收首届博士研究生。硕士和博士研究生的招收与培养,是中国哲学史研究领域的一件大事,标志着中国哲学史研究人才的培养开始走向正轨。

第二节　对冯友兰的批判和
冯友兰的复出

1976 年 11 月 22 日,北京大学哲学系通知取中共中央第十六号文件(关于“四人帮”集团罪行材料)给冯友兰看。12 月 16 日,冯友兰写了听关于“四人帮”问题传达的心得,说以前总是认为他们,尤其江青是代表毛主席、党中央的,现在才知道毛主席说过“她不代表我,她只代表她自己”,他们是利用毛主席的威望达到篡党夺权的目的。[①] 1977 年 4 月 12 日,冯友兰出席北京大学党委统战部召集的座谈会,谈感想。会上有人问冯友兰写武则天

---

① 蔡仲德:《冯友兰先生年谱初编》,第 559 页。本节关于冯友兰的史料,如无特殊说明,都出于《冯友兰先生年谱初编》,为节约篇幅,不俱注。

诗时的思想状况,是否真的不知道江青有野心。冯友兰回答确实不知。5月19日,北京大学哲学系通知冯友兰到中国哲学史教研室检查,"说清楚"与"四人帮"的关系。20日,许抗生通知冯友兰,"说清楚"会改期,"又说冯友兰原来《咏史》中有"高祖吕后继秦功",后来觉得吕后不值得写,删去,写作中有此过程可以理解。

《历史研究》1977年第2期发表北京大学哲学系中国哲学史组写的《历史唯心主义的标本——评〈儒法斗争史〉概况》,不指名地提到冯友兰:"他们运用一个高级顾问过去炮制的'抽象继承法'经过精心'抽象',于是归纳出所谓'守旧与革新'、'爱国与卖国'、'统一与分裂',这样三条始终贯穿'儒法斗争'的标志。"①陈石之的《评"四人帮"发言人梁效》刊登于《历史研究》第4期,批判冯友兰准备当"四人帮"新朝的"开国元勋";②同期杂志还登有王永江、陈启伟的《评梁效某顾问》,批判冯友兰:"从蒋介石王朝到'四人帮'横行之时,这位顾问都是助纣为虐,用笔杀人的。"③9月2日,《人民日报》介绍《历史研究》的《评梁效某顾问》的文章。10月,北京大学哲学系中国哲学史教研室贴出大字报《梁效顾问冯友兰的问题必须查清》,称冯友兰为"反动文人"、为梁效及江青出谋划策,写诗歌颂武则天,为江青上台造舆论,上"劝进表"等。1978年1月31日,袁淑娟的《斥风流理论家》发表于《工人日报》,文章批及冯友兰。1978年王永江、陈启伟在《哲学研究》第3期发表《再评梁效某顾问》,说"四人帮""是跟在一位脑后拖着长辫的资产阶级教授屁股后面跑","只是将顾问多年来为地主资产阶级妄图复辟而鼓吹的反革命'理论'付诸实践,变成篡党夺权的反革命行动而已"。7月20日,冯友兰在哲学系全体教师会上"说清楚与四人帮的关系"。8月上旬,北京大学哲学系召开会议,"背对背"批判冯友兰。9月16日,冯友兰与冯钟璞、冯钟越、蔡仲德等家人讨论《历史研究》的两篇文章,一致认为,冯友兰参加批林批孔是响应毛泽东的号召,改造自己;"四人帮"是中共内部问题,打着红旗反红旗,

① 北京大学哲学系中国哲学史组:《历史唯心主义的标本——评〈儒法斗争史〉概况》,《历史研究》,1977年第2期,第38页。
② 陈石之:《评"四人帮"发言人梁效》,《历史研究》,1977年第4期,第9页。
③ 王永江、陈启伟:《评梁效某顾问》,《历史研究》,1977年第4期,第16页。

党外人士怎能知道？应追究红旗怎么落到"四人帮"手中，不应归罪党外老知识分子。两篇文章缺乏公正，用笔杀人。

1977年7月，北京大学哲学系停发为冯友兰抄稿人的工资，后又照过去规定重发。冯友兰与家人商量，暂不领取，等待当局对自己作出结论。1978年2月24日，全国政协五届一次会议召开，冯友兰被取消政协委员资格。冯友兰在《自序》中说："经过'四人帮'这一段折腾，我从解放以来所得到的政治待遇都取消了，我又回到了解放初那个时期的情况。这也可以说是'赤条条来去无牵挂'吧。可是又不然，还有一件大事牵挂着我，那就是祖国的旧邦新命的命运，中华民族的命运。"①1978年11月8日，杨利川给冯友兰带来《梁效罪证材料》，有三条是关于冯友兰的：江青赠送的书、与江青在防震棚的合影、《咏史》诗中关于武则天的诗句。1979年2月9日，北京大学哲学系中国哲学史教研室主任张岱年、教研室秘书兼党支部副书记许抗生、支委兼工会组长魏常海找冯友兰谈话，要冯友兰再写一份检查，在群众中说清楚，事情即可了结，以后仍可出书、见外宾。11日，冯友兰写完与"四人帮"关系的检查。冯友兰的家人冯钟璞、蔡仲德夫妇要求有关部门澄清《历史研究》、《哲学研究》中大批判文章对冯友兰的诬陷，冯友兰主张先作检查，以后有机会再澄清。蔡仲德到张岱年家请张岱年看冯友兰的检查，其间张岱年说，胡耀邦曾经问"冯友兰为什么还不能出来？"但此事未正式传达。2月12日，冯钟璞在人民出版社长篇小说座谈会上遇见周扬。周扬问及冯友兰近况，说："在那种复杂情况下，他怎么弄得清？"2月27日下午，冯友兰在北京大学哲学系"说清楚"。中国哲学史教研室全体人员、其他教研室10人左右参加。冯友兰检查说，1973年谢静宜代表江青来看望，并要求写信表示感谢，自己认为江青是代表毛主席来落实知识分子政策的，写信所感谢的也是毛主席、党中央。关于《咏史》二十五首中歌颂武则天事，自己觉得过去几十年自己都是尊儒，现在应该"把颠倒的历史再颠倒过来，歌颂法家，表扬历史上的前进革新人物。从反儒这一观点上看，武则天做皇帝和儒家的每一条都是相违反的，所以要突出这一点"。原来写的是吕后，因为吕后的

---

① 冯友兰：《三松堂自序》，《三松堂全集》第1卷，第183页。

反儒意义不突出,后来又改为武则天。自己并不知道江青有野心,也不知她要借武则天为自己造舆论,也没有想到影射。江青在地震期间来看望,自己认为她是代表毛主席来的,和江青的照片并不是自己的纪念照,而是新闻摄影记者照的。在批林批孔运动中,自己"主观上确实是要改造自己,清算过去的尊孔思想"。冯友兰又说,"认为有了一些改造,实际上并没有改造好。……在阶级斗争复杂形势下,遇着打着红旗反红旗的情况,就分不清楚红旗和反红旗";《咏史》二十五首中有些结论并不是自己研究的结果,而是按照"四人帮"定下的调子写的。"这是一个搞学术的人的大忌。作为一个学术工作者,本应该坚持真理,以实事求是的精神,根据他从研究工作中得来的结果提出自己的看法,以供众论纷纭中各方面的参考。如果不能这样,国家人民又何必需要这种工作者? 我得了这一次的教训,要永远引以为戒。"与会者对检查没有提出意见,4 点左右许抗生送冯友兰回家。

1979 年 3 月 18 日,张岱年到冯友兰处,代表《中国哲学》编辑部约冯友兰写回忆录,说明只要事实,不要批判。1979 年 4 月 10 日,冯友兰被北京大学聘为学术委员会委员。这可以视为有关单位认为冯友兰与"四人帮"的问题已经结清,冯友兰可以复出。1979 年 10 月 10 日至 15 日,山西省社会科学院、北京大学哲学系、中国人民大学哲学系、中国社会科学院哲学研究所联合在太原召开"中国哲学史讨论会"。冯友兰出席了这次会议,并发言。这是粉碎"四人帮"后冯友兰第一次公开露面。1979 年 10 月 17 日,中国哲学史学会成立,学会第一届理事会聘请冯友兰为该会顾问及该会会刊《中国哲学史研究》季刊顾问。1979 年冯友兰的文章《论管仲》刊登于山东人民出版社出版的《哲学研究》丛刊《中国哲学史论文集》第一集。这是冯友兰在"文革"结束后首次正式发表文章。

1981 年 10 月 15 日,中国哲学史学会、浙江省社会科学院联合举办全国宋明理学研讨会。冯友兰出席会议并提交论文《略论道学的特点、名称及性质》。20 日,冯友兰作《中国哲学史学会杭州会议赠贺自昭》,序云:"1981 年10 月,中国哲学史学会在杭州开会,讨论宋明理学。在提出的论文中,一篇为《评贺麟先生新心学》,一篇为《评冯友兰先生新理学》。这两篇论文,并非来自同一单位,亦非来自同一地区,可知并非有意安排。"诗云:"心性两宗旧纠纷，凭我与君各传薪。相逢今日非年少，共读会场两异文。"1982 年 7 月 8 日，冯友兰在夏威夷大学哲学系出席由狄百瑞主持的"中国哲学的前途与研究方法"讨论会。11 日，冯友兰作《朱熹会议志感》："白鹿薪传一代宗，流行直到海之东。何其千载檀山月，也照匡庐洞里风。"14 日，余英时作《敬和芝生先生朱熹会议志感》："白鹿青田各有宗，千年道脉遍西东。鹅湖十日参同异，变尽猖狂一时风。"12 日，《中国时报》记者翟志成来访冯友兰，问如何看待张载的"为天地立心、为生民立命、为往圣继绝学，为万世开太平"，又问，如受阻该如何？冯友兰回答，张载所言为知识分子之理想，受阻亦应坚持。1982 年 9 月 10 日下午 4 点半，哥伦比亚大学校长索尔云(Michael I. Sovern)在该大学纪念馆圆形大厅举行仪式，授予冯友兰名誉文学博士学位。冯友兰接受学位并致答谢辞，说明了自己过去在学术界中所有活动及其意义以及将来的希望。答辞云：

> 我生活在不同的文化矛盾冲突的时代。我所要回答的问题是如何理解这种矛盾冲突的性质；如何适当地处理这种冲突，解决这种矛盾；又如何在在这种矛盾冲突中使自己与之能适应。①

冯友兰指出，自己对中西文化的认识有三个阶段：开始用地理区域来解释文化差别；第二阶段用时代来解释，认为中外文化的差别是古代、近代的差别；第三阶段是用社会类型来解释，认为文化的差别就是社会类型的差别。前两种解释不能指出解决的道路，而后一种解释正好指出了道路，即产业革命。中国革命胜利了。人们深信，这场革命把中国从半封建半殖民地的地位拯救了出来，使中国重新获得独立和自由。"人们相信马克思主义是真理。"作为建设新中国的一部分，自己的努力是修订《中国哲学史》。30 年过去了，还没有出版定本，那是因为对于传统精神遗产的继承问题没有解决。"现在应当包括过去的一切精华。这是解决不同的文化矛盾冲突的自然方式。这种解决应当是黑格尔称之为'奥伏赫变'的过程。这的确是一种很复杂的过程，是与简单化针锋相对的。这就是我现在理解的

---

① 冯友兰：《三松堂全集》第 1 卷，第 338 页。

历史发展的意义。本着这种理解,再来修订我的著作《中国哲学史》我就不再踌躇摇摆了。"①冯友兰接着指出:

> 通观中国历史,每当国家完成统一,建立了强大的中央政府,各族人民和睦相处的时候,随后就会出现一个新的包括自然、社会、个人生活各方面的广泛哲学体系,作为社会结构的理论基础和时代精神的内容,也是国家统一在人的思想中的反映。儒家、新儒家都是这样的哲学体系。中国今天也需要一个包括新文明各个方面广泛哲学体系,作为国家的指针。总的说来,我们已经有了马克思主义和毛泽东思想。……为现代中国服务的包括各个方面的广泛哲学体系,会需要中国古典哲学作为它的来源之一吗?我看,它会需要的。我们应当为这个广泛的哲学体系准备材料,铺设道路。我的意思决不是从古典哲学家著作中寻章摘句,编成原始资料汇编。一个哲学体系不是一个拼凑的东西。……在目前的情况下,我感到,我的《中国哲学史新编》有一项新的任务,它应当不仅是过去的历史的叙述,而且是未来的哲学的营养。这个新的广泛的哲学体系出现了,不同的文化在中国的矛盾冲突也就解决了。……

> 我经常想起儒家《诗经》中的两句话,"周虽旧邦,其命维新"。就现在来说,我的努力就是保持旧邦的统一性和个性,而又同时促进实现新命。②

冯友兰在后来的回忆中说:

> 我于1946年至1947年曾经去美国一次,在各地方讲中国哲学史。这次再去美国,觉得心情跟上次完全不同。原来西方的汉学家们,把中国文化当作一种死的东西来研究,把中国文化当作博物馆中陈列的样品。我那时在西方讲中国哲学史,像是在博物院中作讲解员。讲来讲去觉得自己也成了博物院中的陈列品了,觉得有自卑感,心里很不舒

---

① 冯友兰:《三松堂全集》第1卷,第341页。
② 冯友兰:《三松堂全集》第1卷,第342～343页。

服。这次我到美国,虽然讲的也是中国的东西,但是心情完全不同了,自卑感变成了自豪感,不舒服变成了舒服。中华民族的古老文化虽然已经过去了,但它也是中国新文化的一个来源,它不仅是过去的终点,也是将来的起点。将来中国的现代化成功,它将成为世界上最古、又是最新的国家。这就坚强了我的"旧邦新命"的信心,新旧接合,旧的就有了生命力,就不是博物馆中的陈列的样品了;新的也就具有中国的民族的特色。新旧相续,使古老的中华民族文化放出新的光彩。现在我更觉得这个展望并不是一种空想、幻想,而是一定要实现、而且一定能实现的。

在振兴中华的伟大事业中,每一个中华民族的成员,都应该尽其力所能及做一点事。我所能做的事,就是把中国古典哲学中的有永久价值的东西,阐发出来,以作为中国哲学发展的养料,看它是否可以作为中国哲学发展的一个来源。我认为中国古典哲学中有些部分,对于人类精神境界的提高。对于人生中的普遍问题的解决,是有所贡献的。这就是永久的价值。像这一类的阐述,我将在我的《中国哲学史新编》中陆续提出来。①

12日,《人民日报》报道冯友兰在美国获得名誉文学博士学位。1983年6月3日,全国政协六届一次会议开幕。冯友兰被选为主席团成员,17日,冯友兰当选为全国政协常务委员。

第三节　对建国以来中国哲学史研究的反思

"文革"中,中国哲学史学科成为重灾区。"文革"结束后,对中国哲学史研究的反思迫在眉睫。1978年之后的改革开放的政治形势,尤其是全国性的真理标准问题的深入讨论,形成了中国哲学史反思的社会思想基础。这

---

① 冯友兰:《三松堂全集》第1卷,第344～345页。

次反思主要围绕 1957 年以后,尤其是"文革"期间的研究而展开。

一、对儒法斗争史和影射史学的批判

"文革"给中国哲学史学科带来的最明显的影响是儒法斗争史观的形成。中国哲学史被歪曲为"儒法斗争史",并且儒法斗争史被认为一直延续到现在,延续到中国共产党内部。学术研究沦为"影射史学",直接变成了政治斗争,失去了客观性和真理性,也谈不上作为一门学科的独立和尊严。从思维根源上讲,儒法斗争史观是日丹诺夫哲学史讲话所传达的"革命史观"、"服务史观"的逻辑结论。1977 年以后,中国哲学史界首先面临的是对儒法斗争史观和影射史学的批判与清除。不过,1977 年至 1978 年间的反思,大体上是从儒法斗争史回到唯物唯心斗争史,1979 年以后才开始对"斗争史观"进行反思。

石峻认为,林彪、"四人帮"对中国哲学史学科的破坏主要是反动的实用主义。他们从篡党夺权的目的出发,利用人们对哲学史上的"儒"、"法"概念缺乏确切了解的状况,把从古到今的哲学史都说成是"儒法斗争史",并以继承"法家"的道统自居。[①] 任继愈提出,必须"批判'影射史学',恢复中国哲学史的本来面目"。[②] 他说,儒法斗争史的虚构也是十分荒唐的。儒家和法家只是先秦的两家,此外还有四家。前人划分哲学史派别是以师承关系为准,其实,"家"的内部"也有唯物和唯心的区别,代表的阶级也各不相同。随着社会阶级关系的变化,往往某'家'的名称如旧,而思想内容和阶级实质已大不一样。如早期墨家与后期墨家就代表不同阶级,又如韩非所处的战国末期,就已经'儒分为八,墨离为三',在'法家'内部也有重'法'、重'术'、重'势'的区别。因此,根本没有一个持续两千年之久,以儒家为一方,以法家为一方的所谓儒法斗争。它不能揭示哲学唯物主义与唯心主义的实质,也不能阐明哲学发展的规律,也无

---

① 石峻:《有关中国哲学史研究方法论的几个问题》,《中国哲学史方法论讨论集》,中国社会科学出版社,1980 年,第 57~58 页。

② 任继愈:《批判"影射史学",恢复中国哲学史的本来面目》,《哲学研究》,1978 年第 3 期,第 28~37 页。该文是任继愈主编《中国哲学史简编》修订本的序言,参加本文讨论的有孔繁、汝信、李泽厚、周继旨、杜继文、钟肇鹏,所以本文也代表了当时学界不少学者的共同意见。

从体现人类认识日益深化的辩证发展过程"；①把儒法斗争说成是推动历史发展的动力,也十分荒谬,违背了历史唯物主义基本原理的。儒法斗争史观认为地主阶级保守派推行的儒家路线是农民起义的根本原因,农民起义反儒不反法,儒家残酷剥削农民,法家爱人民如此等等,否认了封建社会中农民阶级和地主阶级的基本矛盾,否认了农民起义所打击的是整个封建社会,使农民不是给地主阶级反对奴隶制当附庸,就是为推行法家路线开辟道路,否定了农民起义的历史发展动力意义,掩盖了农民阶级与地主阶级的阶级斗争对哲学史发展的影响。任继愈指出,"离开了一定的历史条件和阶级斗争形势,所谓先进与保守、革命与反动也无从说起"②,"四人帮"捏造儒法斗争史,实际上为了推销其政治目的,是典型的实用主义。

　　张岱年对所谓儒法斗争贯穿了两千多年的观点也进行了批判,指出"这是对中国哲学史的歪曲,是对中国哲学史发展规律的臆造"。③ 春秋时代儒法都"尊君",都坚持等级区分,都是维护统治阶级特权的,所以它们之间有斗争,还有融合。以儒法来划分唯物主义和唯心主义也是行不通的。唯物主义不限于法家,儒家中也有无神论者。汉初出现了综合儒法道的倾向。儒法关系在汉代发生转折,儒家传述殷周以来的文化典籍,掌握文化教育领导权；法家编订的地主阶级法律,成为封建社会法律制度的基础。"儒家传授的'经学'和法家提供的'律例'都成为维持地主阶级专政的有力工具。儒法两家思想成为地主阶级思想中相互配合的两翼。……先秦法家思想的一部分被抛弃了,一部分被吸收到儒学的体系中去了,独立的法家学派逐渐消失了。"④所以,汉代以后的哲学史发展同样也是唯物主义和唯心主义的斗争史,而不是儒家和法家的斗争史。张岱年着重对在儒法斗争史框架下被

---

① 任继愈：《批判"影射史学",恢复中国哲学史的本来面目》,《哲学研究》,1978 年第 3 期,第 29～30 页。

② 任继愈：《批判"影射史学",恢复中国哲学史的本来面目》,《哲学研究》,1978 年第 3 期,第 31 页。

③ 张岱年：《关于中国封建时代哲学思想上的路线斗争——批判"儒法斗争贯穿两千多年的谬论》,《哲学研究》,1978 年第 4 期,第 41 页。

④ 张岱年：《关于中国封建时代哲学思想上的路线斗争——批判"儒法斗争贯穿两千多年的谬论》,《哲学研究》,1978 年第 4 期,第 43 页。

视为法家的人物进行了具体的分析。他指出,贾谊思想仍然是以儒家为主导的,他在总结秦王朝灭亡的教训时,强调儒家道德教化的作用;也强调加强中央集权,抗击匈奴侵略。王充是汉代最著名的唯物主义者,他对孔孟都提出了批评,但也决不是法家的同调,他仍然承认孔子为圣人。王充也不是儒家,他的天道观发挥了老子的自然观点。范缜与佛教进行的神灭与神不灭的争论,是当时儒佛斗争的一个方面,并不是儒法两家的斗争。何承天、范缜都是站在儒家的立场上反对佛教的。柳宗元实际上属于儒家,他主张儒家的仁义礼智,在他看来,仁义和郡县制是一致的,并无矛盾。王安石虽然称赞商鞅,但更赞美孔子;在人性问题上主张性无善恶论,他认为这是继承孔子的。王安石主张变法,讲求富国强兵的办法和先秦法家相似,"但从他的立论根据来看,从他的整个思想体系来看,他基本上还是属于儒家,他的'新学'乃是当时儒家中的一个派别。当时司马光和王安石的斗争,只是儒家内部保守与进步的斗争,而不是儒法斗争。"①陈亮与朱熹的辩论,也没有超出儒家的范围。李贽是明代后期反封建礼教、批判孔孟之道的进步思想家,也曾赞扬法家人物,但他并不是法家或"尊法反儒"的思想家。他所尊崇的还是儒家,尤其是王阳明的心学。李贽的政治理想包含有民主思想,与主张专制的法家更是不同。王夫之是明清之际著名的唯物主义进步思想家,他对秦始皇推广郡县制虽有高度评价,但他的著作中有大量的对于申、韩法家的猛烈批判。他虽然没有摆脱封建思想,但对于君主制非常不满。"如果王夫之生前听到有人说他是法家,他一定认为是莫大的侮辱。"②

张岱年指出,"汉代以后政治思想的进步与保守的斗争不是儒法斗争。"农民阶级的革命斗争,不但反对儒家,也反对法家。地主阶级内部分为当权派和不当权的中小地主,后者经常受到大地主阶层的压制和排挤,反对土地兼并,要求限制大地主阶层的特权等。地主阶级知识分子中还有人对君主制进行了批判,如邓牧和黄宗羲等,这是地主阶级范围内最进步的政治思

---

① 张岱年:《关于中国封建时代哲学思想上的路线斗争——批判"儒法斗争贯穿两千多年的谬论》,《哲学研究》,1978 年第 4 期,第 49 页。

② 张岱年:《关于中国封建时代哲学思想上的路线斗争——批判"儒法斗争贯穿两千多年的谬论》,《哲学研究》1978 年第 4 期,第 51 页。

想。地主阶级的当权派和不当权派的斗争也不是儒法斗争。关于守旧与革新，张岱年指出，没有抽象的革新，把法家和革新等同起来，不分时代和阶级，实际上是把法家的意义抽象化了。关于土地兼并问题，第一个提出限制土地兼并的是董仲舒。关于分裂与统一问题，孟子已经讲过"定于一"，《春秋》强调"大一统"。关于投降与抗战问题，儒家历来有"尊王攘夷"的传统，岳飞、文天祥等人都是受儒家思想影响的。

对于杨荣国、赵纪彬、冯友兰等学者关于儒法斗争史的观点，不少学者都提出了批评。如对于杨荣国的《简明中国哲学史》修订本，张春波、马振铎指出，这个修订本增加了不少批周公、批宰相的内容，实际上是影射周恩来总理；把法家和儒家分别等同于唯物主义和唯心主义，也是一个虚构的公式；证明"法家爱人民"，避而不谈农民起义对作为地主阶级的法家的斗争，反而大谈农民起义为法家路线的执行扫清了道路等，都是十分荒唐的。①傅云龙、孙乃源批评了赵纪彬迎合"四人帮"的需要，按儒法斗争史观对《论语新探》重新修订；②邝柏林分析了《哲学小辞典》(儒法斗争史部分)的影射笔法和对历史事实的歪曲；③楼宇烈批判了儒法斗争史所谓"守旧与革新"、"爱国与卖国"、"统一与分裂"三条始终贯穿儒法斗争的标志，指出这是历史唯心主义；④王永江、陈启伟批判了冯友兰把革新、前进与保守倒退两条路线概括成为普遍的历史公式，认为这是"新理学"的翻版。⑤

不过，这一时期的反思还带有一些"文革"的色彩，没有把学者和政客区别对待，对处于政治体制压力之下的学者的处境缺乏同情的理解。如批判冯友兰准备当"四人帮"新朝的开国元勋；⑥"助纣为虐，用笔杀人"；⑦"从政

---

① 张春波、马振铎：《评〈简明中国哲学史〉修订本》，《哲学研究》，1978年第2期，第34~42页。

② 傅云龙、孙乃源：《赵纪彬一九七六年的〈新探〉究竟"新"在哪里?》，《哲学研究》，1978年第7期，第45~52页。

③ 邝柏林：《一本为"四人帮"篡党夺权效劳的"帮辞典"——评〈哲学小辞典〉(儒法斗争史部分)》，《哲学研究》，1978年第8期，第37~43页。

④ 楼宇烈：《历史唯心主义的标本——评〈儒法斗争史概况〉》，《历史研究》，1977年第2期。

⑤ 王永江、陈启伟：《再评梁效某顾问》，《哲学研究》，1978年第3期，第14~27页。

⑥ 陈石之：《评"四人帮"发言人梁效》，《历史研究》，1977年第4期。

⑦ 王永江、陈启伟：《评梁效某顾问》，《历史研究》1977年第4期。

治上说,'四人帮'是主子,顾问是帮办。但从理论上说,作为哲学家的顾问先生却堪为师表,'四人帮'则不过是一些还需要向他学习的后生小子"。[1] 又如认为赵纪彬是钻进党内的叛徒,御用文人等。[2] 批判儒法斗争史在一定程度上又强化了哲学史是唯物和唯心斗争史的观点。可见,仅仅针对儒法斗争史进行反思是不够的。

二、对建国后新范式运用的反思

(一) 两次会议

1. 北京会议

1979年3月23日,三联书店、中华书局编辑部和中国社会科学院历史所中国思想史研究室联合举行在京部分历史哲学史工作者关于"哲学与阶级斗争关系问题"座谈会。会议回顾了建国以来中国哲学史研究的成绩,反省了这一研究领域长期盛行的"左"的错误,提出要肃清林彪、"四人帮"的极左路线的流毒,坚持实践真理标准、贯彻"双百方针"、解放思想,打破禁区,完整准确地把马列主义、毛泽东思想与中国哲学史研究结合起来,使哲学史研究为四个现代化服务。[3]

2. 太原会议

1979年的太原会议[4]成为"文革"结束后中国哲学史界的首次大型会议,与会者着重就中国哲学史研究的方法论问题进行了研讨。这次会议具

---

① 王永江、陈启伟《再评梁效某顾问》:《哲学研究》,1978年第3期,第14页。

② 傅云龙、孙乃源:《赵纪彬一九七六年的〈新探〉究竟"新"在哪里?》,《哲学研究》,1978年第7期,第51～52页。

③ 革锋:《在京部分历史、哲学史工作者座谈历史上哲学与阶级斗争的关系问题》,《中国哲学》第2辑,第405～415页。

④ 中国社会科学院哲学所、北京大学哲学系、中国人民大学哲学系、山西社会科学院哲学研究所联合发起,于1979年10月在山西太原举行了中国哲学史方法论问题讨论会。出席这次大会的有来自28个省(市)、自治区的171名代表。会上就中国哲学史的特点、对象、任务,哲学遗产的批判继承,如何评价唯心主义,哲学与阶级斗争等问题进行了热烈讨论,哲学研究中的方法论问题则是这次会议讨论的重点。会后出版了《中国哲学史方法论讨论集》。

有对"文革"时期和"文革"前十七年中国哲学研究进行反思的性质,涉及的议题包括肃清"四人帮"对中国哲学史研究的干扰、关于日丹诺夫的哲学史定义问题、唯物唯心的评价问题、哲学史与阶级斗争的关系问题、哲学遗产的继承问题以及"农民哲学"问题。不过,反思总体仍不深入,一是学者们长期受"左"的思潮的影响,积重难返;二是对"四人帮"的批判在某种程度上掩盖或代替了对学术自身的反思。

(二)《中国哲学史研究》(季刊)创刊

1980 年,《中国哲学史研究》创刊。该刊《发刊词》提出,要把中国哲学史建立成为"一门科学","这是中国哲学史研究中的关键"。《发刊词》谈了三方面的问题。首先关于科学性和革命性的关系问题,《发刊词》指出,要进一步把二者统一起来。科学性是革命性的基础,"只有科学的东西,才符合无产阶级和广大人民群众的利益,才具有真正的革命性","但是,马克思主义不但要求探求科学的真理,而且也要求从科学的真理中引申出革命的结论,达到革命的目的。正因为这样,马克思始终认为他的理论'在本质上是批判的和革命的'。中国哲学史研究成为一门真正的科学,它就应该充满无产阶级的革命精神,排除封建主义的毒素和资产阶级的腐朽的思想,为无产阶级革命事业服务,为社会主义现代化服务。这样的革命性,正是科学性所必需的"。[①]《发刊词》认为,坚持革命性和科学性的统一,必须坚持实事求是的原则,要以马克思主义的立场、观点和方法作为指导,通过对中国哲学史的研究发现其特点。唯物主义和唯心主义的对立只表现在哲学基本问题上,因而具有相对的意义,不能把哲学史简化为唯物主义和唯心主义的斗争史;但也不能抛弃这条线索,否认历史上唯物主义和唯心主义的矛盾与斗争。其次,关于学术研究和现实的关系,《发刊词》提出,"尊重哲学史研究中的科学性,反对把哲学史和政治的关系作表面的、庸俗的和狭隘的理解";但是,"哲学史的研究也不可以脱离当前的实践","哲学史工作者不但要了解哲学史本身,而且要有了解社会和了解革命实践的热忱和兴趣。革命实践能够提高人们对历史实际和历史规律的认识,能够促进人们提出具有重要

---

① 《中国哲学史研究》(创刊号),1980 年第 1 期,第 3 页。

意义的研究课题。从这个意义上说,哲学史工作者应立足于当前的实践,站在辩证唯物主义与历史唯物主义的高度,不断从当前的实践中吸取丰富的养料,才能不断提高哲学史的科学水平"。① 再次,关于中国哲学史研究的目的和意义,《发刊词》认为,"学习和研究中国哲学史是锻炼理论思维能力、丰富马克思主义哲学的重要手段"。具有时代特色的是,《发刊词》提出,"学习和研究中国哲学史进一步是解放思想的重要环节"。《发刊词》还认为,"学习和研究中国哲学史是丰富和发展社会主义文化的一条重要途径"。"中国哲学史要真正成为科学,就要正确指明哲学遗产的价值和继承的规律以及继承哲学遗产与社会主义文化建设的关系。正确解决继承哲学遗产的问题,对于提高中华民族思维能力,发展我们的民族的文化,对于提高我们的民族自信心,都有重要的意义。"②《发刊词》表达了当时中国哲学史界的普遍认识,涉及对于"斗争史观"的再认识,"科学"再度成为中国哲学史学科的关键词。但对研究中国哲学史的意义的说明表明,中国哲学的文化和历史意义还没有得到认识,中国哲学还是被作为遗产对待。当然,民族理性和时代都还没有进展到把中国哲学作为活着的文化传统对待的地步。

《创刊号》还刊发了一组笔谈。在笔谈中,张岱年对 1957 年以来把马克思主义简单化、教条化,把中国哲学史研究变成"贴标签"的极"左"倾向,以及"四人帮"横行时期对哲学史采取实用主义态度,虚构儒法斗争史的恶劣做法进行了批判。他指出,哲学史研究的任务,"就在于说明真理是如何在与谬误斗争的过程中逐渐积累起来的"。③ 冯友兰回顾了解放后自己研究中国哲学史所走过的弯路,指出"学术上的结论是要靠自己的研究得来的",希望"用马克思主义的立场、观点和方法重写一部《中国哲学史》","只写我自己在现有的马克思主义水平上所见到的东西,直接写我自己在现有的马克思主义水平上对于中国哲学和文化的理解和体会,不依傍别人,更不是抄

---

① 《中国哲学史研究》(创刊号),1980 年第 1 期,第 4 页。
② 《中国哲学史研究》(创刊号),1980 年第 1 期,第 5～6 页。
③ 张岱年:《大力促进中国哲学史学科的新发展》,《中国哲学史研究》(创刊号),1980 年第 1 期,第 9 页。

写"。① 任继愈指出，在阶级分析方面，要克服两个缺点。第一个是仅限于指出某家某派哲学产生的根源和他所服务的阶级。其实，中国封建社会哲学家几乎都是地主阶级的代言人，所以仅仅提出一个"地主阶级"是远远不够的。同一个地主阶级，在北宋就有濂洛关学的不同，亲兄弟之间，如程颢、程颐，也有所不同，所以还必须分析哲学家的思想体系。如果没有把哲学家的思想体系分析清楚，阶级分析就成了空架子。第二个是运用马克思主义作为指导，不是光靠记诵马克思主义的词句。检验真理的标准是实践，不是某一圣哲的观点。"再也不能用封建社会读经的方法来学习马克思主义经典著作了。"②

（三）反思的议题

1. 关于中国哲学史研究的目的

"文革"期间哲学史学科沦为为政治服务的工具，"文革"后面临的首要任务就是确立这门学科存在的意义。从深层上看，学问、学科、研究者的存在三者之间形成三位一体同构联系，学问的意义决定学科存在的意义，两者又决定了这门学科的研究者的存在的意义。这次反思虽然对"影射史学"作出了批判，但还没有深入到学问和学科的独立自主性问题。中国哲学史学科应该有独立的地位和自为的意义。作为一门学科，它只应服从学术研究的逻辑，不因能为某一直接或间接的政治或其他什么目标服务才有意义。20世纪70年代末的反思没有认识到这一点，而是力图寻求它的"古为今用"的价值，甚至仍赋予这门学科远远超出它所能承担的政治或其他意图。这种思维方式仍是"服务史观"的产物。这样做或许能使人们认识到这门学科的众多的现实意义，但它的自在价值却因此而丧失，学者或知识分子失去了对于现实应保持的适当张力。

潘富恩对于"文革"期间种种违背实事求是原则的影射史学进行了反思与批判，指出"四人帮"为了篡党夺权，"总是要找出一些古人来加以影射、比附，或鼓吹所谓'挖思想的总根源'，而借批古人来批今人"。如"四人帮"为

---

① 冯友兰：《吸取教训继续前进》，《中国哲学史研究》(创刊号)，1980年第1期，第9～10页。
② 任继愈：《克服两个缺点》，《中国哲学史研究》(创刊号)，1980年第1期，第9～10页。

了批判经验主义,姚文元就曾通过其党羽向上海学术界做工作,把墨子的阶级身份改为"没落的中小奴隶主阶级",宣称他是经验主义的代表、唯心主义哲学家,并指令上海宣传机关,统一口径,不得发表与此观点不同的文章。潘富恩说,这种做法由来已久。20世纪60年代讨论"一分为二"和"合二而一"时,有人引用了吕大临的"合有无为之元"和方以智《东西均》中的"合二而一"通俗地说明对立统一关系。在陈伯达等人制造的批判"合二而一"的极"左"风气下,对引用过这两句的今人受到了无情打击和批判。吕大临是理学家张载的门人,后来为程颐的四大弟子之一,所以较容易打倒;方以智本身是具有辩证法思想的科学家,却也被说成是"地地道道的形而上学者",编哲学史也将其排除在外。潘富恩指出,这种株连古人的做法也是影射史学,从根本上背叛了马克思主义的哲学史观,尤其是完全抛弃了"实事求是"的原则。

潘富恩指出,应把历代尊孔者的孔子和孔子本人分开,批孔不等于批判尊孔者,也不能认为为了批判尊孔者就必须批孔。"以为要批判林彪就必须全盘否定孔子,否则就不足以批判林彪,这也是不对的,不科学的;认为只要彻底批判了或否定了孔子,也就等于彻底批判了或否定了林彪的反动思想,同样也是不对的、不科学的。""'四人帮'把孔子说成是'自古迄今一切反动思想的总根源',是历来一切反动人物的'老祖宗',似乎只要批倒、批臭'孔老二',一切反动思想都会扫除得一干二净了。"从哲学史的研究方法来说,这种做法"颠倒了一定社会思想的'源'与'流'的关系,把一个古人的思想看作什么古今的'总根源',把它看作超乎不同历史时代,不同阶级之上的东西,以为'古今一揆',这不仅是十足的唯心史观,而且也是十足的形而上学"。①

研究哲学史的意义是什么? 在当时的反思过程中,大多数学者都肯定,是为了"古为今用"或为"四化"服务。如,张岱年指出:"我们研究哲学史,不是要发思古之幽情,也不是为学术而学术,而是因为哲学史研究对于社会主

---

① 潘富恩:《清除中国哲学史中违背"实事求是"原则的错误方法》,《中国哲学史方法论讨论集》,中国社会科学出版社,1980年,第112~115页。

义文化建设具有重要的意义与作用。"①李传明认为，研究哲学史是为了为四个现代化服务。他引用恩格斯"一个民族要想站在科学的高峰，就一刻也不能没有理论思维"，而发展和锻炼理论思维，"除了学习以往的哲学，直到现在还没有别的手段"的论述指出，"理论思维能力的提高，有助于科学技术的发展；科学技术的发展，又能加速四个现代化的进程。这就是学习哲学史和实现祖国四个现代化的关系。这种关系表明，学习哲学史是可以为四个现代化服务的。"②钟肇鹏强调："对中国哲学史怎样为现实服务的问题，不能做狭隘的理解，更不能像林彪、'四人帮'那样胡说的'立竿见影'。他们以鬼蜮伎俩搞影射史学。把中国哲学史任意篡改、割裂、颠倒，伪造历史经验和规律来为其反革命阴谋服务。"③张岱年、李传明所说，尚属持中之论，是能够为当时学界所理解和接受的。

　　杨宪邦指出："研究中国哲学史必须对指导中国的社会主义现代化建设有所帮助，并为之服务，必须为实现新时期的总任务而奋斗。"中国哲学史研究是否有成效，就看它"能否坚持对实现四个现代化提出的新问题作出有指导意义的科学回答和帮助"，"能否坚持为实现四个现代化服务的方向。不适应这个需要，违背这个方向，使中国哲学史的研究工作变成古董的鉴赏，脱离实际的空谈，从观念到观念的烦琐哲学，那是不能妄称为马列主义的中国哲学史的理论研究工作的。这样的中国哲学史研究必然堵塞中国哲学史的发展道路。破坏其科学性，窒息其革命精神，扼杀我们中华民族哲学发展的生机"。④ 那么，中国哲学史对实现现代化会有哪些帮助呢？杨宪邦提出，中国哲学史发展的客观规律证明了马列主义、毛泽东思想、社会主义道路、无产阶级专政，共产党的领导在中国出现的必然性；"认识和掌握中国长期哲学斗争发展的客观规律，有助于我们完整地准确地理解和应用马列主义毛泽东思想及其哲学，有助于坚持社会主义道路，坚持无产阶级专政，即

---

　　① 张岱年：《论哲学思想的批判继承》，《哲学研究》，1979 年第 9 期，第 38 页。
　　② 李传明：《哲学史的对象》，《中国哲学史方法论讨论集》，第 25～27 页。
　　③ 钟肇鹏：《关于哲学史方法论的几个问题》，《中国哲学史方法论讨论集》，第 96 页。
　　④ 杨宪邦：《为实现新时期的总任务而发展中国哲学史》，《中国哲学史方法论讨论集》，第 23～24 页。

坚持党的领导,坚持马列主义毛泽东思想,为实现四个现代化建设指出必由之路"。① 石峻还提出,研究中国哲学史,必须"成为无产阶级革命家"。他说:"要作为一个马克思主义哲学家,首先得成为一个无产阶级的革命家,对于哲学史的专门工作者,也应该不是例外。……谈到改造主观世界的问题,作为专业工作者,例如通过对中国近代哲学思想史的深入研究,透彻了解半殖民地半封建社会的基本矛盾,肯定会使我们更加坚信十一届三中全会以来确定的四项基本原则,只有走具有中国特点的四个社会主义现代化,才是我们的唯一的出路。这就是哲学史思想也可以'古为今用'的一个很明显的例证"。② 上述看法无疑赋予了中国哲学史学科远远超出它所能承担的沉重任务,研究中国哲学怎能证明马克思主义和四项基本原则的正确性? 研究者又怎能成为"无产阶级革命家"? 这实际上仍有"服务史观"的影子。

2. 对日丹诺夫哲学史定义的反思:认识史对斗争史的取代

对于日丹诺夫的哲学史定义,1957 年的反思由于反右、反对修正主义的介入,未能沿着它应有的逻辑开展下去,而是中断了。"文革"期间,日丹诺夫定义所包含的"服务史观"进一步发展为儒法斗争史。所以,"文革"结束后中国哲学史研究面临的首要任务就是反思日丹诺夫的哲学史定义。客观地说,由于长期的极"左"思潮泛滥造成积重难返,这次反思的起点实际上低于 1957 年,加之没有当年"百花齐放,百家争鸣"的气氛,所以,这次反思不及 1957 年那次深入,达到的高度十分有限。经过这次反思,列宁提出的哲学史是人类认识史的"认识史定义",取代了"斗争史定义",这可视为中国哲学史研究在 20 世纪 80 年代取得的进步。

日丹诺夫哲学史定义的问题在哪里? 1957 年反思时已经提到的有:界限分明的阵营、没有同一的斗争、哲学史就是唯物主义的发展史等。这次反思,仍然集中在这几点。汪子嵩说,按照日丹诺夫的定义,哲学史是唯物论和唯心论的斗争史,我们"只能站在唯物论一边,把唯心论当作我们'敌

① 杨宪邦:《为实现新时期的总任务而发展中国哲学史》,《中国哲学史方法论讨论集》,第17~18 页。
② 石峻:《有关中国哲学史研究方法论的几个问题》,《中国哲学史方法论讨论集》,第60~61 页。

人'"，所以哲学史又是"唯物论的发展史"。可是哲学史的实际并非如此。于是，研究中就出现了"不是以原则服从实际，却是让实际服从定义"的教条主义、公式化、简单化、贴标签等情况。1957 年，有些同志曾经提出过意见，后来被扣上"右派"、"修正主义"的帽子受到打击，使哲学史研究工作一直受极"左"思潮的影响。现在是重新认识和讨论些问题的时候了。不过，他仍然肯定，唯物主义与唯心主义的斗争是一个把握了哲学史本质的"科学的抽象"，所以，"说哲学史是唯物论和唯心论斗争的发展史，是可以的。重要的是，不要将这个命题简单化、公式化、到处乱套"，"贴标签"。汪子嵩认为，划分体系对于把资产阶级的唯心论观点的哲学史改造为马克思主义观点的哲学史是很必要的。但是，只停留在这一点上是不够的。"还要从抽象到具体，这就要对哲学家、哲学体系进行具体的研究，分析它的丰富的内容，找出它的内外的联系，作出实事求是的评价。这样研究哲学史，就不是贴标签，而是丰富多彩的内容了。"①具体分析哲学家和他们的命题，原理和体系，往往可以发现"唯物论和唯心论之间，确实存在着互相渗透、互相转化的情况，我中有你，你中有我，并不是简单地可以一刀切齐的"。②

　　李传明否认了日丹诺夫哲学史定义的科学性。他提出了两点理由，首先，日丹诺夫的定义"把哲学史说成是科学唯物主义的胚胎、发生和发展的历史"有两大毛病。其一是"离开人类认识的发展孤立地讲科学唯物主义的发展"，这样哲学史就成了唯物主义自我完善的过程；"人类认识的发展本来是螺旋式上升，此定义表述出来的却是直线前进"。其二是"把以往的哲学都叫做'胚胎'……很难给以往的哲学以科学的评价，不能正确地说明哲学发展的批判继承关系，也不能科学地说明唯物主义的产生是人类几千年认识发展的必然结果"。③　其次，日丹诺夫的定义还说"哲学史也就是唯物主义与唯心主义斗争的历史"。这个提法片面性也很大。其一是只讲两者的斗争不讲同一，是形而上学的片面性，不符合历史事实。其二"不讲辩证法

---

　　① 汪子嵩：《谈怎样研究哲学史》，《中国哲学史方法论讨论集》，第 11 页。
　　② 汪子嵩：《谈怎样研究哲学史》，《中国哲学史方法论讨论集》，第 12～13 页。
　　③ 李传明：《哲学史的对象》，《中国哲学史方法论讨论集》，第 28～29 页。

和形而上学的对立统一,也是片面的"。① 于世君、王冶、王举忠等人也指出,马克思主义只是整个哲学史发展中的一个阶段,不是人类哲学发展的全过程和全部,不能用它去囊括历史上的所有哲学形态、哲学派别的发生、发展及其规律的历史。"按照日丹诺夫的观点,哲学史的对象和范围,只能限制在马克思主义世界观及其规律的胚胎、发生与发展上,与此无关的哲学形态、哲学流派、哲学思想,都将被拒于哲学史的大门之外,都不是哲学史所研究的内容,只有马克思主义哲学才是哲学史研究的对象和内容。那末,按照这种思想写出来的哲学史那也只能是马克思主义者的产生和发展的历史了。"② 李传明等人实际接触到了日丹诺夫哲学史定义所包含的"目的史观"和"顶峰论"问题,但都没有上升到这个概念进行系统的反思。鉴于日丹诺夫哲学史定义所带来的问题,汪子嵩、李传明都主张用列宁的认识史定义取代日丹诺夫的斗争史定义。李传明指出:"现在应该解放思想,离开日丹诺夫,走向列宁。看来这是必由之路,是否定之否定。"③"哲学史是人类对自然界、社会和人类思维运动的一般规律的认识史,是关于这种认识发展规律的科学。"④

　　对于汪子嵩、李传明等人的观点,也有不同意见。李申认为,"日丹诺夫的哲学史定义和列宁的定义之间没有什么根本的分歧",不存在返回的问题;把哲学史归结为唯物、唯心斗争史抓住了哲学认识中最核心、最基本的问题,抓住了哲学发展的主要矛盾。这个说法和把人类的文明史归结为阶级斗争史在历史学上有同等价值。关于日丹诺夫哲学史定义没讲统一性是不是片面,李申认为,"斗争性本身,就内在地包含了二者的统一性","两军对垒"包含着两者"既相互排斥、又相互渗透,也就是相互批判继承,而批判继承就是在'你死我活'的斗争中实现的。难道我们不应该根本否认唯心主义吗? 难道我们不应该认为唯心主义是胡说八道吗?""对斗争的简单化理

---

① 李传明:《哲学史的对象》,《中国哲学史方法论讨论集》,第 30 页。

② 于世君、王冶、王举忠:《浅谈哲学史方法论的几个问题》,《中国哲学史方法论讨论集》,第 100 页。

③ 李传明:《哲学史的对象》,《中国哲学史方法论讨论集》,第 31 页。

④ 李传明:《哲学史的对象》,《中国哲学史方法论讨论集》,第 35 页。

解,甚至看成是杀人的过错,都是我们自己造成的,其咎不在日丹诺夫的定义。"①至于辩证法和形而上学的对立,李申认为,没有在唯物主义与唯心主义斗争之外的单独的辩证法和形而上学的对立,"第二个对子必须服从第一个对子",日丹诺夫的定义抓住了在哲学最高问题上的两派对立,不讲辩证法和形而上学的对立,是我们的过错,并不是日丹诺夫的过错。日丹诺夫定义是否意味着"哲学在辩证唯物主义形态上就完成了呢?"李申指出,必须承认,"辩证唯物主义是迄今人类智慧的最高发展。而以后的发展,又必然是新形态的科学唯物主义不断战胜唯心主义的历史。原因只有一个,就是唯物主义在根本上是正确的"。②

1980年以后,对于日丹诺夫哲学史定义的批评逐渐多了起来,用列宁定义取代日丹诺夫定义也逐渐成为共识,学界开始对认识史的内涵作了更为具体的分析,同时把斗争史作为认识史的一个环节包含进来。

张春波认为:"哲学史就是人们认识自然、社会和思维运动一般规律的历史。简言之,就是认识一般规律的历史。"③对于列宁《哲学笔记》中的"哲学史,简略地说,就是整个认识的历史"的通常译法,他指出,"整个"可以更为准确地译作"一般"。因为任何一门科学史,都不能囊括一切认识。译作"一般",更能体现哲学史是认识自然、社会和思维活动的一般规律特点。列宁把各门具体科学的综合叫做"全部认识领域",哲学史也可以叫做认识史,但哲学史与其他各门认识不同,所以列宁加上了"一般"二字。④ 那么,"认识一般规律的历史"和斗争史的关系如何? 张春波认为,哲学史研究的任务并不仅仅是区分出唯物主义和唯心主义,这是日丹诺夫哲学史定义的简单化和片面化的观点。思维和存在的关系"是寓于每个哲学范畴、命题、体系中的一般,因此,哲学史必须是人们认识一般规律的发展史。但思维与存在的关系又始终寓于一般";用一般认识史的定义来分析中国哲学史,可以把中国哲学史分为三个具有里程碑式的阶段:第一个阶段是先秦至两汉,主

① 李申:《从日丹诺夫的哲学史定义谈起》,《中国哲学史方法论讨论集》,第50～53页。
② 李申:《从日丹诺夫的哲学史定义谈起》,《中国哲学史方法论讨论集》,第54页。
③ 张春波:《哲学史是认识一般规律的历史》,《中国哲学史研究》,1980年第1期,第117页。
④ 张春波:《哲学史是认识一般规律的历史》,《中国哲学史研究》,1980年第1期,第118页。

要讨论的问题是"生成原因论";第二个阶段是魏晋隋唐,时代精神的精华主要是"体用论";第三个阶段是宋元明清,其时代精神的精华是"理事论"。陈俊民指出,斗争史的定义"没有把握住中国哲学史研究的客观对象,不是以这门科学特有的基本矛盾为根据,因而不能构成这门科学的特殊的本质,混淆了哲学史研究与历史上的哲学的界限,混淆了研究哲学史的马克思主义方法和哲学史本身的界限。由此引申出来的一系列方法论不仅是形而上学的,而且也是不唯物的";因此,"应当把中国哲学史研究的对象,确立在揭示中华民族哲学思维自身逻辑发展的规律上",这是哲学史方法论讨论中的关键,也是推进中国哲学史研究走向科学化的重要问题。在他看来,"哲学本质上是人类的认识论",其研究对象是"思维和存在、主观和客观两者之间的辩证发展的一般规律"。哲学史是以以往"全部哲学"为对象的,自然也应"属于人类的认识史;哲学研究的对象,也自然是哲学史研究所应涉及的范围,它们均是人类一种理论思维形式的认识。这是两者的共性"。① "'两论'、'两观'的本义,不等于整个哲学的'基本问题'的本义,它们的简单汇集,也不等于历史上的'全部哲学'",也不等于哲学史,"只能算作'分歧意见之堆积'"。哲学的基本问题是哲学研究的对象,而不是哲学史的直接对象。哲学史把人类回答基本问题的全部哲学思想作为自己的研究范围;它研究的"是人类的认识逻辑与其发展历史的辩证统一过程","中国哲学史是中华民族哲学思维发展的逻辑与中国社会发展的历史两者辩证统一的认识史"。②

哲学史的主题是什么呢? 张岱年综合了马克思、恩格斯、列宁、毛泽东关于哲学和哲学史的看法指出,哲学史"是整个认识的历史",哲学史是一个时代的思想意识的精华的历史,哲学史应该是各个时代自然知识和社会知识的概括和总结的历史。张岱年指出,日丹诺夫哲学史定义是以列宁学说为依据的,它的积极作用是"肯定了唯物主义的应有地位,指出了唯物主义

---

① 陈俊民:《谈中国哲学史研究的对象问题》,《中国哲学史研究》,1981 年第 3 期,第 42~43 页。

② 陈俊民:《谈中国哲学史研究的对象问题》,《中国哲学史研究》,1981 年第 3 期,第 49 页。

在哲学发展过程中的主导作用，以及唯物主义和唯心主义相互斗争的事实"，①把哲学史看作唯物和唯心斗争史，揭示了哲学思想发展的主要之点。中国哲学史无疑也是唯物主义和唯心主义斗争的历史，"中国哲学史的科学研究工作就是依据辩证唯物主义和历史唯物主义所揭示的人类思想发展的基本规律，深入考察中国哲学思想发展的具体过程，从而使关于人类思想发展规律的认识更加丰富起来"。② 当然，唯物主义和唯心主义也有相互影响和推进的关系，更有相互包含、相互联结的关系。程宜山认为，恩格斯关于哲学基本问题的论断是完全正确的，把思维和存在的关系问题作为哲学的基本问题，也不只是恩格斯的意见。恩格斯在《费尔巴哈和德国古典哲学的终结》中关于哲学基本问题的论断，是马克思和恩格斯对西方哲学史多年共同研究的成果。包遵信等人说，中国哲学所讨论的是迹和所以迹、有和无、理和气的问题，不是思维和存在的问题。程宜山反问道，天道观在先秦、天人感应和天道自然在两汉和隋唐、形神问题在魏晋、心物问题在宋明，不都是思维和存在的关系问题吗？ 中国哲学不是甚少涉及这个问题，而是很少离开哲学的基本问题。否定思维对存在的关系问题作为哲学的基本问题，等于否定了马克思主义对中国哲学史研究的指导意义。包遵信提出，日丹诺夫认为哲学史只是向一个方向发展的演变，这已经包含了我们所说的"目的史观"的含义，但他没有明确说出来。程宜山则明确肯定了"目的史观"，断言"迄今为止的哲学史的最终归宿当然是辩证唯物主义。这有什么值得非议的呢？"③杨宪邦认为："取消或超越唯心主义和唯物主义的斗争，宣扬哲学史只是认识史、思想史、恰恰是资产阶级的哲学史观。"美国资产阶级哲学史家梯利宣扬哲学史是"探源究理的人类思想的发展"，胡适鼓吹哲学史是"古今思想沿革变迁的线索"，冯友兰先生过去认为，哲学史"是依历史的

---

① 张岱年：《关于中国哲学史的范围、对象和任务》，《中国哲学史研究》，1980 年第 1 期，第 111 页。

② 张岱年：《关于中国哲学史的范围、对象和任务》，《中国哲学史研究》，1980 年第 1 期，第 116 页。

③ 程宜山：《也谈哲学基本问题和哲学史定义——与包遵信同志等商榷》，《中国哲学史》，1982 年第 7 期，第 93 页。

顺序,叙述中国哲学史中各重要派别的学说,应以'极高明而道中庸'的标准
为标准,以评定各重要学派的价值",他们的共同点都是用思想史、认识史、
学派史等来掩盖哲学史上"唯物主义路线和唯心主义路线的斗争,回避哲学
问题的实质"。① 汪子嵩倾向于采用列宁的定义,原因是日丹诺夫的哲学史
定义在使用过程中起了不好的作用。一方面,研究哲学史要深入分析唯物
主义与唯心主义的经验教训,才能达到锻炼理论思维能力的目的。另一方
面,也不能公式化地认为以往的哲学史"总是唯物论战胜唯心论的历史。有
时候也可以是相反,唯心论在某些方面曾经战胜过唯物论,对哲学的发展起
过促进作用。将哲学史当作人类认识发展的历史来研究,重要的是总结人
类认识发展中的经验教训"。② 许抗生认为,日丹诺夫哲学史定义的错误在
于,其一,"忽略了辩证法与形而上学这一对矛盾运动……这说明他对辩证
法思想是不够重视的";其二,"只强调了唯物论与唯心论之间的斗争性,而
忽略了它们之间的统一性,从而使自己的定义带上了形而上学片面性的缺
陷","没有阐明唯心论与唯物论这对矛盾的统一性在哲学史发展中的作
用"。③ 中国哲学史研究要实现科学化,首先必须在坚持对立面的统一中把
握唯物论和唯心论、辩证法和形而上学的矛盾,看到二者之间的依存、渗透
和转化;其次,坚持对立面统一的相对性和斗争的绝对性来把握这对矛盾;
又次,坚持辩证的发展观,把哲学史上出现的各种唯物论与唯心论、辩证法
与形而上学思想看作人类认识曲线运动过程中所产生的不同发展环节,对
他们采取历史主义的态度;最后,对于历史上唯物论和唯心论、辩证法和形
而上学的矛盾,必须从人类认识史的实际出发,坚持实事求是,不搞违背历
史的主观主义和实用主义。④

　　如前所述,把认识史和斗争史结合起来,使后者成为前者的一个环节,
成为这一时期认识的主流。20 世纪 80 年代出版的不少哲学史通史都采取
了这种观点。虽然其中仍有甚浓的斗争史色彩,甚至有的哲学史著作和论

---

　　① 杨宪邦:《哲学史对象和范围再研究》,《中国哲学史研究》,1981 年第 2 期,第 77 页。
　　② 汪子嵩:《哲学史研究的对象和目的》,《哲学研究》,1980 年第 1 期,第 31～32 页。
　　③ 许抗生:《也谈哲学史的对象问题》,《哲学研究》,1980 年第 12 期,第 65 页。
　　④ 许抗生:《也谈哲学史的对象问题》,《哲学研究》,1980 年第 12 期,第 63～64 页。

文主要还是斗争史,但这毕竟表明哲学史不全是斗争史,由此带来了哲学史研究着重点的改变。这是摆脱单纯的斗争史的第一步,为哲学史研究开辟了新的视野和途径。

3. 关于"农民哲学"的问题

关于劳动人民有没有自己的哲学思想体系或者说是否存在"农民哲学",这个问题"文革"前就已经有学者提出并做了肯定的回答。这其实是一个从极"左"逻辑出发推论出来的虚假结论。"文革"期间这个结论被夸大到"农民哲学是中国哲学的主线"的地步,一些学者主张用"农民哲学"来改造旧的中国哲学体系。

形成"农民哲学"的逻辑过程是这样的:

大前提:"哲学斗争是社会阶级斗争的反映"。

小前提:中国漫长的封建社会存在着农民阶级反对地主阶级的阶级斗争。如果不谈农民哲学思想,就无法反映封建社会的阶级斗争。

结论:所以,存在农民哲学。

又:人民群众是历史的创造者,所以,人民群众也是哲学的创造者,存在农民哲学。

李书有认为,"农民哲学"论者的观点是错误的。首先,哲学斗争并不一定是"敌对"阶级之间的斗争,"同一阶级的不同阶层、集团之间也有唯物论与唯心论的斗争"。"如我国两汉时期唯物论同唯心论的斗争是一般地主和豪强地主之间斗争的反映,魏晋南北朝时期是庶族地主同门阀士族之间斗争的反映"。[①] 所以,不存在如果没有"农民哲学"与"地主哲学"的斗争,就违背了"哲学斗争是社会阶级斗争的反映"的观点。其次,哲学斗争和阶级斗争之间的关系并不直接等同。董仲舒在哲学上是唯心主义神学观点,但在政治上主张统一,反对割据,并不是反动的。淮南王刘安在政治上希望割据,但《淮南子》却包含了许多唯物论和辩证法思想。所以,不能把唯物论和辩证法与政治进步、唯心论和形而上学与政治反动简单地等同起来,尤其是

---

① 李书有:《关于"农民哲学"问题——评中国哲学史研究中的一种时髦的思潮》,《中国哲学史方法论讨论集》,第288页。

不能把哲学斗争仅仅归结为敌对阶级之间的斗争的反映,从而推断哲学上一定有与地主阶级哲学对立的"农民哲学"。"农民哲学"论者还有一个论据是"人的正确思想只能从社会实践中来,只能从社会的生产斗争、阶级斗争和科学实验这三大实践中来",既然劳动人民长期参加改造自然和推动社会发展的生产斗争和阶级斗争,那么,"从阶级根源来说,劳动人民应该有朴素唯物论和自发辩证法思想"。李书有认为,这是"把认识和实践,特别是哲学和实践等同起来,以论证'农民哲学'的存在。这都是站不住脚的"。首先,要形成哲学体系,不仅需要一定水平的生产斗争和阶级斗争,还必须有一定的认识和思维能力。劳动人民大都没有文化,所以很难对朴素唯物论和自发辩证法进行总结,建立"农民哲学体系"。其次,劳动人民"由于历史条件的限制,宇宙观上并不能摆脱唯心论和形而上学的束缚"。再次,农民的小生产地位和有限的抵御自然的能力使他们在世界观上相信天命论;从阶级地位来看,农民不是新生产方式的代表者,不可能以新的生产方式代替封建的生产方式,所以,不可能建立与地主阶级哲学不同的"农民哲学"。① 陈正夫、何植靖也指出,农民不能产生系统的、独立的哲学,原因有三:"首先,处于小生产地位的农民阶级,不可能把自己的阶级意识和愿望用独立的、系统的哲学表现出来";他们"无法了解压迫的原因不在个人而在整个经济体系"②;其次,农民不占有文化;第三,"在封建社会中,农民不是新生产力的代表"。③ "文革"期间,"农民哲学"论者认为,陈胜、吴广的"王侯将相,宁有种乎"是对殷周以来天命论的否定;黄巾起义的"苍天已死,黄天当立"是对"天不变,道亦不变"的形而上学的否定,是辩证法思想;方腊指斥统治者的"安有是理"是与封建的天理观对立的、反理学的朴素唯物主义的反映论。李书有指出,这些实属"杜撰"。陈胜并未突破天命皇权的观念;"黄天"和"苍天"也没有什么本质不同,未能突破循环论和天命论,并不是自发的辩证

---

① 李书有:《关于"农民哲学"问题 ——评中国哲学史研究中的一种时髦的思潮》,《中国哲学史方法论讨论集》,第 292 页。

② 列宁:《什么是人民之友以及他们如何攻击社会民主主义者》。

③ 陈正夫、何植靖:《农民的阶级斗争和哲学发展的关系问题》,《中国哲学史方法论讨论集》,第 278～279 页。

法思想。洪秀全也没有"建立起一个高出封建主义的新哲学体系",所谓
"'农民哲学'在理论上是荒谬的,事实上是不存在的"。① 关于用"农民哲
学""改造"中国哲学史的危害性,李书有指出,改造论"是'四人帮'煽动起来
的极'左'思潮在哲学史研究中的一种表现"。改造论者说"编写哲学史不是
单纯写本学术著作问题,更主要的是适应当前路线斗争的需要,为当前路线
斗争服务",其结果是把哲学史变为阴谋家的工具;其研究方法则是主观唯
心主义的实用主义。

　　张建、葛荣晋等人也对所谓"农民哲学体系"论提出了批判。张建从方
法论的角度提出了反思。他问道,研究中国哲学史,如果从逻辑推理出发,
就会认为既然劳动人民是物质财富和文化财富的创造者,为什么不能创造
哲学? 从朴素的阶级感情出发,就会认为如果没有农民起义的哲学,一部哲
学史就成为地主阶级知识分子的哲学史。其实,从两汉农民起义的实际情
况来看,并没有形成有理论体系的世界观。② 葛荣晋又从另一角度分析了
"农民哲学"问题。他指出,关于农民哲学思想的探讨,在"文革"以前主要是
在剥削阶级的进步思想家中,通过"唯成分论"和"部分反映论"来发掘劳动
人民哲学家或反映劳动人民利益的哲学思想;"文化大革命"以来,则主要是
在劳动人民出身的科学发明家和历代起义农民领袖中,探索和分析他们的
哲学思想。二者都力求通过发掘劳动人民的哲学思想本身来确定他们在哲
学史上的地位和作用。"唯成分论"是把一些出身于劳动人民的思想家如王
充、颜元等,"打扮成代表农民利益的哲学家",这并不符合马克思主义。"出
身于劳动人民家庭,并不一定就是劳动人民哲学家",如明代的王艮。部分
反映论认为,"在一定历史条件下,进步的唯物主义哲学能够部分地反映或
代表劳动人民的利益",把某些剥削阶级的思想家说成是劳动人民的代言
人。这"无疑等于承认在阶级社会里有'非阶级的或超阶级的第三种思想体
系',是企图用资产阶级的'共同的'社会进步理论来代替马克思主义的阶级

---

① 李书有:《关于"农民哲学"问题——评中国哲学史研究中的一种时髦的思潮》,《中国哲学
史方法论讨论集》,第292~296页。
② 张建:《对于研究中国哲学史方法论的几点意见》,《中国哲学史方法论讨论集》,第80页。

斗争理论"。① 对此,陈正夫、何植靖有不同看法。他们认为,"在封建社会中,唯物主义思想家不管其出身如何,但由于他们所坚持的唯物主义和辩证法思想,其斗争锋芒都是针对作为封建社会统治思想的儒家唯心主义、形而上学,对劳动人民反抗地主阶级有利,所以他们的思想在客观上部分地反映了农民阶级的利益";②这并不是什么超阶级的观点。关于从发明家中找唯物主义,葛荣晋指出,由于这些人没有留下反映他们思想的文字,所以一些研究者"企图通过分析出来的唯物主义和辩证法,来铸造他们的唯物论体系,是毫无意义的";"许多'分析'是主观主义的、牵强附会的,是探索者强加于人的。"总之,发掘劳动人民哲学思想的路子"基本上是走不通的。这不仅因为它在理论上是反马克思主义的,而且和历史事实也是不相符合的"。③

对于劳动人民在中国哲学史上的作用,当时(20世纪80年代)的学者大都认为这和"农民哲学"不一样,是值得肯定的。陈正夫、何植靖认为,农民虽不能创立独立的、系统的哲学,"但是决不能因此否定农民革命斗争推动哲学的发展,在封建社会里,农民的阶级斗争是社会发展的动力,也是哲学发展的动力。第一,农民在阶级斗争中,提出了鲜明的反封建思想和辩证法思想(天不变,道亦不变—苍天已死,黄天当立)……第二,农民的阶级斗争给唯心主义和形而上学以沉重的打击,使唯物主义与唯心主义的斗争不断深化。……第三,农民的阶级斗争,为唯物主义提供新的课题,促进唯物主义的发展。唯物主义对唯心主义的斗争,特别是大规模的农民起义对唯心主义和形而上学的批判,使唯心主义不得不提出新的课题同唯物主义进行斗争,这就给唯物主义思想提出了新的斗争课题,促进唯物主义的深入和发展(王夫之哲学与明末农民革命有关系)"。④ 张建也认为:"每次大的农民起义都把哲学斗争推向前进。哲学斗争说到底要受农民阶级同地主阶级

---

① 葛荣晋:《试论农民阶级在哲学史上的地位和作用》,《中国哲学史方法论讨论集》,第300页。

② 陈正夫、何植靖:《农民的阶级斗争和哲学发展的关系问题》,《中国哲学史方法论讨论集》,第280~84页。

③ 葛荣晋:《试论农民阶级在哲学史上的地位和作用》,《中国哲学史方法论讨论集》,第304页。

④ 陈正夫、何植靖:《农民的阶级斗争和哲学发展的关系问题》,《中国哲学史方法论讨论集》,第280~284页。

的斗争所制约。对于这一点没有充分的估计,就要犯错误。"如,两汉神学的出现与陈胜、吴广起义有直接关系;魏晋玄学与黄巾起义有关。每次农民起义,都使唯心主义和唯物主义总结经验教训,从而推动理论的发展。① 于世君、葛荣晋也同意张建的观点,认为在封建社会里,农民阶级既"是推动中国社会发展的动力,也是推动哲学思想发展的动力"。葛荣晋具体分析了农民阶级对哲学发展推动的四点表现。"第一,农民的阶级斗争,总是不断地促进和加速地主阶级内部进步力量和保守(或反动)势力的斗争和分化";第二,推动唯物主义和唯心主义相互转化的根本原因"决不只是单纯的思维力量,主要是当时的生产状况和由此而产生的反对封建地主的广大农民的阶级斗争";第三,"中国历史上,几乎每次较大的农民战争之后,总要出现一批战斗的无神论者";第四,每次大规模农民战争以后,都迫使统治者对不适应生产力发展的部分生产关系进行调整,由此促进社会生产和科学技术的发展。②

对于农民是否有哲学的问题,冯达文、李锦全提出了不同意见。冯达文认为,首先,农民在与地主阶级斗争中,"一定会形成与地主阶级在本质上不同的自己本阶级的意识。……其主要点是在反对封建压迫剥削、主张在人人劳动、自食其力的基础上实现人人平等"。③ 其次,农民阶级也不一定非要有一个高高在上的权威代表自己。"他们往往向往一种涣散的乡村自治式的社会形态",要求政权结构的简单化和极端民主化,"而不是对一个无上权威的渴望"。农民的思想观念中好的成分是要求人人劳动、互相帮助、反对压迫、剥削,这些"是我国文化遗产中最精华的部分"。"农民领袖称帝称王,实际上是对旧封建政权既直接对抗,又简单抄袭的产物。判断这种政权的性质,不应当只看它的组织形式,而要看它实行什么政策,大体是维护哪一阶级的利益。"④在世界观方面,农民是否一定是天命论者? 冯达文指出,

---

① 张建:《对于研究中国哲学史方法论的几点意见》,《中国哲学史方法论讨论集》,第81页。
② 葛荣晋:《试论农民阶级在哲学史上的地位和作用》,《中国哲学史方法论讨论集》,第308~313页。
③ 冯达文:《怎样评价中国古代农民阶级的思想意识》,《中国哲学史方法论讨论集》,第314~315页。
④ 冯达文:《怎样评价中国古代农民阶级的思想意识》,《中国哲学史方法论讨论集》,第316~318页。

"农民阶级没法摆脱愚昧和落后……只能用天命论来鼓动革命,代代如此",这样的看法"太绝对化了",其实,生产力和科学技术不发达,不仅限制农民的视野,同样也限制地主阶级的视野。而"从人与自然的关系看",农民是直接向自然界作斗争的唯一阶级。"哲学史上许多重要的理论命题、哲学范畴的提出和发展,以及哲学研究的方法论,无不与农民改造自然的广度和深度密切相关","古代农民阶级在生产斗争范围内也会产生出自发的唯物主义思想"。历代农民起义提出的"等贵贱、均贫富"的思想,无不被封建地主阶级思想家骂为"冒犯天命","而我们今天的论者却偏偏仅把它归属于纯政治思想,与哲学斗争绝缘,甚至在客观上反天命的意义也说不上,这的确有点使人茫然"。"再者,阶级斗争的客观进程也总要在农民阶级的一些先进人物主观上有所反映",陈胜的"王侯将相,宁有种乎"、黄巢的"冲天"、明末农民起义的"撞塌天"、"射塌天","不正是阶级斗争实践的需要,迫使他们非要从世界观的高度回答这些问题吗?"正是由于陈胜、吴广等人对于天命论的冲击,开创了阶级斗争的新一页,所以刘邦才能以平民身份称帝。这些思想反映到了贾谊、王充的哲学著作中了。冯达文认为,至少可以这样说:"地主阶级中进步思想家对唯心主义天命论的批判在理论形式方面比较尖锐,而农民阶级在社会内容方面要来得深刻;地主阶级中进步思想家在说明自然界的本质和构成方面比较系统,这无疑促进了理论思维的发展,农民阶级对唯心主义天命论及其哲学基础的群众性批判,同样推动了哲学史的前进。"①

李锦全从中国封建社会唯物主义哲学产生的阶级根源出发对否定"农民哲学"的观点提出了质疑。他说,"为什么小生产的农民,在意识形态上只能产生皇权主义和有神论,而不从事生产的剥削阶级者地主阶级,却始终能够产生出唯物主义?"②这不是马克思主义的观点。"中国封建社会唯物主义哲学,就其阶级根源而言,有地主阶级中的进步阶层、集团的哲学学说,也

---

① 冯达文:《怎样评价中国古代农民阶级的思想意识》,《中国哲学史方法论讨论集》,第320～322页。

② 李锦全:《对哲学史上哲学和阶级斗争关系的几点看法》,《中国哲学史方法论讨论集》,第247页。

有革命的劳动人民的思想观点。"①农民和手工业者是创造财富和文化的基本阶级，地主阶级的文化是农民造成的，劳动人民不能概括出有系统的唯物主义理论，而地主阶级中有些知识分子可以完成这项工作。

4. 关于阶级斗争和哲学思想的关系问题

哲学家的阶级出身和他的哲学思想之间存在什么关系？唯物主义和唯心主义各自的阶级基础是什么？不同阶级之间的斗争和哲学不同流派之间的关系如何？哲学家体系、命题甚至概念是不是都有阶级性？作为哲学史研究方法的阶级分析在哲学史研究中的意义和限度上什么？这些问题早在1957年，哲学史界已得到初步反思，当时学界认为哲学中唯物唯心的斗争并不等于社会中不同阶级之间的斗争。后来"反右"、"反修"、阶级斗争"年年讲，月月讲，天天讲"、"文革"期间的儒法斗争、进步与落后、爱国与卖国、革命与反动等几个视角与阶级斗争搅在一起，把本来没有搞清楚的问题又进一步搅乱了。"文革"后对这一问题反思的主题是客观地厘清两者的关系，摆脱"文革"的影响，推进哲学史研究的客观化。与其他问题的反思不同的是，由于"左"的束缚造成积重难返，对这一问题的反思并不系统，也很难说深入。

前述北京会议对于阶级斗争与哲学的关系问题进行了讨论。不少学者认为，哲学是在生产斗争、阶级斗争和科学实验三大社会实践的基础上产生的，把阶级斗争作为哲学产生的唯一根源，是把两者的关系简单化的片面观点。历史上，先有生产斗争，而后才有阶级斗争，才给在生产中总结出来的哲理性知识打上阶级的烙印。如阴阳概念就是生产经验的总结，向阳的山坡为阳，背阳的为阴，到了阶级社会后被加上了君阳臣阴的阶级属性。从最终根源和动力上说，社会生产力和生产关系之间的矛盾才是支配哲学发展的决定性因素。而且，哲学是人类认识发展的历史，要研究哲学史的发展规律和内容，还必须深入研究各个时代具体科学发展的历史。排除了生产斗争、科学实验，把阶级斗争作为哲学的唯一的根源，不符合历史事实，也不能

① 李锦全：《对哲学史上哲学和阶级斗争关系的几点看法》，《中国哲学史方法论讨论集》，第249～250 页。

揭示哲学产生和发展的规律。① 包遵信认为,关锋等人把日丹诺夫哲学史定义在中国哲学史研究中的运用无限地膨胀了,把哲学斗争仅仅看成阶级斗争的直接反映,"抹杀了哲学史作为人类认识发展史的特殊规律性"。20世纪60年代后,又出现了所谓"有阶级斗争才有哲学"的观念,把阶级斗争只是理解为它的理论形态即政治路线,这就又进一步从"把哲学与政治的关系说成是服务与被服务的'服务论'","变成了有一个才有另一个的因果关系"。政治、阶级斗争成为哲学发展的唯一线索,"这样就把哲学史混同于一般政治史或政治思想史了"。包遵信指出,"把阶级斗争说成是哲学斗争的唯一根源,恰恰是背离了历史唯物主义。……把阶级分析方法当作哲学史研究的唯一方法,势必会把哲学斗争当作阶级斗争的观念图解。这样的观念图解其实不是哲学史,充其量也只能是一部拙劣的政治思想史。"②

　　不少学者仍然肯定了阶级性对哲学思想的根源性联系。钟肇鹏认为:"一个哲学家的社会历史观、政治、伦理等思想方面,由阶级立场所决定,反映了一定的阶级利益。这不必多作论证就能明白。"③石峻指出,现实的社会矛盾是哲学发展的"源",过去的思想资料是流,不能源流不分,"将哲学战线上的根本对立,简单地看作只是一种所谓纯粹学术的产物,或者是古代一种学术思想的翻版,完全与三大实践无关,从而取消了哲学的产生、发展与阶级斗争的关系"。④ 也有不少学者指出,哲学思想和阶级之间不存在直接的必然的联系。汪子嵩持此观点,反对"哲学命题的阶级意义"的提法,认为"只有某个哲学命题、哲学思想为那个阶级所用,为那个阶级服务时,我们才能说它的阶级性"。⑤ 李传明也指出,科学的中国哲学史首先必须是思想体

---

① 革锋:《在京部分历史、哲学史工作者座谈历史上哲学与阶级斗争的关系问题》,中国社会科学院历史所《中国哲学》编辑部编《中国哲学》第2辑,生活·读书·新知三联书店,第405~415页。

② 包遵信:《关于哲学史方法论的几个问题》,中国社会科学院历史所《中国哲学》编辑部编《中国哲学》第4辑,生活·读书·新知三联书店,第1~28页。

③ 钟肇鹏:《关于哲学史方法论的几个问题》,《中国哲学史方法论讨论集》,第85~86页。

④ 石峻:《有关中国哲学史研究方法论的几个问题》,《中国哲学史方法论讨论集》,第72~73页。

⑤ 汪子嵩:《哲学史研究的对象和目的》,《哲学研究》,1980年第1期,第37页。

系的内在联系性,不单是"随着经济基础变化而变化的各个阶级的世界观的展览",而是"认识本身矛盾运动的历史";单纯把"哲学史看作是阶级思想斗争史、并机械地运用阶级分析方法",对于张载、二程是亲戚,韩愈与柳宗元是朋友的关系便无法说明。①

但是,文革刚过,对于阶级斗争与哲学关系的认识,自然会有一个反复的过程。李锦全强调阶级社会中哲学思想的发展有"当时社会上阶级斗争所制约的一面"。② 春秋战国时期荀况、韩非,明清之际的王夫之、戴震,近代的严复、章太炎以及前半段的孙中山等人的唯物主义思想,除了体现当时的生产力和科技水平的发展外,还代表了新兴的地主阶级、新兴的资本主义生产关系的萌芽和近代资产阶级要求变法维新的革命主张。汉唐宋经济发展水平较高,但却是董仲舒的神学目的论和佛教唯心主义占统治地位;宋代科学技术上有了不少发明创造,也产生了唯物主义,但始终是理学唯心主义占统治地位。如果一定要有生产力方面很大提高和科技划时代发展,唯物主义思想才能取得突破,那么,毛泽东思想的产生和发展就不好理解了。哲学家的政治态度和他的哲学观点之间存在本质的和内在的联系。他不同意董仲舒和朱熹在政治上代表中小地主、哲学上代表大地主的观点,认为他们"无论在哲学和政治上都是要维护专制主义中央集权的封建统治",他们之所以反对土地兼并等,并不是代表中小地主的利益,而是维护中央集权的,因为大地主土地过分集中,会影响到中央赋税的收入。他们的哲学思想和政治主张"在维护王权方面是统一的"。③

吴熙钊认为:"认识自然和社会又往往离不开哲学家的阶级立场、观点的影响。所以哲学史上唯物论同唯心论的斗争,就必然是社会的阶级斗争的反映。"④具体地说,哲学史与阶级斗争的关系可分为两种情况:一种是社

---

① 李传明:《哲学史的对象》:《中国哲学史方法论讨论集》,第32～34页。

② 李锦全:《对哲学史上哲学和阶级斗争关系的几点看法》,《中国哲学史方法论讨论集》,第241页。

③ 李锦全:《对哲学史上哲学和阶级斗争关系的几点看法》,《中国哲学史方法论讨论集》,第243～244页。

④ 吴熙钊:《关于哲学和阶级斗争的关系问题》,《中国哲学史方法论讨论集》,第272页。

会急剧变革时期,如春秋战国时期从奴隶制向封建制转变的时期,此时唯物主义思想反映了新兴地主阶级的要求;另一种是一个阶级夺取政权,巩固政权时期,如秦汉以后,这时哲学斗争同样也"受阶级斗争的制约,反映阶级斗争的特点"。"在阶级社会,哲学斗争离不开阶级斗争。生产力的发展水平固然使哲学家对自然和社会的认识水平有重大的影响,但哲学作为阶级斗争的工具是不会改变的。"吴熙钊认为,王充和董仲舒在维护封建统治方面并没有实质对立,由于生产力尚未发展到突破封建生产关系的地步,所以"宣汉"也是进步的。

谷方认为,中国哲学史的主要研究对象是封建地主阶级的哲学思想,由于封建社会是以阶级对抗为基础的社会,"所以掌握和运用马克思主义的阶级分析方法就成为中国哲学史研究工作中一个重要问题"。① 谷方所说的"阶级分析"是"考察一定阶级及其思想所赖以生存的物质条件"。他认为:"阶级分析方法之所以可靠,正在于它立足于一定的物质生活条件,物质生活条件不但决定阶级的状况,决定阶级斗争的内容和形式,而且归根结底也决定某种哲学体系的内容和形式。如果抛开了社会物质生活条件,就不可能对于一定的阶级及其哲学体系作出适当的分析,整个历史也就变成了一笔糊涂账。所以,坚持阶级分析的方法,一个关键的问题是认真地分析一定阶级及其哲学体系所赖以生存的物质条件。只有做到了这一步,我们才能把握住某种哲学体系。"② 孔丘认为天的作用是有限的,因为当时诸侯力政,周天子作用不大;董仲舒时代,统一的君权已经建立,所以天成为最高的主宰。物质生活条件影响了孔丘和董仲舒的哲学思想。

对于学术界存在的哲学范畴有无阶级意义的问题,谷方认为,范畴可分为两类:一类具有阶级性,另一类不具有阶级性。孟子的良知、良能等,就具有阶级性,"把范畴归结为'抽象名词'是不对的,把一部分哲学范畴中确实包含的阶级内容清洗掉更是错误的"。不具有阶级性的哲学范畴"是帮助我们认识和掌握自然现象之网的网上纽结",比如"对立面的统一"、"矛盾的

---

① 谷方:《关于中国哲学史研究中的阶级分析问题》,《中国哲学史方法论讨论集》,第 251 页。
② 谷方:《关于中国哲学史研究中的阶级分析问题》,《中国哲学史方法论讨论集》,第 253 页。

转化"等。不过,这"并不意味着使用这类范畴的哲学体系也没有阶级性。从哲学史上看,任何哲学体系都是有阶级性的,是为一定阶级服务的"。对于哲学体系进行阶级分析,不是仅限于范畴,更重要的"着眼于基本的哲学体系,以便通过阶级分析正确地估量某种哲学体系的阶级地位和历史作用"。谷方强调,"对任何哲学体系都能够而且应该进行阶级分析","阶级分析同历史真实的一致性,还在于阶级分析和实践标准的一致性"。"对历史上任何一种哲学思想都要由人民群众的历史实践进行检验,看它对于人民群众的态度如何,看它对生产力的发展和社会进步起了怎样的作用,看它究竟对哪个阶级有利。正是在这种意义上,阶级分析成为我们运用实践标准的必要环节。"①如,老子哲学具有人民性,在形式上是倒退的,在实质上是进步的。当然,剥削阶级的哲学也具有多样性。所以,运用阶级分析方法必须坚持具体分析,不能"把阶级分析变成套语,变成褊狭和僵硬的教条"。②

张岱年提出了中国哲学史研究中的理论分析方法,形成对阶级分析的一个突破和补充。张岱年认为,哲学思想具有理论和阶级两层意义。理论意义是它对客观实际中的普遍联系或普遍规律的反映,阶级意义是对当时社会一定阶级利益的反映。与此相应,在研究方法上也有考察哲学思想的理论意义的理论分析和考察其阶级意义的阶级分析两种。仅仅考察哲学思想的阶级意义,不能充分理解一个学说的全部含义,还必须进行理论分析。他引用恩格斯对于黑格尔哲学体系的评价和列宁关于哲学史是认识史的观点作为论据指出,理论分析和阶级分析"不是相互脱离的,而是相互贯通的";"对于哲学思想的理论分析不可能孤立地进行,不能脱离对哲学思想的阶级分析"。③ 他具体从概念和观念、命题、哲学体系三个方面对理论分析和阶级分析进行了说明。④

① 谷方:《关于中国哲学史研究中的阶级分析问题》,《中国哲学史方法论讨论集》,第257页。
② 谷方:《关于中国哲学史研究中的阶级分析问题》,《中国哲学史方法论讨论集》,第258页。
③ 张岱年:《论中国哲学史研究中的理论分析方法》,《中国哲学史方法论讨论集》,第126～127页。
④ 具体内容见关于《张岱年中国哲学史研究方法论的探索》一节,此处不详述。

5. 关于唯心主义的评价与唯物主义与唯心主义的相互转化

唯心主义是不是在政治上一定反动落后,在思维认识上一定荒谬?唯心主义是不是除了仅供唯物主义斗争以外,在哲学史上没有自身的价值?这些都是"文革"结束后中国哲学史研究、反思的重要内容。和其他许多问题一样,这些问题在 1957 年已经讨论过,但在 1957 年之后,尤其是"文革"期间,对这些问题的认识又回到了极"左"的态度上。1957 年的反思是以冯友兰、贺麟等人 1949 年前后的哲学研究为起点的,而 1979 年的反思则是以"文革"期间的研究为起点的,所以,1979 年重评唯心主义的起点比 1957 年低。比如,对于唯心主义自身价值的认识、对于唯物主义和唯心主义转化的认识,都没有达到 1957 年冯友兰、贺麟的认识深度。冯友兰、贺麟都没有参加 1979 年的反思,也是一个遗憾。这次反思如果能够接着他们 1957 年反思的观点展开,可能会达到更高的水平。不过,和 1957 年那次反思不同的是,唯心主义在人类认识史上的积极作用和唯物主义与唯心主义的转化得到了较多学者的承认,尽管还不是普遍同意,仍有不同声音;尽管不是肯定唯心主义自身的价值,而是承认它有积极作用,但已不是像 1957 年那样普遍否认,还对提出者冯友兰、贺麟进行批判,这也是经过二十多年后尤其是经过"文革"后民族理性进步的表现。

对于哲学与政治简单等同,任继愈指出:"学术界经常把哲学观点与政治混同起来,给人们造成一种印象:政治进步,哲学唯物;政治反动,哲学唯心。这个毫无根据的主观框框不打破,就既不能认识唯物主义,也无法识别唯心主义。"①谷方指出:"在对哲学家的评价上,有时因为某个哲学家的政治上保守便连累到他的学术观点,以致对他的哲学思想的合理因素也不予肯定。或者反过来,为了突出某个哲学家政治上的进步表现,竟然不顾历史事实,硬把他的唯心主义的基本倾向抹掉,赠他以'唯物主义哲学家'的桂冠。"②王安石、王夫之既不是革命者,又不是出身于先进阶级,但他们的确有唯物论和辩证法思想。这表明哲学发展有自己的特殊规律;这种特殊规

---

① 任继愈:《如何看待哲学史上的唯心主义》,《中国哲学史方法论讨论集》,第 215 页。
② 谷方:《关于中国哲学史研究中的阶级分析问题》,《中国哲学史方法论讨论集》,第 264 页。

律不容忽视。王永江认为："把唯心主义和政治反动等同起来，是将'唯心主义'这个名词加上别的意义从而引起混乱的最突出的表现。"①唯心主义可以在一定条件下在政治上起进步作用，关键是"一定的条件"。如，"在宗教势力比较强大或唯心主义世界观占绝对统治地位的情况下，社会的进步势力或新兴阶级只有通过一种唯心主义去反对统治阶级的压迫和剥削"；"处于上升阶段而又软弱的资产阶级，由于其阶级状况和民族传统的关系，有时也会用唯心主义作为自己的思想武器，用一种比较讲究的或精致的唯心主义去反对武断的或粗卑的宗教神学"，如天赋人权、社会契约论等。不过，也不能将唯物主义简单地归结为进步，如19世纪50年代的德国庸俗唯物主义就曾经对抗辩证唯物主义。汪子嵩也指出，"哲学命题和阶级之间并没有直接的、必然的联系"，②"只有唯物论哲学才是进步的，唯心论哲学都是反动的"这个公式不能到处乱套。应该承认唯心论在历史上的进步作用。唯心论哲学因为强调意识的能动作用，有时也可以用来推动革命。如在欧洲资产阶级革命时期，直接起推动革命作用的就是"自由"、"平等"、"博爱"这些口号。王阳明的"良知"在近代中国也起过进步作用，谭嗣同等人利用它来宣传资产阶级的革命要求。唯心论哲学家像康德、黑格尔的哲学并不能说都是只起反动作用；同样的，唯物论哲学家也有政治上是反动的，如霍布斯。过去我们"受日丹诺夫发言的束缚很深，教条主义和简单化的毛病不少"。③

关于唯心主义在政治上起进步作用的原因，在前述北京会议上与会学者达成了一些共识：一，唯心主义比较重视人的主观能动性；二，唯心主义思想的某些环节、方面也能反映客观现实；三，列宁说过，聪明的唯心主义比愚蠢的唯物主义更接近聪明的唯物主义，唯心主义更多地包含了辩证法因素；四，一个唯心主义体系对另一个唯心主义体系的批判，往往有利于唯物主义。一些学者进一步指出，应该分清唯心主义体系中哪些部分起了积极

---

① 王永江：《实事求是地评价历史上哲学唯心主义的作用》，《哲学研究》，1981年第2期，第51页。

② 汪子嵩：《哲学史研究的对象和目的》，《哲学研究》，1980年第1期，第34页。

③ 汪子嵩：《哲学史研究的对象和目的》，《哲学研究》，1980年第1期，第37页。

作用;还应把哲学家的哲学和他的社会地位、政治立场分开。如董仲舒、朱熹都限制兼并,显然并不代表大地主的利益。董仲舒的神学目的论在当时有利于巩固国家的统一,在政治上是积极的。所以,因为唯心主义理论的荒诞而断言其政治立场必然代表大地主阶级,无疑是把复杂的问题简单化了。① 包遵信对"唯心主义必然反动"的观点提出了批评。他指出,唯心主义在历史上起过进步作用是一个历史事实,问题是如何解释这一事实。主张唯心主义必反动的观点对此有几种解释,首先是"背离说",即唯心主义者背离了唯心主义,起进步作用的部分是唯物主义成分。可是,"民贵君轻"的理论基础是唯心主义,卢梭从来没有背离过自己的自然神论和不可知论,黑格尔的辩证法也不是对其唯心主义的背离。类似的例子具有普遍性。第二个是"假托说",即唯心主义"被'假托'来论证进步主张,就唯心主义本身说,谈不到有什么进步作用"。② 董仲舒的"爱民"和"约束国君"的思想基础是天人感应的神学目的论,难道这只是董仲舒的"假托"? 这不等于承认董仲舒不相信天命论吗? 王永江具体分析了唯心主义在认识上的四点作用:第一,"唯心主义哲学是唯物主义哲学发展的一个重要条件";第二,"一种唯心主义对另一种唯心主义的指责和批判,也会推进人类的认识,使错误的认识向正确的认识转化,成为正确认识的环节";第三,"唯心主义哲学提出的一些概念、范畴,同唯物主义哲学提出的概念、范畴一样,是构成整个人类认识的环节";③第四,唯心主义强调人的主观能动性,克服了机械唯物主义忽视人的主观能动性的错误。④ 包遵信也指出,唯心主义只是就它"在解决思维和存在这个问题上,颠倒了物质和精神的关系"而言的,超出了这个范围便没有什么意义。"以为只要判定了一种思想是唯物主义还是唯心主义,也就

---

　　① 革锋:《在京部分历史、哲学史工作者座谈历史上哲学与阶级斗争的关系问题》,中国社会科学院历史所《中国哲学》编辑部编,《中国哲学》第 2 辑,生活・读书・新知三联书店,1980 年,第 405~415 页。

　　② 包遵信:《再谈历史上哲学唯心主义的评价问题》,《哲学研究》,1980 年第 9 期,第 64 页。

　　③ 王永江:《实事求是地评价历史上哲学唯心主义的作用》,《哲学研究》,1981 年第 2 期,第 53~54 页。

　　④ 王永江:《实事求是地评价历史上哲学唯心主义的作用》,《哲学研究》,1981 年第 2 期,第 55 页。

揭示了它的社会作用,这无疑与说思想本身已向我们展示了它的社会效果。如果真有这样的事,那哲学史的研究也是多余的了"。① 任继愈强调:"要看到唯心主义出现的不可避免的必然性,更要看到唯心主义存在的客观性。……不能把辩证唯物主义的基本原理当作驱神赶鬼的符咒,把唯心主义的鬼怪赶跑就算完成使命。"②

对于任继愈、汪子嵩、包遵信等人的观点,丁宝兰、程宜山并不赞同。首先,关于马克思在《关于费尔巴哈的提纲》中作出的唯心主义发展了辩证法因素的评价,丁宝兰认为,马克思既批判了从前的一切唯物主义,也批判了唯心主义。用马克思的论述来表扬唯心主义,未必合乎马克思的原意。其次,列宁说"聪明的唯心主义比愚蠢的唯物主义更接近于聪明的唯物主义",③是"着重把辩证法同形而上学作比较,而不着重唯心主义同唯物主义作比较,得出了辩证的唯心主义比形而上学的唯物主义更接近辩证的唯物主义的结论"。再次,列宁说"当一个唯心主义者批判另一个唯心主义者的唯心主义基础时,常常是有利于唯物主义的",④"难道可以由此证明列宁是在赞美某些唯心主义吗?"这不过是说,唯心主义体系中"可能包含有一些唯物主义的因素,当他运用这些唯物主义因素来批判另一个唯心主义者的唯心主义基础时,可能打中要害,这就有利于唯物主义体系的斗争和发展"。最后,列宁说"人的认识不是直线(也就是说,不是沿着直线进行的),而是无限地近似于一串圆圈、近似于螺旋的曲线。……直线性和片面性、死板和僵化,主观主义和主观盲目性就是唯心主义的认识论根源。而僧侣主义(=哲学唯心主义)当然有认识论的根源,它不是没有根基的,它无疑地是一朵不结果实的花,然而却是生长在活生生的、结果实的、真实的、强大的、全能的、客观的、绝对的人类认识这棵活生生的树上的一朵不结果实的花",⑤丁宝兰认为,"列宁在这里论述了唯心主义在人类认识史上出现的不可避免性,

① 包遵信:《关于哲学史方法论的几个问题》,《中国哲学》第4辑,第1～28页。
② 任继愈:《如何看待哲学史上的唯心主义》,《中国哲学史方法论讨论集》,第219页。
③ 列宁:《哲学笔记》,《列宁全集》第38卷,人民出版社,1962年,第305页。
④ 《列宁全集》第38卷,第313页。
⑤ 《列宁全集》第38卷,第411～412页。

分析了唯心主义产生的认识论根源,而没有对唯心主义作出任何肯定的评价"。①

　　包遵信反对把唯心主义当作人类认识史上的"毒瘤"、"骈枝",认为唯心主义是真理发展长河中不可绕过的曲流,是认识史上不可缺少的一个必然环节,对人类认识有其贡献。对此,丁宝兰、程宜山都不同意。丁宝兰说:"即使同意这种看法,唯心主义充其量也只起反面教材作用,这与通常的肯定性评价不是一码事。"关于"不结果实"的花,一种意见认为,既然是花,就不是"毒草";虽不结果,也不能没有肯定的价值。丁宝兰认为:"第一,列宁所说的唯心主义是一朵不结果实的花,并没有涉及它是不是毒草这层意思。那样讲,是不合逻辑的,也不合乎事实。第二,'不结果实的花'是一种譬喻的说法,如果说,也包含某些评价性的意见的话,那么,它只能是否定性的、批判性的,它意味着唯心主义是'华而不实'的、没有生命力的、病态的意识形态而已。"②程宜山认为,把唯心主义当作毒瘤没有什么不可以。列宁说唯心主义是不结果实的花,这与"毒瘤"有什么区别? 包遵信说把唯心主义骂倒等于把人类认识拉成一条直线,这是把唯物主义和唯心主义都看作人类认识曲线上的片段、环节。但是,列宁说过,人类的认识不是直线,而是无限地近似于一串圆圈,近似于螺旋的曲线,唯心主义不过是把某一段变成直线。程宜山说:"唯物主义在基本原则问题上是正确的,是人类认识的'永久性基础',唯心主义在基本原则问题上是荒谬的,它的基本观点不是正确的认识成分。因此,唯心主义可以成为人类认识的环节,但不是不可缺少的环节。包遵信同志的错误在于,他把人类认识曲线的成分与由这些成分发展成的整个哲学体系混为一谈,这样,就得出了唯心主义是人类认识史上不可缺少的环节的结论。"③程宜山认为,哲学史上唯物主义和唯心主义的斗争,

---

　　① 丁宝兰:《关于唯心主义的评价问题的一些意见》,《中国哲学史方法论讨论集》,第 225～227 页。

　　② 丁宝兰:《关于唯心主义的评价问题的一些意见》,《中国哲学史方法论讨论集》,第 227～228 页。

　　③ 程宜山:《也谈哲学基本问题和哲学史定义——与包遵信同志等商榷》,《中国哲学史》,1982 年第 7 期,第 90 页。

最终是唯物主义占上风，"一部哲学史，应该主要是唯物主义发展的历史，但不只是唯物主义的发展的历史"，"日丹诺夫哲学史定义基本上还是正确的"。丁宝兰也认为："马克思列宁主义经典作家们从多方面对唯心主义的论述，并未作出什么肯定性评价的论断。"① 关于唯心史观在认识上的进步作用，丁宝兰认为"来自包含在某些唯心史观外壳中的合理内核，即辩证法思想和唯物史观的因素"。② 陈孟麟认为："唯心主义，无论过去、现在或将来，都没有、也不可能起进步作用。"③

　　关于唯物主义与唯心主义的转化和继承问题，学术界长期流行一种观点，即两者之间只有对立和斗争，没有转化和继承。在这次反思中，不少学者认为，唯物主义和唯心主义在一定的条件下，在性质、地位方面都会向自己的对立面转化；不论是从辩证法原理还是从哲学史的实际来看，两者都存在转化的情况。汪子嵩指出，首先，唯物和唯心的划分并非古往今来一切哲学家都承认的，马克思主义以外的哲学家并不十分自觉地维护这个原则，哲学史上也不存在百分之百的唯心论或唯物论。其次，事物除了共性外，还有个性。个性无疑是无限丰富和复杂的，"如果只研究其共性而不研究其个性，哲学史的内容就很贫乏了"。哲学史上有些术语既可作唯物的解释，也可作唯心的解释，如古希腊哲学的逻各斯、努斯、存在，亚里士多德的"本体"则有一个从唯物主义到唯心主义的转化过程。对于有些哲学家不一定非指出他是唯物论者或唯心论者，如亚里士多德，列宁说他动摇于唯物主义和唯心主义之间。总之，"唯物论和唯心论之间，确实存在着互相渗透、互相转化的情况，我中有你，你中有我，并不是简单地可以一刀切齐的"。④ 贾顺先等人以老聃的"虚静"转化为宋钘、尹文的"虚一而静"为例，肯定了唯物主义和唯心主义的依存和转化。他还进一步分析了两者相互依存和转化的条件与原因，指出两者相互依存的原因在于：第一，哲学的基本问题和共同的历史条件与时代特点，使同时代的哲学家都统一在共同讨论的问题和对这些问

---

① 丁宝兰：《关于唯心主义的评价问题的一些意见》，《中国哲学史方法论讨论集》，第228页。
② 丁宝兰：《关于唯心主义的评价问题的一些意见》，《中国哲学史方法论讨论集》，第230页。
③ 陈孟麟：《唯心主义能起进步作用吗？》，《学术月刊》，1980年第5期。
④ 汪子嵩：《哲学史研究的对象和目的》，《哲学研究》，1980年第1期，第36页。

题的认识所能达到的高度之中。第二,唯物主义与唯心主义作为一对矛盾
来说,各以对方的存在作为自己存在的前提,没有一方即无所谓另一方。第
三,"没有唯物主义与唯心主义的相互依存与统一,实质上也就取消了二者
之间的斗争。矛盾双方的统一性,是促使它们能够进行斗争的条件与前提。
没有这种条件与前提,二者既不能共处统一体之中,也就无法开展着相互间
的斗争,当然更谈不上在另外的条件下,二者相互转化了"。① 关于两者相
互转化的原因,贾顺先等人提出了四种情况:(1)"唯物主义的不彻底性";
(2)"把自然规律的法则强加到社会之上,用自然规律去解释社会问题,因
而在历史领域倒向了唯心主义";(3)"思想方法上的片面性";(4)"有些唯
心主义在关于认识过程某一片断的研究上,有可能作出接近于唯物主义甚
至部分地变成唯物主义的表述"。关于转化的表现,贾顺先等人指出,"其途
径是唯心主义者吸取了唯物主义者的某些东西而向唯物主义靠拢;唯物主
义者、由于在某一问题失足,或由于思想方法上的片面性和绝对性倒向唯心
主义",②所以,哲学史是唯物主义史的观点是极其片面的。贾顺先等人的
观点实际上是冯友兰、贺麟1957年的结论。不过,这一观点并未得到学界
的普遍承认。也有学者认为,"转化"的提法不科学,唯心主义不会变为唯物
主义,二者有相互引起的情况,讲转化易造成误解。③

6. 关于哲学遗产的继承问题与对抽象继承法的批判

哲学遗产的继承问题由于冯友兰提出了与毛泽东的"批判地继承"不同
的"抽象继承法"而在1957年得到充分的讨论,这场讨论以最后发展为对冯
友兰的批判而收场。由于长达十年的"文化大革命",这一问题的讨论实际
上又回到了甚至比1957年还低的起点上。20世纪70年代末关于哲学遗产
继承问题的反思主要有四个方面:首先,肯定哲学遗产可以"继承";其次,

---

① 贾顺先、邱明贵、刘蕴溥:《关于唯物主义与唯心主义的斗争、依存和转化问题》,《中国哲学
史方法论讨论集》,第236页。

② 贾顺先、邱明贵、刘蕴溥:《关于唯物主义与唯心主义的斗争、依存和转化问题》,《中国哲学
史方法论讨论集》,第236~239页。

③ 革锋:《在京部分历史、哲学史工作者座谈历史上哲学与阶级斗争的关系问题》,《中国哲
学》第2辑,第405~415页。

对唯物唯心各自继承提出批判；再次，非常遗憾的是，对于冯友兰抽象继承的再次批判；最后，对关锋有关观点的批判。

（1）承认唯物唯心可以相互继承和对"各自继承论"的批判

对各自继承论，1957年学界曾经提出质疑和批判，但质疑和批判被"反右"、"反对修正主义"所打断。经过"文革"，对于这个问题的认识，又回到了1957年以前。艾力农指出："不必担心由于强调继承历史上一切优秀文化遗产，而会丧失了我们的党性原则，也不必担心会混淆了哲学史上的两大阵营的对立。"①这恰好表明了在继承问题上当时人们存在的疑虑和担心。疑虑转化为对继承问题的极端的看法，如岳辛研认为，对于中国哲学史有关资料中糟粕部分的批判，"不存在什么批判继承问题。我们所说的批判继承，主要是指对中国哲学史精华的批判继承"。② 针对此类观点，石峻指出，在唯物主义和唯心主义的统一和斗争中，相互之间的批判和继承关系是多方面的，存在着"相互改造利用，甚至可以化'腐朽'为'神奇'"；马列主义继承历史上的优秀文化遗产时，"并不排斥剥削阶级的创造，只不过是叫人们善于消灭它们的反动倾向而已。不完全像两军对战在沙场上，只有你死我活一种结果"。③

既然唯物主义可以继承唯心主义，那么，对于"各自继承论"的批判也就顺理成章了。钟肇鹏指出，哲学作为一门科学，除了阶级性之外，还有科学性的内容，即"正确地或近乎正确地反映了客观事物，符合客观实际，反映了客观真理的东西。如像毛主席说'孙子的规律，知己知彼，百战不殆，仍是科学的真理'；又说：'孟子说：心之官则思。他对脑筋的作用下了正确的定义。'因为这些话是合实际的，反映了客观真理，所以就可以继承"。④ 可见，"各自独立继承"既与历史实际不符合，又与经典作家对马克思主义哲学来源的分析论断不相符合。"唯心主义哲学中有价值的东西也应该继承。"⑤

---

① 艾力农：《也谈哲学思想的批判继承》，《中国哲学史方法论讨论集》，第143页。
② 岳辛研：《谈谈批判继承》，《中国哲学史方法论讨论集》，第148页。
③ 石峻：《有关中国哲学史研究方法论的几个问题》，《中国哲学史方法论讨论集》，第75页。
④ 钟肇鹏：《关于哲学史方法论的几个问题》，《中国哲学史方法论讨论集》，第89～91页。
⑤ 钟肇鹏：《关于哲学史方法论的几个问题》，《中国哲学史方法论讨论集》，第92页。

（2）对于"抽象继承法"的批判

"文革"前"抽象继承法"已被批判过了。可能因为冯友兰被认为在"文革"中与"四人帮"有些瓜葛的缘故，所以尽管"文革"已过，学界还是把他作为"四人帮"的帮派体系的一员，继续批判"抽象继承法"。这属于"文革"结束初期的较为扭曲的反思的一部分。

1957 年前后对"抽象继承法"的批判，存在着几种曲解：首先是断章取义法，认为"抽象继承法"是从哲学史中拿一些好东西来用，关锋惯用此法；其次是强加于人法，即把自己的观点强加到冯友兰头上，如一些学者推论出他认为只有抽象的才能继承；再次是"州官放火"法，比如关锋，自己一方面认为哲学命题可以抽象，另一方面又批判"抽象继承法"；最后是以势压人法，即把"抽象继承法"与毛泽东的批判地继承直接对立起来，认为冯友兰违背了毛主席的教导等。客观地说，上述几种方法除了关锋等人外，大多学者对冯友兰只是误解，未必有打棍子的意图；"文革"后这次反思中的大多数批判也不具有打棍子的动机。但是，说"文革"后对冯友兰的批判是极"左"的惯性延续，也未尝不可。有的学者把关锋和冯友兰一并批判，认为关锋的"扬弃三法"就是冯友兰的"抽象继承法"。其实，批判冯友兰的"抽象继承法"并不是"文革"后中国哲学史界的迫切任务，毕竟，"抽象继承法"并没有给中国哲学史研究带来什么坏的后果。对于"抽象继承法"所包含的对于中国哲学的价值的肯认、使中国哲学"活"起来的隐秘动机和知识与存在的同构，20 世纪 70 年代末至 80 年代初的学界仍未认识和体会到。

关于这次对"抽象继承法"的批判，约略总结如下。

① "抽象"无价值论。岳辛研指出，思想的形式是内容的反映，内容决定抽象，不是相反，抽象只能提供整理资料的某种方便，说明"思想资料的共同性和连贯性"，而不能提供"运用于各个历史时代的药方或公式"。事物是具体的、发展的，离开了事物的发展，不可能"从抽象中发现任何其他价值"。[①] "抽象继承法""主张抽象就可以继承，似乎概念一经抽象，就有其不朽的生命力，抽象可以提供各国历史时代的药方或公式，使人容易误认为概

---

① 岳辛研：《谈谈批判继承》，《中国哲学史方法论讨论集》，第 150 页。

念的自然发展,使我们产生对抽象概念的崇拜,而不能成为概念的主人了",所以,在文化继承问题上,应"批判继承和丰富发展,不必再提倡什么'抽象继承法'了"。岳辛研认为,毛主席对"实事求是"、"一分为二"等,"按照现实发展的要求,给予这些概念以新的发展内容。这是人类认识史上生动活泼的创造性的发展,并不是概念有什么永恒生命,在古老的躯壳里,焕发了什么战斗的青春"。① 岳辛研是把抽象后才能继承解释为凡是抽象的都可以继承。

②"抽象继承"为语言学研究论。韩敬认为,冯友兰 1961 年把抽象改为"字面意义",从认识论的角度看,冯友兰错在"把语言学与哲学、道德或政治思想混淆起来了,把语言中的词和句当成了哲学、道德或政治思想中的范畴和命题"。② 韩敬说,"字面意义"完全是语言学的东西,根本不属于哲学、道德或政治思想的范围。"因为哲学、道德和政治思想不能不用语言表达,人们有时就感觉不到或者忽略了两者之间的根本区别,而把它们混淆起来"。如"忠",字面意义是"忠诚"、"尽力"等,但作为一个道德范畴,有特定的时代和阶级内容,各个阶级对它的了解互不相同。封建统治者要求忠于皇帝,无产阶级则要忠于人民,忠于共产主义事业;没有什么超阶级的共同之处。冯友兰所说的可以继承的字面意义,不过是语言学的词句,真正的哲学范畴或哲学命题的内容,则被丢掉了。

③ 抽象不科学论。杨峰麟认为,哲学命题本身都是抽象的,再人为地区分为具体和抽象两部分是不科学的。"'抽象继承法'犯了两个错误:其一是,硬要把抽象的哲学命题再区分为具体和抽象两部分,当然这是不合逻辑的。其二是,把构成哲学命题的元素和哲学命题本身看成一个东西,既否定了具体和抽象的联系,又混淆了二者的区别。因此,应该说'抽象继承法'在理论上是错误的。"③

④ 与毛泽东的批判地继承相对立论。杨峰麟认为,毛泽东早就指出了

① 岳辛研:《谈谈批判继承》,《中国哲学史方法论讨论集》,第 151 页。
② 韩敬:《"字面意义继承法"为什么是错误的?》,《中国哲学史方法论讨论集》,第 185 页。
③ 杨峰麟:《"抽象继承法"是不能成立的》,《中国哲学史方法论讨论集》,第 194 页。

正确的方针,那就是批判地继承。批判地继承都是具体的,根本不是什么只继承其抽象意义。抽象继承法不仅没有解决继承中的任何问题,反而在理论上和实践上造成混乱与错误,无益而有害,从理论和实践上来看都是不能成立的。① 当时许多文章都把毛泽东对传统文化的继承作为批判地继承和吸取精华、剔除糟粕的范例。杨峰麟说,毛泽东同志对中国古典哲学就是批判地继承,如对孙子的"知己知彼,百战不殆"的论断,毛泽东同志说这是科学的真理,并在指导中国革命的战争中,具体的吸收了这个科学的真理;再如老子"祸兮福之所倚,福兮祸之所伏"的辩证法思想、孔子的"每事问"、"学而不厌,诲人不倦"、朱熹的"以其人之道还治其人之身"等命题,毛泽东也都是经过分析批判,赋予新的意义,对其合理部分作了具体的吸收。

⑤ 分裂了抽象意义与具体意义的统一论。乌恩溥认为,哲学命题的具体意义和抽象意义包含在哲学命题之中,所以,首先,在分析一个哲学命题的含义时,要把具体意义和抽象意义统一起来考虑,在此基础上确定哲学命题的含义;其次,在判断一个哲学命题是科学性的民主性的精华,还是封建性的糟粕的时候,要把具体意义和抽象意义统一起来考虑;最后,在分析和评价哲学命题的意义和作用,决定对哲学命题的取舍的时候,必须把哲学命题的具体意义和抽象意义两者统一起来分析、判断并作出决定。"学而时习之"的具体意义是学习要及时地、经常地温习和练习,抽象意义则表示一种学习的方法;二者在这个命题中是统一的。"学而时习之""作为一个哲学命题是具有科学性的命题,是正确的命题。在评定这个命题的作用和价值时,应该给予肯定的评价。在决定对这个命题的选择、取舍时,可以继承"。按照抽象继承法的说法,这个命题从具体意义说是糟粕,从抽象意义说是精华。这种说法"破坏了哲学命题的具体意义和抽象意义的统一性,不仅在对待哲学遗产上是有害的,而且在逻辑上也是荒唐的,站不住脚的。"②

⑥ 抽象意义无法继承论。乌恩溥认为,命题的抽象意义离开了具体意

---

① 杨峰麟:《"抽象继承法"是不能成立的》,《中国哲学史方法论讨论集》,第195~196页。
② 乌恩溥:《论哲学命题的具体意义和抽象意义的统一及哲学遗产的继承问题》,《中国哲学史方法论讨论集》,第200页。

义就变成了空洞的东西,如何能够继承? 譬如说,一个苹果有可吃的价值。不过,它的可吃价值只是在抽象意义上才有的,"在具体意义上这个苹果就没有什么可吃的价值,因为它是个烂苹果(即它没有具体意义)。试问:这个苹果在抽象意义上的可吃的价值有什么意义呢?"①

⑦ 抽象继承为"找现成东西"论。冯友兰说:"在历史发展底各阶段中,各阶级向已有的知识宝库中,取得一部分的思想加以改造,使之成为自己底思想斗争底武器,在自己的事业中,发生积极作用。这就是思想继承。"乌恩溥认为,这是拿现成的哲学命题来为我们所用。如果某个哲学命题的具体意义不适合我们的需要,就"去掉具体意义,只取其抽象意义,作为'自己思想斗争底武器'","这样理解继承问题是不妥当的。所谓继承历史哲学遗产,就是:摄取、吸收历史哲学遗产中一切有价值的'营养成分'来丰富、发展我们的哲学思维,以推动当代哲学向前发展。这就是继承。继承哲学遗产是要经过咀嚼、消化的。不经过咀嚼消化,就不能摄取、吸收一切有价值的东西,也就谈不到继承。继承历史哲学遗产的过程就是咀嚼、消化、吸收历史哲学遗产的过程。抽象继承法关于继承问题的理解,是没有把继承历史哲学遗产的过程看成是咀嚼、消化、吸收历史哲学遗产的过程。"②

⑧ 抽象继承为超阶级论。乌恩溥认为,用抽象继承法去处理古代的哲学遗产,肯定得出古代哲学思想有为一切阶级服务的成分的结论,就是说,"抽象继承法可以抹杀哲学思想的阶级性,从不同的阶级、不同的哲学思想中抽象出为一切阶级服务的成分。这是抽象继承法不可避免的结果,这是抽象继承法的'本事',也正是抽象继承法的弊病所在。这点也可以证明:抽象继承法是一种非科学的方法,是一种不合唯物主义原则的方法。用这种方法处理古代的哲学遗产必然会走到错误的道路上去"③。

---

① 乌恩溥:《论哲学命题的具体意义和抽象意义的统一及哲学遗产的继承问题》,《中国哲学史方法论讨论集》,第 201 页。

② 乌恩溥:《论哲学命题的具体意义和抽象意义的统一及哲学遗产的继承问题》,《中国哲学史方法论讨论集》,第 202 页。

③ 乌恩溥:《论哲学命题的具体意义和抽象意义的统一及哲学遗产的继承问题》,《中国哲学史方法论讨论集》,第 209 页。

⑨ 抽象作为标准论。许抗生认为,抽象继承法的错误在于:"一,决定继承的关键不在于抽象思维,而在于抽象出来的共性东西是糟粕还是精华,……决不是凡是抽象出来的共性的东西都可以继承,因而把继承归结为抽象继承是不对的。如古代的许多哲学命题,像'理在气先'、'万法唯识'……等等,所有这些命题不论在具体的个性形态上,还是在抽象的共性形态上,都是错误的、唯心主义的,并不含有科学的真理性,因此即使抽象出来哲学命题的一般共性也是不能继承的。所以,我们说批判继承需要抽象思维,但抽象思维并不能决定继承。如果认为只要抽象出共性即可继承,那就抹杀了我们批判继承的标准,抹杀了精华与糟粕的区别,在继承问题上必然要犯对精华和糟粕不加分析兼容并蓄的错误。二,'抽象继承法'的提出者,还认为在阶级社会中哲学的具体概念是有阶级性的,从中抽象出来的共性,即概念所包含的一般意义都是无阶级性的,因此它可以为一切阶级所利用所继承,继承的东西就是抽象出来的那些超阶级的东西。这种说法则是共性与个性加以割裂的结果,所以也是错误的。"①

上述几点批判,大部分在 1957 年前即已有之,与 1957 年稍微不同的只是语气较为温和而已。当然,我们不是说这些学者有意地或自觉地带着"偏见"去批评或批判冯友兰。"偏见"只是"左"的思维在学者头脑中的影响,是他们惯性地、不自觉地带出来的。冯友兰说"取一部分思想加以改造"和毛泽东改造"知己知彼,百战不殆"有什么不同? "抽象"和毛泽东所说的"咀嚼"、"消化"有什么不同? 学界都没有进行仔细的分析。其实两者并无不同,只是语言表述有所差异而已;而且,"咀嚼"、"消化"远不如"抽象"更易于理解。20 世纪 70 年代初学者还囿于"左"的束缚,未能做到实事求是的理论分析。许抗生、张岱年是仅有的要求给予"抽象继承法"较为全面、客观的评价,并进行深入的理论分析的学者。许抗生指出,对抽象继承法应采取"分析的态度,吸取其合理的成分,抛弃其错误的论证与结论,不要作简单的

---

① 许抗生:《谈谈关于批判继承与"抽象继承"问题》,《中国哲学史方法论讨论集》,第 213～214 页。

肯定与否定,这才是正确的做法"。① 他是唯一谈到对"批判地继承"也要具体化的学者。他从批判地继承的具体化的角度,肯定了抽象继承法的可取之处。他指出,要实现批判继承的原则,对于哲学命题需要有一个加工改造的抽象思维过程,分析出其中的精华和糟粕、真理和谬误,不然就无法实现批判继承。因此,"我们在批判继承的过程中是离不开科学的抽象这一思维方法的"。如,中国古代朴素唯物主义认为世界统一于"元气"之上。从科学的观点看,这是不正确的,但是"我们应当从这历史的形式中提炼出人类认识发展的成果,多少带有符合哲理的内容",元气论"坚持了唯物主义的世界的统一性在于物质性的最基本的原则。在这里我们当然不能直接采用唯物主义的一种暂时的形式,然而我们却能继承元气论中所包含的合乎真理的成分,继承元气论所坚持的唯物主义的最基本的原则。在这里,我们采取的是'扬弃',是批判地继承。然而在这批判继承过程中,我们运用了由特殊上升到一般,由个性中发现共性的抽象思维的方法。如果我们不进行这种抽象的思维,我们就不能获得元气论中所包含的合理的东西。当然,这里抽象出来的共性,也是离不开个性而存在的,没有元气说也就没有为我们可以吸取的古代唯物主义哲学所包含的一般唯物主义的原则。至于我们对于历史上唯心主义哲学的批判继承关系情况也是这样"。② 这里,许抗生运用的例子和方法与冯友兰完全一样,从特殊到一般,其实就是"抽象继承法"。

　　张岱年肯定了区分抽象意义和具体意义的作用。他指出:"第一有助于确定一个哲学学说的唯物主义或唯心主义的本质;第二有助于了解这些思想的发展。""必须通过了解哲学概念或哲学命题的一般意义,才能判定一个哲学学说的唯物主义或唯心主义本质。"如张载、王夫之的"一切皆气"的特殊意义是一切都是由气构成,仅此并不足以表现其理论本质,其一般意义是"世界统一于物质性的实体"。这样了解,其唯物主义性质就很明显了。但是,如果只讲一般意义,那么有些哲学观点的发展就不易看出来,如果"讲明哲学命题的特殊意义,则思想的发展、思想随时代而前进的情况就比较显著

---

① 许抗生:《谈谈关于批判继承与"抽象继承"问题》,《中国哲学史方法论讨论集》,第214页。
② 许抗生:《谈谈关于批判继承与"抽象继承"问题》,《中国哲学史方法论讨论集》,第212页。

了"。如"一切皆气"的思想,《管子》、《庄子·天下篇》、柳宗元、张载、王夫之、戴震都主张这一观点,如果结合各个时代的自然科学来讲气的观念的具体规定,那么,气一元论的发展就比较清楚了。① 张岱年强调,提出哲学命题的一般意义或抽象意义不是"以为这些命题有超时代超阶级的意义","一个哲学家的哲学命题的抽象意义,也是属于某一时代的,也可能是属于某一阶级的,也是有历史性的,而不是永恒的、绝对的"。② 他又强调,"一般寓于特殊之中",只注意一般意义容易把古人现代化,所以"探求古代哲学命题的特殊意义(具体意义)是非常必要的"。同时,"有些简单的命题也可能只有一层简单的意义",有些哲学命题则可能"有多方面的意义",如"性即理"至少有三层意义,"一物之性即一物之理",这是符合唯物主义的,但不是程朱的主要意思;"人的本性及人生应该遵循之理",这是唯心主义的人性论;"人性的内容仁义礼智即是万事万物的最高原理",这是把封建伦理道德绝对化、永恒化。③

张岱年肯定抽象意义的提法是科学的,但继承不限于抽象意义。冯友兰关于哲学遗产继承的观点的错误,不在于"区分哲学命题的抽象意义和具体意义,而在于把这种方法作为继承的主要方法,没有把区分精华和糟粕作为批判继承的主要方法。……区分精华和糟粕才是批判继承的主要方法"。命题可以有抽象意义和具体意义,有些可以继承抽象意义,有些具体意义也可以继承,前者如"天行有常"、"形质神用",后者如"日新之谓盛德,生生之谓易"。汪子嵩也指出,研究哲学史,不能仅限于继承天行有常的抽象意义,更为重要的是说明"自从认识了'天行有常'之后,人类的思想又是怎样发展变化的";④"应该研究哲学思想的发展变化。也只有研究之中思想的发展变化的过程,才能找到认识本身的、客观的发展规律,这就是哲学史的规

---

① 张岱年:《论中国哲学史研究中的理论分析方法》,《中国哲学史方法论讨论集》,第 130 页。

② 张岱年:《论中国哲学史研究中的理论分析方法》,《中国哲学史方法论讨论集》,第 129 页。

③ 张岱年:《论中国哲学史研究中的理论分析方法》,《中国哲学史方法论讨论集》,第 130～131 页。

④ 汪子嵩:《哲学史研究的对象和目的》,《哲学研究》,1980 年第 1 期,第 32 页。

律"。① 张岱年、许抗生的论述是值得肯定的。不过,他们也没有突破"遗产"概念,没有认识到抽象继承法所包含的赋予中国哲学以生命力,对于中国哲学史学科和中国哲学史研究学者的深层意义。另外,事实上,所谓继承都是抽象继承。因为今人不可能回到古人的语境中去。对古人思想的继承存在内涵的自然遗失和人为遗失两种情况,前者是因为今人与古人的语境和知识差异造成的,是个不自觉的过程;后者是对古人思想的有意的选择和放弃,是自觉的、主动的过程。批判地继承正是人为遗失的一种。无论自然遗失,还是人为遗失,都是抽象,都符合思想继承的诠释学规律。

三、中国哲学史的科学化

"科学"对中国文化来说是一个舶来品,"科学"的诉求是中国走向近代的产物。在中国近代思想史上,严复最早提到"科学",他所说的"科学"除了作为自然科学的科学外,还指一种以自然科学为典范的学术、思维模式,是一种"科学"精神,用严复的话说是一种"茂朴的精神"。"五四"时期"科学"与"民主"的口号使"科学"的概念深入人心。"五四"后,"科学"的概念沿着两个方向发展:一个是胡适等人的科学概念,一个是20世纪三四十年代以后马克思主义的科学概念。30年代中国学术界经过唯物辩证法讨论等,马克思主义作为"科学"得到广泛承认,此后在中国哲学史界的马克思主义哲学史家中即出现了追求"科学化"的诉求。40年代,侯外庐等人提出了这个目标。如前所述,"文革"前学者认为日丹诺夫范式下的哲学史研究就是科学的。"文革"过后,鉴于日丹诺夫模式的种种弊端,学界重提中国哲学史研究的"科学化"的目标,把这一目标和对日丹诺夫哲学史定义的反思结合了起来。

什么是科学的中国哲学史? 石峻强调实事求是、独立思考、服从真理、学科的独立性、不做神学的婢女等,这些都有很强的针对性。他指出,"要根据马克思主义的普遍真理结合'中国哲学史'工作的具体实践",一方面,必

---

① 汪子嵩:《哲学史研究的对象和目的》,《哲学研究》,1980年第1期,第33页。

须坚持马克思主义的基本原则,但同时也必须指出,"马、恩、列、斯并没有仔细研究过东方各国的哲学,对于'中国哲学史'的一系列问题,乃至历史上一些著名的哲学家,很少作过什么理论上的分析和科学的评价。就是毛主席论到过中国历史人物和思想,虽然很有启发性,可供参考,但是除去近代部分以外,也很有限。要想只根据这些革命导师的现成语录来拼凑成一部系统的科学的'中国哲学史',那是根本不可能的",①所以,必须认真学习他们的立场、观点和方法,至于具体问题的解决,只能"提倡独立思考,只服从真理";"要'反对本本主义',丝毫不允许存在什么'先哲'一类的形式的甚至神秘的念头,只能以马列主义的普遍真理为指导,要从批判审查过去的广泛的思想史料的研究中,引申出合乎历史事实的带有规律性的结论,要做到这样,得以一个名副其实的哲学家的头脑来研究'中国哲学史',他敢于反对任何偏见,有打破旧传统的勇气。还必须切实排除'左'、'右'两方面的干扰,将这门学科的研究,建立在'实事求是'的基础上,从而使它成为一种有相对独立性的科学,不再如欧洲中古社会是什么'神学'的婢女"。② 不过,石峻仍然是把中国哲学史的价值放在作为马克思主义哲学的组成部分上。他说:"科学的哲学史,应该既是哲学,又是历史,它的研究,是以唯物辩证法为指导思想的,它的核心——对立统一规律的表现形式又在不断发展中……马克思主义的哲学史研究是一种革命的科学,它有特定的任务,又是决不能脱离现实的,否则,它如何可以引导人们向前看,而成为马克思主义理论的一个重要组成部分?"③

关于科学的中国哲学史的研究方法,石峻提出,首先,"不能只着眼于'一般'的概念,单从定义出发"。其次,要注意"哲学史的发展观"。社会历史永远在变化发展之中,作为上层建筑中社会意识之一的哲学,也必须在变化发展中,因此,历来唯心主义的"道统"论或"法统"论都是非常荒唐的。"科学的哲学史研究,一向是摧毁什么'顶峰论'乃至两个'凡是'说一类荒唐

---

① 石峻:《有关中国哲学史研究方法论的几个问题》,《中国哲学史方法论讨论集》,第61页。
② 石峻:《有关中国哲学史研究方法论的几个问题》,《中国哲学史方法论讨论集》,第61~62页。
③ 石峻:《有关中国哲学史研究方法论的几个问题》,《中国哲学史方法论讨论集》,第71页。

的迷信的思想武器"。石峻指出，坚持马克思主义的普遍真理，决不意味着抹杀中国哲学史的固有特点。相反，要从实际出发，"显示出中国哲学史的特点来，它跟过去那种简单以'欧洲哲学史'来比附'中国哲学史'的做法是完全不相同的两码事"。又次"注意哲学思想的阶级分析"。石峻强调："简单地从阶级对立的关系，来直接推论哲学战线的斗争，区分唯物主义和唯心主义的方法，不免近乎虚构，是不科学的。……只能是根据社会发展史的客观规律，在某种整个环境和有关时代思潮的影响下，实事求是地估量某些哲学和某些哲学思想体系在当时的地位和作用。"最后注意"哲学与生产斗争的关系"。石峻指出，解放后，理论工作出现了逆流，某些人为了"突出政治"，斩断了哲学与自然科学的联系。这也影响到了中国哲学史的研究。"以致将中国古代唯物主义哲学的内容也讲得非常贫乏和没有发展了"，所以，"今后必须特别注意哲学史上唯物主义与自然科学的联盟，以及唯心主义世界观是怎样影响了自然科学的发展，并进一步总结这一方面有用的教训"。石峻认为，这"肯定对于我国实现四个现代化也是有重大意义的"。

关于建立科学的中国哲学史，学术界也召开了不少会议进行讨论。1980 年湖北省哲学史学会召开年会，会议主题即是"哲学史研究科学化道路的探索"。会议指出，不能把哲学基本问题当做抽象的公式，而应具体研究哲学史的基本内容。唯物与唯心主义、辩证法和形而上学的"对子结构"揭示了认识运动的深刻实质，但"螺旋结构"阐明了认识的形式，不能抛弃任何一方面。1980 年 6 月 26 日，《中国哲学史研究》编辑部召开夏季学术讨论会，[1]议题也是"为中国哲学史学的科学化而努力"。[2] 会议对"文革"期间把马克思主义理论当作标签，捏造"儒法斗争史"，阻碍中国哲学史研究科学化的进程的做法，进行了批判，指出要建立科学的哲学史，必须从理论、方法和资料三方面着手。会议对日丹诺夫哲学史定义提出了否定意见，认为这个定义给中国哲学史研究带来了教条、僵化、绝对化、公式化、片面化的后果，

---

① 　冯友兰、张岱年、楼宇烈、黄宣民等 36 位学者参加会议。

② 　张绍良：《为中国哲学史学的科学化而努力——本刊编辑部学术讨论会纪要》，《中国哲学史研究》，1980 年第 1 期，第 19 页。

所以应该抛弃。应当采用列宁的定义,哲学史就是整个认识的历史,或者说是最一般的认识的历史。中国哲学主要讨论的问题是迹和所以迹的问题,不是思维和存在的关系问题,所以把思维和存在的关系问题套到中国哲学头上不合适。用"两分法"概括中国哲学史,会遇到许多困难,如程朱、陆王之间的斗争,如果按照两分法,就不属于两条路线斗争,就不能进入哲学史的内容。其他如经今古文、贵无与崇有都有这个问题。非彼即此的"两分法"是形而上学的产物,受了政治运动的影响,不是革命就是反革命;"从认识根源上看,是思想认识处于低级幼稚阶段的表现",应该用"三分法"来划分历史上的哲学思想;用平等的眼光看待不同的哲学家和哲学流派,不搞"三突出",即"突出唯物主义"、"突出劳动人民的哲学思想"、"突出两条路线斗争";也不能围绕政治运动打转,把古人当作筹码打仗,过去出现极"左"的做法,与我们没有摆正中国哲学史研究与政治的关系有关。关于如何建立科学的中国哲学史研究,与会学者认为,有以下原则:首先是马克思主义基本原理的指导;其次要揭示中国哲学发展的规律和特点;再次是要"有适于表现规律和特点的体例和形式",破除自然观、认识论、辩证法、历史观几大块的写作方式;又次是要有实事求是的态度和方法,从历史的实际出发,进行具体的分析,不从原则定义出发,坚持历史和逻辑的统一等;最后是要进行中外对比的研究。①

1982 年 8 月,《中国哲学史研究》编辑部召开第二次夏季学术讨论会,讨论恩格斯关于"思维和存在的关系是哲学的基本问题"及其对中国哲学史研究的意义问题。这次会议是编辑部"为促进中国哲学史学科学化的一个步骤"。与会学者分析了哲学基本问题在中国哲学史上的表现。金春峰、牟钟鉴指出,哲学的基本问题在过去的运用中存在简单化的倾向,比如天人关系问题,不能简单看作思维和存在的关系问题。这个问题只是哲学的基本问题,不是全部问题。中国哲学除了天人关系外,还有知行、言意等问题。老子的"道",不能简单地说是精神,而是 Idea,不是"观念",而是思维的内

---

① 张绍良:《为中国哲学史学的科学化而努力——本刊编辑部学术讨论会纪要》,《中国哲学史研究》,1980 年第 1 期,第 17~23 页。

容；朱熹的"理"也不能简单地说是"精神"，也和柏拉图的 Idea 相近；也不能把古代的"气"与近代的"物质"概念相比。有学者提出：用哲学基本问题研究哲学史可以有两种思路："一种是研究各个历史时期的具体形态；一种是研究这个问题本身的发展阶段。"如，先秦天道问题，按前一种思路，是哲学基本问题的表现形态之一；按后一考虑，则"天道问题并没有完整地、成熟地提出思维和存在的关系问题"。楼宇烈认为，哲学基本问题在中国一般并不直接表现为思维和存在的关系，而是表现在存在和所以存在、然和所以然、迹和所以迹等问题上。理气关系并不直接是思维和存在的关系；除主观唯心主义者外，大量哲学家并没有探讨这个问题，如戴震认为不应分形而上和形而下，从思维路线上看，他捍卫了唯物主义，但从理论思维上看，他实际上是倒退了。庞朴主张，对于哲学的基本问题，中国哲学史也有一个认识过程或发展阶段，如天道问题并没有完整、成熟地表达出思维和存在的关系问题；五行说也没有唯物主义地回答思维和存在的关系问题，所以，把哲学基本问题的表现形式与发展阶段结合起来考虑，可否实行"三分法"，除了唯物主义和唯心主义外，还有既不是唯物主义也不是唯心主义的哲学家。[①] 张岱年认为哲学基本问题适用于中国，先秦天道问题就是精神与物质的关系问题。汉代董仲舒的天是上帝、是有意志的，魏晋的"有""无"确实是思维和存在的关系问题。"有"是存在，"无"是思维和内容；"形""神"、"理""气"等都是思维和存在问题的具体形态。谷方、王国轩、衷尔钜等认为恩格斯关于哲学基本问题的观点是马克思主义的重要原理，是马克思主义全部理论的基石，它符合哲学思想发展的实际，是哲学史成为科学的关键。[②] 宋明理学的理气问题不单纯是存在和所以存在的问题，归根到底也是思维和存在的问题，中国哲学史上的天人、心物等问题，就是客体和主体、思维和存在的问题。杨宪邦认为，怀疑哲学的基本问题就是唯心主义。

　　丁冠之认为，中国哲学史领域存在怀疑和游离于马克思主义基本原理

---

　　① 参见《本刊第二次夏季学术讨论会发言选登(摘要)》，《中国哲学史研究》，1982 年第 6 期，第 15～22 页。
　　② 参见《本刊第二次夏季学术讨论会发言选登(摘要)》，《中国哲学史研究》，1982 年第 6 期，第 14～15 页。

的倾向,首先表现为否定唯物唯心的本质区别,否定哲学的党性原则,认为唯物唯心水乳交融,对人类认识有同等贡献,从贡献相同的角度肯定唯心主义的合理性;其次是否认哲学斗争与阶级斗争的联系,认为路线斗争不反映思维发展规律,阶级属性不是哲学的固有属性,阶级斗争的发展不能改变哲学的理论形态、哲学理论的停滞不能用阶级斗争来说明;再次是否认划分唯物唯心的必要,认为这不符合辩证法,应该承认有亦此亦彼的哲学,主张三分法;第四是否认哲学基本问题,认为中国哲学史上是存在和所以存在的问题,不是思维和存在的问题。丁冠之认为,这种倾向与资产阶级自由化和国际资产阶级哲学的传播是分不开的,说明我们在实现中国哲学史研究科学化的道路上面临两个任务:一是克服简单化倾向,一是要自觉地运用马克思主义的立场、观点和方法学习与研究中国哲学史。坚持马克思主义,全面掌握材料,对资料进行实事求是的分析,是实现中国哲学史研究科学化的途径。①《中国哲学史研究》1982 年第 4 期发表了《为中国哲学史研究的科学化而努力》的评论,批评了近几年哲学史研究中偏离哲学基本问题的倾向,如实行"三分法",放弃哲学的党性原则,用非马克思主义的观点研究中国哲学史等。评论认为这只能退回到资产阶级旧时代的研究状况中。

我们认为,思维和存在的关系问题是西方近代哲学的核心问题,恩格斯对哲学基本问题的总结、列宁关于认识史的定义承接的都是这一传统。这一传统与古代哲学的本体论传统不尽相同,它以笛卡儿的"我思"为主体、为思维,以外部世界为客体,为存在,而中国哲学不以西方近代意义的思维和存在的关系为其核心内容。理气关系直接地是存在的规律和存在本身的关系,都属于客体方面,不涉及主体,所以两者的关系不是主体和客体的关系,属于本体论,而不是认识论。这是中国哲学与西方哲学的不同。从这种意义上说,楼宇烈、金春峰、牟钟鉴等人的观点是值得重视的。当然,这并不意味着中国哲学不能从思维和存在的这个视角进行审视。不过,认为提出这个问题就是偏离马克思主义,似乎也言之过重,或许是"左"的残留,阻碍了

---

①　丁冠之:《哲学基本问题及其对中国哲学史研究的意义——本刊第二次夏季学术讨论会纪要》,《中国哲学史研究》,1982 年第 4 期,第 4~11 页。

对中国哲学史特点的认识的深入。事实上，20 世纪七八十年代的反思仅仅停留在用列宁的"认识史"定义代替"斗争史"定义，与这种使人觉得乍暖还寒的评论不无关系。① 此外，对于"科学"的过分倚重，也是值得思考的。

四、建立"中国哲学史学"

出于对中国哲学史研究的经验教训的总结，部分学者提出"建立中国哲学史学"的设想。他们认为，"中国哲学史"是"中国历史上存在的哲学"，"中国哲学史学"是客观的中国哲学史见诸主观的产物。胡适的《中国哲学史大纲》、冯友兰的《中国哲学史》都属于这一类学问。"中国哲学史学学"则是系统研究中国哲学史学对中国哲学史的反映的一般原则和方法的学问，"它为中国哲学史的科学化提供正确的指导思想和研究方法"。② 可能是由于"中国哲学史学学"这个概念有些拗口，后来改为"中国哲学史学"。

辛冠洁等人认为，中国哲学史学这门学科的构成有：甲、"关于中国哲学史的定义、对象以及研究目的和意义的研究"；乙、"关于中国哲学史研究的一般原则的研究"，如研究中国哲学史的马克思主义的一般原则是什么，如何运用等；丙、"关于中国哲学史学的研究方法和陈述方式的研究"；丁、"关于中国哲学史学史的研究"；戊、"关于中国哲学史研究主体的研究"，如各种社会因素对哲学史家的影响，这些影响如何表现在哲学史研究中，哲学史工作者的"史德"对其研究工作的影响等。③ 辛冠洁等人说，当前中国哲学史研究集中讨论的问题，不是关于某一家某一派的具体问题，而是关于中国哲学史研究的重大问题，如中国哲学史的定义、对象、范围、任务、体系、逻辑结构、哲学和政治的关系、唯心主义的评价问题等。过去这些都是以"中

---

① 陈俊民：《既开风气也为师》，《探寻真善美——汤一介先生 80 华诞暨从教 55 周年纪念文集》，北京大学出版社，2007 年，第 55 页。

② 辛冠洁、张春波、张绍良、马振铎：《谈谈对建立中国哲学史学学的初步看法》，《中国哲学史研究》，1981 年第 3 期，第 35 页。

③ 辛冠洁、张春波、张绍良、马振铎：《谈谈对建立中国哲学史学学的初步看法》，《中国哲学史研究》，1981 年第 3 期，第 36 页。

国哲学史研究方法论"为题目进行讨论的,但实际上只有前述丙类问题属于
这个范围,其余都超出了这个范围。像党性问题、唯心主义的评价问题,都
不是方法论问题,而是指导原则问题。所以,有必要放在"史学学"的范围内
讨论。赵宗正认为,"哲学史学"的核心内容是"哲学史观","系统的、有体系
的哲学史观"包括关于哲学史的概念、哲学史与其他知识部门的区别与联
系,哲学史的方法论原则等。①

　　关于这门学科的历史,辛冠洁指出,中国历史上的哲学史著作,实际上
开创了这门学科。这类著作可分为四类:第一类包括《庄子·天下篇》、《荀
子·非十二子》、《吕氏春秋·不二》篇、司马谈《论六家要旨》等,都是哲学史
学著作,即对各家作极其简要的论述;第二类是对哲学家的思想按照范畴、
概念分类编制成系统的学派体统,如朱熹的《近思录》、胡广的《性理大全》、
戴震的《孟子字义疏证》;第三类是按照学派系统整理师承渊源,摘录思想要
点,评价历史地位,如《宋元学案》、《明儒学案》、《理学宗传》;第四类是胡适
的《中国哲学史大纲》、冯友兰的《中国哲学史》、张岱年的《中国哲学大纲》之
类的著作,这些著作奠定了中国哲学史学的基础。"如果说中国哲学史是对
中国哲学发展的历史或这种发展史的摹本,那末,中国哲学史学就是研究这
种发展史其中包括这种摹本的形成、内容、体系、形式以及摹本的真伪、好
坏、动机、效果等问题的科学","它是一种中国哲学史观"。② 关于建立这门
学科的意义,辛冠洁等人指出,"指导思想和研究方法决定了中国哲学史的
研究水平",建立中国哲学史学,可以加强对指导思想和方法论问题的系统
研究,促进中国哲学史研究的科学化。③ 赵宗正认为:"有意识地建立马克
思主义的哲学史学和中国哲学史学,这对于哲学史和中国哲学史研究的科
学化,有关键的意义。"④

　　建立"中国哲学史学"表达了中国哲学史学科的自觉。但是,这门学科

---

① 赵宗正:《略谈哲学史学》,《中国哲学史研究》,1982 年第 8 期,第 6 页。
② 辛冠洁:《再谈中国哲学史学》,《中国哲学史研究》,1983 年第 4 期,第 30～31 页。
③ 辛冠洁、张春波、张绍良、马振铎:《谈谈对建立中国哲学史学学的初步看法》,《中国哲学史
研究》,1981 年第 3 期,第 38～39 页。
④ 赵宗正:《略谈哲学史学》,《中国哲学史研究》,1982 年第 8 期,第 7 页。

很大程度上是以中国哲学史的研究成果为对象的，而就当时的情形来说，这类研究成果还不充分。当时学术界毋宁说更专注于中国哲学具体问题的研究，所以，建立"中国哲学史学"的愿望至今没有实现。这不能不说是中国哲学史研究的一个遗憾。

五、关于哲学史与思想史的区别

这也是20世纪80年代中期稍早学术界讨论的一个重要问题，其意义是给哲学史和思想史进行具体的定位，推进研究的深入。李锦全回顾道，中国学术界对于哲学史和思想史一直没有严格的区分。20世纪二三十年代，胡适写了《中国哲学史大纲》、冯友兰写了《中国哲学史》、梁启超写了《先秦政治思想史》。1937年吕振羽写了《中国政治思想史》、侯外庐也写了《中国古代思想学说史》，后来侯外庐、杜国庠、赵纪彬编著了《中国思想通史》。后几部著作是针对胡适、冯友兰的，但都叫"思想史"，可见哲学史和思想史并没有严格的区分。侯外庐1963年出版了《中国哲学简史》（上、下册），1980年再版时改名为《中国思想史纲》，其下册是以侯外庐的《中国近代哲学史》为基础重新编写的。李锦全说自己1962年曾经与其他同志合写过《简明中国思想史》，到1973年修订时改名为《简明中国哲学史》。同一部书，可以叫"中国哲学简史"，也可以叫"中国思想史纲"，可见过去学术界对于哲学史和思想史的使用，并无严格的标准。李锦全指出，"思想史是各个历史时期社会矛盾的认识发展史。哲学史则主要是研究各个历史时期，人们用理性思维形式表达的关于自然、社会和思维运动的一般规律的认识"，"哲学史是各个历史时期哲学认识的矛盾发展史"；"前者研究的对象和重点，是思想流变发展规律的历史进程，后者则是理论思维历史发展的内在逻辑"。[①] 如要研究先秦思想史，就要认识当时社会矛盾的思想及变化，研究各个学派的分合和思潮起伏的历史进程；而要研究先秦哲学史，则需要突出哲学思想发展的线索，"把围绕哲学基本问题所展开的哲学矛盾运动，作为论述的重点，并要

---

① 李锦全：《试论思想史与哲学史的联系和区别》，《哲学研究》，1984年第4期，第59页。

通过分析哲学范畴的历史演变来探索哲学认识发展的逻辑进程……总结出
人类哲学认识史的逻辑"。① 如先秦哲学运动的逻辑起点是"天命神权"。
随着奴隶制的崩溃,上帝的权威失坠了,人们对天的认识发生了分歧。前期
儒家和墨家保留着天有意志这一面,如孔子讲"畏天命",墨子讲"天志",但
孔子有时离天讲命,有时又知其不可而为之,墨子也有非命尚力的思想。这
些都表现了天与人的矛盾。道家在天地鬼神之上提出了"道"的范畴。"道
法自然"可导致唯物主义,也可导致唯心主义;天道自然无为,导致了宿命
论。孟子讲尽心知性知天,庄子讲人可以与道同体,从天人合一中解决天与
人的矛盾。"命"是一种客观必然性,孟、庄通过扩充人的主观精神来建立个
人的精神自由王国,虽然没有解决天与人的矛盾,毕竟向前了一步。战国末
年,荀子提出明于天人之分、制天命而用之的思想,韩非把道解释为万物之
所以然的道理。荀、韩达到了认识必然的自由。从殷周天命神权论到战国
天命可制论的演变,从重民轻神到天道与人道分离,在认识上是一个飞跃。
"孔墨老各家围绕天人关系在认识史上深化了一步,但各以其片面性而陷入
谬误。孟、庄企图用主观来吞没客观,以解决天与人的矛盾,虽然陷入了唯
心主义,却构成哲学认识的必要环节。到荀况则在更高的理论思维水平上
扬弃了孟、庄,而向'天人相分'论复归,从而标志着这一时期哲学发展'圆
圈'的终结。"②李锦全认为,思想史和哲学史还有一个区别是研究同一个哲
学家时侧重点不同。如对于王充,从哲学史的角度,应着重写他的元气论对
老子"道法自然"思想的发展。他从自然论走向命定论,表现了唯物主义和
唯心主义的通向问题,其理论思维教训值得总结。从思想史的角度写王充,
则主要突出其出身于地主阶级的庶族,对当局不满,又无力改变自己的命
运;同时,作为地主阶级的一员,又要维护地主阶级的长远利益,由此思想上
产生了深刻的矛盾,一方面批判天人感应等理论,另一方面对命又感到无能
为力。因此,王充怎样认识和处理汉代的社会矛盾,他的处理对社会和后世
历史会产生什么作用和影响,是思想史研究的任务。

---

① 李锦全:《试论思想史与哲学史的联系和区别》,《哲学研究》,1984 年第 4 期,第 60 页。
② 李锦全:《试论思想史与哲学史的联系和区别》,《哲学研究》,1984 年第 4 期,第 62 页。

汤一介指出,哲学史是认识史,所研究的内容应该是人类认识在历史上的发展规律,揭示哲学思想发展的内在逻辑必然性,揭示哲学概念、范畴、命题的提出、丰富和发展的历史;思想史则是在哲学史的基础上揭示人们关于真善美问题的文化思想发展的历史。[①] 如对于朱熹,哲学史可以探讨他的理本论、知行并进说、格物致知说,思想史则可以包括他对于儒家经典的解释。思想史可以把过去所谓"国学"、"经学"作为研究的对象,"研究中国传统思想中文、史、哲(包括经学)的各方面及其相互关系"。在这个意义上,中国思想史也可以称为"中国学术思想史"。张岂之认为:"思想史是理论化的人类社会思想意识的发展史,思想史就是研究人类历史上社会意识发展、演变及其规律的学科。"思想史应包括哲学、政治、经济、伦理等内容,但不是这些学科的简单总合,而是着眼于这些学科之间的关系。思想史研究方法的特点,是更着重思想史研究与社会史研究的结合,着重社会思潮史、思想源流的演变的研究。思想史属于历史,更具有史的特点;哲学史着重于世界观、认识论和逻辑学。思想史更着重于"包括人类思想意识的各方面的内容,包括一般规律的认识史,也包括对现实社会具体问题的认识史。在思想史研究过程中,不是从个别方面,而是从社会思想的整体方面去揭示每个个别的思想体系,探究它们的整个发展过程"。[②] 周继旨认为,应"纯化"中国哲学史的研究内容,把不属于哲学范畴的内容排除出去,这是提高中国哲学史学科的科学性所必须坚持的正确方向。"纯化"的关键是从"时代精神"中提炼出精华,整理出精华的来龙去脉,从中总结出中国哲学的特点及其发展规律。教条主义的"纯化"是使中国哲学史脱离了时代精神,用干巴巴的几条"筋"来编织中国哲学史,这必然造成中国哲学史色彩单一、内容枯燥、形式死板、"贫乏化";真正的纯化应该是丰富化。中国哲学史范围的"泛化"表现为把"时代精神"在各种意识形态中的表现不加提炼地和盘端出,这样的研究不能反映时代精神,不能发人深思,所以也不是中国哲学研究的丰富化。关于如何从时代精神中提炼出精华,周继旨主张研究者自己探索,百家

---

① 汤一介:《中国哲学史与中国思想史》,《哲学研究》,1983 年第 10 期,第 63 页。

② 张岂之:《试论思想史与哲学史的相互关系》,《哲学研究》,1983 年第 10 期,第 67 页。

争鸣,不能强加于人。①

第四节　张岱年对中国哲学史
研究方法论的探索

　　20 世纪 80 年代,张岱年对中国哲学史研究的方法论问题进行了系统的探讨。他在《中国哲学史方法论发凡》中指出:"我们今天研究中国哲学史,最重要的,是依据马克思主义的普遍原理,整理中国哲学史的丰富史料,探索中国哲学的具体发展过程,从而发现中国哲学发展的基本规律。……关于中国哲学史的研究方法,我至今坚持三点:第一,马克思主义关于'哲学基本问题'与'哲学基本派别'的论断也适用于中国。第二,唯物主义的基本原则是实事求是,我们必须掌握全面的丰富的史料,对于具体问题进行具体分析。第三,要明确肯定中国自周秦以来有一个唯物主义传统,必须理解中国古代唯物论的理论内容,充分认识其历史的价值。"②

一、哲学与哲学史

　　什么是哲学? 张岱年认为,应该从辩证唯物主义和历史唯物主义两个角度来认识。从唯物主义的反映论来看,哲学史"简略地说,就是整个认识的历史";③列宁又说:"认识是人对自然的反映。但是,这并不是简单的、直接的、完全的反映,而是一系列的抽象过程,即概念、规律等等的构成、形成过程。"④列宁的定义实际上只涉及辩证唯物主义,没有涉及对于"社会存在"的认识,所以张岱年又说:"从历史唯物论来看,哲学又是社会存在的反

---

①　周继旨:《关于中国哲学史研究对象、范围的"纯化"与"泛化"问题》,《哲学研究》,1983 年第 10 期,第 68 页。

②　张岱年:《中国哲学史方法论发凡·序》,中华书局,1983 年。

③　列宁:《拉萨尔"爱非斯的晦涩哲人赫拉克利特的哲学"一书摘要》,《列宁全集》第 38 卷,人民出版社,1959 年,第 399 页。

④　列宁:《黑格尔〈逻辑学〉一书摘要》,《列宁全集》第 38 卷,人民出版社,1959 年,第 199 页。

映,它属于社会意识。"①关于哲学史的定义,张岱年根据恩格斯"理论思维"的概念,提出"哲学史是理论思维发展的历史",那么,"什么是理论思维呢?这就是发现客观规律、客观联系性的思维。这一思维也就是并用分析、综合的思维"。② 关于哲学的基本问题与派别,张岱年分别引用了恩格斯的《费尔巴哈和德国古典哲学的终结》关于哲学基本问题的观点、列宁的《唯物主义和经验批判主义》关于两大阵营和党派性的观点,以及毛泽东"科学研究的区分,就是根据科学对象所具有的特殊的矛盾性。因此,对于某一现象的领域所特有的某一种矛盾的研究,就构成某一门科学的对象。例如……哲学中的唯心论和唯物论、形而上学观和辩证法观"等论述进行说明。③ 张岱年肯定了日丹诺夫的哲学史定义,认为这个定义有两个层次,一是"唯物主义的发展史",一是"唯物主义同唯心主义斗争的历史"。张岱年认为,日丹诺夫的定义指出了哲学发展的主要线索,强调了唯物主义的重要性,纠正了资产阶级哲学史家贬低唯物主义的偏谬,是有益的。不过,对于日丹诺夫哲学史定义的目的论史观缺点,张岱年还没有提出反思。关于哲学史的范围,张岱年指出,在西方,哲学包括逻辑(包括认识论)、形而上学、伦理学。中国没有"哲学",与哲学相近的有《庄子·天下篇》中的"道术",北宋的"义理"之学。清代人把学问分成义理、辞章、考据,其中的义理之学即是哲学;方以智提出的"通几"之学,也是哲学。梁启超认为"哲学"译名不如"道术学"。中国历史上的哲学可以分为自然观或天道观、认识论或方法论、伦理学三部分。辩证法思想在中国哲学史上也有重要的意义。④

张岱年指出,精神和自然界的关系问题或思维与存在的关系问题是中国哲学的基本问题。不过,中国哲学有自己独特的概念名词和独特的表达方式。中国哲学史上唯物论和唯心论的斗争或思维和存在的关系在先秦时代是天道观或天人关系问题,在魏晋时代是有无问题,到宋明则是心物和理气问题。"理气问题与西方哲学中'思维与存在'的问题是非常接近的,不过

---

① 张岱年:《中国哲学史方法论发凡》,第8页。
② 张岱年:《中国哲学史方法论发凡》,第13页。
③ 毛泽东:《矛盾论》,《毛泽东选集》第1卷,人民出版社,1966年,第284页。
④ 张岱年:《中国哲学史方法论发凡》,第11页。

用语不同罢了。"他对认为中国哲学的发展过程不是唯物主义和唯心主义的矛盾斗争的看法进行了批评。不过，在我们看来，天人关系是人和自然的关系问题，更多地属于本体论和境界论的问题，思维和存在的关系是近代认识论转向后产生的问题，突出的是认识论问题，前者并不等于后者。关于唯物主义和唯心主义的评价，张岱年认为："唯物主义按照世界的本来面目来解释世界，方向是正确的。应该肯定唯物主义是哲学史发展的主流。这是因为唯物主义代表真理，而哲学史就是人类追求真理的历史。"那么，唯心主义在哲学史上有什么意义？在他看来，在哲学史上，唯心主义强调主观能动性，补足了一些唯物主义者的不足之处；还提出了许多唯物主义者容易忽略的问题，促进了唯物主义者对这些问题的探索，如老子提出了"无"的问题，庄子提出了认识的相对性问题，都是非常深刻的，推动了哲学向前发展。张岱年引述列宁对于唯心主义的评价①指出，对于唯心主义不能简单地否定，要看到它在哲学发展中的地位和作用；但也要看到它是把认识的某一方面片面地夸大，违背了真理。

二、"促进中国哲学史的科学化"

张岱年也提出了"促进中国哲学史的科学化"的目标。他指出："要使中国哲学史这门学科成为精密的科学。所谓精密的科学，就是每一个结论都有充分的证明，每一项论证都有确实的根据。"②如何做到这一点？张岱年指出，"科学化的关键在于科学方法的运用，最主要的一点，就是在哲学史的研究中切实贯彻唯物主义的观点和辩证的方法，从实际出发，进行具体的辩证的分析，也就是要把马克思主义的普遍真理同中国哲学史的实际情况结合起来。""科学的中国哲学史，首先必须体现科学性和革命性的统一。所谓科学性就是客观符合实际；所谓革命性就是有益于消灭人剥削人的制度"；"其次，哲学史的研究，必须做到观点和资料的统一"，一方面要尽可能地考

---

① 参见列宁：《谈谈辩证法问题》，《列宁全集》第38卷，人民出版社，1959年，第411页。
② 张岱年：《中国哲学史方法论发凡》，第4页。

察丰富的历史资料,另一方面又要以马克思主义的普遍原理为指导;"第三,研究哲学史,还必须体现历史方法与逻辑方法的统一,这就是要发现哲学思想发展的规律性,注意哲学思想的发展与概念范畴的演变的密切关系。列宁说:'从逻辑的一般概念和范畴的发展与运用的观点出发的思想史——这才是最需要的东西!'(《列宁全集》第 38 卷,第 188 页),这也是科学的哲学史的一项基本要求"。[①] 张岱年进一步指出,科学的哲学史还必须做到:一,"要充分说明思想斗争同阶级斗争的关系";二,"要充分说明哲学思想同自然科学的联系";三,"要解决批判与继承的问题"。既要批判旧思想,与陈腐的传统观点彻底决裂,又要肯定人类认识史上的一切积极成果;既要反对颂古非今的国粹主义,也要反对粗暴否定一切的历史虚无主义。[②]

三、哲学史研究的阶级分析法

张岱年根据列宁在《唯物主义和经验批判主义》中所说的现代哲学上的党派"归根到底表现着现代社会中敌对阶级的倾向和思想体系"[③]的论断,肯定阶级分析在中国哲学史研究中的意义。他说:"要发现每一时代、每一哲学家的思想与当时生产关系的联系,同当时政治斗争的联系,这样我们才能理解每一时代、每一哲学家的哲学思想的实质,才能发现每一个哲学思想所蕴涵的阶级意义。"[④]不过,鉴于"文革"前和"文革"期间滥用阶级分析方法的教训,张岱年特别强调,进行阶级分析必须"全面深入地考察每一时代的阶级斗争的复杂状况和每一思想家的哲学思想的阶级内容"。具体地讲,有如下三个方面。

第一,要"考察思想学说的阶级意义",即首先"要全面考察每一时代的生产关系状况和当时的阶级斗争的形势,考察当时社会各阶级相互对立又相互依存的关系"。例如关于春秋战国,要对当时社会分为几个阶级,每一

---

① 《中国哲学史方法论发凡》,第 4～5 页。
② 《中国哲学史方法论发凡》,第 6～7 页。
③ 列宁:《唯物主义和经验批判主义》,《列宁选集》第 2 卷,人民出版社,1972 年,第 365 页。
④ 《中国哲学史方法论发凡》,第 29 页。

阶级又包括几个阶层,都应有明确的估计。其次,要全面考察一个思想家的主张符合当时哪一个阶级、或哪个阶层的利益,这是确定一种思想学说的阶级实质的最重要的方法。如孟轲的仁政学说,虽然和商鞅、韩非的法家思想迥然有别,但历史证明,同样也是维护地主阶级长期统治的有效思想。再次,"要全面考察思想家对于当时现存制度以及对于各阶级的态度"。例如关于汉代思想家王充的阶级立场,有人认为代表农民,有人认为代表中小地主阶层。王充强调"宣汉",拥护汉朝的统治;同时又同情农民的痛苦,但不赞成农民起义;他猛烈反对豪强官吏。从这几点来看,应该说他是代表地主阶级中下层的利益。

第二,应承认"共同利益"的存在。剥削阶级和被剥削阶级存在共同利益在"文革"期间被认为是超阶级的资产阶级观点,张岱年这个主张是对"文革"前就开始的极"左"思潮的一个纠正。他指出,马克思提出在个人利益之外还有相互交往的人们的共同利益,这种利益也是公共利益,因为与个人利益有矛盾,所以"以国家的姿态"采取了与实际相脱离的虚幻共同体的形式。"从中国历史的事实看,许多思想家都重视社会的共同利益。为统治阶级服务的思想家,为了维护统治阶级的长久利益,也在一定程度上重视社会的共同利益,希望劳动人民能'安居乐业'。如董仲舒的思想主要是维护地主阶级的利益,但提出'限民名田'、'去奴婢、除专杀之威',不仅是反映了地主阶级的利益,也反映了社会的共同利益。此外,抵抗外来侵略,开发自然、兴修水利更是社会共同利益之所在。"与此相关的还有一个关于清官的评价问题。"文革"前中国历史、中国哲学史研究领域已经存在"越是清官越反动"的极"左"观点。张岱年指出,"清官既注意维护统治阶级的根本利益,也重视社会的共同利益。清官的所作所为有益于社会的安定和发展",应予肯定。他又说:"在中国历史上,有些哲学家不想消灭地主和农民之间的对立,但想缓和地主与农民之间的对抗并使之协调起来。例如孟子的'省刑罚,薄税敛'、'制民之产'的主张,长期以来,有些人认为这种思想是反动的。从实际情况来看,如果真正减税省刑,应该说对农民还是有一定好处的。所以,对于历史上缓和矛盾的思想,应该根据当时阶级斗争的情势进行具体的分析。"此外,张岱年指出:"还要正确分析每一时代占统治地位的思想。历史上占统治地位的思想一般是代表当时统治阶级的根本利益,而不是代表其中哪一个特殊阶层的利益。董仲舒、韩愈、程颐、朱熹的思想都具有这个特点。"张岱年关于阶级分析的论述,包含了对极"左"思潮的纠正。不过,他没有从"共同利益"进一步引申到知识分子作为社会公共良心的一面。"文革"期间是简单地用代表地主阶级的长远利益、资产阶级的超阶级性等否定知识分子的公共性。

第三,要正确认识唯物主义和唯心主义的阶级基础。"文革"期间,在极"左"的逻辑下,形成了农民阶级是唯物主义的阶级基础的观点。张岱年指出:"从汉代以后,中国的唯物主义思想家一般是属于中小地主阶层的,代表统治阶级中的不当权派。"因为这一阶层能面对现实,要求改革,从而能提出唯物主义思想。也会有一些相反的情况,如在新的生产关系出现时"新生的阶级或阶层在开始时是软弱的,没有力量的,代表这一新生的阶级或阶层或者新的生产关系的萌芽的思想家,往往采取唯心主义的思想形态。如明代后期的李贽,明清之际的唐甄,反映了当时市民阶层的要求,但在哲学上,基本上都是唯心主义。有的时候,具有唯物主义思想的人却是反动的。例如《列子·杨朱篇》的作者,肯定了无神论,却极力鼓吹追求目前的享乐,宣扬腐朽的思想"。[①]

第四,关于"正确认识劳动人民对于哲学发展的推动作用"。张岱年指出,农民革命斗争对哲学思想的发展有一定的推动作用。中国哲学史上几次哲学发展的转折,都同农民战争有一定的关系。如黄巾农民起义,对两汉的经学转到魏晋的玄学,起了一定的转折作用;唐末黄巢农民起义,对佛教唯心主义的衰落,也有一定的影响。这些都是客观事实。但是,"农民革命并不是历史发展的唯一动力",农业、手工业的进步,也不一定都是农民革命的结果;农民由于所处的地位和经济条件的限制,没有条件直接参加思想斗争,所以,不能把农民战争对哲学发展的作用过分夸大,认为劳动人民是唯物主义发展的主力或反对唯心主义的主力。

---

① 张岱年:《中国哲学史方法论发凡》,第42～44页。

四、哲学史研究的理论分析方法

　　张岱年强调理论分析,可谓当时中国哲学史研究方法论的新气象,也包含了对此前研究方法的纠偏。"文革"前和"文革"期间除了用"唯物主义"或"唯心主义"贴标签和运用阶级分析之外,并无其他方法。任何其他方法的提出,都有可能被认为是违背了马克思主义而遭到批判。张岱年认为:"研究哲学史,应当深入到每一思想家理论体系的内部,进行深切的考察,分析它的理论内容。只有如此,才能找出理论思维发展的历史线索及每个重要思想家的理论贡献。"如何进行理论分析? 张岱年提出了分析哲学的概念范畴、命题、体系三个层次。

　　关于第一个层次,张岱年区别了名词、概念、观念和范畴,指出命题由许多名词组成,名词表达概念。在中国哲学中,名实关系的"名"、公孙龙的"指",都是概念。"概念是对客观事物的类型和规律的反映"。"观念是由观察事物而有的思想,不一定表示事物的类,而可以表示某一个事物,例如古代哲学中所谓'一'、'太一'、'太极',可以说是观念,不能说是概念;又有虚构的观念,如上帝、绝对精神。""范畴是基本概念,是关于世界事物的基本类型的概念。"概念有普遍、特殊和个别三个层次。存在、物质、变化等,都是普遍概念;"表示一定范围的情况,或事物的某一类,是特殊概念";个别是某一事或某一物。一般来说,普遍是抽象的,特殊是具体的。"普通所谓普遍性就是从具体事物中抽出来的共同性,是抽象的,可谓抽象的普遍性",具体还有比较深刻的含义,即具体共相,也就是具体的普遍性,即包含了特殊的个别东西的全部丰富性的普遍性。抽象有科学和非科学之分,凡是真正把一类事物的共同点提出来的,都是科学的抽象。概念范畴也有其发展演变的过程。概念的内涵和外延又因为时代的发展而发生变动,如"学",在孔子那里指学习《诗》、《书》,而在现代则指学习自然科学和社会科学等。唯物主义与唯心主义对概念的不同理解,也使概念的内涵发生改变,如对于"经验",两者就有不同的理解。又如,"实践"在古代指人的日常活动和道德行为,而在现在则指改造世界的活动。张岱年提出:"对于哲学概念和观念,要分析其理论意义和阶级意义。概念反映客观事物的规律性,这是它的理论意义;

有些概念又反映一定阶级的利益，这是它的阶级意义（但是不能说每一个概念都有一定的阶级意义）。"如，程朱的"理"包括仁义礼智等道德标准，这就把封建等级秩序永恒化了、绝对化了，这是其阶级内容；"理"又包括事物的生长，遂成几个阶段，这是其理论内容。所以，程朱的"理"，既有阶级意义，也有理论意义。只有既分析哲学概念的理论意义，又分析其阶级意义，"才能对哲学思想作出恰当的评价"。

关于如何分析哲学命题，张岱年提出，一是分析哲学命题的普遍意义和特殊意义，二是要分析哲学命题的多层含义。哲学命题的普遍意义是它对某一客观的普遍规律的反映；特殊意义则是普遍命题所总结的某些特殊事例。如"学而不思则罔，思而不学则殆"反映了接受知识和独立思考的关系，这是其普遍意义；孔子所主张的"学"的内容是诗书礼乐，这是其特殊意义。又如荀子的"天行有常"指天体运动有一定的规律，这是普遍意义，但荀子所理解的天体运动是太阳围绕地球转，是地心说，这是其特殊意义。张岱年指出："任何哲学命题都是某一时代的思想家依据当时某些特殊事例总结出来的。经过历史的发展，人们发现原来所依据的某些特殊例子是狭隘的，或者发现原来对于那些事例的认识包含了一些错误。但是这个命题仍然反映了一定的普遍规律，因而必须承认这个命题的提出对于人类的认识史是一个重要的贡献。"张岱年所说，可以说是对冯友兰"抽象继承法"的进一步补充和说明。张岱年又指出，中国古代哲学的特点之一即是宇宙论、方法论、道德论的统一，所以中国哲学的有些命题，具有宇宙论、认识论、道德论多层含义。如"道在器中"，一是说物质规律离不开事物而存在，一是说普遍性寓于特殊性之中。

关于如何考察哲学体系，张岱年指出，首先要"注意一个哲学家所要解决的主要问题"。例如，董仲舒的哲学体系可以说是为了总结秦王朝灭亡的教训，防止农民战争，谋求汉朝的长治久安。王充的《论衡》是为了廓清当时流行的宗教迷信；张载企图解决的问题有两个，一是抵抗西夏对于宋朝的侵扰，一是缓和社会上严重的贫富不均。他没有解决问题，却提出了唯物主义体系。其次是"考察每个思想家哲学理论的基本倾向，确定其基本性质"。这也就是唯物唯心问题。和哲学界通常的见解不同的是，张岱年认为孟子、庄子是客观唯心主义。根据在于,前者以"天"为最高范畴,后者是以"道"为最高范畴。① 又次是"考察哲学体系中概念范畴的层次"。张岱年指出,这有助于理解这个哲学体系的性质。哲学体系包含很多的命题和概念范畴,这些命题与命题的逻辑联系,概念与概念的逻辑层次,可称为这个哲学体系的逻辑结构。中国古代哲学著作在形式上、层次上结构是不明显的,但有其内在的层次。因此,"研究中国古代哲学家的思想,更须精细地考察其中的概念范畴的固有的层次"。以老子为例,道、天、地、人为域中四大,为四个层次,"道生一、一生二、二生三、三生万物"为五个层次,表明老子关于天地起源问题还有含糊不清之处,这表明了开拓者的艰苦,是可以理解的。张载哲学中天道、气化、太虚都属于气,是一个层次;性、神是气所具有的,属于一个层次,所以张载哲学是气一元论。朱熹哲学中,理、气、物、心分为四个层次。第四,张岱年强调"好学深思,心知其意——理解哲学学说的真谛与所达到的深度"。他指出,哲学史是人类追求真理的历史,不能把哲学史看作错误的堆积。应当说,这是对"文革"期间对哲学史的批判态度的一种反思。在当时是一个新的方法论见解,是对古人持同情的理解的态度。张岱年指出,要了解"过去哲学家追求真理的愿望",虚心体会卓越的思想家在理论思维上达到的深度。如孔子说"逝者如斯夫,不舍昼夜",是肯定世界是一个变化不一的过程,这是一个深邃的观点;《周易·系辞》说"一阴一阳之谓道",是肯定对立统一是普遍规律;老庄哲学也提出了许多深刻的思想。这里,张岱年对哲学的评价超出了单纯区分唯物主义和唯心主义的局限。

五、"历史的"与"逻辑的"之统一

历史和逻辑的统一作为中国哲学史的研究方法,冯友兰早在1960年前后就已论述到了。但可能因为它与阶级分析不完全一致,也可能因为受对冯友兰其他观点的批判的牵连,这个方法并未得到当时学界的认可。到了80年代,作为对"对子结构"和"阶级分析"方法的突破,"历史的"与"逻辑

---

① 张岱年:《中国哲学史方法论发凡》,第59~61页。

的"相统一的观点受到了哲学史界的普遍关注。

历史和逻辑的统一的观点源于黑格尔。马克思、恩格斯、①列宁对这个原则都十分重视。关于这一原则的内涵，张岱年指出："主要包含两层意思：第一，哲学思想发展的历史过程与哲学思想发展的规律是一致的。第二，哲学思想发展的历史与概念、范畴的发生、发展、演变的历史也是一致的，要注意概念、范畴发展演变的历史。我们要根据这一点来研究中国哲学史。"②这两点来自列宁的"从逻辑的一般概念和范畴的发展与运用的观点出发的思想史——这才是需要的东西！"和"在逻辑中思想史应当和思维规律相吻合"。③张岱年指出，把这个原则运用于中国哲学史研究，"就是要从历史中发现逻辑、用逻辑考察历史"。首先要深入考察哲学的发展过程，发现其基本规律，然后依此规律进一步考察哲学史发展的实际过程。张岱年认为，中国哲学发展的基本规律是其发展过程中包含着"以存在说明思维"和"以思维说明存在"两条基本路线，前者为"气本论"或者说唯物论；后者为"理本论"与"心本论"，即客观唯心论和主观唯心论。"中国哲学发展的基本规律是唯物主义与唯心主义两种基本倾向的对立斗争，而不是'正统'与'异端'之争或人文主义与自然主义之争。"④不过，这两条路线也不是截然分立的，而是互有包含、相互转化的。在张岱年看来，"所谓转化，就是推移"："一个时期，某一唯物主义哲学被唯心主义所否定；在下一个时期，这一唯心主义哲学又被唯物主义哲学所否定。"他所说的"转化"是唯物主义与唯心主义的"相互否定、相互引发"，与冯友兰、贺麟1957年至1960年间的观点不同。张岱年认为："列宁所谓'螺旋'，要比黑格尔所谓'圆圈'更为确切。所谓螺旋，主要是表示哲学发展过程中多次否定之否定的前进过程。"⑤螺旋是个开放结构，而圆圈则是封闭的，前者无疑更准确地反映了人类认识的发展。

---

① 　恩格斯对这一原则的论述见《卡尔·马克思〈政治经济学批判〉》：《马克思恩格斯选集》第2卷，人民出版社，1972年，第122页。

② 　张岱年：《中国哲学史方法论发凡》，中华书局，1983年，第69～70页。

③ 　《列宁全集》第38卷，人民出版社，1959年，第188、355页。

④ 　张岱年：《中国哲学史方法论发凡》，第71～72页。

⑤ 　张岱年：《中国哲学史方法论发凡》，第73页。

六、哲学遗产的批判继承

关于哲学遗产何以可以继承,张岱年提出了古今思想的连续性和差异性、命题的特殊意义和普遍意义两个论据。关于思想的连续性与差异性,张岱年指出,哲学范畴或重要命题都是对当时自然知识和社会知识的概括和总结,包括许多事例,反映了"一定的客观规律或普遍联系"。随着时代的改变,原来的自然知识和社会知识可能过时了;但是,对命题所反映的客观规律或普遍联系,应该加以肯定和继承。对于规律或联系,我们的理解可能与古代的理解有很大的不同。这表明了"古今思想,既有连续性,又有差异性"。①

关于命题的普遍意义与特殊意义,前文已论及。张岱年指出,思想家提出的命题一方面是当时具体知识的概括,另一方面也是普遍的客观规律的反映。前者是命题的特殊意义,后者是其普遍意义。"时代前进了,人们所观察的范围改变了或扩大了,新的事例代替了旧的事例;但那一客观规律仍然是客观规律。"它既表现于古代的例证中,也表现于现代的例证中,"因而具有一定的普遍性"。"哲学的概念范畴,在历史的发展中,都有一个意义扩充或转化的演变过程。……由于古人所提出的概念范畴都有其时代的特定意义而拒绝接受历史遗产,也是不对的。"如"学而不思则罔,思而不学则殆"揭示了知识与独立思考的联系,至今仍有重要的指导意义;老子的"祸兮福所倚,福兮祸所伏"、孟子的"得道者多助,失道者寡助"等,"都反映了一定的普遍规律。其所包含的时代内容随时代的演变而逐渐转易,其所反映的普遍规律却越来越更加显著。这些命题蕴涵着深刻的智慧,给予我们以重要的启迪"。不仅如此,"许多比较浅近的思想,古今之间,也有类似的继承关系"。例如现在的"用人唯贤"的"贤"虽然和古代的"贤"意义大不相同,但不能说"用人唯贤""是今日所独创,没有历史经验的根据。古代所谓'贤'与今日所谓'贤'仍有共同之点"。又如,现在的"以其人之道还治其人之身"的"道"与"其人",和原来都不相同了,所用的方法也不可能完全相同,但又可

---

① 张岱年:《中国哲学史方法论发凡》,第77~78页。

以说是同一个"道"。"似乎也可以说，'还治其人之身'的'道'与'其人之道'，具体内容是不同的，而抽象原则是相同的。'以其人之道还治其人之身'包含了特殊与普遍的关系，也包含了抽象与具体的关系"。张岱年指出，真理具有具体性和普遍性。正确地表述了自然规律和思维规律的真理具有普遍性，它反映了具有一定普遍性的客观规律。所以，"分析以往的哲学遗产，要注意真理的具体性与普遍性的问题，注意相对真理的适用范围及其在一定范围内的普遍性"。① 关于批判地继承的基本原则，张岱年仍肯定"吸取精华，剔除糟粕"的提法。在他那里，精华是对于客观实际的正确认识，具体言之，是科学性和民主性，反之就是糟粕。张岱年认为，中国古代的唯物论、无神论、辩证法、历史唯物论的片断见解、政治思想中的民主性因素、精神境界说等，都是值得肯定和继承的。张岱年在此提出精神境界说是一个新内容，超出了其他学者论述遗产继承的范围。他指出，第一，"中国自古以来就有一个唯物论和无神论的传统"。第二，"中国古代哲学又有辩证思维的传统"，辩证思维是中国哲学独特的思维方式。第三，"中国古代的卓越思想家，追求崇高的精神境界，他们关于道德修养的方法和认识方法的许多见解，虽有历史和阶级的局限，但也有值得我们借鉴之处。例如孔子的'发愤忘食，乐以忘忧'的乐观精神，'学而不厌，诲人不倦'的积极态度；墨子'摩顶放踵利天下而为之'的救世精神；宋钘'界万物以别宥为始'的客观方法；孟子'富贵不能淫，贫贱不能移，威武不能屈'的大丈夫风格；荀子的'虚一而静'的解蔽方法，在历史上都起过一定的积极作用，凝结着深邃的智慧，都是宝贵的哲学遗产，是值得我们虚心体会的"。第四，《管子》的"仓廪实而知礼节，衣食足而知荣辱"、孔子先富后教的言论、孟子亦以"制民之产"为道德教育的先决条件等关于精神生活与物质生活的关系的理解都是正确的，值得深入发掘。这是对"文革"前关于中国有没有历史唯物主义的一个明确说明。张岱年认为，在政治思想中，春秋时代即已出现了民本思想，孟子的民贵君轻的名言，贾谊的"自古以来，与民为敌者，民必胜之"的论断，仍能启发人们的深刻思考。宋元之际，邓牧著《君道》、《吏道》；明清之际，黄宗羲写

① 张岱年：《中国哲学史方法论发凡》，第81～82页。

《原君》《原臣》,对于专制主义进行了犀利的批判,进一步发挥了孟子的民贵思想,对近代民主革命起了促进的积极作用,这些都是宝贵的精神遗产。关于先秦"人"的概念的内涵,张岱年经过考证指出,先秦"'人'也包括奴隶,'民'也包括奴隶主贵族,不能认为'民'专指奴隶阶级,'人'专指奴隶主阶级。应该承认,人是泛称,民也属于人的范围"。① 这也是对"文革"前关于"人"、"民"争论的一个总结。

　　张岱年的哲学史方法论观点,反映了持中公允的实事求是态度。他对于阶级分析、理论分析、哲学遗产的继承、历史和逻辑的统一诸问题的分析,针对性很强,可以说是对"文革"前和"文革"期间哲学史研究方法论问题的系统反思。他对于上述问题的认识,尤其是对于命题的普遍意义、人生的精神境界、民本主义思想的认识,都突破了"文革"期间的极"左"逻辑,对于推进当时中国哲学史研究的深入具有积极意义。张岱年探讨哲学史方法论善于从哲学史史料出发,这是他的特点。遗憾的是,他还没有认识到目的史观的局限性;在论述公共利益部分没有认识到知识分子的公共性特点;关于遗产继承问题方面没有突破"遗产"的概念,把中国哲学作为有生命力的思想对待;没有进一步反思用思维和存在的关系审视中国哲学史的限度与合法性。

第五节　关于孔子、孟子哲学的再评价

　　由于孔孟儒家在历代中国一直处于意识形态的主流地位,所以,1949年后的孔孟研究,尤其是孔子研究,比起老庄研究又多了一层政治意义,兼有显示研究者对于作为社会主义的主流意识形态的马克思主义、毛泽东思想的认识和态度的功能。有了这样一层隐秘的联系,孔孟研究就成为检测研究者的试金石。只有猛烈地批判和抨击孔孟,尤其是孔子,才能表现出研究者的革命态度和立场。换句话说,任何对于孔子的暧昧、朦胧的好评,都

---

① 张岱年:《中国哲学史方法论发凡》,第108页。

是立场不坚定的表现；遑论积极评价了。这也是知识与存在的同构的表现。这种联系是荒唐的。然而，令人匪夷所思的是，并没有人明确地把这种联系表达出来，可是，人们还是非常自觉地按照这样的联系展开研究的。这可能构成了笔者所谓"集体有意识"的现象。就是说，尽管一个研究者可能会在范围较小的亲人、朋友圈子中，明确表达对某一问题的发自内心的看法，但一旦到了公众场合，他只会按照被允许的方式表达观点。在公众场合自觉地、有意识地甚至下意识地表达被认可的观点，这就是"集体有意识"。所谓"极'左'思潮"，实际上是把一定的观点建立成为一种集体意识，让研究者达到自觉的"集体有意识"的地步。"文革"前关锋与冯友兰关于孔子研究的争论，就是这样一个过程。到"文革"后期，随着批林批孔运动的展开，对于孔子的批判性评价和全盘否定已经成为社会的普遍的集体意识。

　　"文革"后对于孔子研究的反思，首先是从这种集体有意识状态中走出来，用历史主义的态度给孔子一个合理的定位；其次表现为关于孔子研究的方法论的突破。从时间顺序上看，冯友兰、庞朴、李泽厚、张岱年等学者都提出了不少真知灼见。到1986年文化问题讨论热潮前后，孔子研究开始呈现出多姿多彩的画面。不过，这期间把孔子思想作为封建意识形态、小农经济的产物等符号化理解仍有相当大的势力。

一、孔子思想的再评价

(一) 方法的探寻与突破

　　1976年底以后的孔子研究所面临的首要问题是走出批林批孔、评法批儒时期的"孔子研究"。严格地说，那个时期对于孔子并不存在研究，不过是根据政治需要统一口径，虚构出一个极端负面的孔子像供批判而已。从这种意义上说，批孔实际上并没有批孔，不过是批了当时一些人制造出来的孔子像。进一步言之，等于制造孔子像者自己批判自己。在1978年前后对"文革"后期孔子研究的反思中，"文革"时期的思维方式得到了惯性延续，孔子仍被作为极端负面的形象，林彪、"四人帮"被认为是假批孔、真尊孔。也就是说，为了批判林彪、"四人帮"，应该真批孔。诚如庞朴所说，这"极其无情地暴露了我们思想上的创伤已经深化到什么程度!"①这正是民族理性极端贫乏的表现。这个时期可谓孔子研究的前反思时期。1978 年夏季以后,随着真理标准问题讨论的深入,学术界开始把孔子作为一个历史人物,从学术的观点出发进行客观的研究和评价。不过,仍有一些文章惯性地延续着"文革"思维,呈现出新的视角和旧的惯性相互交织的局面。

孔子再评价之初,冯友兰、庞朴、李泽厚、刘毓璜、张恒寿都提出了新的见解。冯友兰指出,孔子是"中国封建社会在思想、文化方面的最高代表……他的形象和言论,在中华民族的形成过程中,起了很大的积极作用",因此,"孔子和儒家在中国历史上所起的团结中华民族的作用,还是不能否认,也是不应否定的"。② 庞朴较为慎重地提出,孔子"固然不是顺应历史潮流的革新派,却也不是冥顽不灵的顽固派"。孔子提出"爱人",不把奴隶作为会说话的工具,不能不说是中国思想史的一个成就;在哲学上,孔子认为人的道德水平是靠人自身的修养而提高的,限制了天的威力,肯定了人的努力的作用。③ 庞朴的观点,早在 20 世纪 60 年代初孔子哲学讨论时,冯友兰就已经提出来了。但是,当时冯友兰却因此遭到批判。此后,关锋等人的极"左"观点充斥着学术界,直到演绎为批林批孔和评法批儒。庞朴重提这些观点,与其说是孔子研究的新进展,毋宁说是向 60 年代冯友兰观点的回归。不仅庞朴的观点可视为回归,周继旨提出孔子的"仁"、"智"和孟子的"以天下为己任"的大丈夫气概表明了人的主体意识演变过程中独立人格的觉醒的观点,④也都可视为回归。"回归"其实也意味着对孔子的态度的转换和孔子研究的方法论的突破。

20 世纪 60 年代关锋曾提出,春秋时期的"仁"有奴隶主阶级的、地主阶级的和劳动人民的三种类型。70 年代末,张恒寿对此提出了批判。他通过考察史料指出,关锋的说法是不能成立的。他所谓"三种仁"都是孔子所说,

---

①　庞朴:《评三年来的孔子评价》,《人民日报》,1980 年 1 月 29 日。

②　冯友兰:《从中华民族的形成看儒家思想的历史作用》,《哲学研究》,1980 年第 2 期。

③　庞朴:《孔丘思想的再评价》,《历史研究》,1978 年第 8 期。

④　周继旨:《论孔子和先秦儒家思想中的独立人格觉醒问题》,《孔子研究》,1986 年第 1 期,第 67 页。

所谓劳动人民的"仁"根本不存在。春秋时期只有孔子形成了系统的"仁"的学说，直到战国初期墨子提出"兼爱说"，才形成与孔子的"仁"对立的另一种类型。① 庞朴用客观的态度分析了"中庸"概念。他指出，通常认为中庸是一种伦理学说和形而上学的发展观，这些看法是不全面的。中庸之道是儒家学派的矛盾观和发展观，是他们关于对立的同一性的一种看法，包含了不少"辩证思想的光芒"。孔子对于"中"的概念的重要发展是提出了"庸"字，"庸"有"用"、"常"、"平常"三义。"执两用中，用中为常道，中可常行。这三层相互关联的意思，就是儒家典籍赋予'中庸'的全部含义。"②这些含义又表现为四种基本形式，最基本的是在对立两端之间求最佳状态的"中"，可谓"A 而 B"，其次是"A 而不 A′"，表现在道德劝善规过上，如"直而不倨，曲而不屈"等。"A 而 B"可以济不足，"A 而不 A′"可以防止太过。二者可以进一步推演成为"不 A 不 B"和"亦 A 亦 B"。前者为"A 而 B"的否定式，要求不偏向于任何一边，如"不刚不柔"；后者"亦 A 亦 B"为"不 A 不 B"的否定式。前者是求"中"，后者则为"互补"。庞朴指出，"中庸之道，对于对立统一规律的一个方面，即对立面的相互依存和相互连接方面，所作的分析和表述，是相当详尽而又充分的。它在人类认识史上，无疑是一项可贵的成就和有益的贡献"，③认为中庸是折中调和的看法是站不住脚的。中庸是儒家方法论原则，整个儒家学说体系都是按照一原则建立起来的，谦、和、参、极等概念，都是中庸观的结晶。

李泽厚对于孔子的"礼"、"仁"，孔子哲学在中国文化上的地位与作用作了全新的探索，实现了孔子研究方法论的突破。他认为，孔子的思想体系是"仁学思想体系"。仁学有四种含义或四层结构："（一）血缘基础，（二）心理原则，（三）人道主义，（四）个体人格。"④所谓血缘基础，是"仁"强调"血缘纽带"，孝、悌都是通过血缘把氏族关系和等级制度构造起来的。在奴隶制

① 张恒寿：《论春秋时代关于"仁"的言论和孔子的仁说——驳关锋所谓春秋时代"仁"的三种类型说》，《哲学研究》，1979 年第 12 期，第 29 页。

② 庞朴：《中庸平议》，《中国社会科学》，1980 年第 1 期，第 83 页。

③ 庞朴：《中庸平议》，《中国社会科学》，1980 年第 1 期，第 88 页。

④ 李泽厚：《孔子再评价》，《中国社会科学》，1980 年第 2 期，第 82 页。

崩溃的时代条件下,孔子把血缘关系和历史传统提取出来,加以政治学的解释,使之摆脱特定的历史条件限制,转化为意识形态,强调其长久性和社会性含义,便与"仁"的心理因素沟通起来了。孔子是以人的情感为基础规定"礼",使僵硬的强制规定成为生活的自觉理念,"礼由于取得这种心理学的内在根据而人性化"。这样,服从神便成为服从人自己。由于把情感和仪式引向具有自然基础的人的感情的心理系统,所以,仁学从一开始便避免了宗教禁欲主义;由于强调人的内在的心理依据,因而"'仁'不仅仅得到了比[礼]①远为优越的地位,而且也使'礼'实际从属于'仁'……'仁'——人性心理原则,反而成了更本质的东西,外在的血缘("礼")服从于内心的心理("仁")"。② 仁学思想因为是建立在人的感情之上,所以"突出了原始氏族体制中的民主性和人道主义",孔子"中庸"的内涵,也"是要求在保存原始民主和人道的温情脉脉的氏族体制下进行阶级统治",把孔子的"仁"一概斥责为"欺骗"、"伪善",未免显得过于简单。李泽厚又说:"'仁'在内在方面突出了个体人格的主动性和独立性。""仁"与"圣"不同,"圣"需要有客观业绩支撑,"'仁'则仍停留在主观的理想人格范围内";实际上,"仁"表现为"主体的世界观、人生观"。孔子所树立的这种人格,替代了宗教的圣徒而又具有同样的力量和作用。

李泽厚提出,上述仁学的四层结构的共同特性是"实践理性"。"实践理性"是一种重视实践的理性精神或态度,是构成"儒学甚至中国整个文化心理的一个重要的特征"。"血缘、心理、人道、人格"形成"以实践理性为特征的思想模式的有机整体"。李泽厚认为,原始巫史文化崩坏之后,孔子是第一个提出这种新的文化模式的人,这种"建立在血缘基础上,以人情味(社会性)的亲子之爱为辐射核心,扩展为对外的人道主义和对内的理想人格,它确乎构成了一个具有实践性格而不待外求的思想模式"。③ 这种模式形成了"汉民族的一种无意识的集体原型现象,构成了一种民族的文化—心理结

---

① 原文作"仪",据文义应是"礼",径改。——(引者注。)
② 李泽厚:《孔子再评价》,《中国社会科学》,1980 年第 2 期,第 85 页。
③ 李泽厚:《孔子再评价》,《中国社会科学》,1980 年第 2 期,第 90~91 页。

构"，所以，孔子的思想"对中国民族起了其他任何思想学说所难以匹敌的巨大作用"。① 关于这种文化—心理结构的优缺点，李泽厚指出，它带来了因循、守旧、专制、禁欲、等级制等，阻碍了科学、艺术发展，压抑了情感等，但中华民族及其文化的生命力，也来自这一文化—心理结构。

庞朴和李泽厚的文章，还带有一些过去的印记，如李泽厚仍然认为孔子是"保守、落后以至反动(逆历史潮流而动)"。② 二人都认为"中庸"和"仁"、"礼"等儒家思想造成中国封建社会发展的缓慢和停滞。其实，如果说儒家思想的确是中国长期的封建社会的主流意识形态或指导思想，那么，至少从汉代开始直到明代中叶之前将近 1500 年的时间里，中国的科技、经济、文化在世界上都处于领先地位，这意味着儒家思想在历史上的作用主要是促进中华文明的繁荣发达；近代以来，尤其是"五四"、"文革"时期对于传统文化的批判，掩盖或遮蔽了对这一历史真实的认识。另一方面，庞朴和李泽厚的新见解并没有成为共识，学术界对于孔孟儒家思想的研究大体还是沿着"文革"结束前的范式和思路进行的。③ 这表明了方法论的贫乏和欠缺。

刘蔚华呼吁对孔子研究的方法论问题进行探讨。他指出，评价孔子思想与判断春秋时期的社会性质的关系是密切的。春秋战国时期是奴隶制向封建制过渡的时期，孔子代表奴隶主贵族的利益，维护旧制度是他的基本倾向，周礼是他不能逾越的界限，但孔子对于新兴地主阶级和下层劳动人民也有一定的让步。④ 蔡尚思也认为，孔子是没落奴隶主阶级的代表，不是革命者，孔子之所以在封建社会得到尊崇，那是因为奴隶社会和封建社会都是等级社会，孔子的哲学也适用于封建社会的缘故。关于"仁"与"礼"的关系，蔡尚思认为，孔子的"礼"贯穿于政治、经济、哲学、文学和史学，"仁"则只有道德意义而无制度方面的意义。必须看到"礼"的保守性与消极性。⑤ 孔子的

---

① 李泽厚：《孔子再评价》，《中国社会科学》，1980 年第 2 期，第 91 页。

② 李泽厚：《孔子再评价》，《中国社会科学》，1980 年第 2 期，第 82 页。

③ 如黄宣民认为，庞朴的文章给人的印象是"对中庸的'平议'似乎变成为中庸'平反'了。"(《中国社会科学》，1980 年第 2 期，第 96 页。)

④ 刘蔚华：《孔子研究的方法论问题》，《哲学研究》，1984 年第 9 期，第 52～59 页。

⑤ 蔡尚思：《孔子思想问题的百家争鸣》，《哲学研究》，1983 年第 2 期。

贡献有三个方面：首先是《春秋》史学，有大义名分论和作为信史两种态度；其次是礼教伦理学；再次是教育经验和保存文化遗产。孔子思想两千多年有变有不变，不变的是"礼"。孔子是不是教主？康有为、陈焕章主张是，章太炎反对，蔡尚思说对鬼神敬而远之，采取中庸之道才是孔子的真面目。蔡尚思指出，反孔以"五四"时期为最高。美化孔子的言论有把孔子神化、宗教化、玄学化、理学化、万世师表化，近代资产阶级有把孔子改良化和民主化。

罗祖基对刘蔚华等人的观点提出了不同意见。他认为，孔子的思想"不能以与'没落思想等价'的认识来评定"，孔子思想得到了封建社会统治者下层被压迫者的接受，所以，必须结合封建社会的国情，才能对孔子的思想历史作用作出科学评价。孔子的崇古言论与颂扬周礼未必就是维护旧制度，墨家、道家、法家也都是崇古的；礼同奴隶制没有直接的因果联系，春秋时期的礼崩乐坏是原始习俗在其经济基础瓦解时的表现。孔子反对天下无道，主张礼乐征伐自天子出，是希望结束割据与混战，这也是当时包括部分贵族在内的普遍要求；孔子提出"庶人不议"，是要求加强中央集权以适应统一要求的主张。①

1985年前的孔子研究，批判态度仍然居多。不过，不少学者认为应该采取历史主义的客观态度，还孔子本来面目。匡亚明的《孔子评传》是这一时期历史主义地对待孔子的代表作。就当时的社会氛围来说，"历史主义的态度"乃是对"文革"期间僵化的坚冰的融化。把孔子思想作为中国文化进一步发展的活的资源的态度，则绝无仅有。总体上，孔子及儒家思想仍然是作为"遗产"对待的。我们可以从1986年《孔子研究》创刊的《发刊辞》和《孔子研究》连续发表的"孔子研究笔谈"中体会到这一点。谷牧在《发刊词》中指出："粉碎'四人帮'、拨乱反正以来，一个用实事求是的科学态度研究理论和学术问题的新的历史时期开始了。人们也迫切要求重新研究和评价孔子，《孔子研究》正是在这样的条件下应运而生的。……《孔子研究》以历史上的'尊孔'和'反孔'为鉴，既不盲目地推崇孔子和传统文化，也不对之采取

---

① 罗祖基：《在孔子研究方法论上与刘蔚华同志的分歧》，《哲学研究》，1985年第9期，第49～52页。

历史虚无主义的态度,而是主张把孔子和中国传统文化作为科学的对象加以深入系统的研究。"①《孔子研究》创刊号发表了"孔子研究笔谈"。侯外庐、冯友兰、蔡尚思、毛礼锐、王明、杜任之、张健参加了笔谈。侯外庐在《孔子研究发微》中提出"把孔子真正作为一个历史人物来研究",尊重历史本来的面貌,正确对待孔子和儒家的思想遗产,批判地继承儒家思想文化,但这并不等于儒家思想或儒学的复兴。毛礼锐肯定了孔子不语力怪乱神与宗教的区别,儒家的重集权、大一统在维持社会秩序方面的积极作用;杜任之肯定孔子的人本主义思想。在次期《孔子研究笔谈》中,周谷城在《怎样研究孔子》中提出了整理文字、分清派系、研究孔子或儒家的影响的研究方法。任继愈在《已具备了研究孔子的条件》中提出,"以马克思主义的普遍原理与中国社会历史发展的实际相结合"来研究孔子。邱汉生提出"还孔子以历史的本来面目"。② 蔡尚思扼要地分析了春秋战国时期的孔学、宋明时期三教合一中的孔学,历代尊孔和反孔问题等。③ 只有冯友兰在笔谈中提出了发挥中国文化的积极方面的问题。1985 年 6 月中华孔子研究所成立,张岱年在成立大会发言中指出:"尊孔的时代已经过去了,盲目反孔的时代也已经过去了,时代在前进,过去的错误不应重复。我们现在的任务是对孔子和儒学进行科学的考察,进行历史的辩证的分析,发扬孔学中的民主性精华,反对其中的封建性糟粕。"④张岱年认为,孔子思想有三点为中国文化的发展奠定了思想基础:"第一,积极乐观的有为精神;第二,对于道德价值的高度重视;第三,开创了重视历史的优良传统。"⑤

20 世纪 80 年代,冯友兰较早地提出把中国文化作为活的资源。他在《一点感想》中指出,"五四"时期重点是针对中国文化的消极方面进行批判,现在的重点则是要发现中国文化的积极方面,有所继承。"对于中国

---

① 谷牧:《〈孔子研究〉发刊辞》,《孔子研究》,1986 年第 1 期,第 3～4 页。
② 周谷城、任继愈、邱汉生的发言参见《孔子研究》,1986 年第 2 期,第 4～6 页。
③ 蔡尚思:《对孔学的争鸣是发展中国文化的关键——孔子研究的历史回顾》,《哲学研究》,1986 年第 3 期,第 62～64 页。
④ 张岱年:《孔子思想研究论文集·序》,齐鲁书社,1987 年,第 2 页。
⑤ 张岱年:《孔子与中国文化》,《孔子研究论文集》,教育科学出版社,1987 年,第 3 页。

文化,并不能专从书本文字上去寻求,而要'心知其意',本着这个'意'处理中国社会现在所遇到的问题。"①1985年6月10日,冯友兰在中华孔子研究所成立大会上作了《如何研究孔子之我见》的发言,指出中国古典哲学是中国特色的社会主义的来源之一,要研究孔子的形象首先要研究宋明理学。宋明理学讲礼义之辨,对于今天的现实仍有指导意义,"这是客观规律"。冯友兰又指出,研究宋明理学应该采用书院的方法,不是增加知识,而是提高人们的精神境界;"寻孔颜乐处,所乐何事"。"可以试试看,好了就推广到社会,这对于'四化'建设大有帮助。"②冯友兰又提出了完全人格的问题。他指出,"仁"在孔子思想中,是"一个完全的道德品质","是仁与礼的统一。一个完全的人格,就是这个统一的体现";仁的人格具有超出阶级限制的普遍性。③

(二) 孔子本人和后世塑造的孔子

关于孔子本人和后世塑造的孔子的区别,成为"文革"后孔子研究的一个课题,这也是历史地、客观地认识和评价孔子的一个步骤。梁启超在《清代学术概论》中提出过孔子变为董仲舒、马融、郑玄、何休、韩愈、欧阳修、程朱、陆王等。"五四"时期把孔家店和孔子区别开来的做法已经预示着孔子本人和后人塑造的孔子的区别。1934年,经学家周予同在他写的《孔子》中,提出区分真孔子和假孔子的问题。④ "文革"期间,"四人帮"又按照自己的需要制造出了一个"克己复礼"的孔子。

"文革"结束后,较早提出辨别真假孔子的是张岂之,他认为有董仲舒的孔子、王充的孔子、理学的孔子等。中国历史上的孔子是真孔子与假孔子的辩证统一,不能片面地强调一个方面。⑤ 这个问题,冯友兰在解放初曾经谈过,现在重提的意义在于恢复对于历史的客观的、实事求是的态度。20世

---

① 冯友兰:《一点感想》,《孔子研究》,1986年第1期。
② 冯友兰:《如何研究孔子之我见》,《三松堂全集》第13卷,第488页。
③ 冯友兰:《孔子论完全人格》,《孔子研究论文集》,第16～23页。
④ 朱维铮主编:《周予同经史论著选集》(增订本),上海人民出版社,1983年,第338页。此书列为当时《简明中学生丛书》第一种第一本。
⑤ 张岂之:《真孔子与假孔子》,《西北大学学报》,1978年第4期。

纪 80 年代,冯友兰指出,孔子本人是真正的孔子;孔子的形象,则是"一些人的主观臆造,不足为凭"。不过,冯友兰又指出,孔子的形象,也不完全是主观臆造。"他是中国历史所塑造出来的。中国历史塑造了这个形象,这个形象反过来又影响中国历史。研究这个形象,可以帮助人们了解古代的中国。"①在《中国古典哲学的意义》、②《如何研究孔子之我见》中,③冯友兰继续强调两个孔子问题。邱汉生指出:"二千年来的尊孔、贬孔,歪曲了孔子的形象,在人们的心中造成了不符合实际的印象。这是需要今后做一番'别伪存真'、'去芜存菁'的工作的。"④

刘蔚华、⑤陈正夫、朱维铮等人分析了孔子死后被改造的过程,指出孔子死后经过了三次较大的改造。一次是孟子。孟子宣扬仁政,把"礼"作为一种道德规范,把"仁"从道德规范上升到与政治、经济制度相联系。孔子提出畏天命、重人事,孟子提出尽心知性知天。孔子的思想能够得到封建统治者的接受,与孟子的改造直接相关。董仲舒对孔子进行了第二次改造,增加了天人感应、三纲五常、性三品、任德不任刑等思想。董仲舒不仅依靠政权,也依靠神权来传播孔子学说,使儒学走上了粗俗的神学化的道路。宋明时期程朱对孔子思想进行了第三次改造,捏造出了一个"道统说",宣称"天不生仲尼,万古长如夜"。这个时期的改造是把儒学哲理化,援佛、援道入儒,使儒学"更加封建礼教化和禁欲主义化"。⑥ 宋明以后,儒家确立了独尊的地位。朱维铮指出,近代以来,有三种假孔子,分别是康有为的托古改制的孔子,章炳麟的商订历史的孔子、从事教育的孔子和功名利禄的孔子以及胡适等人的孔子。⑦ 蔡尚思认为,汉代有今文经学和古文经学两个孔子;魏

　　① 冯友兰:《孔丘·孔子·如何研究孔子》,《团结报》,1985 年 1 月 19 日。引自《三松堂全集》第 13 卷,第 475 页。
　　② 冯友兰:《中国古典哲学的意义》,《中国哲学史研究》,1985 年第 2 期。
　　③ 冯友兰:《如何研究孔子之我见》,《三松堂全集》第 13 卷,第 488 页,第 59～66 页。
　　④ 邱汉生:《还孔子以历史的本来面目》,《孔子研究》第 2 期,第 5 页。
　　⑤ 刘蔚华:《孔子研究的方法论问题》,《哲学研究》,1984 年第 9 期,第 57～58 页。
　　⑥ 陈正夫:《论孔子及历史上对孔子与孔子思想的改造》,《中国哲学史研究》,1981 年第 2 期,第 67 页。
　　⑦ 朱维铮:《历史的孔子和孔子的历史》,《孔子研究论文集》,第 156～172 页。

晋,孔子变为玄学家;宋明,孔子变为理学家;清代有颜元的孔子和戴震的孔子;近代康有为的孔子、梁启超的孔子、陈焕章的孔子等。甚至在马克思主义者那里,也有郭沫若的孔子和杜国庠、赵纪彬的孔子的不同。① 徐远和研究了二程的孔子观,指出二程认为,孔子具有圣人气象,这种气象不是后天的,而是先天就有的。二程所塑造的孔子形象,"具有崇高的精神境界、理想的人格、卓越的才智,是一位'仰之弥高,钻之弥坚'的大圣人。这样的圣人几乎是神,至少半人半神,而又具备一个现实的人身"。②

(三) 孔子哲学思想发展的历时性研究

由于史料的欠缺,对于孔子思想,通常都是作"共时性"研究,而把它作为一个发展过程,分析其前后不同的历时性研究则较为少见。20 世纪 80 年代以来,出现了对孔子哲学进行历时性研究的倾向。刘蔚华、王瑞来、唐泽玉都进行了这方面的研究。

刘蔚华指出,逻辑与历史的统一是统一于历史。在孔子思想研究和评价方面的分歧,很多是因为没有弄清其思想发展的历史过程,随意征引史料造成的。所以,弄清孔子思想的演变过程,"是一个具有方法论意义的问题"。③ 他认为,孔子的言论可以分为三类:一类是史书有明确年代记载的,可以作为判断其他言论的"参照物";另一类是同历史事件、历史人物、具体环境、教诲子弟等相联系的,通过考证可以推算出年代和先后顺序的;再一类是单纯的命题和结论,没有年代可查,这些可以参考前两类推断其年代。根据上述方法,可以把孔子思想分为青年、中年、老年三段,其总体倾向是由改良走向保守,早年(出生到 34 岁)好学进取,中年(35~54 岁)"由改良转为保守,同新兴力量争衡",晚年(55~73 岁)为"流亡、求仕、行道与失败"时期。晚年的思想主要有"尊天"、"仁道"、"复礼"、"正名"等,活动方面继续试图强周室,请讨陈恒、整理文化典籍等。孔子的思想,青

---

① 蔡尚思:《论孔学的变与不变》,《儒学国际学术讨论会论文集》上,齐鲁书社,1989 年,第 284~285 页。

② 徐远和:《略论二程的孔子观》,《儒学国家学术讨论会论文集》下,第 1038 页。

③ 刘蔚华:《孔子思想演变的特点》,《孔子思想研究论集》,罗祖基编,齐鲁书社,1987 年,第 34 页。

年时期改良面是主要的,中老年后转向保守;总体上"保守性是主要的、根本的"。① 王瑞来认为,孔子的天命观经历了"相信(传统天命观)—怀疑(传统天命观)—转化(向着自然天命观)"的发展过程。② 孔子怀疑天命是在 60 岁以后的晚年才开始的,伯牛、颜渊之死,子贡货殖等使他重新思考天命问题。在没有形成新的天命观之前,他对于鬼神、祭祀的态度表现为慎重的"远之"和"不语",至迟于 47 岁时,孔子还是"语力怪乱神"的。随着对天命的怀疑,孔子转向"自然天命观"。"天何言哉,四时行焉,百物生焉","不怨天不尤人","唯天为大,唯尧则之"等,反映孔子已经不信天了。孔子晚年修《春秋》,也是因为不再相信天的赏罚,所以才通过文献寄托褒贬。关于"五十而知天命",王瑞来认为这只是初步认识到客观规律,最高阶段应是"从心所欲而不逾矩"。王瑞来指出,孔子的新天命观具有三个特点：第一,"从社会的角度来认识天命,他的天命观与其社会历史观是统一的";第二,"孔子对天命(规律)的认识是朦胧的,还带有一种神秘色彩";"第三,孔子的天命观是处于从传统天命观向自然天命观转化过程中"。③ 唐泽玉得出了与王瑞来大致相同的结论。他也认为,孔子的天命观分为前后期,前期是由迷信天命到怀疑天命,后期为否定天命阶段。不过,在前后期的分期上,唐泽玉是以 50 岁分期的。关于孔子的政治倾向,唐泽玉的结论与刘蔚华恰好相反,认为孔子晚年倾向朴素唯物主义,是为新兴地主阶级服务的。④

(四) 孔子哲学研究的多样化展开

20 世纪 80 年代中期以后,孔子哲学思想研究呈现出多样化的局面。这可以从几本关于孔子的论文集中看出端倪。

曲阜师范学院孔子研究所编辑的《孔子思想研究论集》(1987),所收论文大都带有对"文革"期间和"文革"以前"左"的和极"左"的背景下进行孔子研究的拨乱反正的特点。如《研究中国古史必须继承孔子这一份珍贵的遗

① 刘蔚华：《孔子思想演变的特点》,《孔子思想研究论集》,第 52 页。
② 王瑞来：《孔子天命观新探》,《哲学研究》,1982 年第 2 期,第 35 页。
③ 王瑞来：《孔子天命观新探》,《哲学研究》,1982 年第 2 期,第 43 页。
④ 唐泽玉：《试谈孔子认识论的发展变化》,《孔子思想研究论集》,第 163 页。

产》(金景芳)、《孔子在中国历史上的地位和建国后对孔子思想看法的主要分歧》(何寿昌)、《孔子思想演变的特点》(刘蔚华)、《中庸平议》(庞朴)、《中庸的社会准则说——兼论中庸之道与折中主义》(罗祖基)、《孔子与"三纲"》(许梦瀛)、《春秋时代的社会变革与孔子的政治立场》(许垣)。同年中华孔子研究所也编辑出版了一本《孔子研究论文集》,拨乱反正的特点也很明显。如《孔子与中国文化》(张岱年)、《孔子在中国历史上的地位》(梁漱溟)、《孔子论完全人格》(冯友兰)、《孔子》(汤一介)、《历史的孔子和孔子的历史》(朱维铮)、《孔子是无神论者》(吕绍纲)、《中庸、中立、中和、折中辨义》(杜任之、高树帜)、《从推己及人的思想方法论证孔子的思想核心是仁不是礼》(王玉哲)、《孔孟研究的若干方法论问题》(陈启智)。上述论文,都是针对过去极"左"状态下孔子研究的某一结论的纠正。

　　1987 年、1989 年,孔子基金会连续召开了"儒学国际学术讨论会"和"纪念孔子诞辰 2540 周年学术讨论会",会后都出版了论文集。1987 年《论文集》题目中出现"孔子"或"孔学"二字的中国大陆作者的论文和论文提要有11 篇,有三篇集中在孔子思想的演变上;如果再加上儒学的演变类,则研究孔子或儒学的历史演变的文章有 15 篇,占《文集》所收全部大陆学者 44 篇论文的三分之一强。这些关于"演变"的文章,大都是要摆脱"文革"和"文革"前极"左"的影响,显示了历史主义的客观研究的特点,构成从否定性批判到客观性研究,再到肯定性研究的第二个环节。所谓"肯定性研究",是指对古人带有同情和赞许的态度之下的研究。这里的赞许,不一定是对古人具体观点的赞同,而主要是对古人探索精神的肯定。大致 1987 年之前的研究,处于第二个环节。石峻《论孔学的演变及其研究的方法》要求摆脱过去的一切局限,实事求是地克服历来的各种偏见,"科学地全面总结孔学产生的社会历史条件和思想本来面目及其变迁的客观规律,在不同时代的影响,以及先后各种有代表性的曲解和发展"。[①] 张岱年分析了儒学形态在历史上的变化和儒学的统一性,指出"肯定人的价值、肯定生活的价值、更肯定道

---

　　①　石峻:《论孔学的演变及其研究的方法》,《儒学国际学术讨论会论文集》上,齐鲁书社,1989年,第 354 页。

德的价值,认为人的价值、生活的价值、道德的价值三者是统一的,这就是儒家学说的中心思想"。① 张岱年强调:"把马克思主义的普遍真理与中国哲学的优秀传统结合起来,对于儒学进行实事求是的分析,发扬其中的积极的进步性的精华,纠正其中消极的落后性的欠缺。"② 张岂之分析了孔子的人学,着重从道德学、伦理学等方面探讨了人的价值、人的完善的手段、人的义务等,指出这些方面表现了他在历史上的贡献。"中国传统思想文化的核心就是关于人的完善、人的义务(缺乏权利)的思想。"这种关于人的完善的学说向两个方向发展,一是使"人的完善和义务屈从于封建主义的统治,从而使人的完善和义务失去自觉性,这是汉代以后中国儒学所造成的包袱;另一个方向是将人的完善和义务,与人的认识和人的自觉性的提高密切地结合起来。这种观点认为,人的自觉性越高,人就会越加趋于完善,越加自愿地承担义务(当然,这种义务观念有历史和阶级的烙印,它不是抽象的)。这实质上自发地接触到了人类从'必然王国进入自由王国'的问题,它包含着人从自然力和社会关系中获得自由这两个方面的意义"。③ 张岂之提出,建设中国特色的社会主义需要了解和研究传统文化。孔子阐述的"和而不同"、"己所不欲,勿施于人"的观点等,反映了客观规律的某些方面,不仅建设社会社会主义精神文明需要,世界文化也需要。④

　　刘蔚华、金春峰都探讨了"仁"的演变与发展。刘蔚华指出,"仁"的思想经过孔子得到了系统化,形成了规范的仁学体系。孟子把仁学从政治理论上升为世界观。汉代把仁学神化了,宋儒把"仁"推到了极致。刘蔚华认为,如果仍用"仁"来概括社会主义精神文明的崭新内容,这是对仁学的批判继承,那么,"我是赞同的。因为时代不同了,仁学不能不得到根本改造,只有在改造中才能使仁学获得新生"。⑤ 金春峰指出,孔子仁学的生命力在于它的基本原则与精神在不同的形式下得到了继续和发展。"仁"的发

① 张岱年:《儒学发展过程中的统一与分殊》,《儒学国际学术讨论会论文集》上,第 297 页。
② 张岱年:《儒学发展过程中的统一与分殊》,《儒学国际学术讨论会论文集》上,第 302 页。
③ 张岂之:《儒学思想的历史演变及其作用》,《儒学国际学术讨论会论文集》上,第 318 页。
④ 张岂之:《儒学思想的历史演变及其作用》,《儒学国际学术讨论会论文集》上,第 319 页。
⑤ 刘蔚华:《儒学仁学的演变》,《儒学国际学术讨论会论文集》上,第 391 页。

展,一方面有其自身内在的逻辑,孟子的"仁"、墨子的"兼爱"等,都可以在孔子的"仁"中找到潜伏和萌芽形态。另一方面,这个过程又是受历史条件的制约的。① 金春峰提出了一个值得重视的问题,即"仁学"在"五四"后如何发展? 金春峰认为,仁学不会在"五四"的批判中消失,"它改变的可能仍然是它的形式而不会是它的基本精神,所以细微地研究与分析仁学思想在今天的现实表现,它的潜在的积极与消极影响,仍然是十分有意义的工作"。② 钱逊提出用孔子思想的普遍性因素代替精华和糟粕的区分,把"仁"作为普遍性内容。③ 此外,潘富恩研究了"孝"的观念的历史演变和影响,范阳、岳军研究了"忠道"演变问题等。20 世纪 80 年代的研究背景出现了新的参数:实现现代化和建设有中国特色的社会主义。在对传统文化的评价上,不少学者都采用了小农经济—大工业经济、自然经济—商品经济、农业社会—工业社会、封建社会—资本主义社会等对立模式。

1989 年纪念孔子诞生 2540 周年会议论文集所收录的文章表明,孔子研究进入了方法论的多样化和态度的积极肯定时代。文章有以下若干类:儒家的人学、伦理学说、大同学说、孔子的人学、仁学、人生观,伦理学说、理想人格学说、义利观、因革思想、法律思想、宗教思想、天命鬼神观、音乐美学思想、孔子与六经、孔子与中华民族精神、孔子与传统文化的关系、孔子思想的世界意义等。在对孔子的态度上,不仅 20 世纪 80 年代初还存在的否定性批判消失了,1986 年前后存在的在"客观性研究"之下,在表明对古人的态度时优缺点各打五十大板的做法也很少见了,而代之以"肯定性研究"的态度,仅从文章的题目就能看出这一倾向。如《论孔子的崇高精神境界及其历史影响》(张岱年)、《孔子是春秋战国时期以人为本思潮的杰出代表》(乔长路)、《孔子所讲的仁义有没有超时代意义》(金景芳)、《孔子仁学的历史价值和现实价值》(傅云龙)、《孔子的哲学思想及其在哲学史上的贡献》(杨凤麟)、《论孔子的历史贡献》(魏宗禹)、《孔子思想的世界意义》(刘纲纪)。在

---

① 金春峰:《孔子仁学思想的演变》,《儒学国际学术讨论会论文集》上,第 433 页。
② 金春峰:《孔子仁学思想的演变》,《儒学国际学术讨论会论文集》上,第 434 页。
③ 钱逊:《对孔子思想中普遍性因素的探索》,《儒学国际学术讨论会论文集》上,第 659～671 页。

结论上,几乎所有研究都是要发扬孔子的精神,诸如自强不息的精神、仁学的精神,等等。

二、孟子哲学的再评价

从思想内容上看,孟子比孔子更"革命",更具有民主性精神,也更具有平民意识。但是,在"文革"前和"文革"期间的中国哲学史研究中,孟子思想得到的评价却更低。主要原因在于,从唯物唯心对立的格局来看,客观唯心主义离唯物主义还稍近一些,主观唯心主义离唯物主义就远多了,所以凡是被认为主观唯心主义的哲学家,得到的评价都很低,陆象山、王阳明都如此。这是唯物唯心对立所带来的必然结论。

"文革"结束后,孟子哲学也面临重新评价的问题。周乾溁对孟子的阶级属性进行了新的分析,他认为"孟子代表了新兴地主阶级的利益",而不是奴隶主贵族的利益。[①] 严北溟从哲学是人类认识史的角度指出,"把哲学党性原则绝对化、扩大化,其结果就必然简单化、庸俗化"。[②] 孟子肯定新兴地主阶级向奴隶主阶级夺权的合理性、主张把农民束缚于土地依附关系,主张在富庶的基础上加强教育等,这些主张都是从实际出发的,反映了新兴地主阶级的利益,"也体现了历史前进的客观规律,本质上属于朴素的唯物主义思想的范畴"。[③] 还有不少研究者,如王棣棠、[④]王兴业等认为,[⑤]虽说孟子还不属于朴素唯物主义,但其历史观中也包含了朴素唯物主义观点和合理因素及有益于人民的因素;也有不少学者如尹建章指出了孟子关于"劳心"与"劳力"的社会分

---

① 周乾溁:《论孟轲的阶级属性》,《历史教学》,1979 年第 7 期;引自王兴业编《孟子研究论文集》,山东大学出版社,1984 年,第 144 页。

② 严北溟:《从评价孟子谈哲学的党性问题》,《哲学研究》,1980 年第 9 期,第 53 页。

③ 严北溟:《从评价孟子谈哲学的党性问题》,《哲学研究》,1980 年第 9 期,第 55 页。

④ 王棣棠:《论孟子的历史观》,《兰州大学学报》(哲社版),1980 年第 4 期;引自《孟子研究论文集》,第 355 页。

⑤ 王兴业:《孟子的庶民观》,《山东大学文科论文集刊》,1982 年第 1 期;引自《孟子研究论文集》,第 366 页。

工说的积极因素。①

为什么孟子被认为是唯心主义呢？严北溟认为，那是因为孟子讲过性善论，讲人性就被认为是唯心主义，这被认为是哲学的党性的表现。严北溟指出，阶级性只是人性的特殊性，人性则是人性的普遍性，两者是普遍性与特殊性的关系。人性是人类在长期的历史中形成的生理、心理的某些本能和特征，研究这些特征在现代是由人类学、遗传学、生理学、心理学、伦理学等学科分担的，可是，古代没有这些学科，所以就由"人性论"包揽了。"怎能说一谈人性就是唯心主义，是为反动阶级服务的呢？"孟子的"四端说"通常被认为是唯心主义的先验道德论。严北溟指出："孟子是把道德蕴藏在人性的萌芽状态（'四端'）同经过培养后的既成状态（'仁、义、礼、智、信'）作了严格区分的。"孟子从人类遗传性的某些内在的本性、本能或天生资质中寻找道德的起源，这是"性善论"的着眼点。同时，"他也并不忽视后天环境习染和教育对改变人性和培养道德品质的巨大作用"，孟子的方法论有合理性，不能一概斥为"超阶级的"、"抽象的"、"先验的"。严北溟指出，孟子的性善论一方面是论证人们接受道德教育的必要性，另一方面也是为仁政说建立理论基础，把仁政说建立在发展生产、改善人民生活的基础上，这"无疑是唯物主义的"。② 关于"万物皆备"说，严北溟认为这是一个认识论命题，表示"客观事物是反映在我的思维认识中了"。"我善养吾浩然之气"的"气"可以作很多理解，如"意气风发"等，为什么出自孟子之口便成了主观唯心主义、神秘主义？"尽心知性知天"这个天人合一公式通常认为更像主观唯心主义。严北溟指出，关键是"天"作何理解，是作为自然，还是作为人格神或上帝？看来还是物质的天，"性"则是自然本性。孟子这里的推论有些唯心主义色彩，但并不是主观唯心主义。

对于严北溟的观点，束景南提出了异议。他指出，严北溟把社会政治观点当作划分为唯物唯心的标准了，而且也遗漏了孟子社会政治思想中

　　① 尹建章：《怎样评价孟子的劳心劳力说》，《郑州大学学报》，1981 年第 1 期；引自《孟子研究论文集》，第 465 页。

　　② 严北溟：《从评价孟子谈哲学的党性问题》，《哲学研究》，1980 年第 9 期，第 59 页。

历史循环论、英雄史观、人性决定论、天命观等观点。束景南坚持用思维和存在的关系区分唯物主义和唯心主义，指出严北溟认为孟子在人性问题上区分了先天和后天，所以性善论为唯物主义，其实孟子恰好在此混淆了自然本性和社会本性；严北溟也忽略了孟子把人性作为社会的基础和发展的动力的观点。"万物皆备于我"以及"尽心知性知天"，并不是认识论命题，所获得的也不是真理，而是"仁"、"诚"等伦理道德，这是极端主观主义的自我修养论，将其解释为认识论命题并不符合孟子本意。"万物皆备"、"尽心"、"浩然之气"是一个完整的整体，严北溟把它们分割开来单独解释，"抽掉了它们之间的一条主观唯心主义的纽带，这种研究方法也值得商榷"。①

　　对于束景南的质疑，严北溟指出："在治哲学史时，把一个哲学家的社会政治思想摆在首先考虑的地位，有着极为重要的意义。"②为什么一定要把孟子思想中富于人民性、民主性的倾向当作主观唯心主义而抛弃呢？孟子思想中有比管子更多的唯物主义性质的命题，如，把教育放在发展生产的基础上。所谓历史循环论、人性决定论等，只是抓只言片语进行扣帽子而已。关于孟子的性善论，自己也没有说就是唯物主义，而是认为孟子的人性说打开了"'人'的探索的新篇章，是人类认识的一个发展"，不应当作"主观唯心主义"或者抽象的人性论一笔抹杀。③ 张腾霄也认为，孟子的社会观中包含有大量的重视老百姓、抨击残暴统治者，反对战争，发展生产的言论，他所说的"义"和劳动人民的利益确实有一致的一面，在客观上也有约束统治者的一面；④利用人的自然属性进行比附，得出唯心主义的认识论和历史观，在古代是普遍的现象，孟子尤为突出，也是可以理解的，因为他们还不能从社会本身来解释社会

---

① 束景南：《也谈孟子哲学的评价问题——与严北溟先生商榷》，《哲学研究》，1981 年第 4 期，第 51 页。
② 严北溟：《再谈孟子评价与哲学党性问题》，《哲学研究》，1981 年第 7 期，第 30 页。
③ 严北溟：《再谈孟子评价与哲学党性问题》，《哲学研究》，1981 年第 7 期，第 35 页。
④ 张腾霄：《关于哲学史方法论问题——从孟轲的评价谈起》，《中国哲学史研究》，1981 年第 3 期，第 60～61 页。

问题。①

乔长路指出，把孟轲当作反动的奴隶主阶级的代表和主观唯心主义的典型的观点，"现在看来，这种看法恐怕是难以成立了"。② 不过，认为孟子是唯物主义，理由也是不充分的。"孟子是战国时期新兴地主阶级实力的代表，他的哲学思想是包含有若干唯物主义因素的客观唯心主义。"③关于"万物皆备于我"是不是主观唯心主义，乔长路指出，这句话下面是"反身而诚，乐莫大焉。强恕而行，求仁莫近焉"，这一段话是伦理学命题，"万物皆备于我"不是本体论命题。所谓"万物"，并不是指外部世界的物体，如桌子板凳之类，而是就"求仁"和"恕道"而言的。孟子的"万物皆备于我"，是说"全部善良本性都具备与我心中了"，"备"是齐备，没有"反映"的意思。孟子思想中还包含外物独立存在的唯物主义思想；孟子的伦理观中也有很多可贵因素。吴琼认为，孟子的哲学思想并不像学术界长期认为的那样，是一个完整的主观唯心主义体系，也不像近来一些学者认为的那样，是一个客观唯心主义体系或唯物主义体系。"孟轲的哲学实际上是一种主观唯心主义和客观唯心主义思想的混合物。"④

上述关于孟子的再评价，仍局限于唯物唯心对立的模式。由于是拨乱反正，所以，思维方式离"乱"还不太远，而其关键则在于"反"，即把过去的评价倒转过来：过去说是唯心主义，现在说是唯物主义；过去说是奴隶主阶级的代表，阻碍历史的前进，现在则说是新兴地主阶级的代表。这实际上还没有超出原来的范式，评价的价值观和所使用的概念都还是原来的。这是概念的贫乏，也是哲学史观的贫乏，民族理性的贫乏。其实就是唯心主义，也不见得就没有任何价值。在对待历史的态度上，不少文章对孟子仍用"文革"期间的"孟轲"等称谓。王棣棠的见解值得重视。他指出，应改变过去哲

---

① 张腾霄：《关于哲学史方法论问题——从孟轲的评价谈起》，《中国哲学史研究》，1981年第3期，第60～61页。

② 乔长路：《关于孟轲哲学思想的几个问题》，《哲学研究》，1981年第12期，第33页。

③ 乔长路：《关于孟轲哲学思想的几个问题》，《哲学研究》，1981年第12期，第33页。

④ 吴琼：《论孟轲哲学思想中性善论与天命论的矛盾》，《中国哲学史研究》，1981年第3期；引自《孟子研究论文集》，第320页。

学史研究中对唯物主义"隐丑扬善"和对唯心主义"扬恶隐善"的态度,应该充分肯定孟子在中国哲学史上对于认识论的贡献,孟子的认识论思想提出了人的主观能动性问题;"以德服人"的阐发认识到了精神力量的作用,培养"浩然之气"的主张一直是鼓舞人的精神力量,等等。①

第六节　关于老子、庄子哲学的再评价与研究

一、关于老子哲学研究

(一) 方法论的反思

"文革"后的老子、庄子研究也首先面临着反思"文革"以前的研究的任务。任继愈等人率先展开了这方面的工作。任继愈指出,解放初的老子哲学研究,首要的是进行唯物或唯心的分类,结果主张唯物、唯心的都有,产生争论。自己以前主张老子为唯物主义者,到 1973 年出版《中国哲学史简编》时又认为是唯心主义者。"主张前说时,没有充分的证据把主张老子属于唯心主义者的观点驳倒;主张后说时,也没有充分的证据把主张老子属于唯物主义者的观点驳倒。"②两方面的观点都试验过,却没有得出令人信服的结论来,那么,自己的方法究竟错在哪里? 任继愈承认,首先是坚持历史唯物主义的历史主义方法方面存在缺陷,对老子缺乏"知人论世"的研究。"虽然也指过老子思想和他的阶级地位有关系,但没有拿出充分的证据来。还有一个更大的疏忽,就是没有注意文化发展的地域差别。"③任继愈指出,春秋战国时期中国至少存在四个地域文化,邹鲁文化(孔、孟)、燕齐文化(《管子》、稷下)、三晋文化(申、韩)以及荆楚文化(老、庄、屈原)等。文化的地域特点对于哲学产生了较大的影响。荆楚地区擅长以文艺的手法讲哲学,如

---

① 王棣棠:《略论孟子对于认识论的贡献》,《东岳论丛》,1980 年第 4 期;引自《孟子研究论文集》,第 144 页。

② 任继愈:《老子研究的方法问题》,《中国哲学史研究》,1981 年第 1 期,第 2 页。

③ 任继愈:《老子研究的方法问题》,《中国哲学史研究》,1981 年第 1 期,第 3 页。

《老子》是用诗的形式说哲学,文约义丰,不易掌握其分寸和内涵。其次,对于哲学家,只作笼统的阶级分析,还不足以说明各家各派的个性。二十多年来的《老子》哲学研究,"没有讲透的地方固然不少,但更多的失误是讲得太透,以至于超出了《老子》其书及其时代所可能达到的认识水平。因而讲得越清楚,离开《老子》的本来面目越远"。① 主张老子是唯物论的学者把"道"解释为物质实体,主张老子是唯心论的学者把"道"解释为"绝对观念"。然而,春秋时期的老子是不可能有近代哲学的物质实体或绝对观念的。哲学史研究的任务是用现在的语言不增不减地把古人的思想表达出来,而我们的研究实际上是"替古人讲了他们还没有认识到的一些观念,这就造成了方法论上的失误",失去了分寸,造成了混乱,主观上希望达到科学性,客观上却造成了不科学的结果。张智彦也指出,用近代哲学的观念解释"道",脱离了历史唯物主义的方法。② 任继愈认为,第三个缺陷是在唯物唯心的判别上存在"一刀切"的毛病。界限分明的唯物唯心阵营是近代哲学的特点,古代哲学还不具备这个特点。对此,我们缺乏足够的认识,不承认有"中间地带",对哲学史人物思想的分类上"一刀切"。有些话,老子并没有讲清楚,我们却要勉强地归类、分档,"难免生硬处理"。任继愈提出,哲学史的研究,不限于对哲学史人物进行唯物和唯心的分类。如果从哲学史是人类认识史的角度来说,评价一个哲学家,主要看他提出了什么新范畴,解决了什么新问题,在人类认识史中所起的作用。这样,即使是思想性质难以判断的哲学家如老子,也不难给他一个哲学史上的合理定位。③ 张智彦提出"从老子哲学思想的内在联系把握它的基本面貌";从广阔的社会存在中"多方面考察老子哲学产生的必然"。④ 如老子的"道"与老子哲学产生之前,关于世界起源的五行说、阴阳说的关系,老子哲学与春秋末年奴隶制崩溃、学在官府局面打破的关系等;又如"道"的内涵的历史沿革等。⑤

---

① 任继愈:《老子研究的方法问题》,《中国哲学史研究》,1981 年第 1 期,第 3 页。

② 张智彦:《老子哲学思想研究方法论管见》,《哲学研究》,1982 年第 3 期,第 64 页。

③ 任继愈:《老子研究的方法问题》,《中国哲学史研究》,1981 年第 1 期,第 2 页。

④ 张智彦:《老子哲学思想研究方法论管见》,《哲学研究》,1982 年第 3 期,第 65~66 页。

⑤ 张智彦:《老子哲学思想研究方法论管见》,《哲学研究》,1982 年第 3 期,第 66~67 页。

任继愈、张智彦所讲,代表了"文革"后学术界对于哲学史研究方法的思考、质疑和批判。任继愈所讲也有对自己过去的老子哲学研究进行反思的含义。此后,老子哲学研究摆脱了单纯划分唯物唯心的做法而进入了多样化、多视角的时代。如关于老子哲学体系的方法、老子的认识论、老子与孔子的关系、老子的辩证法与《易传》辩证法的关系、老子与先秦地域文化的关系问题、帛书老子研究、老子哲学在中国文化史上的地位等。1985 年 11月,学界在湖南湘潭举行解放以来国内首次老子哲学研讨会,议题是《老子》在整个中华文化中的地位和作用以及在社会主义精神文明建设中的作用,会上方克立等人提出,孔子和老子分别开创了言人事的伦理学和言天道的本体论,从中国文化的表层和深层结构来看,老子及道家的影响比孔孟儒家思想更为深刻和内在。

(二) 关于老子哲学建立体系的方法

汤一介认为,中国哲学有儒家和道家两大体系,二者不仅思想内容不同,建立体系的方法论也不一样。《道德经》中有三个基本命题"有物混成,先天地生"、"有无相生"、"道常无为而无不为"。"有物混成"所表现的方法是"逆推法","即由天地万物的存在而向上逆推以求其本原"的"由果求因"法,如"天下万物生于有,有生于无","夫物芸芸,各复归其根"等,都是这一方法。"有无相生"的方法表明老子"在概念之间寻求对应关系",如从"可道"找出"常道",从"有名"找出"无名",从"常有"找出"常无",从"有"找出"无"等。汤一介指出:"这意味着,要求人们通过感觉经验去找超越感觉经验的东西;从时空中的存在去找寻超时空的存在。"[①]这种"由末求本"的方法,是老子建立体系的重要方法。老子和孔子形成对比。老子寻找事物两极中弱的一极,孔子则寻找两极之"中"。关于"道常无为而无不为",则是由否定达到肯定,表现了老子对于"否定"的重视。汤一介指出,"正言若反"是"老子对他自己思维模式和建立哲学体系的方法的总结",这种思维方式有深远的影响,魏晋玄学"得意忘言"、"言外之意"等,都是这一思维模式的产物。从理论思维上看,从"否定"方面理解"肯定",比从"肯定"自身理解"肯

---

① 汤一介:《论〈道德经〉建立哲学体系的方法》,《哲学研究》,1986 年第 1 期,第 27 页。

定"更深刻,用否定对待肯定,恰恰可以完成肯定,老子主张人应处于否定方面以阻止转化,在一定条件下也有合理意义。① 李泽厚认为,老子哲学继承了《孙子兵法》的辩证法思想,将"军事辩证法变成了政治辩证法","把社会论和政治论提升到形而上学性质的思辨哲学";李泽厚强调,直观辩证法有现实根源和生活依据,不能以抽象的形式否定它。②

(三) 关于老子的认识论

总体上积极的评价逐渐多了起来。过去直觉主义、神秘主义都被认为是老子哲学的糟粕,现在学界开始认识到这一认识论思想的另一面。萧汉明、严曼萍认为,直觉主义认识论是老子对于人类认识史的突出贡献,这一认识论思想对于东方许多国家都产生了不同程度的影响,"自然科学的崭新成就又向这一备受冷遇的理论发出了深情的召唤"。萧汉明、严曼萍指出,老子直觉主义认识论的对象是"道",老子第一次把认识对象"推进到人们日常所能感知的范围之外,这是人类古代认识上的一次巨大变革"。因为认识的对象超出经验之外,所以老子"闻道"的方法也是排除感官经验和具体事物的知识的。老子所谓"玄鉴"或"灵气",从现代科学来看,"就是人体所具有的生物波","是人接收信息的另一渠道"。"感官对信息的接受与传递通过感觉神经系统进行;而直觉对信息的接受与传递则是通过微波系统进行的";二者接收的信息都储存于大脑,形成理性认识。③

康中乾指出,"道"既是世界观,又是方法论。《老子》的认识论结构是感性认识——理性认识——理性直观;老子哲学认识论的价值,正在普通所谓"神秘主义"的部分。道是理性的存在,先于并产生个别事物,道的提出反映了人们认识水平的提高。把道说成是客观精神或者上帝的别名,都抹杀了道的认识论意义。由于道的特点,决定了认识道的方法只能是"理性直观"。理性直观的认识方法,包括"道"不能命名,一经命名,即失去其整体性。道是理性直观所能把握的"有",不是理性概念的有;道是理性直观的有和感性

---

① 汤一介:《论〈道德经〉建立哲学体系的方法》,《哲学研究》,1986年第1期,第29页。
② 李泽厚:《孙、老、韩合说》,《哲学研究》,1984年第4期,第41~49页。
③ 萧汉明、严曼萍:《论〈老子〉"玄鉴"、"静观"的直觉主义认识论》,《哲学研究》,1986年第9期,第63页。

直观的无。主体认识客体不一定只有从经验认识到理性认识一条道路，也可以同时有从经验认识到理性直观一条道路，老子在两千多年前就自觉地探索了理性直观的认识道路。①

（四）老子、道家与上古文化的关系

关于道家或老子与上古文化的关系，王明提出，周初齐鲁两个分封国实行了"尊贤尚功"和"亲亲尚恩"的不同文化路线。前者是道家、墨家、法家和兵家的前身，后者则是儒家的前身，由此产生出儒道的一系列不同。② 王博认为，孔子继承了周文化，老子继承了夏文化。③ 他从《礼记》中拣择出关于夏代文化的史料，指出夏文化尚黑色、忠信、慈、俭、水、愚朴等，这些也都是老子所主张的。老子思想与《国语·越语》颇多相合之处，如损有余补不足、反对骄盈、反对矜伐、反对战争、反者道之动等，重合的原因在于越为夏族后裔，保存了夏文化，而《老子》所继承的正是夏文化。④

（五）帛书老子的研究

1976 年 3 月，《马王堆汉墓帛书〈老子〉》出版。关于帛书《老子》，许抗生出版了《帛书〈老子〉注译与研究》，全书分为注译和研究两部分，注译部分对帛书错置脱误部分，用王弼、傅奕本进行补校，为读者提供了一个以帛书甲、乙本为底本的《老子》书，书后还附有帛书《老子》全文。该书研究部分分析了老子思想的宇宙观及其内在矛盾，系统地考察了老子哲学在中国哲学史上的地位。⑤ 涂又光认为，帛书《老子》的第一章，即通行本第 38 章，揭示了《老子》哲学的道—德—仁—义—礼的哲学结构。这一结构包含"道德"或"道"、"仁义"或"仁"两个结构，前者是道家特征，后者有儒家特征。《老子》是"以道结构为主，否定而又包含了仁结构"。⑥ 关于"道"和"恒道"，涂又光认为，二者从本体论上看是同一个东西，从认识论上看，"道表示知性水平，

---

① 康中乾：《〈老子〉认识论之我见》，《哲学研究》，1988 年第 9 期，第 49～57 页。
② 王明：《周初齐鲁两条文化路线的发展和影响》，《哲学研究》，1988 年第 7 期，第 48～50 页。
③ 王博：《老子与夏族文化》，《哲学研究》，1989 年第 1 期，第 44 页。
④ 王博：《老子与夏族文化》，《哲学研究》，1989 年第 1 期，第 48～49 页。
⑤ 许抗生：《帛书老子注译与研究》，浙江人民出版社，1982 年。
⑥ 涂又光：《论帛书〈老子〉的哲学结构》，《哲学研究》，1984 年第 7 期，第 65 页。

恒道表示理性水平"。关于有无,涂又光认为,古汉语中"有"和"无"的所指可能是同一个东西,所以老子的有无同一的思想可能是受了汉语中有无同源的影响。涂又光还从语言学的角度对"德"、"仁"、"义"、"礼"进行了分析,指出老子是"礼"的专家,但又反对"礼",对于"礼",他是不得已行之。

(六) 老子与孔子的比较研究

关于老子和孔子的比较研究,是 20 世纪 80 年代后期学术界开展的题目,主要研究者有方克立等人,着力最多的是从台湾来到大陆的学者陈鼓应。

中国哲学史界受冯友兰哲学史观的影响,普遍认为孔子在老子之前。陈鼓应认为,"老学先于孔学";"老子(老聃)是中国第一位哲学家,孔子次之;老子自撰的《老子》是中国最早的一部最具有完整的理论体系的哲学著作,其成书早于《论语》";[①]"'学术下于私',在老子时期已蔚然成风;'私人著述之事',老子早于孔子"。陈鼓应指出,老聃即是李耳,生年大致为公元前 570 年,长孔子 20 岁左右。孔子问礼于老子,实有其事。《论语》可能成书于汉初,《老子》成书于春秋末年。孔子晚而喜易,可能是受老子影响;《论语》中的"无为而治"、"有天下而不与"、"亡而为有,虚而为盈,约而为泰"、"以德报怨"等,都可能是受老子的影响。《宪问》"仁者必有勇,勇者不必有仁"可能来自《老子》的"慈,故能勇"。陈鼓应认为,从思想线索上看,老子反对周制,孔子在老子之后维护周制。20 世纪 30 年代,梁启超、冯友兰把老子和太史儋混淆,把老子置于孔子之后,梁启超崇儒,冯友兰则一定要把孔丘说成是第一个私人讲学之人,第一个私人创立体系之人等。中国大陆深受黑格尔正—反—合逻辑的影响,认为必先有孔子的"仁义",然后才有老子的"绝仁弃义"。实际上,老子的"绝仁弃义"是针对春秋末年的德治主义的弊端而提出的,老子的"不尚贤"也不是针对孔墨的举贤和尚贤的。"任贤"思想来自周初,春秋时期齐桓公任管仲、鲍叔牙,晋文公"明贤良",其所举的都是贵族内部的贤良,老子所针对的正是此。孔子的"举贤才"则是维护这

---

① 陈鼓应:《老学先于孔学——先秦学术发展顺序倒置之检讨》,《哲学研究》,1988 年第 9 期,第 40 页。

一路线的。无论老子、孔子，都是针对西周末以来的文化弊端的，不存在正
一反一合的问题。老子是针对现行制度进行批判，孔子则维护现行制度。
陈鼓应认为："老子是中国第一位哲学家，孔子是中国第一位伦理学家。""老
子建立了相当完备的形上学体系，而孔子在宇宙论和本体论方面是空白的；
老子倡导'静观'、'玄览'的认识方法，而孔子在认识论方面则是贫乏的；老
子有相当多的辩证思维，而孔子在这些方面则是阙如的，在这些主要的哲学
领域——无论就形上学领域、认识论范围或思想方法上——老子哲学思维
的丰富性与孔子哲学思维的欠缺性，确实相形悬殊。"①

陈鼓应指出，孔、老之异，首先是北方文化与南方文化的不同。老子属
于楚地南方文化，孔子属于鲁地周代文化圈。老子偏重人与自然的关系，建
立本体论和宇宙论；孔子重视人与人的关系，建立伦理学。老子是文化传统
中自然主义的发展，孔子是西周以来德治主义传统的发展。老、孔都入世，
都是时隐时显，持进退之间的入世心态。老子是体制外，孔子是体制内。在
治国理想上，老子主张放任、"小国寡民"，孔子主张积极的德治。"在让人民
发挥其自由性、自主性这一方面，老、孔治道有较大差异。"②老子的天是自
然之天，可溯源于《易》《诗》《书》，为无神论的重要来源。孔子的天继承了
西周以来正统的神秘性的天命观，有意志之天、命运之天等，只是在天人关
系上，人可以直接与天发生联系；只有一处自然意义的天，"天何言哉"乃系
受老子之影响者。老子的天，系自然意义的，他消除了神秘意义的天命观。
孔子的命则与神秘的天相连，并提出君子三畏。"知天命"似有社会地位和
阶级之分，表明孔子在天的信仰上的守旧性和政治上的保守性。"老子喜言
天道，孔子则'罕言天道'，"老子在中国哲学史上首次以"道"为哲学范畴，给
予系统论证，并以之为核心建立哲学体系。老子的道，既有超越意义，又有
内在意义。《论语》中的道，多为"人伦之道"，"天道"仅出现一次。孔子讲
"吾道一以贯之"，此"道"乃宗法封建礼制及人伦规范。老子的"德"是得道；
孔子的"德"纯属人伦范围，不具有老庄的哲学意义，仅限于西周古义——礼

---

① 陈鼓应：《老子与孔子思想比较研究》，《哲学研究》，1989 年第 8 期，第 30~31 页。
② 陈鼓应：《老子与孔子思想比较研究》，《哲学研究》，1989 年第 8 期，第 33 页。

制范围内。老子崇尚人的自然性、自主性,孔子关注人际的规范性和维系性。老子的"道"是无为的、自主的,自性如此的,所以主张"任万物之自然"。老子反"礼",孔子维护"礼",一为激进派,一为保守派。从而人对"礼"的不同态度可以看出日后儒道两家所代表的官方和民间哲学不同发展的端倪。

关于老子的"慈"、"俭"、"不争"。陈鼓应认为,老子并不反伦理,他主张"绝仁弃义",目的是"民复孝慈",因为"仁义"乃是维护西周以来封建宗法制的价值规范。老子更积极主张忠信,忠有"利民"和"利君"二义,老子继承的是前者,孔子继承的是后者。孔子的"仁"和老子的"慈",都是人类同情心的发扬,但孔子的"仁",受制于"礼",把"仁"纳于"礼"中,政治立场守旧,伦理观念保守。孔子的仁的重要内涵是血缘纽带、人道精神和人格修养,不及老子的"慈"和墨子的"兼爱"博大。老子是自然主义的,孔子则开创了儒家的泛道德主义传统。老、孔的人文主义的共同点是都消解和取代宗教思想。在人格方面,老子守柔,并较早地感受到了异化问题;孔子坚毅高洁,坦然开豁。陈鼓应还提出了"《易传》乃道家系统之作"的观点。[①]

关于道家在中国哲学史上的地位,方克立、周玉燕、吴德勤提出了与众不同的看法——道家思想在中国传统文化中占"主干地位"。周玉燕、吴德勤认为:"中国文化思想发展史从某种意义讲,是以道家思想为哲学根据的儒家纲常名教不断丰富、完善、发展的历史。"[②]关于这些问题的讨论,主要发生在 20 世纪 90 年代以后,故放在下一章论述。

(七) 关于老子的人物考证与文献学研究

高亨认为,老聃是《左传》记载的东周王朝官吏老阳子。老聃,字伯阳,老伯阳又称为"老阳子",与《左传》称他为"老阳子"相合。老伯阳与老阳子名字吻合、所处时代、仕宦的朝代相同,所以,两人应该是同一个人。老子比孔子大二十多岁,鲁昭公七年,老子为躲避周王朝贵族的迫害,逃往鲁国,所以孔子能够向他问礼,当时孔子 17 岁。鲁昭公十二年,老聃回国,仍任征藏

---

① 陈鼓应:《〈易传·系辞〉所受老子的影响——兼论〈易传〉乃道家系统之作》,《哲学研究》,1989 年第 1 期,第 34 页。

② 周玉燕、吴德勤:《试论道家思想在中国传统文化中的主干地位》,《哲学研究》,1986 年第 9 期,第 21 页。

史。鲁昭公二十六年,周王朝发生争夺王位的内战,王子朝带周朝图书逃往楚国,老子因而失去职位。老子后来到了秦国,客死于秦。① 张岱年认为,老子和孔子同时代,老子大于孔子基本上是可信的。过去都认为孔子对于老子没有回应,其实《论语》中是有回应的。《论语·宪问》章中"或问'以德报怨',何如?"就是对老子第63章"报怨以德"的回应,这是孔子批评老子的证据。《论语·卫灵公》中孔子关于"无为而治"的说法,是对老子的无为而治的回应。《论语·阳货》篇中"饱食终日,无所用心,难矣哉"则是对无为而治的批评。《中庸》中也有老子学说的反映。所以,孔、老同时不一定是虚构,老聃生在春秋末年是可信的。② 詹剑峰也肯定老在孔前,孔学于老。他指出,上古没有人怀疑此事,直到唐代韩愈出于尊孔的需要,才对此表示怀疑。汪中把孔子死后一百多年的见秦献公的太史儋和老子混淆。现在流行的所谓"孔先老后"是儒门弟子尊孔的策略。冯友兰《中国哲学史》始于孔子,终于廖平,把中国哲学史变成了儒学史,其动机是尊孔尊儒。③关于老子道论的性质,詹剑峰则肯定为唯物主义,在政治上是反封建的、进步的。④

刘毓璜根据通行本《老子》和帛书《老子》的对比指出,今本《老子》是经过有意地修改的产物,结果把一个以退求进、志存伏枥的老子改装成了避世厌世的老子。⑤ 如帛书《老子》"道襃无名"修改为"道隐无名","襃"和"隐"是两个含义完全不同的字,前者是表彰,后者是收敛。又如,通行本75章"法令滋彰,盗贼多有",帛书作"[法]物滋彰","法物"是难得之货,老子是从"绝巧弃利"的角度反对法物、反对工商业垄断的,与法家的"重本抑末"思想相通。长期以来人们却根据"法令滋彰"这句话来说明老子反对法律。又如,通行本"水善利万物而不争",帛书本作"水善利万物而有争",老子是重视"争"的,主张柔而有争,是重视争的策略性。"柔而不争"意思就完全不

① 高亨:《关于老子的几个问题》,《社会科学战线》,1979年第1期,第35～36页。
② 张岱年:《老子哲学辩微》,《中国哲学史论文集》第1辑。
③ 詹剑峰:《老子其人其书及其道论》,湖北人民出版社,1982年,第2～3页。
④ 詹剑峰:《老子其人其书及其道论》,第14～15页。
⑤ 刘毓璜:《论老子其人和〈老子〉其书》,《历史学》,1979年第2期,第8页。

同了。

在文献整理和注释方面,任继愈的《老子新译》,张松如的《老子说解》、许抗生的《帛书老子注译与研究》、高明的《帛书老子校注》、陈鼓应的《老子今注今译》、罗尚贤的《老子通解》等著作,在这一时期先后出版。

二、关于庄子哲学研究

"文革"后的庄子哲学研究和老子哲学研究一样,也面临着一个对此前研究的偏向加以反思和纠正的艰巨任务。与老子研究不同的是,庄子哲学研究似乎与意识形态的纠结更深。如冯友兰1949年前对庄子哲学多有表彰,尤其是他的"天地境界"说颇受庄学影响,所以,1949年后的庄子研究与对冯友兰新理学的批判以及关锋等人所谓无产阶级世界观的确立等,复杂地交织在一起。"文革"前,关锋写了不少关于庄子的论文,还出版了《庄子内篇译解和批判》,被认为是运用马克思主义研究庄子的理论权威。对于庄子研究,关锋采取了十分霸道的学阀作风,把"马克思主义"当作棒子,把凡是与自己见解不合的,都打作反马克思主义,不允许有任何与自己不同的意见。[①] 所以,20世纪70年代末以来的庄子研究,首先是从对关锋的庄子研究的反思与批判开始的。随着改革开放的纵深发展,80年代后期西方思潮的传播和"文化与现代化"问题讨论的深入,庄子研究的视野逐渐开阔,扩展到庄子哲学的文化意义、庄子哲学与西方哲学的比较、庄子后学的梳理等;研究方法也丰富起来,出现了从语言统计进行《庄子》内外杂篇与庄子本人的关系的研究。

(一) 庄子哲学的重新评价

所谓"重新",是与"文革"前的庄子研究相对而言的。束景南、严北溟首先对关锋的庄子研究提出了批评。严北溟指出,20世纪60年代初,关锋以

---

① 在笔者对一些前辈学者进行访谈的过程中,不少学者如朱伯崑、傅云龙在谈到关锋时,都不约而同地指出了他还有陈伯达唯我独"马",不允许辩论,压制和打击正常的学术讨论的学阀作风。

"恶棍作风污染学术争鸣的民主空气",给庄子戴上了"彻头彻尾的主观唯心主义"、"顽固地坚持没落的奴隶主阶级立场"等帽子,不允许讨论。后来,哲学界极左思潮泛滥,关锋的结论俨然成为定论。所以,对庄子重新进行评价,"不仅在哲学史方法论上涉及如何准确运用历史唯物主义的问题,更有彻底清除哲学界极'左'路线流毒的深刻意义"。① 关于《庄子》书,严北溟指出,可以视为以庄子思想为核心的有完整体系的道家著作,而不必对每一篇的作者进行无谓的考证,尽管内外杂篇存在矛盾和不一致处,也不必怀疑庄子思想的完整性。因为思想内容的不一致,是许多哲学家的特点。在过去的讨论中,出现过用与一定的思想不矛盾作为标准判别《庄子》书篇目的办法,如关锋根据"有待—无待—无己"的三段式,认为与此相符合的就是庄子著作,不符合的就不是庄子的著作,这实际上是"替古人制造一个清一色的思想体系,以符合自己主观臆造的标准"。

关于庄子哲学的性质,严北溟认为,庄子思想继承了老子的自然天道观,基本上属于朴素唯物主义体系。把庄子哲学说成是彻头彻尾的唯心主义体系,是与事实不符合的。理由是,庄子继承了道家把"天"看作自然物质的天,把"道"看作不以人们意志为转移的客观规律,把"气"作为物质实体的思想。庄子尤其淋漓尽致地描述了"道"无所不在的客观特点。主观唯心主义的特点是"夸大主观精神,否定客观条件,庄子却恰恰相反"。② 他把人的主观能动作用降低到极点,并歌颂命运;在认识论上,庄子虽然有不可知论的因素,但他并不否认客观世界的存在;对于生死问题的自然主义的看法,尤其能够表明庄子并非主观唯心主义;庄子强调"无己"、"无我",也可以作为他并非是主观唯心主义的一个证据。关于庄子哲学的阶级属性,严北溟指出,坚持庄子思想是没落的奴隶主阶级思想的代表的人们有一个简单的公式:"消极悲观情绪必定产生于反动没落阶级的世界观:庄子思想中有消极悲观情绪,因此他只能是没落奴隶主阶级的代表者。"这实际上是简单化和绝对化的一种表现。所谓庄子的先世为贵族,并无直接证据;庄子生活比

① 严北溟:《应对庄子哲学重新评价》,《哲学研究》,1980 年第 1 期,第 40 页。
② 严北溟:《应对庄子哲学重新评价》,《哲学研究》,1980 年第 1 期,第 46 页。

较困难，倒是有明确的记载。在政治倾向上，庄子虽然在宋国做过一段"漆园吏"，但对宋国统治集团并不合作，且抱有极端仇视的态度，对于统治者多所痛骂。这样的人会因为奴隶主统治的坍台而感到悲观绝望，情理上是讲不通的。庄子对于劳动人民是有感情的，还通过语言的形式歌颂奴隶起义的英雄。可见，"庄子的阶级属性不可能是没落的贵族奴隶主"。庄子的悲观反映了"知识分子站在同情人民反抗统治者立场而找不到真正出路的一种悲哀"。但庄子的人生观也有积极乐观的一面，"逍遥游"的主观精神境界是建立在"关心现实、批判现实的基础之上的"，庄子是一个"胸襟开朗的乐观主义者"。关于庄子哲学的历史影响，严北溟反对极"左"时期认为庄子哲学是一株大毒草，应彻底否定的极端片面观点，指出庄子哲学在历史上的影响可分为积极和消极两种，而以积极为主，是"反礼教、反权威、反儒家道家的一面旗帜，不少进步思想家往往以庄子自比而鼓舞了向黑暗势力顽强斗争的勇气"①，如王夫之等；所以，必须重视庄子哲学为知识分子提供解放思想武器的积极意义。

刘笑敢、束景南等学者都对关锋所谓庄子哲学的骨架为"有待—无己—无待"的观点进行了辨正。刘笑敢指出，"有待"、"无待"不是庄子哲学的范畴。《庄子》一书中并没有"无待"一词，"有待"也不是作为概念来使用的。首次把"有待"和"无待"作为概念使用的是郭象的《庄子注》，这毋宁说反映了郭象的思想。庄子追求天地万物为一体的精神境界，郭象用"无待"来说明"独化"，这与庄子思想并不吻合。②束景南也指出，关锋提出的这个三段式，当时被认为是"马克思主义科学地研究庄子思想的最新成果"，关锋也俨然成为庄子研究的权威。其实，"有待"、"无己"、"无待"等问题，明代释德清等人早已指出，关锋把它作为庄子哲学的骨架，不过是他"自己心造的幻影"。"有待—无己—无待"出于《逍遥游》，表达的是人生观，而不是哲学思想体系。甚至庄子的人生观，也不是这三段式，而是"有待（物我相待）—待

---

① 严北溟：《应对庄子哲学重新评价》，《哲学研究》，1980 年第 1 期，第 42 页。

② 刘笑敢：《试论"有待"、"无待"不是庄子哲学的范畴》，《哲学研究》，1981 年第 5 期，第 63～64 页。

'道'—无待(无己、无功、无名)"。① 束景南指出，关锋对于三段式的说明也是错误的。庄子的"有待"是物我相待，讲的是主客关系，关锋却把它说成是一切事物的相互联系和制约，进一步说成对立统一。庄子哲学中，"无己"、"无功"、"无名"是并列的，关锋把"无名"曲解为"无名誉"，进而把它作为"无己"的一个内涵，孤立地把"无己"拿出来作为庄子哲学的一个环节。关锋把"无己"解释为"忘"，也纯粹是"幻想"。庄子的"无己"是"心斋"、"坐忘"，并不是"忘"：是忘掉外物，忘掉自己，物、我都不存在。由于关锋把"无己"说成是"忘"，所以他进而把"无待"说成是"我吞吃了道"，道与"我"的意志同一，"道"精神化，"我"与这个"精神"同为绝对，这样庄子就转化为彻底的唯心主义了。其实，庄子的"道"本来就是精神性本体，不需要再"精神化"，"无待"是"我"达到自由，"道"主宰"我"，并不是"我吞吃了道"，也不存在庄子由客观唯心主义转化为主观唯心主义的问题。② 束景南认为，真正表现庄子哲学的是《大宗师》，其骨架是道—心—道。第一个"道"是宇宙本体，在有无之上的绝对；"心"是"心斋"、"坐忘"等一系列通过内心修养功夫而得道的方法；最后达到"道"与我同体，即得道，"我"合于"道"。束景南认为，庄子哲学表现了客观唯心主义与主观唯心主义的调和。

《哲学研究》1980 年第 8 期开设了《庄子哲学研究》专栏，对庄子哲学进行了集中的讨论。曹础基认为庄子是"一个博大精尖的客观唯心主义体系"。③ 程宜山也认为，庄子的哲学体系基本倾向属于客观唯心主义。④ 韩强对束景南提出"道—心—道"的庄子哲学模式提出了质疑，认为这个结构不符合《大宗师》，并以《齐物论》"道枢"、"天钧"、"无有无"三个范畴说明庄子哲学的逻辑结构。⑤ 陆钦认为，庄子哲学体系骨架是"道—物—无"。⑥ 李锦全仍

---

① 束景南：《论庄子哲学体系的"骨架"——兼驳关锋的"新发现"》，《哲学研究》，1979 年第 11 期，第 52 页。

② 束景南：《论庄子哲学体系的"骨架"——兼驳关锋的"新发现"》，《哲学研究》，1979 年第 11 期，第 53 页。

③ 曹础基：《一个博大精尖的客观唯心主义体系》，《哲学研究》，1980 年第 8 期，第 44 页。

④ 程宜山：《关于庄子哲学思想的看法》，《哲学研究》，1980 年第 8 期，第 60 页。

⑤ 韩强：《试论庄子哲学体系的单个基本范畴》，《哲学研究》，1980 年第 8 期，第 54 页。

⑥ 陆钦：《也论庄子哲学体系的"骨架"》，《哲学研究》，1980 年第 8 期，第 56 页。

然认为:"庄子哲学经历过客观唯心主义阶段,但最终却走向了主观唯心主义的归宿。"①他认为,庄子的"道"本来是客观的,但他强调:"人们以'心'来求道,得道后就可以支配一切,如达到所谓与'道'同体的'真人'和'至人',他们的主观精神,就可以超乎天地万物之上了。显然,庄子由客观唯心主义走向了主观唯心主义。"②从方法论上讲,庄子的得道,究竟是主观认识与客观自然规律一致呢,还是主观精神吞没客观世界?"无己"、"无我"究竟是与唯我论相对立呢? 还是唯我论的变种呢? 李锦全认为,《大宗师》中女偊得道后外天下、外物、外生死,进入不生不死的境界,就是我与道的同一,客观世界为主观世界所吞没。庄子的心斋、坐忘是要忘掉自己,己也是一个客观存在,如何能够主观上认为不存在,就是"无己""无我"了呢?"这不是主观唯心主义吗?"③王兴华也认为,庄子哲学最后是"道、我一体",转向主观唯心论。④ 关于庄子哲学的历史作用,李锦全认为,庄子哲学对于那些不满封建礼教的知识分子,可能会产生一些离心作用,但也仅只是"触发一些消极的对抗情绪",最终还是"会从逃避和消除矛盾中来寻求精神上的解脱,陶醉于自我的精神慰藉之中,这样从社会作用来说也就走向了反面了"。⑤

刘笑敢对庄子研究的方法论问题进行了思考。他指出,所谓主观唯心主义,是否定在个人感觉之外存在"自在客体"。庄子哲学承认独立于人的感觉的"自在客体"——"道","至人"所达到的只是与道一体的精神境界,并不否认"道"存在。所以,"说庄子最终陷入主观唯心主义是缺乏根据的"。⑥ 判断哲学体系属性的标准只能是哲学的基本问题,认为庄子夸大和强调了人的主观精神,抹杀客观存在的矛盾,追求绝对精神自由,所以是主观唯心主义,这种理解是不确切的。庄子并没有否认客观世界的存在,他不是主观唯心主义,而是客观唯心主义。对于人"得道"后主观精神

---

① 李锦全:《关于庄子的哲学性质及其评价》,《哲学研究》,1981 年第 12 期,第 41 页。
② 李锦全:《关于庄子的哲学性质及其评价》,《哲学研究》,1981 年第 12 期,第 42~43 页。
③ 李锦全:《关于庄子的哲学性质及其评价》,《哲学研究》,1981 年第 12 期,第 44 页。
④ 王兴华:《相对主义是庄子哲学思想的核心》,《哲学研究》,1981 年第 3 期,第 67 页。
⑤ 李锦全:《关于庄子的哲学性质及其评价》,《哲学研究》,1981 年第 12 期,第 47 页。
⑥ 刘笑敢:《庄子哲学讨论中若干方法论问题》,《哲学研究》,1982 年第 9 期,第 54 页。

可以无限膨胀，能够和"道"平起平坐，成为支配天地万物的主宰，所以庄子是主观唯心主义的观点。刘笑敢认为，这是由于没有认识到庄子所谓精神自由的实质。"庄子哲学的内在逻辑是：忘记了不可抗拒的一切，便得到了精神的自由。他是在承认客观必然性的前提下追求精神自由的。追求精神自由的根本原因是对客观必然性的无能为力，根本目的是逃避命定的现实。命定论是庄子哲学的出发点和基础，无论庄子怎样'膨胀主观精神'都未能改变他的命定论的基本立场。"① 真人得道后也不能够主宰万物，而是虚心应物，"胜物而不伤"，保持超然独立，不为外物所动。"体验到'道'的存在不等于取消了'道'的存在，忘却了客观世界不等于'吞没'了客观世界。"庄子哲学可以说是神秘主义或直觉主义，却谈不上主观唯心主义。刘笑敢强调，搞清楚哲学体系的主要特色和基本属性之间的关系十分重要，哲学属性是有限的，哲学体系的特色则是多样的，不能把体系的特色作为判断哲学属性的标准来使用。就庄子哲学而言，其体系有主观主义的特色，但在性质上仍是客观唯心主义。② 关于庄子是不是不可知论，刘笑敢指出，在西方哲学史上，不可知论的典型代表是休谟和康德。康德提出存在不可认识的"物自体"，休谟则认为根本不能肯定客观世界的存在。他们的共同特点是把认识限制在感觉经验之内，而庄子则认为至人可以通过精神修养把握"道"，而感官不能认识"道"，庄子的怀疑主义与古希腊皮浪的怀疑主义相似。

　　此处也有必要对张恒寿的《庄子新探》加以介绍。③ 关于庄子思想的性质，张恒寿认为是"带有泛神论色彩的自然主义，而不是以道为实体的客观唯心主义，更不是虚无主义"。④ 关于庄子所代表的阶级，张恒寿认为，它是

---

　　① 刘笑敢：《庄子哲学讨论中若干方法论问题》，《哲学研究》，1982 年第 9 期，第 58～59 页。

　　② 刘笑敢：《庄子哲学讨论中若干方法论问题》，《哲学研究》，1982 年第 9 期，第 60 页。

　　③ 张恒寿于 1934 年在清华大学中文系学习，开始研究庄子，写有《庄子〈内篇〉真伪和时代》，后因抗战中辍；1949 年后又撰有《庄子非汉代作品但题目为汉人所加》等。1981 年《中国哲学史丛书》编委会提出将其旧稿以及新著作为丛书的一本出版。参见张恒寿：《庄子新探·序言》，湖北人民出版社，1983 年，第 1～3 页。

　　④ 张恒寿：《庄子新探·序言》，第 341 页。

一个接近和同情下层劳动人民的隐士知识分子，有似于卢梭。所谓庄子代表"没落的奴隶主阶级"是教条主义的结论。教条主义把当时的社会结构分为没落的奴隶主阶级、新兴地主阶级、农民阶级，这样的分法过分简单，对于庄子思想的分析也十分幼稚。① 张恒寿、刘笑敢等人的研究，实际上是对1949 年以来关锋对中国哲学史研究的教条主义影响的一个清算。

（二）庄子哲学研究的多样性的展开

20 世纪 80 年代中期以后，庄子哲学研究开始走出单纯的阵营划分与阶级属性判断的研究框架，朝多角度、全方位的方向进展。所涉及的主要议题有庄子哲学在中国文化中的地位与影响、庄子哲学与西方哲学的比较、庄子哲学的文献考证、庄学后学等。

关于庄子哲学在中国传统文化中的地位与影响，崔大华认为，"庄子思想在很多地方表述了可能是属于多数人的那种情景，所以他已不属于他个人和他的那个阶级，而是以构成其思想特质的三个方面——个人从自然、社会和自我造成的精神束缚中超脱出来的人生哲学，浪漫主义文学，立足于经验事实上的理性思辨，加入了、影响了以儒家伦理思想为主导的中国文化的形成和发展过程"；"庄子思想的思辨特质，在中国古代思想、文化的形成和发展中，也是一个非常活跃的因素，它使得以伦理道德思想为主要特色的中国文化，也显示出理性的、思辨的光彩；同时在人类将来的精神和智慧的进步中，它也是一个有益的因素，因为它能把人引向高远，引向未知"。② 关于庄子人生哲学的主旨，崔大华认为，首先是从生死之态、世俗之礼、哀乐之情三种情态的束缚中超脱出来的对绝对的精神自由的追求。庄子的自然观、认识论、人性论实际上是围绕着三个问题展开的。庄子对于死亡的精神压力的超越是提出了"气"的概念，指出生死只是"气"的不同变现。生死问题是人生的至高问题，在超越了死亡之后，人所面临的是世俗观念如仁义礼乐的道德原则和功名富贵的人世追求的束缚，庄子以"和是非"、"休天钧"的

---

① 张恒寿：《庄子新探·序言》，第 375～385 页。

② 崔大华：《庄子的人生哲学及其在中国文化中的作用》，《哲学研究》，1986 年第 1 期，第 30 页。

"两行"的相对主义态度,摆脱了世俗之礼的缠绕。在摆脱生死、社会的束缚之后,还需要摆脱的是"我"的情结,即忘己、忘掉各种感情,做到"哀乐不能入"、"安之若命"的"无情"。庄子提出的与儒家完全不同的人生哲学,填补了儒家积极入世思想留下的精神空间,两者形成对立和互补关系。其次,庄子的人生哲学是提供了抗拒逆境的精神力量和消融精神苦闷的途径,抑制了宗教在中国文化中的滋长。再次,庄子的人生哲学思辨性强,开拓了中国古代哲学的视野,提高了其思维水平,从而使中国文化有充分的理论思维能力理解和消化外来文化,而不至于被外来文化冲垮和淹没。如中国文人多以道家的虚无来理解佛教,宋明理学在吸收道家的基础上消化佛教等。

刘笑敢对庄子的自由观和萨特的自由观进行了比较。他认为,二人都"以个人如何生存的问题为哲学思想的核心,都个人的自由为哲学理论的第一要义和人生的最高目标"。二人自由观的重要区别表现在庄子的自由是从命定论出发的,萨特的自由则是排斥命定论的;庄子的自由是绝对无为的,萨特的自由是反对无为、主张投入行动的;庄子的自由是否认偶然的,一切都归之于天,萨特的自由是否认必然的,萨特认为承认必然就没有自由;庄子的自由是有条件的,需达到心斋坐忘的境界,萨特的自由是无条件的,自由与存在合一;庄子的自由是客观唯心主义者的自由,萨特的自由是主观唯心主义者的自由。关于二人的相同之处,刘笑敢指出,他们的自由都是纯个人的、脱离社会、脱离群体的,都是抽象的,即"脱离具体事物,没有实现目标"的"绝对化";都是无条件的,无限的永恒的,都是"虚假与真实的二重性的自由",都是"乐观和悲观交织的自由"。他们对社会、人生的看法都是悲观的,却要"为自己的悲观主义罩上一层乐观主义的轻纱"。庄子在现实面前是一个退却主义者,他的自由本质上是虚假的,萨特的自由同样在本质上是虚假的,带有极大的盲目性和随意性。[①]

(三) 庄子后学研究

刘笑敢在其博士论文《庄子哲学及其演变》中,把庄学后学分为"述庄派"、"无君派"、"黄老派"三派。述庄派属于庄学嫡传,阐发了庄子的本根

[①]　刘笑敢:《庄子于萨特的自由观》,《中国社会科学》,1986 年第 2 期,第 105～110 页。

论,论述了道产生万物而又不同于万物的特点,对于庄子的怀疑论和齐物论都有所说明,还提出了道家人性论的基本观点。无君派发挥了庄子的批判精神,从庄子的顺天之自然发展到强调顺人性之自然,具有个性解放的色彩。无君派还设计了尘世的理想王国,不要任何形式的统治,以个性自由为第一位。《庄子》外篇中的《天道》诸篇是黄老著作,因为它是站在道家的立场上吸收儒墨,符合司马谈所说的"剽剥儒墨"的思想倾向,而不是庄子一贯的超脱和批判儒墨。① 黄老派把庄子从唯心主义发展到唯物主义,把庄子哲学改铸为治术,把庄子的"无为"改铸为"君无为,臣有为"。②

(四) 庄子的文献学研究

张恒寿认为庄子生活的时代与齐宣王、梁惠王同时。现存《庄子》书包括了战国初到汉初道家的作品。其书内外篇之分,是汉代淮南王刘安及其门客所做,③谶纬色彩颇浓。《德充符》、《应帝王》表达了刘安欲篡权称帝的政治意图。内外篇之分,并无客观标准,应打破内外篇的界限,确立哪些是《庄子》书中较古的篇目。根据《荀子》和《吕氏春秋》、《天下篇》对庄子思想的说法以及其他古籍所引《庄子》书内容判断,《内篇》除《人间世》有所羼杂外,基本都是庄子早期作品,其中以《齐物论》、《大宗师》尤为典型。④《外篇》中《骈拇》、《马蹄》、《胠箧》为秦统一前道家左派的作品;《天地》、《天道》、《天运》、《刻意》、《膳性》则内容颇杂,则为秦汉间道法派、黄老派、养生派、神仙派的作品。⑤《秋水》以下六篇多为庄子嫡派所作,或早或晚。⑥《杂篇》中《耕桑楚》、《徐无鬼》为《庄子》早期篇目,⑦《让王》、《盗跖》等为伪作。《天下篇》为荀子以后、司马迁之前作品。⑧

---

① 刘笑敢:《庄子后学中的黄老学派》,《哲学研究》,1982 年第 9 期,第 60 页。
② 刘笑敢:《庄子哲学及其演变》,中国社会科学出版社,1988 年第 263~317 页。
③ 张恒寿:《庄子新探·序言》,第 30 页。
④ 张恒寿:《庄子新探·序言》,第 315 页。
⑤ 张恒寿:《庄子新探·序言》,第 315 页。
⑥ 张恒寿:《庄子新探·序言》,第 183~224 页。
⑦ 张恒寿:《庄子新探·序言》,第 226~227 页。
⑧ 张恒寿:《庄子新探·序言》,第 296 页。

　　刘笑敢所做的工作非常值得说明。他根据单字词汇早于复合词汇这一汉语词汇发展规律，通过对《庄子》内篇关于道、德、精、神、性、命的用法和外杂篇中道德、精神、性命的用法的比较指出，内篇早于外杂篇。他又通过对"游"、"逍遥"等词汇的使用情况的考察，认为庄子内篇比外杂篇更能代表庄子思想。刘笑敢还通过对《吕氏春秋》、《韩非子》等引述《庄子》文的考察，认为《庄子》在战国后期已经编成并流传；又根据贾谊引用《庄子》情况来看，认为《天道》或《天下篇》是汉初作品的理由并不充分。刘笑敢提出，研究庄子哲学，内篇是基本依据，外杂篇关于庄子言行的纪录大体是可信的，外杂篇中述庄派的作品也是可以参考的材料。①

三、若干道家哲学著作通论

　　20 世纪 70 年代末至 80 年代末，学术界出版了一批道家哲学与文化通论著作，②计有张舜徽的《周秦道论发微》、王明的《道家和道教思想研究》、刘尧汉的《中国文明源头新探：道家与彝族虎宇宙观》、吴光的《黄老之学通论》、赵明的《道家思想与中国文化》、张松如和陈鼓应等主编的《老庄论集》、赵有声等著的《生死·享乐·自由：道家及道教的人生理想》、漆绪邦的《道家思想与中国古代文学理论》。王明在《道家和道教思想研究》中力图纠正宗教研究中的简单化和形而上学的倾向。他分析了《太平经》的复杂的思想内容，指出其中也包含有唯物主义的因素。吴光的《黄老之学通论》是学术界第一部关于黄老哲学的专著，可以说是道家研究的深入。吴光认为，道家思想渊源可以上溯殷周春秋，但作为一个学派则晚于儒、墨。杨朱是道家的先驱，道家的真正奠基人是老子。早期道家分为老庄派和稷下学派，前者包括关尹、列御寇、庄子。《庄子》表现了从早期道家到黄老道家过渡的特点。稷下道家包括彭蒙、田骈、慎到、环渊、接子、季真及《管子》四篇。晚期道家为秦汉之际的黄老道家，也分为继承稷下学派的齐国黄老学和继承庄子的

---

①　刘笑敢：《庄子哲学及其演变》，第 3～98 页。

②　书目主要限于道家哲学与文化，未统计气功、养生类。

楚国黄老学。马王堆汉墓出土的《黄老帛书》以及《吕氏春秋》、《淮南子》都是黄老学派著作。关于黄老之学的阶级性质,吴光认为是"为正在发展壮大的新兴地主阶级夺取政权、巩固政权服务的新型思想体系";①黄老哲学的主要著作是唯物主义思想体系。熊铁基的《秦汉新道家略论稿》较为深入地辨别了黄老道家与先秦道家的不同,指出新道家的指导思想是"无为而无不为"的道。此派和老庄不同的是由批判儒墨变成了"兼儒墨,合名法",由逃世变成了入世,把"无为"的思想发展为顺势而为。关于政治理想,新道家主张统一,主张选贤任能等,对于仁、义、礼、法也采取了肯定的态度。② 张舜徽认为:"'道论'二字,可以说是'道家理论'的简称。它的具体内容,便是'君人南面之术'。"③不仅道家,先秦各家也都是君人南面之术。《荀子》所谓"人心之危,道心之微"的"人心"与"道心",非如宋明所谓"欲"和"理",而是"心"作动词,为"用心于人和用心于道"。危,义为高、尊;微,为隐、蔽、周、密。合而言之,即上以威势临下,深不可测。老、庄所谓"一"就是"道",周秦学者言主术,同宗于"道德"。赵明论述了道家和中国古代文学的关系,陈鼓应把庄子哲学与尼采哲学进行了对比,指出两者同具有浪漫主义的性格,如采用寓言的表达方式,诅咒城市和文明,要求人的自由等,二人都表达了对超人或至人的向往。二人的不同表现在,庄子反对激情,尼采张扬激情;庄子主张安命,尼采主张自力;尼采对于社会是投入的,庄子则是隐退的。二人的哲学特点的相同之处表现在,都是文学性哲学家,都是敏锐的历史批评家,传统价值的批判者;都有孤傲的性格,都反对因袭守旧,都主张人的精神自由。尼采的"永恒重现"和老庄的"循环往复"也有相似之处。关于二人哲学的共同缺陷,陈鼓应认为是都属于个人主义的范畴,将个人精神无限拔高,脱离了与群众的联系,二人也都有强烈的反社会的倾向。④ 总之,上述

---

① 吴光:《黄老之学通论》,浙江人民出版社,1985年,第220页。

② 熊铁基:《秦汉新道家略论稿》,上海人民出版社,1984年,第25~28页。

③ 张舜徽:《周秦道论发微》,中华书局,1982年,第2页。据作者自述,该书大部分内容写于1944~1945年,分为九篇,原欲各篇单独成书,今由中华书局合为一书。因为该书写成日期较早,故不具备对于1949年以来研究反思的特点。

④ 张松如、陈鼓应等:《老庄论集》,齐鲁书社,1987年,第384~390页。

著作的共同特点是,一方面纠正中国哲学史研究中的教条主义,一方面开拓新的研究领域,是道家哲学研究走向新阶段的起点。

第七节　关于汉—唐、宋明哲学的再评价与研究

1949 年后汉—唐哲学研究一直较为薄弱。从 1949 年到 1980 年,关于这一时期哲学的论文,仅有玄学 43 篇、佛教 36 篇、道教 4 篇、经学 1 篇。关于这一时期哲学家的研究,魏晋南北朝杨泉 4 篇,范缜 19 篇,唐韩愈 30 篇,柳宗元 30 篇,刘禹锡 19 篇。关于汉唐哲学研究的会议,则一次也未举行过。①

建国后的汉唐哲学研究的特点主要是对冯友兰中国哲学史研究的逆动和纠正。冯友兰在两卷本《中国哲学史》的汉代部分,表彰董仲舒哲学,篇幅长达 38 页;王充哲学则仅有 9 页,且认为《论衡》"多攻击破坏,少建树,故其书之价值,实不如近人所想象之大也";②魏晋部分没有范缜;唐代哲学比较推崇韩愈,对柳宗元、刘禹锡则没有论及。1949 年以后在"新范式"下,哲学史通史的选材发生了根本改变。汉代哲学王充得到了突出重视。在侯外庐主编的《中国思想通史》第二卷中,董仲舒 42 页,王充则占到 65 页。从史观上看,董仲舒被作为"中世纪神学正宗思想"遭到批判,王充则作为"唯物主义者和无神论的代表"得到表彰;董仲舒又因为是"罢黜百家、独尊儒术"的提倡者,被认为是中国封建社会意识形态的重要确立者之一,在"文革"时期评法批儒运动中受到了尤其严厉的批判。

宋明哲学在"文革"前后所受到的待遇可能比汉唐哲学更差。这种状况,可谓由来已渐。"五四"以来,中国思想界对于宋明理学一直持严厉的态度。主要原因是认为宋明理学导致了中国的积贫、积弱和近代以来陷入半殖民地半封建状态。胡适对宋明理学一直持批判态度,而表彰清代汉学和

---

① 雷镇闰:《汉唐哲学和汉唐哲学史研究》,《中国哲学史研究》,1982 年第 3 期,第 4 页。

② 冯友兰:《中国哲学史》下册,《三松堂全集》第 3 卷,第 83 页。

反理学思潮。"五四"时期的"打倒孔家店"思潮更是把道学视为"伪道学"和孔家店的分店。① 冯友兰两卷本《中国哲学史》持"释古"的"正统"观点，对宋明理学给予了同情的、积极的评价。1949 年后，在中国哲学史研究的"新范式"下，宋明理学不仅被认为是错误的，而且还被认为是反动的。"文革"后期批林批孔、评法批儒期间，朱熹、王阳明都遭到了极其严厉的批判。可以说，"文革"期间对宋明哲学的评价是沿着"五四"以来的思维路径以重力加速度的方式发展的。汉唐是中国历史上的辉煌时期，所以汉唐哲学遭到的批判还不甚严厉（除了董仲舒、韩愈之外）。现在看来，"五四"后直到"文革"期间对待中国哲学的态度大有可议之处。且不说这种批判是否把握了宋明理学的特点，至少也存在三个问题：首先，宋明时期的历史状况包括文化和经济发展并不像"五四"时期所认为的那样落后，所谓落后的认识有错觉、不客观；其次，对于一个时代负责的应该是这个时代的人而不是其前人或古人；再次，仅仅批判而不事建设，文化和经济都不会繁荣。

"文革"结束后对于汉唐宋明哲学的再评价，既包含了对评法批儒时期的反思，也包括了对"文革"以前"左"的氛围下汉唐宋明哲学研究的反思。1982 年 6 月 20 日至 24 日，《中国哲学史研究》编辑部召开"汉唐哲学史学术讨论会"，就汉唐哲学概况及研究的方法论问题进行了讨论。对于汉唐哲学贫乏的结论，石峻、王明等指出，汉唐完成了《十三经》注疏、《道藏》的编纂以及佛经的翻译等，这一时期的哲学史料是十分丰富的。汉唐哲学之所以被认为"贫乏"，是由于宋明理学的"道统观"所造成的。宋明理学家以儒家为正统，强调所谓华夷之辨，把汉唐许多哲学视为异端或干脆抛弃，这样从孟子到二程就成为空白。王明、汤一介强调加强对佛教、道教和敦煌学的研究；方立天强调，中国佛教哲学是中国哲学的一部分，艾力农、钟肇鹏、金春

---

① 据有学者考证，"五四"时期并没有"打倒孔家店"的口号。胡适在给《吴虞文集》写序时，称他为"只手打孔家店的老英雄"，这可能就是《打倒孔家店》的来源。但是，人们可能潜意识认为，这个口号充分表达了"五四"时期的思潮，所以，无论是"五四"时期还是现在，人们都普遍认为"五四"时期不仅有"打倒孔家店"的思潮，还有这么一个口号。这也是集体有意识的一个表现。本书将错就错用这个口号表明"五四"时期有"打倒孔家店"的思潮。

峰探讨了研究汉唐哲学的一些方法论问题。金春峰强调把哲学与社会思潮结合起来,从总体上把握汉代哲学。

一、汉代哲学再评价

(一) 董仲舒哲学的再评价

如前所述,"文革"结束后对董仲舒哲学的再评价应当包括对"文革"前和"文革"期间两段研究的反思,但是,与"文革"结束后的孔子研究相比,关于董仲舒的研究,缺乏对"文革"后期"评法批儒"一段的反思。

金春峰提出,要"克服思想史研究中无条件地全盘否定唯心主义历史作用的简单化倾向",重新评价董仲舒的哲学。他认为,董仲舒的"天论"不能简单地归结为神学目的论。董仲舒的"天"有神灵之天、道德之天和自然之天三重含义。神灵之天是沿袭先秦以来的说法,不是他独创,主要限于论证君权神授。自然之天是宇宙的总称及自然运行的具体规律,从属于道德之天;道德之天从属于神灵之天。董仲舒有时又把自然规律称为"天意"。"天人感应"所包含的灾异谴告是荒唐的神学目的论思想,但"天人感应"中又包含以气为中介的机械式反应,前者是神秘的,后者却不是神秘的。这种两重性矛盾是天人感应思想的基本特征。① "天人感应""并非完全是应该抛弃的垃圾",其积极意义在于,在承认天的主宰性的前提下,"对人的主观能动性给予了充分的强调和重视,反映了当时地主阶级积极有为的精神状态",强调了"人为"的作用,"天人感应"的非神论方面成为反对方土的迷信活动的武器;性三品说也强调了人的后天的作用。关于董仲舒的社会哲学思想,金春峰认为是"仁德"思想,应给予全面评价。仁德思想包括反对豪强地主对土地的兼并,盐铁归于民,官吏不许与民争利,去专杀之威,解放社会生产力等,这些都具有进步的性质。关于"罢黜百家"的社会历史作用,金春峰指出,"罢黜百家,独尊儒术"有利于巩固大一统的中央集权,削弱和打击地方割据分裂活动,其出发点是巩固政治统一,而不是针对学术上的百家争鸣。

---

① 金春峰:《论董仲舒思想的特点及其历史作用》,《中国社会科学》,1980 年第 6 期,第75 页。

从时间上看,"罢黜百家"是百家争鸣结束的结果,而不是导致其结束的原因。"罢黜百家"有钳制思想的一面,但儒家也保存了历史典籍,创办了各类学校,提高了知识分子的地位和作用。另外,"罢黜百家"也不是禁绝各家著作和思想,而是不以百家为统治思想,举贤良方正不取"百家"而已。关于董仲舒哲学思想的历史作用与评价,金春峰认为,秦汉以后地主阶级面临在思想上确立与大一统的政治局面相适应的意识形态的任务,董仲舒综合道法各家思想完成了这一任务。董仲舒思想既是以往思想运动的终点,也构成了新的思想的起点。20 世纪 60 年代学术界对董仲舒思想的评价基本持否定的态度,是一种主观主义、简单化的倾向,必须克服这一倾向,恢复历史的本来面目。金春峰希望自己对董仲舒的研究作为"唯心主义在一定历史条件下可以起进步作用的一个例证"。①

20 世纪 80 年代后期,随着改革开放的深入和新科学的传入,出现了从协同论、相似学等科学的角度研究董仲舒哲学的新动态。李宗桂认为,董仲舒的哲学方法首先是按类别组织事物,使其从无序走向有序;其次是由此及彼、由微至著地揭示事物的类型及其相互关系,"天人合一"成为这一方法的协同效果。董仲舒哲学的思辨性高于同时代人之处在于他的方法。但由于他的体系中的唯心主义一面过于茂密,闷死了其方法的合理之苗。② 李宗桂、格日乐又比较了秦汉医学(《黄帝内经》)与董仲舒天人感应论的关系,指出阴阳和五行是秦汉医学和董仲舒的天人感应哲学共同的框架及构建理论的方法依据,两者具有三个共同特征:天地人相互贯通的整体观、同类相通的天人感应思想,建立在经验基础上的直观类推法。董仲舒的哲学方法也是自然科学发展到一定阶段的产物。两者的不同是《黄帝内经》认为天可以影响人体,人体不可以影响天;董仲舒则认为两者可以互相影响。《黄帝内经》没有把用类和数偶论证天人和谐的方法上升到自觉的高度,董仲舒则是自觉地把它作为方法论来应用。最后,两者的目的不同。前者是由果求因,为辨证治病提供依据,后者则是为君权神授提供依据,所

---

① 金春峰:《论董仲舒思想的特点及其历史作用》,《中国社会科学》,1980 年第 6 期,第86 页。
② 李宗桂:《相似理论、协同学与董仲舒的哲学方法》,《哲学研究》,1986 年第 9 期,第 50 页。

以,从科学的基础和社会作用来看,两者的分别又是很明显的。[①]　关于董
仲舒的性三品说,陈玉森认为这是一个误解,董仲舒没有此说,所谓"斗筲
之性",指的是统治阶级中的没有德行、气量小的人而言的。所谓"中民之
性"就是"民",是与圣人、斗筲排列而称为"中"的,董仲舒认为所有的"民"
都是可以教化的。[②]

(二) 关于汉代哲学

金春峰出版了《汉代思想史》,[③]这是 1949 年后中国古代哲学研究领域
第一本断代思想史。金春峰认为,汉代哲学与先秦相比,达到了一个新的阶
段。汉代哲学融合吸收了先秦各派思想;先秦各家思想都作为一个环节,被
综合和继承,为此后中国哲学的发展奠定了基础。"罢黜百家"并没有对黄
老哲学产生效果,因此汉代儒家思想与黄老的对立成为支配汉代历史过程
的现象,两者对立的实质是目的论和自然论的对立。目的论虽然肯定文化
道德对社会和人的发展的意义,但因为赋予这些以目的论的解释,也阻碍了
理性的健康发展。自然论方面则有《淮南子》、《道德指归》和《论衡》。儒道
思想的对立和互补经历了几个阶段,汉初两个体系外在地对立,儒学定为一
尊后两者相互融合和吸收,第三个阶段是儒家吸收黄老之学形成自己的体
系,使儒学发生重大变化。这个时期的代表人物有扬雄、王充、郑玄等。金
春峰指出,汉代认识论思想的基础是经验主义,中心问题是探讨宇宙生成问
题,对于玄远的问题,都力图给予经验的回答,如把老子的"无"解释为"气"
等,所以汉代的哲学与实证自然科学相近。由于汉代人的思想方法局限于
经验和直观,所以他们用来整理认识成果的范畴,不是亚里士多德的实体、
数量、质量等,也不是康德的抽象的时间和空间,而是与阴阳五行相结合的
具体的时间和空间。但是,理性和理性思辨在经验主义认识方法的基础上
也得到了发展,从《淮南子》、《太玄》、《老子指归》中都能看到出色的理性成
分和思辨因素,甚至董仲舒也发展了辨名析理的理性主义方法。经学古文

---

① 李宗桂、格日乐:《秦汉医学与董仲舒的"天人感应"论》,《哲学研究》,1987 年第 9 期,第
45～52 页。

② 陈玉森:《董仲舒"性三品"说质疑》,《哲学研究》,1980 年第 2 期,第 55 页。

③ 金春峰:《汉代思想史》,中国社会科学出版社,1997 年。

传统在郑玄那里达到高峰,郑玄结束了汉代经学的烦琐支离的经验主义,引老注易,为经学指出了新的出路,从而为以王弼为代表的魏晋玄学做好了准备。支配这一过程的有社会、政治和阶级力量的需要,也有理论自身的演变的逻辑,两者是统一的,也是独立的。该书在方法论上受冯友兰哲学史观点的影响,如从目的论和机械论分析董仲舒,认为汉代哲学是积极的科学性思维等。

《太玄》素称难读,郑万耕对扬雄《太玄》进行了校释,可谓《太玄》研究的重要成果。他指出,《太玄》是模仿《周易》的占筮之书,其世界模式与《周易》有同,也有不同。《周易》是阴阳对立的二分法,《太玄》则是从天、地、人三才出发,采取三分法,又列为方、洲、部、家四重八十一首,"把阴阳、五行、天地人、世界上的一切事物都紧密地勾挂成为一个相互联系的整体,从而描绘了一幅世界联系的总的图画"。① 其宇宙图像是建立在当时自然科学基础上的,其哲学最高范畴为"玄",即"元气",元气措张开阴阳二气,二气相互作用,构成天地。"阳气发散,形成天体而转动,阴气凝聚,成为大地而定型。阴阳二气一分一合,化生万类万物。"②扬雄认为,元气之前无物,克服了《淮南子》"虚廓生宇宙"的理论缺陷。其"阴阳消息"的思想富于辩证法因素,扬雄还提出了"因循革化"的命题。在认识论方面,扬雄的观点是"贵其有循而体自然",即按照自然本来的面目认识自然的观点,在认识的检验问题上,提出了"言必有验"的主张。

二、关于魏晋玄学的研究

如前所述,魏晋玄学在"文革"结束前几乎成为被遗忘的角落,所以,这一领域面临的对于"文革"期间和"文革"前的研究的拨乱反正的任务便不如其他领域艰巨,从而能够在较新的思想基础上展开研究。这一较新的思想基础体现为把哲学史作为认识史,重视哲学史作为人类思维规律的研究,重

---

① 郑万耕:《太玄校释》,北京师范大学出版社,1989 年,第 9 页。
② 郑万耕:《太玄校释》,第 13 页。

视在与文化史的关系中研究哲学史等,而不是单纯地对于哲学家进行排队式研究,其实质是突出哲学史作为哲学自身的特点。1983 年,汤一介出版了《郭象与魏晋玄学》,这是第一本在新哲学史观的基础上进行研究的关于魏晋玄学的专著。汤一介指出,为推进中国哲学史研究的科学化,应在以下几个方面展开研究:第一,"研究哲学思想发展的规律,揭示其发展的内在逻辑";第二,"研究概念、范畴发展的历史";第三,"研究一个时期哲学家建立其哲学体系的方法";第四,"研究外来思想文化的传入和原有传统思想文化的关系"。① 王葆玹的《正始玄学》则较为深入地分析了正始年间玄学的思维特点、所探讨的问题,及其在哲学史上的承前启后作用,辨别了"正始玄学"和两晋南朝玄学的区别。许抗生主编的《魏晋玄学史》,也着重从文化和思维的角度展开对魏晋玄学的研究。这些都构成了魏晋玄学也包括中国哲学研究的新特点。

(一) 魏晋玄学是一种什么样的思潮

关于此,基本有三种看法。一种意见认为,魏晋时期的清谈即正始之音,乃是辨名析理和三玄的名辨的综合;也有人把魏晋时期的哲学统称为魏晋玄学,把嵇康、阮籍、裴頠、杨泉、欧阳建等统称为玄学中的唯物主义路线,王弼、郭象、列子作为唯心主义路线。第三种是汤用彤的观点,认为玄学乃是本末有无之辨的"本体之学"。汤一介指出:"魏晋玄学是指魏晋时期以老庄思想为骨架的一种特定的哲学思潮,它所讨论的中心为'本末有无'问题,即关于天地万物存在的根据的问题,也就是说关于远离'世务'和'事物'的形而上学本体论的问题。"②玄学也可称为"形而上学",它"把世界的实质看成是静止的永恒不变的存在"。③ 许抗生认为,玄学尽管也是清谈,但和一般的品评人物、讨论才性的清谈不一样,而是探讨哲学根本问题的高级清谈。辨名析理当然是魏晋玄学的一个特点,但仍不能揭示玄学的本质。玄学把世界分为本体和现象两部分,这是玄学最根本的特征。玄学又可分为

---

① 汤一介:《郭象与魏晋玄学·绪论》,湖北人民出版社,1983 年,第 1~9 页。
② 汤一介:《郭象与魏晋玄学》,第 7 页。
③ 汤一介:《郭象与魏晋玄学》,第 3 页。

何晏、王弼的"贵无"和向秀、郭象的"崇有"两大派。前者认为世界的本体是"无",后者认为"各个事物都是绝对的、孤立的独自存在物,因此否定了世界的统一性",认为每个现实存在物都分为现象和本质两部分,决定事物的是其现象背后的本质。两者都属于割裂本质和现象的关系,把本质说成脱离现象而存在的东西,都属于客观唯心主义的本体论哲学范畴。许抗生认为,用这个标准来衡量魏晋时期哲学,那么裴頠、杨泉、欧阳建属于玄学的反对派,是朴素唯物论;嵇康、阮籍属于朴素的元气一元论,与魏晋玄学的思辨唯心主义本体学并非同一条路,不能纳入玄学。① 王葆玹认为,"王弼也讲宇宙论,汉人有时也讲本体论"的观点是可以成立的,所以说玄学是本体论不甚严密。"玄学是一门曾经立于学官的特殊学科,与汉代经学、隋唐佛教、宋明理学都有不同。它以汉末的清议、清谈为先导,以三玄、《太玄》等等为渊源,以新出现的、不断变化的名士阶层为基础,形成于正始年间。"②

(二) 魏晋玄学产生的原因

关于这个问题,汤一介、许抗生、方立天等都认为有社会的和思想自身的逻辑两方面。汤一介认为,东汉末年农民大起义以后,社会陷入动荡,汉儒天人感应的目的论已经不能再为纲常名教提供论证,需要一种新的论证形式。另一方面,从理论思维的发展来看,两汉经学越来越烦琐和荒诞,思想开始向简单和抽象发展,老庄思想开始流行,出现了儒道名法合流的趋势。刘劭的《人物志》已经接触到了才性、有无、本末、一多诸问题,当何晏、王弼等玄学家对这些问题作出哲学论证时,玄学便产生了。③ 许抗生认为,魏晋玄学是适应统治阶级的需要而产生的,是门阀士族统治人民的思想武器,是对两汉时期唯物论的一个反动。④ 方立天指出,农民起义和唯物主义对西汉官方哲学的批判促进了魏晋玄学的产生。⑤

① 许抗生:《略论魏晋玄学》,《哲学研究》,1979 年第 12 期,第 30 页。
② 王葆玹:《正始玄学·绪论》,第 2 页。
③ 汤一介:《郭象与魏晋玄学》,第 27 页。
④ 许抗生:《略论魏晋玄学》,《哲学研究》,1979 年第 12 期,第 32 页。
⑤ 方立天:《汉代经学与魏晋玄学》,《哲学研究》,1980 年第 3 期,第 58 页。

(三) 魏晋玄学的问题与演变

余敦康分析了玄学思潮代替经学思潮的过程，指出玄学是中国思维发展史上的一次大变革。[1] 周继旨探讨了魏晋文论的兴起和玄学中的天人新义的关系。[2] 汤一介认为，玄学的发展有一个过程，从正始年间(240—249年)何晏、王弼的"以无为本"的贵无论，发展到竹林时期(254—262年)嵇康的"越名教而任自然"的贵无论和向秀的"以儒道为一"的崇有论，又由竹林时期发展到元康时期(290年前后)裴頠的"自生必体有"的"崇有"论和郭象的"独化"论，最后发展到东晋张湛的"贵无"和道安的"本无"。[3] 许抗生认为，魏晋玄学有本末有无、运动静止、圣人有知无知三个问题。以何晏、王弼为代表的贵无派以"无"为本，以"有"为末，"无"为世界的本体，"有"为世界的各种现象；在运动问题上，主张"无"是静止不动的，运动则属于末有的世界，运动是相对的，静止则是绝对的；在认识问题上，由于王弼认为本质不在现象之中，本体世界便成为现象之外的虚构，现实世界不过是认识外部对象的一个桥梁，认识因此也只能是得鱼忘筌。向秀、郭象的崇有论是从反对何晏、王弼的贵无论开始的，他们认为造物无物，物各自生，事物的产生都是偶然的。这种理论其实也是一种变相的无中生有。[4] 在动静问题上，向秀、郭象认为一切事物都是变动日新、无有停息之时；在认识论上，向秀、郭象认为具体事物都是"迹"，不是本质的东西，本质隐藏于事物的背后，是"所以迹"，只能摒弃耳目，通过与物冥会而不用"知"的方法才能加以认识。僧肇的《不真空论》说明事物非有非真无，非无非真有的缘起性空的道理；《物不迁论》说明了即动即静、动静不二的道理，纠正了王弼的静本动末和崇有论只讲倏忽变化，不讲静止的理论。《般若无知论》则说明了般若智慧所认识的真谛实相，真谛又是无相，所以般若无知，

---

[1] 余敦康：《论中国思维发展史的一次大变革——玄学思潮怎样代替经学思潮》，《孔子研究》，1986年第1期。

[2] 周继旨：《魏晋文论的兴起与玄学中"天人新义"的形成》，《哲学研究》，1984年第5期。

[3] 汤一介：《郭象与魏晋玄学》，第2页。

[4] 许抗生：《略论魏晋玄学》，《哲学研究》，1979年第12期，第35页。

无知是谓真知。僧肇的哲学既是对玄学的总结,也是对佛教般若学的总结。①

王葆玹认为,魏晋玄学是通过"义象理事"讨论自然观、政治学和人性论等问题。义象理事的内在联系是义理统御事象,所以本末体用之辨可称为"本体论"。义象理事分属形上和形下,有形、无形和有为、无为之辨则是自然观和政治学;义象理事表现在人生修养上则为性体情用的人性论。正始玄学的方法,通常认为是言意之辨,有"言尽意"和"言不尽意"两说;还有一种观点是认为"得本知末"。后一种看法稍显宽泛,汉唐宋明许多学者都主张"得本知末"。言意之辨的"意"是义理,言意之辨的主题就是对本体如何认识。在王葆玹看来,把言意之辨分为"尽意"和"不尽意"两种也不妥。因为"言尽意"只是少数人的议论,言不尽意则是正始年间言意之辨的共同出发点,当时的言意之辨至少出现了五个派别,"立象尽意"、"微言尽意"、"微言妙象尽意"、"妙象尽意"及"忘相尽意"各派。其中"微言尽意"、"微言妙象尽意"、"妙象尽意"不为近现代学者所注意,它们分别是玄言诗、山水诗和书法、绘画、音乐理论的理论基础。②

方立天分析了从汉代经学到魏晋玄学哲学思想的演变,指出从汉代到魏晋思想的演变主要表现在天道观上,即从神学目的论演变为唯心主义本体论。汉代宇宙论把气作为万物的本原,但气有开始,又含有道德,能够调节礼乐、推行教化等,这样的气无异于一种神物。与汉代不同,王弼、何晏把"无"作为宇宙的本体,"无"统摄和总赅万有,但"无"并不是万有之外的一个实体,它必须借有来表现。"无"又被认为是"自然",即本来如此,又是"无为"。关于"命",魏晋和汉代也有很大差别。董仲舒讲"天命",为皇权神授制造理论根据。魏晋玄学不重视命,怀疑、贬低甚至取消命。关于性情说,董仲舒把"性"规定为生而有之的资质,用气说明性,如用阴阳二气说明人的仁贪之性;对于"情",则按照《中庸》的思路强调"中"。魏晋沿用道家的自然质朴的观点说明性,对于"情",则强调"性其情"、"有情而无累于物"。汉代强调对性情的

---

① 许抗生:《略论魏晋玄学》,《哲学研究》,1979 年第 12 期,第 39 页。
② 王葆玹:《正始玄学》,第 317 页。

教化,魏晋强调性情为自然而有,不须教化。方立天指出:"二者从根本上说都是唯心主义。……汉代经学与魏晋玄学的性情说,归根结底都是超阶级的抽象的人性论。"①关于"名"、"言"说,方立天指出:"'名'、'言'是认识论方面的问题。魏晋以'忘言忘象得意'的方法,取代了汉代经学'以名证实'和象数比附术,这也是一个重大的思想演变。"②魏晋玄学与汉代哲学的又一不同是关于名教思想的演变。汉代注重纲常名教,魏晋玄学提出名教必须符合"自然"、"越名教而任自然"以及"名教出于自然"等命题。

(四) 魏晋玄学具体问题研究

对于"无"的理解有了新的推进。冯友兰认为,玄学家所讨论的"贵无"和"崇有"是共相与殊相、一般与个别的问题,"无"是"一般"、"共相"。③ 陈来指出,认为玄学从追求最高本体出发得到规定性最少的抽象的无,这样的"无"还是"有规定的无";玄学的本体的"无",相当于黑格尔的"纯无","是一个抽象的、一般的无,是无的本体,无为则是无的发用"。"'无'作为高度的抽象是贵无论用来从更加普遍的意义上、从本体论上为社会事务的无为确立根据。""有"是"实际存在的具体事物,既指客观存在的自然物体(物),也指人类的社会活动及其产物(事)。"④

关于王弼的哲学,程宜山指出,所谓以无为本的唯心主义本体论、言不尽意的不可知论和为士族专权制造舆论的无为论的通常见解,都是值得商榷的。王弼的"本"不是本体,而是类似于"无状之状"的"状"和"无象之象"的"象",是"无形之体",万物都是由无形和有形两部分组成,无形为有形之本。在王弼哲学中,体用也不与本末相对应,体不仅是无而且还兼有无。王弼虽然认为万物不能脱离无而存在,但并不否认"有"的真实性。关于"崇本息末"的"息",程宜山认为不是"去",而是和守母存子一样。⑤ 关于王弼的

---

① 方立天:《汉代经学与魏晋玄学》,《哲学研究》,1980年第3期,第56页。

② 方立天:《汉代经学与魏晋玄学》,《哲学研究》,1980年第3期,第56页。

③ 冯友兰:《中国哲学史新编》,第四册,人民出版社,1986年,第31～32、50～51页;《魏晋玄学贵无论关于无的理论》,《北京大学学报》(哲学社会科学版),1986年第1期。

④ 陈来:《魏晋玄学的"有""无"范畴新探》,《哲学研究》,1986年第9期,第55页。

⑤ 程宜山:《王弼哲学思想辨伪》,《哲学研究》,1984年第5期,第55页。

"无"，程宜山认为是"没有任何质的规定性的抽象存在物"，王弼哲学的精义是万物产生于无，依无而存在。① 关于王弼的认识论，程宜山认为不是言意之辨，也不是所谓"唯心主义的不可知论"。言意之辨是王弼解易的方法，言、象、意是关于语言、符号与思想的关系问题。在王弼看来，言、象、意都属于"有"，认识要获得的是"本"，即"无"。认识的方法是"涤除邪饰，至于极览"和"体无"。王弼的认识论是可知论而不是不可知论。关于王弼哲学的政治目的，有人说是王弼鼓吹君主无为、大臣专权，是为门阀士族把持政权制造舆论。程宜山认为这种说法是不准确的。当时曹魏和司马氏集团斗争的目标都是夺取最高权力，王弼建立贵无哲学的目的与其说是为了攻击名教，自毁藩篱，毋宁说是为了"去伪任诚"。王弼所谓以一统万都是主张君主专权的，他所说的君主无为的话，都是在阴柔之质处于尊位下说的。程宜山特别指出，王弼对"大有"卦的解释，指出此卦象是柔弱的君王处于群强之中，君主只有排斥权臣，才能无咎，正是对当时政治的说明。王弼的"无为"政治中"包含了许多对当时时势的真知灼见和切实可行的战略战术"，其政治思想"未可一笔抹杀"。

余敦康指出，中国哲学史表现为经典的解释史。何晏、王弼从经典中提炼出"以无为本"的命题，实现了经学思潮到玄学的转变。通常认为，何晏、王弼的哲学方法是辨名析理，这固然不错，但辨名析理仅只是解决了由具体到抽象的问题，提炼出了"无"，这一步已经由何晏完成了，还必须完成由抽象到具体的过程。王弼玄学思想高于何晏，"正在于结合具体的能力更强"，"王弼的方法论思想的主要特征也不在于'辨名析理'，而在于运用体用、本末的方法来处理'有'与'无'、现象与本体的关系，在抽象与具体之间架设了一道桥梁"。② 余敦康认为，王弼沟通本末、体用关系的思维方法是"崇本息末"，即发挥本体对于现象的统帅作用，得意忘言是这一方法的应用。《老子注》多以有无为基本范畴阐发本体论思想，《周易注》则探讨了具体情况下该如何行动，即由抽象到具体的过程。

---

① 程宜山：《王弼哲学思想辨伪》，《哲学研究》，1984 年第 5 期，第 56 页。
② 余敦康：《何晏、王弼方法论思想辨析》，《哲学研究》，1986 年第 12 期，第 45 页。

三、关于道教哲学研究

　　道教哲学在 20 世纪 80 年代以前几乎属于空白。1980 年后,随着中国哲学研究新领域的开拓,道教哲学逐渐进入学者视野。80 年代的道教研究还属于开拓性质,主要表现在多集中于关于道教史的介绍,以及开展道教史和道教哲学研究的呼吁,如《道教史琐谈》、①《道教略识》、②《中国道教史提纲》、③《关于道教研究的几个问题》、④《中国道教史》,⑤就哲学本身进行的研究还较少见。

　　关于道教史,钟肇鹏指出,应该包括道教的源流、理论、经典三方面。源流部分应说明其起源、流派、传承等;理论部分即道教思想史,属于哲学史的内容;经典部分属于文献学。⑥ 对于道教和道家的关系以及道教的起源和发展,钟肇鹏、卿希泰、金棹等人都进行了研究,其基本特点是强调道教和道家的联系,这是对冯友兰等人强调道家与道教的区别的逆动,也可视为对于两者关系认识的深入。钟肇鹏认为,道教虽然和道家并非一回事,但道教的产生和道家有一定的思想渊源。《老子》讲过"长生久视之道"的问题,《史记·老子列传》说过老子"以其修道而养寿",《论衡·道虚篇》也说过"老子之道,可为度世",道教吸收了这些说法,提出老子为道教教主。道教同时也吸取了中国古代原始宗教、巫术迷信、神仙家的服食炼养、辟谷延年、养生家的导引行气以及祭祀鬼神、五行说、谶纬等。"上标老子、次述神仙、下袭张陵",形成了原始道教。金棹认为,东汉末期,社会政治经济严重危机,地震等天灾不断,疾疫流行,汉世已衰成为社会的普遍感觉,祈求太平则成为社会普遍的愿望。道教的核心观念就是"太平将至"。道教

---

① 蒙文通:《道教史琐谈》,《中国哲学》第 4 期,生活·读书·新知三联书店,1980 年。
② 李养正:《道教略识》,《百科知识》,1981 年第 1 期。
③ 中国道教协会研究室:《中国道教史提纲》,《中国哲学史研究》,1983 年第 1 期。
④ 王国轩:《关于道教研究的几个问题》,《中国哲学史研究》,1982 年第 2 期。
⑤ 卿希泰主编:《中国道教史》第一卷,四川人民出版社,1988 年。
⑥ 钟肇鹏:《略谈道教史的研究和编写》,《哲学研究》,1987 年第 10 期。

综合了儒家的经世治国学说,道家关于"气"的学说、两汉的谶纬神学、原始宗教巫术、方术以及自然科学、医学、养生方面的内容;这些内容最终能够成为道教,关键在于西汉以来世俗文化宗教化的倾向。董仲舒的天人感应说、尤其是谶纬神学的广泛流传等,对于道教有很大的影响。道教作为一种宗教,具有对于神的膜拜和对于人的力量的依赖的奇异结合,这一特点在道教的目标由"救世"转为成仙修道的"度世"以后,仍然存在。神仙可学而至,"我命在我不在天"都是其表现。道教以积极有为的姿态出现,与其要应付的社会危机和现实苦难使命有关。总之,道教的出现,本质上是一种社会运动,而不是一种单纯的文化思潮。

卿希泰也认为,道家哲学乃是道教的思想来源之一。道教以老子《道德经》为主要经典,老子的"道"玄之又玄,十分神秘,庄子把道家解释为万古长存,得道后可以长生久视,可以成仙的思想,这些为道教所吸收,道教的基本信仰就是"道"。道教从宗教的角度把"道"解释为"神异之物"、"灵而有信";又把"道"与元气说结合起来,把老子看作"道"的化身。东汉章帝、明帝时,益州太守王阜作《老子圣母碑》就说"老子者,道也";张道陵《老子想尔注》也把老子作为道德化身。老子、"道"在道教中成为太上老君,天地万物的化身,信"道"成为信神,尊崇老子成为崇奉天神。先秦道家演变为黄老之学,黄老之学的养生之术又演变为道教的修炼方术。在卿希泰看来,道教也吸收了儒家的伦理纲常思想。道教把遵守纲常与得道成仙结合起来,比儒家单讲三纲五常更能发挥维护封建等级制度的作用。董仲舒的方术思想、谶纬神学关于修仙的思想,都成为道教利用的资料。此外,《易》学和阴阳五行思想对于道教也有较大的影响。东汉魏伯阳的《周易参同契》就是假借周易爻象论述成仙的方法的。道教也吸收了墨家尊天明鬼的思想,其中的自食其力、互利互助的思想也影响了《太平经》。道教中有些方术,也假托墨子之名。此外,道教还吸收了道教之前的神仙思想和神仙方术。总之,道教对传统文化作了多方面的吸收,所以,马端临说它"杂而多端"。①

---

① 卿希泰:《试论道教在中国传统文化中的地位》,《哲学研究》,1988 年第 1 期。

关于道教发展的历史,金棹认为,东汉晚期作为道教正式产生的开端,其标志是出现了《太平经》等道教经典以及太平道、五斗米教等组织以及一定的教规、教仪和崇拜的神灵等。[①] 钟肇鹏指出,道教最初的教团有北方的太平道、南方的五斗米道。太平道奉《太平经》为经典。五斗米道创始人为张道陵,奉《老子》为经典,张道陵又称天师,故此道也称为天师道。魏晋后葛洪创立了金丹道,近代还出现了"灵宝派",奉《灵宝经》为首经。南北朝时道教分裂为南北两派。北魏道士寇谦之对道教进行了一番改造,形成新天师道,主张"兼修儒教,佐国扶民",得到北魏政权的支持,被尊为"国师"。南朝陆静修"祖述三张,弘衍二葛",把天师道和金丹道结合起来,并吸收了佛教的教义仪规,制定了较为完备的道教科仪。陆静修还结集道经,称为"三洞",为后世编辑《道藏》奠定了基础。这一派成为南天师道。陆静修的弟子是陶弘景。唐宋时期是道教大发展时期。唐朝王室自称老子后裔,追封老子为"太上玄元皇帝",《老子》成为科考内容;修建道观、编修《道藏》等,道教学者辈出。五代时杜光廷、谭峭、陈抟,北宋时张伯端、陈景元都是著名的道士。这一时期也是外丹向内丹转化的时期。南宋的新道教派别有:王重阳的"全真道"、肖抱珍的"太一道"、刘德仁的"真大道教"、南宋何真公的"静明道"等。[②] 关于张角和《太平经》的关系,朱伯崑认为,张角不是根据《太平清领书》而是在批判它的基础上建立自己的"太平道"的。《太平经》维护汉朝统治,其中心思想是鼓吹"君、臣、民合成一家"。[③]《太平经》因袭了纬书的"木王、火相、土亡、金囚、水衰"的说法,而张角起义的口号是"苍天已死,黄天当立","黄天"为土,是和《太平经》相反的。[④]

钟肇鹏指出,神仙思想是道教的核心。道教继承了方仙道,肯定神仙,并提出了修仙的途径和方法。宗教都有一个彼岸的天国思想,只有道教认

① 金棹:《试论道教的起源》,《哲学研究》,1988 年第 11 期。

② 钟肇鹏:《略谈道教史的研究和编写》,《哲学研究》,1987 年第 10 期。

③ 朱伯崑:《张角与〈太平经〉》,《中国哲学》第 9 辑。转引自《朱伯崑论著》,沈阳出版社,1995 年,第 560 页。

④ 朱伯崑:《朱伯崑论著》,第 571 页。

为,人可以不死,肉体可以成仙。道教最主要的方法是炼丹,分为内、外丹。外丹是用各种矿物质炼制丹药,唐朝不少皇帝死于丹药,所以外丹衰微,内丹兴起。内丹把古代哲学关于精气神的理论加以提炼,主张三者的统一是"形",长生不死就是要保持精气神与形的统一。内丹说把人体比作炉子,精气神为烹炼对象,炼丹的过程是逆过程,就是使人返归本原,炼精化气、炼气化神、炼神还虚,复归于道。① 关于道教的理论基础,陈兵认为,道教徒心目中的道是一种根源性的终极实在,其属性中以"无名"最为根本。道教对于道的解释有四种。第一种是从有神论的角度出发,"以道为最高教主神"。第二种是发挥《老子》、《淮南子》以及汉代谶纬神学的天地万物生成说,从宇宙论的角度出发,"以道为万物始原元气或元气之根,以道为气、元气、祖炁"等。从宇宙论出发的另一角度是"以道为元气本源"。② 这一学说认为,万物产生后,道普遍存在于万物之中。第三种解释是从训诂出发,把道解释为"理、通、导、由、道路"等。第四种是从唯心论出发,"以道为人的心、神、或'元神'、'真心'、'真性'、'本心'"。③ 这种说法来自佛教的影响。北宋以来,受禅宗的影响,以"道"为人的真心、真性成为道教主流。道教徒对于"道"的解释虽然各不相同,但都是本着道无名无形、有情有信的角度进行发挥。道教对于"道"的解释可以分为三个阶段:汉魏到南北朝,从生成论的角度把"道"视为至上神,"道"主要是神学的命题;隋至北宋,道教集中建立哲理化的教义体系,道教以探讨人心禀赋的"道"——性命为中心,从实践方面说明明心见性、性命双修之道,这时"道"是心性论、实践论的命题;从外在的"道"指向内在于人心的"道",与其他宗教神学发展的轨迹一致。④

汤一介探讨了早期道教关于生死问题的理论,他指出,"汉末道教所要解决的中心问题就是生死问题,并且以如何求得'长生'为其目标"。佛教认为,人只有形神分离,摆脱轮回,才能脱离苦海。道教主张肉体

---

① 钟肇鹏:《略谈道教史的研究和编写》,《哲学研究》,1987 年第 10 期。
② 陈兵:《道教之"道"》,《哲学研究》,1988 年第 1 期,第 58 页。
③ 陈兵:《道教之"道"》,《哲学研究》,1988 年第 1 期,第 59 页。
④ 卿希泰:《试论道教在中国传统文化中的地位》,《哲学研究》,1988 年第 1 期。

成仙,人的身体和精神结合在一起长生不死,才能离开烦恼,进入超现实的世界。先秦时期神仙家主张肉体不死,灵魂常驻于肉体而超生,道教就是沿着神仙家的思想而发展的。关于超生死成仙的解脱方法,早期道教都主张"神仙由积学而至",所以特别注重身体的修炼,金丹、养气、符箓、辟谷、房中术。佛教靠内心证悟,道教靠外力。道教认为形神不离。战国时期管子学派把精神解释为"精气",这种观点被道教所改造吸收,成为长生不死的理论根据。道教认为,既然肉体和精神都是由气构成的,所以两者就可以永远结合在一起;只要把气养好了,就可以长生久视,肉体成仙。成仙后,气还可以成为支配万物的力量。气具有精神性、道德性和社会性。[①]

关于道教的思维方式及其与中国文化的关系问题,也得到了探讨。刘仲宇认为,"流动范畴"是道教思维方式的基础,道教强调羽化,"化"是道教思维第一要义。变化在道教中贯穿一切重要方面,不仅一般事物,神仙也能变化;道不仅自身变,也鼓动万物变化。道教强调,变化来源于《周易》和《老子》的"反者道之动"和"一阴一阳之谓道"。"道"是宇宙的起点,人是宇宙的产物,人和"道"隔着宇宙,道教的归根返元思想就是人和"道"合一。这个过程分为顺逆两方面。顺逆也是道教的重要范畴。变化、甚至宇宙演化都是可逆的,是道教的一个特点。顺自然变化则成人,逆而返修则成为仙佛。对于宇宙演化问题,儒家但主张顺,不主张逆。逆行是人掌握了宇宙规律后所从事的追求,这是道教在其宗教思想中容纳了较多的科学思维的萌芽。道教的第二个思维特征是"以象数为工具的唯象思维"。《周易参同契》、《悟真篇》、《性命圭旨》都体现了这一特点。如以乾坤为炉,坎离为铅、汞大药,以日月来解释炼丹的变化等。道教借助形象直观的方法不仅描述炼丹的过程,也解释其原理,其中包含着整体性和系统性的思想。道教认为,炼丹之所以可能,须从药料在阴阳五行中的属性和地位来理解。炼丹是一个周密运行的变化系统,内丹尤其如此,道教徒以恍惚、杳冥、乍沉乍浮加以说明。所以,内丹说强调领悟、灵感和体验,把审美、

---

① 汤一介:《略论早期道教关于生死、形神的理论》,《哲学研究》,1981 年第 1 期。

顿悟等结合在一起。这种思维方式也来源于《周易》,易历来分象数、义理两派,道教较多地继承了象数派的思维方式。① 关于道教在中国传统文化中的地位,卿希泰指出,道教在长期的发展过程中与儒、释相互排斥吸收,对于中国文化也产生了较大的影响。宋明理学吸收了道教的思想。唐代司马承祯的守静去欲理论为宋儒所吸收,周敦颐、邵雍都渊源于道士陈抟。南宋朱熹曾托名"空同道士邹䜣"为《参同契》作注,他把道教的宇宙图式理论和主静去欲思想相结合,构建了自己的客观唯心主义体系。道教对于文学艺术也有较大影响。不少戏曲词赋的主题都是道教神仙,典型的有"游仙诗"等。道教对于科技的影响,更是不容忽视的。②

卿希泰主编的《中国道教史》把道教史分为四个阶段。第一阶段是初创和改造期。张道陵的五斗米教和张角的太平道都是原始道教,东汉时葛洪在《抱朴子内篇》中总结了战国以来的神仙方法,提出内以神仙养生,外以儒家应世的思想,南北朝时经过寇谦之和陆静修对道教仪规的修订,道教逐渐成熟。隋唐到北宋是道教的兴盛阶段,其特点是道教社会地位提高、道教徒人数大增、组织更为强大、道教书籍大量刻印等。南宋至明代道教内部宗派纷起,在思想上各派都大量吸收儒释思想,尤其是吸收理学思想。元代道教分为正一和全真道两派。明廷对于正一派道教比较支持,在正统年间分别编辑了《正统道藏》和《续道藏》;明代道教还出版了各种劝善书。明代以后,道教进入衰落时期。关于研究道教史的意义,卿希泰指出,道教长期得到统治者的支持,研究道教史,可以更加全面地理解中国政治与历史;中国思想长期儒、道、释三家融合,相互吸收,研究道教,可以更加全面地理解中国思想史。此外,道教对于文学、艺术、尤其是科学技术也都有影响。关于研究的方法,卿希泰强调以马克思主义唯物辩证法为指导,实事求是,具体问题具体分析等。③

---

① 刘仲宇:《道教思维方式探微》,《哲学研究》,1988 年第 1 期。

② 卿希泰:《试论道教在中国传统文化中的地位》,《哲学研究》,1988 年第 1 期。

③ 卿希泰主编:《中国道教史·导言》第一卷,四川人民出版社,1988 年,第 1~17 页。

四、宋明理学研究

(一) 宋明理学研究态度的变迁

宋明理学研究是建国后受极"左"影响十分严重的领域之一,形成这一现状的原因大致有以下几端。首先,也是最根本的,是范式转换所导致的对中国哲学史的看法根本改变。其次,就中国哲学自身的发展来看,则是戴震以来的理学批判,尤其是"五四"时期"打倒孔家店"的思潮在 1949 年后中国哲学史界的延续。这种延续和范式转型合而为一。如前所述,儒家思想尤其是宋明儒学被认为是近代以来失利和挫折的根源,在日常语言中,"道学"已经变成一个贬义词。1949 年后的中国思想界对于宋明理学的研究和评价是沿着"五四"以来的思路又加以强化的方向发展的。新政权走的是农村包围城市的夺权道路,所以,朱熹、王阳明对农民起义的态度尤其是王阳明对农民起义的镇压,在新的意识形态下显得面目极其可憎。政治评价很自然地延伸到哲学史领域。镇压农民起义的哲学决不会有什么值得重视和认真对待的价值。第三个原因是对国民党政权崇尚儒家意识形态的清算。这不仅是说新政权与原政权是对立的,所以对旧政权推崇的东西,新政权一定要批判;其更深一层的理由在于,以儒家思想为意识形态的旧政权覆灭了,可见儒家思想不是历史的选择,不是一种能够使坚守它的政权成功的思想,不是一种能够解决中国问题的思想,所以必须进行批判和放弃。对于中国哲学史学科来说,还有一个原因就是对中国哲学史研究的冯友兰影响的清除。冯友兰在两卷本《中国哲学史》中,站在"正统"的立场上表彰宋明理学,尤其是程朱理学;他的"新理学"体系也是"接着"程朱理学讲。所以,在新范式下自然有一个对冯友兰哲学史研究的清算问题。这就要批判冯友兰的宋明理学研究,从而也必须批判既是他的研究所表彰的对象又是他的新理学的发源地的宋明理学本身。可以说批判冯友兰和批判宋明理学在 1949 年到 1976 年间存在着相互强化的趋势。宋明理学在遭受猛烈批判的过程中,逐渐演化成为落后、反动的符号。这可称为宋明理学的符号化现象。孔子也有一个被符号化、标签化的过程。符号化的结果是居于下流,众恶所归。不管一个人的思想行动如何,只要与这个名词沾上联系,就肯定是反动、落后的。"文革"前期为了批判刘少奇,就把他与孔子、宋明理学联系起来;"文革"后期为了批判林彪,又莫名其妙地把他与孔子、朱熹联系起来。① 这可以说是"五四"以来批孔批儒思潮沿着重力加速度方向发展到极端的表现。

　　大致在 1980 年以前,学术界对于宋明理学仍然是从政治和社会影响的角度进行评价。如说程朱理学是封建社会后期最反动的统治思想,是"扼杀一切新事物,窒息一切新思想的最沉重的精神桎梏,成为吞噬千百万无辜生命的'吃人礼教'。程朱理学的严酷统治,成为伟大的中华民族近世处于停滞和落后状态的一个重要的思想上的原因"。② 任继愈认为,儒家思想在宋明时期已经蜕化为"儒教",成为一种宗教。"宋明理学的建立,标志着中国儒教的完成","儒教的教主是孔子,其教义和崇奉的对象为'天地君亲师',其经典为儒家六经,教派及传法世系即儒家的道统论,有所谓十六字真传,其宗教组织即中央的国学及地方的州学、府学、县学,学官即儒教的专职人员。僧侣主义、禁欲主义、蒙昧主义,注重内心反省的修养方法,敌视科学、轻视生产,这些中世纪经院哲学所具备的落后的东西,儒教(唯心主义理学)也应有尽有"。③ 任继愈认为,"儒教应当废除","它已经成为阻碍我国现代

---

　　① 让我们看下面这段话:"叛徒、卖国贼林彪竭力吹捧朱熹,声称要学朱熹的'待人'哲学。他所以歌颂朱熹,就是要学朱熹那条尊孔反法的反动路线,对内搞封建买办法西斯专政,对外投降苏修社会帝国主义。他学着朱熹的腔调,借攻击秦始皇和法家学说来攻击无产阶级专政,利用孔孟之道的'王道'说教,要中国人民放弃反对国内外反动派的革命斗争,妄图把我国变为苏修帝国主义的殖民地。他步朱熹后尘,叫人把《四书》分类摘抄下来,拼凑成《四书集句》;摘抄《论语》,奉为孔孟之道的'精华',作为他搞反革命政变的座右铭。林彪如此崇拜朱熹和《四书》,充分说明了他是一切被推翻的反动阶级和反动派的代理人,是一个混进我们党内的儒。"——《儒法斗争史概况》,人民出版社,1975 年,第 95 页。又:"王守仁的这套唯心主义修养经(知行合一——引者注),受到后代反动统治者的推崇。叛徒、内奸、工贼刘少奇也胡说什么农民和地主、革命和反革命的区别是由于'一念之差',妄图用这种唯心主义的说教,为地主恶霸、叛徒、卖国贼的罪恶行径作辩护。叛徒、卖国贼林彪则大肆宣扬'狠斗私字一闪念',胡说什么成功与否决定于'一念之差'。刘少奇一类骗子还公开鼓吹王守仁的'知行合一'是什么'辩证法'思想。他们企图用这种唯心主义的修养经,来阻挠广大群众参加三大革命实践,麻痹人民的革命意识,以便于他们篡权复辟。"——《儒法斗争史概况》,第101~102 页。
　　② 丁伟志:《儒学的变迁》,《历史研究》,1979 年第 12 期。
　　③ 任继愈:《儒家与儒教》,中国社会科学院历史所《中国哲学》编辑部编:《中国哲学》第 3辑,生活·读书·新知三联书店,1980 年,第 9~10 页。

化的极大的思想障碍"。① 他说："儒教带给我们的是灾难、是桎梏、是毒瘤，而不是什么优良传统。它是封建宗法专制主义的精神支柱，它是使中国人民长期愚昧落后、思想僵化的总根源。有了儒教的地位，就没有现代化的地位。为了中华民族的生存，就要让儒教早日消亡。"②

另一方面，对于宋明理学究竟是什么性质的学问，该如何研究和评价？学术界也在重新思考。1980 年，冯友兰在《哲学研究》第 10、11 期连续发表《程颢、程颐》，表现了一些新特点。从总的框架上看，冯友兰仍然是从"二程的家世"、"二程对于王安石新法的态度"开始讲的。前者一般是要对二程进行阶级分析，后者则是为了说明其政治态度。1949 年后新范式下的中国哲学史研究都是从这几项开始的。冯友兰的特点是更为客观，尤其表现在关于程颢对王安石新法的态度的说明上。在对二程思想的性质的分析上，冯友兰的特点在于，他不是按照通常的宇宙论(唯物/唯心)、发展观(辩证法/形而上学)、认识论(唯物主义的反映论/唯心主义的先验论)、人性论(抽象的人性论)、历史观(唯心史观)这几块进行分析的，而是根据二程哲学的特点，提出了"程颢待人接物的态度"、"程颢的哲学思想和精神境界"、"二程论天理"三个部分。③ 这种写法无疑更切近二程和道学的特点。在具体内容上，冯友兰强调，道学不是一种知识，而是一种精神境界，是对世界的"理解"。"理解越多，人的精神世界就越高"；"理解就是'观'"。④ 程颢的精神境界是"浑然与物同体"，取消主客观的界限，"合内外之道"。这些其实都是新理学的思想。虽然冯友兰也说"'合'的结果，就是融客观于主观，成为主观唯心主义"，但这并不同于以往纯粹排队式的研究，而是着眼于哲学家思想内容分析后的一个点明，其重心毋宁仍在内容分析。冯友兰具体说明了这种境界的"无事"、"诚敬"、"反身而诚"、"廓然大公"、"物我两忘"的特点。

---

① 任继愈：《儒家与儒教》，中国社会科学院历史所《中国哲学》编辑部编：《中国哲学》第 3 辑，生活·读书·新知三联书店，1980 年，第 12 页。

② 任继愈：《论儒家的形成》，《中国社会科学》，1980 年第 1 期，第 74 页。

③ 最后一部分据冯友兰所说，由于心脏病复发，没有写新的，而是把旧作拿出来作为结尾的，见《哲学研究》，1980 年第 11 期，第 66 页。

④ 冯友兰：《程颢、程颐》，《哲学研究》，1980 年第 10 期，第 57 页。

在"二程论天理"部分,冯友兰指出,程颐所说的天理是形而上的形式,程颢所说的天理则类似于一种自然趋势。程颐重视形而上下的区别,程颢则不甚重视等。

1981年7月20日,冯友兰在给李泽厚的信中提出为宋明理学"平反"。他说:"时论认为,玄学和道学,都是陈腐的东西,不值一提,甚至不值一驳。你为玄学平反了,我赞成,可是道学尚未平反。虽未平反,却为平反准备了条件,树立了前提。照这个前提,逻辑地推下(去),你就非给他平反不可。……你说魏晋风度是人的问题,人的自觉,我同意。我说道学也是如此,道学批判了玄学,也继承了玄学。我说:道学是'人学',也是'仁学'。……魏晋人称风度,宋人称气象,二者其实一也,都是精神境界的表现。……由玄学一转语,便是道学。乐广所谓'名教中自有乐地',有此意,有此意。你称儒家为理性主义,此论甚是。……你只讲了先秦理性主义,道学只是理性主义的发展。附带说一句,先秦理性主义的发展高峰还是孟轲,不是荀况。中国的理性主义的出发点是'性善',荀况主张'性恶',这从出发点就错了。你的书的主题之一是,中国文化以儒道两家理性主义为浪漫主义的互相补充。如将道学说清,此意就更明显。"[1]李泽厚在回信中说:"曾经撰文试为宋明理学平反,与时论不合而与尊信有吻合之处";"尚有一些重要哲学问题(如我以为天人合一乃中国哲学之精髓,而可予以马克思主义之解释,对来日哲学极有价值),亦甚望当面聆教。"[2]

1980年至1981年,学术界连续召开两次宋明理学讨论会。1981年10月会议,国内外包括港台地区共有二百六十多名学者参加,会后出版了《论宋明理学》、《论中国哲学史》两本论文集,较大地推进了宋明理学的研究。1981年以后的论文呈现出与此前研究不同的特点,主要表现为对宋明理学的评价开始持较为客观的态度,首先是把宋明理学作为知识性对象进行研究,而不是片面地、偏激地批判或抨击,把它说成是"吃人"、"反动"。在研究

---

[1]　中国社会科学院历史所《中国哲学》编辑部编:《中国哲学》第9辑,生活·读书·新知三联书店,1983年,第390～391页。

[2]　蔡仲德:《冯友兰先生年谱初编》,第600页。

的内容上,不是以政治代替对哲学内容的分析,而是具体地就宋明理学的内容,把宋明理学作为人类认识、作为人类思维的一种进行研究;重视其学派的传承演变脉络的分析;对其社会影响的积极和消极意义都加以分析,而不是单方面的指责。但是,把理学作为"人学",肯定其价值意义甚至把它作为精神的境界的,冯友兰仍是绝无仅有。20 世纪 80 年代以后,宋明理学研究出现了一批著名的成果,有侯外庐主编的《宋明理学史》两卷三册,这是解放后第一部系统的宋明理学史专著。蒙培元的《理学的演变》和《理学范畴系统》,张立文的《宋明理学研究》等。20 世纪 70 年代末中国哲学史研究人才培养步入正规化轨道,一批硕士点、博士点得以建立。1985 年中国哲学专业第一批博士毕业,北京大学陈来的博士论文《朱熹哲学研究》严密、系统、深入,是对朱熹哲学研究的一个推进。

(二) 宋明理学通论

1. 宋明理学的名称与内容

关于宋明时代哲学的习惯称谓与分派,一般都还叫做"宋明理学",只是把"理学"分为广义和"狭义"两种。广义的"理学"即整个宋明时期的儒学,狭义的理学即"程朱理学"。冯友兰把宋明儒学称为"宋明道学"。他认为"道学"是固有的名称,程朱多次使用;从哲学史的角度看,道学起源于韩愈的"道统","理学"不易区分程朱和陆王,不如"道学"更合适。道学是一个思潮。[①] 关于宋明理学的分派,传统上是分为理学和心学。1949 年后张岱年等提出,理学内部还存在一个唯物主义派别,如张载、王廷相、罗钦顺、王夫之等。宋明理学可分为气一元论、理一元论和心一元论三派。[②] 朱伯崑进一步认为,宋明时期哲学可分为理学、心学、气学、象数学、功利学五个派别。[③]

宋明理学究竟是一种什么样的学问? 张岱年认为,宋明理学是为封建等级秩序提供哲学论证的,起着加强封建等级制度的作用。这也是大部分

---

① 冯友兰:《略论道学的特点、名称和性质》,《论宋明理学》,浙江人民出版社,1983 年,第51 页。

② 张岱年:《论宋明理学的基本性质》,《哲学研究》,1981 年第 9 期,第 24 页。

③ 见朱伯崑:《蜀学哲学史》第二卷(华夏出版社,1995 年)有关章节。

学者的观点。《宋明理学史》认为"宋明理学是封建社会后期的统治思想"。① 李泽厚提出了不同看法,他认为,"以朱熹为首要代表的宋明理学在实质意义上更接近康德。因为它的基本特征是,将伦理提高为本体,以重建人的哲学",无论格物致知还是知行合一的认识论,也无论是太极、理、气的宇宙观,都"服务于建立这个伦理主体,并把它提到与天地参的超道德本体地位"。② 李泽厚此文发表在冯友兰写信要他为宋明理学"平反"之后,他把宋明理学说成是"人的哲学",和冯友兰把宋明理学说成是"人学"一致,可以说包含了"平反"的意思。冯友兰认为:"道学是关于人的学问。它讲的是人在宇宙中的地位,人和自然的关系,个人和社会的关系,个人发展的前途和目的。这一类问题,都是人类精神生活中比较带基本性和普遍性的问题。"③张载的《西铭》谈到了人的本质,即人性,也就是"仁";大程的《识仁篇》提出"识仁",打破人我、物我的界限,达到与物同体的"仁"的精神境界。一个人如果能达到这种精神境界,就突破了人与自然的对立,取消异化,实现了人性的复归。人还面对另外一种异化,即社会的异化。"礼"便是社会制度、社会秩序和社会关系对人的约束和限制,是个人和社会的矛盾的集中体现。道学家认为个人修身与齐家治国平天下不可分离,只修身而不能治国平天下,是有体无用,反之是有用无体。社会和个人融为一体,既不分离,也不对立,这样就实现了社会的复归。实现了这两种复归,就克服了人生的两种矛盾,就达到了"和"或"中和",矛盾的对立面都不发展到冲突。④

　　2. 宋明理学的特点

　　张岱年认为有三个:第一是为先秦孔孟的伦理道德学说提供了本体论基础;第二是把封建地主阶级的道德原则说成是永恒的绝对的最高原则,为封建等级秩序提供理论辩护;第三是"认为在现实生活中提高一定的觉悟即可达到崇高的精神境界,而不需要承认灵魂不死,不需要承认有意志的上

---

① 侯外庐、邱汉生、张岂之主编:《宋明理学史·序》上卷,人民出版社,1984年,第8页。

② 李泽厚:《宋明理学篇论》,《中国社会科学》,1982年第1期,第31页。

③ 冯友兰:《略论道学的特点、名称和性质》,《论宋明理学》,第37~38页。

④ 冯友兰:《略论道学的特点、名称和性质》,《论宋明理学》,第47页。

帝"。① 李泽厚认为,宋明理学的基本特征是"将伦理提高为本体,以重建人的哲学"。宋明理学与康德哲学结构相似,内容相反。康德是由知性范畴主宰感性经验材料,宋明则是由先验的天理、天地之性主宰人欲、气质之性,以完成伦理行为。康德"是外向的认识论,要求尽可能提供感性材料,以便形成普遍必然的科学知识;宋明理学是内向的伦理学,要求尽可能去掉感性欲求,以履行那'普遍必然的伦理行为'。前者的先验范畴(因果等等)来自当时数学和自然科学;后者的先验范畴(理、道等等)来自当时的社会秩序制度(封建法规);前者把认识论和伦理学截然分开,要求互不干涉,保持了各自的独立价值;后者却将二者混在一起,于是纠缠不清,实际上认识论在宋明理学中完全屈从于伦理学。"②所以,"宋明理学是一种伦理学主体性的本体论。这种本体论要求在平凡中见伟大,'极高明而道中庸',在日常生活中展现出道德律令的普遍必然和崇高地位。它比起以个人为本位,一味追求空寂长生的释老的认识论来说,明显地具有高屋建瓴压倒它们的优越气势"。总之,"伦理本体,非功利的绝对命令,立法普遍性和意志自律,宋明理学确实在理论类型上近乎康德而不同于其他人"。③ 宋明理学与康德哲学有什么不同? 李泽厚指出,两者除了阶级和时代背景之外,在理论上还有差异。如同冯友兰所指出的那样,"康德只讲'义',理学还讲'仁'"。在康德哲学中,理性与认识、本体与现象截然分割,实践理性只是"绝对命令"和"义务",与现象世界的情感、观念以及因果、时空毫不相干,唯其如此才能保持其超验的本体地位。而中国的实践理性则从不割断本体与现象,而是从现象中求本体,即世间而超世间,强调的是天人合一,万物同体。"康德的'绝对命令'是不可解释、无所由来(否则即坠入用因果律的现象界了)的先验的纯粹形式,理学的'天命之谓性'('理')却是与人的感性存在、心理情感息息相通的。它不止是形式,而有其诉诸社会心理的依据和基础",宋明理学是把绝对命令建立在某种具有社会情感内容的"仁"上。康德道德的前提是原罪

①　张岱年:《论宋明理学的基本性质》,《哲学研究》,1981年第9期,第25页。

②　李泽厚:《宋明理学片论》,《中国社会科学》,1982年第1期,第35页。

③　李泽厚:《宋明理学片论》,《中国社会科学》,1982年第1期,第40页。

说,宋明则是性善说。宋明理学的特点是心理与伦理交融,"把本来说得极高、极大的'天命人性'、道德法则、伦常秩序,最终又归结到充满感性血肉的心理情感的依据上,这样就使其为印证伦理本体而设定的整个宇宙论、世界观、也带有人情化、生命化的意味。对'仁'、'恻隐之心'的极大肯定与对整个感性自然的生长发展的肯定,是类比地联系在一起的。因之在宋明理学中,感性的自然界与理论伦常的本体界不但没有分割,反而彼此渗透吻合在一起了。'天'和'人'在这里都不止有理性的一面,而且具有情感的一面"。① 由于这种特点,孔颜乐处在宋明理学是"属伦理而又超伦理,准审美而又超审美的目的论的精神境界",康德的道德论仍然是客观目的论,主观目的论只存在于审美世界,宋明理学的天人合一则是主观目的论,它标志着人所能达到的超伦理审美的本体世界,"是人的最高存在"。"这个本体境界,确乎与物我两忘而非功利的和审美快乐和美学心境是相似和接近的"。② 李泽厚认为,宋明理学的感性、理性部分也包含着内在矛盾:一是把暂时性的社会规范视为普遍必然的天理,导致对人的"性命"的扼杀;一是蕴涵着对整个理学体系的破坏的可能性,到明代"心"开始突破理时,理学体系便瓦解了。为什么北宋时期具有丰富科学材料的宇宙论没有向实证科学方向发展,反而浓缩为心性之学? 也就是说,宋明理学"由宇宙论转向为伦理学的这种逻辑结构的现实历史依据何在"? 李泽厚认为这是一个值得研究的问题。

理学为什么会衰落? 崔大华认为,原因有两个,分别存在于其本体论和修养方法中。首先,理学否定了人性中的积极方面,把道德感说成是天命之性,把生理本能等欲望说成是恶、人欲或气禀之性,使天理和人欲的对立存在于人的本性之中,这就否定了人性中本应是动力因素的积极方面——意欲、需要、热情等人的历史主动因素。其次,二程忽略了人在道德进步中的知识因素,把道德和知识放在对立的位置上,认为知识的增长会带来道德的破坏。其实,没有道德提高,固然驾驭不了知识的增长;但没有知识的增长,

---

① 李泽厚:《宋明理学片论》,《中国社会科学》,1982 年第 1 期,第 41 页。
② 李泽厚:《宋明理学片论》,《中国社会科学》,1982 年第 1 期,第 41 页。

道德就会凝固僵化。理学家认为封建道德是绝对合理和完善的,他们的文化实践都局限于对经典的诠释和道德践履,对异己的学术思想和文化抱冷漠乃至排斥的态度,造成了理学封闭自足的体系。既生长不出,又引不进来,产生于中国文化的理学就反而破坏和抛弃了中国文化。①

3. 宋明理学是不是宗教

如前所述,任继愈主张宋明理学为宗教。对此,冯友兰表示不同意。他指出,儒家不主张出世,不主张有一个来世天国,孔子也不是教主,是人不是神,所以,道学和宗教本质上是不同的。② 张岱年也不同意把宋明理学作为宗教,他指出,"理学是哲学而不是宗教","理学不信仰有意志的上帝,不信灵魂不死,不信三世报应,没有宗教仪式更不做祈祷,所以理学不是宗教"。③ 关于这个问题,20 世纪 90 年代有更为深入的讨论。

4. 理学与反理学

"反理学"的概念最先是由胡适提出的,侯外庐接受了这个概念,把它作为与唯心主义的理学思潮相对立的唯物主义思潮运用于中国思想史研究。侯外庐主编的《宋明理学史》对这个问题进行了说明,指出"理学与反理学的斗争,不是理学这一派与那一派的分歧",朱陆、朱王、王学内部各派的分歧都是理学内部的分歧,"反理学则是另外一种情况"。反理学有一个过程,最初是陈亮、叶适等在个别问题上与朱熹进行辩论,到明代,才有思想家对理学进行全面的出击。"明末泰州学派批判理学也是理学与反理学的斗争",研究反理学的发展过程,可以"从对立方面更加深刻地阐明理学本身的思想特点及其演变过程"。④ 姜广辉赞成存在一个反理学的思潮。他认为,理学和反理学的界限"一在于赞成还是反对禁欲主义,二在于赞成还是反对静敬功夫"。⑤ 南宋的陈亮、叶适,明代王廷相、黄绾、李贽,清代的陈确、费密、王夫之、颜元、戴震等人,都是反理学学者。张岱年认为,北宋时期,王安石的

---

① 崔大华:《理学衰落的两个理论因素》,《哲学研究》,1989 年第 3 期,第 41～44 页。

② 冯友兰:《略论道学的特点、名称和性质》,《论宋明理学》,第 54 页。

③ 张岱年:《论宋明理学的基本性质》,《哲学研究》,1981 年第 9 期,第 26 页。

④ 侯外庐、邱汉生、张岂之主编:《宋明理学史》上卷,第 14～15 页。

⑤ 姜广辉:《试论理学与反理学的界限》,《哲学研究》,1982 年第 11 期,第 65 页。

"新学"、苏辙的"蜀学"都是反对理学的;南宋时,陈亮、叶适也都是反对理学的。不过,理学和反理学都是封建思想,过分推崇一方,贬低另一方,也是不对的。①

5. 理学研究的方法论及其评价

张岱年认为,理学是封建意识在哲学上的表现,是保守的,对当时的生产关系起着巩固作用。进行社会主义建设,必须批判宋明理学。这种观点在 20 世纪 80 年代是非常普遍的。不过,张岱年又指出,明代中叶以前,中国还没有出现资本主义生产关系,封建生产关系还没有过时,所以,"明代中期以前,理学还不能说是反动的思想"。② 这样评价可以说比较接近客观了。关于理学的积极方面,张岱年指出,"理学在中国民族文化的发展史上曾经有过巨大的影响,不能简单地予以抛弃";"理学家讲究操守、强调气节,提倡'舍生取义'的精神,宋代以后,许多反抗侵略的民族英雄表现了坚贞不屈的民族气节,这与理学的熏陶是分不开的";理学肯定人的价值、人的尊严和人生的意义,追求较高的精神境界,"这种在无神论的基础上充分肯定人的价值的学说,确实具有重要的理论意义"。关于宋明理学在思维方面的积极意义,张岱年认为,张载的气一元论、程朱的理一元论都达到了较高的理论水平。张载对于变化的研究,阐发了对立统一学说;程朱的"即物穷理"推动了学术的发展;陆王强调独立思考,对人的能动性有所发挥,所以,宋明理学在认识上的作用不可忽视。③ 李泽厚在批判理学的同时,又发出了"宋明理学就是思想史上毫无意义的一堆破烂吗"、"它本身是否还有某种价值呢"的反问。他指出:"宋明理学细密地分析、实践地讲求'立志'、'修身'、以最终达到'内圣外王'、'治国平天下',把道德自律、意志结构,把人的社会责任感、历史使命感和人优于自然等方面,提扬到本体论的高度,空前地树立了人的伦理主体的庄严伟大。在世界思想史上,大概只有康德的伦理学能够与之匹敌或相仿。"④

---

① 张岱年:《论宋明理学的基本性质》,《哲学研究》,1981 年第 9 期,第 29 页。
② 张岱年:《论宋明理学的基本性质》,《哲学研究》,1981 年第 9 期,第 30 页。
③ 张岱年:《论宋明理学的基本性质》,《哲学研究》,1981 年第 9 期,第 30 页。
④ 李泽厚:《宋明理学片论》,《中国社会科学》,1982 年第 1 期,第 52 页。

侯外庐等人对于理学的评价与冯友兰、李泽厚明显不同。侯外庐提出，"从政治作用来说，理学是思想史上的浊流"，如周敦颐的理学，"论证了封建君主的独尊地位，论证了封建镇压的经义根据。其反人民的思想性格是十分明显的"。① 侯外庐重视理学的理论思维意义。他指出，就思想方面来说，宋明理学提出了许多新的范畴，如人心、道心、天地之性、气质之性、体用一源、显微无间、理一分殊、格物致知等，宋明理学家对哲学范畴、命题进行了精深微密的分析，"标志着宋明理学达到了思想发展史上的新的水平。它提出的范畴、命题，所讨论的问题，是新的。它探究的学术理论的广度和深度，是前所未有的。这种成就，应该得到思想史、哲学史研究工作者的高度重视"。② 侯外庐提出了建立"科学的理学史"的任务。③ 他说："从'五四'运动迄今六十多年的中国历史证明：只有用马克思主义、毛泽东思想为指导，进行宋明理学史的研究，才能还它以本来面目，使我们了解它在中国思想史上的地位和作用。"④乌恩溥提出，宋明理学作为官方哲学，其作用"只能是阻碍社会生产力的发展，对新兴市民阶层的产生和成长起压抑甚至摧残作用。对于宋明理学的评价，应坚持实事求是的原则，不能"不适当地抬高古代哲学家的历史地位和作用"，把王阳明的致良知说成是看到了"人之所以为人"，重视人的意义和作用，不符合历史事实。对于宋明理学，还必须坚持阶级分析的原则，宋明理学是维护封建秩序，维护封建等级制度的。王阳明的致良知在社会政治方面的意义就是维护封建等级制度。"把宋明理学作为社会主义社会的意识形态的一个组成部分，同样是办不到的。"⑤

6. 若干宋明理学专著的研究

20 世纪 80 年代关于宋明理学的研究出版了几部著作。按时间顺序分别为侯外庐、邱汉生、张岂之主编的《宋明理学史》上下卷三册、蒙培元《理学

---

① 侯外庐、邱汉生、张岂之主编：《宋明理学史》上卷，第 21 页。
② 侯外庐、邱汉生、张岂之主编：《宋明理学史》上卷，第 20 页。
③ 侯外庐、邱汉生、张岂之主编：《宋明理学史·序》上卷，第 3 页。
④ 侯外庐、邱汉生、张岂之主编：《宋明理学史·序》上卷，第 3 页。
⑤ 乌恩溥、吕希晨：《研究宋明理学必须坚持马克思主义基本观点》，《中国哲学史研究》，1984 年第 2 期，第 31 页。

的演变》、张立文《宋明理学》、陈来《朱熹哲学研究》、蒙培元《理学范畴系统》等。这些著作把宋明哲学的研究提高到了一个新的水平。

　　侯外庐等主编的《宋明理学史》与《中国思想通史》第四卷相比,有连续性,也有不同。在分期方面,《中国思想通史》根据土地所有权的演变,把封建社会划分为两个阶段。前期从秦汉到隋,后期以隋唐为过渡到1840年止。所以,《中国思想通史》第四卷把隋唐宋明时期哲学放在一起,都作为中国封建社会后期阶段的哲学思想。① 这种分法与冯友兰等人把宋明单独作为一个阶段不同。《中国思想通史》的这个思想在《宋明理学史》中得到了延续。《宋明理学史》上卷在谈到宋明理学产生的社会条件时指出,唐代中期以后,中国封建社会进入后期阶段,国家逐渐承认土地私有权,农民阶级的人身依附有所减轻,过去为争取人身权利的农民起义改变为争取财产平均权利的斗争。在阶级分析方面,《中国思想通史》把社会阶级分为"品级性豪族地主"及庶族地主为代表的剥削阶级和依法被束缚于土地之上的农民和失去土地的贱民,指出剥削阶级和被剥削阶级之间的矛盾是封建社会的基本矛盾。哲学史上唯物主义和唯心主义的斗争,基本发生在庶族地主和品级性地主之间。《宋明理学史》把统治阶级内部的不同阶层划分为"身份性地主"和"庶族地主",认为中世纪等级关系的一个重大变化是身份性地主和庶族地主势力的递嬗。② 在对人物思想的评价方面,《宋明理学史》基本上延续了《中国思想通史》的观点。如关于张载,《中国思想通史》肯定其气论有唯物主义因素、"两"论有辩证法因素,同时又指出,张载哲学中"还存在着更多的唯心主义、神秘主义的成分"。张载的气论没有涉及精神和物质的关系问题,所以他又"从唯物主义的观点堕落下来,走向二元论的体系"。③ 张载作为一个唯物主义者,是张岱年首先发掘出来的。与张岱年对张载的唯物主义的表彰相比,《中国思想通史》对于张载的评价总体不高。这种态度在《宋明理学史》中得到了延续。《宋明理学史》认为张载的唯物主义"是很

---

　　① 侯外庐主编:《中国思想通史》第四卷(上),第1页。
　　② 侯外庐、邱汉生、张岂之主编:《宋明理学史》上卷,第5～6页。
　　③ 侯外庐主编:《中国思想通史》第四卷(上),第555～556页。

不彻底的"，"太虚"和气的运动变化的"神"的概念"明显地带有神秘主义的色彩"。① 但是，把《宋明理学史》作为《中国思想通史》第四卷的独立发行本也是不妥的。前者与后者相比，具有很多新的特点，即使是与《中国思想通史》观点延续的地方，也不是照搬。《宋明理学史》是经历过了"文革"和"文革"后对中国哲学史研究的反思的产物，更多地反映了20世纪80年代中国哲学史研究的成果和水平。可以说，两部著作的不同，是50年代的和80年代的中国哲学史研究的不同。

从篇幅上看，《宋明理学史》要大于《中国思想通史》的宋明部分。这反映了思想认识和人物发掘的新成就。从结构上看，二者的不同就更明显了。《宋明理学史》把宋明理学单独列出来，这本身就是对《中国思想通史》的历史阶段分期的一个改变。《宋明理学史》更具有哲学"史"的特点，《中国思想通史》是选取了宋明阶段几个主要人物加以论述而构成的，"史"的特点还不十分突出，所以，《中国思想通史》出版后，侯外庐就开始酝酿编著《宋明理学史》，"以阐明理学的产生和演变及其在中国思想史上的地位"。② 《宋明理学史》则恰好是从"理学发展的角度来进行分析研究"的。③ 最能体现这一特点的应该是对元代理学的阐述。通常哲学史著作都是把明代王阳明哲学直接与陆九渊联系，忽略了中间的过渡环节。《宋明理学史》发掘了元代朱陆合流及陆学传承的线索，既填补了哲学史研究的空白，也补充了思想发展线索的完整性。

在运用阶级分析方面，《宋明理学史》与《中国思想通史》也有明显区别。《中国思想通史》对隋唐宋明时期的社会和阶级状况进行了非常详细的分析，占很大的篇幅，除了36页的第二、三、四卷《补序》外，还有长达107页的《中国封建社会的发展及其前期向后期的转变的特征》。《宋明理学史》在关于宋明理学产生的条件的论述中，涉及社会状况与阶级分析的篇幅仅有2页稍多，分量大为减缩，根本无法与前者相比。在对人物的具体的阶级分析

① 侯外庐、邱汉生、张岂之主编：《宋明理学史》上卷，第104页。

② 侯外庐、邱汉生、张岂之主编：《宋明理学史·序》上卷，第1页。

③ 侯外庐、邱汉生、张岂之主编：《宋明理学史》上卷，第21页。

方面,《中国思想通史》无疑更为严格和直接,哲学家的思想和他的阶级出身之间的关系简直就是"如影随形"。仍以张载为例,对于张载关于宗子法的观点,《中国思想通史》认为,张载一方面肯定品级性地主豪族地主的利益,另一方面又允许那些崛起于贫贱之中的庶族地主编入品级地主中。"这种见解应与他本人的身世地位合并考察。"张载祖上世代为小官,不是显族,由于与洛阳程氏联姻,家族处于上升之中,所以张载兄弟也屡为旧党所荐。① 张载对于洛阳豪贵"又景慕、又有区别"的政治态度和社会主张不能不影响到他的哲学思想。"这就是说,他一方面可能积极地走向唯物主义的、无神论的方面;但另一方面,他又不能摆脱禅学以及二程洛学的影响和束缚",② 张载的二元论特点和唯心主义及神秘主义成分的阶级根源与社会根源,即在于此。③ 而在《宋明理学史》中,这种"如影随形"式的分析没有了,取而代之的是把他关于宗法制度的思想与整个封建制度联系起来,指出"张载敏锐地看出宗法制度的废除对于封建政治制度的危害";他的"目的是重新使宗法制度成为封建社会维护官僚特权统治和封建等级制度的工具,通过保全封建官僚家族的社会地位,以巩固封建统治"。④ 这就摆脱了对张载思想的认识的狭隘性。关于张载思想的性质,《中国思想通史》认为具有唯物主义因素,最后又陷入二元论和神秘主义;《宋明理学史》则认为张载哲学的性质是唯物主义的。

　　《宋明理学史》对于人物的评价较之《中国思想通史》态度更趋于温和、客观和公正。这可从关于二程和张载的关系、朱熹的政治态度以及对王阳明哲学的社会意义的评价上看出来。关于二程洛学与张载关学的学术异同,《中国思想通史》指出,正统史学家所谓关学出于洛学的观点是不正确的,张载弟子吕大临在撰写张载行状时曾说张载见了二程以后,"尽弃所学而学焉",受到程颐的批评后改为"尽弃所学,淳如也"等。《中国思想通史》的基调是发掘二程和张载的矛盾:张载不肯接受洛学,程颐对关学表示防

---

① 侯外庐主编:《中国思想通史》第四卷(上),第547页。
② 侯外庐主编:《中国思想通史》第四卷(上),第547页。
③ 侯外庐主编:《中国思想通史》第四卷(上),第561页。
④ 侯外庐、邱汉生、张岂之主编:《宋明理学史》上卷,第89、90页。

范。二程在学问上批评张载的"虚"；张载死后关学失去领导，"二程看到了这个机会，便开始一系列活动，企图夺取这一学派的领导权"。① 吕大临的《东见录》中记载了不少二程对张载的"攻讦"，二程宣扬"关中士人沦丧，'气焰'已衰"，"程颐亲赴关中，为洛学作广泛的宣传"；"二程常常暗示张载的学行是有缺点，不如二程自己是当代活圣人"，如学者问程颐对《西铭》的评价，程颐说张载那是贤人"造道之言"，不过是"圣凡之间"。张载虽然"高才"，"但不有诸己，亦反失之，如苏（秦）、张（仪）之类"。《中国思想通史》指出，此"可见二程对'高才'的蔑视。这样说来，张载不过是小有才智的聪明人而已，于大道反而失了之"。②《中国思想通史》关于二程对张载的态度的描写超出了学术异同的辨析，甚至可以说颇有些人身攻击的意味。《中国思想通史》之所以对二程采取如此严厉的态度，恐怕还是因为二程是唯心主义者，张载是唯物主义者（尽管不完善），二程对于张载的批判是唯心主义对于唯物主义的攻击。还有更重要的一点，是为了批判鼓吹洛学的冯友兰。以《中国思想通史》写作时的社会背景来看，唯物主义和唯心主义除了哲学分派意义之外，在政治、社会方面还有更多的意义，如进步与保守、无产阶级与资产阶级、资产阶级右派对中国共产党的攻击、"轮流坐庄"等，这些意象都会介入到对古人的评价中。所以，从某种意义上说，对于二程的批判也是对《中国思想通史》写作时的中国社会中的资产阶级唯心主义的批判。面对社会上资产阶级右派、唯心主义者的"猖狂进攻"，对于二程的批判就不能不严厉。《中国思想通史》把张载的弟弟张戬作为关学的"右派"，指出二程更赞赏张戬。"右派"一词，甚可玩味。

在撰写《宋明理学史》时，社会背景已大不相同。《宋明理学史》指出，"张载同二程的关系是很密切的。他们之间的来往也比较多。这不仅仅是因为张、程之间的亲戚关系，而且也因为在当时学术界的四大主要派别（新学、洛学、关学、蜀学）中，洛学与关学的观点是比较接近"；"二程对张载是很敬重的，尤其称赞他学而不杂，重视礼教"；"二程最赞赏张载的《西铭》，认为

---

① 侯外庐主编：《中国思想通史》第四卷（上），第563页。
② 侯外庐主编：《中国思想通史》第四卷（上），第564页。

《西铭》是秦汉以来儒家最优秀之作",但他们对《西铭》的"评价也是有分寸的",认为张载还不算圣人。①和《中国思想通史》相比,《宋明理学史》对于二程的态度的变化十分明显。关于张载和二程的思想异同、如虚、形上形下、"穷理尽性以至于命"的理解,《宋明理学史》都进行了较为客观的分析。《中国思想通史》认为"张载受洛学的影响可以说是相当深的"。《宋明理学史》从理学发展的角度、而不是《中国思想通史》的政治和两军对垒的角度指出,"张载的思想对二程深有影响","张载提出的一些命题,经二程的扩充、发展,成为理学思想体系的最基本、最重要的命题,对于张载思想中的唯物主义因素,二程则毫不留情地加以指责。从张载到二程,不难看出理学建立初期的发展过程:由不完善的理学理论向逐步完善的、以客观唯心主义的天理观作为理论基础的理学思想的演进"。②

《宋明理学史》对朱熹的评价也体现了新特点。当代政治对于《中国思想通史》的朱熹研究的影响是十分明显的。侯外庐曾经说过,《中国思想通史》的"朱子章"也是对冯友兰的批判。其实,不光是冯友兰,叶德辉、张君劢、张东荪、贺麟等,都在"朱子章"遭到了点名批判。所以,当代政治是不是在某种程度上扭曲了《中国思想通史》对朱熹哲学的认识,是值得研究的。《中国思想通史》"朱子章"的标题为《朱熹的思辨哲学及其反动的正宗性质》。关于朱熹的政治思想,《中国思想通史》认为朱熹渊源于二程,在政治上属于保守集团,"空谈心性,媚上希宠,抗拒和反对有利于国计民生的改革措施。在抗金问题上,他们一般虽不露骨地提倡投降,但实际上是采取苟安妥协的态度,至多是消极的抗战派"。③《宋明理学史》在朱熹的生平中,根本没有提朱熹是不是投降派或消极抗战派,而在评价时,强调"全面":朱熹在政治上有建树,有一些对后世还产生了较大的影响,他不是一个终日静坐读书无所作为的人;朱熹又镇压过农民起义,这是他的劣迹。朱熹刚直,又有些偏执等。④关于朱熹的哲学,《宋明理学史》指出,朱熹是封建社会后期

---

① 侯外庐、邱汉生、张岂之主编:《宋明理学史》上卷,第121、122、123页。
② 侯外庐、邱汉生、张岂之主编:《宋明理学史》上卷,第125、126页。
③ 侯外庐主编:《中国思想通史》第四卷(下),第596页。
④ 侯外庐、邱汉生、张岂之主编:《宋明理学史》上卷,第381页。

重要的理学家,是客观唯心主义的集大成者,其学术影响超过了任何理学家。朱熹的体系"总结了北宋以来理学的成就,使理学思想更严密、更丰富",朱熹有广泛的学术修养,一生编订了大量的书籍;朱熹及其学生,形成了一个有势力的学派。"朱熹的思想对后世影响很大,宋明理学对后世的影响,主要是朱熹理学思想的影响。……封建社会后期儒家的传统思想,实际就是朱熹的理学思想,对巩固封建统治,维护封建礼教,起了重要作用。"①应该说,这些都是近乎客观的陈述,没有刻意的否定性的价值评判。《中国思想通史》没有对朱熹的历史影响进行总评,而对朱熹思想的评价则是这样的:"朱熹的哲学是彻头彻尾的唯心主义";掇拾当时的科学观点,"加入神秘主义内容,凑成一幅与他的僧侣主义哲学最能对合的宇宙图画",理一分殊是"反动的阶级调和论","封建等级性是贯彻在朱熹哲学中的一条黑线",等等。仅从这些带有严重的政治评判的术语就可以想象《中国思想通史》对于朱熹的历史作用会有什么样的认识了。

《宋明理学史》对于哲学家思想体系的分析脱离了《中国思想通史》过分强调唯物和唯心的区分的做法。《中国思想通史》是按"两军对垒"的范式编写的,阵线分明:王安石对洛学,陈亮对朱熹,王廷相、黄绾对王阳明等。《宋明理学史》更多地对思想家进行理论分析,而不是排队。由于宋代唯物主义者毕竟是少数,对立面的构成并非整齐划一,所以,在论述陈亮的时候,《中国思想通史》除了指出"陈亮和朱熹的理论斗争是两条路线斗争的性质"之外,还特别强调陈亮在学术思想上是"对于以朱熹为代表的道学家的理论斗争"。②《宋明理学史》对于朱、陈辩论的认识则基本上是围绕学术自身作理论分析,强调两者分歧的关键是"为人之道",实质上反映了"心性理学"与"功利之学"的分别。《宋明理学史》说:"陈亮与朱熹的争论,基本上是围绕着王霸、义利问题展开的,但它首先涉及对亘贯古今的'道'的不同看法。由于对'道'的看法不同,即这个'道'贯穿在三代到汉唐这两个不同的历史时期,是体现为义利之分,还是义利双行? 是体现为王霸之别,还是王霸并用?

---

① 侯外庐、邱汉生、张岂之主编:《宋明理学史》上卷,第423～425页。
② 侯外庐主编:《中国思想通史》第四卷(下),第719～720页。

而朱、陈所以有王霸、义利之辩，他们又都是为了在现实的社会中，是做一个'实事实功'的英雄豪杰？还是做一个'醇儒自律'的君子儒？这就是争论如何做人的所谓'成人之道'的问题。这些问题的争论，朱熹是'谈性命而辟功利'，陈亮是'专言事功'而'嗤咄性命'，深刻地反映了功利之学和心性之学之间的分歧。"①

在《中国思想通史》中，朱陆、朱陈之辩都是从唯物主义与唯心主义斗争的意义上说明的。朱熹在《朱子语类》中对于朱陆同异和朱陈同异有不同的看法："江西之学只是禅，浙学却专是功利。禅学，后来学者摸索，一旦无可摸索，自会转去；若功利，学者习之便可见效，此意甚可忧。"《中国思想通史》认为，朱熹认为朱陆之间的矛盾是可以调和的，而朱陈的矛盾则是不可调和的。朱陆之间宗旨相同，朱陈之间则宗旨根本不同，表明朱陆之争不过是"思辨哲学内部的枝节的争论，而朱、陈之间则是两条路线的理论斗争"。②《宋明理学史》则只是平实地从"理学和反理学"的斗争的角度指出，"朱与陈、朱与叶辩论的性质，是属于理学与功利之学的争论，它不同于朱、陆之间只是理学内部的分歧"。③ 从《中国思想通史》到《宋明理学史》的态度的改变，表现了中国哲学史学科成熟的轨迹，是中国社会发展的产物，也表现了中国知识分子理性逐渐走向成熟。

张立文的《宋明理学研究》在体例上属于通论和哲学家个人专论的结合，其特点也是从认识史的角度审视宋明理学，指出"宋明理学是中国古代思想自身逻辑的发展"，其意义在于从理论上论证结束五代十国分裂局面，建立长治久安的封建统治的需要。"'理学'起而代替隋唐佛、道，乃是古代理论思维自身内在逻辑发展的必然结果。"④理学本质上是一种理性思维；宋明理学是人类认识史上的一个进步，是中国哲学发展的一个新阶段，理论深化的表现。中国哲学发展有三个"圆圈"：第一是先秦，第二是汉、魏晋至隋唐，第三是宋明。第三个圆圈的主要内容就是宋明理学。宋明理学是对

---

① 侯外庐、邱汉生、张岂之主编：《宋明理学史》上卷，第427页。
② 侯外庐主编：《中国思想通史》第四卷（下），第739页。
③ 侯外庐、邱汉生、张岂之主编：《宋明理学史》上卷，第426页。
④ 张立文：《宋明理学研究》，中国人民大学出版社，1985年，第666页。

前两个阶段的否定，也是在更高基础上的前进。宋明理学深入到了对于世界的本体和现象关系问题的探讨，其广度和深度都开辟了哲学思维的新天地，为近代哲学的产生开辟了道路。①

(三) 程朱理学

"文革"期间对朱熹是这样评价的："朱熹这个官僚地主阶级的代言人，对农民起义恨之入骨"，"是反动理学的集大成者"；"是封建社会后期尊孔反法的急先锋"；"朱熹疯狂地尊儒反法，其罪恶目的就是为了维护官僚大地主阶级的封建政权，反对提倡富国强兵，反对收复失地统一中国"；"'朱夫子'这个儒很可恶。他既是一个残害人民的大恶霸，又是一个反对以武力抗击金朝贵族的卖国贼。他装得一本正经，满口仁义道德，为国为民，而肚子里却是男盗女娼，无恶不作。他同孔老二一样，善于耍两面派，是一个典型的虚伪的道学家"。② 粉碎"四人帮"后，这种极端的非学术性的评价有所改进。蔡尚思认为，朱熹的思想体系是以儒为中心，融合佛道的三教合一说；"朱熹的理学，主要是把儒家的礼教提高到性理的先天的玄学的程度"。③ 他认为，郑玄为汉代经学的集大成者，朱熹为理学的集大成者，朱熹的地位超过了郑玄。朱熹在教育、文化方面都取得了巨大的成就；他和陆九渊学术见解不同，还能邀请陆讲学，可见是有气量、能容纳异己的。朱熹的缺点是，其学术在南宋以后成为御用官学，毒害人们最深、最广，朱熹也是南宋礼俗史上最大的罪人，对于妇女的毒害尤其深。如前所述，李泽厚认为，宋明理学在实质上是"将伦理提高为本体，以重建人的哲学"。这个过程在张载那里还是半自觉的，朱熹"则是异常自觉地以构建伦理学为目标，并以之为轴心而转动的。张是由外而内，朱是由内而外"。朱熹庞大哲学体系的核心在于"'应当'(人世伦常)＝必然(宇宙规律)"。④ "理一分殊"的实质是为了说明道德行为具有类似法规的普遍性。宋明理学强调在实践中而不是在思辨

---

① 张立文：《宋明理学研究》，第 666 页。
② 北京大学儒法斗争史编写小组编：《儒法斗争史概况》，人民出版社，1975 年，第 89～90 页。
③ 蔡尚思：《朱熹思想的来源、核心和评价》，《哲学研究》，1988 年第 4 期，第 42 页。
④ 李泽厚：《宋明理学片论》，《中国社会科学》，1982 年第 1 期，第 38 页。

上实现普遍的"理","这种实现又必须是高度自觉的,即具有自我意识的。在某种意义上说,它是在追求伦理学上的'自律',而反对'他律'。即把'绝对命令'当作自我完成的主动欲求,而不是外在的神意指令,当然更不是外在的物质功利、幸福了"。① 朱熹的"存天理、灭人欲"曾被认为是理学杀人的口号。那么,它究竟是不是禁欲主义的口号? 张恒寿指出,把"存天理、去人欲"等同于西方宗教禁欲主义是不对的。二程、张载都是反对禁欲的,认为饮食男女是性之自然,而不是人欲。朱熹是存理去欲理论的完成者,他的天理人欲关系分为三层。首先,朱熹确立了天理人欲的严格界限,指出饮食寒暖等是基本欲求,不是人欲。"饮食者天理也;要求美味,人欲也。"这表明人的基本欲望不在"人欲"之内,这与禁欲主义毫无共同之处。其次是结合"道心"说明"人心"。道心是道德意识和实践理性,其余即是人心。"人心"包括"人的本能、欲求、冲动、知觉和知性认识、情绪意志以及道德理性等内心倾向"等。"人心"不等同于"人欲","人心"本身并无不善,只是其中的某些倾向在不加节制的情况下可能会违反道德规范,这是理学家所说的"人欲"。所以,去"人欲"不等于去"人心",不是禁欲主义,是节欲主义。张恒寿认为,朱熹的"道心为主人心听命"是一个很大的理论贡献。因为"人心"中有各种欲望冲动等,彼此要求不同,可能会形成冲突,必须有一个起平衡作用的主导因素。"道心"之说与近代心理学相通。第三,"天理""人欲"是专对"政治上的统率者"讲的。此外,朱熹还赞同胡宏的"天理人欲,同行异情"的说法,提出了"人欲中自有天理"的观点。和张栻一样,朱熹也是"从公私、义利的角度而不是从喜怒哀乐的情感的有无上区分理欲的,他们都是从统治者的喜怒哀乐对于人民的影响上评论理欲之分,而不仅是一个抽象原则"。② 宋明理学家对于理气心性问题有较大的分歧,但对于理欲问题,则分歧不大。陈确提出了人欲恰到好处就是天理的命题,王夫之则更进一步分析了理欲在人心中的复杂关系,指出喜怒哀乐只是人心,不是人欲,道心和人心相互隐藏等。王夫之推崇胡五峰的天理人欲同行而异情的说法。张

---

① 李泽厚:《宋明理学片论》,《中国社会科学》,1982 年第 1 期,第 39~40 页。

② 张恒寿:《宋明哲学中的"存天理、去人欲"说》,《哲学研究》,1986 年第 3 期,第 59 页。

恒寿认为,"儒家的积极入世的乐观主义精神,在现实中实现理想,既不是要求出世的禁欲主义,也不是单纯的节欲主义,而是主张以理御欲,以公统私,以道心(仁)支配人心,以仁为最高价值的伦理本位的学说";"张载、朱熹、王夫之的理欲说,不是反动的学说而是中国文化中的优良传统"。① 那么,为什么理学家的理欲关系说长期被理解为禁欲主义呢? 张恒寿认为可能有三个原因:首先,从理论渊源上说,周敦颐为理学开山,他曾提出过"无欲故静"的说法,照字面的确可以理解为禁欲主义;其次,程朱的议论常有不一致的地方,对于"人心"、"人欲"的使用也比较随意,一般人不去作详细的分析,也很容易理解为禁欲主义;最后,理学初兴,本来是针对统治者的,后来却被统治者利用来作为钳制臣民的工具。

李禹阶分析了朱熹对湖湘学派的继承,指出湖湘学派是朱熹思想的一个重要来源,具体表现在如对"心"的理解,朱熹否认了心的本体意义,把心看作助性成物的精神作用。对于人性问题,则从性即理的角度否定了胡宏的人天生有一颗纯洁至善的心的思想,但又继承了胡宏"人有不仁,心无不仁"的命题,把这个命题和天地之性、气质之性结合起来了。关于运动和静止的问题,胡宏把运动看作绝对,把静止看作相对,朱熹对此则作了相反的说明,但胡宏关于运动的丰富性的思想,则被朱熹继承。关于修养方面,朱熹对湖湘学派的先察识、后涵养的方法感到失望,提出了主敬涵养和格物致知相互发明的涵养方法。其穷理中有涵养,涵养中自有穷理工夫的思想,则是对湖湘学派的吸收和改造。朱熹关于事物的矛盾法则的思想也是在继承和批判湖湘学派的基础上形成的。总之,湖湘学派是朱熹哲学发展的一个环节。② 邱汉生研究了朱熹的历史哲学思想,认为其历史哲学不仅成为后世修史的圭臬,也成为封建社会后期政治生活和社会生活的准绳。③

关于朱熹哲学研究,陈来的《朱熹哲学研究》,可谓 20 世纪 80 年代朱熹哲学研究的重要成果。其特点是突破了把哲学家的思想分为宇宙论、发展

---

① 张恒寿:《宋明哲学中的"存天理、去人欲"说》,《哲学研究》,1986 年第 3 期,第 60～61 页。
② 李禹阶:《朱熹对湖湘学说的批判和继承》,《哲学研究》,1986 年第 10 期,第 60～66 页。
③ 邱汉生:《论朱熹"会归一极"的历史观》,《哲学研究》,1982 年第 6 期,第 51～57 页。

观、认识论、人性论、历史观等几大块的模式,而是深入到哲学的层次,把朱熹哲学作为人类思维、人类认识的一个方面,根据朱熹哲学的内容将其分为理气论、心性论、格物致知论、朱陆之辩四个部分进行分析。在具体研究中,分别采取了共时性的结构分析和历时性的过程分析两种方法。陈来说:"一方面,整个朱熹哲学和它的重要部分都不是一次形成的静止结构,而是有其自身提出、形成并经历复杂演变的动态体系。另一方面,朱熹哲学中的哲学命题和它对许多问题的讨论在内容上大都具有多方面、多层次的不同含义。这两个方面造成了朱熹哲学的复杂性。因而,本书注重从时(历史演变)和空(层次角度)不同方面对朱熹的理气论、心性论、格物致知论的主要内容进行综合考察和全面分析,以求达到对这一庞大而复杂的哲学体系的具体把握。"①理气关系问题是朱熹哲学的重要内容,学术界分别存在理气二元、理生气和理逻辑在先论等不同见解,陈来通过具体分析把这三种观点分别定位于朱熹的不同时期,指出从结构上看,朱熹在理气的本原问题上主张一元论,在对事物的构成分析上有二元的观点。从过程上看,朱熹以《太极解义》为代表的早期理气论,从本体论出发主张理气无先后;朱熹知守南康后到淳熙末年,经过与陈亮、陆九渊的辩论,逐渐形成了理先气后的观点;守漳前后,理先气后思想得到进一步发挥,理生气说即是理先气后说的一个内容。陈来还分析了理气动静、理一分殊、理气同异等问题。这些分析不仅说明了朱熹思想的内容和层次,使人们对朱熹思想有一目了然的认识,而且也说明了学术界对于朱熹哲学存在不同理解的缘由,显示出了各种观点的一偏之所在,深化了对于朱熹哲学的理解。其他部分如对于朱熹"心"的概念的分析、对已发未发、心统性情等问题的分析,都具有这样的特点。陈来的著作无论从方法的确立、内容的分析上,都是对朱熹哲学研究的一个极大推进。

(四) 陆王心学

从思维的逻辑进展上探索心学的产生,成为宋明理学研究的一个方法。李泽厚以康德哲学为方法,分析了程朱理学向陆王心学的演变。李泽厚同意学界一般所说王学源自程颢的观点,指出作为理学,陆王和程朱一样,都

---

① 陈来:《朱熹哲学研究》,中国社会科学出版社,1988年,第1页。

是为了建立"伦理主体性的本体论"。程朱以理为超现实的先验范畴,陆王以心为本体,更多地与感性血肉相连。朱熹理学中所潜伏的人心和道心的矛盾,在王阳明处成为主要矛盾。作为道心良知的知、意、觉带有人类肉体心理性质,而不是纯粹的逻辑的理。王阳明的"无善无恶心之体"的本体,比起朱熹的理,更加心理主义化。道心与人心、良知与灵明常常混合在一起,理性与感性纠缠在一起,良知染上了感性的色彩,进一步发展便必然从理性的统治走到感性统治。王畿、王艮都推动了王学的这一发展方向,直到最后演化成为近代自然主义人性论。① 这是以康德的感性、知性、理性三分为方法论得出的结论,颇具新意,形成了"文革"结束后宋明理学研究的方法论突破。李泽厚还分析了陆王心学的另一侧面——实践主体。李泽厚认为,王学的另一特征是对能动性的强调,即"知行合一"。这一理论表明,"人的真实存在是在行为活动的'良知'之中,在此行为中,人才获得他的本体存在"。② 由于反对纯粹求知,反对静坐,王学后学对社会采取了积极干预的态度,这就极大地突出了伦理主体性。李泽厚认为,王学的这两个方面都把"理"引向纯粹心灵,"要求'心灵'超脱现实世界而独立、而自由,而成为宇宙的本体",前一方面引向近代自然人性论,后一方面强调主观立志和意志力量,影响了谭嗣同、康有为……直到毛泽东等人。李泽厚认为,阳明心学与其看作与程朱理学对峙的学派,不如就整个理学发展的历史过程把它定位于理学发展的逻辑终结。③

　　蒙培元持与李泽厚相同的观点。他指出,朱熹理学和阳明心学之间"不仅有着内在的逻辑联系,而且从哲学史的发展来看,朱熹理学直接演变成王阳明心学"。④ 蒙培元认为,除了性即理外,朱熹也提出了"心本体论",心为性情之主宰的"道心",心兼体用的"心体",都是本体之心或主体精神。朱熹的主体之心不仅是性情的主宰,也是天地万物的主宰,"心是宇宙本体"。这样朱熹哲学便有心、理两个本体,两个绝对。朱熹希望用"心与理一"把两者

---

① 李泽厚:《宋明理学片论》,《中国社会科学》,1982 年第 1 期,第 43～47 页。
② 李泽厚:《宋明理学片论》,《中国社会科学》,1982 年第 1 期,第 48 页。
③ 李泽厚:《宋明理学片论》,《中国社会科学》,1982 年第 1 期,第 49 页。
④ 蒙培元:《论朱熹理学向王阳明心学的演变》,《哲学研究》,1983 年第 6 期,第 61 页。

统一起来,但只有承认心外无理,从理本论发展到心本论,才能解决这个矛盾。王阳明哲学正是在解决这个矛盾的过程中展开的。王阳明提出了"心外无理"说,批评了朱熹"析心理为二"的毛病。王阳明对朱熹哲学的最大发展,在于"良知说"。从思想渊源看,他继承了朱熹的心本论;从方法论上讲,则发展了朱熹的"致知说"。唐宇元也认为,曹端、薛瑄、吴与弼等人都在不同程度上超出了朱学的"规矩",王学是在朱学"分流迁变的思想动荡中孽生的"。① 朱学在理气、心物、心理方面都存在矛盾,王阳明受曹端的影响,把理规定为心之条理,气规定为心之运用,由此把理气统一于心。关于朱熹哲学中存在如何做到心与理一的问题,明初吴与弼、陈献章提出"静中涵养"、"静中养出端倪"等,从心上工夫入手。这些都启发了王阳明。王阳明吸取了朱熹的心为知觉的思想,同时又把这个知觉看作天赋的良知、天赋的道德能力。朱熹把理作为本体,心作为主体,王阳明则把两者统一起来,"以心统贯主体和本体"。② 王阳明所解决的,正是朱熹体系中的矛盾,可以说他是对朱熹哲学朝着主观唯心主义的方向作了发展。所以,王学实际上是兼综朱陆的。

　　关于王畿的良知说,蒙培元指出,王畿把良知界定为"自然之生机","自然"除了本体意义之外,还有自然属性的意义,生机"实际上是人的情感欲望等自然属性",这和王阳明把良知规定为"天理天则"不同。王畿的良知更多地带有个人的自然属性的意义,他把个人的自然属性和感情欲望提高到了本体的高度,把理和欲结合起来,使理学的人性论更具有世俗的观点。关于王畿所说的良知的"虚无"特点,蒙培元指出,所谓"无",是虚灵广大的心体,即心的物质性能或作用。所谓寂,指心灵未发生感应时的心理状态,是虚灵明觉之心。王畿把良知说成是本体,"实际上只是实体的功能,而这个特殊实体具有'虚'的特征,能产生明觉作用,故称之为本体"。③ 王畿把良知和知识做了严格的区分,前者是先天的道德形式,后者是知识。前者是主体问

---

①　唐宇元:《朱学在明代的流变与王学的缘起》,《哲学研究》,1986 年第 9 期,第 70 页。
②　唐宇元:《朱学在明代的流变与王学的缘起》,《哲学研究》,1986 年第 9 期,第 75 页。
③　蒙培元:《从王畿看良知说的演变》,《哲学研究》,1986 年第 10 期,第 57 页。

题,是人的问题,后者则是一个关于客观事物的知识的问题。蒙培元认为,王畿的良知本质上还是道德本体或本能,还没有完全脱离阳明心学。但良知和知识的区别的提出,表明了价值论和真理论的区别,也孕育着近代哲学的萌芽。王畿之后,良知说从何心隐的"欲即性"到李贽的"童心说",良知已经失去了原来的意义,变成为人生的现实问题,经过刘宗周、黄宗羲到戴震,理学遂宣告结束。①

（五）张载、罗钦顺、王廷相、王夫之

张载的关学与濂、洛、闽诸学并称,是宋明理学的主要构成部分。1949年后在新范式下,张岱年指出张载哲学是唯物主义,与二程等都有所不同。粉碎"四人帮"后,张岱年又撰写了《关于张载的思想和著作》②,重新肯定了张载对中国古代唯物主义的贡献。关于"关学"和"洛学"的关系,张岱年指出,基本上是"又联系又矛盾"。从年辈上看,张载是二程的表叔,也大二程十几岁,但张载的弟子吕大临在撰写张载行状时却说张载见到二程后尽弃所学而学焉,受到程颐的批评,吕大临改为"尽弃所学,淳如也"。北宋时期,洛学和关学的门人之间曾经有激烈的斗争,洛学门人为了争夺学术正统地位,不惜歪曲事实,贬低关学。这表现了唯物主义和唯心主义之间的尖锐斗争。③ 朱熹编《近思录》,把张载言论放在二程之次,在《伊洛渊源录》中,朱熹选录了周、程、邵雍和张载的弟子,关学和洛学的界限就被模糊了。张岱年指出,张载是气一元论,二程认为气是第二性的,不应作为第一性的。④ 李锦全认为,张载的气本论属于唯物主义,用马克思主义哲学史观来看是高于二程哲学的,"但作为对于理学整个思想体系的结构和建树而言,二程的贡献高于张载"。⑤ 二程用天理代替了天命,加强了哲学的思辨性。二程被

---

① 蒙培元:《从王畿看良知说的演变》,《哲学研究》,1986 年第 10 期,第 59 页。

② 1957 年"反右"以后,张岱年被剥夺了研究和发表的权利。1977 年,章锡琛校点的《张载集》作为"理学丛书"之一由中华书局出版,张岱年撰写了《关于张载的思想和著作》作为序,这是1957 年后张岱年首次发表文章。

③ 张岱年:《关于张载的思想和著作》,《张载集》,第 14 页。

④ 张岱年:《关于张载的思想和著作》,《张载集》,第 11 页。

⑤ 李锦全:《从洛学与关学的比较看二程思想的地位》,《哲学研究》,1988 年第 12 期,第38 页。

认为奠定了理学,正与他们的理本论世界观分不开。二程和朱熹用"天命之性"、"义理之性"代替张载的"天地之性",将天命、义理、心性结合起来,更能与理本论世界观对应。在认识论方面,二程没有把见闻之知与德性之知截然分开,比张载进了一步。姜国柱认为,关学与洛学相互影响,有同有异,这是事实,但不能说关学发之洛学。二程在宇宙观上与张载不同,他们反对张载的"清虚一大"说,认为这是形而下的气,不是形而上的道。二程用理代替张载的清虚一大,同时也反对张载的气聚为物,形溃返原的物质不灭思想,认为气是由理派生的,理是永恒的,气则不断生灭。至于在认识论和人性论方面,洛学和关学基本上是一致的。关学的衰落是由于其内部存在二元的矛盾,还由于张载死得早,其弟子多有投奔二程门下的缘故。姜国柱出版了《张载的哲学思想》一书,这是 20 世纪 80 年代第一本关于张载哲学的专著,其特点是对张载哲学的性质进行了较为详细的分析,认为"张载是一个二元论的哲学家,其体系经过一系列矛盾演变,最终归宿为唯心主义"。[①] 具体地说,在张载哲学中,太虚即气,气为本体;但是,他又把虚等同于心,"把心、性作为万物的一源。这样他就承认世界的本原有两个,结果成为二元论"[②];气又有非物质的神秘因素,至诚动天,这就迈向了唯心主义。该书为了把张载列入唯心主义,颇有强诬张载之处,如认为张载有心为万物一源的思想,林乐昌指出了这一点。[③] 这可能作者是把张载的"大其心,则能体天下之物"这个认识论命题解释为本体论命题的缘故。关于张载的辩证法思想,作者把"神鼓万物"的"神"解释为"神秘主义化了的真神"[④],认为张载又陷入外因论,其实这里的"神"不过是指阴阳二气的变化的微妙性,并不是外在的人格神之类。关于张载的唯物主义性质问题。丁伟志认为,张载没有明确地论述过理气关系、物质和精神的关系神,不是严格的唯物主义;在精神与物质的关系上,反而比范缜退步;在太虚和气的关系上,把太虚说成是"神""太虚为清,清则无碍,无碍故神",万物是神的产物,不能离开神而存

① 姜国柱:《张载的哲学思想》,辽宁人民出版社,1982 年,第 23 页。

② 姜国柱:《张载的哲学思想》,第 38 页。

③ 林乐昌:《20 世纪张载哲学研究的主要取向反思》,《哲学研究》,2004 年第 2 期。

④ 姜国柱:《张载的哲学思想》,第 101 页。

在,陷入神不灭论。在理气关系上,张载"承认有一个高悬于人世之上的'天理'";①天理是精神性概念,是人的"天德"、"良知"。总之,在张载那里,气不是物质一般,理气独立并存,所以,他既不是严格的唯物主义者,也不是严格的唯心主义者。陈来认为,"太虚无形,气之本体"的"本体"是本来的状态,不是西方哲学意义的本体,太虚之"神"只是气的神妙不测的"运动和变化性能",②神作为"天德",是天的性质,不具有精神属性。关于张载的理,陈来认为是无形的气,"太和所谓道"讲的是气不是理,由此推出张载有一个作为初始本体的理是没有根据的。理也不是精神,理气关系不是精神和物质的关系,理在程朱那里是客观规律。陈来认为,严格形态的唯物主义只是近代的产物,张载用物质性的气来说明世界的物质统一性,可以称为朴素唯物主义。张载也涉及了思维和存在的关系问题,他对佛教以心法起灭天地的批判,就是肯定物质的第一性。

　　通常认为,张载的"德性所知"和"诚明所知"是没有区别的。程宜山通过分析指出,"德性所知"和"诚明所知""是基于道德修养的知识的两个本质不同的发展阶段"。张载认为,一般的君子要达到圣人,须经过君子或学者、大人、圣人三个阶段。颜子是"大人"的代表,孔子是"圣人"的代表。德性所知与大人阶段对应,诚明所知与圣人阶段对应。诚明所知是圣人固有的知识才能,不待思勉;德性所知则以尊德性为主,要靠理性思维。程宜山认为,张载认识论的性质是"颇具神秘色彩的唯物主义唯名论"。③ 邵显侠分析了张载的"知礼成性"说,指出宋明理学的理论中心是以孔孟为正宗,建立适应后期封建统治的人性道德论,培养统治者所需要的人格。张载的哲学也是以此为中心的。他把人性分裂为天地之性和气质之性,目的是为了探讨如何使分裂的人性统一于天理,使天地之性明白起来,达到天人合一的境界。张载的"知"是伦理化与知识论统一的"知"。知和礼都是"成性"的方法。知礼成性,知与礼是统一的,知为礼的内化与自觉,礼为知的外在表现,内外结

---

① 丁伟志:《张载理气观析疑》,《中国社会科学》,1980 年第 4 期,第 136 页。
② 陈来:《关于张载的"气观"和"理观"》,《中国社会科学》,1981 年第 1 期,第 212 页。
③ 程宜山:《关于张载的"德性所知"与"诚明所知"》,《哲学研究》,1985 年第 5 期,第 65～68 页。

合而成德成性。张载的"知礼成性"说是"将认识论、人性论、道德论、美学乃至本体论融合为一体,形成一个完整的体系,其核心就是寻求人的自我完善和超越,亦即追寻'天人合一'的理想人格及其实现途径";张载主张知情意全面发展,包含了真善美统一的思想。① 但是,张载哲学存在理性主义和神秘主义的二重性,亦即"成性"和"复性"的二重性。唐宇元分析了许衡哲学在宋明之间的过渡意义,指出许衡主张心性理一以贯之,在识见天理的修养方法上,提出在心体未发时强调持敬,已发而未发之际、己所独知时强调"谨慎",已发之时强调"审察"。许衡在朱陆之间的游离说明了朱陆合流的趋向,元代汇合朱陆的倾向是把朱熹的格物暗换成格心。王学与陆学的不同,实际上是继承了许衡等人调和朱陆的思想。讲王学越过元代,直接南宋是不对的。② 周桂钿探讨了王廷相的宇宙论思想,③衷尔钜探讨了罗钦顺的哲学思想,认为罗钦顺开启了明代气学。④ 蒙培元分析了罗钦顺对理一分殊的改造以及对心即理的批判。⑤ 衷尔钜发现了吴廷翰的佚文和墓志,⑥发掘了吴廷翰的哲学思想。马涛分析了顾宪成融合朱陆的意义,指出他是以朱为宗而调和朱陆,反对王学末流所倡导的"无善无恶"说,但并不排斥王学。尽管他的调和总体上并不成功,但他实开明清之际批判理学之思潮。⑦

　　1962年学界曾就王船山哲学进行了讨论。"文革"期间,讨论会受到批判,船山学研究中顿。1982年,湖南、湖北两省社会科学联合会再次举办学术讨论会纪念王船山逝世290周年,并成为王船山思想研究的盛事。如前所述,学界对于王船山哲学的分歧并不大,这次会议基本上是沿着上次会议的观点把认识进一步引向深入,而在方法论方面并无推进。关于王船山哲学的基本精神,张岱年提出了"体用胥有"、"即事穷理"、"珍生"、"务义"、"相

① 邵显侠:《论张载的"知礼成性"说》,《哲学研究》,1989年第4期,第63页。
② 唐宇元:《论许衡的哲学思想在中国哲学史上的地位》,《哲学研究》,1982年第7期。
③ 周桂钿:《王廷相宇宙论评述》,《哲学研究》,1984年第8期。
④ 衷尔钜:《罗钦顺开端明代气学》,《哲学研究》,1988年第8期。
⑤ 蒙培元:《论罗钦顺的哲学思想》,《哲学研究》,1981年第9期。
⑥ 衷尔钜:《吴廷翰及其哲学思想》,《哲学研究》,1983年第3期;《吴廷翰佚文和墓志在无为发现》:《哲学研究》,1987年第10期。
⑦ 马涛:《试论顾宪成融合朱陆两派及其意义》,《哲学研究》,1988年第12期。

天"、"造命"等思想。"体用胥有"是本体与现象的关系,王夫之认为体用都是客观实在,由用可以求体。把这一原则推进到认识论便是"即事穷理"。"务义"思想强调了道义高于生命,相天造命之说则强调一般人可以通过进行道德修养,发挥主观能动性,掌握自己的命运。① 方克立认为,王夫之的道器论的重要内涵之一是本体和现象的关系。"道"除了规律的意义外还有"物质一般"的物质本体、实体的含义。"普遍的物质实体和普遍规律都叫做'道'。"②物质的普遍实体即气、太极。道器关系在王夫之那里也是一般和个别的关系,王夫之要求通过审器达到对道的把握,在认识论上超过了前人。萧萐夫论述了王夫之辩证法思想以及认识论的辩证法范畴体系,指出王夫之的知、能是主体之心所具有而未展开的两种认识潜能。"己"是认识主体的认识活动,包括视、听、言、动等,"物"则是认识的对象,主体作用的对象。"己"、"物"与"能"、"所"相近。王夫之在己物关系上反对四种倾向:其一是反对积极"治物",主张听任自然的绝圣弃智;其二是怀疑主观具有战胜客观的能力的消极的"待势";其三是无视客观条件和规律的随意妄为;其四是割断主客观联系的绝己绝物。心、事关系是主观与客观事物、现象之间的关系,王夫之坚持朴素唯物辩证法的感觉论,指出除了感觉与外物的"合"之外,还需要主体内部思维器官和感觉器官的"合"的制作功夫。感觉只能认识事物的现象,思维则能突破感觉的界限,达到对"理"的认识,由此王夫之进一步论述了关于心与理的关系问题。王夫之认为,理是事物的固有的法则,是可以认识的。心与理的关系分为两个阶段:一是"以心循理"的知性认识阶段,一是"以理御心"的理性认识阶段。前者是从事物中抽取一般的道理,后者对前一阶段所抽取出来的道理进行推理演绎达到高一级本质,形成理论体系。在感性认识阶段,王夫之反对"以见闻域所知"的狭隘经验论;在知性阶段,反对"得其偏而失其全"的形而上学的错误;在理性阶段,反对"异念而旁求"的唯心主义唯理论。"王夫之朦胧地接触到了感性、知性与理

---

① 张岱年:《论王船山哲学的基本精神》,《王船山学术思想讨论集》,湖南省社会科学院、湖南省社会科学联合会、湖南省船山学社编,湖南人民出版社,1985 年,第 11 页。

② 方克立:《王船山的道器论浅析》,《王船山学术思想讨论集》,第 85 页。

性三阶段在认识矛盾运动过程中的统一。"①道、德也是王夫之认识论的重要范畴："道"是关于器的片面的真理,是经过分析得到的结论;"德"是对于器的全面、完整的认识,是综合的结果。王夫之的认识论是一个尽器—道贯—入德的循环往复过程。尽器是感性的具体,道贯是对具体事物的抽象道理的认识,入德则是在更高的基础上回复到器的认识运动,是具体。"注重真理的全面性和具体性,注重分析和综合的统一,是王夫之思维理论中的精华。"②在知行问题上,王夫之提出知行并进的认识有一个目的,就是"实践",即把"心之所存"的合理思想"推行于物"。王夫之的认识论以朴素实践观为终点,把朴素唯物主义认识论提高到了一个新的高度。关于王夫之的历史观,范阳指出其重要概念为理、势、天、道、时、几等。王夫之从社会历史发展的客观规律——"理"出发,导出理的客观趋势的"势"的概念,提出"理势相成"、"理势合一"等命题。"理"、"势"的背后是"天"、"道"概念。"理"、"势"结合起来,就是客观的"天"。王夫之也把天作为"人欲",即人的生理的基本需求。"道"则是物质所共由,"道"与"理"的关系为道是"一定之理",是社会发展的普遍规律。为了认识"道",需要把握"时"和"几",前者是历史的具体条件,后者是历史事变的转折点。③

　　20世纪80年代还出版了几本关于王夫之哲学的著作。邓潭州的《王船山传论》较为详细地叙述了王船山的生平事迹,对其思想的理论渊源,哲学、社会政治思想,诗论进行了论述,分析了王船山对于张载、朱熹、王学思想的继承,以及受同时代方以智等人质测之学的影响,认为王船山哲学没有完全摒除直观和直观臆测,仍属于朴素唯物主义,关于心性理气的见解不能和朱熹等理学家划清界限,称赞他"彻底地清算和终结了宋明理学,是不够妥当的"。④ 侯外庐重新修订出版了《船山学案》,该书是1942年为纪念王船山逝世250周年撰写的,1944年出版,1982年由岳麓书社再版。侯外庐

---

① 萧萐夫:《王夫之的认识论辩证法》,《哲学研究》,1983年第1期,第55页。
② 萧萐夫:《王夫之的认识论辩证法》,《哲学研究》,1983年第1期,第56页。
③ 范阳:《论王船山历史观主要范畴的脉络》,《哲学研究》,1983年第3期,第63~69页。
④ 邓潭州:《王船山传论》,湖南人民出版社,1982年,第98~99页。

肯定王船山为"中国历史上具有近代新世界观萌芽的杰出唯物主义哲学家";①肯定他在自然观、人性论、知识论、历史观几个方面改造了中国传统学术,提出了一系列具有启蒙意义的命题,开启了中国近代思维。陈远宁、王兴国、黄洪基的《王船山认识论范畴》认为,王夫之的认识论体系可用十四对范畴来表达,这十四对范畴分为五个层次：第一层次为认识的基本前提和条件,有"能"、"所"、"形"、"神"等;第二层次为世界的可知性和认识的来源,有"性知"、"学知"、"德性之知"、"见闻之知"等;第三层次为认识运动的基本过程,有"格物"、"致知";第四层次为辩证逻辑,包括"一"、"多"、"名"、"实"等;第五层次为认识目的论和镇理论。关于王船山认识论的特点,本书总结为鲜明的反理学特点、包含着启蒙精神等。②

（六）明清之际与清初

明清之际属于启蒙时期之论,最早发自梁启超。20 世纪三四十年代侯外庐备言此义。解放后侯外庐坚持此一见解。进入 80 年代,萧萐夫继续坚持这一观点。他指出,明清之际是中国哲学的启蒙时期,是中国近代哲学的一个特殊准备阶段。③ 这一时期的启蒙,曲折地反映了市民反对封建特权的土地要求,方以智、王夫之等人对于科学的质测之学表现了浓厚的兴趣,以丰富自己的哲学;启蒙学者开辟了反映新时代的实证学风,反对空谈心性等。其哲学背景则是王学后学异端发展的结果。此可谓"曙光说",以侯外庐、萧萐夫为代表。还有一种观点是"晚霞说",嵇文甫就认为王船山不过是开明的地主阶级,不代表市民阶级等,包遵信亦持此观点。④ 与上述见解不同,陈卫平提出了"胚胎说"。他认为,明清之际思想在批判总结传统思想文化的过程中提出了"某些具有近代意义的命题,但并不具有在形态上更新传统文化的明确意识",这些近代意义的思想夭折了,但它们仍是"近代思想的潜在养料,近代思想家常常从这里受到某种启迪"。⑤ 他指出,明清之际传

---

① 侯外庐：《船山学案·新版序》,岳麓书社,1982 年。
② 陈远宁、王兴国、黄洪基：《王船山认识论范畴》,湖南人民出版社,1982 年。
③ 萧萐夫：《中国哲学启蒙的坎坷道路》,《中国社会科学》,1981 年第 1 期,第 37 页。
④ 关于包遵信的观点,见其论文《晚霞与曙光》,《湖北社会科学》,1988 年第 6 期。
⑤ 陈卫平：《论明清之际"由数达理"的思维方法》,《哲学研究》,1989 年第 7 期,第 29 页。

教士传入西方近代科学,徐光启等人意识到中国科学方法落后,把西方科学方法归结为"由数达理"的形式逻辑思维方法,认为这是西方科学优于中国科学之所在。当时学者都在探讨西学的"金针"。李之藻提出"缘数寻理",王锡阐提出"因数悟理"。但是,这些方法并没有导致类似培根的"新工具"的启蒙性质,而是沦为经学考据的工具,失去了推动传统思维方式近代化的意义。这是由于中国以经学为最高的学问所导致的。由数达理的方法对于中国只发挥了知识价值,没有发挥社会价值的作用;只有打破经学方法的权威之后,其社会价值才能显现出来。许苏民就徐光启对中国传统自然科学方法的批判进行了研究,指出徐光启对传统科学方法的批判充满了近代理性主义精神。徐光启认为,中国自然科学在方法上要比在实际上落后的早,在数学领域,由于受象数学派的和道学的影响,从南宋起就已经落后了。数学落后在缺乏形式逻辑系统,天文学落后在对于历法因革的原理缺乏研究,农学则局限在狭隘的经验论,导致了性格保守,因循导致废弛,国力单薄。①

关于颜李学派,张武认为颜李学派基于唯物主义的理气观,"建立了以'习行'为核心,以'求实'为根本,以'功利'为宗旨,以程朱理学为破的'实学'体系"。② 颜李的思想体系可以概括为"实、行、功、动"四个方面。其"实"表现为主张"习事",强调"实文"。其"行"表现为"习行"、践履,类似于今天所谓实践。实、行、功、动是颜李学派思想体系的四根支柱,超过了前人,而同戴震一起,成为清初进步思想流派。赵宗正认为,清初有两个经世致用的中心:一个是江浙一带,以黄宗羲、顾炎武、唐甄、魏禧、陆世仪为代表;一个是河北、山西、陕西一带,以孙夏峰、李颙、傅山、颜元、李塨为代表。学以致用的学风有五个特点:"务当世之务"、勇于任事、致力创新、注重调查研究、研究问题的范围扩大到社会的一切方面等。他们在"救世济时"的思想指导下,批判封建专制制度,提出土地改革方案,主张改革教育,反对八股等。③

---

① 许苏民:《徐光启对中世纪自然科学传统方法的批判》,《哲学研究》,1985 年第 2 期,第 60 页。

② 张武:《论颜李学派的思想性特征及其形成》,《哲学研究》,1987 年第 4 期,第 59 页。

③ 赵宗正:《清初经世致用思潮简论》,《哲学研究》,1983 年第 6 期,第 70～75 页。

关于黄宗羲,夏瑰琦研究了其哲学思想,朱义禄研究了其哲学史方法论问题。夏瑰琦认为,黄宗羲只是对王学进行了局部修正,其体系仍然是心学体系。"盈天地之间皆心"和"盈天地皆气"并不矛盾,心即气,但心为体,气为用,这和王学的心外无物、心外无理是一致的。黄宗羲强调工夫即本体,是要强调通过行的工夫悟良知的本体,是对"知行合一"的一种解释。在理欲、人性问题上,黄宗羲仍然是属于王学的,他的思想的启蒙意义只是指其能够启发人们向近代方向思考,并不是说黄宗羲已经站在近代。① 关于黄宗羲的哲学史方法论问题,朱义禄认为,《明儒学案》具有较高的哲学史方法论价值,其原则表现在"重视各学派学者的独创性见解,倡导百家争鸣,具有鲜明的民主性";对于各派采取客观的态度,不以主观成见"增损其间";探讨了哲学思想演变的一些规律,有一定的科学性,主张经世致用等。②

方以智哲学成为 20 世纪 80 年代学术界讨论的又一个热点。颜泽贤提出方以智以当时的自然科学为基础,建立了唯物主义的哲学体系。③ 蒋国保认为,这个结论值得商榷。方以智的思想一生发生了深刻的变化:早期是唯物主义,中期为二元论,晚期则转向客观唯心论。方以智的哲学也并没有摆脱朴素性,不是建立在当时自然科学的基础上的。他认为,西方详于质测,拙于通几,他并没有打算用西方自然科学作为自己的哲学的基础。④ 冒怀辛则认为方以智以"质测"为"通几"的基础,意味着哲学要以科学为基础。方以智在对待西学的态度上,也不是夜郎自大,而是主张"藉远西为剡子,申禹周之矩积"。⑤

哲学史界还发掘了傅山哲学。魏宗禹、尹协理指出,傅山与同时代的顾炎武、王夫之、黄宗羲等人思想接近,反对理学道统,主张研究诸子,主张经世致用,批判封建制度等。其自然观的基本倾向是唯物主义,他反对"理在气先",提出"气在理先",并着重对理的伦理意义作了全面的历史考察。傅

---

① 夏瑰琦:《论黄宗羲的唯心主义哲学思想》,《哲学研究》,1987 年第 4 期,第 52～59 页。
② 朱义禄:《黄宗羲哲学史方法论发微》,《哲学研究》,1985 年第 4 期,第 55～61 页。
③ 颜泽贤:《方以智科学哲学思想初探》,《哲学研究》,1984 年第 8 期,第 64～69 页。
④ 蒋国保:《对〈方以智科学哲学思想初探〉的质疑》,《哲学研究》,1985 年第 2 期,第 64 页。
⑤ 冒怀辛:《论方以智哲学思想的科学基础》,《哲学研究》,1985 年第 10 期,第 73 页。

山指出,不存在先天的善理,理有善有恶,善中有理,恶中也有理。在名实关系上主张"实在,斯名在"的唯物主义名实观。傅山还具有丰富的辩证法思想,主张事物是运动的,运动的原因在于事物内部的阴阳之变。事物的变化有"状变"、"生物"等。傅山批评宋明理学的用"诚"否定变,是"死诚"。傅山还把朴素唯物论和辩证法思想结合到认识论中,肯定认识对象的客观存在,强调感觉的重要性,在知行问题上,批评宋明儒空谈性命,指出得道之人都是勤行之人。①

第八节　中国哲学范畴研究

范畴研究是中国哲学史学科进入 20 世纪 80 年代后提出的新题目,也是"把中国哲学史研究科学化"的一个环节。其意图是摆脱进行唯物唯心排队的研究模式,真正地把哲学史作为人类认识史、哲学思维发展史来对待。这是把哲学史作为认识史后中国哲学史研究的一个逻辑展开和深化。这种研究也有马克思主义经典作家的依据。列宁曾经说过,范畴是人类认识之网上的纽结,"从逻辑的一般概念和范畴的发展与运用的观点出发的思想史——这才是需要的东西"。② 黑格尔也说过,"既然文化的区别一般地基于思想范畴的区别,则哲学上的区别更是基于思想范畴的区别"。③ 80 年代的研究是以列宁的认识为依据的。

(一) 研究兴起的始末

1981 年 2 月,《中国哲学史研究》编辑部召开"如何研究中国哲学史上范畴和重要概念问题讨论会"。大家认识到,研究范畴能够揭示中国哲学发展的规律、特点和水平,有助于总结理论思维的经验教训;会上挑出 60 对哲学范畴进行解释。④《中国哲学史研究》开始设立"中国哲学主要范畴和概

① 魏宗禹、尹协理:《傅山哲学思想概论》,《哲学研究》,1984 年第 7 期,第 74~78 页。
② 列宁:《黑格尔"逻辑学"一书摘要》,《列宁全集》第 38 卷,第 188 页。
③ 黑格尔:《哲学史讲演录》,三联书店,1956 年第 1 卷,第 47 页。
④ 《本刊编辑部就如何研究中国哲学史上的范畴和重要概念的问题举行讨论》,《中国哲学史研究》,1981 年第 4 期,第 16~21 页。

念简释"栏目。同年 10 月,汤一介发表《论中国传统哲学范畴体系的诸问题》,论述了作为中国哲学史基本范畴的 20 对概念。1981 年 10 月,在杭州召开的宋明理学讨论会上,部分学者就汤一介的《中国传统哲学范畴体系诸问题》进行了讨论,肯定了研究中国哲学范畴体系的必要性和重要意义,指出唯物主义和唯心主义的斗争和"同一"是一个过程,而不是两个过程;定性分析只是哲学史研究的出发点,其最终目的是揭示人类哲学思维发展的规律,这个规律恰恰寓于哲学范畴的演变之中。与会学者还就以"马克思主义为指导"、"改造旧哲学史体系"、范畴研究的方法、建立中国哲学范畴体系等问题进行了讨论。① 这里提出的"同一"二字值得注意,这是对把哲学史仅仅当作斗争史的一种纠正。

1982 年 6 月,《中国哲学史研究》编辑部再次召开范畴、概念和思潮发展规律问题讨论会。与会学者对中国哲学范畴体系及发展规律进行了讨论,认为中国哲学范畴可分为天道、人道和知天人之道三类范畴;也有学者认为,中国哲学范畴都是围绕天人这对范畴展开的。"天"是概括自然界的总范畴,包括道气、有无等;"人"是包括人类社会的总范畴,包括"性"和"知"两类范畴。与会学者认为,中国古代哲学有三大范畴体系:其一是先秦天人关系范畴体系,内容是宇宙论问题;其二是魏晋隋唐的宇宙本体论哲学范畴体系,形成了本末、体用、有无等范畴;其三是宋元明清时期的理学范畴体系,形成了理气、心性等范畴。1982 年 9 月 3 日,方克立在《人民日报》发表《开展中国哲学史范畴研究》一文,指出对于中国哲学发展的各个阶段依次出现的重要范畴和概念,应该将其含义由简单到复杂、由贫乏到丰富的发展过程和它们之间的继承、扬弃关系搞清楚,这样才能揭示出中国哲学发展的内在规律。② 1983 年 11 月,陕西省哲学学会、陕西师范大学在西安召开中国哲学范畴研讨会。与会学者剖析了中国古代哲学的基本范畴,如天道观方面的"道"、"气"、"理"等范畴的含义及其演变,认识论方面的"类"、"故"、

---

① 岳华:《关于研究中国传统哲学范畴问题的讨论》;《中国社会科学》,1982 年第 1 期,第 54 页。

② 方克立:《开展中国哲学史范畴研究》,《方克立文集》,上海辞书出版社,2005 年,第 75 页。

"理"范畴的逻辑发展,以及辩证法方面的"和"、"反"、"争"、"合"、"分"及"分"和"合"的统一所表现的中国古代辩证法发展进程;对体用范畴及张载哲学范畴体系的逻辑结构进行了深入的解剖;提出了由"天人合一"、"知行合一"、"情景合一"三个命题可以推演出中国古代哲学的完整的范畴体系。① 在上述会议和学者倡议的推动下,范畴研究成为20世纪80年代以后中国哲学史研究的一个重要方面,形成了不少成果,按时间顺序有方克立的《中国哲学史上的知行观》、②葛荣晋的《中国哲学范畴史》、③许抗生的《中国哲学史主要范畴和概念》、④蒙培元的《理学范畴系统》、⑤张岱年的《中国古典哲学概念范畴要论》,⑥陕西会议也出版了《中国哲学范畴集》,张立文主编出版了"中国哲学范畴精粹丛书"系列。⑦

(二) 中国哲学范畴体系研究

汤一介认为,中国哲学史上有三个时期对范畴的形成有较大的意义:一是先秦,二是魏晋,三是宋明。关于中国哲学范畴体系,汤一介列出了二十对范畴,分为三类:第一类是关于世界的存在的,第二类是关于世界的存在形式的,第三类是关于人的存在和认识的。第一类由天(道)、人(道)开始,衍生出两个系统:其一是道家的"无"(道)和"有"(物、气),其二是儒家的《易传》系统的"道"和"器"(物、气),道器关系又可用"太极"和"阴阳"表示。魏晋时期,道家的"无"、"有"进一步发展为"体"(本、一)和"用"(末、

---

① 《中国哲学范畴集·出版说明》,人民出版社,1985年。又见韩强、周可真:《中国哲学范畴讨论会在西安举行》,《哲学研究》,1983年第12期。

② 方克立:《中国哲学史上的知行观》,人民出版社,1982年。该书是第一部专门研究知行范畴的著作。

③ 葛荣晋:《中国哲学范畴史》,黑龙江人民出版社,1987年。

④ 许抗生:《中国哲学史主要范畴和概念》,浙江人民出版社,1988年。

⑤ 蒙培元:《理学范畴系统》,人民出版社,1989年。

⑥ 张岱年:《中国古典哲学概念范畴要论》,中国社会科学出版社,1989年。后来该书收入《张岱年全集》第4卷,河北人民出版社,1996年。

⑦ 张立文在"中国哲学范畴精粹丛书"的《献给读者》中说:"本丛书从中国传统哲学的众多范畴中,筛选出最常见、最具有代表性的道、理、气、心、性等,分别撰成专著。它将立足于当代,反思传统哲学,为有兴趣于中国传统文化与现代化关系探索的读者,提供一个思考的基础或方便。"(《心》:张立文主编,中国人民大学出版社,1993年。)

多)。魏晋玄学用言、意范畴说明对宇宙本体的认识,用"名教"和"自然"表示宇宙本然和人类社会的关系。到宋明,儒、释、道三家在儒家思想的基础上汇合,体用、太极、阴阳等范畴发展为理气概念,哲学基本概念为"理"、"气"、"心"、"物"。心性问题展开为"心即理"和"性即理","能"、"所"、"格物"、"穷理"是认识论问题,"天理"、"人欲"是社会问题。① 关于第二类世界的存在形式的范畴,汤一介列出了"动"、"静"、"常"、"变"和"正"、"反",汤一介认为后两者也可以说是动静的表现。关于第三类人的存在和认识范畴,汤一介列举了五对,分别是"神"、"形","性"、"情","知"、"行","名"、"实","能"、"所"。关于中国哲学范畴,汤一介还提出了一些值得深入讨论的问题,如范畴是不是成对? 有多少范畴就足以表明存在的基本样式? 汤一介指出,从中国哲学发展来看,范畴也都是成对的,这体现了对立统一规律。如果用更少的范畴来表达中国哲学范畴体系,则可以用天人、有无、道器、体用、理气、心物、动静、常变、正反、神形、性情、知行十二对范畴。② 关于中国哲学范畴的研究方法,汤一介提出要分析概念范畴的涵义、涵义的发展,分析哲学家或哲学派别的范畴概念体系,进行中外范畴概念异同的比较等。

关于知、行范畴,方克立指出,甲骨文的"行"字为道路,甲骨文和金文都没有"知"字,只有"智"字。所以,公元前 13 世纪傅说对殷高宗武丁说"知之非艰,行之惟艰"绝无可能,《古文尚书·说命》篇中的此言属伪作。不过,"知之非艰,行之惟艰"的思想至迟也不会晚于东晋。《左传》记载子皮对子羽曾经说过,"非知之实难,将在行之",与此颇近。可见,至迟在春秋晚期,知易行难的思想已经提出,这是春秋时期奴隶主贵族统治者已经不能做到知行统一的反映,于是有人提出了知行统一的理论问题。知之非艰、行之惟艰在中国思想史上也产生了重大影响,它所反映的客观矛盾的阶级根源和社会根源依然存在,所以在长期封建社会中,它是一条普遍真理。孙中山对"知易行难"的弊端进行了深刻的批判,但他不了解产生这种思想的社会物

---

① 汤一介:《论中国传统哲学体系的诸问题》,《中国社会科学》,1981 年第 5 期,第 168～169 页。

② 汤一介:《论中国传统哲学体系的诸问题》,《中国社会科学》,1981 年第 5 期,第 172 页。

质根源,过分夸大它对社会存在的反作用,所以得出了"夫心也者,万事之本源也"的唯心主义结论。孔子第一个自觉地探讨了知行问题,提出了人类认识的来源问题,对后来认识问题上两条路线的斗争产生了影响。知行问题从孔子开始就不仅是认识论问题,也是道德问题,具有伦理学意义。① 方立天探讨了华严宗的哲学范畴体系,指出其范畴体系的起点是"法界",终点是"一真法界",理、事贯通其中,性相与理事对应。华严宗范畴体系包括一与多、一与一切、一念与九世、相即相入等。② 方立天还出版了《中国古代哲学问题发展史》,为中国哲学研究提供了新视角,也可以视作范畴研究的深入。③ 他把中国古代哲学分为宇宙生成论、本体论、时空观、常变观、矛盾观、形神观、人性论、人生理想观、历史观、名实观、知行观、真理观十二个问题,进行了探索,其方法论特点是分析在这些问题上的唯物唯心对立、唯心主义的缺陷等。蒙培元研究了理学范畴系统。他认为,理学范畴系统的基本特征是人与自然、主体和客体的关系问题。理气是理学范畴系统的开端,所解决的是宇宙论问题。"气"是标志物质存在的实体性范畴,"理"是标示自然规律、法则的样式范畴,具有普遍性和超越性。理学把"理"这个范畴实体化了,使它成为形而上的本体。④ 与理气范畴直接联系的是道器、太极、阴阳、理一分殊,这些范畴进一步展开为动静、神化、一两范畴,构成宇宙发展观,联结成为"形上形下"和"体用"范畴,把世界分为两个部分。理气范畴在理学范畴系统中具有开端的地位,又是世界观。但理学范畴系统中最重要的是"心性"范畴。"心"有认识之心(知觉灵明)和道德之心(义理之心或良心)之义;"性是人之所以为人的内在本性,主要被归结为人的道德本性或道德理性"。⑤ "理气""心性"分别从天与人、客体和主体两个角度建立了宇宙论和人性论范畴网,两者通过"以知行为中心内容的认识论和方法论"联结起来。知行论是整个理学范畴系统不可缺少的环节,是理学主客体之间

①　方克立:《中国哲学史上的知行观》,人民出版社,1982年,第1～9页。
②　方立天:《试析华严宗哲学范畴体系》,《哲学研究》,1985年第7期,第64页。
③　方立天:《中国古代哲学问题发展史》,中华书局,1990年,
④　蒙培元:《理学范畴系统》,《哲学研究》,1987年第11期,第38页。
⑤　蒙培元:《理学范畴系统》,《哲学研究》,1987年第11期,第41页。

沟通的中介。理学范畴系统完成于"天人不分"，天人不分是其结论，即天人合一。这是天人、主客体充分展开后以人为中心的统一。《理学范畴系统》系统探讨了理学这四个部分的范畴体系。

(三) 中国哲学范畴特点的研究

张岱年具体探讨了中国哲学范畴的特点问题。他指出，中国哲学的一些概念范畴与西方哲学有较大的区别。在西方哲学中，本体和现象构成一对范畴，本体实而不现，现象现而不实。如果以此来理解中国哲学的"本体"概念，就错误了。张载说，"太虚无形，气之本体"。这里的"本体"是指气的本来状态，并不是说气是太虚的假象。王阳明说"知是心之本体，心体自然会知"，这里的"本体"也不是良知是本体，心是现象，而是说良知是心的本来的内容。又如，"神"在西方指上帝，在中国则是自然界微妙不测的变化，在宋明哲学中又指变化的内在动力。与西方"物质"概念相对应的中国哲学概念，既不是"物"，也不是"质"，而是"气"。① 张岱年又指出，研究中国哲学范畴，还必须注意概念范畴在不同时代意义的演变和不同。如"天"，在殷和西周时期是人格神；孔子的"天"有时指自然，有时指意志的主宰；老子的"天"是物质性的天空。董仲舒的"天"接近于墨子的"天志"的天；王充的"天"为固体的物质实在。宋明理学中，张载的"天"为太虚、气，程颢说"天者理也"，程颢又说"只心便是天"；陆九渊、王阳明发挥了程颢心即天的观念。在《中国古典哲学概念范畴要论》中，张岱年把中国哲学范畴分为自然哲学、人生哲学、知识论三部分进行论述，其特点是分析细致透彻，言简意赅，包含了对1949年以来中国哲学史研究的反思。张岱年辨别了不少范畴的来源。如"体用"，一般认为出现于魏晋，但他指出，《荀子·富国》篇已经出现了"万物同宇而异体、无宜而有用"的论述，荀子还有"君子有常体"的说法。② 又如《洪范》五行，"五四"后一般怀疑出于战国时期，张岱年通过《左传》引述《商书》等史料指出，《洪范》应是周初作品。关于"仁"，张岱年认为"己欲立而立人，己欲达而达人"是孔子关于仁的定义，历代对于"仁"的含义有所丰富，如

---

① 张岱年：《开展中国哲学固有概念范畴的研究》，《中国哲学史研究》第1期，第69~71页。
② 张岱年：《张岱年全集》第4卷，河北人民出版社，1996年，第516页。

韩愈以"博爱"说仁、程颢以"与物同体"、程颐以"公"论仁、朱熹以"爱之理、心之德"释仁,戴震以遂人欲说仁等,对"仁"的内涵的演变作了一个十分清晰的梳理。不仅如此,他还点明了儒家的人类之爱、资产阶级的人类之爱的褊狭性,指出:"如何真正实现'人类之爱'的崇高理想,在今天仍然是一个尚待解决的问题。"①葛荣晋《中国哲学范畴史》选取了中国哲学史上元气、精气、太极、道、理和气、有和无、动和静、一和两、渐和骤、天和人、力和命、形和神、格物和致知、知和行、参验和是非、性和情、义和利、古和今、理和势、经和权等三十八个范畴(其中成对的有十六对)进行了分析。他认为,中国哲学范畴的特点是客观性、历史性、矛盾性、层次性与思潮的统一性。客观性指范畴反映了客观世界及其规律。历史性指范畴反映了客观世界的发展。矛盾性即概念的两重性,具体地说,同一概念,在不同的学派中有不同的意义;即使在同一个哲学家那里,也往往同时具有唯心主义和唯物主义两种因素,且两者可以相互转化。所谓层次性是指概念范畴的内涵不是单一的,而有两方面甚至多方面的意义,如许多范畴都是本体论、认识论和道德论的统一。所谓与思潮的统一性,是指许多概念都是随着思潮的产生而产生的,如两汉产生了元气范畴,魏晋出现了独化、自性范畴。②

（四）"气"的范畴研究的进展

"气"的范畴在 20 世纪 80 年代得到了较为深入的研究。如果说,80 年代以前张岱年等人对气的研究着眼的是它在构成中国哲学史的唯物主义传统中的意义,那么,80 年代的研究则进展到审视和反思它作为中国哲学的基本范畴在构成中国文化中的意义和作用。这种反思是在 80 年代改革开放后展开的现代化进程的背景下、在"传统与现代化"的主题中进行的,包含着对近代以来中国文化落后、科技不发达的原因的反思。在这一过程中,对"文革"以前中国哲学史研究以及中国社会状况的反思与 80 年代改革开放所推动的对近代以前的历史的反思合二为一,而往往以对后者的批判和反思代替对前者的批判与反思,这也与"五四"以来救亡压倒启蒙有关。

---

① 张岱年:《张岱年全集》第 4 卷,第 624。
② 葛荣晋:《中国哲学范畴史》:黑龙江人民出版社,1987 年,第 368~372 页。

程宜山、李存山、李志林、冯憬远都进行了"气"的范畴与原子论哲学的比较研究。这也有受英国学者李约瑟影响的因素。程宜山较多地注重于唯物主义和唯心主义的区分。他指出,元气论物质观认为万物的本原是"无形的、连续的、具有内部矛盾的元气",由此出发主张"物质是连续和间断的统一",原子论物质观则认为,原子内部是绝对连续的,原子之间是绝对间断的。在空间观上,原子论的物质和空间的关系表现为虚空问题。西方朴素唯物主义经历了从否认虚空到承认虚空的过程,原子论承认有空无一物的空间存在。中国古代元气论承认存在着有形物和分开它们的虚空,但虚空不是绝对的空无一物,而是充满着连续的、无形的气。在运动观方面,原子论把运动理解为原子位置的机械移动,认为运动的动力是外在于原子的,运动的形式也只有向下坠落一种。元气论认为,运动有上升下降、吸引排斥两种形式;运动的动力是物质所固有的,其原因是事物内部的阴阳的感应。作者引用张岱年的话指出,这表明,中国哲学"有一个长久的唯物主义的传统,而且唯物主义观点和辩证法观点经常是密切结合的"。①　程宜山认为:"元气论始终坚持了物质世界无限发展和普遍联系的观点,始终坚持了物质自己运动的观点并逐步阐明了阴阳对立统一是物质运动的源泉的观点,始终坚持了存在与生成、一与多、现象与本质的辩证统一的观点,因而是一种始终与朴素辩证法紧密结合的朴素唯物主义。"②冯憬远指出,"气"是本原性的概念,原子则是结构性的概念;前者是一元的,后者则是多元的。原子概念的突出贡献在于其物质的结构性猜想;气的概念的贡献在于对运动的源泉的认识。中西哲学从不同侧面反映了人类认识的深化。③　与程宜山相比,李存山对"气"的研究更多地带有 80 年代文化反思的特点和共识,即在反思的同时探索中国近代落后的文化的、哲学的原因。《中国气论探源与发微》上篇探讨了先秦时期"气"的概念的产生和气论哲学的演变,下篇分析了气论哲学的五个特征,即本质与现象的统一、物质与运动的统一、运动与时

---

①　程宜山:《中国古代元气学说》,湖北人民出版社,1986 年,第 189～190 页。

②　程宜山:《中国古代元气学说》,第 192 页。

③　冯憬远:《气与原子——中西哲学物质概念的比较》:《哲学研究》,1984 年第 6 期,第 54～60 页。

空的统一、物质运动与常规的统一、物质与精神的统一、自然与社会的统一，并与西方哲学进行了比较。李存山认为，气本质上是一种客观实在，"属于物质范畴"；"气"和"仁"是"贯穿中国哲学始终，决定其基本发展方向的主要范畴"。① 仁学是儒家学说的核心，是一种社会政治学说，仁学之所以能够抵御宗教，完全靠"气"的概念。中国封建文化之所以具有理性的成分，"主要是因为中国封建文化容纳了气论这样一个朴素唯物主义的自然观"。但是，气论的阶级本性是"为地主阶级的政治、经济、伦理和心理的需要而服务的"，这决定了它在以后的历史发展中"不能独立地发挥自然哲学的指导作用，而只能屈从于仁学、服务于仁学，被涂上道德论的色彩，或被置于道德论统治之下"；②"中国封建文化的理性没有产生出近现代意义的科学，主要是因为唯心主义尤其是仁学的伦理政治中心主义压制了气论，阻碍了气论理论形态的更新"，"造成了科学实证精神和逻辑批判精神的缺乏"；③这"成为中国封建社会后期迟滞不前，逐渐落后于西方的重要原因"。④ 李存山认为，"五四"以后，中国文化用唯物史观之"物"代替"天理"，"把道德从至善、永恒、压倒一切、笼罩一切的绝对观念转变为被社会存在所决定的社会意识，把发展生产力、变革生产关系作为提高人性、实现人道的基本途径。这样，中国人民在仁学之后有了新的真正的人学，中国人民认识世界的方式也从朴素唯物主义阶段跃升到辩证唯物主义阶段"。⑤

李志林的特点是从思维方式的角度进行研究。《气论与传统思维方式》是 80 年代中后期的著作，反映了改革开放后的特点。在研究方法上注重历史和逻辑的统一；和李存山一样，他的研究的目的之一也是反思中国近代以来为什么落后。他说，选取气论问题进行论述的意图有四点：一是试图纠正三四十年代以来所谓"中国哲学重人生而轻自然"、"中国传统自然观不发达"的论点，因为这些论点无法说明中国古代科学在明代以前一直在世界处

① 李存山：《中国气论探源与发微》，中国社会科学出版社，1990 年，第 3 页。
② 李存山：《中国气论探源与发微》，第 182 页。
③ 李存山：《中国气论探源与发微》，第 3 页。
④ 李存山：《中国气论探源与发微》，第 370 页。
⑤ 李存山：《中国气论探源与发微》，第 377 页。

于领先地位的事实；二是对"气论发展的规律性作出新的概括"；三是以气论这一侧面"来追寻中国近代科学落后的原因"；四是"试图发掘气论的理论智慧及其对思维方式的变革和现代科学的意义，从而引起对传统自然观与现代化、中西自然观合流等问题的思索"。① 李志林认为，气论和原子论的差异表现为："（1）整体性与个体性；（2）连续性与间断性；（3）无形性与有形性；（4）功能性与结构性；（5）化生性与组合性；（6）辩证性与机械性；（7）直观性和思辨性。"②关于现当代气论与原子论合流的趋势，李志林认为："这不是一种简单的回归，而是对低级阶段的批判和向更高级阶段的提升，并充实以全新的现代科学意义。"③关于气的内涵，李志林分析出五种基本成分："（1）自然常识之气；（2）人生性命之气；（3）精神状态和道德境界之气；（4）客观存在的物质之气；（5）能动的实体之气。"④李志林认为，中国古代气论分为察类——先秦，求故——汉、唐、宋、明理——宋、明、清三个阶段。察类是对气的形态进行分类，求故是对气化的源泉进行探求，明理是对气化的规律进行阐明。先秦的阴阳二气、六气五行、精气说都是对气的分类。求故在汉代表现为"或使"、"莫为"之争。"或使"是目的论，"莫为"是机械论，但在《淮南子》、扬雄、王充那里，莫为都是内因论。晋唐时期气论与本体论的体用之辩、动静之辨相结合，王弼、郭象等人的"体用不二"发展了王充的"气自变"的思想。北宋时期，气论取得了"元气实体矛盾说"的新形态，王安石以"藕中有藕"、张载以"一无两体"来解释气化的源泉，对魏晋时期有无、动静之辨进行了总结。宋明清时期对气化规律进行了探讨。张载提出"气化即道"，开始对气化的规律进行探索，二程、朱熹提出"理一分殊"说，考察了气化的普遍规律与特殊规律，王阳明用"理是过程"取代了"理一分殊"，罗钦顺也提出了理是过程的思想，并把气论转化到唯物主义上来，王廷相强调"理万"、黄宗羲提出"即心即气"，冲破了"理一分殊"的凝固性。明清之际方以智反对"执一废万"和"执别迷总"两种片面性，提出"舍一无万、舍万无一"

---

① 李志林：《气论与传统思维方式》，学林出版社，1990 年，第 1 页。
② 李志林：《气论与传统思维方式》，第 6 页。
③ 李志林：《气论与传统思维方式》，第 7 页。
④ 李志林：《气论与传统思维方式》，第 2 页。

论述气化的"理一"和"理万"的辩证关系。气论所体现的中国思维方式是"整体关联"、"体用不二"、"矛盾和谐"。李志林也认为:"气论……与中国近代科学的落后有着内在的关系。(1)它是以哲学的概括代替对科学的理论的概括,而没有独立为自然科学的理论。(2)它往往用含混的、笼统的气的概念来解释自然科学现象,而缺乏概念和思维的明晰性、确定性。(3)它持以气、阴阳、五行为中介的整体观,而忽略了分析方法在思维方式中的作用。(4)它在思维的逻辑系统化和形式化素质方面,暴露出明显的不足。(5)它在思维方式上也具有某些形而上学和神秘色彩。"①气论的内在缺陷是,"承认有流行于具体事物以外的气的存在"、"以物质性的气来解释精神现象"、"以气将世界的多样性加以简单化"、"摆脱不了循环论的变易观"。②

(五)个别范畴和哲学家范畴体系研究

不少学者对中国哲学史的一些主要范畴和主要哲学家的范畴体系进行了研究。张岱年探讨了中国古代哲学关于"理性"的学说,指出"理性"既是一个认识论范畴,又是一个伦理范畴,《中庸》的"德性"、《大学》的"明德"与西方理性概念相当,宋儒的"义理之性"与理性更为接近。中国哲学各派对于理性有不同的认识,孟子有"性善"的性,荀子有"以心知道"的理性学说,道家则对于理性认识持批判态度。张载的"德性之知"是对天地神化的知识,类似于理性认识,但他又强调德性所知"非思勉所能强",这就类似于一种直觉。戴震的"心"有辨理义悦理义的能力,即德性。戴震认为,德性有发展的过程,强调德性资于学问。他反对道德先验论,但他仍承认性善,承认德性。③ 冯契认为,中国没有产生近代科学,一个重要原因是因为没有形成一个形式逻辑体系。④ 汤一介探讨了传统哲学对于真善美的认识,指出"天人合一"、"知行合一"、"情景合一"是支配中国古代关于真善美认识的三个命题。天人合一是人与宇宙的关系问题,知行合一是人与他人的关系问题,

---

① 李志林:《气论与传统思维方式》,第6、286~292页。
② 李志林:《气论与传统思维方式》,第281~286页。
③ 张岱年:《中国哲学关于理性的学说》,《哲学研究》,1985年第12期,第63~73页。
④ 冯契:《论中国科学方法和逻辑范畴》,《中国哲学范畴集》,人民出版社,1985年,第1~19页。

情景合一是人"在艺术创作中人和所反映的对象的关系问题"。古代哲学是教人"做人"的哲学，"做人"就要达到真善美统一的境界，至此方为圣人。汤一介指出，中国哲学具有理想主义、人本主义、和谐论的特点，哲学家们以建立一个和谐统一的社会为己任。与这些特点相联系的是中国哲学具有一种"直观的理性主义倾向"。① 方克立探讨了体、用范畴的由来与演变，指出体、用概念萌芽于先秦，正式形成于魏晋。"体是指主体、本体或实体，用是指作用、功用或用处"。② 唐代崔憬把体用理解为物质和它的作用、功能、属性的关系，宋代程朱从本体和现象的角度理解体用，他们所说的体不是有形质的物质实体，而是万物的存在根据——理。所谓"体用一源，显微无间"的体，就是精神本体，用则是现实世界的事物现象。方克立分析了体用范畴从实体及其属性到本体和现象的演变的逻辑进程，指出从个别的存在上升到一般，是对本体的认识的一个深入，然而由于本体具有对象化的特点，所以哲学家们往往把本体视为对象化的存在，把精神的产物称为世界本体。③

王德有研究了魏晋以前老子的"道"的演变，指出老子的"道"以一般存在物为始基，反映了关于世界的统一性的基本观点。《管子》以"精气"解道，道为天地万物的基本元素。庄子把道引入同一性和差异性关系之中，否定差异性。韩非的道是普遍的原则，正确处理了普遍和特殊的关系。《淮南子》以道为普遍的法则，认为道起始于原始物质；《老子指归》的道也是一个普遍法则，认为这个法则生出了原始物质，用"道生一"改造了"道起于一"。河上公以元气为道，认为整个宇宙的变化过程都是元气的演化过程。为后世元气理论奠定了基础。王弼的道为抽象的无，探讨了天地产生存在发展变化的根据，涉及了现象和本质问题，其理论比两汉宇宙论深刻，是哲学史上的一个进步。郭象以无解道，但又否定了无，无只是表明万物自生，把万物生长的根据引向万物自身，表现出唯物主义倾向。葛洪以"玄"解道，以"道"为神，把道引向了宗教。④

---

① 汤一介：《论中国传统哲学中的真、善、美问题》，《中国哲学范畴集》，第20～39页。
② 方克立：《论中国哲学中的体用范畴》，《中国哲学范畴集》，第131页。
③ 方克立：《论中国哲学中的体用范畴》，《中国哲学范畴集》，第125～153页。
④ 王德有：《老子之道及其在魏晋以前的演变》，《中国哲学史研究》，1984年第1期，第13～23页。

　　傅云龙较早系统地研究了中国哲学史上的人性问题。他指出,中国哲学史上对于人性的认识,随着时代的发展,在内容与深度方面都有丰富和发展,还带有一些真理性的因素。[①] 人性问题产生于春秋战国时期。当时,新兴地主阶级为了巩固和加强自己的地位,说明自己与奴隶主阶级在本质上是完全平等的"人",需要对人性问题加以说明。人性问题的产生也与当时天人关系的辩论、尤其是对人的重视密切相关。中国哲学史上人性论有八个类型:(1)人的自然属性或自然资质论,如告子、世硕;(2)自然属性和社会属性的统一论,如荀子关于性伪的论述;(3)先天伦理道德观念,如孟子、董仲舒、王弼、郭象、韩愈、李翱、二程、朱熹、王守仁等;(4)构成人的形体的物质之气的根本属性,如王充、张载;(5)人性属于认识范畴,包括心理活动、知觉活动等,如扬雄提出人性包括视听言动,王安石、王廷相也有此观点;(6)人性是不断变化的,没有固定的性善或性恶之说,这是王夫之的观点;(7)人性指绝对的自由,如龚自珍的各自尊其心的个性说,梁启超的个性中心说;(8)人性是社会存在的范畴,颜元提出人性就是人生,包含着这方面的意思。[②] 方立天、严正分析了性情范畴在历代的演变。方立天指出,性情关系问题是人性论的核心问题之一,也是人生哲学和伦理道德学说的理论基础。中国古代哲学家探讨这一问题分为性情的同一与相异、性情的本末关系、性情的善恶以及性情的动静等四个方面。[③] 先秦孔子最早论及这一问题,提出了"性相近也,习相远也"的命题,主张有合理的感情。《管子》提出了明君"顺人心,安性情"的说法。孟子提出了性善论,告子主张性无善恶,荀子主张性恶论。《中庸》提出"喜怒哀乐未发谓之中,发而中节谓之和"的中和理论,这是儒家的基本态度。《礼运》提出七情说,把欲作为人的感情之一。两汉时期董仲舒开始把性情结合起来讨论,并把阴阳二气引入性情说,引起了性情内涵的深刻变化,形成性、情二元和性善情恶说。魏

　　① 傅云龙:《中国哲学史上的人性论问题·前言》,求实出版社,1982年,第1页。据傅云龙说,这本书是在周扬提出人道主义和异化问题之前出版的,后来周扬因异化问题被批判,这本书在中央党校也受到审查,审查小组审查后认为问题不大。
　　② 傅云龙:《中国哲学史上的人性论问题》,第82～83页。
　　③ 方立天:《中国哲学的"性情"范畴》,《中国哲学史研究》,1984年第1期,第12页。

晋时期关于情的理论有何晏的圣人无情论，王弼的圣人有情而不累论。唐代韩愈提出了性、情三品说，李翱提出性善情恶说，主张"复性"。宋代周敦颐的"无欲故静"、张载的"变化气质"和"心统性情"说，在后来产生了较大影响。朱熹发挥了张载的心统性情说。明清时期哲学家多主张性一元论，把天理和人欲结合起来，强调"人欲"的合理性。戴震强烈反对无欲无情说，主张性是生养的，情是感通的，都不能无。陈俊民研究了张载的范畴体系，否定了唯物唯心的对子结构对张载哲学的适用性，指出张载的范畴体系以"太虚"为开端，太虚是最抽象、最一般的规定，然后按照从气本到气化、从天道到人道、从主观到客观的排列，形成宇宙本体、宇宙生化、人道的天一人一合一的逻辑结构。将这三个层次进行筛选，可以得出"气—道—性—心—诚"的范畴体系。① 此外，金春峰研究了中国哲学辩证法范畴，丁祯彦研究了张载的体用不二的范畴，韩强研究了先秦天道范畴等。

与思维方式相关，刘文英研究了中国哲学史上意识观念的产生和发展，指出山顶洞人"已经形成了最原始的意识观念"。② 先秦时期，与意识相当的概念是"灵魂"，子产较早解释了"魂魄"的概念。到两汉时，"魄"逐渐演变为形体范畴。"精神"作为意识概念，则发端于春秋，盛于战国两汉，到宋明时期，哲学家用"心"或"本心"表示意识。"意识"这个概念，则是在佛教的影响下形成的。鸠摩罗什翻译的《摩诃般若波罗密多心经》中提出了眼、耳、鼻、舌、身、意等概念，其中"意"是"意识"的省称。玄奘的唯识宗的"识"也是一般的意识。刘文英认为，"意识"的概念在中国哲学史上发生的实际影响并不大，近代以后，随着西方哲学的翻译，"意识"的概念才得以普遍使用，这时的意识包括一切精神心理现象，和佛教意识概念的原义不尽相同。③ 在方法论上，刘文英坚持唯物主义和辩证法，认为中国古代哲学家由于没有注意到意识和物质的区别，把意识看作某种特殊的物质，反而被唯心主义钻了空子。"后来的唯物主义者，之所以能够反过来战胜狡猾的唯心主义，也主

① 陈俊民：《张载哲学逻辑范畴体系论》，《哲学研究》，1983年第12期，第42页。
② 刘文英：《中国古代意识观念的产生和发展》，上海人民出版社，1985年，第7页。
③ 刘文英：《中国古代意识观念的产生和发展》，1985年，第52页。

要得力于辩证法。这是一个很深刻的经验教训。"①

概念、范畴的研究表明中国哲学研究进入了哲学思维的层次,成为了哲学研究。不少研究都成为可积累性成果,标志着中国哲学研究达了一个新的水平,这构成了进一步研究的基础。20 世纪 80 年代的范畴研究所说的"范畴",是黑格尔意义的普遍的哲学范畴,不是康德意义的认识论知性范畴。不过,即使黑格尔意义的普遍哲学范畴,也仍然是以近代以来西方哲学认识论为基础的,所以,范畴分析法运用于中国哲学仍有一个有效性与限度的问题。当时中国哲学史界还没有进一步反思这个问题。

第九节　若干中国哲学史通史、教材的比较研究

进入 20 世纪 80 年代后,中国哲学研究开始步入正轨,显著标志之一是各种通史、教材纷纷出版,计有北京大学哲学系中国哲学史教研室编写的《中国哲学史》(上、下册,以下简称北大本)、②孙叔平的《中国哲学史稿》(上、下册)、③冯友兰的《中国哲学史新编》(修订本)、④萧萐父、李锦全主编

---

① 刘文英:《中国古代意识观念的产生和发展》,1985 年,第 354 页。

② 北京大学哲学系中国哲学史教研室编写:《中国哲学史》(第 1 版),中华书局,1980 年。其"编写说明"云:"本书是为我校哲学系哲学专业本科班讲授中国哲学史教程编写的教学参考书。……1973 年曾由中华书局印出讨论稿,广泛征求意见。现在,根据几年来教学使用的情况,和一些兄弟院校教师提出的意见,我们对初稿进行了全面修改,增补了部分章节,付中华书局正式出版。……参加初稿编写的同志有(按姓氏笔画为序):孔繁、邓艾民、朱伯崑、汤一介、张岱年、杜继文(内蒙古大学)、邹本顺、楼宇烈等。参加这次修改的同志有(按姓氏笔画为序):邓艾民、朱伯崑、许抗生、张岱年、姜法曾(中国人民大学)、楼宇烈等。最后由楼宇烈同志负责全书通读工作。"该书1985 年第三次印刷,印数已达 52 400 册,是 80 年代后在大学中最有影响的教材。

③ 孙叔平:《中国哲学史稿》,上海人民出版社,1980 年 8 月第 1 版。作者序言说,解放后讲授马克思主义哲学,感到知识不足,从 1962 年开始研究中国哲学史,按照历史上哲学家的顺序阅读原著,整理出了《中国哲学家论点汇编》。从 1974 年 6 月 9 日开始写《中国哲学史稿》,至 1978 年大致完成;又进行了修改,增补了魏源、梁启超、章太炎、李大钊四人,以李大钊为全书的结尾。

④ 冯友兰:《中国哲学史新编》(修订本)第 1 册,人民出版社,1982 年 1 月第 1 版,第 6 册于1989 年 1 月由同社出版。

的《中国哲学史》(上、下卷,以下简称武大中山本),①冯契的《中国古代哲学的逻辑发展》、②任继愈主编的《中国哲学发展史》、③杨宪邦主编的《中国哲学通史》三卷(以下简称人大本)、④刘宏章、傅云龙、束际成主编的《中国哲学史教程》等。⑤ 此外还有师范院校本《中国哲学史》、沈善洪的《中国哲学史概要》、⑥李维武的《中国哲学史纲》⑦等。此处主要对80年代后在大学广泛传播的几部通史进行研究,关于冯友兰《中国哲学史新编》,另作研究。

　　这些哲学史带有20世纪70年代末和80年代中期以前的特点,普遍提出建立科学的中国哲学史或中国哲学史研究的科学化,其具体内容首先是对日丹诺夫哲学史定义进行反思,回到了列宁的哲学史是认识史的定义,由此引申出唯物论和唯心论的斗争;其次是对"文革"期间、尤其是"文革"后期儒法斗争史观进行反思和批判;再次是把批判封建主义作为哲学史研究的一项重要任务。这些都是时代的特点,构成了中华民族理性成熟过程的一个阶段。不过,所有这些通史,都停留在对斗争史观的反思上,没有进一步深入到对于目的史观进行反思,有的还仍然保留着目的史观、服务史观的说法;没有对"遗产"观提出反思,没有说明认识史定义的局限性。这些都是时代的局限性和理性成熟的有限性的表现。范畴、思维的逻辑进程、哲学的地域文化特点等是80年代中期以后提出的研究领域。对这些问题的研究,一直延续到90年代,可以视为中国哲学研究

---

　　① 萧萐夫、李锦全主编:《中国哲学史》上卷,人民出版社,1982年12月第1版;下卷,1983年10月第1版。本书是由教育部组织武汉大学、中山大学等9所院校联合编写的大学哲学系教材,至2001年第17次印刷,印数已达到138 250册,也是20世纪80年代后在大学中最有影响的教材之一。

　　② 冯契:《中国古代哲学的逻辑发展》,上海人民出版社,1983年10月第1版。

　　③ 任继愈主编:《中国哲学发展史》(先秦),人民出版社,1983年10月第1版。该书第1版印数18 700册。全书以中华民族认识史为对象,说明哲学如何从宗教迷信中逐渐分化出来的逻辑过程,分为先秦、秦汉、魏晋、隋唐、宋元明清两卷、近代共七卷。"导言"说:"本书着重中国哲学逻辑的发展过程,所以称之为《中国哲学发展史》。"

　　④ 杨宪邦主编:《中国哲学通史》第1、2、3卷,分别由中国人民大学出版社1987年9月、1989年、1990年4月出版。

　　⑤ 刘宏章、傅云龙、束际成:《中国哲学史教程》,中央党校出版社,1988年。

　　⑥ 沈善洪:《中国哲学史概要》,浙江人民出版社,1980年。

　　⑦ 李维武:《中国哲学史纲》,巴蜀书社,1988年。

的深入。

一、认识史：中国哲学史研究的对象

北大本指出："'四人帮'用虚构的所谓儒法斗争史是来代替各门历史科学的研究,对中国哲学史这门学科所造成的破坏是严重的,对此必须正本清源。"①孙叔平也指出,哲学史上两条路线斗争并不是"儒法斗争","儒家不能作为唯心主义、复古主义的代名词","法家不能作为唯物主义、革新进步的代名词,'以儒法斗争为纲'的哲学史,我是无法下笔的"。② 关于"农民的阶级斗争和哲学发展的关系问题",孙叔平认为农民阶级不存在"成系统的哲学","农民革命斗争在封建时代对哲学发展所起的作用,大概不表现在他们独立地提供了更高级的哲学";③农民并不占有文化,不是新的生产方式的创造者,所以,历史上唯心论与唯物论的斗争,表现在地主阶级内部。孙叔平的哲学史具有难能可贵的独立思考精神,不过,在他的著作中,唯物、唯心与进步、反动相连接的痕迹也还是十分明显的。④

关于哲学史的对象,北大本指出:"哲学史是研究人类认识发展的科学。中国哲学史研究的对象,应该是通过中国历史上唯物主义和唯心主义、辩证法和形而上学这两种思想发生、发展和相互斗争、相互影响的历史,总结唯物主义和辩证法思想克服、战胜唯心主义和形而上学思想,人类认识不断向正确方向发展的规律和经验教训。"⑤这里的说明包含了对斗争史的反思,但没有承认 57 年得到反复讨论的唯物唯心的"相互转化",且仍有哲学史是

---

① 北京大学哲学系中国哲学史教研室：《中国哲学史·编写说明》,中华书局,1980 年,第 1 页。

② 孙叔平：《中国哲学史稿》上,第 7 页。

③ 孙叔平：《中国哲学史稿》上,第 7 页。

④ 据陈俊民说,在 1980 年召开的"宋明理学"讨论会上,《中国哲学史》编辑部曾经发简报批判孙叔平的"所谓不要唯物唯心的'光头哲学'"。(《既开风气也为师》,《探寻真善美——汤一介先生 80 华诞暨从教 55 周年纪念文集》,第 55 页。)

⑤ 北京大学哲学系中国哲学史教研室：《中国哲学史·编写说明》,中华书局,1980 年,第 1 页。

唯物主义发展史的目的史观痕迹。相比之下，稍后的武大中山本、任继愈的《中国哲学发展史》都强调了这一点。武大中山本引述列宁的话指出："可以把哲学史简略地定义为'就是一般认识的历史'，即关于自然、社会和思维的'一般'(共同本质、普遍规律)的历史"，由此与其他具体学科知识相区别。哲学通过对其他学科的"概括、总结和反思，抽象出'构成认识论和辩证法'等属于哲学的'一般认识'。……哲学史所研究的则仅是既区别于宗教、艺术，又区别于各门科学而专属于哲学的'一般认识'的历史，按照列宁的提示，即认识论和辩证法的历史。在中国哲学史的研究中，无疑应当以列宁这些科学的规定为指针，认真厘定哲学史研究的对象、论述的重点和思想资料的筛选原则"。① 在此，唯物唯心问题是从"认识"的概念中引申出来的。《中国哲学史·导言》指出，认识充满了矛盾，而最能表现其本质的特殊矛盾就是思维和存在的关系问题。"唯物主义和唯心主义的矛盾，是哲学认识中最普遍、最根本的矛盾"，这个矛盾蕴涵着两种世界观，由此又可引申出辩证法和形而上学的不同。但是，与过去强调唯物唯心的绝对对立不同，本书强调"历史上唯物主义与唯心主义、辩证法与形而上学的相互斗争和在斗争中的相互联结、渗透、转化，正是通过对一些基本范畴的继承、扬弃或赋予不同的解释表现出来的"。② 承认唯物主义和唯心主义的渗透和转化，显然是吸收了1957年前后冯友兰、贺麟等人的观点。

冯契也认为："哲学史可以定义为：根源于人类社会实践主要围绕着思维和存在关系问题而展开的认识的辩证运动。"③这个定义包含着对此前中国哲学史研究的反思。把唯物唯心问题还原为思维和存在问题，首先避开了用唯物唯心斗争贯穿哲学史，其次，也是对片面强调阶级斗争的反思。所以在谈到哲学的发展根据的时候，冯契特别指出，哲学是离阶级斗争最远的意识形态，哲学史上唯物主义和唯心主义的斗争，并不能归结为农民阶级反对地主阶级的斗争。中国历史上哲学斗争发生在地主阶级内部。用地主阶

---

① 萧萐夫、李锦全主编：《中国哲学史·导言》，第4～5页。
② 萧萐夫、李锦全主编：《中国哲学史·导言》，第7页。
③ 冯契：《中国古代哲学的逻辑发展·绪论》，第11页。

级内部革新派反对顽固派、中小地主阶级反对大地主阶级的斗争来解释唯心主义对唯物主义的斗争，同样也缺乏说服力，裴頠主张唯物主义，却是门阀地主的代表；慧能代表了庶族地主的利益。中国古代哲学发展的动力首先是科学和农业手工业的发展，[①]即社会生产力的发展，其次是社会内部的矛盾。

　　任继愈直接参加了1957年的反思，他主编的《中国哲学发展史》也是从对日丹诺夫的反思开始的。他指出，解放后我们根据日丹诺夫的哲学史定义研究中国哲学史，只注意了"两军对垒"，没有"研究人类认识螺旋上升的曲折复杂的发展过程，不去总结这种发展过程中的规律和经验教训，也不去注意分析每个哲学体系的内部逻辑结构和它在认识史上的地位"，[②]是不正确的。任继愈认为，列宁的定义是全面的，日丹诺夫和亚历山大洛夫都各为一偏。"哲学史讲的是各个历史时期人们对于自然界发生、发展的认识，即自然观；对社会历史发生、发展的认识，即社会历史观；对思维规律的认识，即逻辑学和认识论。把这些概括起来，哲学史的研究对象就是整个人类认识的历史。"[③]"认识史"和"斗争史"这两个定义并不相互矛盾。唯物主义能够比较正确地反映客观实际，比较正确，唯心主义也是人类认识前进运动的一个必然环节，是不结果实的花朵。唯心主义提出的问题淬砺、锻炼了唯物主义，所以，"哲学史也是唯物主义和唯心主义的斗争史。离开了唯物主义和唯心主义的斗争史来讲认识的发展"，就陷入了另一种片面性。[④]"代表人类正确思维的是唯物主义思想，它可以称为哲学的主流。但是，人类认识不是沿着直线前进的，走过不少弯路，唯心主义和唯物主义也存在互相转化和互相促进的复杂情况。"[⑤]对于唯物主义和唯心主义的相互转化和促进，说得最为明确的是刘宏章、傅云龙的《中国哲学史教程·导言》。刘宏章指出："为把握中国哲学史发展的基本脉络，既要对唯物主义和辩证法思想予

---

① 冯契：《中国古代哲学的逻辑发展·绪论》，第6页。
② 任继愈：《中国哲学发展史·导言》（先秦），第10页。
③ 任继愈：《中国哲学发展史·导言》（先秦），第10页。
④ 任继愈：《中国哲学发展史·导言》（先秦），第11页。
⑤ 任继愈：《中国哲学发展史·导言》（先秦），第8页。

以充分肯定的评价，又要给唯心主义和形而上学以一定的地位。孤立、片面的做法，主观随意地拔高或者贬低任何一方面的做法，都是不正确的，也是违背中国哲学思想发展的历史事实的。应该指出，过去那种过分强调中国哲学史上各种思想间的对立和斗争，而不承认其间相互继承关系的存在或者对此注意不够，也是不科学的。"①这里的说明都有较强的针对性。相比之下，人大本哲学史认为，"哲学史是主要围绕着思维和存在的关系这个哲学基本问题而展开的矛盾认识史"，②其内容是唯物主义和唯心主义在对立统一中的斗争史，认识史和斗争史是不可分割的。"作为认识史的哲学史本身就内在地是唯物主义和唯心主义斗争的历史；反过来，唯物主义和唯心主义斗争的历史也就是以哲学形态表现出来的认识史。"③人大本哲学史仍然保留着"目的史观"的说法，强调"哲学史是科学的唯物主义即辩证唯物主义和历史唯物主义产生、形成和发展的历史"，④且没有提及唯物主义与唯心主义的相互转化。

　　在具体内容方面，除了任继愈的《中国哲学发展史》提到的自然观、社会观、认识论之外，孙叔平提出，古人在进行究天人之际、通古今之变的思考时，凡是涉及宇宙观、历史观、人性论、知行论的，就可以把他们视为哲学家，把他们的思想资料加以剪裁，"写出我们所理解的哲学史"，由此确定中国哲学史的研究对象。北大本、武大中山本都进一步提到了概念、范畴的演变等问题。北大本指出："要着重分析各时期各代表人物的理论思维及其特点，注意总结各种哲学思想之间的批判和继承关系。同时，也要注意阐明中国哲学史上一些基本概念或范畴的演变和发展。"⑤武大中山本提出了认识发展的逻辑进程问题等，这些都反映了 20 世纪 80 年代中国古代哲学研究的深入。

---

① 刘宏章、傅云龙、束际成：《中国哲学史教程·导言》，第 2 页。
② 杨宪邦主编：《中国哲学通史》第 1 卷，第 7 页。
③ 杨宪邦主编：《中国哲学通史》第 1 卷，第 11 页。
④ 杨宪邦主编：《中国哲学通史》第 1 卷，第 13 页。
⑤ 北京大学哲学系中国哲学史教研室：《中国哲学史·编写说明》，第 1 页。

二、理论思维锻炼：中国哲学史
研究的目的和意义

关于中国哲学史研究的目的和意义问题,20 世纪 80 年代的所有通史都未能跳出"革命史观"和"服务史观"的思维模式,中国哲学史仍没有作为一门学科的自为的意义,只具有工具性价值:其一是证明马克思主义的正确性或丰富发展马克思主义;其二是批判封建主义;其三是继承一些遗产;较为适中的说法则是总结理论思维的经验教训和来自恩格斯的锻炼理论思维能力。

北大本《中国哲学史》指出:"中国哲学史的研究和教学要坚持为社会主义革命和建设事业服务的方向。但必须坚决反对'四人帮'的那种古为帮用的影射史学。一本好的中国哲学史,必须运用马克思列宁主义的哲学基本原理,正确总结中国历史上哲学思想发展的规律。……通过研究和学习中国哲学史,应当有助于人们加深对马克思列宁主义哲学基本原理的理解,有助于人们锻炼理论思维能力,培养正确的思想方法。"①可是,学习中国哲学史怎么会有"加深对马克思主义哲学基本原理的理解"的作用? 显然,中国哲学史学科独立存在的意义还没有得到肯定。另外,如前所述,这样说明也是循环论证。关于古为今用的问题,孙叔平指出,用马克思主义为指导批判总结哲学历史遗产,"不是学究式的工作",而是有重大现实意义的。从继承历史遗产的精华方面说,是"把马克思主义中国化的伟大工作中一项必不可少的工作";从剔除糟粕方面说,儒释道都有糟粕,法家也有糟粕,即封建专制主义。糟粕的东西并没有消灭,还活在一些人的头脑里。"为了清除现在的反动思潮,我们必须做好古代遗产的清理工作,'将古代封建统治阶级的一切腐朽的东西和古代优秀的人民文化即多少带有民主性和革命性的东西区别开来'。"②武大中山本提出学习中国哲学史有三点意义。"(一)通过对中国哲学发展进程的历史考察和逻辑分析,把历史上经过许多艰难曲折才

---

① 北京大学哲学系中国哲学史教研室:《中国哲学史》,第 1～2 页。
② 孙叔平:《中国哲学史稿》上,第 15 页。

获得的哲学劳动成果和哲学斗争经验重新反刍一遍,总结和吸取其中理论
思维许多典型的经验教训,可以锻炼,提高我们的理论思维能力。"①
"(二)通过对中国哲学史的学习,特别是对历史上独立形成的哲学范畴体
系、哲学斗争的焦点、哲学发展的'圆圈'进行认真的分析,揭示其规律和特
点,解剖世界上仅有的几个文化系统中哲学创造的这一历史类型,继承这份
珍贵的遗产,可以充实唯物辩证法对人类哲学认识史的概括。这对于丰富
和发展马克思主义哲学和哲学史观,是一个重要的方面。……结合中国历
史特点总结出人类哲学发展中另一典型的客观规律……不仅可以丰富对人
类哲学史发展的总规律的认识,而且也有助于我们深刻认识毛泽东同志对
于哲学发展作出的贡献,也有助于我们预见中国哲学发展的未来。"②第三
个意义是对精华的吸收和对糟粕的批判。应当指出,研究中国哲学史充实
发展马克思主义,同样是中国哲学史学科没有独立存在价值的表现。任继
愈认为,中国哲学史研究的目的和意义"发扬优良传统、批判封建主义"。他
在指出学习中国哲学史可以提高民族自信心、建设社会主义精神文明之外,
又指出"要把批判封建主义作为中国哲学史研究的重要内容之一"。③ 他
说,过去研究中国哲学史,一般只注意到赞扬进步的、唯物的因素,批判落后
的、唯心的因素,但忽略了具体分析和批判这些意识形态中的封建主义糟
粕。"四人帮"正是钻了这个空子,以赞扬法家为名,贩卖封建专制主义。现
在可以看出,阻碍社会主义发展的除了资本主义之外,还有封建主义。所
以,"我们从事中国哲学史的研究,应该自觉地把批判封建主义的任务担负
起来"。④ 任继愈强调反封建,很有时代特色;人大本则赋予了中国哲学史
过多不属于这个学科的任务,指出研究中国哲学史的意义"在于'古为今
用',在于面向社会主义现代化,面向世界,面向未来,在于解决一个更高的
课题:彻底地毫不动摇地批判继承和根本改造中国文化遗产和哲学遗产,

---

① 萧萐夫、李锦全主编:《中国哲学史·导言》,第 14 页。
② 萧萐夫、李锦全主编:《中国哲学史·导言》,第 14～15 页。
③ 任继愈:《中国哲学发展史·导言》(先秦),第 38 页。
④ 任继愈:《中国哲学发展史·导言》(先秦),第 39 页。

为发展社会主义新文化和当代哲学提供历史基础和必要条件"，①帮助指导"社会主义物质文明和精神文明建设"；"有助于历史地、准确地、完整地理解、应用、丰富和发展马列主义毛泽东思想及其哲学，有助于坚持四项基本原则，为实现由中国特色的社会主义现代化指出历史必由之路"。②

三、历史与逻辑的统一和"圆圈"：
中国哲学史研究的方法

关于中国哲学研究的方法论，北大本强调哲学思想发展的线索、哲学与自然科学的关系，对概念和范畴进行系统、完整、准确、科学的分析。③ 武大中山本强调"历史和逻辑的统一"以及"圆圈"说。该本指出："对哲学本身发展的特殊根据，即其内在矛盾，则作为重点，进行尽可能具体的唯物辩证法的分析，力图通过分析哲学范畴的历史演变来探索哲学认识发展的逻辑进程"，④达到历史与逻辑的统一。这种统一，表现为认识进程的"圆圈"。"圆圈"说首出于黑格尔，列宁继承了这一说法。起点—过程—终点，终点似乎是对起点的重复，但却是在更高阶段上的重复。这就是认识的螺旋上升曲线。武大中山本认为，早期稷下道家保留在《管子》一书中的精气说和静因之道的反映论，经过孟子和庄周从不同角度扩大能动性的否定之后，到荀子得到了总结，这是一个圆圈。但是该书对于两汉—魏晋南北朝—宋元明是不是一个圆圈没有说明。冯契认为，中国古代哲学史有两大圆圈：先秦、秦汉到王夫之。先秦：原始阴阳说—孔子—墨子—老子—黄老—荀子；又包含两个小圆圈：第一个是从原始的阴阳说，经过孔子、墨子到老子；后一个是从《管子》经过孟子、庄子到荀子。

在各个版本中，任继愈的《中国哲学发展史》对于"文革"的反思较为全面和深入，提出的哲学的文化地域观念也十分新颖，成为后来中国哲学研究

---

① 杨宪邦主编：《中国哲学通史》第1卷，第59页。
② 杨宪邦主编：《中国哲学通史》第1卷，第63页。
③ 北京大学哲学系中国哲学史教研室：《中国哲学史》上，第1～2页。
④ 萧萐夫、李锦全主编：《中国哲学史·导言》，第8页。

的一个方向。关于中国哲学史研究的方法,任继愈指出,首先"是把问题提到一定的历史范围","努力还其本来的历史面貌",①不能把中国哲学的概念与西方哲学随意比附,如老子的"道"不同于黑格尔的绝对理念,王阳明的心学不同于贝克莱的主观唯心论;也不能使古人穿上时装。春秋时期的孔子不同于汉代以后封建统治者所塑造的孔子,更不同于"四人帮"的"孔丘"。其次是"要进行具体的阶级分析",②但不能"简单化、公式化"。哲学是离阶级斗争最远的意识形态,随意给哲学家贴标签并不能如实地反映哲学家本来的情况。也不能认为一个阶级只能有一个声音;唯物主义和唯心主义的阶级基础问题也是一个复杂问题,农民阶级没有产生理论家,他们往往靠地主阶级来代表,所以封建时代无论唯物主义还是唯心主义,都出自地主阶级内部。认为地主阶级内部中小地主阶级进步,大地主阶级反动也不全面。如唐代柳宗元参与的永贞革新和宋代王安石变法都有大地主阶级加入。认为大地主阶级产生唯心论,中小地主阶级产生唯物论也不是一个普遍适用的公式。把唯物论和唯心论与政治上的进步和落后画等号,更是荒谬。如孟子和荀子,一个是唯心论,一个是唯物论,在政治上两者都是进步的。西汉董仲舒是唯心论者,在政治上却有其进步性。第三是注意"中国古代哲学发展中的地域性和多种文化的融合过程"。这个问题在中国哲学史学史上是首次提出,值得重视。任继愈指出,哲学是在特定的社会环境中产生的,不同的国家和地区不同的环境会给哲学带来"国别的、地域的、民族的特点"。③ 春秋战国时期有四类的文化区:"邹鲁文化、荆楚文化、三晋文化、燕齐文化。"④邹鲁文化对西周文化传统继承最多,楚文化发生于江汉流域,受西周文化影响较小,对中原文化持批判态度。《楚辞》、《老子》、《庄子》都有明显的楚文化特点,偏重于探索世界的构成,人与自然的关系等,对于人伦生活则持否定和批判的态度。三晋地理条件不如秦楚,为了在激烈的斗争中生存,不得不对内注重改革,对外权衡利弊,利用国与国之间的矛盾争取

---

① 任继愈:《中国哲学发展史·导言》(先秦),第 18 页。
② 任继愈:《中国哲学发展史·导言》(先秦),第 19 页。
③ 任继愈:《中国哲学发展史·导言》(先秦),第 23 页。
④ 任继愈:《中国哲学发展史·导言》(先秦),第 23 页。

外援。吴起、商鞅、韩非等都是三晋文化的产物,虽然他们并未在三晋地区得到重用。荀况思想具有兼宗儒法的特点,是三晋文化的产物。秦代孝公以后的文化可归到三晋文化中。齐文化受周礼的影响不及鲁国深,军功贵族的力量又不及三晋强,所以管仲学派对于旧宗法制采取了半保留半否定的态度,主张把礼治和法治结合起来。稷下学宫以道家的势力为最大,邹衍的五行说盛于燕齐,董仲舒生活于燕齐方士、道家流行的区域,其思想受后者影响颇大。①秦统一以后,思想文化也逐渐统一,但由于中国地域的广大,各地的特点得到了延续。宋以后儒家垄断了文化,中国文化的地域性特点进一步减弱。该著又指出,在看到地域性特点的同时,也必须看到文化的融合趋势。如荀况融合了三晋、荆楚和燕齐文化,《吕氏春秋》、《淮南子》都融合了儒、道、墨、法各家文化。魏晋、隋唐都存在儒释道的融合,宋明理学也是儒释道融合的产物。第四,是"详细地占有历史资料,认真地进行审查和鉴别"。②

四、对中国哲学史的若干特点的认识

任继愈认为,基于中国社会历史的特点,中国哲学史具有以下特点。第一是封建社会的哲学历史最长,中国哲学发生于奴隶社会,主要在封建社会发展。第二是神化了的儒学占重要地位。儒家成为宗教,具有宗教的一切本质属性。儒学"既是宗教,又是哲学,既是政治原则,又是道德规范",四者合为一体,"理学的建立,标志着中国儒教的完成"。③ 第三,中国哲学史有光辉的唯物论和无神论传统。第四,中国哲学史上的唯心论建立了比较系统和周密的体系,诱发了唯物主义的发展。朴素唯物论和辩证法达到了较高的水平。不过,比起资产阶级唯物论和辩证法而言,毕竟是朴素的、自发的。冯契认为,中国哲学史上的"名实"之辨是人能不能认识宇宙法则的问题,"天人"之辨是如何培养理想人格问题,也即人的自由问题,中国哲学史

---

① 任继愈:《中国哲学发展史·导言》(先秦),第 24 页。
② 任继愈:《中国哲学发展史·导言》(先秦),第 29 页。
③ 任继愈:《中国哲学发展史·导言》(先秦),第 14 页。

的特点贯穿于这两个问题。关于前者，中国历史上形成了辩证逻辑的传统，形成了有机论宇宙哲学、辩证的自然观。这是中国哲学的特点。不过，这种辩证逻辑还处于朴素的水平。关于人的自由，冯契认为首先是人和自然的关系问题，中国哲学主张天人合一，"仁者浑然与天地万物为一体"，"复性"即获得自由。但是中国哲学的优秀传统不在这里，荀子的"明于天人之分"、王夫之的任天、相天、造命之说，把人的自由看作人在与自然的交互作用中获得的，这种理论包含了真理的因素。其次，人的自由也是一个伦理学问题。儒家的特点在于不离开人与人的伦理关系来讲"天人之际"。道德行为必须是合乎道德理想的、自觉的、自愿的行为。自觉出于理性，自愿出于意志。儒家哲学考察了道德的自觉原则，却忽略了自愿原则，而且把宿命精致化。① 相比之下，西方哲学则较多地考察了自愿原则和意志自由的问题。再次，人的自由也是个美学问题。庄子的逍遥的自由观，主张人应回到自然中，与自然为一。"庖丁解牛"体现了人与自然合一的自由，劳动成为审美对象，接触到了从必然王国到自由王国的问题。这里的自由是审美活动的自由。②

五、关于诸哲学通史的几点反思

现在看来，20 世纪 80 年代哲学史通史普遍存在的问题有六个方面。第一，中国哲学史仍然没有取得独立自为的意义。如前所述，加深对马克思主义的理解、发展马克思主义等，都是外在于中国哲学史学科的目的；反思都集中在"斗争史观"，而没有认识到"目的史观"、"革命史观"的影响。第二，书写方式的宏大叙事，容易产生削足适履的危险。在谈到历史和逻辑统一时，不少著作都提到了"圆圈"说。但"圆圈"说有其难以自圆的地方，如(1) 在冯契的哲学史中，整个中国古代哲学只有两个"圆圈"，太少。两个"圆圈"之说的依据是什么？和冯友兰的子学时代、经学时代的两个时代有何关系？都没有说明。(2) 遗留有圈外人物，如武大中山本《中国哲学史》

① 冯契：《中国古代哲学的逻辑发展·绪论》，第 42～51 页。
② 冯契：《中国古代哲学的逻辑发展·绪论》，第 53 页。

对稷下道家之前的孔子、老子只字未提；先秦"圆圈"终结于荀子，韩非就成了圈外人物。（3）人物的时间顺序乱，如老子，究竟是在孔子之前还是之后？如在前，则老子哲学如何是针对孔子儒家的？所以，历史和逻辑的统一虽可以运用，但若进一步扩展到"圆圈"说，就要十分小心。"圆圈"说具有一定的外在性，不宜随意应用。第三，时代特色过于明显，既有对"文革"中和"文革"前中国哲学史研究的纠正，也有当时一些看法的遗留，形成 20 世纪 80 年代前后特有的时代特点，限制了这些通史的普遍意义。第四，对于"哲学"的认识局限于近代哲学观念，即哲学的认识论概念。所谓唯物主义与唯心主义、尤其是认识史，都是西方近代哲学的特点。全部中国哲学史都是按照西方近代哲学的模式来编写的。对于这一点，所有哲学史通史都缺乏自觉。这样就造成了第五个问题，即未能突出中国哲学在人生、精神境界方面的意义，而这恰好是中国哲学不同于西方哲学的显著特点。第六，所有哲学史都是把中国哲学作为"遗产"对待的，把它作为未来文化与哲学发展的活的资源的观点还没有。中国哲学仍然没有通过这些通史重新恢复自己的生命。上述诸点，一方面使我们感到民族理性在走向成熟，另一方面也使我们感到这种成熟还是有一定限度的。

第十节　冯友兰的中国哲学史研究

一、旧邦新命：中国哲学史
研究的内在驱动

粉碎"四人帮"之后，冯友兰的人生和他的哲学史研究又回到了类似于1949 年时的一个新的起点。1949 年以来所遭到的批判和他的自我批判、遭受的迫害和享受到的政治待遇，都归于零，冯友兰的人生和心境也趋于平静。在这种平静之中，他仍不能释怀的是旧邦新命情结和对中华民族命运的牵挂，以及由此而油然而生的重写中国哲学史的愿望。①

---

① 冯友兰：《三松堂自序》，《三松堂全集》第 1 卷，第 183 页。

　　但是,重写又谈何容易！"文革"期间的认识仍纠缠着他,一时还不能彻底抛弃。据《冯友兰先生年谱长编》记载,1977 年 1 月 2 日,冯友兰的家人冯钟璞、冯钟越、蔡仲德与冯友兰谈《中国哲学史新编》的修改问题,建议"文革"前出版的一、二册不必修改,新写的各册不必以"革新前进"、"保守倒退"两条路线为纲,但冯友兰坚持按两条路线从头写起。① 同年 7 月 4 日,蔡仲德再次提出修改哲学史问题,冯友兰坚持仍用革新、守旧两条路线为纲。② 1979 年 5 月 4 日,人民出版社编辑与冯友兰谈《中国哲学史新编》出版事宜,主张"文革"前已经出版的第一、第二册不动,有儒法斗争史痕迹的需要改掉。冯友兰坚持《新编》第一、二册也要重写,"保守倒退"、"革新前进"两条路线斗争不能动,但要加上"民族斗争"这条线索。③《中国哲学史新编》第一、二册人物评价的社会背景确实是按照"保守倒退"、"革新前进"和"民族斗争"的思路写的。随着改革的深入,《中国哲学史新编》七册所体现的思想境界也不断地提高。1986 年 10 月,冯友兰夫人去世,冯友兰撰挽联说:"在昔相追随,同荣辱,共安危,出入相扶持,黄泉碧落君先去;从今无牵挂,断名缰,破利锁,俯仰无愧怍,海阔天空我自飞。"可以说,这时的冯友兰,思维已经开始了自由的飞翔。《中国哲学史新编》越写越自由,思维越来越舒展,第五册、第六册、第七册,呈现出与此前不同的从心所欲的气象。他甚至说,第七册如不能出版,"吾其为王船山乎"！

　　1980 年,冯友兰在《中国哲学史研究》创刊号发表《吸取教训、继续前进》、《哲学与哲学史》。前者为《中国哲学史新编》第 1 册修订本自序。冯友兰说,解放后提倡向苏联学习,自己也向苏联学术权威学习,"学到的方法是,用马克思主义的词句,作为条条框框,生搬硬套。……到了 70 年代初,对于中国哲学史的有些问题,尤其是人物评价问题,我就依傍党内权威的说法,或者据说是他们的说法。我的工作又走入歧途。经过两次折腾,我得到了一些教训。……道理是要自己认识的。学术上的结论是要靠自己研究得

---

① 　蔡仲德:《冯友兰先生年谱初编》,第 561 页。
② 　蔡仲德:《冯友兰先生年谱初编》,第 564 页。
③ 　蔡仲德:《冯友兰先生年谱初编》,第 581 页。

来的。一个学术工作者写的应该就是他所想的。不是从什么地方抄来的，不是依傍什么样本摹画出来的。吸取了过去的经验教训，我决定再继续写《新编》的时候，只写我自己在现有的马克思主义水平上所见到的东西，直接写我自己在现有的马克思主义水平上对于中国哲学和文化的理解和体会，不依傍别人。"①《中国哲学史新编》全书分为七册，第一、二册为先秦哲学，分别于 1982 年、1984 年出版；第三册为两汉哲学，1985 年出版；第四册为魏晋隋唐哲学，1986 年出版；第五册为宋元明清哲学，1988 年出版；第六册为近代哲学，1989 年 1 月出版，第七册为现代哲学，由于观点问题，未能出版。《中国哲学史新编》出版期间，冯友兰还出版了 1947 年在美国宾夕法尼亚大学讲授中国哲学史的英文讲稿 *A History of Chinese Philosophy*，译名为《中国哲学简史》。②

二、《中国哲学史新编》的方法论

(一) 什么是哲学

冯友兰反对把哲学理解为"太上科学"、"科学大纲"或者"初级科学"的种种说法。他认为："哲学是人类精神的反思。所谓反思就是人类精神反过来以自己为对象而思之。人类的精神生活的主要部分是认识，所以哲学是对于认识的认识。对于认识的认识，就是认识反过来以自己为对象而认识之，这就是认识的反思。"③这个"反思"，冯友兰又称为"精神的自觉"。反对哲学的"太上科学"诸定义，把哲学定义为"反思"，是冯友兰早年就坚持的观点。《新知言》曾经提出，"哲学是对于人生底，有系统底，反思底，思想"，"以人生为对象而思之，就是对于人生有觉解"。④ 冯友兰这样定义哲学，实际

---

① 冯友兰：《三松堂全集》第 8 卷，第 1 页。

② 冯友兰：《中国哲学简史》，涂又光译，北京大学出版社，1984 年。关于此书，朱伯崑有较为详细的评论，指出其特点是以作者的哲学体系为指导，即天人合一的精神境界这条线索来介绍中国哲学，所以，这本书与其说是来源于两卷本《中国哲学史》，不如说来自《新原道》。由于此书属于 1949 年以前的成果，所以此处不拟详论。

③ 冯友兰：《中国哲学史新编·绪论》，《三松堂全集》第 8 卷，第 9 页。

④ 冯友兰：《新知言·绪论》，《三松堂全集》第 5 卷，第 165 页。

上是回到了早年的认识。他这是以《新原人》的观点重新审视这个哲学史。当然，这不是简单的回归，而是经过近 40 年的时间，经过马克思主义的"洗礼"之后的回归。所以，《中国哲学史新编》具有马克思主义和冯友兰新理学相结合的特点。"精神的反思"比过去的"人生的反思"，范围更为广泛，并不仅是专注于"人生"，也包含了人生之外的认识论、辩证法等内容。冯友兰认为，认识论和辩证法是对科学知识反思所得出的结论，在"这个反思就是人类精神的反思，就是哲学"。① "人类精神的反思必然要牵涉到各方面的问题，对于广泛的问题作广泛的讨论。概括地说，有三个方面：自然，社会，个人的人事。人类精神的反思包括三方面以及期间相互关系的问题。这些都是人类精神的反思的对象，也就是哲学的对象。"②

（二）哲学的作用

从"精神的反思"概念出发，冯友兰导出了"世界观"和"精神境界"的概念。冯友兰指出，在对精神的反思中，人对于自然、社会、人生会有一种理解，有一种看法和态度，"理解、看法和态度，总而言之，就是他本人的世界观"。③ 学习哲学要求学习哲学的人"对于精神生活有所反思。在反思中得到一些体会，增加一些理解，懂得一些道理。这就能使他的精神境界有所丰富，有所提高"。④ 冯友兰认为，学习哲学的作用就在于"一是锻炼、发展人的理论思维能力，一是丰富、提高人的精神境界"。⑤ "世界观"是马克思主义哲学的概念，尤其是在解放后知识分子思想改造过程中被反复强调的，如马克思主义哲学是世界观，小资产阶级知识分子要放弃自己的世界观等说法。"精神境界"则是冯友兰新理学的哲学术语，是人通过觉解所达到的精神层次的高低。冯友兰通过"反思"的概念，把两者结合了起来。在学习哲学的功用问题上，冯友兰也把马克思主义和新理学结合了起来。如前所述，学习哲学史可以锻炼、提高人的理论思维能力是恩格斯的说法。为了解决

---

① 冯友兰：《三松堂全集》第 8 卷，第 11 页。
② 冯友兰：《三松堂全集》第 8 卷，第 16 页。
③ 冯友兰：《三松堂全集》第 8 卷，第 27 页。
④ 冯友兰：《三松堂全集》第 8 卷，第 27 页。
⑤ 冯友兰：《三松堂全集》第 8 卷，第 27 页。

中国哲学学科的存在危机问题,不少学者都用恩格斯的话说明学习中国哲学史的意义,说明中国哲学史学科的存在的意义。所谓提高人的精神境界,则是冯友兰新理学的一贯的观点。过去冯友兰在谈到哲学的作用时,常常说哲学"无用",无实际的用处,无用之用为大用,"大用"就在于提高人的精神境界。① 这里的"无用"是不是也包括在锻炼人的理论思维能力方面的"无用",冯友兰没有作过特别的说明,但他的重点无疑在于强调哲学对于提高人生境界的意义;新理学体系的根本内容也在于《新原人》的人生境界说。冯友兰在《中国哲学史新编》中强调,人对于他的精神活动的反思,可以自动地丰富和提高他的精神境界。反思既然是"思",那么在反思的时候,自然也就锻炼和提高了理论思维能力。哲学给人提供一个安身立命之地,这个"地"就是精神境界,哲学所提供的,其实也是人自己找的,也是人自己创造的。②

(三) 哲学史上的唯物唯心问题

对这个问题的论述,也显示出冯友兰把马克思主义与新理学进行结合的努力。接受对哲学史进行唯物和唯心的划分本身就是马克思主义的态度。划分唯物主义和唯心主义的标准按照恩格斯的说法是思维和存在的关系问题,但是,冯友兰没有采用这个说法,而是用主观和客观的关系代替了思维和存在的关系。他说:"主观和客观是两个对立面。这两个对立面,哪一个是主要的? 是由哪一对立面决定这一统一体的性质? 对于这个问题的回答的不同,就成为哲学两大派:唯物主义和唯心主义。唯物主义认为客观是主要的对立面。唯心主义认为主观是主要的对立面。"③这里,我们不能认为冯友兰学习马克思列宁主义不精,他的说法实际上是有深刻用意的。一方面,思维和存在就是主观和客观,用主观和客观代替思维和存在并没有什么不妥之处;另一方面,思维和存在主要是认识论范畴,如果哲学仅仅限于认识论,那么用这对范畴是没有什么问题的。但是,在冯友兰看来,哲学

---

① 　冯友兰:《三松堂全集》第 4 卷,第 14～15 页。
② 　冯友兰:《三松堂全集》第 8 卷,第 29 页。
③ 　冯友兰:《三松堂全集》第 8 卷,第 30 页。

是人类精神的反思,不限于认知问题,还包括人生的精神境界。所以,用思维和存在范畴比较狭窄,无法包括人生境界问题,不及主观和客观涵盖面广泛。人生境界问题更多的是主观和客观的问题而不是思维和存在的问题。用主观和客观的关系代替思维和存在范畴,更符合中国哲学的特点。因为思维和存在的关系是近代哲学的问题,如前所述也是认识论问题,而在中国,认识问题还没有成为哲学的中心问题,用思维和存在范畴来概括中国哲学,并不切合中国哲学的实际,不如用客观和主观更为准确。中国哲学并没有深入到思维和存在的问题,但它作为哲学,的确面临着也处理着主观和客观的问题。

关于辩证法和形而上学问题,冯友兰也没有采用辩证唯物主义的运动和静止范畴,而是用中国哲学的"动"、"静"范畴进行说明的。"动"不仅包括"运动",也包括"变化"、"发展"、"感应"等内涵。冯友兰指出,在动静关系中,认为动是基本的,静是暂时的观点是接近辩证法的;认为静是基本的,动是暂时的观点属于形而上学。[①]

(四) 阶级观点和民族观点

如前所述,《中国哲学史新编》坚持了阶级分析的观点,而且保留了"文革"期间评法批儒时广泛使用的"进步与保守"的评价框架。进步与保守是以对生产关系发展的作用来划分的。"维护旧的生产关系的阶级是保守的,创造新的生产关系的阶级是进步阶级。"[②]冯友兰认为,唯物主义和唯心主义、辩证法和形而上学与两个阶级交织起来,使社会一分为二为"进步的势力和保守的势力"。[③]"唯物主义＝进步、唯心主义＝反动"这样一个过去冯友兰曾经质疑和批评过的片面的阶级分析公式,经过"文革"以后,居然成了冯友兰自己的观点,这不能不认为是个悲剧。

但是,冯友兰也不是一味地保守过去观点,他也有新意,只是因为"文革"的包袱太重,拖住了他前进的步伐,使他不能轻快地前进。如前所述,冯

---

① 冯友兰:《三松堂全集》第8卷,第32～33页。
② 冯友兰:《三松堂全集》第8卷,第33～34页。
③ 冯友兰:《三松堂全集》第8卷,第34页。

友兰在《中国哲学史新编》的修订过程中,提出在阶级斗争之外又加了"民族斗争"的线索。① 冯友兰之所以采取这个思路,实际上是因为在保守与革新的框架下对许多哲学家的评价显得很低,如孔子,从阶级斗争的角度看,"他在当时基本上是个反对社会前进,阻碍历史发展的思想家",②"但从民族的观点看,孔子后来成为中国封建社会在思想、文化方面的最高代表,'至圣先师'。他的形象和言论,在中国民族形成的过程中,起了很大的积极作用。这也是不能否认,也不能否定的"。③ 可见,只有加上了民族斗争,从民族的角度看,才能给孔子以较高的评价。"民族斗争"的线索事实是对毛泽东的提法的一个突破。毛泽东说:"自从有阶级的社会存在以来,世界上的知识只有两门,一门叫做生产斗争知识;一门叫做阶级斗争知识。"④冯友兰与毛泽东不同的地方是把"民族斗争"独立作为一条线索。其他如对于董仲舒、何休公羊学、韩愈哲学、宋明道学也都在民族斗争的视角下给予了较为积极的评价。民族观点也容纳了异族统治,如元、清二朝,虽非汉族民族,但接受了汉族的文化,与汉族实行了融合;大一统,也就是民族的融合。不仅如此,对于中国传统文化总体,冯友兰也从民族的角度给予了积极的评价。他指出,"中国的封建文化是以儒家思想为中心的,它对于民族问题,不以种族为区别夷狄和中国的标准。它注意'夷狄'和'中国'的界限,但认为任何'夷狄'只要接受封建文化,即可以成为'中国'的一部分。这个传统,有利于中华民族的扩大";"孔子和儒家在中国历史上所起的团结中华民族的作用,是不能否认,也是不应否定的"。⑤ 应该说,民族的角度也不是全新的,而是他过去研究中国哲学史的一种复归。冯友兰曾经在回忆中指出,20世纪三四十年代接触到一些马克思主义的理论,但不能接受阶级斗争的观点,而总是

---

① 据北京大学李中华回忆,冯友兰《中国哲学史新编》第一、二卷有"文革"时期改定的稿子,现在我们看到的《中国哲学史新编》是"文革"结束后对于"文革"期间的改定稿又进行修订的本子。当时他是冯友兰的助手,参与了《中国哲学史新编》的修改。

② 冯友兰:《三松堂全集》第8卷,第43页。

③ 冯友兰:《三松堂全集》第8卷,第43页。

④ 毛泽东:《整顿党的作风》,《毛泽东选集》第3卷,人民出版社,1991年,第815页。

⑤ 冯友兰:《三松堂全集》第8卷,第47页。

从民族的观点看问题。抗日战争强化了他的这一观点。① 不过,此时的复归意图在于增加一个角度,给古人更为积极的评价,以中和阶级斗争视野下对传统哲学的严厉批判和苛刻评价。应该说,冯友兰当时还没有完全吃透粉碎"四人帮"这一象征性事件对学术研究的意义,"文革"的阴影还留在他的心中。他不能直接采取新的研究框架,而只能采取曲折的途径回护中国文化。我们实在不忍心再次批判冯友兰的"保守",而只能对失去思想自由的学者掬一把同情的泪水。

(五)本来的历史、书写的历史与史料

冯友兰强调,历史有"本来的历史"和"写的历史"两层含义。"本来的历史"是客观存在的,"本来的历史"所留下来的痕迹,如文字、器物、记载等,都可称为"史料"。对这些"史料"进行研究分析,得出结论,把结论写出来,就是"写的历史"。② 书写的历史是对"本来的历史"的摹本,因此书写的历史有信与不信的区别。信与不信,是书写的历史是否与"本来的历史"相符合的问题,即主观是否符合于客观的问题。历史研究中的主观唯心主义不承认有客观的历史,认为历史可以像一个百依百顺的女孩子,任人打扮。所以,为了纠正历史研究中的主观唯心主义,必须承认本来的历史的客观存在。③ 书写的历史和"本来的历史"的提法,是冯友兰的一贯观点。此处冯友兰则是把实在论与马克思主义结合了起来,这是与过去不同的地方。本来,照冯友兰新实在论的观点来看,存在的客观的历史属于"实际",在"实际"之上还有"真际",实际是真际的摹仿。在实在论的视野下,真际是潜存的,"本来的历史"是"真际"的摹本,书写的历史则是对"本来的历史"的摹本。真际既然是一定的,潜存的,不变的,所以,作为对"本来的历史"的摹本,书写的历史也有一个一定客观的标准,而不是随意的。这恰好与马克思主义所讲的真理的客观性重叠。当然,马克思主义者不会承认实际之上还会有真际。

---

① 冯友兰:《三松堂自序》,《三松堂全集》第 1 卷,第 259～260 页。
② 冯友兰:《三松堂全集》第 8 卷,第 7 页。
③ 冯友兰:《三松堂全集》第 8 卷,第 2 页。

但是,冯友兰也指出,书写的历史和"本来的历史"是主观和客观的关系问题,主观不可能完全符合客观,"书写的历史"不可能与"本来的历史"完全重合,所以"写的历史永远要重写,历史家也永远有工作可作"。① 我们也可以把这句话作为冯友兰重写中国哲学史的理由来理解。在对史料的理解方面,冯友兰强调对于文字所体现的义理的理解和体会,"用自己的体验和他们的哲学思想相印证"只有这样,才能"把某一家的哲学内容,有血有肉地、活生生地写出来"。②

(六)逻辑与历史、一般与特殊的统一和共相与人生的精神境界

关于中国哲学史研究的方法论问题,冯友兰并没有专列一节进行说明,但是,前述阶级的观点和民族的观点,以及此处一般与特殊、逻辑和历史相统一的方法,都可以说属于方法论的范畴。尤其是后二者,作为方法,反映了冯友兰对马克思主义和中国哲学史研究的认识,也是1949年以来中国哲学史研究方法论历次讨论的结晶。

20世纪60年代论及哲学史研究的目的,当时的一些所谓"马克思主义者"认为,哲学史研究的任务是发现规律,吸取唯心主义失足的教训。冯友兰曾经提出过历史学的目的是增加知识,被认为是客观主义而遭到批判。冯友兰之所以不主张"发现规律",个中缘由在笔者看来是因为按照当时的一些做法,"规律"已经发现,无非就是唯物主义和唯心主义的斗争以及辩证唯物主义的成熟,即"斗争史观"和"目的史观"。不少人的哲学史研究并不是去"发现"规律,而是用中国哲学史的事实"证明"规律。所以,冯友兰特别提出了历史研究主要是增加知识的说法。经历60年代的被批判和"文化大革命",冯友兰已经接受了历史研究是发现规律的说法。他指出:"历史的研究主要是要发现本来历史的过程中的关键性问题、重要的环节及其发展的规律。这些东西都是本来历史中所固有的。写的历史不过是加以指出和说明。"③关于哲学史的规律,冯友兰简短地指出:"哲学史还有它自己的一般

---

① 冯友兰:《三松堂全集》第8卷,第2页。
② 冯友兰:《三松堂全集》第8卷,第8页。
③ 冯友兰:《三松堂全集》第8卷,第2~3页。

规律。那就是唯物主义和唯心主义,辩证法和形而上学,这些对立面的斗争和转化,以至于唯物主义和辩证法的不断胜利。"①不过,冯友兰也不是毫无保留地接受关锋等人的观点。首先,强调对立面的"转化"是冯友兰在60年代提出来的,他仍然坚持这一观点;其次,对于历史如何体现规律,他强调逻辑和历史的统一,即逻辑统一于历史,来自历史,并通过历史表现出来,从而在一定程度上又强调了历史学的具体性。他指出,其他社会科学在于从个别中抽出一般,从偶然中抽取必然,而历史学的任务则在于"如实地摹绘某一民族或某一社会发展的具体过程,这些过程中充满了偶然性的东西。写的历史摆脱不了这些偶然性的东西"。但是,历史学也不是停留在对偶然性的描述上,而是通过"对于这些过程的分析以发现历史发展的规律性"。与历史唯物主义等不同的是,历史学"不是要离开个别的偶然性的事情而专讲一般性的必然的规律,而是要在摹绘这些事情中表现其中的规律。它不是把这些规律'观念地表现出来'以成为一个理论的结构";历史学通过对个别和偶然性的事情的摹绘和分析,使人们看出"历史发展的规律是以生动的活泼的形式表现出来的,它是有生命的,有血有肉的东西。历史学就是要把这个生活活生生地表现出来"。② 关于唯物主义和唯心主义的斗争与转化,他也强调其在具体历史中的"极其丰富的内容"和"变化多端的形式"。③

不过,我们也不能不遗憾地指出,在冯友兰的这一部分论述中,中国哲学史学科仍然没有作为一门独立学科的存在意义或价值。照他的说法,通过对历史的丰富性和变化多端的形式的充分认识,可以更好地了解唯物唯心的斗争与转化和唯物论与辩证法的不断胜利的规律,"更好地认识马克思主义哲学史的方法和原则的正确性"。④ 如前所述,"马克思主义是正确的,所以能够用来指导中国哲学史的研究"和"马克思主义能够指导中国哲学史的研究,所以它是正确的",两者是一个循环论证。冯友兰的《中国哲学史新编》是在"文革"后历史转折的初期所写,历史的转折也反映在他的哲学史观

---

① 冯友兰:《三松堂全集》第8卷,第6～7页。
② 冯友兰:《三松堂全集》第8卷,第6页。
③ 冯友兰:《三松堂全集》第8卷,第7页。
④ 冯友兰:《三松堂全集》第8卷,第7页。

的转折之中,所以他的哲学史观较多地表现了转折过程中的亦旧亦新的过渡特点。

　　能够体现冯友兰对中国哲学价值的肯定的,是他对于一般和特殊、共相和人生的精神境界的论述。在谈及逻辑和历史的统一时,冯友兰指出,逻辑的、必然的东西必须通过历史的、普遍的东西表现出来,一般必须通过个别表现出来。需要特别注意的是,冯友兰所说的"一般",不是抽象的一般,而是"具体的共相"。具体共相的思想是他通过学习马克思主义而获得的一个成果。"具体共相"的思想来自黑格尔的《逻辑学》,得到了列宁的肯定。冯友兰指出,哲学是一种理论思维,它所使用的概念是抽象的。所谓抽象也就是概括,概括的范围越大,其内容也就越少,这就是名词的内涵和外延的关系问题。如哲学上的"物质"概念,抽象到独立于人们意识之外的客观实在,就是一个极端的抽象。抽象也是从感性到理性的思维过程,其结果是获得"概念"。有了概念,也就有了理性认识,也就有了精神生活。这里的"概念"、"普遍"等,都不是"抽象"的,而是"具体"的。所谓具体,并不是感性事物的具体,而是包含了"特殊东西的丰富性的普遍","特殊的和个别的东西的全部丰富性"。① 冯友兰认为,这种自身包含着特殊性的丰富性的普遍,就是黑格尔所说的"具体的共相";"具体的共相就是代表一个共相或概念的名词的内涵和外延的统一。这个名词的内涵就是这个名词所代表的共相或概念。这个名词的外延就是这个名词所能适用的那一类东西的全体,两者统一起来就成为具体的共相。所以其具体的内容,是极其丰富的,不但包括那一类的东西的全部个体,也包括这类东西的本质"。② 我们说,一般和特殊、抽象和具体是冯友兰撰写《中国哲学史新编》的指导思想,但是,必须注意的是,他所说的"一般"和"抽象"都不是直接和感性具体性对立的"一般",而是和抽象的"一般"对立的作为具体共相的一般。其思维进程是感性具体性——抽象的一般性——具体的一般性或具体共相。冯友兰正是从具体共

---

　　① 此两句是冯友兰引述列宁《黑格尔〈逻辑学〉一书摘要》的话,见《列宁全集》第38卷,第97、98页。

　　② 冯友兰:《三松堂全集》第8卷,第20～21页。

相的角度来重新思考哲学和中国哲学史的。如宇宙,作为一个抽象概念,其内涵是至大无外,无始无终;而作为具体共相,则"不仅是一切东西所共有的性质,而且就是一切的共相。物质作为一个具体共相,不仅是一切客观存在的东西所共有的性质,而且就是一切客观存在的东西"。① 此处的"宇宙"和《新理学》中的"大全"相近,但它是具体共相。

冯友兰强调,对于具体共相,"只有人类精神生活的过来人,经过了其中的曲折与斗争,成功与失败,甚至其中甘苦的过来人,才能充分地理解"。② 这是冯友兰自己的切身体会。他的确是经过几十年的哲学风雨才深刻认识到具体共相的。"具体共相"在冯友兰哲学中有一种"架桥"作用,作为认识论的精神生活和作为人生境界的精神生活在此会合;或者说认识论和人生论在此形成交集。当"具体共相"作为精神境界的时候,对于中国哲学史的评价就不再局限于认识论角度的唯物主义或唯心主义的问题,而同时也是或者说更主要的是关涉到人的安身立命的价值问题。这就把知识论的概念上升到人生论,在更高的层次上审视中国哲学,超出了唯物唯心的斗争和转化的层次,真正切近了中国哲学的内容,也实现了对新理学的超越的复归。但是,这种复归还不是十分显明的,而是隐晦的、曲折的。这是时代的烙印。

冯友兰说:"一个人的一生是一个'有限'。这个'有限'的全部过程,是和'无限'打交道的过程。哲学是对于这个过程的反思。"③就是说,这个反思使人突破具体的限制进入无限的领域,反思是由有限进入无限的途径。一些著名诗人的诗句,透露了这方面的信息,也可以说是泄露了"天机"。如李商隐的"身无彩凤双飞翼,心有灵犀一点通",前句的"无"表现的是人所受的限制,后句的"有"则是窥破了一点天机。又如,李商隐说"春蚕到死丝方尽,蜡炬成灰泪始干",就如同有作为的人对于自己的事业,都是鞠躬尽瘁,死而后已。这并非出于被迫,也不是为了什么企图,只是出于本性,是一种自然,也是一种必然。冯友兰认为,李商隐这是在精神反思的时候为从事于

---

① 冯友兰:《三松堂全集》第 8 卷,第 21 页。
② 冯友兰:《三松堂全集》第 8 卷,第 21 页。
③ 冯友兰:《三松堂全集》第 8 卷,第 23 页。

精神生活的人所作的结论。① 在我们看来,这实在也是冯友兰经受几十年
的批判、迫害和浮沉而仍不肯放弃对中国哲学的执著探索的隐秘心境的真
实写照。冯友兰又引李商隐诗"永忆江湖归白发,欲回天地入扁舟"问道,李
商隐能够把整个世界带入一叶扁舟吗? 他自己回答说,这里的世界是李商
隐的精神世界,包括"他对于人类精神生活的了解和体会。这种了解和体
会,就是人类精神的反思",他是能够把这个世界带入一叶扁舟的。精神世
界入扁舟,正是冯友兰一贯所说的精神世界或精神境界的受用,也是冯友兰
对自己精神境界的退藏于秘的自珍自乐,还是冯友兰在"文革"之后坚冰初
融时期对自己的精神工作的意义的自慊与宣示。一般＝无限＝具体共相＝
精神境界,这正是冯友兰哲学史研究方法论中最核心的部分。不过,尤其是
精神境界对于哲学史研究的意义部分,冯友兰只是含蓄地表述,而未能直抒
胸臆地说出来。

（七）中国哲学史的特殊任务

冯友兰分析了中国哲学在语言和论证方面的一些缺点,如概念术语较
少,文约义丰,名词没有词尾变化,不利于表达概念等。所以,他指出,写中
国哲学史,必须具体说清楚一个哲学家的体系,把哲学家的结论的论证过程
尽可能说清楚,"必须具体地说清楚,哲学家们所提供的世界观,使学习哲学
史的人可以得到一些'受用'或'教训'"。② 冯友兰强调,必须弄清楚古代哲
学家是怎样想的,怎样说的,对其哲学思想作出合乎实际的叙述,关键是做
到具体。因为历史都是具体的东西。这些是中国哲学史研究的特殊任务。

三、《中国哲学史新编》古代部分的
一些研究特点与成果

《中国哲学史新编》在撰写上的一个特点是按照时代思潮和文化背景介
绍历代哲学,而不是单纯写成以人物为中心的纪传体。冯友兰说:"自从开

---

① 冯友兰:《三松堂全集》第8卷,第25页。
② 冯友兰:《三松堂全集》第8卷,第40页。

始编写以来,我逐渐摸索出来了一个写哲学史的方法:要抓时代思潮,要抓思潮的主题,要说明这一主题是一个什么样的哲学问题。能做到这几点,一部哲学史就可以一目了然了。《中国哲学史新编》的这一册就是有意识地照着这个方法作的。我认为它是成功的。"①冯友兰《中国哲学史新编》第五册"自序"中也说明了该书的这一特点:"不以人为纲,以时代思潮为纲;以说明时代思潮为主,不以罗列人名为贵。每一个时代的思潮都由一个真正的哲学问题成为讨论的中心,哲学史以讲清楚这个问题为要,不以堆积资料为高。全书讲七个时代思潮:先秦诸子(分前后期),两汉经学,魏晋玄学,隋唐佛学,宋明理学(分前后期),近代变法,现代革命。……我希望能够比较完全做到的,是在哲学问题上比较完全地说明了一个时代思潮的来龙去脉。……这样的体裁对于所写的哲学史有提纲挈领、提要钩玄的作用。"②

冯友兰《中国哲学史新编》第四册为魏晋时期玄学、佛学部分。这一部分进行了新的调整。冯友兰在《自序》中说,20世纪30年代两卷本《中国哲学史》关于玄学和佛学部分比较弱,卜德翻译时,自己增加了一些内容,所以,英文本这一部分与中文本不完全一样。"在《中国哲学史新编》的这一册中,我改写了玄学和佛学的部分。经过改写的章节与两卷本的有关内容比较起来,材料没有多加,篇幅没有加长,但是分析加深了。其所以能够如此,因为我抓住了玄学和佛学的主题,顺着它们的主题,说明它们的发展线索。玄学的主题,是有、无的关系。我以《老子》第一章帛书本的读法为依据,认为有、无是'异名同谓',分析下去……佛学和佛教各派的斗争,从哲学上看,就是主观唯心主义和客观唯心主义的斗争,这就是它们的主题。以此为线索,说明了中国佛学发展的三个阶段。这样的说明既合乎中外哲学史中唯心主义发展的一般规律,也合乎隋唐佛学各派别在当时发展的具体情况,因此就'要言不烦',一切问题都迎刃而解了。在两卷本的《中国哲学史》中就已经有了这个意思,不过隐而未发,现在就把它明确地提出来。"③

---

① 冯友兰:《三松堂全集》第9卷,第354页。
② 冯友兰:《三松堂全集》第10卷,第4页。
③ 冯友兰:《三松堂全集》第9卷,第353～354页。

第二个特点是在哲学史演变方面,强调了唯物唯心的"转化"。这是他对"文革"前自己中国哲学史研究的一个肯定和坚持。如关于先秦时期,孔子哲学包含有唯物和唯心两个方面,孟子哲学是儒家向唯心主义方面转化,荀子则是儒家哲学向唯物主义方面转化。20世纪60年代冯友兰认为老子哲学属于唯物主义,庄子把道家的唯物主义发展到唯心主义。经过多次的学术讨论和关锋等人对老子唯物说的批判,冯友兰接受了老子唯心说。这样,庄子哲学就被认为是主观唯心主义,是"道家哲学向唯心主义进一步发展";①稷下黄老之学则被认为是"道家向唯物主义的发展"。② 对于墨家等,冯友兰也是这么认识的。当然,这些仅仅是冯友兰《中国哲学史新编》的一个方面。如果冯友兰局限于这个方面,那么《中国哲学史新编》就只有肯定"文革"前研究的价值,显示不出经过"文革"和"文革"结束后的思索了。冯友兰《中国哲学史新编》的价值在于,他通过具体共相的概念,把一般和特殊以及精神境界说引入中国哲学史研究,尤其是后一方面,使得《中国哲学史新编》在一定程度上超出了30年代两卷本《中国哲学史》的价值。

一般和特殊说是冯友兰《中国哲学史新编》的方法论特点。如前所述,冯友兰所强调的是感性具体性——抽象的一般性——具体的一般性或具体共相(或者也可以说特殊——抽象的一般——具体的一般)中的第三个环节,这个环节沟通了认识论与人生境界论。不过,在具体运用时,"一般"似乎还不都是指具体的一般或者具体共相,而就是抽象的一般。如对于公孙龙"白马非马"论的分析,冯友兰指出,"马"是一般,"白马"是特殊。③ 这里的"一般"就不一定是作为具体共相的一般,似乎也没有上升到具体的一般。《中国哲学史新编》越往后,冯友兰的思维的翅膀飞翔得越高;到最后,他做到了哲学史研究和哲学创作的有机融合。冯友兰的人生境界在不断地提升,中国哲学史的意义也在不断地提升。冯友兰在《中国哲学史新编》的玄学部分说玄学所讨论的是"共相与殊相、一般与特殊的关系问题",④从冯友

---

① 冯友兰:《三松堂全集》第8卷,第382页。
② 冯友兰:《三松堂全集》第8卷,第477页。
③ 冯友兰:《三松堂全集》第8卷,第438~439页。
④ 冯友兰:《三松堂全集》第8卷,第385页。

兰的论述来看，"群有"、"有"、"无"都是从普通逻辑学的概念的内涵和外延进行区分的，所指的似乎仍然是抽象的一般。"无"在论述王弼处被理解为"无私"、"无伪"，作为圣人的存在的有限性的特殊，与"体冲和以通无"的对于有限性的突破，即达到天地境界。此时的"无"已摆脱了抽象性，真正进入了具体的共相。不过，在冯友兰看来，玄学达到了高明，但不中庸，把两者结合起来的是道学。这里，冯友兰对玄学和道学的评价与《新知言》的评价相同。

冯友兰对于道学有全新的认识，虽然还保留着一些对哲学家的唯物唯心的看法，但其运用并不僵化。道学是新理学的发源地和大本营，但是，由于新理学是在抗战期间形成的，而两卷本的《中国哲学史》出版于 1931 和 1934 年，所以尽管这部哲学史的立场是"正统的"，对于道学有较多的同情，但说其"史"的特点，尤其是就上卷而言，还是十分明显的，具体表现为力图用客观公允而不偏向的态度来介绍中国哲学史，尽管实际上他是偏向程朱理学的。在《新知言》、《新原道》之后，冯友兰对于宋明道学的认识与两卷本时期有了很大不同，①这种不同即冯友兰利用新理学的成果，以"极高明而道中庸"的境界说为标准来审视中国哲学史。此点冯友兰已明确指出，在这一标准下，宋明道学作为典型，得到了较高的评价。道学即人学，所讨论的问题"一个是什么是人，一个是怎样做人？"道学的任务不在于提供关于外部世界的知识，而是提高人的精神境界。道学的内容就是"对于这些境界的阐述以及到达的方法"。"道学的目的是'穷理尽性（或曰尽心）'，它的方法是'格物致知'，它的入手处是'义利之辨'。"②

冯友兰在《中国哲学史新编》中还表现出了会通程朱的倾向。对于朱熹的《大学》格物章《补传》，冯友兰采取了王阳明心学的说法，认为朱子《补传》分为两段，"豁然贯通"前为求知、为学；"吾心之全体大用无不明"为求道。道学的格物致知是要达到穷理尽性，而追求外部事物的客观知识并不能达

---

① 冯友兰于 1944 年重印《中国哲学史》自序中云："此书第一篇出版于民国十九年，全书出版于民国二十二年，距今已十余年矣。在此十余年中，吾之思想有甚大改变。假使吾今日重写《中国哲学史》，必与此书，大不相同。"（冯友兰：《三松堂全集》第 3 卷，第 5 页。）

② 冯友兰：《中国哲学史新编》第 5 册，人民出版社，1988 年，第 19 页。

到穷理尽性,提高精神境界的目的,所以朱熹的《补传》存在"穷人理"、"穷物理"两橛的问题。冯友兰用《新原人》中的"觉解"来弥补这个分裂。他指出,如果具有事天的"觉解",把为社会做事看作"事天",那么,无论穷物理,还是穷人理,都是事天的一个环节,二者之间就不会存在矛盾了。在冯友兰哲学中,这个"觉解"也是"志"。他指出,朱陆分歧只在于为学之方,他们都认为判断君子小人的标准在于"志"。"志"不同,行为的意义就不同,从而境界也就不同。"志"对,穷物理亦不为"支离";"志"错,纵然"穷人理",也与境界无关。义利之辨的目的是存天理灭人欲,由此达到的境界是"人欲尽处,天理流行"。而义利之辨的关键则是"志"的确立。冯友兰所说的"志",可以说是"善良意志"。在早年的《新原人》中,"觉解"未免偏重于中性的理解,易流入虚,冯友兰此处用"志"的定向性和意志性补充"觉解"的不足,化解价值中立的"觉解"要发挥价值判断的功能的矛盾。① 这个"志",其实就是"心",也可称为"良知"。冯友兰晚年从理学出发达到了"从心所欲"的化境。他对于程颢《识仁篇》的说明,尤其体现了这一特点。冯友兰指出,"仁"是宇宙间的普遍现象,不是一个理智的概念。"识"也不是理智的认识,而是"体认"。② 但是,他并不把"心"上升为主体,他还是有"矩"的;他还是理学的特色,他是从"心所欲而不逾矩"。在《中国哲学史新编》第七册第八十一章他又指出,"浑然与物同体"是直觉。"识得此理,以诚敬存之",此处的理,不是一个直觉,"必须把直觉变成一个概念,其意义才能明确,才能言说";③"如果认识到真正的哲学都是理智和直觉的结合,心学和理学的争论亦可以息矣"。④ 由此可见,他在理学的立场上,对于心学和理学的分歧进行了总结与超越。在两

---

①　参见乔清举:《新理学的解构与中国哲学的未来发展》,《哲学研究》1996 年,第 2 期。

②　陈来认为冯友兰晚年气象最近明道:"冯先生乐易和粹的气象,是我所了解的明道气象的具体表现。"(陈来:《〈中国哲学史新编〉与冯友兰的终极关怀》,《现代中国哲学的追寻》,人民出版社,2001 年,第 339 页。)又,据蒙培元回忆,冯友兰晚年有打通理学和心学的境界。又据张岱年致方克立信云,冯友兰晚年曾他和匡亚明说:"我近来又有回到新理学的想法";"冯老就是以后再三讲四境界说,可谓一项复归。但是尚未重新肯定'理在事先'的观点。"(方克立:《永远的师长》,见《不息集》,第 143 页。)

③　冯友兰:《中国哲学史》第 7 卷,台北蓝灯文化事业股份有限公司,1991 年,第 201 页。

④　冯友兰:《中国哲学史新编》第 7 卷,第 202 页。

卷本中,冯友兰是在研究历史,所以他区别朱陆;现在,他不仅是在研究历史,也是在发挥哲学,所以,他沟通朱陆。他说,对于"义利之辨"也要有深层次的理解。"义利之辨"的核心在于"志",不是否认个人的物质利益,而是要求人从高的境界如道德境界或天地境界出发求利。

此外,《中国哲学史新编》关于黄老之学的研究的开拓、不同地域法家的研究、对于公羊学的评价等,都有新意。限于篇幅,不赘述。

第十一节　传统思维方式和
人的价值问题

20世纪80年代的文化讨论热潮推动了中国哲学史研究的深入。关于传统思维方式和人的价值问题,是文化讨论热潮中与中国哲学史研究关系密切的两个领域。受改革开放后人们所普遍感受到的国内外在科技、经济、文化等方面的巨大反差的影响,80年代关于思维方式和价值问题讨论的主题是从各个角度来说明近代以来中国落后的原因。

一、关于中国传统思维方式

(一) 什么是思维方式

关于思维方式的内涵,学界一般是从理论思维的层次进行论述的,强调其理论性、模式性、稳定性和对历史文化的定型作用。

汪建指出,思维方式"不过是被历史主体所内化了的社会实践方式";"思维方式不仅指思维的形式和方法,而是与每个时代实践活动的对象、目标相一致的思维的内容与形式、结构和功能的统一体,是由一系列基本观念所规定和制约的,被模式化了的思维的整体程序,是特定的思维活动的形式、方法和程序的综合"。[①] 思维方式分为两个层次:一是形成和运用概念把握对象的理论思维方式,一是与日常生活相关的思维习惯。蒙培元也是

---

① 汪建:《试论中国古代传统思维方式》,《哲学研究》,1987年第2期,第46页。

从理性思维的角度谈思维方式的。他指出,思维方式和心理结构不同。"心理结构是从社会心理学或文化人类学的意义上说的;思维方式则是从哲学认识论或逻辑结构的意义上说的。"①思维方式是一种广义的认知,不仅包括主体的对象性认知,也包括本体论的存在认知和评价认知,既包括自觉的理性认识,也包括不自觉的非理性认识。蒙培元认为,"思维方式是一切文化的主体设计者和承担者",是文化的主体创造和评价文化的方式。"当一定的思维方式经过原始选择,正式形成并且被普遍接受之后,它就具有相对的稳定性,成为一种不变的思维结构模式、程式和思维定式,或形成所谓思维习惯,并由此决定着人们'看待问题'的方式和方法,决定着人们的社会实践和一切文化活动。这种稳定不变的思维结构模式,就是传统思维方式。"②

(二)中国传统思维方式的特点

传统思维方式究竟有什么特点? 一般都认为具有经验性、整体性、直觉性、辩证性、意象性、知情意统一性、非批判性和稳定性,此外还有内向性、伦理性、非认知性、非逻辑性、实用性等特点。这些都是被作为负面价值、消极意义的东西来认识的,这是 20 世纪 80 年代的特点。刘文英强调中国哲学思维方式具有合逻辑的特点,立足点在于肯定,与当时的气氛不同。

1. 经验性。蒙培元认为,传统思维方式"是经验综合型的主体意向性思维。就其基本模式及其方法而言,它是经验综合型的整体思维和辩证思维,就其基本程序和定式而言,则是意向性的直觉、意向思维和主体内向思维"。③ 汪建认为,中国传统思维方式的特点是"以'致用'为目的,以'大化流行'的整体观念为根基,直觉与思辨相互渗透的朴素辩证法"。具体地说,是"从'致用'出发,尊崇'自然'和重视人伦日用的致思倾向;从整体性出发,以把握整体的功能为目标的古朴系统思维;以体验'天道'为中心,知情意一体化的认知结构;从'应变'出发的,着眼于整体运动的稳定和复归的辩证方

---

① 蒙培元:《论中国传统思维方式的特征》,《哲学研究》,1988 年第 7 期,第 53 页。
② 蒙培元:《论中国传统思维方式的特征》,《哲学研究》,1988 年第 7 期,第 53 页。
③ 蒙培元:《论中国传统思维方式的特征》,《哲学研究》,1988 年第 7 期,第 53 页。

法"。① 蒙培元指出,传统的经验型思维方式与西方理性分析的思维方式是相对立的。经验型思维方式对经验作抽象的整体性把握,不作具体的概念分析,与经验保持直接的联系,缺乏中间环节和中介。"在主客体的同一中把握整体系统及其动态平衡,却忽略了主客体的对立以及概念系统的逻辑化和形式化,因而缺乏概念的系统性和明晰性"。②

2. 意向性。所谓"意向性特征",是指它突出思维的主体,而不是思维的对象。主体因素主要指主体的认知活动的意向性是价值判断,而不是对客观实体的把握。主体认知"不仅承认对象客体和本质、本体是存在的,而且把自我和自然本体合而为一,构成一个整体系统",所以,传统思维的意向性从根本上讲,"是价值论的或意义论的,而不是认知型或实证论的"。③ 金岳霖曾指出:"中国哲学的特点之一,是那种可以称为逻辑和认识论的意识不发达。"④冯友兰说:"金先生的这些论断,我一向是同意的。"⑤张岱年也有同样的观点。蒙培元的观点,可以说是对金岳霖等人的认识的深化,其特点在于用"意向性"的概念,把中国哲学思维方式描述成为一种自觉的价值选择。李存山也提出中国哲学思维方式是"道德的主题压倒了探索自然奥秘的实证精神和逻辑批判精神"。⑥

3. 整体性。蒙培元指出,中国哲学思维方式的经验综合的特点最终是把人和自然看作一个有机的整体,因而表现为"整体系统化思维"。"天人合一"是其根本特点。儒道两家都主张天人合一,道家把人自然化,儒家把自然人化,人和自然一气贯通。这种万物一体的整体化思维,"并不是以认识自然为目的,而是以实现真善美合一的整体境界为最终目的,因此它导向了主体意向性思维,而不是对象性认知思维"。⑦ 汪建等人也指出,中国哲学

---

① 汪建:《试论中国古代传统思维方式》,《哲学研究》,1987 年第 2 期,第 47 页。
② 蒙培元:《论中国传统思维方式的特征》,《哲学研究》,1988 年第 7 期,第 54 页。
③ 蒙培元:《论中国传统思维方式的特征》,《哲学研究》,1988 年第 7 期,第 54 页。
④ 金岳霖:《中国哲学》,刘培育编:《道·自然·人——金岳霖英文论著全译》,生活·读书·新知三联书店,2005 年,第 52 页。
⑤ 冯友兰:《怀念金岳霖先生》,《哲学研究》,1986 年第 1 期,第 20 页。
⑥ 李存山:《从两个"迷宫"看中国传统思维方式》,《哲学研究》,1988 年第 10 期,第 44 页。
⑦ 蒙培元:《论中国传统思维方式的特征》,《哲学研究》,1988 年第 7 期,第 55 页。

的思维方式是"连续无限的整体观和朴素系统的思维方法。这种观念和方法,把宇宙视为一个生生不息的无限过程,强调了万物存在和变化的连续性和不可分割的整体性"。[①] 这种整体观,是超越有限存在的大、全、一,不是具体对象的完整性或单个实体的单一性,而是统摄万物的天道。这种天道观重视等级秩序的稳定和功能的协调,主张万物息息相通的一体论。

4. 直觉性。蒙培元指出,整体结构的思维模式,必然经过思维的飞跃,才能进入整体或全体。这个思维飞跃的过程,即是"直觉","直觉思维是传统思维的重要特征"。[②] 它的"特点是整体性、直接性、非逻辑性、非时间性和自发性,它不是靠逻辑推理,也不是靠思维空间、时间的连续性,而是思维中断时的突然领悟和全体把握"。[③] 就是说,它不是靠概念、推理等思维过程,而是靠灵感、顿悟来把握事物的,如庄子的心斋、坐忘,禅宗的不立文字、直指本心,理学家的"太极",都是整体性概念。"中国传统的直觉思维恰恰缺少逻辑思维作为前提条件,因而其整体思维具有模糊性和神秘性"。[④] 直觉思维是一种创造性思维,不是逻辑思维所可取代的,但直接思维必须与逻辑思维相结合,并以逻辑思维为前提,才能发挥其创造性。汪建认为,中国直觉性思维方式的特点是"直接体验和理性思辨的并行和互渗"。[⑤] 古代哲学家往往以箴言的方式表达真理,而不重视具有严格形式的逻辑推理,形成辩证思维和直觉的互补。在方法上,不是从初始概念出发进行形式推理,而是围绕中心范畴进行多层次的说明和展开。甚至可以把整个中国哲学都看作"天"、"人"、"道"三者的展开。中国哲学范畴的内涵具有多义性和流动性,如孔子对于"仁",就是在不同的场景下进行说明的,并没有给出一个严格的定义,后来历代哲学家对此都作出了自己的理解。

5. 意象性。蒙培元指出,与直接思维相联系的是"意象思维",也是传统思维的特征。其特点是"从具体形象符号中把握抽象意义的活动",集中

---

① 汪建:《试论中国古代传统思维方式》,《哲学研究》,1987年第2期,第48页。

② 蒙培元:《论中国传统思维方式的特征》,《哲学研究》,1988年第7期,第55页。

③ 蒙培元:《论中国传统思维方式的特征》,《哲学研究》,1988年第7期,第56页。

④ 蒙培元:《论中国传统思维方式的特征》,《哲学研究》,1988年第7期,第56页。

⑤ 汪建:《试论中国古代传统思维方式》,《哲学研究》,1987年第2期,第51页。

表现为"书不尽言"、"言不尽意"、"得意忘象"、"得象忘言"等命题。这种思维方式是由《周易》所奠定的。中国美学的意境说、哲学的境界说，都是这一思维方式的产物。董平指出，先秦直观思维的特点是从自然界所呈现的"象"出发，获取"意象"，即认识的主体性内容的感性显现；又通过"类的推衍和泛化手段"使其获得普遍的意义和价值。类的推衍的基础是"集体表象"，即处于共同文化背景下的人们所形成的集体意识的沉淀，如先秦时代普遍存在"天"为万物本原的观念，从天地创造万物的观念出发，通过类的比附，形成先秦时代无论道家还是儒家都追求的天与人最终的和谐关系。类的推衍是意象获得超越自身的普遍意义和价值的关键，这种类的推衍不是严格的逻辑的类，而是现象之间结构、功能的相似性。直观思维的第二阶段是由现实的"器"进一步体会到"道"。"由于'象'的本质具有同一性，因此对于'意象'的领会与体悟，不仅仅在于对某一具体之象的深层把握，而在于对象的最后本质——天道精神的体悟与把握"。[1] 方立天通过中印佛教思维方式的比较，指出中国佛教思维方式具有"直觉思维"、"内向思维"、"否定思维"、"分析思维"等特点。[2]

6. 辩证性。李志林认为，先秦中国有形式逻辑和辩证逻辑两种逻辑思维，汉代以后辩证逻辑的特点得到发展。辩证思维的特点表现为概念的灵活性、多义性、多功能性和整体性，与西方概念的"稳定性、单义性、精确性和分解性大相异趣"。重视辩证逻辑的缺点是在微观上难以把握对象的具体要素，缺乏明确的程序，只能靠类推，所以形成不少比附。中国缺乏近代科学体系显然是由于缺乏明确的形式逻辑所导致的。中国哲学传统思维方式在哲学思维方面的辩证性特点表现为：第一，强调"整体关联"，如"阴阳五行妙合"、"天人交互作用"等；第二，强调"体用不二"，如王弼玄学、佛教、宋明理学；第三，强调"矛盾和谐"，把世界看作一个充满矛盾的和谐统一体。李志林认为，思维方式的辩证性的缺陷是"笼统的整体直观妨碍了思维的精确化"，"神秘直觉代替了思维的理性化"，"经学的思维方式妨碍了思维的个

---

① 董平：《论先秦哲学的直观思维》，《哲学研究》，1987 年第 1 期，第 70 页。
② 方立天：《中印佛教思维方式之比较》，《哲学研究》，1989 年第 3 期，第 37～39 页。

性化"等。①

7. 知情意统一。蒙培元指出,传统思维方式的主体以自身为对象的意象性思维,"导向了自我反思而不是对象性的认识。因此,它是内向的而不是外向的,是收缩的而不是发散的"。② 按照传统思维方式,主体自身是宇宙的中心,所以,认识了主体,也就认识了自然和宇宙。儒家的"反身而诚"、"与天地参"都是"从主体出发而又回到主体的意向性思维"。道家虽然承认自然规律,但其天人合一的模式也没有形成外向型的认知性思维。理学是儒道的合一,"把伦理道德超越化,变成了自然本体",③认知和情感的合一,既限制了情感的正常发展,也影响了认知功能的发挥,其极端是"或者以情感代替理性,或者以理性压制情感"。④ 汪建也肯定,古人所谓"知"不是单纯的感性活动或理性认识活动,而是"包含学思、情意、践行诸方面"的"认知、理解、感受和体验"在内的。"人的主体是知、情、意的统一体,认知过程和审美感受、道德践履交织在一起的",知的内容"是对天道、性命的理解和体验","就是对天道性命的确认,是谓'真',其标准是'明';所谓'情',就是对天道性命的情感体验,是谓'乐',其标准是'和';所谓'意',就是对天道、性命的自觉践履,是谓'善',其标准是'中'",人在"认知、尽性、践行的整体活动中,在内省与外求、情与理、知与行的统一中,才能达到赞化育、参天地与天地同流的最高境界"。⑤ 汪建认为,在知情意一体化的结构中,道德居于支配地位,对人的思维具有"定向"作用,自然、人生等,无不围绕道德价值展开;另一方面,由于道德意志具有认知功能,所以,至诚可以知天,由于个体情感超越主体直达宇宙,所以古人的精神生活又受理性的控制,形成"重道"、"安命"的特点。

8. 非批判性和稳定性。这一特点,在蒙培元看来,主要表现于历史思

---

① 李志林:《论中国传统思维方式的两重性及变革的艰巨性》,《哲学研究》,1989 年第 7 期,第 23~24 页。

② 蒙培元:《论中国传统思维方式的特征》,《哲学研究》,1988 年第 7 期,第 57~58 页。

③ 蒙培元:《论中国传统思维方式的特征》,《哲学研究》,1988 年第 7 期,第 58 页。

④ 蒙培元:《论中国传统思维方式的特征》,《哲学研究》,1988 年第 7 期,第 59 页。

⑤ 汪建:《试论中国古代传统思维方式》,《哲学研究》,1987 年第 2 期,第 50 页。

维中。蒙培元指出,中国历史思维的特征是缺乏超越性、非批判的。中国传统思维方式几千年一直在固定的模式中发展,一个重要原因就是缺乏怀疑和批判性。这种传统延续到现在,则是唯书、唯上,把马克思主义宗教化和教条化,严重禁锢了理性思维和科学精神的发展。汪建认为,中国思维方式的整体性特点的目的表现为以"应变"为出发点的"着眼于整体的稳定和完善的辩证方法",所以,中国哲学强调"全体"和"用中"。这种辩证法是中国古代农业经济的产物,反映了封建社会的社会存在,对维持封建社会的稳定起过重要作用。"是一种相当成熟的具有保守性格的辩证法历史类型";"中国古代辩证法是关于社会系统的稳定性的辩证法"。① 邓红蕾指出,整体的和谐是先秦中庸观的特点,具体表现为：第一,"承认矛盾而使之定位和谐化",典型的表述如"天尊地卑,乾坤定矣;卑高以陈,贵贱位矣",使矛盾的双方各安其位,平衡达到绝对后,也就失去了生命力,没有运动和发展了;第二,"承认变化而使变不逾常";第三,"承认多样性而使'多'统一于'一',异归于同"。② 邓红蕾认为,先秦的和谐论是"低级"的,缺乏兼容完全相反之物的机制,"利于维持事物的现状,却不利于兼收并蓄,发展与提高,以进入新境界"。③

9. 合逻辑性。对于当时学界普遍认为中国思维方式是"直觉思维",缺乏逻辑性,刘文英提出了不同看法。他认为中国传统思维"就其本质和主流来说,是逻辑的而不是直觉的"。④ 他具体分析了中国逻辑思维的特点。第一,"多相式概念"。西方哲学的概念是"单相式"的,其内涵和外延十分确定,中国哲学的概念的特点则可以用"多相式"来表达,即一个概念可以通过许多判断来表达,如"易",一名三义,易简、变易、不易等。概念的"单相式"和"多相式"的差别引申出其功能方面的差异。西方哲学范畴分为实体、属性、关系范畴,各有不同功能;中国哲学概念多同时兼具各种不同功能,如"仁",可指品德、心态、关系等;老子的"道"可指本体或本原、法则或规律、处

---

① 汪建：《试论中国古代传统思维方式》,《哲学研究》,1987 年第 2 期,第 46 页。
② 邓红蕾：《中国传统和谐理论的创造性转折》,《哲学研究》,1987 年第 1 期,第 63 页。
③ 邓红蕾：《中国传统和谐理论的创造性转折》,《哲学研究》,1987 年第 1 期,第 61 页。
④ 刘文英：《论中国传统哲学思维的逻辑特征》,《哲学研究》,1988 年第 7 期,第 61 页。

世的境界等。第二个特点是"模式型推理"。西方哲学的推理为"命题型推理",从一定的初始命题出发,按照一定的规则,推出新的命题。如德谟克利特对原子的规定,柏拉图对理念的规定以及笛卡儿的"我思故我在"等。中国哲学思维的特点是"从一种基本模式出发,按照一定的原则,把有关对象放在这一模式中推理";"每个学派的代表人物都要建构一种'世界模式',这个模式就是一切推理的根据";①如《易经》的八卦模式、五行模式等。关于中国哲学逻辑思维的优缺点,刘文英认为,中国哲学的概念和推理缺乏严密性和明确性,有时会出现比附现象,造成科学从属于哲学,不利于学科的发展等,但也有利于把握整体的优点。"真正要适应现代科学和现代哲学的发展、现代科学的模式型推理,同时也应该包含和统摄严格的命题型的推理。中国传统哲学古朴的模式型推理,同样应该现代化。"②

(三) 现代化所需要的思维方式转变

关于这个问题,20 世纪 80 年代学者一般是在肯定传统思维方式的价值的基础上,要求改变传统思维方式。蒙培元指出,经验综合型的整体思维与当代系统科学的整体性思维也有相通之处,直觉、意象思维在艺术创作中仍拥有巨大的生命力;在对立中把握统一的辩证思维也具有优势。这些都是传统思维方式的长处所在。但是,这种整体思维的纵向发展则表现为辩证思维,善于发现对立中的统一,而不是重视"A 即是 A"的矛盾律,主张一切对立都以统一、和解为最终结果,"缺乏对立的冲突和批判否定精神,表现了传统思维方式求稳防变的重要特征";"其根本目的,是维持整体自身的平衡、稳定和常态,这就是整体稳态平衡的思维方式或模式"。③ 邓红蕾认为,先秦中庸的和谐观是一个"论不过'中',变不出'理'的封闭和谐体系";把带有明显缺陷的传统和谐理论"原封不动地带入世界文化宝库,是不明智与不科学的"。④ 蒙培元提出改造传统思维方式。他说,传统思维方式缺乏近代工业社会和科学思维的基础,而这些恰恰是

---

① 刘文英:《论中国传统哲学思维的逻辑特征》,《哲学研究》,1988 年第 7 期,第 66 页。
② 刘文英:《论中国传统哲学思维的逻辑特征》,《哲学研究》,1988 年第 7 期,第 69 页。
③ 蒙培元:《论中国传统思维方式的特征》,《哲学研究》,1988 年第 7 期,第 55 页。
④ 邓红蕾:《中国传统和谐理论的创造性转折》,《哲学研究》,1987 年第 1 期,第 65 页。

跨入现代社会所不能超越的内容。所以，"所谓现代化，首先应是观念和思维方式的现代化"。不过，改造不是全盘抛弃，而是通过思维方式的转换使传统思维中有价值的东西得到发展。① 邓红蕾也认为，世界科学进入寻求整体和谐的阶段，世界文化呈现出多元东西古今融合的趋势，这是古老的文明获得新生，民族性智慧为全人类服务的根据。李志林提出："传统思维方式的现代化的方向，不应是寻求单一的思维模式，而应是寻求一种中西融合的新的思维模式。"②

二、关于中国哲学史上价值思想和人的价值的讨论

人的价值问题也是 20 世纪 80 年代"文化热"中的一个热点问题。学术界多次举行会议，讨论中国哲学史上关于人的价值观问题。③

(一) 中国哲学史上的价值思想

张岱年首先把中国哲学史上的价值论和人的价值问题作为一个新的研究领域提了出来，在不同场合呼吁开展对这一领域的研究。1982 年，他发表了《简评中国哲学史上关于人的价值的学说》；在 1985 年 8 月召开的庐山中国哲学史讨论会上，他提出开拓中国哲学家的价值观和文化观作为哲学史研究的新领域。他认为，价值观问题虽然是 20 世纪西方哲学家提出来的，但这一思想"在古代早就有了"；④不久，在《中国古典哲学的价值观》中，他继续呼吁开展古代哲学家价值观问题的研究。⑤ 他指出，"价值观是中国

---

① 蒙培元：《论中国传统思维方式的特征》，《哲学研究》，1988 年第 7 期，第 60 页。

② 李志林：《论中国传统思维方式的两重性及变革的艰巨性》，《哲学研究》，1989 年第 7 期，第 27 页。

③ 伴云：《中国哲学史上关于人的价值观的讨论综述》，《中国哲学史研究》，1986 年第 4 期，第 3～7 页。

④ 张岱年：《谈中国哲学史研究的发展趋势》，《华东师范大学学报》，1986 年第 1 期；转引自《张岱年全集》第 6 卷，河北人民出版社，1996 年，第 88 页。

⑤ 张岱年：《中国古典哲学的价值观》，《学术月刊》，1985 年第 7 期；转引自《张岱年全集》第 6 卷，第 66 页。

古代哲学的一个重要方面"①,中国古代与"价值"概念相当的词是"贵":"和为贵"、"道之尊、德之贵"的"贵",都有价值的意思。价值论有两个方面的问题:一是价值的类型与层次,一是价值的意义与标准。认知的真、道德的善、艺术的美都是价值的不同类型。不同类型的价值的本质就是价值的意义。关于这些价值论的基本问题,张岱年没有进行深入研究,而是集中探讨了中国哲学的价值观问题。张岱年指出,春秋时期立德、立功、立言的"三不朽",以道德为最高价值,对后世有深刻影响。孔子"义以为上"、孟子的"人有良贵于己"属于内在价值论;墨子崇尚公利,可谓"公用价值论";道家"物无贵贱"论可谓"相对价值论";法家否认道德价值,"可谓道德无用论"。②后来,张岱年进一步指出,道家价值观是"超越价值论",法家是"唯力价值论"。③儒家道德价值的中心原则是"和",儒家肯定道德为最高价值,其依据是道德原则的普遍性。中国哲学中表示价值概念的词除了真、善、美之外,还有"诚"、"利"等。真、善、美、诚是"目的性价值","利"是"工具性价值"。④陈来认为,中国哲学基本不存在"内在"和"外在"的对立,而是把外在内化为内在。也就是说,价值通过历史或从历史中获得自己的权威。中国哲学基本上把传统"作为一种积极的力量、一种保持文化认同的价值稳定的力量",这为中国哲学与文化带来了文化连续、价值稳定、经典的诠释发达、历史记述完备的特点,但这并不排斥多样性。韦伯说中国人找不到摆脱传统的力量,其实是因为中国人认为传统是一种积极的力量,颂古只是使理想成为权威,使批判成为合法的武器。⑤

（二）中国哲学史上人的价值问题

张岱年指出,中国古代人生价值的讨论分为三个层次:一是人在宇宙中是否都有价值;二是人格价值问题,即每个人作为人类的一分子是否有价

---

①　张岱年:《谈中国哲学史研究的发展趋势》,《华东师范大学学报》,1986 年第 1 期;转引自《张岱年全集》第 6 卷,第 88 页。

②　张岱年:《中国古典哲学的价值观》,《张岱年全集》第 6 卷,第 82 页。

③　张岱年:《中国哲学中的价值学说》,《张岱年全集》第 6 卷,第 468 页。

④　张岱年:《中国哲学中的价值学说》,《张岱年全集》第 6 卷,第 478 页。

⑤　陈来:《价值・权威・传统与中国哲学》,《哲学研究》,1989 年第 10 期,第 30 页。

值；三是如何衡量一个人的价值问题，即一个人怎样生活才算有价值。《孝经》说"天地之性人为贵"，《易传》把人与天地并列为"三才"，周敦颐说"惟人也得其秀而最灵"，都是人在宇宙中的价值的说明。道家也肯定人的价值，如《老子》说"道大、天大、地大、人亦大"，就表明了人在宇宙中的价值。庄子的否定人的价值的观点，并没有得到普遍的接受。人格的价值是人作为个人的价值，中国古代没有"人格"的概念，有"人品"，两者都是"个人作为一个整体与别人不同的特点的综合"。孔子强调人有独立意志的人格，他说"三军可以夺帅，匹夫不可夺志"；孔子肯定人有实行仁德的能力。孟子区别"天爵与人爵"，认为"天爵"是人的天赋的仁义忠信，是人之"良贵"者，也是肯定人的价值。"儒家的基本观点是，一个人，如能实行道德，就有崇高的价值"；"人格的价值远远高于实践富贵的价值"。[1]　一个人怎样做才能实现自己的价值？春秋时期叔孙豹提出立德、立功、立言的"三不朽"说，肯定人生的价值在于有积极的贡献。"立"就是积极的贡献。在孔子心目中，管仲是立功的典型，伯夷、叔齐是立德的典型，尧、舜则是功德同立的典型。张岱年认为，儒家不甚重视立言。道家对于立德、立功、立言一概否定。"三不朽"说都肯定对于社会的积极贡献，其所有三"立"，虽然有一定的时代性和阶级性的局限，但也都包含了一定的普遍意义。[2]　余敦康认为，人的价值思想在西方是到苏格拉底、在中国是到孔子才成为自觉的哲学思考的，所着重处理的是人与社会的关系问题。社会所形成的特定的价值总体，确定了人的族类本质，个人只有依靠社会才能创造和发展自己的价值。但是，社会有时会作为"虚幻的共同体压制个人、摧残个人，否定个人的价值，反过来，人也会把价值作为抽象的独立自足的实体，向社会提出不适当的要求。因此，评判价值观的优劣的唯一的标准就是看它能否妥善地处理个人和社会的关系，使人与社会同步协调发展。一个合理的社会应该是每个人的自由的发展是一切人自由发展的条件，个人的自由发展和社会的自由发展互为条件彼此促进"，应"把人的价值思想提到普遍哲学意义的高度来研究，找到一条能够促

---

① 张岱年：《中国哲学关于人生价值的思想》，《中国哲学史研究》，1987 年第 1 期，第 9 页。

② 张岱年：《中国哲学关于人生价值的思想》，《中国哲学史研究》，1987 年第 1 期，第 10 页。

进个人与社会协调一致同步发展的正确途径"。①

许抗生分析了孔子关于人的价值的观点,指出孔子发现了人的价值,把人的道德属性作为人的本质,主张用道德来调整一切社会生活,治理国家等。孔子的价值观的缺点是夸大了道德的作用,陷入道德决定论,忽略了人的科学思想与技术的价值,重视群体价值而忽略了个人的价值。② 葛荣晋认为,所谓人的类价值,"就是人类用以改造世界的内在创造能力。而这一能动的创造能力是人独有的"。③ 中国哲学史上对人的类价值的探索分为三个步骤:首先是从形质、语言来区别人与动物;其次是进一步从欲、德、志、知、群等方面系统地探讨人与动物的区别;最后是通过对上述价值的认识,进一步提出人具有改造自然和社会的能力这一伟大真理。这一真理是由墨子在公元前 4 世纪就提出的,是个了不起的发现。④

(三) 中国哲学史上人的价值思想的优缺点

反思中国文化的优缺点是"文化热"所重点关心的问题。陈来认为,中国哲学中人的价值的特点可以归结为"道德中心的价值论",特点是强调道德价值是人的本质,人和"仁"可以相互定义。这种价值观把人的本质归结为道德理性,而不是认知理性,往往把道德理性同感情欲望对立起来,压抑人的感情欲望以服从道德理性。中国哲学也重视人的能动作用,但"这种能动作用不表现为对自然的改造,向自然索取外在的福利,而是指与自然相配合(相参)"。⑤ 中国哲学强调人的尊严,但这种尊严以"不逾越等级制度为界限"。中国哲学的人生理想是实现以圣人为代表的理想人格,但这种价值观忽略了"人应该全面占有自己的本质",因而是片面的。中国哲学价值强调的是人的义务,而不是人的权利。马克思主义的价值观则是强调人的价

---

① 余敦康:《人的价值思想的普遍哲学意义》,《中国哲学史研究》,1987 年第 1 期,第 23～25 页。

② 许抗生:《对孔子有关人的价值学说的几点看法》,《中国哲学史研究》,1987 年第 1 期,第 16～18 页。

③ 葛荣晋:《中国哲学对人的类价值探讨》,《中国哲学史研究》,1987 年第 1 期,第 15 页。

④ 葛荣晋:《中国哲学对人的类价值探讨》,《中国哲学史研究》,1987 年第 1 期,第 15 页。

⑤ 陈来:《中国哲学价值观的特点》,《中国哲学史研究》,1987 年第 1 期,第 11 页。

值的全面发展和实现,这也是当前改革的一项重要任务。① 周桂钿指出,中国传统哲学在肯定人的价值的同时,又提出用"义"来调节人际关系,形成了为尊者讳、为亲者讳、为贤者讳的规矩。到专制社会形成以后,三讳归为一讳,即为皇帝讳。此外还有一种"归功说",即把一切功劳都归之于皇帝,这被认为是"义"。这样,在儒家的"义"的引导下,皇帝成为唯一的圣人,人的总体价值异化成为皇帝一人的个体价值。② 李明友认为,儒家存理去欲的人生价值观看不到人的欲望对于人类发展和社会进步的意义,把人也神圣化,而这种神圣化又不是理性化,所以,儒家的人生价值观中包含有贬抑生命价值的倾向,束缚人性,至于杀人。③ 李存山分析了儒家理想人格的分裂问题。他指出,儒家的理想人格是内圣外王,但是即使在先秦孔孟时期,圣和王之间也一直存在矛盾,到了宋元明专制主义时代,"外王"已不可能实现,于是就只能求"内圣"。李存山认为,儒家理想人格的分裂除了社会原因之外,其屈民伸君,君尊臣卑的理论不能不说存在极大的弊病。④

　　中国哲学的思维方式问题在 1990 年以后仍然得到讨论,并进一步扩展到对于中国哲学本身的特点的研究,而 80 年代所特有的传统文化与现代化背景之下对于中国思维方式的批判则已淡化,形成了单纯就思维方式和中国哲学本身特点进行研究的模式。

---

① 陈来:《中国哲学价值观的特点》,《中国哲学史研究》,1987 年第 1 期,第 11 页。

② 周桂钿:《儒家之"义"与人的价值》,《中国哲学史研究》,1986 年第 4 期,第 18 页。

③ 李明友:《从理欲之辨看儒家的人生价值观》,《中国哲学史研究》,1986 年第 4 期,第21页。

④ 李存山:《儒家的理想人格及其理想人格的分裂》,《中国哲学史研究》,1986 年第 4 期,第 23 页。

第六章　方法论的多样化展开与中国哲学生命的复兴（1990～1999）

　　20 世纪 90 年代，中国社会经历着亘古未有的深刻变化。1989 年 6 月以后，中国遭到西方各国的制裁，改革受阻。1991 年底，邓小平南巡，提出判断社会主义的"三个有利于"标准。1992 年 10 月，中共"十四大"召开，提出了"建设社会主义市场经济"的目标。此后，中国进行了以建立社会主义市场经济为导向和以产权变革为主题的经济体制改革；乡镇企业、民营企业异军突起。1997 年，中共"十五大"召开，进一步明确了"以公有制为主体、多种经济成分共同发展"的经济体制，建设有中国特色社会主义理论形成，改革继续向纵深发展。改革的发展与中国哲学研究的深入形成联动。

　　90 年代中国哲学史研究的发展，既是 80 年代研究的延续和深入，也是改革的深入所推动的结果，内在的发展逻辑和外在的社会机缘合而为一。原有课题不断深入，新的课题得到拓展，尤其是方法论呈现多样化的趋势，成为 90 年代中国哲学研究的特点。学界围绕中国哲学的本体论特点、学派的异同和哲学思维自身进行研究，产生了一批重要的学术成果，形成了对中国哲学史的新认识，如朱伯崑关于易学哲学的研究，陈鼓应关于道家哲学的研究，陈来、杨荣国等人关于宋明理学的研究。[①] 1998 年《郭店楚墓竹简》出版，又推动了先秦思想史研究的深入。"国学热"等问题的讨论则构成了 90

---

　　① 20 世纪 80 年代以来中国哲学史研究领域还有一项非常重要的工作，即方克立、李锦全指导的"现代新儒学"研究，因不在本课题"当代中国古代哲学研究的反思超越"范围之内，故割爱。

年代中国哲学研究的总体背景。与80年代迥异的另一个新现象是,中国哲学不再单纯作为"遗产",而被作为新文化的资源,中国哲学研究突破单纯的研究而进入了建设阶段,产生了仁学或儒学的复兴、新道家与道家哲学的复兴、"综合创新"论、"儒学第四期发展"论、中国经典诠释学、和合学等新思潮;①民族理性比80年代更多地呈现出健康发展的状态。

第一节　"国学热"的兴起和传统与
现代化问题的深入

进入20世纪90年代,学术界出现了"国学"研究热潮。这既是中国哲学史研究的一部分,也可视为中国哲学的一个背景。以中国哲学为中心的传统文化研究从来都不是孤立于社会的政治经济发展的纯学术研究。相反,学术研究和社会的政治经济动态之间存在密切的联动。80年代"传统文化与现代化"的研究无疑是由社会走向现代化的进程所内在地驱动的,表现了对传统文化的反思和期待。但是,由于当时思想和学术文化内涵的贫乏和民族理性的片面,整个社会思潮对"现代化"的理解呈现出严重的偏向,表现为:一是在"现代化"概念掩盖下的实质的全盘西化倾向;一是对于传统文化的越来越偏激和极端的严厉批判。后一种倾向还包含着因批判对象错置而造成的对于传统文化的非理性的厚诬——本应属于广义的当代文化和社会批判的内容,却被简单地归约为对于传统文化的批判,如有的学者认为,中国封建时代的文化是宗法性的、动物性的。上述两种倾向在《河殇》所提出的海洋文明——黄河文明、蓝色文明——黄色文明、工业文明——农业文明的二分法中达到极点。这一批判在1989年6月以后中断。1990年以后,中国传统哲学研究领域先后出现了以下思潮:"国学热"、"民族精神"讨论、"儒学热"、天人合一问题等,以及随着社会主义市场经济的建设进程而

---

① 本书所说的"中国哲学"是狭义的,内涵主要是"中国古代哲学",不是中国学术界所谈论的各种哲学,或者说在中国的各种哲学;本书的主题是对当代中国古代哲学研究进行反思,所以,对于更具有当代中国思想史特色的哲学建构,如"综合创新"论、"和合学",都不进行专门的研究。本书所说的"中国哲学生命的复兴"也仅限于传统哲学,不包括在当代中国的各种哲学及其建构。

出现的传统文化与工业文明、传统文化与现代经济市场经济、人文精神、建设有中国特色的社会主义文化、传统文化在市场经济条件下的道德建设中的作用等问题的讨论。这些思潮最终分为哲学和文化两个方向。国学研究走向对于中国传统哲学的学术研究；民族精神等问题的研究则走向文化理论研究和建设有中国特色的社会主义文化。90 年代还有一个特点是在经历了 1990 年至 1992 年短暂的低迷之后，从 1993 年至 1994 年开始随着市场经济建设的深入，传统文化与哲学研究重新进入高潮，学界召开了许多研讨会，研讨会的数量和规模超过以往任何时期。

一、"国学热"的兴起与辩难

（一）"国学热"的兴起

如前所述，国学热的兴起，可以说是对以《河殇》为代表的反传统思潮的逆动，即对 20 世纪 80 年代中国社会思潮走向全盘西化的一种纠正，也是对 1990 年后中国文化与哲学研究走入低谷的一种填补；同时，这一思潮与主流意识形态并不冲突。当时出版了《国学季刊》、《国学研究》、《东方》、《传统与现代化》、《原道》等杂志，还出版了《国学丛书》等。国学热中出现的最通俗、流传最广的是季羡林的东西方文化"三十年河东、三十年河西"、"西方不亮东方亮"等说法，"国学"并不是一门学科，"国学热"对于学术研究的最大意义是许多领域和问题如哲学、历史、文学、文献、考古、文化等，在"国学"的名义下得到了进一步研究；其次是在国学热中对中国哲学和文化的较为积极的态度得以确立，由此推动了中国哲学研究向"哲学"方向的深入。这种深入与"文革"结束以来的中国哲学史研究的发展轨迹形成了逻辑的和历史的连续。

（二）关于"国学热"的辩难

在传统文化与哲学或"国学"形成热潮的同时，也蔓延着对于国学热的批评声音。罗卜认为，苏东事变后，马克思主义走向低潮，全盘西化论、民族虚无主义、神秘主义盛行。"如果我们天真地以为仅仅从'国学'中就可以找到立国之本或重建民族精神的支柱，而马克思主义作为外来文化可以置之一边,那就未免太迂腐了";也"不排除有人以'国学'这个可疑的概念,来达到摒社会主义新文化于中国文化之外的目的"。① 王生平提出了"跳出国学"的说法。他认为,国学和近现代西方学术的差异是时代的差异,拿中国的旧学即国学和西方近现代文化比较很不恰当。应"以时代性扬弃民族性","把过去的社会形式看成是向着现代化的社会主义中国的形式发展的"一个阶段,通过"历史变迁(近代的中西碰撞)和现实社会走向(走向现代化)的实践"这种否定性结构改造和扬弃国学的概念。王生平提出,毛泽东和邓小平的思想,"是比国学家们规定的'国学'更高级的国学"。② 孔令昭认为,在传统文化的讨论中形成了"观念论的文化史观",如认为太平天国的失败仅仅是因为认同西方宗教,曾国藩的湘军之所以胜利是因为有传统文化的"本",这是以儒家的观念尺度剪裁历史,把深刻的阶级斗争曲解为两种不同文化认同的观念上的冲突。还有人否定辛亥革命,认为应用"文化保守主义"代替"革命","五四"运动也被说成导致传统断裂的政治激进主义。孔令昭认为,这种观念的文化史观把历史的前进和民族文化的发扬光大完全对立起来,不过是在讨论学术文化的名义下谈论某种特殊的政治。其要害"就是把'革命'从'褒词'变为'贬词'"。③ 黄克剑批评一些以"新儒家"自期的人,要求"回到'我'自己,以策勉自己'成为一个儒者'"。④ 他认为,"五四"后的新国学之所以新,恰恰是得益于"五四"对于人的价值主体的肯定和自由意识高扬;所谓戊戌变法、洋务运动和"五四"一以贯之的是"民族生命意识和文化创造精神之强有力的脉动",不过是观念体系的误导。陈漱渝讽刺"儒学热"不过是"想用一种农业社会的精神文化来统摄工业社会的物质文明,想用一种缺乏近代意义民主观念的学说来加速政治民主化的步伐,想用

---

① 罗卜:《国粹・复古・文化——评一种值得注意的倾向》,《哲学研究》,1994 年第 6 期,第 34 页。

② 王生平:《跳出"国学"研究国学——兼评〈论天和人的关系〉》,《哲学研究》,1994 年第 8 期,第 74 页。

③ 孔令昭:《把历史的内容还给历史——评一种观念论的文化史观》,《哲学研究》,1995 年第 4 期,第 5 页。

④ 黄克剑:《回到"我"自己,回到"人"——写在"国学"正热时》,《哲学研究》,1995 年第 8 期,第 10 页。

一种'重道轻器'的轻视科学,贱视商业行为的思想体系来推动'现代化'及'后现代化'进程"。①

对于罗卜等人的观点,汤一介表示忧虑,担心"文化热"和"国学热"背离学术轨道而意识形态化,认为这有悖于百家争鸣。罗卜反对把儒学看作具有神圣性、普遍性和永恒性以之为代表中华民族精神方向的文化体系。他认为,视马克思主义为外来的夷族文化,当代中国文化的迫切使命是反哺儒学,取代马克思主义,如李泽厚预言历史将走出唯物史观,儒家的"心理之体"将代替马克思主义的"工具之体",凡此种种,都是意识形态化,都是错误的。针对汤一介希望国学研究不要意识形态化的愿望,罗卜提出,在哲学社会科学中,没有与意识形态无关的内容。汤一介自己把马克思主义和全盘西化都当作"激进主义"就是一种意识形态。② 金景芳、吕绍纲认为,纪念孔子,研究儒学,不仅是理论问题,也是群众实践的需要。③ 孔子思想具有真理性,如"殷因于夏礼"的损益史观,对于个体婚姻制作为文明源头的认识等。对于王生平提出的研究经典"不应脱离生产、实践而单从史料、古代经典中进行考据和阐述",金景芳、吕绍纲认为这并不是马克思主义的方法,不过是"早已为中国史学界厌弃了的以论带史或以论代史"。孔子及儒家的神道设教是长期存在的客观历史现象,其产生和存在具有一定的历史根据。对于王生平提出的毛泽东思想、邓小平理论也叫国学的观点,金景芳、吕绍纲表示怀疑,指出"国学"是指没有受西学染指的学问,如果国学可以这样引申,还如何"跳"得出国学?④

诸葛婴对金景芳、吕绍纲等人的质疑进行了回应。诸葛婴认为,一些国学研究者采取了"摘句法"。如关于个体婚,恩格斯从中发现了等级和剥削制,并对这种制度进行了谴责,而孔子却是对夫权的肯定和家长制的赞扬。

① 陈漱渝:《如此"儒学热"能解决现实问题吗?》,《哲学研究》,1995年第5期。

② 罗卜:《国学研究、意识形态和百家争鸣——向汤一介先生请教》,《哲学研究》,1996年第4期,第37页。

③ 金景芳、吕绍纲:《关于孔子及其思想的评价问题——兼评〈跳出国学研究国学〉》,《哲学研究》,1995年第1期,第35页。

④ 金景芳、吕绍纲:《关于孔子及其思想的评价问题——兼评〈跳出国学研究国学〉》,《哲学研究》,1995年第1期,第40页。

孔子在两千年前"如何能知道'个体婚制'是文明社会发生的源头、契机?"孔子没有、也不可能从人类社会三次大分工和交往来看待个体婚制。诸葛婴认为,人文学科的研究必须注意历史观问题,缺了历史观,就有可能导向"价值皆中性、方法均合理"的相对主义、折中主义的老路上。① "摘句法"是把圣人的话作为权威,崇拜圣人观念作祟。诸葛婴认为,近代以来,"学"的范围已经超出了旧"国学"的范围,严复大力提倡归纳法,就是针对封建旧学而发的。近代以来,思维方式也发生了巨变,企图回去,已不可能。1995 年 4 月 10 日,中国现代文化学会等单位召开"'五四'精神与传统文化"学术座谈会。关于如何评价新儒学与国学的价值,一种观点表示同情和支持,认为只要不涉及政治问题,有利于弘扬文化匡正时弊,解构思想专制主义,即使有些偏颇,也不应无端地否定;另一种观点认为,国学热过了头,一些人放弃马克思主义,与海外保守主义一唱一和,回避了"五四"运动所反对的孔教是以"三纲五常"为标志,以维护帝制复辟为目的的反动思想,把海峡两岸的文化寻根引到孔孟之道的狭路上,把孔孟之道说成是盛世之学,认为超越了"五四"精神和马克思主义等,暴露了实用主义对学风的腐蚀。② 4 月 11 日,中国社会科学院哲学所召开"传统文化与现代化"座谈会。部分学者指出,应把文化研究与"国学热"区别开来。"国学热"是被炒起来的,不能表明传统文化研究的真实进展。少数人试图把马克思主义束之高阁,从封建道统中重建儒学;另一方面也表现出在文化资源寻找过程中的急功近利的实用主义倾向。如"对现代工业文明之症结的了解仅仅停留在道德主义的感伤水平,就轻率地用典籍文本的某些孤立的命题,望文生义地许诺世界文明的命运,比如,用天人关系命题比附人与自然的关系,用'天人合一'为生态环境问题寻找出路,用'己所不欲、勿施于人'的空泛之论救治世风,把孔子的'仁者爱人'说成是能够抑制当代世界范围的社会痼疾的'人道主义'救世良方,甚至通过发掘孔子思想中的唯物辩证法因素,去拔高儒学的现代意义";会

---

① 诸葛婴:《"摘句"法辨析》,《哲学研究》,1995 年第 4 期,第 10 页。
② 李登贵:《"五四"精神:重评还是重申? ——"五四"精神与传统文化学术座谈会述评》,《哲学研究》,1995 年第 5 期,第 7～8 页。

议提出"从历史观、方法论的角度总结价值判断流于空疏的经验教训,以有助于使价值判断走进世俗生活的有效机制或途径,并通过对价值判断的历史定位,发掘其文化传统意义上的合理性,为现实的文化建设提供借鉴"。①

　　讨论没有持续下去,固然遗憾,但没有持续也许正是理性成熟的一个表现。照过去的做法,讨论一定得分出是非曲直,被认为是者得到肯定,被认为非者,遭到批判。讨论的终止避免了这样的结局。其实,有些学术意义不大的争论,不继续也好。各自沿着自己的方向研究下去,待十几年、几十年后再回头审视,也许是更为理性、健康的态度。"文化热"中出现的各种把传统文化和马克思主义简单对立起来的态度都是不全面的。在繁荣、丰富和发展民族文化的过程中,马克思主义毫无疑问是重要的参数,但文化之所以丰富,恰恰在于它的多样性。面对各种社会问题,单纯从经典中寻找针对性的言论的确是无力的和勉强的,但绝不能因此就否认了传统智慧的意义;需要做的是对传统进行建设性的诠释。不过,那时的人们还没有意识到要确立建设性的、诠释的态度。

二、关于中华民族精神与
文化凝聚力的研究

　　民族精神和文化凝聚力的提出,是对《河殇》的反思;随着讨论的深入,这个题目脱离了出发点的限制性,深入到了对文化本身的研究。②

　　方立天认为,民族精神有狭、广两方面的含义。狭义的民族精神是民族文化中"积极、进步、精粹的方面、部分",广义的民族精神则是表现于民族文化中的共同心理,反映一个民族精神的整体风貌。民族精神应具有普遍性、

---

① 本刊(《哲学研究》)记者:《把文化研究引向深入》,《哲学研究》,1995 年第 11 期。

② 参见《哲学研究》,1991 年第 11 期。该期《哲学研究》设立"关于中华民族优秀传统哲学探讨"专栏。该刊"编者按"指出,近年来关于中华民族优秀传统的研究,对于"建设社会主义新文化,增强中华民族自尊心、自信心及凝聚力,推进改革开放,加速社会主义现代化建设,具有重要的现实意义,又对于改进中国哲学史的研究方法、科学地总结民族遗产、丰富和发展马克思主义,具有重要的学术理论价值"。

持久性、支配性，能维护民族团结，推动民族前进，具备这些条件，才可以被称为民族精神。中华民族的民族精神包括重德、务实、自强、宽容、爱国等方面。在学习国外文化，实现现代化的过程中，民族精神还应在加强自主意识、提高凝聚力，增强创新意识方面得到提升。① 刘文英指出：中华民族精神是中华文化固有的历史传统，是对中华民族生存和发展中具有维系、协调和推动作用的活的精神力量，"是中华民族共同的价值理想、价值目标、价值实现的方式与道路"。中国传统哲学也是中华民族精神的体现。中华民族精神造就中国传统哲学，中国哲学传统又提高了中华民族精神。如"仁"原是少数民族的一种礼仪，被周族吸收成为一个德目，又经过孔子的概括和规定，成为中国哲学的一个根本范畴。"自强不息"和"厚德载物"常被概括为中华民族精神。这两条本来表达的是个人的道德完善，后来扩展到全民族。自强不息不仅是个人的社会责任感和历史使命感，也包含民族的自尊、自信、自力、自主和强国精神等。厚德载物不仅是人与人之间的关系，也扩展到个人与群体、人与自然，人际和谐、社会和谐和天人和谐是最高的善。② 臧宏认为，中华民族精神"是以现实世界为基础的，以人文精神为前提，以道德理想为中心的真、善、美统一的理想"。③ 关于民族精神，李宗桂提出了"自强不息的奋斗精神"、"和谐统一的博大胸襟"、"崇德尚义的高尚情怀"、"整体为上的价值取向"等内容。④ 关于民族凝聚力，李宗桂认为，主要表现为：首先是"文化中国的理想追求"。夷夏之辨是以文化而不是以种族和地域为标准；文化中国的理想也表现为对个体道德修养和文化生命的重视。其次是"历久弥坚的大一统观念"。复次是"兼容天下的广阔胸襟"。最后是爱国主义的情怀。关于优秀文化和民族凝聚力的关系，李宗桂认为，前者是后者的基础，两者互为条件，相济相承，共同发展。许苏民探讨了民族精神研究的方法论问题。他认为，民族精神的研究应该做到，第一，"以认识人类

---

① 方立天：《民族精神的界定与中华民族精神的内涵》，《哲学研究》，1991 年第 5 期，第 33～41 页。

② 刘文英：《关于中华民族精神的几个问题》，《哲学研究》，1991 年第 11 期，第 23～24 页。

③ 臧宏：《论中华民族精神及其核心》，《哲学研究》，1991 年第 11 期，第 36 页。

④ 李宗桂：《优秀文化传统与民族凝聚力》，《哲学研究》，1992 年第 3 期，第 50 页。

精神的普同性为前提"。所谓普同性,即人类的一般本性,追求真、善、美,从必然王国到自由王国的飞跃,最终达到化解一切矛盾的和谐的无差别境界。① 追求天人合一、情理和谐、大同理想、自强不息、刚健有为、爱国主义,都可以看作中华民族精神的因素。第二,"研究民族精神的特殊性也不能脱离人类精神发展的时代性"。一个社会的发展处于世界历史总的逻辑进程的什么阶段,民族精神的发展也就处于什么阶段。与农业社会组织相适应,儒家解决矛盾的方式就是化解矛盾对立,取消斗争。第三,要注意思想的阶级性之外的"普遍性的形式"。儒家学说正因为反映了一些下层人民的要求,所以才具有代表全民普遍利益的光环,在一定程度上反映那个时代的民族精神。第四,还应从社会基本矛盾和民族精神的内在矛盾审视思潮演变和民族精神的演化的关系。民族精神"反映社会基本矛盾运动",包含内在矛盾,有积极的、向上的、进取的因素与消极的、落后的、保守的因素彼此消长的运动。汉唐气概是民族精神中处于积极因素占主导地位的时期,宋以后则是消极因素占主导地位的时期。第五,以上属于民族精神的波澜起伏,其下还蕴蓄着极大的生命潜流,这就是民族精神能够于衰落中振起的源泉。这一源泉潜藏于下层民众的生活实践之中,是研究民族精神需要注意的。第六,要以"世界历史的眼光"看中华民族精神现代化的必然趋势。使传统的民族社会现代化,同时也就是造就"世界历史性的、真正普遍的个人",也就是"实现民族精神的现代化"。民族化和世界化的矛盾运动的结果是,"越是世界化也就越是民族化"。②

三、传统、现代化、文化
转型与市场经济

这个问题在某种意义上可以说是 20 世纪 80 年代传统与现代化问题的

---

① 许苏民:《关于民族精神研究的若干方法论问题——兼论中华民族精神积极发展》,《哲学研究》,1993 年第 2 期,第 13 页。

② 许苏民:《关于民族精神研究的若干方法论问题——兼论中华民族精神积极发展》,《哲学研究》,1993 年第 2 期,第 19 页。

延续,但在 90 年代又有新特点。首先,问题的提出既是 80 年代末传统与现代化问题的延续,尤其也是从对以《河殇》为代表的西化论和对传统文化简单排斥的逆动而提出的中华民族优秀传统和民族精神问题中衍生出来的。其次,在社会背景上,1992 年中共"十四大"提出了"建设有中国特色的社会主义理论",经济改革的深度和广度无疑大大超过了 80 年代。如果说,80年代关于传统文化的讨论还有针对"文革"的用意,那么 90 年代传统文化问题的讨论无疑具有更为深刻的背景和更为广阔的视野。其深入性表现在社会主义市场经济体制已开始建立,其广阔性则在于日本、欧美,尤其是亚洲"四小龙"的经济发展和世界现代化进程都成为传统文化讨论的背景。90年代还具有信息爆炸时代的特点,论文多、著作多、会议多成为整个这一时期的基调。就社会影响而论,论文大于专著、会议大于论文;研讨会无疑具有更直接和更大的影响力。

(一)"传统"、现代化

关于传统文化与现代化的关系,基本分为三派意见。一派对以儒家为主体的传统文化持总体肯定的态度,此派从亚洲"四小龙"的经验出发,认为传统文化对于现代化可以有帮助甚至推动作用;在文化建设的态度上,则主张传统文化具有普遍性和生命力,可以实现现代转型。另一派持总体批判和否定的态度。前一派的极端观点是季羡林的"三十年河东三十年河西"论和"西方不亮东方亮"论;后一派的极端观点则认为传统文化是封建的小农经济的产物,在当代没有太多的意义。不过,大部分学者对于传统文化和现代化的关系问题还是持理性的和健康的态度,如张岱年"综合创新"论等。

对于季羡林的"西方不亮东方亮"的观点,张瑞亭提出了质疑,认为这个说法未能做到持之有故、言之成理。① 蔡尚思认为,中国文化今后的方向是"古今中外优秀文化的大融合","主要是解决中国文化与西洋文化的融合问题"。② 齐振海认为,传统文化有积极和消极两重作用,至于现代化和传统文化的关系,一方面二者是对立的,现代化是对传统文化的改造和更新,超

---

① 张瑞亭:《学风、威信和自尊》,《哲学研究》,1997 年第 9 期。
② 蔡尚思:《中华文化的过去与今后》,《哲学研究》,1993 年第 12 期,第 47 页。

越和扬弃；另一方面，"现代化又是在传统文化的背景下进行的，它必然受到传统文化的影响和制约。从这个意义上说，任何现代化都要对传统文化有所继承，有所延续。因此，现代化的过程也是对传统文化重新评价和批判继承的过程。同时，现代化的进展又会促进传统文化的更新和发展。没有现代化事业的成功，就不会有传统文化的振兴。实现传统文化的现代化，并不是对传统文化'改头换面'以达到'儒家文化的复兴'；也不是中西文化的简单拼凑或西方文化的单纯移植，而是在马克思主义的指导下，充分吸收和继承古今中外一切优秀文化遗产的基础上，在社会主义现代化建设的实践中创造新文化。它是中华民族现时代本质特征的集中凝结，也是中华民族对自我形象和民族性格的塑造过程"。① 关于"返本开新"，一些学者认为，现代新儒家所揭示的受"儒家文化圈"的影响而走向现代化的道路值得重视，但这并不意味着就要认同他们的思维方式和价值观念，也不意味着忽视马克思主义者在历史观方法论上与他们的区别。所谓"返本开新"在现实条件下有无可能？从儒家之"本"中能开出什么"新"？"创造性转化"如果不考察当代中国特定的社会历史条件以及文化发展的内在机制，也会流于口号而无助于问题的解决。②

　　20 世纪 90 年代对于传统文化的探讨没有停留在泛泛而论的层次，而是吸收西方当代各种理论，具有方法论突破的特点。一些学者借助于解释学和符号学对"传统"进行研究，指出从历史的连续性和流动性上看，传统既是过去，又是现在。从符号学的角度看，传统的进化是"对作为已建立的符号系统的传统文化不断赋予新的意义并不断加以新的阐释和再解释的过程"；在存在的维度上，传统不是外在的对象物，而是人的生存的"在世"的基本方式。人的存在的时间性和历史性是过去、现在、未来三维统一；"传统就存在于历史实践的过去、现在、未来的三个维度的辩证统一之中，那么，恐怕就应当确认：传统不仅仅是存在于典籍文化之中，更为重要的是，它还活在作为实践主体的人心中，发挥作用于生活实践之中。这样，传统与现实的

---

① 齐振海：《传统文化与现代化》，《哲学研究》，1992 年第 6 期，第 55 页。

② 本刊《哲学研究》记者：《哲学：在传统和现代之间》，《哲学研究》，1992 年第 4 期，第 42 页。

关系,就归结为传统与现实生活的关系、传统与现实的人的关系。传统之于人是内在的,它组建着人的基本存在方式。这是一个深刻的见解。从这个意义来说,要坚持阐释的客观性,需要探讨认识传统和现代人的自我认识的关系,对传统的批判和现代人的自我批判的关系"。①

(二) 传统文化与市场经济

随着市场经济体制的引入,传统文化与市场经济的关系成为学术热点。一种意见认为,传统文化求"义",市场经济求"利",两者基本上是不相容的,以传统文化作为发展市场经济的意识形态或解决市场经济中出现的问题是行不通的,也是有害的。另一种意见认为,关键是如何使市场经济融入中国文化网络,推进并实现市场经济的内生化过程;在此过程中,传统文化与市场经济发生互动,实现自身的转型。对于把儒家文化当作经济起飞的背景的观点,有学者认为,儒家文化不是东亚经济起飞的主要原因。单纯文化因素对经济的发展的作用是中性的,东亚经济发展主要是引进了西方的市场经济体制和政治体制,是西方文化的引进和对中国文化的扬弃。关于韦伯的理论,有学者认为,首先是与事实有较大出入,其次是伦理观念和经济行为之间不存在线性关系,再次是儒家伦理与小资产阶级井井有条的生活方式之间缺乏必要中间环节的断言稍显绝对。对这一问题的深入探究是对传统文化中哪些因素可以起积极作用,哪些会起消极作用的具体分析。

戴园晨认为,传统文化对市场经济可以起积极作用的有"以仁为核心的人际关系准则","以义为基准的义与利的选择","以诚信为本的伦理道德观"。儒家文化圈的东亚日本及亚洲"四小龙"的崛起都得益于仁的文化中的积极成分。但是,传统文化的经济基础是落后的小农经济,政治依托是封建专制主义,所以传统文化根本不能与市场经济合拍,表现为自由竞争和优胜劣汰与和为贵格格不入,竞争的平等性与贵贱有别的等级秩序不合拍,市场经济的崇尚创新与传统文化的因循守旧不一致,市场经济的法制性与传

---

① 本刊记者:《文化变革问题的新探讨——"传统与现实"学术研讨会述评》,《哲学研究》,1992年第2期,第10页。

统文化的道德本位不同。① 吕世荣认为，把传统的义利之辨"套到市场经济条件下去建设社会主义精神文明"是牵强附会的，这是"观念史观而来的'预成论'的设定"，应"从马克思主义的唯物史观出发，以否定性为媒介，为个人的自由而全面的发展创造条件"。② 如何判定传统文化的积极因素和消极因素？戴园晨提出："以发展市场的要求为基准筛选传统文化。凡是有利于市场经济发展的，都是积极的因素，凡是有碍于市场经济发展的，就是消极的因素。传统文化的消极因素被筛选后腾出来的文化'空间'将会由孕育了成熟的市场经济的西方文化来填补。"③

市场经济的发展可能带来的经济不平等促使人们思考市场动机和道德原则的关系。"在社会主义市场经济条件下，应该形成怎样一个道德体系指导人们的行为？"陈筠泉认为："重新思考中国传统哲学中的'义'、'利'之辨，对照分析西方哲学中功利主义与义务论之争，将有助于我们正确评价传统的价值观念和解决今天现实生活中日益增长的经济与道德之间的矛盾和冲突。"④张岱年指出，传统文化中儒家强调人的道德价值和人格尊严的思想，道家的超脱物质功利的精神自由，都是历久弥新的思想，应该努力发扬。⑤朱伯崑指出，中华文化有丰富的功利主义传统，往往被人们忽视。儒、道、墨、法四派都提倡功利原则。孔子主张"博施济众"，孟子主张"制民之产"。孔孟主张见利思义，董仲舒提出"正其谊不谋其利，明其道不计其功"，把儒家思想引向超功利主义，但汉唐以来为民争利的政治家和思想家并不完全同意董仲舒的观点。陈亮、叶适、颜元、李塨、戴震上继先秦儒家的富民传统，下开近代功利主义思潮，成为哲学史上的一大流派。儒家的功利主义是以增进民众的生活福利为最高原则的。朱伯崑又指出，"功利主义是适合市场经济发展的价值观"，问题是提出什么样的功利主义。空谈道德性命，把道德原则与个人福利对立起来，就不会利于经济的发展。如果只求个人利

---

① 戴园晨、宋光茂：《对传统文化的"剔"与"踢"》，《哲学研究》，1994年第3期，第67～68页。
② 吕世荣：《义利之辨的哲学思考》，《哲学研究》，1998年第5期，第49页。
③ 戴园晨、宋光茂：《对传统文化的"剔"与"踢"》，《哲学研究》，1994年第3期，第68页。
④ 《"中国传统文化与经济社会发展"（笔谈）》，《哲学研究》，1994年第4期，第6页。
⑤ 《"中国传统文化与经济社会发展"（笔谈）》，《哲学研究》，1994年第4期，第8页。

益,不顾社会正义,把功利主义引向利己主义,也会造成市场经济的混乱,危害社会稳定和和谐。"颜元提出了正谊谋利,明道计功,对于我们建设具有中国特色的现代文明社会仍有启发意义。"①李存山认为,传统文化与现代经济发展的关系不仅有"如何在既有经济体制中发挥作用的问题,而且是一个在创造这一经济体制过程中它如何被扬弃、如何实现自身的转型的问题"。他从传统"正德、利用、厚生"的文化观念出发指出,在道德和生产力的关系上,"今日的'正德'不应以中国传统道德观念为标准,而应该以生产力发展的需要,人类社会发展的需要为标准",②"崇德"与"崇力"的结合是传统文化现代转型的正确方向,促进福、德一致。③

(三) 传统哲学的价值与创新

关于传统的创新问题,朱伯崑指出,传统和现代是割不断的,"从人类文明发展的历史来看,任何新文化的诞生,都同传统有着密切联系"。所以,必须以"创新"或者"更新"的形式,使传统文化获得新的生命力,"弘扬传统文化贵在创新"。④创新的实质不是用现代语言解释古代哲学著作,使人便于理解,"更为重要的是,运用现代科学的治学方法,阐述中国传统哲学的特色,并以西方传统的思维方式为借鉴,发扬中国传统哲学中的真知灼见,进而创建适合时代需要的,而又具有中国特色的哲学体系"。⑤他又说:"所谓更新,是在传统文化精神的基础上,抛弃其中陈腐的东西,引进新的概念和新知识,并加以消化,创建新的理论体系。"⑥他指出:"以为用西方近现代某一流派的哲学,解释中国传统哲学,便走上了现代化的道路,实际上其对中国传统的阐发,成为西方某一哲学流派的注脚,没有摆脱欧洲文化中心论的影响。"在创新问题上,朱伯崑批评了两种不可取的态度:一是认为传统中有某种思想可以救治当前的某种弊病的"拿来主义",认为这种态度不仅起

---

①　《"中国传统文化与经济社会发展"(笔谈)》,《哲学研究》,1994 年第 4 期,第 10 页。
②　李存山:《中国传统文化与现代经济发展》,《哲学研究》,1994 年第 9 期,第 6 页。
③　李存山:《中国传统文化与现代经济发展》,《哲学研究》,1994 年第 9 期,第 8 页。
④　朱伯崑:《谈传统与创新》,《朱伯崑论著》,沈阳出版社,1998 年,第 100、99 页。
⑤　朱伯崑:《中国传统哲学的未来走向》,《朱伯崑论著》,第 52 页。
⑥　朱伯崑:《谈传统与创新》,《朱伯崑论著》,第 104 页。

不到作用,反而会阻碍新的文明建设;一是把自己的解释说成是恢复了孔孟正统的"卫道主义"。① 创新朝哪个方向才有生命力? 朱伯崑指出,应是面向现代化、面向未来。这可能在一些人看来,亵渎了传统文化的理想主义和人文精神,但是"任何理想主义和人文传统,如果同当时的社会经济发展的趋势背道而驰,理想则流为空想,不可能在生活中产生实际效果"。② 关于传统文化中具有意义的内容,朱伯崑认为,传统儒家的义利合一、情理合一、仁礼合一、大同理念、人与自然的和谐、真善美并重的思维方式等,都可以成为 21 世纪人类文明的内容。朱伯崑强调:"对儒家文化的评估,不能局限于倡导人格自我完善一条,就这一条说,也要通过变异或者更新,吸取其尊重个人尊严的精神,而不是恢复维护等级差异的修养经。"③

朱伯崑也分析了道德的时代性和永恒性。他指出:"所谓时代性,是说一个民族的道德观念和行为总是受其所经历的社会制度的制约,打上时代的烙印。所谓永恒性,是说道德作为一个民族维系其群体生活的精神支柱,其中有含有永恒的价值取向,不因某一社会制度的变迁而消失。任何民族道德都具有这两重性。"④如果只见其一,就会出现民族虚无主义或复古主义。儒家倡仁爱道德和推己及人的为仁之方,"为维系个体和群体的生存和发展,提供了一条生活智慧,成为传统道德中具有永恒价值的因素之一"。⑤朱伯崑认为,传统道德命题中永恒性的内容和时代的性格在实际生活中是融合在一起的,所以谈道德的继承问题要善于分析其历史的和逻辑的内容,不至于倒向两极。他强调,弘扬中华民族优秀文化传统,"重要的是,从正面阐发其中具有永恒价值的观念、命题和学理"。⑥ 关于道德继承,长期流行的一种观点是,继承是继承"民族形式",而不是其内容,如"杀身成仁"、"舍生取义",被用来作为为革命而献身的高贵品德,是旧瓶装新酒。对此,朱伯

①　朱伯崑:《谈传统与创新》,《朱伯崑论著》,第 102 页。
②　朱伯崑:《谈传统与创新》,《朱伯崑论著》,第 103 页。
③　朱伯崑:《谈传统与创新》,《朱伯崑论著》,第 103～104 页。
④　朱伯崑:《谈传统道德的两重性》,《朱伯崑论著》,第 95 页。
⑤　朱伯崑:《谈传统道德的两重性》,《朱伯崑论著》,第 96 页。
⑥　朱伯崑:《谈传统道德的两重性》,《朱伯崑论著》,第 97 页。

崑提出了批评。他说,这种观点忽略了这两句话所蕴涵的永恒的价值观念。这两句话"关系到如何看待个人的幸福和生命的价值问题,认为生活的意义在于实现其所向往的理念,而不是追求个人的福利,体现了人的自主自立的品格,闪烁着理性的光芒"。① 朱伯崑也指出:"传统道德中有永恒价值的东西,必须结合现代社会向前发展的需要,重新诠释,加以更新,方能焕发出其生命力,成为全民的美德。"②

赵馥洁出版了国内第一部系统论述中国传统哲学价值的《中国传统哲学价值论》,论述了价值论在中国哲学中的地位、特征、价值论的理论体系和意义问题。赵馥洁认为:"哲学价值论所研究的是主体的内在尺度问题,即世界对于人的意义问题,具体言之,即从哲学的角度回答什么是福祸、善恶、美丑、利害的问题。自然论与人论合一,知识与道德融合,宇宙法则与治世规范统一,'必然'原理与'应然'判断贯通,是中国哲学的本质特征,就是说,价值论渗透于中国哲学的各个领域,成为其他哲学问题环绕的核心。"③关于中国传统哲学价值论的特征,赵馥洁认为是"以人为本位,以道德为主导,以功利和权力为两翼,以'自然无为'为补充,以群己和谐、天人和谐为真善美统一的理想境界的价值观念体系"。④ 这个理论体系有六大观念:"人贵于物"、"义重于利"、"德高于力"、"群己和谐"、"天人合一"、"善统真美"。除了此六大观念外,还有"义重于生、德高于智、理贵于欲、公大于私等从属观念"。⑤ 关于研究中国传统哲学价值论的意义,赵馥洁指出,在于"开拓中国哲学史研究的新领域","推动中国传统文化研究的深入","丰富马克思主义哲学价值论的内容","为形成有利于社会主义现代化建设的价值观念提供历史借鉴"。⑥ 继承传统哲学价值观的精华,有助于建设正确的价值观,对于优化社会的思想面貌,提高社会文化素质具有重要的作用。

---

① 朱伯崑:《谈传统道德的两重性》,《朱伯崑论著》,第98页。
② 朱伯崑:《谈传统道德的两重性》,《朱伯崑论著》,第98页。
③ 赵馥洁:《中国传统哲学价值论·导论》,陕西人民出版社,1991年,第3页。
④ 赵馥洁:《中国传统哲学价值论·导论》,第8页。
⑤ 赵馥洁:《中国传统哲学价值论·导论》,第13～14页。
⑥ 赵馥洁:《中国传统哲学价值论·导论》,第14～18页。

　　王宏维对中国传统终极价值进行了分析。他指出,"终极价值观是人们对于自己存在的意义的关怀与思考,所追索的是最深刻的意义所在",是神圣的和超越的,是与人的生命存在相关的最远处、最根本的流露,可谓至上、至极、至本的精神追求。中国传统价值观发端于儒家的精神价值,儒学价值观也发挥着宗教的作用。儒学的价值观特别重视伦理价值的地位和意义,在"三不朽"理论中,立德最高,其特点是重精神境界,轻物质追求。儒学的价值也具有明显的入世的性质,"道"即是人的独立意志和人格,也是不能超越的目标,同时又是指向现实的。儒家的终极价值观追求的是入世性与至上性的统一。儒家价值观的承担者是士,士对几千年儒家价值观的传承和升华具有不可磨灭的作用。不过,士在体现出强烈的社会责任感和独立意志的同时,也散发出孤芳自赏的精神贵族气质,重道轻利,重道轻势,穷则独善,达则兼济;有道则见,无道则隐。又由于士的生存必须依靠朝廷机构的提供,所以,他们的人格独立也只能是相对的。士的存在包含两个不可化解的矛盾,一是终极价值内涵的超越性与对现实关注的矛盾,二是士的精神上的至上性和经济上的依附性的矛盾,这两种矛盾使得传统价值观在塑造中国人的精神方面表现出极大的局限性。传统价值观具有社会稳定的功能,士与皇帝之间的矛盾有一个共同点,即维持封建的社会秩序。① 王宏维根据马克思、恩格斯《德意志意识形态》指出,这是由于统治阶级内部物质生产和精神生产的分工,一部分人在编造关于本阶级的幻想,他们之间的独立不是根本性的。士在与代表最大的利的皇帝的结合中,不能不屈尊谋利,士在进行自我修养,发挥影响社会方面,又不能不受皇帝取士标准的约束,这样,修身也变了味,从而在推行终极价值观方面又遭到封杀。

四、天人合一问题

　　进入20世纪90年代,天人关系成为学界讨论的热点。这个问题进入学界视野有两个路径:一是由文化进入哲学,二是对90年代国内外环境问

---

① 王宏维:《中国传统终极价值辨析》,《哲学研究》,1996年第6期。

题讨论的回应。前一路径反映了 90 年代的中国哲学研究对 80 年代的研究的延续和深入,后一路径则基本属于 90 年代出现的新课题。1992 年,中国政府在主题为人与自然的和谐、人类的可持续发展的《里约宣言》上签字。传统中国哲学的"究天人之际"的主题和人与自然环境相和谐的当代生态理念的重合,引发了对中国哲学史上的天人关系的探讨,遂使这一问题成为学界讨论的热点。这也印证了我们此前的观点,中国哲学史的研究从来都没有脱离过现实社会政治或社会关注而独自漂游。

天人关系问题从 1990 年就已经进入学界视野。季羡林、柴文华、何成轩、陈国谦、张世英都论述了这个问题。柴文华较早注意到"儒家思想和现代生态伦理学有一个共同的思考客体,这就是人与自然的关系";①何成轩也认为,中国古代"天人合一"的思想,与当今生态伦理相吻合。他们都认为,儒家的尊重自然法则、维持生态平衡的主张,道家的重视万物、人和社会的自然状态,主张回归自然的理念,对现代生态伦理发展都具有启发价值。儒家"厚德载物、民胞物与"的道德主张将爱与良心扩展到一切人、一切物,其尊重一切生命和自然物的主张,与当代生态伦理反对人类中心论的观点可谓同调。当代生态伦理强调把关心和爱护自然转化为内心的道德律令;"山林泽梁,以时禁发"的合理开发原则也可以对生态伦理有所启发。② 不过,柴文华又指出,生态伦理的对象不限于生物圈,包括所有存在,儒道伦理学还需突破局限于人的界限,把儒家的人际道德扩展到整个生物圈,儒家的社会温情主义也可以扩展为生态温情主义,儒家的社会群体意识对建构生态群体意识也具有借鉴意义;道家的自由论具有尊重生命的特点,也与现代生态伦理尊重生物的权利相通。③ 1993 年,季羡林在《东方》创刊号发表《"天人合一"方能拯救人类》,认为天人合一是人与自然的关系问题,西方文化是人与自然的分离,中国文化的天人合一是人与自然的和谐。人与自然的分离造成了严重的环境问题,所以,天人合一能拯救人类。陈国谦更为深

---

① 柴文华:《儒道观念与生态伦理断想》,《哲学研究》,1990 年第 1 期,第 123 页,
② 何成轩:《中国传统生态伦理观念与当代文明》,《哲学研究》,1994 年第 5 期,第 32 页。
③ 柴文华:《儒道观念与生态伦理断想》,《哲学研究》,1990 年第 1 期,第 124~125 页。

入地提出建立环境伦理境界哲学的问题。他吸收冯友兰的哲学思想,基于对"天人合一"与"和"的价值观的认识指出:"环境哲学是对人与环境相互作用的形上学反思";"环境哲学的功用,不是增进人的实际环境知识,而是提高人的环境精神境界,使人的环境意识从人与环境的彼此分离提高到人与环境相融一体"。① 他引用冯友兰《中国哲学史新编》第七册对张载的"仇必和而解"的解释指出,人与自然环境的统一体是不能被破坏的,世界发展变化的规律"只能是以和为本的辩证法。在此意义上,环境哲学是一种调和哲学,而不是斗争哲学"。② 陈国谦还吸收冯友兰的境界说,提出了"环境境界"的概念,分为三层:第一是功利境界,环境对于此一境界的人只有使用价值;第二是生态境界,认为"人与环境息息相通,相互作用","人作为世界的一员,与环境平等";第三种是"宇宙境界",人类不仅与环境平等,而且与环境为一体。

对于天人合一的环境伦理学意义,不少学者并不同意。他们指出,天人合一首先是一个价值命题,并不表示人与自然的关系。如蒙培元说,天人合一根本上是讲心灵哲学的,是要安排人的精神生活。天并非与人相对的自然,而是世界本体,因而具有形上意义。高晨阳也肯定,天人合一是为人的生命存在确立一个形而上的价值依据,是一个价值论命题。"'天'并不是一个与主体自我相对立的客观存在,而是一个内在于主体自我的价值性范畴。"③钱逊指出,天人合一不能解决当代环境问题。他说,传统的"参天地,赞化育"的思想,只是小生产状态下的一种朴素愿望,只是顺应自然,还缺乏解决自然问题的能力和手段,所以黄河流域的生态环境也遭到了严重的破坏。"现代人类所面临的生态环境危机,也只有在科学技术发展的基础上通过改造自然的努力才能得到克服。"合理的态度是把天人合一和征服自然恰当地结合起来,"通过改造自然、征服自然去达到人和自然的和谐"。④ 高晨

---

① 陈国谦:《关于环境问题的哲学思考》,《哲学研究》,1994 年第 5 期,第 33 页。

② 陈国谦:《关于环境问题的哲学思考》,《哲学研究》,1994 年第 5 期,第 35 页。

③ 高晨阳:《论"天人合一"观的基本意蕴及价值——兼评两种对立的学术观点》,《哲学研究》,1995 年第 6 期,第 24 页。

④ 钱逊:《人和自然的关系与中西文化》,《哲学研究》,1994 年第 5 期,第 30 页。

阳也指出,天人合一不具备"人与自然相统一的知性意义,因此,它不能直接成为今人解决环境危机的文化根据"。①

　　对于天人关系的环境哲学意义的争论,促使学界进一步分析天人合一命题的意义。乔清举指出,天人关系在中国哲学史上至少有四重含义:神人合一、人与自然和谐、征服自然以及人与价值合一。神人合一是上古时期"绝地天通"之前人神未分的状态,天即是神。人与自然和谐是天人合一的一个内容,孟子、荀子都有这方面的思想。人与价值合一则是天人合一最基本的含义,天表现为道德价值,天人合一实际上是人应完成其道德价值。程朱陆王的天人合一思想都有这个特点。中国哲学中也有征服自然的内容,如荀子的"制天命而用之",柳宗元、刘禹锡都有征服自然的思想。不过,"明于天人之分"的"分"并不是"分别",而是"职分",所以,"明于天人之分"并不直接等于"主客二分"。"天人交相胜还相用"的天人,还不单纯是作为实体的天和人,也包括"天然状态"和"文明状态"。② 李存山对于天人合一的"合"的内涵进行了深入的分析。他认为,中国哲学家关于主客问题的思想可分为两类:"一类是讲主客之'分'与'合',此处之'合'意谓主体与客体的相互接触与符合;另一类是将主客之分归于主客合一。此处'合一'意谓客体就在主体之内,或客体是由主体的活动所产生"。③ 主客之分包含着认识主体和客体的分别,但"这种区分绝不意味着主体与客体的分离,相反它内在地包含着主体与客体的相互联系和作用,它与天人关系上的'天人合一'和'明于天人之分'都不构成对立或对应关系"。④

　　对于中西哲学关于主客关系的思想,张世英进行了深入的研究。他认为:"中西哲学史各自兼有'天人合一'与'主客二分'式的思想。"⑤西方哲学史上柏拉图实开主客二分的先河,从笛卡儿开始,明确地把主客二分作为哲

---

　　① 高晨阳:《论"天人合一"观的基本意蕴及价值——兼评两种对立的学术观点》,《哲学研究》,1995年第6期,第24页。

　　② 乔清举:《中国思想史上的天人关系》,《人民日报》,1997年2月16日。

　　③ 李存山:《中国古代的天人观与主客关系论》,《哲学研究》,1998年第4期,第45页。

　　④ 李存山:《中国古代的天人观与主客关系论》,《哲学研究》,1998年第4期,第47页。

　　⑤ 张世英:《"天人合一"与"主客二分"》,《哲学研究》,1991年第1期,第69页。

学的主导原则,黑格尔是主客二分的集大成者,但"绝对精神"是主客体的最
高统一,这又是天人合一式的思想,二分和合一在他那里是统一的。海德格
尔在西方哲学史上是划时代的人物,他的哲学"是西方现代哲学中'天人合
一'思想和反旧形而上学思想的开端"。海德格尔认为人与外部世界有两种
"在中"的关系:一是两个现成物彼此外在地一个在另外一个之中;一是"此
在和世界的关系",人"融身"、"依寓"于世界之中。在前一种关系中,世界和
人、客体和主体是彼此外在的,有一个主体如何能够认识客体的问题。在后
一种关系中,世界由于人的"在此"而对人揭示、展开自己,世界不是外在于
人的现成的东西而被凝视、认识,而是首先作为人与之打交道的、起作用的
东西而展示自己。人在认识世界之前,已经与世界融为一体。海德格尔认
为,前一种是"主客式"关系,后一种是"此在和世界"的关系。但是,海德格
尔并不是一味否定主客二分,他认为主客二分以天人合一为基础,没有天人
合一,就没有主客二分。张世英指出,从古希腊的天人合一经过长期的主客
二分到海德格尔的天人合一,西方哲学走过了一个否定之否定的路程。中
国哲学的天人合一开始于孟子,他认为天与人相通,人性为天之所与,所以
人性才具有道德意义。老庄实际上也主张天人合一,老子主张宇宙以"道"
为根本,人也应以"道"为本。孟子的天人合一有道德意义,达到合一境界的
方法也具有道德意义。老庄的天人合一和达到合一的方法都没有道德意
义。和海德格尔相比,老庄的天人合一是没有经过主客二分洗礼的原始的
天人合一,海德格尔肯定主客二分,但认为主客二分须以合一为根基,合一
优先于主客二分。老庄和海德格尔的区别,"不仅是中国哲学和西方哲学的
区别,而且也是古代哲学和现代哲学的区别"。[①]"西方哲学史不但不以'天
人合一'思想为主导,而且,其'天人合一'亦较少道德意义,而中国哲学史则
以孟子所开创的'天人合一'说为主导,这种'天人合一'思想具有强烈的道
德意义,与老庄的'天人合一'之无道德意义正好形成鲜明的对比"。[②]孟子
的天人合一说到宋明达到高峰。王阳明否认世界有形上形下的区别,主张

---

①　张世英:《"天人合一"与"主客二分"》,《哲学研究》,1991年第1期,第70页。

②　张世英:《"天人合一"与"主客二分"》,《哲学研究》,1991年第1期,第70~71页。

以人心为天地之心的天地万物是唯一的世界,这样,人与世界的融合就比有形上与形下区分的老庄哲学和程朱理学都深刻。海德格尔视人心为世界万物的展示窗口,世界万物因人心而被揭示的天人合一,比柏拉图到黑格尔的天人合一传统要深刻得多。从天人合一思想发展史来看,王阳明在中国哲学史上占据海德格尔在西方哲学史上同样的地位,他们分别是中国和西方哲学史上天人合一思想的集大成者。不过,王阳明的天人合一和海德格尔的天人合一还有根本差异。王阳明的天人合一缺乏主客二分的基础;王阳明的人心具有道德意义,海德格尔的此在没有道德意义;王阳明的人心属于道德理性,"海德格尔的'此在'不是思,属于非理性的东西";王阳明哲学主张人同此心,心同此理,缺乏个人选择的自由,海德格尔的"此在"是个体性,"'此在'是个人根据自己的'本己'而'自由存在的可能性',是自由选择";①王阳明哲学没有主客二分,缺乏认识论,海德格尔承认主客二分的地位。

在天人关系的讨论中,主张天人合一和主客的"互补"成为主调。这也是符合中国哲学的精神的。如陈国谦说,如果仅仅停留在西方文化的主客二分上,就会主客隔绝,人与自然无法交流。如果仅仅停留在中国文化的万物一体,人与自然交融的境界,就有缺乏主客二分的理性精神,难以发展近代科技,在人与环境关系上缺乏实践能动性。所以"如何从主客二分达到主客一体,从人与环境的分离达到人与环境的相融,是环境哲学的根本问题"。②柴文华、高晨阳都主张类似的观点。高晨阳认为,天人合一与环境危机之间还存在着肯定性关系,"表现为,'天人合一'观作为实践理性精神的体现,它对人的行为方式起着控制作用,从而对于如何解决人与自然的关系具有导向的功能"。③天人合一就其不能给人类摆脱目前环境危机具体方案来说是无用的,"但它是一种'圆而神'的学问,可以遍润万物,贯通在人的知性行为中,成为人们解决环境危机的指导性的哲学依据,因而又不能说它无用。用中国哲学的术语表示,天人之学的这一特定的功能可以称之为

---

①　张世英:《"天人合一"与"主客二分"》,《哲学研究》,1991年第1期,第72页。

②　陈国谦:《关于环境问题的哲学思考》,《哲学研究》,1994年第5期,第32页。

③　高晨阳:《论"天人合一"观的基本意蕴及价值——兼评两种对立的学术观点》,《哲学研究》,1995年第6期,第27页。

'无用之用',唯'无用',才有此'大用'",这就是"中国传统文化的'天人合一'观与环境危机之间的肯定性关系"。①

　　"天人合一"只是一种文化原则或文化理念,只有确立了这种理念,改变了对自然的态度,才能对于过分征服自然所造成环境破坏和生态失衡形成纠正。至于如何纠正,那是科学的事,不能靠"天人合一"提出具体方案来,但不能因为"天人合一"不提供具体的方案就否定它作为文化理念的价值。一种文化观念或原则,如果对于时弊具有纠正作用或者能为纠正时弊提供灵感,就有价值,不宜对之提出无限度的要求。这牵涉到对于文化传统和观念的态度问题,把传统命题或观念还原为具体的历史情景下的具体含义和发掘其在现实社会中的新的含义是两条不同的思路,前者可以建立关于历史的确切知识,后者则是文化发展的诠释性态度。要求一种文化理念能够直接为解决我们所面临的现实问题提供方案,无疑是一个并不合理的苛刻要求。其次,对于"合"也应该有不同层次的认识。认为老庄等人的天人合一是原始不分,是不准确的。比如,庄子提到了机械、机心、机事,都是对技术的批评;原始不分只能是动物性。能够提出天人合一,就表明已经认识到分离问题,包含了一定程度的自觉和反思。由此言之,"分"和反思都具有不同的层次性。中国古代的天人合一是农业经济和冷兵器时代对于天人分离的反思,他们提出的合一包含了反思,毋庸讳言是抽象的。但是,考虑到他们那个时代的科学水平的有限性,又不能不叹服他们的认识的深刻性和前瞻性。李存山对于"合"的论述,值得重视。他说,究天人之际的"际"的本来意义是"两之又有合",所以,"'天人合一'绝不是天人不分或主客不分的混沌,只有'天'、'人'在人的认识中有了比较明确的相对区分之后,中国哲学及其'究天人之际'的主题才能发生"。② 工业时代的二分,把自然作为对象加以战胜,完成了对于人性的完善和丰富,但是这种完善和丰富同样也具有片面性,单方面的征服导致了严重的环境问题,于是,必须在新的基础上重

──────────

① 高晨阳:《论"天人合一"观的基本意蕴及价值——兼评两种对立的学术观点》,《哲学研究》,1995 年第 6 期,第 28 页。

② 李存山:《中国古代的天人观与主客关系论》,《哲学研究》,1998 年第 4 期,第 44 页。

提合一,但这个"合一"的内涵无疑已经包含了前两个阶段的内涵。

　　20 世纪 40 年代,贺麟曾经对人与自然的关系进行了系统的思考,至今仍值得借鉴。他所赞赏的人与自然的关系是西方近代以来哲学,尤其是德国唯心主义的人的主体性传统和儒家的思想相结合的态度,这种态度扬弃了近代以来单纯的人与自然的分离,是超越了人与自然的对立的"合一"。在这种关系中,"自然为人生的对象,人生为自然主体";①人和自然形成主客关系,主客合一。"合一"不是人与自然不分的"主客混一",也不是自然与人生互不相干,或者相互对立。在这种态度中,"自我在解除自然与人生的对立中得到了发展,自然成为精神化的自然,人生成为自然化的人生。自然建筑在人生上,人生包蕴在自然里。人成为最能了解自己,最能发挥自然意蕴的代言人"。② 贺麟这里所说的"自然",不是单纯的物质世界或社会经济世界,而是"具体的、有机的、美化的、神圣的外界"。他说:"这个意义的自然,可以发人兴会、欣人耳目、启人心智、慰人灵魂,是与人类精神相通的。这是有生命有灵魂的自然。"③贺麟进一步指出,这种意义的自然,是近代精神的产物,崇拜和回到自然,"认自然是神圣,皆是近代精神的看法"。④ 所谓回到自然,"就是要回到精神化、人文化的自然,并不是要埋没自我,消灭人生,沉没于盲目的自然界。乃是将自然内在化,使自然在灵魂内放光明"。⑤ 这种回到自然,不仅没有埋没或消灭主体性,反而是"发展自我,提高主体"。⑥ 贺麟的说法,有来自黑格尔哲学的内容,即自然作为精神发展的一个环节,作为主体的一部分;这种合一,其实不是人回归自然,而是人把自然作为精神的一个环节的"精神的征服","是人类的精神将自然提高升华后所达到的精神境界"。⑦ 贺麟认为,这种态度的返归大自然,不是道家的少数人的消极逃避式的归隐,而是"为多数人、整个时代,或整个社会指出一

---

①　贺麟:《自然与人生》,《文化与人生》,商务印书馆,1947 年,第 175 页,第 121 页。
②　贺麟:《自然与人生》,《文化与人生》,第 179 页。
③　贺麟:《自然与人生》,《文化与人生》,第 173 页。
④　贺麟:《自然与人生》,《文化与人生》,第 174 页。
⑤　贺麟:《自然与人生》,《文化与人生》,第 179 页。
⑥　贺麟:《自然与人生》,《文化与人生》,第 180 页。
⑦　贺麟:《自然与人生》,《文化与人生》,第 179 页。

种积极的路向";"是孔子'吾与点也'的态度之重新提出"。①

　　贺麟所说,可谓是中西哲学会通的产物。当代环境哲学则进一步提出了把自然作为主体,确立人与自然的主体间性,建立人与自然的伦理关系。如利奥波尔德的"大地伦理学"、罗尔斯顿对于自然的价值的论证等,都从不同角度深化了人与自然关系的认识。但是,这是否就完成了人与自然关系的认识呢? 笔者认为,人和自然的关系毋宁说是一个不断深入的相互理解的过程,天人关系的内涵也永远在的丰富过程之中。值得提及的是,经过90年代至今20多年的社会发展,天人合一所体现的人与自然相和谐的价值逐渐为国内外更多的人所接受,并成为中国经济发展的一个纲领,②这可以说是传统智慧在当代的生命力的体现。

五、"和"的讨论

　　"和"的问题的讨论直接来源于冯友兰。冯友兰在《中国哲学史新编》第7册提出:"客观辩证法只有一个,但人们对客观辩证法的认识,可以因条件而有所差别。照马克思主义辩证法思想,矛盾的斗争性是绝对的,无条件的;'统一'是相对的,有条件的。这是把矛盾斗争放在第一位。中国古典哲学没有这么说,而是把统一放在第一位。"冯友兰借用张载的"有象斯有对,对必反其为;有反斯有仇,仇必和而解"指出,马克思主义哲学对于张载的前三句是赞同的,对于第四句,马克思主义没有现成的话可以引用,"照我的推测,它可能会说,'仇必仇到底'"。什么是"底"? 冯友兰指出:"任何革命都是要破坏对立面所共处的那个统一体。那个统一体破坏了,两个对立面也就同归于尽,这就是'底'。"③冯友兰指出:"'仇必和而解'是客观的辩

---

　　①　贺麟:《自然与人生》,《文化与人生》,第180页。

　　②　中共十六届四中全会提出的"建立和谐社会"目标,把"人与自然的和谐"作为和谐社会的重要内容。

　　③　冯友兰:《中国哲学史新编》第7册,台北蓝灯文化实业股份有限公司,1991年,第206～207页。

证法。"①

　　方克立指出,"仇必仇到底"是对马克思主义的误解。② 马克思主义哲学既讲斗争,也讲统一。"马克思本人对于辩证法的实质作过精辟的科学的表述,指出它应该包括'共存'、'斗争'、'融合'三项内容,怎么能把它歪曲成'仇必仇到底'呢？ 马克思的原话是：'两个相互矛盾方面的共存、斗争以及融合成一个新范畴,就是辩证运动的实质'。"③蔡仲德指出,冯友兰所说的马克思主义主要指毛泽东思想。毛泽东在《矛盾论》中明确指出,矛盾的"同一性是有条件的、相对的,斗争性是无条件的、绝对的"。《中国哲学史新编》关于马克思主义把矛盾斗争性放在第一位的见解、把马克思主义归结为斗争哲学,"既非误解,更非歪曲,而有其充分的依据"。④ 毛泽东说过"按照唯物辩证法,矛盾和斗争是永久的,否则不成其为世界。资产阶级的政治家说,共产党的哲学就是斗争的哲学,一点也不错";⑤反胡风、"反右"、"文革"等,足以说明。对于蔡仲德的说明,刘奔认为,"仇"是一种感情,如果说马克思主义政党都是"仇必仇到底",那么他们就成了感情用事的人。马克思主义社会存在决定社会意识,决定革命进程的是客观存在的基本矛盾,而不是"仇";马克思主义政党关于革命进程的决策,也不是感情用事,而是建立在对客观矛盾进行冷静分析的基础上的。"将革命进行到底"的"底"和"仇必仇到底"不是一回事。革命的形式是多种多样的,未必只有"仇必仇到底"一种形式,把斗争性的绝对性和统一性的相对性理解为斗争性是第一位的,同一性是第二位也不准确。"绝对和相对的关系,并不能简单地归结为第一位和第二位的关系";"以为绝对的东西就一定是第一位的东西,并不是马克思

_____

　　① 冯友兰：《中国哲学史新编》第 7 册,第 208 页。
　　② 据方克立说,张岱年曾在给他的信中说,"仇必仇到底""确属误解"。见方克立：《永远的师长》,《不息集》,第 144 页。
　　③ 方克立：《全面评价冯友兰》,《方克立文集》,第 389 页。
　　④ 蔡仲德：《关于冯友兰思想的几个问题——答方克立先生》,《哲学研究》,1998 年第 10 期,第 67 页。
　　⑤ 毛泽东：《机关枪和迫击炮的来历及其他》,《建国以来毛泽东文稿》第 8 册,中央文献出版社,1993 年,第 45 页。

主义的观点";①也不能把个别马克思主义者在实践上的失误等同于马克思主义本身。

20世纪90年代以后,"和"的思想逐渐受到学术界的关注。不少学者把它纳入哲学论述中。如前引陈国谦关于环境哲学的思考就把"和"作为原则,认为"发展变化规律只能是以和为本","世界的发展以及人们对它的认识都体现着以和为本的辩证法"。对于上述观点,许全兴说,简单地用"和"或"斗"概括数千年不同历史时期中西辩证法,"犯了笼统、抽象的毛病"。马克思主义哲学是无产阶级的革命哲学,它的本质是批判的。它强调斗争、否定的转化、扬弃,这是它的本质、使命所规定了的。但它并不因此就轻视统一。恩格斯强调自然界包含着和谐,不允许单单标榜片面的斗争;列宁说过"发展是对立面的统一",也说过"发展是对立面的斗争";在毛泽东那里"斗"与"和"是统一的。马克思主义辩证法认为斗争是绝对的,但并不认为任何情况下斗争总是重要的。斗争和统一的关系因矛盾性质、发展阶段的不同而各有侧重;矛盾斗争的结局也不相同,表现为一方战胜另一方、同归于尽,形成新事物,矛盾双方主次地位转化、事物性质发生变化,矛盾双方融合、结合以及调和达到共存等。冯友兰把"仇必仇到底"套到马克思主义辩证法上"是一种片面的'推测'"。"仇必和而解"也不是客观辩证法,不具有普遍性,只反映了事物辩证法的一个侧面;"'矛盾着的双方又统一、又斗争,由此推动事物的运动和变化'这才是客观辩证法"。②

张岱年、朱伯崑对于"和"给予了相当的重视。张岱年指出:"当前我们要注重和谐,提倡'和为贵',团结、互助、合作,提倡'和'有一定的意义。中国文化传统中'和'的思想非常深刻,'和'是在不同基础上的统一,不是简单的相同。团结——批评——团结,就有'和'的意思在内。事实上,中国历史上也充满了斗争,'窝里斗'的问题也没有解决。尽管如此,我们仍要克服矛盾,注重和谐。"③笔者认为,在哲学的层面上,同一性和斗争性是矛盾范畴

① 刘奔:《"仇必仇到底"究竟是谁家之哲学?》,《哲学研究》,1998年第11期,第38页。
② 许全兴:《"和"的哲学辨析》,《哲学研究》,1995年第9期,第37~42页。
③ 张岱年:《关于马克思主义与儒学的关系的几点看法》,《马克思主义与儒学》,当代中国出版社,1996年,第1~2页。

的进一步解释,两者互为必要条件。没有同一性,两个方面就不构成矛盾,
所以也不存在斗争性;反过来说,既然是矛盾,那么,这两个方面就必然处于
统一体中的,在逻辑上就存在着斗争性。如果没有斗争性,也就没有矛盾,
或者某两个方面不再构成矛盾了。逻辑上的同一性和斗争性是矛盾范畴的
本质,但矛盾也是一个过程性范畴,斗争性只是逻辑必然性,在其具体发展
过程中,还会有共存、融合、吸收、转化等阶段,这是矛盾的具体发展过程。
这里的"斗争"和"斗争性"已经不是一个层次的概念;作为矛盾存在的必要
条件的同一性和作为矛盾解决后的共存的同一性,也不是一个层次的概念。
不过,两者都还属于哲学层次,属于哲学语言。哲学的"斗争性"和现实的
"斗争"又不是同一层次的概念。同时,矛盾的过程和矛盾发展的结果又有
所不同。矛盾的发展在马克思那里至少有三种结果,融合也是矛盾发展的
一种结果。然而,1949 年以后的意识形态领域受现实的革命斗争的惯性影
响,没有认识到革命和建设、夺权和执政的差异,把社会现实语言和哲学语
言混淆,把哲学上的"斗争性"直接等同于现实的斗争,在哲学史研究中强调
斗争史,在政治上提出"无产阶级专政下的继续革命"等,造成了我们对辩证
法理解的片面性,认为只有斗争和一方消灭另一方一种结果。由此言之,冯
友兰提出"和"的辩证法是有针对性的。但是,客观地说,并不是所有矛盾都
以"和"为结果,"和"毋宁说属于价值观,而不是事实;"和"有时也可能是矛
盾双方斗争的结果。不过,"和"仍应成为我们的价值观,这是民族理性健康
和进步的表现。随着时间的推移,冯友兰曾经指出的"和"的观念是中国文
化对于世界的一个贡献的观点,越来越被证明是真知灼见。2003 年以来,
中共逐渐形成了"科学发展观"、"和谐社会"、"和平发展"等新的发展理念,
这些都吸收了"和"的思想。

六、传统文化与马克思主义

　　关于传统文化与马克思主义的问题,也是 20 世纪 90 年代中国哲学史
研究的一个重要问题。由于受"左"的思潮的影响,五六十年代这个问题未
能得到深入研究。80 年代末,陈卫平曾撰文提出:"马克思主义哲学中国化

是中西哲学的合流。"①90 年代这个问题得到了较为深入的研究。这可以说是思想解放的结果。

关于儒学与马克思主义的关系,有三种观点:一是绝对对立说,否认两者可以融合;二是相互融合说,认为两者有一致之处,可以取长补短,相互结合和融合;三是对立统一说,主张既要看到两者的对立,不可混淆其质的不同,又不能不看到两者的联系,片面强调融合和结合。张岱年指出,从汉朝"罢黜百家,独尊儒术"到"五四"运动,儒家一直占有统治地位;新中国成立后,马克思主义成为我国的指导思想。"马克思主义对于儒学究竟应有什么样的态度呢"? 张岱年指出:"儒家定为一尊的时代已经过去了,儒家占据意识形态的统治地位的时代已经过去了,反儒的时代也已经过去了。未来新儒家不可能在中国占有统治地位,可以作为百家争鸣中的一家存在。"②朱伯崑回顾了 20 世纪六七十年代编写中国哲学史的做法指出:"当时是把传统文化作为马克思主义的注脚,用黑体大字引一段马克思主义哲学的语录,再引一段中国哲学的原文,结果中国哲学史实际上成了用中国哲学做注脚的马克思主义哲学读本,失去了存在意义。"③杨春贵指出,中国特色的社会主义是适合中国国情的社会主义,国情"包括中国传统的文化与哲学。因此,重视和加强对中国传统文化的研究是建设中国特色社会主义文化的重要内容和必要条件"。④

(一) 儒学和马克思主义关系的历史考察

许全兴指出,儒学与马克思主义的关系经历了五个阶段。第一阶段是 20 世纪初到"五四"运动。梁启超、孙中山等人都提到了社会主义,那时人们还不能真正理解马克思主义,马克思主义在中国还没有影响。第二阶段是 1919 年到 1937 年。"五四"运动后,马克思主义在中国广泛传播,"与传统文化发生尖锐冲突",绝大多数马克思主义者对以儒学为代表的传统文化持简单否定态度,原因可能与当时国内的阶级斗争有关,也与新文化运动形

---

① 陈卫平:《论马克思主义哲学中国化与传统哲学》,《哲学研究》,1987 年第 5 期,第 60 页。
② 张岱年:《关于马克思主义与儒学的关系的几点看法》,《马克思主义与儒学》,第 1～2 页。
③ 乔清举:《"马克思主义与儒学"学术讨论会述要》,《马克思主义与儒学》,第 256 页。
④ 乔清举:《中国传统文化与哲学研究现状研讨会述要》,《人民日报》,1995 年 9 月 22 日。

成的简单否定的思维方式有关,还有马克思主义者对马克思主义理解的片面性。1937 年到 1957 年是马克思主义与儒学关系的第三个阶段,"马克思主义与中国传统文化既冲突又融合"。毛泽东 1938 年提出了马克思主义中国化的问题,号召继承从孔夫子到孙中山的中国文化遗产。1940 年发表的《新民主主义论》对传统文化提出了"吸取精华,剔除糟粕"的方针。在传统文化与马克思主义的关系上,毛泽东也明确肯定,对于革命来说,马克思主义是第一位的,传统文化如孔子的思想等是第二位的,"只能当作历史遗产,批判地加以继承和发扬"。当时非马克思主义者张申府提出了把马克思、罗素和孔夫子三结合的观点,也很有影响。从 1957 年到"文革"结束,是第四个阶段"马克思主义与中国传统文化之间的对立再一次凸现,甚至出现了全盘否定中国传统文化的阶段"。第五阶段是从文革结束到 1995 年,"马克思主义与中国传统文化之间既对立又统一的辩证关系在更高基础上确立"。①许全兴认为,马克思主义要想在中国生根、开花、结果,就必须中国化,不仅与中国社会的实际结合,也"必须与中国历史文化实际相结合,并使之成为中国民族新文化的灵魂。中国的马克思主义者应将中华民族的优秀文化遗产融入到马克思主义中去,丰富和发展马克思主义";②"当代中国的现实是处理马克思主义与中国传统文化关系的基础";马克思主义者必须认真、虚心地研究中国历史文化,仅仅懂几条马克思主义的条文,不可能正确地对待中国传统文化,更不可能将马克思主义与中国的历史文化相结合。"只有既精通马克思主义,又精通中国历史文化,又懂得中国现实的人,才能将这三者融合在一起,才有可能使马克思主义中国化。"③

(二) 马克思主义的中国来源说

马克思主义是否包含中国哲学根源,也是学界讨论的一个热点问题。1994 年,美国学者窦宗仪的《儒学与马克思主义》被翻译出版。作者认为,马克思主义有中国文化的源头,辩证法思想是由传教士传到西方,在德国得

---

① 以上内容见许全兴:《马克思主义与中国传统文化关系之历史考察》,《马克思主义与儒学》,第 112～121 页。

② 许全兴:《马克思主义与中国传统文化关系之历史考察》,《马克思主义与儒学》,第122 页。

③ 许全兴:《马克思主义与中国传统文化关系之历史考察》,《马克思主义与儒学》,第 123 页。

到发展,又为马克思、恩格斯所继承。作者列举了马克思主义和儒家的不少相同之处,指出中国的马克思主义者强调矛盾的斗争性,比俄国马克思主义者更好地理解和坚持了辩证法实质。① 张允熠认为,马克思主义能够被中国接受,是因为马克思主义和中国传统文化有相通之处,如两者都主张辩证、唯物的宇宙观,都主张认识来源于实践,实践是认识的标准等。黑格尔哲学、马克思主义明显违背欧洲传统,其根源在于中国文化和中国哲学。张允熠认为,中国哲学对于法国启蒙运动和欧洲理性主义哲学的复兴起了促进作用,16～18世纪法国哲学、德国哲学都受到了中国哲学的影响。欧洲思想界吸收了中国思想,用"理性上帝"代替了"专制上帝",摆脱"神学时代",进入"哲学时代"。中国的实践理性和辩证法思想促进了德国古典哲学的诞生,如,黑格尔吸收了阴阳相交的辩证观念,费尔巴哈称赞过孔子,法国社会主义受到儒家思想的影响,英国古典经济学家亚当·斯密重视中国的材料等,这些都为"马克思主义哲学的科学思想体系的产生提供了广阔的历史、文化和思想背景"。② 马克思、恩格斯的《德意志意识形态》多次涉及中国哲学。尤其是,马克思曾指出,"中国的社会主义跟欧洲的社会主义就像中国哲学跟黑格尔哲学一样具有共同之点"。③ "这说明以黑格尔为代表的德国古典哲学与中国哲学的'共同点'并不是我们才发现的,马克思早就注意到了。"④

对于张允熠的观点,诸葛婴提出了质疑。他说,马克思所说的"中国的社会主义跟欧洲的社会主义就像中国哲学跟黑格尔哲学一样具有共同之点",是批评"把资产阶级民主革命当成社会主义,就像谈论'中国哲学跟黑格尔哲学一样具有共同点'那样抽象化而又'超历史'。'超历史'的观点,在这里披上了'共同之点'的外衣变得具有迷惑力量。马克思哲学的一贯看法,就是要揭穿这种假象,还历史本来面目"。⑤ "'共同点'并不意味着'学

---

① [美]窦宗仪:《儒学与马克思主义》,刘成有译,兰州大学出版社,1994年。

② 张允熠:《中国文化与马克思主义》,山西教育出版社,1998年,第193页。

③ 马克思、恩格斯:《国际速练(一)》,《马克思恩格斯全集》第7卷,人民出版社,1959年,第265页。

④ 张允熠:《中国文化与马克思主义》,第188页。

⑤ 诸葛婴:《勇气与眼光——读〈中国文化与马克思主义〉札记》,《哲学研究》,1998年第12期,第22页。

脉渊承',两者没有必然联系;把没有必然联系的东西当作前提,只能是一个主观的预设。"①张允熠认为,诸葛婴对马克思的理解"是扭着的"。马克思提出"中国的社会主义"概念,有深刻的文化背景。马克思的原话是肯定性的,并不存在诸葛婴所说的否定的含义;关于"共同点"与学脉渊承的关系,自己是从中西文化交流来说明中国哲学对欧洲哲学的影响的,并不是单纯以"共同点"为出发点的。诸葛婴认为,研究中国文化与马克思主义之间的渊承关系,"既无可能,也无必要"。张允熠认为,这一课题"对于建设有中国特色的社会主义、对于马克思主义的中国化和 21 世纪中国文化建构,对于中国文化进一步走向世界,不但可能,而且必要"。②

　　江丹林、李存山都对张允熠的马克思主义的中国"学脉渊承"提出了不同意见。江丹林认为,张允熠的观点在逻辑推理上"存在重大局限"。他所引用来说明黑格尔的对立统一和中国传统哲学有共同之点的话,马克思原意是指"中国的太平天国革命与世界革命证明了辩证法的这一普遍原则";他所引马克思关于 18 世纪法国唯物主义源于笛卡儿和洛克,马克思说"后一派主要是法国有教养的分子,它直接导向社会主义",这里的"后一派"指洛克、孔狄亚克、爱尔维修等人,"决不是指中国传统哲学"。③ 江丹林认为,张允熠所引的西方学者,如黑格尔、费尔巴哈、亚当·斯密等人,对于中国哲学很难说有系统的研究,推不出中国传统哲学是马克思主义的"学脉渊承"的结论。张允熠把英国学者李约瑟关于中国传统哲学和马克思主义的论述作为中国传统哲学是马克思主义的学脉渊承,是不能成立的。马克思主义的"理论前提和出发点只能是马克思主义问世前资本主义时代最优秀的成果——德国古典哲学、英国古典经济学和 19 世纪三大空想社会主义,其理论前提不可能是作为农业社会和自然经济社会意识形态的中国传统哲学,否则就是历史错位",即使马克思主义在学理上有与中国

　　① 诸葛婴:《勇气与眼光——读〈中国文化与马克思主义〉札记》,《哲学研究》,1998 年,第 12 期,第 22 页。
　　② 张允熠:《"勇气"与"儿戏"——答诸葛婴同志》,《哲学研究》,1999 年第 4 期,第 17 页。
　　③ 江丹林:《马克思主义"学脉渊承"辨析——读〈中国文化与马克思主义〉》,《哲学研究》,1999 年第 4 期,第 5 页。

哲学相通的地方,也不能证明两者之间有必然的渊承关系。李存山也对马克思主义哲学"中源说"提出了质疑。针对《中国哲学与辩证唯物主义》关于马克思主义哲学包含了各民族哲学中的唯物主义和辩证法传统等论断,李存山指出,马克思、恩格斯没有总结中国文化。中国哲学对西方哲学的影响也不能夸大。18 世纪至 20 世纪,中国由于积贫积弱,在西方的形象每况愈下,没有一个欧洲思想家认为中国文化有可取之处,这是马克思主义产生时欧洲的"中国学"的背景。在 18～19 世纪的法国、德国,中国哲学的朴素唯物主义和辩证法思想被笼罩在中国是无神论还是自然神论的争论之下,对西方哲学发展所能起的作用是很有限的。莱布尼兹对于《周易》的研究,"主要是神学和数学的,而《易传》以来的朴素唯物主义和辩证法思想并没有进入莱氏的视界"。① 所以,"中国传统哲学虽在 17、18 世纪曾经对西方哲学的发展产生过积极影响,但不足以说成是马克思主义哲学的来源"。②

　　客观地说,这是一个值得研究的题目。它不仅牵涉到马克思主义和中国传统哲学的关系问题,实际上也是对人类文化的传播和相互影响的机制的研究,对人类文明发展的认识具有重大意义。讨论双方所存在的问题是缺乏深入认识。此外涉及的马克思、恩格斯原著是德文,双方都没有从德文语境出发,中文本《马克思恩格斯全集》又是从俄文翻译过来的,"翻两番"之后文本的准确性也是值得注意的。事实上,成为争论焦点的那句话,在 1997 年出版的《马克思恩格斯论中国》中被译为"中国的社会主义之于欧洲的社会主义,也许就像中国哲学之于黑格尔哲学一样",语气变成了推测,也没有"共同之点",差别是很大的。不过,无论如何,中国哲学对欧洲哲学有没有影响,如有,表现在哪些方面,程度有多大,是否足以推动产生马克思主义,等等,都是应该深入研究的问题。应该指出的是,不少欧洲哲学家有根深蒂固的欧洲中心论,用他们关于中国哲学在欧洲的影响的认识作为论据,可能会在不知不觉中接受了他们的欧洲中心论,在方法论上有缺陷,结论的

---

① 　李存山:《评马克思主义哲学"中源"说》,《哲学研究》,1999 年第 7 期,第 21 页。
② 　李存山:《评马克思主义哲学"中源"说》,《哲学研究》,1999 年第 7 期,第 22 页。

客观性也有疑问。①

(三) 马克思主义与儒学异同与结合

张岱年、程宜山认为,中国知识分子能够接受马克思主义,"与中国传统文化也有密切的关系。中国文化中本有悠久的唯物论、无神论、辩证法的传统,有民主主义、人道主义思想的传统,有许多历史唯物主义的因素,有大同的社会理想,如此等等,因而马克思主义很容易在中国的土壤里生根"。② 刘宏章指出:"儒学与马克思主义哲学的相似、相同之处有七点:唯物论、无神论、辩证法、历史观、历史观中的唯物主义因素、民主主义、人道主义和大同的社会理想。这七个方面又可以归结为三类:哲学世界观、政治思想和社会理想三个方面。"③马克思主义中国化的一个重要内容是吸收传统文化的精华,丰富和发展马克思主义。毛泽东思想在文化上有两个源头:一是马克思主义,一是中国的传统文化。当代建立中国特色的社会主义,其中的"特色",也就是"国情"。"国情"中很重要的内容是文化传统。马克思主义和传统文化"合则两利,离则两伤"。④ 葛荣晋对马克思主义与儒家的结合的方法论问题进行了探讨。他认为,对于马克思主义和传统文化的关系,不能总是停留在批判上,而应"把着重点由马克思主义与中国传统文化的对立转移到两者的结合上"。⑤ 马克思主义与传统文化的相通之处是两者可以结合的基础,两者结合的内在契机或内在根据则是传统文化中仍有超时代的永恒性和普遍性,在今天仍有生命力。马克思主义和传统文化结合的动力则在于社会实践。"传统文化只有与马克思主义相结合,并且在社会实践中获得新的时代精神,才能补充其不完全性,纠正其错误,从而发展自己,达到'推故而别致其新'的目的";所以,"马克思主义与传统文化的结合过程,

---

① 参见法国学者维吉尔·毕诺的《中国对法国哲学思想形成的影响》。此外,关于中国文化对欧洲哲学的影响,也有不少类似的著作。

② 张岱年、程宜山:《中国文化与文化论争》,中国人民大学出版社,1990年,第186页。

③ 刘宏章:《合则两利,离则两伤》,《马克思主义与儒学》,第64页。

④ 刘宏章:《合则两利,离则两伤》,《马克思主义与儒学》,第64页。

⑤ 葛荣晋:《马克思主义与中国传统文化相结合的理论思考》,《马克思主义与儒学》,第38页。

也是马克思主义文化的发展过程"。①

李存山认为,以夷夏之辨的态度排斥马克思主义是不对的。"儒学没有能够担当起复兴中华民族的历史使命","只有马克思主义的唯物史观明确地解决了社会经济基础和社会上层建筑的关系问题"。"中国文化的现代转型,首先是儒学的道德之'体'转变为社会之'用'的转型。只有这样,原来在儒学的道德之'体'笼罩下的社会文化的其他因素才能名正言顺地进行变革,我们也才能够去分析儒家的道德中哪些是适应现代社会发展的,哪些是不适应现代社会发展的。仅就此而言,马克思主义在中国文化中的地位就是无可取代的。"②

七、思维方式研究继续深入

20 世纪 90 年代,思维方式问题在 80 年代的基础上得到了更为深入的研究。刘文英等人研究了中国哲学思维方式的"象"的特点。刘文英指出,中国哲学具有名象交融的思维特点。西方哲学以概念为思维符号,中国哲学思维形式符号既有名,也有象。"名"相当于概念,"象"则是意象。如八卦、六十四卦都是"象"思维符号;五行除了作为金木水火土五种形象的符号外还具有普遍性,从而构成一个意象体系,有五材、五德、五脏、五常,此外还有五事、五伦、五教等。由五行引申出许多对象,成为特别的思维体系。中国哲学中名与象是相互交融的,中国哲学的概念都不同程度地具有意象的色彩,不是纯粹的抽象符号。由于受"象"的影响,中国哲学没有形式的系统,其逻辑结构是内隐的和潜在的。但是,意象交融也有其长处。中国哲学思维发展的"最佳选择就是,在强化概念思维的基础上,把名象交融推进到一个新的水平"。③

王前、刘庚祥指出,"象"也是中医的基本概念。"象"不仅指具体的物

---

① 葛荣晋:《马克思主义与中国传统文化相结合的理论思考》,《马克思主义与儒学》,第 31、32 页。

② 李存山:《破除对马克思主义与儒学的"夷夏之辨"》,《马克思主义与儒学》,第 10 页。

③ 刘文英:《中国传统哲学的名象交融》,《哲学研究》,1999 年第 6 期,第 53 页。

象、现象,也具有象征的意义;不仅包含感性成分,也包含理性成分。"象"的感性和理性层次是贯通的。取象的目的在于表达事物的性质和变化规律。中国哲学的范畴也都有象的特点,如天、气、元、虚等。德、仁、义等讲的是人的社会关系,认识论的范畴如知、智、思、真等,虽不与实体相关,但中国哲学并没有给这些概念以严格的定义。"象"不同于西方的抽象,抽象是把现象的非本质部分舍弃、排除。较为抽象的"象"的感性成分,是对较为具体的象的感性成分的凝练和浓缩,其理性成分则是对于较为具体的"象"的理性成分的凝练和浓缩。如何用"象"表示某一类具体的"象"的共性或属性呢? 中国哲学史用跨度很大的比喻来进行,这就是"援物比类",比类在中医中可以在不必说出"象"的本质特征或属性的情况下理解其本质特征或属性,中国哲学也有这一特点,如《易传》在"天地氤氲"和"男女构精"之间进行类比。中国哲学立象、尽意两个环节,前者是对"象"进行规定,后者是进行说明。西方是把完整的表象蒸发为抽象的规定,再在思维中再现具体,而在中国传统思维中,"象"是靠体会来把握的。天地万物的之间的关系最后都归结到人的亲身体验,如果人在体验中达到了对于天地关系的理解,也就达到了天人合一或物我交融。

陈卫平探讨了中国古代辩证思维,认为中国古代辩证思维分为察类、求故、明理三个阶段:察类是知其然,求故是知其所以然,明理是知其必然。先秦阶段主要是"察类",八卦、五行都是分类系统;两汉是"求故",在王弼那里形成了体用不二的辩证思维;宋明时期的"明理"是把握事物的必然规律或"理",形成了"理一分殊"的辩证思维。① 蒙培元探讨了中国哲学的主体思维特点,指出中国的主体不是西方主客体对立意义上的主体,而是以主客体、人与自然的统一为基本前提的,中国的主体性并不强调主观性,其主要内容包括主体意向性、内向性、体验型、实践性和自我超越性。中国哲学在思维方式上不是纯概念、纯形式或理智型思维,而是"主体体验型思维,或者说是情感体验层次上的意向思维"。② 中国哲学既没有形成理智型,也没有

---

① 陈卫平:《论中国古代辩证思维的逻辑发展》,《哲学研究》,1992 年第 8 期。
② 蒙培元:《中国哲学的主体思维》,《哲学研究》,1991 年第 3 期,第 55 页。

形成意志型或宗教型哲学,而是一种情感体验型哲学。吴超探讨了中国传统知觉思维等。[①] 蒙培元、邝柏林主编出版了《中国传统哲学思维方式》一书,系统地探讨了中国哲学思维的主体性、辩证性、整体性、意向性和知觉性等特点。[②]

八、关于儒学是不是宗教
问题讨论的继续深入

儒学是不是宗教?这个问题的语境十分复杂和诡异。"五四"前,康有为、陈焕章等人主张儒学是宗教,为的是把儒学提高到宗教的地位。"五四"时期,梁漱溟等人认为儒学不是宗教,是为儒学提供辩护。因为当时宗教被认为是与科学对立的迷信,儒学如果是宗教,那就只能被清除;如果说不是宗教,那就还有值得肯定的价值。陈独秀等人也主张儒学不是宗教,却是为了取消其可以作为而宗教存在的权利。因为如果它是宗教,那么在信教自由的条件下它就有不仅能够而且也应该存在下来的理由。冯友兰也认为儒学不是宗教。1937 年,民国政府取消了孔教作为宗教的资格,孔教会改为"孔学会"。在 20 世纪 80 年代关于儒学是不是宗教的争论中,任继愈等肯定论者的出发点是为了批判儒家思想,这无疑是接着"五四"讲的,又还加上了对"文革"的反思。儒家思想被认为是"文革"期间登峰造极的封建主义的根源,所以,"儒学"被定位为"儒教"而加以批判。否定论者的出发点则是为了肯定儒学并非荒唐的迷信,仍然有值得肯定的价值所在。到了 90 年代,这个问题发生了根本逆转。肯定它是宗教或有宗教性,就是肯定它有高于一般的"学"的价值;认为儒学不具有宗教性或不是宗教,反而是贬低了它!态度的转变是与对于宗教的认识的深入和港台新儒家的影响相伴随的。过去认为宗教仅仅是麻醉人民的鸦片,现在则认为宗教是与超越和终极关怀相关的,是文化的高级形态。现代新儒家中,贺麟早在三四十年代就认识到

---

① 吴超:《中国传统哲学中的直觉思维》,《哲学研究》,1993 年第 1 期,第 51 页。

② 蒙培元、邝柏林主编:《中国传统哲学思维方式》,浙江人民出版社,1993 年。

了宗教在西方文化中的价值,并提出《中庸》的"诚"具有宗教意义。① 五六十年代港台新儒家唐君毅、牟宗三等人在《为中国文化警告世界人士宣言》中提出了儒家具有超越的情感或宗教精神,是与西方"外在超越"不同的"内在超越"。后来唐君毅在《中国人文精神之发展》中指出儒家精神具有宗教性,儒家乃是道德的宗教。80 年代后期,旅美学者杜维明等人及港台新儒家的观点逐渐影响到内地,内地学界不少学者也开始肯定宗教本身、儒学的宗教性或儒学就是宗教。与此同时,对于"宗教"的认识也打破了以基督教为宗教唯一典型和标准的观点。

牟钟鉴在肯定儒学是宗教的同时指出:"传统宗教无疑是一种巨大的凝聚力,它所形成的宗教礼俗是维系中华民族共同体的重要精神力量,对于社会道德风尚的改良有积极推动作用,因此应当给予它一定的历史地位。"② 何光沪的态度更为积极,他从儒学的"返本与开新"的高度指出,"儒教"不限于儒家整体或儒学,"而是指殷周以来绵延三千年的中国原生宗教,即以天地信仰为核心,包括'上帝'观念、'天命'体验、祭祀活动和相应制度,以儒生为社会中坚,以儒学中相关内容为理论表现的那么一种宗教体系"。从儒教与儒学的关系上看,"儒教是源,儒学是流;儒教是根,儒学是花;儒教的理论在儒学,儒学的精神在儒教"。③ 所以,"返本"就是要回到先秦的超越的"天帝观","返归民心深处的宗教性或超越性";④所谓"开新",就是要开出"新境界",⑤向外开放吸收基督教思想,向内开放以影响民众和社会。与此同时,过去坚强的否定论者也开始松动,向肯定论方向发展,如张岱年指出:"假如对宗教作广义的理解,虽不信鬼神、不讲来世,而对于人生有一定的理

---

① 贺麟:《儒家思想的新展开》,《文化与人生》,商务印书馆,1947 年,第 6～7 页。

② 牟钟鉴:《中国宗法性传统宗教试探》,《儒家问题争论集》,任继愈主编,宗教文化出版社,2000 年,第 262 页。

③ 何光沪:《中国文化的根与花——谈儒学的"返本"与"开新"》,《儒教问题争论集》,第309～310 页。

④ 何光沪:《中国文化的根与花——谈儒学的"返本"与"开新"》,《儒教问题争论集》,第332 页。

⑤ 何光沪:《中国文化的根与花——谈儒学的"返本"与"开新"》,《儒教问题争论集》,第319 页。

解,提供了对于人生的一定信念,能起指导生活的作用,也可称作宗教。则以儒学为宗教,也是可以的。"①不过,郭齐勇仍坚持儒学尽管具有宗教性,但不是宗教。他认为,儒学是"人文教",其特点是"内在与外在、自然与人文、道德与宗教的和合";不是宗教,也无须宗教化;讨论这个问题,既不必偏执于科学和理性的傲慢,也不必偏执于"宗教"的傲慢。②

第二节　中西哲学比较研究的深入开展

"哲学"并不是中国固有的学科,没有西方哲学,就根本不会有"中国哲学"这个概念。由此言之,任何中国哲学研究从根本上说都是中西比较的研究,中国哲学研究就像在西方哲学的背景下或舞台上演出的一出剧目。不过,单独提出"中西哲学比较",则可以增加研究的自觉性。自觉的和不自觉的中西哲学比较的差别在于,前者所选择的问题和所得的结论都更为具体。由于中国哲学根源上的"比较"性质,对中国哲学研究所形成推进的,往往是或者说恰恰是从西学角度出发的研究,完成这一推进的,则大多为西学造诣较深的学者,胡适、冯友兰、牟宗三等,都具有这一特点。比较的参照系,则是西方哲学的新进展。总是先有了西方哲学的最新形态,然后才有了中国哲学研究的、从而中国哲学的最新形态和结论。从中国哲学史学史上看,中国哲学研究采用的元理论是实验主义(胡适)、新实在论(冯友兰)、马克思主义和解析法(张岱年)、马克思主义(侯外庐等人)、康德哲学(牟宗三)。1949年到1980年之间是马克思主义、80年代中后期有刘笑敢关于庄子与萨特的比较、陈来关于魏晋的无与黑格尔的无的比较、杨国荣采用德国哲学对于

---

① 参见《"儒学是否宗教"笔谈》,《儒教问题争论集》,第411页。另,据方立天回忆,张岱年应香港孔教学院院长汤恩佳邀为《孔学论集》撰写序言,谈到"孔子'不语怪力乱神',言'生'不言'死',在这一意义上孔子学说与其他宗教不同。然而孔学提出人生必须遵循为人之道,使人民有坚定的生活信仰。在这一意义上,孔子学说又具有宗教的功能。可以说孔学是一种以'人道'为主要内容、以'人'为终极关怀的宗教"。方立天认为,"张岱年晚年肯定孔子学说包含宗教和非宗教两重意义"。(方立天:《说不尽的感激,说不尽的追念》,《不息集》,第123页。)

② 参见《"儒学是否宗教"笔谈》,《儒教问题争论集》,第418~419页。

阳明心学的分析等。90 年代后期现象学、海德格尔的存在主义被引入中国
哲学进行比较研究,尤其是海德格尔哲学成为比较研究的基本框架,先后有
张再林的《弘道——中国古典哲学与现象学》、《中西哲学比较论》,张祥龙的
《海德格尔思想与中国天道——终极视域和开启与交融》和张世英的《进入
澄明之境》等著作问世。

　　张再林的《弘道》是中国大陆学术界第一部把中国哲学和胡塞尔、海德
格尔哲学进行比较的著作,其目光相当敏锐。张再林认为,"中国哲学完全
是现象学式的,或者毋宁可以反过来说,西方现象学完全是中国哲学式的",
"西方哲学的终点恰恰可以看作中国哲学的起点,不是认识论意义上的'真
理',而是对人更为切近的人生论意义上的'生存',成为中国哲学一开始就
关注的焦点"。① 海德格尔的"在"和中国的"道"惊人地相似,"道"可以说是
既异于在者,又作为"在者"本身的"在"。② "道"超越于经验世界,又与经验
世界有泛神论的关系,内在于经验世界,类似于现象学的"内在的超验",而
不是实在论的外在超验,或者物自体那样的本体。儒家以"仁"释"礼",既不
像西方经验主义那样求助于经验事实,也不像理性主义那样求助于自明的
公理,而是直接诉诸人们对于伦理本质的直觉意识,即"良知良能",这使伦
理规定由"超验之物"回到"内在之物"的现象学还原过程。胡塞尔的现象学
还原是回到纯粹的认识意识,儒家则是要还原到伦理意识、恻隐之心。《弘
道》一书的结构是先叙述西方哲学,再叙述中国哲学,"比较"还不甚融洽。
在后来出版的《中西哲学比较论》中,张再林提出,现象学的内涵是彻底的经
验主义、人本主义、唯生主义,这正是中国哲学的基本精神,现象学以来的西
方哲学显示了中西哲学的汇合。"中西哲学实际上是'互为本体'地你中有
我、我中有你的,二者的关系是服从于一种解释学的'问答逻辑'的,在二者
之间的对立恰恰隐含着[极]其深刻的同一。"③具体地说,现象学把现象理
解为"显现",把显现理解为敞开和遮蔽互为其根的对立统一的运动,与易学

---

① 张再林:《弘道——中国古典哲学与现象学》,陕西人民教育出版社,1991 年,第 81 页。
② 张再林:《弘道——中国古典哲学与现象学》,第 84 页。
③ 张再林:《中西哲学比较论》,西北大学出版社,1997 年,第 3 页。"极"字系引者根据文意
补上的。

的"阖辟成变"和"显微无间"具有一致性。"意向性"意味着认识事物即是构成(constitute)事物,不过,构成不意味着创造,而是从隐到显的"生成",与王阳明的"意之所在即是物"的"意"异曲同工。两者的区别在于价值取向不同,"意向性"偏重于认识,"意"则着重于伦理。海德格尔用"烦"作为连接此在和世界的结构。"烦"使胡塞尔的意向性学说的认知成分减少而价值色彩明显增强。海德格尔、伽达默尔走向了新的历史主义。在历史主义中人的普遍本质消失,自我也失去了必然地、合理地生活的科学依据,自由和理性之间形成了二律背反,而在中国哲学中,自由和理性从来就不是相互分离的东西,而是密不可分的统一体。从孔子"从心所欲而不逾矩"、孟子"尽心知性知天"、王阳明的"心即理"、戴震的"归于必然,始完其自然"等可见,中国哲学从一开始就是把自由和必然作为统一的命题接受的,坚持"尽人事"与"听天命"并行不悖的辩证理性。中国哲学中宇宙不是与人对立的二维世界,而是天、人、他人的三维世界,天人合一、理性与自由的统一,都是通过"他人"进行的。现象学运动也出现了对于主体间性的发现和重视,这一切不可避免地导致了"交往理性"的出现;仁学即是交往理性。

　　对于海德格尔和老庄道家,张祥龙进行了细致和深入的研究。他进行比较的关键词是构成性—现成性、势域之理—形而上之理、缘构、"时"、变动与流通、形而上下的沟通等,其中关键的关键乃是"构成的"。"'构成的'首先意味着不是现成的,不是已经摆在那里由谁来支配的,而是通过某个过程被产生出来的。"①也就是说,"构成的"不是本体、不是终极实体、不是绝对理念、形式的形式等,而是通过揭示切身的本源意境来显示终极实在的意义。从构成性观念出发,张祥龙对于天、道都提出了自己的理解。他认为,在海德格尔那里,和中国天道观一样,终极都是构成性的,不是任何一个现成者,是活生生的在场,活生生地呈现于人的世间生存之中。海德格尔哲学代表了西方哲学对自己的使命的自觉和对两千多年思想方式的偏差的纠正。他的存在学说和中国古代天道观最大的共同之处

---

　　①　张祥龙:《海德格尔思想与中国天道——终极视域和开启与交融》,三联书店,1997年,第183页。

是两者都认识到,"凭借任何被现成化了的观念均不足以达到思想与人生的至极",①"二者都面临着如何摆脱现成的思想方式,使自己的终极理解鲜活通透"的问题。中国哲学的"天命靡常"和"以德配天"意味着只有人的存在形态才能通天,不是现成状态约束地领会天意,"这种领会天意的纯构成方式"才是"道","天和道在中国古代智慧中就意味着纯构成的本源状态"。②老庄和孔子在"道"的构成性观点上是相同的。正因为中国的天道观是彻底的缘构终极观,所以才引起海德格尔的注意。关于海德格尔和中国天道观可以展开对话之处,张祥龙列举了"源发境域的自然时间观"、"源发境域的神"和"天道境域中发生出的神意"、"人或缘在是存在真理的唯一开启者"和儒家、道家的人的天性实现于至诚之境或成就于冲虚气化的天然境域的思想、达到境域或认知的"技"或"艺"的思想、语言与道言等。

　　冯友兰曾经区分出"天"的五种意义,张祥龙认为这是把"天"实体化、概念化了,没有把握人生境域的"天"的构成性特点。理解"天"、理解最终实在的途径也不是概念化思辨,或者通过瑜伽实践,而是通过恰到好处的"艺"被激发到构成态中。所以,在儒家那里,"时"是一个非常重要的概念。"仁"在孔子那里根本上是思想方式或对待终极实在的态度;老子的"道"也是"终极处境中的构成之道"。"天命靡常"意味着"天"不可被现成地规范,所以,老子的"道"只有放在广阔的"'靡常'境地才能被激活为一个构成性的本源"。③"反者道之动"的"反"意味着不靠任何现成者。"有之以为利,无之以为用","显示出在有的终结处存在的虚无境域。这种'无'既不是概念可把握者,也不是无从领会的黑洞,而是认识势态的、能驾驭有、成就有之所以为有的构成域"。"'有'的根本含义("常有")在于显示一切现成者的界限("徼");而这种界限的充分完整的暴露也就是'无'的显现。这个与有相互牵涉的无就是日常讲的那种缘有而又成就有之为有的发生势域,所以是'妙'的,不拘于现成的有无之分";有、无"同谓之玄","共同构成一个能与此

---

①　张祥龙:《海德格尔思想与中国天道——终极视域和开启与交融》,第 345 页。
②　张祥龙:《海德格尔思想与中国天道——终极视域和开启与交融》,第 348 页。
③　张祥龙:《海德格尔思想与中国天道——终极视域和开启与交融》,第 281 页。

终极形式相合的原发生境域"。① 张祥龙认为,把无作为道,认为无生有、生万物的宇宙论思路是对老子的"道"的误解。这样理解会取消老子的现象学存在论意义。现成性存在达不到本源性境域,本源境域发生在终极之处,但这不意味着本原是一个独立的本体,生出有。"真正的无境或道境就是我们对于有的构成式的领会,得道体无就意味着进入这样的领会境域。"② 老子所谓"反",也是由现成返回到构成,所谓"小国寡民",乃是现象学构成意义上的"原始社会",蕴涵着清新之极的人生意境和思想意境。③ 庄子将老子思想中的构成性意义进一步深化,要求有、无的名相,达到非有非无、无可无不可的"玄"的底蕴。"齐物"不是将是非、有无、大小等同视之,而是要由此达到"根本的生发境域,从而取得生存本身的构成态势"。④ 庄子用寓言来表达这种"本源的道域"。"逍遥"在庄子那里并不是形而上的我遗世独立,而是实现随波逐流的根底——"构成境域"。"齐物"之智和"逍遥"之游所显示的天道观,"既不是宇宙论的,也不是理念论的,而是构成存在论的"。⑤

　　张世英重视的是海德格尔的"在场"、"澄明"等概念。他认为,"在场"是胡塞尔,尤其是海德格尔以前西方传统形而上学的思维方式,其特点是从感性上升到理性的逻各斯,以抽象的同一性或本质概念作为事物最后的根底,把哲学引向抽象的概念世界;主客体形成对立。由现象到本质、个别到普遍、差异到同一、变化到永恒、具体到抽象、形而下到形而上,最终达到永恒在场的"常在"。⑥ 从尼采、海德格尔、伽达默尔之后,西方哲学开始了新的追问永恒的方式,它不再纵向地追寻到永恒的概念或本质,而是横向地走到事物背后看未出场的东西,这种未出场的东西也是现实事物,而不是抽象永恒的概念。这种横向的超越追求隐蔽于在场的当前事物背后的不在场的现实的事物,把在场与不在场、隐蔽与显现的东西结合起来;其方法是想象。

① 张祥龙:《海德格尔思想与中国天道——终极视域和开启与交融》,第 283 页。
② 张祥龙:《海德格尔思想与中国天道——终极视域和开启与交融》,第 284 页。
③ 张祥龙:《海德格尔思想与中国天道——终极视域和开启与交融》,第 302～303 页。
④ 张祥龙:《海德格尔思想与中国天道——终极视域和开启与交融》,第 311 页。
⑤ 张祥龙:《海德格尔思想与中国天道——终极视域和开启与交融》,第 315 页。
⑥ 张世英:《进入澄明之境——哲学的新方向》,商务印书馆,1999 年,第 8 页。

张世英认为,存在论的第一个范畴应是"相通",万物不同而又相通,如中国传统的天人合一、一气贯通。每个人都向宇宙开放而囊括一切,一切又向他集中,"万有相通,古今融合"。① 伽达默尔主张研究历史应该是"参与"到过去,而不是把过去作为一个物自体进行所谓客观的研究,这和王船山的内在体验方法是一样的,都是把握万物一体或古今相通的方法。王阳明的天人一体的内在体验是一个很高的境界,但其中缺乏认识和知识的地位,是一个缺陷。

什么是哲学?海德格尔指出,哲学不是进行"关于"(ueber)哲学的讨论,"哲学"不是一个外在的对象,而是要进入(in)哲学,哲学地活动(Philosophieren),即与事物合一。海德格尔认为,"爱智"可能是赫拉克利特的创造,当时还没有"哲学"一词。在赫拉克利特看来,一就是一切,一切就是一,就是整体,一切存在者都在存在中。"存在是存在者。这里的'是'是及物动词,存在集合存在者于其中,以至于它就是存在。存在就是集合——逻各斯。所谓'爱智'之爱,就是'与智协调一致',也可以说,就是与集合存在者的存在合一,简言之,即与存在合一。"②但后来到智者派那里,爱不再与智协调一致,而成为对于智的追求,因此,"爱智"就变成了"哲学",变成了对哲理的渴望,变成了对什么是存在者的追问。张世英认为,巴门尼德的存在可以说是人与存在合一的整体,只有把握了无,才能真正把握人与存在的协调合一。巴门尼德并没有超越有达到"无",所以还是以"有"为最高原则的。张世英引述海德格尔指出,无是对有的"超越",这种超越不是抛弃和消除,而是万物和人沉入到无所轩轾的状态,是中国传统的"即世而出世"的境界。③ 只有把握了"无",才能真正把握人与存在的协调合一的整体。所以,哲学思考的第一义是为什么有现实事物而没有无。无是不可言说的,老子的"道"就是不可言说的,是无;王弼、何晏都主张以无为本,不可言说的无敞开了人与万物合一的整体。张世英认为,儒家是以有为原则的,

① 张世英:《进入澄明之境——哲学的新方向》,第45页。
② 张世英:《进入澄明之境——哲学的新方向》,第52页。
③ 张世英:《进入澄明之境——哲学的新方向》,第56页。

孔子的"未知生,焉知死"就是有的态度;王阳明在儒家中是比较接近于无的,但仍然是有。儒家的"天人合一"既可以言说,也可以认识,天乃是道德之理;西方的主客分离的最高者是自然之理,这是中西不同之处。"儒家一般地说缺乏'无',缺乏不可说者,所以比起道家来,不能说真正把握了天人合一之整体。"①

张世英认为,中国哲学的阴阳概念即是现代西方的"在场"和"不在场"的概念。"阳"就是在场,"阴"则是不在场。阴阳学说否定超感觉的理念、超现象的本质,认为世界是事物阴阳两面的相互转化,所以说"一阴一阳之谓道"。理学把"太极"看作阴阳之外的理,这是不正确的,太极就在阴阳之中,所以周敦颐说"太极本无极也"。"阴阳学说的最高任务就是要寻那隐藏在显现出来的东西背后的、然而同样是现实的、具体的东西,从而把二者合为一个整体";②相对于西方追求永恒不变的东西,阴阳学说强调生生不息,让不在场的东西出现。海德格尔提出了"澄明"的概念。光要照进森林,必须森林先有空隙。这种空隙就是敞开的、自由和澄明的东西。所以,光(理念)以澄明之境的存在为前提,澄明先于在场者。张世英认为,海德格尔的澄明也就是人与万物的相通,人心即天地万物之心。人对万物一体的体会"乃是真正的澄明之境,万事万物都在这里得以澄明、得以照亮、得以开窍。王阳明所说的'发窍处'就是澄明之境"。③ 海德格尔的此在(Dasein)就是王阳明的"人心"。不过,关于进入澄明之境的途径,海德格尔和王阳明不同。王阳明的澄明之境是一种道德意识,海德格尔的澄明之境超出了道德范围,是对存在者整体的超越,是无,而王阳明还是以有为原则的。海德格尔的澄明之境具有现代哲学的进取性,是在"对未来的积极追求的作为中、而不是在中国传统哲学所讲的虚静、去欲的功夫中获致的"。④

张世英对于中西哲学关于自由的问题也进行了分析。他指出,西方哲学史上斯宾诺莎、黑格尔的自由是对必然的认识的知识论的自由,康德把自

---

①　张世英:《进入澄明之境——哲学的新方向》,第 59 页。
②　张世英:《进入澄明之境——哲学的新方向》,第 123 页。
③　张世英:《进入澄明之境——哲学的新方向》,第 133 页。
④　张世英:《进入澄明之境——哲学的新方向》,第 137 页。

由作为本体世界的道德论的自由,现代西方哲学反对主客二分、自由是主体的态度或境界的自由。① 在中国哲学史上,儒家的自由境界是道德的,实际上是把封建道德客观化为天命,"以此为自由,则自由终不可得"。② 道家的自由是不离世间又超出世间的境界的自由,这种自由超出道德意义。老庄的"无"的意识是最高的自由意识,意识不到"无",就超不出现实世界,也就得不到自由。在西方哲学中,"无"的原则到海德格尔才出现。但是,道家的"无"是缺乏主客二分的前主体性哲学,缺乏对必然性的认识,显得玄虚、无着落。"海德格尔的'无'的自由意义是充实的、积极的。"③艺术的自由高于道德的自由,海德格尔反对境界的道德意义,可谓自由意识的深化。张世英的研究具有建构自己的哲学的特点。在《走向澄明之境》中,他还论述了王夫之的"势"与伽达默尔的"大视域"的相通之处,论及了历史、传统、艺术诸领域。限于篇幅,此处不再一一论述。

张世英、张祥龙的比较研究达到了较高的水平,构成了中国哲学研究和发展的一个重要方面。他们的研究既是一种建构,也是历史地构成性的。不过,比较研究的方式仍不能使我们免去中国哲学的内容靠西方哲学来理解、价值靠西方来挺立的感觉,这仍是中国哲学学科成立以来的研究方式,并没有创新。用什么来解中国哲学,中国哲学就像什么;这是比较方法的局限之一。从西方哲学来看,这类研究不过是用中国哲学证明西方哲学,并没有提出人类文化的新理念,仅限于"印证"而不是原创,这是比较方法存在的第二个局限。第三个局限在于,所谓西方,不过是德国哲学。英美经验主义的分析传统则较为难以进入比较的视野,这对于全面地理解中国哲学也是十分不利的。此外,比较研究中还存在对于中国哲学的普遍性概念思维的贬低和忽略,以及史的意识的缺失等问题。程朱的普遍概念性哲学、易学哲学中对于本体论的探讨,在与西方哲学比较时总不免被看作本质主义、实体主义,而不被认为有太高价值,这不能认为是对中国哲学的客观的和公允的

---

① 张世英:《天人之际——中西哲学的困惑与选择》,人民出版社,1995年,第105页。

② 张世英:《天人之际——中西哲学的困惑与选择》,第110页。

③ 张世英:《天人之际——中西哲学的困惑与选择》,第112页。

看法。比较研究最大的问题在于它削减甚至灭失了中国哲学的自为的意义和价值。我们可以套用一句古诗说：中哲自有命，不待西哲垂。

　　除上述研究之外，还有杨寿堪、俞荣根、何俊等人的比较研究。杨寿堪认为，中国哲学从明末清初开始，主题由人学转为智慧学；西方哲学从 19 世纪开始，主题则发生了向人学的转变，提出了"人学本体论"，中西哲学出现会通。① 俞荣根认为，中国不存在自然法。② 与此相反，崔永乐认为中国古代儒家是有自然法思想的。儒家的自然法思想是儒家的道德理性的体现，内容是仁、义、礼、智、信等。③ 何俊考察了利玛窦的天主论证所反映的中西哲学差异，指出利玛窦认为儒家主张本体实有，超出形象，这是耶、儒的共同之处，这个本体就是天主。利玛窦采用了西方哲学上实体与属性的论辩，把太极改变为天主，其核心是将认识对象置于时空中进行分类，儒家的认识方式是着眼于对于有机的自发世界的功能性描述。中国自古有泛神论的传统，强调天的自然性和道德性，为天的人格性留下了余地。儒家的"天"或上帝和天主教的上帝有一定的相似性，所以，利玛窦把儒家的"天"解释为上帝。④

第三节　易学哲学方法论及相关问题的研究

　　20 世纪 90 年代的易学研究和其他领域一样，呈现出繁荣的景象，出版了大量的书籍、刊物，如朱伯崑主编的"易学智慧丛书"、《国际易学研究》，山东大学易学研究中心的《周易研究》季刊等。在内容方面，则呈现出多样化、全方位的趋势，易学与管理、数学、医学、自然科学、文献学、象数学、史学、哲学都得到了研究。本节以易学哲学为中心，兼及其他加以论述。

---

① 杨寿堪：《中西哲学的基本特征和基本走向》，《哲学研究》，1992 年第 8 期。
② 俞荣根：《儒家法思想通论》，广西人民出版社，1992 年，第 40~56 页。
③ 崔永乐：《中西自然法哲学之比较》，《哲学研究》，1998 年第 3 期。
④ 何俊：《跨文化传播中思想对话——利玛窦的天主论证与中西哲学比较》，《哲学研究》，1998 年第 2 期。

一、"易学热"的反省和对易学
研究的方法论的反思

方法的探索也是 20 世纪 90 年代易学研究的重要特色。80 年代中后期至 90 年代初的《周易》热中,不乏所谓"科学预测"的术士行径,不少学者对此都提出了严厉的批评。任继愈指出,必须"驳斥那些以艰深文其浅陋的江湖术士行径";①反对"把《周易》扩大化、现代化,把现代的科技文化的新成果、新理论,都说成是《周易》早已有之";指出"必须坚持历史唯物主义的方法","通过百家争鸣,形成不同的流派"。朱伯崑强调,"《周易》文化的价值在学不在术"。② 此外,王葆玹、③白奚、孙熙国、④王新春等人都对"周易热"中的"算卦热"进行了抨击。⑤

刘正认为,近十年易学研究的方法大体分为古典派和现代派两种,古典派的方法为象数、义理和训诂考据。但是,象数易不是《周易》发生学的首要问题,不能用两汉象数易学思想和观点去检查《周易》的起源及其原始思想这一《周易》前史问题,如互体至多只能说明是《左传·庄公二十二年》前就有的解卦方法,但无确凿证据表明是《易》作者的方法。义理派也有此类问题,如《荀子·大略》说咸卦夫妇之道,这只是荀子的解释。义理派的许多阐发,并不符合古代思维发展的规律,实际上是以今释古。训诂易学时常"用文字训诂和翻译来代替对经文哲学思想的分析"。象数、义理都是用《周易》

---

① 任继愈:《把〈周易〉研究的方法论问题提到日程上来》,《哲学研究》,1992 年第 1 期,第 56~57 页。

② 郑万耕主编:《中国传统哲学新论——朱伯崑教授七十五寿辰纪念文集》,九州图书出版社,1999 年,第 7~8 页。

③ 王葆玹:《儒家学院派〈易〉学的起源和演变——兼论中国文化传统问题》,《哲学研究》,1996 年第 3 期。

④ 白奚、孙熙国:《〈周易古经〉与诸子之学——兼评当前的"周易热"》,《哲学研究》,1992 年第 1 期。

⑤ 王新春:《易学研究的视野与方法——浅议当今易学研究中存在的几个问题》,《哲学研究》,1998 年第 2 期。

的本史说明其前史,陈旧乏力。现代派的研究方法有科学派、马列派、考古派,科学易与其说是研究易学,不如说是用现代科技解释周易,违背历史唯物主义原则,根本上是错误的。《周易》和马克思主义哲学是不同的。高亨用事物的矛盾对立和运动变化解释六十四卦的创造和运用,其实是"硬将《易经》的产生归结为作者观察事物和分析事物的马克思主义的方法,实属不当"。① 李申打破象数和义理的区别,认为这两派其实是"发挥派"和"本义派"。易本"卜筮之书",《易传》出现之后完成了自身的转换,成为"用天道、人道,即自然的和社会伦理的法则给人指导"的书,于是研究这些法则便是后世易学家们的主要事业。"所谓发挥,就是讲述他们所发现的法则。"② 但是,过度发挥也会引起一些思想家的忧虑,这样就会产生本义派。朱熹易学的最大功绩是他看到易本"卜筮之书","古人占不待辞",孔子易非文王易,文王易非伏羲易。这在原则上是正确的。从郭沫若以来,现代易学基本上是本义派。李申认为,"《周易》热"中出现的主要是发挥派,其特点有三:"一是把古代发挥派所发挥的、原本不是《周易》的东西说成是《周易》的内容;二是对《周易》及古代易学成果作自由度很大的诠释;三是依据这种诠释说,《周易》已包含了现代社会才发展出来的某些知识原则。三者合一,就是不适当地抬高了《周易》的地位。"③ 和刘正一样,李申认为,要从《周易》中引申出微观、高速的领域的规律,原则上是不可能的。《周易》的价值在于"不仅表明了我们中华民族的认识能力和创造能力,而且表明了这些认识能力和创造能力的不断发展"。

　　对于李申的观点,王新春认为,从诠释学的角度看,每一时代都有自己的易学,不可能完全重现易学的原貌,所有研究都可以说是"发挥派"。这也是历代易学"以述为作"的诠释学特点所在。与其审视哪一种解释说明了易学的本义,不如超出这一层基础的层面,从诠释学的角度审视其诠释与阐衍的思想史、哲学史的价值与意义。看其新意何在,哲学贡献是什么,从而给

　　① 刘正:《当代易学研究的困境》,《哲学研究》,1989 年第 10 期,第 37 页。
　　② 李申:《周易研究的"本义派"和"发挥派"》,《哲学研究》,1992 年第 1 期,第 64 页。
　　③ 李申:《周易研究的"本义派"和"发挥派"》,《哲学研究》,1992 年第 1 期,第 65 页。

以合理的历史定位。没有这一视野,很难研究好易学。① 总体言之,20 世纪 90 年代《周易》研究,一方面呈现出多彩的局面,另一方面,还缺乏得到学界公认的方法的突破。

二、陈鼓应的"《易传》乃道家系统之作"及其论争

20 世纪 90 年代易学研究中一个令人瞩目的观点是陈鼓应的"《易传》乃道家系统之作",②这一说法颠覆了几千年的认识,引起了广泛的讨论。

陈鼓应认为,老子是《易经》和《易传》之间的桥梁。"《易传》的思想渊源主要为:道家的宇宙观、阴阳家与道家的阴阳说,以及儒家的伦教观";《易传》的"天道观,它的由天道推演人道的思维模式,它的循环论,它的事物矛盾对立发展变化的辩证思想——这些《易传》哲学思想的主要结构,多来自道家老子"。③ 陈鼓应列举了十三个重要概念说明自己的观点。他指出,《易传》的"天动地静"说同于庄子《天道》,"刚柔相推"说是老子"以柔克刚"说的进一步发展,"易知简能"即老子的简易之道,"原始反终"说是老庄自然观的特点,"精气"说来自老子,"神"的概念与老庄同义,"阴阳说"本于道家和阴阳家,"太极"观念来自道家,"道气说"本于老子;"变通说"是老庄思想的发展,"几"即老子的"微明","道"、"德"的哲学含义与老庄同义,"言意关系"的讨论,与老庄同旨。④ 陈鼓应又指出,从辩证法系统看,《易传》与《老子》比与儒家的关系更为密切,两者都看到了事物内部相互对立的因素,认为两种因素的相互激荡推动事物的发展。《易传》把"道生一、一生二、二生

---

① 王新春:《易学研究的视野与方法——浅议当今易学研究中存在的几个问题》,《哲学研究》,1998 年第 2 期,第 36 页。

② 陈鼓应:《〈易传·系辞〉所受老子的影响——兼论〈易传〉乃道家系统之作》,《哲学研究》,1989 年第 1 期,第 34 页。

③ 陈鼓应:《〈易传·系辞〉所受老子的影响——兼论〈易传〉乃道家系统之作》,《哲学研究》,1989 年第 1 期,第 35 页。

④ 陈鼓应:《〈易传·系辞〉所受老子的影响——兼论〈易传〉乃道家系统之作》,《哲学研究》,1989 年第 1 期,第 36～40 页。

三"总结为"一阴一阳之谓道";"反者道之动"在《易传》中为"复,其见天地之心";"知雄守雌"在《系辞》中表现为"尺蠖之屈,以求信也"等。总之,"《易传》的辩证思想方法和老子的辩证法显然属于同一个系统"。①

对于陈鼓应的观点,吕绍纲、李存山等提出了不同看法。吕绍纲指出:"《易大传》与《老子》是两个根本不同的思想体系。"②《易传》的最高范畴是"太极","太极"是一个物质性实体,老子的最高范畴是"道","道"不是物质实体,而是太极之前的非物质的概念,是"易有太极"的反命题。"道"有"常道"和"非常道"之分,"常道"是在"太极之先"的宇宙的本始,没有舍,不兼德;"非常道"是事物的规律。《易传》的道都是兼德的,如天道、地道、乾道、坤道,同时也是有舍的,即寓于具体事物之中。在对待祭祀的态度上,《易传》与老子也是非常不同的,《易传》主张神道设教,祭祀是作为与"质"相对的"文"的活动,与老子的见素抱朴正相对立。关于《易传》的辩证法系统,吕绍纲认为也是与《老子》根本不相同的。老子的辩证法重点在"弱者道之用"、"柔弱胜刚强",《易传》的辩证法强调"一阴一阳之谓道","刚柔相推而生变化",强调世界变化的,变化的原因在于事物内部对立面的相互依存和相互转化,所以《易传》讲究"时"、"中"、"正"。关于《象传》,吕绍纲也认为,它用天道说明人道的思维特点,"不能成为它受道家影响的证据"。老子强调人应像天道那样无为,《象传》认为人应像天道那样不停地运动变化。《象传》的"养贤"与"革命"的思想显然与道家不同。主张《易传》和《老子》属于两种不同的辩证法或思想体系的学者,在吕绍纲之前还有余敦康和杨柳桥。余敦康认为,两者是"两种不同形态的辩证法思想"。③老子提出了"柔弱胜刚强"的命题,《易传》"强调刚强的作用,提出了一套以自强不息为特点的辩证法思想",纠正了"老子被动、守柔的片面性,是对辩证法思想的一个重大贡献"。杨柳桥进一步指出,老子的"道"为宇宙万物的主宰,《易传》的"道"

---

①　陈鼓应:《〈易传·系辞〉所受老子的影响——兼论〈易传〉乃道家系统之作》,《哲学研究》,1989 年第 1 期,第 42 页。

②　吕绍纲:《〈易大传〉与〈老子〉是两个根本不同的思想体系——兼与陈鼓应先生商榷》,《哲学研究》,1989 年第 8 期,第 20 页。

③　余敦康:《论〈易传〉和老子辩证法思想的异同》,《哲学研究》,1983 年第 7 期,第 46 页。

为"生生"的过程。① 在认识方面,老子非常重视"有无"范畴,把有无看作无
上的对立概念,而《易传》则没有这对概念。关于事物的认识方法,老子反对
经验认识,主张"玄览",《易传》则主张踏踏实实地认识事物。李存山指出,
《易传》可能受道家的影响,但认为《易传》乃道家系统之作则是"把《老》、
《易》之关系简单化了"。《系辞》"天尊地卑"的说法显然系儒家尊卑观,《庄
子》中的"天尊地卑"是受《易传》的影响。"一阴一阳之谓道"的"道"取消了
老子哲学中"道"对于阴阳的超越性。这句话之后的"继之者善也,成之者性
也",具有明显的儒家特点,与"大道废,有仁义"显然不同。"太极"为《易传》
最高范畴,包括阴、阳两方面,与老子的"有生于无"并不相同,《易传》言幽
明,不言有无,两者属于两个不同的思想体系。另外,老子贵柔,《易传》尚刚
健,这也是两者的一个较大区别。在李存山看来,陈鼓应认为由天道到人事
的思维方式乃是道家的思维方式,是把"天道—人道"这一个普遍性的哲学
框架独归于道家了。从方法上讲,判定一个学派和著作的学派归属,不应以
是否具有"天道—人道"的框架,"而应考察它如何解释'天道'、'人道'及其
关系"。荀子和《易传》一样,不讲有无,而讲大化,荀子在规定了天道之后,
就把注意力集中于社会关系,其不求知天的致思取向,与后世程朱理学思想
风格暗合。金春峰认为,道家的基本特点是认为天人之间存在矛盾。王充
强调善,其基本倾向是儒家的;在魏晋期间的自然与名教之争中,王弼还有
"守母存子"的思想,认为母就是仁义;郭象似有调和儒道之倾向,但认为君
臣之理如天之自高,地之自卑,又是屈老庄以就孔孟。

　　对于李存山和吕绍纲的商榷,陈鼓应指出,关于《系辞》和《老子》的关
系,(1)以"太极"一词判断《系辞》与《庄子》的先后,会产生许多问题,认为
《庄子》的"太极"是《系辞》"易有太极"的反命题,值得商榷;"太极"在庄子只
是一个形容词,不针对任何立言;《易传》的"太极"则是一个哲学概念,从词
汇发展史上看,《易传》应在后。(2)"天尊地卑"的贵贱观念,乃是各派共有
的观念,法家、道家黄老(除庄子外)都不否认这一点。从辩证法或宇宙论的

---

　　① 杨柳桥:《〈易传〉与〈老子〉——我国先秦哲学思想两大体系》,《中国哲学史研究》,1981 年
第 2 期,第 10 页。

观点着眼,把《易传》和《老子》说成是两个不同的体系,把孔子学说和《易传》说成是相同的思想体系,是很难自圆其说的。吕绍纲说《易大传》没有一个"道"字有宇宙本体论的含义,其实"一阴一阳之谓道"的"道"就具有本体论含义。吕绍纲说,《易大传》的"德"为人生修养之德,与老子不同。其实,重视人生修养是西周以来的文化遗产,老庄均不例外。老子所谓"德善"、"德性"都指人生修养。"德"作为禀受形上之"道"而具有的功能,则为道家所独有;《系辞》中的"阴阳合德"与庄子的"静与阴同德,动与阳同波",都属于这种含义。可见《易传》与老庄并不根本对立。吕绍纲文章仅挑出与儒家关系较为密切的《象传》说明《易传》与儒家的关系,其实《象传》仅有十几条属于儒家思想,而有近二十条属于道家。总之,战国之后,各家均有汇合现象,《易传》非一人一时所作,其重视刑名思想与早期道家不同,其宇宙论和辩证法思想则与老庄思想吻合。黄老可称道家支派,《易传》可称道家别派。

1996 年,陈鼓应出版了《〈易传〉与道家思想》,又"系统地论证了《易传》(最为主要的是《象传》与《系辞》)为道家作品"。陈鼓应指出,研究《周易》不仅应分经分传,《传》本身也不是一个整体,在研究过程中也要分开讨论。陈鼓应认为,《象传》可能出自南人或稷下学者,其"主体思想形成于老学独盛的楚齐文化领域",《象传》在万物生成方面与老庄同,在尚刚方面与黄老同。在推天道明人事,天地人作为整体思考方面,均同道家,可见属于道家作品,与儒家无关。①《大象》也属于道家。首先,由天道推衍人事的思维方式在先秦属于道家独特的思维方式。"天行健、自强不息"的精神来自老子;"健",即来自《老子》第 42 章"建德若偷"之"建(健)"。"天行健"、"地势坤"句提出了法天、法地并举,与黄老思想一致。《黄帝四经》:"天阳地阴……诸阳者法天,诸阴者法地。"《小象》是以老子思想解释乾坤的。"乾:初九,'潜龙勿用',阳在下也","潜龙"为幽隐待时的君子,②与老子"进道若退"和庄子的巨鲲潜藏溟海相似。此外,陈鼓应又进一步列出了《大象》与老子、庄子、黄老思想相通的条目。计与《老子》同 9 条,与《庄子》同 4 条,与稷下道

① 陈鼓应:《〈易传〉与道家思想》,生活·读书·新知三联书店,1996 年,第 39 页。
② 陈鼓应:《〈易传〉与道家思想》,生活·读书·新知三联书店,1996 年,第 50 页。

家同 3 条。总之,"《彖》、《象》为楚人游齐稷下所作,故深受老庄与黄老道家之影响。从天道观上看,《彖传》是道家解易之作;而《象传》则谓融合道、儒、法、墨、阴阳及各家各派思想之作。……自思维方式即其义理内容之深度而言,《大象》中所含的道家思想成分远比他家思想更具有特色。而《小象》义理平弱,学派性不强,仅乾坤两卦略含哲学观点,其受老子影响则较明显"。①

陈鼓应认为,"从总体上来看,《文言》与《彖传》、《系辞》一样,主要是一部以道家观点来解《易》的作品"。如"大人者,与天地合其德,与日月合其明,与四时合其序,与鬼神合其吉凶。先天而天不违,后天而奉天时",即与《庄子》关系密切。"合明"来自《庄子·在宥》"吾与日月参光,与天地为常";"合德"来自《庄子·天道》"通乎道,合乎德""静而与阴同德","帝王德配天地"等。《文言》所表现的与天地合一的境界,在先秦乃是《庄子》首开:"天地与我并生,万物与我为齐一。"关于《系辞》,陈鼓应认为,(1)天地动静说来自《庄子》;(2)刚柔相推为老子的以柔克刚的进一步发展;(3)"易知简能"乃老子的简易之道;(4)"原始反终"是老庄哲学之特殊点;(5)"精气"出自道家;(6)"神"的概念与老庄同,"神明"一词亦来自庄子;(7)阴阳说本于道家和阴阳家;(8)"太极"说来自道家;(9)"道器说"本于老子第 32 章"道常无名",第 18 章"朴散为器";(10)"变通说"是老、庄"反者道之动"理论的继承发展;(11)《系辞》中的"几"是老子"微明"的另一种表达;(12)"道"、"德"的哲学含义与老庄同;(13)"言意关系"论旨与老庄同。

三、帛书《易传》学派归属的争论

1973 年 12 月,考古工作者在长沙市东郊马王堆第三号墓出土了一批写在缣帛上的书籍,其中包括《周易》的部分内容,即《六十四卦》、《六十四卦》卷后佚书和《系辞》。《六十四卦》卷后佚书被整理为《二三子问》、《易之义》、《要》、《缪合》、《昭力》。帛书六十四卦和通行本《周易》的卦序完全不

---

① 陈鼓应:《〈易传〉与道家思想》,生活·读书·新知三联书店,1996 年,第 58～59 页。

同、卦名也有不少差异。关于帛书《六十四卦》和通行本的先后、版本的系统问题等,张政烺、李学勤、于豪亮、韩仲民等都有研究。不少学者撰写了关于帛书《周易》的书籍,如张立文的《帛书周易注译》、廖名春的《帛书周易》、邓球柏的《帛书周易校释》、韩仲民的《帛易说略》、邢文的《帛书周易研究》。陈鼓应主编的《道家文化研究》出版了《马王堆帛书专号》。和今本比,帛书《系辞》字数少,关键的概念差异是通行本的"太极"在帛书中为"大恒",通行本的"象"在帛书中为"马"。

陈鼓应认为,帛书《系辞》为最早的道家传本,帛书本比今少的部分,散见于《要》、《易之义》等篇,今本《系辞》不见于帛书《系辞》的部分乃是汉代经师抽取《要》、《易之义》等篇续貂而成。这些段落强化了《易传》与儒家的联系,如无这些部分,《易传》与道家的关系会更加明显。帛书所缺少的部分,恰好为儒家色彩最浓部分,如:(1)"子曰,颜氏之子";(2)"三陈九德";(3)与文王的关系。儒家的故事系统为尧舜文武周公,道家的托古系统为伏羲、神农、黄帝。《易》非儒家之典籍,把《易》归为儒是汉儒的编造,汉儒司马迁编造了孔子撰写《十翼》之说。① 总之,《系辞》的道家色彩很浓,可能是战国时期道家学派的一个传本。王葆玹赞同陈鼓应的观点,也主张《系辞》为道家作品。《易之义》与《系辞》是不同的作品,不包括《易之义》在内的帛书《系辞》是道家作品。② 王葆玹指出,帛书本的许多迹象表明它是早出的。如通行本"乾以易知,坤以简能"的"知",根据帛书本"乾以易,坤以简,易则易知,简则易从"可知为赘文;通行本"显诸仁,藏诸用,鼓万物而不与圣人同忧"语义不如帛书本"圣者仁,状者勇,鼓万物而不与众人同忧"文义通畅,且与《系辞》关于圣人的议论同。通行本"夫易,开物成务,冒天下之道",帛书本为"夫易,古物定命,乐天下之道"。"古"字为"占"的误写,"占物定命"与《系辞》主旨一致。通行本"圣人以此洗心,退藏于密",帛书本"圣人以此佚心,内藏于闭",帛书优于通行本。通行本"乾坤毁则无以见易,易不可见则乾坤或几乎息矣",帛书本为"键川毁则无以见易。易不可见,则键川不可

---

① 陈鼓应:《〈易传〉与道家思想》,第143页。
② 王葆玹:《从马王堆帛书本刊〈系辞〉与老子的关系》,《道家文化研究》第一辑。

见。键川不可见,则乾坤或几乎息矣",可知通行本当为脱误。通行本第二章"何以守位曰仁",帛书本为"何以守位曰人"与下文"何以聚人曰财"吻合。通行本修辞胜过帛书本,正说明帛书本较为古朴。由以上可以断定,帛书本与古文原本较近。帛书本没有"太极",为"大恒",即"太恒",此即是"道",后来为避汉文帝讳而改为"太极"。《庄子》文中的"太极之先","太极"应为"六极"。西汉时期学者还没有以"太极"为易的最高概念。总之,通行本富于儒家色彩的句子帛书本均没有,而关于伏羲、神农、黄帝的述评却很多,可见帛书《系辞》属于道家无疑。① 王葆玹认为,存在一个道家的传《易》系统,如颜阘、司马季主、淮南九师等。"帛书《系辞》及其古文祖本,便是出自道家人物的手笔。由帛书《系辞》到通行本《系辞》的变化,乃是儒者'正易传'的结果。"②《史记》中司马谈说"正易传",可见当时"正易传"对于西汉前期儒道来说都是很重要的事情,儒家"正易传"的结果就是道家传易的消失。

　　也有不少学者认为,帛书《系辞》仍应定为儒家作品。廖名春认为,原始《系辞》乃是儒家作品。《易之义》与通行本《系辞》相同的数百字都抄自《系辞》祖本。③ 萧汉明指出,《象传》、《系辞》是否属于道家,存在疑问。证据之一是魏伯阳《周易参同契》名言"歌叙大易,三圣名言",将《易传》归之于孔子。《庄子·天下篇》说:"邹鲁缙绅先生多能明之……《易》以道阴阳。"道阴阳的,恰好是《易传》。④ 张立文也同意此论,他指出,《帛书》六十四卦的顺序是在上下卦的区分的基础上重卦而成,不是按照覆、变的原则,不表现"交易"和"对待",只表现"变易"的流行,可能是别本《周易》。⑤ 根据大象传的体例,帛书"天行键,君子以自强不息","天行"为天道运行,"键",借为"乾"。地势坤,"坤"字古本作"《《",为"顺"的假借,被孔颖达改为"坤"。《帛书周

　　① 王葆玹:《〈系辞〉帛书本与同性本的关系及其学派问题》,《哲学研究》,1993年第7期,第54页。
　　② 王葆玹:《〈系辞〉帛书本与同性本的关系及其学派问题》,《哲学研究》,1993年第7期,第62页。
　　③ 廖名春:《论帛书〈系辞〉的学派性质》,《哲学研究》,1993年第7期。
　　④ 萧汉明:《关于〈易传〉的学派属性问题——兼评陈鼓应〈易传与道家思想〉》,《哲学研究》,1995年第8期,第79页。
　　⑤ 张立文:《帛书周易浅说》,《帛书周易注释》,中州古籍出版社,1992年,第3页。

易》作"川","川"即"巛",故作"地势顺",川、巛、水,古文同。地势顺,乃是顺承天道。① 《易经》成书早于儒道,因此本身并不是儒、道的经典。《易传》的出现使《易经》儒学化了,②但《易传》也吸收了阴阳家、道家的思想。完全肯定《易传》为孔子所作固然不可,但完全否认孔子与《易传》的关系,也是不恰当的。《易传》的一些内容,可能是孔子晚年口述,由门人记录或后学根据他的思想写成。③ 还有一种观点是易非儒非道说。如王德有提出:"易就是易,既非儒亦非道;是儒道两家分别吸取了易,而不是易归属于儒或归属于道。"④从方法上说,"易在前而儒在后,说易为儒家学说不合逻辑",以《易》为儒家典籍是汉代的观点。认为易属于道家理论同样也不充分,易的很多内容也是道家所不能包含的。把易归为道家学说和归为儒家学说一样在逻辑上不成立。如《周易》讲仁义、尊卑,都是道家所反对的。汉代董仲舒吸收阴阳说,儒家接受了阴阳说,此后把易纳入儒家。总之"先秦易学非儒非道,自为一家;汉代以后,易学分流,不独属儒亦不独属道"。⑤ 张其成认为,"易道"共同构成了中华文化的主干。⑥

四、《易》与思维方式及传统文化

20 世纪 90 年代,不少学者研究了《周易》经传的思维方式问题。这既是对 90 年代中国哲学思维方式问题研究的扩展和深化,也是对易学研究的深入。王德有指出,《周易》包含了"直观思维"、"形象思维"、"逻辑思维"、"辩证思维"。⑦ 罗炽认为,《周易》是典型的、超理性的、得意忘象的直觉思

---

① 张立文:《帛书周易浅说》,《帛书周易注释》,第 23 页。
② 张立文:《帛书周易浅说》,《帛书周易注释》,第 25 页。
③ 张立文:《帛书周易注释》,第 26 页。
④ 王德有:《易入儒道简论》,《哲学研究》,1994 年,第 3 期第 31 页。
⑤ 王德有:《易入儒道简论》,《哲学研究》,1994 年,第 3 期第 35 页。
⑥ 张其成:《易学象数思维与中华文化走向——对"易道"内核的探讨之义》,《哲学研究》,1996 年第 3 期。
⑦ 参见朱伯崑主编:《周易基础教程》(修订本),九州出版社,2000 年,第五章《易学中的思维方式》。

维,具有非逻辑的偶然性、象外得意的顿悟性、内省直觉的灵感性特色"。①
周继旨进一步指出,《周易》及易学"以观象取类、名物取譬的方式来界定概
念的含义,以主客相参的吉、凶、悔、吝为基本点的判断形式,以多维发散可
能盖然为推理方法,是一种迥异于外延型逻辑的另一种逻辑"。② 刘长林也
提出了《易经》的整体观念问题,指出在医学观念中,如艮卦"艮其背,不获其
身;行其庭,不见其人"表达了事物的本质是整体的和动态的观念。《易经》
的编排也反映了整体的观点。六十四卦还有其结构和关系,其结构是多层
次的,具有动态性和循环性的特点,是时间和空间的统一。八卦和六爻结
构,包含了宇宙的演化。六十四卦是一个全息系统,每一卦都反映了其他卦
的信息,六十四卦卦爻都反映了宇宙信息。③

　　唐明邦分析了《周易》经传所包含的哲学智慧,指出《易经》中有对立统
一、事物发展和向反面转化、具体情况具体分析、发挥主观能动性促成变化
等思想,《易传》则具有"天地氤氲、万物化醇"的宇宙发展观、"刚柔相推、变
化其中"的内因论、"革故鼎新"的矛盾转化思想、注重太和的中和之道、见几
而作和与时偕行的能动性思想等。④ 蒙培元提出,《周易》是辩证思维、整体
思维,"融合直觉、形象、逻辑三种思维形式而又不完全等同于这三种思维形
式的特殊的思维类别"。⑤《周易》和直观思维的不同之处在于它不是直接
的直观,它的直觉、灵感都是在卦象比类的基础上产生的。《周易》的形象思
维也不是以自然和社会人事的直接形象为思维媒介,而是以卦象为思维媒
介。形象思维的物象是直接的,卦象则经过了抽象整理。《周易》思维与西
方逻辑思维的不同在于它的概念采取敌视外延边界模糊的"类"概念。卦象
符号与卦爻辞对"指谓对象作动态的、先验的、综合的判断推理(而非西方外
延边界清晰的属性概念)"。⑥ 张其成认为,这种特点属于"象数思维"。其

　　① 罗炽:《易文化传统与民族思维方式》,武汉大学出版社,1994 年。
　　② 周继旨:《周易与中国传统思维模式》,参见张其成主编:《易经应用大百科》,东南大学出版
社,1994 年,第 283 页。
　　③ 刘长林:《从系统和信息观点看〈周易〉经传》,《哲学研究》,1988 年第 3 期,第 71 页。
　　④ 参见唐明邦:《当代易学与时代精神》,湖北人民出版社,1999 年,第二章《哲学智慧》。
　　⑤ 蒙培元:《中国传统思维方式》,浙江人民出版社,1993 年,第 66 页。
　　⑥ 蒙培元:《中国传统思维方式》,第 66 页。

原模型可分为三级：第一级为卦爻模型；第二级为河图洛书（含五行）模型；第三级为太极图模型。三级可以相互转换。乾坤—阴阳有生成论和结构论双重意义，卦气、纳甲说扩大了取象的范围。邵雍的先天八卦图说明了一年节气的变化，构成了一个万物变化、社会治乱、世界始终向统一的阴阳变化模式。象数思维的方法有取象、运数、模型等法。取象法以"象"为工具模拟客体思维，运数法以数为媒介推断事物的发展变化；模型法以象数为模式模拟认识客观世界。《周易》的分类有两仪—阴阳分类，即一分为二；八卦分类、六十四卦分类、五行分类等。《周易》的象数思维对中华文化的影响有循环变易观、整体和谐观、动态功能观、意向直觉观等。杨庆中辨析了《易经》和《易传》的思维方式的不同，指出《易经》是"观物取象"，即观察自然现象以成八卦之象，使具体变成形式，个别成为一般。《易传》则把《易经》的陈述作为自己的认识对象，其思维方式是"观卦取意"。这是通过形象表达抽象的认知方式，使易经的认识深化，达到理性认识。此即所谓"立象以尽意"。不过，《易传》的理性思维，还不是抽象化了的理性思维，而是不离形象的理性思维。由于"意"为抽象的道理，不是象所能表达的，所以，象和意之间就存在矛盾；甚至会出现用臆想来补充现实的情况。理性思维受到压抑，造成对自然认识的肤浅，对自然认识的肤浅又反过来限制了对于社会的认识。形成"易者不易"的社会之理。社会伦理的突出，给《易传》带来了天道人道相合的思维方式，把人和自然的矛盾转嫁到社会伦理上去，这就是所谓天人合一。①

关于《周易》经传和传统文化的关系，王葆玹论证了《周易》成为群经之首和中国哲学易学化的过程，指出在先秦儒学中，易学从属于礼学。秦焚书后，《易》因为是卜筮之书，得以独存。儒者遂借用解易的方式阐扬儒学。儒家学院派易学即起源于此，"中国哲学《易》学化的起点亦在于此"。汉代官方儒学承继秦代儒学，把《周易》作为五经之一，但他们不像秦代儒者注重义理，而是热衷于卜筮和象数。东汉古文经学兴起，《周易》成为五经之首。陈明从人类学的角度，提出了赋予《易经》这一古老的智慧以鲜活的生命的观

---

① 杨庆中：《论〈易经〉与〈易传〉思维方式的异同》，《哲学研究》，1990 年第 5 期，第 81 页。

点。他指出,取象可谓实象之占,卦画可谓虚象之占。虚象之占卦象与断占之间的联系完全靠现象来补充,为人类抽象理性的发展提供了空间;实象之占由实到虚是一种殊相到一般的共相,使《易经》成为"宇宙代数学"。① 黄玉顺提出《周易》卦爻辞包含古歌,《易经》是比《诗经》更早的诗集;张善文《周易与文学》则从文学理论、文字韵读、语言句式和诗歌等方面研究《周易》取得显著的成绩。赵士孝认为,老子、孔子对于《易传》的阴阳观念都有重要影响。《礼记》、《大戴礼记》以及新近公布的马王堆《二三子问》、《易之义》,都记载了孔子的阴阳思想,说明孔子决非不谈阴阳。《大戴礼记·曾子天圆》篇记载孔子说"天道圆,地道方",是说"天以精气的无常变化,循环复杂的运动为其规律性;地以千差万别、各有特殊职能的事物存在为规律"。孔子不但承认道,也承认阴阳。《曾子天圆》篇中的思想对于《易传》有直接影响。② 余敦康阐述了易学在中国历史上的意义,指出《周易》在中国文化史上是一部"立足于和谐的操作系统",在政治上是一部拨乱反正和论述治乱兴替的规律的书;在伦理思想方面,其性命之说、义利、理欲之辨等,为中国伦理思想提供了伦理规范和道德原则。③ 在《易学与管理》中,余敦康详细阐述了易学的管理思想在现代管理中的意义,主张发掘易学"属于全人类的超越时代的普遍意义来,使之在现代社会生活中继续指导人们的思想和行动"。④

姜广辉提出有方术易和演德易两种《周易》。他指出,方术易流布民间,"演德"易为秘府所藏。演德易即为韩宣子在鲁国所观的《易象》,今本易大象部分约略与之相当。文王演易,所演者为"德"。"《易象》由文王创制,而由周公完成。"⑤《易象》属周,故曰"周易"。文王演易,是对卜筮易的改造,为"周代殷作一种思想理论的准备","加入了周人君临天下之后实行德治的

---

① 陈明:《象占:原始思维与传统文化——从文化人类学角度研究〈易经〉的尝试》,《哲学研究》,1990 年第 6 期,第 81～87 页。

② 赵士孝:《〈易传〉阴阳思想的来源》,《哲学研究》,1996 年第 8 期,第 78 页。

③ 参见余敦康:《易学今昔》,新华出版社,1993 年,第一章《〈周易〉与中国传统文化的关系》。

④ 余敦康主编:《易学与管理》,沈阳出版社,1997 年,第 9 页。

⑤ 姜广辉:《"文王演〈周易〉"新说》,《哲学研究》,1997 年第 3 期,第 66 页。

内容"，"实际上《易象》是文王、周公用以教导周贵族如何'王天下'的统治方略，向来藏于秘府，并不流布于民间，一般人极难见到"。马王堆帛书《要》篇，孔子说"我观其德义耳"。今本《大象》突出的是德，而且都是对"君子"所说，《易象》保存在了《大象》中。①

五、深沉的宇宙意识与浓郁的人文情怀——余敦康的易学哲学研究②

余敦康的易学哲学研究的特点是探索易学的当代意义。他研究宋代易学的元理论是宇宙意识和人文情怀的统一。所谓"宇宙意识"实际上是冯友兰"天地境界"的衍伸，"人文情怀"则是对社会人生的关注。在他那里，宇宙意识和人文情怀是内圣与外王、高明与中庸、明体与达用的统一；诚如"内圣外王的贯通"书名所表明的那样。余敦康是把易学作为安身立命之道来研究的，这是接着冯友兰《新原人》和《新原道》而讲的，和当时许多中国哲学研究著作迥异。

在《内圣外王的贯通——北宋易学的现代阐释》中，余敦康研究了李觏、欧阳修、司马光、苏轼、周敦颐、邵雍、张载、程颐等人的易学哲学思想，其突出的特点是对苏东坡、邵雍、张载和程颐的研究。余敦康指出，在共性和个性、理一和分殊的关系中，理学家重视前者，其思路是由理一而达到分殊，使分殊从属于理一，由此达到两者的和谐，苏轼的思路则相反。蜀学把个体的利益置于首位，认为只有当义能够满足群体的需要时社会才能和合。所以，苏轼解易常常根据郭象的独化思想，强调万物自生自成，莫或使之。③ 他追求一种"诚同的境界"，即社会成员不依赖外在的强制而根据内在的诚心达到相互信赖和合作。但是，经历了现实政治的残酷斗争和挫折的苏轼作为一个现实主义者，他的易学实际上"是以理想和现实、和谐和斗争的关系为

---

① 姜广辉：《"文王演〈周易〉"新说》，《哲学研究》，1997年第3期。

② 余敦康：《内圣外王的贯通——北宋易学的现代阐释》，学林出版社，1997年。

③ 余敦康：《内圣外王的贯通——北宋易学的现代阐释》，学林出版社，1997年，第131～132页。

主题而展开的"。① 在邵雍那里,观物之乐是从研究物理中得到一种精神境界,名教之乐则是从性命之学的研究中得到一种精神境界。邵雍认为,前者高于后者;老子得易之体,孟子得易之用;道家的物理之学是先天之学,儒家的性命之学是后天之学。儒道结合统摄于《易》,体用相依。邵雍由儒入道就是为了把名教之乐提高到以物观物、情累两忘的境界,但他把观物之乐置于首位受到了朱熹的批评。这表现了理学的两种思路:是把宇宙意识放在首位还是把人文情怀放在首位。余敦康指出,判断境界层次高低的标准,"是依据合乎自然的程度,是否具有与天地同妙的那种深沉的宇宙意识,做到浑然无迹"。② 光有宇宙意识而无人文情怀,容易抛弃礼法名教走到佛老的路上去;光有人文情怀而无宇宙意识则容易心量褊狭,气象鄙陋,无法成圣成贤。儒家要求"做到既有浓郁的人文情怀,又有深沉的宇宙意识",③ "极高明而道中庸",纯粹理性和道德理性合一。余敦康感慨,这种境界陈义过高,除了孔子之外,无人做得到。邵雍的精神境界仍不免高明有余而中庸不足,道家色彩浓于儒家情调。他不愿意介入实际的政治斗争,又不能忘却人文情怀,唯一可做的就是编写《皇极经世》书,把自己的思考化为哲学和诗;于是,他的价值,也就表现为不可低估的哲学贡献。

　　关于张载,余敦康的研究特点是把为"天地立心、为生民立命、为往圣继绝学、为万世开太平"分别作为评价其易学的框架,认为立心是世界观,立命是人生观,合为天道性命之学,是内圣;继绝是继承此内圣心性之学,开太是外王之学,这表明"张载的哲学思路是遵循由内及外、立体达用的顺序层层推进的"。④ 而在价值取向上,张载则是把"为万世开太平的理想置于首位的"。关于二程,余敦康肯定二人都是明体达用之学,"天理"是二人的最高范畴,他们把《易》归结为"易理",认为易理就是"天理",他们的易理也是即存有即活动的。程颢去世后,程颐的主要任务就是通过《程氏易传》把易的天理思想展开为一个体系。程颐的易学思想的核心是"体用一原,显微无

　　① 余敦康:《内圣外王的贯通——北宋易学的现代阐释》,第135页。
　　② 余敦康:《内圣外王的贯通——北宋易学的现代阐释》,第249页。
　　③ 余敦康:《内圣外王的贯通——北宋易学的现代阐释》,第250页。
　　④ 余敦康:《内圣外王的贯通——北宋易学的现代阐释》,第276页。

间"。二程用体用、显微的关系把仁义、忠恕这些应然的价值看作本然的天道。《程氏易传》就是要根据易学的原理"把儒家的名教理想落实于实际生活",他根据自己的经历和北宋党争的时代背景、现实的困境,构建了一个"具有批判精神的经世外王之学,表现了强烈的忧患意识和人文情怀"。①在《内圣外壬的贯通》一书的附录中,余敦康又论述了金岳霖、冯友兰、熊十力对于易道的探索,呼唤"回到轴心时期"。

余敦康对北宋易学的研究表现了行云流水般的自如,信手拈来而又顺理成章,气象悠然而又关注深湛。面对内圣外王不能统一、理有固然势无必至,合理未必现实的几千年的历史,他表现出独到的洞见和深深的无奈。余敦康认为,儒道互补是道家的体和儒家的用的结合,不过,在我们看来,儒、道各有体用,互补不是凑合,而另有其义。

六、张立文的"和合易学"

张立文的易学哲学是围绕他的和合学的创立而展开的,"和合"的概念本身就有易学根源。在他那里,"所谓和合,是指自然、社会、人际、心灵、文明中诸多元素、要素相互冲突、融合,与在冲突融合的动态过程中各元素、要素和合为新结构方式、新事物、新生命的总和"。②"所谓和合学,是指研究自然、社会、人际、人自身心灵以及不同文明中存在的和合现象,与以和合的义理为依归,以及涵摄又超越冲突融合的学问。"③张立文所说的"和合",不是单纯的融合,而是包含了冲突和融合两个方面。在他看来,和合学在典籍上的依据即《周易》的"生生"的概念,其总体结构则是《周易》的天、地、人的三才结构。天是和合学的"可能世界",地是和合学的生存世界,人是和合学的"意义世界"。人作为能够创造的动物,"是天地间价值和意义的能动的、创造的主体",人创造天地万物以价值和意义,并在这种创造中获得自身的

---

① 余敦康:《内圣外王的贯通——北宋易学的现代阐释》,第437页。
② 张立文:《和合学概论》,首都师范大学出版社,1996年,第71页。
③ 张立文:《和合学概论》,第87页。

价值和意义。意义世界的价值和合规范,具有导向作用,使可能世界的逻辑规范、范畴向有利于实现人类价值的方向运演,生存世界的实践变革向有益于人类实现其意义和价值的方向发展,意义世界在引导生存世界和可能世界实现其价值和意义的过程中,提升人和完善人,建构"善"的世界。① "生生"在和合学中,透过天地人三界的贯通来实现。三界又表现为和合生存世界的"境"、理、和合意义世界的"性"、"命"和合可能世界的"道"、"和"六个层面。三界六层相互通透、互补、融合、涵摄,"即'乾道变化,各正性命,保合太和'。物所受为性,天所赋为命,'阴阳会合冲和之气'便是'太和'"。②

七、董光璧等人对易学与科学关系的研究

易学与科学也是 20 世纪 90 年代易学研究的热点,计有十数种书籍出版。如朱伯崑主编的《易学中的科技思维》、董光璧的《易学与科技》、《易学科学史纲》、李树青的《周易与现代自然科学》、丘亮辉的《周易与自然科学研究》、欧阳维诚的《周易的数学原理》,等等,唐明邦《当代易学与时代精神》一书也有专章论述易学与科技的关系。

"易学科学"概念是否成立? 董光璧指出,《周易》经传的产生与欧洲的现代科学并没有直接关系,不过,按照巴特菲尔德等人的科学史观,应从历史的境遇中重新阐释科学思想。科学与非科学在历史上并非无关,而是在一个整体中关联着的,那么,"易学科学史"是可以成立的。③ 董光璧认为,易学对中国科学范式的影响可以分为宇宙秩序、方法论和科学观三个层次。在宇宙秩序层次,《易传》关于在宇宙秩序的原理是生成原理、循环原理、感应论,其方法论原则是符号化原则、数字化原则、理论化原则,在科学观方面是天人合一。④ 易学对科学影响最大的方面表现在数学、医学和丹学。在《易学与科技》中,董光璧进一步把易学的方法归纳为"象数论"、"比类论"和

---

① 张立文:《和合学概论》,第 127 页。
② 张立文:《和合学概论》,第 383 页。
③ 董光璧:《易学科学史纲》,武汉出版社,1993 年,第 2 页。
④ 董光璧:《易学科学史纲》,第 151～161 页。

"实验论"。象数论指易学的符号化特征,但中国没有创造出近代科学符号系统。比类论是"一种以功能模型为参照对事物进行分类和类比数理的理论",实验论是从观察进一步发展到测验、试验、质测、实测等概念而形成的一种科学方法论。① 董光璧认为,历史上易学曾经促成了中国古代三次科学高峰:魏晋易学玄学化促进了南北朝科学的理性化倾向、易学数理观促进了宋元数理科学,"格物穷理"说促进了晚明科技的综合光彩。② 易道所旁及的天文、地理、算术等,大体可以称为科学。③ 唐明邦也分析了易学对于中国古代数学、天文、历法、医学等学科的影响。④ 祁洞之在《周易的自然哲学基础》中指出,西方哲学探讨的是"关联着的存在",中国哲学回答的重心为"存在之间的关联",前者发展出一种"分析本体论"哲学,后者形成"功能本体论"哲学。过去对中国自然科学认识的偏差在于没有认识到功能本体论的特点,"五四"时期传入的是 17 世纪以来的以牛顿经典力学为代表的科学。西方科学已经发展到重视功能本体论,功能本体论和分析本体论应相互结合。

董光璧区分了"易科学"和"科学易"两个概念,指出后者是用科学的态度研究《周易》,是易学家的事情;前者是"以易学治科学",即以易学观念、方法的启迪进行新知识的创造,两者的差异是"理解"和"创造"的差异。他肯定了易学的科学性,指出现代物理学的"和谐的宇宙图像"与传统易学宇宙观有相似之处,这表明易学与"当代科学的新观念在方向上的一致性"。不过,他也指出:"万万不可误认为这些科学的新观念产生自易学。"⑤"在现代自然科学发展趋势似乎在某种程度上要求回到中国古代人的自然观的情况下,为了促进自然科学的发展,我们面临一个'重新创造'真理的任务。重新创造真理需要严肃的科学态度,决不是把古典著作中的某些概念和现代自然科学的术语作简单的比附所能做得到的。尽管许多人付出了不少心力,

---

① 董光璧:《易学与科技》,沈阳出版社,1997 年,第 36~42 页。
② 参见董光璧:《易学科学史纲》第五章。
③ 董光璧:《易学与科技》,第 2 页。
④ 参见唐明邦:《当代易学与时代精神》,湖北人民出版社,1999 年,第六章《科技会通》。
⑤ 董光璧:《易学科学史纲》,第 292 页。

易学科学至今尚无一成功之例。"①由此批判了把易学与科学不严肃地比附的"伪科学"、"病科学"、"丑科学"的态度。董光璧对于易学与科学关系的研究,是科学的理性化态度的产物,也是对于当时笼罩在《周易》研究领域的神秘气氛和思维的批判。

八、象数易学、图书易学研究

易学在历史上即分为象数和义理两派。20世纪90年代,象数学也得到了较多的研究,出版了不少著作,如顾明的《周易象数图说》(中国社会科学出版社,1990年)、郑军的《太极太玄体系》(中国社会科学出版社,1992年),刘大钧的《纳甲筮法》、《卦气说溯源》、林忠军的《象数易学发展史》、刘玉建的《两汉象数易学研究》、王兴业的《三坟易探微》、卢央的《京房评传》、王新春的《周易虞氏学》等。李鼎祚《周易集解》以象数为主,保存了汉代以来象数易家的注释,刘玉建从《周易集解》中整理出了从子夏到马融、孔颖达等人和《九家易》、《易规》等人和书的注释,进行了分门别类的研究,说明了象数学的传承和体例,这部书是建国以来两汉象数易学的首部著作,丰富和加深了对于象数易学的理解。

张其成认为,将易学分为象数和义理不如分为占筮派和哲理派更为合适。② 传统易学中义理和象数并不是截然对立的。卦爻象在制作过程中已包含哲理,卦爻辞是对卦爻象的第一次揭示,其内涵是义理。《易传》是卦爻象和卦爻辞的第二次解释,使易象数由迷信转为理性,由宗教(其实是巫术)转为哲学。③ 宋代象数学是为了阐发义理,王弼的义理之学也没有"扫象",而是忘象。程颐"体用一原,显微无间",理和象也是联系在一起的。朱熹更是象数和义理相结合的典范。北宋司马光明确提倡融合义理、象数。总之,象数和义理在历史上的发展只是各有所偏,并没有废。无论象数派还是义

① 董光璧:《易学科学史纲》,第294页。
② 张其成:《"象数"与"义理"新论》,《哲学研究》,1995年第10期,第68页。
③ 张其成:《"象数"与"义理"新论》,《哲学研究》,1995年第10期,第64页。

理派,都是假象明理,将哲理和象数分开,都不是易学。

20世纪90年代,李申先后撰写了《周易之河说解》、《话说太极图》、《易学与易图》等著作,对易图进行了系统的研究。李申认为《太极图》是周敦颐首创,后来被道教用来炼丹。这一观点纠正了清人毛奇龄、黄宗炎等人的说法。① 李申认为,直到孔颖达《周易正义》,河图洛书才被视为《周易》的源头,朱熹把刘牧创作的《河图》和《洛书》分别改为《洛书》和《河图》,置于《周易》之首,至此,《河图》、《洛书》成为《周易》的一部分。李申肯定了《河图》《洛书》的伪作性质,同时也肯定,《河图》《洛书》的出现开创了几百年易学新思潮,与清代汉学为否定理学而考证易图的动机不同,表现了客观公允的史学态度。

第四节 朱伯崑的易学哲学研究

就易学哲学来说,朱伯崑撰写的150多万字的四卷本皇皇巨著《易学哲学史》,②无疑是易学哲学乃至中国哲学史在八九十年代的最重要的成果,也是中国哲学史这门学科成立以来最重要的成果之一,完全可以和冯友兰的产生了世界影响的两卷本的《中国哲学史》相媲美。我们之所以这么说,是因为这部著作:(1)开辟了中国哲学研究的新领域;(2)深化了对中国哲学的认识;(3)改变了关于中国哲学的一些习以为常的错误见解;(4)它可以进一步引出中国哲学是什么,各民族的哲学有什么特点,应该怎么研究等课题。学术界对这部著作没有给以足够的重视。在《易学哲学史》问世后出版的不少中国哲学史通史,仍没有吸收他的结论。这是一个缺点。的确,消化和吸收朱伯崑的研究成果,并非一件轻而易举的事情;但这是今后中国哲学史研究注定不可避免的一项任务。无视其他学者的重要成果,毋宁说是

---

① 李申:《易学与易图》,知识出版社,1992年,第47页。

② 朱伯崑《易学哲学史》四卷本出版之前,部分内容曾于北京大学出版社出版过上、中两册,1995年由华夏出版社改为四卷本出版,后在台湾出版过四卷本,2005年又由昆仑出版社出版,仍为四卷。

我们学术界的一个弱点。①

　　众所周知,中国哲学史是从冯友兰开始真正成为一门独立的学科并产生世界影响的。冯友兰编著哲学史的方法,是"就中国历史上各种学问中,将其可以西洋所谓哲学名之者,选出而叙述之"。② 这样做一个明显的后果,是打碎了中国学术的完整性,消解了中国哲学的特点,进而在一些关键问题上产生缺陷。比如,冯友兰研究程颐哲学,就没有深入论及《程氏易传》和"体用一源,显微无间"的命题。可是,这个命题不仅对于程颐哲学,而且对于整个中国哲学来说,都是非常根本的。朱伯崑在给冯友兰做助手时,曾经询问过冯友兰为什么未写《程氏易传》。冯友兰回答说易学有一套术语,需要做专门的研究;写哲学史只能抽取一些概念进行分析。③ 此后朱伯崑萌发了研究易学哲学的想法。从中国哲学史学史上看,《易学哲学史》开拓了中国哲学研究的新领域。冯友兰之后的中国哲学史,做法无一例外与冯友兰相同,包括解放后以马克思主义为指导编著的哲学史。这样编写中国哲学史最大的问题是概念脱离了历史的和文化的背景。可以说,这也是"哲学"这一外来"学科"给中国哲学史的研究所带来的先天不足,必须靠我们后天的研究来弥补。就是说,必须通过对中国哲学的概念产生的历史、文化以及学术背景的全面研究,尽量减少运用"哲学"这个概念切割中国哲学史料时抛下的下脚料,恢复中国哲学在它的文化历史背景中的原生状态,只有这样才能接近于中国哲学的原貌。《周易》作为群经之首,历代围绕它的诠释浩若烟海,其中不少是属于哲学领域的。没有易学哲学背景的中国哲学史,不仅内涵单薄,甚至可能包含误解。比如,《易传》有筮法和哲学两套术语,如果我们对此没有一定的辨析,可能我们以为是哲学论述的话,有时不过是周易筮法的演绎。④ 这也涉及一个方法论问题,即经学与中国哲学的关系

---

　　① 该著已有日本北海道大学伊东伦厚教授主持翻译完毕,并由朋友书店 2008 年分为四卷出版。中国哲学史研究的这么大部头的著作被全文翻译的,朱伯崑的《易学哲学史》是头一部。

　　② 冯友兰:《中国哲学史》上,"第二章:泛论子学时代",《三松堂全集》第 2 卷,第 23 页。

　　③ 乔清举:《深林人不知,明月来相照——朱伯崑访谈录》,《中国传统哲学新论——朱伯崑教授七十五寿辰纪念文集》,郑万耕主编,九洲图书出版社,1999 年,第 651~652 页。

　　④ 朱伯崑:《易学哲学史》上册,北京大学出版社,1986 年第 1 版,第 52 页。

问题。研究中国哲学脱离不开经学的背景。放在易学哲学的背景下,我们对于许多中国哲学概念的理解,自然会"别有一番滋味在心头"。

关于中国哲学的特点,可以说,从这门学科成立以来,就存在一些人们习以为常的认识,如中国哲学缺乏形上学传统,形上学不发达,逻辑思维不发达等。金岳霖、冯友兰都有此论。后来还有一种观点,是说中国哲学史上的本体论是基于对于伦理问题的解决,是伦理的本体化,中国哲学是伦理型的哲学。这些结论在中外学术界都有很大影响。但是,这些可以说都是没有研究易学哲学前提下所得出的结论,有极大的片面性。朱伯崑指出,近代与西方接触之前,中国哲学家是通过对《周易》的解释提高理论思维水平的。[①] 中国哲学史上与解《易》相结合,有一个独立的、线索分明的形上学系统。他指出:"历代易学哲学所讨论的问题,借中国古代哲学的术语说,既讲天道,又讲人事,而以探讨事物发展的一般规律为中心。"[②]他非常清晰地描绘了中国哲学的形上学传统和逻辑思维传统的形成、发展和特点。他说:"中国哲学中的本体论,从形成到发展,经历了漫长的历史过程,而且具有自己的民族特色,不尽同于西方哲学中本体论的学说。本体论即存在论(Ontology),总是同形上学(Metaphysics)思维联系在一起的。中国哲学中的形上学思维开始于先秦老子。……其所谓'道',乃无名、无为、无欲的实体,即以形而上解释本原的东西,以有形、有名解释形而下即物理世界。但老子所理解的本原,乃'天地之根',指世界的原初实体……具有世界生成论或发生论的意义,尚未获得本体(Substance)的内涵。但其提出了形上学原则,后来影响颇大,经过庄学的阐发,到魏晋时期的王弼,终于将此原则推到本体论的领域,提出'天地万物皆以无为本'的命题。此命题是说,一切有形的个体,从天地到万物,都以无作为其存在的根据。其所谓'无',指无任何规定性的实体。"[③]"宋明道学作为中国古代哲学的一种形态,从周敦颐到朱熹,再到王夫之,就其哲学体系赖以出发的思想资料和理论思维形式,是通

① 朱伯崑:《易学哲学史》上册,第4页。
② 朱伯崑:《易学哲学史》上册,第5页。
③ 朱伯崑:《谈宋明理学中的体用一源观》,《朱伯崑论著》,第255页。

过易学而形成和发展起来的。宋明哲学中的五大流派,即理学派、数学派、气学派、心学派、功利学派,都同易学理论结合在一起。"①这是建立在坚实的史料基础上的结论,它廓清了一些似是而非的片面见解,对于我们深入理解中国哲学,具有极大的意义。从这个角度来讲,朱伯崑的《易学哲学史》在中国哲学史学史上是有重要地位的。

汉易重象数,魏晋重义理。从汉易到魏晋易学哲学,是中国哲学本体论发展的一个重要阶段。《易学哲学史》中关于王弼的易学哲学,从"自然无为"、"乾坤用形"、"动息则静"、"得意在忘象"、"释大衍义"五个方面进行分析,指出汉代把"易有太极是生两仪"解释为宇宙生成论;太极或为混一不分的元气,或为太一,即北极星神,两仪为天地或阴阳二气,四象为四时、八卦为万物。王弼强调"象之所生,生于义",得意忘象;取消了汉代易学的太极物象说,把挂一不用的"一"作为太极,此"一"不参与揲蓍,所以"无用";又非四十九中之数,所以"非数"。筮法中的一是"无",四十九根蓍草是"有"、天地万物;这样,"一"与"四十九"的关系就变为无和有的关系。无不具有特定的性质,所以能够作为万有存在的根据。这样就把生成论变成了本体论。王弼在天地之外、事物之上,筮法的四十九数之上,寻找个体事物赖以存在的根据,"以太极为世界本原,进而将太极观念玄学化,视其为虚无本体……将实体观念化"。②汤用彤曾经说魏晋玄学是本体论,这是关于中国哲学的一个重要论断。朱伯崑则通过易学哲学研究较为详细地阐明了王弼是如何把宇宙论变成本体论的,具体地揭示了中国哲学从宇宙生成论到本体论的思维进展过程,即中国哲学的本体化过程。需要说明的是,朱伯崑并未失去分寸地拔高王弼。他指出,王弼的太极本体居于万物之上,并不像一些学者所说,已经达到后来程颐的体用一如。这就给王弼易学哲学一个恰当的定位。准确地评价一个哲学家,并非易事,需要有对史料的充分掌握、准确分析和对于通史的全盘把握,需要有通识和史才。缺乏通识和史才的个别哲

---

① 朱伯崑:《易学哲学史》上册,第5页。
② 朱伯崑:《易学哲学史》第1卷,华夏出版社,1995年,第280~300页;《朱伯崑论著》,第242~244页。

学家的研究,往往有"拔高"的倾向。

关于中国哲学形上学的发展线索,朱伯崑进一步指出,唐代孔颖达采纳郭象的说法,认为太极乃自然,即自然如此,这就取消了王弼的太极虚无说。孔氏指出,太极不在四十九之外,四十九合而未分为太极,自身展开分而为二,为两仪。这样,虚无和实有就结合在一起了,"为从王、韩的贵无到程朱的理本论准备了前提"。程颐一方面继承了王弼的取义说,以义理统帅物象,"以一理代替太极的虚无解释世界的统一性",这在逻辑上是一大进步;另一方面又扬弃了王弼的得意在忘象之说,提出"因象以明理"、"假象以显义"的观点,认为卦象和物象是现实义理的形器,没有这些形器,义理则无从表现,所以他说"体用一源,显微无间"。程颐以体和用、显和微解释理和象的关系,这既是他的解易原则,也是他的本体论。"理无形,其为体;象有形,其为用;有体必有用,此即'体用一源'。理无形,隐藏在内部;象有形,显露在外部;理通过象显现出来,此即'显微无间'。即是说,理和象合而为一,不可分离,即无理无以为象,无象无以显理。……从而将玄学派的易学转化为理学派的易学。"①程颐把"玄学派的有无之辨引向理事之辨,确是一个进步。因为程氏的理事合一说,通过对《周易》的解释,鲜明地揭示了一般和个别、本质和现象的关系,这在认识史上是一个贡献";②程颐由此"完成了从汉唐宇宙论到本体论的转变"。王弼那里还保留着有生于无的发生论的内容。程颐的理事关系说"以事为理自身的显现,以物象为其本质的表现形式,认为万事万象皆依赖其理而存在,这样,理便成为物质世界的本体。此问题提出后,哲学史上关于世界本原问题的辩论,便从宇宙论转向了本体论"。③朱伯崑指出:"程氏本体论的形成,不是基于伦理学问题,如理欲之辨的需要,而是出于回答对易学中的问题即象意或象义以及道器之辨。"④这对于中国哲学史来说,是一个非常重要的结论。朱伯崑对汉代宇宙论的评价似乎较低。汉代的特点是把概念实在化、坐实,一定要为概念找出外在

---

① 朱伯崑:《谈宋明理学中的体用一源观》,《朱伯崑论著》,第259～260。
② 朱伯崑:《易学哲学史》第2卷,第222～223页。
③ 朱伯崑:《易学哲学史》第2卷,第222页。
④ 朱伯崑:《谈宋明理学中的体用一源观》,《朱伯崑论著》,第258页。

的、切实可见过程。这具有科学的特点。这种思维方式比之先秦来说,可能也是一种深入。

朱伯崑分析了"体用一源"在哲学史上的意义。如,从理象关系可以导出象有生灭,理永恒存在,这就是程朱的理本论。朱熹的理气关系中,理为逻辑在先者,亦是从一源说导出的;朱熹也根据体用一源把周敦颐的"自无极而为太极"的生成论改造为"无极而太极"的本体论;还有,朱熹根据体用一源还得出了理事合一的结论,不以有形为无形之累,这就肯定存在的价值,建立了理本论形上学体系;根据体用一源,从因象明理出发,朱熹还提出了即物求理、格物穷理的理论。此外,体用一源对于心学、气学都有深刻的影响。朱伯崑最后得出结论说:"'体用一源,显微无间'乃中国本体论哲学的最重要的思维方式,不同于西方哲学中的本体论思维,即强调体用即本体和现象的对立,具有浓厚的辩证思维的内容,即辩证地处理了一类事物的内涵和外延,一般和个别的关系,这同易学发展的历史是分不开的。"①

朱伯崑的易学哲学研究,是今后研究中国哲学必须通过的一座桥梁;在中国哲学史学史上的意义,无论如何都不会被高估。学术界通常把《易学哲学史》列入易学史,是不准确的,因为漏掉了这套专著的"哲学"意义。

第五节 儒家哲学、儒学史研究与
重建仁学的提出

一、儒家哲学新论②:人学与重建仁学

20 世纪 80 年代后,学术界开始把"儒家哲学"作为一个研究题目。这

---

① 朱伯崑:《谈宋明理学中的体用一源观》,《朱伯崑论著》,第 270～271 页。
② 《哲学研究》1993 年第 10 期开设"传统与现实问题研究"栏目。栏目云:"在传统与现实关系问题的研究中,如何肃清观念论的文化史观之影响,切实地贯彻唯物史观,仍然是一个值得注意探讨和解决的重要课题。……当试图以某种观念模式的重建作为解决当代社会难题的良方时,是否还需要探讨一下这种方案在当今世界得到普遍理解和接受的实践基础? 总而言之,为使关于传统的理论研究真正取得经得起历史考验的成果,为改进研究方法而下一番苦功夫是值得的。而这里所说的研究方法,不是单个的技术问题,归根结底是个哲学历史观的问题。"

个概念的提出本身表明,学术界已摆脱过去单纯的批判性认识,转变为一种更加客观的、并尽可能发掘儒家哲学的积极意义,甚至通过新的诠释,把它转化为当代社会的文化资源的态度。这是建设性的态度,也是对"遗产"观的脱出。在这种态度下,儒家哲学的人学、仁学性质,其价值论和人文精神等都得到了再认识。

儒家哲学是人学。这个概念来自冯友兰。1988 年初,他在中国文化书院的讲演中指出:"中国哲学的特点就是发挥人学,着重讲人。"①这个观点在 80 年代还被认为过于保守而和者甚寡,到 90 年代后,不仅得到了认同和接受,学界还提出了建立新仁学的目标,可谓中国哲学的再生的苗头。如前所述,金春峰在 80 年代也提出了"仁学"在"五四"后如何发展的问题。②

牟钟鉴指出,儒学以人为本位,区别于宗教;以伦理为中心,又区别于西方人本主义和中国道家。仁学"代表着中华民族发展的精神方向,蕴含着较多人道主义和民本主义成分,给中国知识分子提供了一种切实而又高远的人生信仰,一种独特的文化价值理想"。③ 牟钟鉴提出,仁学可分为早中晚三期。早期仁学以孔孟为代表。孔子的仁为"人类的同类之爱,普遍的同情心"。孟子对仁的贡献有五点:一是性善说为人性论提供理论基础;二是提出了"仁者,人也";三是由仁心发为仁政;四是把仁爱推及万物,提出"亲亲而仁民,仁民而爱物",形成泛爱思想;五是仁义连用。中期仁学的代表是朱熹和王阳明,他们用"生"深化了爱的内涵,"突出了生命的价值和意义,强调了对生命的特爱和保护。……使仁具有了超道德的生态哲学的普遍意义"。④ 晚期仁学以谭嗣同为代表,他的仁学是受近代西学的影响,仁以"通"为第一义,包含了民主政治、人格自由、经济现代化等主张,可谓仁的社会哲学。

李锦全也肯定了中国传统文化重视研究"人"的问题的特点。他指出,儒家人文思想重视人的价值和尊严,所以说"天地之性人为贵"。儒家把

---

① 冯友兰:《论中国传统文化的特质》,《论中国传统文化》,三联书店,1988 年,第 140 页。
② 金春峰:《孔子仁学思想的演变》,《儒学国际学术研讨会论文集》上,第 434 页。
③ 牟钟鉴:《儒家仁学的演变与重建》,《哲学研究》,1992 年第 4 期,第 45 页。
④ 牟钟鉴:《儒家仁学的演变与重建》,《哲学研究》,1992 年第 4 期,第 48 页。

"道"摆在君上,对于君主并不是无条件服从,而是要求"以道事君,不可则止"。儒家赞扬"革命";儒家的王道包含着对于普通百姓利益的关注。儒家人文思想并非完全抹杀个人的价值,而是在道德完善和个人平等方面提出了平等的要求。儒家思想没有产生政治上的平等、自由和人权的观念,但这并不意味着封建社会根本不可能有自身意志和理想人格的追求,具有这种理想的古代知识分子对于社会的发展起了推动作用。关于如何正确评价孔子、儒家人文思想的历史地位和作用,李锦全指出,中国人文思想是封建时代的产物,欧洲人文思想是资产阶级时代的产物,所以对于两者应采取不同的标准。要正确地运用历史唯物主义原理,不能因为马克思说过专制制度使人不成为人,所以就说儒家带有轻视人、压抑人的根本特征,并说在儒学的框架内理想人格是不健全的,实现仁的圣人之境是对人的潜能和创造力的压抑。这实际上是重复西方殖民主义者诬蔑落后国家的语言。应该承认,"中国文化中有一种刚健有力、自强不息的基本精神,有一种以立德、立功、立言为不朽的人生观,这对人的主体价值和道德人格不能说是取消和抹杀,而正是表现出儒家人文思想在历史上的积极作用"。[1]

聂振斌进一步指出,"中国人的'终极关怀'从来就不是宗教的,而是道德的或人生哲学的,并且是通过艺术或者审美来完成的。儒家的美善相乐、道家的美道合一、禅宗的超越现实而又离不开现实等,都是把现实的善、人生的真和宗教境界与美融为一体",[2]不是美俯就善,而是善攀登美。孟子把人的精神境界分为善、信、美、大、圣、神六个层次,其中美也高于善。在儒家,由善到美的途径是教育。在道家,美与道是统一的,美就是道,其形上学境界和儒家一样具有审美的性质,即自由而愉悦。西方的本体都是逻辑推演的结果,与美的境界相差很远,理念如果要成为审美境界,必须加上"感性显现",中国的"道"却是与美浑然天成的。把中国文化概括为"乐感文化",深得中国文化之精义。柴文华认为,中国哲学的人类学有四种类型。第一类型是儒家的道德人类学。第二类型是道家的"自由人类学",即"摆脱人类

---

①　李锦全:《儒家人文思想的历史地位》,《哲学研究》,1989 年第 11 期,第 61 页。

②　聂振斌:《儒道审美境界——中国古代的形上追求》,《哲学研究》,1998 年第 9 期,第 49 页。

的异化状态以回归先在的自由",其内涵包括:一是尊重动物生存权利的物道主义;二是尊重人的自由的人道主义,要求绝仁弃义,摆脱异化状态;三是尊重自由状态的社会自然主义。第三种类型是"神学人类学",表现为道教和佛教的人类学思想,与儒家和道家思想有对立,也有相通之处。第四种类型是"自然人类学",又包含两层意思:其一是用自然现象规定人的本质,如董仲舒用天来规定人的本质;其二是用人的自然欲望来说人性和人生价值,如告子的"生之谓性"等。①

关于儒学的现代价值,朱伯崑指出可以理解为如何"使古老的农业社会意识形态转变为适合于工业社会发展的问题"。② 他认为,对于儒学的批判继承,可以从三个方面入手:"一是发扬儒学中具有永恒价值的观念和命题,使其在现代化过程中继续发挥其生命力;二是以儒家中价值观之所长补近代工业化意识之所短;三是坚决抛弃儒学中与工业化相抵触的观念和命题。"③所谓永恒价值的命题,是"不因时代的变革而失去其生命力","具有超时代的性格"的命题。如关于人和自然的关系,"人类可以参与自然界的变化"。这里关键是"参":一是指人与天地为一体,相互影响,但人处于重要地位;一是人可以参与自然界的变化过程,形成对立统一体,用王夫之的话说是"天人之合用"。"'参',意谓控制和驾驭自然,不是破坏或毁坏自然,又非因循自然。"④这个命题正确地回答了人与自然的关系,具有永恒的价值。再如关于人际关系,儒家提出了和谐的原则,不仅深刻,也具有永恒的价值。又如"民为邦本"的政治原则,即民本观念也具有永久的价值。对于现代工业社会过分追求个人利益所带来的弊端,仅仅靠法制是防不胜防的,儒家的义利之辨或公私之辨,作为以群体为本位的价值观,可以对个人本位的价值观形成补充,使现代化走健康的道路。朱伯崑也强调儒家和谐主义理论的价值,认为"它揭示了人类生存真理的一个方面,有其永恒价值"。⑤

---

① 柴文华:《中国哲学与人:传统哲学人类学思想及其启示》,《哲学研究》,1994 年第 5 期。
② 朱伯崑:《关于儒学的现代价值问题的几点意见》,《朱伯崑论著》,第 122 页。
③ 朱伯崑:《关于儒学的现代价值问题的几点意见》,《朱伯崑论著》,第 124 页。
④ 朱伯崑:《关于儒学的现代价值问题的几点意见》,《朱伯崑论著》,第 125 页。
⑤ 朱伯崑:《儒家文化与和谐主义》,《朱伯崑论著》,第 158 页。

关于未来儒家仁学的重建,牟钟鉴认为,可以"将爱、生、通三大原则结合起来,再加上诚的原则,并在内容上加以增补,可以形成新的仁学体系。这个新仁学以仁爱为基调,以生为目标,以通为方法,以成为保证。在'仁者爱人'的原则下,要增加墨子'兼相爱交相利'的思想,把爱人和惠人结合起来,以免爱人成为空谈"。① 柴文华认为,未来中国人学的方向首先应该是科学化,其次是"整合",即吸收各家之长;第三是确立"世界性和民族性的统一","这是中国当代人类学建构的基本原则"。②

不过,在一些学者提出重建仁学的同时,也有一些学者对于儒家话语在历史上的支配地位提出了批评。如阮纪正认为,本质上属于保守主义的儒家文化,难以成为构建新道德的目标和指导;③郭洪纪认为,把儒家以内在的自律性和含融性的工具伦理作为意识形态的思想来源,既无法克服社会结构所积累的破坏素质,也容易成为最新制度的障碍。"返本开新"、"回归传统"只能是文化的倒退。④ 还有一种观点用现象学的"一般的普遍化"和"形式的普遍化"的方法,分析了"性"、"良心"的本体化过程,批评了孔孟的性的话语权力的膨胀,要求回到"儒家原始生存经验"。⑤

二、孔、孟、荀研究

由于市场经济的影响,20 世纪 90 年代对于孔、孟、荀的研究主要集中在心性论、义利观等问题上。马振铎强调了"义"在孔子思想中的意义。他指出,孔子思想中,"义"是由"仁"到具体德行的中间环节,是"指令道德应当主体如何行事的判断"。⑥ 仁义的关系是,义自仁出,不义即是不仁。同时,义对于仁也有制约关系。表现为:首先,义使抽象的对他人之爱的仁具体

---

① 牟钟鉴:《儒家仁学的演变与重建》,《哲学研究》,1992 年第 4 期,第 50 页。
② 柴文华:《中国哲学与人:传统哲学人类学思想及其启示》,《哲学研究》,1994 年第 5 期,第43 页。
③ 阮纪正:《儒家文化传统与当代道德建构》,《哲学研究》,1996 年第 4 期,第 45 页。
④ 郭洪纪:《儒家的工具伦理与传统制度的超稳定性》,《哲学研究》,1996 年第 5 期。
⑤ 唐文明:《孔孟儒家的"性"的理念及其话语权力膨胀的后果》,《哲学研究》,1999 年第2 期。
⑥ 马振铎:《孔子的尚义思想和义务伦理说》,《哲学研究》,1991 年第 6 期,第 54 页。

化,使仁在不同的关系中有不同的表现,如在父子为孝慈,在兄弟为友悌等;其次,"义制约仁,使其施加于血缘关系远近亲疏不同的对象身上时,也有不同的尺度、分寸,从而使仁者之爱呈现出差等的性质";①义对仁的制约还表现为使仁不至于滥施。可见,没有义,仁就无法转化为具体的道德行为。"义是行为的内在节制机制。"没有义的节制,许多被称赞的品格、性情就会失去其道德价值。如,勇敢,"君子有勇而无义为乱";"直",儿子告发父亲就是违背了义,所以"质直而好义"方才值得称赞。"忠信",不合义的忠为愚忠,不合义的信为小人之信,"言必信,行必果,硁硁然小人也"。在节制人的行为方面,义和礼的作用是一致的。"勇而无礼则乱"。但两者也有区别,义是道德主体的内在机制,所以,孟子后来提出"义内",再次,孔子强调自我意志,"义即是以道德主体的自我意志的形式表现出来的";礼则是社会的群体意志。与此相关,"义是道德主体的自我约束",礼有一个由外在到内在的过程,这就是他律为什么和自律一致的原因所在。关于义、利关系,孔子的观点与《左传》、《国语》皆不同,其特点是把义、利严格分开,使义不带有任何功利性。这样,行义就成为不计后果、不计得失的行为。墨子也贵义,但他所贵的是义的结果。孔子重视的是义自身的价值。孔子伦理学说的意义在于把主体的道德意志在道德中的地位突出出来,他的道德是一种自律的道德。这是春秋时期个体利益突破氏族利益的社会现实在实践上的表现。

　　黄开国认为,对战国时期儒家心性学说影响最大的是孔子的"性相近也,习相远也",它包含以生训性、初生人性同一,人性可变,变化原因为后天人为结果等三个原则。首先,战国时期的人性说都是从人生之初来界定"性"的概念的,只是对于人生之初的具体内容解释不同。告子、荀子都认为食色为性,不过,告子认为性无善恶,荀子认为性恶;其次,战国时期儒家人性论都持人性同一说,不过,孟子认为同一之性为善,荀子认为为恶。再次,战国时期儒家人性论都承认人性的后天可变,一种是告子的学说,认为变化方向无定,另一种是孟荀等人的观点,把人性的后天变化归结为善恶两个相反方向。向恶的方向发展为小人,向善的方向发展为圣人、君子。关于变化

----

① 马振铎:《孔子的尚义思想和义务伦理说》,《哲学研究》,1991年第6期,第55页。

的原因,都认为是后天认为的作用。①

　　杨泽波认为,孔子的心性结构分为三层。第一层是欲性,解决的是生存问题。第二层是仁性,仁性有情感性、内在性、自反性和流失性四个特点。仁首先是情感性。在孔子思想中,应该如何对待别人,只需问问自己的好恶情感即可,"己所不欲,勿施于人"。情感性总是内在的,所以仁性的第二个特点是内在性,仁与不仁的标准就在心安与不安。仁性也可以成为伦理心境,是"诸德之家",这是仁的核心,"全德之名"没有说明各种德性的来源。仁是内在的,可以通过内讼自省得到的,所以也是自反的。这是其第三个特点。仁的境界虽高,却并不能时时处处得以守持,所以仁也是界失的。这是其第四个特点。第三层是"智性",不同于西方的知性,是一种"通过学习使人成就道德的一种性向"。② 人要成就道德,仅有仁性是不够的,还必须向外学习,所以智性是绝对不可缺少的一个层面。智性在这种意义上比较接近于西方的理性,不过,只相当于实践理性。西方哲学中"是"和"应该"之间存在一个鸿沟,这是由于西方哲学把理性和感性截然分开的缘故。事实和价值的分离在孔子哲学中根本不存在。孔子心性结构的特点在于欲性和智性之间存在一个仁性的结构,"仁性即伦理心境",是社会习俗的内心沉淀。习俗成为促使人不断向上的力量。仁性沟通欲性和智性,仁性"于穆不已,当下呈现,逼使人们向善"。从这个角度看,"是"本身就是"应该"。仁性的存在解决了"是"与"应该"的矛盾。③

　　马振铎辨别了孟、荀关于性的差异,指出孟子的性,首先"是天赋之中人可以自主的成分",是可以通过存养充实的;其次"是人之所以异于禽兽者",即"几希",派生仁义礼智者。再次是在心待物时产生的侧隐、羞恶、辞让、是非之心。在心性关系中,孟子的性是"心(以体言)的一种伴有确定价值取向的识别理、义的能力,性使心(以体言)在待人应物时产生侧隐、羞恶、辞让、

　　① 黄开国:《战国儒家人性论沸源》,《哲学研究》,1992 年第 7 期。
　　② 杨泽波:《孔子的心性学说结构》,《哲学研究》,1992 年第 5 期,第 65 页。
　　③ 杨泽波:《孔子的心性学说结构》,《哲学研究》,1992 年第 5 期,第 70 页。

是非之心"。① 荀子对性的认识和孟子恰为相反。荀子认为,性是本始材朴,不事而自然者,后天修养所得均在性之外。不仅如此,先天因素中可以为善的东西也被排除在外。孟、荀所说的性并不是同一个内容,他们的性论并不构成矛盾,而是从不同方面深化和发展了孔子的人性论,把儒学从最初的人道学说发展到人性—人道学说。孟子从性善说出发,削弱了修己之道的为仁由己的方面;荀子的修身是自外对人加以塑造,是一种加工,是规规矩矩地做人。荀子补充了孟子"不甚重视的人天生具备的不愿受群体约束的心理倾向和物欲方面;孟子也补充了(从逻辑上说)荀子不甚重视的人天生具有的能群性和理性"。两者共同解决了孔子的修己的可能性与必要性、主动性与被动性的问题,使修己之学成为人性—人道学说。后世儒家同时继承了二人的学说。宋明理学的天命、气质的二重人性说中的气质之性,就是对荀子性恶说的继承②。

　　关于孟子,20 世纪 90 年代出版了不少传记和研究专著,如翟廷晋的《孟子思想评析与探源》、杨泽波的《孟子的心性论研究》、《孟子评传》、杨国荣的《孟子评传》、王其俊的《亚圣智慧——孟子新论》、刘鄂培的《孟子大传》等。翟廷晋在方法论上仍坚持阶级分析,认为孟子代表了新兴地主阶级中比较温和的那个阶层。③ 有了这个定位,就可以给孟子以较之以往高一些的评价。如肯定了孟子天道观中的唯物主义因素,在认为孟子在认识论上是唯心主义先验论的同时,也肯定他注重知识积累的观点。尤其是,在人性问题上,肯定了孟子对于人的重视,等等。这些都是在马克思主义立场上对于过去极"左"态度的纠正。与以往不同的是,翟廷晋还探讨了孟子的价值观。刘鄂培的研究也有纠正 1949 年以来的方法论的偏颇的意味。他认为,孟子的性善论使仁的学说在理论上更加成熟,民本说则将仁的学说推广至社会政治经济。四端说属于先验论,但性善说则不属于先验论。四端仅是

　　① 马振铎:《孟、荀的人性论说以及二者的对立与互补》,《哲学研究》,1993 年第 12 期,第 54 页。

　　② 马振铎:《孟、荀的人性论说以及二者的对立与互补》,《哲学研究》,1993 年第 12 期,第 58～59 页。

　　③ 翟廷晋:《孟子思想评析与探源》,上海社会科学院出版社,1992 年出版,第 39 页。

必要条件,"人皆可以为尧舜"也仅仅是一个可能性。孟子重视后天培养,性善论从整体上有唯物主义成分大于唯心主义成分。[①] 关于孟子的政治倾向,他认为孟子是"新兴封建制度的维护者",民贵君轻是"重人"和"尊君"的统一。"万物皆备于我"是一种精神境界,说明对于"诚"的认识程度的深浅,不涉及唯物唯心的区分。[②] 就翟廷晋和刘鄂培仍论及阶级分析和唯物唯心之分而论,可以把他们的研究视为 90 年代后对于前此研究的一个回响和总结。不过,刘鄂培在《孟子大传》中有更为积极的观点,他采纳张岱年的观点,提出了文化的"综合创新"的目标。他指出,儒家学说建立了仁的人性说、和的宇宙观以及公德社会学说,这三者是儒家的精髓。应发扬中国传统文化的长处,吸取其他文化的优点,形成一个更高的文化综合体。因为,中国的传统文化的主体是儒学,所以,"经过'综合'而'创新'出的中国未来文化,也就是当代新的儒家学说。"[③]

与翟廷晋和刘鄂培相比,杨泽波的研究在方法论上具有新的特点,对孟子性善论的认识也有新的推进。杨泽波认为,孟子的性善论只是说心有善端,尚需培养,性善是个过程,可谓"本心本体论"。本心人人固有,当下呈现。他根据海德格尔和伽达默尔的"前见"概念提出,"良心"是一种"伦理心境",[④]是伦理道德范围内"社会生活和理性思维在内心的结晶",具有"相当程度的稳定性,具有'公理'的性质"。[⑤] 伦理心境也是人心的一种境界,受这种境界的支配,人自然知道善恶对错。"伦理心境"对于孟子的性善论提供了 1949 年以来的"先验论"评价之外的另一种思路。关于性善论的确立,杨泽波又提出了"生命体验"的概念。他认为,性善论超越于形式逻辑,不是一种知识,不能把它作为对象进行认识,只能根据自己的生命体验来体验。[⑥] 关于孟子的道德学说与康德的道德学说的关系,杨泽波认为,两者并

---

① 刘鄂培:《孟子大传》,清华大学出版社,1998 年,第 14 页。
② 刘鄂培:《孟子大传》,第 19 页。
③ 刘鄂培:《孟子大传》,第 405 页。
④ 杨泽波:《孟子性善论研究》,中国社会科学出版社,1995 年,第 71 页。
⑤ 杨泽波:《孟子性善论研究》,第 76、77 页。
⑥ 杨泽波:《孟子性善论研究》,第 131～133 页。

不是一回事。康德的道德学说建立在"理性"的基础上,寻求普遍有效的形式,反对情感的介入,运用的方法是逻辑推理。孟子的道德学说建立在良心本心的基础上,不运用逻辑推理,非出于纯粹形式,而是强调生命体验。康德的道德学说可谓理性伦理,孟子的道德学说可谓仁性伦理。① 康德的自律是理性自律,孟子的自律则是良心自律。杨泽波接受牟宗三的观点,认为孟子建立了道德形上学。关于人性的层次,杨泽波认为孟子那里只有欲性、仁性,没有智性,荀子强调智性,开出了法家。所以,应回归到"欲性、仁性、智性"三分的心性说。②

　　杨泽波也对 1949 年以来评价孟子的若干概念进行了梳理,这些梳理构成了中国哲学史研究的方法论反思。关于"唯心论",杨泽波指出,性善论不涉及思维和存在的关系,和唯心论挂不上边。如果从心是性善论的命脉来说,儒家又是唯心论的。但这和西方柏拉图的理念论和贝克莱的感觉的复合的唯心论都不是一回事。③ 马克思主义的人性论解决的是人的根本属性问题,强调从人的社会关系的总和考察人性,性善论不过是对人的某种属性的解释,性善论中的"性"不是性质,而是"性向",两者所解决的不是一个问题。关于"先验",杨泽波指出,这是康德认识论的概念,指的是知识的形式优越于、重要于知识的感性材料,不是时间上在先的意思。性善论则有明显的时间性,所以,康德的"先验"一词不适合用来评价性善论。④《孟子性善论研究》在方法论上的特点在于,根据语境,对于字、词进行了极为详尽的分析,可谓 20 世纪 80 年代以来范畴研究方法的更为具体化的运用。该书对于台港新儒家的孟子研究作出了较为系统的回应,这在其他研究孟子的著作中是很少见的。杨泽波在《孟子评传》中提出,孟子未学于子思,而是学于子思门人;《中庸》由两部分构成,前 19 章为子思所做,首章和后 13 章为秦汉人士所作。⑤ "从本质上说,儒学特别是先秦儒学首先是政治之学,其次

---

① 杨泽波:《孟子性善论研究》,第 86~103 页。
② 杨泽波:《孟子性善论研究》,第 318~320 页。
③ 杨泽波:《孟子性善论研究》,第 105 页。
④ 杨泽波:《孟子性善论研究》,第 151~152 页。
⑤ 杨泽波:《孟子评传》,南京大学出版社,1998 年,第 43~45 页。

才是心性之学"。① 杨泽波提出从民心论来理解民本论,民心论的内容是强调民心向背的作用,虽不是把民作为政治主体,但也在一定程度上反映了百姓的利益,对君主专制形成了一定的制约,可谓"理想化的君本论"。他把义利问题分为三个层次,指出在治国方略层次,孟子重视百姓的利益;在人禽之分的层次上,孟子重视价值选择;在道德目的的层次上,他的道德论近似于康德自律意义的道德。治国和道德意义的义利之辨是对立的,人禽之辨意义上的义利之辨属于价值选择问题。人们长期以来把价值选择关系也按照对立关系理解,造成了孟子的义利之辨只讲义,不讲利的误解。该书对于唐宋以来孟子地位的上升的分析,颇有独到之处。

廖名春考证了荀子为什么批判思孟学派的"五行",指出孟子将仁义礼智圣归之于人性固有,与荀子主张性恶,重法度,强调性伪之分不同。荀子批判思孟五行,不是批判五行本身,而是批判"这五种德性出于人性的性善说"。②

关于荀子哲学,90 年代发生的一个争论是荀子是不是黄老学,赵吉惠主张这一观点。③ 张颂之、杨春海则认为,荀子没有"跳出了儒家阵营"。在天人关系上,荀子主张天人之分,"分"为职分,并不是分别。在历史观上,荀子主张"法后王",其所谓后王实际上所指的是文、武、周公等。荀子只是在与当时道家称伏羲、黄帝等三皇相对立的意义上称颂后王的。在政治上,梦想王道而不排斥霸道是先秦儒家的特点,孟子、荀子都是如此。在人性问题上,孟、荀相反,荀子把人的自然属性当作性,孟子从社会属性上界定性,但他们共同追求成为圣人。在价值观上,并非孔孟轻利,荀子兼义利。孔孟所轻的只是个人之利,对于社会之利,他们还是肯定的。在对待礼治和法治的问题上,并非孔孟拥护周礼,反对法治,荀卿调和礼法。孔子反对的是求法治而不顾礼治,孟子则赞同法治。在浅层文化上,荀子和黄老之学崇尚不同,荀子批评老子,且未提及黄帝,他崇尚的是儒家人物尧、舜、周公等。在

---

① 杨泽波:《孟子评传》,第 180 页。
② 廖名春:《思孟五行说新解》,《哲学研究》,1994 年第 11 期,第 68 页。
③ 赵吉惠:《荀况是战国末期黄老之学的代表》,《哲学研究》,1993 年第 5 期。

深层文化上,荀子追求的是人伦道德、修身成圣。黄老学的特征是自然无事,因时无为,刑名合道,柔弱胜强。黄老强调无为,儒家强调圣人制作。总之,荀子虽然吸取了黄老之学的范畴术语,但其指归仍然是儒家的。把荀子列为黄老之学,不仅不符合荀学原义,也割裂了儒学发展史、经学史,使儒学史、经学史因为抽取荀子而出现空白。战国末期,《诗》《春秋》《礼》《易》的传授都与荀子有关。如果把荀子作为黄老之学,就割断了战国到秦汉时期儒家经典的传承。①

赵吉惠认为,天人之分是荀子理论的主干,其他理论如性伪之辨都是这个理论所发出的枝丫。先秦儒学缺乏宇宙本体论,荀子的"天"的概念更多地继承了道家的天道自然的思想。"分"字不一定读四声,训为"职分"。首先,荀子《天论》主要是讲天人之别;其次,关于天人的不同职分,荀子已经有了"天职"一词,他并没有把"天职"写作"天分"。在此,荀子文中"分"字作分别意义的例证也很多。在天人关系上,孔孟没有像荀子那样把天作为外部存在的客体,而是作为人的内在精神的追求与体认,按孔孟的思路,人通过内在的体认就可省悟宇宙的本体,达到"天人合一"。这种合一,"本体上是道德主体的精神化或道德主体的境界追求"。荀子的天人之分是人与物、主体与客体之分。其本体论是自然形上学,孔孟为道德形上学。荀子认为,主体的人可以治理外在的天,制天命而用之。这既突破了孔孟,又与老庄不同。荀子没有用"诚"来沟通天地万物;荀子说"礼有三本",也是以天地万物为根本,要求人用礼侍奉天地,由此只能得出荀子的思想是天人相分而不是合一。在认识论上,荀子没有走孔孟的内省之路,而是强调主体和客体的区分,走上"闻见之知"的向外求索的道路。关于性伪之分,性善、性恶是两种不同的学说。荀子的化性起伪是外在的功夫,是天人之分的理论在社会观上的进一步发展。孟子是内向的,荀子是外向的,"从不同文化的走向来说,孔子、孟子是东方文化的典型代表,荀子则成为东方文化的奇花异木",总

---

①　张颂之、杨春海:《荀子是儒学还是黄老之学的代表? ——与赵吉惠先生商榷》,《哲学研究》,1994 年第 9 期。

之,荀子走上了兼宗儒、墨、名、法的黄老之学的道路。① 此处,赵吉惠的"东方"概念值得商榷。李翔海认为,"综合"是当时儒道共同的特点。荀子虽然受道家的影响,但仍把儒家的社会性作为人性的价值依归。荀子谈到人的生命价值的实现时,主张通过人为使人心成为道德活动的内在动源,在社会理想上崇王道,在理想人格上崇圣人,这些都与道家不同。②

三、儒 学 史 研 究

进入 20 世纪 90 年代,学术界提出了"儒学史"的概念,并以"中国儒学史"的名义出版了若干著作,按年代顺序,有赵吉惠等主编的《中国儒学史》,谢祥皓、刘宗贤撰写的《中国儒学》,杨国荣的《善的历程——儒家价值体系的历史衍化及其现代转换》,韩强的《儒家心性论研究》,刘蔚华、赵宗正主编的《中国儒家学术思想史》,严正的《儒学本体论研究》,陈来的《原始儒家研究》,庞朴主编的《中国儒学》(四卷)。这些著作对"儒学"进行了总体研究和反思。

"儒学史"概念的提出是值得肯定的。古代把儒学作为一个整体,是从"道统"概念出发的;"五四"之后直到"文革"时期是把儒学作为专制和落后的根源进行铲除的。改革开放后对于儒学的态度基本上还是处在"五四"、"文革"的延长线上,其极端表现是类似"全盘西化说"那样的偏激态度。90年代后的"儒学史"概念,包含了对前此所有阶段的反思。"儒学史"不是道统意义的,也不是铲除的对象,而更多地属于客观的知识性研究和评价;在方法上则以客观的介绍和多元的研究为主。在这种视角下,"儒学史"便成为一种"专业的学术史"、"专门的中国文化史、中国思想史著作",③所表述的对象则是"中国历史上既存的儒学人物、思想与典籍发展变化的客观过

---

① 赵吉惠:《论荀子"天人之分"的理论意趣——兼答张颂之、杨传海同志》,《哲学研究》,1995年第 8 期,第 70 页。
② 李翔海:《从心性学说看荀子思想的学派归属》,《哲学研究》,1998 年第 10 期。
③ 赵吉惠、郭厚安、赵馥洁主编:《中国儒学史·引言》,中州古籍出版社,1991 年,第 4 页。

程"。① 儒学被定义为"由孔子所创立并在历史上得到发展的"、"以孔子为宗师,以《诗》、《书》、《礼》、《乐》、《春秋》为经典,以仁、义、礼、智为基本思想的学术体系"。② 这样,儒学史便有两条基本线索:"一是以孔子为宗师的思想学说的发展,一是以《六经》为法典的传注训释学的发展。"③谢祥皓、刘宗贤还指出了儒学史和哲学史等的区别,指出儒学史只是思想史的一部分,不等于思想史;儒家思想中有哲学思想,但也不等于哲学思想,甚至主要不是哲学思想;儒家思想以政治伦理为基本内容,但也不等于中国政治思想史。关于典籍的流变,儒学史着重研究从"六经"到"十三经"的变化过程,关于人物,则"思想贡献与典籍贡献并重;传注训诂与义理学说并重;汉学与宋学并重"。④ 这就明确了儒学史的内涵。对于儒学发展的阶段。谢祥皓、刘宗贤的《中国儒学》分为先秦奠基时期、两汉经学、魏晋儒道佛交融和儒学的玄学化时期、宋明理学、清代的儒学总结时期等。赵吉惠等人的《中国儒学史》把宋明阶段作为儒学的理学化时期,把阳明学作为理学的解体和实学兴起的过渡时期,把近代康有为的三世说、谭嗣同的"冲决网罗"说和章太炎的孔子为"国愿"说作为儒学衰落阶段。两部著作都对儒家的典籍和思想的发展作了十分详尽的勾画。赵吉惠等人的《中国儒学史》对于研究的方法、意义也作了反思,对于唯物主义与唯心主义的过度应用进行了批判,要求"在研究方法方面走多元化的道路",区分真假孔子,把历史上不同阶段塑造的孔子与历史上真正的孔子区别开来,这在当时有肯定历史上的孔子的意义。该著主张兼顾思想史、文化史;运用历史和逻辑相统一的方法进行研究,注意理论、概念的本身演变的内在逻辑,使理论发展的逻辑与历史的逻辑一致,"儒学范畴出现的顺序,服从儒学历史发展的自然线索"。⑤ 赵吉惠等的《中国儒学史》对于方法论的论述基本上反映了 80 年代到 90 年代之间的过渡特点。

---

① 谢祥皓、刘宗贤:《中国儒学·卷首说明》,四川人民出版社,1993 年,第 1 页。
② 赵吉惠、郭厚安、赵馥洁主编:《中国儒学史·引言》,第 4 页。
③ 谢祥皓、刘宗贤:《中国儒学·卷首说明》,第 1 页。
④ 谢祥皓、刘宗贤:《中国儒学·卷首说明》,第 2 页。
⑤ 赵吉惠、郭厚安、赵馥洁主编:《中国儒学史·引言》,第 4 页。

关于儒学的性质和研究儒学史的意义,赵吉惠等的《中国儒学史》肯定,儒学中的仁政、民本思想对于封建社会有制约作用。儒学从其演变规律上看也具有"开放性、多元性和宽容性"的特征,使得它能够适应不同群体的需求,对不同时期的社会和人生问题作出不同的说明和解答,从而不但成为中国文化的主导,也成为世界性的文化。儒学中也有一些思想范畴可以成为人类共同的精神财富,如对于天人关系的见解、一些文化和历史观念、对于古代文献的整理等。"儒学的积极思想,将成为创造未来人类高尚文明不可缺少的智慧元素和思想材料,成为诱发和探索未来社会模式有价值的借鉴。特别是对于积极建设现代化社会的中国,对于后工业化国家所出现的道德失调、社会精神环境污染、家庭关系崩裂、人际关系冷漠、个人孤独等社会弊病,儒家伦理能够起到一定程度的积极调解作用。它既可以帮助和谐人际关系,又能在客观上适当稳定社会秩序。"①

与史的通览不同,《善的历程》《儒家心性论》和《儒学本体论研究》都是从思想的角度对儒学进行的研究。杨国荣认为,儒家的价值体系是"以善的追求为轴心,并具体展开于天人、群己、义利、利欲、经权以及必然与自由等基本的价值关系,其逻辑终点则是真善美统一的理想之境"。② 如何抑制中国在走向现代化过程中出现的合理性危机,儒家的价值合理性显示出更多的积极意义。儒家价值体系既要经受现代化的洗礼,也应向现代化过程渗入,传统和现代的结合的"历史意蕴是重建合理性"。③《儒家心性论》对儒家哲学的重要范畴——心、性在中国哲学史上的演变进行了探讨,指出儒家心性论的基本特征是:(1)心性本体的思维模式;(2)生理、心理、认识和伦理的结合;(3)内在的自我超越;(4)内圣外王的境界。在研究方法上,强调认识论和生理学、心理学、伦理学的结合。④ 韩强指出,儒家心性论强调知行一致、从道德的自律和他律认识到直觉和理智的关系是其价值所在,但夸大道德理性,贬低对自然规律的认识,重视直觉、轻视理智则是其缺陷。韩

① 赵吉惠、郭厚安、赵馥洁主编:《中国儒学史·引言》,第10页。
② 杨国荣:《善的历程》,上海人民出版社,1994年,第8页。
③ 杨国荣:《善的历程》,第390页。
④ 韩强:《儒家心性论》,经济科学出版社,1998年,第3～19页。

强主张,未来中国文化发展应走直觉和理智互补的道路。① 严正把人生本体的自觉实现和对儒学的历史诠释统一了起来。他认为,天人合一和由五伦关系组成的道德圆满的世界是儒家的两个先验前提,这两个前提使民族精神本体陷入了停顿和混乱。离开这种独断论指导的人生哲学的价值出发点是时代精神,即"个体自由和超越的实现"。② 这是人生的本体自觉。朱熹哲学的贡献在于"提出了本体的生生意向,并以此重新解释了儒学的发展",他的错误是把生生的本体意向与仁义礼智对等,制约了人性的自由发展。王阳明哲学可以说是对理学的完善,王学提出了个人的自由超越问题。朱熹和王阳明都完成了时代提出了任务,他们的学说丰富和发展了儒学,这表明他们实现了本体的自觉和生命的超越。而"依据生生对于传统儒学进行诠释就是我们所创造的历史世界,这个诠释过程就是我们的生命呈现过程";对于朱熹、王阳明本体论的研究、批判和弘扬,"就是现实人生本体自觉的实现,就是现实人生的创造"。③

　　儒学的地域性传播过程成为儒学研究的新课题。何成轩指出,孔子开创的儒家学说经过其弟子的传播,到战国时已成为显学。子贡对于传播儒学有重要贡献。子贡既富且贵,历相鲁、卫,所到之处,诸侯与之分庭抗礼,他在自己活动过的吴、晋、越、曹等国,传播了儒学。子贡游说吴越,所用的是儒家思想,说明当时儒家思想已经南渐。孔子死后,子夏于西河之上授徒,弟子达三百多人,田子方、段干木、禽滑厘都是他的学生,而且大都成为王者师。魏文侯对于田子方、段干木、禽滑厘、李克、吴起都十分敬重。田子方、段干木虽作过魏文侯的老师,但不热衷于仕进,属于儒隐。田子方愿意到荆楚地区,可能他认为在那里传播儒学更有可为。李克学于子夏,吴起学于曾子,精通《左氏春秋》,铎椒、虞卿、荀卿等人的左氏学,都传自吴起。吴起以儒服见魏文侯,屡建战功,被任命为西河郡守二十年。子思学于曾子,孟子学于子思。孟子周游列国,后车数十乘,从者数百人,对于儒学的传播

---

①　韩强:《儒家心性论》,第 217 页。

②　严正:《儒家本体论研究》,天津人民出版社,1997 年,第 13 页。

③　严正:《儒家本体论研究》,第 263 页。

也有极大作用。荀子游于齐,为政于楚,应聘于秦,三为祭酒,是儒学的集大成者,汉代五经传授,几乎都与荀子有直接或间接关系。中原儒学在春秋中晚期对于吴越地区产生影响。吴国公子季札到鲁国受聘问,观看鲁国乐工表演《周南》《召南》《小雅》《大雅》,作出了精辟的评论,这表明了他对华夏文化的深刻理解。巫臣、孙武、伍子胥、伯嚭、范蠡、文种,都促进了华夏文化在楚越等地的传播。华夏文化又经过楚国进一步传播到岭南地区,儒学随着华夏文化的南川逐步传播到南方,子贡多次南下吴越,都传播了儒学;此外还有南方人士北上学习儒学的,如《孟子・滕文公》所说的陈良。按照梁启超的看法,陈良即儒分为八的仲良氏之儒。可以说,孔子死后,正是由于其门人的广泛传播,儒学才成为显学的。[1]

此外,还有陈少明、姜广辉对于经学进行了说明。[2] 姜广辉指出,汉学"为学术而学术"的精神表现了学术的独立性和客观性,是一种进步。汉学和宋学的区别不在训诂和义理,而在于对于人生的意义和价值的认识不同。汉学的局限在于并不能解决哲学问题,"义理有时实在有在语言文字之外者",不能期望抱一两本词典就能解决哲学问题。汉学家把"理"训为"礼",依"相人偶"训仁,都是很成问题的。[3]

第六节　道家、道教哲学研究与
"新道家"的提出

关于道家哲学研究的方法论,朱伯崑指出,要深入开展对老子及道家思想的研究,必须从三个方面着手。首先是"老学"的思路,即整理历代关于老子的注释与研究,以历史学的方法,揭示老学发展的历史和逻辑进程。其次是要深入研究道家学说对中国哲学发展的影响;再次是继承老学中具有永

---

① 何成轩:《先秦儒学在中原的传播及其南渐趋势》,《哲学研究》,1997 年第 8 期,第 39～45 页。

② 陈少明:《六经注我:经学的解释学转折》,《哲学研究》,1993 年第 8 期。

③ 姜广辉:《乾嘉汉学再评价》,《哲学研究》"哲学史方法论"栏目,1994 年第 12 期。

恒价值的观念和命题。① 20 世纪 90 年代的老子哲学研究基本上是围绕这
几个方面展开的。关于老学史,熊铁基出版了《中国老学史》;关于老子道家
的影响,陈鼓应等人提出了影响广泛的"道家哲学主干说"。80 年代中期以
前的道家的阶级属性、唯物唯心性质等话题,已不再讨论。值得注意的是,
道家哲学与文化在未来文化与哲学发展中的意义作为一个新的题目,进入
学术视野,出现了"新道家"的概念。这表明道家哲学与文化已经不再是死
去的"遗产",而成为新文化的发源地和活的源泉。这是与以前的道家哲学
研究根本不同的态度。1992 年和 1995 年,学界连续两次在西安举行"老子
与道家哲学"的国际研讨会,极大地推进了道家哲学研究。在第二次会议
上,学界提出了老子哲学作为中西文化交汇点和新文化模式的生长点的问
题。1998 年郭店楚墓竹简《老子》出土后,又引发了老子其人、其书、思想的
具体内容等问题的讨论。②

一、道家的思维方式与中国
哲学的形上学传统

朱伯崑指出,老子的"正言若反"的思维方式是一种极高的智慧,"对现
代人观察自然现象和人类的社会生活仍是有价值的"。③ 春秋战国时期是
中国本体论发展的第一个时期。老子以无为而无不为的思维方式思考世界
本原问题,以本原为"无",以天地万物为"有",引申出了"有无之辨",成为中
国传统形上学的先驱,对中国形上学的发展产生了深远的影响。"无"是超
乎形象的,所以老子又称之为"道"。道是超乎感觉无形无象的实体,又不是
空无。"有生于无"是形上学原则,老子从抽象的层次讨论世界的本原问题,

---

① 朱伯崑:《重新评估老学——关于深入研究老子思想的几点意见》,《朱伯崑论著》,第
477 页。

② 由于本书的考察截止到 1999 年,而 1999 年围绕郭店《老子》的讨论才刚刚开始,故本书不
再涉及这一部分研究。

③ 朱伯崑:《重新评估老学——关于深入研究老子思想的几点意见》,《朱伯崑论著》,第
482 页。

"表明人类对世界的统一性问题的认识,超过了感性阶段而深化了"。① 老子的形上学原则在战国时期为庄子和黄老学派所发挥。黄老学派把道解释为"精气",精气无形,超越感觉,具有流动性和包容性。黄老哲学成为中国气论哲学的先驱。庄子的"道"有三方面的含义:首先是万物的一体性;其次一体性表现为"道通为一"的气,由此进入本根论;其三是以虚空为道。汉—魏是中国本体论发展的第二个时期。有无之辨到汉代演变为宇宙论,到魏晋演变为玄学。玄学通过有无之辨,把汉代的宇宙论推进到本体论。王弼认为,作为天地万物的本体的"道",必须是没有任何规定性的"无",唯其如此才能包容一切。郭象的崇有论则把"无"解释为什么也没有,得出"有"即个别事物的存在为唯一的实体的结论,肯定万物各以其自身为依据,成为另一种形式的本体论。玄学的有无之辨到宋明演化为道器之辨、理气之辨。宋明是中国哲学本体论发展的第三个时期,理为气本的本体论思想来源于王弼的以无为本的本体论思想,不仅只是来源于华严宗的理事之辨。程颐以"必然"、"所以然"解释理的思想,都来源于王弼。理学家认为哲学的任务是揭示事物的"所以然"和"所当然",他们不把理和具体事物分开,认为理必须依托事物、象来表现,"体用一源,显微无间",扬弃了老庄和玄学残留的"无"先于"有"的思维模式,完成了中国哲学的本体论思想。宋明道学中的气学派将庄子哲学中原初物质的气解释为万事万物存在的根据,"将汉唐气论中的宇宙形成论推向本体论"。明末王夫之提出器外无道,即器求道的思想,吸收了郭象的崇有论,却没有走上独化论,而是"导出本体即寓于个体或现象"的结论,对魏晋以来的有无之辨进行了总结。可以说,老子提出的有无之辨,到王夫之结出了丰硕的果实。"中国的形上学传统,具有自己的民族特色,即从追求无形之上,最终落实于有形之中。这在其他民族的哲学史上是少见的。此种形上学本体论,对人类科学思维的发展,有其重要的理论意义。"②

---

① 朱伯崑:《道学的思维方式与中国形上学传统》,《朱伯崑论著》,第506页。
② 朱伯崑:《道学的思维方式与中国形上学传统》,《朱伯崑论著》,第521页。

二、道家生死观

关于道家的生死观问题是中国哲学研究的一个新题目。这个题目的提出是道家哲学以至于中国哲学研究的深入。朱伯崑指出,中国哲学的生死观,有儒家的"知生说"、佛教的"无生"说。知生说把现世人生问题置于首位,具有人本主义色彩。无生说是涅槃,灵魂不再转生,断绝死亡的根源。老子认为,死亡是一种自然现象,他从无为的思维方式出发,反对贵生,认为生死是相互转化的,主张"摄生","使生命处于柔和的境地,保持其生存的活力",这三点,奠定了道家生死观的思想基础。黄老道家把道解释为气,认为人之生是天出其精、地出其形,所以提出了养生说。这种养生理论为《黄帝内经》所吸收,成为中医学的理论基础。庄子生死观的特征是发挥了老子"生死相互转化的观点,以生死为自然而然的现象,继老学之后反对'益生'说,提倡'达生'和'遗生'说,从而使人们从死亡的苦恼中解脱出来"。① 庄子的生死观可以归结为:第一是依据道通为一说,"以生死为一条",顺从自然之化,不必人为地延年益寿,这可谓"以理化情"说;第二是"大冶铸金",生为获得人的模式,以生劳苦,死为回到大冶中,得到安息,所以,生死都不值得留恋,这种生死观认为"人的生命为天地造化万物的一种形式,死亡只意味着个体生命的终结,又回到大自然中去,是对老子自然主义生命观的进一步阐发";②第三是"死生气化",生为气之聚,死为气之散,都是一气,没有此岸与彼岸的差别;第四是"达生",不强迫生命所不能为的事情,不违背生命的本性,对于祸福采取超然的态度。朱伯崑认为,庄学的生死观不是儒家的入世主义,也不是佛家的出世主义,而是"超世主义","即身居人世间,但精神上不受人死生、祸福等问题的困扰,寻求一种宁静的生活境界"。③ 朱伯

---

① 朱伯崑:《庄学生死观的特征及其影响——兼论道家生死观的演变过程》,《朱伯崑论著》,第529页。

② 朱伯崑:《庄学生死观的特征及其影响——兼论道家生死观的演变过程》,《朱伯崑论著》,第531页。

③ 朱伯崑:《庄学生死观的特征及其影响——兼论道家生死观的演变过程》,《朱伯崑论著》,第535页。

崑指出,庄学的生死观对中国传统文化的发展产生的重要影响有三点:一是死生流转说,二是生死气化说,三是顺化说。由此形成了中国的无神论传统。王充、程颐、张载都受庄学生死观的影响。张载尤其主张生死气化说,将庄学的自然主义和儒家的人文主义结合起来,对儒家哲学作出了重大贡献。①

三、稷下、黄老道家

关于稷下道家,20 世纪 90 年代先后出版了刘蔚华、苗润田的《稷下学史》、丁原明的《黄老学论纲》、胡家聪的《稷下争鸣与黄老新学》、白奚的《稷下学研究——中国古代的思想自由与百家争鸣》等著作,形成对这一领域的推进。

胡家聪、白奚都认为,稷下学宫是田氏齐国“为变法改革、富国强兵而设立的学术机构,又是当时‘百家争鸣’的学术文化中心”,②学宫兼有政治和学术双重性质。白奚指出,稷下学宫出现于齐国,有深刻的历史和文化的必然性。齐国自然条件优越,农业、商业发达,政治上田齐有一统天下的志向,在文化传统上开明、多元、富于开创性,这些都是稷下学宫形成的必要条件。胡家聪认为稷下派来自老子,表现在《吕氏春秋》、《淮南子》之中。稷下道家黄老学主要有:《管子》黄老学、帛书《黄帝四经》黄老学、宋铏尹文学派、田骈慎到学派等。《管子》出于稷下学,是“尊崇先驱者管仲的管子学派的论著汇集”,《管子》书以齐法家政治思想为主导,《经言》篇是齐法家的政治论文。“稷下黄老学的性质属‘君人南面术’,其主要特点为‘因道全法’。”③《黄帝四经》以道、法结合为核心。“道”是道家的最高范畴,无论哪国道家都是如此,关键是“法”。“法”有不同地域的区别。把《管子》和《四经》比较就会发现,《四经》中关于政论、法制的内容是一致的,所以,“《四经》亦当出自稷下

---

① 朱伯崑:《庄学生死观的特征及其影响——兼论道家生死观的演变过程》,《朱伯崑论著》,第 537～538 页。

② 胡家聪:《稷下争鸣与黄老新学》,中国社会科学出版社,1998 年,第 2 页。

③ 胡家聪:《稷下争鸣与黄老新学》,第 5 页。

学"。就年代论,《管子》黄老学与《四经》黄老学的年代大体平行,《四经》不可能早于齐威王,不可能晚于齐襄王。关于研究黄老学的目的,胡家聪主张是"弘扬道家黄老学的精华"。① 他认为,黄老学体现时代精神的精湛之处,一是"'天、地、人'的一体观";二是推天道以明人事的思维方式;三是"'修、齐、治、平'的爱国主义精神"。"天、地、人的一体观"、"体现'大一统'的先进思想",表现了现时代精神,起着社会先导和推动社会的作用。"天地人一体观及推天道以明人事的思维方式。这是具有中国特色的哲学思想",其要在于提高认识能力,把握主观符合于客观的规律性。胡家聪认为,儒家的修齐治平源于老子的"修之于身"一段,后经《管子·权修》所发挥,"天下者,国之本也;国者,乡之本也;家者,人之本也;人者,身之本也;身者,治之本也"。《孟子·离娄上》说:"人有恒言,皆曰天下之本在国;国之本在家,家之本在身。"最后到《大学》成为儒家"修齐治平"的固定表述。② 胡家聪的方法论特点,如他所述,是"遵循唯物主义历史观,力求信史","倡导道、法、儒、墨的横向比较研究","如实反映学术争鸣和交流等复杂情况"。③ 丁原明认为,黄老之学是"老"而不是"黄",善于因循自然之道,采纳儒墨名法各家的思想,以无为达到无不为的实效。从道家到黄老之学,其思想逻辑是从道论到气论,从贬低人道到肯定人道,从否定社会价值到肯定社会价值。④

白奚认为,稷下的学术特点是多元、融合和创新。如齐法家与晋法家就不一样,更多地吸收了儒家的尊德礼、重仁义的思想,使法家思想以比较温和的面目出现。⑤ 稷下学的主流是黄老之学,黄老之学的特点,一是依托黄帝立言,二是道法融合,兼采百家。稷下学者发现道家虽然反对法治,但道家顺应天道和仁性、崇尚自然的思想正可以作为田齐政权变法的理论依据,所以他们找到了"道法结合,以道论法"的新路子,由此便形成了黄老学

---

① 胡家聪:《稷下争鸣与黄老新学》,第7页。

② 胡家聪:《稷下争鸣与黄老新学》,第83页。

③ 胡家聪:《稷下争鸣与黄老新学》,第347~348页。

④ 丁原明:《黄老学论纲》,山东大学出版社,1997年,第21~40页。

⑤ 白奚:《稷下学研究——中国古代的思想自由与百家争鸣》,北京三联书店,1998年,第81页。

派。①《黄帝四经》为黄老学派的奠基之作,早于《管子》。《管子》沿着《黄帝四经》开辟的路径,使黄老之学走向成熟。田骈和慎到不同,前者主张齐万物,慎到则热衷于治国之术。慎到是先秦援法入道的黄老之学的关键人物。并不存在宋尹学派。宋钘偏向主观的精神修养,尹文则突出名法思想。孟子不是稷下先生,其浩然之气之说吸收了《管子》中的精气理论,《荀子》人性论的性恶说、天道观上大自然论、认识论上的虚一而静说,礼法结合的思想,都吸收了黄老之学。

四、道家哲学主干论

1992 年 5 月,陕西省社科联主办"老子思想研讨会"。在会上,陈鼓应提出"道家主干说",辛冠洁、步近智坚持儒家占据官方主导地位,任继愈主张儒道交融互补;也有不少学者认为中国文化是和而不同,不必提哪一家为主干。关于老子的哲学贡献,张岱年提出,老子是中国古代哲学本体论的开创者。朱伯崑认为,道是本原论,本体论是后来的发挥。道家对儒家的影响在于道家首先提出了宇宙论问题。老子提出了形上学,有无之辨经过王弼的阐发,成为儒家哲学本体论的来源之一。在先秦,《易经》没有形成辩证思维的概念范畴和命题,先有老子,后有《易传》,所以,老子是中华辩证思维的奠基人。②

20 世纪 90 年代初,陈鼓应等人提出了道家哲学处于中国文化的主干地位;此后,陈鼓应又进一步论证,《易传》属于道家系统。这两个观点引起了学界的讨论。陈鼓应的道家哲学研究,具有多重意义。90 年代初,由于市场经济等因素的影响,中国哲学研究陷入低谷,著作出版困难,队伍流失严重;尤其是方法论的创新陷入困境。一方面,80 年代中后期关于中国哲学史研究的方法和观点的突破与创新还没有完全进入中国哲学史通史教

---

① 白奚:《稷下学研究——中国古代的思想自由与百家争鸣》,第 95 页。
② 朱伯崑:《重新评估老学——关于深入研究老子思想的几点意见》,《朱伯崑论著》,第480 页。

材,成为共识;另一方面,关于传统与现代化的关系等问题的研究的外在中断又迫使中国哲学史学界重新思考80年代以来中国哲学研究方法的限度。陈鼓应资助出版了《道家文化研究》,为学术研究提供了一个阵地;他所采用的就文本内容本身进行分析的研究方法——虽然也是"五四"以来常用的方法之一——不作宏大叙事式的评论,对打破方法论的困境起到了示范作用。

(一) 道家哲学主干说

关于中国文化的主流,历来有儒家说、儒家为主道家为辅说或儒道互补说。周玉燕、吴德勤与众不同地提出,道家思想在中国传统文化中占"主干地位"。他们提出:"中国传统文化从表层结构看,是以儒家为代表的政治伦理学说;从深层结构看,则是道家的哲学框架。"①道家的主干地位表现在道家"建构了中国传统文化的整个框架,规定着中国传统文化的整个结构和功能,制约着整个传统文化的发展";所以,"中国文化思想发展史从某种意义讲,是以道家思想为哲学根据的儒家纲常名教不断丰富、完善、发展的历史"。② 1989年,陈鼓应提出"老子是中国第一位哲学家,孔子是中国第一位伦理学家";③"老子先于孔子"。"老子建立了相当完备的形上学体系,而孔子在宇宙论和本体论方面是空白的;老子倡导'静观'、'玄览'的认识方法,而孔子在认识论方面则是贫乏的;老子有相当多的辩证思维,而孔子在这些方面则是阙如的。老子是自然主义的,孔子则开创了儒家的泛道德主义传统。"④老子先于孔子原是胡适《中国哲学史大纲》的结论,陈鼓应进行了新的论证,深度远迈胡适之上。1988年,刘笑敢曾就"儒道墨法互补与文化多元"问题采访陈鼓应,陈鼓应提出"中国哲学史以道家为主干"。⑤ 他指出,先秦思想的一个重要渊源,是西周初的礼制文化。春秋战国后,形成了鲁文化、齐文化、三晋文化、楚文化等文化区。鲁文化最保守,基本继承了周代

① 周玉燕、吴德勤:《试论道家思想在中国传统文化中的主干地位》,《哲学研究》,1986年第9期,第19页。

② 周玉燕、吴德勤:《试论道家思想在中国传统文化中的主干地位》,《哲学研究》,1986年第9期,第21页。

③ 陈鼓应:《老子与孔子思想比较研究》,《哲学研究》,1989年第8期。

④ 陈鼓应:《老庄新论》,上海古籍出版社,1992年,第59页。

⑤ 陈鼓应:《道儒墨法互补与文化多元——刘笑敢访陈鼓应》,《老庄新论》,第307页。

"亲亲尚恩"的传统,齐文化提倡"尊贤尚功"发展经济,为稷下学派的形成奠定了物质条件;三晋文化厉行法制;楚文化具有丰富的浪漫主义精神。先秦文化是丰富复杂的,现行哲学史教材给人一种单线纵向发展的印象,过分夸大了儒家的传统,简单化、狭义化了传统文化。儒家的创始人实际是周公,孔子是周公礼制的继承者,已受老子的影响,思孟学派的宇宙论明显受到老子的影响。孔孟儒学实际是鲁学,是邹鲁文化的产物,至荀子,儒学发生了一次重大变化,即齐学化,如受老庄自然观的影响,由礼向法的观念过渡等。董仲舒受齐学中阴阳学派的影响,加深了儒学的齐学化;这是儒学的第二次质变。宋明理学时期儒学发生了第三次质变,理学的理论部分虽仍具有儒学的特点,但其理论结构、思维方式、人生修养都已经道家化和佛学化了。中国哲学史以道家为主干,老子创立了中国哲学史上第一个完整的形上学体系,人生方面"境界哲学"为庄子所开创。老子之后道家哲学有庄子哲学、《易传》两个高峰。老子可以被称为中国哲学之父,各家各派均受其影响。陈鼓应的道家哲学研究内在地受到政治的投射,这从反向提供了知识与存在同构的证据。在冯友兰等人那里,是知识影响他们的存在;在陈鼓应这里,是他的存在影响他的知识。他说:"[20世纪]50年代,我在台湾受教育,正值国民党政权特务统治在岛内进行白色恐怖的捕杀活动处于高潮时期。在这同时,当局刻意宣扬儒家的忠君观念、等级思想、文化保守主义——政治上的儒家和学术上的新儒家助长了当时令人窒息的陈腐空气。这使我在学术上和现实上对儒家思想产生强烈的反感,后来我花了很多心力去注解老、庄,也跟我反对文化保守主义有关。到了大陆,我深刻地体会到政治社会的许多弊端,似乎都可以从儒家同类思想形态中找到根源。"[①]

　　1990年,陈鼓应论证了"道家哲学主干说"。除了上文谈到的观点外,他又指出:"中国哲学中的重要概念、范畴多出于道家。"先秦的道、德,魏晋的"有"、"无",宋明的"理"、"太极"、"无极"、"心"、"性",都为道家首创。"道家对中国哲学史上的每一重要阶段都有影响。"战国以后,在中国哲学的发

---

① 陈鼓应:《老庄新论》,第313～314页。

展中起主导作用的是道家。① 陈鼓应指出,哲学"是对自然界的全部的研究,是期望对事物作一个普遍性的解释",以此而言,则孔子思想称不上哲学,更不能作为哲学的开端。老子学说中贯通天地人的道,无疑是对宇宙人生的"普遍性解释"。从西方哲学看,主流一直是形上学和知识论,政治伦理学只是枝节部分;以政治伦理为主体的儒家非哲学,只有道家才与西方哲学处于同一层次。孔子为中国哲学的创始人、儒家文化主干说乃是两千年经学的产物,削弱了哲学的形上学、知识论和方法论部分,把哲学的概念狭隘化了。②

对于陈鼓应的观点,李存山提出了不同意见。李存山指出,确定"主干地位"的标志,不是哪一家先建立了完整的哲学框架,而是哪一家主要影响或决定了这一框架发展和特殊性质。从比较的角度说,不应把"主流一直是形而上学和认识论"作为标准衡量儒道两家在中国哲学中的地位,而应重点探讨中国传统哲学形上学和知识论何以不发达,即中国哲学与西方哲学不同的特质是如何被决定的。如果说孔子的"人道乃是一种人生哲学,那么孔子在中国哲学史上的地位就在于他确立了中国传统哲学(即'天人之学')的人学主题,这一主题制约或决定了整个'天人之学'的发展";如果说"西方哲学的'主流是形上学与知识论',而中国传统哲学的宇宙论、神论、形上学与知识论远不如西方哲学那样发达,那么我认为这正说明孔子对于中国哲学的影响要超过苏格拉底对西方哲学的影响"。老子的"绝仁弃义"是针对孔学而发的;老子的道与孔子的道相对待,是从天道发展过来的。孔子的天是从主宰到自然之天的发展,老子为纯粹自然的天,取消了天神的存在,对儒家的人道提出了批判。这刺激了儒家构建自己的天人之学,但如果说没有老子哲学,儒家将永远停留在罕言天道的阶段,也不令人信服。《易传》的天尊地卑肯定是儒家思想,"一阴一阳之谓道"取消了老子的道的超越性,庄子的"在太极之先"是"易有太极"的反命题。③ 那么,儒学的天人之学与道家

---

① 陈鼓应:《论道家在中国哲学史上的主干地位——兼论道儒墨法多元互补》,《哲学研究》,1990 年第 1 期。

② 陈鼓应:《老庄新论》,第 334 页。

③ 李存山:《道家"主干地位"说献疑》,《哲学研究》,1989 年第 4 期。

天人之学有什么区别,它又是如何制约和规定传统哲学的发展方向和特质的呢? 李存山指出,在《中庸》的"天命之谓性,率性之谓道,修道之谓教"和孟子的"尽心知性知天"的"天命—人性"框架中,人性来源于天命,即是儒家伦理学的形上学依据,陈鼓应所说思孟学派受道家哲学之深刻影响,似乏根据。孟子的形上学依据的"天"乃是义理之天,是从周代的"德"的依归的"天神"(主宰之天)发展而来的。思孟学派有可能受老学的影响,但有《诗经》的"天生烝民,有物有则,民之秉彝,好是懿德",思孟学派完全可以在没有老学的影响之下建立道德本体论框架。宋代张载的气学、二程的仁学所谓天,乃是《中庸》"天命之谓性"的"天","是一种道德观念的抽象"。后世批评宋明理学杂于释老,都有某一方面的标准,如王廷相批评的标准是"元气之上无物、无道、无理",所依据的是张载的气说,所批评的是"理在气先"之论。这都是儒学内部的分歧。如果以"从天道推演人道"为标准判别儒道,那么,孔子之外,中国哲学史就没有儒家了。所谓"朱子道,陆子禅",可以说他们可能有与老、禅相同之处,但毕竟还是儒家。朱子的理和陆子的心,都具有伦理精神,道家的道和禅家的心,无伦理精神。"如果说宋明理学的'理论构架、思维方式等仍然是道家所确立的',那么,理学史就徒剩下哲学的形式,而哲学的内容都被道家的'主干'取代了"。[1] 李锦全认为,道家思想发展存在二律背反现象,即一方面为现实的反对派提供理论依据,另一方面又是传统文化的理论框架和思维方式的建构者。但对于道家主干说,也应持审慎态度。[2]

　　陈鼓应则认为:"孔子关注人道而不及天道,能否称为'天人之学',颇可疑。儒家的天人之学,乃是孟荀以后,受了老子和稷下学风影响所致。"关于老、孔先后问题讨论中所涉及的"仁义"、"王侯"并称,陈鼓应指出,20 世纪30 年代古史辨派已经解决。仁义是西周以来宗法伦理的主要观念,老子批判礼治文化,孔子维护之,墨子激烈地抨击之。其线索是先有礼制,后有老子的反礼制,再有孔子的重礼乐和墨子的反礼乐。西方哲学是先有宇宙论、

　　① 李存山:《道家"主干地位"说献疑》,《哲学研究》,1989 年第 4 期。
　　② 李锦全:《道家思想在传统文化中的历史地位》,《哲学研究》,1990 年第 4 期。

后有伦理学的,中国也是这样,先有易经的八卦说,老子的道论,后有孔子的仁学。① 1992 年,陈鼓应出版《老庄新论》,着重论述了"道家在先秦哲学史上的主干地位"。他说:"哲学史上的重要论题,如道德说、无有说、动静说、虚实说、天人说、一万说、常变说、反覆说、渐著说等范畴,都溯源于《老子》。""老子哲学便开启了四大派别:一是道家主流派;二是稷下道家;三是楚国黄老;四是道家别派——《易传》学派。此外,老子对其他各家——尤其是儒家、兵家及法家在哲学基础理论上都有重大的启迪。"②陈鼓应考察了关于老子思想发生影响的线路,指出老子学说在淮河流域产生了老、杨、列、庄道家主流派,在齐文化圈产生了稷下道家。稷下道家影响了思孟学派、荀子哲学的天道观和自然观。与稷下道家相交叉的管子学派,使老子哲学在政治经济方面的扩展。老子对兵家的影响是提出了"兵者不祥之器"、"以奇用兵",对孔子的影响表现在孔子提出了对"愚"的称颂、乘桴浮于海的避世想法、"天何言哉"的自然主义天的概念、无为而治的观念。《大学》的明、知止、静的概念,孟子辟杨不及老,《中庸》的道的观念,宽柔以教,不报无道等。荀子的天行有常、虚一而静的观念。对法家的影响是《史记》老庄申韩并传,慎到处于道法之间,申不害、韩非"本于黄老",无为、秉要、平等、客观、国之利器不可示人,老子的去私去己与法家的无知无能同。《吕氏春秋》《淮南子》都是以道家为主,综合其他各家。总之,《庄子·天下篇》所概括 8 家,道家居四;《荀子·解蔽》所列六家,道家居三;《尸子·广泽》所列六家,道家居三;《吕氏春秋》所列十家,道家居五。《汉书·艺文志》所列道家著作达 993 篇,为诸子之冠。"儒家文化处于中国传统哲学的表层,道家文化则居于深层。"

(二) 关于道家哲学主干说的评论

整个 20 世纪 90 年代,"道家哲学主干论"成为中国哲学研究的一个热点,在加深对于道家哲学自身及其他哲学流派的关系、道家哲学在整个中国

---

① 陈鼓应:《对两篇商榷文章的答复》,《哲学研究》,1990 年第 5 期,转引自《老庄新论》第 349～353 页。

② 陈鼓应:《老子与先秦道家各流派——道家在先秦哲学史上的主干地位》,《老庄新论》,第 99 页。

文化中的地位的研究方面,在推进中国哲学研究以及研究方法论的进展方面,都具有非常重要的意义。但是,陈鼓应在论证道家主干地位时,也或多或少地忽略或抹杀了儒家哲学固有的思想,表现出泛道家论的倾向;其论证在方法论上也并非没有可以商榷之处。

朱伯崑肯定中国古代宇宙论有两个系统:一是老子的道生一,一生二,二生三;一是《易传》的太极生两仪。陈鼓应认为,这两个系统之间联系密切。太极生两仪近似于老子所说的道生一,"因而太极说也是源于道论的一部分"。不过,在笔者看来,《易传》还有"乾坤毁无以见易"的乾坤并建、乾主坤辅的思想。《易传》强调对立双方各在一定分寸或尺度上的和谐对待,乾作为刚健的一面具有主导地位,是一种有主导的二元思想,与老子的"有生于无"的一元论思想并不相同。老子的"有生于无"的"无",如果一定要说与《易传》有相同之处,则毋宁说更近于"坤";或者从老子哲学的内在逻辑看,说万物生于坤,而不是乾坤互感,更顺理成章。老子只有"道",且道又以柔弱为主,即以阴为主。在辩证法问题上,《易传》和老子十分明确地表现为贵刚和贵柔的不同。《易传》是刚柔相济,以刚为主。老子偏在柔,以柔克刚。《系辞》谓"刚柔相推而生变化",其内容是刚克柔、柔克刚,两者互克,不是仅仅柔克刚,这也是与老子不同的。这正是"一阴一阳之谓道"的内涵所在,也是两者思维方式的根本差异。陈鼓应说儒家没有刚、没有刚柔对举的思想,并不准确。孔子说"刚毅木讷近乎仁",就是重视刚的思想。《尚书·洪范》的"高明刚克,沉潜柔克"、《诗经·商颂》的"不刚不柔,敷政优优",都是明显的刚柔对举的思想。老子的"反者道之动"、"弱者道之用"和孔子的"执两用中"的差异也是很明显的。老子因为知道物极必反,所以守柔处下,以求柔弱胜刚强,孔子的"执两用中"则克服了偏柔的缺陷。大致在孔子看来,柔、刚、过强形成一个连续的过程,过于柔弱和过于刚强都不是中;"过犹不及",既要反对"过",也要反对"不及"。孔子主张"不为已甚",是反对"过",同于老子反对"极",物极必反。但老子只是反对"过",而要保持不及。中庸或者"执两用中"则包含并超越了老子的"反者道之动"。关于归隐、因循,也不都是来自老子的思想。《论语》中孔子论述了归隐,也说明了因的思想,而老子却没有涉及归隐与因循。伯夷、叔齐作为早期隐者,他们所持的正是儒家的信念。①

由天道推衍人事的思维方式也不是老子或道家独特的。诚如陈鼓应自己所言，这一思维方式来自《易经》，并不是老子首创；可是《易经》并不是道家作品。陈鼓应的矛盾之处是，一方面指出这一思维方式来自《易经》，另一方面又说是老子首创。另外，孔子讲过"则天"的概念，这也是推天道以明人事的思维方式，不能对此视而不见。

在方法论上，陈鼓应以吸收了儒家思想的稷下道家、黄老学派作为道家，然后又说《易传》与二者等有相同之处，所以，《易传》是道家的。这是循环论证，此其一。其二，如果争论的双方，一方说 A＝a，另一方说，A＝非 a，那么双方是可以争论的。但是，如果一方说 A＝a，另一方说，A＝一切，包括 a 和非 a，那么，双方就无法争论了。陈鼓应在方法论上第二个问题正与此同。在他那里，"道家"被泛化到等于一切，传统认为儒家的观念，如刚、尊卑、等级、"致命"等，都被认为是道家的，这样实际上就无法争论了。可见，道家的规定性究竟是什么，还需确定。比较《老子》的各个版本会发现，它的文本有一个被改动的过程，试比较以下几个版本中相当于通行本《老子》第 19 章的差异。

> 绝智弃辩，民利百倍；绝巧弃利，盗贼亡有；绝伪弃诈，民复季子（孝慈）。（郭店甲）
> 绝圣弃智，而民利百倍；绝仁弃义，而民复孝慈；绝巧弃利，盗贼无有。（帛书乙）
> 绝圣弃智，民利百倍；绝仁弃义，民复孝慈；绝巧弃利，盗贼无有。（王弼本）

这里，通行本的"绝圣弃智"、"绝仁弃义"在郭店本分别为"绝知弃辩"、"绝伪弃诈"。仁义礼智圣是思孟学派所谓"五行"，"绝圣弃智"、"绝仁弃义"针对儒家的意味是很明显的。可是，从郭店本来看，便没有特别针对儒家的意味。据笔者考察，《老子》版本似乎是朝着反儒的方向改动的，由此形成了

---

① 乔清举：《论归隐思想及〈周易〉中归隐思想的学派归属》，《周易研究》，2007 年第 6 期。

一个反儒的老子。笔者称此为"逆形成"。① 老子版本的逆形成至少说明老子可能并不反儒,这样,通过反儒来证明老子晚出就不恰当了;老子不特别反儒也有利于老子早出、孔子问学于老子等说法。但这并不意味着根据"绝仁弃义"来判定老子晚出就完全错误。因为包含"绝仁弃义"的版本可能就是晚出的,而且也就是针对儒家的。根据逆形成的特点,进一步把老子本人和《老子》的各个版本分开,判定现存《老子》各个版本中各类思想的演变轨迹,确定哪些是属于老子本人。但,这需要重新审视已有史料,并进一步等待出土资料。不过,逆形成至少从方法论上促使我们在把前人和前人的版本等同方面要更加谨慎。

五、道家哲学研究方法论的多元化开展与"当代新道家"的提出

1995 年 11 月,学界在西安举行"老子:影响与解释"国际研讨会,老子与西方,尤其是德国哲学的联系进入学界视野,会上还提出老子哲学作为中西文化交汇点和新文化模式的生长点的观点。

(一) 老子、道家及其在哲学史上的影响

什么是道家? 冯达文以老、庄为道家的典范,认为其特点是以回归自然为主调的本源—本体论及其价值意义,凡属于这条路线的,都属于道家。老子、庄子是原道家;老庄之后有彭蒙、田骈、慎到、宋钘、尹文等。冯达文认为,宋钘、尹文首创以气解释道,为中国自然哲学的形成和道教的发展铺平了道路。熊铁基提出了"秦汉之际新道家"的概念,如《吕氏春秋》的作者们、马王堆汉墓《经法》四篇等。冯达文认为,他们的基本倾向是引申转换老庄思想以求用世,对于道家的"本源—本体论"发挥不多,没有把道家推向一个新阶段,所以不能称为新道家。② 魏晋玄学可为新道家,王弼把老子的本

---

① 乔清举:《论中国思想史的逆形成特点——以老子为例》,《哲学门》第 13 辑,北京大学出版社,2006 年。

② 冯达文:《回归自然——道家的主调与变奏》,广东人民出版社,1992 年,第 59 页注 1。

源—本体论推进到了本体论。郭象又进一步开出了存有哲学，"把每个个体自我升格为绝对个体"，"万物各自即认自身现实的仁和存在样态为自己的本质"，[1]这表明"现象及其任何变化，都是本质的"。[2] 郭象的存有论为人的个体性确立了根据。宋明时期，道家的思维方式和框架为宋明理学和心学所继承，道家哲学作为一种境界追求，通过理学和心学得到了翻新，所以，宋明新儒家可称为"儒道家"，他们的本体论可以归入道家本体论。

在 1995 年的西安会议上，与会学者还就老子哲学的性质与特点进行了讨论。刘蔚华认为，老子哲学基本上是自然哲学。金吾伦也论证老子的道论是生成论，现代物理学已经揭示了构成论的不足，海森伯用"潜势"取代微观物理的组成、构成、分割等概念，以解决"量子力学悖论"。"潜势"概念类似于道。蒙培元认为道不是实体，而是超越的境界，是真理境界、道德境界和审美境界的有机统一；老子哲学是境界论。王德有把老子哲学概括为"立于常道观人间"的境界。赵馥洁则从人的价值实现的角度说明老子的境界问题。臧宏认为，道不仅是境界，也有一套完整的方法。

关于老子和中国文化的关系，任继愈认为，老子思想有三个来源和三个组成部分：三个来源是春秋时期社会的混乱、旧秩序的崩溃和仁义口号的虚伪性。三个组成部分是荆楚文化、古代文化遗产和前人的经验；李中华指出，《易经》六十四卦卦爻辞的语言、义理尤其是辩证法思想对《老子》都有影响。罗炽认为，儒道同源，老子、孔子之学术同源于《易》，同反映一个相同的社会背景，其歧异在于治道。关于老子对于中国哲学文化的影响，任继愈认为，宗教、哲学、政治与军事是老子影响中华民族的三个方面。王葆玹以先秦文献不见道家之名为线索，指出先秦道家分为南北两支，北派崇尚黄老，与法家混融；南派崇尚庄老，排斥法家而标榜个人自由。李刚通过对"重玄学"的分析，指出中国哲学也有一分为三、三合为一的传统。

关于道家对于儒家的影响，也成为一个热点，任文利认为，老子的许多思想是由庄子显现出来的。陈鼓应认为老子主张相对关系的转化，庄子则

---

① 冯达文：《回归自然——道家的主调与变奏》，第 91 页。
② 冯达文：《回归自然——道家的主调与变奏》，第 92 页。

超出此相对关系提出了生命精神境界说;庄子对荀子、韩非、《吕氏春秋》都有影响,对文学艺术美学的影响也超过了老子。吕锡琛探讨了道家与民族性格的关系,认为两者是双向互动的关系,道家思想反映了民族性格的理性,同时,道家思想也陶冶着民族性格,民族成员对道家思想的认同和实践又推动着道家的发展。道家思想对于中华民族的影响包括天人合一的思维方式、顺应自然的行为原则、抱朴守真的价值取向、崇俭抑奢的生活信条、柔弱不争的处世之道、注重养生的人生追求等。道家影响中华民族性格的途径有封建统治者的倡导、家庭教育、历代家训、知名人士对于道家典籍的注释等。① 胡孚琛认为,原始道家以老子为代表,来自伏羲时代母系氏族文化的原始宗教,《诗经》《书经》中多有道家思想,《易经》中也多有道家思想,老子将原始道家思想保存了下来。关于老子哲学的基本范畴,许抗生认为,道为先于万物的本原世界,与物的世界相反。刘笑敢认为,“自然”为中心价值,“无为”为实现价值的方法,“道”和“德”为自然和无为提供形上学论证。“无”为有而似无之“无”,不是“有而后无”之“无”或绝无的“无”。王博认为,“自然”都是在说明道与万物或者百姓的关系上使用的,主语均为万物与百姓,“自然”主要是一种政治原则。郭沂认为,“自然”是万物初始的存在状态,无也是存有的绝对状态。

(二) 老子与德国文化

关于老子与西方哲学的比较,德国学者沃尔法特(Wohlfart)认为,老子哲学与赫拉克利特相似,属于前形而上学家或非形而上学家。薛华分析了德国哲学家对老子的接受,指出海德格尔对“道”的认识为老子的解释开辟了一个广阔的维度,梢尔茨(Scholtz)具体分析了18～19世纪德国学者对于老子的解释,认为18世纪时德国哲学家基本上还没有了解《道德经》,19世纪温蒂希曼和谢林认识到老子表达了人类史上最早的一种智慧,认为老子是一位意义重大的形而上学家、神秘论者、通神论者,这种观点最终成为主流。霍尔茨(Harald Holtz)研究了谢林和雅斯贝尔斯哲学的“道”的概念。他指出,谢林晚年不把“道”译作“理性”,而是译作“门”,老子哲学对“道”的

---

① 参见吕锡琛:《道家与民族性格》,湖南大学出版社,1996年。

否定性的、矛盾的描述被谢林看作所有存在世界的超验的、超越根据的特征。雅斯贝尔斯重视"全体"与"道"之间存在联系,晚年对《老子》的部分章节进行了和平主义的解释。瓦尔特·施外德勒(Water Schweidler)认为,海德格尔首先不是把老子作为哲学家或宗教家,而是作为伟大的发言人来看待的。在海德格尔那里可能找到与老子的可比较性或可能的衔接点,如"道"的思想作为唯一发生的东西与 Ereignis 的思想在晚期海德格尔那里起着相应作用,"无"的被设定及其结构的意义与存在的结构和逻辑具有可比性。老子思想对海德格尔的转折起了一定作用,使他远离了作为唯一思想背景的西方哲学传统。海因利希·盖格(Heinrich Geiger)研究了老子哲学对于 20 世纪德国艺术家和艺术理论家的影响。关于西方,尤其是德国为什么接受《老子》,弗罗里安·莱特(Florian Reiter)认为在很大程度上是由于拙劣译本的想当然的解释,也为在基督教信念和所谓"印度—日耳曼"传统之外的另一种出路。焦树安认为,在重建与改造中国传统文化理论的基础时,要吸收老子哲学之长,补儒家之短,老子提出的概念与现代物理学有相近之处,这有可能成为中西文化交汇点和新文化模式的生长点。

(三) 道家的地域特点

李学勤把马王堆汉墓帛书《黄帝书》与《国语·越语下》进行了比较,认为《黄帝书》应作于战国早中期,《越语下》成书于战国前期。这一结论有利于道家属于南方文化的结论。张智彦认为,道家是含有南方蛮夷色彩的华夏文化,楚国为老庄思想的发源地。罗祖基则认为道家文化属于北方系统,老、庄都是殷周遗民后裔,原始道家形成于春秋战国时期,黄老之学形成于战国中期,开创于齐国。谷方认为,齐国是黄老之学的发祥地、研究和传播中心。知水认为,马王堆帛书《黄帝书》可能出自齐人,道家对齐国的影响更大。黄钊认为马王堆出土的经法等四篇有 130 多处与《管子》相同,故此四篇可能出自齐人之手。

(四) 老子哲学的人类学解读

在人类学看来,原始人的创世观念认为,时间和生命都是循环往复运动的,宇宙间一切生命和一切运动都开始于创世神话的神圣开端。叶舒宪据此提出,老子哲学和远古神话有密切的关系,"反者道之动"的"反"是人类永恒回归神话,老子所说的"古始"、"无极"都是创世的神圣开端。一年一度的新年礼仪就是对创世神话的象征性重演。"老子哲学脱胎于永恒回归的神话,并将回归扩展到宇宙、生物、社会及人类个体。"①老子把天地开辟前的混沌作为完美的化身,而不是像域外神话把天地开辟后的第一个阶段作为黄金时代,这一价值观反映了老子还保留了史前宗教的大母神崇拜。"天地之根"、"玄牝"等,都是大母神,宇宙万物则是大母神所生。复归混沌表现了大母神的原型作用。普珍认为,云南彝族等少数民族的混沌宇宙观和道家哲学中的混沌宇宙观十分相似。彝族的尚左尊黑、民俗中的混沌宇宙观和万物雌雄观,都是老子哲学概括的内容。溯源地看,周秦时期羌族曾经散居各地,老、庄所在的河南鹿邑、商丘一代也有羌族,"老、庄很可能是古羌戎或受古羌戎文化影响的哲人"。② 老子姓李名耳,"李耳"在江淮之间即是老虎,江淮之间曾是古羌族的活动区域。③

(五) 道教内丹心性学研究

张广保的《金之全真道内丹心性学》对宋明以来道教的心性学说进行了详细的研究,这是 1949 年以来国内第一本关于道教内丹心性学的著作。作者把道教内丹心性说与佛教、理学的心性说进行了比较,指出北宋后期和金代,张伯端、王重阳分别建立了南北新道教,以心、性范畴解释道教中的神、道范畴,以身心、性命双修来对应禅宗的明心见性,由此建立了道教的心体、性体、神体、虚体等概念,在理论思维上达到了与佛教、理学比肩的地位。新道教强调性命、身心的融合、双修,其心性理论比禅宗更开阔,比理学更飘逸。④

(六) 道家文化的现代价值与"当代新道家"

葛荣晋指出,长期以来,人们"很少把目光投到道家思想在当代的社会价值"这一领域,"使老子及其道家思想的研究就变成了一个与现实生活毫

---

① 叶舒宪:《老子哲学的人类学解读——兼论儒道对峙的神话根源》,《陕西师范大学学报》(哲学社会科学版),1993 年第 5 期,第 44 页。

② 普珍[彝族]:《道家混沌哲学与彝族创世神话》,云南人民出版社,1993 年,第 95 页。

③ 普珍[彝族]:《道家混沌哲学与彝族创世神话》,第 118~119 页。

④ 张广保:《金元全真道内丹心性学》,生活·读书·新知三联书店,1995 年。

无关系的纯学术问题,使老子思想研究失去了现实意义"。① 鉴于此,他主编了《道家文化与现代文明》一书,把研究的视角"从对道家思想本身的研究转向对道家思想的当代社会价值",揭示道家思想在当代社会各个领域的作用和价值,"把道家思想与现实生活联系起来,使道家思想具有强大的时代生命力"。这既是对中国出现的民族虚无主义的否定,也是对世界范围的"道家热"的回应。② 他还主编了《儒道智慧与当代社会》,论述了儒家的天人合一、道家的道法自然与现代生态伦理的关系,道家文化与科学发展的关系等。③ 葛荣晋认为,道家思想和儒家思想一样,本质上也是一门"人学"。道家人生哲学和儒家人生哲学是人生全过程的不同侧面,两者互补,共同构成人生的全过程。老子哲学对于中国古代和当今世界文化各个方面都产生了深刻的影响。老子哲学对于医学的影响是形成了"生物—心理—社会"的医学模式,现代医学证明,西医的纯粹生物医学模式正在被中医的模式所取代。老子对于当代文学的影响是形成了朦胧诗、寻根文学、现代派、先锋小说等。老子对于中国画的影响在于形成了东方特有的时空观念、思维方法、审美理想、艺术追求等。没有老、庄思想,就没有中国独特的书画艺术。老子对于当代农业的影响是促进了当代农业变革,日本著名农学家福冈正信根据老子道家思想,创造了"自然农法",顺应自然,不耕地、不施农药、不锄草、不施肥,获得成功。老子思想"返归自然"的理想,对于当代环境保护,对于建筑,对于科学,都有重要影响。霍金的宇宙理论与老子的有生于无的道论相似,《道德经》至今仍然是道教的重要经典。老庄与西方诗人哲学家尼采、柏格森、海德格尔等,在价值观上,都主张重估价值,在思维方式上都主张直觉;在本体论方面,道和存在有相似性,都反对以主客对立的知识论的方式看待"存在"或"道",力图从存在的直接性入手解决本源问题。陈鼓应分析了老子的"道"对现实人生的指导意义,张智彦认为老子的和谐思想可以进行现代转化,李霞认为老子的本根之道可以培养高瞻、追根意识等。冯

---

① 葛荣晋主编:《道家文化与现代文明》,中国人民大学出版社,1991年,第1页。
② 葛荣晋主编:《道家文化与现代文明》,第1页。
③ 葛荣晋主编:《儒道智慧与当代社会》,中国三峡出版社,1996年。

达文也肯定了道家思想的当代价值。他指出,道家所面临的是一个变动激烈、价值丧失的社会;道家提出的解决方式是"回归自然"。当代社会也面临着急剧的变化,不少人呼唤儒家的复兴,其实儒家执著于"有",不如进一步达到"无"的精神境界。所以,应该复兴的是道家。道家解决问题的方式在特定范围内有其价值,可以缓解人与自然的关系、缓和人的物质欲望、引导人们的生活情趣等,这是道家的现代意义。不过,冯达文又指出,复兴道家并不是解决社会弊病的根本出路,"人绝不可以从与自然的对待关系中退出以至于回到与自然统一的状态来求得自己的生存,当然也绝不可以从与社会与他人的对待关系中退出以求得心灵的宁静"。① "现代精神文明建设的柱石,是马克思主义",②所以,在研究方法上,他强调"社会存在决定社会意识的原理,逻辑与历史统一,是我们研究道家哲学的指南"。③ 刘学智对于老子学说的现代价值研究的方法论问题进行了反思,他指出,老子的时代意义、现代价值存在于传统与现实、历史客体与现实主体的关系中,是历史上一代代的接受者的理解创造。作者的原意只有通过历史的解释活动才有时代意义。这样,所谓"原意"就和时代意义合二为一了。他重视"自然"在当代的生态意义、"无为"对于市场经济的不干涉意义。④

　　董光璧提出了"当代新道家"的概念。他集中探讨了中国古代道家思想的"现代性和世界意义",指出道家发展出了它的"现代形式",英国的李约瑟、日本的汤川秀树、美国的卡普拉都是当代新道家。李约瑟还称自己为"名誉道家"。他认为,科学有机械论和有机论两种模式,机械论世界观已经过时,未来科学发展将采取有机论模式。道家是"有机人道主义"的世界观,道家思想的世界意义就在于在人类历史的转折时期,为人类提供了"新的文化复兴和启蒙运动的起点"。⑤ 汤川秀树从道家哲学中发现了对科学研究

---

① 冯达文:《回归自然——道家的主调与变奏》,第290页。

② 冯达文:《回归自然——道家的主调与变奏》,第291页。

③ 冯达文:《回归自然——道家的主调与变奏》,第291页。

④ 刘学智:《关于探讨老子学说的现代价值的方法论思考》,《陕西师范大学学报》(哲学社会科学版),1994年第3期,第33～34页。

⑤ 董光璧:《当代新道家》,华夏出版社,1991年,第35页。

极有意义的"直觉思维"。卡普拉从中发现了"生态智慧"。他说:"在诸伟大传统中,据我看来,道家提供了最深刻并且最完善的生态智慧,它强调在自然的循环过程中,个人和社会的一切现象和潜在两者的基本一致。"①在《物理学之道》中,卡普拉强调物理学范式的改变:从部分到整体、从结构到过程、从"客观"到"认知"、从"建造"到作为知识隐喻的"网络"、从真理到似真理的转变。② 他要求进行基于道家和《易经》理论实行"文化革命",未来文化模式应吸收道家的"阴性"的特点,做到东西方的平衡、人文文化与科学文化的平衡。③ 董光璧认为,当代新道家有其理论表现形式。形式之一是"道实论"。老子的道是有无的统一,无不是没有,而是包含着无限生机的"无"。数学上的"○"、物理学的"真空"、汤川秀树在研究基本粒子时提出的"空域"、卡普拉的与"道"或"气"相似的"场"的概念,都是道家思想的最新表现形式。当代新道家的理论表现形式之二是"生成论"。西方传统科学是构成论的、几何的、演绎的。海森伯在量子场论的研究中提出了粒子的生命和转化问题,这是基于生成论的。霍金的宇宙大爆炸理论提出了宇宙的开端是无中生有的思想,老子所设想的宇宙的开端是"道"。美国物理学家惠勒提出的"质朴性原理",没有定律的定律,它又包含一切定律,这类似于老子的兼有本原和秩序法则的道。当代新道家的第三种形式是"循环论"。卡普拉根据中国道家哲学和无形理论认为自然界、人类社会都具有循环的特点,循环的规定是"阳极生阴,阴极生阳"。董光璧认为,宇宙的演化是循环的,能量也有可能是循环的。当代新道家的第四种形式是"无为论","禁止违反自然的行为"。李约瑟认为,作为应对现代技术社会的危机的"科学人文主义",其古典楷模就是道家的"自然无为"。④ 在认识方法上,老子的直觉和怀疑相结合的思想也是科学发展的法宝和指路明灯。

　　董光璧研究这个题目的意图和卡普拉一样,也是要呼唤一种新的文化。他根据"当代新科学的世界观向东方特别是道德家某些思想复归的特征",

---

① 董光璧:《当代新道家》,第63页。
② 董光璧:《当代新道家》,第70～71页。
③ 董光璧:《当代新道家》,第73页。
④ 董光璧:《当代新道家》,第124页。

提出了"新启蒙运动"的观点。他认为,18世纪的启蒙运动是以"分析重建法"和"经验的原则"为方法论特点,"新启蒙运动"的方法论原则是生成论和经验原则相结合的"整体生成法"。"人和自然应该是和谐的整体,科学文化和人文文化要求平衡,东方文化和西方文化要融合,整个宇宙都处在动态平衡的循环运动网络之中";①他提倡建立"以科学新成就为根据,贯通古今、契合东西的新文化观。这是一种基于文化趋同性的世界主义的文化观"。②

胡孚琛也提出了建立新道家的思想。他所说的"道学"包括传统的道家、道教和方仙术。他指出,"道学"的概念可以定义为"以老子的道的学说为理论支柱的整个文化系统,其中包括道家的哲学文化、道教的宗教文化,还有仙学的生命科学文化";③"老子为道学之宗。"④关于道学在现代社会的意义,胡孚琛提出了九个方面。第一,道学的"平等、宽容精神,符合世界上全球一体化的时代潮流";第二,道学"祈求太平,爱好和平"的思想可以成为"反对强权政治,反对战争的理论武器";第三,道学"周穷济急、救人救物"的思想符合"人道主义观念";第四,"天人合一、回归自然的生态智慧"可以启示我们寻求一条"适合中国国情的新道路";第五,道学的"返璞归真、反对异化的价值取向",可以帮助人类"恢复人的本性和生活的自然状态,消除人类的生存危机";第六,道学"崇俭抑奢、知足守道的生活原则""对社会人心有着现实的教化意义";第七,道学"尊重女性、敬老爱幼、慈善谦让"的观念是一种符合社会发展的伦理观;第八,"少私寡欲、无己无待的人格修养"是"解脱人的心灵枷锁的仙丹妙药,是通向大道的人格修养途径";第九,"重生养生、功行两全的修持方式"要求不走"弃世遁世的道路,而要为促进民众的健康尽力,为老百姓的生死存亡说话",是"有意义的"。⑤

总之,胡孚琛认为,"道学文化中蕴藏着中华民族崛起的生机和希

---

① 董光璧:《当代新道家》,第136～137页。
② 董光璧:《当代新道家》,第2页。
③ 胡孚琛:《道学理论——道家、道教、仙学》,社科文献出版社,1999年,第7页。
④ 胡孚琛:《道学理论——道家、道教、仙学》,第3页。
⑤ 以上九点,见胡孚琛:《道学通论——道家、道教、仙学》,第101～107页。

望……新道学是中华民族迎接全球一体化奔向大同社会的文化战略",①所以,应该"在整个学术界迅速成长期一批道家学者,改变陈旧的经学式的治学方法和思维模式,努力吸收现代科学的哲学精华,实现道学的现代化,出现一批中华民族的当道新道家";②并以"道学的精华发展马克思主义哲学"。③

从20世纪80年代初到90年代末,道家哲学与文化研究的进程呈现为一条十分明晰的从判定唯物主义或唯心主义性质、遗产继承到对象化的客观性、知识性研究,再到研究者和研究对象融为一体,把道家作为文化建设的出发点的诠释性、建构性态度的转变。在这种转变中,传统通过理解、通过诠释、通过建构被建立起来了,成了活的东西了。这是民族理性走向成熟的表现。

第七节　两汉哲学

一、汉代哲学大势

对于汉代"罢黜百家,独尊儒术",王葆玹认为,汉代思想分为三期:第一期是汉初到武帝建元年间,官方尊崇黄老之学,兼容百家,黄、老二经博士与诸子传记博士并存;第二期是武帝建元年间到成帝建始二年,官方政策以儒家为主,兼容百家,五经博士与诸子传记博士并存;第三期为成帝建始二年开始,形成罢黜诸子博士,儒家独尊的局面。罢、尊都不是汉武帝的创举。汉初"因循"的含义之一是因循秦制。汉武帝支持儒家,意在破除秦代官方文化的影响。他不过是"罢黜秦代官方奉行的刑名法术之学,并将主张因袭秦制的黄老之学由经学贬低到子学"。④ 汉武时期的历次学术运动,都是为

---

① 胡孚琛:《道学通论——道家、道教、仙学》,第689页。
② 胡孚琛:《道学通论——道家、道教、仙学》,第10页。
③ 胡孚琛:《道学通论——道家、道教、仙学》,第110页。
④ 王葆玹:《中国学术从百家争鸣向独尊儒术时期的转变》,《哲学研究》,1990年第1期,第108页。

了兴起儒家。建元六年,田蚡任宰相,"绌黄老刑名百家之言,延文学儒者数百人",此即以儒家为主,兼容百家,压制秦代官方刑名法术、纵横之学。武帝建元五年在七十子博士之外,又设立了五经博士。从博士制度上看,"罢黜百家"的意义只在于罢黜文帝时设立的诸子传记博士,"独尊儒术"则只在于设立五经博士。"罢黜百家,独尊儒术"发生在成帝时期,是由大司马将军王凤完成的。由于王凤专权是王莽篡汉的先导,所以班固在《汉书》中把这一事件放到武帝年间;又由于刘歆、扬雄等人的史作皆失传,所以武帝罢黜百家遂谬说流传。对于王葆玹的观点,黄开国提出了不同的看法。他认为,武帝支持儒学和反对黄老都不是为了反对秦代官方文化,而是汉初以来学术发展的必然。武帝时期共有六次尊儒活动,除了罢神汉之学、明堂制、黜黄老刑名外,还有三次:(1)建元五年初置五经博士;(2)元光元年诏举贤良对策;(3)元朔五年为经学博士置弟子员。这些都是"罢黜百家,独尊儒术"的不同步骤。建元五年置五经博士表明儒学取得法定国学的地位,元光元年诏举贤良对策,董仲舒此次提出了"罢黜百家,独尊儒术"的建议,一般认为董仲舒首次倡此议,其实这个倡议不过点明了此前武帝置五经博士的实质,真正意义在于彻底罢黜黄老,完成儒学独尊的转变。及至窦太后死,田蚡为相,绌黄老刑名百家之言,延文学儒者百人,这标志着"罢黜百家,独尊儒术"的实现。博士是一种官制,博士官和五经博士不同,前者是"掌古通今",后者是教授经学。汉武帝设置五经博士,是他独尊儒术,使儒学取得唯一国学的重大措施。关于武帝、宣帝在七十子传记博士之外又增设五经博士和经学博士,黄开国认为不可靠。所谓博士七十人,是秦代官制,汉文帝时,可靠的博士只有申公、公孙臣、贾谊、韩婴四人。所谓成帝时归家的七十人,不过是当时的方士。关于西汉的学术大势,黄开国同意三期说,也同意汉初为崇尚黄老,但他认为第二期为"独尊儒术",第三期为成帝时到汉末,为谶纬神学的兴起。关于第二阶段,表现有三:学官所立皆五经学博士,诸子无一博士;只有儒学成为获取官职的手段;儒家典籍成为法定的决策依据。

对于黄开国的商榷,王葆玹认为,汉代的政治文化到宣帝时仍然是"霸王道杂之";秦汉初起,尊儒和尊经有别,尊儒与"独尊儒术"尤有差别。

罗列尊儒事实,并不能证明儒学已经进入"独尊儒术"的时代。"独尊"一事不能早于董仲舒的"对策"之前。董仲舒何时上"对策",没有准确记录,王葆玹考证为元朔五年。田蚡任宰相并绌"黄老刑名百家"事在建元六年至元光四年,远在董仲舒上"对策"之前,"绌"并未导致黄老百家在官学中消失,说田蚡的措施标志着"罢黜百家,独尊儒术"的最终实现缺乏依据。武帝第二次策问,提到"大夫待诏百有余人",证明当时受到策问的不止董仲舒一人,武帝第三策指责"条贯靡竟"、"统纪未中",表明他对对策不满,很不信任,说董仲舒"罢黜百家,独尊儒术"的建议得到采纳,只是臆测,班固的记录都未明确肯定,董仲舒对策后所任的官职胶西相次于三公九卿,也未见董仲舒受到重视。"罢黜百家,独尊儒术"在西汉人看来是一种"更化",《汉书·礼乐志》说武帝对于"更化""不暇留意",这也表明董仲舒的建议未被采纳。对策中"立太学"的建议受到重视,朝廷"因旧官"设立博士弟子员,"因旧官"表明博士中的黄老学者并未遭到罢黜。可见,武帝未实行罢黜百家独尊儒术的建议。关于文帝时"博士七十余人",《唐六典》卷21引应劭《汉官仪》也说,"文帝时博士七十余人";《汉书·百官公卿表》说西汉博士"员多至数十人",对此并不存在反证,所以不能轻易怀疑。王葆玹认为,李斯向秦始皇建议:"非博士官所职,天下有敢藏《诗》、《书》、百家语者,悉诣守、尉杂烧之。"可见,《诗》、《书》为古代官书,作为经的地位,也是秦代所承认的。《诗》、《书》高于一般著作,受到儒墨等学派的共同诵习。刘歆《七略》和班固《艺文志》都将儒家著作列入《诸子略》,而不在《六艺略》,说明六艺或六经高于一般著作,李斯把《诗》、《书》与"百家语"区别开来,也表明了六艺在秦代也是得到官方承认的。《六艺略》中有《诗经》二十八卷、公羊《春秋经》十一卷、古经十二篇等,这些都是汉武帝之前的旧书,经过刘向的校订,其中的"经"字是原有的。可见,汉景帝时已经有区分经、子的观念。战国时老子等称为子,汉文景时把老子等改为经,这从马王堆出土的帛书《黄帝四经》中也可以看出。汉武帝没有"罢黜百家",从史书上也可以看出。汉宣帝称颂汉武帝的功德,唯独没有提到罢、尊事宜。成帝后,董仲舒威望逐步提高,班固主张宣汉,贬斥王莽篡汉,在没有确切史料的情况下,看到董仲舒有此建议,便把"罢、尊事件"放到了汉武帝时代,从而形成历史性误会。①

梁宗华认为,儒学在汉代一直没有停止发展。文帝、景帝都设有经学博士,儒家思想经过陆贾、贾谊,已与先秦时代有了较大差异,到董仲舒,儒学经过改造,适合了大一统国家的需要,取得了独尊的地位。汉初儒学自觉地承担了积极入世的精神,有浓重的现实感,敢于通变,不拘一家。实践方面,叔孙通根据儒家礼仪而稍加变通,制订了朝廷礼仪。陆贾使汉高祖接受儒家思想,汉高祖淮南过鲁,大祀孔子,这是中国历史上帝王拜祭孔子的第一人。陆贾的思想以仁义为本,又贯穿了无为。他所说的无为是和儒家的仁义结合在一起的,行仁义即无为而治。同时,陆贾也吸收了法家思想。贾谊对儒家思想也作了新的发展,鉴于汉初积累的社会矛盾,他反对无为,主张礼治,巩固中央集权,维持社会稳定,保证国家的长治久安;贾谊吸收了法家君尊臣卑的思想。②

二、董仲舒研究

李宗桂对董仲舒研究方法与方向进行了反思。他指出,1949 年以来,国内董仲舒研究方法有一个从单一到多元的发展过程,具体表现为从阶级论、对子论、板块论,到圆圈论、协同论、系统论。就缺点而论,首先,由于受固定思维方式的影响,总是不自觉地落脚于政治作用层面,且用一种方法排斥另一种方法,缺乏方法间的沟通。其次是研究视野狭窄。所以,要推进董仲舒哲学研究,必须做到方法论上多样性的统一,哲学的、历史的、文化学的、人类学、社会学等方法都可以运用。今后的方向是"把董仲舒思想作为一种文化现象来研究","从秦汉思想文化形态的形成机制、结构、功能着眼,从文化的'大传统'与'小传统'的关系的角度,从中国文化价值系统的形成及其嬗变的视角,探讨董仲舒思想的内在文化特质和历史作用";"点线面结

① 王葆玹:《天人三策与西汉中叶的官方学术——再论"罢黜百家,独尊儒术"的事件问题》,《哲学研究》,1990 年第 6 期。

② 梁宗华:《西汉初年儒学发展的演变》,《哲学研究》,1994 年第 7 期。

合,进行具体而不烦琐,抽象而不空洞的研究";"从社会思潮的兴衰递嬗,从中国文化的精神方向的角度,研究董仲舒思想"。①

　　任剑涛把董仲舒思想放在儒家伦理政治化的线索上看待。他认为,孟子、荀子都未能完成"伦理与政治的完全互释或双向涵摄"的任务,汉代建立了统一的国家政权,使得董仲舒能够完成"将伦理与政治融进天的系统之中,完成伦理与政治的同构化任务"。② 董仲舒的公羊学实际上是要"将乱世中曾经发生过效用的伦理政治观念,透入汉时政治生活之中;通过对古人(孔子)的'微言',将中间蕴涵的由天而规定的伦理政治'大义'伸张进缺乏保障系统的儒家伦理政治的理论建构之中"。③ 董仲舒言天,意图在于提出天人感应。对于承天意的王者,董仲舒规定了权力的可靠保障,另一方面,由气与阴阳五行的关系,又构造出了君、臣、民的基本的伦理格局,依照伦理格局确定政治的尊卑,建立了对于君道的确定不易的形式上的忠诚。董仲舒的政治公式是"屈民而申君,屈君而申天","天"把伦理和政治融化于自身,避免伦理蒙蔽政治和政治消融于伦理的缺失,保障伦理政治的顺利运行,由此完成了伦理型政治的建构,政治和伦理的同构。在实践上,从孔、孟、荀的官学疏离到董仲舒的国策咨询,伦理政治开始发生效力。

　　关于董仲舒的历史观,学界普遍认为是循环论。王永祥提出了相反的意见,他指出,董仲舒的历史观是螺旋发展形式的进化史观。学界通常把"天不变,道亦不变"作为董仲舒形而上学历史观的论据,但这只是他的历史观的一种情况,即"继治世者其道同",此外还有第二种情况,即"继乱世者其道变",所以,不能仅用"天不变,道亦不变"来概括董仲舒的历史观。汉代继秦代大乱之后,就要"少损周之文致,用夏之忠者",所以大乱之后必须"更化"。王永祥接着指出,"三统三正"确有一些循环论的特色,

　　① 李宗桂:《评海峡两岸的董仲舒思想研究》,《哲学研究》,1990 年第 2 期。
　　② 任剑涛:《伦理和政治的双向涵摄——董仲舒思想再诠释》,《哲学研究》,1999 年第 3 期,第 38 页。
　　③ 任剑涛:《伦理和政治的双向涵摄——董仲舒思想再诠释》,《哲学研究》,1999 年第 3 期,第 39~40 页。

但董仲舒历史哲学中更重要的是新王制作礼乐的思想,其所谓"礼",涉及大纲、人伦、道理、教化等内容的变化。所谓"王者有改制之名,无易道之实",仅指继治世者。从董仲舒的历史哲学的实质来看,忠、敬、文的改变包含着对于前代的因革损益,是前进和进化。董仲舒赞成汤武革命,也说明他的历史观是带有螺旋式的进化论。① 的确,王永祥所说是有道理的。董仲舒在主观意图上是为汉立法,不可能仅仅主张不变。事实上,董仲舒有两种"天命"思想:设立君主为民的天命,立足点在民;一家一姓的王天下的天命,两者不同。

三、《淮南子》研究

对于《淮南子》的物类感应思想,陈静、温韧都进行了分析。陈静认为,《淮南子》的物类感应观念反映了对世界的普遍联系和分类的认识水平;而它把异类事物也拉入感应的范围,则为神学敞开了大门,终于成为和董仲舒的"天人感应"相通的神学概念。温韧认为,感应有两种形式:一是类似牛顿万有引力的"超距作用";一是必须借助于某种媒介的感应。《淮南子》主张"同气相动",感应的中介是气;感应的动因则是"物自然"。《淮南子》的"物自然"的思想占主导地位,不仅适用于生成论,也适用于感应论。但这一思想《淮南子》未能一以贯之地坚持。《淮南子》并不完全否认"意识天"的存在,但与董仲舒不同的是,在《淮南子》那里,"气"为最高概念,具有宇宙本原的意义;在董仲舒那里,"天"为最高概念。由于气在两者体系中的地位不同,所以,同样用气来论述天人感应,也有目的论和自然论的不同。不过,只从《淮南子》的天人系统不受外力支配这一点,也不能说明其天人感应是自然性的,只有把"意识性"和"外在性"结合起来进行分析才能得到肯定的回答。自然的气和社会属性之间的张力、无为和有为之间的张力表现为,无为说要肯定自然规律的不可违背,有为说又要高扬人的主观能动性,满足了为新的统治集团服务的目的。"气"的自然属性和社会特征之间的悖论的根源

---

① 王永祥:《董仲舒历史观再探》,《哲学研究》,1993 年第 9 期,第 70 页。

即在于此。①

四、王 充 研 究

周桂钿认为,王充在灵魂论方面可以与柏拉图媲美,在扫除迷信方面可以与伏尔泰媲美,在强调证验、提出"知为力"亦即"知识就是力量"方面,可以说是中国的培根。王充比培根早 1500 年,应该说培根是中国的王充。王充又被认为是社会的病理学家、怀疑论者、批判哲学家、自由主义者等。准确地说,王充是一位执著求真的唯物主义哲学家。他具有超前的科学精神,19 世纪末西方科学传入中国以后,王充的科学精神才得到重视。② 周桂钿还撰写了《虚实之辨——王充哲学的宗旨》,对王充哲学进行了详细的论述,肯定了王充"执著求真"、"超前觉醒"的特点。③ 关于《论衡》中的"瑞应"思想,周桂钿认为,这并不影响他的人格,他的历史观是进步史观,汉代胜过周代,所以他认为,如果说瑞应,汉代比周代更多。"他的实际思想是,认为太平与否,主要看人民生活和社会安定,而不是看瑞应。"④

对于胡适以来赞扬王充的科学精神的做法,陈静、孙希国等人提出了不同意见。陈静认为,王充与天人感应论的对立,不是科学与迷信的对立,而是两种不同的社会人生观的冲突。"五四"以后,随着科学观念的深入人心,王充因为批判"天人感应"思想而受到赞赏,但这其中包含着深刻的误解。王充反对天人感应,"并不是因为它不'科学',而是因为它蕴涵了王充所不能接受的价值观;他批判的目的也不是开拓一条更为真实地认识自然的道路,而是表达他本人对于社会和人生的理解"。"我们可以赞扬王充给予'天人感应论'的揭露和批判;但是,若因此认为他是中国的培根把'科学'二字

① 温韧:《淮南子感应观新探》,《哲学研究》1997 年第 12 期。

② 周桂钿:《论中外学者论王充》,《哲学研究》1992 年第 2 期。

③ 周桂钿:《虚实之辨——王充哲学的宗旨》,人民出版社,1994 年,第 412~416 页。

④ 周桂钿:《虚实之辨——王充哲学的宗旨》,第 412~416 页。

随便加到他的头上,却也是一个极大的误解。"①王充对董仲舒天人感应的批判有两点:一是"虚",一是"妄"。事实上的不真为虚,价值上的不对为"妄"。这表明王充也是把价值判断和事实搅在一起的,这当然不是科学的立场。王充所批判的对象,其实也不是董仲舒。《论衡》二十多次提到董仲舒,都是称之为"大儒"等,他的批判对象"说灾异之家"、"变复之家",可能都是当时社会上的通俗理论家。王充批判天人感应论,则主要集中在天报善恶论。他所批判的是流俗的天人感应论,而不是董仲舒的天人感应论。对于 20 世纪 50 年代以来把王充置于与董仲舒对立面的做法,陈静认为,这是受两军对垒的斗争史观影响的结果,并不符合历史事实。王充否认"天人感应"的方式,一是彻底"物化"天,排除天被人感动的可能性和人有感动天的能力;其次是设立"偶自然"的理论,以自然论否认目的论,以偶然论否认因果论。所谓"偶自然"论,是说天道自然,并没有影响人的目的,如果两者发生了相应,也只是偶然现象

孙希国认为,王充时代由于思维没有发展到抽象出物质一般和精神一般的程度,所以王充在思考物质现象时常与精神属性连在一起,在思考精神现象时又借助于物质实体。"王充既承认物质之天,又承认超自然的意志之天的存在;既讲元气自然论,又把元气与精神性因素糅合到一起;既反对董仲舒的天人相互感应理论,又讲福瑞灾祥说;既反对人死为鬼,又承认由天地之气构成的鬼的存在。所以,王充作为'战斗的无神论者'和'著名的唯物主义哲学家'的称号,恐怕是要检讨一番了。"②王充哲学中"五常之气"、"妖祥之气"、"灾气"、"仁之气"、"义之气"等,都是精神之气;"不仅人有精神,物也有精神,而且,物之精神与人无二"。王充还认为精神具有道德属性,气具有仁、义、礼、智、信等属性。他也没有否定鬼神的存在,而不过是否认人死后能够变成鬼神的说法。他认为,"有一种气构成的鬼神存在于天地间,能够害人"。王充也不反对天人感应,还提出了"瑞以应善,灾以应恶"的说法。他深信,人的行为的善恶、社会的兴衰、阴阳的变化和天地的运

① 陈静:《试论王充对"天人感应论"的批判》,《哲学研究》,1993 年第 11 期,第 41 页。
② 孙希国:《王充唯物主义和无神论思想质疑》,《哲学研究》,1998 年第 10 期,第 51 页。

行之间存在联系。总之"第一,王充不是杰出的唯物主义哲学家,其哲学体系存在大量的唯心主义和神秘主义的思想内容;第二,王充不是无神论而是有神论;第三,王充是中国哲学史上把人的主观能动性压倒最低限度的哲学家之一。因此,对于王充哲学,我们不应再继续人为地盲目地予以拔高和赞扬了"。①

　　陈静提出的方法论问题值得重视,把王充和董仲舒对立起来,的确有"斗争史观"的影子,而在这一史观的视野下,对于王充自然会发掘其唯物主义部分,回避、掩盖或者回护他的唯心主义部分,强调这一部分在王充思想中不占主流等。史观决定对于史料的看法,决定结论。孙希国的结论,可以说是跳出"斗争史观",而对于王充的重新审视。不过,在笔者看来,王充思想仍以自然论和反对鬼神说为主要倾向,只是我们不一定非从唯物唯心斗争史观的角度来看待这一问题不可。

第八节　宋明理学研究

　　20 世纪 90 年代,宋明理学研究和中国哲学其他领域的研究一样,是在 80 年代后期关于哲学史研究方法论探讨的基础上展开的。揖别旧范式,引入新方法,成为 90 年代宋明理学研究的特点。就是说,脱离"文革"前和"文革"期间单纯围绕唯物唯心、阶级分析的范式,而把哲学作为理论思维、作为人生存在的意义的探寻,真正切近于哲学,切近于体系的演变和学派的流传进行研究,由此形成方法论的突破。突破之后的新天地是广阔的,异彩纷呈的个性化和多样化研究推进了对中国哲学史理解的深入。陈来对于王阳明的分析、杨荣国对于王学演变的研究都体现了这样的特点。在学派研究方面,阳明学、明清实学、明清启蒙思潮都得到了深入的研究,在具体人物方面,对胡宏、陈白沙、湛甘泉、刘宗周、泰州学派等的研究,或填补空白,或提出新意,构成 90 年代宋明理学研究多姿多彩的画卷。这一时期宋明理学研究方法论上一个显著的特点是采用了多种西方哲学理论解释中国哲学,即

---

① 　孙希国:《王充唯物主义和无神论思想质疑》,《哲学研究》,1998 年第 10 期,第 51 页。

"以西释中"。

一、宋明理学通论

(一) 通史研究

陈来的《宋明理学》初版于 1991 年,是 90 年代宋明理学研究领域第一本专著,反映了新的特点。当时,国内的学术研究正处于低谷。

1. 对于宋明理学的抗争性正名。作为一本关于传统文化,尤其是作为宋明理学或道学的著作,它不能不直面"文革"结束及改革开放以来文化热潮中形成的对于传统文化、尤其是宋明理学的批判。在本应对现实展开的批判都被非理性地扭曲为对于传统的批判的时代,在一个甚至对于传统文化进行客观说明都会被认为是落后保守的风气中,宋明理学承受着 1840 年以来,1919 年以来,尤其是 1949 年以来的多重批判。所以,陈来不得不从"宋明理学的正名"开始写起。在《宋明理学》中他说明了"存天理灭人欲"及孔子的"克己"、孟子的"取义"和康德伦理学的一致性,"饿死事小,失节事大"的"节"也可以是节气、节义和道德理想,戴震"人死于理,其谁怜之"的本质在于反对传统准则中维护等级制的一面等,[①]这些表现为面对内容和背景都极其复杂的强势批判,"为宋明理学正名"的抗争。

2. 对于宋明理学的抗争性定位。这种抗争还表现在对于"宋明理学的定位"和寻求对宋明理学的"平实的同情了解"上。陈来采纳了中唐以后中国走向"近世"的观点。他认为,从文化上看"中唐以后的总的趋势是向平民社会发展。中唐以后的'文化转向'正和这种'社会变迁'相表里。的确,禅宗、古文运动和新儒学所代表的宗教的改革、古文的复兴、古典思想的重构,表示这确实是一个与新的时代相符合的文化运动,它在许多方面与西欧近代的宗教改革与文艺复兴有类似的特点。它虽然不是以工业文明和近代科学为基础的近代化的体现,但可以认为是摆脱了类似西方中世纪精神的一

---

① 陈来:《宋明理学·引言》(第 2 版),华东师范大学出版社,2004 年,第 1～6 页。

个进步,我们可以把它称为'近世化'"。① 陈来指出:"这个近世化的文化形态可以认为是中世纪精神与近代工业文明的一个中间形态,其基本精神是突出世俗性、合理性、平民性。对整个宋明理学的评价应当在这样一个背景下来重新进行。在这个意义下面,理学不应被视为封建社会后期没落的意识形态或封建社会走下坡路的观念体现,而是摆脱了中世纪精神的亚近代的文化表现,它正是配合、适应了社会变迁的近世化而产生的整个文化转向的一部分,并应在'近世化'范畴下得到积极的肯定与理解。有了这样一个定位,我们对理学可能会有一种平实的同情了解。"②陈来的看法,虽然在态度上是一种抗争,却也是对于历史事实的客观认识。从经济、文化、科技等方面来看,宋代无疑是中国传统社会发展的一个高峰。"五四"以来对于中国积贫积弱的批判思潮掩盖了这一基本事实,在时代决定文化的原则下,宋明理学也被认为是中国封建社会走向衰落时期的意识形态。历史定位的错误造成了对于文化认识的错误,这种错误在 20 世纪 80 年代以来的文化讨论中又得到了带有极大的非理性色彩的强化。陈来的观点,无疑更客观,更具有合理性。

　　3. 作为教科书的平实性与客观性。陈来是把《宋明理学》作为教材来写的。③ 该书也确实体现了教材的平实和客观的特点,即表现为把宋明理学作为一种学术、作为一种哲学,重点围绕对哲学思维本身的介绍和解释,不作太多的发挥,也不作太多的,甚至牵强的社会背景介绍。如,关于宋明理学的特点,陈来认为主要有四个方面:(1) 为儒学提供了宇宙论、本体论的论证;(2)"以儒家的圣人为理想人格,以实现圣人的精神境界为人生的终极目的";(3)"以儒家的仁义礼智信为根本的原理,以不同方式论证儒家的道德原理具有内在的基础,以存天理、去人欲为道德实践的基本原则";(4)"为实现人的精神的全面发展而提出并实践各种'为学功夫'"。④ 关于理学家思想的介绍,都是围绕理学家本人的思想特点展开的,如论述周敦颐

---

① 陈来:《宋明理学·引言》,第 13 页。
② 陈来:《宋明理学·引言》(第 2 版),第 14 页。
③ 陈来:《宋明理学·序》(第 2 版),第 12 页。
④ 陈来:《宋明理学·引言》(第 2 版),第 11 页。

的部分分为"孔颜乐处"、"太极动静"、"主静与无欲"几个方面；论述程颢的部分分为"浑然与物同体"、"定性说"、"诚敬与和乐"、"性与心"。《宋明理学》和《有无之境》对于王阳明的研究可以形成非常有趣的对比。后者对阳明哲学的研究是基于它与胡塞尔、海德格尔、萨特的对比来进行的，"无善无恶"的心体被解释为"反思前的我思"等，《宋明理学》则平实地指出，无善无恶的心体"根本上是强调心作为情绪——心理的感受的主体的无滞性、无执著性"；"它所指向的，就是周敦颐、程颢、邵雍等追求的洒落、和乐的自得境界，其中也明显地吸收了禅宗的生存智慧"。① 关于"心外无物"，学生对阳明问"此花树在深山自开自落，于我心亦何相关？"一段，在《有无之境》中，陈来用胡塞尔的"生活世界"进行解释；②《宋明理学》则平实地指出阳明的心外无物必然面临外界事物客观实在性的挑战。

4. 境界说作为视角。《宋明理学》还有一个特点是采用了冯友兰的境界说评价宋明理学家③，如周敦颐的"孔颜乐处"，张载的"民胞物与"和程颢的"浑然与物同体"。其次在宋明理学"创始人"的问题上，也接受了冯友兰的观点，以程颐为理学创始人，④对程颐、朱熹，论述尤详。

(二) 关于宋明理学的"道统"问题

"道统"对于宋明理学来说是一个十分关键的概念。关于"道统"说的实质，唐宇元指出"是当作一种把握儒家思想的原则、尺度。具体来说，是把它当作精察天地万物和道德修养所持的思想原则，以在'析理处事'中，达到无偏无倚、恰好而臻于和谐的目的，因此而被儒家奉为'密旨'、'秘诀'"。⑤ 唐宇元指出，道统思想实际上肇始于《论语》的《尧曰》篇，其中提到尧把"允执其中"传给舜。孟子比较明确地把孔子上接周公、尧舜，《荀子·解蔽》把"允执其中"解释为"人心之危、道心之微"。司马迁、扬雄都提到了尧、舜、周、孔的传系。唐朝韩愈是道统说的大力提倡者，但他所说的"道"为"仁义"，与尧

---

① 陈来：《宋明理学》(第2版)，第216、217页。
② 陈来：《有无之境——王阳明哲学的精神》，人民出版社，1991年，第60页。
③ 陈来：《宋明理学·引言》(第2版)，第11页。
④ 陈来：《宋明理学·引言》(第2版)，第27页。
⑤ 唐宇元：《"道统"抉微》，《哲学研究》，1991年第3期，第61页。

传下来的"密旨"并不相同,所以被排除在道统之外。朱熹所确定的道统,是根据孔子所说"允执其中"的"中"。朱熹认为道统的口传心授,不见文字,至《论语》《大学》《孟子》《中庸》才开始见诸文字,这实际上是以孔孟思想规定道统,从儒家的立场上看,朱熹思想是对道统论的贡献。朱子的另一个贡献是特别强调舜传给禹的"人心惟危,道心惟微,惟精惟一",认为舜的话是对尧的话的解释。朱熹由此对道统系统进行了整理,最终完成了道统论和理学的建构。[①] 朱熹所谓的道统,是"中""时中""中和""中庸"等。这个"中"是"把握儒学精神的原则和方法",其伦理原则就是在人与人、人与社会的关系方面达到恰到好处,无过不及。

刘宗贤指出,宋初理学三先生、范仲淹、欧阳修以及李觏、王安石、三苏、司马光等人,大都集经术、文章与政事为一体,在思想上继承唐代韩愈等人的范佛传统,以弘扬儒学为己任,相互提携,成为群体,表现出以儒家的"爱"的文化为主体的强烈认同感和忧患意识。宋初倡导的以古文明道,反对佛学的文化整合,表现了文化的成熟,"这种成熟,也就是批判地继承自先秦至汉唐以来的儒家文化传统,以建立自身完整的文化体系和能够以我为主吸收异质文化的自我整合机制,同时也表现了它的强大的潜在'同化'力",其消极因素则是"以理杀人"。[②]

(三) 关于宋明理学心性论问题

蔡方鹿、李存山、向世陵等人都分别从不同角度对这一问题进行了研究。蔡方鹿认为,宋代理学心性论的相同之处是都采取了孟子的"心之官则思"和佛教的"真心本觉"思想,重视主体的能动性思想并加以发展,把心规定为知觉思维,认为心是认识主体,能够认识事物及事物之理;不同之处表现在朱熹仅仅把心作为认识主体,而陆象山还把心作为宇宙本体。气学派张载提出"人本无心,因物为心",认为认识是对物的反映,在心物关系上是一个创见。关于性,相同处是各派都把性界定为道德本性,先天地具有仁义礼智等内容。除张载外,宋代理学家都是"以性为宇宙本体,把道德理性本

---

① 唐宇元:《"道统"抉微》,《哲学研究》,1991 年第 3 期,第 62 页。

② 刘宗贤:《宋初学术的文化整合倾向》,《哲学研究》,1996 年第 11 期,第 50 页。

体化"。① 张载的性是"合虚与气","性乃气所固有"。张载、朱熹认为性无意识;陆九渊认为性有灵有知,能够辨别是非。关于心性关系,又分为心性一元论和二元论。一元论即认为心性为一,皆为宇宙本体,程颢、张栻、陆九渊、杨简都主此说。相反,张载主张"合性与知觉,有心之名",把心性明确地区别开来,胡宏、朱熹都主张心性有别。心性一元论和二元论都强调主体思维和道德思维的联系,与佛教心性论相区别。在心性与体用的关系上,有程颐提出、胡宏确立的"性体心用"说,张载提出、朱熹集大成的"性体情用"和"心统性情"说。在朱熹的心统性情说中,心为主宰,但只涉及认识论和伦理学,不涉及本体论。关于心性的善恶问题,可分为心性均为善、心有善恶和性为善说。前者以陆九渊为主,后者以朱熹为代表。张载的心性理论主张心性出于气,又主于气,所以强调以德胜气,朱熹认为心性有别,所以主张内外结合,重视知识。陆九渊主张心性为一,所以强调内求,发明本心。②

关于胡宏哲学,方国根认为,胡宏哲学以"性为宇宙本体的最高哲学范畴"。③ 胡宏在人性论上认为性体无善无恶,又主张圣人能够"中节",由此形成矛盾。不过,性无善恶论思想力图克服理学家混淆事实与价值、社会历史的必然与道德的当然的矛盾,启发了后来的唯物主义思想家;"理欲同体"的思想也肯定了欲望的合理性。④ 向世陵认为胡宏之学依其性质而论可称为"性学",以地域而论可称为"湖湘之学"。北宋并无所谓"理学","理学"的名称是后人的总结,开始于胡宏。北宋学术可分为理学、气学、性学、心学;历史上性学和气学被淹没在程、朱、陆、王之中。朱熹的理本论吸收了胡宏性本论的内容。在胡宏那里,心作为主体,同时又表现为性之发用。朱熹通过张栻将胡宏的"心"一分为二,"情"作为性之发用,"保留心的主体地位而成为心主性情"。胡宏认为性作为本体,无善恶可言,朱熹认为,性是哲学的本体(真)和道德的标准(善)的统一,所以是善的。胡宏对于心学也有影响。陆九渊的心既是本体,又是主体,本体和主体的合一正是胡宏哲学的特点。

---

① 蔡方鹿:《宋代理学心性论及其特征》,《哲学研究》,1992 年第 10 期,第 67 页。
② 蔡方鹿:《宋代理学心性论及其特征》,《哲学研究》,1992 年第 10 期,第 73 页。
③ 方国根:《胡宏心性哲学的理论特色》,《哲学研究》,1995 年第 8 期,第 56 页。
④ 方国根:《胡宏心性哲学的理论特色》,《哲学研究》,1995 年第 8 期,第 59 页。

性学具有一定的心学特点,可满足心学的初步要求。王守仁的心学的特点是把理学统一到心学体系中,所以提出心性理的统一。① 王阳明关于心无善恶的思想来源于胡宏。②

李存山研究了罗钦顺、王廷相、吴廷翰的心性学说,指出三者关于性的思想的相同之处是都主张"性为气质之性",罗钦顺用"理一"说明性善,用"分殊"说明性恶,其特点是取消理欲对立;罗钦顺的"理一"同于朱熹的太极,具有泛道德论的特点。王廷相、吴廷翰否认性二元论,也否认罗钦顺的泛道德论,认为人物只得"太极"之偏,人性的差异在于气禀的不同,人物受气之初已经"分殊"。王廷相、吴廷翰认为,人物受气不同,所以其性理不同。这有助于将物理从仁理的统辖中解放出来,为实证自然科学开辟道路。③关于心与性的关系,罗钦顺、吴廷翰主张性先心后;王廷相主张心先性后,他的"人具形气而后性出"的观点在中国哲学史上独树一帜,对道德先验论是一个否定,包含着摆脱道的绝对性等新的因素。王夫之直接继承张载,没有吸收王廷相,在性的问题上主张人性受命于天,反而不如王廷相。李存山认为,中国哲学文化近代转型之所以困难,在某种意义上也是由于王廷相等人的思想没有得到发扬的缘故。④

蒙培元认为,良知说达到了儒家主体哲学的高峰,但这种主体不是主客对立意义上的认识主体,也不是本体即实体意义上的道德主体,而是"天人合一论的德性主体或生命主体"。在良知中,知与情是结合在一起的,只从"知"的角度理解良知是不够的,良知是统一的,其关键是"良"而不是"知"。牟宗三说良知是"智的直觉",但良知不仅有知,还有"情",不仅有"直觉",还有"体验",用智的直觉解释良知,太"理性"化,太"超越"了。良知本体是在功能、作用中实现的,是在发育流行中实现的,不是现象背后的实体,也不是实体的"定在",良知消解了实体意义上的形上学本体。万物一体说不仅表达了社会和谐的理想,也表达了儒家人与自然和谐的观念,这是天人合一的

① 向世陵:《理学流派与性学的价值》,《哲学研究》,1999 年第 9 期,第 66 页。
② 向世陵:《理学流派与性学的价值》,《哲学研究》,1999 年第 9 期,第 67 页。
③ 李存山:《罗、王、吴心性思想合说》,《哲学研究》,1993 年第 3 期,第 44 页。
④ 李存山:《罗、王、吴心性思想合说》,《哲学研究》,1993 年第 3 期,第 47 页。

重要内容之一。天人合一之"仁",乃是本体境界,但这个本体不能离开功夫,离开了功夫也就无所谓本体,这说明致良知是一个目的追求的无限过程。①

(四) 关于"反理学的斗争"的争论

"反理学"派别最早由胡适所提出,侯外庐等人接受了这个观点,认为"宋明理学发展的七百年间,理学内部的辩论以及理学和反理学的斗争,是始终存在的"。② 李贽、陈确、颜李学派、王夫之都是反理学。那么,"反理学"是不是一个科学的概念? 历史上是不是始终否存在一个反理学的派别? 谷方认为,首先,在阶级状况上不存在反理学的阶级根据,地主阶级都觉得接受理学是天经地义的事,也不存在反理学的理论体系;其次,在时代条件上也不存在反理学斗争的社会基础,认为明末是"天崩地解"的时代,也是不对的,真正的"天崩地解"非近现代莫属。"从北宋到清初,是需要理学的时代。"③谷方认为,提出理学和反理学的斗争,是非此即彼的两极对立思维模式,而文化发展的共同规律是"扬弃、继承与互补三大原则",④所以,"'反理学'的概念是不科学的"。谷方又指出,"把'理学与反理学'作为中国历史上学术思潮落后与进步的表征",说"反理学是清初进步思想家的共同的特点",也是不正确的。首先,"'反理学'不能作为衡量政治上进步与反动的标准,清初进步思想家黄宗羲等人并不属于'反理学一派人物'";其次,理学分为政治和学术两方面,学术上无论赞成或反对理学都属于认识问题,与政治无关。谷方认为,明清存在批判理学的思潮,包括思想上坚持朴素唯物主义,反对唯心主义,态度上不去附和理学的错误,但这些都属于理学批判思潮,和反理学不同。"前者是对理学的部分扬弃,后者则是对理学的整体否定。"姜广辉把陈亮、叶适、王廷相、黄绾等人都划入反理学阵营,谷方对此表示质疑。他认为:"批判理学的思潮是儒学内部的自我调整与革新,或者说

① 蒙培元:《良知与自然》,《哲学研究》,1998 年第 3 期。
② 侯外庐等主编:《宋明理学史》,第 14～15 页。
③ 谷方:《中国哲学史上"反理学的斗争"质疑》,《哲学研究》,1990 年第 1 期,第 83 页。
④ 谷方:《中国哲学史上"反理学的斗争"质疑》,《哲学研究》,1990 年第 1 期,第 83 页。

是儒学内部的'拨乱反正'。正因为这样,它同所谓'反理学'有本质上的区别。"①

对于姜广辉把理学作为"思想史上的浊流"和以佛道思想为基础的禁欲主义理论的观点,谷方也表示不同意。他指出,如果说理学论证了封建秩序的合理性,所以是"浊流",那么,反理学家也都论证了封建伦理道德的合理性;如果说理学"为强化封建社会后期的政治服务","反人民的性格十分明显",那么,理学是在宋代民族危机的状态下维护王权的,而且其政治思想也有提倡美政和正道的内容,具有革新朝政的意义。谷方指出,宋明理学和佛教对于"欲"的认识不同,理学所批判的"欲"是超出基本生存需求的不道德的要求;从目的上看,佛教灭欲是为了涅槃,宋明理学"灭人欲"则是为了达到崇高的道德境界。理学不具有僧侣本性。谷方最后提出,研究理学要改进研究方法,提高研究的科学水平。② 姜广辉对谷方的观点提出辩驳,认为谷方反对存在反理学的理论依据不成立。他指出,地主阶级的声音并非只有一个,如陈亮就对理学进行过批判。"理学只是儒学中的一派,在封建统治者的扶持之下,才成为大宗的。在其成为正宗官学之后,也还有别的理论形态和学术派别存在,如宋元之际邓牧的《伯牙琴》、明代刘基的《郁离子》。"③"时代条件"也并非只允许理学占主导地位,只是封建专制文化政策不允许而已。理学成为正统后,公开反理学是要受到迫害的。谷方设立文化研究的扬弃、继承和互补三项原则缺乏新义,甚至肤浅。从三原则出发认为"反理学"的概念不科学,只存在理学的"净化",不存在反理学也是不对的。戴震对于理欲问题的批判,究竟是"净化"理学,还是"异化"理学?④ 姜广辉认为,反理学与反传统重合,具有进步意义,批判理学和反理学内涵是一致的。谷方引陈亮、颜元的话,认为他们对于理学家十分尊重。但这些都是他们早年的话,陈亮后来和朱熹就王霸、义利问题展开过深入的辩论。谷方把批判理学和反理学分开来,是想肯定理学中的积极成分,不应整体否定

① 谷方:《中国哲学史上"反理学的斗争"质疑》,《哲学研究》,1990年第1期,第86页。
② 谷方:《中国哲学史上"反理学的斗争"质疑》,《哲学研究》,1990年第1期,第92页。
③ 姜广辉:《再谈理学与反理学的斗争》,《哲学研究》,1990年第6期,第88页。
④ 姜广辉:《再谈理学与反理学的斗争》,《哲学研究》,1990年第6期,第91页。

理学,但是"反理学是对理学的主要观点及其本质的基本否定,即使是对理学作'整体否定',历史上也有其人",如李塨。① 关于应该怎样评价理学的问题,对于谷方的"理学维持了封建道德和社会秩序的相对稳定,具有必然性"的观点,姜广辉坚持理学是浊流,历史事实是理学没有起到谷方所说的作用。谷方的没有相对的稳定就不会有社会革命的观点也是闻所未闻,至于说理学还"能禁锢人民的头脑,给人民以精神奴役",所以就应该肯定,"令人诧异"。关于宋明理学的禁欲主义和佛教的禁欲主义,姜广辉认为没有区别,谷方主张存天理灭人欲与传统美德相通,"无异于要我们以'存天理、灭人欲'的方式去继承'传统美德'……它的社会效果将是很坏的"。②

二、朱熹哲学研究

1991 年和 1992 年,束景南连续出版了《朱子佚文辑考》(60 万字)、③《朱子大传——多维文化视野中的朱熹》(80 万字),④成为 20 世纪 90 年代初朱熹研究的重要成果。朱熹的思想资料卷帙浩繁,现行的《朱子语类》和《朱子文集》仅是其中的一部分,此外还有未收录的文字。束景南收集到数十万字的朱子著作,对《朱子文集》中的诗文书札和辑佚的诗文的年代进行了详细的考辨。他在详细收集资料基础上撰写的《朱子大传》,很有说服力地解决了朱子研究存在的许多疑问,如关于朱文公《家礼》的作者问题,束景南通过引用《朱子文集》、《张南轩文集》、《吕东莱文集》等,勾画出朱熹编撰《家礼》的线索。在方法上,他提出"文化还原",即"把一个时代的哲学意识、人生信念与政治追求还原为现实的活的文化个性、文化心态"。⑤《朱子大传》对朱熹进行了文化发生学、文化心理学、文化历史学三方面的综合描述,分析朱熹思想发展的过程,发掘了朱熹思想的隐秘的角落,如抹不掉的佛道

① 姜广辉:《再谈理学与反理学的斗争》,《哲学研究》,1990 年第 6 期,第 93 页。
② 姜广辉:《再谈理学与反理学的斗争》,《哲学研究》,1990 年第 6 期,第 108 页。
③ 束景南:《朱子佚文辑考》,江苏古籍出版社,1991 年。
④ 束景南:《朱子大传——多维文化视野中的朱熹》,福建教育出版社,1992 年。
⑤ 束景南:《朱子大传——多维文化视野中的朱熹》,第 5 页。

因素等,对朱熹思想发展历程进行了详尽的总结。《朱子大传》也对一些历史事实进行了考证,如朱熹与唐仲友的争执的来龙去脉,为朱熹洗清了不实之污。《朱子大传》还通过对朱熹诗歌的分析揭示朱熹思想,如指出朱熹的禅学思想的实质是"看话禅",不是"默照禅"等。① 这些研究值得肯定。

三、王阳明哲学研究

20 世纪 90 年代初,按时间顺序,杨国荣和陈来分别出版了《王学通论——从王阳明到熊十力》与《有无之境——王阳明哲学的精神》。这两部著作问世于中国哲学研究处于低谷,尤其是方法论探究陷入困惑之时,它们的出版,预示着中国哲学研究的新的转机。

《有无之境》的方法论特点是从境界论和功夫论研究阳明哲学。陈来认为,"有"、"无"的智慧与境界是中国哲学的核心问题。他的书的"主旨之一正是要理解阳明如何处理有之境界与无之智慧的对立与关联,从而显示出整个宋明理学的内在线索和课题,以及王阳明及其哲学的地位与贡献"。② 陈来指出,"无"分为本体论、功夫论和境界论三个方面。《有无之境》论述的是功夫论和境界论的问题,在功夫论和境界论中,陈来又强调"无"的境界。对于这个"无"的境界,他采取比较文化或比较哲学的方法,把王阳明的良知与存在主义相比较,或者说从存在主义的视角看中国哲学,认为王阳明的"无善无恶"的心和萨特的"反思前的我思"、海德格尔"本真的生存状态"、"基本的现身情态"是相通的。这个角度反映了作者对中西方哲学的深入把握,对于理解阳明哲学以至于中国哲学具有重要的启发意义。

陈来指出,王国维《人间词话》中关于"有我之境、无我之境"的分梳,不仅具有美学意义,也具有哲学和文化的意义。孟子"万物皆备于我"、张载"视天下无一物非我"、程颢"仁者以天地万物为一体,莫非己也"是有我之境。王弼"圣人之情,应物而无累于物也"、《金刚经》"应无所住而生其心"、

---

① 束景南:《朱子大传——多维文化视野中的朱熹》,第 99～111 页。
② 陈来:《有无之境——王阳明哲学的精神》,人民出版社,1991 年,第 5 页。

程颢"圣人之常,以其情顺万物而无情"是"无我之境"。中国文化基本形态"一是以儒家为代表的强调社会关怀与道德义务的境界,一是以佛老为代表的注重内心宁静平和与超越自我的境界"。儒家属于有我的境界,佛道属于无我的境界,两种境界的相互否定和争论充彻于哲学史。"有我"不是"小我","无我"不是"无私",而是"无滞无碍的自在境界"。① 阳明哲学的意义在于"他既高扬了道德的主体性,通过'心外无理'、'致极良知'、'仁者与物同体',把儒家固有的'有'之境界推至至极,又从儒家立场出发,充分吸收佛道的生存智慧,把有我之境与无我之境结合起来,以他自己的生命体验,完成了儒学自北宋以来即坚持入世的价值理性,又吸收佛道精神境界与精神修养的努力"。② 陈来所论"有我"和"无我"的统一,实际上是冯友兰所反复强调的中国哲学的高明和中庸、即世间和出世间的特点。陈来的研究具有重建中国哲学的意义。

　　阳明哲学和存在主义如何发生联系? 陈来认为,明代理学的基本问题是本体和功夫之争,"本体功夫之争的境界涵义则是敬畏与洒落之争,这是把握明代理学的内在线索"。"从朱子古典理性主义的客观性、必然性、普遍性、外在性的立场转向主观性、内在性、主体性、内心经验",这种转变,"类似于黑格尔之后西方哲学从理性主义到存在主义的转向"。克尔凯郭尔正是从不满于黑格尔的理性大厦无法安顿人的身心而转向人的存在的。王阳明的"为己之学"的真实意义是指哲学"不应是一套理气的命题和体系,不是一套没有生命的章句训诂,本质上是一种生命的存在方式,这种立场当然是一般存在主义的"。③ 知行合一是说"真理必须是一种与我们切己相关的实践方式和存在态度",这种主体,不是认识主体,而是实践的伦理主体。心学和存在主义的可比性在于,一方面"两种思潮具有一些共同的特征",另一方面,"阳明哲学中人作为道德主体和存在主体密切关联,使心学与存在主义的思考之间有相互诠释的可能性。其中最突出的是对情绪主体和情感体验

---

① 陈来:《有无之境——王阳明哲学的精神》,第 7 页。
② 陈来:《有无之境——王阳明哲学的精神》,第 8 页。
③ 陈来:《有无之境——王阳明哲学的精神》,第 15 页。

关注的问题"。① 陈来认为,萨特寻求主客体对立之前的主体,或"反思前的我思",这个"我思"不是认识论意义的心之本体,而是情感情绪主体,"情感体验更深地揭示了人的存在结构"。海德格尔把情绪视为"基本的生存论状态";"情绪是此在的原始存在方式"。在存在主义哲学中,这种"情意我"而非"认知我"才是源始意义的心之本体。王阳明晚年"四句教"首句为"无善无恶心之体",这个"心之体","既非伦理的、也非认识的意义,这个心之体相当于萨特'反思前的我思',海德格尔'本身的生存状态'、'基本的现身情态',正是指情感情绪的本然之体"。② 佛教的"不思善、不思恶"是还原后的本来面目的心之本体,是"纯粹意识状态"。"佛教和王阳明都认为,这个本体是人的'存在'的一个根本的基点,体认这个心体本来一无所有、清静自在,使人达到一无所滞、来去自由的境界和根据。"③陈来指出,但这并不意味着阳明学是禅学,他是把佛教的"无"吸收到儒家的"有"之中,"道德境界与本真状态合而为一"。王阳明所要吸收的无我之境,面对的正是情绪之我,超越一切消极、否定的情感情绪,获得安宁和平静的精神境界,这"在心体的意义上,就是返归人的本真的情绪状态。阳明正是由于他在强化儒家伦理立场的同时所表现的对人的存在的情感状态的极大关注使他的哲学具有某种存在主义性格"。④

穆南珂对《有无之境》提出了批评。他认为,陈来的中西比较的结果"往往是用西方的概念和精神阐释中国文化",这样就出现了可比性和比较的标准与目的是什么的问题。"是用西学评价国学,还是把国学描述为西学或现代哲学的一个形态?"⑤王阳明的"心",不过是封建伦理纲常,其心学不过是把儒家道德内化为心灵结构,陈来却把心学转化为存在主义,这究竟是对中国古代思想家的研究,还是提出一种哲学? 穆南珂说,王阳明和康德、存在

---

① 陈来:《有无之境——王阳明哲学的精神》,第 16 页。
② 陈来:《有无之境——王阳明哲学的精神》,第 17 页。
③ 陈来:《有无之境——王阳明哲学的精神》,第 225 页。
④ 陈来:《有无之境——王阳明哲学的精神》,第 18 页。
⑤ 穆南珂:《"国故新知":王阳明的存在主义之发现——对陈来〈有无之境〉一书的思考》,《哲学研究》,1996 年第 3 期,第 20 页。

主义之间有质的差异,陈来消融了这种差异。"忽视'国学'的缺陷,专注于抽象的价值论发现,不是一种适当的方法,而且也不是对待传统的正确态度,更不是所谓的文化建设"。[1] 对于穆南柯的批评,陈来没有回应。

　　杨国荣吸收黑格尔哲学理念演化的思想和现代西方伦理学的有关理论对阳明学进行研究,他的特点是从概念的演化来说明王学及其演变,其中也包含了冯契的哲学观点,如化知识为德性,明显出自冯契的"化理论为德性"。杨国荣指出,朱熹认为良知系于天,王阳明强调良知系于人,"由此转移出主体的德性与人格,从而使之区别于超越的天理"。[2] 知善知恶与为善去恶之间存在着某种分离,前者属于"理性之知",属于"是什么"的问题,后者属于"应该"的问题。"知实然"和"行当然"之间存在着张力。如何由前者到后者,在阳明哲学中表现为"格物"和"诚意"的关系,"从知善到行善的前提是化知识为德性。而这一过程同时意味着通过行著、习察,使良知由讲论之中的理性成为实有诸己的真实存在。作为实有诸己的德性,良知构成了主体真正的自我"。[3] 在阳明哲学中,"德性作为实有诸己的真实存在,并不是一种抽象的本体",良知包含自我评价的准则与能力,包含着道德情感,也包含着行为的选择与贯彻。这种德性与自我存在合一,构成行为的动力因。"从知善到行善的转换,正是以内在的德性为其自因,而为善去恶的道德实践亦相应地表现为基于主体自律的过程。"[4]德性是内在的实有诸己的人格,这一本真之我并不封闭于内,而要不断地展现于外,德性的展现过程,也就是化德性为德行的过程,这涉及德性与行为的关系问题。德性与作为普遍律令的天理相比,与个体存在的联系比概念更为密切,更多地表现了主体的自我要求。良知的自我评价虽然未尝离开理性的权衡,"但这种理性已与情意相融合,成为实有诸己的存在"。杨国荣认为,和服从强制性的天理不同,良知引导具有和自我的意愿内在地一致的特点,所以,王阳明对于良知

　　① 穆南柯:《"国故新知":王阳明的存在主义之发现——对陈来〈有无之境〉一书的思考》,《哲学研究》,1996 年第 3 期,第 25 页。
　　② 杨国荣:《良知与德性》,《哲学研究》,1996 年第 8 期,第 62 页。
　　③ 杨国荣:《良知与德性》,《哲学研究》,1996 年第 8 期,第 63 页。
　　④ 杨国荣:《良知与德性》,《哲学研究》,1996 年第 8 期,第 64 页。

的自愿性质作了许多说明。理性规范表现为普遍的理念,遵从理性规范的制约,具有理念伦理的特点。德性不同于理念,以德性为依据,具有德性伦理的特点。"程朱一系以天理为第一原理,要求行为自觉地遵循普遍之理,表现出明显的理念伦理的趋向;王阳明以良知为本体,把道德实践(功夫)理解为一个化德性为德行的过程,则蕴含了德性伦理的向度。从程朱到王阳明,逻辑地展开为由理念伦理到德性伦理的转换。"①

关于阳明哲学,还有一些学者进行了研究。姜广辉强调同情地理解阳明哲学。关于阳明的物我一体,他认为阳明从三个角度进行了论证:一是圣人之心的一体之仁,二是感应之几;三是思维和存在的同一性。阳明"心物一体"、"心外无物"的意图是"强调主体性"。主体性是阳明哲学的灵魂,"阳明在解决安身立命的问题时,紧扣着'作圣'为目标的主体意义与价值,在他看来,离开了'作圣'的目标,主体便无意义,而主体无意义,则世界之存在也无意义"。② 刘宗贤出版了《陆王心学研究》,其特点是以儒学发展为线索看陆王心学的理论演进;对于佛道与儒学的关系,只从儒学内部的理论逻辑来看,不单列篇章论述;在佛道之中,尤重道家,把陈献章作为儒道融合的产物;主旨在于论述心学演进的过程,所以对于哲学家,偏重于其在心学演化中的位置,由此来体现历史与逻辑的统一。③ 刘宗贤认为,在中国哲学史的发展中,阳明心学的形成标志着形成了具有自己特色的主观唯心主义流派;阳明学在明代的形成,标志着中国儒学发展的一个重要转折;阳明学发展至明末,与启蒙思想合流,也显示出了陆王心学在近代思想史上的位置;阳明学为致良知的实践道德论,是心学理论的最高形态。阳明的心理合一、知行合一的思想来自陆九渊,万物一体、心物感应论的思想则自陈献章。致良知则是阳明独创,湛若水构成了从陈献章到王阳明的中间环节。④

---

① 杨国荣:《良知与德性》,《哲学研究》,1996年第8期,第69页。
② 姜广辉:《阳明哲学的视角》,《哲学研究》,1993年第6期,第36页。
③ 刘宗贤:《陆王心学研究·前言》,第2~3页。
④ 刘宗贤:《陆王心学研究·前言》,第5页。

四、关于陈献章、湛若水、刘宗周的研究

关于陈白沙哲学,1994 年学界在广东省江门市召开了纪念陈白沙诞辰 566 周年暨陈白沙学术思想国际研讨会。与会学者认为,白沙的"自得之学"要义在于高扬主体的道德人格。其自得之学有两个方面：一是重内轻外,这是对正学禁锢的冲决,也是其心学法门的体现;二是强调勿忘勿助,自然而然。也有学者指出,白沙对于认知过程的主客体关系缺乏清晰的说明,存在以主体包容客体、以心性修养代替对客体认识的倾向。关于白沙思想的历史地位,大家认为在于他勇敢地突破了程朱理学的垄断局面。陈白沙是岭南学派的代表,这一学派既不同于程朱正统理学,又不是理学的异端。这种非正学、非异端的思想特征,影响了整个岭南文化。与会学者也就白沙心学在道德滑坡、伦理失范的情况下,对于重建道德主体哲学体系,强调道德修养及内在精神价值方面的意义进行了讨论。[①]

关于湛若水哲学的研究,国内一直是个空白。乔清举研究了湛若水哲学及其后传,指出湛若水哲学体系的特点是"合一"之学。湛若水提出了许多"合一"命题,如本体论上的心性合一、心理合一、理气合一、性理合一等。在功夫论上,湛若水主张"随处体认天理",心包天地万物之外而又贯乎其中,知行并进;在境界论上,湛若水提出了"无言"的境界。关于湛若水哲学和王阳明哲学的关系,乔清举指出,早年湛若水影响了王阳明,但是王阳明从体会出心即理之后,学术体系很快成熟,而湛甘泉却在体会出"随处体认天理"之后,学术长期没有发展。甘泉 52 岁时开始闭关讲学,形成合一体系。他的合一体系吸收了理学的思想,却又批判理学;属于心学性质,却又有纠正阳明心学及其后学的特点。甘泉哲学体系的形成晚于阳明。在阳明去世之后,甘泉又活了 30 余年,他对于王学后学的发展和弊端比较清楚,所以,他纠正阳明学的特点十分明显。关于甘泉之学的后传,乔清举指出,由于黄宗羲心仪阳明之学,所以《明儒学案》十分重视对王学的传承的说明,甚至把自己和乃师刘宗周都上接于阳明之学。一般研究著作受《明儒学案》的

---

① 《中国哲学年鉴》1995 年卷,哲学研究杂志社,1996 年,第 276～277 页。

影响,也都认可黄宗羲的说法。但实际上,从甘泉到洪觉山、唐枢、许孚远、刘宗周,师传线索十分清楚。刘宗周的"合一"之学,源头就在湛甘泉。①

张学智研究了刘宗周的"意"的理论,指出这是刘宗周与陆王最大的不同之处,是刘宗周救治王门后学"猖狂自姿"、"情识而肆"的理论工具。王门后学的良知现成派主张一任本心,达到何心隐、李贽等人逸出和叛逆天理的地步,刘宗周的"意"即是对这种偏向的纠正。"意"的含义有:(1)"心中本有的支配后天念虑的最初意向",是心之所主,纯善无恶,属于形而上,是潜在的有。"意"既然是一种形而上的潜存,是超乎动静的绝对的静。(2)"意"是心之所主宰,意决定心念方向的潜在意向,其本质属性是心之主宰。志是活动的指向,意是决定活动指向的潜在指向。(3)意是未发之中。刘宗周对于意的解释,有其本体依据。意即独体,诚意即是慎独。天道之诚凝聚为意根,此意根即独体,保此独体即慎独。刘宗周提出"意",意图在于纠正王门后学心中无主宰的倾向,其批判的重点在于王畿,但也严厉地批判了阳明的"四句教",认为其导出了王畿之学。张学智认为,刘宗周的诚意之说提出了"道德理性的纯粹性问题"。朱熹的未发之中是以后天规范追溯出的先天规范,阳明的良知在刘宗周看来还不够纯粹,不能不杂入经验的东西,"意"使良知的道德自律的特点以更加显豁和深刻的方式提了出来,也使理学的道德修养有了一个稳固的根据。从某种程度上说,刘宗周完成了对明代心学的总结。所以,其弟子黄宗羲把他放在《明儒学案》殿军的位置上。② 李振纲认为,王门后学为学宗旨的决裂,标志着王阳明先验道德哲学的解构;解构后有走向玄虚和自然主义两个方向。刘宗周的慎独诚意之学即在此背景下成立,是对明朝中后期心学的一次重大修正和批判总结,"是在心学园地旧基上重建一严密无漏的义理系统"。其思路是提出了"心性合一"的独体,"以心著性,以性定心,心性互证,以确立人学价值本体"。③ 在刘宗周哲学中,性一方面使主体

---

① 乔清举:《甘泉哲学及其后传研究》,《哲学研究》,1994 年第 2 期。
② 张学智:《论刘宗周的"意"》,《哲学研究》,1993 年第 9 期。
③ 李振纲:《道德理性本体的重建》,《哲学研究》,1999 年第 1 期,第 38 页。

在深层结构上成为形而上的超越存在,另一方面性又通过心体的发用呈现为现实世界的规范,达到主体与客体的同一。

五、关于明清之际

关于明清之际儒家价值观的转换,杨国荣认为,明亡引发的哲学省思和社会变迁,使儒学发生诸多变化,一个变化是"走出内圣之境",复兴原始儒学经世事功的价值目标,这折射出传统儒学的内圣的进路已经不符合社会需要;还有一个变化是"经学的实证化与理性原则的形变"。明清之际诸儒都继承儒家的理性主义传统,注重理性,追求格物致知。知识范畴已经超越了道德理性的束缚,从"技"上升为"道",如顾炎武将天文地理列为实学,阮元把数学列为"儒流实事求是之学"等,质测之学的目的首先是明自然之理。在思维方法上,明清诸儒重视数学方法。由于有科学的观念作为工具,所以清代经学取得了不同以往的成果。清儒将科学引入经学,使经学实证化,工具理性渗入价值理性,并表现出拒斥形而上学的倾向。这些变化表明,"以追求价值的合理性为特征的人本主义理性传统,在某些方面开始向崇尚工具合理性工具主义理性原则转换"。①

关于戴震思想与程朱理学的关系,周兆茂进行了具体的分析,指出戴震早年是赞同程朱理学的,中年后开始对程朱理学表示怀疑,晚年则"发狂打破宋儒家太极图",对程朱理学进行了猛烈的批判,尤其是在理欲观上猛烈地抨击了程朱理学。戴震思想转向的社会基础是徽商和资本主义萌芽的影响,以及对程朱理学的批判继承。② 吴根友研究了戴震的分理与自由的思想,认为戴震的自由思想可从四个层次理解。"人按照自己的内在规定性展开自己,因而它在本质上是自律而自由的",这是本体意义的自由。关于自由意志与道德律令的关系问题,戴震认为人类生活的本质是实现人的自由

---

① 杨国荣:《明清之际儒家价值的转换》,《哲学研究》,1993 年第 6 期,第 60 页。
② 周兆茂:《戴震与程朱理学——兼论戴震哲学思想的形成与发展》,《哲学研究》,1992 年第 1 期,第 72 页。

意志,只有为保证每个人的自由而制定的规则,才是真正的人伦规则,不存在优先于人类自由活动的天理。"欲而不私"问题探讨了人的自由的边界问题,即个人自由与社会公正和法则的关系问题,尽性知命以逞才揭示了自由与必然、自由与当然之则的关系。①

　　黄宣民、赵士林研究了泰州学派中的平民意识。赵士林认为,王艮、何心隐、李贽等人的哲学思想和伦理观念、政治设计,表现了传统民本思想到近代平民意识的转化,这既是时代的需要,也是思想发展的内在逻辑所使然。两者的转化表现为三大观念的更新:从保障平民经济权却维护政治等级秩序到要求政治平等;从要求给予平民教育权却只准其接受封建文化到要求思想自由;从强调平民的基本生存权却把其视为被动的群体到提倡主体性的个性解放。② 黄宣民指出,颜钧的"大众哲学"具有"人民性",要求救民于水火,免除人民所受的压迫等。但是,颜钧由于出身平民,缺乏深厚的知识底蕴,没能建立严密的哲学体系。③

　　20世纪90年代的宋明理学研究在揖别旧范式,方法多样化的同时,也出现了"陷入黄宗羲影子"的问题。如关于王学后学的评价问题,关于刘宗周的师承问题;所谓陷入禅学、所谓非复名教所能约束,都是黄宗羲站在儒学的立场上得出的结论。如果我们摆脱黄宗羲的儒学立场,那么,陷入禅学之类,不过是哲学逻辑展开过程的一个片断,并不存在给予否定性评价的必要性。不少研究对此没有自觉的认识,也未明确地表明自己是站在儒学立场上的,而是不自觉地陷入了黄宗羲的影子。揖别旧范式,不是走向"哲学",而是走向儒学,走向黄宗羲的儒学,表明了摆脱旧范式过程中方法论的贫乏。必须认识到,《明儒学案》是哲学史著作,表现了黄宗羲的哲学观和哲学史观。现在研究哲学史,不能陷在他的哲学史观中。

---

①　吴根友:《分理与自由——戴震伦理学片论》,《哲学研究》,1999年第4期,第37页。
②　赵士林:《泰州学派的平民意识》,《哲学研究》,1992年第2期,第72页。
③　黄宣民:《明代平民儒者颜钧的大众哲学》,《哲学研究》,1995年第1期,第51页。

结束语：理性的成熟与"中国哲学"的期待

    1949 年至 1999 年的中国哲学史学史从中国哲学史学科这一侧面展示了民族理性走向成熟的曲折历程。

    建国后，中国哲学史领域选择马克思主义作为指导理论，有其历史的和现实的机缘，也是五四以来寻求"科学"的思维的必然延伸。"五四"时期寻求"科学与民主"的理论诉求反映到理论上，就是追求"科学的"理论以指导中国的学术建设。在 1930—1940 年代的理论论战中，学界和青年普遍认为，文史哲政经学科中的"科学"的理论就是历史唯物论。所以，1949 年后学术界最终都采用了马克思主义作为指导。50 年间，这一领域取得的成就十分可观，出版了通史、专著、工具书、资料汇编等近千种，发表论文近五万篇，"大大推进了这个学科的建设和发展。"①具体述之，成就表现为以下四个方面。第一，对于哲学的社会背景的探讨大大深化了对于哲学史的理解；第二，"锻炼了区分唯物论和唯心论，辩证法和形而上学的思维能力"，深化了对于中国哲学的概念的精确理解，如对于老子的"道"的理解等；第三，发掘了中国哲学史中的唯物论传统，如北京大学中国哲学史学派对于"气学"的研究等；第四，发现了许多过去不为人们注意的思想家和哲学文献，编入

---

① 方克立：《中国哲学史研究 50 年》，《方克立文集》，第 366 页。

了哲学史,如《管子》四篇。① 然而,不必讳言的是,教条主义以及"文革"给中国哲学史领域也带来了深重的灾难。文革后,学术界重新学习马克思主义,恢复了实事求是的思想路线,把哲学史作为人类的认识史,着重从理论思维发展的逻辑、从范畴的演变等角度重新研究中国哲学史,在哲学史通史、断代史、专题史研究方面都有突破性进展;对于中国哲学的思维特色、地域性特色、文化特色、经学特色的研究,开辟了中国哲学研究前所未有的新视野。我们期待新世纪在中国哲学、西方哲学、马克思主义哲学互动的格局下,随着对马克思主义的认识的深入,以马克思主义为指导的中国哲学研究,取得建设性的、综合创新性的新成果。

进入 20 世纪 80 年代以来,中国哲学的价值在于提高人的精神境界这一观点逐渐成为学界公论。这是真正从这门学科本身发现它的意义,摆脱了长期以来运用外在于中国哲学的内容为中国哲学的存在价值定位的做法。与此同时,中国哲学的再生问题也浮出水面。冯友兰肯定中国哲学为"人学",张岱年主张未来儒学可以在中国文化中占有一席之地,冯友兰、朱伯崑、汤一介对"和"的价值的肯定,金春峰、牟钟鉴提出的重建现代仁学,许抗生、胡孚琛、董光璧等人的"当代新道家"的概念,李泽厚的儒学第四期发展说,张立文的和合学,张岱年、程宜山、方克立等对文化发展的"综合创新"说的论证,陈来、杨国荣对中国哲学的创造性诠释与重建,等等,都意味着中国哲学与文化生命的复兴。可以说,经过 50 年的发展,当代中国哲学史研究终于走到了这样的地步:肯定它自身的价值,把它作为活的源泉而不是死的遗产,重新激活它、寻求它的智慧,让它再生,以帮助解决困扰当今世界和人类的难题。民族理性经过 50 年的曲折发展终于回到了自身。

诚如冯友兰、金岳霖早已指出的那样,在当代,"内圣外王"的理想已基本上不太可能实现,社会上也不可能出现职业的道德楷模,"良知"是普通人的实践理性而不是圣人的标志。未来"中国哲学生命的复兴"更多地应采取"哲学"的形式。可以说,采取"哲学"的形式,是近代留给我们的遗产,也是我们走向世界,影响人类的切实途径。

---

① 朱伯崑:《中国大陆五十年来中国哲学史研究》,《朱伯崑论著》,第 17—21 页。

人 名 索 引

A

阿·阿·彼得洛夫(彼得洛夫) 65，
　67,68,239,252
阿那克西曼德 246
艾恒武 259
艾力农 493,564
艾思奇 16—19,23,25,26,30—33,
　45,157,176,179,180,192,194,
　196,226,349,356
爱尔维修 701
安作璋 272,277,278

B

巴门尼德 713
巴人 216,259
巴特菲尔德 733
白奚 717,761,762
柏格森 776
包遵信 473,482,488—490,611

葆荃 7
鲍威尔 387
俾丘林 252
卜德 2,653
布哈林 28
步近智 763

C

蔡方鹿 792,793
蔡尚思 44,268,529－531,533,
　534,599,679
蔡仲德 19,34,36,41,44,47,217,
　219,260,279,357,395,397－401,
　403,408,410,411,413,414,426,
　451－453,584,641,695
曹础基 555
柴文华 687,691,743—745
晁松廷 285—287
车载 241,254
陈兵 578

陈伯达　213，220，226，235，242，
　258，268，397，466，552
陈独秀　416，706
陈鼓应　548—550，552，561，562，
　670，719—725，758，763—770，
　772，776
陈国谦　687，688，691，696
陈华　337
陈家康　8，340
陈静　785—788
陈筼泉　682
陈俊民　472，507，627，630
陈来　573，585，592，601，602，607，
　656，666，668，670，708，753，788—
　791，798—801，808，813
陈立夫　74，167
陈孟麟　222，491
陈明　728，729
陈启伟　452，461，462
陈启智　536
陈铨　399
陈少明　757
陈石之　452，461
陈漱渝　673，674
陈卫平　611，697，705
陈献章　106，604，802，803
陈修斋　113，132，135—140，227，
　232，325
陈义成　322

陈玉森　117，567
陈远宁　611
陈正夫　476，478，533
陈志尚　261
陈仲平　48
程宜山　473，489，490，555，573，
　574，607，621，703，808
迟群　403，407，413
崔大华　558，588，589
崔永乐　716

D

戴清亮　172，173
戴园晨　681，682
德麟　215
邓艾民　37，397，628
邓冰夷　115—117
邓红蕾　663—665
邓球柏　724
邓潭州　610
邓小平　449，450，670，673，674
邓以蛰　19
狄百瑞　455
笛卡儿　15，57，145，506，664，
　689，701
丁宝兰　489—491
丁冠之　505，506
丁伟志　582，606
丁原明　761，762

定思　108,192,194,198,304,319,
　333,473,661,783

东方明　303,328—330

董光璧　733—735,777—779,808

董平　661

窦宗仪　699,700

杜国庠　237,241,338,340,347,
　509,534

杜林　164,186

杜任之　391,531,536

杜威　196

杜维明　707

段玉裁　299

E

恩格斯　10—12,19,26,57,112,
　137,155,164,169,171—173,186,
　187,193,227,232,250,254,280,
　285,289—291,293—300,302—
　304,306,334,344,384,386—390,
　424,467,472,473,485,504—506,
　513,521,634,643,644,674,686,
　696,700,702

F

樊弘　23,25

繁星　327

范文澜　124,201,237,242,244

范阳　538,610

方锷　433

方国根　793

方华　48

方克立　290—295,302,303,331,
　448,545,548,550,609,615—618,
　625, 656, 670, 695, 807, 808,
　813,815

方蠡　328,330,331

方立天　443, 564, 570, 572, 573,
　618,626,661,676,677,708

费德赛耶夫　150

费尔巴哈　166,206,263,306,368,
　384,405,473,489,513,700,701

费希特　138

冯达文　479,480,771,772,776,777

冯定　218,398

冯憬远　241,242,244,245,621

冯契　18,207,208,624,629,631,
　632,636,638,639,801

冯天瑜　417,427,428

冯友兰　1—4,8,9,13,18,19,23—
　27,31,33,34,36—38,40,41,44,
　45,47—49,51—56,60,61,63,
　67—91, 94, 95, 103, 111, 120,
　123—125, 142, 143, 145 — 147,
　149,156,157,169—188,196,200,
　201,205,207—209, 211—213,
　217—222,225—237,239—244,
　246—254,256—265,267—269,

271,273,274,276,278—283,285,
287—312,314,315,317—330,
340—343,346—349,351,352,
355—378,381—391,395—401,
403—414,417—427,430,431,
435,442,446,451—457,461,464,
473,486,492—495,497—500,
503,507—509,519—521,525,
526,531—533,536,548,551,552,
563,564,568,573,575,581,583—
587,589,591,592,595,596,628,
629,631,639—657,659,688,
694—697,706,708,711,730,732,
736—738,742,765,791,799,808
冯钟璞　452,453,641
冯钟越　452,641
弗罗里安·莱特　774
福尔克　68
傅铜　23
傅云龙　461,462,538,552,626,
629,632,633,813

G

伽达默尔　710,712,713,715,749
高晨阳　688,689,691,692
高亨　268,408,550,551,718
高明　73,226,378,474,552,587,
655,730,731,769,799
高树帜　536

高赞非　268,287
格·萨波什尼科夫(萨波什尼科
夫)　56
格·叶菲莫夫(叶菲莫夫)　65
格日乐　566
葛荣晋　477—479,616,620,668,
703,775,776,813
龚育之　226,258
谷方　484—486,505,774,795—797
谷牧　530,531
顾颉刚　242
顾明　735
关锋　9,84,145,147—150,156,
157,162,163,178,179,189,197,
201,224—230,232—235,237,
241,242,244—255,259,268,269,
273—283,285—287,292,295,
296,300—302,304—311,313,
314,316—318,320—322,334,
427,446,482,493,494,525—527,
552—555,558,649,654
管燮初　241
郭洪纪　745
郭沫若　64,201,220,242,262,269,
339,534,718
郭沂　773

H

海奥吉耶夫斯基　252

海德格尔 690,691,709—715,749,
773,774,776,791,798,800
海森伯 772,778
海因利希·盖格 774
韩敬 495
韩强 555,616,627,753,755
韩树英 56,135,153—155,813
韩仲民 724
何成轩 687,756,757
何东昌 450
何干之 18
何光沪 707
何俊 716
何寿昌 536
何思敬 18,208
何植靖 476,478
贺麟 9,15,16,18,35,38—40,45,
48—50,73,74,128—135,139—
141,143,144,147—149,151,157,
175,183,184,190,191,197,206,
208,213,217,221—223,225,
227—229,234,236,241,261,
263—267,317,351,355,371,391,
454,486,492,521,596,631,693,
694,706,813
赫鲁晓夫 212,216
黑格尔 15,131—133,136,143,
148—150,163,172,174,189,190,
201,207,247,249,250,252,263,

296,297,317,368,384,387,455,
485,487,488,512,521,548,573,
614,628,636,637,650,690,691,
693,700—702,708,714,799,801
洪觉山 804
洪谦 19
洪潜 113,114
侯外庐 8,9,16,18,30—32,63,64,
73,74,108,205—207,218,230,
241,242,244,252,256,317,338—
349,352—356,360,367,369,370,
501,509,531,563,585,589,591—
598,610,611,708,795
胡风 44,449,695
胡孚琛 773,779,780,808
胡家聪 761,762
胡启立 450
胡乔木 450
胡曲原 241,252,253
胡瑞昌 239,240
胡瑞祥 239,240
胡塞尔 709,710,712,791
胡绳 13,14,18,63,132,150,151,
164,165,184,185,200,207,213,
223,226
胡世华 15,19
胡适 21,42—55,61,64,68,71,74,
196,229,317,339,340,342,346—
348,473,501,507—509,533,563,

564,589,708,764,786,795

胡耀邦　450,453

华国锋　449

黄光华　413

黄洪基　611

黄开国　746,781

黄克剑　673

黄楠森　56,230,402

黄顺基　213

黄宣民　324,325,503,529,806

黄玉顺　729

黄钊　774

黄子通　37,85,187,188,207

惠勒　778

霍尔茨　773

霍金　776,778

J

嵇文甫　241,261,318,611

吉川幸次郎　411

季羡林　672,679,687

贾顺先　491,492

翦伯赞　391,398—400

江丹林　701

江青　225,394,403,407—410,413,
　416,431,449,451—454

姜广辉　589,729,730,757,795—
　797,802

姜国柱　606

蒋国保　613

蒋介石　47,54,149,260,396,398,
　400,408,411,425,426,452

蒋南翔　398

焦树安　774

金春峰　319,320,504,506,537,
　538,564—567,627,721,742,808

金景芳　230,268,536,538,674

金克木　46,140

金吾伦　772

金羽　222

金岳霖　12,13,15,16,18,19,21,
　23,25,27—30,36—38,40,41,45,
　48,55,56,120,155,213,261,349,
　402,409,411,659,732,738,
　808,813

金棹　575,577

K

卡普拉　777,778

康德　145,161,309,325,487,557,
　567,586—588,590,602,603,628,
　708,714,749—751,789,800

康立　416,432

康生　258,259

康有为　333,530,533,534,603,
　706,754

康中乾　546,547

柯庆施　259

克列 113,128—130

孔狄亚克 701

孔令昭 673

匡亚明 530,656

邝柏林 461,706

L

蓝翎 46,47

劳治 57

李波 403

李传明 467,469,470,482,483

李存山 621,622,659,669,683,
689,692,701,702,704,720,721,
766,767,792,794

李达 18,20,317

李鼎祚 735

李刚 772

李锦全 337,479,480,483,509,
510,555,556,605,628,631,635,
636,670,742,743,767

李景春 326—332

李凯尔特 323,325

李立三 6—11

李明友 669

李鹏 450

李启谦 279

李申 470,471,718,736

李书有 475—477

李树青 733

李维武 629

李武林 222

李希凡 46,47

李霞 776

李翔海 753

李学勤 295,296,352,724,774

李禹阶 601

李曰华 37

李约瑟 621,701,777,778

李泽厚 54,451,458,525—529,
546,584,586—588,590,591,599,
600,602,603,674,808

李振纲 804

李之藻 612

李志逵 170,171,222

李志林 621—624,661,665

李中华 646,772,813

李宗桂 566,677,783,784

利玛窦 716

梁启超 242,509,513,532,534,
548,611,626,628,698,757

梁漱溟 33,34,42—46,50,54,55,
140,403,410,536,706,813

梁思成 2

梁香 7

梁效 416,432—434,452,453,
461,462

梁宗华 783

廖名春 724,725,751

廖平 551

列宁 7,18,20,21,26,35,37,39—
41,49,50,56,58,59,66,77,112,
113,117,120,123,131—133,139,
142,146,150,153—157,163,164,
166,172,178,179,186,204,206,
210,220,225,227,230,234,238,
262,263,265,290,298,302,303,
306,329,332,334,335,353,360,
364,368,383,387,390,405,421,
468,470—472,474,476,485,487,
489—491,504,506,507,512—
515,521,614,629,631,632,634,
636,644,650,696

林彪 394,407,408,410,415—417,
419,426,443,449,458,462,466,
467,525,582

林杰 298—301,303

林可济 172,173

林乐昌 606

林青山 259

林聿时 225,241,242,244—252,
259,268,269,273—279,281—
283,285—287,292,295,296,
300—302,334

林忠军 735

刘宝楠 441

刘奔 695

刘滨 219

刘长林 727

刘大钧 735

刘鄂培 748,749

刘纲纪 538

刘歌法 222

刘庚祥 704

刘宏章 629,632,633,703

刘节 242,268,333—337

刘少奇 257,262,393,398—400,
404,408,412,416,419,426,438,
449,582

刘蔚华 529,530,533—537,753,
761,772

刘文英 627,658,663,664,677,
704,813

刘笑敢 554,556—561,708,
764,773

刘学智 777

刘尧汉 561

刘玉建 735

刘毓瑝 551

刘毓璜 526

刘元彦 333,334,336

刘泽如 230

刘正 717,718

刘仲宇 579,580

刘宗贤 753,754,792,802

楼宇烈 451,461,503,505,506,
628,813

卢梭　488,558

卢央　735

鲁迅　407,413

陆定一　119—121

陆平　261,398

陆钦　555

吕澂　261

吕绍纲　536,674,720—722

吕世荣　682

吕世骧　116,117

吕锡琛　773

吕振羽　206,207,241,242,244,
　268,509

罗卜　672—674

罗炽　726,772

罗根泽　230,242

罗尚贤　552

罗思鼎　432,433,436

罗素　45,57,196,699

罗祖基　530,534,536,774

洛克　701

M

M．T·约夫楚克（约夫楚克）　63,
　64

马赫　116

马克思　1,4,5,7—21,24—26,30—
　38,40—44,47,49,50,52—58,60,
　66—74,77,80,111—114,118,
120,123,126,127,132,133,136,
137,139,140,142,148,149,151,
153—157,160—167,169—173,
176,177,179,183—185,187—
190,193—196,201,202,206,
208—214,216,218—238,247,
261—263,266,280,285,288—
299,302—306,317,320,321,
323—325,329—332,334—336,
338—345,349—352,357—360,
362,368,370,371,384,386—390,
394,398,404,405,410,416,424,
443,448,450,455,456,463—466,
468—470,472,473,477,478,480,
484,489,491,493,501—508,512,
514—516,518,521,524,531,534,
537,552,554,580,584,591,605,
614,615,628,634,635,639,641—
644,646—650,663,668,672,
674—676,680,682,685,686,
694—704,708,718,737,743,748,
750,777,780,807,808

马涛　608

马特　13—16,18

马叙伦　242

马寅初　216

马振铎　461,507,508,745—
　748,813

毛礼锐　531

毛泽东　1，3，4，9，10，13，17—21，
　　23—27，30，32，33，36，37，40，42，
　　43，46，47，70，75，77，81，86，95，
　　111，112，135，144，158—160，175，
　　176，194，196，198，210，212—216，
　　220—223，225，226，229，234，235，
　　237，257—259，262，264—266，
　　306，311，320，321，332，350，356，
　　359，360，365，382，390，391，394，
　　395，397—403，405—408，412—
　　414，427，438，452，456，462，467，
　　468，472，483，492，494—496，498，
　　513，524，591，603，635，636，646，
　　673，674，695，696，699，703
冒怀辛　613
梅林　250
梅贻琦　21
蒙培元　585，591，592，603—605，
　　608，616，618，656—660，662—
　　665，688，705，706，727，772，794，
　　795，813
米丁　7，19
苗力田　237
莫乃群　19
牟钟鉴　504，506，707，742，745，808
牟宗三　707，708，750，794
穆南珂　800，801

N

聂振斌　743

牛顿　734，785

O

欧阳维诚　733

P

潘富恩　465，466，538
潘光旦　217
潘梓年　41，48，206
庞朴　75，505，525—527，529，
　　536，753
彭真　220
蒲鲁东　387
普珍　775

Q

漆绪邦　561
齐良骥　13，15，19，221
齐振海　679，680
钱穆　340
钱逊　538，688
乔长路　75，538，542
乔清举　255，656，689，698，737，
　　769，770，803，804，815，816
丘亮辉　733
邱汉生　531，533，585，589，591—
　　594，596—598，601

R

任华　14，15，19，23，113，237，

349,401

任继愈　19,37,47,48,55,56,63,
　64,68,69,91,152—154,157—
　162,166,167,201,202,208,229,
　230,237,239—242,244,245,248,
　249,254,256,270,274,275,277,
　304,305,307,308,310—316,327,
　328,332,349—352,367,369,370,
　443,458,459,464,465,486,489,
　531,543—545,552,582,583,589,
　629,631—633,635—638,706,
　707,717,763,772,813

任剑涛　784

任文利　772

日丹诺夫　5—14,16,19,32,33,55,
　59,69,75,77,112,114,128,129,
　151—156,159,160,170,173,178,
　180,184,208,236,238,304,317,
　325,326,346,383,447,448,458,
　463,468—474,482,487,491,501,
　503,513,629,632

容肇祖　23,26,37

阮纪正　745

S

萨特　559,708,791,798,800

桑塔亚那　358,361

梢尔茨　773

邵显侠　607,608

申正　75

沈善洪　629

沈少周　184

沈有鼎　23

沈志远　19

施启良　222

石峻　37,47,55,56,154—156,158,
　159,165,167,170,205,222,451,
　458,468,482,493,501—503,
　536,564

石仑　431,432

曙光　215,611

束际成　629,633

束景南　540,541,552,554,555,
　797,798

司徒雷登　21

斯宾诺莎　57,714

斯大林　5,6,12,23,26,40,58,153,
　156,184,212,216,223

苏格拉底　371,667,766

孙长江　171,202,275,276,298,
　382—388,443

孙定国　48,155,224,225,227

孙乃源　461,462

孙叔平　628,630,633,634

孙希国　786—788

孙熙国　717

索尔云　455

T

邰爽秋 23

谭嗣同 66,337,487,603,742,754

汤川秀树 777,778

汤一介 180,184—189,237,241,
249,250,263,267,268,271—274,
277,298,310,312,319,320,382—
388,396,397,402,451,507,511,
536,545,546,564,569—571,578,
579,615—617,624,625,628,630,
674,808,813

汤用彤 13,14,18,37,569,739

唐君毅 34,707

唐兰 242,268,272,273,391

唐明邦 318,727,733,734

唐晓文 407,414,432

唐宇元 604,608,791,792

唐钺 133,141,155,170,183,184

唐泽玉 534,535

田家英 213,226

童书业 270,271

涂又光 547,548,642

W

瓦·依·科洛加什尼（科洛加什尼）
56

瓦尔特·施外德勒 774

万里 413,450

汪奠基 48,207

汪建 657—660,662,663

汪毅 37,161,162,201,206

汪中 242,551

汪子嵩 71,113,468—470,474,
482,487,489,491,500

王葆玹 569,570,572,717,724,
725,728,772,780—782

王博 547,773

王德有 625,726,772

王棣棠 539,542,543

王方名 133—135,213

王国维 344,798

王国轩 505,575

王宏维 686

王洪文 394,407,408,416

王举忠 470

王连龙 403

王明 205,416,451,531,547,
561,564

王其俊 748

王前 704

王庆淑 48,261

王瑞来 534,535

王生平 673,674

王太庆 13,144,145,162,163

王维诚 37,206

王维城 23

王锡阐 612

王先进　272

王宪钧　19,221

王新春　717,718,735

王兴国　222,611

王兴华　556

王兴业　539,735

王冶　470

王永江　452,461,462,487,488

王永祥　784,785

王玉哲　536

王云五　340

威廉　68

魏常海　453

魏建功　413

魏明经　9,133,142,162－164

魏宗禹　538,613,614

温蒂希曼　773

温公颐　131,140

温韧　785

文德尔班　325

翁独健　391

沃尔法特　773

乌恩溥　496,497,591

吴传启　173,225－227,232,259

吴德勤　550,764

吴恩裕　181,189,190,201

吴根友　805,806

吴光　561,562

吴锦东　218

吴琼　542

吴世昌　391

吴熙钊　483,484

吴则虞　208

X

夏瑰琦　613

夏康农　18

向世陵　792－794

萧汉明　546,725

萧萐夫　317,318,609－611,628,
631,635,636

肖萐夫　193,194,208－211,218,
323,324,451

谢·斯·吉谢辽夫(吉谢辽夫)　56,
60,84

谢静宜　401,403,406,407,453

谢林　773,774

谢祥皓　753,754

辛冠洁　507,508,763

熊十力　118,732,798

熊铁基　562,758,771

熊伟　221

休谟　557

徐懋庸　225

徐特立　19

徐远和　534,813

许抗生　408,452－454,474,498,
499,501,547,552,569－571,616,

628,668,773,808,813

许梦瀛 536

许全兴 696,698,699,813

许苏民 612,677,678

许垣 536

薛华 773

Y

雅斯贝尔斯 773,774

亚当·斯密 700,701

亚里士多德 145,191,371,372,491,567

亚历山大洛夫 6,7,10－15,32,154,173,632

严北溟 266,267,333,334,539－541,552－554

严君平 312

严曼萍 546

严正 626,753,756

阎长贵 332

颜泽贤 613

燕枫 417

燕鸣轩 46,54,55,181,182,184

羊华荣 169,170

杨邦宪 205

杨超 239,295,296,352

杨春贵 19,698

杨春海 751,752

杨峰麟 495,496

杨凤麟 538

杨工 382,384

杨国荣 708,748,753,755,798,801,802,805,808

杨洁民 182,183,187

杨利川 453

杨柳桥 240,720

杨庆中 728

杨荣国 241,242,256,268－270,310,335,337,394,403,411,412,414,417,418,431,435－437,442,444,461,670,788

杨寿堪 716

杨述 220

杨宪邦 133,145－147,153,154,162,222,467,468,473,474,505,629,633,635,636

杨献珍 216,259,260

杨兴顺 64－68,239,240,242,244

杨秀峰 220

杨一之 391

杨永志 325

杨泽波 747－751

杨正典 176－178,187

杨祖陶 37

姚文元 258,394,407,466

叶德辉 596

叶剑英 394,407,408

叶舒宪 774,775

以东　332

尹建章　539

尹明　443

尹协理　613,614

于成吉　261

于光远　19,125,131

于豪亮　724

于世君　470,479

余敦康　571,574,667,720,729—
732,813

余英时　455

俞平伯　46

俞荣根　716

郁之　261,388

袁淑娟　452

袁伟时　427—429

岳军　224,538

岳辛研　493—495

Z

臧宏　677,772

翟青　414,415

翟清　432

翟廷晋　748,749

翟志成　455

詹剑峰　241,252,551

詹姆士　71,358

张伯苓　21

张春波　461,471,507,508

张春桥　394,407

张岱年　13,14,18,23,25,26,37,
40—42,55,56,74,75,91,101,
102,115—118,141,159,160,162,
165,166,168,171,172,175,186,
192,196—198,208,217,225,230,
232,238,239,263,398,401,402,
451,453,454,459—461,464,466,
467,472,473,485,498—500,503,
505,508,512—525,531,536—
538,551,585,586,589,590,592,
605,608,609,616,619—621,624,
628,656,659,665—667,679,682,
695,696,698,703,707,708,749,
763,808,813

张德钧　230,316

张东荪　18,596

张恩赐　184

张广保　775

张恒寿　16,51,53,54,202—206,
208,217,526,527,557,558,560,
600,601

张家桢　261

张建　477—479

张君劢　596

张立文　319,443,585,592,598,
599,616,724—726,732,733,
808,813

张其成　726,727,735

张岱之　231，295，296，318，352，
　511，532，537，585，589，591—594，
　596—598
张瑞亭　679
张世英　113，133，134，687，689—
　691，709，712—715
张舜徽　561，562
张松如　552，561，562
张颂之　751，752
张腾霄　541
张武　612
张祥龙　709—712，715
张煦　242
张学智　804
张允熠　700，701
张载　64，66，75，76，91，102，103，
　106，112，115—118，135，147，166，
　168，171，197，226，317，366，446，
　447，455，466，483，499，500，519，
　520，585，586，590，592，594—596，
　599—601，605—608，610，616，
　619，623，624，626，627，688，694，
　730，731，761，767，791—794，798
张再林　709
张智彦　544，545，774，776
章太炎　483，530，628，754
昭父　292，295，300，301
赵馥洁　685，753—755，772
赵吉惠　751—755

赵纪彬　206，207，268，280，283—
　285，287，289，299，325，338，340，
　403，417，422，427，435，437—442，
　461，462，509，534
赵俪生　156，184
赵明　561，562
赵士林　806
赵士孝　729
赵紫阳　450
赵宗正　508，612，753
郑军　735
郑天挺　391
郑昕　9，12—14，18，26，27，31，47，
　56，61，120—123，150，208，213，
　218，221，399，402
芝维可夫　252
知水　774
钟师宁　336
钟肇鹏　231，272，458，467，482，
　493，564，575，577，578
衷尔钜　231，322，323，505，608
周恩来　3，8，20，21，43，73，215，
　216，258，262，338，341，394，402，
　403，407，412，431，433，461
周辅成　48，156，198—200，207，211
周谷城　213，259，531
周桂钿　608，669，786，813
周继旨　458，511，526，571，727，813
周建人　241

周礼全　36

周培源　413

周乾溁　539

周扬　131,258,357,450,453,626

周宜明　41

周予同　268,532

周玉燕　550,764

周兆茂　805

朱伯崑　3,7,37,48,51,52,75,91,
110,111,113,114,124,125,127,
128,134,147,201,207,217,229,
318,356,397,402,444,448,451,
552,577,585,628,642,670,682—
685,696,698,716,717,726,733,
736—741,744,757—761,763,
769,807,808,813,814

朱传棨　218

朱光潜　13,15,18,23,25,141,261,
349,391

朱启贤　23,152,158,169,191—
198,208,209,217,225,226,232

朱谦之　37,40,41,155,166,206—
208,218,221,401

朱维铮　532,533,536

朱义禄　613

诸葛婴　674,675,700,701

庄印　319,320,356

后　记

　　这部书稿是 2000 年国家社科基金青年项目"当代中国古代哲学研究的反思与超越"的最终成果。因以前项目申请屡遭否决，故对这次申请未抱任何成功预期，当得知申请没有像以往那样又被否决时，我不仅没有一点得到一个项目的惊喜，反而心情立刻沉重起来。意外的批准一下子把我推到一项从来没有人完成过的艰巨任务面前。一个人，要用非常有限的资金，做一个以横跨 50 年的中国哲学史研究为对象的课题！工作量之大，难度之高，超乎想象。这些年，除了教学外，时间都用在这个课题上了。

　　为了完成这个课题，我阅读了《新建设》、《哲学研究》、《中国社会科学》、《人民日报》、《光明日报》等报刊所有中国哲学研究的文章，以及相关刊物的文章；阅读了《三松堂全集》、《梁漱溟文集》、《金岳霖文集》、贺麟《哲学与哲学史论文集》、《张岱年文集》、《朱伯崑论著》、《方克立文集》等名家文集中的研究文章、年谱、回忆录等；阅读了几乎所有关于中国哲学史的通史、断代史和专题史研究的著作……

　　为了完成这个课题，我整理出了《中国哲学史研究 50 年大事记》(70 万字)、《1949—1999 中国古代哲学研究论文资料索引》，做了上百万字的各种论文、书籍的内容摘要……

　　为了完成这个课题，我还通过参加学术会议、平时的登门拜访、电话交谈等形式，先后采访了张岱年、任继愈、韩树英、汤一介、楼宇烈、周继旨、余敦康、许全兴、蒙培元、张立文、许抗生、周桂钿、傅云龙、刘培育、葛荣晋、郑万耕、李中华、陈来、谢龙、马振铎、徐远和、刘鸿章、刘文英等先生。

　　张岱年、马振铎、徐远和、刘鸿章、刘文英先生，在我写作过程中作古了。

他们的追悼会,我都参加了。对于他们的去世,我在感到万分悲痛的同时,也感到课题研究的紧迫。我跟刘鸿章先生是忘年之交,无话不谈,可恰恰中国哲学史研究谈得不多。都在一个院里住,我总是想,哪一天专门抽时间讨教。即使是他住院时,也没有抓紧时间请教,一方面是怕影响他休息,另一方面也觉得他不久就会痊愈了。哪里想到,他这么快就去世了!在遗体告别仪式上,我望着他的遗容,眼含泪水,心中默念,刘老师,您走好!未能就他的中国哲学史研究进行请教,成为终生遗憾,至今不能释怀!

2003年我曾经得到德国赛德尔基金会的资助,到爱尔兰根大学汉学系作了三个月的访问研究,期间就德国中国哲学研究以及汉学这个题目,先后和爱尔兰根大学汉学系主任拉克纳先生、前汉学系主任李培尔特先生、慕尼黑大学汉学系主任叶翰、海德堡大学汉学系主任瓦格纳先生、莱比锡大学汉学系主任、洪堡大学汉学系卡登先生就中国哲学以及汉学研究进行过访问和对话。这些对话开阔了我研究中国哲学史学史的视野,其中的一些已经发表。

特别感谢我的博士导师朱伯崑先生!多年来,先生对我的学问人生一直关怀有加。研究期间遇到的许多问题,诸如对过去历史事实的理解、对于前人心态的体会、研究的把握等,我都反复向朱先生请教过。每次叨扰,先生都是不厌其烦地悉心指点。这几年,朱先生的身体明显越来越弱了。作为学生,我心里很是忧虑,不敢过多地打搅他,希望朱先生身体还像以往那样健康。他的《易学哲学史》,可谓在中国哲学史研究的峡谷上建立了一座桥梁。21世纪的中国哲学史研究,不能绕开他所建立的桥梁。日本学术界已经以十卷的篇幅翻译完他的巨著。他们还是懂中国哲学的。中国学术界却没有给予这部书应有的重视,不过,学界迟早会发现这是一个失误。

课题开始研究之初,因没有找到研究视角,写成一盘散沙的综述的担忧时刻困扰着我;阅读又带不来什么乐趣,颇感被捏着鼻子灌药的痛苦。有时简直觉得身体和书桌之间有一种斥力,没法坐到书桌旁。阅读既多,对于历史背景有所了解,对于写作者的心境也有所体会后,逐渐觉得有趣起来。我想,这个课题的最终成果应该是一部"中国哲学史学史"的著作,要体现历史的时间性,而不是没有内在脉络的事件和论文内容提要的堆积。这是课题的视角。但是,时间性不过是历史的最低要求,仅此还不足以产生份量。如何挖掘深度?这就要加深对于历史的深入的体会和把握。写成一部中国哲学史研究与社会历史变动的互动的著作,当然是深入了一步,可仍然不够。况且这个视角也不见得新颖。当我回首"五四"以来中国思想发展和中国人精神、理性的演变的历史过程,把解放后中国哲学史的研究置入其中的时候,我突然意识到,解放后中国哲学史研究其实也是上述总体过程的一个侧面,一个环节;它反映了这个历史过程,并构成其中的一部分;它的实质就是理性成熟的历史。这,就是历史的核心,也就是中国哲学史学史的意义所在。把握了这个核心后,过去那些死板的史料活起来了,整个历史活起来了。我感受到了史料背后更深层的内涵——知识和存在的同构性。具体地说,历史上自在的中国哲学、中国哲学史这一学科的存在意义、学者对这一学科的研究和学者不只是作为学者,也作为个人的存在四者之间有着内在的紧密的关联。学科的意义、研究的意义、研究者的存在的意义是一致的。学者研究哲学史,也是在表达自身的存在,映现中国理性成熟的历程。按照这个思路下来,越做越觉得有意思了。过去的痛苦没有了,剩下的只是辛苦,苦中也有快乐。每当夜深人静或黎明醒来当我想到我所做的毕竟是件有意义的事情时,心里便觉坦然。

初稿完成后,有时望着半尺厚的打印稿,望着山一样堆在地上的各种复印材料,我有点发呆,感觉不到完成一项重大任务的轻松。只有真正地研究了一个课题的人,才会有这种深切的体会。研究期间我曾染沉疴,直面死亡,只剩一念:惟有求真的人生是值得过的。时过境迁细思量,真理谬误也难讲,我能做的不过是"修辞立诚"而已。诚者无妄,诚者不欺;实有诸己,自慊于心。真乎假乎? 浅兮深兮? 非所能言,留断他人,如是而已 ……

这个课题是我在中央党校时申请的。中央党校的各级领导、哲学部的领导、同事们,以及 2004 年底我到南开大学后南开哲学系的各位同事也给了我很多的帮助和支持;方克立先生对此项研究多有指导,对于以上帮助和指导感谢之意,不及言表。我的妻子张银线多次帮我阅读原稿,纠正了不少打印错误;我的研究生李忠义、赵艳婷同学帮我借阅、复印过不少资料,谨表谢忱。

乔清举
2005 年 12 月 31 日

补　记

　　从上个后记到现在，又有 8 年过去了，这本书终于要出版了。感谢上海古籍出版社童力军先生、罗颢老师为该书的出版付出的辛劳。罗老师认真负责，处处替作者考虑的敬业精神尤其令人感动。这本书的出版得到了上海文化发展基金会图书出版专项基金和南开大学"985"项目的出版资助，感谢这两个单位的支持！这些年中，又拜见了不少学者，陆续补充了不少内容。对于支持过这项研究工作的师友，亦致以衷心的感谢！

　　修史难，修当代史尤难。孔子云，知我罪我，其唯《春秋》，信乎斯言！书中所涉当代成果，作者皆出于公心和对于学术之尊重，加以同情之理解；然限于水平，恐不能免于挂漏与评价失当之处，敬请谅解。作者愿意吸收各种意见，以便修改时进一步完善。

乔清举

2013 年 11 月 11 日

再版后记

　　本书出版以来，颇得学界好评，广为高校中国哲学专业研究生教学采用。此次重印，内容未做改动。作者收集的一些新材料，如冯友兰先生关于中国哲学史学史的论述、朱伯崑先生的中国哲学史学史讲稿以及萧箑夫先生等一批哲学史家的材料，总量不大，故未做补充，俟下次再版时和新积累的材料一并增益。

　　一本纯学术著作能够再行印刷，作者深感欣慰！感谢社会给予作者的厚爱，感谢上海古籍社罗、方二位编辑付出的辛勤劳动！

乔清举

2020 年 6 月 10 日